JUTTA SCHWAN

BAUGESCHICHTE
SCHLOSS CARLSBERG

**STIFTUNG ZUR FÖRDERUNG
DER PFÄLZISCHEN GESCHICHTSFORSCHUNG**

im Auftrag der Stiftung zur Förderung
der pfälzischen Geschichtsforschung

herausgegeben von
Pirmin Spieß

Reihe B
Abhandlungen zur Geschichte der Pfalz

Band 9

Studien zur Baugeschichte von Schloss Carlsberg

„Bericht den dermaligen Zustand des sämtlichen Carlsberger Bauwesens betreffend"

Jutta Schwan

Neustadt an der Weinstraße 2010

Selbstverlag der Stiftung zur Förderung der pfälzischen Geschichtsforschung

Bibliografische Information Der Deutschen Bibliothek
Die Deutsche Bibliothek verzeichnet diese Publikation in der Deutschen Nationalbibliografie; detaillierte bibliografische Daten sind im Internet über http://dnb.ddb.de abrufbar.

Christian Ludwig Hautt: Bericht an den Herzog vom 28. Juli 1785, LA Speyer, Best. B2, Nr. 1610, Bl. 63.

ISSN 1432-9298
ISBN 978-3-9810865-6-0

Stiftung zur Förderung der pfälzischen Geschichtsforschung,
Neustadt an der Weinstraße,
c/o Progressdruck, Postfach 1707, 67327 Speyer

Neustadt an der Weinstraße

Gesamtherstellung
Progressdruck GmbH, Brunckstr. 17, 67346 Speyer

Geleitwort

Den letzten großen Schloßbau im alten Reich auf pfälzischem Boden beschreibt die vorliegende Arbeit ausführlich. Herzog Carl II. August von Pfalz-Zweibrücken (1775–1795) stampfte ihn aus dem Boden. In den Anfängen des Herzogtums residierte Herzog Stephan zunächst in Meisenheim, Zweibrücken stieg nach Zerstörung dieser Residenzstadt 1477 zur Hauptstadt des Herzogtums auf. Erst Carl II. August verlegte seine Residenz auf den Karlsberg bei Homburg und ließ dort eine neue Schloßanlage errichten.

Mit Beginn seiner Regentschaft im Dezember 1775 konnte Herzog Carl II. August gewiß sein, nach Ableben Karl Theodors alle wittelsbachischen Länder zu beerben; Kurpfalz, Kurbayern und die Besitzungen am Niederrhein. Im Bewußtsein dieser besonderen dynastischen und politischen Konstellation wollte der Herzog den Regierungszentren in Versailles, Potsdam, München, Wien und Petersburg nicht nachstehen. Er setzte voraus, daß diese Schloßanlage nur ein Provisorium sei, da er auf die Übersiedlung nach München wartete. Daher verzichtete der Bauherr auf jegliche prunkvolle Außengestaltung der Schloßgebäude, ließ aber das Hauptpalais und die Orangerie im Innern auf das kostbarste ausgestalten und einrichten. Das Interieur war für die Ausstattung der neuen Residenz in München vorgesehen.

Des Herzogs Erwartungen zerschlugen sich durch seinen frühen Tod. An seiner Stelle trat sein jüngerer Bruder Maximilian IV. Joseph die Regierung in München an, er erbte 1795 das zweibrückische Herzogtum und 1799 Kurpfalz und Kurbayern. Von 1806-1825 amtierte er als König und konnte die Hoffnungen seines vorverstorbenen Bruders fortsetzen.

Die gewaltige Schloßanlage auf dem Karlsberg war nur von kurzer Dauer (1777–1793). Infolge der französischen Revolution und ihrer Expansion machten die einrückenden Franzosen die Vorstellungen Carls II. August zunichte. Anfang Februar 1793 floh er vor den französischen Truppen nach Mannheim, Ende Juli brannte sein Schloß bis auf die Grundmauern nieder.

Die an der Universität des Saarlandes gefertigte kunsthistorische Dissertation von Frau Jutta Schwan legt die Stiftung der Öffentlichkeit vor. Die Autorin handelt reichhaltig die Baugeschichte und die prunkvolle Innenausstattung ab. Sie hat einige tausend Rechnungsurkunden der Handwerker, die Bücher des Baumagazins und Rentkammer-Bauprotokolle aufgefunden und ausgewertet. Die Arbeit wird zum 600jährigen Jubiläum des Herzogtums Zweibrücken ein wertvoller Baustein sein.

Neustadt an der Weinstraße,   Stiftung zur Förderung der
Herbst 2009   pfälzischen Geschichtsforschung
   Pirmin Spieß

Vorwort

Die vorliegende Arbeit soll einen Beitrag zur landeskundlichen Forschung im Bereich der Schlossbauten und Gärten des 18. Jahrhunderts im heutigen Saarland leisten. Den zentralen Ausgangspunkt dafür bilden die schriftlichen Quellen diverser Archive. Durch die Quellenarbeit war es möglich, neue Forschungsergebnisse zu erzielen, bisherige Kenntnisse zu ergänzen sowie Thesen neu zu hinterfragen und teilweise zu widerlegen. Es gilt nun, all jenen zu danken, die zur Entstehung dieser umfangreichen Arbeit ihren Beitrag geleistet haben.

Mein besonderer Dank gilt meinem Doktorvater, Herrn Prof. Dr. Klaus Güthlein, der die Arbeit von Anfang an mit großem Interesse und hilfreichen Anregungen stets motivierend unterstützte. Auch Herrn Prof. Dr. Lorenz Dittmann sei an dieser Stelle sehr herzlich dafür gedankt, dass er sich der Arbeit als Zweitberichterstatter annahm.

Da die Arbeit auf den Ergebnissen umfangreicher Archivforschungen beruht, gilt mein besonderer Dank den Mitarbeitern der aufgesuchten Archive und Bibliotheken sowie des staatlichen Konservatoramtes in Saarbrücken. Besonders hervorheben möchte ich die Mitarbeiter des Landesarchivs in Speyer, durch deren Freundlichkeit und Hilfsbereitschaft sich die ausgesprochen zahlreichen und langen Archivaufenthalte sehr angenehm gestalteten. Ebenso sei Frau Gisela Immelt von der hessischen Landes- und Hochschulbibliothek in Darmstadt für ihre Hilfsbereitschaft gedankt. Viel Unterstützung wurde mir durch Frau Cornelia Becker zuteil, Bibliothekarin im Kunsthistorischen Institut der Universität des Saarlandes, die immer helfend zur Seite stand, wie auch durch Frau Dr. Sigrid Hubert-Reichling, Leiterin der Bibliotheca Bipontina in Zweibrücken. Herr Dieter Morche, Fotograf des Fachbereichs der Klassischen Archäologie an der Universität des Saarlandes, machte mich auf wichtige Fotos aufmerksam. Frau Sibylle Weber sei an dieser Stelle dafür gedankt, dass sie es ermöglichte, die Materialien, die in der Stiftung Karlsberger Hof aufbewahrt werden, einzusehen.

Bei den Besuchen des Depots des Historischen Museums der Pfalz war Herr Dr. Ludger Tekampe stets ein hilfreicher Gesprächspartner. In der Staatsbibliothek Bamberg war mir Herr Prof. Dr. Werner Taegert mit seinem Fachwissen vor Ort und auch danach geduldig bei meinen zahlreichen Fragen behilflich. Herr Dipl.-Ing. Ernst Götz öffnete mir als Leiter der Bauabteilung der bayerischen Verwaltung der staatlichen Schlösser, Gärten und Seen in München im wörtlichen wie im übertragenen Sinn viele Türen, als es um die Spurensuche in der Residenz und in Schloss Nymphenburg ging. Herrn Dr. Christof Trepesch danke ich für seine stets präsente Hilfsbereitschaft, seine wertvollen Hinweise und seine Unterstützung.

Die Arbeit wurde zudem getragen durch viele Gespräche, Hinweise und wertvolle Kritik befreundeter Kommilitoninnen. Auch deren aufmerksame Textkorrekturen stellen einen großen Beitrag am Zustandekommen dieser Arbeit dar. Dafür sei Frau Dr. Minoti Paul M.A., Frau Yvonne Schülke, Frau Anna-Katharina Stahl M.A. sowie Frau Dr. Petra Tücks M.A. gedankt. Auch Frau Sabine Krempel und Frau Christine Guthoff sowie Frau Waltraud Ammann gilt in diesem Zusammenhang großer Dank für stete Hilfe.

Herrn Pierre Ramette sei für die Übersetzung einer Vielzahl französischer Handschriften und Texte gedankt, was die Quellenarbeit sehr erleichterte. Auch die Zusammenarbeit mit Herrn Dr. Stefan Ulrich stellte eine wertvolle Ergänzung der Arbeit dar. Für die Erstellung der Pläne und Grafiken konnte ich Herrn Markus Schindler gewinnen, dessen Kreativität stets eine Antwort auf meine Fragen hatte. Auch die Arbeit mit Herrn Dietmar Schellin vom Saarländischen Rundfunk an einem Fernsehbeitrag über das Schloss brachte die Arbeit weiter voran. Es muss darüber hinaus eine Vielzahl von Personen und Institutionen ungenannt bleiben, die durch vielfache Formen der Unterstützung der Arbeit kleine und größere Hilfestellungen boten. Ihnen allen gebührt mein großer Dank.

Im Rahmen der Drucklegung danke ich der Stiftung zur Förderung der pfälzischen Geschichtsforschung, insbesondere Herrn Prof. Pirmin Spieß, für die Aufnahme in ihre Schriftenreihe. Auch der Stadt Homburg, insbesondere Herrn Dr. Kell, sei für die Unterstützung gedankt.

Neben meiner Familie sei insbesondere meinem Mann Thomas ganz besonders gedankt. Diese Dankbarkeit bezieht sich nicht nur auf seine Geduld und die tätige Mithilfe in Form von Korrekturen sowie der abschließenden EDV-Bearbeitung des Textes. Erst durch die Tatsache, dass die Arbeit und alle damit zusammenhängenden Aufgaben von ihm mit getragen und unterstützt wurden, war ihre Entstehung überhaupt möglich.

Thomas und Daria gewidmet

Inhaltsverzeichnis

Quellenlage und Forschungsstand XVII
— Einleitung und Quellenlage XVII
— Forschungsstand XXI
— Lage XXXI

A. Die Architektur des Schlosses

    I. Der Luisenhof – ein Landgut auf dem Buchenberg.
       Der Ursprung des Carlsberger Schlosses 1
       1. Die Anlage des Luisenhofes und dessen Erbauer 1
       2. Die Inszenierung eines Ortes mit Hilfe der Idee des
          „Dörfchens" 3
       3. Der Kauf des Luisenhofes 8
       4. Die Baugestalt des Hofes im Jahr 1777 10
          Ein Vergleich mit dem heute noch erhaltenen
          Königsbrucher Hof 11
    II. Ein Schloss entsteht – Die Verwandlung des Luisenhofes 15
       1. Die anfängliche Bestimmung des Carlsberges 16
       2. Die ersten Veränderungen und die Aufteilung der Zimmer
          nach den Berichten Mannlichs 20
       3. Die ersten baulichen Veränderungen laut den erhaltenen
          Bau- und Handwerkerrechnungen 22
          a. Veränderungen am Außenbau 22
          b. Veränderungen im Inneren des Gebäudes 26
       4. *„[…] von einem auf dem Carlsberg zu erbauenden Stall,
          Reitschuhl und Kutschenremisen"* –
          Ein Marstall und Hundezwinger für den Carlsberg 32
       5. Die Entwicklung des Jagdschlosses zur Landresidenz –
          ein Vergleich 44
       6. Die Fortentwicklung des Corps de logis bis zur Zerstörung
          des Schlosses 52
       7. Die Zerstörung des Schlosses 58
    III. Der nördliche Ehrenhofflügel 63
       1. Die ersten Anbauten für Küchen und Speisesaal 63
          a. Veränderungen nach den Berichten Mannlichs 63

  b. Die baulichen Veränderungen, resultierend aus den
    Bau- und Handwerkerrechnungen 67
  c. Die Gestaltung des Speisesaals 74
 2. Erweiterungen zu Wohnzwecken 80
  a. Veränderungen nach den Berichten Mannlichs 81
  b. Der Bauverlauf nach den Baurechnungsakten 82
   aa. Der Außenbau: Ein Ehrenhofflügel in mehreren
     Bauabschnitten 82
   bb. Die Durchfahrt und das Treppenhaus 90
   cc. Der Altan 91
 3. Die Gestaltung der Innenräume 94
  a. Die Räume des Erdgeschosses 100
   aa. Das Appartement der Herzogin Maria Amalia mit
     Kompaniesaal und Bibliothek 100
   bb. Weitere Räume des Erdgeschosses 112
   cc. Die Wachtstuben 113
  b. Die Räume des ersten Obergeschosses 115
   aa. Die Paradezimmer 117
   bb. Der Kompaniesaal des ersten Obergeschosses 122
   cc. Das Appartement des Herzogs 124
   dd. Die Silberkammer 130
   ee. Ball- oder Tanzsaal 132
   ff. Der kleine Bildersaal oder kleine Speisesaal 134
   gg. Der große Bildersaal 138
   hh. Gobelinzimmer 140
   ii. Die beiden Kabinette zum Altan 140
   jj. Gelbes Zimmer, Blauer Saal, Blaues Eckkabinett und
     einige unbenannte Räume 142
   kk. Kapelle 144
  c. Die Räume in der Mansarde 145
   aa. Das Appartement der Freifrau von Esebeck 147
   bb. „*Im tritten stock alwo der prins Loschirt*" 148

IV. Der Plan zur Versetzung des Jägersburger Schlosses 149
 1. Herzog Carl II. August und Jägersburg – die ersten Jahre 149
 2. Der Generalüberschlag zur Versetzung des
  Jägersburger Schlosses 153
 3. Die Einordnung des Zeitpunkts der Versetzungsidee und
  das weitere Schicksal des Jägersburger Schlosses 156

V. Der südliche Ehrenhofflügel 161
 1. Die Erbauung des „*sogenanten Schweighofers fliegel*" 161

  a. Der Verlauf des Ausbaues an Hand von Details
   der Rechnungen 165
   aa. Die erste Ausstattungsphase 167
   bb. Die zweite Bau- und Ausstattungsphase ab 1787 172
   cc. Anmerkungen zum Cour d'honneur 179

VI. Der Straßenflügel – Ein Bau für die Sammlungen 181
  1. Erbauung des Flügels ‚linker Hand der Wachtstube'......... 183
   a. Das erste Obergeschoss 184
   b. Die Mansarde................................... 186
   c. Die Treppenhäuser 190
   d. Der Verbindungsbau.............................. 192
  2. Die herzoglichen Privatgemächer im neuen Flügel 194
   a. Die Räume des Herzogs in der Mansarde 194
   b. Das neue Appartement des Herzogs – oder
    „son bel appartement au premier Etage" 197
   c. Das Badeappartement des Herzogs 200
  3. Räume für die Sammlungen des Herzogs 205
   a. Das Naturalienkabinett des Carlsbergs 205
    aa. Die Einrichtung des Naturalienkabinetts im
     neuen Flügel 207
    bb. Die Bestände des Kabinetts..................... 214
    cc. Ursprünge der Naturalienkabinette 218
    dd. Das Schicksal der Carlsberger Sammlung........... 220
   b. Die große Bibliothek 221
   c. Die Büchsenkammer 229
  4. Die Schilderhäuser des Schlosses 232

VII. Die Bildergalerie 234
  1. Die erste Bildergalerie und der Anbau für die Kunstbibliothek –
   Ihre Entstehung nach dem Quellenmaterial................ 237
  2. Die Rotunde, oder der *„Temppel auf dem Carels Berg an
   der Bilter Gallery"*..................................... 253

VIII. Der *„Lange Gang"* – Die Erweiterung der Bildergalerie 258

IX. Das Schlossgitter 273
  1. Zur Gestalt des Schlossgitters auf den beiden
   zeitgenössischen Abbildungen.......................... 278
  2. Der Verlauf der Arbeiten am Schlossgitter nach den Bauakten . 280
   a. Die Finanzierungs- und Ausführungsproblematik des ersten
    Schlossgitters von Schlossermeister Wolf 280

      b. Das zweite Schlossgitter von Schlossermeister Bubong 283
   3. Das Aussehen des Gitters nach Detailangaben der Akten 287

B. Architektur der umgebenden Schlossbauten
  I. Das Orangeriegebäude auf dem Carlsberg.................. 291
   1. Die Baugestalt der Carlsberger Orangerie................ 291
     a. Beschreibung der erhaltenen Reste 292
     b. Das Aussehen der Orangerie nach bildlichen Quellen...... 296
     c. Die Verwandtschaft des Mittelrisalits der Carlsberger Orangerie
       mit der Fassade des Zweibrücker „Neuen Rathauses" 298
       aa. Das „neue Rathaus" in Zweibrücken................ 299
       bb. Mannlichs Kenntnisse antiker Architektur 302
   2. Erkenntnisse über die Carlsberger Orangerie aus
     Archivmaterial....................................... 304
     a. Bau- und Funktionsgeschichte der Carlsberger Orangerie .. 304
       aa. Die Schweizerei................................. 305
       bb. Die Arrestantenzellen und andere Funktionen
          der Kellergewölbe 308
       cc. Die Orangerie als Pflanzenhaus.................... 310
       dd. Wohnungen und Werkstätten in der Orangerie 312
       ee. Die letzte Aufgabe: Der Umbau zur Kaserne 318
     b. Prägende Baudetails des Außenbaues 319
       aa. Tore der Orangerie............................... 319
       bb. Die Fenster und die Fassadengliederung 322
       cc. Das Dach 334
     c. Details des Innenbaus: Treppen und Stiegenhäuser........ 336
   3. Definition des Begriffs der Orangerie und deren Bedeutung... 337
     a. Die Zitrusfrucht und ihre Bedeutung als Frucht der Gärten
       der Hesperiden...................................... 337
     b. Die Orangerie als Pflanzensammlung 338
     c. Die Orangerie als Gebäude 340
   4. Varianten der Anordnung einer Orangerie im Kontext eines
     Schlossbaues und deren unterschiedliche Bautypen 341
     a. Die Orangerie als Teil des Schlossbaues 341
     b. Die Orangerie als Rahmung des Schlossparterres......... 342
     c. Die Orangerie mit eigenem Orangeriequartier 342
     d. Die Orangerie als Lustschloss 342
   5. Die Einordnung der Carlsberger Orangerie................ 344
     Der Typus der Carlsberger Orangerie hinsichtlich
     des Standortes 344

          6. Orangenkästen für die Orangerie 347
          7. Das Komödienhaus an der Orangerie 351
             a. Das Zweibrücker Gesellschaftstheater und dessen
                Auswirkungen auf das Carlsberger Komödienhaus 352
             b. Das Homburger Komödienhaus 359
             c. Das Hoftheater auf dem Carlsberg 360
                aa. Zeitgenössische Schriftquellen 360
                bb. Hinweise aus den Archivalien 363
          8. Der Rundbau hinter der Orangerie – Beispiel eines ephemeren
             Festbaues 369
             a. Die Aquarelle Mannlichs 370
             b. Die Beschreibung bei Mannlich und Hinweise weiterer
                zeitgenössischer Schriftquellen und Akten 374
             c. Vorbilder der Festidee und des Baues 379

    II. Die Treibhäuser 383
        1. Bildmaterial von Carlsberger Treibhausbauten 383
        2. Aktenmaterial zu Treibhäusern auf dem Carlsberg 385
           a. Das Treibhaus des Gärtners Reichard nördlich des Schlosses 386
           b. Das Ananasgewächshaus des Gärtners Reichard 389
           c. Der Garten des Hofgärtners Bischof 390
              aa. Das erste Treibhaus im holländischen Garten 390
              bb. Das ‚eilige' Treibhaus 394
              cc. Das Lorbeerhaus 395
           d. Blumentreibhaus, Feigenhaus und weitere Treibhäuser 396
           e. Carlsberger Treibhauspflanzen und -früchte 397
        3. Funktion und Beschreibung eines Treibhauses 398

    III. Eisgruben und Eiskeller 401

    IV. Anmerkungen zu Brand- und Blitzschutzmaßnahmen 412
        Die Wetterleiter – Zu den ‚Hemmerschen Fünfspitzen' 412

C. Parkarchitekturen und Anlagen
    I. Die Bauten im Umfeld des Schlosses im Carlsberger Garten 418
        1. Das Seidenhasenhaus 418
        2. Das Lusthaus des Prinzen 422
        3. Zum Nutzen und zur Lust – über die Bienenhäuser
           am Carlsberg 426
        4. Das „Vogel hauß hinder dem schloß" 431

5. Die Eremitage – „und witter abgebrochn und Ins carels Lust gesteld" 434
6. Der „*Weyher unter dem Carlsberg*" 439
   a. Der Weinberg, das Weinbergshäuschen und der Monopteros 444
   b. Die Felseninschrift am Carlsberger Weiher 450
7. „*Daß Schiß Hauß auf dem Carlsberg*" und die Wildschweinschütte 454
8. Die ‚Wasserkunst' hinter dem Schloss und die Hirschmonumente 460
9. Der Rosengarten 465

II. Bauten und Anlagen der Carlslust 468
  1. Das Chinesische Haus in der Carlslust 468
    a. Chinoiserien 468
    b. Das chinesische Haus in der Carlslust 475
  2. Der Heuwagen – Ein „Maskeradengebäude" der Carlslust 477
  3. Der Tschifflik-Pavillon 482
    a. „Turquerien" an deutschen Höfen 482
    b. Die türkische Mode im Herzogtum Zweibrücken und die dortige Tschifflik-Anlage 484
    c. Tschifflik am Carlsberg 491
    d. Ein Pavillon zieht um 493
    e. Details zum Bau des Tschifflik-Pavillons 496
    f. Standort und Funktion des Carlsluster Tschifflik-Pavillons . 501
  4. Der Zeltbau in der Carlslust 506
  5. Die ‚Drei Pavillons' – ein Lusthaus in der Carlslust 513
  6. Die Voliere in der Carlslust 520
  7. Die Wasserkunst: Vom stehenden und springenden Wasser in der Carlslust 528
    a. Die Kaskade in der Carlslust 529
    b. Die heutigen „Schwanenweiher" 539
  8. Die Menagerie in der Carlslust 548
    a. Erhaltene Überreste der Menagerie in der Carlslust 550
    b. Details aus den Akten – Der Menagerie erster Teil und ihre Bewohner 553
    c. Details aus den Akten – Die Erweiterung der Menagerie und ihre Bewohner 560
    d. Vorbilder der Carlsberger Menagerie 565
    e. Die Bedeutung der Menagerie und ihr Ende 569

D. Biographien der Gärtner, Baumeister und Handwerker

I. Die Gärtner am Carlsberg 573
1. Die Tätigkeit der Gebrüder Sckell am Carlsberg........... 574
2. August Petri – Der Vater..................................... 579
3. Adjunctus Bernhard Petri – Das aufstrebende Talent 584
4. Der „Gemüsgärtner Reschreuter" 587
5. Hofgärtner Ludwig Reichard................................. 588
6. Hofgärtner Wilhelm Bischof – Der ‚holländische Gärtner'.... 589
7. Anton van Wynder aus Schwetzingen 592
8. Die Gärtner Franz Lorraine und Daniel Esser 593

II. Die Baumeister am Carlsberg 595
1. Johann Christian von Mannlich.............................. 595
2. Christian Ludwig Hautt und seine Ämter 607
3. Johann Leonard Krutthofen und seine Aufgaben am Carlsberg 616

E. Anhang

I. Erläuterungen zum Text 625
II. Verzeichnis der Handwerker 625
III. Quellentranskription (Aktenauszüge) 639
1. Luisenhof.. 639
   a. Bayerisches Hauptstaatsarchiv: Abt. IV 639
   b. Kaufvertrag 640
2. Stall, Reitschulgebäude und Kutschenremisen 642
   a. LA Speyer, Best. B3, Nr. 2965, #4696, Vertrag für den Maurer 642
   b. LA Speyer, Best. B3, Nr. 2965, #4697, Versteigerung des Vertrages 644
   c. LA Speyer, Best. B3, Nr. 2965, #4698 645
   d. Reitschule.. 646
3. Corps de Logis und dessen Vergrößerung 649
   a. LA Speyer, Best. B3, Nr. 2648, #1581 649
   b. LA Speyer, Best. V24 Nr. 2, Nachlassakte Wahl......... 650
4. Nördlicher Ehrenhofflügel................................. 651
5. Schlossgitter... 658
6. Der Schlossflügel des Maurers Schweighofer 660

      7. Orangerie 663
          a. LA Speyer, Best. B3, Nr. 2965, #4707 663
          b. LA Speyer, Best. B3, Nr. 2965, #4841 666
      8. Gärten. 667
      9. Tschifflik 668
          a. LA Speyer, Best. B3, Nr. 2580 668
          b. LA Speyer, Best. B3, Nr. 2576 671
    10. Menagerie 673
    11. Küchenbau 675

Glossar 677
Quellenverzeichnis 691
Literaturverzeichnis 699
Abbildungsverzeichnis 729
Orts- und Sachverzeichnis 743

Quellenlage und Forschungsstand

Einleitung und Quellenlage

Von Schloss Carlsberg bei Homburg, entstanden im ausgehenden 18. Jahrhundert unter Herzog Carl II. August von Pfalz-Zweibrücken, sind heute nur noch einige Ruinen in einer Waldlandschaft erhalten. Die ehemals weitläufigen Gartenanlagen, die ursprünglich das Schloss umgaben und im 19. Jahrhundert aufgeforstet wurden, sind mit Ausnahme des so genannten „Karlsbergweihers" und einiger Felsformationen und Geländeterrassen verschwunden. Auch im Park der Carlslust, ein gutes Stück Weges vom ehemaligen Schloss entfernt und ebenfalls inmitten einer dichten Waldlandschaft gelegen, verweisen nur noch einige Ruinen und Teiche auf eine vormalige Gartenanlage. Nur dem aufmerksamen Beobachter erschließen sich die großflächigen, künstlich angelegten Geländestrukturen, Wege, Terrassierungen und Plätze mit größeren Ansammlungen behauener Steine und Schieferbruch.

Die Schlossanlage existierte von 1777 bis 1793 und wurde innerhalb dieses Zeitraumes beständig verändert und vergrößert. Nach der Zerstörung am 28. Juli 1793 prägten schon bald Erzählungen die Erinnerung daran. Schilderungen über das ehemalige Schloss und seinen Erbauer hatten jedoch unterschiedliche Intentionen und kamen entsprechend zu abweichenden Ergebnissen. Schon früh setzte eine Form von Legendenbildung um die Entstehung und Ausstattung des Schlosses und seiner Gärten ein. Begriffe wie der des „Feenschlosses"[1] waren bald fester Bestandteil der Carlsbergliteratur und wurden vielfach wiederholt.[2]

Friedrich Aulenbach berichtete 1874 von verschwundenen Schätzen und Wunderwerken, von Prachtgebäuden eines imponierend prunkenden Schlosses, „von dem palastähnlichen Orangerie-Hause, den geschmackvollen großen Gärten und Parkanlagen; von den Tempeln und Pavillons mit ihren vergoldeten Dächern, gestützt auf Porphyrsäulen […]."[3] Ludwig Molitor wusste 1885 von „an das Märchenhafte grenzenden Anlagen" und von einer Ausstattung des Schlosses, deren „Reichthum der mit dem seltensten Geschmack angebrachten Vergoldun-

---

[1] Knigge, Adolf Freiherr von: Beschreibung des Carlsberges vom 11. März 1792, zitiert nach BECKER, Karlsberg, S. 10.
[2] Als pars pro toto sei hier der Artikel von Gottfried von Böhm genannt: BÖHM, Mannlich, S. 221, wo dieser Begriff ohne Angabe seiner erstmaligen Verwendung verwendet wird. „Mannlich entwarf den Plan zu dem Schloß auf dem Karlsberg, das wie ein Feenpalast entstand und verging […]."
[3] AULENBACH, Aus vergangenen Tagen, S. 145.

gen sowie der Spiegel und Kronleuchter" das Auge blendete.[4] Lohmeyer schließlich beschrieb das Schloss schon als „die größte Landesresidenz Europas", deren Bauten sich in einer Breite von mehr als einem Kilometer aneinander reihten.[5] Dazu kamen Bezeichnungen wie die „letzte, großartigste, phantastischste Schloßanlage des alten Reiches."[6] So übertrumpften sich die Superlative, ohne dass den bereits vorliegenden Quellen und Erkenntnissen Entscheidendes hinzugefügt werden konnte. Ergänzt wurde die Legendenbildung um das Schloss schließlich noch durch die Fantasie der Romanschriftsteller,[7] die den Carlsberg thematisierten. Die Problematik der fortgesetzten Legendenbildung um den Carlsberg und seiner Anlagen, des beständigen Rückgriffs auf weitgehend gleich bleibende Quellen sowie die verwendeten Begrifflichkeiten bildeten fortan eher ein Erschwernis denn eine Erleichterung einer kunsthistorischen Auseinandersetzung. Auch neueste Publikationen greifen auf diese Formulierungen zurück.[8]

Eines der vordringlichsten Probleme stellte bislang stets das Fehlen von Bau- und Gartenplänen oder sonstiger Zeichnungen dar, die man als Korrektiv hätte heranziehen können. Eine Belebung der Forschung erfuhr der Carlsberg 1953, als das staatliche Konservatoramt Ausgrabungsarbeiten begann, deren technische Leitung und wissenschaftliche Auswertung Wilhelm Weber innehatte.[9] In diesem Zusammenhang wurden erstmals Vermessungen des ergrabenen Mauerwerks erstellt, die jedoch teilweise erst 1987 veröffentlicht wurden. Eine Bestandsaufnahme des Gartenbereiches, insbesondere der Carlslust durch den Landschaftsarchitekten Peter Jordan, welche vom Konservatoramt 1999 in Auftrag gegeben worden war, beschäftigte sich mit ausschließlich von Menschenhand geschaffenen und vor Ort sichtbaren Geländestrukturen, die auf die Anlage des Parks im 18. Jahrhundert zurückgingen.

Als neuer Ansatz für diese Arbeit diente daher Akten- und Archivmaterial unter Einbeziehung und kritischer Überprüfung der bisherigen Erkenntnisse. Es war

---

4 MOLITOR, Vollständige Geschichte, S. 485.
5 LOHMEYER, Südwestdeutsche Gärten, S. 130. An anderer Stelle bezeichnet Lohmeyer das Schloss als das „gewaltigste, phantastischste und ungehemmteste Garten- und Schloßbauunternehmen, welches das 18. Jahrhundert überhaupt auf dem Kontinent gesehen." Zitiert nach WEBER, Schlossanlage, S. 8.
6 DEHIO/GALL, zitiert nach WEBER, Schlossanlage, S. 6.
7 PASQUÉ, Ernst, Der Karlsberg, Homburg 1902. Dieser Roman erschien in etlichen Auflagen und sein Interesse galt gerade nicht den historischen Fakten. Trotzdem oder gerade deswegen verankerten sich einige Details dieses Romans ganz besonders im Bewusstsein der hiesigen Bevölkerung. Weniger Beachtung fand dagegen der Roman von GRAU, Franz, Serenissimus, Essen 1940.
8 Als Beispiel dafür steht JUNKER-MIELKE, Verborgene Schätze, S. 88.
9 „Werden die alten Mauern ihr Schicksal preisgeben?" Pfälzer Merkur, 27. August 1953.

daher ein erklärtes Ziel der Arbeit, entgegen der allgemeinen Annahme, die Fundorte seien erschöpft,[10] neue Quellen zu erschließen. Die intensive Suche in den Archiven und Bibliotheken von Saarbrücken, Zweibrücken, München, Darmstadt, Berlin, Karlsruhe und Speyer förderte ungeahnt umfangreiches Material zutage, das bis zu diesem Zeitpunkt weder entdeckt, publiziert, noch ausgewertet worden war.

Insbesondere die Archive in München und Speyer stellten sich als Fundorte großer Aktenkonvolute heraus, auf deren Zusammenhang mit den Carlsberger Bauten die Bezeichnungen in den Findbüchern zunächst nicht hatten schließen lassen. Auch einige Zeichnungen, die bisher unbekannt waren oder als verschollen galten, konnten noch aufgefunden werden. In Speyer gehörten zu den neuen Funden besonders umfangreiche Aktenkonvolute, die einige tausend Rechnungsurkunden der am Carlsberg beschäftigten Handwerker enthalten, in welchen teilweise detailgenau ihre Tätigkeiten beschrieben werden. Auch die Bücher des Baumagazins und die Rentkammer-Bauprotokolle sind für einige Jahre der Bautätigkeiten am Carlsberg erhalten.[11] In München fanden sich Archivalien, die über Personalangelegenheiten, einzelne Verordnungen, die Zerstörung des Schlosses und Hinterlassenschaften des Herzogs Auskunft geben. Die Fundstellen mussten nun über lange Zeiträume hinweg gesichtet, exzerpiert und thematisch geordnet werden, bevor sie sich einer weiteren Bearbeitung überhaupt erschlossen.[12] Sie werden vorliegend zum größten Teil erstmals publiziert.

Ziel der Forschungen war es, mit Hilfe dieses Materials die Bau- und Entstehungsgeschichte des Schlosses und seiner Gärten erstmals in einer zeitlich nachvollziehbaren Reihenfolge darstellen zu können. Genaue Anfangs- und Fertigstellungsdaten von Bauwerken konnten nun, im Gegensatz zu den bisherigen generalisierenden Jahresangaben und summarischen Aufzählungen, Auskunft über die Reihenfolge ihrer Entstehung geben. Daraus ergaben sich wiederum neue Erkenntnisse darüber, dass zu fortschreitenden Zeitpunkten wechselnde Vorstellungen über die Baufunktion des Carlsberges existierten.

---

10 „Die Geschichte des Karlsberges ist noch nicht geschrieben […]. Die Ursachen dafür sind leicht zu erkennen: gar zu schwer sind die Schäden, die die Franzosenzeit dem Zweibrücker Archiv zufügte; besonders die Bauakten müssen von wenigen Trümmern abgesehen, als verloren gelten." DRUMM, Baumeister.

11 Die Rechnungsbücher und Archivalien sind leider nicht mehr vollständig erhalten, da sie zum Teil durch Feuchtigkeit und damit zusammenhängendem Schimmelbefall nicht mehr ausgehoben werden dürfen, ohne als gesundheitsgefährdend eingestuft zu werden. Teilweise ließen sich Blätter nicht mehr trennen, die zu einem Zeitpunkt ihres Transports oder der Lagerung feucht geworden waren. Einige Bücher und Jahrgänge sind ganz verloren.

12 Es ist an dieser Stelle wichtig zu erwähnen, das selbst der derzeitige Stand der Archivsuche nicht als abgeschlossen angesehen werden kann, sondern lediglich eine Beschränkung auf die Ziele dieser Arbeit darstellt.

Darüber hinaus konnte mit Hilfe der Quellen festgestellt werden, welche Bauten überhaupt errichtet worden waren, da insbesondere im Zusammenhang mit den Gärten oftmals Bauwerke aufgezählt wurden, für deren Existenz es bisher keinen quellenkundlichen Beleg gab. Umgekehrt gaben die Akten Auskunft über Gebäude und Einrichtungen, von deren Vorhandensein man bisher keine Kenntnis hatte und klärten vielfach über ungeahnte Details auf, wozu nicht zuletzt ganze Raumfolgen und deren Einrichtungen gehörten. Leider existieren im Umfeld des Schlossgartens auch weiterhin Mauerreste, die nicht mit den Benennungen in den Handwerkerrechnungen in Deckung zu bringen waren. Sie müssen bis zur Auffindung weiteren Materials unbenannt bleiben.

Eine weitere Aufgabe dieser Arbeit war es, die herausgearbeiteten Erkenntnisse aus dem Archivmaterial in einen breiteren kunsthistorischen Kontext einzufügen. Bisherige Ergebnisse ergaben sich oftmals aus einer fokussierten Betrachtungsweise, die Vergleiche mit zeitlich bedingten Strömungen, Moden und Zeitstilen außer Acht gelassen hatte.

Auch hinsichtlich der architektonischen und gartenkünstlerischen Aufgaben am Carlsberg hatte sich in der Literatur vieles im Laufe der Zeit und mit der Häufigkeit der Wiederholung zu Tatsachen manifestiert, die ab einem bestimmten Zeitpunkt nicht mehr hinterfragt wurden. Dazu gehören beispielsweise die Aufgabenverteilung und biografische Details der Baumeister Mannlich, Hautt und Krutthofen. Zudem sollte untersucht werden, welche Gärtnerpersönlichkeiten am Carlsberg tätig waren, um auch diesbezüglich einen Beitrag zu deren Biografien zu leisten, da von einigen bisher lediglich die Namen bekannt waren. Daraus resultierend ergab sich auch die Lösung der Frage, ob die Parkanlagen des Carlsberges auf die Arbeit Ludwig von Sckells zurückzuführen sind.

Die Vielzahl der neu entdeckten Archivalien führte zu einer Fülle neuer Erkenntnisse über einen Schlossbau, dessen Bedeutung und Existenz einer weiteren kunsthistorischen Untersuchung kaum noch zugänglich schien. Die Ergebnisse der vorgenommenen Forschungen stellen vielfach nicht nur grundlegende Ergänzungen zu bisherigem Wissen dar, sondern stehen oftmals in Widerspruch zu bisher als gesichert angenommenen Thesen. In der Zusammenführung mit Grabungsergebnissen der jüngeren Zeit zeigte sich jedoch, wie genau sich das Archivmaterial mit den Befunden deckte.[13] Gleichzeitig wurde deutlich, dass auf Grund der Komplexität der Schlossanlage und der Masse des noch existierenden Materials nur ein Teilbereich untersucht werden konnte. Es schien mir daher sinnvoll, mich auf jene Bauten zu beschränken, die zum repräsentativen Schlossbereich und zu den Gartenanlagen gehörten, und zu denen in den Akten neue Erkenntnisse gewonnen werden konnten. Die große Anzahl utilitärer Bau-

---

13 Dies wurde insbesondere bei der Orangerie und dem neu ergrabenen Kaskadenbecken deutlich.

ten, die zu jener viel zitierten langen Reihe der Bauten auf dem Berg gerechnet werden, wozu Lazarett- und Kasernenbauten sowie Kutschenremisen, Ställe, Wagnerei, Torfschuppen, Jägerhaus, Bierbrauerei, Wasserleitung und Brunnenhäuser sowie viele weitere Bauten zählten, bleiben in Anbetracht des Umfangs der Arbeit und einer sinnvollen Beschränkung unbearbeitet.

Diese Quellenstudien zur Baugeschichte des Schlosses Carlsberg sollen ein Beitrag dazu sein, dass das Schloss unter erneuter Hinzuziehung und „Mitarbeit" der damals tätigen Handwerker wieder entstehen und so neu bewertet werden kann. Die Arbeit soll die Bedeutung der Schlossanlage und der Gärten für die Region unterstreichen, gleichzeitig aber auch mit dem erarbeiteten Maßstab eine neue Form der Betrachtung ermöglichen.

Forschungsstand

Schloss Carlsberg hatte seit seiner Zerstörung 1793 nie aufgehört, die Menschen zu interessieren. Entsprechend erschienen, insbesondere seit dem Ende des 19. Jahrhunderts bis in die jüngste Vergangenheit, Aufsätze, Mitteilungen aus den Archiven, kleinere Miszellen, Essays sowie größere und kleinere Schriften zu zahllosen Teilbereichen dieses Themas. Eine Monografie über die Baugeschichte des Schlosses Carlsberg, die hauptsächlich auf archivalischen Quellen fußt, stand jedoch bisher aus.

Zwar wurden über das Schloss und die umgebenden Bauten, die Bildergalerie und die Gärten der Carlslust umfangreiche Arbeiten veröffentlicht, die den Carlsberg innerhalb der Reihe der Pfalz-Zweibrückischen Schlösser untersuchten. Deren Inhalte basierten allerdings lediglich auf stichprobenartig zu Rate gezogenen, zum Teil bereits veröffentlichten Archivalien, was teilweise völlig divergierende Ergebnisse zur Folge hatte. So wird beispielsweise bei Wilhelm Weber in seinem Buch „Schloss Karlsberg" die Baugeschichte nur summarisch abgehandelt. Ausgehend von einem zu früh angesetzten Anfangsdatum geht er, ebenfalls unzutreffend, von einer Fertigstellung des gesamten Schlosses schon im Jahr 1782 aus.[14] Ralf Schneider, der sich in jüngerer Zeit intensiv mit dem Thema befasste, kommt zwar zu dem Ergebnis, dass sich die Bauarbeiten bis 1785 hingezogen hatten, nimmt jedoch für die einzelnen Bauabschnitte unrich-

---

14 WEBER, Schloss Karlsberg, S. 166: „Die Abfolge lässt sich genau bestimmen. Die erste Etappe waren der Umbau und die Erweiterung des Corps de logis des ehemaligen Luisenhofes im Jahre 1776. Als zweiter Abschnitt folgte der Bau des südlichen Seitenflügels im Jahre 1777. Dritter Bauabschnitt: Anbau des nördlichen Seitenflügels im Jahre 1778. Vierter Bauabschnitt: Der nach Norden führende Trakt im Jahre 1782."

tige Zeitfenster an.[15] Hinsichtlich der Verteilung der Räume innerhalb des Schlosses gibt es ebenfalls keine gemeinsame Schnittmenge.

Den Anfang dessen, was an Texten, die sich unter anderem mit dem Carlsberg beschäftigen, erscheint, bildet ein 1837 in Zweibrücken veröffentlichter Band über die Schlösser des Rhein-Kreises, der eine Lithographie und eine kurze Beschreibung des Schlosses wiedergibt.[16] In der Folge erscheinen mehrere kleine Zeitzeugenberichte.[17] Die „Rhapsodieen" Friedrich Aulenbachs, die den Carlsberg aus der Sicht eines Sammlers von Erinnerungen und damals bekannter Literatur schildern und mit Poesie umrahmen, sind in dieser Ausformung mehr der Literatur der Romantik verpflichtet als der Forschung. Aulenbach bietet aber als einzige Person, die den Carlsberg in der Jahrhundertmitte begeht und darüber schreibt, wichtige Details.[18] Umfassender geht Ludwig Molitor 1885 innerhalb seiner „Geschichte einer deutschen Fürstenstadt" auf die ehemals pfalz-bayerische Residenzstadt Zweibrücken, deren Herzöge und im Zuge dessen auch auf den Carlsberg ein.[19] Er greift dabei auf eine Vielzahl damals verfügbarer Quellen zurück, angefangen von den Reisebriefen Knigges[20] über Auszügen aus den örtlichen Archiven und Kirchenbüchern sowie dem Zweibrücker Intelligenzblatt bis hin zu Passagen aus den Memoiren Mannlichs, die damals bekannt, aber unveröffentlicht waren. Seine Zusammenstellung bildet heute noch ein wichtiges Nachschlagewerk. Leider gibt er oftmals wichtige Fundstellen nicht an, zumal er auf Quellen zurückgreifen konnte, die im Zweiten Weltkrieg verloren gingen.

Die Westpfälzischen Geschichtsblätter, 1897 erstmals als monatliche Beilage zur Zweibrücker Zeitung erschienen, entwickeln sich in der Folge zu einem wertvollen Organ für kleine und kleinste Beiträge. Über mehre Jahrzehnte hinweg werden schwerpunktmäßig Ereignisse, Orte und Personen der Zweibrücker Geschichte des 18. Jahrhunderts aufgearbeitet. Dazu zählen regelmäßig der Carlsberg und seine Bewohner. Diese Blätter erweisen sich über die Jahre als ein Fundus teilweise kleinster Details, die nirgendwo sonst erwähnt oder dargestellt werden.[21] Insbesondere die Zeitzeugen kommen in den Geschichtsblättern

---

15 SCHNEIDER, Schlösser. Für den Nordflügel gibt er eine Bauzeit von 1779 bis 1780 an, SCHNEIDER, Schlösser, S. 208; für den Südflügel nimmt er eine Entstehung von 1780 bis 1783 an. SCHNEIDER, Schlösser, S. 275.
16 NEUMANN, Schlösser.
17 Dazu gehört ein Bericht von Reichsrat Böcking über die Flucht des Herzogs vom Carlsberg, BÖCKING, Beitrag, S. 33–37, wie auch Fürstenwärthers Schilderung des Festes anlässlich der Hochzeit des Pfalzgrafen Maximilian, welches mit einem tragischen Feuerwerksunglück endete. FÜRSTENWÄRTHER, Gedächtniss, S. 63–70.
18 AULENBACH, Rhapsodieen.
19 MOLITOR, Vollständige Geschichte, S. 484–506.
20 KNIGGE, Briefe, Brief vom 11. Mai 1792.
21 Einen Schwerpunkt des Interesses bilden hier die Feierlichkeiten in Zweibrücken und auf dem Carlsberg „zu Ehren des neuvermählten Pfalzgrafen Maximilian und seiner Gemahlin Wilhelmine Auguste," die Rudolf Buttmann aus Augenzeugenbe-

oft zu Wort, so zum Beispiel der Zweibrücker Hofgärtner August Petri in „Mitteilungen aus Tagebuchartigen Aufzeichnungen des Herzoglich Zweibrückenschen Hofgärtners und Rates August Petri an seinen Sohn […]" aus den Jahren 1793 und 1794.[22] Auch die Aufzeichnungen des zweibrückischen Regierungsrates Ludwig Philipp Horstmann aus den Jahren 1789–1817 geben Auskunft über Geschehnisse in Pfalz-Zweibrücken und auf dem Carlsberg, gerade im Jahr 1793.[23]

Ähnlich verhält es sich mit der Zeitschrift „Pfälzisches Museum," in welcher ebenfalls kleine Beiträge zum Carlsberg und damit verklammerten Themen veröffentlicht werden. So wird 1915 eine später verlorene Porzellanplatte mit einer Ansicht des Schlosses samt einigen anderen Beständen des Speyerer Museums kurz vorgestellt.[24] Albert Becker veröffentlicht ebenfalls einige kleinere Berichte,[25] insbesondere den Beitrag über den Physiker und Meteorologen Johann Jakob Hemmer, auf den die Blitzableiter des Schlosses zurückgehen.[26]

Der Person des Herzogs widmen sich gleich mehrere Autoren, zumal sie stets mit der Entwicklung des Schlosses, der Gärten und vor allem der Sammlungen in Bezug gesetzt wird. Insbesondere sein Charakter wird in etlichen Beiträgen unterschiedlicher Autoren sehr kontrovers diskutiert.[27] Mit der Regierungszeit des Herzogs untrennbar verbunden ist dessen Aussicht auf das Erbe der beiden Kurfürstentümer Pfalz und Bayern und die damit verbundenen politischen Aspekte. Hans Ammerich widmet sich sowohl der Biografie des mit der pfalz-

---

richten von Zeitzeugen zusammenstellte. BUTTMANN, Feierlichkeiten. Auch Albert Becker widmet sich diesem Ereignis mit der Veröffentlichung eines Berichts der Hahnschen Zweibrücker Zeitung 1786. BECKER, Karlsbergunglück, S. 3 f. 1911 veröffentlicht man ein Dekret mit der Heiratserlaubnis des Herzogs für Mannlich sowie einen Auszug aus dem Kirchenbuch mit den Eintragungen seiner Eheschließung von 1777. PÖHLMANN, Eheschließung.

22 WERNHER, Geschichte.
23 BUTTMANN, Zweibrücken. Eine Veröffentlichung von Briefen Horstmanns skizziert die Vorgänge am Carlsberg und der ganzen Gegend nach der Besetzung durch französische Truppen. HV Saargegend, Franzosen, S. 26. Brief vom 20. Februar 1793.
24 SPRATER, Schloß Karlsberg.
25 BECKER, Erbauer.
26 BECKER, Hemmer.
27 So bescheinigte ihm Kurt Baumann einen „Charakter, der sich am besten pathologisch erklären lässt." BAUMANN, Pfalzzweibrücken, was er mit einem weiteren Beitrag über den Freiherrn von Stein und Zweibrücken noch unterstreicht. BAUMANN, Freiherr von Stein, S. 43. BAUMANN, Herzog. Becker dagegen bemüht sich um ein ausgewogeneres Bild. BECKER, Charakteristik, S. 213 ff. Eine nahezu völlige Rehabilitierung strebte dagegen Wilhelm Weber an. WEBER, Leszcinsky. Mit dem Nachlass des Herzogs, der teilweise in Mannheim zur Versteigerung kam, befasst sich eine Miszelle der Mannheimer Geschichtsblätter. Mannheimer Geschichtsblätter 1909, Spalte 16–19.

zweibrückischen Politik über Jahre befassten Johann Christian Freiherr von Hofenfels, als auch der finanziellen Misere des Herzogtums. Seine Untersuchungen erwiesen sich, nicht zuletzt aufgrund der Quellengenauigkeit, als sehr hilfreich. Wenn er jedoch feststellt, dass schon „wenige Jahre nach dem Baubeginn des Schlosses Karlsberg [...] fast keine Löhne mehr ausgezahlt werden [können],"[28] so gibt dies ein etwas verschobenes Bild der Realität dahingehend wieder, als er keine Kenntnis von jenen Urkunden der vielen Handwerker hatte, die den Erhalt ihrer Rechnungen quittierten, wenn auch oftmals mit Zeitverzögerung.

1909 erscheint ein Text mit dem Titel „Der Karlsberg bei Homburg", wobei es sich um „Gleichzeitige Schilderungen, gesammelt von Rudolf Buttmann" handelt, der alle Beschreibungen von Zeitzeugen zusammenstellt, angefangen mit der Erinnerung des Freiherrn von Knigge aus dem Jahr 1792 über Briefe des Zweibrücker Rektors Georg Christian Crollius an seinen Freund, den Hofrat Andreas Lamey in Mannheim bis hin zu Auszügen aus Archivalien und selbst übersetzten Passagen aus den Lebenserinnerungen Mannlichs.[29] Dabei wird ein kleiner Teil der Schriften erstmals einer breiteren Öffentlichkeit zugänglich gemacht. Im Jahr darauf erscheinen die Lebenserinnerungen Mannlichs in Berlin als gekürzte Übersetzung.[30] Mannlichs Erinnerungen stellen mithin eine der wichtigsten Quellen über das Leben eines Künstlers vor der Folie der Geschehnisse des ausgehenden 18. Jahrhunderts dar. Er unterrichtet über die Gepflogenheiten am Zweibrücker Hof unter Herzog Christian IV. sowie am Carlsberg unter Herzog Carl II. August ebenso wie über seine Tätigkeiten als Maler, Architekt und Retter der Carlsberger Kunstsammlungen.[31] Ein weiterer wichtiger

---

28 AMMERICH, Subsidien, S. 158.
29 BUTTMANN, Auszüge.
30 MANNLICH, Rokoko und Revolution 1910 und 1913. Mit unmerklich veränderten Schwerpunkten in einzelnen Passagen MANNLICH, Rokoko und Revolution 1966. Diese Lebenserinnerungen ziehen eine kurze summarische Zusammenfassung nach sich, die von Gottfried von Böhm in der Zeitschrift Bayerland veröffentlicht wurde. BÖHM, Mannlich.
31 „Das weite große Reich der Gedanken und Taten, von denen die zweite Hälfte des 18. Jahrhunderts und die ersten Jahrzehnte des folgenden Säkulums erfüllt sind, liegt hier vor uns ausgebreitet. Ein Schauspiel, unterhaltend und belehrend zugleich! Fürwahr, es gibt kein Gebiet menschlichen Denkens und Fühlens, das wir nicht an Mannlichs Seite durchwanderten, kein Kapitel der Sitten- und Kulturgeschichte, in dem wir nicht mit ihm blätterten, kein Ereignis jener Zeiten von weltgeschichtlicher Bedeutung, das nicht an unseren Augen vorüberzöge. [...] Was die Erinnerungen Mannlichs dem politischen und Kultur-Historiker, den Freunden der Kunst und der Natur bieten, das schließt sich wieder zu einem höchst fesselnden Gesamtbilde zusammen und gewährt jedem ohne Unterschied eine reiche Quelle schönsten und stets sich erneuernden Vergnügens." Eugen Stollreither in MANNLICH, Rokoko und Revolution 1913, S. V, VII.

Schritt zur Erforschung der Geschichte des Carlsberges ist schließlich die Herausgabe der Memoiren Mannlichs im französischen Originaltext durch Karl-Heinz Bender und Hermann Kleber.[32] Die Möglichkeit eines Abgleichs der ungekürzten französischen Originalausgabe mit den gekürzten und manchmal im Sinn leicht veränderten Übersetzungen führte dazu, dass wichtige Stellen für Datierungen oder Vorgänge bei Hof neu herangezogen werden konnten.

Johann Christian von Mannlichs Tätigkeit als Maler und als Architekt des Schlosses sowie als maßgeblicher Berater bei der Zusammenstellung der Bildersammlung stand stets im Blickpunkt des Interesses. Eine Dissertation über sein künstlerisches Schaffen wird 1932 von Edith Sichel veröffentlicht. In diesem Werk wird erstmals eine Reihe von Quellen über den Maler, Bau- und Galeriedirektor aus den Archiven zusammengetragen. Die Einbindung der Quellen in einen Fließtext ohne deren Kennzeichnung oder Zuordnung durch eine Fußnote erschwert jedoch das Nachvollziehen ihrer Schlüsse.[33] In ihrer Baubeschreibung stützt sie sich auf damals bekannte Darstellungen, wozu unter anderem die verschollene Speyerer Porzellanplatte zählt.[34] In Verkennung der Tatsache, dass es sich dabei um eine Idealansicht des Schlosses handelt, kommt sie hinsichtlich der Bauentwicklung und des endgültigen Aussehens zu unzutreffenden Ergebnissen. In mehreren Aufsätzen entsteht in den folgenden Jahren ein Disput über die Frage, ob Mannlich wirklich der Architekt ist, dem die Carlsberger Bauten tatsächlich zugetraut werden können, was in vorliegender Arbeit noch einmal klargestellt werden kann.[35] Eine weitere Dissertation, veröffentlicht 1955/56 von Bertold Roland, die sich mit den Pfalz-Zweibrückischen Malern des 18. Jahrhunderts befasst, bietet weiteres Quellenmaterial sowohl zu Mannlich, als auch zu anderen Künstlern, welche am Carlsberg tätig waren.[36] Diese Arbeit ist daher hauptsächlich zu Biografien und Tätigkeitsnachweisen sowie den dazugehörigen Fundstellen bedeutsam. Zu den Baumeister- und Künstlerbiografien am Carlsberg beschäftigter Personen bietet der Aufsatz Lohmeyers von

---

32 BENDER/KLEBER, Histoire, Bd. I und BENDER/KLEBER, Histoire, Bd. II.
33 SICHEL, Hofkünstler. Die Nummern der von ihr verwendeten Archivalien sind zwar in den Quellennachweisen aufgezählt, doch eine Zuordnung von Zitaten zu diesen Nummern ist nicht möglich.
34 S. zur Porzellanplatte und dem damit verbundenen Thema der Idealansicht Kap. A.IX.
35 S. zur Literaturlage des Streits um den Baumeister des Carlsberges WEBER, Schloss Karlsberg, S. 311. Zu diesem Thema s. Kap. D.II.1.
36 ROLAND, Maler. Roland gibt dazu die genauen Fundstellen in den Akten an und macht damit seine Recherchen nachvollziehbar. S. auch ROLAND, Malergruppe. In den folgenden Jahren veröffentlicht Roland eine Reihe von Beiträgen über Christian von Mannlichs Leben, seine Tätigkeit als Maler sowie kleine Funde aus den Archiven. Als Beispiele seien genannt: ROLAND, Ereignisse; ROLAND, Mannlich; ROLAND, Kunstsammlungen.

1957 wichtige Details,[37] die sich zwar oftmals als richtig erweisen, jedoch nicht mit Quellen belegt werden.

Zur Theatergeschichte im Herzogtum Pfalz-Zweibrücken, die sowohl mit dem Zweibrücker Gesellschaftstheater verbunden ist, welches von Mannlich errichtet wurde, als auch letztlich zum Komödienhaus auf dem Carlsberg hinführt, ist die Dissertation von Kurt Bregel mit vielen grundlegenden Recherchen eine unverzichtbare Quelle,[38] auf die in der Folge weitgehend zurückgegriffen wird.[39]

Die grundlegenden Erkenntnisse über die Geschichte und die verbliebenen Bestände der Carlsberger Bibliothek, die heute in der Staatsbibliothek Bamberg aufbewahrt wird, vermittelt Werner Taegert in seinen Aufsätzen.[40]

Schriften, die Schloss Carlsberg in umfassenderer Weise zum Inhalt haben, sind weniger zahlreich. 1926 wird im „Bulletin de la société des amis des pays de la Sarre" ein umfangreicher Aufsatz von Paul Brazier veröffentlicht, dem sorgfältige Recherchen zugrunde liegen, der jedoch von der hiesigen Forschung kaum rezipiert wird.[41] Brazier befasst sich mit der politischen Lage des Herzogtums, die er im Gegensatz zu den deutschsprachigen Schriften, durch Passagen aus französischen Briefwechseln und Kommentare ergänzt. Sein Hauptaugenmerk gilt jedoch dem Schloss. Von ihm stammt eine erste Baubeschreibung, die sich an den bekannten Darstellungen orientiert. Dieser Aufsatz stellt, trotz einiger unzutreffender Schlüsse, einen weiteren wichtigen Beitrag zur Carlsbergforschung dar, der durch seine umfangreichen Quellenangaben bis heute ein unverzichtbares Werk geblieben ist. Ein weiterer Autor, der sich um die wissenschaftliche Erforschung des Carlsberges sehr verdient machte, ist Albert Becker. Von ihm stammt eine Vielzahl kleinerer und größerer Aufsätze zu den Pfalz-Zweibrücker Bauten. Ein solcher Beitrag stammt aus dem Jahr 1933: „Vom Schloßbau in Jägersburg bis zum Ende des Karlsbergs."[42] Er zeigt anschaulich die Arbeitsweise Beckers, dessen Hauptanliegen es war, Archivalien zu heben und bekannt zu machen, um damit der Forschung neue Impulse zu geben. Neben Zeitschriftenaufsätzen stellt ein kleines Werk mit dem schlichten Titel „Karlsberg"

---

37 LOHMEYER, Hautt.
38 BREGEL, Geschichte. DERS., Theater, S. 474 ff.
39 Die Darstellungen Webers zu diesem Thema beruhen weitgehend auf Bregels Ergebnissen, vgl. WEBER, Schloss Karlsberg, S. 243 f.
40 TAEGERT, Geschichte.
41 BRAZIER, château. Er hatte zu diesem Zeitpunkt – neben bestimmten Literaturangaben – ein Aquarell des 12-jährigen Ernst Ruppenthal im Speyerer Museum entdeckt und vorgestellt (BRAZIER, château, S. 87), das über Jahre hinweg von der hiesigen Forschung nicht wahrgenommen wurde. Umgekehrt hatte er, wie aus seinen Quellenangaben hervorgeht, genaue Kenntnis der deutschen Literaturlage. Die ersten Revolutionsjahre und das Ende des Carlsberges wird dargelegt in BRAZIER, Carlsberg.
42 BECKER, Schlossbau.

aus dem Jahr 1934 eines seiner größten Verdienste dar. Darin veröffentlicht er neben den bereits bekannten Zeitzeugenberichten „Inventare, die Verzeichnisse des vorhandenen Bestands, die wir aus Akten des Bayerischen Kriegsarchivs zu München entnehmen konnten."[43] Dieses Schadensverzeichnis des Jahres 1793 stellt eine der wichtigsten Quellen zum Carlsberg dar und ermöglicht eine neue Betrachtungsweise des Schlosses und seiner Räumlichkeiten. Später ist es an Wilhelm Weber, dafür zu sorgen, dass dem Carlsberg ein neues Augenmerk geschenkt wird. So führt er eine erste Grabung vor Ort durch und kann die Grundmauern des Schlosses und den Ehrenhof sichtbar machen. Auch in der Carlslust ist er tätig. Allerdings existiert über diese Grabungen kein Grabungsbericht. Er widmet sich dem Carlsberg über viele Jahre hinweg in einer Vielzahl von Schriften: angefangen vom Charakter Herzog Carls II. August über dessen Familiengeschichte, die Bibliothek, die Antiken- und Gemäldesammlung bis hin zu den Gartenanlagen und einer eingehenden Beschäftigung mit Christian von Mannlich findet alles Eingang in seine Veröffentlichungen.[44] Darum ist es sein Verdienst, dass nach Jahren des Stillstandes ein neuer Impuls in die Forschung kommen kann. Zusammengefasst erscheint das Ergebnis seiner Untersuchungen 1987 in seinem Band „Schloss Karlsberg", der alle Schlossbauten Pfalz-Zweibrückens thematisiert, wobei der Schwerpunkt auf den Karlsberg gelegt wird.[45] Die Fülle des zusammengetragenen Bild- und Kartenmaterials machen das Buch zu einem wichtigen Nachschlagewerk. Einen deutlichen Schwachpunkt dieser Arbeit, deren wissenschaftlicher Anspruch vom Autor selbst unterstrichen wurde, stellt jedoch der Umgang mit den Quellen dar. Eine Vielzahl von Fußnoten enthält nicht den notwendigen Verweis zur Fundstelle, sondern weitere unbelegte Erklärungen oder Anmerkungen. Das Fehlen der Belege ist gerade an jenen Stellen besonders schmerzlich, an denen wichtige Thesen mit großer Bestimmtheit vorgetragen werden.[46]

Ähnlich verhält es sich mit den Arbeiten von Ralf Schneider. Ziel seiner ersten größeren Arbeit mit dem Titel „Johann Christian von Mannlich. Das architektonische Werk" soll es sein, den Nachweis des Einflusses der Architektur des

---

43 BECKER, Karlsberg.
44 So u.a. WEBER, Schlossanlage; DERS., Charakteristik; DERS., Kulturschätze 1962; DERS., Kulturschätze 1963; DERS., Werk; DERS., Schloss Karlsberg. Die vergessene Residenz; DERS., Am liebsten.
45 WEBER, Schloss Karlsberg.
46 Insbesondere im Kapitel zur Baugeschichte werden allgemeine Verweise auf das Landesarchiv Speyer (ohne Angabe einer Fundstelle) ergänzt mit dem Kommentar: „Fotokopien bei mir." WEBER, Schloss Karlsberg, S. 170. An anderer Stelle schreibt Weber zur Baugeschichte: „Die Abfolge läßt sich genau bestimmen." Für die Baudaten, die er in der Folge angibt, fehlt jedoch jeder Beleg. WEBER, Schloss Karlsberg, S. 166.

Carlsbergs auf die Architektur in München zu führen.[47] Dabei wird der Carlsberg fokussierend betrachtet, ohne ihn allerdings dabei in einen vergleichenden Kontext zu bringen. Darüber hinaus verzichtet er völlig auf die Angabe seiner Archiv- und Bildquellen, was diese Arbeit der wissenschaftlichen Nutzung entzieht. Als Bildmaterial gibt er dieser Veröffentlichung von ihm selbst erstellte, jedoch nicht belegbare Rekonstruktionsversuche bei. Eine weitere Veröffentlichung Schneiders aus dem Jahr 2003 hat die Schlösser und Landsitze der Pfalz-Zweibrückischen Herzöge zum Thema, wobei der Hauptschwerpunkt erneut auf dem Carlsberg liegt. Er übernimmt dabei weitgehend die zuvor veröffentlichte Arbeit, nunmehr durch Bildmaterial und etliche Textpassagen erweitert. Was diese Arbeit, wie auch seine Veröffentlichung zu den Gärten kennzeichnet, ist seine genaue Ortskenntnis. Diese führte zu Funden, die jedoch keiner Grabung oder Sicherung zugänglich gemacht wurden. Leider kann die Ortskenntnis, die zu vielen richtigen Feststellungen führte, auch hier die Mängel nur vereinzelt auftauchender Quellen und deren Belege sowie die Vernachlässigung einschlägiger Literatur nicht kompensieren. Nahezu alle Ergebnisse, die auf Quellenstudium beruhen und in der vorliegenden Arbeit erarbeitet wurden, so beispielsweise zur Baugeschichte, zu den Raumfolgen des Schlosses oder auch zur Bestimmung von Gebäuden der Carlslust, unterscheiden sich von jenen Schneiders.

Einen weiteren Forschungsschwerpunkt stellen die Gärten des Carlsberges und der Carlslust dar. 1927 stellt Franz Hallbaum in seinem Werk über Friedrich Ludwig von Sckell einen Bezug Sckells zum Carlsberg her, verweist aber gleichzeitig darauf, dass die Gärten und das Luxusmotiv der Menagerie nicht dem Stil des Gartenkünstlers entsprechen.[48] Karl Lohmeyer widmet 1937 den Gärten des Carlsberges einen längeren Abschnitt, indem er einmal mehr sämtliche bisher hinlänglich bekannten Textpassagen wiedergibt.[49] Ein Werk, das die Zweibrücker Gärten in den Mittelpunkt stellt, ist Beckers Beitrag „Schlossgärten um Rhein und Saar."[50] Allerdings zieht Becker, wie auch Lohmeyer, unter Berufung auf Hallbaum den Schluss, dass Friedrich Ludwig Sckell neben August Petri die bestimmende Gärtnerpersönlichkeit auf dem Carlsberg gewesen

---

47 SCHNEIDER, Mannlich, S. 94. Die Fragwürdigkeit dieser These formuliert Schneider in der Einleitung selbst: „Obwohl er in der bayerischen Metropole keines der großen und bedeutenden Bauwerke des 19. Jahrhunderts errichtet hat, ist sein Einfluß deutlich zu spüren." Das Fazit dieser Arbeit, „daß Zweibrücken (alleine durch dieses Theater [gemeint ist das Zweibrücker Gesellschaftstheater]) zur Wiege des Bayerischen Klassizismus wurde" bleibt denn auch bis zum Ende der Arbeit unbelegt. Vgl. SCHNEIDER, Mannlich, S. 193.
48 HALLBAUM, Landschaftsgarten, S. 150.
49 LOHMEYER, Südwestdeutsche Gärten, S. 131 ff. Auch der Aufsatz in DAHL/LOHMEYER, Zweibrücken, S. 92 ff. greift lediglich weitgehend Bekanntes wieder auf.
50 BECKER, Schlossgärten.

sei, was in dieser Form widerlegt werden konnte. Spätere Autoren wie Hannwacker, der sich erneut mit Sckell beschäftigt,[51] Weber[52] oder Dhom,[53] die beide die Gartengeschichte Pfalz-Zweibrückens thematisieren, greifen lediglich auf Erkenntnisse bisheriger Autoren zurück, ohne neues Quellenmaterial vorweisen zu können. Schneider befasst sich in einer Publikation ausschließlich mit den „Homburger Gärten des Herzogs Carl II. August von Pfalz-Zweibrücken."[54] Wieder ist die Ortskenntnis ein Merkmal dieser Veröffentlichung. Gleichzeitig tritt einmal mehr die Bereitschaft zu Tage, weitgreifende Thesen zu formulieren, ohne diese zu belegen.[55]

Zu den Arbeiten der jüngeren Zeit gehört das Gutachten des Landschaftsarchitekten Peter Jordan im Auftrag des Konservatoramtes. Dessen Ziel war es, die Überformungen der Landschaft am Carlsberg und in der Carlslust durch Menschenhand vor Ort festzustellen und zu dokumentieren, ohne dabei auf schriftliches Material zurückzugreifen. Insbesondere für die Carlslust nimmt er ein System der Sichtachsen und Beziehungen der baulichen Anlagen auf, die gleichzeitig zeigen, wie eng diese Anlagen an den Hängen eines einzigen Tals verteilt wurden. Zeitgleich dazu entsteht die Diplomarbeit von Stefan Ulrich, der darin ein denkmalpflegerisches Konzept für die Carlsberger Anlagen entwickelt.[56] Beide Arbeiten beruhen auf einer detailgenauen Untersuchung des Geländes. Parallel zu seiner Diplomarbeit hatte Ulrich die Grabungserlaubnis für eine Stelle der Carlslust erwirkt, wo er eine bauliche Anlage nicht nur vermutet sondern auch freilegen konnte. Im Jahr 2004 erscheint ein Aufsatz zur Bau- und Funktionsgeschichte der Carlsberger Orangerie, in dem die Ergebnisse einer Bauaufnahme durch Ulrich und eingebrachter Archivalien der Autorin zusammengeführt werden.[57] Im gleichen Jahr erscheint ein Überblick der Autorin über die Carlsberger Bauten.[58] Im laufenden Jahr 2006 stellt Ulrich die Fundamente eines Pavillons in der Carlslust fest, welche nach Vergleich mit den hier vorliegenden Aktenfunden als die der „Eremitage" identifiziert werden können. Im November 2006 sind neue Grabungen unter der Leitung von Ulrich am unteren Becken der Kaskade in der Carlslust im Gange, welche die hier erarbeiteten Ergebnisse bestätigen.

---

51 HANNWACKER, Sckell.
52 WEBER, Gartenkunst, S. 92 f. Einige Verweise Webers auf Aktennotizen bleiben jedoch ohne Fundstellenverweis.
53 DHOM, Regenten.
54 SCHNEIDER, Carlsberg – Carlslust.
55 Dazu gehört unter anderem seine Deutung der bisher in der Carlslust ergrabenen Pavillons, vgl. SCHNEIDER, Carlsberg – Carlslust, S. 364 ff.
56 ULRICH, Konzept.
57 SCHWAN/ULRICH, Orangerie.
58 SCHWAN, Schloss Karlsberg.

Legende

1 Karlsberger Hof
2 Monopteros
3 Felsenpfad mit Inschrift
4 Schlossauffahrt
5 Karlsbergweiher
6 Weinberg am Weiher
7 Wassermaschine
8 Sammlungsflügel
9 Schloss
10 Orangerie
11 Seidenhasenhaus
12 Schießhaus
13 Sauschütte
14 Eiskeller
15 Hirschwürzloch
16 Bienenhaus
17 Prinzenlusthaus
18 Appelallee
19 Vogeltränke
20 Volierenpavillon
21 Terrasse mit "Drei Pavillons"
22 Menagerie – Amphitheater (heute Bärenzwinger)
23 Heuwagen
24 Zelt
25 Tschifflikpavillon
26 Kaskade mit Tosbecken
27 Sammelbecken
28 Schwanenweiher
29 Menagerie – Erweiterung (Terrassen)
30 Eremitage
31 Chinoise

Schraffierte Gebiete: Hier können die durch Nummern gekennzeichneten Bauten dem jeweiligen Gebiet, aber keinem konkreten Platz zugeordnet werden.

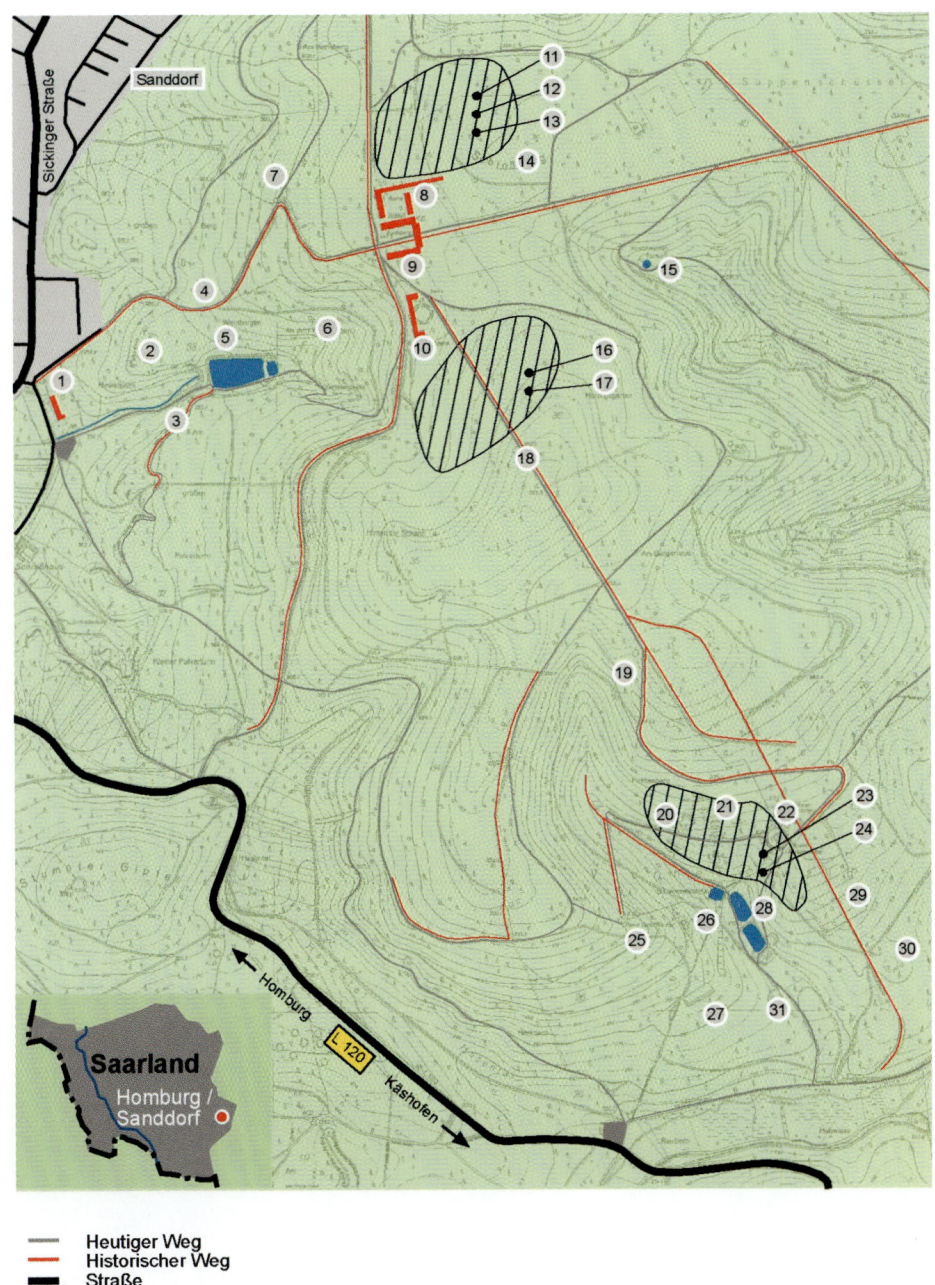

Abb. 1: Übersicht und geografische Lage
Grafische Erstellung des Plans: Markus Schindler, Homburg

A. Die Architektur des Schlosses

I. Der Luisenhof – ein Landgut auf dem Buchenberg. Der Ursprung des Carlsberger Schlosses

1. Die Anlage des Luisenhofes und dessen Erbauer

Der ursprüngliche Eigentümer und Erbauer des Hofgutes Luisenhof war General Carl von Closen (gest. 1764). Er stammte aus einer niederbayerischen Familie[59] und trat im Jahr 1757, nach einer militärischen Laufbahn in Österreich und Bayern, in die Dienste Herzog Christians IV., wo er seine Karriere im Regiment „Royal Deux-Ponts" fortsetzte. Nach seiner Hochzeit mit Marie Luise von Ese-

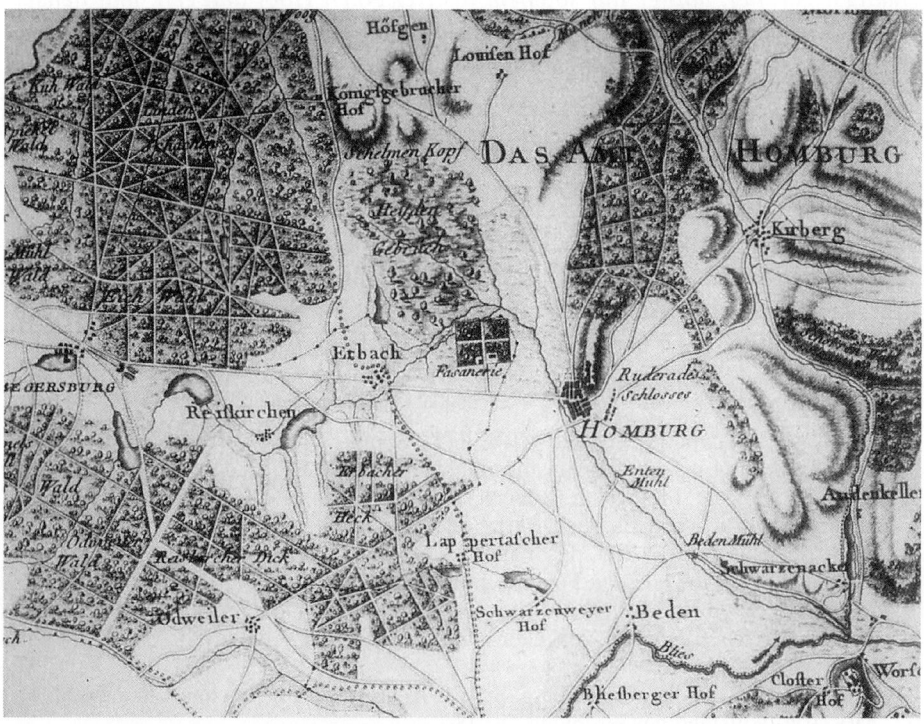

Abb. 2: Fritsch, Johann Theobald, Geometrische Karte über das Ober Amt Zweybrücken, nebst dem dazu gehörigen Amt Homburg (Ausschnitt).

---

59 MOLITOR, Vollständige Geschichte, S. 470. Zur militärischen Karriere des Baron von Closen s. BRAZIER, château, S. 70, Anm. 3.

beck, einer Schwester des pfalz-zweibrückischen Ministers Ludwig von Esebeck (1741–1798)[60], erwarb er für die Summe von 30.000 Gulden[61] den nordöstlich von Homburg gelegenen Buchenberg, in früher Literatur beschrieben als „umgeben von etwa 40 Juchterten angebauten Landes. Der Rücken des langgestreckten, ziemlich hohen Berges, der eine weite Rundsicht gewährt und einen Theil des Bliesgaues beherrscht, grenzt östlich an ausgedehnte, herrliche Buchen- und Lärchentannenwaldungen (Abb. 2)."[62]

Über das Datum und die Einzelheiten des Kaufgegenstandes berichtet eine Urkunde, die Anlegung des Buchenbergerhofes als ein freiadeliges Lehen betreffend,[63] dass der Kauf im Jahr 1761 getätigt worden sei.[64] Danach hatte Herzog Christian IV. *„dem Königl. Frantzösischen Marechal de Camps Hh. Carl Baron Von Closen einen ausgesteinten district Von 600 Morgen Herrschaftlichen ödes Gelände auf dem Vordern und hintern Buchenberg in der Vormahligen sogenannten Gemeinschaft bey Homburg gelegen, nebst 50 Morgen Land"* überlassen, auf dem er *„ein rechtes Erblehen dergestalten anzusetzen und einzugeben gnädigst geruhet, daß er auf solchem district einen Hoof anlegen, und denselben als ein freyadeliches Lehen inne haben und geniessen, keine abgaben und praestationen, sie mögen Nahmen haben wie sie wollen, als Schatzung, Frohnden, Zehenden und dergleichen davon entrichten, dabey den district mit gräben und Zäunen zu umschließen berechtiget seyn solle;"*[65] Diese Urkunde wurde am 23. Juli 1761 ausgefertigt und zur Unterschrift weitergeleitet.

In der Folge wurde ein stattliches siebenachsiges Hofgebäude mit zugehörigen Stallgebäuden errichtet, das zu Ehren der Gemahlin des Generals von Closen „Luisenhof" genannt wurde. Der Baubeginn kann wohl im Frühjahr des Jahres 1761 angenommen werden, da für den Monat Mai Bauholzlieferungen verzeichnet sind.[66] Weiter wird überliefert, ein Geiselhofmann namens Johann Hecking

---

60 MOLITOR, Vollständige Geschichte, S. 471. Mannlich berichtet in seiner Erzählung vom Kauf des Luisenhofes von ihr als der „belle soeur", also der Schwägerin von Caroline Auguste, Freiin von Esebeck, s. BENDER/KLEBER, Histoire, Bd. II, S. 202. Ludwig Friedrich von Esebeck, verheiratet mit Karoline Auguste Gayling von Altheim, der Mätresse des Herzogs, nahm nach dem Tod von Johann Christian von Hofenfels (1744–1787) dessen Position in der Leitung der auswärtigen Angelegenheiten des Herzogtums Pfalz-Zweibrücken ein. S. dazu NERI, Cetto, S. 17 ff. Mit frdl. Dank an Freiherrn Anton von Cetto. Zu Hofenfels s. Ammerich, von Hofenfels, S. 97–107 m.w.N.
61 MOLITOR, Vollständige Geschichte, S. 471. Auch zitiert in: BRAZIER, château, S. 70.
62 MOLITOR, Vollständige Geschichte, S. 484.
63 LA Speyer, Best. Zweibrücken I, A 981/1.
64 Anders bisher KAMPFMANN, Hofsiedlungen, Nr. 4, der als Jahr des Erwerbs 1762 annahm.
65 LA Speyer, Best. Zweibrücken I, A 981/1.
66 Die Rechnung wird zitiert bei WEBER, Schloss Karlsberg, S. 162; „Im Reskript Christians IV", ohne Quellenangabe.

habe die Obliegenheiten des Hofes versehen.[67] Nachdem General von Closen im Jahr 1764 verstorben war, heiratete seine Witwe den Oberst Gustav Henning Freiherr von Stralenheim (1719–1788)[68] und verlegte ihren Wohnsitz auf dessen Landgut nach Ditschweiler[69] in Lothringen. In der Folge geriet der Luisenhof allmählich in Vernachlässigung.

2. Die Inszenierung eines Ortes mit Hilfe der Idee des „Dörfchens"

Über die Umstände, unter welchen Herzog Carl August (Abb. 3) jenes Hofgut kennen lernte, welches die nunmehrige Gräfin Marie Luise von Stralenheim gerne gewinnbringend verkauft wissen wollte, informiert Johann Christian von Mannlich im Detail.[70] Demnach wurde auf dem Gelände des Luisenhofes von der Schwägerin der Hofbesitzerin und Maitresse des Herzogs, Freifrau von Esebeck,[71] bei strahlendem Wetter ein Imbiss für eine kleine Gesellschaft

Abb. 3: Herzog Carl II. August
Tabaksdose mit Miniatur aus Schloss Aschach

---

67 KAMPFMANN, Hofsiedlungen, S. 16.
68 KAMPFMANN, Hofsiedlungen, S. 16, geht von einer Eheschließung im Jahr 1770 aus; anders hingegen KINZINGER, Die Stralenheims, S. 6: „1766 vermählte er sich in Zweibrücken mit Marie Luise, geborene Freiin von Esebeck, die ihrem Mann ein beträchtliches Vermögen mit in die Ehe brachte".
69 Bei Cocheren in der Nähe von Forbach gelegen, damals ein Gebiet unter der Hoheit der Grafen von der Leyen.
70 Französischer Originaltext Mannlichs: BENDER/KLEBER, Histoire, Bd. II, S. 202. In Übersetzung erstmals veröffentlicht: BUTTMANN, Auszüge, S. 13 ff. Übersetzt in großen Teilen in: MANNLICH, Rokoko und Revolution 1913, S. 336 f. Ebenfalls zitiert in: SCHNEIDER, Mannlich, S. 132 ff.
71 Caroline Auguste von Esebeck (geb. um 1741–44, gest. 1823). Zur Obristhofmeisterin der Herzogin Maria Amalie s. Westpfälzische Rundschau 1964/65, Beitrag zur Heimatkunde: Obristhofmeisterin der Herzogin. Folgen 1–6. FISCHER, Esebeck, S. 226 f.

organisiert. Die Familie des Pächters samt Mägden und Knechten sei im Sonntagsstaat zur Arbeit erschienen. Mannlich beschrieb außerdem, man habe eigens „die schönsten Kühe dort hinbringen lassen. Milch, Rahm und Butter fand man köstlich. Das Wetter war herrlich; weit schweifte der Blick auf die schöne, fruchtbare und abwechslungsreiche Landschaft."[72] Mitglieder des Hofes nahmen ebenso an diesem Picknick teil wie ein Arzt namens Rosé, der sich „wie aus Zufall dort eingefunden hatte"[73] und man überbot sich gegenseitig, den Ort in seiner Ruhe und Behaglichkeit und gleichzeitig ob seiner günstigen Lage zu loben. Auch wurde er als der Gesundheit außerordentlich zuträglich befunden. Es bedurfte einer ausgesuchten Strategie, eben jenen Herzog für den Erwerb eines Landgutes zu erwärmen, von dem sein Minister noch anlässlich der Ernennung Mannlichs zum Baudirektor behauptet hatte: „Premierement le Duc n'est nullement intentioné de faire des Batimens nouveaux. Ne regardant son sejour dans ce pais que comme un pied a terre, il a plus des chateaux qu'il ne lui en font."[74]

---

72 MANNLICH, Rokoko und Revolution 1913, S. 336.
73 MANNLICH, Rokoko und Revolution 1913, S. 336.
74 BENDER/KLEBER, Histoire, Bd. II, S. 194. Diese Stelle fand bislang keinen Eingang in die vorliegenden Übersetzungen. Zu den Schlössern im Herzogtum allgemein s. WEBER, Schloss Karlsberg. SCHNEIDER, Schlösser. Zu Beginn der Regierungszeit Carls II. August im Jahr 1775 war Zweibrücken die Residenzstadt des Herzogtums. Diese Stellung hatte Zweibrücken nach der Zerstörung der alten Residenzstadt Meisenheim am Glan und dem Umzug Herzog Ludwigs I. in die Zweibrücker Grafenburg im 15. Jahrhundert mit Unterbrechungen inne. Vertiefend mit weiterer Literatur Ammerich, Hans: Zweibrücken und Karlsberg. Residenzen des Herzogtums Pfalz-Zweibrücken. In ANDERMANN, Residenzen, S. 339 f. Seit dem Regierungsantritt des Herzogs Gustav Samuel Leopold im Jahr 1719 und insbesondere unter der Regierung Christians IV. hatte sich Zweibrücken zu einer blühenden Residenz- und Hauptstadt mit dort ansässigen Zentralbehörden entwickelt, wozu das Regierungskollegium, das Hofgericht, die Rentkammer und die Dienststellen des Oberamts Zweibrücken gehörten. Zur Definition von Hauptstadt mit weiterer Literatur s. Bräunche, Ernst-Otto: Vom markgräflichen „Lust-Hauß" zur großherzoglichen „Haupt- und Residenzstadt". In: ANDERMANN, Residenzen, S. 200 f. Als dortiges Residenzschloss stand Herzog Carl II. August das unter Herzog Gustav Samuel Leopold von dem schwedischen Baumeister und Zweibrücker Baudirektor Jonas Erickson Sundahl ab 1720 errichtete Stadtschloss zur Verfügung. Die Verwaltung sollte auch während der Regierungszeit Carls II. August ihren Sitz in Zweibrücken behalten. Sehr zum Missfallen der Einwohner Zweibrückens wählte der Herzog jedoch gleich zu Beginn das kleine Jagd- und Sommerschloss Jägersburg zum bevorzugten ständigen Aufenthaltsort für sich und seine Familie. Das Jägersburger Schloss, das noch von Herzog Christian IV. errichtet worden war, lag mehr als zweieinhalb Stunden Weges von der Residenzstadt entfernt inmitten eines ausgedehnten Jagdgebietes. Zu einem erwarteten Umzug in das Zweibrücker Schloss kam es auch in der Folge nicht.

Das Interesse des Herzogs am Erwerb eines Anwesens musste daher von einer anderen Warte aus geweckt werden. Frau von Esebeck entschied sich zu diesem Zweck für jene beschriebene Szenerie mit ausgewählten Kühen, sonntäglich gewandeten Bauern und köstlichen Milchprodukten in einer Zeit, in der sich die Mode der „Dörfchen" oder des „Hameaus" als eine Form des theatralisch inszenierten Landlebens in mehreren Schlossgärten auszubreiten begann. Besonders beliebt war im 18. Jahrhundert das „Konzept der ländlich-frugalen Bewirtschaftung."[75] In England tauchte der Typus der „ferme ornée" bzw. „ornamental farm" als ein landwirtschaftlich genutzter Gartenbereich bereits in der ersten Hälfte des 18. Jahrhunderts auf. In Frankreich entwickelte sich um 1750 eine Variante zur „ferme ornée", ausgehend von einem Beispiel im Park des polnischen Königs Stanislas Leszczynski im lothringischen Lunéville. Dort hatte man zwölf einzeln stehende Häuser mit Salon und zwei kleinen Kabinetten im Park errichtet, zu denen auch eine kleine Käserei, eine Küche, ein Kuhstall und ein Gärtnerhaus gehörten.[76] Auch in Versailles wurde unter Ludwig XV. eine Eremitage erbaut, zu deren Anlage eine Milchwirtschaft mit Nebenräumen und eine Molkerei gehörten, die neben anderen kleinen Pavillons zu gelegentlichen Aufenthalten einer kleinen Hofgesellschaft dienten.[77] Madame de Pompadour ließ sich ebenfalls eine Eremitage errichten, der eine Milchwirtschaft beigestellt wurde, welche beschrieben wurde als: „[…] klein, ohne Prunk, eher in der Art eines Bauernhauses. Alles ist zierlich und sauber im Innern und vermittelt den Eindruck von niedlicher Einfachheit. In allem steckt ein Hauch von Landleben."[78] Diese Betonung der Schlichtheit stellte im Grunde ein Gegenkonzept zur absolutistischen Prachtentfaltung dar, wurde aber vielerorts lediglich als amüsante Mode, ohne den Gedanken der Aufklärung aufzugreifen, umgesetzt.[79]

In der Folge entstand ab dem Jahr 1775, also zwei Jahre vor dem folgenreichen Picknick auf dem Luisenhof, für den Prinzen Condé der Hameau von Chantilly[80] in einem der frühesten französischen Landschaftsgärten. Der Hameau be-

---

75 FUCHS/REISINGER, Schloss, S. 45.
76 Dazu ausführlich: SZYMCZYK-EGGERT, Dörfle-Mode, S. 69; dazu auch: MODROW/GRÖSCHEL, Fürstliches Vergnügen, S. 64 f. Zu Hohenheim: BERGER-FIX/MERTEN, Gärten, S. 65–85.
77 SZYMCZYK-EGGERT, Dörfle-Mode, S. 69.
78 WIEBENSOHN, Picturesque, zitiert nach: SZYMCZYK-EGGERT, Dörfle-Mode, S. 69.
79 Von Kaiser Joseph II. wird berichtet, er habe befohlen, auf seiner Reise nach Paris nur einfache Wirtshäuser auszuwählen, woraufhin Herzog Carl Eugen von Württemberg den Hofstaat in Dienstkleidung gewandete und vor dem Stuttgarter Residenzschloss ein Wirtshausschild anbringen ließ, um den Kaiser dort mit Schürze und Kochmütze zu empfangen. FUCHS/REISINGER, Schloss, S. 44. Dies zeigt deutlich das Aufeinandertreffen der unterschiedlichen Grundverständnisse.
80 Chantilly liegt ca. 50 Kilometer nördlich von Paris, 10 Kilometer von Senlis entfernt. Zur Gartensituation von Chantilly heißt es: „C'est le plus beau mariage qu'ait

stand aus sieben kleinen riedgedeckten Fachwerkgebäuden mit Meierei, Milchwirtschaft, Mühle, Stall, Küche, Speisezimmer und Billardzimmer, welche sich um einen Platz mit Brunnen und einer Ulme gruppierten. Dem ländlichen Erscheinungsbild des Äußeren völlig entgegengesetzt gestaltete sich die kostbare Innenausstattung der Gebäude. Dieses Beispiel in Chantilly diente in der Folge als Vorbild für alle späteren Hameaux,[81] welche in kurzen zeitlichen Abständen in Stuttgart-Hohenheim[82] und, sicherlich als berühmtestes Beispiel, im Jahr 1783 in Versailles für Marie Antoinette entstanden. Auch in Saarbrücken wurde unter Fürst Ludwig und dessen Frau Catharina der Schönthaler Hof als ein Ensemble von einfachen einstöckigen, strohgedeckten Häuschen mit außen „rau bestochenen Steinen", aber reichhaltiger und kostbarer Innenausstattung[83] als Teil der Ludwigsberger Parkanlage errichtet.[84]

Die Anlage solcher Dörfchen in den Schlossgärten nahm eine sprunghafte Entwicklung, welche sich erstmals in ausgeprägter Form im Hameau von Chantilly zeigte, binnen kürzester Zeit vielfach aufgegriffen wurde, aber bereits um 1800 wieder endete.[85] Ebenso erstaunlich ist die räumliche Ausbreitung dieser Mode von Frankreich bis in den Park von Pawlowsk südlich von St. Petersburg.[86]

---

    jamais fait l'art et la nature" disait Sébastien Mercier dans son „Tableau de paris" au XVIIIe siècle en évoquant Chantilly. [...] Le Grand Condé fit appel à le Nôtre en 1663. Assisté de Claude Desgots et de La Quintinie, celui-ci créa un parc dont bassins et canaux, parterres et bosquets provoquèrent l'émerveillement des des contemporains. Trop irrégulier pour donner l'axe des jardins, le château ne domine pas la composition mais devient un de ses éléments. Le Nôtre choisit la terrasse du Connétable pour organiser son dessin. [...] Puis, ce sont les chapelles Saint-Jean, Saint-Paul, souvenir du connétable de Montmorency, ou le Hameau du XVIIIe siècle, rustiques constructions aux toits de chaume associées à un rocher pittoresque et un port des pirogues préfigurant, dès 1772, le hameau du Petit Trianon. Plus loin encore, des statues, des parterres, des bassins et des fabriques restent à decouvrir dans ce lieu grandiose qui, parmi toutes ces créations, fut la préférée de Le Nôtre. Aus: RACINE, Guide, S. 281.
81 SZYMCZYK-EGGERT, Dörfle-Mode, S. 59.
82 Das „Englische Dörfle" in Hohenheim bei Stuttgart ließ Herzog Carl Eugen von Württemberg (1728–1793) nach 1776 für die Reichsgräfin von Hohenheim erbauen. BERGER-FIX/MERTEN, Gärten, S. 65 f. Diese „ländliche Einfachheit und versunkene städtische Herrlichkeit" sollte eine „Grundfiktion einer zufällig gewachsenen Ansiedlung solcher Menschen [darstellen], die sich zur Rettung ihrer Seele aus dem öffentlichen Leben der Verderbnis zurückgezogen hatten, um hier in freier Gemeinschaft ein Dasein der Besinnung, Einfachheit und wahren Glückseligkeit zu führen." KOTZUREK, Funktion, S. 377.
83 PAUL, Ludwigsberger Garten, S. 124. DIES., Der Ludwigsberg, S. 158 f.
84 S. dazu: PAUL, Ludwigsberger Garten, S. 124 f.; sowie: TREPESCH, Landschaftsgarten, S. 17 ff.
85 SZYMCZYK-EGGERT, Dörfle-Mode, S. 59 ff.
86 ANANIEVA, Erinnerung, S. 242 f.

All jenen Dörfchen gemeinsam war der Gedanke ländlicher Simplizität, welche dem Hof als eine malerische Kulisse für eine neue Form höfischer Unterhaltung diente. Die besondere Faszination des so genannten „einfachen Lebens" scheint sich neben der Betonung der hohen moralischen Wirkung des „natürlichen Lebens"[87] insbesondere aus dem Gegensatz zum zeremoniellen Zwang innerhalb der höfischen Gesellschaft ergeben zu haben. Im Zuge der „Dörfle-Mode" wurde auch andernorts im Rahmen ländlicher Inszenierungen[88] eine scheinbar freie und heitere Lebensform als eine ganz eigene „Rückkehr zur Natur" in einer Ausformung der Idee von Jean Jacques Rousseau gefeiert. In dessen Roman „Julie ou la Nouvelle Héloïse",[89] dem meistgelesenen Buch des 18. Jahrhunderts, beschreibt der Hauslehrer St.-Preux, dass es der Anblick der reinen Natur sei, der all jene künstlichen gesellschaftlichen Ordnungen, die ihn so unglücklich machten, aus seinem Gedächtnis vertreibe.[90] Doch die Einfachheit war nur Fassade, denn die Bauten waren durch ihre kostbare innere Ausstattung mehr den Lustpavillons der barocken Gärten verwandt als der bäuerlichen Bescheidenheit.[91]

Herzog Carl August, für den man jenes Picknick im Frühjahr 1777 organisierte, wurde von Mannlich unter anderem beschrieben als „naturellement enclin a une vie retiré et libre",[92] so dass ihm der Grundgedanke dieser malerischen Dörfchenmode sehr entgegengekommen sein muss. Seine Maitresse, die als sehr klug und einflussreich beschrieben wird,[93] wusste diese Vorliebe des Herzogs

---

87 ANANIEVA, Erinnerung, S. 244.
88 Als Beispiel sei der Besuch des Comte und der Comtesse du Nord, also des russischen Thronfolgerpaares Paul Petrowitsch und Maria Fjodorowna, auf deren Reise durch Europa im Sommer des Jahres 1782 in Chantilly und Hohenheim erwähnt. Man empfing die Gäste in ländlicher Kleidung, inszenierte pastorale Komödien und Bauernhochzeiten und pries das Leben in Einfachheit und Einsamkeit. Vgl. dazu: ANANIEVA, Erinnerung, S. 242 ff.
89 Dieses Buch war in der Carlsberger Bibliothek vorhanden, s. StBib. Bamberg, Verzeichnis, Nr. 648: Rousseau (J.J.) Julie, ou la nouvelle Heloyse, Amsterdam 1761, 6 Tom, aufbewahrt in der Staatsbibliothek Bamberg.
90 Zitiert nach: WIMMER, Geschichte, S. 166.
91 S. dazu BUTTLAR, Landschaftsgarten, S. 70 f.
92 BENDER/KLEBER, Histoire, Bd. II, S. 227.
93 „Der Herzog hat sich für die Frau seines Großjägermeisters Baron von Esebeck entflammt. Ihretwegen hat er früher einmal größte Opfer bringen wollen. Er hat sie als Oberschofmeisterin der Herzogin eingesetzt, und er wirft ihr Blicke zu, die ein wenig zu öffentlich werden." Zitiert aus einem Brief von Vergennes an Sainte Foy v. 27. Januar 1776, aus: ROLAND, Ereignisse, S. 181 f. „Sie wurde gar bald die Mittlerin der Gnaden und Gunstbezeugungen, und infolgedessen drängte sich eine stattliche Schar ergebener Hofleute um sie. [...] In der ersten Leidenschaft des Herzogs für diese Frau war sie allmächtig geworden." MANNLICH, Rokoko und Revolution 1913, S. 321. „Baronin von Esebeck, eine kluge Frau, welche die Welt genau kannte, suchte sich ihre Eroberung auf mehrfache Weise zu sichern." MANNLICH, Rokoko und Revolution 1913, S. 325.

auf das Trefflichste mit ihrer Absicht, sein Interesse für den Erwerb dieses Landgutes zu wecken, zu verbinden. Sie griff eine Möglichkeit ganz im Rahmen des aktuellen Zeitgeistes auf. Diese verknüpfte sie mit den Charaktereigenschaften des Herzogs, die ihn zuvor bereits bewogen hatten, sich in die Enge und Abgeschiedenheit des Jagdschlosses Jägersburg zurückzuziehen und nur selten und kurz in seiner Residenzstadt Zweibrücken zu erscheinen.[94] Während in anderen Dörfchen, beispielsweise im Park von Schönbusch in Aschaffenburg, Menschen wohnten, die sich als Bauern oder Hirten verkleidet wie Statisten in dieser ländlichen Kulisse bewegten, so war es auf dem Luisenhof umgekehrt: Alles wurde für den speziellen Anlass ein wenig hübscher gestaltet, als es die alltägliche ländliche Wirklichkeit für gewöhnlich zuließ. Die Menschen, welche auch sonst dort ihre Arbeit zu verrichten hatten, sollten eine Stimmung von Ländlichkeit, Abgeschiedenheit, Ruhe und Idylle evozieren. Die gewünschte Wirkung trat tatsächlich ein: Der Herzog war von der Atmosphäre des Ortes so angetan, dass er den Luisenhof erwarb. Darüber hinaus konnte man ihn sogar davon überzeugen, ihm mit dem Verkauf eine Gefälligkeit erwiesen zu haben.[95]

3. Der Kauf des Luisenhofes

Als Datum des Kaufes und für den Beginn der Bauarbeiten wurde in der älteren Literatur noch richtig das Jahr 1777 genannt.[96] Angaben in jüngerer Zeit benennen für das Datum des Kaufs sämtlich das Frühjahr des Jahres 1776.[97] Dies deckt sich jedoch weder mit den Lebenserinnerungen Mannlichs, in denen der Kauf des Luisenhofs zeitlich zwischen dem Zeitpunkt des Todes seiner Mutter im September 1776 und seiner Hochzeit im Dezember 1777 eingeordnet wird,[98] noch mit den erhaltenen archivalischen Quellen.

---

94 BENDER/KLEBER, Histoire, Bd. II, S. 178; MANNLICH, Rokoko und Revolution 1913, S. 322.
95 „[…] qu'on feignit de lui vendre par pur complaisance, et qu'il paya cherement." BENDER/KLEBER, Histoire, Bd. II, S. 202.
96 SICHEL, Hofkünstler, S. 102. BECKER, Karlsberg, S. 7; LOHMEYER, Südwestdeutsche Gärten, S. 131. Zeichnung des Claudius Rosché, Abb. Nr. 8a: „Situationsplan der neu angelegten Residenz des Herzogthums Zweibrücken auf dem Karlsberg durch Herzog Karl II. Anno 1777. Zerstört durch die Franzosen anno 1793".
97 Wilhelm Weber vertrat die Annahme des Jahres 1776 als Jahr des Erwerbs. WEBER, Werk, S. 63 ff.; DERS., Schloss Karlsberg. Die vergessene Residenz, S. 17; DERS., Schloss Karlsberg, S. 161. Ralf Schneider gab zunächst 1778 als Kaufdatum an: CONRAD/FLESCH, Burgen, S. 449, später mit Wiedergabe des Vertrages aus dem Esebeck'schen Privatarchiv das Jahr 1777, in: SCHNEIDER, Mannlich, S. 142. SCHNEIDER, Schlösser, S. 198.
98 BENDER/KLEBER, Histoire, Bd. II, S. 202.

Der erhaltene „*General Status der Ausgaben de 1776–1779*"[99] dokumentiert einen sprunghaften Anstieg der gesamten Ausgaben im Herzogtum von 380.267 Gulden im Jahr 1776 auf 647.207 Gulden im Jahr 1777 bei einem Durchschnittswert der Einnahmen von 343.617 Gulden pro Jahr. Dabei hatten sich die Ausgaben der Rubrik „*ad Manus Smo*"[100] im gleichen Zeitraum von 43.097 auf 134.372 Gulden erhöht, und unter Nr. 21 der Liste stiegen die Baukosten von 25.801 auf 54.121 Gulden an. Die erste Rubrik über die Gelder des Herzogs erweist sich hinsichtlich einer weiteren Quelle als wichtig, denn in den „*Anmerkungen über den Etat der Schäden und des Verlustes, welcher durch die Francken im Herzogthum Zweybrücken verursacht worden*"[101] wurde vermerkt, man könne nur einen ungefähren Etat der Baukosten für die ersten Jahre der Carlsberger Gebäude erstellen, denn „*bekanntlich haben Serenissimi p.d. Selbsten [...] viele Baukosten zalt, welche in der Bau Caße Rechnung nicht befindlich sind.*"[102] Neben den ebenfalls gestiegenen Ausgaben für neue Livreen, die Hof- und Gemüsegärtnerei und den fürstlichen Marstall – womit gleichzeitig die Schwerpunkte der anfänglichen Bestimmung des Carlsberges als Maison de plaisance mit den entsprechenden umrahmenden Gärten und als Jagdschloss markiert sind – stellen die beiden erstgenannten Rubriken die Posten mit der höchsten Steigerung der Ausgaben innerhalb eines Jahres dar.

Als stichhaltigster Beleg für den Zeitpunkt des Erwerbs des Hofes hat sich im Landesarchiv Speyer eine zeitgenössische Kopie des Kaufvertrages, abgeschlossen am 27. Juli 1777 zwischen dem Herzog von Pfalz-Zweybrücken und „*Frau Maria Louise Gräfin von Strahlenheim in Zustand*[103] *Ihres Herrn Gemahls, des auch Hochgebohrnen Herrn Grafens von Strahlenheim Königlich Französischen Feldmarschall*"[104] erhalten. Laut dieses Kaufvertrages wurde der „*auf Homburger Bann gelegenen und von dem Herzogthum Zweybrücken Lehenrührigen sogenannten Louisenhoff [...] vor und um die Kauf Summe von 35000 fl. schreibe fünf und dreyßig Tausend Gulden nebst Sechzig neuen Louisd'or in den Kauff in guten und gangbaren Müntzsorten den Gulden zu Sechzig Kreutzer gerechnet [...] samt dem dazu geschlagenen sogenannten Kleinen Hoff und allem seit der Errichtung dieser Höffe bis jetzo dazu gemachten Acquisitionen, nichts*

---

99 LA Speyer, Best. B 2, Nr. 4489, Bl. 65–68. Benannt auch bei AMMERICH, Subsidien, S. 148 im Rahmen einer Betrachtung der finanziellen Situation des Herzogtums und begleitender Reformbemühungen des Regierungsrats Hofenfels.
100 Ad Manus Serenissimo, d.h., zur Hand des Herzogs, also dessen Handgeld zur freien Verfügung.
101 BayHStA München, Abt. IV, Serienakten 1999, nicht paginiert, ad 543, ad Art. 1.
102 BayHStA München, Abt. IV, Serienakten 1999, nicht paginiert, ad 543, ad Art. 1.
103 Ihr Mann und ein weiterer Beistand, Carl Philipp Wilhelm von Raesfeldt, waren von Rechts wegen als Beistände notwendig.
104 LA Speyer, Best. B2, Nr. 1614, Bl. 6. S. Anhang C.I.1.a.

ausgenommen"[105] an den Herzog verkauft. Im April 1778 erteilte der Herzog der Rentkammer die Anweisungen zur Zahlung der vertraglich vereinbarten Zinszahlungen[106] unter Beilegung einer Kopie des Kaufvertrages. Zuvor hatte die Rentkammer betreffend einer Zahlungsanweisung vom Februar, erteilt durch Ludwig von Esebeck im Auftrag des Herzogs, ein wenig verschnupft moniert, ihr sei bisher über Zahlung von Kaufgeldern des Carlsberger[107] Hofes nichts bekannt.[108] Mit dem Datum des Kaufvertrages vom 27. Juli 1777 endete daher – zunächst rein rechtlich gesehen – die Geschichte des Luisenhofes und die Geschichte des Schlosses Carlsberg nahm ihren Anfang.

4. Die Baugestalt des Hofes im Jahr 1777

Der Luisenhof war ursprünglich, wie auf der Karte des Geometers Fritsch aus dem Jahr 1774[109] (Abb. 2) zu erkennen ist, ein dreiteiliger separierter Gebäudekomplex aus einem Wohnhaus und zwei rechtwinklig dazu angelegten Nebengebäuden, welche sich um einen rechteckigen Innenhof gruppierten. In den Nebengebäuden befanden sich Scheunen, Ställe und Remisen. Dazu gehörten außerdem eine Schäferei,[110] sowie Schweineställe,[111] deren genaue Anordnung sich mit dem erhaltenen Kartenmaterial nicht mehr mit Bestimmtheit festlegen lässt. Das ursprüngliche Wohngebäude des Luisenhofes hatte sieben Fensterachsen. Dies lässt sich noch anhand des Aquarells von Philipp Le Clerc aus dem Jahr 1790 nachvollziehen, welches mit der Darstellung der Ecklisenen und dem Verlauf des Mansarddaches nebst den Fallrohren der Dachrinne den ursprünglichen Kernbau in seiner Breite markiert (Abb. 4). Fenster und Gewände des Erdgeschosses und des ersten Obergeschosses hatten einen stichbogigen oberen Abschluss. Die Fensteröffnungen beider Stockwerke sowie der Mansarde waren mit Sprossenfenstern und hölzernen Klappläden bestückt. Die Tür in der mittleren Achse des Erdgeschosses unterschied sich in ihrer bauplastischen Rahmung nicht von der Einfassung der Fenster. Drei flache Treppenstufen führten zur Tür

---

105 LA Speyer, Best. B2, Nr. 1614, Bl. 6. S. Anhang C.I.1.a.
106 LA Speyer, Best. B2, Nr. 1614, Bl. 4.
107 Spätestens im Winter 1778 hatte der Gebäudekomplex also seinen Namen gewechselt.
108 LA Speyer, Best. B2, Nr. 1614, Bl. 8.
109 S. auch Karte des Königsbrucher Hofes des Peraequators Steinmetz von 1773, in: WEBER, Schloss Karlsberg, S. 165.
110 Im Kaufvertrag, LA Speyer, Best. 2, Nr. 1614, Bl. 6, wird auch „*Schaaf und Hammel Vieh*" erwähnt.
111 So bei WEBER, Schloss Karlsberg, S. 162, Originalzitat laut Anm. 10) S. 170 „im Reskript Christians IV.", im Umfeld des Textes jedoch nicht näher als Textquelle mit Fundort angegeben.

Abb. 4: Le Clerc, Philipp Adolf, Vue du Chateau de Carlsberg

hinauf, die von Le Clerc als eine Glastür mit Kreuzsprossen und hölzernen Füllungen angegeben wurde, welche in gleicher Weise zueinander aufgeteilt waren wie die Türen der Seitenflügel, welche auf den Altan führten. Das bei Le Clerc wiedergegebene Mansarddach stimmte jedoch vermutlich nicht mit der ursprünglichen Dachform des Luisenhofes überein. Wie den Königsbrucher Hof hatte man auch den Luisenhof anfänglich mit einem Sattel- oder Walmdach, das mit Ziegeln gedeckt war, versehen.[112]

Ein Vergleich mit dem heute noch erhaltenen Königsbrucher Hof

Im heutigen Ort Bruchhof bei Homburg, in unmittelbarer Nähe des Luisenhofes, hat sich mit dem Königsbrucher Hof[113] ein vergleichbares Bauensemble aus der Bauzeit des Luisenhofes erhalten. Die ursprüngliche Anlage dieses Hofes ist noch heute trotz vieler Um- und Anbauten sowie einem Wiederaufbau des rech-

---

112 S. dazu Kap. A.II.3.
113 Der Hof erhielt im Laufe der Jahre mehrere Namen, so neben „Königsgebrucher Hof" auch einfach „Bruchhof" oder in jüngerer Zeit nach den Besitzern „Tascherhof". Ab ca. 1782 trug das Anwesen den Namen Carls Bruch, neben anderen Umbenennungen wie der Carls Lust (Teufelsloch), dem Carlsthal (heute Heidehof) und der Carlshöh. S. dazu die Generalkarte über das Oberamt Homburg v. Peraequator Schäfer v. 1782, Hohenlohe Zentralarchiv Neuenstein, Kartensammlung Nr. 923, (Abb. 85).

Abb. 5: Gut Bruchhof, Hofseite

ten Stallgebäudes nach einem Brand im 19. Jahrhundert erkennbar (Abb. 5), und eignet sich für einen Vergleich[114] mit der ursprünglichen Architektur des Luisenhofes. Der Königsbrucher Hof wurde nur wenige Jahre nach dem Luisenhof im Jahr 1766 erbaut, und ist auf alten Karten als separierte Dreiflügelanlage zu erkennen.[115] Der Hof wurde auf herrschaftlichen Vakanzien angelegt und später dem fürstlichen Marstallamt übergeben.[116]

---

114 Die Ähnlichkeit wurde bereits festgestellt von Wilhelm Weber, s. WEBER, Schloss Karlsberg, S. 163.
115 WEBER, Schloss Karlsberg, S. 160. Karte des Geometers Fritsch, 1774.
116 KAMPFMANN, Hofsiedlungen, S. 16. Laut einer Urkunde des Landesarchivs Saarbrücken verkaufte die Herzoginwitwe Maria Amalie von Pfalz-Zweibrücken den Bruchhof, auch Carlsbruch genannt. Ihr Schwager, der pfalz-bayerische Kurfürst Maximilian Joseph, hatte ihr als Ausgleich für rückständige Gelder laut einer Urkunde vom 31. Dezember 1795 mehrere Höfe und Güter übergeben, wozu der Bruchhof gehörte. Auf Grund dieser Abtretung verzichtete sie im Gegenzug auf weitere Ansprüche. Nach dem Frieden von Lunéville war das Herzogtum zwar an Frankreich abgetreten worden, wobei die französische Regierung der Herzoginwitwe das vollständige Eigentum an den Gütern und Bauernhöfen wieder übertragen hatte unter der Auflage, „die Güter innerhalb dreier Jahre an französische Staatsbürger zu verkaufen." Laut der Urkunde vom 8. Juli 1805 (8. Thermidor des 13. Jahres) verkaufte die Herzoginwitwe den Bruchhof an den Kanzleidirektor Charles Louis Boehmer aus Frankfurt zum Preis von 12.833 Gulden und 24 Kreuzern. Urkunde des Notariats bzw. Friedensgerichts Homburg, LA Saarbrücken,

Abb. 6: Jagdschloss Karlsbrunn im Warndt, erbaut für Fürst Ludwig von Nassau-Saarbrücken

Die Schauseite des Anwesens befindet sich heute auf der nach Norden gelegenen Hofseite. Ursprünglich lag die Eingangsseite jedoch an der südlichen Gebäuderückseite, entsprechend dem damaligen Straßenverlauf der Verbindungsstraße von Homburg über Vogelbach nach Kaiserslautern.[117] Eine weitere Straße führte von den Carlsberger Ökonomiegebäuden am Fuße des Berges zur südlichen Seite des Königsbrucher Hofes (Abb. 19, 57).

Der zweistöckige Wohnbau dieses Hofes hat – wie vormals der Luisenhof – sieben Achsen und eine Grundfläche von 16 Ruten.[118] Der Putzbau ist, wie auch

---

Best. Pfalz-Zweibrücken, Nr. 13. Dieser veräußerte ihn 1817 an die Handelsmänner Mathieu und Thiboult weiter. Zur weiteren Geschichte s. RUPPENTHAL, Bruchhof. ULRICH, Baugeschichte, S. 5 ff.

117 Der Straßenverlauf verlagerte sich in den Jahren zwischen 1804 bis 1811, als die Trasse der neuen Heerstraße, ausgehend von Paris (heutige Kaiserstraße) entlang der nördlichen Seite des Landgutes angelegt wurde, und damit wohl die Änderung der Eingangssituation nach sich zog. Noch heute steht ein Gedenkstein am Straßenrand von Bruchhof zur Erinnerung an die Geburt des Sohnes Kaiser Napoleons im Jahr 1810.

118 Eine Rute entspricht 12 Fuß. Die rheinländische Rute misst 3,76 Meter. 16 Ruten entsprechen demnach 60,16 Metern. Gemäß einer Aufstellung vom 19. 12. 1800 bestand das Hofhaus, das zu dieser Zeit Nationaleigentum der französischen Re-

Abb. 7: Gut Bruchhof
Rückwärtige Gebäudeseite mit veränderter Eingangssituation in der Mitte

die übrigen Gebäude des Gehöfts, mit einem Krüppelwalmdach versehen und mit Ziegeln gedeckt. Die Dachmitte wird durch einen viereckigen geschlossenen Dachreiter mit steilem Pyramidendach betont, in dessen Innerem noch heute eine Glocke hängt. Auch eine Uhr hatte sich wohl zu früherer Zeit dort befunden.[119] Im Erdgeschoss waren ursprünglich neben den Zimmern zwei Küchen und Küchenkammern untergebracht, während das erste Obergeschoss und der Speicher in sechs Zimmer und vier Kammern aufgeteilt waren.[120] Ein Eingang des Gebäudes lag, entsprechend der geschilderten Situation der Verbindungswege, auf halber Höhe der rückwärtigen Gebäudemitte, welche heute noch eine verunklärte Fenstersituation aufweist (Abb. 7), die sich auch im Treppenhaus des Gebäudes wiederspiegelt. Entsprechend führte eine Außentreppe zu diesem Eingang hinauf, welche zu einem nicht mehr feststellbaren Zeitpunkt den Umbauten des Anwesens zum Opfer fiel. Ein weiterer Eingang führt noch

---

    publik war, außerdem aus 3 Viertel und 16 Ruten Hofgering, 2 Morgen Garten und 315 Morgen Ackergeländes. S. RUPPENTHAL, Bruchhof.
119 Altes und Neues vom Bruchhof. Die wechselvolle Geschichte des Hofes im Zeitraum von zweihundert Jahren, in: NSZ Rheinfront v. 16. Juni 1939.
120 Zur Geschichte von Bruchhof s. RUPPENTHAL, Bruchhof.

heute von der Mitte der Hofseite durch einen Korridor zum Treppenhaus auf der Gartenseite. Die stichbogigen Fenstergewände des Hauptgebäudes wurden mit einer einfachen Profilierung versehen. Diese bildet eine architektonische Auflockerung, ermöglicht aber darüber hinaus, die Klappläden beim Verschließen in die Mauerflucht zu versenken. Darüber hinaus wurde auf jede Form der Bauzier verzichtet.[121] Als separierte Gebäude formieren zwei Stallgebäude[122] in jeweils rechtem Winkel zum Wohnbau einen Hof, der auch in der Größe mit dem Cour d'honneur des Luisenhofes und späteren Carlsberger Schlosses zu vergleichen ist.

II. Ein Schloss entsteht – Die Verwandlung des Luisenhofes

„Ludwig XIV. baute sich, um dem ermüdenden Leben, dem Zwange des lästigen ewigen Einerlei des Hofceremoniels zu entgehen, das in den Prachtgemächern des Königs-Tempels zu Versailles ihn einengte, das Lustschloß Trianon. Als dieses sich auch zu palastartig vergrößerte, ließ er sich das einsame bescheidene Marly bauen, um dort für kurze Zeit aufzuathmen nach den Mühen des repräsentativen Lebens. – Ich möchte nun [...] ebenfalls einen kleinen Pavillon mir erbauen und einen nicht zu großen Garten [...] mir anlegen lassen. Alles nach bescheidenen Dimensionen."[123] Dieses Zitat des bayerischen Königs Ludwig II. an Hofrat Düfflipp, das sich auf den französischen Namensvetter be-

---

121 Ähnlich verhält es sich am Mittelbau des Jagdschlosses Karlsbrunn (Abb. 6). Das Jagdschloss, dessen Name sich von Graf Karl Ludwig ableitete, wurde von Johann Philipp von Welling für den Fürsten Ludwig von Nassau-Saarbrücken ab 1783 erbaut. ZIMMERMANN, Kunstdenkmäler, S. 250 f. Andere Baudaten (ab 1769) bei DEHIO, Rheinland-Pfalz, S. 429. Die Dreiflügelanlage mit vierachsigem dreigeschossigem Mittelbau umschließt einen Hof, der über eine Rampe durch eine große Durchfahrt im linken Seitenflügel erreicht wird. Die stichbogigen Fenster des Mittelbaues werden ebenfalls durch hölzerne Klappläden verschlossen, wie dies auch am Königsbrucher Hof und am Carlsberg der Fall war. Der Mittelbau ist mit einem Krüppelwalmdach gedeckt. Das Erscheinungsbild des Mittelbaues ist durch aufgeputzte Quaderlisenen an den Gebäudeecken und durch ein Geschossgesims dem des Corps de logis des Carlsberges sehr ähnlich.
122 In den Stallgebäuden befanden sich neben den Ställen eine Remise, Scheune, Dreschtenne und Futterboden. S. Zur Geschichte von Bruchhof in: RUPPENTHAL, Bruchhof. ULRICH, Baugeschichte, S. 7 ff.
123 Ludwig II. an Hofrat Düfflipp über *Tmeicos Ettal* – Anagramm von „L'état c'est moi" – mit dem er Herrenchiemsee bezeichnete, 28. November 1868; zitiert nach Schieder, Martin: Akkulturation und Adelskultur, in: FLECKNER/SCHIEDER/ZIMMERMANN, Jenseits, S. 12.

15

zieht, könnte ebenso treffend auf Herzog Carl II. August von Pfalz-Zweibrücken übertragen werden, da es dessen Situation und Vorhaben in durchaus vergleichbarer Weise beschreibt. Lediglich die Namen der jeweiligen Retiraden sind andere. Im Folgenden soll das ursprüngliche Landgut des Luisenhofs Gegenstand der Betrachtung sein. Es vollzieht sich nunmehr über Jahre hinweg eine Verwandlung vom bescheidenen Hof, der dem Herzog anfänglich dazu dienen sollte, „aufzuathmen nach den Mühen des repräsentativen Lebens", in die Schlossanlage „Carlsberg".

Abb. 8: Herdegen, Friedrich, Carte von Den Beiden Ober-Aemter Zweybrucken und Homburg, 1791: Ausschnitt ‚Vue de Carlsberg'

1. Die anfängliche Bestimmung des Carlsberges

Herzog Carl II. August von Pfalz-Zweibrücken hatte so großen Gefallen an seinem neu erworbenen Hofgut auf dem Buchenberg gefunden, dass er in der folgenden Zeit jeden Nachmittag dort verbrachte und erst bei einbrechender Nacht wieder zum Jagd- und Sommerschloss nach Jägersburg zurückkehrte, wo die herzogliche Familie über den Winter 1777/1778 hinweg ihren Wohnsitz behalten hatte.[124] Davon, dass es sich bei der Neuerwerbung des Herzogs wohl lediglich um einen Jagd- und Sommersitz handeln werde, gingen nicht zuletzt die Hofdamen aus, denn Mannlich berichtet, der Sommer des ersten Aufenthaltes am Carlsberg sei verstrichen und man habe sich in der Hoffnung gewiegt, nun diese Art der Verbannung enden zu sehen. Diese Erwartungen seien aber durch die Erklärung des Herzogs enttäuscht worden, den Aufenthalt auf dem Carlsberg zu verlängern.[125] Der Luisenhof in seiner ursprünglichen Form wurde von Mannlich stets als „maison de campagne" bezeichnet und hatte auch nach dem Ausbau der folgenden Jahre „le caractère de sa première destination, qui etoit celui d'une maison de Campagne d'un riche particulier."[126] Der Zweibrücker Gymnasialdirektor und Hofbibliothekar Georg Christian Crollius charakterisierte innerhalb seines umfangreichen Briefwechsels mit seinem Freund, dem Mannheimer Hofrat Andreas Lamey, den Carlsberg im Zusammenhang mit der Beschreibung eines Unwetters mit heftigem Hagelschlag im Juli 1778: Auf dem Carlsberg, *„dem Sommerhaus Serenissimi hat es nicht nur alle Fenster der Fürstl. Wohnung getroffen, sondern auch alle Erndte gänzl. verwüstet. Daselbst fielen Schlossen, die zum Theil 5/4 pfündig waren."*[127] Auf diese Weise wurde der Carlsberg sowohl als temporärer Aufenthaltsort für den Herzog, als auch als landwirtschaftlich verwaltetes Hofgut beschrieben.

Als die ersten Veränderungen und Ergänzungen des Hauses ausgeführt worden waren, entschloss man sich gar, den Winter des Jahres 1778/79 dort zu verbringen, obwohl die Hofdamen, für deren Pagen und Kämmerer keine Unterbringungsmöglichkeit existierte, vor Langeweile schier vergingen.[128] Die Begeisterung des Herzogs für das neue Gebäude war indes untrennbar mit seiner Liebe zur Jagd verbunden, denn die Lage des Hofes eignete sich vorzüglich, um von dort aus dieser Leidenschaft nachzugehen. Der rückwärtige Garten des Hofes berührte nur wenige Schritte vom Gebäude entfernt den Waldsaum,[129] wo 1778 schon ein Schießhaus und eine Sauschütte angelegt worden waren.[130] Außerdem

---

124 GLA Karlsruhe, Best. S, Kremer-Lamey, Nr. 135, Brief von Crollius an Hofrat Lamey v. 30. Dez. 1777.
125 MANNLICH, Rokoko und Revolution 1966, S. 210.
126 BENDER/KLEBER, Histoire, Bd. II, S. 242.
127 So trafen auch in Zweibrücken zwei Gewitter „*eilends zusammen, deren das Südöstle. eine Schlossen Regen brachte, dgln wir uns hier nicht erinnern. Eine Menge Fenster in der Stadt, das ganze [Zweibrücker] Schloß, Archiv u. Orangerie, Kirche insoweit sie gegen das Wetter exponirt waren, wurden verschlagen.*" GLA Karlsruhe, Best. S, Kremer-Lamey Nr. 135, Brief Nr. 55 v. 9. Juli 1778. Mit ‚Schlossen' oder ‚Schlosen' werden in der Umgangssprache Hagelkörner bezeichnet.
128 BENDER/KLEBER, Histoire, Bd. II, S. 227. MANNLICH, Rokoko und Revolution 1966, S. 210.
129 BENDER/KLEBER, Histoire, Bd. II, S. 303.
130 S. dazu Kap C.I.7.

gehörten die Stallungen für die Pferde des Herzogs[131] und die Hundezwinger zu den ersten Gebäuden, die auf dem Carlsberg ergänzend errichtet wurden. Die ausgeprägte Leidenschaft des Herzogs für Pferde und Jagdhunde äußerte sich unter anderem darin, dass er „Stallmeister und Agenten nach England und in der Welt" umherschickte, um den Bestand an Tieren zu ergänzen.[132] Wenn Mannlich über den Bedarf an Wohnungen berichtet, so waren es an erster Stelle Stallmeister, Pferdeknechte und Jäger, die es unterzubringen galt.[133] Gleichzeitig war das Landhaus der geeignete Ort, um dem Herzog ein zurückgezogenes und freies Leben zu ermöglichen und „jedermann den Zutritt zu verweigern,"[134] wie dies das Zeremoniell in Lustschlössern erlaubte. Der Zutritt durfte hier nur auf Einladung des Fürsten erfolgen: „Manche, wo nicht die meiste Herrn, sehen nicht gerne, oder leyden wohl gar nicht, daß Fremde, ja selbst ihre eigene Diener, welche sie nicht ausdrücklich herunter favorisiren, ohne Erlaubniß auf die Lust=Häuser hinauskommen. Ordinaire ist der Zutritt auch nicht so frey, als der Hof in der Residenz, weswegen auch die =Tage und bestimmte Assembleen auf dem Land wegfallen. An grossen Höfen dürfen fremde Gesandte, nicht folgen, wann er sich auf das Land retirirt; da ist er mehr ein Particulier, der sich Ruhe machen will, als Regent."[135] Auch das Zeremonienhandbuch des 18. Jahrhunderts von Julius Bernhard von Rohr erläutert die diesbezüglichen damaligen Gepflogenheiten: „Zur Sommers-Zeit pflegen sich die grossen Herren gemeiniglich auf ihre Lustschlösser und Jagdhäuser zu begeben und daselbst mit Jagden und allerhand Arten der Lustbarkeit zu divertieren. Es sind selbst gemeiniglich manche strenge Ceremonien, die man in den Residentien bey Hofe verspührt, verbannet, und man spühret allenthalben mehr Freyheit und ungezwungenes Wesen."[136] Für den Carlsberg war daher der Begriff einer Maison de campagne, wie ihn schon Mannlich verwendete, passend. Das deutsche ‚Lexicon Architectonicum' aus dem Jahr 1775 sagt über solche Lust- und Jagdhäuser: „Lusthaus, Maison de plaisance,[137] Casino ist ein Gebäude aufm Lande, auch wohl

---

131 Pferde waren eine ganz besondere Leidenschaft des Herzogs, von dem bezüglich seiner eigenen Tiere berichtet wird: „Er würde eher alles andere als eines seiner Pferde hergeben." Gustav Henning von Stralenheim an seinen Neffen, zitiert nach KINZINGER, Die Stralenheims, S. 9.
132 MANNLICH, Rokoko und Revolution 1966, S. 217.
133 BENDER/KLEBER, Histoire, Bd. II, S. 241/242. Zu den Hundemeuten und der Jagd am Carlsberg s. SCHWAN, Schloss Karlsberg, S. 13 ff. DIES., Jagdschiff, S. 20 f.
134 MANNLICH, Rokoko und Revolution 1966, S. 210.
135 MOSER, Teutsches Hof=Recht, S. 267–269, zitiert nach KOTZUREK, Funktion, S. 54.
136 Rohr, J.B., Einleitung zur Ceremonial-Wissenschaft Der großen Herren, Berlin 1733 (2). Zitiert nach BAUER, Barock, S. 82.
137 Zinkann stellt die Entwicklungsvoraussetzungen und die Typologie der Maison de plaisance vor in ZINKANN, Maison de Plaisance, S. 9 ff. Zum Begriff der Maison de plaisance s. FRANK, Maison, der den Terminus auch hinsichtlich der zeitgenössischen Architekturtheorie untersucht. S. 10 ff. Zur Distribution und Ausstattung sowie dem angepassten reduzierten Zeremoniell s. KOTZUREK, Funktion, S. 53.

nur in einem Garten, welches nicht gewöhnlich bewohnet wird, sondern nur dann und wann in Sommer-Tagen zum Abtritt, um eine Veränderung zu haben und frische Luft zu schöpfen dienet. Nachdem der Besitzer vornehm, oder reich, der Bau lustig, so ist auch die Größe, Kostbarkeit und architectonische Ausziehrung beschaffen, und kan entweder gar zum Nacht-Quartier dienen, oder ist nur am Tage zu einem Abtritt […]."[138] Die Begriffe einer Maison de plaisance und einer Maison de campagne stehen hierbei als Synonyme nebeneinander.[139]

Der Luisenhof war zu diesem Zeitpunkt bei weitem noch nicht für die alltäglichen Ansprüche eines Dauerwohnsitzes all seiner Bewohner ausgestattet. Was das Gebäude hingegen auszeichnete, war seine exponierte Lage,[140] die sowohl einen Blick zum rückwärtig gelegenen Wald, als auch einen Blick nach Westen über bebaute Felder bis zum benachbarten Städtchen Homburg ermöglichte. Nach Laugier, dessen Manifest in der Carlsbergbibliothek nachgewiesen ist,[141] war die Lage eines Gebäudes neben dessen Einteilung und der Anlage der dégagements ein wichtiges Merkmal der Bequemlichkeit eines Wohngebäudes. So solle man sich einen Ort mit guter Luft und schöner Aussicht wählen. Ein Ort, der hoch genug liege, die Ebene zu überschauen, in dessen Umgebung sich weder Sümpfe noch stehende Gewässer befänden, der durch die Nähe einiger Wälder oder Berge windgeschützt sei, böte eine äußerst gesunde Wohnlage. „Wenn man dazu noch den Blick auf eine fruchtbare, abwechslungsreiche Ebene hätte, die sich nicht zu weit ausdehnt und von einer nicht zu hohen Hügelkette hübsch begrenzt würde, dann könnte man dort die Vorzüge einer Aussicht genießen, dazu geschaffen, die Phantasie anzuregen."[142] Diese Voraussetzungen erfüllten sich am Carlsberg in trefflicher Weise.

Die Funktion des Hofgutes beschränkte sich somit zu Beginn auf die eines räumlich beengten Refugiums mit guter Aussicht, das vornehmlich der Jagd diente. Es konnte nur mit wenig Gefolge aufgesucht und bewohnt werden, und

---

138 Penther, Johann Heinrich, Erster Theil einer ausführlichen Anleitung zur bürgerlichen Baukunst, enthaltend ein Lexicon Architectonicum, Augsburg 1775, Stichwort „Lusthaus" mit einem Verweis auf Blondels ‚Distribution des maisons de plaisance', „woraus man sich verschiedenes zu Nutze machen kan." Zitiert nach FRANK, Maison, S. 13.
139 So auch ZINKANN, Maison de Plaisance, S. 9.
140 Dies wurde noch mehrere Jahrzehnte später als einer der Gründe angesehen, weshalb der Herzog den Buchenberg erworben habe. „*Überhaupt gefiel dem Herzog die Lage des Berges so ausgezeichnet gut, und die ganz Aussicht nach Westen, daß er sein Versehen fasste, seine Residenz auf diese Bergebene zu verlegen.*" Aus der „*Geschichte der Erbauung der Residenz Karlsberg*", verfasst von Bahnmeister Claudius Rosché, Teil des Monumentaltableaus, (Abb. 45).
141 StBib. Bamberg, Verzeichnis, S. 107, Nr. 54.
142 LAUGIER, Manifest, S. 115.

lediglich das gelockerte Campagne-Zeremoniell hatte hier Geltung. Für Gäste waren keine Quartiere vorgesehen.[143] So scheinen gerade die Enge und Zurückgezogenheit die entscheidenden Kriterien gewesen zu sein, die den Herzog in besonderem Maße, ähnlich wie zu Beginn seiner Regierungszeit für das Schloss Jägersburg, nun für den Carlsberg einnahmen.[144] Je länger aber der Aufenthalt des Hofes auf dem Carlsberg dauerte, umso notwendiger wurde es, Möglichkeiten der Unterbringung für all das zu schaffen, was man für den vom Herzog gewählten Daueraufenthalt als notwendig erachtete. „Schließlich musste eine ganze Stadt erstehen, um alle diejenigen zu beherbergen, die der Herzog und sein Hof benötigten."[145]

2. Die ersten Veränderungen und die Aufteilung der Zimmer nach den Berichten Mannlichs

Nachdem der Luisenhof im Sommer 1777 gekauft worden war, begann man sofort mit ersten Umbauten. Mannlich teilt über die Anfänge der Wohnsituation am Carlsberg mit, man habe zunächst einige Änderungen im Inneren des Hauses vorgenommen und die Wohnräume mit Spiegeln und Möbeln ausgestattet.[146] Der Herzog hatte selbst die Zimmeraufteilung der Wohnräume vorgenommen. Danach sollte die Herzogin zwei Zimmer, ein Arbeitszimmer und einen Ankleideraum erhalten.[147] Bei dieser Raumfolge handelte es sich um die eines verkürzten fürstlichen Appartements.[148] Ein Appartement definierte sich laut Zed-

---

143 Nach dem Hofzeremoniell der meisten Fürsten des 18. Jahrhunderts durften in die Lust- und Landschlösser Höflinge und Gäste nur auf ausdrückliche Einladung folgen, während in der Residenz jede hoffähige Person Zutritt hatte. Das galt ausdrücklich für das Jagdschloss Jägersburg, „wo es niemand gestattet war, unaufgefordert zu erscheinen." MANNLICH, Rokoko und Revolution 1966, S. 193. Zum Hofzeremoniell s. KOTZUREK, Funktion, S. 415.
144 BENDER/KLEBER, Histoire, Bd. II, S. 227.
145 MANNLICH, Rokoko und Revolution 1966, S. 211.
146 BENDER/KLEBER, Histoire, Bd. II, S. 202f: „Peu apres il falloit quelques changemens dans l'intérieur de la maison, décorer les appartemens, y faire transporter des glaces, des meubles etc." MANNLICH, Rokoko und Revolution 1966, S. 203.
147 MANNLICH, Rokoko und Revolution 1966, S. 210.
148 Diese verkürzte Raumfolge, bestehend aus Vorzimmer, Kabinett, Schlafgemach und Garderobe, ist von der eines Staatsappartements zu unterscheiden. Zu einem fürstlichen Staatsappartement gehörten ein Gardezimmer, ein Vorzimmer, ein Audienzraum, ein Kabinett, ein Schlafgemach und eine Garderobe. S. dazu FLORIN, Oeconomus, S. 866, nach: KOTZUREK, Funktion, S. 33 m.w.N. Die Vorzimmer wurden nicht nur für die Aufwartung genutzt, sondern dienten teilweise auch als Speisezimmer. Die Garderobe hatte zwar ihren Namen von der Verwahrung der Kleider, doch sie diente auch „zum Wohn= und Schlaff=Zimmer des

lers Universallexikon als „diejenigen Zimmer, welche zu einer gewissen Person ihrer alleinigen und abgesonderten Wohnung bestimmt sind, und ordentlicher Weise zum wenigsten aus einem Vorzimmer, dem ordentlichen Wohnzimmer, einem geheimen Audienzzimmer, und einem Kleiderzimmer bestehen, Appartements genennet."[149] In der französischen Terminologie werden diese Räume als ‚antichambre', ‚cabinet', ‚garderobe' sowie als ‚chambre à coucher' bezeichnet.

Ein Appartement gleicher Anordnung sah der Herzog für sich selbst vor. Die Appartements des Herzogspaares befanden sich standesgemäß im ersten Obergeschoss des Corps de logis.[150] Im Erdgeschoss lagen, außer den Räumen für die Freifrau von Esebeck, die Küche sowie Zimmer der Hofdamen und Kammerfrauen, die in der Garderobe nächtigen mussten. „Kammerdiener, Lakaien, Neger, Köche usw. wurden auf dem Speicherboden untergebracht, wo man durch Bretterwände Verschläge geschaffen hatte."[151] Das Erd- und das Obergeschoss waren durch ein Treppenhaus und, auf Wunsch des Herzogs, durch eine zusätzliche Geheimtreppe miteinander verbunden, die von einem eigens angefertigten Aktenschrank mit einer Schiebetür im Inneren in einen anderen Wandschrank führte.[152]

Cammer=Dieners, oder derjenigen Bedienten, die am nächsten um die Herrschaft, und bey der Nacht an der Hand seyn müssen: Daher man sie dann gemeinlich zwischen das Cabinet und Schlaff=Gemach einrücket. […] Sonsten führt man Geheim=Treppen aus dem untern in obern Stock, in die Garderobe, und gleich dabey wird der Platz zum Abtritt, oder Privet eingerichtet." FLORIN, Oeconomus, S. 866, zitiert nach KOTZUREK, Funktion, S. 40. Zur Raumfolge der fürstlichen Appartements s. auch LAUGIER, Manifest, S. 120 sowie MÖHLENKAMP, Form und Funktion, S. 49. Die Werke über die Theorie des Zeremoniells, wozu die Bücher von Franz Philipp Florin und Fridrich Carl von Moser zählen, befanden sich ebenfalls in der Carlsberger Bibliothek. StBib. Bamberg, Verzeichnis, S. 48, Nrn. 55 und 56, sowie S. 17, Nr. 27.

149 ZEDLER, Universallexikon, Bd. II, Spalte 52 zum Stichwort Appartement. „Doch werden auch zuweilen nach Beschaffenheit der Gelegenheit und der Person bald mehrere bald wenigere Zimmer zu einem Appartement gerechnet."

150 Da beschrieben wird, man habe für Frau von Esebeck zwei Zimmer und eine Garderobe zu ebener Erde bestimmt, lagen die herzoglichen Räumlichkeiten im Obergeschoss. Die beengte Raumsituation des Hauses ermöglichte im Obergeschoss nur diese Anzahl von Räumlichkeiten. An eine Form des Corps de logis double, die es erlaubt hätte, dem Erfordernis der Bequemlichkeit eines Gebäudes folgend alle Räume der Appartements entlang der Gartenseite zu legen, während sich Speisesaal, Ankleidezimmer, Wascharäume, Bäder und ähnliche Räume im verdoppelten Teil des Corps de logis befanden, war nicht zu denken. S. dazu LAUGIER, Manifest, S. 120 f. Zum Appartement double und seiner Entwicklung durch Louis Le Vau s. FRANK, Maison, S. 39 f. BORDIER, Wohnpalast, S. 31 f.

151 MANNLICH, Rokoko und Revolution 1966, S. 210.

152 MANNLICH, Rokoko und Revolution 1966, S. 209. Zu den Geheimtreppen s. KOTZUREK, Funktion, S. 39 f. Zum geheimen Zugang in das Arbeitszimmer innerhalb der kanonischen Raumfolge eines fürstlichen Appartements s. auch MÖHLENKAMP, Form und Funktion, S. 49. S. auch Anm. 148.

3. Die ersten baulichen Veränderungen laut den erhaltenen Bau- und Handwerkerrechnungen

In den Baukassen-Urkunden des Jahres 1784 findet sich unter der Überschrift: *„Im Monat December 1777 haben folgende auf dem Carlsberg gearbeitet"*[153] eine Auflistung von Maurern, Handlangern und Zimmerleuten, jedoch ohne im Einzelnen auf deren Tätigkeiten einzugehen. Rückseitig erklärt Mannlich im Juni 1778 in der Übersendung dieser Aufstellung an die Rentkammer: *„Die Arbeiter, welche in vorigem Jahr auf dem Carlsberg gearbeitet haben wurden nicht von der BauCassa, sondern von Sermi Hochfürstl. Durchlaucht bezahlt, bis auf diese Liste."*[154] Eine Bestätigung dessen, dass der Herzog anfänglich noch vieles selbst zahlte, liefern zudem die 1793 zusammengestellten Schadenslisten,[155] wonach *„von 1777 bis 1782 binnen welcher Zeit bekanntlich mehr, als in der Folge gebaut worden"* die Baukosten höher eingeschätzt werden müssten als eine Million Gulden. *„Allein man konnte bis her die Bau Rechnungen nicht erhalten, zudem sind nicht alle Kosten darinn verrechnet, denn bekanntlich haben Serenissimi p.d. Selbsten, der Herr Minister von Esebeck, beede Herrn Obriste von Esebeck, Geheim Rath Creuzer, Kammer Diener Wengel p viele Baukosten zalt, welch in der Bau Caße Rechnung nicht befindlich sind; Man hat also diese Summe ad Ein Million einsweilen angenommen."*[156] Das meiste, was in dieser Zeit um- und neu gebaut wurde, kann daher nicht aus den Baukassenrechnungen erschlossen werden. Auch Künstler wurden – über diesen Zeitraum hinaus – hauptsächlich aus der herzoglichen Schatulle bezahlt. Trotzdem ergeben sich aus den wenigen Rechnungen der Baukasse aufschlussreiche Details für den Zeitraum von 1777 bis 1778.

a. Veränderungen am Außenbau

Zunächst existiert ein Verzeichnis des Leyendeckers Peter Zorn vom November 1777, das Nachricht darüber gibt, dass die Ziegel des Wohnhausdaches abgebrochen wurden, um das Dach stattdessen mit Schiefer neu einzudecken.[157] Da in

---

153 LA Speyer, Best. B3, Nr. 2584, Bl. 57.
154 LA Speyer, Best. B3, Nr. 2584, Bl. 57v. Insgesamt ging es um eine Summe von 39 Gulden und 28 Kreuzern.
155 BayHStA München, Abt. IV, Serienakten 1999, Ad N. 543.
156 BayHStA München, Abt. IV, Serienakten 1999, Ad N. 543.
157 LA Speyer, Best. B3, Nr. 2570, Bl. 201. Die obere Dachpartie der Mansarde hatte eine Länge von 66 Schuh, eine Tiefe von 37 Schuh, der untere Dachsparren eine Länge von 11, der obere eine Länge von 23 Schuh. Das entspricht einer Länge des oberen Daches von 21,44 Metern, einer Tiefe von 12,02 Metern; die unteren Spar-

dem Verzeichnis von „glattem Dach", Graten und „unterem Dach" die Rede ist, war es ein Mansardendach, während es sich zuvor um ein Sattel- oder Krüppelwalmdach, vergleichbar mit dem des Gutes Bruchhof, gehandelt haben könnte. Eine Mansarde war nun unverzichtbar geworden, um Wohnraum für die Bedienten zu schaffen. Dachdeckerarbeiten der ersten Veränderungsmaßnahme belegen die Existenz von 15 großen und fünf mittleren Dachfenstern.[158] Die Arbeiten auf dem Dach begannen am 10. Oktober und zogen sich bis zum 19. November 1777 hin.[159] Da das Haus sieben Achsen besaß, teilten sich 14 von 15 genannten großen Dachfenstern achsensynchron auf den Langseiten des ehemaligen Gutsgebäudes auf.[160] Die restlichen sechs Dachfenster, ein großes und fünf kleine Fenster, befanden sich an den kurzen Seiten der Mansarde. Über die Größe der Dachfenster gibt die Rechnung des Glasers Johannes Müller aus dem Jahr 1777 Auskunft. Demnach waren 14 Dachfenster *„Jedes hoch 2 schu 7 zoll breit 1 schu 9 zol"*.[161] Ebenfalls vom November des Jahres 1777 datiert eine Rechnung über Spenglerarbeiten, in welcher für *„Ein Knopf samt fanen auf den Thurm auf dem Carlsberg"*[162] fünf Gulden berechnet wurden. Dabei handelte es sich um Knopf und Fahne des Dachreiters, der von einer achteckigen Kuppel bekrönt war.[163]

---

ren waren 3,58, und die oberen Sparren 7,47 Meter hoch. Die Grate, die mit Blei belegt werden mussten, waren auf dem unteren Dachteil 13 Schuh, auf dem oberen 29 Schuh lang (4,22 Meter sowie 9,42 Meter). Die erhaltenen Grundmauern ergeben eine Länge des Gebäudes von ca. 22 Metern und eine Tiefe von ca. 13 Metern. Da das obere Dach der Mansarde durch die Verjüngung etwas kürzer ist als das untere Steildach der Mansarde, stimmen diese Maße überein. Zu den Maßen des Gebäudes vgl. WEBER, Schloss Karlsberg, S. 213; SCHNEIDER, Schlösser, S. 198.

158 Für die 15 großen Dachfenster wurden zweiflügelige Fensterläden angefertigt. LA Speyer, Best. B3, Nr. 2570, Bl. 158. Diese Anzahl von Dachfenstern reduzierte sich nach dem Anfügen der Seitenflügel vermutlich auf 14.
159 LA Speyer, Best. B3, Nr. 2570, Bl. 201. Die Ziegeln und Latten des Daches abzubrechen, wurde für den Meister mit einem Tagelohn von 48 Kreuzern, für den Gesellen mit 40 Kreuzern berechnet LA Speyer, Best. B3, Nr. 2570, Bl. 201.
160 Dies bestätigen die Detailangaben über die Arbeiten des Schreiners: *„Item an 7 Löcher an den Dachgauben hinten an dem Hauß Leisten angemacht […]."* LA Speyer, Best. B3, Nr. 2570, Bl. 158.
161 LA Speyer, Best. B3, Nr. 2570, Bl. 198. Das entspricht einer Größe der Dachfenster von 84 x 57 Zentimetern.
162 LA Speyer, Best. B3, Nr. 2582, Bl. 102.
163 Der Leyendecker Zorn hatte im Zusammenhang mit den Dachdeckerarbeiten am Dach des Carlsberges einen *„Cuppel Thurm gedeckt und die 8 groth* [Grate] *mit bley verwahrt."* LA Speyer, Best. B3, Nr. 2570, Bl. 201. Auf der Dachmitte des Königsbrucher Hofes hat sich ein – wenn auch einfacherer – Dachreiter bis heute erhalten.

Dass sich in diesem Dachreiter eine Uhr mit Glockenschlag befand, besagt eine Anekdote Mannlichs.[164]

Im März des Jahres 1778 berechnete der Spengler, *„ein Cantel an das Haus auf den Carlsberg von 110 schu zu machen und Roth an zustreichen [...]."*[165] Nun wurden die übrigen Fenster des Hauses erneuert und mit Klappläden versehen, denn der Schreiner gab an, er habe *„an 19 Löcher an das hauß fenster fliegel gemacht."*[166] Ebenso habe er *„7 Löcher mit schalosie Läten mit 2 flügel oben an das hauß foren im hoff [...]"*[167] versehen. Die Schreiner Bihl fertigten *„18 sperhelter vor die fenster auff zu halten."*[168] Glaser Müller listete seine durchgeführten Arbeiten noch im Dezember 1777 auf. Er habe *„in dem undern stock in 6 fenster 12 Neue flügel gemacht."*[169] Die Größe der Fenster gab er ebenfalls an, denn er hatte *„die 6 fenster rahmen neu verbleit, mit großen Karnies bley ist jede hoch 4 schu 5 zoll breit 2 schu 4 zoll."*[170] Schreiner Johannes Daniel hatte zwölf dieser Sommerläden für die unteren Zimmer des Hauses gemacht, das Stück zu 4 Gulden.[171] Er verlangte also für die Klappläden des Erdgeschosses einen Gulden mehr als sein Kollege für die des Obergeschosses. Da die Löhne der Handwerker in den ausgehandelten Akkorden für gleiche Arbeiten in der Regel gleich hoch waren, waren die Fenster des Obergeschosses kleiner als die

---

164 Eines Abends war man nach der Jagd beim Herzog versammelt, als dieser einschlief und niemand wagte, sich ohne Erlaubnis zu entfernen, als *„[...] touttes les pendules sonnerent onze heurs les unes apres les autres, l'horloge du corps de logis les avoit déjà précedées de dix minutes [...]*. BENDER/KLEBER, Histoire, Bd. II, S. 323.
165 LA Speyer, Best. B3, Nr. 2582, Bl. 102. 110 Schuh entsprechen 35,73 Metern. Für geleistete Arbeiten im Mai wurden 51 Gulden 5 Batzen aufgelistet, *„Ein Cantel an das hintere theil Haus und um das Vogel Haus von 154 schu zu machen und Roth anzustreichen a 5 bz."* LA Speyer, Best. B3, Nr. 2582, Bl. 102. 154 Schuh ergeben eine Länge von 50,02 Metern.
166 LA Speyer, Best. B3, Nr. 2570, Bl. 158.
167 LA Speyer, Best. B3, Nr. 2570, Bl. 158. An Arbeitslohn wurden pro Fenster 3 Gulden berechnet. Der Tüncher Stenger hatte entsprechend *„15 Dachgesteller, Fenster, Lad"* sowie *„29 fenster Rahmen"* anzustreichen. LA Speyer, Best. B2, Nr. 3989, Bl. 136. Die Rechnungen beziehen sich auf Arbeiten im Dezember 1777.
168 LA Speyer, Best. B3, Nr. 2570, Bl. 158.
169 LA Speyer, Best. B3, Nr. 2570, Bl. 198. Jedes Fenster wurde dabei mit einem Gulden abgerechnet.
170 LA Speyer, Best. B3, Nr. 2570, Bl. 198. Das entspricht einer Fensterhöhe von 1,43 x 0,76 Metern.
171 LA Speyer, Best. B3, Nr. 2570, Bl. 222. Abschließend verlangte der Schlosser Henrich Bubong 140 Gulden für das Beschlagen von 28 Paar Sommerläden. LA Speyer, Best. B3, Nr. 2570, Bl. 179v. Auch erwähnt in LA Speyer, Best. B3, Nr. 2570, Bl. 3 über Abgabe von Eisen *„zum Beschlagen der Jalousieläden auf dem Carlsberg [...]."*

des Erdgeschosses. So verhält es sich auch bei Fenstern vergleichbarer Gebäude, etwa im Corps de logis des Bruchhofes oder im Hilbringer Schloss (Abb. 65). Auch das Aquarell von Le Clerc zeigt eine kleine Differenz in der Höhe der Fenster (Abb. 4).

Hinsichtlich der Anzahl der Fenster des Erdgeschosses findet sich ein Indiz in der Rechnung der Schreinermeister Bihl, wonach *„12 Keller Läten an das hauß hinten und foren"*[172] angebracht wurden. Auf dem besagten Aquarell ist zu erkennen, dass sich in der hofseitigen Mitte des Gebäudes eine von zwei Schilderhäusern flankierte Eingangstür befand, die über wenige Stufen zu erreichen war, so dass eine Kellerfensteröffnung nur auf den sechs übrigen Achsen möglich war. Wenn insgesamt nur zwölf Kellerläden hinten und vorne am Haus angebracht werden konnten, so befand sich vermutlich auf der rückwärtigen Gartenseite des Hauses ebenfalls eine Tür.[173]

Das Bild, das man sich vom damaligen Zustand des Gebäudes machen kann, wird ergänzt durch eine weitere Fundstelle, aus der hervorgeht, dass Schreinermeister Schober im Februar des Jahres 1778 zwei hölzerne Schilderhäuser für den Carlsberg anfertigte.[174] Dass der Außenbereich, wie auch die übrigen Höfen

---

172 LA Speyer, Best. B3, Nr. 2570, Bl. 158v.
173 Diese Annahme wird durch eine Rechnung des Tünchers Stenger bestätigt, der für Dezember 1777 angab, eine Tür, eine Haustür sowie Sommerläden gestrichen zu haben. LA Speyer, Best. B2, Nr. 3989, Bl. 136.
174 LA Speyer, Best. B3, Nr. 2584, Bl. 169. Das Stück kostete 15 Gulden. S. das Kapitel zu den Schilderhäusern in Kap. A.VI.4. In den Rechnungen ist zudem von einer Offiziersstube mit zwei Fenstern die Rede, deren Boden gedielt wurde. LA Speyer, Best. B3, Nr. 2572, Bl. 210. Allerdings ist es nicht möglich zu sagen, wo sich die Offiziersstube befunden hat. An anderer Stelle wurden Arbeiten *„an dem Verwalter sein Zimmer"* erwähnt. LA Speyer, Best. B3, Nr. 2570, Bl. 158v. Die dortigen drei Fensterrahmen *„bey dem Herrn Verwalter seiner Stub"* waren gemäß der Glaserrechnung *„jedes hoch 3 schu breit 1 schu 9 zoll."* LA Speyer, Best. B3, Nr. 2570, Bl. 198. (Rahmengröße 97 x 57 Zentimeter.) Auch wurde eine Tür *„an der steg bey dem Verwalter halbtobelt"* abgerechnet. LA Speyer, Best. B3, Nr. 2570, Bl. 158v. Die Stube des Verwalters wird im Kontext des Hauptgebäudes genannt und in der Reihenfolge der Erwähnung stets mit der Wachtstube verbunden, die ebenfalls mit vier zweiflügeligen Fenstern ausgestattet war. Diese Rahmen waren *„jedes hoch 2 schu 8 zoll breit 1 schu 6 zoll."* LA Speyer, Best. B3, Nr. 2570, Bl. 198. (Rahmengröße 87 x 49 Zentimeter). Für die beiden Fenster wurden außerdem Läden mit jeweils zwei Flügeln sowie vier kleinere Läden *„oben Ueber der wacht stub dut den fligel 12 x"* angefertigt. LA Speyer, Best. B3, Nr. 2570, Bl. 158v. Außerdem wurde *„an der Wachtstub Eine dir halbtobelt gemacht dut arbeits Lon 2 fl."* angebracht. LA Speyer, Best. B3, Nr. 2572, Bl. 210. Verdoppelte oder aufgedoppelte Türen fanden Verwendung an Kellern, Ställen oder Waschküchen, so dass die Wachtstube ein gesondertes Gebäude in der Nähe des Hauptgebäudes gewesen sein muss. So könnte auch in der Rechnung des Leyendeckers die Angabe zu deuten sein, welche besagt: *„Weiders habe 20 schu kehl gedeckt über der Wachtstube"*. LA Speyer, Best. B3, Nr. 2570, Bl. 201. 20 Schuh entsprechen

und Verbindungswege, durch Laternen beleuchtet werden konnte, findet seine Bestätigung in den Handwerkerrechnungen der Schreiner, die *„auff die 2 stöck an den hauß woh die Lanteren stehen 2 sticker darauff gemacht und die Laternen fest gemacht"* hatten.[175]

b. Veränderungen im Inneren des Gebäudes

Während der Arbeiten auf dem Dach und an den Fenstern hatten zeitgleich auch die Arbeiten im Inneren begonnen. Da der Herzog die Raumdistribution vorgenommen hatte, wurden nun die Zimmer entsprechend ihrer Funktion neu ausgestattet. Im Erdgeschoss befanden sich laut Mannlichs Aufzählung die Küche, zwei Räume und eine Garderobe für die Freifrau von Esebeck sowie mindestens ein zusätzlicher Raum mit einer Garderobe für Hofdamen und Kammerfrauen. Die beiden Schreiner Johannes und Jörg Bihl bestätigen diese Angaben in einer ausführlichen Rechnung vom Dezember 1777. Demnach hatten die Schreiner im *„untern Stock fir Zimmer mit Lambrie samen gestembt sint in den 4 Zimmer 34 Klafter laufent"*.[176] In einfachen Garderoberäumen wurde auf eine Holzvertäfelung verzichtet, weshalb von insgesamt vier Räumen ausgegangen werden kann, die man Frau von Esebeck und den Hofdamen zugewiesen hatte. In drei Räumen des Erdgeschosses wurden Leisten auf der Wand angebracht, damit textile Wandbespannungen befestigt werden konnten und man *„[…] das duch hat kennen nagelen"*.[177] Eine Ausmessung des Quadrators Jacob Müller vom Mai 1778 besagt, er habe im Erdgeschoss *„in den beyden untern Zimer gesimbßer gezogen 162 Schuh ad 6 xr."*[178] An gleicher Stelle wird erwähnt, dass in einem der Erdgeschossräume ein Alkoven existierte, denn der Gipser arbeitete an Füllungen jenes Alkovens rund um den Ofen. An anderer Stelle dieser Rechnung wurden zwei Gulden und 30 Kreuzer dafür angegeben, *„2 dieren an den Betinten ihren Zimer zu recht gemacht"*[179] zu haben. Für die Küche wurden zwei Tische mit Schubladen angefertigt.

6,50 Metern. Auch der Glaser hatte *„in dem Hauß auf der Wacht stub 4 neue rahmen gemacht mit zwey flügel Macht jede rahm an arbeitlohn 30 Kreitzer. Die 4 rahmen neu Verglaß ist Jedes hoch 2 schu 8 zoll."* LA Speyer, Best. B3, Nr. 2570, Bl. 198. (Rahmenhöhe 87 Zentimeter).
175 LA Speyer, Best. B3, Nr. 2570, Bl. 158.
176 LA Speyer, Best. B3, Nr. 2570, Bl. 155.
177 LA Speyer, Best. B3, Nr. 2570, Bl. 155.
178 LA Speyer, Best. B3, Nr. 2572, Bl. 323. Das entspricht einer Länge von 52,62 Metern.
179 LA Speyer, Best. B3, Nr. 2570, Bl. 155.

Darüber hinaus wurde ein Speisesaal im Erdgeschoss genannt,[180] der sich nicht in Mannlichs Aufzählung der ursprünglichen Räume wiederfindet. Er erwähnte einen Speisesaal im Rahmen des späteren Anbaus eines Küchenflügels,[181] auf den jedoch erst an späterer Stelle eingegangen werden soll. Die Schreiner Bihl jedenfalls benannten im Rahmen der Aufzählung ihrer Arbeiten im Jahr 1777, sie hätten im Erdgeschoss *„den Speiß Sahl gantz getefelt von der Lambrie biß under das Gesimbs"*.[182] Sämtliche Holzvertäfelungen, sowohl Boiserien als auch Lambris, insgesamt 520 Schuh im gesamten Speisesaal, wurden vom Tüncher Stenger mit Leimfarbe gestrichen.[183] Der Raum besaß zwei Fenster, denn die Schreiner hatten *„die 2 Fenster Ein gefast mit dem Bogen und ein schambrahmen um das Fenster herum."*[184] Ein neuer Kamin sollte eingebaut werden, weshalb man im *„Speiß sahl drey sticker posirie loß gebrogen woh das Kamin ist fisitirt vorten und witer 3 neie sticker witer gemacht und witer an geschlagen."*[185] Vor dem Kamin musste der Holzboden neu angepasst und mit einem Fries eingefasst werden.[186] Den ursprünglichen Fußboden des Speisesaales habe man dort, *„woh das Kamin ist gesetzt worden loß gebrogen und Ein friß um das Kamin gelecht und witer neben dran zu getilt und Sticker in die Fenster gelecht und den Fuß boten außgeflickt und hernach den gantzen Boten ab gehobelt und genagelt"*.[187] Für vier Gulden wurde ein *„Disch in den Speiß sahl gemacht owahl und an den Disch 4 anstes nach der runtung angeschnitten"*, um den ovalen Tisch bei Bedarf vergrößern zu können. Für das Erdgeschoss ergaben sich damit vier Wohn- bzw. Schlafräume für die Obristhofmeisterin von Esebeck und die Hofdamen, Garderoben, ein Speisezimmer, eine Küche und das

---

180 LA Speyer, Best. B3, Nr. 2584, Bl. 272. Der Schreiner Michael Bihl gab 1781 an, im Corps de logis *„in dem unteren stock woh der alte speißall wahr"* Veränderungen an den Wandverkleidungen und Türen vorgenommen zu haben. Mit dem „unteren Stock" ist – im Gegensatz zum „oberen Stock" und dem „dritten Stock" oder Speicher – das Erdgeschoss gemeint. An anderer Stelle ist von Arbeiten der Schreiner Hübner, Gieger und Ott *„unden im Gorte Loschi über dem Keller in dem gewesenen Speis Sahl"* die Rede. LA Speyer, Best. B3, Nr. 2958, #1980. Rechnung vom 19. November 1781.
181 MANNLICH, Rokoko und Revolution 1966, S. 204.
182 LA Speyer, Best. B3, Nr. 2570, Bl. 155. Für diese Tätigkeit stellten sie 9 Gulden in Rechnung.
183 LA Speyer, Best. B3, Nr. 2572, Bl. 261. Die Farbe wurde nicht benannt. Für die Arbeit im Speisesaal verlangte der Tüncher in seiner Rechnung vom 14. Oktober 1777 17 Gulden und 20 Kreuzer. Der Anbau mit den Küchen und dem neuen Speisesaal im Obergeschoss entstand erst 1778.
184 LA Speyer, Best. B3, Nr. 2570, Bl. 155. Pro Fenster berechneten sie 5 Gulden.
185 LA Speyer, Best. B3, Nr. 2570, Bl. 158. Diese Arbeit wurde mit 48 Kreuzern berechnet.
186 LA Speyer, Best. B3, Nr. 2570, Bl. 155. Dafür verlangte der Schreiner 3 Gulden.
187 LA Speyer, Best. B3, Nr. 2570, Bl. 155.

Treppenhaus. Das Stiegengeländer des Treppenhauses war bei Schlossermeister Christian Wolf in Auftrag gegeben worden, der ein schmiedeisernes Stiegengeländer geliefert hatte, *„welches von unden bis in den dritten stock auf den speicher gehet"*.[188]

Im Obergeschoss befanden sich die beiden Appartements für den Herzog und seine Gemahlin, bestehend aus jeweils zwei Zimmern, einem Arbeitszimmer und einem Ankleideraum. Ausstattung und Möblierung der Appartementräume richteten sich in der Regel nach Rang und Funktion der einzelnen Zimmer und steigerten sich hierarchisch in ihrer Abfolge, wobei der Weg von einer einfachen Ausstattung im Vorzimmer zu einer reichen Raumgestaltung mit edlen Materialien und Vergoldungen im Schlafzimmer und im Kabinett führte. „Diesem Gesetz waren alle Einrichtungsstücke unterworfen."[189] Dazu gehörten auf Grund des Prinzips der Einheitlichkeit aller Elemente der Ausstattung[190] neben den Möbeln die Bodenbeläge, Farben, Raumtextilien sowie die Gestaltung der Fenster und Türen.[191]

Aus den Rechnungen lassen sich einige Details über die Gestaltung der Appartements herauslesen. Laut der Schreinerrechnung vom Oktober 1777 wurden in vier Zimmern des oberen Stockwerks kleine Lambris angebracht, *„die Lambrie gestochen mit stab und holkel."*[192] In sechs Zimmern wurden Friesböden angenagelt, ausgebessert und abgehobelt sowie acht Fensterbretter auf den Fensterbänken angebracht. Im Vorzimmer, Schlafzimmer sowie dem Kabinett eines Appartements brachte man weitere 20 Klafter *„kleinen Lambris"* mit Stäben und Hohlkehle an,[193] welche anschließend vom Tüncher mit Leimfarbe gestri-

---

188 LA Speyer, Best. B3, Nr. 2570, Bl. 192. Zur Fertigung dieses Geländers erhielt er Eisen sowie *„alte stiecker gelender welche ich habe müssen voneinander schlagen und warm grad richten und überstrecken, und was zu schwach war überlegen und aus schweissen Welches ich vor Arbeitslohn 300 fl. rechne."* Er erhielt aber nach Überprüfung des Geländers durch die Schlosserkollegen Lorentz und Bubong nur 195 Gulden. LA Speyer, Best. B3, Nr. 2570, Bl. 192.

189 HOJER/OTTOMEYER, Möbel, S. 11. MÖHLENKAMP, Form und Funktion, S. 34. KOTZUREK, Funktion, S. 45 f. S. dazu auch BLONDEL, distribution, S. 81.

190 S. dazu HOJER/OTTOMEYER, Möbel, S. 11 f. Die Vereinheitlichung der Ausstattungsstücke eines Raumes „entsprach den Erwartungen und Konventionen der Repräsentation, die kein Stückwerk zuließen." HOJER/OTTOMEYER, Möbel, S. 12.

191 Die Gestaltung der Türen richtete sich nach der Funktion der Räume in die sie führten, s. KOTZUREK, Funktion, S. 45 mit Anm. 172. Die Einheitlichkeit der Ausstattung ermöglicht es umgekehrt, aus einem erhaltenen Möbelstück Rückschlüsse auf die Gestaltung des gesamten Raumes zu ziehen, in dem das Möbel sich ursprünglich befand.

192 In den vier Zimmern entsprach dies einer Länge der Holzvertäfelung von 39 Klaftern, also 76 Metern. Dafür wurde ein Arbeitslohn von 29 Gulden und 15 Kreuzern berechnet. LA Speyer, Best. B3, Nr. 2570, Bl. 156.

193 LA Speyer, Best. B3, Nr. 2570, Bl. 156v. Dafür wurden 15 Gulden berechnet.

chen wurden.[194] Der Schreiner Johannes Daniel hatte in einer Rechnung vom 26. April 1778 zudem angegeben, er habe im Jägersburger Schloss „*10 Lamberien [...] ausmachen*"[195] sollen, die nun am Carlsberg eingepasst wurden.

Im Schlafzimmer des Herzogs arbeiteten die Schreiner an einem Alkoven.[196] Dafür wurden die vorhandenen Lambris entfernt und „*wegen versetzung dem ofen undt der dir undt die lambarien verEntert undt Etliche sticker gesimser nei gemacht undt die lambarien wieter angeschlagen*".[197] Außerdem wurden in zwei Zimmern „*die spallir lathen samt den vergülteten leisten in den 2 Zimer losgebrochen undt wieter angeschlagen*".[198] Dazu passt eine Rechnung des Vergolders Anton Schupp, der im Sommer 1778 „*die dabetten Leisten mit feynem gold rebarirt*"[199] hatte, wofür er zwei Büchlein Feingold verbrauchte. Außerdem vergoldete er zwei Rahmen und nahm an anderen Reparaturen mit feinem Gold vor. Neben dem Alkoven wurde eine verdeckte Tür vom Schlosser mit einem Schreinerband und einem Schloss beschlagen.[200] Schreiner Johannes Daniel berechnete zehn Gulden für einen Trumeaurahmen, den er für das Schlafzimmer des Herzogs gefertigt[201] und wofür er zuvor Eichenholz aus dem Baumagazin erhalten hatte.[202] Im Kabinett hinter dem Alkoven wurden zwei Oberlichter mit einer schmalen Boiserie angefertigt. Entlang der Decke des Kabinetts wurde ein Gesims von 33 Schuh Länge gezogen[203] und der Fußboden ausgebes-

---

194 LA Speyer, Best. B3, Nr. 2572, Bl. 261. Der Tüncher berechnete für den Anstrich der Lambris in zwölf Räumen 76 Gulden und 2 Kreuzer. Dazu kamen 33 Türen, wofür Tüncher Stenger 63 Gulden 38 Kreuzer verlangte.
195 LA Speyer, Best. B2, Nr. 3989, Bl. 2.
196 „*Item Im Hertzog sein schlaff Zimmer Ein algoff gemacht da war der Bogen und 2 sticker schambrahm die habe ich aber misen anschäften und 2 alte dieren die dieren habe ich nitrich und schmäler in den Zaben gemacht und die fillungen friß geleimbt das ibrige was an dem algoff ist habe ich ney dar zu gemacht dut arbeits lon 12 fl.*" LA Speyer, Best. B3, Nr. 2570, Bl. 156v. Ein Alkoven wurde als ein wichtiges Element der Bequemlichkeit eines Gebäudes gesehen, da man dort einerseits „besser abgeschirmt und warm aufgehoben" sei, und ein „Schlafzimmer auch leichter und schöner zu möblieren [sei], wenn das Bett durch einen Alkoven vom Raum getrennt ist." LAUGIER, Manifest, S. 121.
197 LA Speyer, Best. B3, Nr. 2572, Bl. 214. Da der Schlafzimmerofen versetzt werden musste, fertigte Schlosser Bubong ein neues Ofenrohr an. LA Speyer, Best. B3, Nr. 2570, Bl. 180.
198 LA Speyer, Best. B3, Nr. 2572, Bl. 214.
199 LA Speyer, Best. B3, Nr. 2572, Bl. 283.
200 LA Speyer, Best. B3, Nr. 2570, Bl. 180. Nach Meinung Laugiers wäre die vollkommene Bequemlichkeit hinsichtlich des Alkovens im Schlafzimmer „[...] erreicht, wenn sich zu beiden Seiten des Alkovens eine Tür mit anschließendem Flur zu den Garderoben befände." LAUGIER, Manifest, S. 121.
201 LA Speyer, Best. B3, Nr. 2570, Bl. 222.
202 LA Speyer, Best. B3, Nr. 2572, Bl. 21.
203 LA Speyer, Best. B3, Nr. 2570, Bl. 157. Das entspricht einer Länge von 10,72 Metern.

sert. Eine Tür, deren Anschlag von links nach rechts verändert werden musste, erhielt ein altes Schloss, das man im Jägersburger Schloss besorgte.[204] In unmittelbarer Nähe des Schlafzimmers befand sich auch ein Privet,[205] denn man hatte *„Neber das profet Ein Ober lich mit futer und Bekleitung"*[206] angebracht. Das Privet wurde neu gedielt, und dazu wurden zwei geschweifte Schubladen für das „heimliche Gemach" angefertigt. Die Verwendung von Oberlichtern zeigt wiederum, dass Nutzräume und unsichtbare Verbindungswege keine eigenen Fenster besaßen.

Auch das Schlafzimmer der Herzogin wurde umgestaltet. So mussten unter anderem die Lambris losgebrochen werden und *„wegen dem algof und wegen Verentrung dem ofen und die Lambrie zum deil verentert und Etlichen sticker neyen gesimbs Leisten gemacht und die Lambris witer angeschlagen"*[207] werden. Ein Alkoven mit geschweiften Türen und zwei Oberlichtern nebst zwei Separationswänden wurde für 22 Gulden angefertigt. Dafür wurden die Tapetenleisten und vergoldete Leisten von den Wänden gestemmt und später erneut angeschlagen. An einem Fenster wurden Boiserien und Fensterverkleidungen „oben runt" angefertigt und an das nämliche Fenster *„3 Sticker Lambrie gemacht hoch 2 sch 10 zoll"*.[208] Der Dielenboden des Zimmers wurde aufgebrochen und die Nägel sorgfältig aus den Dielen gezogen, da *„das holtz hat witer kennen gebraucht werten"*.[209] Anschließend legte man den Boden ins Blei und stattete ihn mit einem Friesboden aus, der 19 Schuh lang, 13 Schuh 6 Zoll breit war.[210] Außerdem wurde auch hier der Boden einem neu eingebauten Kamin angepasst. An der Decke von Schlafzimmer und Alkoven wurden von Quadrator Jacob Müller Gesimse mit einer Länge von insgesamt 71 Schuh gezogen.[211] Neben den Apparte-

---

204 LA Speyer, Best. B3, Nr. 2570, Bl. 180v.
205 „Das Secret, Privet, das Häusgen oder heimliche Gemach, Abtritt, ist der nothwendige Ort bey einer Haushaltung, dahin der Mensch, seinen Leib zu erleichtern, Abtritt nehmen kann." ZEDLER, Universallexikon, Bd. XXXVI, 1743, Spalte 922 zum Stichwort „Secret".
206 LA Speyer, Best. B3, Nr. 2570, Bl. 157v.
207 LA Speyer, Best. B3, Nr. 2572, Bl. 209.
208 LA Speyer, Best. B3, Nr. 2572, Bl. 209. Das entspricht einer Höhe der Holzvertäfelung von 92 Zentimetern.
209 LA Speyer, Best. B3, Nr. 2572, Bl. 209. Diese Materialien wurden anschließend in das Baumagazin verbracht.
210 LA Speyer, Best. B3, Nr. 2572, Bl. 209. Ein Fensterstück des Friesbodens maß 3 x 1 Schuh. Die Länge des Zimmers entsprach 6,17 x 4,38 Metern und der Fries in der Fensternische maß 97 x 32 Zentimeter.
211 LA Speyer, Best. B3, Nr. 2572, Bl. 323. Das entspricht einer Länge von 23,06 Metern. Der Quadrator erhielt dafür 7 Gulden 6 Kreuzer. Die Schreiner Bihl erhielten 32 Kreuzer für die Anfertigung einer hölzernen Model, *„vor die gesimbser zu zigen zurecht mit einem Neuen geis fuß."* LA Speyer, Best. B3, Nr. 2570, Bl. 158.

menträumen wird an mehreren Stellen noch ein Saal im oberen Stock benannt, wo der Boden am Kamin aufgebrochen werden musste, um einen Fries um den Kamin herum zu verlegen.[212] In der gleichen Rechnung wird angegeben, man habe *„im obern stock neben dem sahl Ein schanck auß der Mauer genommen und die rückwant friß samen gericht und ein Ney gefach darin gemacht"*.[213] Es kann angenommen werden, dass sich dieser Saal als mittlerer Salon zwischen den beiden Appartements befunden hat, doch kann es aufgrund der bescheidenen Größenverhältnisse des Gebäudes nur ein recht klein dimensionierter Saal gewesen sein. In den Akten ist eine Notiz Mannlichs vom Dezember 1778 enthalten, die sich auf die *„Fertigung der Stuccatur Arbeit in dem Saal auf dem Carlsberg"*[214] bezieht. Danach zeigen die Stuckateure, die zur Zeit *„in dem Saal auf dem Carlsberg arbeiten"* an, dass der Gips aus der hiesigen herrschaftlichen Gipsgrube zum Polieren nicht dienlich wäre, *„sondern man von demjenigen, welcher zu Bussendorf bey Saarlouis zu gehaben ist einen Wagen voll haben müsst"*. Man müsse zu diesem Zweck eine Fuhre dorthin schicken und bar bezahlen, weshalb Mannlich die Rentkammer um Anordnung an die Baukasse bat, dem Magazinier Schaeffer Geld anzuweisen, *„damit diese Arbeit, worauf Sermi Hochfürstl. Durchlaucht sehr pressiren, nicht gehindert werde"*.[215] Im gleichen Monat gab der Schlosser an, er habe an 17 Spiegeln unten ein umgebogenes Eisen angebracht und mit Holzschrauben an den Spiegeln befestigt.[216] Dabei handelte es sich um Trumeauspiegel, die zwischen den Fenstern und über den Kaminen angebracht wurden. Für die Vorhänge der neu gestalteten Räume montierte er zwölf Vorhangstangen über die Fenster.

Auf dem Speicher wurden zur östlichen Gartenseite zwei Zimmer gedielt. Zwei Türen mit Oberlichtern mussten deshalb höher angeschlagen werden. An drei Wänden wurden Tapetenleisten befestigt.[217] Dies zeigt, dass sich in der Mansarde ebenfalls Wohnräume befanden, die mittlerweile über die anfänglichen Bretterverschläge für „Kammerdiener, Lakaien, Neger, Köche usw." hinausgingen, von denen Mannlich noch berichtete.[218]

---

212 LA Speyer, Best. B3, Nr. 2570, Bl. 156.
213 LA Speyer, Best. B3, Nr. 2570, Bl. 157v.
214 LA Speyer, Best. B3, Nr. 2572, Bl. 305.
215 LA Speyer, Best. B3, Nr. 2572, Bl. 305.
216 LA Speyer, Best. B3, Nr. 2570, Bl. 179.
217 LA Speyer, Best. B3, Nr. 2572, Bl. 209.
218 MANNLICH, Rokoko und Revolution 1966, S. 210.

4. „[…] von einem auf dem Carlsberg zu erbauenden Stall, Reitschuhl und Kutschenremisen" – Ein Marstall und Hundezwinger für den Carlsberg

Um die anfängliche Position des Carlsberges innerhalb der vorhandenen und genutzten Schlösser in Pfalz-Zweibrücken festlegen zu können, ist die isolierte Betrachtung der Umbauten und der recht einfach gehaltenen Innenausstattung nicht ausreichend. Vielmehr bedarf es einer Einbeziehung des baulichen Kontextes. Innerhalb der zeitlichen Abfolge der benötigten und neu errichteten Nutzbauten wurde insbesondere dem Marstall, dem Reithaus und den Hundezwingern ein besonderer Stellenwert eingeräumt, welcher die ursprüngliche Funktion des Carlsbergs als Jagd- und Sommerschloss bestätigt. Das folgende Kapitel soll genaueren Aufschluss über deren Bauzeit und bauliche Details geben.

Abb. 9: Schaefer, Philipp, Prospect vom Carlsberg (Ausschnitt)
Carte von dem Ober Amt Homburg. Gezeichnet von Ph. Schaefer Pfalz Zweybrückischer Geometer 1793

Das ab 1779 entstandene, zunächst vierflügelige Marstallensemble[219] mit einem integrierten Reithaus wurde nördlich des Corps de logis errichtet. Der Reithof wurde, wie auf den erhaltenen Zeichnungen erkennbar, auf der stadtzugewandten Westseite durch zwei mehrgeschossige Eckpavillons, einen ebensolchen Mittelpavillon mit einer Toreinfahrt und verbindenden eingeschossigen Rücklagen abgeschlossen (Abb. 38, 21, 9). An die seitlichen Pavillons mit ziegelgedeckten Krüppelwalmdächern fügte man – vermutlich in einer späteren Bauphase – weitere eingeschossige Rücklagen an, welche die Pavillons zu Bauten an den Gelenkstellen machten. Der mittlere Torpavillon wurde durch ein schiefergedecktes Mansarddach besonders betont, dessen Bauweise sich in einem

---

219 Zu Marställen s. GÖTZ, Marställe sowie SKALECKI, Reithaus. Zum Typus des Carlsberger Marstalles s. SKALECKI, Reithaus, S. 183, DIES., Reithaus- und Marstall-Ensemble, S. 9 ff. Der Marstall als Vierflügelmarstall mit eingebundenem Reithaus wird von Skalecki als „für diese Zeit eher retrospektiv" beschrieben, SKALECKI, Reithaus- und Marstall-Ensemble, S. 10.

nördlich angefügten Pavillon wiederholte. Das Reithaus, das in der Mitte der rückwärtigen Gartenseite den östlichen Abschluss des Hofes bildete, war durch seine Höhe im Vergleich zu den flankierenden Baukörpern besonders betont und mit einem Walmdach gedeckt.[220]

Weber, der die Maße des Reithofes auf Grund seiner durchgeführten Grabung mit einer Breite von 180 Metern und einer Tiefe von 80 Metern angab,[221] vermutete den Beginn der Bauarbeiten an den Marstallgebäuden im Jahr 1778.[222] Tatsächlich wurden bereits 1777 Pflastererarbeiten in einem *„neuen Pfert stall verfertiget".*[223] Dieses benannte Stallgebäude, auf das sich Weber vermutlich bezog, war jedoch nicht mit dem später errichteten Marstallensemble identisch. Vielmehr handelte es sich um eines jener Gebäude, von denen Mannlich im Rahmen seiner Tätigkeiten am Luisenhof als Baudirektor berichtet.[224] Diese frühen kleineren Stallbauten genügten jedoch schon bald nicht mehr den Erfordernissen. Der erste Termin der Versteigerungen für Arbeiten am Marstall und an der Reitschule ist in den Akten explizit für den 10. Februar 1779 nachweis-

---

220 Der Leyendecker Martin Bohn hatte einen First von 80 Schuh (25,98 Meter) und vier Grate von 60 Schuh (19,49 Meter) einzufassen. LA Speyer, Best. B3, Nr. 2585, Bl. 123.

221 WEBER, Schloss Karlsberg, S. 271. Das Reithaus war nach seinen Erkenntnissen 60 Meter lang und 25 Meter tief, WEBER, Schloss Karlsberg. Damit war das Carlsberger Reithaus größer als der Durchschnitt, der von Skalecki mit 31x17 Metern angegeben wird, s. SKALECKI, Reithaus, S. 32.

222 Weber vermutete die Entstehungszeit von Teilen des Marstalles im Jahr 1778 auf Grund der Zahl der untergebrachten Pferde, WEBER, Schloss Karlsberg, S. 273. Skalecki übernahm diese Jahreszahl bereits als gegebenes Faktum, ohne dies jedoch weiter zu belegen. SKALECKI, Reithaus- und Marstall-Ensemble, S. 9. Auch Schneider geht von einem Beginn der Marstallanlage im Jahr 1778 aus und will dies mit „Baurechnungen vom Februar 1779" belegen, die von „Stallungen, Reitschule und Kutschenremise zu Carlsberg" berichten und sich auf den Maurermeister Christian Schweighofer beziehen. Vgl. SCHNEIDER, Schlösser, S. 306, ohne Quellenangabe. Dabei handelt es sich jedoch um eine Rechnung des Maurermeisters über die Höhe von 24.095 Gulden, die den Tag der Versteigerung der Arbeiten am 10. Februar 1779, nicht aber den Tag der Abrechnungen angibt. LA Speyer, Best. B3, Nr. 2953, S. 553.

223 LA Speyer, Best. B3, Nr. 2570, Bl. 209. LA Speyer, Best. B3, Nr. 2572, Bl. 279, Rechnung des Pflasterers vom 4. August 1778 über Arbeiten in *„einen Pferdstall"* und eine *„Kutschen Remise"*. S. auch LA Speyer, Best. B3, Nr. 2570, Bl. 209. LA Speyer, Best. B3, Nr. 2572, Bl. 232v, woraus hervor geht, dass es sich um Arbeiten im bereits bestehenden Stallgebäude handelte, denn es wurden *„sechzehn Stick Fenstern neu beschlage in dem Pferths Stall."* Immerhin waren zu diesem Zeitpunkt schon sieben der insgesamt 38 Reitpferde des Herzogs („*Gratieuse, Hyrondelle, Favorite, Bettiliande, Bonne enfant, Courtisang, Miss"*) zum Carlsberg gebracht worden, während die restlichen Pferde noch in Jägersburg verblieben waren. BayHStA München, Best. Kasten blau, Nr. 405/23.

224 MANNLICH, Rokoko und Revolution 1966, S. 203: „Man musste den Stall für die Pferde und Kühe vergrößern […]."

bar. An diesem Tag erhielt der Maurermeister Christian Schweighofer für die Summe von 24.095 Gulden den Zuschlag für die Arbeiten an *„einem auf dem Carlsberg zu erbauenden Stall, Reitschuhl und Kutschenremisen"*.[225] In den Gebäuden waren zudem eine Schmiede samt Esse, Stiegenhäuser, mehrere Abtritte, Wachstuben, eine Sattelkammer sowie herzogliche Gemächer mit einem französischen Kamin vorgesehen.[226] Über die Ausstattung *„Im Reitschul Zimmer"* des Herzogs wurde im Schadensverzeichnis aufgezählt, dass sich in zwei Räumen, welche man mit Papiertapeten auf Tuch tapeziert hatte, ein Sekretär sowie acht Stühle mit Kissen und zwei Spiegel mit vergoldeten Rahmen befanden. Die vier Fenster dieser beiden Räume waren mit Vorhängen versehen.[227] Am 10. Februar 1779 wurden auch die Aufgaben der Zimmerleute, unter anderem die Akkorde für Stall, Reitschulgebäude und Kutschenremise vergeben. Aus dem diesbezüglichen Bericht geht hervor, dass am gleichen Tag außerdem Akkorde für zwei Nebenflügel mit Kutschenremisen und für den *„Vordere Flügel mit denen Pavillons"* vergeben wurden.[228] Der Vierflügelanlage lag also, entgegen der Annahme Webers, ein einheitlicher Baubeginn zu Grunde.[229]

Dem Bericht über die Maurerarbeiten lässt sich weiter entnehmen, dass nicht sämtliche Gebäude gänzlich neu errichtet werden mussten. Vielmehr wurden neben drei neuen Ställen aus massivem Mauerwerk auch Stallungen in das Reithofensemble einbezogen, die zuvor in Jägersburg abgetragen und auf dem

---

225 LA Speyer, Best. B3, Nr. 2965, #4696. S. Anhang C.I.2.a. Ursprünglich sollte die Maurerarbeit an diesem Gebäude unter drei Maurern aufgeteilt werden. Diese Idee ließ man jedoch wieder fallen, da die anwesenden Maurer Bedenken vorbrachten, einer könnte des anderen Werkzeug und Material wegnehmen, was letztlich nur zu Zank führte. Im Übrigen wurden Handwerker vom Herzog persönlich bezahlt, wie aus der Quittung des Schlossers Dumont hervorgeht, der am 24. August 1780 *„Aus Sernissimi Höchsten Händen"* 150 Gulden als Abschlagszahlung auf seine Arbeiten an der Reitschule und der Kutschenremise erhalten hatte. LA Speyer, Best. B3, Nr. 2956, #1438.
226 LA Speyer, Best. B3, Nr. 2965, #4696. Anhang C.I.2.a, Nrn. 4 und 7. Für den Herzog stand bei der Reitschule ein Zimmer zur Verfügung. Im August 1780 wurden die Sommerläden an diesem Raum angebracht, LA Speyer, Best. B3, Nr. 2576, Bl. 173. Fenster und Türen s. LA Speyer, Best. B3, Nr. 2584, Bl. 286 und Bl. 298, Arbeiten des Schreinermeisters Michael Bihl, Bl. 377, Arbeit des Schlossers Henrich Bubong im November 1780.
227 BayHStA München, Abt. IV, Serienakten Nr. 1999, N. 2 im Etat, auch zitiert bei SCHNEIDER, Schlösser, S. 307, jedoch für einen anderen räumlichen Kontext. In veränderter Schreibweise wiedergegeben bei BECKER, Karlsberg, S. 32. Der Wert der beschriebenen Ausstattung wurde auf 500 Gulden geschätzt.
228 LA Speyer, Best. B3, Nr. 2595, Bericht ad 2512, S. Anhang C.I.2.d.
229 Weber ging davon aus, dass 1778 die Vorderfront der Vierflügelanlage entstanden sein könnte und erst im Anschluss die übrigen Bauten mit der Reithalle, vgl. WEBER, Schloss Karlsberg, S. 273.

Carlsberg „*auf beyden Seiten an die Reithschuhl angesetzet*" werden sollten.[230] Am Jägersburger Stallgebäude sollten die Hölzer für die Stände beim Abbau markiert werden, um sie samt den Latierbäumen und Krippenpfosten am Carlsberg aufrichten zu können, ohne dass „*Confusion entsteht, und nachher andere begehret*" würden.[231] Alle neuen Stände in den Ställen mussten jenen des Jägersburger Stalles angeglichen werden,[232] was in den Vertragsbedingungen der Zimmerleute vom 10. Februar 1779 festgehalten wurde.[233] Die hölzerne Ausstattung der Ställe wie Türen, Tore, Pfosten und Latierbäume wurde „*[…] mit halb Weiß und halb blauer Öhlfarb Angestrichen […].*"[234] Dass man großen Wert auf die Gestaltung der Stallungen legte, zeigen zudem die Rechnungen der Drehermeister Kehl, die zusammen 94 Vasen anfertigten, welche auf den Latierpfosten der Marställe angebracht wurden.[235] In der Höhe verstellbare Laternen mit „*Rollen und Gewicht*" wurden mit gelber Ölfarbe gestrichen.[236]

Auf „*der neuen stallung wie auch die Eyne KutzeRehmiehs und Reithschuhl […]*" befanden sich insgesamt mindestens 115 große Dachfenster und 20 Heu- und mehrere Wohngauben.[237] Die Anzahl und Größe der Dachfenster korres-

---

230 LA Speyer, Best. B3, Nr. 2595, Bericht ad 2512, Berichtnummer 8. Anhang C.I.2.d. LA Speyer, Best. B3, Nr. 2965, #4696. Anhang C.I.2.d, Berichtnummern 6, 8 und 21. Aus Jägersburg wurden mehrere Gebäude auf den Carlsberg transloziert, s. dazu Kap. A.IV.1.
231 LA Speyer, Best. B3, Nr. 2595, Bericht ad 2512, Berichtnummer 11 und 13. S. Anhang C.I.2.d.
232 LA Speyer, Best. B3, Nr. 2595, Bericht ad 2512, Berichtnummer 20, 21 und 28. S. Anhang C.I.2.d.
233 Diese Arbeiten wurden am 27. Februar übernommen und mit 1.946 Gulden abgerechnet „*vor die Reitschuhl und zwey flügel.*" LA Speyer, Best. B3, Nr. 2953, S. 478 sowie LA Speyer, Best. B3, Nr. 2595, ad 2512, Pro Memoria von David Männer aus Ixheim.
234 LA Speyer, Best. B3, Nr. 2585, Bl. 158, Rechnung des Tünchers Carré über Arbeit in den Stallungen vom November 1782. LA Speyer, Best. B3, Nr. 2593, Bl. 25, Rechnung des Anstreichers Gitzner vom Oktober 1782 über Arbeiten „*Auf Ordere des Herrn Baumeister Schäffer […] in denen Stallungen auf dem Carlsberg […]*".
235 LA Speyer, Best. B3, Nr. 2960, #3015, 3018, Rechnungen vom 28. September 1782 zu 24 Kreuzern pro Stück.
236 LA Speyer, Best. B3, Nr. 2593, Bl. 31. Rechnung über den Anstrich von 30 Laternen vom 18. November 1782.
237 Die Arbeiten wurden wieder aufgeteilt: Der Leyendecker Martin Bohn gab an, er habe 101 große Dachfenster und 17 große Heugauben gedeckt. LA Speyer, Best. B3, Nr. 2585, Bl. 118. In einer weiteren Rechnung ist von 10 weiteren großen Dachfenstern die Rede, LA Speyer, Best. B3, Nr. 2585, Bl. 123. Leyendecker Johannes Zorn (20. Mai 1780) hatte das Decken von 13 Wohngauben auf den Stallungen und 3 großen Heugauben auf dem Reitschulgebäude übernommen. Für das Decken der Heugauben verlangte er, wie auch Bohn, jeweils 4 Gulden, für das Decken der Wohngauben je 2 Gulden 30 Kreuzer. LA Speyer, Best. B3, Nr. 2585,

pondierte weitgehend mit den darunter liegenden gereihten Stallfenstern.[238] Über den Stallungen wurden im Dachbereich nachträglich noch Wohnräume eingerichtet, da der Leyendecker Bohn auf *„den Pferds Stallen wo die Zimmer hinkommen 14 große Dach fünstern gedeckt"* hatte.[239] Für die Dachflächen wurden Ziegel verwendet,[240] während man das Dach des Mittelpavillons über der Toreinfahrt sowie die Dachgauben mit Schiefer eindeckte.[241] Die Remisen hatten ausweislich der Angaben im Vertrag des Schlossers zwölf Tore.[242] Neben dem Haupttor zum Reitschulhof gab es zwei weitere Tore in den Hofmauern, acht zweiflügelige Stalltüren und zwei ebensolche Türen an der Reitschule. Zwei Tore des Reitschulgebäudes waren *„[…] hoch 9 schuh breit 8 sch 8*

Bl. 153. Die Größe der jeweiligen Fenster wird angegeben von Glaser Daniel Römer, LA Speyer, Best. B3, Nr. 2964, #4406. In den Wohnunterkünften wurden unter anderem die Stall- und Pferdeknechte untergebracht.

238 Die Arbeiten dafür wurden wieder auf mehrere Handwerker aufgeteilt. Der Schlosser Jacob Flamm hatte beispielsweise *„75 Stück Stallfenster beschlagen […]"*. LA Speyer, Best. B3, Nr. 2591, Bl. 341.

239 LA Speyer, Best. B3, Nr. 2585, Bl. 138, Rechnung vom Oktober 1783. Die Gauben wurden mit Ziegeln gedeckt und Kamine über die Dachfläche hinausgeführt.

240 LA Speyer, Best. B3, Nr. 2585, Bl. 118, sowie Bl. 123. Die Fensterflügel für die Gauben wurden, wie auch die Stallfensterflügel, mit einer Höhe von 2 Schuh 7 Zoll und einer Breite von 1 Schuh 2 Zoll (0,84 x 0,38 Meter) angegeben. Rechnung des Glasers Daniel Römer, LA Speyer, Best. 3, Nr. 2964, #4406.

241 LA Speyer, Best. B3, Nr. 2585, Bl. 123, 139, 149. Die Deckung des Torpavillons mit Schiefer ist auf der Zeichnung der Gebrüder Lüder durch die Verwendung von blauer Farbe, wie auch beim Dach des Schlosses und der Orangerie, angegeben (Abb. 21). Es handelte sich beim Torbau um ein Gebäude über rechteckigem Grundriss mit einem Mansardendach, denn über das Dach des Torpavillons wird in der Spezifikation des Leyendeckers Bohn angegeben, dass der untere Teil des Daches rechteckig war, denn im *„steifen Dach sein zwey seyden lang 40 schuh (12,99 Meter) und zwey seyden 96 schuh (31,18 Meter) hoch 9 schuh (2,92 Meter)."* Der vierseitig abgewalmte Dachteil war quadratisch, denn die *„oberste Cubel ist 4 seytig. Jede lang 35 schu (11,37 Meter) und hoch 21 schu (6,82 Meter) […]"*. LA Speyer, Best. B3, Nr. 2585, Bl. 139. Im unteren Teil des Daches befanden sich acht Dachfenster, im oberen Teil vier Ochsenaugen, LA Speyer, Best. B3, Nr. 2585, Bl. 139.

242 LA Speyer, Best. B, Nr. 2592, Bl. 344. Der Schlosser Georg Wagner aus Homburg ersteigerte den Vertrag am 20. März 1779. Welche Wagen sich in den herzoglichen Remisen befanden, also auch in den Carlsberger Kutschenremisen, wird bei SCHNEIDER, Schlösser, S. 308 ff. aufgeführt, allerdings ohne Quellenangabe. Vermutlich handelt es sich um die von Sattler Richard verfasste Schadensliste des BayHStA München, Abt. IV, Serienakten Nr. 1999, N. 15 im Etat, wonach sich der Gesamtschaden an Kutschen und Wagen und Zubehör auf 24.018 Gulden belief. *„Die aus dem Carlsberger Marstall weggenommenen Pferde sind herunter nicht begriffen, weil man alles Erinnerns ohngeachtet, solche Taxation bisher nicht erhalten mögen."* BayHStA München, Abt. IV, Serienakten Nr. 1999, N. 15, Notabene zu N. 44 im Etat.

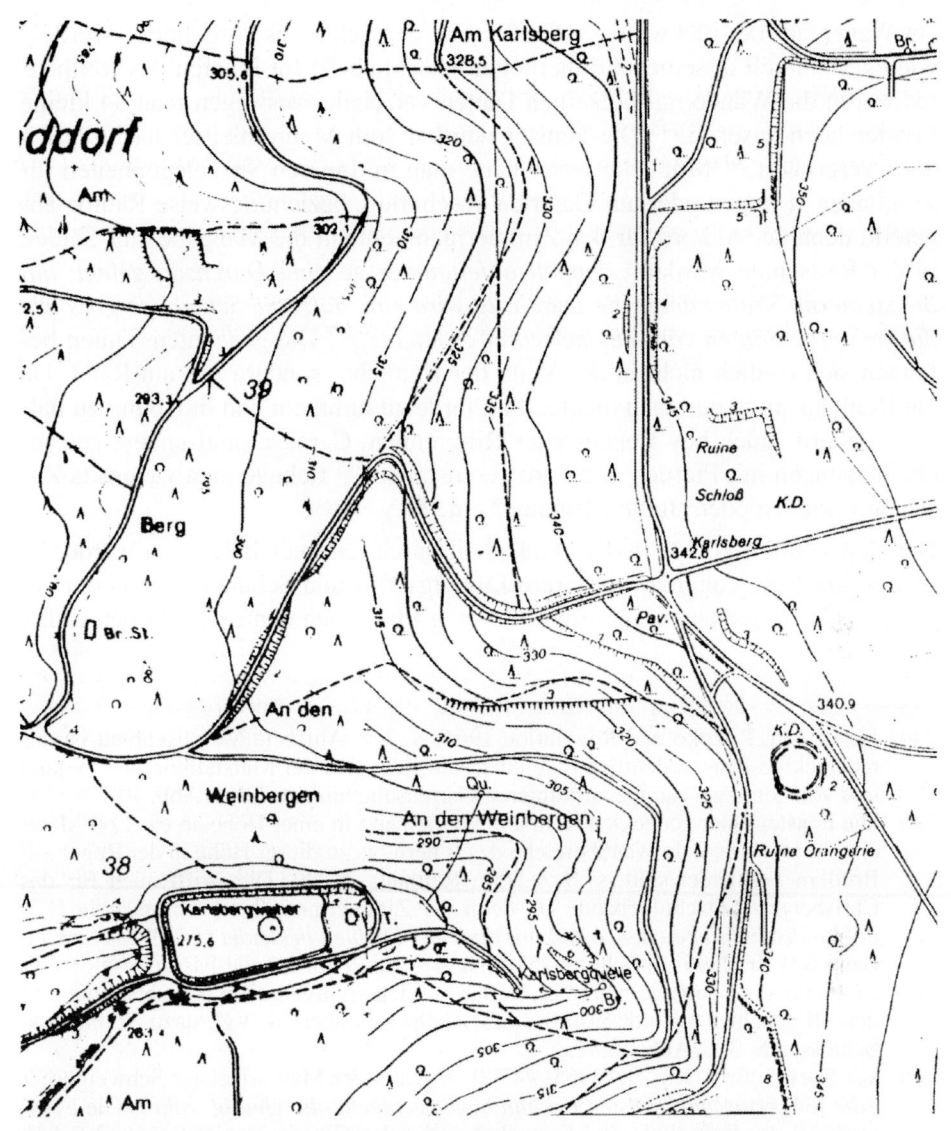

Abb. 10: Messtischblatt: Deutsche Grundkarte (DGK5).
Blatt Sanddorf, Sanddorf-Ost, Bechhofen-West. Maßstab 1:5 000. Ausschnitt Schloss

zol."²⁴³ Die hintere Seite des Reithauses war durch eine Rampe zur südöstlichen Ecke des erhöhten Reithofterrains erreichbar, was an den Geländestrukturen und auf dem Messtischblatt (Abb. 10) deutlich ablesbar ist. Auf diese Weise konnte

---

243 LA Speyer, Best. B3, Nr. 2592, Bl. 34. Ein solches Tor maß 2,92 Meter in der Höhe, in der Breite 2,81 Meter. Rechnung des Schreinermeisters Johannes Daniel vom 20. Dezember 1783, wonach ein Tor 14 Gulden kostete.

ein Wagen auf der rückwärtigen Gartenseite des Schlosses vorgefahren werden, wie es Mannlich in seinen Erinnerungen beschrieb.[244] Im Inneren des Reithauses waren die Wände mit hölzernen Dielen verschalt, weswegen man 34 kleine Fenster hoch ansetzte.[245] Die Fenster wurden vom Maurermeister nachträglich noch vergrößert.[246] Möglicherweise hatte man im Inneren Sitzgelegenheiten für Zuschauer in Logen oder auf Galerien geschaffen, beziehungsweise Räume abgeteilt, denn der Akkord für den Zimmermann enthält die Maßgabe, auf Säulen in der Reitschule würden *„doppelt aufeinander gezahnt Durchzüg gelegt, auf die steinerne Säulen unter die Durchzüg wird eine hölzerne Scheib, so gros wie die steinerne Säulen vom Zimmermann gemacht."*[247] Die genannten Säulen befanden sich freilich nicht in der Mitte der Reitbahn, sondern nur am Rand. Da ein Reithaus nicht nur dazu diente, die Pferde zu tummeln und in Übung zu halten, sondern „auch bey Regenwetter Ringrennen, Carousel und andere ritterliche Uebungen mit Pferden allda" zu veranstalten,[248] richtete man vielerorts Zuschauertribünen oder „Judicir-Bühnen" ein.[249]

Der Reitschulhof konnte in der Dunkelheit durch Laternen beleuchtet werden[250] und wurde 1783 von den Pflasterern Ludwig Pfaff und Schütz dem Älteren gepflastert.[251] Im gleichen Jahr erhielt Ludwig Pfaff auch den Lohn für den Belag

---

244 MANNLICH, Rokoko und Revolution 1966, S. 222. Auf dem Messtischblatt ist das rechteckige Plateau deutlich erkennbar, auf dem sich der Marstallkomplex befand und von dem eine Rampe zur hinteren Gartenseite hinunterführt (Abb. 10).
245 Die Fenster einer gedeckten Reitbahn können erst in einer Höhe ab ca. 1,60 Meter angesetzt werden, da Wandbereiche des Innern bis zu dieser Höhe in der Regel mit Brettern verkleidet sind, s. SKALECKI, Reithaus, S. 20. Dies trifft auch für das Carlsberger Reitschulgebäude zu, denn der Zimmermann hatte *„Innwendig […] die Reithschul oben den Wänd mit doppelte Diehlen bekleidet […]."* LA Speyer, Best. B3, Nr. 2595, Bericht ad 2512, Nr. 4). Damit stimmt die Fassadenstudie der Reithalle, die Schneider abbildet, weder mit den archivalischen Angaben noch mit den allgemeinen Erfordernissen eines Reithauses überein. Vgl. dazu SCHNEIDER, Schlösser, S. 306, Abb. 10.82.
246 LA Speyer, Best. B3, Nr. 2965, #4700, wonach der Maurermeister Schweighofer *„die [34] reutschuhl fenster 1 schuh heger gemacht als schultig wahr"*. Die Fensterflügel der Reitschule maßen nach Angabe des Glasers Daniel Römer 3 Schuh 6 Zoll in der Höhe und 1 Schuh 2 Zoll in der Breite (1,14 x 0,38 Meter). LA Speyer, Best. B3, Nr. 2964, #4406. Der Glaser war neben zwei weiteren Kollegen in der Reitschule tätig und hatte die Arbeit an 10 Fensterflügeln übernommen.
247 LA Speyer, Best. B3, Nr. 2595, Bericht ad 2512 Nr. 2) und 5), s. Anhang C.I.2.d.
248 ZEDLER, Universallexikon, Bd. XIX, 1739, Spalte 1775 zum Stichwort „Marstall".
249 SKALECKI, Reithaus, S. 145 mit Beispielen.
250 LA Speyer, Best. B3, Nr. 2584, Bl. 330.
251 LA Speyer, Best. B3, Nr. 2953, S. 553. Ludwig Pfaff hatte dafür 194 Gulden zu bekommen. S. auch LA Speyer, Best. B4, Nr. 2549, Bl. 203v.
252 LA Speyer, Best. B3, Nr. 2963, #4088. Die Einfahrt war 39 Schuh lang und 15 Schuh breit. (12,67x 4,87 Meter). Er erhielt dafür 6 Gulden 30 Kreuzer.

in der Einfahrt zum Hof.²⁵² Zu eben dieser Zeit versah man auch die Pavillons zu beiden Seiten der Toreinfahrt mit Fenstern.²⁵³

Schon 1785 hatten die Planungen einer Brunnenleitung begonnen, welche aus dem Dorf Lambsborn bis auf den Carlsberg geführt wurde, um den gestiegenen Wasserbedarf auf dem Berg zu decken (Abb. 11).²⁵⁴ Am Ende des Jahres 1789 wurde die Ziehung eines Grabens von *„der Haupt bronnenkammer am Vogelba-*

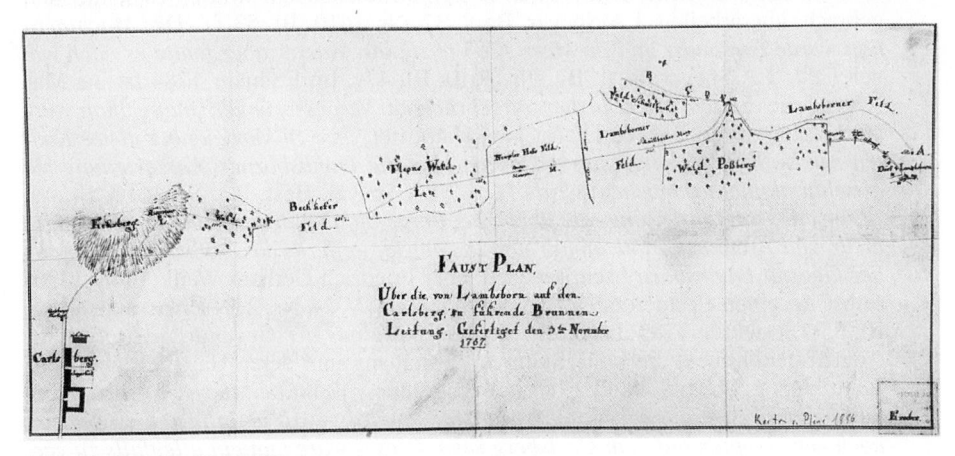

Abb. 11: Kroeber, Faust Plan,
Über die, von Lambsborn auf den Carlsberg zu führende Brunnen-Leitung. Gefertigt den 3ten November 1787

---

253 LA Speyer, Best. B3, Nr. 2584, Bl. 144, Rechnung des Schreinermeisters Jörg Bihl vom 28. November 1783. Aus dieser Rechnung geht hervor, dass diese Pavillons ein Erdgeschoss und zwei Obergeschosse hatten. Die Fenster wurden, wie die übrigen Schlossfenster, mit Klappläden versehen. Die Arbeiten am zweiten Pavillon hatte Johannes Bihl zu den gleichen Bedingungen übernommen, LA Speyer, Best. B3, Nr. 2584, Bl. 249 f.

254 Mit der Zunahme der Anzahl von Mensch und Tier sowie der Wasserspiele, die im Garten eingerichtet wurden, brauchte man auch mehr Wasser auf dem Carlsberg. Zunächst wurde eine Wassermaschine eingerichtet, die Wasser auf den Berg befördern sollte, die jedoch mehr Schwierigkeiten und Kosten als Nutzen mit sich brachte. Die Brunnenmaschine wurde von einem Herrn *„Ernst von Creuznach"* LA Speyer, Best. B2, Nr. 1610, Bl. 43v. gebaut. Allerdings urteilte Christian Ludwig Hautt in einem Gutachten, *„daß, wann man die Composition der Machine Umständenhalber auch gelten lassen wollte, sie doch schlecht executiret und bei der Geburt schon ein Krüppel seye."* LA Speyer, Best. B2, Nr. 1610, Bl. 43v. Nach der ersten Demonstration der Maschine, als Ernst *„neben dem Bronnenstock stehend von dem ganzen Carlsberg ein Gratulations Compliment nach dem andern einsammlete, und mir etl. Schritte mit der frohen Nachricht entgegen kame, daß Seine Herzogliche Durchlaucht mit der Machine äußerst zufrieden seie, und es in den gnädigsten Ausdrücken bezeugt hätten, [...]"* war alleine Hautt *„so unhöflich, ihme ein Compliment andern Inhalts zu machen, weilen ich mich fürchtete mit diesem schlechten Werk in der Folge so viel und doch fruchtlose Mühe zu ha-*

cher berg, bey lambsborn biß auf den Carls-Berg in den Reuthoff" abgerechnet.[255] Im Reithof selbst wurde eine Vertiefung für ein Bassin ausgehoben, in

---

ben, als der Medicus mit einer alten hesterischen Jungfer." LA Speyer, Best. B2, Nr. 1610, Bl. 44v. Brunnenmeister Gerstenmeyer sollte die Maschine, wobei es sich um ein Wasserrad handelte, an dessen ausreichendem Antrieb es schließlich gebrach, überarbeiten. LA Speyer, Best. B2, Nr. 1610, Bl. 53 f. *„Der Machinenbau wurde continuirt und im Merz 1783 fertig. An Wasser aber fehlte es nach wie vor [...]."* LA Speyer, Best. B2, Nr. 1610, Bl. 47v. Im Frühjahr 1784 tat die Maschine, die *„nach allen bisher angebrachten Verbesserungen mangelhaft verbliebe"* immer noch ihren Dienst, und Hautt riet, *„sie zu Vorbeugung neuer Kosten zur Noth in so lange zu conserviren, bis die Lambsborner Wasserleitung sie ohnehin ohnnöthig machen würde [...]."* LA Speyer, Best. B2, Nr. 1610, Bl. 49. *„Eine eißerne Rohrleitung, die über zwei Berge auf den dritten ging, welche Ingenieur und Architect Wahl angab und ausführte, liefferte das nöthige Wasser aus der Gegend Lambsborn"* schrieb eben jener Friedrich Gerhard Wahl (1748–1826) selbst in seinen Erinnerungen (LA Speyer, Best. V 24 Nr. 2, Nachlassakte Wahl, Bl. 55). So wurde 1785 die *„neue Wasserleitung aus der Gegend Lambsborn"* in Angriff genommen, die hohe Summen verschlang und deren Bau sich über fünf Jahre hinzog, obwohl Hautt 1785 gewarnt hatte: *„Wann bei dieser Wasserleitung nicht andere Anstalten vorgekehrt werden, so wird gewiß in Jahr und Tag davon noch kein Tropfen auf dem Carlsberg seyn. Dieses wäre nun ein allenfalls zu verbeßernder Fehler, und der geringste; es stehet aber zu befürchten, daß wann sie im Stande seye, und an Hundert Tausend Gulden gekostet haben wird, sie der Hofnung, hinlängliches und gutes brauchbares Wasser zu haben, nicht entsprechen wird."* LA Speyer, Best. B2, Nr. 1610, Bl. 67. Bau- und Chausseedirektor Wahl dagegen schrieb Jahre später voller Stolz: *„Und wer als ich hat den Carlsberg endlich mit Wasser versehen, wozu man zuvor so viele 1000 fl. umsonst verwendet hatte"* (LA Speyer, Best. V 24 Nr. 2, Nachlassakte Wahl S. 66), s. auch Abb. 84. Noch 1933 hieß es über diese Brunnenleitung: „In dem Höhendorfe Lambsborn geht die Kunde, daß von der heimatlichen Gemarkung das Wasser zum Karlsberg geliefert wurde; beim Pflügen brachte manchmal der Bauer graue Rohre von 60 Zentimeter Länge und 11 Zentimeter Weite hervor; alte Leute wollen sich noch an Brunnenkammern erinnern, die in der nächsten Nähe des Dorfes lagen." NSZ Rheinfront v. 13. 12. 1933.

255 LA Speyer, Best. B3, Nr. 2607, Bl. 187. Die Entfernung betrug 986 Ruthen (3845,40 Meter), die Ruthe zu einem Gulden und 12 Kreuzern. Es existieren viele Rechnungen über den Bau der Lambsborner Brunnenleitung. Hier seien nur einige genannt, wie die Liste der Tagelöhner, die schon im November 1789 daran gearbeitet hatten, LA Speyer, Best. B3, Nr. 2607, Bl. 63. Im Mai 1790 wurde mit *„folgende Arbeitern der lambs borner brunen leitung, das wasser auf dem Carlsberg, weiter in die Cassern und Reithoff zu leiten folgende Täg gearbeitet"*. LA Speyer, Best. B3, Nr. 2607, Bl. 70. Im November 1790 kamen die Arbeiten ins Stocken, und die *„Taglöhner bey der Lambsborner Brunnenleitung wollen nicht mehr fortarbeiten, da sie lange schon kein Gelt mehr bekommen haben; da nun der Brunnen diese Woche soweit fertig wird daß hinlänglich Wasser für den Winter lauffen kann und die Leitung nur noch hir und da gegen den Frost gedeckt werden muß [...]"* wurde zur Fortsetzung der Arbeiten um Geld für den Brunnenmeister gebeten. LA Speyer, Best. B3, Nr. 2607, Bl. 83v.

welches die Leitung münden sollte.[256] Anschließend wurde ein Wasserbehälter gemauert, mit einem Geländer eingefasst[257] und mit zwei Pumpen ausgestattet.[258] Möglicherweise konnte das Bassin auch als Pferdeschwemme genutzt werden.[259] Über diesem Bassin kam ein Brunnenhaus zu stehen, dessen Dach im Dezember 1790 mit Ziegeln eingedeckt wurde.[260]

Mit der Wahl eines zunächst vierflügeligen Marstallkomplexes mit integriertem Reithaus wurde die repräsentativste Form für diese Bauaufgabe ausgesucht, die noch dazu die Möglichkeit bot, nach beiden Seiten erweitert zu werden.[261] Die gewählten Architekturformen des Marstalles glichen sich dagegen in eher unauffälliger Ausprägung dem ländlichen Charakter der bisher erbauten Gebäude an. Der Rhythmus der Bauformen aus Rücklagen, einem erhöhten Mittelpavillon und Eckpavillons wurde auch am zeitgleich entstandenen Taubenhaus[262]

---

256 LA Speyer, Best. B3, Nr. 2607, Bl. 249. Das Bassin war 24 Schuh (7,80 Meter) breit, ebenso lang und 7 Schuh (2,27 Meter) tief. Die Arbeit wurde mit 40 Gulden vergolten.

257 LA Speyer, Best. B3, Nr. 2607, Bl. 92 und 128. Friedrich Hüter und Jacob Amann hatten „*den Neu erbauten pasing auf dem Carlsberg In dem Reit hoff, Nebst dem gebeut darauf [...] den paseng mit quatern und Mauern im boden sambt dem gebäu darüber*" für 359 Gulden und 30 Kreuzer errichtet.

258 LA Speyer, Best. B3, Nr. 2607, Bl. 350 und Bl. 395.

259 Zu Pferdeschwemmen allgemein s. SKALECKI, Reithaus, S. 219 ff. „Bey einigen grossen ansehnlichen Hofhaltungen findet man auch wohl nahe bey den Marställen einen dergleichen mit reinem Wasser angefüllten und mit stattlichen zierlichen Geländer umgebenden Raum angelegt, darinnen die Hof-Pferde täglich geschwemmet werden." ZEDLER, Universallexikon, Bd. XXVII, 1741, Spalte 1411 zum Stichwort „Pferdeschwemme".

260 LA Speyer, Best. B3, Nr. 2606, Bl. 239. Dafür erhielt der Leyendecker Joseph Jan 43 Gulden und 24 Kreuzer.

261 Nach Skalecki „[...] bietet die geschlossene Vierflügelanlage eine Lösung, die baulich meist als völlig eigenständig betrachtet werden kann und die den Repräsentationswünschen des Potentaten am ehesten Rechnung trägt." SKALECKI, Reithaus, S. 177.

262 Zur Datierung des Taubenhauses, das in Fachwerktechnik errichtet wurde, in das Jahr 1779 s. LA Speyer, Best. B3, Nr. 2584, Bl. 126, 131, 288, Rechnungen der Schreiner Bihl, sowie LA Speyer, Best. B3, Nr. 2576, Bl. 146v, Rechnung des Schreiners Daniel für 24 Fenster, eine zweiflügelige Tür an einen Saal sowie einen Tambour u.v.m. vom August 1779. Das Taubenhaus war mit Ziegeln gedeckt, während für sechs Dachfenster Schiefer verwendet wurde, LA Speyer, Best. B3, Nr. 2576, Bl. 221. Die Wetterseite wurde mit Schindeln beschlagen und die Fenster mit Klappläden versehen. LA Speyer, Best. B3, Nr. 2604, #453. Zwei Haustüren waren auf einer Seite mit grüner, auf der anderen Seite mit weißer Leimfarbe gestrichen. LA Speyer, Best. B3, Nr. 2593, Bl. 17. Im Taubenhaus war in den Rücklagen Raum für das Geflügel, da der Schreiner „*in 20 Zimeren Leisten auff gemacht vor die tauwen auff zu sitzen [...]*" LA Speyer, Best. B3, Nr. 2584, Bl. 126. Außerdem hatte man „*in fünff Zimmer zwanzig neue tauben-kasten gemacht die alte abgebrochen und wieder verändert [...].*" LA Speyer, Best. B3,

südlich der Orangerie aufgegriffen. Dem Torhaus auf der einen und dem Reithaus auf der anderen Seite des Reithofes wurden durch die Höhe eine besondere Betonung zuteil (Abb. 12).

Abb. 12: Rosché, Claudius, Residenz-Schloss des Herzogs Carl II. mit sämmtlichen Gebäulichkeiten auf dem Carlsberg (Ausschnitt Marstall, Reithaus, Wagnerei) gezeichnet von Claudius Rosché von 1860 bis 1868

Nr. 2582, Bl. 68. In den Pavillons befanden sich Wohnunterkünfte, wo laut Schreinermeister Jörg Bihl „*2 Zimer mit lambarien seint [...]*." LA Speyer, Best. B3, Nr. 2584, Bl. 131. Schreinermeister Johannes und Michael Bihl, mit denen er die Arbeiten teilte, erwähnten in ihren Rechnungen, dass es noch mehr Wohnräume gab und wer dort untergebracht war. Johannes führte an, er habe „*an dem Dauben hauß an dem hintern bablion in zwey Zimmer mit lambrie gemacht Eins im Zweiten stock woh die Jungen Kraffen Logirt sein und Eins Im untern stock [...]*." Mit den jungen Grafen waren Christian (1752–1817) und Wilhelm (1754–1807) von Forbach, Söhne der Gräfin von Forbach und Herzog Christian IV. von Pfalz-Zweibrücken gemeint. S. dazu BUTTMANN, Name, Nr. 9. ADALBERT PRINZ VON BAYERN, Zweibrücken, S. 115 ff. ADALBERT PRINZ VON BAYERN, Die Wittelsbacher, S. 278. Michael Bihl hatte Fensterrahmen angefertigt „*ans Dauben haus woh der deroler frans wohned.*" LA Speyer, Best. B3, Nr. 2603, Bl. 429. Der „Tiroler Franz" wurde in Rechnungen mehrfach erwähnt, ohne dass sich jedoch seine Tätigkeit am Carlsberg aufklären ließ. Christian Ludwig Hautt urteilte bereits 1785 über das Taubenhaus: „*Das Daubenhauß ist, wie man glauben wollen, nicht weniger als baufällig, erfordert aber durchaus reparationen. Da es dann noch viele Jahre dienen kann. Weilen aber auch dieses Gebäude im Boden steckt* [wie die Orangerie, d. Verf.] *und die hölzernen Schwellen verfaulen müssen, so wäre der Platz rund umher 10 bis 12 Schuh breit abzuheben, und es gegen die Feuchtigkeit sicher zu stellen.*" LA Speyer, Best. B2, Nr. 1610, Bl. 65v. Über Taubenhäuser allgemein s. SOLTANI/KLEISS, Taubentürme, S. 100–103.

Einen weiteren hofumschließenden Gebäudekomplex, der sich an die Nordseite die Marställe reihte, bildeten die Hatzhundezwinger. Auch diese Gebäude unterstrichen die anfängliche Funktion des Carlsberges als Jagdschloss. In den Hundeställen waren Dachs- und Windhunde,[263] die Hunde der Hirsch- und Wildschweinmeute sowie Hühner- und Spürhunde untergebracht. Insgesamt sollen es, so berichtete Mannlich, 1000 „Hunde aller Himmelsstriche und der vier Erdteile" gewesen sein.[264] Eine solche Anzahl war in der Tat schnell erreicht, denn laut einer *„Lüste deren Hochfürstlich. Parforce Hunde p anno 1778 den 8ten Sept."* bestand allein die Hirschmeute aus 149, die Saumeute aus 157 Hunden.[265] Erste Hundezwinger wurden daher schon ab 1778 errichtet,[266] doch handelte es sich dabei noch nicht um jene Gebäude im Kontext des Marstalles.[267] Erst im September 1780 wurden die Verträge *„zu denen neuen Hatzhundezwingern auf dem Carlsberg"* versteigert.[268] Zu diesem Bauwerk, das in Fachwerktechnik errichtet wurde, gehörten *„ein Pavillon in der Mitt"* sowie *„24 Hundsställ"*, Speicher und Dachgauben[269] sowie eine *„huns*

---

263 LA Speyer, Best. B3, Nr. 2584, Bl. 340v. Rechnung des Schlossers Betsch vom 9. Juni 1781.

264 Il fallu construir […] un chenil pour mille chiens, muette de cerfs, muette de sangliers, chiens d'arret, limiers, enfin pour les chiens de tous les climats et des quatre partis du monde. Cela n'est pas exageré." BENDER/KLEBER, Histoire, Bd. II, S. 242; MANNLICH, Rokoko und Revolution 1966, S. 211.

265 BayHStA München, Kasten blau Nr. 406/22, Bl. 29. Dieses Blatt benennt alle Hunde mit Namen, Namen der Eltern und Geburtsdatum. Zu den Hundemeuten s. SCHWAN, Schloss Karlsberg, S. 14, allgemein zu deren Aufgaben bei der Jagd sowie den Formen der Jagd JARCK, Clemens August, S. 153 f.

266 LA Speyer, Best. B3, Nr. 2572, Bl. 277. Der Pflasterer Ludwig Pfaff gab in einer Rechnung vom Oktober 1778 an, Pflasterarbeiten in zwei *„Hundz Zwinger verfertiget"* zu haben. Im November kamen Arbeiten in einem dritten Hundezwinger dazu LA Speyer, Best. B3, Nr. 2572, Bl. 278.

267 Es gab auch andernorts Hundeställe, beispielsweise *„bey dem Tohr Haus am Karlsberg neben der schweitzerey"*, also am Fuß des Carlsberges, wo man eine Schweizerei errichtet hatte (Abb. 22), nachdem sich die Pläne zur Erbauung einer solchen auf dem Carlsberg zu Gunsten einer Orangerie geändert hatten. LA Speyer, Best. B3, Nr. 2584, Bl. 349, Rechnung des Schlossers Bubong.

268 LA Speyer, Best. B3, Nr. 2584, Bl. 93: Vertrag mit den Zimmermeistern Cullmann und David aus Homburg vom 9. September 1780. Ebenso LA Speyer, Best. B3, Nr. 2956, #1445: Vertrag mit den Maurergesellen Weisenbach und Schütz aus Homburg. Die Maurerarbeit, die hauptsächlich die Fundamentierung der Bauten umfasste, musste *„längstens bis Gallus Tag in fix und fertigem Stand seyn."* Der Tag des hl. Gallus, des Patrons der Gänse und Hühner, ist der 16. Oktober. Anders hinsichtlich der Datierung Schneider, der das Gebäude mit ‚Zwinger' bezeichnet. Er datiert den Baubeginn im Frühjahr 1780 und die Fertigstellung zum Ende des Jahres 1783, vgl. SCHNEIDER, Schlösser, S. 311.

269 LA Speyer, Best. B3, Nr. 2584, Bl. 93. Accord mit den Zimmermeistern Cullmann und David vom 9. September 1780.

Kich [Hundeküche]".[270] Der Mittelpavillon, in dem sich mehrere Wohnräume befanden, war mit Ziegeln gedeckt.[271] Dagegen war das Dach des Tores „*auf dem carelsberger hunz hof mit Leyen gedeckt samt 4 Kehlen und Einem dach fänster.*"[272] Die Toreinfahrt zum Hof wurde von zwei steinernen Lisenen und zwei Radabweisern flankiert.[273] Nach den Angaben des Tünchers befand sich im Hof des Hundezwingers außerdem eine Sonnenuhr.[274] Im August 1781 hatte auch er seine Arbeiten an den Hundezwingern abgerechnet, wozu unter anderem der Anstrich der Zwinger und Tore mit grüner Ölfarbe gehörte, so dass die Gebäulichkeiten zu diesem Zeitpunkt weitgehend fertiggestellt waren.[275]

5. Die Entwicklung des Jagdschlosses zur Landresidenz – ein Vergleich

Das Gebäude des Luisenhofs erfuhr nach seinem Besitzwechsel zunächst eine umfassende Erneuerung des Inneren und des Äußeren. Es wurde mit neuem Dach, Fenstern, Böden und Wandverkleidungen ausgestattet, die der Raumdistribution durch den Herzog entsprachen. Die Möblierung und Raumausstattung der Anfangszeit wurde zum großen Teil von ansässigen Schreinern übernommen oder aus Jägersburg herbeigeschafft. Sie scheint, dem ursprünglichen Zweck des Ortes als Jagd- und Sommerschloss angemessen, von relativer Schlichtheit gewesen zu sein – vergleichbar mit der des Schwetzinger Schlosses.[276] Da der

---

270 LA Speyer, Best. B3, Nr. 2584, Bl. 286. Auch in Jägersburg existierte eine Hundeküche gegenüber dem Jägerhaus, s. LA Speyer, Best. B2, Nr. 1619, Bl. 32. Für die Hunde wurde eigenes Futter gebacken, was man 1792 auf Grund der Finanzlage einstellen musste. Der Herzog hatte befohlen, dass der vorhandene Mehlvorrat noch „*vor die noch vorfindliche wenige Hunde verbacken wurde, [...] daß sonach täglich 12 Pfund Kommiss Brod, so wie solches die Soldaten erhalten, [...] verabreichet werden sollen.*" LA Speyer, Best. B2, Nr. 1621, Bl. 51.
271 LA Speyer, Best. B3, Nr. 2590, Bl. 143.
272 LA Speyer, Best. B3, Nr. 2585, Bl. 126. Rechnung vom 1. Januar 1782 des Leyendeckers Martin Bohn über seine Tätigkeiten im Jahr 1781. Schneider benennt ihn als „Michel Bohn" mit dem Datum der Rechnungstellung, SCHNEIDER, Schlösser, S. 311, ohne Quellenangabe.
273 LA Speyer, Best. B3, Nr. 2593, Bl. 11. Die Lisenen waren „*eine hoch 8 Schu, breit 2 Schu 4 Zoll*" (2,60 x 0,76 Meter). Die Radabweiser waren 3 Schuh hoch (97 Zentimeter) und „*dick 1 Schu 8 Zoll*" (54 Zentimeter). LA Speyer, Best. B3, Nr. 2593, Bl. 11.
274 Der „*Sonnen Uhren Posten ist Hoch 3 Schu dick 3 Schu*" (jeweils 97 Zentimeter), mit einem runden Zifferblatt. LA Speyer, Best. B3, Nr. 2593, Bl. 10.
275 LA Speyer, Best. B3, Nr. 2593, Bl. 9 f. Der Tüncher hatte außerdem vier Dachgauben an der Hundeküche, 25 Stalltüren, und eine Hoftür anzustreichen.
276 Dazu eingehend FUCHS/REISINGER, Schloss, S. 44 ff.

Carlsberg zunächst nicht dafür vorgesehen war, der höfischen Repräsentation zu dienen, lag keine Notwendigkeit vor, äußere Zeichen der Pracht an- und einzubringen. Zu diesem Zeitpunkt erweckte der Hof mit den umgebenden Wirtschaftsgebäuden und der anfänglich noch einfacheren Ausstattung jenen Eindruck, den Carl Ludwig Fuchs für Schwetzingen beschreibt, welcher aber durchaus auf den Carlsberg dieser Zeit zu übertragen werden kann: „Schwetzingen wirkt wie eine ‚Wirtschaft' des 18. Jahrhunderts,[277] d.h. ein Ort höfischen Vergnügens, der im Sommer geöffnet wurde wo sich die Besitzer als einfache Wirtsleute präsentierten, die ihre Gäste in betont ländlich-schlichter, derber Atmosphäre empfingen und bewirteten, wie bei Bauern auf dem Lande. In Dresden bildete eine solche ‚Wirtschaft' im Großen Garten eine Hauptattraktion des Hoflebens. [...] Es ist anzunehmen, daß auch die Schwetzinger Hofhaltung in ihrer ländlich-schlichten, beengten Art in ein geläufiges Schema, ein mögliches Konzept des höfischen Lebens im 18. Jahrhundert passte."[278]

Der Umzug des Hofes im Frühjahr 1778 vom Sommerschloss in Jägersburg auf den Carlsberg hinterließ in der Residenzstadt Zweibrücken ein Gefühl von Enttäuschung und Unverständnis, denn, so schreibt Crollius: *„Serenissimus [...] sind cum universa familia aulica von Jägersburg auf den Carlsberg gezogen, wo alle nun noch mehr beysammen wohnen."*[279] Mit dem Umzug setzte sich in den folgenden Jahren der bedarfsorientierte sukzessive Ausbau des Carlsberges zu einer weithin sichtbaren Kette von Gebäuden auf dem Bergrücken fort.[280]

---

277 Zu solchen „Wirtschaften", oder auch Mercerie genannt, s. BAUER, Barock, S. 132 f. ALEWYN/SÄLZLE, Welttheater, S. 30 f.

278 FUCHS/REISINGER, Schloss, S. 44 f.

279 GLA Karlsruhe, Best. S Kremer-Lamey, Nr. 135, Brief Nr. 52 v. 6. Juni 1778 an Hofrat Lamey. Noch im Jahr 1792 wurde in einem Promemoria der vereinigten Regierungs- und Rentkammer an den Herzog geleitet, in dem „von einer unter einem Theil hießiger Bürgerschaft sich äußernden Gährung" die Rede ist. Als ein Resultat, wie „dem Ausbruch dieser Gährung am füglichsten und sichersten vorgebogen werden könne", wird unter Punkt 2 aufgeführt, dass „durch die Entfernung des Hofs der Hiesigen Bürgerschaft der beträchtlichste Theil ihrer Nahrung entzogen worden, Ihro Herzogl. Durchlaucht angelegentlichst an das Herz zu legen seyn, HöchstDero Residenz wiederum dahier in Zweibrücken zu nehmen." Wiedergabe des Promemoria vom 24. Nov. 1792 bei BUTTMANN, Karlsberg, Nr. 6. Vor dem Hintergrund der Ereignisse der Französischen Revolution war es der Bevölkerung Zweibrückens einerseits ein Anliegen, drastische Sparmaßnahmen beim Herzog durchzusetzen. Andererseits hatte man in Zweibrücken erhebliche Verdienstausfälle zu beklagen, die durch die Abwesenheit des Hofes aus der Residenzstadt bedingt waren.

280 Die Lage auf einer Anhöhe resultierte nicht, wie bei den Schlössern der benachbarten Residenzstädte Saarbrücken und Blieskastel, aus dem Um- oder Neubau an Stelle einer mittelalterlichen Burg. Die Höhenlage hatte daher keine fortifikatorischen Grundlagen, die in den benachbarten Residenzen teilweise die Schwierigkeit nach sich zog, einen Burgberg mit in sich geschlossenen Baublöcken den typologisch völlig veränderten Erfordernissen einer barocken Anlage anpassen zu müssen.

Die Gärten im näheren und weiteren Umfeld des Schlosses wurden neu angelegt, erweitert und vergrößert. Mit der einsetzenden Erweiterung der Räumlichkeiten formierte sich gleichzeitig ein Wandel im Anspruch des Herzogs an die Einrichtung, der sich nicht mehr mit der Einfachheit des Landlebens in Einklang bringen ließ. Im Dezember 1780 begannen umfangreiche Bestellungen wertvoller Möbel und Raumtextilien für den Carlsberg beim Pariser Handelshaus Jacques Denis Bourjot,[281] nachdem der Entschluss zur Vergrößerung des Schlosses gefallen war. Das Verlangen nach einem zurückgezogenen Ort blieb jedoch bestehen und verlief als Konstante durch die Regierungszeit Carls II. August. Dem Carlsberg vorangegangen waren das Jagdschloss Rohrbach bei Heidelberg[282] und das Jagd- und Sommerschloss in Jägersburg.[283] Dem Carlsberg folgte, nachdem dieser zur ständigen Residenz des Herzogs geworden und entsprechend erweitert worden war, 1785 erneut der Ankauf eines abgelegenen ländlichen Anwesens in Leichelbingen bei Hornbach, das in der Folge zum Landschlösschen Monbijou ausgebaut wurde.[284]

Hinsichtlich der Lage des Schlosses bleibt festzuhalten, dass die *"obere schöne horizontale Fläche, die Aussicht nach Westen in die breite Fläche des am Fuße des Berges liegenden Thales"*[285] (Abb. 13) dem Herzog ausnehmend gut gefielen. Es entwickelte sich eine Schlossanlage, die sich in ihrem städtebaulichen Anschluss wie in ihrer Hügellage von allen anderen Schlossanlagen und Residenzen dieser Zeit unterschied. Eine engere Anbindung an das nahe liegende

---

281 LA Speyer, Best. B2, Nr. 3247. Lieferungen des Handelshauses der Witwe Bourjot vom Dezember 1780 bis Oktober 1782. In Auszügen, die sich ausschließlich auf die gelieferten Möbel beziehen, zitiert in: HOJER/OTTOMEYER, Möbel, S. 298 ff.

282 S. BECKER, Goethe, S. 5–10. Mit Abbildung LOHMEYER, Südwestdeutsche Gärten, S. 137. SCHNEIDER, Schlösser, S. 175 f.

283 Zu Jägersburg s. Kap A.IV.1; mit weiteren Literaturnachweisen.

284 Die Reste des Hofgutes Monbijou, heute in einem landwirtschaftlichen Betrieb aufgegangen, liegen im heutigen Dietrichingen, Kreis Zweibrücken-Land. Erkennbar sind noch die Reste einer Orangerie, die vor einigen Jahren ausbrannte, und eine Toreinfahrt. Zu Monbijou s. LOHMEYER, Südwestdeutsche Gärten, S. 138. BECKER, Schlossgärten, S. 219 f. WEBER, Monbijou, S. 140–143. DERS., Schloss Karlsberg, S. 306 f. SCHNEIDER, Schlösser, S. 351 ff. Weber schreibt, der Herzog habe „keine Veränderungen an dem Gebäude vornehmen lassen." Als Baumeister vermutete er Franz Georg Schaeffer, obwohl dieser nach Webers Angaben im Jahr des Ankaufs von Monbijou verstarb, vgl. WEBER, Schloss Karlsberg, S. 307. Beides lässt sich nicht bestätigen, denn in den Baukassenrechnungen sind sowohl umfangreiche bauliche Veränderungen vermerkt, s. schon die Steigpublikationen für die vorgesehenen Maßnahmen in LA Speyer, Best. B3, Nr. 2600, Bl. 352. Hinsichtlich des Baumeisters erging ein Dekret, dass *„vom Peraeq. Schäfer das Bauweßen zu Monbijou und an Unseren dortigen Höffen besorget werde"*. LA Speyer, Best. B3, Nr. 2548, Bl. 143 v, Nr. 824. Dieser ist jedoch nicht identisch mit dem Polier Franz Georg Schaeffer.

285 „Geschichte der Erbauung der Residenz Karlsberg", Claudius Rosché Abb. 45.

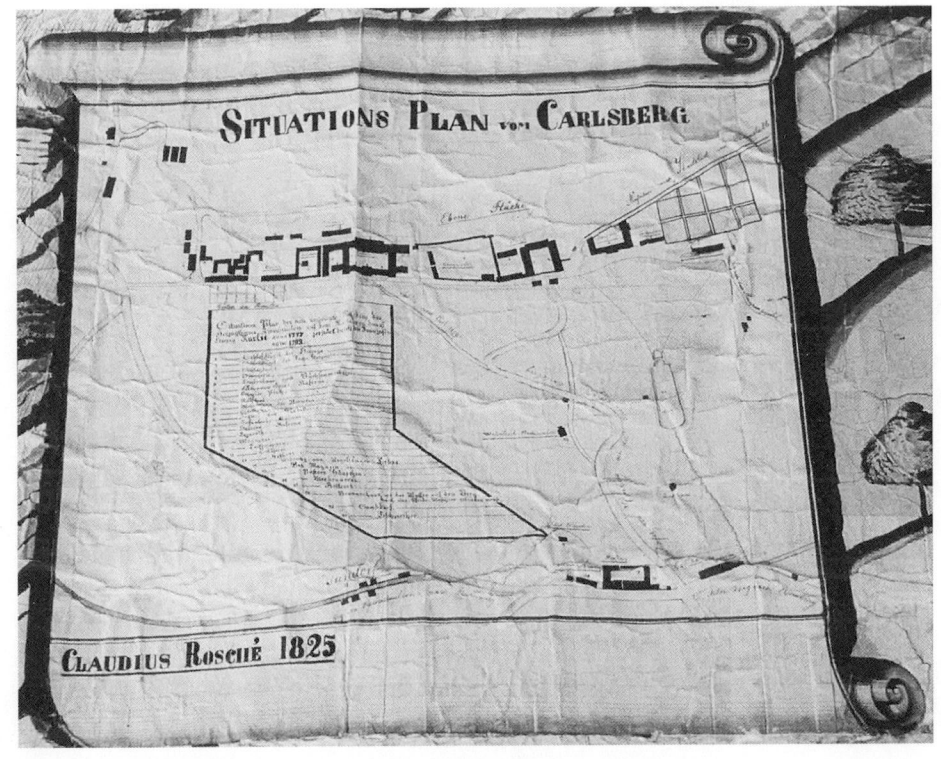

Abb. 13: Rosché, Claudius, „Situations Plan vom Carlsberg", 1825
Teil des Monumentaltableaus

Städtchen Homburg war zunächst nicht intendiert, da das Landgut ein Ort des Rückzugs vor höfischen Zwängen sein sollte. Lediglich eine Allee mit mehr als 300 Schwarzpappeln[286] überbrückte die beachtliche Distanz zwischen dem Fuß des Schlossberges mit seiner gewundenen Schlossauffahrt[287] (Abb. 14) und der

---

286 Die Chaussee zwischen Homburg und dem Carlsberg war zu beiden Seiten mit Pappeln bepflanzt, wie aus der Schätzung der Zerstörungsschäden von 1793 durch August Petri hervorging. *„Auf der Chaussée von Homburg bis an dem Carlsberg, sind durch die Franzoßen an großen Populus nigra auf beiden Seiten abgehauen und ruinirt worden (Ca.-) 307 Stück Bäume, p stück ad 18 Livre."* BayHStA München, Abt. IV, Serienakten Nr. 1999. Das entsprach einem Wert von 7 Gulden 5 Kreuzern pro Baum.

287 Die Schlossauffahrt war nach Aulenbach eine „herrliche, mit Quadersteinen belegte und zu beiden Seiten mit einem vier Fuß hohen Gelände versehene Straße, welche bis an den Fuß des Berges mit Pappelbäumen, und von da zur Höhe, mit wilden Kastanien eingefasst war." AULENBACH, Rhapsodieen, S. 60.

Abb. 14: Herdegen, Friedrich, Carte von Den Beiden Ober-Aemter Zweybrucken und Homburg, 1791: Vue de Carlsberg (Ausschnitt)

Stadt. Die Idee der Bebauung dieser Allee, ausgehend von Homburg, scheiterte bereits in den Anfängen an finanziellen Problemen.[288]

Bei der Erweiterung des Schlosses und der begleitenden utilitären Bauten bot sich die Möglichkeit einer flächigen Ausdehnung zu beiden Seiten und zur rückwärtigen Waldseite des ursprünglichen Hofes an. Die Gartenanlagen umgaben das Schloss dagegen nach allen Himmelsrichtungen, am Fuß des Berges ansetzend mit einem künstlich angelegten Weiher und einem Weinberg. Hinsichtlich

---

[288] Um 1783 hatte man den Plan gefasst, „nach Serenissimus Herzogl. Durchlaucht höchsten Intension an der Straße zu Homburg, wodurch die Chaussee auf den Karlsberg zieht, ein nicht so großes und kostspieliges Lotteriehaus, wie die hiesigen [gemeint sind die Zweibrücker Lotteriehäuser der Neuen Vorstadt, Anm. d. Verf.] sind […]" mit Auftrag an Mannlich erbauen zu lassen. Schreiben des Minister v. Esebeck an die herzogliche Rentkammer vom 1. April 1783, zitiert nach GEHRLEIN-FUCHS, Lotterie-Haus, S. 165. Dieses Haus sollte jedoch nicht in einer Lotterie zur Verlosung kommen, sondern in der Verfügungsgewalt des Herzogs zur Unterbringung von Hofbeamten verbleiben. Ob die Planung einer weiteren Bebauung der Chaussee und damit einer architektonischen Anbindung der Stadt Homburg an den Carlsberg vorgesehen war, kann dahingestellt bleiben, da es schon bei der Finanzierung dieses ersten bescheidenen Häuschens zu nachweislichen Zahlungsschwierigkeiten kam. Das Rentkammer-Bauprotokoll vom Mai 1784 enthält den Bericht des Sekretarius Herdegen, dass „kein Geld zu Zahlung des Maurer und Zimmermanns vom Homburger Lotterie Hauß in der Lotterie Casse vorräthig und auch keines Lehensweiß zu erhalten seye". LA Speyer, Best. B4, Nr. 2546, Bl. 95v, Nr. 546. Erforderliche Bauabnahmen im Jahr 1787, die zur Bezahlung der Handwerker notwendig waren, lehnte Mannlich „wegen beständiger Anwesenheit auf dem Carlsberg" ab. LA Speyer, Best. B4, Nr. 2549, Bl. 278v, Nr. 1890. Zu einer Fortsetzung des Lotterieprojekts kam es nicht mehr, zumal der Zwang zum Kauf der Lose in der 5. und letzten Häuserlotterie Pfalz-Zweibrückens im Jahr 1783 bereits zu Klagen geführt hatte. Dazu ausführlich GEHRLEIN-FUCHS, Lotterie-Haus, S. 165 f. MOLITOR, Vollständige Geschichte, S. 486.

der Flächenausdehnung der Gärten hatte die Anlage des Schlosses Vaux-le-Vicomte bei Melun[289] im 17. Jahrhundert mit den neuartigen Gartenanlagen André Le Nôtres völlig neue Maßstäbe gesetzt. Die dortige Einbindung des Schlosses mit flankierenden Wirtschaftsgebäuden in einen landschaftlichen Kontext war neu und in hohem Maße – auch und gerade für die Anlagen von Versailles – beispielgebend. In Versailles galt es allerdings, Architektur und Garten als Ausdrucksmittel der Macht des Königs zu gestalten.[290] Der Versailler Ehrenhof öffnet sich zur angrenzenden Stadt, während die ausgedehnten Gartenanlagen auf der rückwärtigen Seite des Schlosses angelegt wurden. Diese Trennung von Stadtseite und Gartenseite versinnbildlicht deutlich die räumliche Abgrenzung des klar definierten Herrschaftsanspruchs vom Raum des eigenen Vergnügens und der Erbauung.[291] Außerdem entwickelte sich, wiederum ausgehend von Versailles, die Tendenz, „den Rahmen der traditionellen Residenzstadt zu verlassen, um in einiger Entfernung von ihr einen Schlossbau zu verwirklichen, der räumlichen Beschränkungen durch bereits vorhandene Gebäude nicht unterworfen war und damit gleichzeitig manifestierte, daß sein Bauherr als regierender Fürst von historisch gewachsenen Strukturen generell unabhängig sei."[292] Es zeigte sich, dass die „Dislozierung von Hof und Regierung aus der Enge der Metropole in die Weite des Landes der Absolutsetzung des Königtums (bzw. der Landesherrschaft) wesentlich Vorschub leistete."[293] Die Strahlkraft des Versailler Modells auf die deutschen Höfe ist unbestritten und wurde bereits von Friedrich II. 1741 in seinem Anti-Machiavel verspottet.[294]

---

[289] Erbaut von Louis Le Vau ab 1656 für Nicolas Fouquet, den Finanzminister Ludwigs XIV., dessen folgenreiches Einweihungsfest am 17. August 1661 stattfand. Die Gartenanlagen stammen von Le Nôtre, der großen Einfluss auf die europäische Gartenkunst des 17. und 18. Jahrhunderts hatte. S. dazu BORDIER, Wohnpalast, S. 20 ff. FRANK, Maison, S. 33 ff. BRIX, Garten, S. 165 ff.

[290] S. dazu Guilbert, Cécile: Le Nôtre und der metaphysische Garten in: Vaux-le-Vicomte. Sondernummer der Connaissance des arts, Paris 2003, S. 62.

[291] S. dazu LABLAUDE, Gärten, S. 12 f.

[292] BAUER, V., Die höfische Gesellschaft, S. 40.

[293] Müller, Rainer A.: Der Fürstenhof in der frühen Neuzeit, zitiert nach François, Etienne: Versailles, Potsdam: Die janusköpfigen Hauptstädte, in: FLECKNER/SCHIEDER/ZIMMERMANN, Jenseits, S. 54.

[294] „Die meisten kleinen Fürsten, namentlich in Deutschland, richten sich durch ihren Aufwand zugrunde, der ihre Einkünfte bei weitem übersteigt und wozu der Taumel ihrer eitlen Größe sie verleitet. Um die Ehre ihres Hauses zu erhalten, stürzen sie sich in Schulden; aus Hoffart betreten sie den Weg, der zum Elend und zum Spital führt. Selbst der jüngste Sohn eines nachgeborenen Prinzen von einer apanagierten Linie will so etwas wie Louis XIV darstellen: er baut sein Versailles, hat seine Mätressen und hält sich Heere." Friedrich der Große: Anti-Machiavel, Frankfurt 1741, S. 121; zitiert nach François, Etienne: Versailles, Potsdam: Die janusköpfigen Hauptstädte, in: FLECKNER/SCHIEDER/ZIMMERMANN, Jenseits, S. 58 f.

Die Carlsberger Bauten formierten im Laufe der Jahre in ähnlicher Weise eine trennende Linie zwischen dem sichtbaren und zugänglichen Teil der Schlossanlage und den rückwärtigen Waldungen und Gartenanlagen sowie den ausgedehnten Parkanlagen der Carlslust, die sich in einiger Entfernung vom Schloss befanden. Diese Teile des Gartens blieben nicht nur der Bevölkerung, sondern selbst Angehörigen des Hofes weitgehend verschlossen und unzugänglich.[295] Der Vorbildcharakter der völlig neuartigen Auffassung einer Schlossanlage in Versailles wird in vielen Residenzstädten innerhalb der jeweils vorhandenen örtlichen Strukturen und finanziellen Möglichkeiten evident,[296] wie einige herausgegriffene Schlossanlagen des 18. Jahrhunderts in Mannheim,[297] Karlsruhe, Ludwigsburg oder Nymphenburg zeigen, welche die Tendenz zum Schlossbau in der freien Ebene repräsentieren.[298] In unmittelbarer Nähe dehnten sich, abgestuft nach ihrer Bedeutung, die Gebäude aus, welche zu den Bedürfnissen eines Schlosskomplexes gehörten. Dazu zählten eine Orangerie ebenso wie Marstall und Reithaus, Quartiere für Minister und Hofangestellte, ein Lazarett, Gebäude für das Militär, diverse Werkstätten und Wirtschaftsgebäude. Darüber hinaus bildete sich ein klarer Bezug der Schlossbauten zur Stadt aus, der sich in erster Linie durch die Straßenführung ausdrückte. Entweder führte die Mittelachse des unmittelbar angrenzenden städtischen Straßennetzes direkt auf den Ehrenhof des Schlosses zu, wie dies in Mannheim und Schwetzingen der Fall ist, oder man versuchte, das dreistrahlige System der Straßen, das man aus Versailles kannte, auf die Stadt zu übertragen, wie es das Rastatter und das Ludwigsburger Beispiel zeigt.

Auch der Carlsberg wies einige Parallelen zu Versailles auf.[299] Ausgehend von der gemeinsamen Basis der Jagdleidenschaft der jeweiligen Erbauer kam es zur

---

295 Selbst Mannlich musste die offizielle Einladung des Herzogs abwarten, um einmal in die Carlslust zu gelangen und dort die Bauten zu sehen, die er selbst zuvor entworfen hatte. BENDER/KLEBER, Histoire, Bd. II, S. 267. Einzig der Abend des Feuerwerks anlässlich der Hochzeit Maximilian Josephs im Dezember 1785 sollte eine Ausnahme sein. Da sich an diesem Abend jedoch ein Unglück durch explodierende Feuerwerksraketen ereignete, ist in den zeitgenössischen Berichten nur von diesem Unglück, nicht aber von der Carlslust die Rede. GLA Karlsruhe, Best. S Kremer-Lamey Nr. 136, Brief Nr. 190 vom 22. Dezember 1785; GLA Karlsruhe, Best. S Kremer-Lamey Nr. 137, Brief v. 1. Januar 1786. FÜRSTENWÄRTHER, Gedächtniss, S. 67. BUTTMANN, Feierlichkeiten, S. 19 f. BECKER, Residenz, S. 3 f. SCHWAN, Feuerwerk, S. 171–178.
296 Himmelein, Volker: Die Selbstdarstellung von Dynastie und Staat in ihren Bauten. In ANDERMANN, Residenzen, S. 51.
297 Zum Thema Mannheim als Residenzstadt s. auch: Reinhard, Eugen: Die Residenz in der Kulturlandschaft Südwestdeutschlands. In ANDERMANN, Residenzen, S. 30 ff.
298 S. dazu auch MOLITOR, Vollständige Geschichte, S. 484. BAUER, V., Die höfische Gesellschaft, S. 40 mit weiteren Beispielen.
299 Keinesfalls bezieht sich dies jedoch auf die Größe der Anlage. Die im Volksmund immer wieder geführte These, der Carlsberg sei größer als Versailles gewesen, er-

Erweiterung und Verschönerung eines ländlichen Jagdschlosses zum ständigen Wohnsitz, der Errichtung neuer Schloss- und Gartenarchitekturen und der Anlage von weitläufigen Gärten. Am Carlsberg griff man sogar das Sonnenmotiv aus Versailles auf.[300] Die Bauten und Erweiterungen wurden, wie zuvor in Versailles, ununterbrochen fortgesetzt, so dass es sich genau genommen um eine fortwährende Baustelle handelte. Während aber in Versailles das Schloss, die Gärten und die angeschlossene Stadt ein einheitliches Ensemble bilden, dem ein Konzept zu Grunde liegt,[301] so verhielt es sich am Carlsberg gerade anders. Für die Entstehung dieser „Stadt auf dem Berg" lag weder eine ursprüngliche Intention noch ein Plan vor, sondern alle Gebäude entstanden im Laufe der Zeit nach Bedarf oder wurden entsprechend geändert oder abgerissen. Auch kam es zu keiner sichtbaren Wechselwirkung mit der nahe liegenden Stadt. Ob es hinsichtlich der Bevölkerungs- und Stadtentwicklung von Homburg zu Veränderungen gekommen wäre, hätte man das Schloss nicht 1793 zerstört,[302] lässt sich an dieser Stelle nicht klären. Fest steht lediglich, dass nun viele Handwerker am Carlsberg tätig wurden, die aus Homburg kamen. Gleichzeitig beklagte die Stadt Zweibrücken noch 1792, dass „durch die Entfernung des Hofs der Hiesigen Bürgerschaft der beträchtlichste Theil ihrer Nahrung entzogen worden, Ihro Herzogl. Durchlaucht angelegentlichst an das Herz zu legen seyn, HöchstDero Residenz wiederum dahier in Zweibrücken zu nehmen."[303] Um jedoch eine

---

weist sich bei bloßem Augenschein als hinfällig. Es wurde vielfach die Länge der Gebäudereihung auf dem Carlsberg mit der Größe des Versailler Schlossbaues verglichen. Dies ist jedoch unzulässig, da man auf diese Weise eine Folge reiner Nutzbauten mit dem Versailler Corps de logis in Beziehung setzte und außer Acht ließ, dass Marställe und weitere utilitäre Einrichtungen in Versailles auf der dem Schloss gegenüberliegenden Stadtseite angelegt worden waren.

300 Das Sonnenmotiv lässt sich sowohl an zentraler Stelle des schmiedeeisernen Gitters nachweisen, das den Ehrenhof des Carlsbergs abschließen sollte, (vgl. Kap. A.IX) als auch auf dem Prunkbett und weiteren Möbeln des herzoglichen Paradezimmers. S. HOJER/OTTOMEYER, Möbel, S. 196.

301 S. François, Etienne: Versailles, Potsdam: Die janusköpfigen Hauptstädte, in: FLECKNER/SCHIEDER/ZIMMERMANN, Jenseits, S. 59.

302 Zu den Veränderungen von Versailles und Potsdam durch die Erhebung zur Hauptstadt FLECKNER/SCHIEDER/ZIMMERMANN, Jenseits, S. 55 f.

303 Wiedergabe eines Promemoria vom 24. Nov. 1792 bei BUTTMANN, Karlsberg. Noch im Jahr 1792 wurde dieses Promemoria der vereinigten Regierungs- und Rentkammer an den Herzog geleitet, in dem „von einer unter einem Theil hießiger Bürgerschaft sich äußernden Gährung" die Rede ist. Als ein Resultat, wie „dem Ausbruch dieser Gährung am füglichsten und sichersten vorgebogen werden könne", wird unter Punkt 2 die Forderung der Rückkehr des Hofes nach Zweibrücken aufgeführt. Vor dem Hintergrund der Ereignisse der Französischen Revolution war es der Bevölkerung Zweibrückens einerseits ein Anliegen, drastische Sparmaßnahmen beim Herzog durchzusetzen. Andererseits hatte man in Zweibrücken erhebliche Verdienstausfälle zu beklagen, die durch die Abwesenheit des Hofes aus der Residenzstadt bedingt waren. Auch erwähnt bei MOLITOR, Vollständige

Veränderung der Stadt beobachten zu können, wie sich dies in anderen Städten im Zusammenhang mit Residenzen entwickelte, war der Zeitraum bis 1793 zu kurz. Es blieb bei einer bis zuletzt unüberbrückten Distanz zur Stadt, die sich durch die Länge der schnurgeraden Allee manifestierte.

Die weithin sichtbaren Veränderungen auf dem Carlsberg nahmen dagegen weiter ihren Lauf und die Abgeschiedenheit des Hofes und die anfängliche Einfachheit des Lebens waren letztlich der Grund dafür, den Carlsberg in das verwandeln zu müssen, wovor der Herzog ursprünglich zu fliehen versuchte: eine bevölkerte Residenz.

6. Die Fortentwicklung des Corps de logis bis zur Zerstörung des Schlosses

Bevor die Ehrenhofflügel und der Sammlungsflügel erbaut worden waren, diente das Corps de logis als recht einfaches Wohngebäude. Indem man später sowohl die Staatsappartements als auch die privaten Appartements in den Flügel verlegte, konnten den Räumen des Corps de logis anderen Funktionen zugeteilt werden. Dabei blieb die Raumaufteilung der kleinen Appartements mit Schlafzimmer, Schreibzimmer, einem Vorzimmer und einem Bedientenzimmer bestehen, doch sie wurden nicht mehr vom herzoglichen Paar selbst bewohnt, wie aus dem Schadensverzeichnis von 1793 zu entnehmen ist.[304]

Nach außen wurde der Mittelbau zur Gartenseite durch den Anbau eines Balkons betont, denn in späteren Rechnungen wurde eine *„Terras"* erwähnt, wobei es sich jedoch um jenen Balkon handelte.[305] Maurermeister Schweighofer erstellte am 19. März 1784 eine Spezifikation der Maurer und Steinhauerarbeit, die er für *„den Altan an dem Corps de Logis noch zu verfertigen schuldig"* sei. Zu diesen Arbeiten gehörten die *„Fundamenter unter die Säullen treppen"* sowie für *„die Säullen Frieß architrav und gesimbs zu versetzen und die Erforder-*

Geschichte, S. 494. „Selbstverständlich brachte das Verziehen des Herzogs aus seiner bisherigen Residenz der Stadt Zweibrücken nicht unerhebliche materielle Nachtheile. Handel und Gewerbe, für welche die Anwesenheit des Landesherrn und seines Hofes eine Quelle gesicherten Einkommens gewesen war, wurden dadurch tief geschädigt." MOLITOR, Vollständige Geschichte, S. 487.

304 BayHStA München, Abt. IV, Serienakten 1999, N. 2 im Etat. Danach waren in der Mansarde einige vakante Zimmer zu finden, die mehr als Abstellkammern zu dienen schienen.

305 Dass mit der „Terras" ein Balkon gemeint war, wird aus einer Rechnung des Gipsers Müller deutlich. Dieser rechnete 1786 Arbeiten *„in dem Gore de logis unter dem Terras"* im Erdgeschoss ab. LA Speyer, Best. B3, Nr. 2953, S. 483. Dafür verlangte er 10 Gulden.

liche blatt zu legen [...]."[306] Für diesen Altan waren „*Zwölff Stück Capitael*" vorgesehen. Wie sich nun zwölf Säulenkapitelle hinsichtlich einer ungeraden Fensterzahl des Gebäudes verteilten, kann an dieser Stelle nur vermutet werden. An den Altanen der Seitenflügel rahmten jeweils gedoppelte Säulen zwei Fenstertüren ein. Daher ist eine Doppelung der Säulen auf der Rückseite des Corps de logis ebenfalls anzunehmen, wobei hier von einer ungeraden Türenzahl ausgegangen werden muss, die es einzufassen galt. Betrachtet man diesbezüglich die Ansicht des Schlosses Jägersburg (Abb. 32), so ruht hier der Altan des dreiachsigen Mittelrisalits auf sechs Säulen, da nur die äußeren Säulen gedoppelt wurden. Hätte man am Carlsberg dieses Motiv aufgegriffen, so wären jene genannten zwölf Kapitele auf sechs äußere Säulen und auf sechs Halbsäulen oder Pilaster aufteilbar. Auch an den Seitenflügeln befinden sich die spiegelbildlichen Entsprechungen der Freisäulen an den Giebelwänden und verdoppeln so die Zahl der Kapitele ebenfalls auf zwölf.

Nachdem eigens für einen neuen Speisesaal ein Flügel errichtet worden war, hatte der ursprüngliche Speisesaal im Erdgeschoss des Corps de logis ausgedient. So traten die Schreinermeister Johannes und Michael Bihl an, um „*auff den fürstlichen Karels Berg an das gort Logi in den undern stock woh der alte Speißsahl wahr [...]*" Veränderungen vorzunehmen „*[...] weil die Zimmer höcher worten sein.*"[307] Die veränderte Raumhöhe bedingte neue Türen und Wandverkleidungen. Deshalb wurden drei aufwändig gearbeitete zweiflügelige Türen mit drei Türfüllungen[308] und eine weitere zweiflügelige Tür „*mith futer und Bekleitung under die krose stig*" eingesetzt.[309] Die hölzerne Wandverkleidung und die Einfassung dreier Fenster waren in gleicher Weise wie die große Tür mit eingeschobenen Kehlstößen um die Füllungen gearbeitet.[310] Johannes

---

306 LA Speyer, Best. B3, Nr. 2965, #4709. In der Summe kostete die gesamte Maurer- und Steinhauerarbeit 314 Gulden 9 Kreuzer. Es kann sich nicht um die zwölf Säulenkapitelle für den Altan des Schweighofer'schen Seitenflügels handeln, da diese im Accord des Flügels eigens enthalten waren und daher nicht nochmals abgerechnet werden durften.

307 LA Speyer, Best. B3, Nr. 2584, Bl. 228. Rechnung vom 22. Dezember 1781.

308 LA Speyer, Best. B3, Nr. 2584, Bl. 228. Schreinermeister Johannes Bihl übernahm eine dieser Türen. Michael Bihl fertigte zwei weitere Türen gleicher Größe und Machart für den „alten Speisesaal". LA Speyer, Best. B3, Nr. 2584, Bl. 272. Für eine dieser Türen, die eine Höhe von 2,60 und eine Breite von 1,35 Metern hatte, wurden für Holz und Arbeitslohn 33 Gulden berechnet.

309 LA Speyer, Best. B3, Nr. 2584, Bl. 228. Für die Tür unter der großen Stiege verlangte er nur 11 Gulden.

310 LA Speyer, Best. B3, Nr. 2584, Bl. 228 für Johannes Bihl und LA Speyer, Best. B3, Nr. 2584, Bl. 272 für Michael Bihl. Die Holzverkleidungen der Wand wurden mit 6 Gulden pro Klafter, die für das Fenster mit 14 Gulden 30 Kreuzern berechnet. Beides, Lambris und Fensterboiserien, wurden „*mit verhobnen Kölstös*" gearbeitet.

Bihl half eine zusätzliche Tapetentür in der Wand und eine Treppe in der Tür zu verändern. Anschließend wurde in *„obigem Zimer Ein alten alkof zu recht gemacht und neige went dar zu gemacht und ausgespent undt aus geschlagen tut arbeits lon 10 fl."*[311] Im Laufe der Vergrößerungen des Carlsberges wurden stets aufs Neue Zimmer verändert, die Wandvertäfelungen, Tapetenleisten oder Bestandteile eines Alkovens abgenommen und in eigens dafür vorgesehenen Abstellräumen für Möbel, dem Gardemeuble, aufbewahrt.[312] Bei Bedarf wurden dann erforderliche Elemente in das jeweilige Zimmer neu eingepasst, wie dies hier mit einem Alkoven geschah.

Auch das Aussehen der hölzernen Treppe im Corps de logis wurde verändert, indem *„Ein friß Botem auff der stig im gorth Logi [...]"* verlegt wurde.[313] Michael Bihl gab einige Monate später an, er habe ein *„stegen gelenter rebarirt wo die alte Kich war [...]."* Da die alte Küche nun nicht mehr benötigt wurde, konnte auch dieser Raum einer neuen Nutzung zugeführt werden. Der Schreiner Valentin Amtshoff hatte entsprechend 1782 *„in dem gordt loschie im unteren stock [...] ein Zimmer mit lamberieh gemacht [...]"* sowie *„[...] 2 fenster mit bosserieh gemacht [...]"* und *„Zwey grosse trimo an die pfeiler mit beylaster wie auch fligel und subordt rahmen darzu gemacht [...] des gleichen 2 trimo auf die zwey kamin gemacht [...]."*[314] Auch der Schreiner Johannes Daniel arbeitete in diesem Raum und *„in Ein Zimer Neben der alt Kich"* wo er *„das Zimer mit alten lambrien an geschlagen"* und verändert und eine Tapetentür angebracht hatte.[315] Im Obergeschoss des Corps de logis verlegte er einen Friesbo-

---

311 LA Speyer, Best. B3, Nr. 2584, Bl. 272.
312 LA Speyer, Best. B2, Nr. 1604, Bl. 46. Einen solchen Aufbewahrungsraum bzw. Räume für Möbel gab es auch in Zweibrücken. LA Speyer, Best. B2, Nr. 1604, Bl. 46. Die Handwerker hatten auch dafür recht unterschiedliche Schreibweisen. Philipp Corfier gab beispielsweise an, dass er *„[...] vor Ihro durchleucht [...] schreiner arbeit gemacht habe auff die gard Mebell"*. LA Speyer, Best. B3, Nr. 2591, Bl. 299. Der Schreiner Johannes Schäffer gab an: *„Auf Herzogliche Gardemebel habe nach stehende schreiner arbeit geliefert alß Erstlich Ein dutzend caberiots sesel in daß coblin Zimer auf den carels berg [...]."* LA Speyer, Best. B3, Nr. 2609, Bl. 647. Das Gardemeuble des Carlsberges bestand aus drei Räumen und einem *„Garde meubles Speiger"*, wie aus den Angaben des Schadensverzeichnisses hervorgeht. BayHStA München, Abt. IV, Serienakten 1999, N. 2 im Etat. Im Gardemeuble befanden sich im Jahr 1793 Stühle, Spiegel, kristallene Leuchter, Bettladen, Bettzeug, Bilderrahmen und Boiserien im Wert von mehr als 13000 Gulden. BayHStA München, Abt. IV, Serienakten 1999, N. 2 im Etat.
313 LA Speyer, Best. B3, Nr. 2584, Bl. 228. Der Friesboden wurde für 3 Klafter mit 6 Gulden angerechnet.
314 LA Speyer, Best. B3, Nr. 2584, Bl. 306. Zusammen mit 60 Parketttafeln *„fertig bis zum legen"* kosteten die Boiserien, die Trumeaus an Wandpfeilern und Kaminen sowie die Rahmen für die Supraporten 272 Gulden.
315 LA Speyer, Best. B3, Nr. 2592, Bl. 14. Rechnung vom 20. Dezember 1781. Die Fertigung der Vertäfelung wurde ebenfalls mit 6 Gulden pro Klafter berechnet.

den im Gang.³¹⁶ Der Glaser Purllacher erwähnte für diesen Teil des Schlosses außerdem die Existenz eines „Vogelzimmers". Er hatte *„2 Ramen in das gortloschi in den fogel Zimer ney ver glaß und mit tratbley verbleit [...]."*³¹⁷

Im Corps de logis hatte man eine Kapelle eingerichtet, die später in einen Ehrenhofflügel verlegt wurde. 1781 wurden *„in dem Kort loschi in der alt Kabel"* Umgestaltungen vorgenommen. In diesem Zusammenhang erneuerte man Lambris und Fenster, fügte eine Tapetentür ein und brachte *„an obichen Zimer Ein fligel haus dier"* an.³¹⁸ Der Schreinermeister Johannes Daniel teilte sich die Arbeiten mit Schreinermeister Johannes Bihl *„am gort Loschie woh die alt Kabel wahr [...]"* auf. Demnach hatte der Raum der ‚alten' Kapelle vier Fenster, die man wie alle übrigen Fenster des Schlosses mit Klaplläden verschließen konnte.³¹⁹ An anderer Stelle war in den Forderungen eines Leyendeckers von der *„Capel auf dem Corps de logis"* die Rede, woraus man den Schluss ziehen könnte, die Kapelle habe sich in der Mansarde befunden.³²⁰ Die oben erwähnten Fenster waren jedoch nicht nur höher als die Mansardenfenster – sie entsprachen in ihrer Höhe den Fenstern des Erdgeschosses.³²¹ Der Glaser hatte im Corps de logis Glastafeln *„in der Capelle in Kitt eingesez [...]."*³²² Laut den

---

316 LA Speyer, Best. B3, Nr. 2592, Bl. 14. Diese Arbeit berechnete er mit 8 Gulden. Die Fläche wurde von ihm mit einer Länge von 17 Schuh 8 Zoll und einer Breite von 13 Schuh angegeben. (5,74 x 4,22 Meter)
317 LA Speyer, Best. B3, Nr. 2585, Bl. 22. Rechnung vom 20. Juni 1782.
318 LA Speyer, Best. B3, Nr. 2592, Bl. 64. Rechnung des Schreiners Johannes Daniel vom 22. Juni 1788. Er hatte an zwei Fenstern, deren Nacht- und Klappläden gearbeitet.
319 LA Speyer, Best. B3, Nr. 2592, Bl. 64 für Schreinermeister Daniel sowie LA Speyer, Best. B3, Nr. 2591, Bl. 69v. für Schreinermeister Bihl.
320 LA Speyer, Best. B3, Nr. 2953, S. 37. Forderung des Leyendeckers Martin Bohn vom 25. Oktober 1784. Diese Meinung vertritt Schneider in SCHNEIDER, Schlösser, S. 257.
321 LA Speyer, Best. B3, Nr. 2591, Bl. 69v. Rechnung vom Juni 1788. Auch Schreinermeister Bihl hatte an zwei Fenstern gearbeitet. Die Arbeiten an den Nachtläden wurden pro Paar mit 15 Gulden berechnet. Lambris zu 6 Gulden den Klafter wurden geliefert und die Jalousieläden waren 7 Schuh hoch und 3 Schuh 9 Zoll breit (2,27 x 1,22 Meter). Die Jalousieläden der übrigen Mansardenfenster waren 3 Schuh hoch und 2 Schuh 3 Zoll breit (0,97 x 0,73 Meter). LA Speyer, Best. B3, Nr. 2591, Bl. 50. Rechnung des Schreinermeisters Johannes Bihl vom 23. Mai 1786 über 12 Paar Jalousieläden der angegebenen Größe *„in den triten stock"* zu 30 Gulden.
322 LA Speyer, Best. B3, Nr. 2964, #4414. Rechnung vom 26. November 1782. Diese Arbeiten wurden mit insgesamt 8 Gulden berechnet. Er hatte auch *„24 Tafeln daselbst in die Laterne mit Kitt eingesez [...]."* Der Preis der Glastafeln für die Laterne (5 Kreuzer pro Stück) ergibt, dass es sich nicht um Glasfenstertafeln handelte, sondern um Glastäfelchen für eine normale Laterne, nicht aber für eine Dachlaterne. Fensterglastafeln kosteten in der Regel mindestens 9 Kreuzer.

Urkunden des Carlsberger Baumagazins wurden 1789 eine Kamintafel und ein Ofenkranz für die Kapelle angefertigt. Der Schlosser Jacob Weller erhielt zur Fertigung des Ofenkranzes 19 Pfund Eisen.[323] *„Vor Ofenhäls und Thüren an die Öfen ins Capell Zimmer im Schloß sind an Schlosser Mstr: Magnus Bötsch dahier auf Rechnung 18 Pfund Klein Eisen [und] 23 Pfund Eisenblech Abgeben worden."*[324] Neben dem alten Kapellenraum befand sich ein Kabinett, in dem Lambris angeschlagen und neue Fußgesimse und Tapetenleisten angebracht wurden.[325]

1789 schließlich wurde der Verbindungsflügel des Corps de logis mit dem südlichen Ehrenhofflügel einer einschneidenden Umbaumaßnahme unterworfen. Der Dachstuhl wurde abgebrochen,[326] denn der *„lincke*[n] *Flügel am Gurt Logis welcher 32 Sch lang, ist 2 Schu 3 Zoll erhöt worden."* Darum hatte der Maurer und Steinhauer Johannes Müntzel *„daß Dach Gesims abgeschrotten, welches wieder oben darauf gesetz ist worden […]."*[327] Die Mauer wurde daraufhin um zwei Schuh erhöht und mit einem neuen Gesims versehen. Das Gesims zu versetzen beschrieb der Maurer, es sei *„weilen alles mit Klamern an die Sparren gehenckt must werden, und wegen groser Rüstung, und hinterniß des auf und zu decken des Daches sehr kostspilig hinauf zu bringen geweßen."*[328] Im Gegenzug musste alles, was sich auf dem Dach und auf dem Speicher befunden hatte, *„auch die meistens unbrauchbare Leyen, Diehlen, Fenster Läthen, und sonstiges unbrauchbares Holz, hinunter geschaft"* werden. Der Zimmerpolier Walbaum erhielt am 14. April 1789 eichene, kieferne und tannene Dielen sowie Nägel aus dem Baumagazin *„[…] zum erhöhen des Dachstuhls aufm Corps de Logis."*[329] Wegen *„[…] eingefallenen Regenwetter"* wurde das Dach kurzzeitig mit Dielen bedeckt. Die neu aufgeführte Mauer wurde *„auswendig bestochen*

---

323 Aus den Beständen des Baumagazins wurde Holz an den Schreiner Peter Schwartz abgegeben. LA Speyer, Best. B3, Nr. 2642, Nro. 9 und 13.
324 LA Speyer, Best. B3, Nr. 2642, Nro. 29.
325 LA Speyer, Best. B3, Nr. 2591, Bl. 69.
326 LA Speyer, Best. B3, Nr. 2613, Bl. 276. Rechnung des Zimmermanns Heinrich Wirth vom 1. Mai 1789.
327 LA Speyer, Best. B3, Nr. 2607, Bl. 690. Rechnung vom 10. Juni 1789 über die Gesamtsumme von 470 Gulden. Der Flügel war 10,39 Meter lang und wurde um 73 Zentimeter erhöht.
328 LA Speyer, Best. B3, Nr. 2607, Bl. 690. Er verlangte daher pro Schuh 24 Kreuzer, insgesamt 25 Gulden 36 Kreuzer.
329 LA Speyer, Best. B3, Nr. 2643, S. 2, S. 11, 19 und 92. Auch der Zimmermann Jacob Andler hatte 56 Gulden erhalten *„vor Veränderung des Gebälcks in den Corps de Logis."* LA Speyer, Best. B3, Nr. 2619, Bl. 108.

Abb. 15: Schaefer, Philipp, Carte von dem Ober Amt Homburg
Gezeichnet von Ph. Schaefer Pfalz Zweybrückischer Geometer 1793

[…]" und *„Inwendig unter den Dach, welches jetzo ein Gang ist, und im Vorplatz wie auch unter der Stege"* verputzt und geweißelt.[330]

---

330 LA Speyer, Best. B3, Nr. 2607, Bl. 690. Bl. 690v. *„[…] und weillen alles mit hinternuß sehr kostspielig hinauf zu bringen gewesen"* berechnete er pro Klafter 1 Gulden 16 Kreuzer.

Im „*Nehmlichen Gang, wie auch im Vorplatz, und den daran ligenden Zimmern*" wurden neue Riegelmauern errichtet.[331] Auf diese Weise entstanden am erwähnten Gang vier Zimmer. Der eigentliche Grund, weshalb man diesen Teil des Corps de logis erhöht hatte, waren jedoch nicht diese vier Zimmer, sondern ein Marmorsaal, der durch die Erhöhung des Flügels im ersten Obergeschoss ebenfalls an Höhe gewann. Zur gleichen Zeit wie die Arbeiten zur Erhöhung des Dachstuhls setzten die Arbeiten der Schreiner Bihl und Daniel „*zu Fertigung der Zimmer über dem Marmor Saal im Corps de Logis*"[332] ein. Die Leyendecker Joseph Jan und Martin Bohn erhielten ebenfalls Dielen zum „*decken des marmor Saals am Corps de Logis.*"[333] Am 6. Mai 1789 erhielt Joseph Jann elf Reiß Leyen und große Nägel „*zum Eindecken des Dachs aufm Marmor Saal.*"[334] An den Stuckateur Andreas Nassner wurden „*zu Reparation im Marmor Saal im Schloß ½ Pfund Englisch Roth, 1 Pfund Pimsenstein, […] ½ Pfund Heller Ocker*" sowie „*¼ Pfund Kühnruß*" und ¼ Indigo[335] abgegeben. Dieser Marmorsaal war, zumindest in einigen Details seiner Ausgestaltung, jenem des Jägersburger Schlosses angeglichen, da man Andreas Nassner „*Zum abformen der Suborten und Lessinen im Marmorsaal zu Jägersburg*" aus dem Baumagazin Graugips, Busendorfer Gips und Brennöl sowie Unschlitt, Wachs, Stärke, Leim, Pappdeckel, Stroh, Eisendraht, Pinsel und Nägel ausgehändigt hatte.[336]

7. Die Zerstörung des Schlosses

An dieser Stelle soll bereits zeitlich vorgreifend das Ende des Schlosses und mithin des gesamten Carlsberges dargestellt werden, wie es sich in den Akten niederschlug, da im Verlauf der Arbeit immer wieder darauf zurückzukommen sein wird. Im Februar 1793 rückten die französischen Truppen in Richtung der Stadt Homburg vor. Der „*Gemeindsmann Nikel Pfeiffer von Rohrbach, welcher in der Nacht vom 9. Febr. 1793 mit Gefahr seines Lebens höchstgedacht Ihrer Durchlaucht von dem Einfall der Franzosen benachrichtiget und dadurch die*

---

331 LA Speyer, Best. B3, Nr. 2607, Bl. 690. Bei Riegelwänden handelt es sich um Wände, die in Fachwerktechnik mit einem Gerüst aus waagerechten und senkrechten Hölzern eingezogen werden.
332 LA Speyer, Best. B3, Nr. 2643, S. 5. Abgabe eichener Dielen aus dem Baumagazin.
333 LA Speyer, Best. B3, Nr. 2643, S. 11, S. 12
334 LA Speyer, Best. B3, Nr. 2643, S. 80 und S. 92.
335 LA Speyer, Best. B3, Nr. 2643, S. 64 und 67. Die „feinen Farben", wozu Indigo zählte, lieferten die Kaufleute Jacob und Carl Karcher aus Saarbrücken sowie der Hofapotheker Schulz aus Zweibrücken.
336 LA Speyer, Best. B3, Nr. 2642, Nro. 142. Unterschrieben im Baumagazin am 3. März 1789.

Rettung dieser höchsten Person bewürkt hat [...]"[337] ermöglichte dem Herzog die rechtzeitige Flucht vom Carlsberg. *„Noch sahe mann in der ferne den Schein der flambeau welche den Waagen Ihrer Durchlaucht umgaben alß ein fürchterlicher Lärm uns die Anwesenheit ohngefähr 200 Mann [...] Cavallerie ankündigte, welche ganz still, aber von der letzten Kehr des Berges in einer Cariere nach dem Schloßhoff sprengten, sich da vertheilten und sogleich die Schloßposten besezten, und die Wache desarmierten, andere gingen nach dem vestibule Ihrer Durchlaucht und begehrten in deroselben Wohnung gefühlet zu werden. Mein Mann welcher sich wärend dieser Scene dahin begab wurde von dem general, einem sehr kleinen unansehnlichen Mann, der Recht reines Teusch spricht, aufgefordert, die Zimmer zu zeigen, welche sie mitt zimlichen unwillen und Lästerungen durchsuchten und einer der officire sogahr versuchte wie es Sich auf dem Bette Ihrer Durchlaucht liege. mann suchte Ihrer sobald möglich da loß zu werden, worauf Sie begehrten an daß fenster von welchem mann die Gegend übersehen könnte von wo höchstdieselbe abgefahren seyen, geführt zu werden."*[338] Vor der Flucht des Herzogs hatte er Mannlich die Rettung aller Schätze des Carlsberges, insbesondere seiner Sammlungen ans Herz gelegt.[339] *„Dreißig Handwerker waren Tag und Nacht an der Arbeit."*[340] Dafür blieb Zeit

---

337 BayHStA München, Abt. IV, Serienakten 1984. Dafür bewilligte der Herzog *„demselben und dessen Ehefrau nicht nur die generellen so wohl personal- als real freyheit von allen Abgaben mit Inbegriff der von denen dermahlen besitzenden Gütern zu entrichtenden Schazung, sondern begnadigen gedachte Eheleuthe annoch außerdem mit einer Lebenslänglichen Pension von zweyhundert und zwanzig Gulden."* BayHStA München, Abt. IV, Serienakten 1984. S. dazu auch MANNLICH, Rokoko und Revolution 1966, S. 249. BECKER, Charakteristik, S. 225 f. BÖCKING, Beitrag, S. 33 ff. Ein Zeitzeuge notierte: *„Noch in derselben Nacht geschah die Entwafnung der Wache – die Bestürzung war allgemein. Endlich marschirten die Reuter und Jäger ab – nur der General Landremont und 36 Husaren blieben auf dem Berg. Die Ausgelassenheit unserer eigenen Soldaten vergrösserte die Unruhe."* Am Tag darauf war die Unruhe zunächst noch größer: *„Alle Personen suchten ihre Sachen aus dem Schloß zu flüchten, weil man Plünderung befürchtete. Mit dem lezten Transport zog auch die Wache ab. Soldaten vom Regiment und Bauern raubten in der Caserne, was sie fortschleppen konnten. Endlich verließ uns auch der General mit der Versicherung, dass wir von einem ferneren Besuch nichts mehr zu befürchten hätten, und wegen unserer Habseligkeiten ebenfalls ausser Sorgen seyn sollten."* BayHStA München, Best. Kasten blau, Nr. 422/2.
338 BayHStA München, Best. Kasten blau, Nr. 422/2. S. auch MANNLICH, Rokoko und Revolution 1966, S. 251.
339 MANNLICH, Rokoko und Revolution 1966, S. 249 f.
340 MANNLICH, Rokoko und Revolution 1966, S. 256. Auch die wichtigsten Archivalien konnten gerettet werden. *„Die Herzogl. Originalien und Papirer auch Copial Bücher und Repertoria habe ich mit dem Archivs Secretario Wernher fleisig gestürzt, und zu meiner innigsten Zufriedenheit weder Mangel noch Beschädigung bemerkt. Mit bereits gnädigst ertheilter höchster Erlaubniß habe ich zwölff grose*

bis zum Juli 1793, wobei eines der Probleme darin bestand, Personen zu finden, welche einerseits das nötige Fuhrwerk und andererseits den Mut hatten, diese gefährlichen Güter zu transportieren. Deshalb hatte der Herzog *„[…] nach Einsehen der geschehenen Arbeit gnädigst befohlen, die Fuhrleut und Handwercksleut vorzüglich zu bezahlen dann ohne dieselbe hätten wir nicht die Helfte Meubles vom Carlsberg und gar keine von Zweybrücken hieher bekommen. Es ist auch darinn begriffen 64 Kronleuchter Verschläg 28 Spiegel Verschläg, Heu, Krummet, Seilen und Nägel. […]."*[341] Zeitweilig glaubte man, der Carlsberg bliebe verschont,[342] doch die preußischen Truppen verließen den Berg und die französischen Soldaten besetzten ihn erneut.[343]

Der Grund dafür, dass von der Schlossanlage kaum etwas erhalten blieb, liegt an der Art der Zerstörung. Das Schloss und seine Anlagen waren am 28. Juli 1793 zunächst für die französischen Truppen zur Plünderung freigegeben und anschließend von ihnen in Brand gesteckt worden. Darüber existiert ein *„Bericht über die Zerstörung des herzoglichen Schlosses Carlsberg.*[344] *[…] Das Schendliche dieses gewiß unvergeßlichen Tages war die von Morgens um 8. Bis*

Verschläge machen lassen, und in dieselben sämtliche Originalia und Akta wol gepackt, so, daß sie nun mehr ebenso wohl sicher in dem Kurfürstl. Archiv stehen bleiben, als einen weiteren Marsch, im Fall der Noth ausstehen können. […] Euer Herzogl. Durchlaucht, unserm geliebtesten Landes Vater, wird ieder treuer Vasall Glük wünschen, daß höchst Dero kostbarster Theil der Archive in Sicherheit gebracht sind." BayHStA München, Best. Kasten blau, Nr. 440/37. S. dazu auch: Die Rettung der Zweibrücker Archive, in: Westpfälzische Geschichtsblätter 1932, Nr. 11, S. 39 f.

341 GehHA München, Korrespondenz-Akten Nr. 1697 a/2, ad. Nr. 89. *„Der Andreas Rauber von Erbach hat nach der abschriftlichen Anlage endlich eine Specifique Rechnung über seine Fuhrlohns Forderungen wegen dem Transport der Herzogl. Carlischen Effecten vom Carlsberg und Lautern nach Mannheim […]"* eingebracht. Danach war er vom 12. Februar bis zum 18. November insgesamt 28 Mal nach Mannheim gefahren und hatte pro Fuhre 66 Gulden verlangt. Ab November fuhr er noch 24 Mal, wofür er 44 Gulden verlangte. Ob dieser Preise gab es auch Unstimmigkeiten, was unter anderem so bewertet wurde: *„Daß Andreas Rauber von Erbach bey Überfall der Frantzoßen von 11ten Febr. 1793 daß Zutrauen gehabt, die Kostbaren Effecten von Carlsberg nächtlicher weiß weggefahren nach Mannheim, und sofort continuiret nach dem waß ich zu Lautern vorgefunden von dem Juny laufenten Jahres ebenfalß dahin gefahren, derselbe jederzeit mir guth wagen mit fuhr pferd bespannt hat, so finde ich nicht daß der Fuhr lohn zu hoch gesetzt ist, auch hat derselbe von mir Kein Geld erhalten, welches ihm attestiere." Zweybrücken den 25ten May 1797. Schügens.* GehHA München, Korrespondenz-Akten Nr. 1697 b. S. dazu auch MANNLICH, Rokoko und Revolution 1966, S. 258.
342 MANNLICH, Rokoko und Revolution 1966, S. 262.
343 S. zu den Vorkommnissen am Carlsberg BayHStA München, Best. Kasten blau, Nr. 422/2. Tagebuchaufzeichnungen des Gärtners Petri in: Westpfälzische Geschichtsblätter 1898 Nr. 8–12.
344 LA Speyer, Best. B2, Nr. 273/1.

Abends 7. Uhr den Soldaten gestattete Plünderung. Alles wurde bey dieser Gegegenheit durchsucht, und das verdächtige Gesindel fing damals schon an sich herbey zu ziehen. Kaum war das Schloß angezündet, so beorderte Colombé, der den Brand dirigirte, 180 Mann, die ganz methodisch zur Anzündung der übrigen Gebäude commandirt wurden, und nun verbreitete sich das Feuer über den ganzen Berg [...]."[345] Sofort nach dem Brand setzten Dieberein im Schlossbereich ein. Darüber existieren sogar Namenslisten *„Derjenigen Pfalzzweybrückischen Unterthanen die bey Abbrennung des Carlsbergs entweder geplündert oder anderer Exzesse sich schuldig gemacht haben."*[346] Die Liste wurde von Kammerrat Johann Ludwig Rheinwald (1761–1811) erstellt und für geeignet erachtet, auf Grund dieser Liste *„noch mehrere Thäter zu entdecken, die sämtliche bey der Rückkunft in Zweibrücker und Homburger Oberamtsbedienten ohne Aufschub angeklagt und in strenge Untersuchung gezogen werden sollen."* Zu den meistentwendeten Gegenständen gehörten zunächst neben diversen Möbeln besonders *„Oefen, Eisen und Holzwerck"*. Für verbliebene Materialien erging 1796 der Auftrag, *„das von den verbrannten und ruinirten Carlsberger Gebäuden annoch übrig gebliebene Holz- Werk, Ziegeln u. dergln. unter der Hand so bald und gut möglich verkäuflich absetzen zu suchen und den Erlöß einzuziehen."*[347] Schon 1794 hatte der Baumeister Krutthofen versucht, noch zu rettende Baumaterialien auf das rechte Rheinufer verbringen zu lassen.[348] Man war außerdem *„schon seit einiger Zeit darauf bedacht, zu Unterbringung dererjenigen Materialien und Effecten, welche auf dem Carlsberg täglich nicht versteckt werden können und keine Käuffer finden, als [...?] Glas, Farben auch Eisenwerk, sichere Häuser und Plätze in hiesiger Gegend ausfindig zu machen,"* um sie von dort aus ohne Zeitdruck verkaufen zu können.[349] Es ist daher nachvollziehbar, dass selbst Gebäude, die dem Brand entgangen waren, nicht lange weiter bestanden.

---

345 LA Speyer, Best. B2, Nr. 273/1. Zur Zerstörung u.a. REMLING, Rheinpfalz, S. 351. BUTTMANN, Zweibrücken, S. 36. BECKER, Charakteristik, S. 226 f. BRAZIER, château. BECKER, Schlossbau, S. 46 f. WEBER, Schloss Karlsberg, S. 171 ff. SCHULER, Briefe, S. 18. WERNER, Ereignisse, S. 58 ff.
346 BayHStA München, Best. Kasten blau, Nr. 422/9, ohne Paginierung. Von Rheinwald existiert ein Brief vom 2. August, in dem er schreibt: *„Die Bauern fahren noch immer fort, unter den Ruinen des Carlsbergs zu plündern, und wenn auch die Francken die noch übrigen Gebäude stehen lassen, so haben dieselbe von diesen ausgearteten Unterthanen das Loos der Zerstörung ebenfalls zu befürchten. Vorgestern ließ der Obristen von Szekely als er auf den Berg ritt, auf einige Bauern, die er über dem Plündern ertappte, Feuer geben, und etliche derselben gefänglich fortführen."* BayHStA München, Abt. IV, Serienakten 1984.
347 LA Speyer, Best. B2, Nr. 1619, Bl. 12. Herzogliche Anweisung an den Landschreiber Becker, unterzeichnet in Rohrbach am 28. Februar 1796.
348 S. dazu BECKER, Schlossbau, S. 46.
349 LA Speyer, Best. B2, Nr. 1619, Bl. 23. Aus dem Bericht zu obigem Reskript vom 8. März 1796.

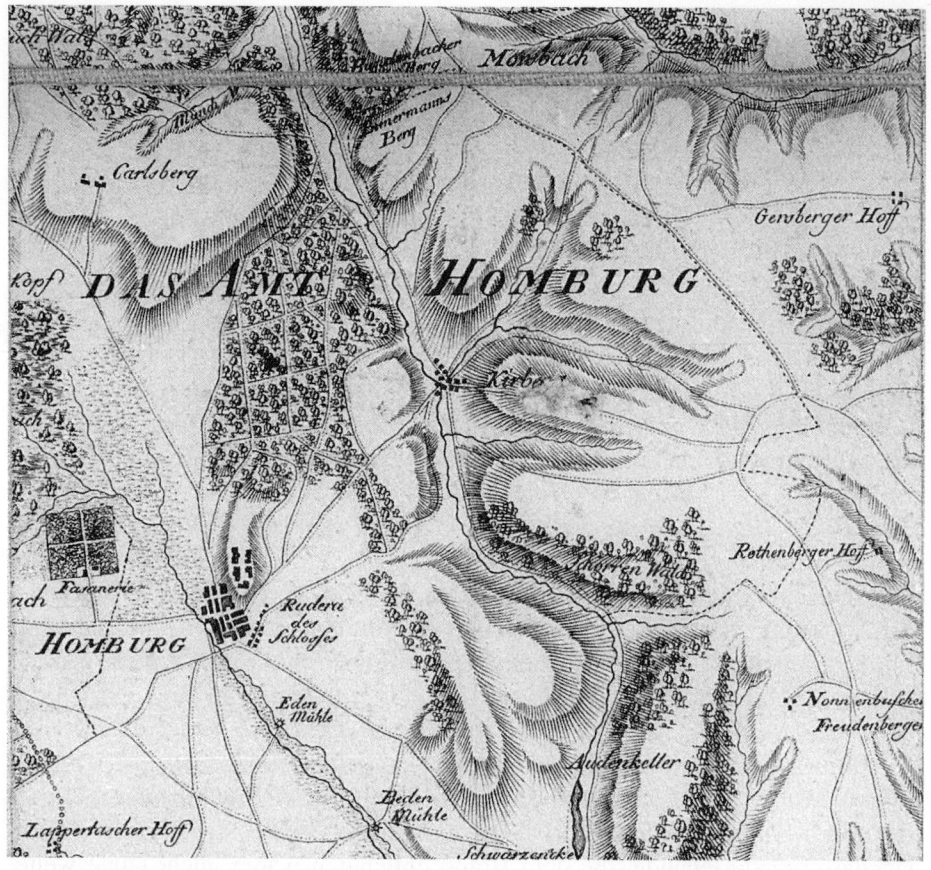

Abb. 16: Fritsch, Johann Theobald / Schmidt, Paulus / Schrapp Simon, Geometrische Karte über das Ober Amt Zweibrücken nebst dem dazu gehoerigen Amt Homburg (Ausschnitt)

Nach der Zerstörung des Carlsberges wurde eine Schadensliste erstellt. *„Der gnädigsten Ordre vom 21. May dieses Jahres Zufolge, haben wir so viel es mögliche war, die Schadens und Entschädigungslisten entworfen, und das Resultat unserer dißfallsigen sehr weitläufig und mühsamen Arbeit ist"*. Diese Liste bestand aus einem *„General Etat der von den Franzosen im Herzogthum verübten Schäden, nebst den Betregen von Art: 1 bis 99"*, den Anmerkungen zu diesem Etat sowie ein *„nach den verschiedenen Gegenständen eingetheilter zur geschwinden Übersicht verfertigter Summarischer Etat. Wir müssen unser Gutachten auf diese Drey Beylagen beschräncken und anführen, daß alle diese Arbeit nicht als mathematische Gewisheit angesehen werden darf, sondern sich lediglich auf Voraussetzungen begründet, deren Fundamenter theils aus würcklichen Tathsachen, […?] Abschetzungen und der gleichen, theils aber auch aus Rechnungen und Renten Status vor dem unglücklichen Revolutions Krieg herge-*

nommen sind."[350] Teile dieser Liste werden an mehreren Stellen der nachfolgenden Kapitel im Detail aufgegriffen werden.

Nach der Zerstörung waren die Ruinen noch zu Beginn des 19. Jahrhunderts auf dem Berg sichtbar. Ein Zeitzeuge beschreibt 1807 die Reste in einer Reisebeschreibung: „Von Landstuhl bis Saarbrück hatten wir zwölf französische Lieux oder Stunden, und machten in dem Dorf Erbach Mittag. Zur Linken des Weges sahen wir die traurigen Überreste des Carlsbergs, vordem eines der schönsten Zweybrückischen Lustschlösser, ohnweit der kleinen Stadt Homburg. Wer jene Anlagen in den Zeiten vor der Revolution gekannt hat, spricht mit Entzücken davon. Jetzt strecken sich öden und zerfallene Ruinen weit am Berge herab, und jede Spur des früheren fröhlichen Lebens ist verschwunden. Auch war vormals gerade das Dorf, wo wir anhielten, der Sammelplatz aller Fremden, die Carlsberg besuchen wollten. Dieß sah man auch wohl der Einrichtung des Gasthofes an."[351]

III. Der nördliche Ehrenhofflügel

1. Die ersten Anbauten für Küchen und Speisesaal

a. Veränderungen nach den Berichten Mannlichs

Den Erzählungen Mannlichs ist zu entnehmen, dass sich die Freifrau von Esebeck am Kohlengeruch störte, der sich aus der Küche im Erdgeschoss des Gebäudes ausbreitete, in dem auch ihre Gemächer lagen. Vermutlich bestand ihre Absicht darin, mit diesem Argument die Aufenthalte des Herzogs am Carlsberg zu verkürzen.[352] Doch statt des erhofften Erfolges bestellte der Herzog seinen Baumeister Mannlich zu sich und ordnete an, einen Flügel an das Haus anzufügen, worin Küche und Speisekammern im Erdgeschoss gegen Norden zu liegen kämen. Es wurde gemeinhin als notwendig erachtet, die Küche und die dazu gehörigen Räume für Geschirr, Küchengerätschaften und Vorräte kühl und ein wenig abseits unterzubringen, da „[…] die Speisen nicht von den Fliegen be-

---

350 BayHStA München, Abt. IV, Serienakten 1999. Unterschrieben von den Rentkammermitgliedern Wernher und Pfender am 4. August 1795.
351 NIEMEYER, Beobachtungen.
352 BENDER/KLEBER, Histoire, Bd. II, S. 203. MANNLICH, Rokoko und Revolution 1966, S. 204.

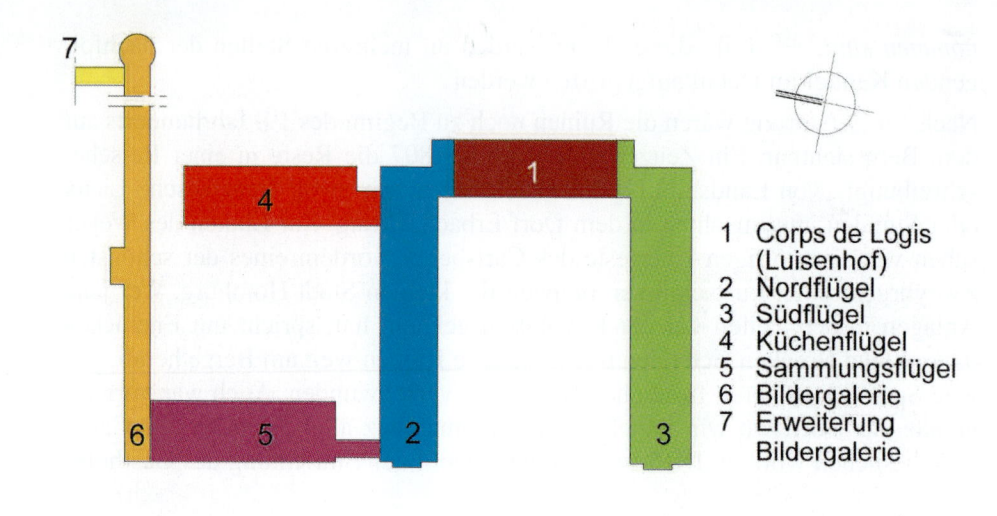

1 Corps de Logis (Luisenhof)
2 Nordflügel
3 Südflügel
4 Küchenflügel
5 Sammlungsflügel
6 Bildergalerie
7 Erweiterung Bildergalerie

1777	Kauf des Luisenhofes
1778	Anfügen eines Flügels mit Küche, Spülküche, Speisekammer, Anrichtezimmer und Speisesaal
1779	Aushubarbeiten zur Verlängerung des Nordflügels
1781	Teilabriss des Gebäudeteils mit Küchenräumen
1782	Nochmalige Verlängerung des Nordflügels
1781	Neubau des separierten Küchenflügels
1782	Baubeginn am Südflügel
1783	Teilweiser Innenausbau
1786	Zweiter Abschnitt des Innenausbaus
1784	Erbauung des westlichen Sammlungsflügels Einrichtung des Naturalienkabinetts und der Beginn der Arbeiten in der Bibliothek
1786	Bau eines Verbindungsganges
1788	Änderung der Baufunktion zur Bildergalerie, Eindeckung des Daches mit Schiefer
1789	Anbau des "Pavillons" für die Kunstbibliothek an der Mitte der Bildergalerie Anbau der "Rotunde", bzw. des Tempels am Ende der Bildergalerie
1788	Erweiterung des Ganges nach Norden zur Reitschule
1789	Umgestaltung zur Bildergalerie

Abb. 17: Rekonstruktion des Bauverlaufs
Grafische Darstellung: Markus Schindler

Abb. 18: Ceres, Ofenfigur, Bronze feuervergoldet; Paris, um 1781

Abb. 19: Hebe, Ofenfigur, Bronze feuervergoldet; Paris, um 1781

schmeist werden, und in den Ober-Zimmern alles viel reinlicher bleibt, auch von dem Getöß so in der Küche vorgehet, nicht so viel zu hören ist."³⁵³

Auf Wunsch des Herzogs sollte nun auch ein neuer großer und schöner Speisesaal im Obergeschoss des neuen Anbaus eingerichtet werden, der mithin von einem der herzoglichen Appartements zugänglich war. Dies entsprach den Ge-

---

353 Julius Bernhard von Rohr, Einleitung zur Ceremoniel-Wissenschaft der Privat-Personen, 1728, S. 539, zitiert nach Kotzurek, Funktion, S. 44. Zu den Versorgungsräumen und dem Küchenwesen sowie Spülküche, Speisekammer (Garde manger) und Aufbewahrungsräumen s. Kotzurek, Funktion.

pflogenheiten, denn der Raum, „wo die Herrschafft zusammen speiset, soll billig an einem solchen Ort stehen, da man aus denen beyderseitigen Wohn=zimmern, ohne vielen Umschweif hinkommen, auch die Speisen aus der Küche leichtlich bringen kan. [...] Im übrigen erfordert dieses Gemach ein vollkommenes Licht und gute Weitschafft,"[354] entsprechend auch der Auffassung Laugiers zur Bequemlichkeit eines Gebäudes: „Der Speisesaal muß in der Nähe des Anrichtezimmers und der Küche liegen. Will man die beiden zuletzt genannten Räume bequem unterbringen, so kommen dafür nur die Flügel des Corps de logis in Frage."[355]

Diesem neu zu errichtenden Speisesaal galt hinsichtlich der Ausstattung besonderes Augenmerk. Mannlich fertigte sowohl Skizzen, die für einen schlichten Speisesaal eines einfachen Landhauses angemessen gewesen wären, als auch für einen Raum mit reicher Ausstattung. Mannlich zitierte in diesem Zusammenhang den Ausspruch des Herzogs: „Apprenez mon cher Manlich me dit ce Prince que rien n'est trop bon pour moi."[356] Der Herzog entschied sich folgerichtig für die reiche Ausstattung, und so ließ Mannlich darin Nischen einbauen, „in denen Öfen in Form eines Altars mit den Statuen der Ceres und Diana als Abschluss aufgestellt werden sollten (Abb. 18 u. 19)."[357] Hier unterlief Mannlich in seinen Erinnerungen ein Flüchtigkeitsfehler, handelte es sich doch bei der zweiten Skulptur neben Ceres, der Göttin der Erde und der Früchte mit den Ähren als Attribut, nicht um Diana, der Göttin der Jagd, sondern um Hebe, der Tochter des Zeus und der Hera. Hebe, versehen mit einer Amphore und erhobener Trinkschale, mit der sie den Göttern den Nektar angeboten hatte, versinnbildlicht die Jugend. Diese Göttinnen mit Feldfrüchten und Nektar, irdischer und himmlischer Nahrung, waren die einzigen bis heute bekannten Ausstattungselemente, die für diesen Speisesaal vorgesehen waren. Jene Bronzeskulpturen wurden 1778 in Paris in der Werkstatt des Bildhauers und Ornamentisten François-Joseph Duret (1729–1816) in Auftrag gegeben,[358] jedoch erst 1781 von der Pariser Agentur Jacques Denis Bourjot Witwe geliefert,[359] so dass sie

---

354 FLORIN, Oeconomus, S. 866, zitiert nach KOTZUREK, Funktion, S. 41. Zu den Speisesälen und der „öffentlichen Tafel" s. KOTZUREK, Funktion, S. 41 ff. LÖWENSTEIN, Vorraussetzungen, S. 266 ff.
355 LAUGIER, Manifest, S. 121.
356 BENDER/KLEBER, Histoire, Bd. II, S. 206. *„Merken Sie sich, mein lieber Mannlich, [...] daß für mich nichts zu gut ist."* MANNLICH, Rokoko und Revolution 1966, S. 207.
357 MANNLICH, Rokoko und Revolution 1966, S. 207. Ob es das Ansinnen des Herzogs war oder Mannlichs ureigenster Vorschlag, kann zunächst nicht geklärt werden.
358 HOJER/OTTOMEYER, Möbel, S. 27.
359 LA Speyer, Best. B2, Nr. 3247, Bl. 6: *„Fourni à Son Altesse Sérénissime Monseigneur Le Duc Regnant Des Deux Ponts", 17. Mai 1781: „Poeles Complets en Cuivre poli bleuy et la doublure en fer avec toutes les ferrures qui en dépendent"*

im neuen Speisesaal dieses Anbaus erst später zur Aufstellung kommen konnten. 1793 wurden die Skulpturen und Öfen vom Carlsberg nach München verbracht und befanden sich zu Beginn des 19. Jahrhunderts, als Mannlich seine Erinnerungen niederschrieb, in der Residenz im „[…] salon de la Reine a Munich."[360]

Das neue Gebäude für den Speisesaal des Carlsberges war gemäß den Erinnerungen Mannlichs noch vor dem Ende des Herbstes im Jahr 1778 unter Dach und Fach, während man für den Innenausbau über den Winter hinweg arbeitete.[361]

b. Die baulichen Veränderungen, resultierend aus den Bau- und Handwerkerrechnungen

Die Erinnerungen Mannlichs werden durch die erhaltenen Baurechnungen des Jahres 1778 bestätigt. In den Urkunden zu den Rechnungen des Finanzministers Creuzer findet sich für das Jahr 1778 ein Vermerk, danach *„habe ich Georg Oliger die Keller auf dem Carlsberg in dem Neuen Fliegel nebst dem Schloß ausgegraben, und meine Bezahlung empfangen, bis auf 25 fl."*[362] Dass der Neubau in Fachwerktechnik aufgeführt wurde, geht aus einer Spezifikation der Maurergesellen Magel und Dumont hervor, die 1778 über das Ausfachen erstellt wurde. Die Arbeitsbeschreibung *„deren Rigel Wändt welche in dem Carlsberger Neuen Fligel Bau* [sind]*"*[363] sagt aus, man habe *„Zwey Hundtert Rigel in den Wandt*

---

zum Preis von 8250 livres, *„2 figures en bronze l'une representant Cérès et l'autre Hébé"* zum Preis von 8400 livres. Zum Vergleich: Die Herstellung eines Sessels für das Beratungszimmer mit üppig geschnitzter Verzierung kostete pro Stück 186 livres. Ein Kristallüster aus vergoldetem Kupfer kostete 790 livres.

360 BENDER/KLEBER, Histoire, Bd. II, S. 206. Noch 1843 wurden sie, in halbrunden Nischen einer Längswand stehend, auf einem Aquarell von Franz-Xaver Nachtmann festgehalten, welches den Salon der Königin Karoline in der Residenz zeigt. WEBER, Schloss Karlsberg, S. 226. Sie befinden sich noch heute in München.
361 BENDER/KLEBER, Histoire, Bd. II, S. 203. MANNLICH, Rokoko und Revolution 1966, S. 204.
362 LA Speyer, Best. B3, Nr. 2963, #4003. Der Begriff „nebst" ist als „neben" zu verstehen.
363 LA Speyer, Best. B3, Nr. 2572, Bl. 186. Für das Aufmauern der Riegelwände wurden in der Spezifikation vom 9. Dezember 1778 zusammen 13 Gulden und 20 Kreuzer berechnet. Auch eine Ausweisung der Maurerarbeit vom 19. Oktober 1778 *„in dem Carlsberger Neuen Fligel Bau und Zwar im Zweyten stock"* spricht davon, dass man *„29 gefag dass stück holtz geschnitten gerissen gemagt gestückt und übermauert und selbsten alle hand Reichung gethan"* habe. LA Speyer, Best. B3, Nr. 2572, Bl. 181. Jedes dieser 29 Gefache wurde mit 27 Schuh bemessen. Das entspricht einer Länge von 8,77 Metern. Vermutlich gibt die „Länge", wie es in der Rechnung bezeichnet wird, die zweifache Höhe und Breite eines Gefachs an. Der Schuh wurde mit 1 ¼ Kreuzern berechnet.

auffgemauert selbst Gerüst", wobei für jeden Riegel vier Kreuzer berechnet wurden. Riegel teilen bei Fachwerkbauten die Wand der Höhe nach in die für die Ausmauerung zweckmäßige Größe ab und verhindern das Durchbiegen der senkrechten Hölzer.[364] Ein weiterer Vertrag sagt aus, dass *„im obren boden des Neuen Fligel"* 24 Gefache bestückt und übermauert wurden, von denen jedes Gefach 7 ½ Schuh lang war.[365] Der Zimmermeister Theobald Cullmann bestätigte eine Auszahlung von 100 Gulden, denn an *„[...] dem auf dem Carlsberg erbauten neuen Flügelbau habe ich die Zimmer Arbeit verfertigt, und davor accordirtermassen zu forder 200 fl. hierauf aber abschläglich bereits erhalten 100 fl."*[366] Eine Ausmessung von Georg Deibel und Johannes Schmid et Company vom 30. Oktober 1778 über *„Verbutz Arbeit des Carlsberger Neuen Fligel bau"*[367] zählt die Arbeiten an den Plafonds in insgesamt sieben Zimmern auf. Zwei Zimmer hatten die Länge von 17 und die Breite von 11 Schuh. Zwei weitere Räume waren 12 ½ Schuh lang und ebenfalls 11 Schuh breit. Ein Zimmer fällt durch seine Länge von 19 Schuh und seine Breite von 15 Schuh auf und ein weiteres maß sogar die Länge von 28 Schuh mit einer Breite von 11 ½ Schuh. Ein letzter Raum war quadratisch mit 8 Schuh.[368] Diese Arbeiten bezogen sich nur auf ein Stockwerk, denn eine weitere Ausmessung eines anderen Trupps, Bernhard Lieblang, Joseph Bendtner und Matheis Schütz, trägt das gleiche Datum und bezog sich auf acht Räume. Davon besitzen vier die gleiche Größe wie die Zimmer der obigen Rechnung. Der achte Raum entstand dadurch, dass man den auffallend langen Raum der ersten Rechnung mit der Länge von 28 Schuh hier zu zwei Räumen zu je 14 Schuh teilte.[369] Der jeweilige Preis pro Klafter für den Plafond und das Bestechen der Wände war gleich. Es wurde dagegen nicht angegeben, welche Ausmessung welches Stockwerk betraf. Es wäre jedoch möglich, auf Grund der beiden großen Räume, die für einen Speisesaal in Frage

---

364 OPDERBECKE, Zimmermann, S. 28.
365 LA Speyer, Best. B2, Nr. 3992, Bl. 71. 7 ½ Schuh entsprechen 2,44 Metern.
366 LA Speyer, Best. B3, Nr. 2584, Bl. 67. Diese Angabe vom 5. Januar 1779 wurde am darauf folgenden Tag von Mannlich an die Rentkammer übergeben. Der Empfang der ausstehenden 100 Gulden wurde erst am 3. Mai 1781 bestätigt. S. auch LA Speyer, Best. B3, Nr. 2777, Pag. 36 sowie LA Speyer, Best. B3, Nr. 2573, Pag. 47 f.
367 LA Speyer, Best. B3, Nr. 2572, Bl. 184. Das Gipsen des Plafonds kostete pro Klafter 30 Kreuzer. Obendrein mussten die Wände der sieben Zimmer glatt bestochen werden, das Klafter zu 12 Kreuzern.
368 Die beiden ersten Zimmer waren daher 5,52 Meter lang, 3,57 Meter breit; die beiden nächsten Zimmer hatten eine Länge von 4,06 Metern und eine Breite von 3,57 Metern; der erste große Raum maß 6,17 Meter in der Länge und 4,87 Meter in der Breite, der zweite 9,09 Meter in der Länge und 3,74 Meter in der Breite. Der letzte quadratische Raum durchmaß 2,60 Meter.
369 LA Speyer, Best. B3, Nr. 2572, Bl. 185. Die beiden Zimmer haben eine Länge von 4,55 Metern und eine Breite von 13 Schuh, also 4,22 Metern.

kämen, die erstgenannten Räume auf das Obergeschoss mit dem Speisesaal zu beziehen.

Vom 7. Dezember 1778 datiert die Rechnung des Kuseler Leyendeckers Martin Bohn, der angab, *„Auf dem neuen Fligel Bau auf dem Carlsberg habe ich die hinderste Seuth sambt dem Walben, mit leyen gedecket."*[370] Er führte weiter auf, elf große Dachfenster gedeckt zu haben, *„welche wegen dem lagern dach noch mahl so vielle Arbeuth als ein steiff dach kosteth,"* weswegen er *„verdieneth seyerlich von jedem ad 6 fl."*[371] Die Vorderseite des Gebäudes wurde von Leyendecker Peter Zorn übernommen, *„die Halb scheit von dem neuen flügel ist lang 128 schu der spare ist lang 18 schu gibt das glatte Dach 12 ruthen 32 schu."*[372] Außerdem hatte er das Decken von zwölf großen Dachfenstern übernommen.[373] Damit ergibt sich mit insgesamt 23 Dachfenstern für den Anbau eine größere Anzahl als auf dem Corps de logis. Die Dachpartie war daher länger als das Dach des Hauptgebäudes.

Im Rahmen der weiteren Arbeiten reichten die Schreiner Bihl und Daniel im August 1779 eine umfassende Rechnung für eine Vielzahl von Arbeiten ein. Daraus geht unter anderem hervor, dass in diesem Anbau acht zweiflügelige Türen zusammengestemmt wurden, die jeweils 7 Schuh hoch und 3 Schuh 9 Zoll breit waren.[374] Über sieben dieser Türöffnungen wurden Oberlichter *„mit 2 fligel gemacht oben runt dut eins arbeits lon 2 fl."* Darüber hinaus wurden noch zehn weitere Türen gefertigt und eingefügt.

---

370 LA Speyer, Best. B3, Nr. 2572, Bl. 252. Rechnung über insgesamt 122 Gulden. Leyendecker Bohn hatte die Deckung des Walms auszuführen, während sein Kollege Zorn, mit dem er sich die Arbeiten teilte, ein Dachfenster mehr übernommen hatte.
371 20 Schuh entsprechen 6,50 Metern. Außerdem waren zwei Kaminlöcher aufzubrechen und wieder zu schließen sowie eine Kehle zwischen dem Flügel und dem Hauptbau zu decken, die 20 Schuh lang war. Diese Arbeiten führte Bohn selbst aus und berechnete für die beiden Kamine *„2 Tag der Meister 2 fl."* LA Speyer, Best. B3, Nr. 2572, Bl. 252.
372 LA Speyer, Best. B3, Nr. 2572, Bl. 258. 128 Schuh entsprechen 41,57 Metern. Die Sparren hatten jeweils eine Höhe von 5,85 Metern. Peter Zorns Rechnung umfasste 12 große Dachfenster, das Fenster ebenfalls zu sechs Gulden, *„Weilen das Dach lageer ist und noch so vil Arbeit Erfortert als an einer andern."* Das bedeutet, dass es sich hier um ein flacheres Dach handelte und die Dachfenster höher aus der Dachfläche herausragten, was einen Mehraufwand bei der Deckung der Fenster mit sich brachte.
373 LA Speyer, Best. B3, Nr. 2572, Bl. 258. Für ein Fenster berechnete er, wie sein Kollege, sechs Gulden.
374 LA Speyer, Best. B3, Nr. 2582, Bl. 73. Die Türen hatten die Maße 2,27 x 1,22 Meter. Für jede Tür wurden 9 Gulden berechnet.

Im Erdgeschoss passte man 22 große Fensterrahmen mit jeweils zwei Fensterflügeln ein, welche 7 Schuh 6 Zoll hoch und 3 Schuh breit waren.[375] Fünf dieser Fenster wurden mit Klappläden versehen. Hinzu kamen vier zweiflügelige kleinere Fenster unterschiedlicher Größe, wovon eines die Spülküche belichtete.[376] Von Schlossermeister Bubong mussten an einer zweiflügeligen „*Thür so in den Garten Get noch 2 starcke Riegel an den Flügel alwo das Schloß ist auf Blech benebst 2 Vorleg schloß daran*"[377] angebracht werden. Die Spezifikation des Schlossers Henrich Bubong „*derjenigen Schlosser Arbeit, welche ich unterschriebener in den neuen Flügel so an das Schloß auf dem Carlsberg ist angebaut worden gemacht habe*",[378] gibt weiter an, dass eine viertürige Anrichte in der Küche mit Fischbändern und Sperrfedern beschlagen wurde. Die Küchenräume hatten vermutlich fünf Fenster, da dort fünf Paar Jalousieläden angebracht wurden.[379] Auch in der Spülküche wurde von den Schreinern Bihl eine zweiflügelige Tür eingepasst, welche oben abgerundet war.[380] Am 2. September wurde ein eigens gefertigter Rost in einen Ofen in der Küche montiert.[381] Dorthin wurden außerdem drei Tische aus 1 ½ zölligem Holz geliefert, „*die fiß foren geschweifft [...]*."[382] Nach Maßgabe der französischen Architekturtheorie mussten die Küche, Wirtschafts- und Vorratsräume schon wegen der lästigen Gerüche und des Lärms der Dienerschaft in Nebengebäude- oder Nebenflügel untergebracht werden – eine Küche im Untergeschoss des Haupthauses kam da-

---

375 LA Speyer, Best. B3, Nr. 2582, Bl. 73. Die Fenster waren also 2,44 Meter hoch und 0,97 Meter breit und kosteten das Stück 3 Gulden 30 Kreuzer. Dazu kamen „*22 fenster Breter im untern stock*".
376 LA Speyer, Best. B3, Nr. 2582, Bl. 74. Zwei dieser Fenster waren nur 4 Schuh hoch und 2 Schuh 9 Zoll breit (1,30 x 0,89 Zentimeter). Diese Fenster wurden pro Stück mit 2 Gulden berechnet. Ein drittes Fenster wird beschrieben als ein „*fensterrahm mit 2 fligel mit futer und beter seit bekleitung oben runt hoch 5 sch 6 zoll breit 3 sch 6 Zoll dut arbeits Lon 5 fl. 30 xr.*" (1,79 x 1,14 Meter) Der „*fensterrahm mit futer und bekleitung an die Spil Kich*" wurde mit drei Gulden berechnet. LA Speyer, Best. B3, Nr. 2582, Bl. 73v.
377 LA Speyer, Best. B3, Nr. 2576, Bl. 197v. Auch hierbei handelt es sich um eine umfangreiche Rechnung, datiert auf den 28. August 1779, über Arbeiten vom 7. August 1778 bis zum 9. August 1779 einschließlich. S. auch LA Speyer, Best. B2, Nr. 3989, S. 146.
378 LA Speyer, Best. B3, Nr. 2576, Bl. 196v.
379 LA Speyer, Best. B3, Nr. 2576, Bl. 197. Die „*5 Pahr stehente Schalouise Läden an der Küch [...]*" wurden das Paar mit drei Gulden berechnet. Außerdem wurden in der Küche jeweils zwei Fensterflügel an zwei Fensteröffnungen mit Fischband und langen polierten Schubriegeln angeschlagen. LA Speyer, Best. B3, Nr. 2576, Bl. 196.
380 LA Speyer, Best. B3, Nr. 2582, Bl. 73. Dieser Rahmen wurde mit 3 Gulden berechnet, also hatte das Fenster eine Zwischengröße zwischen den oben genannten.
381 LA Speyer, Best. B3, Nr. 2576, Bl. 196v.
382 LA Speyer, Best. B3, Nr. 2582, Bl. 74. Ein solcher Tisch mit ‚vorne geschwungenen Füßen' kostete 2 Gulden.

gegen nicht in Frage.[383] Die Küchenräume lagen, wie Mannlich bereits beschrieben hatte, auf der Nordseite des Gebäudes, von wo man diese Räume betreten konnte, ohne auf der Hofseite gesehen zu werden.

Für den *„oberen Stock"*, womit das erste Obergeschoss gemeint ist, wurden 32 Fensterrahmen für zweiflügelige Fenster mit Klappläden gefertigt, *„hoch 5 sch 6 Zoll breit 3 sch mit 2 fligel oben runt."*[384] Die Fenster des Erdgeschosses waren also tatsächlich ein wenig höher als jene des ersten Obergeschosses. Der beauftragte Schlosser gab an, im Obergeschoss sechs zweiflügelige Türen beschlagen zu haben.[385] Von den Schreinern wurden für die Dachgauben acht Fensterrahmen mit zwei Flügeln gemacht, welche oben abgerundet waren, jeweils 3 Schuh hoch und 2 Schuh 6 Zoll breit.[386] Als nächster Posten schlugen 23 Paar oben gerundete Fensterläden für 23 Fensteröffnungen in den Dachgauben mit einem Gulden pro Paar zu Buche. Die Fensterläden hatten die gleiche Größe wie die Fensterrahmen. Schlossermeister Bubong gab entsprechend an, *„an dem ganzen Flügel die Gauben mit 46 Stück Läden beschlagen"* zu haben.[387]
In der genannten Schreinerrechnung wurde außerdem aufgelistet, dass im Erdgeschoss vier Zimmer gedielt und abgehobelt worden waren. Man hatte *„4 alte dieren zurecht gemacht"* und so verändert, *„das sie breiter seint worten [...]."*[388] Im oberen Stockwerk wurden dagegen drei Zimmer gedielt, *„ins Bley gelecht [und] die Balcken alle auff gefitert"*.[389] Außerdem wurden im ersten Obergeschoss neue Räumlichkeiten für den Herzog mit einer Garderobe eingerichtet, denn *„oben im fligel woh ihro durchlaucht gartrob ist* [wurde] *ein Zim-*

---

383 ZINKANN, Maison de Plaisance, S. 20 f.
384 LA Speyer, Best. B3, Nr. 2582, Bl. 73. Diese Fenster waren 1,79 Meter hoch und ebenfalls 0,97 Meter breit. Sie wurden zu jeweils 2 Gulden 30 Kreuzern abgerechnet. Die Differenz zu den Türen des Erdgeschosses ist zum Teil durch die Eingangstüren des Erdgeschosses bedingt, über deren Anzahl – außer einer Gartentür – keine Angaben in den Rechnungen gemacht werden. Der Schlosser hatte dort *„an den ganzen Flügel 32 Stück Fenster Rahmen beschlagen Jede mit 2 Flügel im Oberen Stock."* LA Speyer, Best. B3, Nr. 2576, Bl. 197v. Dafür wurden für die Fischbänder und lange polierte Riegel *„samt Maurerfallen 2 fl. 30 xr. p Stück"* berechnet. Für 30 dieser Fenster wurden wiederum Jalousieläden geliefert.
385 LA Speyer, Best. B3, Nr. 2576, Bl. 197v. Er hatte die *„Thüren an dem flügel beschlagen mit Schippenband, Rißenkloben und Stein, Schupriegel auf Blech und teutsch Fallen Schloß a 5 f: 30 xr. p Stück."*
386 LA Speyer, Best. B3, Nr. 2582, Bl. 73. Die Dachfenster waren 0,97 Meter hoch und 0,81 Meter breit.
387 LA Speyer, Best. B3, Nr. 2576, Bl. 197.
388 LA Speyer, Best. B3, Nr. 2582, Bl. 73v.
389 LA Speyer, Best. B3, Nr. 2582, Bl. 73v.

*mer getilt mit 46 stick dielen [...]."*³⁹⁰ Da sich das Speisezimmer im ersten Obergeschoss befand, kann davon ausgegangen werden, dass in diesem Raum sowie in den Nebenräumen Parkett verlegt wurde, während man im Erdgeschoss für den Boden der Küche sowie der Spülküche steinerne Platten verwendete. An den Fenstern des Speisesaales und des Nebenraums wurden zehn Paar Klappläden angebracht, woraus sich ergibt, dass der Speisesaal und die anschließende Räumlichkeit zusammengenommen zehn Fenster hatten. Mit den hölzernen Klappläden wurde der Anbau dem ländlichen Charakter des Hauptgebäudes äußerlich angepasst.

Im neuen Flügel gab es ein eigenes Stiegenhaus, denn im Oktober 1778 mussten vom Schlosser *„4 Schrauben mit Muttern an die neue Steeg gemacht"* werden. Im November fügte er ein Eisenstück von 22 Pfund in den Schornsteinmantel der neuen Küche ein, *„weil sich derselbe gesetzt"* hatte.³⁹¹ Im April des Jahres 1779 wurde laut gleicher Rechnung noch eine *„eiserne Camin Thür neben der Steeg an dem Speiß Saal gemacht."*³⁹² Dies verdeutlicht zum einen die Lage des Treppenhauses neben dem Speisesaal und zum anderen, dass die Öfen wie üblich vom Gang befeuert wurden, um Heizmaterial, Asche und Schmutz nicht durch den Saal tragen zu müssen.

Während der Arbeiten am rechten Seitenflügel änderte der Herzog seine Absichten und die bis dahin erstellten Bauten wurden entweder abgerissen, abgewandelt oder an völlig anderer Stelle wieder errichtet. Das untere Stockwerk wurde in der Folge völlig neu konzipiert, und die Küchenräume wurden in einem eigenen Gebäude neben dem Corps de logis untergebracht. Auf diese Weise blieb nur jener Teil des neuen Baues erhalten, in welchem sich der Speisesaal befunden hatte, während Küche und Vorratsräume in einen eigenen Bau verlegt wurden. Der neue Küchenbau kam nördlich des alten Küchenflügels als dessen separierte Verlängerung zu stehen.³⁹³

---

390 LA Speyer, Best. B3, Nr. 2582, Bl. 74. Das Zimmer wurde außerdem *„ins bley gelecht alle Balcken 4 Zoll auff gefitert und den sant hin auff getragen dut 3 fl."* LA Speyer, Best. B3, Nr. 2582, Bl. 74.

391 LA Speyer, Best. B3, Nr. 2576, Bl. 198. Das Eisen hatte eine Länge von 6½ Schuh (2,11 Meter).

392 LA Speyer, Best. B2, Nr. 3989, S. 146. Insgesamt arbeitete der Schlosser Bubong *„in der Neue Flügel so an das Schloß auf dem Carlsberg erbauet worden vom 7. Aug. 78 bis 9. Aug. 79."*

393 Am 1. Juni 1781 wurde von Maurermeister Michael Krumm der Vertrag über ein Küchengebäude (Abb. 20) unterschrieben. Der Vertrag wurde von Hautt aufgesetzt, dem die Arbeiten unterstanden. *„Das Gebäude wird neben dem dermahligen Küchenflügel, in den Garthen, und wie es sich würcklich abgesteckt befindet, erbauet, und auch um so viel höher, als sich bezeichnet befindet geleget, und die fundamenter so tieff es das terrain erfordert gegriffen."* LA Speyer, Best. B3, Nr. 2648 #1572, s. Anhang C.I.11. Nur ein Teil des Gebäudes sollte auf einem gewölbten Keller zu stehen kommen. In diesem Keller wurde ein Milchkeller unter-

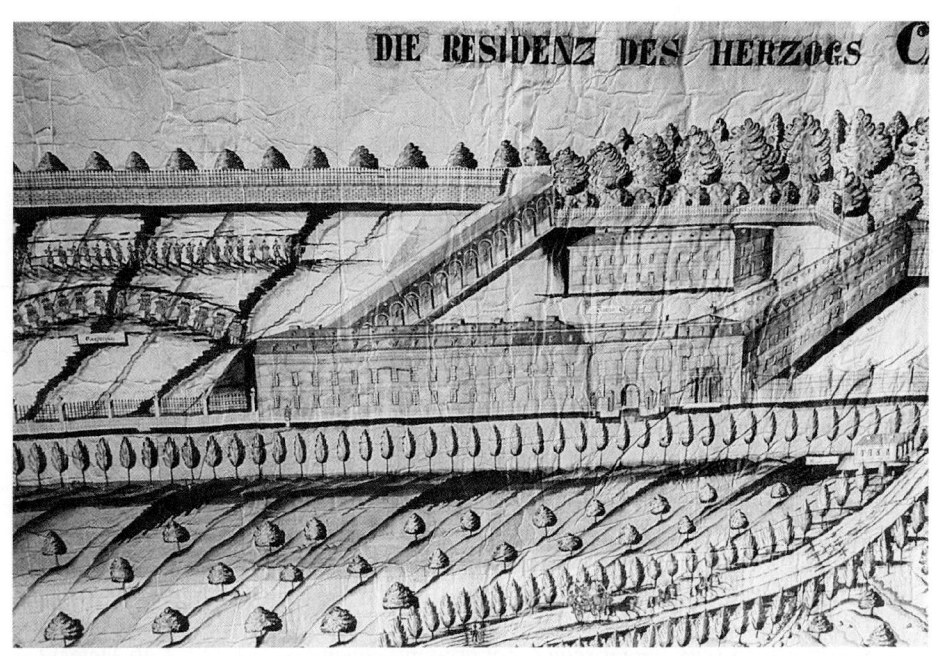

Abb. 20: Rosché, Claudius, Residenz-Schloss des Herzogs Carl II. mit sämmtlichen Gebäulichkeiten auf dem Carlsberg (Ausschnitt Sammlungsflügel, Bildergalerie, Küchengebäude) gezeichnet von Claudius Rosché von 1860 bis 1868

gebracht, LA Speyer, Best. B3, Nr. 2590, Bl. 702. Im Gebäude befanden sich außerdem eine Spickerei, eine Pastetenbäckerei, eine Spülküche, eine Backkammer, die Vorratsräume (Garde à manger), eine Rauchkammer, die Küchenschreiberei (BayHStA München, Abt. IV, Serienakten 1999, N. 14 im Etat) und später ein Hühnerhaus in unmittelbarer Nähe (*„Dass Hinkel Hauss an der Schloss Küche"*, LA Speyer, Best. B3, Nr. 2607, Bl. 687, Rechnung des Steinhauers Münzel). Im Vertrag über das Küchengebäude heißt es weiter: *„Die Stiegen dazu werden von hausteinen gemacht. [...] Das Maurwerck und steinhaur Arbeit wird wie an den übrigen Gebäuden simple tradtiret. Die Ecken aber werden mit einem Pfeiler von Haustein aufgeführet. Alles in und auswendig wird glatt verpuzt und geweißelt."* Der Bau sollte mit Schiefer gedeckt werden. Die Arbeiten beschreibt Leyendecker Bohn in LA Speyer, Best. B3, Nr. 2585, Bl. 124. Ein gedeckter Gang, der Küchenbau und Schlossflügel verband, wurde ebenfalls *„[...] mit leyen gedeckt. Die darunter zu sezende posten [...] werden zwar von holz, hingegen wird ein fundament und postament von hausteinen darunter gemacht, die Treppe wird von Steinen, und dieser Gang sauber mit Ohmbacher blatten beleget. [...] Mit diesem Bauwesen muß also gleich den Anfang gemacht, und es so betrieben werden, daß das dach nach 6 Wochen darauf gesezet werden können, die übrigen aber so befündlich, daß alles zu Ende Augusti oder längstens in der Mitte 7bris im wohnbaren Stand seyn."* Für diesen Vertrag wurde die Summe von 4500 Gulden vereinbart. LA Speyer, Best. B3, Nr. 2648, #1572. Mit dem Zimmermeister Jacob Andler wurde am 19. Juni ein Vertrag über das Küchengebäude gemacht. Dies bestätigt, dass es sich in weiten Teilen um einen Bau in Fachwerktechnik handelte. LA

c. Die Gestaltung des Speisesaals

Die Innenausstattung des Saales zog sich über einige Jahre hin. Sie setzte nach Fertigstellung des neuen Gebäudes mit der Arbeit eines auswärtigen Stuckateurs namens Wagner „*von Mannheim oder Heidelberg*"[394] ein. Dieser hatte aufgrund einer Rechnung des Jahres 1778[395] „*auf die Stucatur Arbeit an dem Speiß Saal zu Carlsberg einen Vorschuß von 100 fl. erhalten.*"[396] Von den Schreinern Bihl

---

    Speyer, Best. B3, Nr. 2953, S. 1. Die Schlosser hatten 32 Fensterrahmen und 30 Dachfenster anzuschlagen, wie üblich mit Klappläden versehen. Zudem mussten sie „*2 tobelte Haußthüren beschlagen […].*" LA Speyer, Best. B3, Nr. 2592, Bl. 356. Drei Treppen, zwei davon vor den Haustüren gerundet, führten in das Küchengebäude. LA Speyer, Best. B3, Nr. 2584, Bl. 54. Auf Befehl von Hautt hatten die Schreiner Hübner, Gieger und Ott im Küchengebäude zwei Haustüren, 32 Fensterrahmen, einen Schrank für die Spickerei, Kellertüren, 9 Kellerläden und zwei Toilettensitze („*zwey Sekret Sietz*"), 32 Fensterrahmen für das Dach, 9 Rahmen für Ochsenaugenfenster und etliche Türen geliefert. LA Speyer, Best. b3, Nr. 2958, #1977. Rechnung vom November 1781 über 1018 Gulden 12 Kreuzer. Philipp Corfier hatte „*auff den Carlsberg in die Neue Küch Eine Neue Anricht gemacht von 13 schu lang 4 schu 6 Zol breit mit einem fus.*" (4,22 x 1,46 Meter) LA Speyer, Best. B3, Nr. 2591, Bl. 293. Erst Jahre später wurde der Gang „*welcher vom Schloß bis an die Schloß Küche ziehet, mit Leyen gedecket.*" LA Speyer, Best. B3, Nr. 2601, Bl. 290. Dieser Gang war geschlossen und durchfenstert, denn der Glaser Daniel Römer hatte „*2 Fenster verglast im Gang am Küchenflügel.*" LA Speyer, Best. B3, Nr. 2964, #4417. Noch 1792 wurden in „*der Küchen, wie auch in der Spüll Kammer, back Kammer und Gattemasche* [gardemanger] *Ohmbacher blatten eingezogen […].*" LA Speyer, Best. B3, Nr. 2619, Bl. 93. Anders Schneider, der die Fertigstellung des nördlichen Küchenflügels und die Fertigstellung des separierten Küchenbaues zusammenlegt, vgl. SCHNEIDER, Schlösser, S. 234 f. Teilabdruck des Vertrages mit Maurermeister Krumm unter Verweis auf angebliches Fehlen des Restes, s. aber Anhang C.I.11. Was alles in der Küche verbrannte oder mitgenommen wurde findet sich in BayHStA München, Abt. IV, Serienakten 1999, N. 14 im Etat: Vom Fischkessel, dem Dampfnudelgeschirr und dem Bratenwender über Bratwurstspritzen bis zu den Beständen des Garde à manger wurde alles aufgelistet.

394 LA Speyer, Best. B2, Nr. 3993, Bl. 59v.

395 LA Speyer, Best. B3, Nr. 2572, Bl. 369. „*Ansuchung an Herrn Cammerrath Mannlich vor ein hundert Gulden Abschlag auf die Stucketurer Arbeit in den SpeisSaal auf den Carlsberg […].*" Die Eingabe Wagners erreichte Mannlich und die Baukasse am 20. Februar 1779.

396 LA Speyer, Best. B2, Nr. 3993, Bl. 59v. Auch benannt in LA Speyer, B2, Nr. 3989, Bl. 10v. Für die Stuckaturen wurde also eigens ein auswärtiger Handwerker beauftragt. Der Vergleich des Lohnes zeigt, dass es sich dabei um eine aufwändige Arbeit handelte. Ein Quadrator, welcher die Gesimse in 13 Zimmern des nächsten Schlossflügels gezogen hatte, erhielt dafür nur die Hälfte von Wagners Vorschuss. LA Speyer, Best. B3, Nr. 2576, Bl. 269. Quadrator Müller erhielt für „*Gißene Gesimbßer […] in dem Neuen Carlsberger fligel in den sämbtlichen Marsard Zimer […]*" 48 Gulden 40 Kreuzer.

wurden die Wände mit Holzverkleidungen versehen, welche „*hoch 2 sch 6 zoll*" waren.[397] Der Tüncher Andreas Gitzner wandte sich mit folgender Bitte um einen Abschlag von 200 Gulden direkt an den Herzog: „*Ich habe die Tüncher Arbeit sowohl in dem Corps de logis als dem Neben Flügel sowie auch in denen Stallungen auf dem Carlsberg zu fertigen übernommen, und solche zum Theil schon fertig gemacht. Da ich nun zu Erkaufung derer erforderlichen Farben und öhl, auch bezahlung meiner Arbeiter sehr nöthig Geld brauche, so erkühne ich mich an Ew. Hochfürstliche Durchlaucht die unterthänigste Bitte ergehen zu lassen [...].*"[398]

In den Rechnungen ist von einem großen Speisesaal im ersten Obergeschoss des neuen Flügels ebenso die Rede wie von einem Marmorsaal. Dass es sich dabei um den gleichen Raum handelte, ergibt sich aus den Angaben des Schreiners Johannes Daniel, der im Dezember 1782 acht Vorfenster gemacht „*in den Marbel sahl Mit 2 fligel so hoch als die lecher sein.*"[399] Im gleichen Zeitraum war der Schlosser Bubong damit befasst, acht Vorfenster im „*marwellirten sbeissahl*"[400] anzuschlagen. Aus dieser Schnittmenge erschließt sich, dass die Handwerker, wenn sie vom großen Speisesaal oder vom „*Marbel Saal*" sprachen, den gleichen Raum meinten. In diesem Raum, der als „*Marbel Sahl*" mit einem dazugehörigen Vorzimmer bereits im Jahr 1780 in den Akten benannt wurde, hatte Tüncher Carré „*nachstehende Tüncher Arbeit mit Leimfarb, im Neuen Marmor Saal also verfertigt.*" Als sechs Posten wurde der Anstrich des Plafonds, eines Gesimses, der Türen, der Türeinfassungen, der Nischen und Lambrisgesimse aufgezählt. Die Arbeit war im September 1780 abgenommen worden.[401] Im Vorzimmer verlegte der Schreiner Johannes Daniel die Hälfte des Parketts und berechnete Arbeiten für die Wandverkleidung dieses Raumes.[402] Insgesamt hatte der Raum vier zweiflügelige Türen,[403] die mit großer Sorgfalt angefertigt wur-

---

397 LA Speyer, Best. B3, Nr. 2582, Bl. 74. Die Höhe betrug daher 81 Zentimeter.
398 LA Speyer, Best. B2, Nr. 1601, Bl. 45.
399 LA Speyer, Best. B3, Nr. 2592, Bl. 26. Für jedes Vorfenster erhielt er 8 Gulden.
400 LA Speyer, Best. B3, Nr. 2584, Bl. 444, Rechnung vom 23. November 1782. „*Mehr in den marwellirten sbeissahl 8 st. Vorfenster beschla [...] dut Ein fenster zu beschlagen 2 fl. 30 xr*".
401 LA Speyer, Best. B3, Nr. 2580, Bl. 71. Die Arbeit wurde mit 17 Gulden 13 Kreuzern abgegolten. Ob es sich bei den Nischen um jene handelte, in welche die von Mannlich beschriebenen Öfen hineingestellt wurden, geht aus der Rechnung zwar nicht hervor, doch die Aufzählung ist insofern erwähnenswert, als für keinen anderen Raum Nischen benannt werden.
402 LA Speyer, Best. B3, Nr. 2584, Bl. 22. Rechnung vom 12. August 1782 des Schreiners Johannes Daniel. Das Parkett kostete für 6 Klafter 6 Gulden. Die Lambris wurden pro Klafter mit 6 Gulden berechnet, was für 4 Klafter 3 Schuh 27 Gulden ergab.
403 LA Speyer, Best. B3, Nr. 2584, Bl. 172. Rechnung vom 26. Oktober 1780. Schreiner Schoeller war für die Parkettstücke am Boden zweier zweiflügeliger Türen zuständig.

den, wie der Schreiner Schoeller angab.[404] Kurz darauf wurden an vier doppelten Türen vergoldete Knöpfe angebracht.[405] Hinsichtlich dieses Details der Ausstattung existiert die passende Notiz eines Handwerkers namens Kesler, der angibt: *„Auf befehl Serenisime habe 8 Stück Thüren Knöpf gemacht und doppelt in feuer verguld vom Stück 11 fl. thut 88 fl."*[406] Für welchen Raum die Türknöpfe angefertigt und vergoldet wurden ergänzte Mannlich in der gleichen Rechnung, indem er mit dem Zusatz attestierte: *„Diese Knöpfe sind für die Thüren in dem Speiß Sal auf den Carlsberg richtig gemacht worden."* Dazu hatte Johannes Daniel *„Barque hinder die spiegel im Marmor Saal gemacht [...]"* sowie die *„Spiegel im marmor Saal auf gemacht [...]."*[407]

Die Fenster lagen alle nach einer Seite, denn neben dem großen Speisesaal führte ein langer Gang entlang, für den der Schreiner Johannes Bihl neun Klafter Lambris mit Füllungen, einem Sockel und Sitzleisten anfertigte.[408] Eine Rechnung vom Mai 1782 besagt, was *„durch den Christian Gebhart et Consort ist in dem Schloss Bauwessen an Quatrator Arbeit gemacht worden, als Den langen Gang vor dem Speis Saal mit einer großen Hohl Kehl gezogen."*.[409] Dann wurde ein *„Groß Gesimbs gezogen bey dem Saal halt 80 Schuh jeden a*

---

404 LA Speyer, Best. B3, Nr. 2584, Bl. 171. Für Holz und Arbeitslohn einer Tür verlangte der Schreiner 43 Gulden. Zum Vergleich: Die Türen beim großen Saal am Kompaniesaal kosteten jeweils 32 Gulden, LA Speyer, Best. B3, Nr. 2584, Bl. 163. Jene im Appartement der Freifrau von Esebeck in der Mansarde kosteten nur 7 Gulden. Der Schreinermeister Johannes Schoeller führte in einer seiner Spezifikationen etliche Arbeiten im Marmorsaal auf. Dazu gehörte unter anderem, zwei Parkettstücke anzufertigen, welche im Boden zweier Türen des Saals eingepasst wurden. LA Speyer, Best. B3, Nr. 2584, Bl. 172. Rechnung vom 26. Oktober 1780.
405 LA Speyer, Best. B3, Nr. 2582, Bl. 82. Der Schlosser Lorenz gab außerdem an, im Marmorsaal *„die olif in die schloß ein gebast und an die schäng Neyen stift mit schrauben gemacht"* zu haben. Diese Arbeiten mitsamt dem Vergolden der Türknöpfe kosteten 2 Gulden 30 Kreuzer. Laut dieser Rechnung wurden von ihm zwei doppelte Türen mit Zapfenband und Schlössern beschlagen. Auch der Schlosser Johann Jacob Weller war im August 1780 im *„Marmel Saal"* tätig. LA Speyer, Best. B3, Nr. 2576, Bl. 174v.
406 LA Speyer, Best. B3, Nr. 2960, #2100. Die Rechnung wurde von Mannlich am 11. Mai 1780 attestiert.
407 LA Speyer, Best. B3, Nr. 2584, Bl. 172. Die Parketttafeln hinter den Spiegeln kosteten pro Stück 6 Gulden *„per Stück vor Holtz u arbeit"*. Den Spiegel aufzuhängen berechnete er mit 36 Kreuzern.
408 LA Speyer, Best. B3, Nr. 2584, Bl. 245, Rechnung vom 17. Oktober 1783. Für die Fertigung des Lambris mit *„verhoben Kelstes und mith runtungen in die fellungen gestogen Mit sogel und sitzleisten"* verlangte er 24 Gulden 30 Kreuzer.
409 LA Speyer, Best. B3, Nr. 2958, #2220. Die Hohlkehle hatte also eine Länge von 142 Schuh, also 46,12 Metern. Den Plafond mit einer Größe von 8 Klafter und 24 Schuh abzuglätten kostete 10 Kreuzer pro Schuh.

10 xr."[410] Auch im Schadensverzeichnis wird der „Gang vom großen Speisesaal" benannt, *„Welcher tappezirt war, mit Papier auf Tuch mit Säulen und Figuren Girlande und Trophi welche 14 Fenster enthaltet."*[411]

Berthold Roland fand in seinen Forschungen über Bildhauer, die für die Zweibrücker Herzöge gearbeitet hatten,[412] heraus, dass Peter Simon Lamine (1738–1817), Hofbildhauer am Mannheimer Hof, im Jahr 1778 Marmor aus dem Limburgischen gebracht hatte. Lamine bestätigte den Erhalt des Marmors in seinem Mannheimer Atelier „pour en faire quatre cheminées commandées par Mr. Manlich pour les Bâtiments de S.A.S. Msgr le Duc des Deuxponts."[413] Der kurpfälzische Baudirektor Pigage habe versichert, dass diese vier Kamine, die Mannlich in Auftrag gegeben habe, am 13. März 1779 nach Zweibrücken abgegangen seien.[414] Da sich dies zeitlich in die Entstehung des Neubaues auf dem Carlsberg einfügt, ist es wahrscheinlich, dass die Kamine unter anderem für den Speisesaal bestimmt waren. Wie man sich den Boden des Speisesaals vorstellen kann, besagt eine *„Quitung über Hundert und achtzig gulden welche ich von Ihro Baron von Eßebeck Empfangen auf den parquet Boden welcher auf dem Carlsberg in den Saal soll gemacht werden."*[415] Aufschlussreich ist hinsichtlich der Innenausstattung auch der Auszug einer *„Diaeten Rechnung des Herrn Cammerrath Mannlich de 6n Jan. 1779"*, der auf einen interessanten Sachverhalt hinweist. Mannlich hatte an diesem Januartag eine Aufstellung seiner Unkosten an die Rentkammer übergeben *„von denjenigen Tägen welche Er im Jahr 1778 beym Herrschaftl.n Bauwesen außerhalb zugebracht."*[416] Der Herzog selbst entschied im März 1780, „daß alle in dieser Diaetenrechnung vorkommende Posten, biß auf die Reyßekosten nacher Saarbrücken gestrichen werden sollen." Diese Anweisung gab die Rentkammer an die Baukasse weiter mit ergänzender Erklärung Mannlichs: „D. *18.te Sept.* [1778] *reißte auf gnädigsten Befehl Sermi. Hochfürstle Durchl. nacher Saarbrücken, um allda ein Modell von dem Saal der Gräfin von Daun zu nehmen, worüber ich zugebracht 3 Täg des Tags 3 fl. […] Vor die Hin- und Herreyße zahlte ich das Post- Schmier- und Trinkgeld mit 10 fl. 44 xr. Die Chaise brache unterwegs am Riemen und an einem Eißen, für welche ich zu reparieren ich zahlen musste 1 fl. 20. In den Häu-*

---

410 LA Speyer, Best. B3, Nr. 2958, #2220. Das Gesims war 25,98 Meter lang.
411 BayHStA München, Abt. IV, Serienakten 1999, N. 2 im Etat. Der Schaden wird mit einer Summe von 800 Gulden beziffert.
412 ROLAND, Maler, S. 315 ff.
413 Zitiert nach ROLAND, Maler, S. 321.
414 ROLAND, Maler, S. 321.
415 LA Speyer, Best. B3, Nr. 2965, #4966. Diese Quittung datiert vom 4. August 1779 und wurde von Schreinermeister Schoeller ausgestellt, der diesen Parkettboden zu verlegen hatte.
416 LA Speyer, Best. B3, Nr. 2585, Bl. 524.

ßern wo Modells nehmen musste gabe Trinkgeld 1 fl. 20."[417] Außer der Auskunft über die Beschwernisse damaliger Reisen geht aus dieser Diätenabrechnung hervor, dass Mannlich im September 1778 ausgeschickt wurde, um in Saarbrücker Gebäuden Modelle bzw. Zeichnungen von Innenausstattungen dortiger Räume anzufertigen. Da Mannlich auf des Herzogs Anweisung handelte, hatte dieser genaue Vorstellungen, wohin sich Mannlich begeben sollte.[418] Namentlich genannt wird der „Saal der Gräfin von Daun." Die Wild- und Rheingräfin Christiane von Dhaun war eine Verwandte des fürstlichen Hauses Nassau,[419] deren zweigeschossiges Domizil sich in der heutigen Wilhelm-Heinrichstraße Nr. 1 befand. Dieses Haus war von Friedrich Joachim Stengel 1749 ursprünglich für Oberforstmeister von Maltitz erbaut und nach dem Eigentumswechsel für die Gräfin von Dhaun renoviert worden. Walter Zimmermann beschreibt das Gebäude, das im Zweiten Weltkrieg zerstört wurde, als ein „sehr stattliches zweigeschossiges Haus von 12 zu 4 Achsen mit Walmdach, in den beiden äußeren Achsen je eine Tordurchfahrt mit Pilastern und geschweifter Verdachung. In den oberen Räumen sind zwei Zimmer mit der alten Vertäfelung und den Parkettböden erhalten."[420] Auch Lohmeyer erwähnt „beachtenswerte Täfelungen" dieses Hauses, „vor allem ist ein kleines Zimmer in dem ersten Stockwerke gut erhalten, dessen Wandverkleidung von besonders feinen Linienführungen belebt ist […]."[421] Über das Aussehen des von Mannlich genannten Saales ist dagegen nichts mehr bekannt. Die neue Ausstattung des Saales für die Gräfin von Dhaun, die Mannlich neben der anderer ungenannter Saarbrücker Häuser kopieren sollte, scheint jedoch Vorbildcharakter für die Ausstattung des neuen Speisesaales im Flügelbau des Carlsberges gehabt zu haben und lässt wiederum Rückschlüsse auf die Intention des Herzogs zu, die neuen Räume der Carlsberger Anbauten prächtiger auszugestalten, als dies zuvor bei der Ausstattung des Corps de logis noch der Fall war. Hatte es sich zu Beginn noch um ein Landgut gehandelt, dessen Ausstattung teilweise von Handwerkern der Region

---

417 LA Speyer, Best. B3, Nr. 2585, Bl. 525. Das Geld erhielt Mannlich im März des Jahres 1785.
418 Auch der Herzog selbst besichtigte Häuser, die zur damaligen Zeit ausgestattet wurden und Furore machten. So ist in den autobiografischen Aufzeichnungen des Benedikt Adam von Liebert (1731–1810), dem Erbauer des Augsburger Schaezlerpalais mit seinem berühmten Festsaal, der von der Erzherzogin Marie Antoinette selbst eingeweiht wurde, zu lesen: „Die Menge der Fremden, so um den Saal zu sehen in mein Haus gekomen sind, ist sehr groß und deren die Merkwürdigsten: Joseph Bischof von Augsburg; Clemens Wenzeslaus, Kurfürst von Trier und Bischof zu Augsburg; Kunigunde, kursächsische Prinzessin, Äbtissin zu Thorn und Essen; Herzog Karl August von Zweibrücken; […] Kurfürst Karl Theodor; […]." TREPESCH, Schaezlerpalais, S. 102.
419 LOHMEYER, Hautt, S. 69.
420 ZIMMERMANN, Kunstdenkmäler, S. 128.
421 LOHMEYER, Stengel, S. 112.

Abb. 21: Lüder, Friedrich und Wilhelm, Pleine Vue du Carlsberg
Aquarellierte Federzeichnung, 1791, Bildgröße 46,9 x 73,7 cm

angefertigt und geliefert oder aus Jägersburg mitgebracht wurde, so verlangte der Herzog nun hinsichtlich des Speisesaals Skizzen „in doppelter Fassung: die eine trug einer einfachen, für ein Landhaus passenden Ausführung Rechnung, und die andere einer sehr reichen. Der Herzog wählte letztere […].“[422] Damit wird die Veränderung deutlich, die im ersten Anbau ihren Anfang nahm und sich im weiteren Verlauf der Bauarbeiten am Carlsberg fortsetzte: die Ausstattung des Hofgutes musste nun einem gesteigerten Repräsentationsbedürfnis des Herzogs Rechnung tragen. Man kann annehmen, dass die Ikonographie des Raumes, wie bereits Ceres und Hebe zeigen, in direktem oder allegorischem Bezug auf die Raumfunktion stand. Es ist außerdem wahrscheinlich, da Mannlich in seiner Erinnerung die Jagdgöttin Diana in Verwechslung mit Hebe nannte, dass auch das Jagdmotiv im Hinblick auf Lage und anfängliche Funktion des Gebäudekomplexes als Jagdschlösschen mit all seiner damals üblichen Symbolik thematisiert wurde. Zur Aufstellung der beiden Figuren kam es im Übrigen erst 1781, da sie erst für diese Zeit in den Lieferlisten des Handelshauses Bourjot in Paris erwähnt werden.[423]

---

422 MANNLICH, Rokoko und Revolution 1966, S. 207.
423 LA Speyer, Best. B2, Nr. 3247.

2. Erweiterungen zu Wohnzwecken

Als man, getrieben von der Knappheit der Wohnräume am Carlsberg, im Verlauf des Jahres 1779 über eine Verlängerung des neuen Flügels nachdachte, gleichzeitig die Gärten angelegte und eine Reihe von Neubauten im Umfeld des Schlosses plante – die ersten Parkbauten und die Menagerie in der Carlslust waren schon errichtet – wurde ein Problem immer vordringlicher: Der Geldmangel, welcher keinem Beobachter entging. So schrieb Lehrbach, der Gesandte des österreichischen Kaisers Joseph II. am Münchner Hof am 6. April 1779 an den österreichischen Staatskanzler Kaunitz: „Der Herzoglich Zweibrückische Bevollmächtigte von Hohenfels (sic) stellt an die Kurpfälzische Gesandtschaft, den ganz unerwarteten Antrag, Ihro kurfürstliche Durchlaucht zu Pfalz möchte nach dem nunmehrigen beträchtlichen Zuwachs ihrer Staaten durch die bairischen und oberpfälzischen Lande auch für den Herrn Herzogen einige Rüksicht nehmen, und ihm eines weiteren Genusses hievon theilhaftig machen.' [...] ‚Die herzoglichen Beweggründe, wodurch er diese Rüksicht von dem Herrn Kurfürsten zu erhalten hoffte, bestünden darin, daß er mit Schulden überladen sey, seine Einkünften in der größten Zerrüttung sich befinden, und da er in Ansehung des Kurfürsten den Forbachischen Kindern[424] so vortheilhafte Bedingungen eingeräumt, und in gleicher Betrachtung auch dem Prinzen Maximilian seinem Herrn Bruder ein so beträchtliches Opfer gebracht habe, so vertröste er sich, daß der Herr Kurfürst ihn durch diesen Weg solches wieder vergüten werde.' ‚Es sind aber die Beleidigungen, womit der Herr Herzog sich dem Herrn Kurfürsten bisher zugedrungen hat, noch zu frisch in dem Gedächtniß dieses Herrn eingeprägt, als daß er sich zu einiger Willfahrung des herzoglichen Ansuchens hätte entschließen können. Der Herr Kurfürst widerlegte sogleich die herzoglichen Beweggründe damit, daß es die eigene Schuld des Herrn Herzogs sey, wenn er durch überhäufte Ausgaben und Verschwendungen seine Einnahmen in Unordnung gebracht habe.'"[425] Tatsächlich weist der *„General Sta-*

---

424 Bei den ‚Forbachischen Kindern' handelt es sich um die beiden Söhne Christian und Wilhelm sowie die Tochter Maria Anna Caroline des Herzogs Christian IV. von Pfalz-Zweibrücken aus der Ehe mit Marianne Camasse, der späteren Gräfin von Forbach. MOLITOR, Vollständige Geschichte S. 459 f. BUTTMANN, Name, Nr. 9. ADALBERT PRINZ VON BAYERN, Zweibrücken, S. 113 f.; DERS., Die Wittelsbacher, S. 278 f. SIEFERT, Herzog Christian IV., S. 210 ff.
425 BRUNNER, Humor, S. 209 f., Nr. 160, Lehrbach an Kaunitz 6. April 1779. Bei der Forderung des Herzogs, welche Carl Theodor so entrüstete, handelte es sich um 300.000 Reichsthaler jährlich oder „entweder ihm die beeden Herzogthümer von Neuberg und Sulzbach von nun an abzutretten, oder ihm einige an das Zweybrükische anliegenden Aemter von der Unterpfalz von gleichem Erträgniß zu überlassen. [...]" „Lehrbach räth, den Herzog von Zweibrücken durch ein Rundabschlagen nicht zum äußersten zu bringen, daß er nicht am Ende die Vermittlung fremder

tus der Ausgaben de 1776–1779"[426] des Herzogtums Pfalz-Zweibrücken einen Anstieg der Ausgaben für Baukosten von 66.470 Gulden im Jahr 1778 auf 101.707 Gulden im Jahr 1779 aus und damit einen Anstieg innerhalb eines Jahres um 35.237 Gulden. Die gesamten Ausgaben des Jahres 1779 überstiegen die Einnahmen um 374.478 Gulden und summierten sich binnen des Zeitraums des ‚General Status' zu einer Schuldensumme von 1.042.494 Gulden. Während man sich nun in München Gedanken über die zerrüttete Finanzlage im Herzogtum Pfalz-Zweibrücken machte, gingen am Carlsberg die Planungen für weitere Bauvorhaben, insbesondere der Anfügung eines Seitenflügels, unbeirrt weiter.

a. Veränderungen nach den Berichten Mannlichs

Schon bald nachdem der Küchenflügel angefügt worden war, beklagte sich der Hof erneut ob der Enge „de ce singulier campement."[427] Der Herzog dachte daher über eine weitere Vergrößerung des Landgutes um einen Wohnflügel nach. Bei Mannlich ist dazu zu lesen: „Man musste indessen an die Vergrößerung des Hauses denken, denn der Herzog wurde gewahr, dass er zu sehr beengt wohne. Es musste also rechts am Hause an den neuen Speisesaal ein Flügel angebaut werden, der nun dem Kuhstall gegenüber zu stehen kommen sollte. Der Bau wurde indes durch die Arbeiten für den neuen Garten und dessen Pavillon verzögert. […] Der Neubau, an dem man aus allen Kräften arbeitete, und die Anlage des Gartens brachten dem Herzog angenehme Kurzweil. […] Ein Flügel des Schlosses war vollendet, und das Stallgebäude musste, wie ich vorausgesagt hatte, einem neuen weichen. […] Da das Hauptgebäude des ungeheuren Schlosses auf dem Karlsberg immer noch das alte Landhaus des Generals von Closen bildete, das, obwohl man es ausgebaut und außen verschönt hatte, den Charakter seiner ursprünglichen Bestimmung trug, beauftragte mich der Herzog mit der Innenausschmückung, die prächtig und von ebenso erlesenem wie eigenartigem Geschmacke sein sollte. Infolgedessen mussten für jeden Gegenstand Zeichnungen angefertigt werden, in vielen Fällen nach seinen eigenen Angaben: für die Damasttapete, die in drei abstechenden Farben mit breiten Bordüren in Platt- und Goldstickerei gedacht waren, die Lehnstühle, Sessel, Parade- und Ruhebetten usw. All das wurde in Paris ausgeführt und hatte einen ungeheuren

---

Mächte ansuche, sondern durch den Herrn Baron von Vieregg, ein ganz höfliches und nichtsbedeutendes Antwortschreiben an den Zweibrükischen Bevollmächtigten von Esenbeck zu erlassen'." BRUNNER, Humor, S. 209 f. Zur Position Pfalz-Zweibrückens im Brennpunkt des Interesses der europäischen Politik s. S. NERI, Cetto, S. 19 ff. m.w.N.
426 LA Speyer, Best. B2, Nr. 4489, Bl. 65 ff.
427 BENDER/KLEBER, Histoire, Bd. II, S. 227.

Kostenaufwand zur Folge."[428] Der Anbau des neuen Flügels wurde „rechts am Hause" – somit vom Corps de logis blickend beschrieben – am bestehenden Gebäude angefügt. Die alten Stallgebäude des Luisenhofes waren als separierte Gebäude ebenfalls rechtwinklig zum Hauptgebäude angeordnet. Daher rückte der nunmehr geplante Flügelbau, der an den Speisesaal- und Küchenbau angeschlossen werden sollte, in diese zunächst ungünstige Lage innerhalb des Ensembles gegenüber einem Stallgebäude. Mannlich gibt über das beschriebene Baugeschehen keine detaillierten Bauzeiten, Planänderungen, Raumfolgen oder sonstige Details dieses Flügels an. Auch in diesem Fall helfen die Baukassenbücher und Rechnungsbücher teilweise weiter.

b. Der Bauverlauf nach den Baurechnungsakten

aa. Der Außenbau: Ein Ehrenhofflügel in mehreren Bauabschnitten

Der Verlauf dieses Flügels gestaltete sich hinsichtlich des zu rekonstruierenden Planungs- und Bauverlaufs als der schwierigste Abschnitt der gesamten Bauzeit von Schloss Carlsberg. Die Baurechnungsakten zeigen, dass der Flügel nicht als Ganzes errichtet wurde, sondern dass die Erbauung durch Planänderungen, Abriss und Vergrößerung geprägt war. Der neue Flügel hatte zunächst nur zehn Achsen, was jedoch rasch als nicht ausreichend erkannt wurde. In mehreren Bauabschnitten wurde der Flügel stückweise verlängert, wobei sich die letzten Arbeiten bis 1782 hinzogen.

Die Verträge des Maurers und der Zimmerleute umfassten zunächst noch die Erbauung zweier Flügel. Am 29. Juli 1779 bescheinigte der Maurermeister Michael Krumm: „*[…] von Ihro Gnaden H. Obrist von Esbeck ist mihr Vorschuß zur Erbauung der Zwey Neuen Schloß Fliegel Ein Tausend Gulden richtig aus zahlt worden.*"[429] Aus den Baurechnungen geht hervor, dass bereits kurz nach-

---

428 MANNLICH, Rokoko und Revolution 1966, S. 210 f. BENDER/KLEBER, Histoire, Bd. II, S. 242 f. Man beachte jedoch kleine Differenzen in der Übersetzung „le Duc me chargea de la decoration interieure et ordonna qu'elle fut magnifique et d'un goût aussi recherché que nouveau." BENDER/KLEBER, Histoire, Bd. II, S. 249: „J'obtins, non sans peine ou difficultés, la permission de passer quelques jours aux Deuxponts, que j'aurai sans doute prologé de quelques autres, si des caises arrivé de Paris ne m'avoient obligé de retourner au Carlsberg; c'etoient des meubles magnifiques brodé en or et en soie platte pour les grands appartamens;"

429 LA Speyer, Best. B3, Nr. 2960, #2682. Der Ratsdiener Wilhelm Froehner bat im April 1780 um Anweisung eines Guldens, da er „*Ordre habe wegen zwey auf dem Carlsberg erbaut werdenden Schloß-Flügel wovon die Zimmer Arbeit d. 24ten Juny 1779 dahier versteigt worden; dieser wegen dreymahlen in hiesiger Stadt und denen Vorstädten publicirt ist mit inbegrif der Steigaufwartung.*" LA Speyer, Best. B3, Nr. 2576, Bl. 770.

dem die Handwerker in der ersten Jahreshälfte des Jahres 1779 für jene beiden neuen Flügel tätig geworden waren, eine Planänderung dahingehend eintrat, dass sich die Planungen anschließend nur noch auf einen Schlossflügel bezogen. Der Zimmermann David Männer ersteigerte *„unterm 28ten Juny vorigen Jahres [1779] die Fertigung der Zimmer Arbeit an denen Zwey Schlossflügeln auf dem Carlsberg [...]. Da aber diese Schlossflügel nachhero nicht gemacht worden, so bitte weiters gehorsamst die bereits fertige Arbeit abschätzen und mir bezahlen zu lassen, und solche zu anderem Gebrauch zu nehmen."*[430] Bei besagter Arbeit hatte es sich um *„4 Stock Stiegen, vor in den Flügel welcher im versteigt war, und wieder contermanttiert worden ist [...]"* gehandelt.[431] Danach hatte auch der Maurermeister nur noch den Auftrag, einen Flügel zu erbauen, weshalb die übrigen Arbeiten sich laut der ausgestellten Rechnungen ebenfalls nur noch auf einen einzigen Flügel konzentrierten.

Mit den Aushubarbeiten wurde im Spätsommer begonnen. Johann Georg Ohlinger quittierte Ende September 1779, von Regierungsrat Creutzer *„von denen Dreyen Kellern in dem Neuen Flügel aus zu graben, abschläglich"*[432] 100 Gulden erhalten zu haben. Der Steinhauer Sendlinger lieferte laut *„Ausgab Geld Verbauen An denen Homburger Herrschaftl. Gebäuden"*[433] im Jahr 1779 Steine für den neuen Flügelbau auf den Carlsberg. Im Mai wurde eine Rechnung zweier Steinbrecher aus Einöd eingereicht, aus der hervorgeht, man habe 1213 Schuh 3 Zoll Hauptgesims für den neuen Flügel geliefert.[434] Noch im August

---

430 LA Speyer, Best. B3, Nr. 2595, ad 2512. Promemoria des Zimmermanns David Männer vom 10. März 1780. Der Schreiner Johannes Schoeller gab in einer Bitte an den Herzog um einen Vorschuss vom September 1779 noch an, er *„habe die Schreiner Arbeit in denen Flügeln des Schloßes auf dem Carlsberg zu fertigen übernommen."* LA Speyer, Best. B3, Nr. 1601, Bl. 23. Grund für diese Bitte um 1500 Gulden war, dass er sich mit seinem eigenen Vermögen außer Stande sah, das erforderliche Holz, *„welchen von der besten qualitaet seyn muß"* zu kaufen, sowie den Gesellen ihren Lohn auszuzahlen. Die Planänderung war jedoch zu diesem Zeitpunkt schon weitgehend bekannt, wie aus den übrigen Rechnungen hervorgeht.

431 LA Speyer, Best. B3, Nr. 2595, ad 2512, Schätzung der erbrachten Zimmermannsarbeit im Rahmen der ‚contermantierten', also abbestellten Arbeiten durch Jacob David und Georg Barthol.

432 LA Speyer, Best. B3, Nr. 2963, #4005.

433 LA Speyer, Best. B3, Nr. 2573, Pag. 42 Nr. 188.

434 LA Speyer, Best. B3, Nr. 2572, Bl. 304. Pro Schuh berechnete man 3 Kreuzer. 18 Schuh 3 Zoll der Gewände kosteten 2½ Kreuzer, 156½ Schuh Platten kosteten 1½ Kreuzer per Schuh. Die Rechnung belief sich auf 65 fl. 18 xr. 1213 Schuh 3 Zoll entsprechen 394,06 Metern. Im Juli erhielt der Steinbrecher Peter Lucas aus Waldmohr sein Geld *„Vor Stein zu brechen zum neuen Schloßflügel."* LA Speyer, Best. B3, Nr. 2953, S. 454. Er erhielt 75 Gulden und bestätigte: *„Hab ich unterschriebener von dem Herrn Baumeister Schäfer vor Stein brecherlohn auf den Carlsberg beym schloß zum Neuen flügel an bahrem geld Empfangen Siebenzig fünf gulden, worüber Quitiert Carlsberg d. 1ten July 1779."* LA Speyer, Best. B3, Nr. 2961, #3447.

brachte Steinhauer Andreas Leschan eine Rechnung, wonach er *„zu dem Flügel auf dem Carlsberg 166 1/3 Schu Fenster Bänk und Gewende gehauen a 6 x p Schu"* sowie *„87 ½ Schu Hauptgesims"* angeliefert habe.[435]

Dem Zimmermeister Jacob Andler waren von Finanzminister Creutzer 254 Gulden ausgezahlt worden *„wegen Abbruch- und Veränderung des Corps de logis laut accord de 27. Aug. 1779."*[436] Dieser kurze Vermerk zeigt an, dass erneut Planänderungen vorgenommen worden waren. Art und Umfang der Veränderungen, die man am Corps de logis vorgenommen hatte, sind aus dieser Notiz nicht ersichtlich. Einen konkreten diesbezüglichen Hinweis stellt dagegen die Rechnung über eine zweite Neueindeckung der Dächer sowohl des Corps de logis als auch des anschließenden Speisesaalflügels dar, obwohl doch bereits nach dem Kauf des Luisenhofes als eine der ersten Arbeiten eine Neugestaltung der Dachform und Eindeckung des Daches mit Schiefer vorgenommen worden war. Zwei Rechnungen der Leyendecker Bohn und Zorn vom Dezember 1779 berechneten nun jene erneute *„Leyendecker Arbeuth"*[...] *Erstl. auf dem Corte loschi die hinderste seyde"* und darüber hinaus wurde *„Zweydens Der schloß fligel, die hinderste seyden gedecketh."*[437] Der Schlossflügel, auf dem nach dieser Rechnung 14 große Dachfenster zu decken waren, war 101 Schuh lang.[438] Nach Angabe seines Kollegen befanden sich *„[...] auf diesem flügel [...] 10 Dachfenster in dem untern Dach."*[439] So ist anzunehmen, dass die Tiefe des zunächst mit zehn Achsen erbauten Seitenflügels – wie auch auf dem späteren langen Flügel des erhaltenen Aquarells (Abb. 4) an der Stirnseite der Flügel zu sehen ist – vier Achsen betrug.[440]

---

435 LA Speyer, Best. B3, Nr. 2961, #3445. Dabei berechnete er 20 Kreuzer je Schuh.
436 LA Speyer, Best. B3, Nr. 2953, S. 1.
437 LA Speyer, Best. B3, Nr. 2576, Bl. 224.
438 LA Speyer, Best. B3, Nr. 2576, Bl. 236. 101 Schuh entsprechen 32,80 Metern. Rechnung vom 29. Dezember 1779 über insgesamt 233 Gulden 31 Kreuzer. Das Dach auf der hinteren Seite maß 106 Schuh (34,43 Meter). LA Speyer, Best. B3, Nr. 2576, Bl. 225. Rechnung des Leyendeckers Martin Bohn, der die Rückseite deckte. Die Länge der Vorderseite zum Hof betrug 105 Schuh (34, 10 Meter). LA Speyer, Best. B3, Nr. 2576, Bl. 236. Rechnung des Leyendeckers Peter Zorn vom Dezember 1779, der die Vorderseite des „neuen Flügels" deckte.
439 LA Speyer, Best. B3, Nr. 2576, Bl. 236. Der Arbeitslohn für ein Fenster betrug 3 Gulden.
440 LA Speyer, Best. B3, Nr. 2584, Bl. 371. Diese Arbeit wurde pro Fenster mit 8 Gulden 30 Kreuzern berechnet. Der Schlosser Jost Lorenz hatte laut einer Rechnung vom Januar 1780 24 Fenster mit Fischbändern und Schlössern zu beschlagen und im August an 30 Paar Jalousieläden Winkel- und Kreuzbänder anzubringen. LA Speyer, Best. B3, Nr. 2582, Bl. 82. Rechnung vom 13. Dezember 1780 über Arbeiten ab dem 1. Juli 1780.

Vom Januar des Jahres 1780 findet sich in der Rechnung des Schlossermeisters Bubong die Angabe, er habe in den Flügelbau *„und an die Zwey Terras 6 Stück Eiserne Camin Tühren gemacht".*[441] Diese beiden ‚Terrassen', womit vermutlich Balkone gemeint waren, befanden sich auf den rückwärtigen Gebäudeseiten. Für den Oktober des Jahres 1780 gab der Schlosser an, *„auf orter Den Terras auf dem Carelsberg"* abgemessen zu haben, um anschließend am Gutenbrunner Schlösschen ein Geländer abzumessen *„ob es sich darzu schickt."*[442] Einer dieser Balkone befand sich über der Durchfahrt in der späteren Gebäudemitte, denn der Schreinermeister Jörg Bihl hatte an diesem Flügel *„[...] über dem bogen den theras"* mit 80 Dielen belegt.[443] Ein zweiter Balkon betonte die Gebäudemitte der Gartenseite des Corps de logis.[444]

---

441 LA Speyer, Best. B3, Nr. 2584, Bl. 377. Die Arbeit wurde zum Preis von 48 Gulden und 40 Kreuzern abgerechnet. Die Terrasse darf nicht mit dem Altan verwechselt werden, der später die Stirnseite des verlängerten Flügels zierte. Mit dem Begriff der Terrasse sind Balkone gemeint, da sie sich im Obergeschoss befanden.

442 LA Speyer, Best. B3, Nr. 2584, Bl. 380. Für die zwei Gänge zum Carlsberg und zum Schloss Gutenbrunnen in Wörschweiler verlangte der Schlossermeister Bubong 1 Gulden. Das Lustschloss und eine dazu gehörige, der heiligen Walburga geweihte Kapelle hatte Herzog Gustav Samuel Leopold ab 1725 für seine Gemahlin Luise erbauen lassen. Durch diese Angabe des Schlossers wird deutlich, dass man das Gutenbrunner Schlösschen, ähnlich wie das Jägersburger Schloss, nicht länger als bewohnbares Domizil ansah, sondern alle verwertbaren Bestandteile abbaute, um sie am Carlsberg wieder zu verwenden. Das Schlösschen selbst war zwischenzeitlich unter Behalt des Eigentums in anderweitigen Besitz gegeben worden und verfiel laut dem Rentkammer-Bauprotokoll vom Juli 1789, denn *„H. Cammer Rath Hautt zeigt an, daß Sieur Letellier auf dem Gutenbronnen dasiges Herrschaftl.s Bauwesen in den Spectaculosesten Zustand setze, und wann kein Einhalt gethan wird, der ganze Gutenbronnen zu Grund gehe."* LA Speyer, Best. B4, Nr. 2551, Bl. 192v. Darauf folgte ein langwieriger Streit um die Instandsetzung der Gebäude. LA Speyer, Best. B4, Nr. 2551, Bl. 212v, 233v, 237v ff. Die Kapelle hingegen wurde laut der Baukassenrechnungen ab 1791 renoviert, nachdem *„Pastor Müller aufm Gutenbronnen [...] um Reparation der Gutenbronner Cappelle, mit dem Anfügen, daß solche den Einsturz drohe"* gebeten hatte. LA Speyer, Best. B4, Nr. 2553, Bl. 116v. Auch Baudirektor Wahl bestätigte, *„dass die Reparation in der Gutenbronner Kirche äußerst nöthig seye."* LA Speyer, Best. B4, Nr. 2553, Bl. 128v. Eintrag vom 16. Mai 1791. S. zu den durchgeführten Arbeiten LA Speyer, Best. B3, Nr. 2619, Bl. 413, 415, 416. Zum Schloss Gutenbrunnen allgemein s. u.a. SCHUNCK, Gutenbrunnen, Nrn. 5–8. KAMPFMANN, Hofsiedlungen Nr. 2, S. f. WEBER, Schloss Karlsberg, S. 60–63. SCHNEIDER, Schlösser, S. 75–88. Das Schicksal des Schlösschens während der Regierungszeit des Herzogs Carl II. August blieb in der Literatur jedoch bisher unerwähnt.

443 LA Speyer, Best. B3, Nr. 2584, Bl. 146v. Die Rechnung vom 28. November 1783 über 10 Gulden 48 Kreuzer.

444 LA Speyer, Best. B3, Nr. 2585, Bl. 2v. Rechnung des Glasers Purllacher, der *„in das gortloschy an den 2ten stock gegen den hintern teräß"* ein großes Fenster neu verglast hatte.

Um die Innenausbauten im neuen Bauabschnitt beschleunigen zu können, wurde das Austrocknen der Gebäude mit allen gebotenen Mitteln vorangetrieben. Für den 22. Oktober 1780 gab der Schlosser an, er habe „*Sontags Nachts bis Nachmittag zwey große Kasten gemacht fon plech für Kolen darin zu thun, um die Zimmer auß zu trocknen, mit füß und Röst. 14 Zoll breit, 20 Lang und 14 Hoch samt Handhaben.*"[445] Die Arbeiten waren 1780 so weit gediehen, dass der Schlosser laut gleicher Rechnung einen „*Haubt Schlüssel für Ihro Durchlaucht gemacht*" hatte.

Die Maurerarbeiten hatte der Maurermeister Michael Krumm übernommen, doch nun trat eine Änderung im Bauverlauf ein. Nachdem man mit den Maurerarbeiten begonnen hatte, „*die Maurer Arbeit von vor Verlängerung der beyden Schlossflügel auf dem Carlsberg in verwichenem Jahr durch eine Versteigung begeben*" hatte und das untere Stockwerk des geplanten Flügelbaues „*jedoch nach einem abgeänderten plan der Anfang gemacht, das untere stockwerck würcklich aufgeführt und damit auch in dießem Jahr condinueret worden [...]*" war, erging 1781 die Order des Herzogs, „*dass an dem vorderen im bauen begriffenen theil nicht nur eine andere Einrichtung gemacht, sondern auch der hintere Theil dieses Schloß Flügels, und worinen sich dermahlen die Küchen befunden so viel nöthig abgebrochen, und also der ganze Flügel, nach einem darüber gnädigst approbirten Plan aufgeführet wurde.*" Weil aber nun „*die Versteigung auf diesses Object nicht mehr passet, mit gedachtem Maur Meister Krum, unter höchster ratification auf dießen ganzen Flügel Bau Accord dahier überhaubt abgeschlossen worden, daß er dieße Arbeit auf die Arth und unter den Conditionen, wie [...] von sich ein theil würcklich verfertiget befindet, auf das sauberste solideste und meisterhafteste verfertige, und die materialien dazu stelle, die Arbeit auch also passire, dass der vordere theil gegenwärtigen Summer in fix und fertigen und wohnbaren stand komme, der hintere theil aber vor Winter noch unter dach, und das obere stockwerck mit dem großen Saal auch noch dahin gebracht werde, daß es vor Ende dießes Jahres in brauchbaren stande seye.*" In den vertraglich vereinbarten Arbeiten war das „*abbrechen des alten [Flügelbaues], in so weit es nach dem plan erfordert wird [...]*" enthalten.[446]

Diese Änderung der Planungen ergänzen die Aussage Mannlichs, dass sich die Arbeiten an diesem Flügel verzögert hatten, denn der modifizierende Vertrag mit dem Maurermeister datiert vom 7. August 1781 und bezieht sich auf Arbeiten, welche „*in verwichenem Jahre durch eine Versteigung begeben*", die also im Vorjahr getätigt worden waren. Nachdem man den Flügelbau bereits im

---

445 LA Speyer, Best. B3, Nr. 2584, Nr. 380. Dieser Kohlenkasten hatte damit eine Breite und Höhe von 38 Zentimetern sowie eine Länge von 54 Zentimetern. Die Arbeit wurde für 17 Gulden 30 Kreuzern ausgeführt.
446 LA Speyer, Best. B3, Nr. 2648, #1581, s. Anhang C.I.3.a.

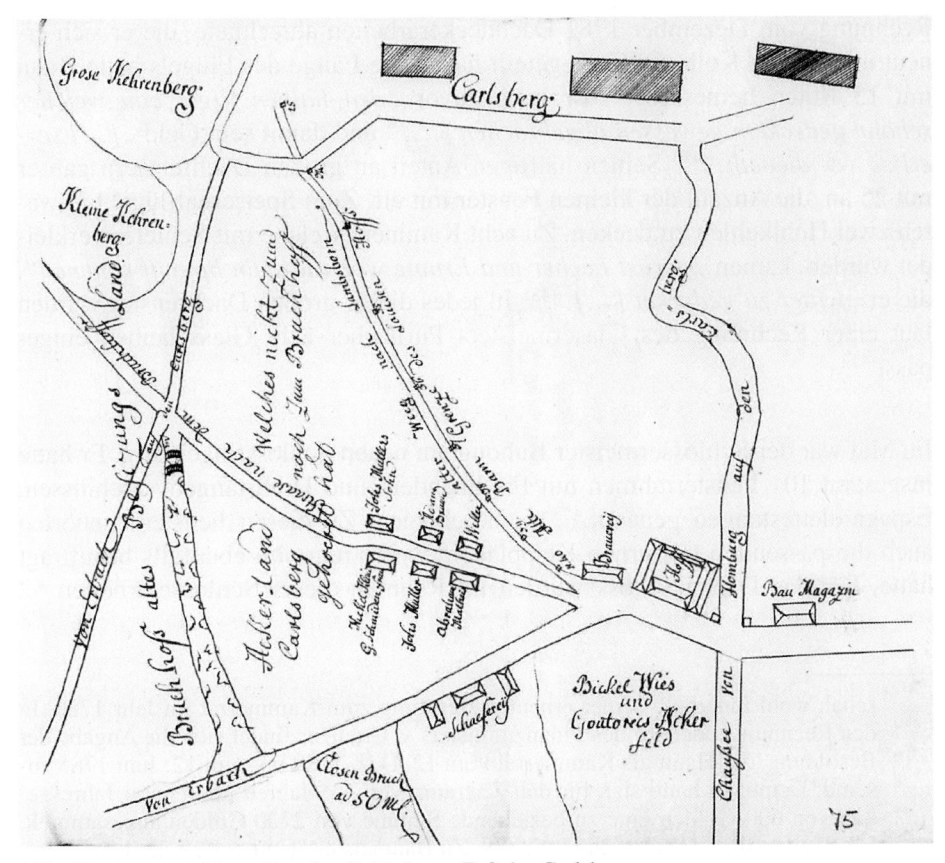

Abb. 22: Anonym, Karte über das Gelände am Fuß des Carlsberges
Landesarchiv Speyer, Bestand B2, Nr. 6124, Bl. 75, undatiert

Sommer des Jahres 1779 begonnen hatte, war eine ungewöhnlich lange Zeit vergangen, in denen sich auch in den Bauakten kaum Tätigkeiten am Schlossflügel niederschlugen.[447] Nun sollten die Arbeiten erneut in Schwung kommen, denn der Vertragstext sah die Fertigstellung dieses Gebäudeteils für das laufende Jahr 1781 vor.[448] Dazu passt, dass der Leyendecker Martin Bohn in einer

---

447 Hier bestätigt sich die Aussage Mannlichs, der neue Flügelbau habe sich durch die Arbeiten im Garten und an den Pavillons verzögert. „Ce batiment fut cependant retardé a cause des travaux qu'exigoit le nouveau jardin et les Pavillons qu'il falloit y eriger." BENDER/KLEBER, Histoire, Bd. II, S. 227.

448 LA Speyer, Best. B3, Nr. 2648, #1581, s. Anhang C.I.3.a. Unterschrieben wurde dieser Vertrag im August 1781 interessanterweise nicht von Mannlich, sondern von dessen Amtsvorgänger Christian Ludwig Hautt, den der Herzog 1776 aus den Diensten entlassen hatte. Seine Tätigkeit in dem ihm zugewiesenen eingeschränkten Bereich, zu dem auch die Bearbeitung des vorliegenden Vertrages gehörte, ge-

Rechnung vom Dezember 1781 Dachdeckerarbeiten abrechnete, die er sich erneut mit seinem Kollegen Zorn geteilt hatte. Die Länge des Flügels hatte Bohn mit 15 Ruten bemessen.[449] Er hatte zuvor „*den halben fligel bau welcher schohn gedecketh gewesen abgebrochen [...]*" und damit sein Geld „*[...] seyerlich ver dieneth.*"[450] Seinen hälftigen Anteil an großen Dachfenstern gab er mit 25 an, die Anzahl der kleinen Fenster mit elf. Zum Speisesaalflügel hin waren zwei Hohlkehlen zu decken. Zu acht Kaminen, welche mit Schiefer verkleidet wurden, kamen „*gerüst Lecher und Ertung woh die stein hinauff kommen*", die er „*witter zu gedecket [...].*"[451] In jedes dieser großen Dachfenster wurden laut einer Rechnung des Glasermeisters Purllacher acht Glasscheiben eingepasst.[452]

Im Mai war der Schlossermeister Bubong am neuen Schlossflügel tätig. Er hatte insgesamt 101 Fensterrahmen mit Fischbändern und Drehstangenverschlüssen, Espagniolettestangen genannt,[453] zu beschlagen. Zu diesen Fenstern gehörten auch die passenden hölzernen Klappläden, wofür man ihn ebenfalls beauftragt hatte. Für das Dachgeschoss wurden im Rahmen dieser Schlosserarbeiten 52

---

    schah wohl innerhalb seiner erneuten Berufung zum Kammerrat im Jahr 1780. In den Rechnungsbüchern des Finanzministers v. Creutzer findet sich die Angabe der Besoldung, die Hautt als Kammerrat vom 12. Dez. 1780 bis zum 12. Juni 1785 zustand. Demnach hatte sich für den Zeitraum von 4½ Jahren und einem Jahresgehalt von 600 Gulden eine zu beziehende Summe von 2700 Gulden angesammelt. LA Speyer, Best. B3, Nr. 2953, S. 328. Zu Baumeister Hautt s. Kap. D.II.2.
449 LA Speyer, Best. B3, Nr. 2585, Bl. 125. 15 Ruten entsprechen einer Länge von 58,5 Metern.
450 LA Speyer, Best. B3, Nr. 2585, Bl. 125v. Für das Abdecken einer Flügelhälfte berechnete er 5 Gulden. Für das Neueindecken berechnete er 98 Gulden und 13 Batzen. Diese Rechnung wird auch in den Bauprotokollen von 1785 wieder genannt, als der Leyendecker ausstehende Gelder erhielt. LA Speyer, Best. B4, Nr. 2547, Bl. 123.
451 LA Speyer, Best. B3, Nr. 2585, Bl. 125 und 125v. Für ein Dachfenster verlangte er 3 Gulden 30 Kreuzer, für einen Kamin 4 Gulden.
452 LA Speyer, Best. B3, Nr. 2585, Bl. 58. In vier Gaubenfenster kamen 32 Fensterglastafeln.
453 Für diese Arbeiten berechnete er 9 Gulden pro Fenster, also insgesamt 909 Gulden. LA Speyer, Best. B3, Nr. 2584, Bl. 431. Die Arbeiten wurden in einer Sammelrechnung über einen Zeitraum von mehr als einem Jahr unter dem Datum vom 18. Mai 1781 aufgeführt. Nach Lietz kann die Entwicklung dieser Fensterverriegelung „zeitlich durchaus mit den Tätigkeiten J. Hardouin-Mansarts für Ludwig XIV. in Versailles verbunden werden." LIETZ, Fenster, S. 71. Zur Technik der Espagniolettestangen, die für die Schließung hoher Fensterflügel besonders gut geeignet ist s. LIETZ, Fenster, S. 109 ff. Diese Stangen wurden in den Carlsberger Rechnungen meist mit dem Begriff „Spaniolet" in diversen orthografischen Abwandlungen benannt.

Fenster berechnet, was sich mit der oben angegebenen Dachfensterzahl des Dachdeckers in Übereinstimmung bringen lässt. Der Pflasterer Ludwig Pfaff gab im November 1781 an, er habe ein Stück vor dem neuen Flügel gepflastert, welches 45 Schuh lang und 40 Schuh breit sei.[454]

Von April und Juli des Jahres finden sich zwei Erwähnungen in den Rentkammer-Bauprotokollen über Rechnungen des Zimmermanns Jacob David, welche Geheimrat von Creutzer einreichte. Die Rechnung vom April über eine Summe von 1047 Gulden bezog sich erneut auf *„ein Flügel am rechten Schlossflügel."* Eine genauere Erklärung dieser Aussage findet sich in einem Bericht *„Zu dem Plan, von dem auf dem Carlsberg zu erbauenden Schlossflügel",*[455] einem *„neuen Seithen Flügel, an dem rechten Schloß flügel",* der von Christian Ludwig Hautt im April 1782 erstellt wurde. *„Die Zimmer Arbeit wird überhaubt tractiret wie diejenige in dem in vorigem Jahr erbauten neuen Flügel,"* insbesondere sollten die Dachwände verdoppelt werden, *„damit die, in den untern Dach an zulegende wohnzimmer auf allen seithen in senckelrecht stehenden Wänden eingeschlossen seyen."* [...] *„Über alle untern fenstern kumt ein dachfenster, wie diejenigen an der neuen Küche, oder dem im vorigen Jahre erbaueten neuen Schlossflügel."*[456] Die Arbeit sollte sogleich begonnen werden, *„damit so continuiret werden, daß das Dach zu Endes Junii aufgeschlagen werden kann."*[457] Damit wird deutlich, dass der zuvor errichtete und bereits vergrößerte Schlossflügel wiederum als zu klein empfunden wurde und schon im darauf folgenden Jahr ergänzt wurde. Diesbezügliche weitere Posten in den Baukassenrechnungen bezogen sich auf Arbeiten des Zimmermanns Jacob David, der für Arbeiten im April und Juli 1782 Geld erhielt. Der erste Bau, mit dem diese Arbeiten verbunden waren, wird als *„Flügel am rechten Schlossflügel"* bezeichnet, während der folgende Posten als Bezahlung *„vor Verlängerung des rechten Schlossflügel"* aufgezählt wurde.[458] Die Spezifikation seiner Zimmermannsarbeiten *„laut denen versteigten Conditionen von dem vördern neuen Schlossflügel auf dem Carlsberg"* ergibt, dass er den *„Schlossflügel 26 Schuh 6 Zoll zu er-*

---

454 LA Speyer, Best. B3, Nr. 2963, #4087. Das Stück war 14,62 Meter lang und 12,99 Meter breit.
455 LA Speyer, Best. B3, Nr. 2584, Bl. 100. Dass es sich tatsächlich um eine erneute Verlängerung des rechten nördlichen Flügels handelte und nicht etwa um den südlichen Flügel kann daraus geschlossen werden, dass Hautt den Südflügel explizit als den „linken Schlossflügel" bezeichnete. S. LA Speyer, Best B2, Nr. 1610, Bl. 64v.
456 LA Speyer, Best. B3, Nr. 2584, Bl. 100, Nrn. 1–3 des Berichts.
457 LA Speyer, Best. B3, Nr. 2584, Bl. 100, Nr. 7 des Berichts.
458 LA Speyer, Best. B4, Nr. 2547, Bl. 115v. Die Rechnung vom 20. April 1782, den Flügel am rechten Schlossflügel betreffend, betrug 1047 Gulden, die Rechnung über die Verlängerung des rechten Schlossflügels vom 31. Juli 1782 betrug 404 Gulden.

läutgern" hatte.⁴⁵⁹ Für die gleichen Monate finden sich Notizen über Summen, die Maurermeister Michael Krumm zugute habe, so für den rechten bzw. für die *„Verlängerung der beeden Schlossflügel"*⁴⁶⁰ in Höhe von insgesamt 17.800 Gulden. In diese Phase der Überlegungen, dass das Schloss zu vergrößern sei, fielen auch jene Pläne, das Jägersburger Schloss auf den Carlsberg zu translozieren, was an späterer Stelle behandelt wird.⁴⁶¹

bb. Die Durchfahrt und das Treppenhaus

Im August 1782 findet sich in einer Rechnung des Schreiners Schoeller die Angabe, er habe drei Glastüren mit Bogen geliefert *„in die fahrt".*⁴⁶² Auf dem Aquarell Le Clercs (Abb. 4) ist eine Durchfahrt zu erkennen, die von einer steinernen Einfassung mit einer Bänderrustika betont wird, welche bis zum durchlaufenden Geschossgesims reicht. Das Durchfahrtstor schließt oben mit einem verglasten Segmentbogen ab, der auf einem hölzernen Kämpfer aufsitzt. Durch die Verglasung wird das Innere der Tordurchfahrt belichtet. Diese Tore sowie weitere *„zwey glaß dohren [...] an das stegen haus [...]"* im Erdgeschoss und *„zwey von den grossen zwey fligeligen dohren [...]"* im ersten Obergeschoss⁴⁶³ legen den Schluss nahe, dass ein Tor die südliche Ehrenhofseite verschloss und eines die nördliche Gartenseite, während zwei sich in der Durchfahrt selbst befanden. Letztere verschlossen den Zugang zum Erdgeschoss sowie zum Treppenhaus, so dass man – in der Durchfahrt angekommen – aus der Kutsche trockenen Fußes zum Vestibül vor den neu angelegten herzoglichen Appartements gelangen konnte. Das Treppenhaus war im ersten Obergeschoss zu den dortigen Räumen ebenfalls durch große zweiflügelige Tore verschlossen. Schreiner Johannes Daniel berechnete zwei Glastüren, von denen eine für das Erdgeschoss und eine für das erste Obergeschoss gemacht worden war.⁴⁶⁴ Der Schlosser Bu-

---

459 LA Speyer, Best B3, Nr. 2584, Bl. 106. Auflistung der versteigerten Vertragskonditionen, datiert auf den 31. Juli 1782. Die Verlängerung des Flügels betrug 8,61 Meter. Die Arbeit wurde auf 190 Gulden abgerundet.
460 LA Speyer, Best. B4, Nr. 2547, Bl. 129v.
461 S. dazu Kap. A.IV das die geplante Umsetzung des Jägersburger Schlosses behandelt.
462 LA Speyer, Best. B3, Nr. 2584, Bl. 180. Eine Glastür wurde mit 31 Gulden in Rechnung gestellt.
463 LA Speyer, Best. B3, Nr. 2584, Bl. 307. Nach der Rechnung des Schreiners Amtshoff vom 22. Juli 1782 hatte er *„in diessen untern stock"* zwei Glastore *„gemacht an das stegen haus per stick vor hols und arbeits lohn 31 fl. sammen 62 fl."* Die beiden Tore im ersten Obergeschoss waren mit Türfüllungen und Zierleisten gearbeitet und kosteten *„per stieck vor hols und arbeits lohn 32 fl. sammen 64 fl."* LA Speyer, Best. B3, Nr. 2584, Bl. 307.
464 LA Speyer, Best. B3, Nr. 2592, Bl. 19. S. Anhang C.I.4. Rechnung vom 12. August 1782. Für die beiden Glastüren verlangte er 36 Gulden.

bong benennt in einer seiner Rechnungen, er habe im Erdgeschoss des Ehrenhofflügels fünf zweiflügelige Glastüren „*in stein Beschlagen Bey der Krosse Haubt steeg [...].*"[465] Die vermutlich steinerne Treppe hatte ein hölzernes Geländer, wie sich aus der Rechnung des Schreiners Johannes Daniel ergibt, der „*Ein stichen gelenter gemach an die haub stichen (große steeg) in dem flichelbau*" in Teilen „*zum Triten Mal ausgebesert [...]*" hatte.[466] Neben dem Haupttreppenhaus existierten zwei weitere kleine einfache Stiegenhäuser für die Bediensteten, denn der Schreinermeister Jörg Bihl fertigte ein Geländer, das „*[...] aus dem unteren stok in den 3ten stok*" führte und „*aus lathten [...]*"[467] bestand. Auch der Schreiner Johannes Daniel hatte ein „*stichen gelenter gemach an die Ein steche (klein steeg) in den 3 stock get [...].*"[468]

Erst im September 1782 konnten im Erdgeschoss und im ersten Obergeschoss des zuletzt erbauten Bausegments 20 Fensterrahmen für zweiflügelige Fenster mit Sprossen und den passenden Jalousieladen angefertigt werden und die Arbeiten in diesem Teil des Flügels zum Abschluss kommen.[469]

cc. Der Altan

An der Stirnseite des nunmehr zu seiner endgültigen Länge ausgebauten Flügels hatte man einen Altan angebracht, der von drei glatten toskanischen Säulenpaa-

---

465 LA Speyer, Best. B3, Nr. 2584, Bl. 432. Dafür berechnete er 60 Gulden. An dieser Stelle soll, im Hinblick auf verschiedene diesbezügliche Angaben in der Literatur, darauf hingewiesen werden, dass es auf Grund der vorgegebenen Gebäudemaße problematisch ist (Länge des ergrabenen Flügels zur der Ehrenhofseite: 62 Meter, Breite: 14,70 Meter; Maße nach WEBER, Schloss Karlsberg, S. 216), Vergleiche mit Treppenhäusern wie Koblenz (so SCHNEIDER, Mannlich, S. 146) zu ziehen, oder gar Ausmaße des Treppenhauses von 42 Metern zu nennen (SANDER, Schlösser, S. 42, basierend wohl auf Schneider in CONRAD/FLESCH, Burgen, S. 452, wo von diesem Treppenhaus schon als dem „weitläufigsten des Barock" gesprochen wurde). Eine Treppe dieser Länge hätte drei Viertel der Länge des Schlossflügels eingenommen. Die Vorstellung eines 42 Meter langen Treppenhauses bei einer Gebäudebreite von knapp 15 Metern ergäbe zudem keine sinnvolle Proportion. Letztlich muss diese Vorstellung auf Grund der für diesen Flügel nachgewiesenen Räumlichkeiten abgelehnt werden.
466 LA Speyer, Best. B3, Nr. 2592, Bl. 22. Die Annahme, dass es sich um eine steinerne Treppe handelte, fußt darauf, dass es sich bei der Treppe im Südflügel nachgewiesenermaßen um eine Steintreppe handelte.
467 LA Speyer, Best. B3, Nr. 2584, Bl. 135. Das hölzerne Geländer wurde mit 18 Gulden berechnet.
468 LA Speyer, Best. B3, Nr. 2592, Bl. 22. S. Anhang C.I.4. Das hölzerne Geländer kostete 10 Gulden.
469 LA Speyer, Best. B3, Nr. 2584, Bl. 138v. Rechnung des Schreiners Jörg Bihl. Die Fenster wurden zu je 9 Gulden 30 Kreuzern abgerechnet, jedes mit zwei Flügeln und passenden Läden zu je 6 Gulden 30 Kreuzern.

ren getragen wurde und mit einem schmiedeeisernen Geländer eingefasst war. Der Altan war im ersten Obergeschoss durch zwei zweiflügelige Glastüren zu betreten, so wie auch im Erdgeschoss zwei zweiflügelige Glastüren nach draußen führten.[470] Über den Türen des ersten Obergeschosses befand sich eine Schatten spendende Verdachung (Abb. 4). Eine dieser Türen hatte der Schreiner Johannes Bihl angefertigt, wobei es sich nach seinen Angaben um eine *„zweiflichlig glaß dihr mit Kreitzel holz und auff der fellung ein parget hoch 9 sch breit 4 sch […]"* handelte, für welche er auch die Klappläden lieferte, die jeweils 44 bewegliche Klappen hatten, die durch eine Zugstange bewegt werden konnten.[471] Das schmiedeeiserne Geländer stammte von Schlosser Jost Lorenz, für den am 7. Juli 1782 ein Posten von ausstehenden 280 Gulden *„vor die Altan am Schloß"* in den Baukassenrechnungen notiert wurde.[472] Diese Arbeiten zogen sich jedoch bis zum Jahr 1783 hin.[473] Der Brunnenmeister Philipp Beyer hatte den *„altan gedeckt mit bley wie auch die sämtliche löthungen darauf gemacht an dem neuen flügel."*[474]

---

470 Der Schlosser Bubong hatte alle vier Glastüren der Giebelseite mit Riegeln und Schlössern zu beschlagen. LA Speyer, Best. B3, Nr. 2584, Bl. 432. *„Merh im Untern und mitlen stock fornen am Käwel 4 Klas theren beschla Jete mit 6 fisch 2 schubrigel und pollirtes schissent fallen schloss dut st. 10 fl. dut 40 fl."*

471 LA Speyer, Best. B3, Nr. 2584, Bl. 232v. Rechnung des Schreiners Johannes Bihl vom 10. Juni 1782. Für diese Tür zum Altan berechnete er 18 Gulden. Die Tür hatte eine Höhe von 2,92 und eine Breite von 1,30 Metern. Das *„pahr sommer Laten dut Vor holz und arbeit 16 fl."*, was jedoch auf 14 Gulden gekürzt wurde. LA Speyer, Best. B3, Nr. 2584, Bl. 432. Die beweglichen Klappen werden von Schlosser Bubong beschrieben: *„Mehr foren den Klas therren* [Türen] *am Käbel 4 st. Zwey fligligen Therren Beschla mit winckel und Kreutz Bant und Langen schubrigel in Jete Ther 44 st. Bewegligen Klabben mit Zugstangen dut st. 10 fl. dut 40 fl."*

472 LA Speyer, Best. B3, Nr. 2953, S. 418. Auf Grund des Datums muss es sich um den Altan des nördlichen Schlossflügels handeln, da der südliche Flügel noch nicht existierte.

473 Im Januar 1783 war die Arbeit immer noch nicht abgeschlossen, denn in einer erneuten Quittung des Schlossers Lorenz wird abermals eine Abschlagszahlung für den Balkon von 25 Gulden bestätigt. Eine Rechnung, die im Mai 1785 eingereicht wurde, gibt an, dem Schlosser Lorenz stünden noch Forderungen zu, darunter eine Rechnung vom Juli 1783 über 280 Gulden für den Altan am Schlossflügel. LA Speyer, Best. B3, Nr. 2547, Bl. 120. Ein weiterer Vorschuss betrug 25 Gulden. LA Speyer, Best. B3, Nr. 2961, #3181.

474 LA Speyer, Best. B3, Nr. 2590, Bl. 538. Rechnung vom 25. November 1782. Für diese Arbeit verlangte er 16 Gulden. Für den Ankauf des erforderlichen Lötzinns hatte er zuvor *„Zur Verfertigung der Altan auf dem Carlsberg an dem neuen Flügel"* die nötigen 15 Gulden erhalten. LA Speyer, Best. B3, Nr. 2955, Bl. 4. Die erforderlichen bleiernen Leisten goss der Glockengießer Christian Couturier auf Bestellung Beyers *„für auf dem Althan auf den Charls Berg […]."* LA Speyer, Best. B3, Nr. 2585, Bl. 188. Rechnung vom 1. Februar 1783. Es handelte sich um 26,5 Pfund, wie es auf der Carlsberger Baumagazinwaage abgewogen wurde.

Die Giebelseite des Flügels zeigte nach Westen und wurde von der Nachmittags- und Abendsonne beschienen. Daher fertigte man eigens einen Sonnenschutz für die Türen des ersten Obergeschosses an. Auf dem Aquarell Le Clercs von 1790 ist dort eine Verdachung zu erkennen (Abb. 1). Der Schreiner Johannes Bihl gab 1782 an, er habe *„an dem fligel auf der altan Ein sonen scherm helfen machen [...]."*[475] Schreiner Michael Bihl hatte zur gleichen Zeit *„auf der altan Ein stelaß* [stellage] *gemacht vor daß tug auf zu spanen [...],*[476] welches zu diesem Sonnenschirm gehörte.

Der Altan an der Stirnseite des Flügels wurde von drei gedoppelten Säulenpaaren dorischer Ordnung vor ebenfalls gedoppelten Halbsäulen an den Giebelwänden getragen. Glatte Säulen und Halbsäulen bildeten jeweils ein „Viererbündel" mit gemeinsamem Sockel und einer gemeinsamen quadratischen Gebälkplatte mit einem Fries aus Metopen und Triglyphen. Die Säulenbündel der Altane verliehen den Stirnseiten der Schlossflügel eine auffallende Schwere. Dies vermittelt selbst die Ansicht Le Clercs, der sich in seiner Darstellung des Schlosses darum bemüht, Anhaltspunkte für einen Größenvergleich innerhalb des Bildes zu vermeiden, um damit das Erscheinungsbild des Schlosses zu vergrößern. Die Säulenbündel scheinen dafür geschaffen zu sein, einen gewichtigeren Aufbau tragen zu müssen als einen Balkon mit einer zierlichen schmiedeeisernen Einrahmung. Zudem mutet der Rückgriff auf diese einfache Säulenordnung an der Stirnseite einer Schlossanlage zunächst ungewöhnlich an, denn bis in das zweite Drittel des 18. Jahrhunderts wurde besonders die Dorika nurmehr an Stellen verwandt, wo sie „den Regeln des decor entsprechend obligatorisch war, [...] z.B. an Festungen, Stadttoren, Zeughäusern, Stallungen, Münzen [...]."[477] Die Verwendung der starken, heroischen dorischen Ordnung, die noch in der Renaissance für Schlossportale den wehrhaften Charakter eines Schlosses repräsentierte,[478] war nun vermehrt der Verwendung der Korinthia an der Außenarchitektur von Schlössern und Kirchen gewichen.[479] Erst die Dorik des Klassizismus machte diese Ordnung in der deutschen Baukunst zunächst bei Gartenarchitekturen wieder beliebter.[480] Die Wahl gedoppelter Säulen im Schlosskontext stellt freilich auch ein Zitat des Balkons mit schmiedeeisernem Geländer des Marmorhofes in Versailles dar (Abb. 37) – wie überhaupt die schlussendliche

---

475 LA Speyer, Best. B3, Nr. 2584, Bl. 234v. Dafür berechnete er 2 Gulden.
476 LA Speyer, Best. B3, Nr. 2584, Bl. 279. Für diese Stellage, über die ein Tuch, als Sonnenschutz gespannt werden konnte, berechnete er 4 Gulden.
477 FORSSMANN, Stil, S. 125.
478 FORSSMANN, Stil, S. 107 f.
479 FORSSMANN, Stil, S. 125.
480 Forssmann benennt als Beispiel den Gartentempel im Park von Gotha von 1778. FORSSMANN, Stil, S. 134.

dreiflügelige Schlossform dessen sinnfällig inszenierten Herrschaftsanspruch aufgreift. Ob die Säulen des Carlsberger Altans eine Basis hatten, ist auf Grund der gewählten Perspektive nicht mit Sicherheit auszumachen. Mannlichs Wahl der basenlosen dorischen Säule ist jedoch wahrscheinlich, da er in Kenntnis der damals aktuellen Tendenzen diese Säulenvariante bereits am Komödienhaus in Zweibrücken und am dortigen Rathaus verwendet hatte.[481]

3. Die Gestaltung der Innenräume

Im folgenden Kapitel soll zunächst allgemein dargestellt werden, welche Arbeiten von den Handwerkern in den Innenräumen des nördlichen Ehrenhofflügels, sukzessive den Erweiterungen des Flügels folgend, ausgeführt wurden. Betreffend der Innenausstattung dieses Flügels existiert außerdem eine Lieferliste des Pariser Agenten Jacques Denis Bourjot, respektive dessen Witwe, in welcher gelieferte Stoffe, Seidenschnüre, Borten, Quasten, Leuchter, Skulpturen und vor allem Möbel aus Pariser Werkstätten mit dem entsprechenden Kaufpreis festgehalten wurden.[482] Unter Hinzuziehung dieser Liste sowie des Schadensverzeichnisses aus dem Jahr 1793[483] soll sowohl die Zuordnung der wichtigsten Räumlichkeiten zu den einzelnen Stockwerken als auch die Rekonstruktion einzelner Raumfolgen vorgenommen werden.

Die Mehrzahl der Arbeiten im Inneren des neuen Flügels setzte im Jahr 1780 ein. Die wichtigsten Aussagen über die Innenausstattung lassen sich vor allem

---

481 Auf Mannlichs Verwendung dieser Ordnung und seine Kenntnisse der architektonischen Zeitströmungen wird ausführlich eingegangen in Kap. B.I.1.c.
482 LA Speyer, Best. B2, Nr. 3247. In Auszügen, die Möbel betreffend, abgedruckt in HOJER/OTTOMEYER, Möbel, S. 298 f. Der Gesamtwert der Bestellungen bei Bourjot machte rund 712.049 livres aus. Eine kleinere Liste, beginnend mit dem 23. Mai 1780 in der gleichen Akte, umfasst ebenfalls Skulpturen, Möbel, Türknöpfe und Leuchter, die sich jedoch keinem bestimmten Raum zuordnen lassen.
483 BayHStA München, Abt. IV, Serienakten 1999, N. 2 im Etat. Die Schwierigkeit im Umgang mit dieser Inventarliste besteht zum einen darin, dass der Ersteller der Liste nur zu Beginn notierte, in welchem Teil des Schlosses er sich befand. Er konnte schließlich davon ausgehen, dass jeder damalige Leser bei Nennung einzelner Appartements oder Räumlichkeiten Bescheid wusste, wo er sich zum Zeitpunkt seiner Beschreibung aufhielt. Zum anderen benennt er die Zuordnung der Räumlichkeiten zum Zeitpunkt des Jahres 1793, also rund elf Jahre nach der Fertigstellung des Nordflügels, so dass sich in der Zwischenzeit wieder einige Veränderungen ergeben hatten. Die Veränderungen waren bedingt durch die Erbauung zweier weiterer Schlossflügel, so dass sich die anfangs beengte Raumsituation so weit entspannt hatte, dass nun etliche Gästeappartements, vakante Zimmer sowie einige Abstellräume entstanden waren, die hier nicht genau lokalisiert wurden.

aus den Angaben in den Rechnungen der Schreinermeister treffen, die am Carlsberg tätig waren. Der Schreiner Johannes Bihl erhielt einige Auszahlungen im Verlauf des Jahres 1780 für Arbeiten *„im flügel rechter Hand am Schloß."*[484] Vom Juni 1780 datiert eine Rechnung des Quadrators Müller, der *„in dem Neuen Carlsberger fligel in den sämbtlichen Mansard Zimer [...],"* Gesimse aus Gips in 13 Zimmern gezogen hatte.[485] Auch im Erdgeschoss und im ersten Obergeschoss war er laut seinen Rechnungen von August und September des gleichen Jahres tätig.[486] Der Schlosser Henrich Bubong hatte zu diesem Zweck *„Zwey Lehr Von Blech gemacht Vor gesimser zu Zien zu den Krohen Leigter [...]."*[487] Die Glaserarbeiten waren dem Glasermeister Johannes Müller aus Homburg zugefallen.[488]

Vom August 1780 datieren die Rechnungen weiterer Schreiner, wonach für die Summe von 252 Gulden *„Zu dem Neuen Fliegel auf den Carls Berg [...] 112 stück Neue Barcke Daflen Verfertiget"*[489] worden seien, so wie man *„auf begören des H. Cam.rath Manlich auf den Carelsberg vörab folchen lasen 100 stick backedaflen wölch gantz fertig sein"*.[490] Die Fertigung von *„Parketttafeln, welche ganz fertig sind"* lässt darauf schließen, dass man am Carlsberg jene quadratischen Tafeln verwendete, die unter der Bezeichnung „Versailler Tafelparkett" bekannt sind. Dabei handelt es sich um Tafeln, die aus den einzelnen Parkettriemen in verschiedenen Mustern zusammengesetzt werden und in einer Werkstatt vorgefertigt werden können. Die Größe der Tafeln wird dabei in ihrer Proportion der Größe der jeweiligen Räume angepasst, und an den Raumgrenzen beschnitten. Das Tafelparkett wird auf einen Dielenboden, dem so genann-

---

484 LA Speyer, Best. B3, Nr. 2547, Bl. 100v.
485 LA Speyer, Best. B3, Nr. 2576, Bl. 269. Die Gesimse hatten in 13 Räumen zusammen eine Länge von 730 Schuh (237,10 Meter). Die Rechnung dafür belief sich auf 48 Gulden 40 Kreuzer.
486 LA Speyer, Best. B3, Nr. 2953, S. 482.
487 LA Speyer, Best. B3, Nr. 2584, Bl. 432v. Diese Lehren für die Gesimse um die Kronleuchter wurden aus Blech zum Preis von einem Gulden angefertigt.
488 LA Speyer, Best. B3, Nr. 2953, S. 480.
489 LA Speyer, Best. B3, Nr. 2584, Bl. 158.
490 LA Speyer, Best. B3, Nr. 2963, #3978. Diese Parketttafeln hat Schreiner Ott laut einer Rechnung vom August 1780 auf Begehren des Herrn Kammerrat Mannlich ‚verabfolgen lassen'. Die Tafeln kosteten pro Stück mit Holz, Leim und Arbeitslohn 2 Gulden 15 Kreuzer. Schreiner Johannes Schoeller gab an, er habe *„80 Stück Barque taflen auf den Carlsberg gelieffert welche von größ u dickung waren per Stück vor Holtz u arbeit 2 fl. 24 xr."* LA Speyer, Best. B3, Nr. 2584, Bl. 172v. Auch ein Zettel von Schreiner Michael Bihl aus Homburg wurde an den Kammerpräsidenten von Creutzer übergeben *„Vor in ao 1780 verfertigte Stubenboden Tafeln auf dem Carlsberg."* Speyer, Best. B3, Nr. 2546, Bl. 24v. Für diese Arbeit wurden 227 Gulden und 15 Kreuzer berechnet.

ten Blindboden verlegt.⁴⁹¹ Entsprechend finden sich Angaben in den Akten, die davon berichten, dass solche Arbeiten durchgeführt wurden. Vom Juli 1780 datiert die Rechnung des Schreiners Michael Bihl, der angibt, *„in dem neuchen fligel recher hant am schlos im triten stock"* drei Zimmer ins Blei gelegt und mit Balken aufgefüttert zu haben.⁴⁹² Danach wurde dort der Friesboden verlegt. Anschließend brachte man Lambris von 3 Schuh Höhe an.⁴⁹³ Laut der gleichen Rechnung des Schreinermeisters Bihl wurden in diesen Zimmern außerdem drei Zimmertüren angebracht und zwei Oberlichter eingefügt, während zwei vorhandene Zimmertüren abgebrochen und zu Tapetentüren umgearbeitet wurden.

Der Schlosser Jost Lorentz hatte im ersten Obergeschoss des Flügelbaues im August zwei doppelte Türen zu beschlagen und Schlösser anzubringen.⁴⁹⁴ Vom September 1780 findet sich eine Rechnung der Schreinermeister Hübner und Gieger, die *„Auf den Carelsberg in den Neuen fliegel im mittelren Stock"*⁴⁹⁵ zunächst die Parkettböden von neun Zimmern verlegt und mit Friesen eingefasst zu haben.⁴⁹⁶

Vom *„28. Christmont 1780"*⁴⁹⁷ – also vom Dezember – datiert eine Schreinerrechnung von Michael Bihl, wonach er mit dem Herrn Richard, dem Hoftape-

---

491 S. dazu: OPDERBECKE, Zimmermann, S. 91: „Eine besondere Gattung bilden die Tafel-Parkett-Fußböden, welche in herrschaftlichen Wohnhäusern und in den Festräumen öffentlicher Gebäude Verwendung finden. Dieselben bestehen aus quadratischen zusammengeleimten Tafeln von 50 bis 60 cm Seitenlänge und werden auf Blindboden verlegt. Letzterer wird mit 1 cm breiten Fugen meist bündig mit Balkenoberkante auf ausgearbeiteten Falzen oder auf angenagelten Latten befestigt." S. auch Schönwälder, Jürgen: Parkette, in: HÖLZ, Interieurs, S. 92. FUCHS/REISINGER, Schloss, S. 31 zur Verwendung des Versailler Tafelparketts in Schwetzingen.
492 LA Speyer, Best. B3, Nr. 2584, Bl. 265. Die Fläche in den drei kleinen Zimmern umfasste 9 Klafter 28 Schuh. Um den Friesboden anzufertigen und zu verlegen wurden insgesamt 16 Gulden 12 Kreuzer verlangt.
493 LA Speyer, Best. B3, Nr. 2584, Bl. 265. Die Wandverkleidung hatte eine Höhe von 0,97 Metern. Für 19 Klafter 3 Schuh belief sich dieser Rechnungsposten insgesamt auf 78 Gulden.
494 LA Speyer, Best. B3, Nr. 2582, Bl. 82. Rechnung über insgesamt 600 Gulden vom 13. Dezember 1780 über Schlosserarbeiten, die sich, beginnend mit dem 1. Juli, über die gesamte zweite Jahreshälfte erstreckten.
495 LA Speyer, Best. B3, Nr. 2958, #1974.
496 Zunächst wurden die Böden ‚aufgefüttert'. Danach wurden *„die blind böden in den 9 Zimmer gelegt enthalten 80 Clafter 14 Schuh thut per Clafter 40 xr."* Im Anschluss wurden *„70 Clafter Barget Dafeln gelegt [...]."* Die restlichen Parkettstücke mussten in den Fensternischen und Türstücken verlegt werden. Im Anschluss wurde alles ringsum mit Friesen eingefasst. LA Speyer, Best. B3, Nr. 2958, #1974. Das Einfassen der Fenster- und Türstücke dieser neuen Räume mit hölzernen Friesen kostete 10 Gulden pro Klafter. Diese drei Schreinermeister hatten dazu die Aufgabe übernommen, sowohl ein Zimmer in der Mansarde als auch ein *„[...] Zimmer im Mitteler Stock mit Lambery und Thüre"* auszustatten. LA Speyer, Best. B3, Nr. 2958, #1980. In einem weiteren Raum zeichneten sie für die Boiserien verantwortlich. LA Speyer, Best. B3, Nr. 2958, #1980.
497 LA Speyer, Best. B3, Nr. 2584, Bl. 269.

zierer,[498] nach Jägersburg gereist sei um dort zu helfen, Möbel auszusuchen und diese aufzuladen. Am Carlsberg habe er diese Möbel wieder *„helfen ablaten undt inß schloß helfen thragen und abgerieben."* In diesem Zusammenhang habe man auch am Carlsberg für zwei Türen Maß genommen, und in Jägersburg habe man passende Türen dafür *„außgesucht undt auff Humburg gefirt undt kirtzer schmeiler gemacht auß gespent"*. Der Schlosser Bubong hatte schließlich die Aufgabe, *„im Untern und mitlen stock Unten bis an die Klas Theren bey der fart und oben durch den Kansen fliegel 30 st. zwey fligligen Therren [...]"* zu beschlagen.[499] Bei der Innenausstattung wurde der *„herrschaftliche*[n] *Bilt hauer Buchmann"* beschäftigt, für den der Schmiedemeister Bürcki Bildhauereisen, Raspeln und Spitzen hergestellt hatte.[500]

Alle Räume des Flügels waren 1782 so weit fertiggestellt, dass sie mit Öfen bestückt werden konnten, da Andreas Gitzner *„Auf Ordere des Herrn Baumeister Schäffer [...] 1 Modell oder Fürstenhut vor auf die Öfen zu gießen"* anfertigte.[501]

Die Lieferungen des Handelshauses Bourjot setzten mit Datum des 5. Dezember 1780 ein, wobei sie sich zunächst weitgehend auf Stoffe bezogen. Mit Datum des 30. Januar 1781 kamen Möbel, Leuchter und Konsoltische hinzu, die entweder bestimmten Räumen *(„pour Le Cabinet d'estampes", „pour l'appartement d'usage de Monseigneur"),* meistens aber Raumbezeichnungen, welche sich aus einer Ziffer mit Buchstaben zusammensetzen *("Pour La Piece N° 15 O"),* zuge-

---

498 C. F(ranz)? Richard war Hoftapezierer am Carlsberg mit einem monatlichen Gehalt von 55 Gulden. Nach 1793 wurde er nach München berufen und wurde 1804 „Königlicher Burgpfleger von Bamberg und Seehof." BayHStA München, Best. MF 19102 sowie MF 21846. Auf die Namensgleichheit mit dem Hoftapezierer Richard und dem Tapeziersgesellen Christian Richard, welcher unter Herzog Carl Eugen 1767–1769 in Schloss Solitude tätig war, kann hier nur hingewiesen werden. Eine mögliche Verbindung wäre noch zu klären. S. zum Hoftapezierer Richard in Schloss Solitude KOTZUREK, Funktion, S. 281, Anm. 1311.
499 LA Speyer, Best. B3, Nr. 2584, Bl. 431. Rechnung vom 8. Juni 1782 für den 18. Mai 1781. Das Beschlagen der 30 Türen *„Jete mit 6 fisch 2 schubrigel und pollirte schissent fallen schloss mit Nacht riglen"* kostete insgesamt 300 Gulden.
500 LA Speyer, Best. B3, Nr. 2581, Bl. 282. Johann Friedrich Buchmann quittierte diese Rechnung selbst am 1. Dezember 1782. Buchmann, von dem wohl keine genauen Lebensdaten bekannt sind, war nach den Erkenntnissen Rolands schon bei Herzog Christian IV. in Zweibrücken beschäftigt, wo er 1773 erstmals in den Rechnungen auftauchte. Zuvor war er wohl an der Mannheimer Zeichnungsakademie als Schüler bei Verschaffelt verzeichnet. Buchmann war noch 1786 am Carlsberg tätig, wo er tönerne Vasen herstellte, wofür der Hafnermeister Georg Hofmann den erforderlichen Ton lieferte. LA Speyer, Best. B4, Nr. 2548, Bl. 96v. Herzog Carl II. August entließ ihn am 10. August 1787. S. ROLAND, Maler, S. 318.
501 LA Speyer, Best. B3, Nr. 2593, Bl. 24. Rechnung vom 4. Oktober 1782 über 3 Gulden.

ordnet waren. Vor der Zerstörung des Carlsberger Schlosses gelang es, das wertvolle Inventar zu retten und letztlich nach München zu verbringen.[502] So trägt eine Vielzahl von Möbeln der Bayerischen Schlösserverwaltung Inventaretiketten der letzten Bezeichnungsart. Außerdem fand man heraus, dass laut des Auftragsbuchs des Bildhauers und Ornamentisten François-Joseph Duret (1729–1816) Arbeiten von seiner Hand über die Agentur Bourjot für das Carlsberger Schloss gefertigt wurden.[503] Aus diesen Bezeichnungen ließen sich, so Ottomeyer, „zumindest vier aufwendig ausgestattete Appartements in Schloß Karlsberg rekonstruieren, deren genaue Lokalisierung jedoch nicht möglich ist, da sich keine Grundrisse des Schlosses erhalten haben."[504] Da aber, wie nunmehr nachgewiesen, bis zum Zeitpunkt der Möbellieferungen nur das Corps de logis und der nördliche Ehrenhofflügel überhaupt fertig gestellt waren, kann es sich nur um Appartementausstattungen dieser Bauten handeln. Wenn auch die Zuweisung der diversen Ausstattungen hinsichtlich eines Appartements offen bleiben muss, so konnten doch über das Paradezimmer und dessen Vorzimmer hinaus zwei weitere Appartements dem Herzog und der Herzogin zugeordnet werden und vermitteln einen Eindruck davon, wie die Räume im Schloss beschaf-

---

502 „*Bekanntlich wurden bey dem unterm 1.2. und 3ten dieses aus hiesiger Gegend erfolgten Abzug der Franzosen in das Saarbrückische und Leyhische Gebieth, die Residenz Carlsberg mit den Fürstl. Meubles, die noch übrigen Herrschafftl. auch gemeine Stadtfrüchten und Weine gerettet."* BayHStA München, Best. Kasten blau 422/2. Die Möbel, welche nach dem Tod des Herzogs Carl II. August 1795 zur „*Herzoglich Carlischen Verlaßenschafts Masse*" gehörten, stellten laut dem summarischen Extrakt dessen, was sein Bruder Maximilian Joseph, „*[...] Seine Churfürstliche Durchlaucht von der Verlassenschaft weyl. Herrn Herzog Carl hochfürstlichen Durchlaucht p.m. auf der Taxation erhalten haben*" (GehHA München, Korrespondenz-Akten, Nr. 1697 a/2, Nr. 46) v) damals den enormen Wert von 133.566 fl. 47 dar. Die Möbel machten den umfassendsten Posten dieser Liste aus, gefolgt vom Silber im Wert von 24.139 Gulden. (Der Wert der Gemälde und später zur Versteigerung freigegebener Ware wurde in dieser Liste nicht erfasst.) Vieles wurde 1796 in Mannheim versteigert. GehHA München, Kabinettsakten Ludwigs I. Nachlass Max' I., Nr. 49. Eine „*Specification derjenigen Effecten von der Verlassenschaft Herrn Herzogs Carl von Zweybrücken Hochfürstliche Durchlaucht p.m. welche zur Versteigung ausgesezt gewesen, und auf gnädigsten Befehl Sr. Churfürstlichen Durchlaucht d.d. München den 13. Nov: ai.p: Herrn Schloßverwalter Richard abgegeben worden sind*" findet sich im GehHA München, Korrespondenz-Akten Nr. 1698, Lit. E. Darunter finden sich Möbel und Textilien aus vier Kompaniesälen, zwei Schlafzimmern und drei Kabinetten sowie vereinzelten Möbel- und Ausstattungsstücken. Die Aufstellung des Schlossverwalters lässt jedoch keine Schlüsse über die Hersteller der Möbel zu.
503 HOJER/OTTOMEYER, Möbel, S. 27 unter Erwähnung der Forschung von Bruno Pons, der dieses „Livre-journal" entdeckte. Auch in diesem Auftragsbuch wurden die oben genannten Raumbezeichnungen verwendet. Darauf bezieht sich vermutlich auch SCHNEIDER, Schlösser, S. 233 ff.
504 HOJER/OTTOMEYER, Möbel, S. 28. Bis heute wurde kein Grundriss des Schlosses aufgefunden.

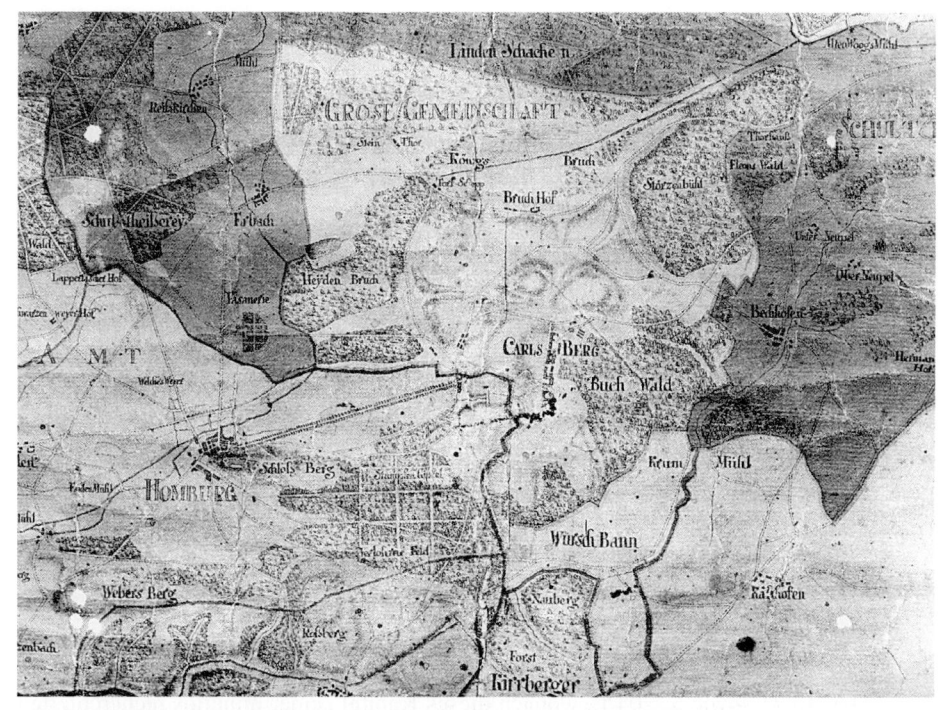

Abb. 23: Schaefer, Philipp, Carte von dem Ober Amt Homburg (Ausschnitt)
Gezeichnet von Ph. Schaefer Pfalz Zweybrückischer Geometer 1793

fen waren. Die Zuordnung dieser reichen Ausstattungsstücke und die Ermittlung der vorhandenen Räume führen zu dem Schluss, dass es sich bei der Raumfolge des Herzogs um ein Staatsappartement,[505] also Repräsentationsräume handelte, nicht aber um dessen Privat- und damit Wohnappartement. Diese lassen sich, den Herzog betreffend, an anderen Stellen des Schlosses eindeutig belegen. Für die Herzogin hingegen werden weder in den Schadenslisten noch in den Handwerkerrechnungen Räume genannt, die ihr als private Wohnräume zugewiesen werden konnten, wie überhaupt die für diese Arbeit aufschlussreichen Quellen über die Herzogin nur recht spärlich Auskunft geben. Vermutlich hatte sie ihre privaten Räume nicht auf dem Carlsberg, sondern in ihrem Schlösschen in Erbach, der Fasanerie (Abb. 21, 23).[506] Bezüglich der Raumfolge konnte mit Hilfe der Handwerkerrechnungen festgestellt werden, welche – auch bisher namentlich unbekannte – Räume in den einzelnen Stockwerken zu finden waren.

---

505 Auch Mannlich hebt die Appartements in der Wahl seiner Bezeichnung entsprechend hervor, wenn er die Möbel aus Paris beschreibt: „c'etoient des meubles magnifiques brodé en or et en soie platte pour les grands appartamens;" BENDER/KLEBER, Histoire, Bd. II, S. 249.
506 S. dazu auch MANNLICH, Rokoko und Revolution 1966, S. 221.

a. Die Räume des Erdgeschosses

aa. Das Appartement der Herzogin Maria Amalia mit Kompaniesaal und Bibliothek

Nachdem der erste Ehrenhofflügel erbaut worden war, wurde dort ein Appartement für die Herzogin eingerichtet.[507] Auf diese Weise hatte man eine geräumigere Alternative zu den beengten Raumverhältnissen des alten Corps de logis geschaffen. Statt vormals einem kleinen Appartement aus zwei Zimmern sowie einem Arbeitszimmer und einem Ankleideraum standen nun zwei Vorzimmer, eine Garderobe, ein Schlafzimmer mit einem Alkoven und seitlichen Alkovenkabinettchen, ein Schreibkabinett, ein weiteres Kabinett sowie ein Bibliothekszimmer und ein Kompaniesaal zur Verfügung. Die Kammerjungfer und ein Kammerdiener schliefen in den Vorzimmern, während sich in der Mansarde noch eine weitere Garderobe der Herzogin und drei Zimmer ihrer Kammerfrauen befanden.[508]

---

507 Anders Schneider, der das Appartement der Herzogin weiter im Corps de logis verblieben sieht. Vgl. SCHNEIDER, Schlösser, S. 294, Rekonstruktionszeichnung Abb. 10.71 sowie S. 204 f., wonach dieses Kapitel „einer minutiös recherchierten Richtig- und Klarstellung der Fakten" dienen soll. SCHNEIDER, Schlösser, S. 204, Anm. 14. Seine These, dass die Räume der Herzogin weiterhin im Corps de logis lagen, führt jedoch zu Widersprüchen, zumal diese Räumlichkeiten im Schadensverzeichnis gerade nicht im Corps de logis genannt werden. S. BECKER, Karlsberg, S. 26. BayHStA München, Abt. IV, Serienakten 1999, N. 2 im Etat. Aus den Bezeichnungen der Handwerker geht klar hervor, dass sich das Appartement der Herzogin im Nordflügel befand. LA Speyer, Best. B3, Nr. 2584, Bl. 231, Rechnung vom 10. Juni 1782. Für das Schlafzimmer der Herzogin wird bei Schneider ein Bett abgebildet, das sich bis zum Krieg in den Trierzimmern der Residenz München befunden hat und bei dem es sich um das Paradebett gehandelt haben soll. Schneider ordnet das Bett aber dem Schlafzimmer eines ‚petit appartement' zu. Das abgebildete Bett (SCHNEIDER, Schlösser, S. 204, Abb. 10.12.), das angeblich Georges Jacob zugeschrieben wurde, entspricht jedoch weder dem Stil des frühen Klassizismus der sonstigen Möbel Jacobs, noch wurde es als seine Arbeit ausgewiesen. S. BSV Bayern, Residenz 1937, S. 63, wo das Bett als eine süddeutsche Arbeit um 1770 klassifiziert wird. Auf die Lokalisierung der Räume, welche bei SCHNEIDER, Schlösser ab S. 236 versucht wurde, wird im Folgenden nicht mehr im Einzelnen verwiesen, da sie nahezu völlig von den Ergebnissen der vorliegenden Arbeit abweichen. Der Versuch einer Rekonstruktion von Schneider scheiterte, da sie lediglich auf Vermutungen basiert, die nicht belegt werden konnten. Vgl. SCHNEIDER, Schlösser, S. 293 und S. 294. Bezüglich der Möblierung gehen die dort vorgenommenen Beschreibungen auf der Lieferliste Bourjots und auf den Erkenntnissen bei HOJER/OTTOMEYER, Möbel, zurück.
508 BECKER, Karlsberg, S. 23 ff. BayHStA München, Abt. IV, Serienakten 1999, N. 2 im Etat. Zur Unterbringung der Dienerschaft s. KOTZUREK, Funktion, S. 49. Zur Raumfolge eines fürstlichen Appartements s. KOTZUREK, Funktion, S. 33 f.

Laut den Angaben der Handwerkerrechnungen lag das Appartement der Herzogin jedoch im Erdgeschoss des Nordflügels. Dies verwundert insofern, als das Erdgeschoss üblicherweise die Versorgungs- und Verwaltungseinrichtungen des Hofstaats aufnahm und vornehmlich dem Zweck diente, „diese unansehnlichen Stücke des Haus=Wesens, und das Getümmel des Volcks von den Haupt= und Wohn=Zimmern der Herrschafft abgesondert"[509] unterzubringen. Man folgte diesen Vorgaben insofern, als man die Wachtstuben im Erdgeschoss einquartierte. Eine Unterbringung der Herzogin im Erdgeschoss, zumal als Prinzessin des sächsischen Königshauses, war hingegen keine Unterbringung, die ihrem Stand entsprach. Ob die Unterbringung des Appartements als „Indikator ihrer gesellschaftlichen Stellung"[510] gewertet werden sollte, oder ob darin zunächst nur die individuellen Schwierigkeiten gesehen werden sollten, die sich aus der Carlsberger Bausituation ergaben, kann in diesem Zusammenhang nicht geklärt werden. Dass es sich bei dieser ungewöhnlichen Unterbringung der Herzogin im Erdgeschoss um ein Provisorium gehandelt haben könnte, zumal die Ausstattung ihres Appartements der des Herzogs in nichts nachstand,[511] sollte erwogen werden, muss jedoch eine Vermutung bleiben. Es wäre zumindest eine schlüssige Annahme, dass ein späterer Umzug der Gemächer der Herzogin in den später errichteten südlichen Ehrenhofflügel intendiert war. Bis zum Ende des Schlosses Carlsberg kam es dazu jedoch nicht. Stattdessen verblieb das Appartement der Herzogin im Erdgeschoss des nördlichen Flügels.

Die Nachweise für die Lokalisierung der Räume im Erdgeschoss liefert beispielsweise die Spezifikation der durchgeführten Arbeiten von Schreiner Jörg Bihl, der Arbeiten „*im unteren stok im schlaf zimer undt gabinet*" durchführte,

---

509 FLORIN, Oeconomus, S. 864, zitiert nach KOTZUREK, Funktion, S. 27. Zu den Räumen im Erdgeschoss gehörten gemeinhin „Kellerei, Küche, Konditorei, Silber-, Licht-, Holz- und Viktualienkammer, Gesinde- und Wachtstuben, Keller-, Speise-, Rechnungs-, Gesinde- und Arrestantenstuben, die Wohnung des Schloßwärters, zum Teil auch das Archiv, Zimmer für Verwaltungsbeamte, die Hofapotheke und auch noch manche Säle. MOSER, Teutsches Hof=Recht, S. 282–283, zitiert nach KOTZUREK, Funktion, S. 27. Ein Teil dieser Räume konnte am Carlsberg ab 1781 in einem eigens errichteten Küchenbau untergebracht werden.
510 Zu den Konflikten um die Lage der Fürstinnen-Appartements s. MÖHLENKAMP, Form und Funktion, S. 119.
511 Teilweise waren die Möbel der Herzogin im Vergleich sogar ein wenig teurer als die des Herzogs. Normalerweise waren die Appartements gleichrangig in der Beletage angelegt und „in der Regel in Raumfolge und –größe symmetrisch zueinander." KOTZUREK, Funktion, S. 31. Die gleichrangige Unterbringung war jedoch nicht so selbstverständlich, wie man annehmen könnte. Nach Kotzurek war der Grund dafür manchmal die gesellschaftlich niedrigere Stellung der Gattin, was vorliegend gerade nicht der Fall ist, oder aber ein Zugeständnis an größere Abgeschiedenheit und Ruhe, was hier auch ausgeschlossen werden kann.

welche mit einer zeitgenössischen Randbemerkung „*Hertzogin*"[512], hinzugefügt von anderer Hand, versehen waren. Außerdem hatte er „*in dem unteren stok in der frau hertzogin ihrem gabinet*" an den Bibliotheksschränken gearbeitet. Auch Schreiner Johannes Schöller war 1781 „*[...] in den ganz neuen flügel [...]*" an einem „*alcoven in der 1n Etage vor Ihre durchl. die frau Herzogin*" tätig.[513]

Die Vorbereitungen für das Schlafzimmer der Herzogin setzten nachweislich der erhaltenen Rechnungen ab August des Jahres 1780 ein. Das bedeutet, dass die Räume der Herzogin im östlichen Teil des neuen Flügels liegen mussten, der dem Corps de logis am nächsten war, da zu diesem Zeitpunkt der Bau des Ehrenhofflügels noch nicht seine endgültige Länge erreicht hatte. Der Schlosser Jost Lorentz beschlug laut einer Rechnung vom Dezember 1780 im August zwei Türen eines Alkovens mit vergoldeten Zierleisten mit Zapfenband und einem Fallenschloss. Außerdem hatte er „*die vergulten knöpf Ein gebast und 2 mahl angeschlagen weilen die thüren vergult worden sein*".[514] In der ersten Lieferliste des Agenten Bourjot ist mit Datum vom 30. Mai von „*2 boutons de Serure au Chiffre M.A.*" die Rede, die in diesen Kontext gehören könnten.[515] Zwei Tage später brachte der Schlosser über der zweiflügeligen Tür eine polierte Vorhangstange an. In der Folgezeit jedoch pausierten die Arbeiten in diesem Appartement für eine Weile, das zu diesem Zeitpunkt noch nicht beziehbar war.[516] Erst im folgenden Jahr begannen die Arbeiten erneut. Der Schreiner Schöller berechnete im Dezember 1781 seinen Lohn für Arbeiten am Alkoven im Schlafgemach.[517] Auch Schreiner Jörg Bihl gab 1782 an, zuvor „*im unteren stok im*

---

512 LA Speyer, Best. B3, Nr. 2584, Bl. 138v. Rechnung vom 3. September 1782. Dieser Handwerker bezeichnete das Erdgeschoss als den „unteren Stock", das erste Obergeschoss als den „mittleren Stock" und die Mansarde als den „oberen Stock".
513 LA Speyer, Best. B3, Nr. 2584, Bl. 178v. Rechnung vom 18. Dezember 1781. Hier ist zu beachten, dass dieser Handwerker die Stockwerke vom Erdgeschoss zur Mansarde in all seinen Rechnungen von 1 bis 3 durchnummerierte und die erste Etage immer das Erdgeschoss bezeichnete.
514 LA Speyer, Best. B3, Nr. 2582, Bl. 82. Dafür berechnete er 8 Gulden.
515 LA Speyer, Best. B2, Nr. 3247. Außerdem wurden „*2 boutons de Tirage au Chiffre M.A. enture de Lauriers*" geliefert. Die Chiffre bezieht sich auf den Namen der Herzogin Maria Amalia.
516 Ob dies damit zusammenhing, dass der Herzogin das alte Appartement im Corps de logis zur Verfügung stand, und man auf Grund der Arbeiten allerorten im Schloss und im Park diese Arbeiten zunächst zurückstellte, muss Spekulation bleiben. Es ist auffallend, dass nur wenige Rechnungen, Gebäude der Herzogin betreffend – so zum Beispiel die Fasanerie in Erbach – über die Baukasse abgerechnet wurden, während eine höhere Anzahl von Rechnungen der Freifrau von Esebeck diesen Weg nahmen. Aus den wenigen aufgeführten Rechnungen geht jedoch hervor, dass die Fasanerie ungefähr zeitgleich zum besprochenen Flügel entstand. LA Speyer, Best. B3, Nr. 2579, Bl. 69 und 75.
517 LA Speyer, Best. B3, Nr. 2584, Bl. 179. Er erhielt für „*Einen alcoven in der 1n Etage vor Ihre durchl. die frau Herzogin 68 fl.*".

schlaf zimer undt gabinet"[518] Rippen ins Blei gelegt zu haben. Anschließend wurden in diesen beiden Räumen Dielen verlegt, die man abhobelte, um darauf 16 Klafter Parkett verlegen zu können. In den beiden Zimmern wurden in vier Fensternischen Parkettstücke eingepasst. Der Schreiner Johannes Daniel hatte *„an dem schlaf zimer 2 fenster mit nacht läthten mit schambaren"* angebracht. Im Kabinett wurden etwas weniger kunstvolle Boiserien und Fensterverkleidungen an den Wänden und zwei Fenstern befestigt.[519] So wird deutlich, dass sich im Schlafzimmer und im anschließenden Kabinett zusammen vier Fenster befanden. Bei diesem Kabinett wird es sich, wie in den übrigen Appartements des Schlosses, um ein Schreib- bzw. Arbeitskabinett gehandelt haben.[520] Die seitlichen Kabinettchen des Alkovens wurden, ihrem Zweck gemäß, nur durch die Oberlichter der beiden Türen belichtet.[521] Laut dem Schadensverzeichnis befanden sich innerhalb der Räume der Herzogin in einem *„Alkov Cabinet mit Papier tappezirt"* noch der Nachtstuhl und ein Bidet.[522]

---

518 LA Speyer, Best. B3, Nr. 2584, Bl. 138v. All diese Angaben haben die Randbemerkung *„Hertzogin"*.

519 LA Speyer, Best B3, Nr. 2584, Bl. 138v. Die Fensterverkleidungen des Schlafzimmers wurden mit 16 Gulden berechnet, während die beiden Fensterverkleidungen und die Boiserien des Kabinetts nur mit 13 Gulden 30 angerechnet wurden, also weniger aufwändig gestaltet waren.

520 Als ein Vergleichsbeispiel kann das Appartement des Pfalzgrafen Maximilian Joseph herangezogen werden. Das Appartement des Bruders des Herzogs wird nämlich im Schadensverzeichnis noch ausführlich aufgelistet. Die Rettung der Ausstattung konzentrierte sich hauptsächlich auf die Räume des Herzogspaares, die natürlich den höchsten Wert besaßen. BayHStA München, Abt. IV, Serienakten 1999, N. 2 im Etat: „In dem Zimmer, wo Ihro Durchlaucht der Prinz Max logiert haben." BECKER, Karlsberg, S. 24. In einem Nebenkabinett des Schlafgemachs standen ein Toilettentisch mit Garnitur, darüber ein großer Toilettespiegel und davor ein Schreibsessel, der mit Saffian bezogen war. Zu diesem Appartement gehörten weiter ein „anderes Kabinett", ein „Nebenkabinett", ein Kompaniezimmer, ein Schreibkabinett sowie ein Vorzimmer. Das Schreibkabinett war *„mit grünem Seidenzeug tappezirt"*, das man mit vergoldeten Bildhauerleisten befestigt hatte, einem Kanapee, vier Sesseln und einem *„Sekretär von Königs- und Rosenholz mit einer messingenen Galerie im Feuer vergoldt"* sowie zwei Eckschränken aus dem gleichen Holz mit Marmorplatten. BECKER, Karlsberg, S. 27: Schreibkabinett.

521 LA Speyer, Best B3, Nr. 2584, Bl. 138v. Für die Türen des Alkovens und die Oberlichter wurden 30 Gulden berechnet. In den beiden kleinen Kabinettchen des Alkovens wurden acht Gesimsstücke angeschlagen. Für 6 Gulden hatte Schreiner Jörg Bihl *„neben dem alkov in den 2 gabinetger oben herum 8 stiker gesimser gekelt von 4 zölligen ramen schengel undt herum gekrörb undt an geschlagen."* LA Speyer, Best B3, Nr. 2584, Bl. 138v.

522 BayHStA München, Abt. IV, Serienakten 1999, N. 2 im Etat: Unterpunkt zum Bibliothekszimmer der Herzogin. BECKER, Karlsberg, S. 26. Da weder das Schlafzimmer noch das Kabinett der Herzogin im Schadensverzeichnis eine Erwähnung finden, wurden die darin befindliche Möblierung und die Wandverkleidungen sämtlich nach München verbracht.

In diesem Zusammenhang ist der Verweis auf einige erhaltene Möbel in der Residenz München angebracht, die zweifellos dem Appartement der Herzogin zugeordnet werden können. Dazu gehört an erster Stelle ein außergewöhnlicher Fauteuil de bureau, der in einem geschnitzten Medaillon auf der Rückenlehne die Initiale der Herzogin „M" trägt (Abb. 24). Das Medaillon sitzt auf zwei gekreuzten Füllhörnern auf, aus welchen Blüten hervorquellen. Auf der Unterseite des Möbels befindet sich noch das Etikett mit der Bezeichnung „Cabinet de Conseil N° 6A". Diese Bezeichnung deckt sich mit den Bezeichnungen der Lieferliste des Pariser Handelshauses Bourjot, in welcher ein solcher Drehsessel verzeichnet ist.[523] Da ein solches Kabinett nicht mehr in der Schadensliste erscheint, wurde auch hier die gesamte Ausstattung rechtzeitig entfernt. Es muss daher noch zur Zimmerfolge des Appartements hinzugezählt werden.[524] Für diesen Raum war grüner Taft und weißer Atlas bei Bourjot bestellt worden sowie eine Garnitur von zehn Sesseln und vier Stühlen, die in der gleichen Weise bezogen waren. Dazu wurden zwei reich gestaltete Türgesimse, Goldborten und Seidenschnüre für die Möbel und Vorhänge des Kabinetts geliefert.[525]

Abb. 24: Jacob, Georges, Fauteuil de Bureau Nussbaum, gedrechselt, geschnitzt, vergoldet

---

523 LA Speyer, Best. B2, Nr. 3247, Bl. 19 vom 5. März 1782. Eine ausführliche Beschreibung und Würdigung dieses Drehsessels mit mehreren Abbildungen und Details findet sich bei HOJER/OTTOMEYER, Möbel, S. 187 ff.
524 Demnach bildeten das „Cabinet de Conseil N° 6 A", „L'Antichambre N°13 M" und „Le Sallon N° 14 N" sowie „Le Cabinet N° 15 O" eine Raumfolge im Appartement der Herzogin. S. die Aufzählung bei Bourjot in LA Speyer, Best. B2, Nr. 3247 sowie HOJER/OTTOMEYER, Möbel, S. 298. Diese Reihenfolge sowie die Ausführung der Möbel entsprechen den Vorgaben der Hierarchie der Gemächer und deren Ausstattung.
525 LA Speyer, Best. B2, Nr. 3247. S. dazu ausführlich HOJER/OTTOMEYER, Möbel, S. 187 ff., S. 298 f. Auch von der erwähnten Garnitur haben sich vier Armsessel und zwei Stühle erhalten, die sich heute in Schloss Nymphenburg befinden. HOJER/OTTOMEYER, Möbel, S. 187 mit Abbildung eines Stuhles S. 188. Eine „dessus de porte très riche" kostete 628 livres. Dazu kamen „2 camés pour dessus de portes à 36 […]" sowie die Kosten für die Vergoldung, die jedoch zusammengefasst abgerechnet wurde und damit nicht einzelnen Stücken zugewiesen werden kann.

Das Blütenmotiv der Rückenlehne verweist wie die Volutenkapitelle der Konsolbeine auf andere Möbel in der Residenz, die Carlsberger Etiketten und den Stempel Jacobs tragen und weiteren Zimmern der Herzogin zugeordnet werden können.

Eine Sitzgarnitur mit der Bezeichnung „Cabinet N° 15 O" mit einem kleinen Kanapee und acht zierlichen Sesseln war „für kleine Räume wie das intime Kabinett vorgesehen."[526] Eine solche Garnitur war daher passend für das Kabinett neben dem Schlafzimmer der Herzogin. Die Raumtextilien waren in kirschrot-weißem und stahlgrau-weißem Damast gehalten. Dazu wurde kirschroter, weißer und stahlgrauer Satin mit den passenden Bordüren sowie Stickarbeiten für die Möbel geliefert.[527] Dazu kamen 12 große und 26 kleine Kameen (Abb. 25),[528] die man vergoldete und an den Holzvertäfelungen und Türen anbrachte (Abb. 28). Der Schreiner Johannes Bihl war „*in der frau herzogin ihme for Zimmer [...]*" sowie „*neben dem Schlaff Zimmer in dem for Zimmer [...],*"[529] das etwas kleiner war, tätig. Er bereitete die Räume durch

Abb. 25: Kamee aus Lindenholz aus Schloss Carlsberg
München, Restaurierungswerkstätten

526　HOJER/OTTOMEYER, Möbel, S. 221.
527　LA Speyer, Best. B2, Nr. 3247 sowie bezüglich der Möbel HOJER/OTTOMEYER, Möbel, S. 298. Laut der Liste Bourjots wurde auch die Stickarbeit für einen Türaufsatz geliefert sowie zwei Kameen für zwei Türaufsätze.
528　Die abgebildeten Vertäfelungen mit Kameen aus Lindenholz befanden sich in den Restaurierungswerkstätten in München. Sie können keinem bestimmten Raum zugeordnet werden, doch sie bilden Beispiele für jene summarisch aufgeführten Kameen in der Rechnung Bourjots. Die Brandspuren zeigen, dass sie während des Zweiten Weltkrieges den Zerstörungen der Residenz in München zum Opfer gefallen waren. Sie werden jedoch weiterhin aufbewahrt. An dieser Stelle gilt mein besonderer Dank Herrn Ernst Götz, der mir den Zugang zur Werkstatt und das Betrachten und Fotografieren der Carlsberger Boiserien überhaupt ermöglichte. Ein ausgiebiger Rundgang unter seiner Führung durch die Residenz in München und durch Schloss Nymphenburg verschaffte mir einen Überblick vor Ort über die Möbel aus Schloss Carlsberg. S. Abb. 20, 23, 39.
529　LA Speyer, Best. B3, Nr. 2584, Bl. 231. Das Klafter Parkett kostete jeweils 1 Gulden.

Abhobeln der Dielen und Legen eines Blindbodens auf das Verlegen des Parketts vor. Im erstgenannten Vorzimmer, das zwei Fenster hatte, wurden 10 Klafter Parkett verlegt, im letzteren Nebenraum des Schlafzimmers nur 8 Klafter.[530] In beiden Vorzimmern hatte der Schreiner auch die Wand- und Fensterverkleidungen für jeweils zwei Fenster übernommen. Teile der Einrichtung eines dieser Vorzimmer der Herzogin werden – im Gegensatz zum Schlafzimmer – im Schadensverzeichnis noch erwähnt. Demnach befand sich darin ein *„ganzes Bett mit Umhang u. Bettung"*, da in diesen Räumen die Dienerschaft arbeitete und schlief.[531] Man fand 1793 noch einfache Fenstervorhänge an den beiden Fenstern, einen kleineren Spiegel mit einem vergoldeten Rahmen sowie fünf Stühle mit Kissen vor. Ein Spieltisch, ein *„ordinairer Tisch und Nachtisch"* zeigen, dass es sich bei Vorzimmern wie diesem um Räume handelte, die mehrere Funktionen zu erfüllen hatten: Dieser Raum war ebenso ein Arbeits- und Schlafzimmer für die Dienerschaft, konnte aber auch als Spielzimmer genutzt werden.[532] Eine Sitzgarnitur einfachen Typs mit schlichten klaren Gestellformen mit der Nummer 13 M, die nach München gelangt war, hatte man laut der Liste Bourjots für ein Vorzimmer vorgesehen.[533] Beim zweiten Vorzimmer könnte es sich um jenes Kammerdiener-Vorzimmer gehandelt haben, dessen Wände laut dem Schadensverzeichnis mit blau-weiß gestreiftem Seiden-Moiré auf einem Leinwandfutter und breiten vergoldeten Leisten über den Lambrien verkleidet waren. Vier Fenstervorhänge geben die Anzahl der Fenster dieses Raumes an, an dessen Wänden sich neben einem großen Spiegel noch zwei Wandleuchter aus feuervergoldetem Messing befanden. Der Raum war zudem mit 18 Sesseln möbliert.[534] Mehrere Schreiner gemeinsam hatten für unbenannte Räume der Herzogin 76 *„stick bilter ramen helfen machen theils von 2 schu 8 zoll hoch, breit 2 schu 4 zoll [...]."*[535]

---

530 LA Speyer, Best. B3, Nr. 2584, Bl. 231. Im größeren Zimmer wurden zwei Parkettstücke in die Fensternischen eingepasst.
531 S. dazu FUCHS/REISINGER, Schloss, S. 55 f.
532 BayHStA München, Abt. IV, Serienakten 1999, N. 2 im Etat: *„Das Vorzimmer der Frau Herzogin"*. Das Bett mit Bettzeug und „Umhang", wobei es sich auch um eine Tischbettlade gehandelt haben könnte, wurde mit 80 Gulden angegeben. Der Spiegel wurde auf 25 Gulden geschätzt, die fünf Stühle mit Kissen auf 16 Gulden und der Spieltisch auf 11 Gulden. Die Fenstervorhänge wurden mit einem Wert von 12 Gulden und der Tisch samt Nachttisch mit 8 Gulden aufgelistet.
533 LA Speyer, Best. B2, Nr. 3247. HOJER/OTTOMEYER, Möbel, S. 210 f. Die Raumtextilien bestanden aus grünem Taft.
534 BayHStA München, Abt. IV, Serienakten 1999, N. 2 im Etat: *„Camerdiener Vorzimmer"*. Der Wert dieser Einrichtung wurde zusammen mit 2000 Gulden angegeben. Auch in der Rechnung des Schreiners Valentin Amtshoff werden Arbeiten in einer Garderobe und dem Zimmer eines Kammerdieners benannt. LA Speyer, Best. B3, Nr. 2584, Bl. 307.
535 LA Speyer, Best. B3, Nr. 2584, Bl. 139 (mit den Maßen) und Bl. 234v. Die Rahmenmaße betrugen 87 x 76 Zentimeter.

Die Annahme, dass die genannten Möbelgarnituren zum Appartement der Herzogin gehörten, basiert auf der Einrichtung des nächsten Raums der Liste, dem „Salon N° 14 N". Diese Sitzgarnitur, die besonders reich gestaltet war, steht zum einen durch die seitlichen Rosenzweige der bekrönenden Volute auf den Rückenlehnen der Fauteuils (Abb. 26) in einem motivischen Zusammenhang mit den Blüten auf der Rückenlehne des Fauteuil de bureau der Herzogin. Zum anderen werden die Räume mit der Bezeichnung 14 M, 14 N und 15 O von Brigitte Langer als zu einem Appartement gehörig angesehen.[536] Darüber hinaus entspricht diesem Appartement mit den beiden genannten Vorzimmern nur ein zweites Appartement, dessen Möbel mit den Garnituren der Räume der Herzogin hinsichtlich der reichen Schnitzereien und deren Qualität auf einer Stufe stehen.[537]

Abb. 26: Jacob, Georges, Fauteuil ‚à la Reine' Nussbaum, Buche, gedrechselt, geschnitzt, vergoldet

Es liegt nahe, die hochwertigen Möbel des zweiten Appartements dem Herzog zuzuweisen. Während bei den Möbeln der Herzogin eine Volute mit Rosenzweigen auf der Rückenlehne ein wiederkehrendes Motiv bildet, so ist es beim entsprechenden zweiten Appartement der Blumenkranz mit den Lorbeerzweigen, der die Rückenlehnen der Fauteuils bekrönt. Der Lorbeerzweig, das Symbol des Ruhmes, sowie das Blütenmotiv tauchen an den Fauteuils und Kaminschirmen des Paradezimmers zusammen auf, während sie auf den Möbeln der jeweiligen Appartements – beim Herzog einerseits, bei der Herzogin andererseits – getrennt die Möbel zieren.[538] Die Bezeichnung „Salon N° 14 N" be-

---

536 HOJER/OTTOMEYER, Möbel, S. 219.
537 HOJER/OTTOMEYER, Möbel, S. 205. Danach bildete der „Salon de Compagnie N° 12 E" das Vorzimmer zum Schlafzimmer N° 13 F. Das „Cabinet N° 14 G", das sich ausweislich des Etiketts im ersten Obergeschoss befand, gehörte ebenso zu diesem Appartement wie Raum N° 10 C und das „Antichambre N° 11 D". S. auch die Liste Bourjots, HOJER/OTTOMEYER, Möbel, S. 298 f. sowie in LA Speyer, Best. B2, Nr. 3247.
538 Im Gobelinzimmer des Schlosses Berchtesgaden befindet sich eine Sitzgarnitur aus Marquisen und Fauteuils mit gepolsterten Wangen, von denen einige das Motiv des Lorbeers, andere das Motiv der Volute mit den seitlichen vollplastischen Rosenzweigen auf dem Rückenrahmen tragen. S. HOJER/OTTOMEYER, Möbel,

zog sich auf den geräumigen Salon de Compagnie der Herzogin, für den vier Fensterachsen nachgewiesen werden können. Schreiner Johannes Daniel war am Verlegen des Holzbodens dieses Kompaniesaales beteiligt. Er hatte „ *im Untern stock die riben gelegt in Ein Zimer ist lang 23 sch breit 18 sch sein darin 10 riben [...].*" An diesem Rechnungsposten wurde die Anmerkung „*frau Hertzogin Comp. Saal*" angefügt.[539] Von Schreiner Jörg Bihl wurden im Kompaniesaal vierflügelige Schranktüren eingesetzt mit angepasster „*bekleitong kleich den Zimer diren.*"[540] Sein Kollege Johannes Schoeller hatte „*Lambris in den Compagnie Saal in der ersten Etage*" angefertigt und angebracht. Für diesen Raum gab er in der gleichen Rechnung an, vier Paar Nachtläden „*mit schambram u ober Stücker [...]*" angefertigt zu haben.[541] Laut den Angaben des Schadensverzeichnisses befand sich in diesem Raum noch ein großer Marmorkamin mit einem Parkettspiegel darüber. Zum Zeitpunkt der Zerstörung waren jedoch nurmehr schlichte „*20 Stühl mit Garnierung*" als Einrichtungsgegenstände darin verblieben.[542] Die ursprüngliche Einrichtung, deren „Ausarbeitung und Feinheit der Schnitzereien [...] von hoher Qualität" ist, nimmt „nach der herausra-

---

S. 273 f., 280 f., sowie OPPEL, Schloß Berchtesgaden, S. 60 f. Eine solche Zuweisung der Motive – die Rosen den Damen und der Lorbeer den Herren – findet sich auch auf Bilderrahmen der Zeit. Einen solchen Vergleich bieten die zeitgenössischen Rahmen der beiden Pastelle von Johann Friedrich Dryander, Prinzessin Auguste Wilhelmine Maria von Hessen-Darmstadt und den Pfalzgrafen Maximilian Joseph darstellend, die sich im Schlossmuseum Darmstadt befinden (Pastell auf Papier, 83 x 74 Zentimeter, Inv. Nr. DA H 21190, sowie Pastell auf Papier, 82 x 74 Zentimeter, Inv. Nr. DA H 21191). Ihr Bildnis wird auf der oberen Rahmenleiste von einem Kranz aus Rosen, seines von einem Kranz aus Lorbeer bekrönt. Eine eigenhändige Variation des Porträts der Prinzessin mit dem gleichen Rahmen befindet sich so genannten Musiksalon des Kurpfälzischen Museums in Heidelberg. S. mit Abbildung FUCHS, Museum, S. 58.

539 LA Speyer, Best. B3, Nr. 2592, Bl. 19. Rechnung vom 12. August 1782, die Rechnungsposten über einen langen Zeitraum hinweg auflistet. Der Lohn für die genannte Arbeit betrug 3 Gulden 20 Kreuzer. Die Größe des Raumes maß 7,47 x 5,85 Meter.

540 LA Speyer, Best. B3, Nr. 2584, Bl. 138v.

541 LA Speyer, Best. B3, Nr. 2584, Bl. 175. Pro Klafter erhielt er für die Wandverkleidungen samt Holz und Arbeitslohn 12 Gulden 30 Kreuzer, zusammengerechnet 152 Gulden 10 Kreuzer. Für die Nachtläden mit den Fensterverkleidungen erhielt er „*vor einen vor holtz u arbeit ad 27 fl.*", insgesamt also 108 Gulden. Auch hier zählt der Schreiner die Stockwerke vom Erdgeschoss zur Mansarde von 1–3.

542 BayHStA München, Abt. IV, Serienakten 1999, N. 2 im Etat: „*In dem Compagnie Saal*". BECKER, Karlsberg, S. 26. Der Kamin wurde danach mit 265 Gulden, der Spiegel mit 450 Gulden und die 20 Stühle mit nur 140 Gulden veranschlagt. Dies zeigt, dass aus diesem Raum ein Teil der Einrichtung, wie beispielsweise die Wandtextilien, Vertäfelungen und Vorhänge sowie die Möbel von Wert, schon entfernt worden war. Im Vergleich dazu hatte selbst die Einrichtung des Kammerdienerzimmers noch einen Wert von 2000 Gulden.

genden Garnitur des Karlsberger Paradeschlafzimmers den zweithöchsten Rang im Sitzmobiliar von Schloß Karlsberg" ein, hinsichtlich der Ausführung und der preislichen Bewertung in der Lieferliste nur noch mit der Garnitur des Salon N° 12 E des Herzogs zu vergleichen.[543] Die Garnitur bestand aus zwei Marquisen, zwei Bergèren mit Wangen und acht Fauteuils und einem Kaminschirm. Den Fauteuils, die entlang der Wände aufzustellen waren, standen einfachere Sitzmöbel im Raum gegenüber.[544] Die Textilien, die man für diesen Raum vorgesehen hatte, waren von kirschrotem Taft mit rot-goldenen Borten. Die Stickereien darauf stellten Fabelthemen dar. Laut der Liste Bourjots wurde für den Salon N° 14 N drei Spiegel, jeweils aus einer einzigen Scheibe bestehend, geliefert. Diese drei Spiegel wurden mit einer Summe von 4506 livres berechnet, was sogar den Preis der Spiegel des Paradezimmers weit überstieg. Dabei waren bei diesem Preis die Kosten für die nötige Spiegelfolie und die Rahmen noch nicht enthalten.[545] Spiegel gehörten zu den kostbarsten und repräsentativsten Gegenständen eines Raumes. Sie wurden über die Kamine gehängt oder zwischen die Fenster, „so daß wann drey Fenster in einem Gemach, folglich zwey Abtheilungen der mauer seynd, auch zwey Spiegel angebracht werden; leydet es aber der Plaz oder die Bau-Art nicht, so werden sie auch wohl an den Wänden befestigt."[546] Im Kompaniesaal gab es vier Fenster, so dass die drei Spiegel an den Wandpfeilern dazwischen Platz fanden. Solche Trumeauspiegel befanden sich aufgrund des optimalen seitlichen Lichteinfalls stets an einem Wandpfeiler über einem Konsoltisch (Abb. 27) zwischen zwei Fenstern, wodurch der Eindruck weiterer Fensteröffnungen erweckt und der Raum zusätzlich erhellt wurde.[547] Auch die seitlichen Raumachsen versah man, meist über Kaminen, mit Spiegeln.

---

543 HOJER/OTTOMEYER, Möbel, S. 214. LA Speyer, Best. B2, Nr. 3247: „*Pour Le Sallon N° 14 N.*". Ein Exemplar der „Grands fauteuils meublants", dessen Bezüge mit 288, das Holz und die Schnitzereien mit 155 und die Vergoldung mit 270 livres berechnet wurden, kam demnach auf einen Gesamtpreis von 713 livres. Eine Garnitur desselben Typs besitzt die Londoner Wallace Collection. LA Speyer, Best. B2, Nr. 3247.

544 HOJER/OTTOMEYER, Möbel, S. 213 und S. 216. LA Speyer, Best. B2, Nr. 3247: *„Pour Le Sallon N° 14 N."*.

545 LA Speyer, Best. B2, Nr. 3247: Lieferungen vom 7. August. Die drei Spiegel des Paradezimmers, die ebenfalls aus einem Stück gemacht worden waren, während man sich bei den Vorzimmern mit Spiegeln aus zwei Teilen begnügte, kosteten 1672 livres. Ein zweiteiliger Spiegel, beispielsweise der Spiegel des Vorzimmers der Herzogin, des Antichambre N°. 13 M, kostete nur 532 livres. Die Spiegelfolie für 19 Spiegel wurde mit 2775 livres angegeben.

546 MOSER, Teutsches Hof=Recht, S. 309 f., zitiert nach KOTZUREK, Funktion, S. 50 mit weiteren Hinweisen.

547 HOJER/OTTOMEYER, Möbel, S. 17.

Abb. 27: Duret, François-Joseph (zugeschr.), Konsoltisch aus Schloss Carlsberg
Paris, 1781, Eiche, Birnbaum, Linde, gedrechselt, geschnitzt, vergoldet

Laut dem Schadensverzeichnis gehörte zum Appartement der Herzogin auch eine Garderobe. Darin befanden sich neben einem großen Tisch acht Garderobenschränke mit doppelten Türen, welche mit *„eißernen Stangen und Portmanteau versehen"* waren. Die Schranktüren schützten mit Vorhängen aus Drillich die Garderobe vor dem Lichteinfall.[548] Auch die Garderobe diente oftmals als Wohn- oder Schlafzimmer derjenigen Bediensten, die sich stets in unmittelbarer Umgebung zur Herrschaft aufhalten mussten.[549] Von einem kleinen Arbeits- und Schlafraum ist auch bei Glaser Purllacher die Rede, der einen Rahmen neu verglaste *„von fein glaß [...] in den neyen fligel in den klein Zimer neben der frau Hertzogins gäng"*, wo er auch zwei *„Yber lichter ney ver glaß von fein glaß und verbleit [...] auch in disen gang bey der frau Herrtzogin wo die Klein Kamer mägt Loschieret [...]."*[550]

---

548 BayHStA München, Abt. IV, Serienakten 1999, N. 2 im Etat: *„In der Garderobe der Frau Herzogin"*. Die acht Schränke wurden mit einem Wert von 900 Gulden angegeben, während der Tisch mit 12 Gulden taxiert wurde. Ähnlich BECKER, Karlsberg, S. 26.
549 S. dazu KOTZUREK, Funktion, S. 40.
550 LA Speyer, Best. B3, Nr. 2585, Bl. 18v. Rechnung vom 25. August 1782.

Im Bücherkabinett der Herzogin „*in dem unteren stok*" waren die Schreiner Johannes, Jörg und Michel Bihl[551] sowie Johannes Daniel[552] bei der Aufstellung und Einrichtung von neun Bibliotheksschränken in Arbeitsteilung behilflich, jeweils „*mit 34 diren undt gefach die schäng seint hoch 10 schu thif 7 zoll undt 9 zoll breit 12 schu im gantzen Zimer herum.*"[553] Später mussten „*in der frau hertzogin ihrer biblichscheng*" Veränderungen vorgenommen werden, weil sie „*anters Ein gericht mit 12 gefach*" ausgestattet werden sollten. Die Beschreibung des Schreiners Jörg Bihl entspricht den übrigen Angaben der Höhe von zehn Schuh, weicht aber in der Tiefe ab, die er mit 17 Zoll angab,[554] wobei es sich um die tiefsten, also die untersten Teile des Schrankes handelte. Im Schadensverzeichnis wird die Bibliothek der Herzogin weiter beschrieben. So waren sämtliche Wände des Raumes für die Aufstellung der Schränke genutzt worden. Die Türfüllungen der Schranktüren waren jeweils mit einem Geflecht aus Messingdraht verschlossen, hinter dem blaue Vorhänge aus Taft die Buchrücken vor Licht schützten. Zum Erreichen aller Bücher stand eine verschiebbare Bibliotheksleiter zur Verfügung „*Mit großen Pivo Rollen versehen und einem blauen taffenten Vorhang rings herum.*"[555] Auch an zwei Fenstern befanden sich Vor-

---

551 LA Speyer, Best. B3, Nr. 2584, Bl. 278v. Rechnung vom 3. September 1782. Auch Michel Bihl erhielt für die „Hilfe", zusammen mit der Arbeit an weiteren Bilderrahmen 15 Gulden.
552 LA Speyer, Best. B3, Nr. 2592, Bl. 23, Rechnung vom 12. August 1782. Daniel erhielt für seine Arbeit 15 Gulden. Er beschreibt seine Tätigkeit so, dass er „*in den Undern stock bey ihr Turchlauchten Frau Herzogin die bibteckschenck helffen Machen Mit 34 diren [...] sein hoch 10 sch diff zum deil 17 Zol Unt zum deil 9 Zol [...]*".
553 LA Speyer, Best. B3, Nr. 2584, Bl. 234v. Die Schränke waren 3,25 Meter hoch, 19 und 24 Zentimeter tief und 3,90 Meter breit. Johannes Bihl selbst beschrieb seine Tätigkeit: „*in dem unteren stock in der frau hertzogin ihrem gabinet helfen 9 biliteckscheng machen [...]*", wofür er laut der Rechnung vom 10. Juni 1782 15 Gulden erhielt. Es kann sich – schon gemessen am Lohn – tatsächlich nicht um die alleinige Herstellung der Schränke, sondern um eine Form der gemeinschaftlichen Tätigkeit gehandelt haben. Im Schadensverzeichnis wurde der Wert der Schränke mit Messingdraht und Taftvorhängen mit 1500 Gulden veranschlagt. S. BayHStA München, Abt. IV, Serienakten 1999, N. 2 im Etat zum „*Bibliotheque Zimer der Frau Herzogin*". Zum Vergleich: Die Herstellung von 12 Schränken in der Bibliothek des Herzogs wurden zu 774 Gulden, also 64 Gulden und 30 Kreuzern das Stück versteigert. Die günstigsten Schränke kosteten immer noch 28 Gulden. S. Kap. A.VI.3.b.
554 LA Speyer, Best. B3, Nr. 2584, Bl.139. 17 Zoll entsprechen einer Schranktiefe von 46 Zentimetern. Auch Jörg Bihl erhielt laut seiner Rechnung vom 3. September 1782 15 Gulden. Diese Angabe deckt sich mit jener von Schreiner Johannes Daniel in LA Speyer, Best. B3, Nr. 2592, Bl. 23.
555 BayHStA München, Abt. IV, Serienakten 1999, N. 2 im Etat zum „*Bibliotheque Zimer der Frau Herzogin*". Die Bibliotheksleiter wurde mit 220 Gulden veranschlagt.

hänge aus Taft. Die Raumgestaltung wurde komplettiert durch einen *„französische Camin von Marmor mit Zierathen gearbeitet"* und einem zweiteiligen Spiegel darüber.[556] Dass der Raum tatsächlich zwei Fenster hatte, wie sich aus der Anzahl der genannten Taftvorhänge ergibt, zeigt die Arbeit des Schlossers Bubong, der *„in frau Hertzogin Kabinet alwo die Biger schenck sein 2 fligel Nacht Lathten"* beschlagen hätte.[557] Der Schreiner Johannes Daniel fertigte schließlich zwei Türen an, *„2 fliglich in Mauer Mitsamen gestemb futer Unt bekleidung Mit Erhoben Kelstes [...]."*[558] Die Öfen der Zimmer im Erdgeschoss, konnten vom Gang aus befeuert werden.[559]

bb. Weitere Räume des Erdgeschosses

Im Erdgeschoss befand sich ein weiteres Schlafzimmer, das zur 1781 neu errichteten Schlossküche hin, also an unattraktiver und dunkler Stelle zu liegen kam. In diesem Schlafzimmer und *„in dem Zimer hinten am schlaffzimmer"*, einer Garderobe, war der Schreiner Johannes Daniel tätig. Nach seinen Angaben war das Schlafzimmer, wo er das Parkett verlegte, 19 Schuh lang und 18 Schuh breit.[560] In zwei Fensternischen dieses Schlafzimmers hatte er aus alten Parkettstücken *„2 finster sticker gemach [...]"* und mit einem Fries eingefasst. Die dazugehörige Garderobe war 14 Schuh 6 Zoll lang und 13 Schuh breit und wurde mit einem Friesboden belegt.[561] Diese Angaben lassen darauf schließen, dass sie ebenso wenig wie das Schlafzimmer zu den oben genannten Appartementräumen gezählt werden kann, sondern zu einer eigenen Raumfolge gehörte.

Der Schreiner Michel Bihl hatte im Erdgeschoss *„[...] neben der fart in dem sal 22 rieben gelecht in die felsen Ein gehauen undt ins blei gelecht seint 15*

---

556 Für den Kamin wurde ein Wert von 330 Gulden angegeben, während der Spiegel darüber, der eine Höhe von 7 Schuh und eine Breite von 4 Schuh hatte (2,27 x 1,30 Meter), mit 450 Gulden taxiert worden war. BayHStA München, Abt. IV, Serienakten 1999, N. 2.
557 LA Speyer, Best. B3, Nr. 2584, Bl. 433v. Rechnungsposten vom 24. Mai 1782 über eine Summe von 3 Gulden in einer Rechnung mit Posten über den Zeitraum eines Jahres in Höhe von 2908 Gulden und 6 Kreuzern.
558 LA Speyer, Best. B3, Nr. 2592, Bl. 20v. Jede dieser beiden zweiflügeligen Türen hatte Türfüllungen, eingefasst von profilierten Leisten, und kostete 32 Gulden. Dieser Preis spricht für eine recht aufwändig gestaltete Tür.
559 LA Speyer, Best. B3, Nr. 2592, Bl. 20.
560 LA Speyer, Best. B3, Nr. 2592, Bl. 19v. Rechnung vom 12. August 1782. Die Maße betrugen umgerechnet 6,17 Meter in der Länge und 5,85 Meter in der Breite. Für Rippen, Blindboden und Parkett, die Schlafzimmer und Nebenraum umfassten, erhielt er 19 Gulden und 20 Kreuzer.
561 LA Speyer, Best. B3, Nr. 2592, Bl. 20. Das Zimmer maß 4,71 Meter in der Länge und 4,22 Meter in der Breite.

schu lang [...]."[562] Dies zeigt, dass der Flügel teilweise auf anstehendem Felsen ohne Keller oder tief greifendes Fundament errichtet wurde. Der erwähnte Saal befand sich neben der Durchfahrt in den Ehrenhof. Vom gleichen Schreiner, Michel Bihl, wurde in diesem Saal auch ein Friesboden gelegt und die Wandvertäfelung angefertigt. Zwei Fensterboiserien und der Blind- und der Parkettboden in einem Kabinett mit einem Fenster direkt daneben gehörten ebenfalls zu seinem Aufgabenbereich.[563] Außerdem übernahm der Schreiner Johannes Bihl „*In den fligel rechter hant am schloß in den undern Zimmer foren gegen dem hoff*" diverse Arbeiten. Es handelte sich um zwei Zimmer, in denen zwei Türen, Lambris, und Friesboden angefertigt und an Ort und Stelle gebracht werden mussten.[564] Ob es sich dabei um jene Räume handelte, die im Schadensverzeichnis als „*Fremde Zimer im grosen Schloßhoff*" oder als vakante Zimmer bezeichnet werden, kann hier nicht geklärt werden.[565]

cc. Die Wachtstuben

Der Schreiner Johannes Schoeller hatte die „*Wachtstube auf gefüttert mit 9 Rippen [...]*" und Dielen verlegt, die er im Anschluss glatt hobelte.[566] Schreiner Christian Reeß hatte später „*in dem untern stock fornen bey der Wachtstuben 10 stück Riben in den Boden ein gekraben [...]*," ins Blei gelegt, den Blindboden und einen Teil der Parketttafeln verlegt.[567] Sowohl der Zeitpunkt der Arbeiten als auch die Größe des Raumes sprechen dafür, dass er sich im neuen westlichen Teil des Erdgeschosses, jenseits der Durchfahrt befand. Dies war sinnvoll, da die Eingangstreppe von der Durchfahrt in der Mitte des Flügels ins Schloss, respektive in die Gemächer des Herzogs hinaufführte. Die Kutschen fuhren da-

---

562 LA Speyer, Best. B3, Nr. 2584, Bl. 278v. Rechnung vom 3. September 1782. Die Rippen wurden auf eine Länge von 4,87 Metern verlegt.
563 LA Speyer, Best. B3, Nr. 2584, Bl. 278v. Für 14 Klafter der „*Lambarien mit verhobnen Kölstöß*" erhielt er insgesamt 84 Gulden. Den Friesboden zu legen wurde mit 24 Gulden 21 Kreuzern vergütet und die beiden Fensterboiserien mit 27 Gulden „*vor hols und arrbeits lon.*" „*[...] neben dem sal in dem gabinetgen*" hatte er für das Verlegen von 3½ Klafter Parkett samt Rippen und Blindboden 7 Gulden 58 Kreuzer erhalten. Die Fensterboiserien in diesem Kabinettchen kosteten ebenso viel wie die Boiserien im Saal daneben.
564 LA Speyer, Best. B3, Nr. 2584, Bl. 245. Die beiden Türen waren 6 Schuh 9 Zoll hoch und 3 Schuh 1 Zoll breit (2,19 x 1,00 Meter). Eine Tür wurde mit 6 Gulden berechnet. Die Lambriszone war, wie auch die Türen, gemessen am Preis recht schlicht gehalten. Sie kostete pro Klafter 2 Gulden. (Im Vergleich: die Vertäfelungen des Tanzsaales oder des Gobelinzimmers kosteten pro Klafter 6 Gulden. Türen in der Mansarde kosteten 7 Gulden.)
565 BayHStA München, Abt. IV, Serienakten 1999, N. 2 im Etat.
566 LA Speyer, Best. B3, Nr. 2584, Bl. 178v. Rechnung vom 18. Dezember 1781. Für diese Arbeit berechnete er 9 Gulden.
567 LA Speyer, Best. B3, Nr. 2584, Bl. 162. Rechnung vom 22. August 1782.

her links des Schlosses vor, um zur Durchfahrt gelangen zu können, und kamen so an der dortigen Wachtstube vorbei. Im Erdgeschoss befand sich auch das Appartement des Herrn von Schönfeld, das aus einem Schlafzimmer mit einem Alkoven, einem Nebenzimmer, einem Toilettekabinett und einem Schreibkabinett bestand.[568] Die Wachtstube, bei der es sich eigentlich um zwei Stuben handelte,[569] wird in den Handwerkerrechnungen häufig als Definitionshilfe bezüglich des Ortes ihrer Arbeiten genannt. So berichtet beispielsweise Schreiner Jörg Bihl über seine Arbeiten *„im fligel wo der hertzog wonet über der wachstuben […]"* oder aber sein Kollege Reeß *„in dem untern stock fornen bey der Wachtstuben […]."*[570] Bihl hatte für die Wachtstube, *„woh der ofenzihr [Offizier] ist ein sesel mit Einer ronten len gemacht."*[571] Diese Wachtstube verblieb auch später an Ort und Stelle, als der Straßenflügel mit der neuen Tordurchfahrt gebaut wurde. An dieser Stelle muss festgestellt werden, dass die beiden vierachsigen Wachthäuser mit Dreiecksgiebeln, die auf dem Aquarell Le Clercs (Abb. 4) gezeigt werden und für die sich weder Hinweise in den Rechnungen noch Spuren vor Ort finden ließen, zu keiner Zeit existierten. Die Hinzufügung dieser beiden klassizistischen Bauten zeigt, wie auch später im Zusammenhang mit dem Schlossgitter nachgewiesen wird,[572] dass es sich bei diesem Aquarell nicht um eine objektive Wiedergabe des Schlosses handelt, sondern um eine Idealansicht, in der Gegebenes und Gewünschtes kombiniert wurde. Zweck solcher Veduten war es meist, in Kupfer gestochen und verbreitet zu werden, weshalb es gerade darauf ankam, das Schloss in einer Weise darzustellen, die dem Schlossherrn gebührend zur Ehre gereichte. Es war daher sogar üblich, geplante Bauten darzustellen, wenngleich sie oftmals nicht zur Ausführung kamen.

---

568 BayHStA München, Abt. IV, Serienakten 1999 N. 2 im Etat: *„In des H. von Schönfelds Zimer"*. Ob es sich dabei um den Hauptmann von Schönfeld handelte, von dem Weber berichtet, kann hier nicht geklärt werden. S. WEBER, Schloss Karlsberg, S. 171. Die Zimmer waren mit Papier tapeziert und mit einfachen Möbeln eingerichtet. An den Fenstern des Schlafzimmers und am Alkoven befanden sich Vorhänge aus „Zitz", also Baumwollchintz. Im Vorzimmer befand sich noch ein weiteres Bett für einen Bediensteten. BayHStA München, Abt. IV, Serienakten 1999 N. 2 im Etat. Dass sich diese Räume im Erdgeschoss befanden, geht aus der weiteren Aufzählung des Schadensverzeichnisses hervor, das fortgesetzt wurde mit den Worten: *„Ein anderes Zimmer im unteren Stock"*.

569 LA Speyer, Best. B3, Nr. 2584, Bl. 432v. Danach hatte der Schlosser Bubong im Oktober 1781 *„an die zwey wacht stuben"* an den dortigen Glastüren Veränderungen an den Türgriffen vorgenommen. Außerdem hatte er eine eiserne Kamintür am Kamin der Wachtstube angebracht. LA Speyer, Best. B3, Nr. 2584, Bl. 432v.

570 LA Speyer, Best. B3, Nr. 2584, Bl. 146 für Bihl und LA Speyer, Best. B3, Nr. 2584, Bl. 162 für Reeß.

571 LA Speyer, Best. B3, Nr. 2584, Bl. 142. Der Sessel mit einer runden Lehne kostete 1 Gulden 20 Kreuzer.

572 S. dazu Kap. A.IX sowie VÖLKEL, Bild vom Schloss.

b. Die Räume des ersten Obergeschosses

Das erste Obergeschoss galt stets als das „beste und bequemste, weilen es nicht hoch zu steigen ist, eine wohl temperierte Lufft, und gute Aussicht nach der Ebene des Horizonts hat; [...] Es werden demnach in den mittlern Stock billig die vornehmsten Zimmer der Herrschafft welche sowohl zu dero ordentlichen Gebrauch, als zu solennen Handlungen dienen, verlegt."[573] Entsprechend war auch das Staatsappartement des Herzogs darin untergebracht.

Die Informationen über das Appartement im Obergeschoss des neuen Flügels, die sich aus den Handwerkerrechnungen herauslesen lassen, beschränken sich weitgehend auf die Fertigstellung der Räume insoweit, als man sie im Anschluss mit Möbeln und Ausstattungselementen versah, die nicht von heimischen Handwerkern hergestellt wurden. Sowohl das Staatsappartement des Herzogs als auch sein „appartement privé" waren jene Räumlichkeiten, welche den Gästen gezeigt wurden und die den Ruf des sagenhaften Reichtums begründeten, mit welchem das Schloss so nachhaltig beeindruckte. Mannlich betonte seinen eigenen Anteil an der Innenausstattung, mit der der Herzog ihn beauftragt habe. Sie sollte „prächtig und von ebenso erlesenem wie eigenartigem Geschmacke sein [...]. Infolgedessen mussten für jeden Gegenstand Zeichnungen angefertigt werden, in vielen Fällen nach seinen eigenen Angaben: für die Damasttapeten, die in drei abstechenden Farben mit breiten Bordüren in Platt- und Goldstickerei gedacht waren, die Lehnstühle, Sessel, Parade- und Ruhebetten usw. All das wurde in Paris ausgeführt und hatte einen ungeheuren Kostenaufwand zur Folge."[574] Bau- und Chausseedirektor Wahl erinnert sich: *„Die Zimmer hingegen prangten mit allem Reichthum der Kunst. Kein Bett, Stuhl, Tisch, vorhang, Thüre Fenster, Fußboden, Offen, Kamin, Rahm der Bilder und Spiegel; kein anderes in das Auge fallendes Geräth, ware ohne Zeichnung deutscher Mahler und Architecten gemacht und wurde nie angenommen, wann es die Kritik dieser Künstler nicht aushielt; deswegen hatte Alles Beifall des Kenners und Bewunderung des Nichtkenners."*[575] Tatsächlich erwähnt Herzog Carl Eugen von Württemberg in seinem Tagebuch, das Schloss sei „mit dem äußersten Reichtum meublirt, wobey auch viel Geschmack angebracht" sei.[576] Auch Knigge schilderte den „Reichtum, der mit

---

573 FLORIN, Oeconomus, S. 864, zitiert nach KOTZUREK, Funktion, S. 27.
574 MANNLICH, Rokoko und Revolution 1966, S. 12 f. BENDER/KLEBER, Histoire, Bd. II, S. 242.
575 LA Speyer, Best. V 24 Nr. 2, Nachlassakte Wahl Bl. 55. An dieser Stelle ist die Betonung der Leistung „deutscher Maler und Architekten" vor dem durchklingenden Zorn des Autors zu verstehen, dass all dies *„auf Verordnung und Befehle der großen Nazion weggenommen und was man nicht schleppen konnte, verstöret"* wurde. LA Speyer, Best. V 24 Nr. 2, Nachlassakte Wahl, Bl. 55.
576 UHLAND, Tagbücher, S. 239.

Abb. 28: Türen mit Kameen aus Schloss Carlsberg

dem seltensten Geschmacke angebrachten Vergoldungen, Spiegel, Kronleuchter" die Augen blendete. „Man sieht da Stühle, wovon, wie man mir versichert hat, das Stück 50 neue Louisdor kostet. Was man sonst nur als Seltenheiten in den Kabinetten aufgestellt sieht, findet man hier zu Möbeln verwendet."[577] Damit erreichte Herzog Carl II. August durch die außergewöhnliche Ausstattung das Ziel jeder höfischen Prachtentfaltung: Der Grad des Eindrucks, den Architektur, Ausstattung oder die Gärten auf den Besucher machte, trug gleichzeitig dazu bei, den „Anspruch des Bauherrn auf Erhöhung" vor Augen zu führen.[578] In der Schadensliste von 1793 werden die Räume des Obergeschosses kaum erwähnt, wie es mit allen Räumen der Fall war, deren Einrichtung ausgebaut und in Kisten zunächst nach Mannheim verbracht und damit gerettet werden konnte. Lediglich die Tatsache, dass sich im ganzen ersten Obergeschoss 25 Marmorkamine befanden, die nicht mehr entfernt werden konnten,[579] findet Erwähnung.[580] Von den

---

577 Adolf, Freiherr von Knigge in seinem Brief vom 11. März 1792, zitiert nach BECKER, Karlsberg, S. 11.
578 MÖHLENKAMP, Form und Funktion, S. 122. „Im Unterschied zum Kaiser, der aufgrund seiner überragenden Stellung kaum mit dem Besuch eines noch bedeutenderen Potentaten rechnen musste, trat dieser Fall bei den Territorialherren regelmäßig ein. Durch eine repräsentative Empfangsarchitektur wurde der vornehme Gast und der Gastgeber geehrt." Ziel der höfischen Prachtentfaltung war also nicht der einheimische Adel, sondern die übrigen Reichsfürsten. MÖHLENKAMP, Form und Funktion. Damit bekommt ein Bestandteil der Aussage Knigges neues Gewicht, dass „[...] die Pracht, welche da im Schlosse herrscht, unglaublich [sei]. Man sagt, der Kaiser Joseph selbst sei darüber erstaunt." Knigge unterstreicht damit seinen eigenen Eindruck durch Hinzuziehung der damaligen höchsten Instanz.
579 Andere Kamine hatte man offensichtlich entfernt. Im kleinen Schlösschen von Zweibrücken, das Herzog Christian IV. für die Gräfin von Forbach hatte errichten lassen, hatte man die Kamine ausbauen und vergraben lassen, worauf der Hoftapezierer Richard, der zudem von dort vergrabenen Diamanten wissen wollte, später hinwies. Noch 1814 trug dieser sich an, die Kamine, die bislang noch nicht gefunden worden waren, zum Vorschein zu bringen, da er mittlerweile der einzige sei, der das Versteck kenne. Am Carlsberg habe man *„die zum dortigen Bau Magazin*

Paradezimmern war nur noch die textile Unterfütterung der Wandbespannung übrig geblieben.[581] Alle Kenntnisse über die Räumlichkeiten, die im ersten Obergeschoss des nördlichen Ehrenhofflügels existierten, erschließen sich daher ausschließlich aus den Rechnungen der Handwerker und den Listen des Handelshauses Bourjot.

aa. Die Paradezimmer

Zu den Räumen, die sich aus den Aussagen der Handwerker in ihren Rechnungen für das erste Obergeschoss nachweisen lassen, gehörte an erster Stelle das Staatsappartement des Herzogs. Dazu zählte das Paradezimmer als Hauptraum einer fürstlichen Wohnung, in welchem der Ausgestaltung die größte Vollkommenheit vor allen anderen Räumen zukommen sollte.[582] Ein solches Appartement war sowohl von seiner Einrichtung als auch von seiner Funktion her streng von einem Privatappartement zu unterscheiden. „Gemeinsam ist den Staatsappartements oder, wie sie auch genannt wurden, den Paradezimmern, daß sie keine Wohnräume im modernen Sinne waren, sondern Repräsentationsräume."[583] Insbesondere das Paradeschlafzimmer, das aus Frankreich übernommen wurde, diente nun an den deutschen Fürstenhöfen zur Erweiterung des Repertoires vornehmer Räume im „Grand Appartement", ohne dass man jedoch eine wirkliche Verwendung dafür gehabt hätte.[584] Annegret Möhlenkamp stellte dazu fest, dass sich ein Paradezimmer „funktional und ideell nicht in das traditionelle Appartement eines Reichsfürsten integrieren ließ. [...] Mit der Aufnahme des Paradeschlafzimmers in das offizielle fürstliche Appartement wird dieses umgewertet vom tatsächlich bewohnten zum reinen Repräsentationsappartement. So ergibt sich die auf den ersten Blick paradoxe Situation, daß die Repräsentationsraumfolge durch die Aufnahme eines Schlafzimmers nicht bewohnbar, sondern im Gegenteil gerade unbewohnbar wird."[585] Mannlich bestätigt dies auch bezüglich des Carlsberger Paradezimmers, als man 1791 Vorberei-

---

gehörige Effecten, als Eisen, Messing, Kupfer, Bley p." vergraben. BayHStA München, Best MF 19102. S. auch BECKER, Denkwürdiges, S. 131.
580 BayHStA München, Abt. IV, Serienakten 1999, N. 2 Im Etat: Das herzogliche Schlafzimmer. Danach wurde ein Dutzend der Kamine mit 300 Gulden, ein weiteres Dutzend mit 150 Gulden geschätzt. Der Kamin des „roten Kompaniesaales" wurde mit 660 Gulden besonders hervorgehoben.
581 BayHStA München, Abt. IV, Serienakten 1999, N. 2 Im Etat: Die Paradezimmer.
582 Dies bezog sich nach Blondels Werk „De la Distribution des maisons de Plaisance [...]" auf die Symmetrie, den Reichtum, den Stil und die perfekte Regelmäßigkeit in Disposition und Möblierung. S. HOJER/OTTOMEYER, Möbel, S. 16.
583 KOTZUREK, Funktion, S. 32. Zu Staatsappartements KOTZUREK, Funktion, S. 30 ff.
584 MÖHLENKAMP, Form und Funktion, S. 116.
585 MÖHLENKAMP, Form und Funktion, S. 116 f.

Abb. 29: Jacob, Georges, Paradebett aus Schloss Carlsberg
Paris 1781/82, Nussbaum geschnitzt, vergoldet

tungen getroffen hatte, um gegebenenfalls Ludwig XVI. und die Königin Marie-Antoinette auf ihrer Flucht beherbergen zu können: „Das Paradebett, in dem noch niemand geschlafen hatte, wurde für den König bereitgestellt."[586] Sowohl dieses Paradebett (Abb. 29) als auch zwei große Fauteuils, ein Konsoltisch und Kaminschirme wurden 1793 gerettet und sind heute mit Ausnahme der Feuerschirme im ehemaligen Hofgartenzimmer der Residenz München zu sehen.[587]

In der Raumfolge eines solchen Appartements musste man, um zum Paradezimmer zu gelangen, zunächst ein Vorzimmer betreten. Die Ausstattung dieses Appartements, das der Repräsentation diente, folgte strengen Regeln, die auf einer Steigerung der Pracht der Ausstattung vom ersten Vorzimmer bis zum Audienzraum und dem Kabinett beruhten. Ein solches Vorzimmer war nur Personen von entsprechendem Stand überhaupt zugänglich und bedurfte daher der angemessen reichen Ausstattung und Möblierung. Im Vorzimmer vor dem Paradeschlafzimmer wurden aufwändige Lambris angebracht. Schreiner Schoeller berechnete auch zwei paar Nachtläden für das Vorzimmer des Paradeschlafzimmers zu je 27 Gulden. Von ihm stammen auch zwei hochwertige Türen des Paradeschlafzimmers und zwei ebensolche Türen der Vorzimmer.[588] Eine Sitzgarnitur, mit dem Etikett „Anti-

---

586 MANNLICH, Rokoko und Revolution 1966, S. 246.
587 HOJER/OTTOMEYER, Möbel, S. 270. Die Feuerschirme befinden sich im Schlossmuseum Berchtesgaden. S. dazu die Abbildung in OPPEL, Schloß Berchtesgaden, S. 63. Dort wurden sie unzutreffend in das Jahr 1750 datiert. Vgl. OPPEL, Schloß Berchtesgaden, S. 62.
588 LA Speyer, Best. B3, Nr. 2584, Bl. 175. Rechnung des Schreinermeisters Johannes Schoeller vom 25. Juli 1781. 10 Klafter 1 Schuh wurden zu einem Preis von Preis pro Clafter für Holz und Arbeitslohn von 14 Gulden angefertigt. Zum Vergleich: Das Klafter kostete für den Bildersaal 6 Gulden 30 Kreuzer. Im Kompaniesaal der Herzogin im Erdgeschoss wurden Holzvertäfelungen zu 12 Gulden 30 Kreuzern per Klafter angebracht. Das hier für das Paradezimmer angegebene Maß entspricht einer Länge von 39,30 Metern. Die Arbeit wurde mit 142 Gulden und 40 Kreuzern berechnet.

chambre N° 8 h" versehen und vom Handelshaus Bourjot unter eben dieser Bezeichnung in der Lieferliste verzeichnet,[589] könnte diesem Raum zugeordnet werden.[590] Diese vergoldeten Sitzmöbel aus der Werkstatt George Jacobs, heute zum Bestand der Carlsberger Möbel in der Residenz München gehörig und ursprünglich aus 14 Sesseln, zwei Bergèren und einem Kaminschirm bestehend, waren mit grauem Atlas und goldenen Stickereien bezogen. Die Sessel vom Typus „à la Reine" waren zur Aufstellung entlang der Raumwände gedacht und entsprachen dem formalen Anspruch eines solchen Raumes.[591] Da es ein seltenes Privileg war, bei Hof zu sitzen, blieb die Mitte dieser Räume frei, um Raum für die Versammlung der stehenden Hofgesellschaft zu lassen.[592]

---

589 LA Speyer, Best. B2, Nr. Nr. 3247: „Pour L'Antichambre N° 8 h", Bl. 37. Dazu wurden Ellen grüner und rosafarbener Seide sowie passende Schnüre und Borten geliefert.
590 S. HOJER/OTTOMEYER, Möbel, S. 192. SCHNEIDER, Schlösser, S. 242. Die bisherige Zuordnung dieses Raumes erfolgte auf Grund der Nummerierung, da das Paradezimmer ebenfalls eine einstellige Nummer (9 I) besitzt und kein anderes Vorzimmer auf Grund seiner Nummerierung besser zum Paradezimmer passt. Diese zunächst durchaus schlüssige Annahme erwies sich jedoch auf Grund der Tatsache als angreifbar, als sich das Vorzimmer 7 G, das mit der gleichen Begründung zum Paradeappartement gezählt wird, (HOJER/OTTOMEYER, Möbel, S. 191) ausweislich des Etiketts im Erdgeschoss befand. Es kann daher nicht als Vorzimmer des Herzogs in Frage kommen, da sich das Paradezimmer im ersten Obergeschoss befand. Es zeigte sich, dass nicht zwingend die Reihenfolge der einstelligen Zahlen die Raumfolge anzeigte. Vielmehr war es die Reihenfolge der Räume, wie sie im Verzeichnis des Handelshauses Bourjot vorgenommen wurde, die eine schlüssige Zuordnung erlaubte. Hinsichtlich dieses Raumes kommt als Begründung für die Annahme, dass es sich beim Vorzimmer N° 8 h tatsächlich um das Vorzimmer des Paradezimmers handelt, nicht zuletzt der Preis der Möbel hinzu. Jeder der 14 Fauteuils kostete 195 livres, wozu noch die Kosten der Vergoldung von jeweils 162 livres pro Sessel hinzuzurechnen sind. Damit stehen die Kosten der Möbel dieses Raumes über denen der übrigen Vorzimmer und passen zur herausgehobenen Stellung des herzoglichen Vorzimmers.
591 HOJER/OTTOMEYER, Möbel, S. 192 f. Zu dieser großen vergoldeten Garnitur aus 14 Armsesseln, zwei Bergèren und einem Kaminschirm, deren Bezug aus grauem Atlas mit Goldstickereien bestand, wurden ebenfalls zwei Türaufsätze sowie viele Ellen Borten und Schnüre aus Seide mitgeliefert. LA Speyer, Best. B2, Nr. 3247.
592 Gesellschaftliche Anlässe wurden im Stehen oder Gehen vollzogen. „In Gegenwart des Fürsten sitzen durften nur die ihm im Rang gleichgestellten Gäste, Besucher und Hofadelige von niederem Rang mussten stehen." KOTZUREK, Funktion, S. 420. Mannlich erwähnt diese Tatsache innerhalb einer Anekdote, wonach der Abt Salabert und er selbst nach einer anstrengenden Jagd beim Herzog weilten, der seinerseits in seinem Sessel über der Lektüre eingeschlafen war. Mannlich und Salabert harrten stehend aus, doch „differens besoins nous préssoient", und man trat von einem Fuß auf den anderen, vergeblich wartend, dass der Herzog endlich erwachte, um sie zu entlassen. Mannlich stieß schließlich einen Stuhl um, der polternd auf das Parkett kippte. BENDER/KLEBER, Histoire, Bd. II, S. 323.

Der Boden des Paradezimmers wurde – gemessen am Preis von 500 Gulden – mit dem hochwertigsten Parkettboden des gesamten Schlosses ausgestattet.[593] Der Schreiner Christian Reeß war in den seitlichen Kabinettchen des Alkovens tätig, wo er die Lambris anfertigte.[594] Diese Notiz ist besonders interessant, insofern der Schreiner angab, *„[…] im Barade Zimer wo daß Bet steht"* gearbeitet zu haben, und damit seine Form des Stolzes kundtat, in diesem Raum tätig gewesen zu sein. Dieses Paradebett aus der Pariser Werkstatt von George Jacob (1739–1814), heute in Raum 36 der Münchener Residenz gezeigt, weckte schon in der Zeit seiner Herstellung große Bewunderung und wurde in damaligen Publikationen beschrieben.[595] Das Möbelensemble und die damit zusammenhängenden aufwändigen Arbeiten wurde detailliert in der Kostenaufstellung Bourjots am 5. März 1782 für die Ausstattung des „Chambre de Parade N° 9 I" aufgelistet.[596] Zu diesem Paradebett (Abb. 29), das in einer Alkovennische auf einer Estrade hinter einer Balustrade mit 34 vergoldeten Balustern zu stehen kam, gehörten ein Baldachin, vier vergoldete korinthische Säulen mit reich geschnitzten Kapitellen und ein vergoldeter Schild, der über dem Bett angebracht war.[597] Dazu passend wurden zwei Thronsessel, zwei Feuerschirme und ein Konsoltisch aus der Werkstatt George Jacobs geliefert. Allen Möbeln gemein waren die

---

593 LA Speyer, Best. B3, Nr. 2584, Bl. 175. Die zwei Türen des Paradeschlafzimmers und die des Vorzimmers *„mit erhabenen Kehlstösse u. futter u. bekleidung"* wurden pro Stück mit 48 Gulden, zusammen also 192 Gulden berechnet. Den Boden des Paradezimmers aufzufüttern und mit einem Blindboden zu belegen kostete 12 Gulden.

594 LA Speyer, Best. B3, Nr. 2584, Bl. 167, Am 10. November 1783 berechnete der Schreiner Christian Reeß 90 Gulden dafür, dass im *„alkof Zimer und in die Zwey Cabinetiger auch im Barade Zimer wo daß Bet steht 15 Clafter Lambri gemacht mit erhabnen Kehl stöse per Clafter Vor Holtz und arbeits Lohn 6 fl."*.

595 HOJER/OTTOMEYER, Möbel, S. 194 f. Nach der Fertigstellung des Bettes wurde es in der Werkstatt des Vergolders Ménage öffentlich aus- und im „Journal de Paris" vom 10. März 1782 vorgestellt. Ein vergleichbares Bett wurde für König Ludwig XVI. für St. Cloud hergestellt. Das Bett befindet sich heute in Schloss Fontainebleau. Zum Typus eines Bettes „à la Romaine" s. HOJER/OTTOMEYER, Möbel, S. 196.

596 Eine genaue Auflistung jener Stoffe und Möbel für das „Chambre de Parade N° 9 I" s. LA Speyer, Best. B2 Nr. 3247. In Auszügen, die Möbel betreffend, abgedruckt in HOJER/OTTOMEYER, Möbel, S. 299. Während sich die Kosten der Herstellung auf nahezu 10.000 livres beliefen – ohne dass darin die Kosten für Bettvorhänge, Kissen und Decken aufgenommen wären – kamen noch die Kosten der Vergoldung des Bettes von 7900 livres hinzu. LA Speyer, Best. B2, Nr. 3247, Bl. 44v. Eine ausführliche Beschreibung des Bettes s. HOJER/OTTOMEYER, Möbel, S. 196.

597 Die Aufzählung all dieser Elemente samt der Kosten findet sich in Bourjots Lieferliste in LA Speyer, Best. B2, Nr. 3247, Bl. 44v. HOJER/OTTOMEYER, Möbel, S. 194 mit einer Abbildung des Schildes, das zu den Kriegsverlusten der Carlsberger Bestände in der Münchner Residenz zählt.

Abb. 30: Monot, Martin-Claude, Psyche und Amor
Aus dem Paradeschlafzimmer von Schloss Carlsberg, Paris 1781

Motive der kannelierten jonischen Säulen, des Sonnenhauptes, der Löwenhäupter, der Füllhörner mit hervorquellenden Blüten, der Lorbeerzweige und der Pinienzapfen. Der Entwurf dieses Bettes, dessen Komposition als recht unfranzösisch beschrieben wird, sowie des übrigen Mobiliars geht auf Christian von Mannlich zurück.[598] Zur Ausstattung des Paradezimmers gehörten zwei Marmorfiguren, Amor und Psyche darstellend (Abb. 30), die von Martin-Claude Monot (1733–1803) geschaffen wurden und vermutlich seitlich des Bettes aufgestellt waren.[599] Die Farben der Wandbespannungen und Vorhänge aus grüner

---

[598] S. Ottomeyer in: Hojer/Ottomeyer, Möbel, S. 194. Mannlich selbst versäumt nicht zu erwähnen, dass er nach den Wünschen des Herzogs neben Entwürfen für Wandbespannungen, Sessel, Stühle und Ruhebetten auch den Entwurf des Paradebetts anfertigte. Bender/Kleber, Histoire, Bd. II, S. 242. Mannlich, Rokoko und Revolution 1966, S. 212.
[599] Im Livret du Salon von 1781 ist zu lesen: „Au septembre 10 jusqu'a la fin du même mois, on verra dans l'atelier de M. Monnot cour du Louvre deux figures en marbre de grandeur naturelle. C'est le moment ou Psyché vient voir l'Amour. Les figures sont destinées à orner le lit de S.A.S.M. le prince de Deux-Ponts." Zitiert nach Roland, Maler S. 322. Zu den Skulpturen s. ausführlich Ottomeyer, Amor und Psyche, S. 263–269. Hojer/Ottomeyer, Möbel, S. 195.

und weißer Seide, verziert mit einem Dekor aus Rosen- und Mohnblüten sowie drei Trumeauspiegel mit aufwändigen Rahmen, das Glas aus jeweils einem Stück geschaffen,[600] vervollständigten den Raumeindruck.

bb. Der Kompaniesaal des ersten Obergeschosses

Neben einem so genannten Tanzsaal „*in der 2ten Etage in dem ersten Neuen flügel gegen dem Hoff*"[601] befand sich das Kompaniezimmer[602] oder auch „*Combanisahl*" genannt.[603] Man verlegte in diesen Raum ebenfalls zuerst einen Blindboden und anschließend das Parkett.[604] Schreiner Christian Reeß hatte für diesen Raum zwei aufwändig gestaltete große zweiflügelige Türen mit tiefen Türfuttern in Rechnung gestellt.[605] Sein Kollege Schoeller stattete den Raum gemeinsam mit Schreiner Bihl[606] anteilig mit Wandverkleidungen und Fensterumrahmungen aus. Schoeller erwähnte in einer Spezifikation, er habe „*Lambris in die zwey Compagnie Zimmer u in ein SchlaffZimmer in der Zweyten Etage […]*" angefertigt, speziell die „*Lambris in den Compagnie Saal in der 2t Etage gegen den Hoff […]*".[607] Die Hofseite dieses Flügels zeigt nach Süden und bot damit die hellste und freundlichste Möglichkeit einer Unterbringung der großen herzoglichen Appartements.

---

600 LA Speyer, Best. B2 Nr. 3247. Die Spiegelstücke kosteten, ohne Rahmung und Spiegelfolie, 1672 livres.
601 LA Speyer, Best. B3, Nr. 2584, Bl. 185v. Der Schreiner Schöller hatte für diesen Kompaniesaal zwei Trumeaus gemacht.
602 LA Speyer, Best. B3, Nr. 2584, Bl. 139, Rechnung des Schreiners Jörg Bihl vom 3. September 1782, wo neben vielerlei anderen Arbeiten im Schloss, die sich auch über einen längeren Zeitraum hinzogen, erst vom „*thantz sall*" im ersten Obergeschoss und anschließend von Arbeiten „*neben dem sal in dem Kumni Zimer*" die Rede ist.
603 LA Speyer, Best. B3, Nr. 2584, Bl. 163, Rechnung des Schreiners Reeß vom 22. August 1782. Dieser lokalisierte den Kompaniesaal „*bey grosen sahl*".
604 LA Speyer, Best. B3, Nr. 2584, Bl. 138. Die Blindböden wurden mit 11 Klaftern 2 Schuh bemessen und mit 45 Kreuzern pro Klafter berechnet. Das Parkett für die gleiche Fläche kostete 1 Gulden pro Klafter. 8 Klafter 4 Schuh der Wandverkleidungen kosteten 6 Gulden pro Klafter, insgesamt also 52 Gulden.
605 LA Speyer, Best. B3, Nr. 2584, Bl. 138. Für diese Arbeit berechnete er für eine Tür 32 Gulden. Dieser Preis spricht für die aufwändige Arbeit.
606 Jörg Bihl hatte 8 Klafter 4 Schuh der Lambris zum Preis von 6 Gulden pro Klafter übernommen. LA Speyer, Best. B3, Nr. 2584, Bl. 138. Dazu kamen „*in obigen Zimer 2 fenster mit boserien undt schambaram mit verhobnen Kölstös oben runt tut Ein fenster vor hols und arbeits lon 16 fl.*" LA Speyer, Best. B3, Nr. 2584, Bl. 138.
607 LA Speyer, Best. B3, Nr. 2584, Bl. 175, Rechnung vom 25. Juli 1781. LA Speyer, Best. B3, Nr. 2584, Bl. 178v. Für die Vertäfelungen im Kompaniesaal des ersten Obergeschosses zum Hof berechnete er pro Klafter 14 Gulden. (Er zählte das Erdgeschoss der Herzogin als erste Etage).

Die Wandvertäfelungen „*in den Compagnie Saal neben die fenster u über die fernster vor die ganz Wand zu sammen*", berechnet für vier Fenster, gehörten ebenfalls zu den Aufgaben von Schreiner Schoeller.[608] Daraus ergibt sich, dass dieses Kompaniezimmer – wie auch der Salon de Compagnie der Herzogin – vier Fenster hatte. Zwei Fenster dieses Raumes wurden von ihm mit Boiserien und Fensterverkleidungen, ebenfalls mit eingeschobenen Kehlstößen, versehen, wobei „*boserien undt schambraram mit verhobnen Kölstös oben runt*" waren. Eine Fensternische zu verkleiden kostete mit Holz und Arbeitslohn 16 Gulden. Er lieferte drei Trumeaus für den Kompaniesaal, wobei es sich bei einem um ein „*Groß Trumeaux*" handelte.[609] Auch Schreinermeister Johannes Bihl hatte „*in gemeltem fligel in dem kombnie Zimmer Ein trimo mit zwey Biluster und ein rahm hinter die Vergulten Spigel rahm [...]*" beigetragen.[610] In der Lieferliste Bourjots sind für den Salon de Compagnie zwei Spiegel aufgezählt, die aus einem Stück gearbeitet wurden.[611]

Die gleiche Liste führt mit dem Datum des 5. März 1782 für den „Sallon N° 12 E" an Möbeln „2 Grands Canapés à L'antique", „2 Bergeres en tête a tête", 12 fauteuils courants en Cabriolet" und ein „Ecran", also einen Kaminschirm, auf.[612] Auch diese vergoldete Garnitur, die in Teilen erhalten ist, wird von Brigitte Langer als „von besonders hoher Qualität der Ausführung" beschrieben (Abb. 31).[613] Den Rückenrahmen ziert eine geschnitzte Bekrönung aus einem

---

608   LA Speyer, Best. B3, Nr. 2584, Bl. 180. Er berechnete „*[...] mit Holtz u arbeit 15 fl.*", insgesamt 60 Gulden.
609   LA Speyer, Best. B3, Nr. 2584, Bl. 180. Für zwei dieser Trumeaus verlangte er pro Stück 16 Gulden, während das dritte größere Möbel 20 Gulden kostete.
610   LA Speyer, Best. B3, Nr. 2584, Bl. 237. Er verlangte dafür 14 Gulden. Für den Rahmen „hinter dem Spiegelrahmen" gab er eine Höhe von 8 Schuh 6 Zoll (2,76 Meter) und eine Breite von 5 Schuh 4 Zoll (1,73 Meter) an.
611   LA Speyer, Best. B2, Nr. 3247 vom 7. August 1781. Die beiden Spiegel kosteten – ohne die Spiegelfolie, die gesondert für alle 19 bestellten Spiegel zusammen mit 2775 livres berechnet wurde – 3040 livres. Auch dieser Preis ist in dieser Höhe nur noch mit dem des Salons N° 14 N der Herzogin zu vergleichen, für den jedoch drei Spiegel geliefert wurden.
612   LA Speyer, Best. B2, Nr. 3247. In Auszügen, die Möbel betreffend, abgedruckt in HOJER/OTTOMEYER, Möbel, S. 299. Genaue Beschreibung der Möbel s. HOJER/OTTOMEYER, Möbel, S. 203 f., S. 206 f., S. 273 f. Für einen Sessel wurden für Holz und Schnitzerei 125 livres pro Stück angegeben, für die Bezüge aus grauem Atlas mit goldener Stickerei jeweils 195 livres, die Vergoldung mit zusätzlichen 296 livres, so dass sich die Kosten eines einzigen Sessel auf 616 livres beliefen. Möbel eines vergleichbaren Ranges finden sich lediglich im Salon de Compagnie der Herzogin, deren „fauteuils meublants tres riches" pro Stück zusammen 713 livres kosteten. LA Speyer, Best. B2, Nr. 3247, zu „*Sallon N° 14 N*". Auch die Londoner Wallace Collection besitzt zwei Kanapees, die in Typus und Dekor den beschriebenen Möbeln entsprechen. HOJER/OTTOMEYER, Möbel, S. 205.
613   HOJER/OTTOMEYER, Möbel, S. 205.

stehenden Blütenkranz mit seitlich eingesteckten Lorbeerzweigen, wobei „die Lorbeerblätter der Bekrönung eine zum Teil geschnitzte, zum Teil in den Kreidegrund der Vergoldung gravierte Binnenzeichnung der Blattadern"[614] zeigen, was ein Zeichen für die Feinheit der Verarbeitung ist, gleichzeitig aber auch als typisch für die Qualität der Werkstatt George Jacobs angesehen wird. Die Raumtextilien bestanden aus grauem, grünem und weißem Damast, verziert mit einer Bordüre mit Mohnblumendekor. Die Ausstattung dieses Saales im ersten Obergeschoss bildete, sowohl in der ungefähr zu ermittelnden Größe mit vier Fensterachsen, als auch hinsichtlich der Ausstattung die exakte Entsprechung zum Salon de Compagnie der Herzogin im Erdgeschoss.

Abb. 31: Jacob, Georges, Fauteuil ‚à la Reine' Paris, 1781–82, Nussbaum gedrechselt, geschnitzt, vergoldet

cc. Das Appartement des Herzogs

Laut den Angaben der Handwerker gelangte man vom Kompaniesaal in das Schlafzimmer des Herzogs, das jedoch nicht mit dem zuvor beschriebenen Paradezimmer verwechselt werden darf![615] Überhaupt beziehen sich die ersten Hinweise aus den Bauakten, welche die Fertigstellung eines Raumes im neuen Flügel betreffen, auf das Schlafzimmer des Herzogs. Dieses Schlafzimmer befand sich jedoch ursprünglich in der Mansarde. Erst mit der Vergrößerung des Flügels kam es zum Umzug in das erste Obergeschoss. Der Schreiner Johannes Daniel gibt in einer Rechnung vom 20. Januar 1780 an, er habe drei Latten angefertigt „*Vor gesimser zu zihen im hertzog sein schlaff Zimer*".[616] Seine Rechnung vom 2. April 1780 besagt, er habe vier Modelle für Säulen im herzoglichen Schlafzimmer angefertigt, ebenso „*die rich scheiter gemach vor die Ver-*

---

614 HOJER/OTTOMEYER, Möbel, S. 205.
615 Der Schreiner Schoeller hatte zwei Trumeaux für den Kompaniesaal im ersten Obergeschoss angefertigt und „*Noch einen Grossen trumeaux in das Schlafzimmer neben dem ob bemelten Saal*". LA Speyer, Best. B3, Nr. 2584, Bl. 185.
616 LA Speyer, Best. B3, Nr. 2578, Bl. 81.

schenung der Säulen".[617] Diese Säulen trennten vermutlich die Alkovennische vom übrigen Zimmer. Vom 14. März bis zum 9. Juni hatte der Bildhauer Göttelmann dort gearbeitet, denn der Carlsberger Wirt Peter Schandong gibt an, dass er auf Veranlassung von Kammerrat Mannlich den *„Hofbildhauer Carel Göttelmann"* über 73 Tage hinweg verköstigt habe *„wie er für Ihro Durchlaucht auf dem Carelsberg, an dem Schlafzimmer gearbeitet hat."*[618] Auf eine Veränderung des Kamins im herzoglichen Zimmer bezieht sich eine Notiz des Schreiners Johannes Bihl im Juli 1780, wonach am Friesboden gearbeitet werden musste, *„seit die lambrie in dem hertzog sein Zimmer Verentert weil das Kamin ist ver setzt worten In dem triten stock dut arbeits Lon 1 fl. 30."*[619] Im Anschluss an das Schlafzimmer, das im Gegensatz zum Paradeschlafzimmer wirklich genutzt wurde, führte eine Tür in ein Kabinett. Schreiner Jörg Bihl arbeitete im Dezember 1780 am Schlafzimmer des Herzogs und lieferte für des *„turchleististem Hertzog seinem schlaf Zimer in daß gawinetgen Ein schang mit 2 diren mit verhobnen Kolstöß".*[620] Weil der Schrank erst im „Kabinettchen" aufgestellt wurde, als die Wandverkleidungen schon angebracht waren, mussten die Lambris nachträglich verändert werden. Außerdem wurden sowohl der Fries als auch das Parkett im Schlafzimmer wieder aufgebrochen und neu gelegt *„wegen ver Enterung des Kamins."* Anschließend wurde dort ein Trumeau *„aus einnanter gemacht Kirtzer undt breiter undt auff das Kamin gestellet."* Schließlich berechnete der Schreiner im herzoglichen Schlafzimmer an *„3 Löcher mit Nacht läthten undt schambaram mit verhobnen Kölstöß."* Dass das Schlafzimmer demnach drei Fenster hatte, wird durch eine Schlosserrechnung gestützt.[621] Ebenfalls im Dezember wurden *„in 2 kaffnet gesimser gemach an die deck im ihr turchlauch sein schlaff zimer sein in den zwey kaffnet 44 sch [...]."*[622] Dabei

---

617 LA Speyer, Best. B3, Nr. 2576, Bl. 149. Die Schreiner fertigten mehrfach die Modelle für Gipser, mit denen die Gesimse gezogen wurden oder auch – wie hier – ein Richtscheid, also ein Lineal um gerade Flächen und Kanten zu erlangen.
618 LA Speyer, Best. B3, Nr. 2956, #1264. Dafür wurde eine Summe von 36 Gulden und 30 Kreuzern errechnet. Karl Göttelmann war in den Jahren 1775 bis 1779 Pensionär des Herzogs in Paris. 1779 wurde Göttelmann aus Paris zurückbeordert, 1783 zum Hofbildhauer ernannt und blieb bis zu seiner Entlassung 1795 in zweibrückischen Diensten. Er folgte Herzog Maximilian Joseph nach München, fand jedoch dort zunächst keine Anstellung. Dazu vertiefend ROLAND, Maler, S. 316 ff.
619 LA Speyer, Best. B3, Nr. 2584, Bl. 218.
620 LA Speyer, Best. B3, Nr. 2584, Bl. 132. Die Rechnung datiert auf den ‚28. Christmont [Dezember] 1780'. Der Schrank wurde zum Preis von 6 Gulden 6 Batzen hergestellt.
621 Auch Schlossermeister Bubong hatte in *„Ihro Durchlaucht Schlaf Zimmer alda 3 par Nacht Laten an fenster beschlagen [...]."* LA Speyer, Best. B3, Nr. 2584, Bl. 381. Rechnung vom 12. Dezember 1780.
622 LA Speyer, Best. B3, Nr. 2592, Bl. 6v. (S. Anhang C.I.4) 44 Schuh entsprechen einer Gesamtlänge von 14,29 Metern. Die Gesimse aus Holz zu fertigen und anzubringen kostete pro Schuh 12 Kreuzer.

wird es sich um die Deckengesimse der seitlichen Kabinette des Alkovens gehandelt haben.

Die Unterbringung des Schlafzimmers in der Mansarde wurde später jedoch aufgegeben, denn der Schreiner Johannes Bihl gibt in einer Rechnung vom Dezember 1780 an, *„wie der durchlauchtigste hertzog in den untern stock ist gezogen habe ich den sommer laten und fenster nach geholfen."*[623] So ergibt die Nachricht des Schreiners Michael Bihl vom Dezember 1780 einen Sinn, wonach im Schlafzimmer Herzogs der Alkoven samt den Kabinetten, der vergoldeten Leisten, der Lambris abgebrochen wurde *„undt aus allen leisten die negel herausgezogen undt alles ins machsin gethragen* [wurde] *tut arbeitslon 7 fl."*[624] Man richtete erst nach der Verlängerung des Schlossflügels das Schlafzimmer im ersten Obergeschoss ein, weshalb die abgebrochenen Teile im Magazin eingelagert wurden. Während der gesamten Zeit hatte der Herzog sein ursprüngliches Schlafzimmer im Corps de logis noch nicht aufgegeben. Dies besagt eine Angabe des Schlossers Bubong vom August 1781, wonach er einen *„schellen Zug gemacht aus dem Krot Loschi aus dem schlafzimer ihro Durg Laucht Bis in den fligel in den Kamer tiner Zimer [...]."*[625] Auch in den Erinnerungen Mannlichs ist durchgehend von Privaträumen des Herzogs die Rede, die sich auch in den Rechnungen nachweisen lassen. In den Lieferlisten von Bourjot wurden entsprechend Möbel aufgelistet, welche ausdrücklich „pr. [pour] l'appartement d'usage de Monseigneur" gedacht waren. Dazu gehörten unter anderem drei Ottomanen, 24 Fauteuils, 12 Stühle, zwei Kanapees, ein Bett „de forme nouvelle", Gueridons und Trumeaus mit Spiegelrahmen.[626] In diesen privaten Räumen befanden sich beispielsweise *„2 babengeien this* [Papageientische] *mit geisfiß [...] und auf die bleter stanen* [Stangen] *mit seselen woh die fögel auff sitzen undt obige this gelb an gestrichen [...]."* Auch Mannlich berichtet davon, dass es in den privaten Räumen des Herzogs von Vögeln nur so wimmelte.[627]

Der Schreiner berechnete nun, er habe *„in hertzogs schlaf Zimer undt gabinetgen auff gefitert tut arbeits lon von den 2 Zimer 4 fl."* Dann wurde in diesen Zimmern das Parkett verlegt, das 15 Klafter ohne die Fensternischen und Türen ausmachte. Auch hier wurden die Parketttafeln von einem Fries von insgesamt

---

623 LA Speyer, Best. B3, Nr. 2584, Bl. 223v.
624 LA Speyer, Best. B3, Nr. 2584, Bl. 269v. Die Rechnung datiert auf 28. Christmont 1780.
625 LA Speyer, Best. B3, Nr. 2584, Bl. 417. Rechnung vom 18. Dezember 1781 über den Zeitraum eines halben Jahres. Diese Klingel zum Kammerdiener wurde samt der Schelle, die der Schlosser mitlieferte, mit 4 Gulden berechnet.
626 LA Speyer, Best. B2, Nr. 3247, Bl. 29. HOJER/OTTOMEYER, Möbel, S. 298.
627 LA Speyer, Best. B3, Nr. 2584, Bl. 143. MANNLICH, Rokoko und Revolution 1966, S. 238.

130 Schuh eingefasst.[628] Die Arbeit des Schreiners Johannes Daniel[629] stützt diese These der Verlegung des Schlafzimmers, da er von Vorfenstern „unten beim Schlafzimmer" spricht. In die beiden Räume wurde außerdem noch an Parkett „*4 sticker in die fenster gemacht undt gelecht*". Im November 1780 hatte der Schlossermeister Bubong eine „*glaß Thür beschlagen neben Durchlauchten Schlaf Zimmer im fliegel im untern Stock [...]*."[630] Vor diese Tür wurde eine zweite gesetzt, denn die Rechnung benennt eine „*Thür vor der glaß Thür, im Stein beschlagen, mit winckel und Kreutz bant, 3 Riegel, ein pollirt schiesent fallen Schloß in der Thür [...]*. Dies lässt den Schluss zu, dass die Glastür auf einen der oben genannten Balkone auf der Rückseite des Flügels führte, zumal sie, wie auch die Fenster des Schlafzimmers, von innen verdunkelt werden konnte. Die Verdunkelung erfolgte „*Vor der glaß Thür*", wo der Schlosser „*2 Nacht Laten beschlagen [...]*" hatte.[631] Im Juli des Jahres 1781 berichtete der Schreiner Jörg Bihl, in der Vergangenheit „*an hertzogs schlaf Zimmer an 6 fenster forfenster*"[632] angebracht zu haben. Vorfenster wurden im Winter zur Isolation zusätzlich außen in der Fensteröffnung befestigt. Ein Stück zusätzlich eingefügter Boiserie „*in den fligel ins hertzogs gabinet ist hoch 8 schu breit 8 zoll*"[633] gibt die Höhe der Wandvertäfelung an. Schreiner Michael Bihl arbeitete ebenfalls im Vorzimmer und im herzoglichen Kabinett des ersten Obergeschosses, wo er Blindböden, Parkett und die erforderlichen Parkettstücke für die Fensternischen verlegte. In seinen Angaben ist von vier Parkettstücken in den Fenstern die Rede,[634] was letztlich der Aufteilung von vier Fenstern für das Schlafzimmer, zwei für das Vorzimmer und zwei Fenstern für das Kabinett

---

628 LA Speyer, Best. B3, Nr. 2584, Bl. 270. Für die beiden Zimmer wurden 18 Klafter 3 Schuh 6 Zoll Lambris angefertigt, das Klafter zu 6 Gulden 30 Kreuzer. Die Friesumfassung maß 42,22 Meter für die beiden Räume.
629 LA Speyer, Best. B3, Nr. 2592, Bl. 783. Er hatte „*[...] 3 for finster gemach Unten bey ihr turchlauch sein schlaff Zimer tut ein Jedes finster mit hols Unt arbeit lon 6 fl.*" Die Rechnung datiert auf den 4. März 1781.
630 LA Speyer, Best. B3, Nr. 2584, Bl. 381. Die Tür wurde „*mit 6 fisch 2 Langen pollirten Riegel 2 Kurtzen ein pollirt Schiesent fallen Schloß samt 6 banck eisen vor die Rahm zu befestigen*" befestigt und ausgestattet.
631 LA Speyer, Best. B3, Nr. 2584, Bl. 381. Der Nachtladen war 8½ Schuh hoch (2,76 Meter). Drei paar Nachtläden waren an den Fenstern in „*Ihro Durchlaucht Schlaf Zimmer*" zu beschlagen. LA Speyer, Best. B3, Nr. 2584, Bl. 381.
632 LA Speyer, Best. B3, Nr. 2584, Bl. 134. Die Vorfenster kosteten pro Stück 6 Gulden 30 Kreuzer. Damit hatten das Herzogsschlafzimmer und das anschließende Kabinett zusammen vermutlich sechs Fenster.
633 LA Speyer, Best. B3, Nr. 2584, Bl. 134. Die Boiserien maßen 2,60 x 0,22 Meter.
634 LA Speyer, Best. B3, Nr. 2584, Bl. 278. Rechnung vom 3. September 1782. Die Böden des Vorzimmers und des Kabinetts hatten zusammen 20 Gulden und 40 Kreuzer gekostet, zuzüglich eines umlaufenden Frieses und den Fensterstücken, was noch einmal mit 9 Gulden 48 Kreuzern berechnet wurde.

entspräche. Er lieferte obendrein für *„obige 2 Zimer 2 diren Jete mit 2 fligel mit Ver hobnen Kölstös mit breit futer bekleitong [...]."*⁶³⁵

Im Dezember 1781 war man mit den Arbeiten im herzoglichen Schlafzimmer so weit, dass der Schreiner Schoeller für Arbeiten *„in den gantz neuen flügel"*⁶³⁶ eine Rechnung aufstellte. Danach hatte er *„einen Alcoven in Ihre Durchl: Schlafzimmer vor Holtz u Arbeit u vor 4 Tragstein welche ich fertig gemacht und die gesems"* zum Preis von 80 Gulden gebracht. Außerdem berechnete er *„Lambris in das nehmliche Zimmer 5 Clafter 4 Schuh 6 Zoll."*⁶³⁷ Für die *„zwey Cabinet neben Ihr. Durchl. Alcoven"* wurden Lambris mit einer Länge von 5 Klaftern mit Türen angebracht. Andreas Gitzner, der bereits als Bildhauergeselle unter Bildhauermeister Nikolaus Göttelmann am Jägersburger Schloss tätig war,⁶³⁸ sich am Carlsberg jedoch hauptsächlich als Tüncher betätigte, reichte im Mai 1782 eine umfangreiche Rechnung ein. Im Schlafzimmer des Herzogs hatte er sechs Türen und im herzoglichen Kabinett ein Gesims von 16 Schuh und 8 Zoll Länge mit weißer Leimfarbe angestrichen.⁶³⁹ Im August 1782 wurden laut Rechnung des Schreiners Schoeller *„zwey grosse Spiegel rahmen gemacht in Ihre Durchl. Schlaffzimmer."*⁶⁴⁰ Zu dieser Angabe kann die passende Information der Lieferliste Bourjots hinzugefügt werden, nach welcher für das Schlafzimmer mit der Bezeichnung N° 13 F zwei Spiegel zu je zwei Stücken geliefert wurden.⁶⁴¹ Für dieses Schlafzimmer wurden 97 Ellen „Damas Arabesque fond vert gris et blanc" sowie 48 Ellen einer Bordüre aus Rosengirlanden geliefert. Die hölzernen Bestandteile und vergoldeten Schnitzereien eines Alkovens, den die Handwerker vor Ort nur noch in das Zimmer schaffen und aufbauen mussten, und dessen seitliche Kabinettchen, dazu ein Bett „à la Romaine" mit Bettzeug sowie sechs Sessel, zwei Bergèren, zwei passende Stühle und ein Kaminschirm gehörten ebenfalls zur Lieferung.⁶⁴² Schließlich durfte auch die

---

635 LA Speyer, Best. B3, Nr. 2584, Bl. 278v. Eine dieser aufwändig gearbeiteten zweiflügeligen Türen mit Türfüllungen kostete 32 Gulden.
636 LA Speyer, Best. B3, Nr. 2584, Bl. 178.
637 LA Speyer, Best. B3, Nr. 2584, Bl. 179. Die Lambris hatten eine Gesamtlänge von 20,95 Metern und wurden mit 80 Gulden angerechnet.
638 ROLAND, Maler, S. 319.
639 LA Speyer, Best. B3, Nr. 2593, Bl. 26. Das Gesims hatte eine Länge von 5,36 Metern.
640 LA Speyer, Best. B3, Nr. 2584, Bl. 185.
641 LA Speyer, Best. B2, Nr. 3247 zum 7. August. Die beiden Spiegel kosteten, die Verspiegelung der Scheiben noch nicht gerechnet, 1460 livres. HOJER/OTTOMEYER, Möbel, S. 205 zum Chambre à coucher N° 13 F, für das der Salon de Compagnie N° 12 E das Vorzimmer bildete, und dessen Möbel vollständig erhalten sind.
642 LA Speyer, Best. B2, Nr. 3247 zum 5. März: „Pour la Chambre a Coucher N° 13 F". „Bois menuiserie et Sculpture d'une Alcove et Dépendances" kosteten 1688 livres, wozu 2330 livres für die Vergoldung hinzukamen. S. auch HOJER/OTTOMEYER, Möbel, S. 299. Zum Bett s. HOJER/OTTOMEYER, Möbel, S. 285 f.

Schelle nicht fehlen, mit welcher der Kammerdiener gerufen werden konnte. Diese wurde vom Schlosser Magnus Bötsch *"in Ihr Durchlaucht des Herzogs Zimer zu recht gemacht."*[643]

In der Liste Bourjots wird das „Cabinet N° 14 G" benannt, das diesem Appartement zugehörig war, und sich, wie auch mit der historischen Inventarnummer auf dem Etikett angegeben, im ersten Obergeschoss befand.[644] Für dieses Kabinett wurde ein Spiegel geliefert, gefertigt aus einem Stück.[645] Die vergoldete Sitzgarnitur, bestehend aus einem „Canapé de 5 pieds à L'antique", zehn Sesseln „a la Reine de même forme", einer ebensolchen Bergère, einem großen Kanapee und zehn „Grands fauteils meublants" sowie einem Kaminschirm wurde mit gelieferten Stoffen aus kirschrotem und weißem Damast sowie stahlgrauem Damast mit einer Schmetterlingsbordüre bezogen. Die textile farbliche Gestaltung des Raumes ist gemäß der Beschreibung in der Liste – auch hinsichtlich des Preises pro Elle – identisch mit jener des Kabinetts der Herzogin.[646] Allerdings ist die Ausformung dieser Sitzgarnitur im Vergleich zu jener im Kabinett der Herzogin einfacher gehalten, dafür aber, gemessen an der Anzahl der Möbel, für einen größeren Raum geschaffen.

Das für ein Appartement obligatorische Vorzimmer, welches auch in den Handwerkerrechnungen genannt wird, kann mit dem „Antichambre N° 11 D" bezeichnet werden, dessen Möblierung aus 18 Sesseln und einem Konsoltisch bestand, geschaffen von François-Joseph Duret. Ein Spiegel aus zwei Spiegelscheiben mit den passenden Leisten war zwischen den beiden Fenstern am Wandpfeiler angebracht. Für die textile Ausgestaltung des Raumes wurden unter anderem karmesinroter und weißer Damast sowie die passenden Vorhangschnüre und Bordüren geliefert.[647]

---

643 LA Speyer, Best. B3, Nr. 2590, Bl. 566. Rechnung vom 30. Januar 1782. Laut gleicher Rechnung hatte er auch einen neuen Messingschlüssel *„[…] zum toillet für Ihro Durchlaucht"* ergänzt. LA Speyer, Best. B3, Nr. 2590, Bl. 562.
644 Abbildung des Etiketts s. HOJER/OTTOMEYER, Möbel, S. 209. Die Beschreibung der Sitzgarnitur s. HOJER/OTTOMEYER, Möbel, S. 277 f.
645 LA Speyer, Best. B2, Nr. 3247 zum 7. August 1781. Der Spiegel kostete ohne die Spiegelfolie 1096 livres.
646 LA Speyer, Best. B2; Nr. 3247 zum 5. März: „Pour le Cabinet N°. 14 G." Eine Elle des kirschrot-weißen Damasts kostete 25 livres, ebensoviel wie der kirschrot-weiße Damast im Kabinett N°. 15 O. Lediglich die Menge dieses bestellten Stoffes unterscheidet sich: Für das Kabinett der Herzogin wurden 12 Ellen, für das des Herzogs 27 Ellen geliefert. Die Mengen der übrigen gelieferten Stoffe differieren dagegen kaum.
647 LA Speyer, Best. B2, Nr. 3247 zum 5. März: „Pour L'Antichambre N°11 D." Der Spiegel kostete ohne die Spiegelfolie 498 livres. Zum Konsoltisch von Duret s. HOJER/OTTOMEYER, Möbel, S. 242 f.

dd. Die Silberkammer

Die Silberkammer, der Tanzsaal, der kleine Speisesaal und der Marmorsaal, also der große Speisesaal, waren im neuen Flügel unmittelbar miteinander verbunden, da der Schreiner Johannes Daniel seine Arbeiten im „*Mitlen stock*" lokalisiert in „*Das Zimer Neben der silber Kamer odter Kleine speiss Saal*" sowie „*in dem dans sahl Unt den sal Neben der silber Kamer und das Zimer Neben dem Marvelsahl [...].*"[648] In der Silberkammer wurde in großen Schränken mit gläsernen Türen das Silber, die Gläser und das Porzellan aufbewahrt, sowie zwei Tafeln, mit denen die Tische in den beiden Speisezimmern aufgebaut oder verlängert werden konnten.[649] Die Nähe zu den beiden Speisesälen besaß sowohl praktische Natur als auch repräsentativen Charakter, da man dort die wertvollen Tischgerätschaften aus Silber, Porzellan und Glas zur Schau stellte.[650] Wohl deswegen wurde der Raum an anderer Stelle auch das ‚Schauzimmer' genannt,[651] da das Geschirr und die angesammelten Gerätschaften aus den unterschiedlichen Edelmetallen im Kontext der Hoftafel gesehen respektive gezeigt wurde.[652]

---

648 LA Speyer, Best. B3, Nr. 2592, Bl. 21v. (S. Anhang C.I.4) Rechnung des Schreiners Johannes Daniel vom 12. August 1782.

649 Im Schadensverzeichnis, das sich jedoch auf die spätere Silberkammer bezog, wird im Einzelnen aufgelistet, was sich darin befand. In dieser letzten Silberkammer befanden sich „*14 grose breite Schänk mit gläsernen Thüren vor das Silber und Porcelan darinnen aufzuheben [...].*" BayHStA München, Abt. IV, Serienakten 1999, N. 14 im Etat zur Silberkammer. In der Silberkammer wurden 1793 „*2 grose Tafeln, wovon eine im grosen und eine im kleinen Speise Saal a 20 fl.*" als Verlust benannt.

650 Es existiert ein Silberinventar des Jahres 1780, das auch die Toilettenartikel umfasst, wozu beispielsweise Rasierbecken, Toilettenscheren oder Schwammbüchsen gehörten. S. dazu LA Speyer, Best. B2, Nr. 1585, Bl. 11 ff. 1793 befanden sich in der Silberkammer neben 375 Wein- und Wasserkaraffen und 374 Likörgläsern mit eingeschliffenen Wappen sowie 287 Champagnergläsern auch Fayencen, Karlsruher Porzellan und Fayencen, etliches an „*Bayerischem Porcelain*", sowie große Mengen an Frankenthaler Porzellan, dazu neben 96 flachen Tellern auch 72 Dessertteller à la Marlborough, 48 Eisbecher sowie „*4 Grouppen mit Kindlein, welche die vier Jahreszeiten vorstellen*" und „*112 Postamenter und 12 dazu gehörige Brustbilder*". Insgesamt wurde als Verlust ein Wert von 110.397 Gulden und 58 Kreuzern errechnet, wobei davon auszugehen ist, dass die wertvollsten Stücke gerettet wurden. BayHStA München, Abt. IV, Serienakten 1999, N. 14 im Etat zur Silberkammer.

651 LA Speyer, Best. B3, Nr. 2582, Bl. 78. Zu Tafelsilber und öffentlicher Tafel s. OTTOMEYER/VÖLKEL, Tafelzeremoniell.

652 Dass am Carlsberg die öffentliche Tafel gepflegt wurde, geht aus der Aussage Mannlichs hervor, dass nach dem Tod des einzigen Kindes, des Prinzen Carl August Friedrich (1776–1784), die Hoftafel aufgehoben wurde. Der Herzog und die Herzogin speisten von nun an jeweils alleine auf ihren Zimmern. MANNLICH, Rokoko und Revolution 1966, S. 221. Zur öffentlichen Tafel und dem damit zusammenhängenden Zeremoniell s. KOTZUREK, Funktion, S. 41 f.

Der Schreiner Franz Brännesholz hatte die Silberkammer *„mit 11 Clafter friß Boden gediehlt Von H. schaftlichen Holz und Nägel [...]."*[653] Zwei Trumeaus waren zu verändern und mit neuen Pilastern zu versehen sowie eine Füllung über dem Spiegelrahmen anzufertigen und daüber anzubringen. Die Pilaster zweier weiterer Trumeaus wurden verkürzt und *„mid stücker an die Breydung gemacht."* Der Schreiner Jörg Bihl hatte einen Schrank für die *„Silber Kamer mit 2 Klasdieren undt mit gefach"* angefertigt.[654]

Als der nördliche Ehrenhofflügel seine endgültige Länge erreicht hatte, wurden mehrere Räume, wie bereits oben erwähnt, verlegt und neu eingerichtet. So geschah es auch mit der Silberkammer. Der Quadrator Christian Gebhard hatte in *„dem Neuen Schlaff Zimer wo die Silber Kammer gewesen seind [...]"* den Plafond geglättet und ein neues Gesims an der Decke gezogen.[655] Die Silberkammer wurde später an anderer Stelle, verbunden mit dem Sammlungsflügel und der neuen Bildergalerie, neu eingerichtet.[656]

ee. Ball- oder Tanzsaal

Im ersten Obergeschoss des Ehrenhofflügels wurde ein *„groser Sahl"*[657] eingerichtet, der zuweilen auch als Tanzsaal bezeichnet wurde.[658] In den Tanzsaal gelangte man unter anderem vom Kompaniesaal aus.[659] Eine Tür des Tanzsaales führte wiederum zum kleinen Bildersaal,[660] der auch als Speisesaal diente. In der Rechnung des Schlossers Bubong ist von einer Glastür die Rede *„am Krossen sahl und zwey am fohr Zimer bey dem sbeis sahl bey der Kleine stäg [...]."*[661] Im März 1782 wurde von Schreiner Johannes Bihl in einer Rechnung

---

653 LA Speyer, Best. B3, Nr. 2590, Bl. 278. Rechnung von 23. Juni 1782.
654 LA Speyer, Best. B3, Nr. 2584, Bl. 146v. Für den Schrank mit Glastüren verlangte er 6 Gulden.
655 LA Speyer, Best. B3, Nr. 2958, #2220. Rechnung vom 29. Mai 1782.
656 LA Speyer, Best. B3, Nr. 2619, Bl. 91. Spezifikation des Maurers und Steinhauers Johannes Müntzel vom Juli 1792. Dieser hatte eine Mauer errichtet *„An der Neuen Bilder Gallerie welche an der Schloß Küche vorbey läuft, und an der alten Gallerie und Schloß bey der Silber Kammer anschließt."*
657 LA Speyer, Best. B3, Nr. 2584, Bl. 163, Rechnung des Schreiners Christian Reeß vom 22. August 1782. Auch bei Schreiner Jörg Bihl ist vom *„Krosen sall"* bzw. vom *„thantz sall"* die Rede. LA Speyer, Best. B3, Nr. 2584, Bl. 135 und 136. Rechnungen aus dem Jahr 1782.
658 LA Speyer, Best. B3, Nr. 2584, Bl. 138, Rechnung vom 3. September 1782.
659 LA Speyer, Best. B3, Nr. 2584, Bl. 138. Der Schreiner Jörg Bihl hatte den Boden *„neben dem sal in dem Kumni [Kompanie-] Zimer"* bearbeitet.
660 LA Speyer, Best. B3, Nr. 2584, Bl. 233. Eine Arbeit führte der Schreiner Johannes Bihl *„in dem kleine Bilter sahl oben an dem dans sahl"* aus.
661 LA Speyer, Best. B3, Nr. 2584, Bl. 431v. Das Beschlagen mit Fischbändern und Schlössern kostete 30 Gulden.

angegeben, er habe *"Ein stellas Vor die musiganten in den danssahl gemacht"*. Mit dieser „Stellage" ist vermutlich ein Podium gemeint, welches er auch wieder hatte *"helfen wegmachen."*[662] Der Tüncher Andreas Gitzner erwähnte im Ballsaal für die betreffende Zeit einen *"Musicanden Stuhl"*, dessen sieben Dielen er angestrichen hatte. Später sei aber *"alles noch malen Angestrichen und Verändert worden."*[663] Außerdem wurden von obigem Schreiner laut gleicher Rechnung im Zimmer neben dem Tanzsaal Dielen abgehobelt und statt Lambris an den Wänden befestigt. Im Saal selbst musste der Boden dort *"woh die ehfen gestanten haben"*, ausgespänt werden. All dies spricht dafür, dass man in dem Raum ein Fest veranstaltet hatte, für welches man den Saal provisorisch eingerichtet und mit Öfen ausgestattet hatte, die man danach wieder entfernte. Die eigentliche Ausstattung des Raumes wurde erst später fertiggestellt.

Im Mai berechnete der Stuckateur Bernhard Lieblang et Consorten für *"nachstehende Quatrator Pohserie in dem Neuen Großen Saal"*, welche *"verfertiget und gezogen worden als An Acht Fenster Pfeiller an zwey und ein halben Eck Pfeiller die Pfeiller zwischen den zwey Thüren an zwey Souporten über den Thüren und an acht über den Fenster"*.[664] Dass der Saal vermutlich 16 Fenster hatte, geht auch aus den Rechnungen der Schreiner Reeß, Amthoff und Daniel hervor. Reeß hatte im *"grosen Sahl 8 fenster Boserien gemacht oberstücker Rund [...]."*[665] Amtshoff hatte zu den gleichen Konditionen *"in dem sahl 7 fenster mit bosserieh gemacht mit ver hobene kehl stös und oben mit einem bogen [...]."*[666] Eine Fensterverkleidung hatte der Johannes Daniel übernommen.[667] Das bedeutet, dass der Saal die gesamte Breite des Nordflügels einnahm und beim Durchqueren des ersten Obergeschosses zwangsläufig durchschritten werden musste.[668] Den übrigen Flügel durchmaß ein langer Gang.[669] Den acht Fensterachsen entsprach die gleiche Anzahl an Kronleuchtern, die den Saal erleuchteten. Dies verdeutlichen Arbeiten des Schlossers Johann Jacob Weller, der

---

662 LA Speyer, Best. B3, Nr. 2584, Bl. 229, Rechnung vom 29. März 1782.
663 LA Speyer, Best. B3, Nr. 2593, Bl. 27v. Rechnung vom 29. Mai 1782 über einen längeren Zeitraum.
664 LA Speyer, Best. B3, Nr. 2961, #3400, Rechnung vom 15. Mai 1782. Für jedes der 18 $^1/_3$ Klafter erhielt er 2 Gulden.
665 LA Speyer, Best. B3, Nr. 2584, Bl. 163. Dabei kostete die Holzverkleidung für 8 Fenster 128 Gulden.
666 LA Speyer, Best. B3, Nr. 2584, Bl. 307v. Er berechnete pro Fenster 16 Gulden.
667 LA Speyer, Best. B3, Nr. 2592, Bl. 21v. (S. Anhang C.I.4). Auch er verlangte 16 Gulden.
668 Die Annahme einer Länge des Saales von 16 Achsen kommt nicht in Frage, da sonst das Appartement des Herzogs und die übrigen genannten Räume in diesem Stockwerk keinen Raum mehr fänden. Der gesamte Flügel hatte zum Hof nur ca. 20 Fensterachsen.
669 LA Speyer, Best. B3, Nr. 2584, Bl. 146v. Der Schreiner Jörg Bihl hatte im *"fligel wo der hertzog wont im langen gang 11 Klafter lambarien mit verhobnen Kölstös gemacht tut das Klafter arbeitslon 3 fl."*

„8 stick stangen vor in den Neuen fliegel in den Saal vor die Kron leichter kürzer gemacht und [...] ferner noch 2 grossen holtz schrauben vor die Kron leichter dran zu häncken [...]."[670] Auch der Tüncher Andreas Gitzner wurde erneut im Ballsaal tätig, wo Lambris, Fensterfutter und Fensterbretter, zwei Trumeaus, eine zweiflügelige Tür und eine Glastür gestrichen wurden, nachdem er dies zuvor für die Feier schon einmal gemacht hatte.[671] Im Juni 1782 wurden von Schreinermeister Johannes Bihl *„im zweiten stock in dem danssahl 2 zweyflichligen dieren mit futer und Bekleitung"* in die Mauer eingepasst. Auch die Höhe von 8 Schuh und die Breite von 4 Schuh und 5 Zoll wurden angegeben.[672] Die Türen hatten drei Füllungen mit eingeschobenen Kehlstößen. Die Anfertigung einer ebensolchen Tür war dem Schreiner Jörg Bihl zugewiesen worden.[673] Zwei weitere Türen im Tanzsaal wurden nur als *„Blind dihr"* angebracht,[674] die sich dort, *„[...] wo die ofen sten [...]"* befanden.[675] Mit der Glastür, die der Tüncher erwähnt hatte, wies der Saal sechs Türen auf, wobei es sich bei zwei Türen eben nur um Blindtüren handelte. Die Schreiner Johannes Bihl, Jörg Bihl, Valentin Amtshoff und Johannes Daniel verlegten gemeinsam anteilig den Blindboden und das Parkett im Saal.[676] Ebenso wurden die Parkettstücke in den Fensternischen und die Wandverkleidungen unter diesen Handwerkern aufgeteilt.[677]

---

670 LA Speyer, Best. B3, Nr. 2582, Bl. 78v.
671 LA Speyer, Best. B3, Nr. 2593, Bl. 28, Rechnung vom 29. Mai 1782. Die Veränderungen wurden mit 14 Gulden 56 Kreuzern berechnet.
672 LA Speyer, Best. B3, Nr. 2584, Bl. 232v. Eine solche Tür war 2,60 Meter hoch und 1,43 Meter breit. Die Fertigung einer Tür kostete mit Holz und Arbeitslohn 32 Gulden. Der Schreiner Jörg Bihl musste entsprechend *„in dem Krosen sall"* in zwei Türen das Parkett herausnehmen und neue Parkettstücke einlegen. LA Speyer, Best. B3, Nr. 2584, Bl. 135. Rechnung vom 26. April 1782.
673 LA Speyer, Best. B3, Nr. 2584, Bl. 138. Auch diese zweiflügelige Tür zum Tanzsaal kostete 32 Gulden.
674 LA Speyer, Best. B3, Nr. 2584, Bl. 231 Die Tür hatte die gleiche Breite wie die übrigen und kostete 20 Gulden.
675 LA Speyer, Best. B3, Nr. 2592, Bl. 21v. (S. Anhang C.I.4) Rechnung des Schreiners Johannes Daniel vom 12. August 1782. Er hatte *„im dans Sahl Ein 2 fliglich dier gemach wo die ofen sten die dier ist ein blint dier tut hols unt arbeit lon 20 fl."* Die Tür entstand damit zum gleichen Preis wie die seines Kollegen.
676 LA Speyer, Best. B3, Nr. 2584, Bl. 138 für Jörg Bihl, Rechnung vom 3. September 1782. LA Speyer, Best. B3, Nr. 2584, Bl. 232v, für Johannes Bihl, Rechnung vom 10. Juni 1782. LA Speyer, Best. B3, Nr. 2592, Bl. 21 für Johannes Daniel (S. Anhang C.I.4), Rechnung vom 12. August 1782. LA Speyer, Best. B3, Nr. 2584, Bl. 307v für Valentin Amtshoff, Rechnung vom 22. Juli 1782. Er hatte die Arbeit an der halben Saalfläche übernommen sowie am halben Gang davor und einem Vorzimmer (zusammen 44 Klafter 18 Schuh). Dort verlegte er den Blindboden, fütterte den Boden auf, verlegte das Parkett und spänte es am Ende. Das Parkett zu verlegen kostete pro Klafter in allen Rechnungen 1 Gulden.
677 LA Speyer, Best. B3, Nr. 2584, Bl. 307v. Die Wandverkleidungen wurde von allen pro Klafter zu 6 Gulden abgerechnet.

ff. Der kleine Bildersaal oder kleine Speisesaal

Vom Corps de logis gelangte man im ersten Obergeschoss in einen so genannten kleinen Bildersaal, wie sich aus einer Formulierung des Schreiners Daniel ergibt.[678] Der Tanzsaal im ersten Obergeschoss und der kleine Bildersaal waren direkt miteinander verbunden, denn Schreiner Johannes Bihl definiert dessen Lage durch seine Aussage, er habe „*in dem kleine Bilter sahl oben an dem dans sahl [...]*"[679] gearbeitet. Gleichzeitig lagen der kleine und der große Speisesaal, sowie die Silberkammer anfänglich nebeneinander.[680] Der Raum hatte zwei Fenster, die vermutlich, wie die des großen Bildersaales, nach Norden gerichtet waren. Schreiner Johannes Daniel hatte im kleinen Speisesaal für zwei Fensteröffnungen die passenden Vorfenster[681] und die Sommerläden hergestellt.[682]

Bereits im Oktober des Jahres 1780 wurden von Schlossermeister Bubong „*in den bilter Sahl*" zwei große Haken mit Holzschrauben befestigt, „*für Kron Lichter aufzuhencken.*"[683] Ebenso wurde er an zwei Öfen im Bildersaal tätig.[684]

Die Schreiner Jörg und Johannes Bihl und Johannes Daniel waren mit dem Verlegen des Parketts beauftragt. Das Parkett wurde nun von diesen drei Schreinern zu unterschiedlichen Anteilen verlegt.[685] Im Dezember 1780 wurde zunächst der

---

678 LA Speyer, Best. B3, Nr. 2592, Bl. 6. (S. Anhang C.I.4) „*Erstlich Ein zwey flichlich dier gemach im zweyen stock Neben dem bilter sahl [...]. Item am bilter sahl Ein dier her Um geschlagen wo Man aus dem Kort losi in den bilter sahl get [...].*" Rechnung vom 20. Dezember 1780. Das Rechnungsdatum stützt diese Aussage, denn der Bildersaal musste sich auch laut diesem Datum in jenem Teil des Flügels befinden, der dem Corps de logis am nächsten war. Die Handwerker unterschieden sehr deutlich zwischen dem großen und dem kleinen Bildersaal.
679 LA Speyer, Best. B3, Nr. 2584, Bl. 233. Rechnung vom 10. Juni 1782.
680 LA Speyer, Best. B3, Nr. 2592, Bl. 21v. (S. Anhang C.I.4) Ein Kapitel in der Rechnung des Schreiners Johannes Daniel vom 12. August ist überschrieben: „*Das Zimer Neben der silber Kamer otder Kleine speiss Saal*".
681 LA Speyer, Best. B3, Nr. 2592, Bl. 26. „*[...] hab auf den hoch ferstlichen Karel berch wie foliget [...] gemach 2 for finster in den Kleinen bilter sahl tut ein Jetes for finster 8 fl. tun die 2 for finster 16 fl.*".
682 LA Speyer, Best. B3, Nr. 2592, Bl. 69. Zwei Fensterläden kosteten mit Holz und Arbeitslohn zusammen 18 Gulden. Sie hatten eine Höhe von 7 Schuh 6 Zoll und eine Breite von 3 Schuh 4 Zoll. (2,44 x 1,08 Meter.)
683 LA Speyer, Best. B3, Nr. 2584, Bl. 379.
684 LA Speyer, Best. B3, Nr. 2584, Bl. 370v.
685 Johannes Daniel verlegte 3½ Klafter Parkettboden, LA Speyer, Best. B3, Nr. 2591, Bl. 6v.; Johannes Bihl verlegte ebenfalls 3½ Klafter Parkett, LA Speyer, Best. B3, Nr. 2584, Bl. 223; Schreiner Jörg Bihl arbeitete dort „*den 28. Christmont 1780*" und verlegte 7 Klafter Parkett, LA Speyer, Best. B3, Nr. 2584, Bl. 132. Insgesamt wurden 19 Klafter und 10 Schuh Parkettboden verarbeitet, das Klafter zu 36 Kreuzern.

Blindboden aufgebracht und angenagelt,[686] um anschließend darauf den Parkettboden legen zu können. Auch hier kann davon ausgegangen werden, dass es sich bei dem verwendeten Parkett um den oben erwähnten Typus des Versailler Tafelparketts handelte, das auf einem einfachen Blindboden zu verschiedenen Mustern zusammengesetzt werden konnte.[687] Die Wandverkleidungen, deren Füllungen mit einer profilierten Holzleiste eingefasst waren, wie auch ein Anteil des Blindbodens und des Parketts samt einer Fensternische, hatte der Schreiner Johannes Daniel in seiner Rechnung aufgeführt.[688]

Der Schreiner Jörg Bihl gab weiter an, er habe *„in obigem Zimer 2 stiker barge in diren 2 stiker in fenster gemacht."*[689] Das Parkett im Bereich der beiden Türen und zweier Fensternischen sorgfältig einzupassen war eine aufwändigere Arbeit, für die der Schreiner mit mehr als 7 Gulden mehr Lohn berechnete als für 7 Klafter Parkett am Stück.[690] Im Jahr 1780 wurde an einem Fenster des kleinen Bildersaals von Schreiner Daniel eine Fensterboiserie angefertigt,[691] bei der es sich, gemessen am Preis, um eine relativ aufwändige Anfertigung handelte. An gleicher Stelle wird *„in obigem Zimer 5 Klafter 2 sch lambrien gemach mit Er hoben Kel stes Unt ein rundung in die felung gekrint."* Zusätzlich wurde ein *„fris neben herum"*[692] in einer Länge von 82 Schuh[693] angebracht. Im Übrigen wurde das Versailler Tafelparkett an den Raumgrenzen in der Regel

---

686 Der Schreiner Johannes Daniel arbeitete dort im *„Tecsember 1780"* und erhielt für seinen Anteil am Blindboden 24 Kreuzer, LA Speyer, Best. B3, Nr. 2591, Bl. 6v. Jörg Bihl erhielt dafür 12 Kreuzer. LA Speyer, Best. B3, Nr. 2584, Bl. 132. Johannes Bihl arbeitete an 5 Klafter 10 Schuh Blindboden, LA Speyer, Best. B3, Nr. 2584, Bl. 233.
687 SCHÖNWÄLDER, Parkette, S. 92.
688 LA Speyer, Best. B3, Nr. 2592, Bl. 6v. (S. Anhang C.I.4) Für die *„finster bosri"* berechnete er 14 Gulden, 30 Kreuzer. Für 5 Klafter 2 Schuh der Wandverkleidungen, *„mit Er hoben Kelstes Unt ein rundung in die felung gekrint tut das Klafter mit hols Unt arbeit lon 6 fl. 30 tun die 5 Klafter 2 schuh 34 fl. 40 xr."* Sein Anteil des Parkettbodens betrug 3 ½ Klafter, das Klafter zu 36 Kreuzern.
689 LA Speyer, Best. B3, Nr. 2584, Bl. 132.
690 LA Speyer, Best. B3, Nr. 2584, Bl. 132. Schreiner Bihl berechnete für 7 Klafter Parkettboden 4 Gulden, 3 Batzen, für die Parkettstücke in Fenster und Türen wurden 7 Gulden und 2 Batzen in Rechnung gestellt.
691 LA Speyer, Best. B3, Nr. 2591, Bl. 6v. Für eine Fensterverkleidung berechnete er 14 Gulden und 30 Kreuzer. Das Klafter der hölzernen Wandverkleidungen wurde mit Holz und Arbeitslohn zu 6 Gulden berechnet.
692 LA Speyer, Best. B3, Nr. 2584, Bl. 132.
693 82 Schuh entsprechen einer Länge von 26,63 m. Die Anbringung dieses umlaufenden Holzfrieses wurde mit 10 Gulden in Rechnung gestellt. LA Speyer, Best. B3, Nr. 2584, Bl. 132. Die Frage, ob der Fries „neben herum" am Boden oder an der Wand verlief, klärt zum einen der Schreiner Johannes Bihl, der in seiner Rechnung vom April 1781 vermerkt, er habe *„parget gelifert im Bilter sahl 21 schuh friß an die wänt"* LA Speyer, Best. B3, Nr. 2584, Bl. 223.

einfach beschnitten⁶⁹⁴, so dass es sich hier wohl um eine Wandleiste handelte. Jacob Müller hatte im Bildersaal die einfachen Gipsarbeiten durchgeführt, wozu das Ziehen eines umlaufenden Gesimses mit einer Länge von 96 Schuh gehörte.⁶⁹⁵ Ebenfalls 1780 hatte der Schreiner Johannes Schoeller „*Zwey Dremo in dem Bilder Saal auf gemacht auch die Spiegel und rahm [...]*." Die Rahmen für die beiden Trumeauspiegel im Bildersaal lieferte er selbst, denn er berechnete das Holz und den Arbeitslohn dafür.⁶⁹⁶

Einen Eindruck, wie einige Bilderrahmen ausgesehen haben könnten, vermittelt die Rechnung des Schreiners Michael Bihl, der für den Herzog mehrere „*bilter ramen gemacht* [hatte] *von birenbaumen hols schwartz gebeitzet gebalirt breter dahinter [...]*."⁶⁹⁷ Für die großformatigen Bilder hatte der Schlosser Magnus Betsch „*3 Trägstüzen unter die große Bilder Rahm im Bildersaal gemacht [...]*."⁶⁹⁸

Eine Stelle der Akten gibt zudem weiter Auskunft über Aussehen und Funktion des „Kleinen Bildersaals", denn nachdem von Arbeiten „*in dem kleinen bilter sal*" die Rede ist, wird die Aufzählung der Arbeiten folgendermaßen fortgesetzt: „*in gemeltem sal (kleinen speis salle) 380 schu dabeten leisten gemacht von 1 ½ Zol breit thut per schu mit hols und arbeits lohn samen 19 fl.*"⁶⁹⁹ Demnach war der kleine Bildersaal über den seitlichen Holzvertäfelungen mit Leisten für Tapeten oder eine Wandbespannung ausgestattet und diente gleichzeitig als kleiner Speisesaal. Im Schadensverzeichnis vom 4. September 1793 wird „*der kleine Speißsaal*" benannt, welcher mit „*grünem Damast tapezirt und vergoldenen Leisten*" versehen war.⁷⁰⁰

Weiter liest man bei Schreiner Valentin Amtshoff, er habe im Jahr 1782 im kleinen Bildersaal „*über die drey trimo suborten gemach*"⁷⁰¹ und darüber hinaus „*auf die 3 trimo die rahmen auf die spiegel gemacht [...]*."⁷⁰² Die Funktion als Speisesaal war gemäß damaliger Gepflogenheiten meist von temporärer Natur.

---

694 SCHÖNWÄLDER, Parkette, S. 92.
695 LA Speyer, Best. B3, Nr. 2578, Bl. 97. Rechnung vom 8. November 1780. Das entspricht einer Länge von 31,18 Metern. Die Länge erklärt sich durch den Verlauf des Frieses an der Decke, der nicht durch Fensteröffnungen unterbrochen wurde. Dafür erhielt er 9 Gulden 36 Kreuzer.
696 LA Speyer, Best. B3, Nr. 2584, Bl. 173. Rechnung vom 26. Oktober 1780. Das Aufrichten der beiden Trumeaus und Aufhängen der Spiegel kostete 5 Gulden 45 Kreuzer. Für die beiden Rahmen verlangte er pro Stück 3 Gulden 12 Kreuzer.
697 LA Speyer, Best. B3, Nr. 2584, Bl. 298. „*Gebalirt*" meint poliert.
698 LA Speyer, Best. B3, Nr. 2584, Bl. 330.
699 LA Speyer, Best. B3, Nr. 2580, Bl. 307v.
700 BayHStA München, Abt. IV, Serienakten 1999, N. 2 im Etat. BECKER, Karlsberg, S. 30.
701 LA Speyer, Best. B3, Nr. 2584, Bl. 307v. Rechnung vom 22. Juli 1782.
702 LA Speyer, Best. B3, Nr. 2584, Bl. 307v. Für Holz und Arbeitslohn berechnete er 3 Gulden.

Diese Möglichkeit einer zeitweiligen Doppelverwendung resultiert aus der Sitte, Esstische aus einer Tafel zu bauen, welche auf hölzernen Böcken aufgelegt und mit einem doppelten Damasttischtuch bedeckt wurde. Nach dem Essen wurde diese Tafel „aufgehoben" und hinaus getragen, was das Fehlen von Esstischen im höfischen Bereich erklärt.[703] Die Platten für die Tische der Carlsberger Speisezimmer wurden laut einem erstellten Inventar in der Silberkammer aufbewahrt.[704]

Der Saal befand sich in der Nähe des herzoglichen Appartements. Mannlich berichtete in seinen Erinnerungen von einem Salon, in dem seine vormalige Bildersammlung aufgehängt wurde.[705] Der Herzog forderte Mannlich, nachdem er ihm mit bisher ungeahnter Begeisterung für Malerei seine Bilder abgekauft hatte, auf: „Laissez là vos compts et venez demain a Carlsberg m'aider a les faire placer dans le nouveau Salon a coté de mon appartement."[706] Der Raum wurde vom Herzog „Salon Mannlich" genannt, jedoch findet sich diese Bezeichnung nirgendwo sonst, weshalb es bei der bloßen Annahme bleiben muss, dass es sich bei dem kleinen Bildersaal um jenen Raum handeln könnte. Gestützt wird diese Theorie jedoch durch die Beschreibung eines Diners in diesem Salon, zu dem der Herzog Mannlich und den Abt Salabert an einem Wintertag eingeladen hatte. Man hatte auf einem runden Esstisch ein Kupferbecken aufgebaut, in welchem ein Wasserspiel plätscherte, während die Ausstattung des Raumes, mit Blumen, Orangen-, Zitronen- und Kirschbäumen geschmückt und durch herumhüpfende Affen, flatternde Papageien und Sittiche belebt, an die vier Erdteile erinnerte.[707]

Nach Mannlichs Erinnerungen füllten sich die Gemächer und Vorzimmer mit der Zeit immer mehr mit Bildern an, was den Hofleuten und Dienern unbequem wurde. „Denn wenn irgend jemand seinen Lehnstuhl nur ein wenig zu nahe an die Mauer rückte, so rief man ihm zu: ‚Obacht auf die Bilder!'"[708] Bevor man daran dachte, eine neue Bildergalerie zu erbauen, ging man zunächst auf den genannten Missstand ein, denn der Schreiner Bihl hatte „*im flügel, wo ihr turch-*

---

703 HOJER/OTTOMEYER, Möbel, S. 13. KOTZUREK, Funktion, S. 42.
704 BayHStA München, Abt. IV, Serienakten 1984, zur Silberkammer.
705 Zum Kauf der Sammlung s. MANNLICH, Rokoko und Revolution 1966, S. 213. Da sich in dieser Sammlung „mein Bildnis in Lebensgröße (zu meinem Leidwesen) befand, sagte der Herzog: ‚Nachdem Sie in mir das Interesse für die Kunst geweckt haben, so soll dieses Zimmer von nun an ‚Salon Mannlich' genannt werden.' Dieses Wahrzeichen der mir erwiesenen Gunst bestand einige Jahre, bis es der Kommissar der Nationalversammlung, Boutay, in mordbrennerischer Raserei unter feierlichen Zeremonien mit seinen Sansculottes in Brand steckte [...]." MANNLICH, Rokoko und Revolution 1966, S. 214.
706 BENDER/KLEBER, Histoire, Bd. II, S. 244.
707 MANNLICH, Rokoko und Revolution 1966, S. 232.
708 MANNLICH, Rokoko und Revolution 1966, S. 217.

leichister hertzog wonet im 2t stock 60 schu leisten auff den boten gemacht das man die stihl nicht wieter die tabeten stellen kann."[709]

gg. Der große Bildersaal

Im ersten Obergeschoss befand sich, ebenfalls nach Norden gerichtet, ein so genannter großer Bildersaal mit einem Balkon, welcher über der Tordurchfahrt angebracht war. Dies ergibt sich aus der Rechnung des Schlossers Bubong, der *„auf dem taras Neben dem Krossen Bilter Sahl [...]"* Arbeiten durchführte.[710] Schreiner Johannes Daniel gab zudem an, im Zuge einiger Veränderungen eine Glastür im Bildersaal dort eingesetzt zu haben, wo sich zuvor eine Fensteröffnung befunden hatte.[711] Zwangsläufig führte nun diese Tür nach draußen, also auf einen Balkon. Dies bestätigt auch eine Rechnung des Schreiners Jörg Bihl, der *„an dem Krosen bilter sall [...] an Einer Klas dir Ein schalusi dir gemacht mit 2 fligel unten 2 felongen [...]."*[712] Auch ein *„nacht Laten [...] hoch 9 sch breit 4 sch diff 19 zoll"* wurde für diese Tür angefertigt.[713] Die Arbeiten in diesem Saal setzten ein wenig später als am kleinen Bildersaal ein, mit Ausnahme der Gipsarbeiten. Der Quadrator Jacob Müller wurde zwar schon 1780 beauftragt, *„auf dem Carlsberg den grossen Bildter Saal das gybßne gesimbß"* zu ziehen. Das Gesims hatte eine Gesamtlänge von 158 Schuh.[714] Es wurden jedoch schon bald neue Veränderungen vorgenommen, denn Schreiner Jörg Bihl gab an, neben einer zweiflügeligen Tür mit Türfüllungen die Lambris losgebrochen *„[...] undt Ein tabeten dir auf das futer gericht undt 3 stiker bekleitong*

---

709 LA Speyer, Best. B3, Nr. 2584, Bl. 143. Dafür wurden 3 Gulden gezahlt.
710 LA Speyer, Best. B3, Nr. 2584, Bl. 393. Er hatte dort *„13 st. Henckeissen gemacht oben an den tag [Dach] alwo die sbarren [Sparren] auf Ligen [...]."*
711 LA Speyer, Best. B3, Nr. 2591, Bl. 8. An der neuen Glastür musste *„wie die dier fertig wahr [...] das loch hocher gemach worten wegen der Ver Enterung der dier [...]."*
712 LA Speyer, Best. B3, Nr. 2584, Bl. 134. Rechnung vom 5. Juni 1781. Für die zweiflügelige Jalousietür mit zwei Türfüllungen, die damit jenen der Altane entsprach (Abb. 4), erhielt er 15 Gulden.
713 LA Speyer, Best. B3, Nr. 2584, Bl. 224. Rechnung vom 12. April 1781 von Johannes Bihl. Der Nachtladen, der tagsüber in die seitliche Fensterumrandung geklappt werden konnte, hatte die Höhe von 2,92 Metern, eine Breite von 1,30 Metern und eine Tiefe von 51 Zentimetern. Etwa drei Jahre später wurde der Nachtladen und ein Fensterrahmen *„losgebrochen, und den Sommer Laden verändert, und ein ander Fenster Rahm auf das Platz gericht und in das fenster die 3 neue Stücker Lamberien gemacht."* LA Speyer, Best. B3, Nr. 2584, Bl. 292. Rechnung von Schreiner Michael Bihl vom 26. September 1784.
714 LA Speyer, Best. B3, Nr. 2576, Bl. 270. Das entspricht einer Gesamtlänge von 51,32 Metern.

darzu gemacht undt angeschlagen" zu haben.[715] Wie bei Schreiner Daniel, der im Bildersaal *"die want ab gebrochen Unt dabetleisten an die want gemach"*[716] hatte, war es auch eine der Aufgaben der Schreiner Jörg[717] und Johannes Bihl,[718] anteilig Teile der Boiserien abzubrechen und stattdessen Tapetenleisten anzufertigen und an der Wand anzubringen. In einer weiteren Rechnung definierte Jörg Bihl seine Arbeit, *„welche ich auf den Hoch fierstlichen Karelsberg gemach hab wie folgt: [...] im grosen bilder sal ein stick lamberie und die dabeden und vergulde leichsten und die schamram an der dier los gebrochen und obgemelde arbeid wieder anschlachen [...]".*[719] Damit wird deutlich, dass durch das vorübergehende Entfernen der Türfüllungen und vergoldeten Wandleisten eine Veränderung in der Gestaltung der Wände vorgenommen wurde. In diesem Zusammenhang kommt die Notiz vom 24. Juli 1781 im Lieferverzeichnis der Pariser Agentur Jacques Denis Bourjot Witwe zum Tragen. Sie nennt einen Posten über gelieferte 199 Ellen grünen Damast im Wert von rund 3050 livres für *„la Gallerie d'Estampes".*[720] Es könnte sich daher beim „großen Bildersaal" vermutlich um die Kupferstichgalerie gehandelt haben, die man, wie die sieben Jahre später eingerichtete große Bildergalerie, mit grünen Wandbespannungen ausgestattet hatte. Ob die Arbeit des Tünchers Carré, der 1782 auf *„Befehl des Herrn Cammer Rath Mannlich [...] im Carlsberger Schloß die Bilder Gallerie mit Herrschafftl. Farb Grün Angestrichen hatte"*[721] sich nun auf die Lambris des großen oder des kleinen Bildersaals bezog, lässt sich nicht mit Bestimmtheit sagen. Der Schlosser Bubong hatte in diesem Saal eine zweiflügelige Tapetentür und eine Glastür mit Bändern, Riegeln und Schlössern zu versehen.[722] Die drei Schreinermeister Hübner, Gieger und Ott lieferten als Sitzgelegenheiten *„6 Benck in den Bilder Sahl [...]."*[723] Ein Schreiner fertigte acht Bilderrahmen aus vergoldeten Leisten für den Herzog an,[724] welche man sich vermutlich in diesen Kontext denken kann.

---

715 LA Speyer, Best. B3, Nr. 2584, Bl. 134. Rechnung vom 5. Juli 1781. Für die Tür verlangte er 30 Gulden, für das Abmontieren der Lambris und das Anbringen einer Tapetentür wurden 5 Gulden notiert.
716 LA Speyer, Best. B3, Nr. 2591, Bl. 8.
717 LA Speyer, Best. B3, Nr. 2584, Bl. 134. Dafür berechnete er 5 Gulden.
718 LA Speyer, Best. B3, Nr. 2584, Bl. 224. Rechnung vom 12. April 1781.
719 LA Speyer, Best. B3, Nr. 2584, Bl. 149. Dafür erhielt er 1 Gulden 30 Kreuzer.
720 LA Speyer, Best. B2, Nr. 3247, 24. Juli 1781.
721 LA Speyer, Best. B3, Nr. 2579, Pag. 34, 1782er Bau Cassa Rechnung für die Datierung. LA Speyer, Best. B3, Nr. 2580, Bl. 72 für die Tätigkeit. Der Tüncher erhielt 7 Gulden 35 Kreuzer.
722 LA Speyer, Best. B3, Nr. 2584, Bl. 393. Rechnung vom 8. Mai 1781.
723 LA Speyer, Best. B3, Nr. 2958, #1980. Rechnung vom 19. November 1781.
724 LA Speyer, Best. B3, Nr. 2584, Bl. 149.

hh. Gobelinzimmer

Im ersten Obergeschoss des ersten Ehrenhofflügels, an einem Gang gelegen,[725] befand sich ein so genanntes Gobelinzimmer, in dem der Schreinermeister Valentin Amtshoff den Parkettboden verlegte.[726] Zu seinen Arbeiten gehörte auch die Anfertigung der Lambris mit eingeschobenen Kehlstößen *„wie auch rundtungen auch mit verhobnen Kehl stös."* Die Fensterboiserien zweier Fenster sowie Boiserien für die gesamte Fensterwand in gleicher Machart wurden in der gleichen Rechnung für dieses Zimmer benannt.[727] Laut Rechung vom 12. August 1782 wurden *„zwey trumeaux in das Goblin Zimmer mit blindt u Ober rahmen zu den gemählten u auch spiegel rahmen [...]"*[728] von Schreiner Schoeller angefertigt. Schreinermeister Johannes Schäffer aus Zweibrücken lieferte ein *„Dutzend caberiots sesel in daß coblin Zimer auf den carels berg [...]."*[729] Der Schreiner Johannes Bihl war *„neben dem kobleh Zimmer"* tätig, wo er Lambris in der gleichen Art anfertigte, wie sein Kollege Valentin Amtshoff.[730]

ii. Die beiden Kabinette zum Altan

In mehreren Rechnungen ist von einem Eckzimmer oder von einem Eckkabinett die Rede. In Anbetracht der Fülle der Räume im ersten Obergeschoss und des zur

---

725 Der Schreiner Johannes Daniel hatte *„in dem gang bey dem Koble* [Gobelin] *Zimer 2 Klafter 2 schuh lambrien gemach [...]."* Für diese Arbeit berechnete er samt Holz und Arbeitslohn 14 Gulden. LA Speyer, Best. B3, Nr. 2592, Bl. 69. Schreiner Amtshoff führte Arbeiten im *„zweiten Stock"* für das *„Gaublein Zimmer"* im *„[...] ganß neyen schloßfliegel"* durch. LA Speyer, Best. B3, Nr. 2584, Bl. 307, Rechnung vom 22. Juli 1782. Anders Schneider, der diesen Raum im Südflügel vermutet, welcher zu diesem Zeitpunkt jedoch noch nicht existierte. Vgl. SCHNEIDER, Schlösser, S. 280. Laut Schneider hingen hier die Wandteppiche aus der Folge „Rinaldo und Armida" von Charles Coypel, welche sich heute in den so genannten Hofgartenzimmern der Residenz München befinden. SCHNEIDER, Schlösser, S. 281. Zu der Gobelinfolge s. BSV Bayern, Residenz 1996, S. 64 f.
726 LA Speyer, Best. B3, Nr. 2584, Bl. 307 sowie Bl. 307v. Rechnung vom 22. Juli 1782. Der Blind- und der Parkettboden wurden für 13 Klafter mit 17 Gulden 20 Kreuzern berechnet.
727 LA Speyer, Best. B3, Nr. 2584, Bl. 307 sowie Bl. 307v. Bei den Lambris handelte es sich insgesamt um 12 Klafter, wobei das Klafter mit 6 Gulden verrechnet wurde. Die Fensterboiserien kosteten 32 Gulden, während die Arbeit in diesem Raum, wo er *„die gansse fenster want mit bosse rieh gemacht auch mit verhobene Kehl stöß wie auch zwey stick neben die dehren gemacht thut samen vor hols und arbeits lohn 36 fl."*
728 LA Speyer, Best. B3, Nr. 2584, Bl. 180 Ein solcher Rahmen wurde zu 22 Gulden pro Stück abgerechnet.
729 LA Speyer, Best. B3, Nr. 2609, Bl. 647. Diese Sessel mit rückseitig gebogener Rückenlehne vom Typus „en cabriolet" kosteten zusammen 54 Gulden.
730 LA Speyer, Best. B3, Nr. 2591, Bl. 72. Rechnung vom 24. August 1788. Für die Lambris verlangte er pro Klafter 6 Gulden.

Verfügung stehenden knappen Raumes handelt es sich vermutlich um den gleichen Raum. Der Schreiner Johannes Daniel hatte „*im Midel stock das Eck Cabinet auf gefidert gegen dem schlos hoff ist lang 19 sch breit 19 sch [...]*"[731] um anschließend darin den Blindboden aus eichenen Schwarten zusammenzufügen. Es kam jedoch zu Schwierigkeiten, „*weylen sich die Eychen dielen geworffen haben unt das Zimer Noch feucht war Unt die dielen nich haben ligen kenen habe ich das Zimer auf gebrochen unt Ein andern blint boten witer hin Ein gelegt.*"[732] Erst dann konnte das Parkett verlegt werden. Dies belegt erneut die Eile, mit welcher die Arbeiten vorangetrieben wurden, waren sie erst einmal in Auftrag gegeben. Im Anschluss an diese Arbeiten wurden von ihm Parkettstücke in vier Fensternischen verlegt. An einer Glastür, die zum Altan führte, sowie an drei Fenstern wurden Nachtläden mit Boiserien angebracht, mit denen man den Raum von innen verdunkeln konnte, und die bei Tag in die seitlichen Fenstergewände versenkt wurden. Bei einer weiteren zweiflügeligen Tür, die er für dieses Zimmer anfertigte, handelte es sich um eine Blindtür.[733] Auch die Lambriszone und ein Fries, der um das Parkett herumgelegt wurde, waren ausschließlich die Aufgabe von Johannes Daniel, ebenso wie kleine Veränderungen der Wandverkleidungen, die mit dem Kamin zusammenhingen und „*weylen seint die 4 stücker geschniten woren von bilthauer [...].*"[734] Darum wurde der Raum in der Rechnung seines Kollegen Reeß bezeichnet als dem „*Daniel sein klein Cabinet*".[735]

Reeß hatte im zweiten kleineren Giebelzimmer alle Schreinerarbeiten übernommen, indem er das Parkett verlegte und drei Fenster- und ein Türenstück mit Parkettstücken versah. Er hatte einen Fries geliefert, die Wandverkleidungen gemacht und zu den gleichen Konditionen wie Daniel einen Nachtladen an der Glastür zum Altan angebracht. „*Der Laden ist hoch 9 Schuh ober stück Rund [...].*"[736] Er war es auch, der in „Daniels Kabinett", also „*im Zweyten stock in*

---

731 LA Speyer, Best. B3, Nr. 2592, Bl. 20v. (S. Anhang C.I.4).
732 LA Speyer, Best. B3, Nr. 2592, Bl. 20v. (S. Anhang C.I.4) Der Raum war damit 6,17 Meter lang und ebenso breit. Für die Arbeiten erhielt er insgesamt 22 Gulden 45 Kreuzer.
733 LA Speyer, Best. B3, Nr. 2592, Bl. 21. (S. Anhang C.I.4) Für den Nachtladen der Glastür erhielt er 22 Gulden. Für die drei Fenster verlangte er zusammen 54 Gulden, für die Blindtür 18 Gulden.
734 LA Speyer, Best. B3, Nr. 2592, Bl. 21. Die 10 Klafter 1 Schuh Lambris kosteten 61 Gulden. Der Fries, insgesamt 78 Schuh lang (25,33 Meter), wurde mit 4 Gulden 26 Kreuzern berechnet.
735 Zu den Aufgaben des Schreiners Johannes Daniel gehörte es auch, neben den hier genannten Aufgaben, gelegentlich Mausefallen herzustellen „*Vor in die Zimmer im schlos [...].*" LA Speyer, Best. B3, Nr. 2592, Bl. 71. Eine Mausefalle kostete 30 Kreuzer. (Zum Vergleich: Ein Geselle verdiente am Tag 35 Kreuzer.)
736 LA Speyer, Best. B3, Nr. 2584, Bl. 162v. Das Zimmer für das Parkett vorzubereiten und 7½ Klafter Parkett zu verlegen kostete 13 Gulden. Ein Klafter Fries kostete 4 Gulden und der Nachtladen für die Glastür kostete, wie bei Daniel, 22 Gulden. Der oben abgerundete Laden war 2,92 Meter hoch.

dem Eck Zimer am gebel gegen dem schloß Hoff", eine Tapetentür angebracht und ein Stück Wandvertäfelung auf der Tür befestigt hatte *„samt Postament Leist und sogel",*[737] um die Tür gänzlich unauffällig in die Wandgestaltung einzubinden.

jj. Gelbes Zimmer, Blauer Saal, Blaues Eckkabinett und einige unbenannte Räume

Die nachfolgenden Räume konnten hinsichtlich ihrer Lage und Funktion nicht zugeordnet werden, da die Angaben der Handwerker diesbezüglich nicht ausreichten. Auch eine kleine Bibliothek des Herzogs[738], die sich vor der Erbauung des Sammlungsflügels noch im Nordflügel befand, kann aufgrund fehlender Zuordnungshilfen keinem der Räume zugewiesen werden. Trotzdem sollen sie kurz mit ihren Bezeichnungen benannt sein.

Der Schlosser Bubong hatte an zwei Türen, welche zum „Gelben Zimmer" führten, ein Türband abbrechen müssen um die Türen abzunehmen *„wegen dem teppich die mann ins Zimmer gelegt nach denen witer angeschlagen."*[739] Der Schreiner Christian Reeß hatte in einem anderen, unbenannten kleinen Kabinett mit besonders aufwändigen Lambris, Nachtläden und Türen ebenfalls die gesamten Arbeiten übernommen. Das Zimmer befand sich *„im Zweyten stock gegen dem schloß Hoff [...]"* wo der Schreiner die *„Lambri gemacht auf die Neue art es seind 8 Clafter [...]."* Das Zimmer hatte ein Fenster, für welches er einen Nachtladen gleicher Machart wie die Lambris angefertigt hatte. Weiter hatte er *„in dem nemblichen Zimer zwey thüren gemacht auf die art wie die Lambri [...]"*, wobei es sich um eine einflügelige und um eine zweiflügelige Tür handelte.[740] Die Lage des Zimmers nach Süden zum Schlosshof kennzeichnet es als

---

737 LA Speyer, Best. B3, Nr. 2584, Bl. 164. Rechnung vom 27. Dezember 1782. Die Tür war 8 Schuh hoch und 2 Schuh 4 Zoll breit (2,60 x 0,76 Meter).

738 Der Schreiner Michel Bihl gab an, dass er *„an den fligel lincher hant dem schloss [...] inß hertzog biblitech scheng helfen auff richten undt zu rech machen"*. LA Speyer, Best. B3, Nr, 2584, Bl. 278. Rechnung vom 3. September 1782. Das Datum verweist mithin auf den Standort der ersten Bibliothek im Nordflügel. Der Schreinermeister Peter Schmitt hatte auf Bestellung des Baumeisters Schäffer *„fünf stück dühren zu der herzogligen Bibliothek mitt messing draht fein geflochten"*. LA Speyer, Best. B3, Nr. 2966. Die Arbeit wurde am 10. Juni 1782 vom Schreinermeister in Rechnung gestellt. Diese Rechnung wird bei Schneider, ungeachtet des Datums, mit der großen Bibliothek im Straßenflügel in Verbindung gebracht. Dieser Flügel existierte jedoch zu diesem Zeitpunkt noch nicht. Vgl. SCHNEIDER, Schlösser, S. 284.

739 LA Speyer, Best. B3, Nr. 2584, Bl. 380v. Rechnung vom 12. Dezember 1780.

740 LA Speyer, Best. B3, Nr. 2584, Bl. 159, Rechnung vom 24. September 1781. Die Lambris wurden zu 12 Gulden pro Klafter berechnet. Der Nachtladen kostete 26 Gulden. (Zum Vergleich: Lambris und Nachtladen kosteten ebenso viel wie

einen bevorzugten Raum gegenüber jenen zur dunklen Nordseite gelegenen Räumen. Ein Gemach der Nordseite erhielt von Schreiner Christian Reeß die Bezeichnung des „dunklen Zimmers", in dem er zwei Fensterrahmen und die Fensterverkleidungen herzustellen hatte.[741] Auf Grund der gehobenen Raumausstattung kann davon ausgegangen werden, dass der Raum mit einem der oben aufgeführten Gemächer des herzoglichen Appartements identisch ist, jedoch auf Grund fehlender Hinweise nicht mit einem der genannten Zimmer in Deckung gebracht werden kann.

Der Schreiner Johannes Schöller hatte laut einer Spezifikation seiner Arbeiten vom Oktober 1780 in einem „*Blauen Saall*" drei Trumeaus sowie drei Spiegel, Rahmen und Konsoltische aufgestellt.[742] Im gleichen Raum hatte er über dem Kamin ein Stück der Wandvertäfelung angefertigt und an der passenden Stelle angebracht. In einer später datierten Rechnung gab er an, den Parkettboden in diesem Blauen Saal gelegt zu haben.[743]

Laut einer späteren Rechnung vom August 1782 lieferte er einen Trumeaurahmen für ein blaues Eckkabinett „*mit einem Oberrahm und Bossery darneben*"[744] zum Preis von 20 Gulden. Im Oktober 1782 berechnete er drei große Spiegelrahmen für „*das Blaue Cabinet in das Cabinet darneben [...].*"[745] Laut gleicher Rechnung lieferte er für diesen Raum ein „*groß Cannabe in das grosse eckCabinet [...] Auch ein Trumeaux dahin [...].*"[746]

Einer der Säle des neuen Flügelbaus hatte die Form eines Ovals. Das ergibt sich sowohl aus der Rechnung des Tünchers Andreas Gitzner, der 1782 berechnete, sieben Vorfenster im „Oval Saal"[747] mit weißer Leimfarbe angestrichen zu haben. Eine weitere Erwähnung findet sich nur noch bei Schreiner Johannes Schoeller, der ein Fenster „*über den Owoll auf der Capell*" angefertigt hatte.[748] Welcher der benannten Räume mit dem ovalen Saal identisch war, lässt sich nicht ermitteln, da keiner der Handwerker die zwischen einem Raum und dieser Raumgestaltung eine Verbindung herstellte.

---

jene des herzoglichen Schlafzimmers und eines Kompaniezimmers im gleichen Stockwerk.) Auch der Zeitpunkt der Arbeit entspricht jenen des Kollegen Schoeller in den Paradezimmern. Die beiden Türen kosteten zusammen mit Holz und Arbeitslohn 70 Gulden.

741 LA Speyer, Best. B3, Nr. 2584, Bl. 163. Rechnung vom 22. August 1782.
742 LA Speyer, Best. B3, Nr. 2584, Bl. 172v. Dafür berechnete er 15 Gulden Arbeitslohn.
743 LA Speyer, Best. B3, Nr. 2584, Bl. 174. Der Arbeitslohn betrug 22 Gulden. Rechnung vom 12. Juni 1781.
744 LA Speyer, Best. B3, Nr. 2584, Bl. 180.
745 LA Speyer, Best. B3, Nr. 2584, Bl. 185. Dafür berechnete er 12 Gulden.
746 LA Speyer, Best. B3, Nr. 2584, Bl. 180v. Rechnung vom 12. August 1782. Schoeller verlangte für das Kanapee 14 Gulden und für den Trumeau 20 Gulden.
747 LA Speyer, Best B3, Nr. 2593, Bl. 26.
748 LA Speyer, Best. B3, Nr. 2584, Bl. 174. Rechnung vom 12. Juni 1781.

kk. Kapelle

Im Schadensverzeichnis von 1793 wird im Anschluss an die Aufzählung der Räumlichkeiten der Herzogin eine Schlosskapelle genannt. Die erste Kapelle hatte sich im Corps de logis befunden. Danach wurde sie in den Seitenflügel verlegt. In dieser Kapelle, die am 14. Dezember 1787 neu geweiht wurde,[749] befanden sich *„[...] Kirchen Paramenten und Schänck"* im Wert von 800 Gulden.[750] Aus einigen Rechnungen kann der Schluss gezogen werden, dass die Kapelle im Nordflügel eingerichtet wurde. Auf die Ausgestaltung des Inneren der Kapelle wird jedoch in keiner Rechnung Bezug genommen. Auch sonstige Handwerkerarbeiten wurden kaum in den Bauprotokollen der Rentkammer vermerkt. Dies bedeutete in der Regel, dass die Kosten überwiegend vom Herzog selbst übernommen wurden. Aus der Zeit vor der Weihe sind einige wenige Rechnungen der Baukasse erhalten, in welchen Arbeiten an der Kapelle genannt werden.[751] Leyendecker Martin Bohn hatte im Oktober 1784 Dachdeckerarbeiten *„auf der Kappelle"* ausgeführt, wozu das Anbringen einer eigenen Dachrinne gehörte.[752] Der Gipser Jacob Müller hatte Arbeiten *„in der Cappell u. Sacristey aufm Carlsberg"* übernommen.[753] Der Spenglermeister Leseur hatte

---

749 „benedictio sacelli aula Sereniss. Ducis in Carlsberg", zitiert nach Brazier, château, S. 135. Aus den folgenden Jahren wurde die Vermählung des Barons Marotte de Montigny mit Catharina von Einsiedel 1790 „in der Kapelle seiner Durchlaucht auf dem Carlsberg" (zitiert nach Weber, Schloss Karlsberg, S. 219) im Trauregister der katholischen Pfarrei Homburg benannt. Ein Auszug aus dem Taufregister in Homburg, Jahrgang 1792, Seite 62 Nr. VI gibt die Taufe der Augusta Amalia Schügens, geboren auf dem Carlsberg am 12. August 1792, am darauf folgenden Tag in der dortigen Kapelle an. Der Täufling war das Kind des Oberjägers Josef Schügens, der im folgenden Jahr das Schadensverzeichnis für die Innenausstattung des Schlosses erstellte. Taufzeugen waren der Herzog und die Herzogin, deren Namen das Kind erhielt. In deren Namen hoben Karl Lechner, der im Dienste des Herzogs stand und Josefa Beck, eine geborene De Lamotte, beide auf dem Carlsberg wohnhaft, das Kind aus der Taufe.
750 BayHStA München, Abt. IV, Serienakten 1999, N. 2 im Etat.
751 LA Speyer, Best. B2, Nr. 3993, Bl. 46. Danach hatte ein Johannes Schmitt aus Homburg einen Vorschuss für Arbeiten an der Kapelle in Höhe von 30 Gulden erhalten.
752 LA Speyer, Best. B4, Nr. 2547, Bl. 124v. sowie LA Speyer, Best. B3, Nr. 2585, Bl. 148. Nach dieser Rechnung hatte er *„auff der cappell und der neben dem gothe loschie stehendte tarras gedeckt"* und *„die cappell mit cantel versehen und wie zu sehen ist Inwentig mit dag werck versehen, wie nehben um die bolunster und gortloschie Ein gedeckt Von Jedem Bau seyerlich verdieneth 44 fl. dut die beyte gebäuth ad 88 fl."*.
753 LA Speyer, Best. B4, Nr. 2548, Bl. 192v. Rechnung vom 23. September 1785 über 38 Gulden 53 Kreuzer. Auch benannt in LA Speyer, Best. B2, Nr. 3993, Bl. 85 sowie LA Speyer, Best. B3, Nr. 2953, S. 482, Eintrag vom 18. Februar 1785. Anders Schneider, der diese Rechnung einer Kapelle in der Mansarde des Corps de logis zuordnet, vgl. Schneider S. 257.

ebenfalls „*zu Carlsberg an dem neuen Schlossflügel [...] an der Capel*" Arbeiten durchgeführt.[754] Schreiner Johannes Daniel hatte noch im Dezember 1787 im Rahmen seiner Arbeit „*an dem fligel recher hant im schloss hoff [...] in der Kabbel an Ein want an 6 Dielen leisten gemach [...].*"[755] Auch der Glaser war noch kurz vor der Weihe „*in der Hoff Cabel*" tätig, wo er 24 große Glastafeln einsetzte und anschließend einen Tag lang die Fenster putzte.[756] Die Arbeiten in der Hofkapelle setzten sich jedoch noch 1789 fort, als in den Urkunden des Baumagazins Ausgaben von Eisenblech und Nägeln an den Spenglermeister Philipp Löw aus Homburg notiert wurden. Dieser benötigte das Material „*Zu Offen Rohr und beschlagen einer Taffell in die Cappell*".[757] Der Schreinergeselle Peter Schwarz erhielt zur Fertigung einer Kamintafel in der Kapelle Dielen und Bandnägel. Im Januar 1789 wurden an den Schlosser Jacob Weller „*zu fertigung eines Ofenkranzes in die Capell*" 19 Pfund Eisen ausgehändigt. An den Hofmaurer Berthold wurde „*vor in die Schloß Capell 1 Holtz Ofen*" abgegeben. Schließlich erhielt der Schlosser Bötsch „*Vor Ofenhäls und Thüren an die Öfen ins Capell Zimmer im Schloß*" Eisen und Blech aus dem Baumagazin.[758]

c. Die Räume in der Mansarde

Das nächste Stockwerk, welches über dem ersten Obergeschoss mit den Gemächern des Herzogs folgte, war die Mansarde. Die Mansarde war vom Rang niedriger angesetzt, und so wurden dort „die bey Hof logirende Herrn und Dames, auch, wann in der zweyten Etage der Platz ermangelt, die Familie ingleichen Verwandte des Regenten"[759] untergebracht. Das Schadensverzeichnis erwähnt mehrere Appartements als „fremde Herrschaftszimmer" zur Nordseite wie zum Schlosshof gerichtet, sowie Vorratszimmer und das Garde-meubles mit dem zugehörigen Speicher.[760]

---

754 LA Speyer, Best. B3, Nr. 2953, S. 427.
755 LA Speyer, Best. B3, Nr. 2592, Bl. 65. Rechnung über 2 Gulden vom 15. Dezember 1787.
756 LA Speyer, Best. B3, Nr. 2595, #2236. „*Erstlich 24 groß Taflen ein geschnieden in die rahmen und die Taflen Verkütt tut Jede Tafel Vor ein zu setzen zu Verkütten ad 16 xr Summa 6 fl. 24 xr und ein dag fenster gebutz ad 36 xr.*" Rechnung vom 10. Dezember 1787 von Johannes Müller. Gewöhnliche Fenstertafeln kosteten 9 Kreuzer, so dass es sich hier um besonders große Tafeln gehandelt haben muss.
757 LA Speyer, Best. B3, Nr. 2642, Nro. 2.
758 LA Speyer, Best. B3, Nr. 2642. Baumagazins-Urkunden 1. Quartal 1789 Nrn. 9, 13, 15 und 29.
759 MOSER, Teutsches Hof=Recht, S. 282–283, zitiert nach KOTZUREK, Funktion, S. 27.
760 BayHStA München, Abt. IV, Serienakten 1999. BECKER, Karlsberg, S. 22.

Dem Schreiner Johannes Daniel war der Auftrag zugefallen, *„im 3 stock 13 finster ramen [...] Mit Kreysel hols"* sowie vier ovale Dachfenster zu machen.[761] Zu jenen 13 Fenstern wurden von ihm zusätzlich *„am 3 stock 13 bar sumer laten gemach [...],"* während er fünf Fenster mit Vorfenstern bestückte.[762] Die Wände der Mansarde waren Riegelwände, also in Fachwerktechnik errichtet, wie aus einer Rechnung des Schreiners Christian Reeß von 1780 hervorgeht, der *„in dem Neuen Fliegel im driten stock [...] eine thür mit zwey füllung in Riegelwand futer und bekleid da zu gemacht"* hatte.[763] Sein Kollege Johannes Bihl brachte weitere zwei Türen gleicher Machart und drei weiter Türen, die ein wenig aufwändiger waren.[764] Sieben Fenster versah er mit der *„fenster posrie und schambrahm in die dach fenster [...]."*[765] In zwei Zimmern hatte er die Lambris angefertigt, die Böden *„auff gefitert und Ins bley gelecht"* und den Friesboden darauf verlegt.[766] Der Schreiner Michael Bihl hatte in weiteren drei Zimmern das Verlegen eines Friesbodens, die Anfertigung der Lambriszone und der Zimmertüren übernommen.[767] In einer Rechnung, die zwei Jahre später, im Sommer 1782 ausgestellt wurde und die baulichen Erweiterungen an diesem Flügel wiederspiegelt, hatte er erneut Arbeiten in der Mansarde aufgelistet. Dazu gehören Fenster, Jalousieläden, Vorfenster, ovale Dachfenster sowie die Böden von vier Zimmern. Die Wandvertäfelungen dieser vier Zimmer und die Fensterboiserien für neun Fenster kamen dazu.[768] Auch Valentin Amtshoff war 1782 in der Mansarde mit dem Einsetzen von Türen, dem Verlegen eines Friesbodens und dem Verfertigen von Fensterboiserien beauftragt worden.[769]

---

761 LA Speyer, Best. B3, Nr. 2592, Bl. 19. (S. Anhang C.I.4) Für die Fenster verlangte er jeweils 3 Gulden 45 Kreuzer, zusammen also 48 Gulden 48 Kreuzer. Für ein ovales Dachfenster verlangte er pro Stück 52 Kreuzer.
762 LA Speyer, Best. B3, Nr. 2592, Bl. 19. (S. Anhang C.I.4) Für diese Klappläden verlangte er 39 Gulden.
763 LA Speyer, Best. B3, Nr. 2584, Bl. 157. Rechnung vom 29. Juli 1780. Für diese Tür verlangte er 7 Gulden.
764 LA Speyer, Best. B3, Nr. 2584, Bl. 218. Drei Türen, die 6 Schuh 6 Zoll hoch und 2 Schuh 9 Zoll breit waren (2,11 x 0,89 Meter) kosteten pro Tür 9 Gulden. Zwei weitere Türen kosteten, wie bei seinem Kollegen Reeß, 7 Gulden.
765 LA Speyer, Best. B3, Nr. 2584, Bl. 218. Pro Fenster kosteten die Boiserien und Verkleidungen 6 Gulden.
766 Die Wandvertäfelungen waren 3 Schuh hoch (97 Zentimeter) und wurden mit 61 Gulden 20 Kreuzern berechnet.
767 LA Speyer, Best. B3, Nr. 2584, Bl. 365. Rechnung vom 16. Juli 1780. Lambris und Türen entsprachen jenen, die auch bei Johannes Bihl angegeben wurden.
768 LA Speyer, Best. B3, Nr. 2584, Bl. 278. Rechnung vom 3. September 1782. Die Lambris wurden pro Klafter mit 2 Gulden 45 Kreuzern abgerechnet, die Fensterboiserien pro Fenster mit 9 Gulden 45 Kreuzern.
769 LA Speyer, Best. B3, Nr. 2584, Bl. 308. Für zwei Türen, die er *„im Mauer gemacht mit ein gefassten futer thut per stieck mit hols und arbeits lohn samen ad 8 fl. ½."* Der Friesboden kostete pro Klafter 1 Gulden 48 Kreuzer. Die Fensterboiserien kosteten pro Stück 7 Gulden samt Holz und Arbeitslohn.

Der Schreiner Johannes Daniel, der auch im Giebelzimmer des ersten Obergeschosses gearbeitet hatte, hatte die Schreinerarbeiten im *„Eck Zimer gegen dem hof am gebel"* in der Mansarde übernommen. Der Boden, die Wandvertäfelungen und die vier Fensterboiserien fielen auch hier in seinen Aufgabenbereich.[770] Glaser Purllacher fügte in zwei zweiflügelige Türen, die zum Haupttreppenhaus führten, insgesamt 20 feine Glastafeln ein.[771] Der Schreiner Johannes Schoeller hatte *„8 trumeaux gemacht in der 3ten Etage [...]."*[772]

aa. Das Appartement der Freifrau von Esebeck

Der Schreiner Johannes Bihl hatte *„im triten stock woh die frau ober hoff Meisterin von Esebeck Loschirt 14 fensterrahmen mit 2 fligel mit Kreitzel holz [...]"* samt den passenden Sommerläden angefertigt.[773] Im Speicher darüber wurden von ihm laut gleicher Rechnung vier ovale Fensterrahmen eingepasst, wie sie auch auf dem Aquarell Le Clercs zu sehen sind (Abb. 4). Dazu kamen sechs Vorfenster für die Fenster der Frau von Esebeck. Im Mai 1782 wurde eine eiserne Kamintür *„bey frau Von Especk Zimer in den tritten stock gemacht [...]."*[774] Auch für sie wurde ein Schellenzug installiert, um nach der Dienerschaft läuten zu können.[775]

In der Mansarde befand sich ein Kompaniezimmer, das zum Appartement der Freifrau von Esebeck gehört haben könnte. Schreiner Johannes Bihl wurde in einem *„Kombnie Zimmer in den triten stock"* tätig, wo er Friesböden verlegte.[776] In das Kompaniezimmer führten zwei Türen, die Johannes Bihl lie-

---

770 LA Speyer, Best. B3, Nr. 2592, Bl. 22v. (S. Anhang C.I.4) Den Boden, war 18 Schuh lang und ebenso breit (5,85 Meter). Dafür erhielt er 20 Gulden. Für 12 Klafter Lambris berechnete er 33 Gulden, das Klafter zu 2 Gulden 45 Kreuzer. Die Fensterboiserien berechnete er pro Stück mit 7 Gulden.
771 LA Speyer, Best. B3, Nr. 2585, Bl. 22. Rechnung vom 20. Juni 1782. Diese Arbeit wurde mit *„ney ver glaß und ver kit"* mit 1 Gulden 40 Kreuzern berechnet.
772 LA Speyer, Best. B3, Nr. 2584, Bl. 180. Rechnung vom 12. August 1782, jeweils ein Trumeau zu 7 Gulden.
773 LA Speyer, Best. B3, Nr. 233v. Rechnung vom 10. Juni 1782. Dieses Datum würde dafür sprechen, dass sich die Zimmer im westlichen Teil des Nordflügels befanden, der zuletzt fertig gestellt worden war. Die Fenster *„hoch 4 sch 3 z breit 2 sch 9 zoll"* hatten eine Höhe von 1,38 Metern und eine Breite von 89 Zentimetern. Sie kosteten zusammen 52 Gulden und 30 Kreuzer. Die Sommerläden kamen mit 42 Gulden dazu. Die ovalen Fenster kosteten pro Stück 52 Kreuzer.
774 LA Speyer, Best. B3, Nr. 2584, Bl. 433. Zusammen mit einer zweiten Kamintür für den Schlossflügel berechnete er für das Material und den Arbeitslohn 14 Gulden 40 Kreuzer.
775 LA Speyer, Best. B3, Nr. 2584, Bl. 417. Dafür wurden vom Schlosser 5 Gulden berechnet, denn der Schellenzug reichte vom unteren Stockwerk zum dritten Stock bis in das Corps de logis.
776 LA Speyer, Best. B3, Nr. 2584, Bl. 233v. Für 12 Klafter 3 Schuh verlangte er 21 Gulden 36 Kreuzer.

ferte, so wie er auch *„in obiges Zimmer trey Löcher mit fenster posrie und schambrahmen gemacht"* hatte, was auf drei Fenster in diesem Raum schließen lässt.[777] Sein Kollege Valentin Amtshoff hatte *„in dem 3ten stock 3 trimo auf die pfeiler gemach mit bey laster [...]"* sowie *„noch einen auf ein Camin gemacht [...]."*[778] Zu diesen Rechnungsposten wurde nachträglich der Vermerk *„Company Salle"* hinzugefügt. Die drei Zimmer wurden mit 6 Paar Nachtläden mitsamt den Fenstereinfassungen ausgestattet. Zwei Alkoven in der Mansarde kosteten mit Holz und Arbeitslohn zusammen 132 Gulden.[779]

Im Schlafzimmer der Frau von Esebeck hatte der Schreiner Johannes Bihl in den kleinen Kabinettchen des Alkovens gearbeitet. Neben dem Kompaniezimmer befand sich laut den Rechnungsposten ein Schlafzimmer, denn für diesen Raum berechnete der Schreiner *„Noch einen Grossen trumeaux in das Schlafzimmer neben dem ob bemelte Saal"*.

bb. *„Im tritten stock alwo der prins Loschirt"*

Der Schlosser Henrich Bubong hatte in einer Rechnung vom Dezember 1781 in der Mansarde, *„alwo der prins Loschirt"* zwei Tapetentüren mit Schlössern beschlagen.[780] Auch die Arbeiten von Schreiner Johannes Daniel betrafen Fensterrahmen in den Räumen, welche die zusätzliche Anmerkung von anderer Hand *„Esbeck und printz logis"* tragen.[781] Es wird dabei nicht deutlich, um welchen Prinzen es sich handelt – den Sohn des herzoglichen Paares, den Prinzen Carl August Friedrich, welcher am 12. September 1784 verstarb, oder den Pfalzgrafen Maximilian, welcher ebenfalls oftmals als Prinz Max bezeichnet wurde. Es ist jedoch zu vermuten, dass es sich bei diesen Räumen in der Mansarde um jene des damaligen Erbprinzen handelte. Außerdem können die Räumlichkeiten *„wo Ihro Durchlaucht Prinz Max logiert haben"* im Südflügel verortet werden.[782] Der Schreiner Valentin Amtshoff hatte im nördlichen Schlossflügel im

---

777 LA Speyer, Best. B3, Nr. 2584, Bl. 234. Die Türen waren 6 Schuh 5 Zoll hoch (2,08 Meter) und 3 Schuh (97 Zentimeter) breit. Dafür verlangte er pro Tür 8 Gulden 30 Kreuzer. Für die Fensterverkleidungen erhielt er pro Fenster 7 Gulden.
778 LA Speyer, Best. B3, Nr. 2584, Bl. 308. Ein Trumeau für die Fensterpfeiler wurde mit 7 Gulden für Holz und Arbeitslohn berechnet. Ein weiterer für den Kamin wurde mit 6 Gulden angerechnet.
779 Der gleiche Schreiner vermeldete, er habe am 16. November 1782 *„zwey trumeaux in den Compagnie Saal in der 2ten Etage in dem ersten Neuen flügel gegen dem Hoff gemacht [...]."* LA Speyer, Best. B3, Nr. 2584, Bl. 185. Dafür standen ihm laut seiner Rechnung 32 Gulden zu.
780 LA Speyer, Best. B3, Nr. 2584, Bl. 416.
781 LA Speyer, Best. B3, Nr. 2592, Bl. 19.
782 BayHStA München, Abt. IV, Serienakten 1999, N. 2 im Etat. BECKER, Karlsberg, S. 24. S. dazu Kap. A.V.

Zimmer des Prinzen zwei Trumeaus an den Wandpfeilern und über dem Kamin befestigt „*mit beylaster sambt spiegel rahmen und subort rahmen [...].*"[783] Sein Kollege Johannes Daniel hatte einen Tisch für den Prinzen hergestellt, „*das sich das blat went* [wendet]."[784]

Der Schlossermeister Bubong aus Homburg hatte eine „*Neye taffel vor den printzen Beschlagen der sig zusamen Legt und auseinanter tut auf Eine Neye fason.*"[785] Sein Kollege Magnus Betsch hatte „*1 Alcoff schließig gemacht ins Prinzen Zimmer.*"[786] Vom Schreiner Jörg Bihl wurde „*Ein stelas* [Stellage] *gemacht vor das Bubenspil* [Puppenspiel] *zu spilen.*"[787]

IV. Der Plan zur Versetzung des Jägersburger Schlosses

1. Herzog Carl II. August und Jägersburg – die ersten Jahre

Nach seinem Regierungsantritt und dem Umzug nach Pfalz-Zweibrücken im Jahr 1775 ließ sich Herzog Carl II. August nicht etwa im Residenzschloss in Zweibrücken, sondern im Jägersburger Jagd- und Sommerschloss (Abb. 32) nieder. Bezüglich dieses Aufenthaltes schrieb der französische Außenminister Vergennes innerhalb eines längeren Briefwechsels am 29. November 1775 an den französischen Gesandten in Zweibrücken, Sainte Foy: „Den 23. und 24. verbrachten sie (der Herzog und die Herzogin) in Mannheim und trafen am Sonntag, den 25., in Jägersburg, – das ist 4 Meilen von hier –, ein. Der Herzog will dort den ganzen Dezember verbringen, um Zeit zu lassen, seine Räumlichkeiten hier herzurichten. Darüber hinaus möchte er den Klagen und Vorstellun-

---

783 LA Speyer, Best. B3, Nr. 2584, Bl. 310. Für die Trumeaus an den Wandpfeilern mit dem Rahmen für Spiegel und Supraporte wurden jeweils 15 Gulden verlangt, für den Trumeauspiegel über dem Kamin 13 Gulden.
784 LA Speyer, Best. B3, Nr. 2592, Bl. 26. Für diesen Tisch, der von Daniel beschrieben wird als ein Tisch „*[...] wie die vorbacher* [Forbacher] *disch sein*" erhielt er 7 Gulden.
785 LA Speyer, Best. B3, Nr. 2584, Bl. 444v. Rechnung vom 23. November 1782. Für die neue Tafel erhielt er 4 Gulden.
786 LA Speyer, Best. B3, Nr. 2590, Bl. 622. Rechnung vom 31. Dezember 1783. Für das Gangbarmachen des Schlosses zum Alkoven verlangte er 6 Kreuzer.
787 LA Speyer, Best. B3, Nr. 2584, Bl. 143. Die „Stellage für das Puppenspiel" kostete 2 Gulden. 1779 hatte er schon „*Ein Beiel undt Ein hamer vor den Brintz*" gebracht. LA Speyer, Best. B3, Nr. 2578, Bl. 74v.

Abb. 32: Herdegen, Friedrich, Carte von Den Beiden Ober-Aemter Zweybrucken und Homburg, 1791: Ausschnitt ‚Jaegersburger Schloss'

gen von Leuten entfliehen, die dem Hof seines Onkels angehörten und die nun fast alle pensionslos entlassen wurden."[788]

Herzog Christian IV. (1722–1775) hatte Schloss Jägersburg spätestens ab dem Jahr 1753,[789] vermutlich nach Plänen von Pierre Patte[790] errichten lassen, nach-

---

788 Auszüge aus französischen Gesandtschaftsberichten, zitiert nach: ROLAND, Ereignisse, S. 181. Mannlich sah in der Baronin von Esebeck die treibende Kraft für den Rückzug des Herzogs nach Jägersburg. „Frau von Esebeck überredete, um sich ihre Eroberung mehr zu sichern, den Herzog, sich auf das Jagdschloß Jägersburg zurückzuziehen, wo es niemand gestattet war, unaufgefordert zu erscheinen. Sie hatte die Wahl der Persönlichkeiten getroffen, die in dieser Einsamkeit den Hof Karl Augusts und seiner Gemahlin bilden sollten, und ihn nur mit Leuten umgeben, die ihren Interessen verpflichtet waren. Selten kam der Hof zur Stadt und auch dann nur auf ein oder zwei Stunden." MANNLICH, Rokoko und Revolution 1966, S. 193; vgl. ähnlich SCHNEIDER, Schlösser, ohne Angaben S. 113.

dem er im Vorfeld mit der Marquise de Pompadour diesbezüglich bereits Ideen ausgetauscht hatte. Die Marquise hatte ihm sowohl die Garten- als auch die Baupläne des Grand Trianon zugesandt.[791] Dominique Pineau lieferte Entwürfe für die Inneneinrichtung des Jägersburger Schlosses.[792] Neben der Rezeption des Grand Trianon ist der stilistische Einfluss des Schlosses Bellevue der Marquise nicht zu übersehen.[793] Herzog Carl II. August entwickelte eine besondere Vorliebe für diesen Ort inmitten eines ausgedehnten Jagdgebietes, die über gelegentliche Aufenthalte in seiner beginnenden Regierungszeit hinausging, denn er nutzte das Jägersburger Schloss schließlich ganzjährig, wie sich aus dem Brief des Zweibrücker Gymnasialdirektors und Hofbibliothekars Crollius vom 30. Dezember 1777 ergibt. Darin berichtet dieser seinem Mannheimer Freund Lamey: *„Wie sehr wünschet jedermann, daß Serenissimus dieses nicht zu einer Winterwohnung eingerichtete Sommer u. Jagd Palais bey dieser Jahres Zeit verlassen, und wir dieselbe mit höchstdero Frau Gemahlin und dem theuersten ErbPrinzen in unserer Stadt sehen möchten, wo bey jeder Gefahr leichtere u. geschwindere Hülfe ist."*[794]

---

789 Im Verlauf des Jahres 1753 wurden dem Surintendanten der Bauten Baron von Bernstein *„zum Jägersburger Bauweßen"* mehrmals im Monat Gelder angewiesen. Marmor aus Koblenz wurde angeliefert, Marmorsäger und -polierer, insbesondere der Bildhauer Nikolaus Göttelmann, der auch später am Carlsberg tätig war, nahmen ihre Arbeit auf. BayHStA München, Best. Kasten blau, Nr. 406/3. Zu Jägersburg s. BECKER, Schlossbau; LOHMEYER, Südwestdeutsche Gärten, S. 127–129; LOHMEYER, Barockgärten, S. 76 ff.; VICARI, Karl II. August; DERS., Jagdschloß, S. 329–330; SKALECKI, Friede, S. 16 ff.; WEBER, Pierre Patte, S. 136 ff.; DERS., Kulturschätze 1962; DERS., Gartenkunst, S. 59–65; DERS., Schloss Karlsberg, S. 77–91; SCHNEIDER, Schlösser, S. 97–128.
790 Laut Werkverzeichnis Pattes aus dem Jahr 1803, in dem er angibt „J'ai fait exécuter pour ce Prince un chateau à Jeresbourg, approchant, par son étendue et sa forme, de celui de Trianon dans le parc de Versailles." Zitiert nach WEBER, Pierre Patte, S. 138.
791 BayHStA München, Best. Kasten blau, Nr. 404/5a–c.
792 S. dazu sowie zu einigen Möbeln HOJER/OTTOMEYER, Möbel, S. 25 f. sowie S. 124 ff.
793 Hierzu s. SIEFERT, Herzog Christian IV., S. 214.
794 GLA Karlsruhe, Bestand S, Kremer-Lamey Nr. 135, Brief Nr. 21. Die Bemerkung Crollius, bezieht sich auf das folgende Ereignis: *„In der Nacht vom 28. u. 29. dieses hätte eins der traurigsten Schicksale unser Land und unser ganzes durchlauchtigstes Regenten Hauß in der Person unserer edelsten und besten Herzogin in Staub legen können. Zu Jägersburg in dem Kamin Zimmer, (wie ich höre dem Zimmer Serenissimi) hinter welchem noch das Schlafzimmer unserer Durchlauchtigsten Herzogin ist, war nach 1 Uhr des Nachts ein Feuer ausgekommen, welches selbst den Boden schon ergriffen. Die Herzogin schlieff daneben der Gefahr unwissend. Ein Dragoner Korporal nahmens Hauther, dessen Nahmen mit seiner That in unserer Geschichte einen Platz verdient, rettete ihr das Leben, da sie nicht anders als durch das brennende Zimmer gerettet werden konnte. Man darf nicht dran denken, was diese gute Fürstin für Angst u. Schrecken ausgestanden haben*

Über die allmählich einsetzende Begeisterung des Herzogs für den Carlsberg wurde in den Anfangskapiteln eingehend berichtet. Die dortigen Aufenthalte gestalteten sich bereits im Jahr 1778 recht ausgedehnt. Nach Ablauf von vier Jahren stand 1782 der Entschluss des Herzogs fest, das gesamte Jägersburger Schloss auf den Carlsberg zu versetzen, wenngleich diese Idee letztlich nicht umgesetzt wurde. Im Folgenden soll der Generalüberschlag der Versetzungsidee, die Gründe für diesen Entschluss wie auch die Gründe, die vermutlich zum Scheitern dieses Planes führten, dargestellt werden.

In diesem Zusammenhang ist es aufschlussreich, dass bereits ab 1778 Baumaterialien, Mobiliar und sogar komplette Gebäude des Jägersburger Schlosskomplexes abgetragen und auf dem Carlsberg verwendet worden waren. So hatte der Schreiner Johannes Daniel in einer Rechnung vom 26. April 1778 angegeben, im Jägersburger Schloss *„10 Lamberien [...]"*[795] ausgebaut zu haben. Im darauf folgenden Februar des Jahres 1779 erging ein Befehl des Herzogs, *„dass der Stall zu Jägersburg abgebrochen und auf den Carlsberg versetzet werden solle [...]."*[796] Öfen, Ofenrohre und -platten sowie Fenster und Türverkleidungen wollte man bis auf weiteres im Magazin lagern. Im Dezember des folgenden Jahres reiste der Schreiner Michael Bihl mit dem Tapezierer Richard nach Jägersburg, um dort Möbel auszusuchen, die aufgeladen und zum Carlsberg verbracht wurden, wo sie, noch einmal abgestaubt, wieder zum Einsatz kamen.[797] Zuvor hatte man am Carlsberg Maß genommen und suchte in Jägersburg noch passende Türen aus, die man in Homburg kürzer und schmäler machte, um sie dort einzubauen. Im Januar des Jahres 1782 gibt der Schlosser Jacob Flamm an, er habe an den Carlsberger Stallungen und an der Reitschule gearbeitet und habe in diesem Zusammenhang *„am abgebrochenen Jägersburger Stall welcher auf den Carlsberg gesetz worden"*[798] 16 Fensterrahmen repariert und angeschlagen. Sogar das Anwesen der Freifrau von Esebeck in Homburg wurde aus Jägersburger Beständen bestückt, denn es finden sich in den Untersuchungsproto-

---

    müsse. Auch fiele sie vor Schrecken in Ohnmacht. Doch Gott sei Dank, sie war gerettet. Zwischen 2 und 3 Uhr, da aus den benachbarten Dörfern Waldmohr, Erbach und auch v. Homburg die Leute, denen Serenissimi selbst entgegen eilte, aufs Stürmen der Glocken herbeigeeilet waren, konnte erst Hülfe zur Löschung des Brands wo Von 2–3 Zimmer ausgebrennet seyn sollen, gelöschet werden."

795 LA Speyer, Best. B2, Nr. 3989, Bl. 2.
796 LA Speyer, Best. B3, Nr. 2576, Bl. 107. Zu diesem Zweck wurden die Abbrucharbeiten des Stalles an den Maurer Caspar Pfisterer versteigert. So sollten die Ziegel ordentlich abgedeckt, die Backsteine von Speis gereinigt und anschließend sorgfältig aufgesetzt werden, *„daß sie nicht zerbrochen geschmissen werden"*. Auch bei den Riegelwänden sollte er das Material aufsetzen, *„damit sie fernerl. verbraucht werden können, auch bequem zu laden sind, und müssen die Steine am ganzen Bau ordentlich conservirt und nicht verschlagen werden."*
797 LA Speyer, Best. B3, Nr. 2584, Bl. 269.
798 LA Speyer, Best. B3, Nr. 2592, Bl. 242v. Der Lohn betrug drei Gulden.

kollen bezüglich Überzahlungen der Baukasse der Vermerk, Schlosser Bubong sei eine Rechnung doppelt bezahlt worden "*vor arbeit von d. Stall so zu Jägersburg abgebroch u. nach Homburg an der Frau Obrist Hofmeisterin Frei Frau von Esebeck Residenz Garten an der Chaussée aufgestellt worden.*"[799] Es kündigte sich daher recht früh die Tendenz an, Brauchbares – sei es mobil oder immobil – von Jägersburg zum Carlsberg zu translozieren, um es dort wieder verwenden zu können.

2. Der Generalüberschlag zur Versetzung des Jägersburger Schlosses

Die Tendenz, Brauchbares zum Schloss Carlsberg zu bringen, gipfelte schließlich in der Idee, das komplette Jägersburger Schloss auf den Carlsberg zu versetzen. Auf Anweisung des Kammerrats Hautt wurde Baumeister Franz Georg Schaeffer in seiner Funktion als Bauleiter beauftragt, die Kosten der "*Versezung des Jägersburger Schloß auf den Carlsberg*"[800] zu ermitteln. Schaeffer forderte daraufhin von den Handwerkern Kalkulationen aus den einzelnen Bereichen ein,[801] um den Generalüberschlag erstellen zu können, den er am 5. Mai 1782 einreichte.[802] Mit allen anfallenden Kosten wurde eine Gesamtsumme zur Translozierung des Schlosses von rund 230.000 Gulden errechnet.[803] Im Ver-

---

799 LA Speyer, Best. B2, Nr. 3993, Bl. 63v. Rechnung N. 245 de 1779 über 42 f. 32 xr.
800 LA Speyer, Best. B2, Nr. 4654, Bl. 1 ff. An anderer Stelle berichten die Maurer Schweighofer, Krumm und Zimmermann: "*Auf ordern Herren Camrath und Bautirector Hautt auch Herren Baumeister schäffer haben wir Im frieiahr 1782: den schlosbau zu Jegersburg auff genommen und dariber Ein überschlag Errricht, um den selben ab zu brechen und auff den Carlsberg zu versetzen und ist mit auffname zu Jegersburg durch schweyghoffer, Krumm und Zimermann zu gebracht worden, von Jedem 5 dag dut 15 däg.*" LA Speyer, Best. B3, Nr. 2614, Bl. 22. Für jeden Tag, den man mit der Aufnahme und der Errichtung dieses Überschlages zubrachte, wurden für Mann und Pferd zwei Gulden berechnet. Um die Berechnung selbst anzufertigen wurden erneut zwei Tage zu jeweils einem Gulden und 30 Kreuzern in Anschlag gebracht
801 Dagegen nimmt Schneider an, dass Schaeffer lediglich "mit Hilfe des Maurermeisters Schwaighofer" die Kalkulation tätigte. SCHNEIDER, Schlösser, S. 113.
802 Der Generalüberschlag wurde erstmals erwähnt bei Becker als "ein grotesker Plan, der im Bereich der Karlsberggeschichte freilich kaum mehr aufzufallen braucht, aber doch bis heute unbekannt geblieben ist" unter Angabe mittlerweile veränderter Aktennummern in: BECKER, Schlossbau, S. 41 f. WEBER, Schloss Karlsberg, S. 166. SCHNEIDER, Schlösser, S. 113 f., letztere ohne Nachweis.
803 Weber geht, wie auch Schneider, von einer Gesamtsumme von ca. 200.000 Gulden aus, da ihnen der Nachtrag zum Generalüberschlag fehlte. Zum Nachtrag s. unten. Vgl. WEBER, Schloss Karlsberg, S. 168. SCHNEIDER, Schlösser, S. 113.

gleich zu den Kosten des Neubaus des Jägersburger Schlosses nimmt sich diese Summe vergleichsweise hoch aus.[804] Im Detail gibt der Generalüberschlag, über die anfallenden Kosten dieser Idee Auskunft. Die Kalkulation enthält „*Sämbtliche Bau Kösten, die Abbrechung und Wiedter aufbauung des jägersburger schloß, auf den Carlsberg zu versetz betrefent.*"[805] Die Maurer Schweighofer, Krumm und Zimmermann berechneten dabei die Kosten „*daß gantze gebey ab zu brechen biß auf die Fundamenter welge sampt den Keller gewelber nicht gerechnet sint ausser die dirgestell zu denen Kellern nebst denen drit [...]*"[806] mit 21.000 Gulden. Vier Altane mit 22 freistehenden Säulen, die Brüstung und den Frontispiz abzubrechen und neu zu errichten wurde mit 21.193 Gulden veranschlagt. Weiter galt es eine „*grosse Hauptsteg*" nebst dreier kleiner steinerner „*fransesesche Stege*" zu versetzen und gegebenenfalls die Treppenstufen zu erneuern, was mit 1108 Gulden berechnet wurde. 87 Schornsteine hätten bis zum Dach neu aufgeführt werden müssen, was 696 Gulden gekostet hätte. Insgesamt würde die Arbeit der Maurer samt Fuhrlohn und notwendigem Baumaterial 86.055,46 Gulden kosten, wobei „*[...] alle bildhauer arbeit gesimser ziren, oder sonstige arbeit wie sie namen haben hab im von gibs solle gemacht werden ist hier nicht gerechnet.*"[807] Ein Nachtrag zu vorstehendem Überschlag ergab zudem, dass man sowohl in den Flügeln als auch im Corps de logis 25.675 Quader zu wenig berechnet hatte und dass zu den bereits errechneten Kosten noch zusätzlich 11.553 Gulden zum Brechen, Auf- und Abladen der Steine fehlten, so dass eine Gesamtsumme von 97.608,46 Gulden von den Erstellern des Maurergutachtens Krumm, Zimmermann und Schweighofer erarbeitet und unterschrieben wurde.

Die erforderliche Schreinerarbeit zur Translozierung des Schlosses wurde von den Schreinermeistern Jörg Bihl und Johannes Schöller geschätzt. Dazu zählte das Losbrechen von 480 Klaftern Parkett- und Blindböden sowie der Ausbau von 600 Klaftern Lambris im gesamten Gebäude. Außerdem gab es 25 Klafter aufwändiger Friesböden, welche ein Herausbrechen, neuerliches Verlegen und eventuelle Ausbesserungen erfordert hätten. 126 Fenster hätten ausgebaut, gerichtet und gegebenenfalls erneuert werden müssen, ebenso 28 Türen mit je-

---

804 Schneider, der ebenfalls Bau- und Umsetzungskosten zueinander in Bezug setzt, nimmt an, dass sich die ursprünglichen Baukosten des Jägersburger Schlosses auf ca. 120.000 Gulden belaufen hatten. Vgl. SCHNEIDER, Schlösser, S. 113, ohne Quellennachweis.
805 LA Speyer, Best. B2, Nr. 4654, Bl. 2.
806 LA Speyer, Best. B2, Nr. 4654, Bl. 3. Dazu wird aber vermerkt, dass „*waß den underen sahl angeth wird die stockedor arbeut so wohl als aller marwel Herrschafts wegen weg gedan*". Ob die Stuckaturen und der Marmor nur einstweilen beiseite getan werden sollten, um dem Zeitgeschmack entsprechend erneuert und ersetzt zu werden oder um sie anderweitig zu verwenden, bleibt dabei offen.
807 LA Speyer, Best. B2, Nr. 4654, Bl. 6.

weils zwei Türflügeln sowie 76 Türen mit nur einem Türflügel. „*Trumeaux sind in dem gantzen Bau 28. diese loszumachen u was nicht gut ist neu die übrigen aus Rebarieren u wieder an zu machen.*"[808] Darüber hinaus waren im Schloss neun Alkoven, die es „*Loß zu machen u. auch wieder Auf zu stellen u was daran gebrochen neu zu machen u was zu Rebarieren*"[809] galt. 70 Paar Nachtläden, die sich in den Innenseiten der hölzernen Fensterumrandungen befanden, mussten abgehängt und wieder angeschlagen sowie Jalousieläden für sämtliche Fenster neu gemacht werden. Insgesamt belief sich diese Schätzung auf eine Summe von 14.879 Gulden.

Die Kalkulation der Schlossermeister Bubong und Koch berechnet die Arbeit an den 126 Türen, Alkoven- und Glastüren, sowie den Kamintüren. Einen Hinweis auf architektonische Details des Jägersburger Schlosses gibt der Teil des Gutachtens, welcher die Kosten für „*Zwey Balckong auf den altahnen abzu bregen und witer aufzustellen*"[810] betrifft und sich demnach auf schmiedeeiserne Geländer bezieht. Im Inneren des Baues mussten fünf eiserne Stiegengeländer abgebrochen werden, um auf dem Carlsberg wieder befestigt werden zu können. Die Kosten für die Schlosserarbeiten beliefen sich auf 1.880 Gulden.[811]

Die Zimmerleute Bendler, David und Männer kamen hinsichtlich des Dachgebälks zu dem unerfreulichen Schluss, wiewohl man es durch die Tatsache, dass das Holz überbunden, also gestrichen sei, „*nicht durch und durch hat in gewüssen Auenschein können nömen, so gefunden das doch das ganze gebölck mit Fäulung ist Angestöckt.*"[812] Also hätten der Dachstuhl und das Gebälk erneuert werden müssen, weil das alte Holz „*mit Fäulnis ist Angesteckt und zu solcher Arbeith nicht mör zu gebrauchen*"[813] sei. Mit Holz und Arbeitslohn kommen die Zimmerleute, wenn „*das Stöhende Schloß zu Jägersburg sollte auf den Carlsbörg versätz wörden*" auf die Summe der Kosten von 38.432 Gulden. Dies ist zudem ein Hinweis auf den bedenklichen Zustand des Daches des Jägersburger Schlosses, dessen Erbauung nur wenig länger als zwanzig Jahre zurücklag.

Der Überschlag über die Arbeit des Schiefer- oder Leyendeckers wurde von den Dachdeckern Peter, Johannes und Nicolaus Zorn angefertigt. Deren Gutachten zu Folge würde es erforderlich sein, „*die Leyen abzudeken, die bleyernen Can-*

---

808 LA Speyer, Best. B2, Nr. 4654, Bl. 12.
809 LA Speyer, Best. B2, Nr. 4654, Bl. 12.
810 LA Speyer, Best. B2, Nr. 4554, Bl. 14.
811 LA Speyer, Best. B2, Nr. 4554, Bl. 14. Das Schreiben wurde mit dem Zusatz versehen, dass die abzubrechenden Bestandteile im Falle der Schlossversetzung von „*Herschafft wegen in Verschlag Ein gebackt werten damit nicks Verlegt und mus alles gezeignet werten damit wans zum anschlagen kombt das man ietes auf seinem Befoorigen orth fintet.*"
812 LA Speyer, Best. B2, Nr. 4654, Bl. 8.
813 LA Speyer, Best. B2, Nr. 4654, Bl. 10.

del abzuheben, die diehlen loszubrechen, und alles was zum dachweßen gehört, auf den Boden zu schaffen, neben daß Schloß, und weilen diese Materialien nicht vor dem Schloß bleiben können, und an einen in etwas entfernten Ort geführt werden müßen, so ist der fuhrlohn und das auf und ablathen hier anbemerckt. Auch soll dieses Schloß, bestehent in drey flügeln auf dem Carlsberg wieder aufgebauet werden, und die Leyendeker Arbeit darauf dauerhafft verfertiget werden, wird erfordert an Neuen Materialien zu denen annoch brauchenten, welche zu Jägersburg abgebrochen worden, mit samt arbeitslohn, wie folgt."[814] Mit einer Auflistung des erforderlichen Materials kommen die Leyendecker zu einer Summe von 12.038,22 Gulden.

Die Kosten für Stuckaturarbeiten, für die kein Gutachten erhalten ist, sondern die sich nur noch aus dem Generalüberschlag ergeben, wurden mit 30.500 Gulden veranschlagt. So kommt der Generalüberschlag zu einer Gesamtsumme der entstehenden Baukosten von 193.166 Gulden und acht Kreuzern.

Auf einem späteren Blatt finden sich jedoch noch solche *„Kösten Welche in dem Mauer Überschlag theils vergessen, auch theils Arbeiten sind die nicht hirein gehöhren."*[815] Darin wurden die Kosten der Stuckateure für die Glättung der Plafonds und das Ziehen der Gesimse aufgeführt, sämtliche Tüncherarbeiten sowie *„daß gantze gebäudte auß wentig herum mit grauer Öhl farb an zu streichen [...]."* Außerdem wurde der Ausbau des Marmorsaales und dessen Rekonstruktion samt dem Marmorboden und der Kamine im Schloss benannt sowie die Wiederherstellung *„vor die Sämbtliche bildthauer Arbeit, welche aussen am bau an denen schlußstein und Capitäll durch abbrechen ruiniert wird."* Dazu kamen erforderliche Glaserarbeiten und die Anbringung der Tapetenleisten. Diese Einzelkalkulationen beliefen sich wiederum auf 33.500 Gulden, so dass der endgültige Generalüberschlag zur Versetzung des Jägersburger Schlosses eine Gesamtsumme von 229.666 Gulden und acht Kreuzern erreichte.

3. Die Einordnung des Zeitpunkts der Versetzungssidee und das weitere Schicksal des Jägersburger Schlosses

Schon Albert Becker stellte 1933 in der erstmaligen Erwähnung dieses Generalüberschlages die Frage nach den Gründen der Aufgabe des Versetzungsplans. „Woran scheiterte er? Am Technischen oder am Finanziellen? Ueber den Geldpunkt freilich wird sich Herzog Karl August die geringsten Sorgen gemacht haben."[816] Für den Herzog mag dies zwar zutreffen, nicht jedoch für seinen Minis-

---

814 LA Speyer, Best. B2, Nr. 4654, Bl. 13.
815 LA Speyer, Best. B2, Nr. 4654, Bl. 16.
816 BECKER, Schlossbau, S. 42.

ter Hofenfels und die Rentkammer, deren mahnende Stimmen sich vielerorts in den Akten finden lassen. Darüber hinaus ergibt sich die Frage, warum man gerade im Frühjahr 1782 die Idee durchspielte, das gesamte Jägersburger Schloss auf den Carlsberg zu translozieren. Die Belege der vorangegangenen Jahre zeigen, dass man das Jagdschloss Christians IV. schon zuvor gerne als Fundus sowohl für ganze Gebäude als auch für Lambris und Möbel genutzt hatte. Interessant ist daher die Wahl genau dieses Zeitpunkts.

Im Frühjahr 1782 war man am Carlsberg gerade dabei, den bereits existierenden Flügelbau zu verlängern, nachdem man im Jahr zuvor einen Flügel an die Erweiterung des Hauptbaues angefügt hatte.[817] Die angefertigten Überschläge vom Mai 1782 fallen genau in diesen Zeitraum, als man zu dem Schluss kam, dass die existierenden Räumlichkeiten am Carlsberg in Zukunft nicht ausreichen und Anbauten erforderlich würden, denen auch diesbezügliche – nicht dokumentierte – Vorüberlegungen zeitlich vorausgegangen sein müssen. Es ist davon auszugehen, dass der Hauptgrund für das Scheitern des Plans in den hohen Kosten begründet lag. Da die Kosten sich letztlich auf die Summe von ca. 230.000 Gulden beliefen und dies im Vergleich zum ursprünglichen Neubau ein Erhebliches mehr bedeutet hätte, nahm man Abstand von der Idee.[818] Man ging vermutlich davon aus, dass die kommenden Baukosten zur Erweiterung des bestehenden Landhauses weit darunter liegen würden. Im Anschluss an das Gutachten zur Translozierung und der Verwerfung dieser Idee fuhr man am Carlsberg mit der Verlängerung des Seitenflügels fort. Es lässt sich aus den vorhandenen Quellen darüber hinaus nicht klären, an welcher Stelle des Carlsberges das Jägersburger Schloss hätte zu stehen kommen sollen.

„Jedenfalls", schreibt Becker über die Jägersburger Anlage, „blieb das Schloß, in dem es schon länger stille geworden war, in seiner Ruhe ungestört. Kurze Zeit, nachdem die Voranschläge für die Verlegung des Schlosses ausgearbeitet worden waren, Ende August 1782 kam ein Lothringer Edelmann auf der Fahrt an den Rhein an dem ‚früheren Lustschloß der Herzöge von Zweibrücken' Jä-

---

817 Vgl. dazu Kap A.III zum nördlichen Ehrenhofflügel. Weber nimmt dagegen an, dass zu diesem Zeitpunkt der letzte Schlossflügel schon vollendet gewesen sei. Vgl. WEBER, Schloss Karlsberg, S. 166.
818 So auch Schneider, der ebenfalls die hohen Kosten als Grund angibt, gemeinsam mit der Annahme, dass Schloss Carlsberg „keine klassische Abfolge von Enfiladen ermöglichte" und „Jägersburg wohl die Vorgaben einer hierarchisch geprägten Hofhaltung" erfüllte. Vgl. SCHNEIDER, Schlösser, S. 114. Die Annahme, der Carlsberg habe nicht die erforderlichen Raumfolgen gewährleisten können, kann nicht greifen, da die Anlage der Raumfolgen stets den Erfordernissen angepasst wurde. S. zur Distribution von Räumen nach dem Hofzeremoniell ausführlich KOTZUREK, Funktion.

gersburg vorüber und schrieb davon in sein Tagebuch: ‚Unabsehbare Alleen durchziehen den Wald. Kaum ein Bauwerk wird großartiger wirken können als dieses Schloß, das auf der Höhe eines stattlichen Berges inmitten eines unermesslichen Waldes gelegen ist. Tiefes Schweigen, das an diesem fast verlorenen Orte herrscht und nur hin und wieder durch das Geheul wilder Tiere unterbrochen wird, erweckt geheimes Schaudern.'"[819]

Das Jägersburger Schloss scheint in der Folge kaum noch bewohnt worden zu sein. Noch im gleichen Monat erging die Order des Herzogs, dass auf dem Carlsberg „*der hinter dem Chavalier Hauß stehendte Magazins Schopp zu einen Pferdtstall soll ein gerichtet werden.*"[820] Dafür sollten die Riegelwände errichtet werden, um sowohl die Fenster als auch die Türen aus einem der Jägersburger Ställe verwenden zu können. Im September 1784 hatte man damit begonnen, eiserne Brunnenrohre von der Jägersburger Brunnenleitung an die neue Carlsberger Brunnenleitung zu verbringen.[821] Im Dezember 1784 wurde von Schreiner Franz Brännesholz in einer Spezifikation angegeben, er habe zu „*Jägers Burg 2 Zimmer die barget und blind boden auff gebrochen und auff dem Carlsberg 2 Zimmer daß auf gefütert auff gebrochen und wieder auff gefütert mit dem blind boden […]*".[822] Zur gleichen Zeit verbrachten mehrere Fuhrleute aus Waldmohr weitere hölzerne „*Deichlen von Jägersburg auf den Carlsberg an die Brunnenleidung […],*"[823] was impliziert, dass die Jägersburger Wasserleitungen in der Folge zumindest in Teilen nicht mehr gangbar waren. Noch vom Jahr 1787 findet sich eine Rechnung des Schreinermeisters Michael Bihl, der den Auftrag bekommen hatte, nach Jägersburg zu gehen und im Schloss alte Boiserien loszubrechen.[824]

Eine Folge dessen, dass der Herzog sein Interesse gänzlich den Carlsberger Bauten zuwandte und das Jägersburger Schloss kaum noch Beachtung fand,

---

819 BECKER, Schlossbau, S. 42.
820 LA Speyer, Best. B3, Nr. 2584, Bl. 104.
821 LA Speyer, Best. B3, Nr. 2585, Bl. 218. Adam Trautmann verbrachte 163 Stück „Brunnen-Deichlen" zu 8 Kreuzer das Stück zur neuen Carlsberger Brunnenleitung. Im Frühjahr 1782 wurde Brunnenmacher Gerstmeyer mit einer Brunnenmaschine beauftragt, „*dergestalten von sich selbst Tag und Nacht gehend, einzurichten gehabt, daß mittelst derselben das vor Menschen und Diehr erforderliche Waßer auf den Carlsberg, und zwar durch die dazumal bereits gelegt gewesene eiserne Teichlen, getrieben werden sollen.*" S. zur Brunnenleitung und der sich daraus ergebenden Problematik und der einberufenen Kommission LA Speyer, Best. B2, Nr. 1610.
822 LA Speyer, Best. B3, Nr. 2590, Bl. 297.
823 LA Speyer, Best. B3, Nr. 2585, Bl. 216. Seit der Antike wurden Rohrleitungen aus ganzen Baumstämmen hergestellt (sog. Deicheln, im Altdeutschen TeuchELN), die ausgebohrt, durch Eisenringe verbunden und mit Teer abgedichtet wurden. Die Rohre sind dicht, da das Holz quillt.
824 LA Speyer, Best. B3, Nr. 2590, Bl. 81.

war, dass die Kosten für den weiteren Unterhalt des Jägersburger Schlosses so knapp wie möglich bemessen wurden. Die Nachricht des Baumeisters Krutthofen drohender Baufälligkeit des Schlosses vom Juli 1787 an die Rentkammer – also nur fünf Jahre nach Erstellung des obigen Gutachtens – kann daher nicht weiter verwundern. Krutthofen teilte mit, dass sämtliches herrschaftliches Bauwesen zu Jägersburg *„eine besondere Reparation vorzügl. nöthig habe, wenn man dem drohenden Einsturz vorkommen und grose Unkosten bey längerem Aufschub der Reparation vermeiden wolle [...]."*[825] Der Herzog verfügte jedoch erst im Dezember 1788, dass *„sämtl. Baumängel mit dem ohngefehren Kostenbetrag von dem Baumeister Krutthoffen speciciret und mit Gutachten submissest einberichtet werden."*[826] Es wurde wohl daraufhin nichts unternommen, denn im Jahr 1790 kam es tatsächlich zum befürchteten Einsturz des Daches. Baumeister Krutthofen befürwortete einen Vorschuss für den Leyendecker Peter Krämer aus Zweibrücken hinsichtlich der Tatsache, dass *„wegen gänzlichem Einsturtz des Dachs aufm Jägersburger neuen Schloß die ganze Bley Arbeit muß herum gearbeitet werden [...]."*[827] Baumeister Krutthofen berichtet im Januar 1791, dass zur Ausbesserung des Jägersburger Schlosses 100 Reiß Leyen[828] erforderlich seien. Die Rechnung des Dachdeckers vom Februar 1791 berechnet für Arbeiten am flachen Dach *„auf dem Jägersburger neuen Schloß"*[829], den Dachgauben, Kaminen und Kehlen pro Schuh 4 Kreuzer. Im Jahr 1792 wurde der gleiche Dachdecker beauftragt, die Nebengebäude des Jägersburger Schlosses neu einzudecken, wozu das *„Umdecken der Jägersburger Schlossseiten Flügel, und Eindecken des Torfschoppens"* gehörte.[830] Außerdem mussten die Gesimse des Schlosses repariert werden.[831]

---

825 LA Speyer, Best. B3, Nr. 2549, Bl. 162v.
826 LA Speyer, Best. B3, Nr. 2550, Bl. 344v.
827 LA Speyer, Best. B3, Nr. 2606, Bl. 416. Schneider datiert den Einsturz des Daches auf 1788/89. S. SCHNEIDER, Schlösser, S. 114. Von Dachdecker Krämer wurde zunächst die Küche in Jägersburg mit Ziegeln *„gantz neu umgedeckt, befinden sich 45800 Blatt Zieglen darauf [...]."* LA Speyer, Best. B3, Nr. 2606, Bl. 417. Rechnung über 54 Gulden 57 Kreuzer vom 31. Mai 1790. Auch Schneider erwähnt diese Rechnung, s. SCHNEIDER, Schlösser, S. 114, ohne Quellenangabe.
828 LA Speyer, Best. B3, Nr. 2552, Bl. 316v. Reiß ist die Mengenangabe, mit der Schiefer bestellt und abgerechnet wird und entspricht 2,4 m². Der erforderliche Schiefer war *„in Scheuren erkaufft worden."* Möglicherweise ist damit Scheuern bei Tholey gemeint.
829 LA Speyer, Best. B3, Nr. 2606, Bl. 419. Rechnung über insgesamt 1020 Gulden.
830 LA Speyer, Best. B3, Nr. 2619, Bl. 8. Baumagazin-Ausgaben, wonach Leyendecker Kramer vom 12. November 1791 bis 8. Dezember 1792 Nägel erhalten hat. *„An dem Mittlern Bau rechts und Lincks die beyde Pavillon"* maßen 1782 Schuh, die *„zwey flügel daran rechts und lincks messen 9046 Schuh [...]"*. LA Speyer, Best. B3, Nr. 2619, Bl. 418. Vermerk im Rentkammer-Bauprotokoll vom 27. August 1792.
831 LA Speyer, Best. B3, Nr. 2554, Bl. 154 (Nebengebäude) und Bl. 178 (Schlossgesimse).

Im Etat von 1793, einer Auflistung der Schäden an den Pfalz-Zweibrückischen Schlössern,[832] wird der Schaden am Jägersburger Schlossbau mit einem Betrag von 132.426 Gulden beziffert. Laut diesem Überschlag fehlten die Marmorkamine und -einbauten, Türen und Fenster, Schlösser, Beschläge und Stiegengeländer. Um das Schloss wieder bewohnbar zu machen, wären darüber hinaus auch Zimmermanns-, Schreiner- und Stuckaturarbeiten notwendig gewesen. Der Verlust der Jägersburger Möbel wurde in einem Verzeichnis, das erst im Jahr 1795 unterschrieben wurde, lediglich mit 4.400 Gulden angegeben.[833]

Bisher wurde allgemein davon ausgegangen, dass das Schloss im gleichen Jahr (1793) wie die übrigen Schlösser der Gegend zerstört worden sei.[834] Diese Annahme kann jedoch mit den Angaben der Akten widerlegt werden. So findet sich noch eine Rechnung des Leyendeckers Peter Zorn vom Oktober des Jahres 1793, in der er angibt, er habe *„auf dem Jägersburger Schloß Dach über den Marmor Saal welches durch die Francken ruinirt worden wider gedeckt [...]."*[835] In den Aufzeichnungen des zweibrückischen Regierungsrates Ludwig Philipp Horstmann (1736–1818) findet sich eine Anmerkung zum 6. Februar des Jahres 1794, bestehend aus einem einzigen Satz: „Das Jägersburger Schloß wird ausgebrennt."[836] Die weitere Zerstörung des Schlosses setzte sich erst um den 9. Februar 1796 fort.[837] Mit diesem Datum fertigte der Burgvogt Gachot[838] in Jägersburg ein Schreiben an, in dem er über die Vorgänge der Zerstörung berichtet. Nachdem das Schloss zunächst von ca. 40 Franzosen in Brand gesteckt

---

832 BayHStA München, Abt. IV, Serienakten 1999, nicht paginiert.
833 BayHStA München, Abt. IV, Serienakten 1999. Dieses Verzeichnis, bestehend aus einem Einzelblatt, wurde von Kammerrat Colson in Mannheim am 17. Aug. 1795 unterschrieben, und bezieht sich auf eine Schätzung von Schügens. Die niedrige Schätzung von 4.400 Gulden bestätigt die vorangegangenen Hinweise, dass alle brauchbaren Möbel und Vertäfelungen zuvor bereits auf den Carlsberg verbracht worden waren.
834 Vgl. WEBER, Schloss Karlsberg, S. 91; SKALECKI, Friede, S. 21; SCHNEIDER, Schlösser, S. 101.
835 LA Speyer, Best. B3, Nr. 2623, Bl. 173. Laut dieser Rechnung, die sich auf eine Summe von 125 Gulden beläuft, wurden 894 Schuh Leyen und 28¼ Zentner Blei neu gedeckt. Zu diesem Zeitpunkt lag der Carlsberg bereits unrettbar in Schutt und Asche.
836 Aufzeichnungen des zweibrückischen Regierungsrates Ludwig Philipp Horstmann aus den Jahren 1789–1817. Mitgeteilt von BUTTMANN, Zweibrücken, S. 44.
837 Der Burgvogt unterschreibt seinen *„Berigt"* am *„9. Hornung 1796"*, wobei Hornung den Monat Februar bezeichnet. LA Speyer, Best. B2, Nr. 1619, Bl. 37.
838 Die Schreibweisen differieren; er selbst unterschreibt mit „Gascho". In den Akten, welche im Rahmen der Hinterlassenschaft Herzog Carl Augusts in München angelegt wurden und ausstehende Gehälter behandeln, wird er mit der Schreibweise „Gachot" bzw. „Gacho" geführt. Ihm wurden bis in das Jahr 1797 Pensionszahlungen durch die Rentkammer zugewiesen, GehHA München, Korrespondenzakten, Nr. 1697 b.

worden war, sei es noch zu löschen gewesen. Es habe sich zwar keiner um den Brand geschert, dennoch sei das Feuer schließlich von selbst ausgegangen. Zu diesem Zeitpunkt sei der Schaden noch nicht so groß gewesen, doch *„es ist agt dag lang abens frisch angesteckt worden, dan die franzosen haben nicht viel daran verletzt."* Gachot benennt mehrere Personen aus Jägersburg, die *„die Seylen und den Altan hinder dem schloß abgehauen und das Eißen"* sowie *„die Seulen in dem Cholodor ab gehauen"* hätten. Zwar gebe es *„auch noch Etlige Bauren in jagers Burg die sich An dem Sach nicht verkrüfen haben aber ser wenig."* Wenn es denn erforderlich würde *„und wann es zum Exsamen ein mal komt so werd ich auch Reden."*[839] So war es möglich, dass Colonel Thomas Thornton (1747–1823) auf seiner „Sporting-Tour" noch im September 1802 das Schloss in Jägersburg sehen konnte.[840]

V. Der südliche Ehrenhofflügel

1. Die Erbauung des *„sogenanten Schweighofers fliegel"*

In der älteren Literatur wurde eine Unterscheidung der beiden Ehrenhofflügel dadurch unternommen, dass der nördliche Schlossflügel als der des Herzogs, der südliche Schlossflügel als der „Herzoginnenflügel" bezeichnet wurde.[841] Diese Benennung ist jedoch nicht sinnvoll, da sich sowohl die Appartements sowohl des Herzogs als auch die der Herzogin im Nordflügel befanden. Später fand ein Umzug der Privatgemächer des Herzogs in den Westflügel statt, während man eine Verlegung der Räumlichkeiten der Herzogin in den Südflügel ursprünglich vermutlich vorgesehen hatte, jedoch niemals durchführte.

Der südliche Schlossflügel, wie er auf der Darstellung Le Clercs (Abb. 4) in sehr starker Verkürzung gezeigt wird, wurde in gleicher Weise wie das Corps de

---

839 LA Speyer, Best. B2, Nr. 1619, Bl. 37. Weber zitiert diese Quelle, (unter Angabe einer abweichenden Aktennummer, WEBER, Schloss Karlsberg, S. 91, Anm. 49) übersieht dabei jedoch das Datum des Berichts und verbleibt bei der Annahme der Schlosszerstörung im Jahr 1793. So auch Schneider, vgl. SCHNEIDER, Schlösser, S. 101.

840 Colonel Thomas Thornton, S. 102: „*Proceeding four miles farther we came to a well-cultivated country, finely diversified with woods and plains, and surrounded on all sides, except the north-east, by a chain of stupendous forests. Here we saw the palace of Jasbourg, one of the principal seats of the Duc de Deux-Ponts.*"

841 LA Speyer, Best. B3, Nr. 2609, Bl. 248. Christian Schweighofer aus Zweibrücken wurde auch lange als Urheber des Risses der Lutherkirche in Pirmasens angenommen, s. DEHIO, Rheinland-Pfalz, S. 826. Diese Angabe wurde von Kathrin Ellwardt zugunsten eines Architekten namens Schild revidiert. S. dazu ELLWARDT, Kirchenbau, S. 255 f. BECKER, Karlsberg, Bautenverzeichnis S. 5.

Abb. 33: Schloss Carlsberg bei Homburg
Lithografie nach Le Clerc, verkleinert von Neumann, Lith. v. Dubois

logis und der nördliche Ehrenhofflügel als zweigeschossiges Bauwerk mit Mansarddach und einer Durchfahrt in der Mitte errichtet. Das nach Süden abfallende Gelände brachte es mit sich, dass Teile des Kellers auf dieser Seite sichtbar waren. Zudem machte diese Geländestruktur – anders als am Nordflügel – für den Altan und die südwestliche Giebelseite Substruktionen erforderlich. Die vierachsige Stirnseite des Flügels gab Le Clerc – im Unterschied zu den langen Fassadenwänden zum Ehrenhof und zur Straße, die mit hellem Putz versehen waren – als steinsichtige Wand an. Sechs gedoppelte, vermutlich basenlose dorische Säulen des Altans haben jeweils ihr Pendant in sechs rückwärtigen Pilastern gleicher Ordnung. Jeweils zwei Säulen und zwei Pilaster tragen als Vierergruppe eine quadratische Gebälkplatte mit einem Zweifaszienarchitrav und einem Fries, der durch Triglyphen und glatte Metopen gegliedert wird. Die Bodenplatte des Balkons über dem Altan bildet das Gesims mit jeweils zwei, den Triglyphen im Fries zugeordneten Mutuli. Sowohl die Verwendung einer basenlosen dorischen Säule als auch die Durchmischung der Ordnung mit Elementen anderer Ordnungen im Gebälk ist auch auf einer Zeichnung der Fassade des Zweibrücker Gesellschaftstheaters von Christian von Mannlich zu finden.[842] Zwischen den Säulenpaaren des Altans wird das Erdgeschoss der Giebelseite durch zweiflügelige Fenstertüren aufgelockert. Auch zum Balkon, der mit einem aufwändigen schmiedeeisernen Geländer eingefasst ist, im Gegensatz zum Nordflügel jedoch nicht durch ein kleines markisenartiges Dach verschattet wird, führen zwei Glastüren hinaus.

Um die erhaltenen Rechnungen und Eintragungen in den Bauprotokollen diesem Flügel zweifelsfrei zuordnen zu können, das heißt, um ihn von den Um- und Anbauten am gegenüberliegenden Ehrenhofflügel wie vom Neubau des

---

842 S. dazu Kap. B.I.7.a zum Zweibrücker Gesellschaftstheater und dessen Auswirkungen auf das Carlsberger Komödienhaus. Auch hier wird der übliche glatte Architrav durch einen Faszienarchitrav ersetzt und über dem Fries befinden sich Mutuli.

Westflügels gleichermaßen zu unterscheiden, wurden von den Handwerkern unterschiedliche Namen und Bezeichnungen verwendet. Einige sprachen vom *„Schloßflügel gegen der Orangerie"*[843], vom *„flügel gegen die Carlslust"*[844] oder noch konkreter vom *„neichen fligel rechder hand dem schlos auff die seide gechen der orarrie* [Orangerie]*"*.[845] Zu den meistgebrauchten Ausdrücken zählten jedoch die Bezeichnungen als *„dem von dem Meister Schweyghoffer erbauten Schloß Fliegel,"*[846] womit dieser Bauteil, ebenso wie die anderen Flügel, namentlich dem zuständigen Maurermeister zugeordnet wird.

Beginnend mit dem Monat Mai 1782 wurde mit der Versteigerung der Verträge für diesen Schlossflügel begonnen.[847] Neben dem Maurermeister Christian Schweighofer, dessen Vertrag erhalten ist,[848] hatte auch Zimmermeister Jacob Andler Forderungen aus einem Vertrag geltend gemacht, der am gleichen Tag, dem 15. Mai, abgeschlossen worden war.[849] Der Akkord mit Maurermeister Schweighofer besagt, dass dieser Flügel die Fortführung des *„bereits gebauten theil des lincken flügels, mit welchem es in einem bley und von nehmlicher höhe forth geführet wird"* sei.[850] Mit diesem bereits errichteten Gebäudeteil ist vermutlich jener kurze Flügel gemeint, der die südliche symmetrische Entsprechung zum Verbindungsbau zum Speisesaal auf der Nordseite des Corps de logis bildete. Der nun zu errichtende Flügel kam über einem abschüssigen Ge-

---

843 LA Speyer, Best. B4, Nr. 2547, Bl. 97 in den Bauprotokollen der Rentkammer von 1785.
844 LA Speyer, Best. B4, Nr. 2547, Bl. 103.
845 LA Speyer, Best. B3, Nr. 2584, Bl. 287. Sowohl die Orangerie als auch die Carlslust liegen südlich der bis zu diesem Zeitpunkt bestehenden und errichteten Schlossgebäude. Daneben existieren auch Bezeichnungen wie ‚linker Schlossflügel', so LA Speyer, Best. B3, Nr. 2965, #4704, die jedoch nicht von allen Handwerkern durchgängig benutzt werden, denn für einige ist es der Flügel *„rechter hant dem schloß,"* LA Speyer, Best. B3, Nr. 2584, Bl. 145. Da sich nur aus dem Kontext erschließt, welcher Flügel gemeint ist, ist diese Begrifflichkeit verwirrend und soll hier nicht gebraucht werden.
846 LA Speyer, Best. B3, Nr, 2585, Bl. 174, ebenso in LA Speyer, Best. B3, Nr. 2590, Bl. 52, 61, 248 u.v.m.
847 Anders Schneider, der „die Entstehung dieses Traktes auf die Zeit von 1780 bis 1783" eingrenzt. Vgl. SCHNEIDER, Schlösser, S. 275, ohne Quellenangabe. Aus dieser falschen Annahme resultiert, dass er dem Südflügel in Gänze Baurechnungen aus Zeiten zuordnet, in denen der Flügel noch nicht existierte, und die sich sämtlich auf den nördlichen- oder auf den westlichen Straßenflügel beziehen.
848 LA Speyer, Best. B3, Nr. 2965, #4704, *„Actum Zweybrücken d. 15n May 1782."* S. Anhang C.I.6. Die Bürgen für diesen Vertrag waren die Maurermeister Michael Krumm und *„Schweighofer junior"*.
849 LA Speyer, Best. B3, Nr. 2619, Bl. 108. Der Zimmermeister hatte für seine Arbeiten 1131 Gulden zu fordern.
850 LA Speyer, Best. B3, Nr. 2965, #4704, Nr. 1 des Akkords. S. Anhang C.I.6.

lände zu stehen, weshalb man dort zwei gepflasterte Gewölbe vorsah, die als Keller oder Ställe dienen sollten. Als Kellerfenster zum Schlosshof und zum westlichen Giebel hatte man „*ordinaire Kellerfenster*[n]" vorgesehen, auf der abfallenden „*Seithe zur Orangerie zu oben werden ordentliche fenster wie in einem Stockwerck angelegt.*" Die gesamte Giebelseite sollte aus Quadersteinen aufgemauert und somit dem „*gegen über stehenden rechten flügel*[s] *in allem gleich tractiret* [werden]*, ausser das die daran an der säulen ordnung befindliche fehler hier verbessret werden [...].*"[851] Wie auch der gegenüber liegende Flügel erhielt der Schweighofer'sche Flügel eine Durchfahrt mit großen hölzernen Torflügeln. Vestibüle und Gänge sollten mit polierten Platten, die Gänge der Mansarde dagegen mit gebrannten Ziegelplättchen belegt werden. Als Haupttreppe sollte ein steinerner Aufgang angelegt, „*sauber und solide gemacht, und von den tüchtigsten steinen employiret werden [...].*" Unter der Stiege war ein „*privet*" eingeplant.[852] Für die Mansarde waren ein Mittelgang und bewohnbare Zimmer mit geraden Wänden vorgesehen und ausgebaut worden.[853] Das Material – ausgenommen lediglich die Kamine und das Eisen – musste der Entrepreneur selbst stellen und mit seiner Arbeit an diesem Flügel bis Mitte September 1782 so weit fortgeschritten sein, dass das Gebäude mit einem Dach versehen werden konnte.[854] Dazu kam es allerdings laut einer Eingabe des Maurermeisters Schweighofer im Juni 1784 nicht. Vielmehr war er bis zu diesem Zeitpunkt noch immer Arbeiten an diesem Flügel schuldig geblieben, weil es ihm am erforderlichen Geld zur Bezahlung des Materials und der Tagelöhner, des Fuhrmanns und des benötigten Wassers, Sandes und Kalks gefehlt hatte.[855] Ein

---

851 LA Speyer, Best. B3, Nr. 2965, #4704, Nr. 2 des Akkords. S. Anhang C.I.6. Um welche Fehler es sich dabei handelte, erschließt sich leider weder aus den schriftlichen Quellen noch aus der Darstellung Le Clercs (Abb. 4).
852 LA Speyer, Best. B3, Nr. 2965, #4704, Nr. 4 des Akkords. S. Anhang C.I.6.
853 LA Speyer, Best. B3, Nr. 2965, #4704, Nr. 5 des Akkords. Alles Holzwerk sollte überbunden und alle Wände mit Gips verputzt werden. Alle Mauern und Gewölbe sollten innen und außen sauber bestochen und gerade verputzt und geweißelt werden. LA Speyer, Best. B3, Nr. 2965, #4704, Nr. 6 des Akkords. S. Anhang C.I.6.
854 LA Speyer, Best. B3, Nr. 2965, #4704, Nr. 9 und 11. Die Zahlung sollte gemäß dem Fortschreiten der Arbeiten erfolgen und der Ansatz für diese Maurerarbeiten wurde bei 8500 Gulden gemacht. Erst bei der Summe von 11500 erfolgte der Zuschlag. Dabei wurde festgesetzt, dass pro Steigung 2 Gulden abgezogen würden. Christian Schweighofer erhielt den Zuschlag in der 139. Steigung, weshalb die Bezahlung sich auf 11.222 Gulden belief. S. Anhang C.I.6.
855 LA Speyer, Best. B3, Nr. 2965, #4844. Eingabe vom 3. Juni 1784. „*Weillen aber arm bin und von Meynen Vorrath nichts Erkauffen Kann auch so ausser Credit gesetzt dass ohne geld von niemant Keyne material Erhalten Kann, so bitte [Eurer] Hertzogliche Durchlaucht mir gnädigst zu anschaffung der nedigen Material [...] welges alles würcklich haben muß wenigstens* [um] *900 fl. [...].*" Anders Schneider, der nicht nur davon ausgeht, dass „die Bauarbeiten am Südflügel 1784 vollendet waren", sondern dass der Außenbau bereits 1782 weitgehend fertig war. Vgl. SCHNEIDER, Schlösser, S. 275 f.

weiterer Grund für die Verzögerung am Bau geht aus einem Bericht des Kammerrats Hautt hervor, wonach *„das Bauholz zu dem linken neuen Schlossflügel vorm Jahr hier und da entkommen, und nun wieder anderes auf dem Platz ist, so ist Maurer Schweighofer und Zimmermann Andler völlig beschäftigt, ihre Arbeiten zu Ende zu bringen. Ob aber die übrige, Schreiner, Schlosser p*[856] *Arbeiten gefördert werden, kann ich nicht wissen, noch die Arbeitsleute dazu antreiben, weilen sie mir unbekannt sind, indem der Schäfer alles ohne mein Vorwissen, und ohne Zuziehung meiner nach Willkühr tractiret hat."*[857] Tatsächlich wurden ab dem Jahr die Arbeiten am Westflügel für die herzoglichen Sammlungen mit aller Macht vorangetrieben, so dass die ohnehin bedenkliche finanzielle Situation die Arbeiten am Schweighofer'schen Flügel über einen längeren Zeitraum zum Erliegen brachte. Entsprechend datieren letzte Rechnungen, die sich auf Arbeiten in diesem Flügel beziehen, noch in das Jahr 1792.[858]

a. Der Verlauf des Ausbaues an Hand von Details der Rechnungen

Ein Überschlag über die Arbeiten des Maurermeisters Christian Schweighofer vom 20. Mai 1783, die von ihm zusätzlich außerhalb des Akkords übernommen worden waren, zeigt, dass seine Vertragsarbeiten, die eine Beendigung der Arbeiten bis September 1782 vorsahen, schon nicht mehr zeitgerecht erfolgt sein konnten. Laut dieses Überschlages war unter der steinernen Haupttreppe eine Kellertreppe mit 26 Stufen vorgesehen.[859] Der Schreiner Johannes Bihl hatte dafür später eine *„Zweyflich keller dihr samen gestembt,"* die sechs Schuh hoch und vier Schuh breit war.[860] Für den Keller hatte Schweighofer steinerne Umrandungen für acht Kellerfenster zu liefern und ein *„Fundament so schon gemacht gewessen heraus zu brechen und wiederum zu machen."*[861] Von Schreinermeister Johannes Daniel wurde ein Tor mit umrandeten Türfül-

---

856 Der Buchstabe ‚p' im Text steht für eine Verkürzung weiterer Aufzählungen, ähnlich wie usw.
857 LA Speyer, Best. B2, Nr. 1610, Bl. 64v. Hautt nahm aber an, dass sich die *„Versteigungen oder Accorde darüber […] dem Vernehmen nach sich unter seinen Papieren befinden p. Bevor ich nun solche erhalten werde, geruhen Ew. Herzogliche Durchlaucht gnädigst zu ermessen, daß wann die Arbeit nicht befördert wird, ich derwegen auser Schuld seie."*
858 LA Speyer, Best. B3, Nr. 2617, Bl. 9, Rechnung des Schreinermeisters Johannes Appel über 120 Gulden für ein großes hölzernes Tor.
859 LA Speyer, Best. B3, Nr. 2965, #4705. Schweighofer sollte die Stufen brechen, hauen und die Treppe setzen. Jeder Tritt der Kellertreppe hatte eine Länge von 1,46 Metern.
860 LA Speyer, Best. B3, Nr. 2591, Bl. 69v, Rechnung vom 22. Juli 1788. Die Kellertür war 1,95 Meter hoch und 1,30 Meter breit und wurde mit 9 Gulden berechnet.
861 LA Speyer, Best. B3, Nr. 2965, #4705 gibt den Überschlag dieser Arbeiten vom 20. Mai 1783 wieder. Danach waren auch zwei Kellerräume glatt zu bestechen, zu

lungen für die Gartenseite des Schweighofer'schen Flügels angefertigt, das 12 Schuh 6 Zoll hoch und 12 Schuh breit war.[862] Das Tor schloss nach oben mit einem Bogen ab, worin ein gläsernes Oberlicht eingelassen war. Schlossermeister Henrich Bubong hatte die Aufgabe übernommen, dieses Tor, das er selbst als großes schweres Tor beschrieb, mit den entsprechenden Winkeln und Bändern und einem Schloss zu beschlagen. Zu seinen Aufgaben gehörte es auch *„Ieber dem Tohr Einen Klaß Bogen"* zu befestigen.[863] Ein zweites *„groses Thor von zwei zölligem Holz und 3zölligen Köhlstößen, mit zwei Flügeln und ein kleines Thürgen"* wurde von Schreinermeister Johannes Appel erst im Juni 1792 abgerechnet.[864] So weit Details aus den Rechnungen gelesen werden können, entsprach die Gestaltung der beiden Durchfahrtstore jenen des gegenüberliegenden nördlichen Ehrenhofflügels.

Abb. 34: Wandpaneele aus Eichenholz aus Schloss Carlsberg, Detail
Residenz München, Depot

---

weisseln und den Keller mit behauenen Sandsteinplatten zu belegen. LA Speyer, Best. B3, Nr. 2965, #4106 ist die entsprechende Rechnung über 1207 Gulden vom 28. November 1783. Die Rechnung musste jedoch einer Überprüfung durch zwei Experten, Johann Peter Zimmermann und Michael Krumm, unterzogen werden, die einige Posten aus der Auflistung kürzten, weil er dieses *„vermög seinem acordt schuldig zu machen geweßen."* Einen Posten, den Schweighofer vergessen hatte, fügten sie dagegen hinzu und befanden, weiter *„hier in die Dunckelheit der Conditionen nicht Richter sein [zu] können"* und bescheinigten, dass Schweighofer die Summe von 1179 Gulden und 22 Kreuzer zustünde. Dass die Arbeiten tatsächlich nicht klar in den Vertragskonditionen und den späteren Aufträgen definiert waren, zeigt sich daran, dass im Rentkammer-Bauprotokoll vom 24. August 1789 eine Eingabe der Witwe Schweighofer notiert ist, wonach *„eine Rechnung von ihrem verstorbenen Mann über 207 fl. 16xr. vor den in ao. 1782 aus dem Keller unter dem Schlosflügel rechter Hand auf dem Carlsberg herausgeschaffte Grund wegzuführen, noch nicht angewiesen worden seye."* LA Speyer, Best. B4, Nr. 2551, Bl. 218v. Es wurde beschlossen, *„nach Einsicht der Carlsberger Bau Rechnungen zu eruiren was es mit diesem Posten vor eine Bewandniß habe."* LA Speyer, Best. B4, Nr. 2551, Bl. 218v. Es wurde aber keine diesbezügliche Rechnung vorgefunden. LA Speyer, Best. B4, Nr. 2552, Bl. 62.

Im Mai 1786 berechnete der Dachdecker Martin Bohn, er habe an „*dem schloss fligel die Altahn Mit 6 Zendtner Bley belegt.*"[865] Die beiden zweiflügeligen Glastüren mit Holzfüllung, die im Erdgeschoss auf den Altan führten, welche „*[...] aus wendig barged auff den felungen wie die an der wach stuben seind*" mit hölzernen Sprossen darüber, wurden von Schreinermeister Michael Bihl geliefert.[866] Der Schreiner Johannes Daniel berechnete, für eine Glastür des Altans Boiserieläden gemacht zu haben, damit man das Zimmer von innen verdunkeln konnte. Die Boiserien sollten à la grec gestaltet werden.[867] Auch von außen konnten die Glastüren mit Jalousieläden, die 9 Schuh 8 Zoll hoch und 4 Schuh 6 Zoll breit waren, zusätzlich verschlossen werden.[868] Die Räume zum Altan im ersten Obergeschoss waren in gleicher Weise durch Jalousieläden zu verdunkeln, die unten mit doppelten Füllungen und oben mit Schaufeln versehen waren. Die Läden, angefertigt von Schreinermeister Johannes Bihl, waren mit einer Höhe von 9 Schuh etwas niedriger als die des Erdgeschosses, hatten aber die gleiche Breite.[869]

aa. Die erste Ausstattungsphase

Die Anfertigung der Fensterrahmen und zweiflügeligen Fensterflügel mit Sprossen sowie der dazugehörigen Jalousieläden wurde von mehreren Schreinermeistern anteilig übernommen und lassen sich zwei Zeitabschnitten in aufeinander

---

862 LA Speyer, Best. B3, Nr. 2592, Bl. 59, Rechnung vom 10. Oktober 1786. Das Tor war also 4,06 Meter hoch und 3,90 Meter breit. Für das Tor wurden, Holz und Arbeitslohn zusammen gerechnet, 80 Gulden verlangt.
863 LA Speyer, Best. B3, Nr. 2590, Bl. 413, Rechnung vom 26. Dezember 1786 über 44 Gulden.
864 LA Speyer, Best. B3, Nr. 2617, Bl. 9. Die Rechnung belief auf 120 Gulden (gekürzt von 136 Gulden).
865 LA Speyer, Best. B3, Nr. 2590, Bl. 152. Der Dachdecker berechnete dafür 9 Gulden.
866 LA Speyer, Best. B3, Nr. 2584, Bl. 300, Rechnung vom 30. Dezember 1784. Für die beiden Türpaare wurden 24 Gulden abgerechnet.
867 LA Speyer, Best. B3, Nr. 2592, Bl. 65, Rechnung vom 15. Dezember 1787. Diese Boiserieläden wurden nach Vertrag mit 47 Gulden 30 Kreuzern bezahlt.
868 LA Speyer, Best. B3, Nr. 2584, Bl. 259, Rechnung des Schreiners Michael Bihl vom 24. Dezember 1784. Der Jalousieladen war 3,14 Meter hoch und 1,46 Meter breit und ein Paar kostete 7 Gulden 30 Kreuzer. Das andere Paar Sommerläden für die Glastür des Altans im ersten Obergeschoss hatte der Schreinermeister Johannes Daniel übernommen. Es war aufwändiger, denn er berechnete 15 Gulden. LA Speyer, Best. B3, Nr. 2592, Bl. 38. Schließlich fertigte auch Jörg Bihl für 15 Gulden „*an den unteren stok an der fotere seiten auff die altan 2 bar somer lathten [...] oben mit schauflen unten mit felongen.*" LA Speyer, Best. B3, Nr. 2584, Bl. 151.
869 LA Speyer, Best. B3, Nr. 2617, Bl. 36, Rechnung vom 20. November 1791. Die Läden hatten eine Höhe von 2,92 Metern und eine Breite von 1,46 Metern.

folgenden Jahren zuordnen. Auch dies ist ein Beleg für die Schwierigkeiten und die Zeitverzögerungen, die an diesem Bau auftraten. Rechnungen der Schreiner Johannes Daniel und Michael Bihl über Arbeiten *„im flügel gegen die Carlslust"* und vom *„neichen fligel rechder hand dem schlos auff die seide gechen der orarrie"* datieren in den November 1783.[870] Eine zweite Partie Fenster hatten sie gemeinsam mit Johannes und Jörg Bihl laut den jeweiligen Rechnungen vom November und Dezember 1784 anteilig übernommen.[871] Laut der Rechnung des Schreinermeisters Johannes Bihl waren jene Fenster, die er im Erdgeschoss für die Südseite des Flügels anfertigte, 7 Schuh 6 Zoll hoch und 3 Schuh 6 Zoll breit.[872] Die Fertigung der vier Fensterrahmen, Fensterflügel und Sommerläden der Mansarde auf der Giebelseite war Aufgabe des Schreinermeisters Johannes Bihl. Dortige zweiflügelige Sprossenfenster waren 4 Schuh hoch und 2 Schuh 11 Zoll breit.[873] Im gleichen Monat rechnete auch Schlossermeister Bubong seine Arbeiten an den Kellerfenstern und den Fenstern der übrigen Stockwerke ab. Im Keller hatte er neun Fenster zum Schlosshof und fünf zur Orangerie gerichtete Fenster beschlagen. Die fünf Kellerfenster der abschüssigen Südseite hatten eine Höhe von sieben Schuh,[874] waren also so groß wie normale Geschossfenster. Im Erdgeschoss und im ersten Obergeschoss hatte er 47 Fensterrahmen mit Fischbändern und Espagnolettestangen versehen sowie die gleiche

---

870 LA Speyer, Best. B4, Nr. 2547, Bl. 103v., Rechnung von Johannes Daniel vom 1. November 1783 über 95 Gulden 20 Kreuzer. LA Speyer, Best. B3 Nr. 2584, Bl. 287v, Rechnung von Michael Bihl vom 28. November 1783. In zeitlichem Zusammenhang, d.h. laut einer Rechnung vom Dezember 1783, wurde der Schlossermeister Bubong *„im Schloß flügel geg der Orangerie"* tätig und berechnete 157 Gulden 57 Kreuzer. LA Speyer, Best. B2, Nr. 3989. Auch benannt in LA Speyer, Best. B4, Nr. 2546, Bl. 99v.

871 Für den Schreiner Johannes Daniel: LA Speyer, Best. B3, Nr. 2592, Bl. 38. Für die Schreinermeister Bihl: LA Speyer, Best. B3, Nr. 2584, Bl. 151, Bl. 259, Bl. 300.

872 LA Speyer, Best. B3, Nr. 2584, Bl. 259, Rechnung vom 24. Dezember 1784. Das Fenster hatte eine Höhe von 2,44 Metern und eine Breite von 1,14 Metern. Ein solches Fenster wurde mit 8 Gulden 36 Kreuzern in der Rechnung angegeben, zehn Fenster also mit 86 Gulden. Die Jalousieläden mit verstellbaren Schaufeln kosteten das Paar 4 Gulden 48 Kreuzer.

873 LA Speyer, Best. B3, Nr. 2584, Bl. 259. Die Mansardenfenster (1,30 Metern x 0,95 Meter) kosteten pro Stück 2 Gulden 24 Kreuzer. Die Jalousieläden kosteten das Paar 2 Gulden 8 Kreuzer. Schreinermeister Michael Bihl fertigte solche Mansardenfenster für die Südseite des Flügels. LA Speyer, Best. B3, Nr. 2584, Bl. 300.

874 LA Speyer, Best. B3, Nr. 2584, Bl. 508, Rechnung vom 31. Dezember 1784. Die Kellerfenster zum Schlosshof zu beschlagen kostete pro Stück 1 Gulden 45 Kreuzer. Die Fenster zur Orangerie mussten mit extra starkem Winkel- und Kreuzband beschlagen werden und mit starken Riegeln versehen werden, wodurch sich ein Preis pro Fenster von 3 Gulden 40 Kreuzern ergab. Die großen Kellerfenster der Südseite waren 2,27 Meter hoch. Anders Schneider, der auf seinem Rekonstruktionsversuch von sieben Fenstern und einer Tür ausgeht, vgl. SCHNEIDER, Schlösser, Abb. 10.62, S. 275.

Anzahl Sommerläden beschlagen.[875] In der Mansarde berechnete er diese Arbeiten für 28 Fenster.[876] Dies stimmt mit der Rechnung des Tünchers Johannes Carré überein, der im Erdgeschoss 21, im ersten Obergeschoss 26 und in der Mansarde 28 Fensterrahmen mit weißer Ölfarbe zu streichen hatte.[877] Diese Zahl deckt jedoch nur die Hälfte der Fenster des gesamten Flügels ab. Geht man aber davon aus, dass die zeitlich erste Partie der Fenster jenen Teil des Flügels betrafen, welcher im rechten Winkel an das Corps de logis anschloss, und dass diese Fenster bereits fertig waren, so rühren die Differenzen der Anzahl der zweiten Partie daher, dass im Erdgeschoss vier Fenster durch die Toreinfahrt ersetzt wurden. Im ersten Obergeschoss waren es durch zwei Fenstertüren am Giebel wiederum zwei Fenster weniger als in der Mansarde.

Da die Fenster, die dem Corps de logis am nächsten waren, zuerst eingesetzt worden waren, konnte der Innenausbau dort früher beginnen, während sich die Arbeiten westlich der Toreinfahrt – bedingt durch die schwierige Finanzsituation[878] und durch die Tatsache, dass gleichzeitig die Arbeiten am Straßenflügel ab 1784 zügig vorangetrieben wurden – noch mehrere Jahre hinzogen.

---

875 LA Speyer, Best. B3, Nr. 2584, Bl. 508. wobei das Beschlagen der 47 Fenster mit 9 Gulden pro Fenster, insgesamt also 423 Gulden berechnet wurde. Die Anbringung der Jalousieläden kostete pro Fenster 8 Gulden 30 Kreuzer.

876 LA Speyer, Best. B3, Nr. 2584, Bl. 508v. Die Sommerläden schlugen mit 121 Gulden 20 Kreuzer zu Buche.

877 LA Speyer, Best. B3, Nr. 2585, Bl. 174, Rechnung vom 21. April 1785 über 105 Gulden und 21 Kreuzer.

878 Die Finanzlage des Herzogtums galt seit 1780 als so bedenklich, dass die Einrichtung einer Schuldentilgungskommission durch Kaiser Joseph II. befürchtet werden musste, so wie sie zuvor im benachbarten Fürstentum Nassau-Saarbrücken nach dem Tod des Fürsten Wilhelm Heinrich tätig geworden war. Um dem zu entgehen, hatte Johann Christian von Hofenfels (1744–1787), seit 1780 Geheimer Rat und Minister der Auswärtigen Angelegenheiten des Herzogtums Pfalz-Zweibrücken, zwei Sparpläne entworfen, die jedoch nicht durchgeführt wurden. Eine Abschrift der Zusammenfassung einer solchen Reform samt der Begründung ihrer Notwendigkeit findet sich in einem undatierten Schreiben Hofenfels'. Die Schulden des Herzogtums hatten sich demnach seit 1780 von 1.800 000 Gulden auf mittlerweile 3.662 000 Gulden erhöht und die Reformvorschläge heben die Wichtigkeit einer Rückzahlung der Schulden durch Aufnahme einer Anleihe ebenso hervor wie die Notwendigkeit, laufende Ausgaben mit den Einnahmen in Einklang zu bringen. So versuchte Hofenfels den Herzog zur Sparsamkeit zu bewegen, indem man ihn an seine Position erinnerte und an die damit zusammenhängenden Pflichten. *„[…] Ihre Mitstaaten – obwohl gegenwärtig mächtiger – sind durch den Bereich, in dem sie sich befinden, begrenzt. Dennoch ist Euer Durchlaucht durch die Vorsehung, die Stimme Ihrer berühmten Ahnen und eine tapfere und treue Nation zu dem höchsten Schicksal berufen und somit in die Klasse der Staatsoberhäupter gerückt, die das Gleichgewicht Europas und den Erhalt der germanischen Freiheit beeinflussen. […] All diese Laster (Kabale, Korruption, Schmeichelei und Verrat) und Hindernisse würden verschwinden, wenn Eure Durchlaucht bei Beginn der*

Der Schreiner Jörg Bihl reichte noch in der ersten Ausbauphase 1783 eine Rechnung ein, wonach er im Erdgeschoss damit begonnen hatte, in einem Paradezimmer, zwei kleinen Kabinetten, einem Schlaf- und einem Vorzimmer die Böden aufzufüttern und ins Blei zu legen, um die Blindböden verlegen zu können.[879] Im Paradezimmer und im Schlafzimmer verlegte er Parkettböden und einen umlaufenden Fries sowie vier Parkettstücke in den Fensternischen. Im Vorzimmer wurden ebenfalls ein Friesboden sowie die Anbringung von Boiserien

---

Regierung ihrer Patrimonialstaaten dort die Gerechtigkeits-, Ordnungs- u. Sparsamkeitsprinzipien einführen würde, die unter Ihrer weisen Obhut hier schon beständen. Unserer bescheidenen Meinung nach sollte dies einer der entscheidendsten Gründe für Ihre Durchlaucht sein, sich damit [der Ordnung der finanziellen Lage in Pfalz-Zweibrücken] vorrangig und sehr aufmerksam zu beschäftigen. [...]" Geh. StaatsA Preußischer Kulturbesitz, Berlin, Abt. I HA, Rep. 96, Nr. 173 J, Bl. 4 f. Bericht in frz. Sprache, hier in Übersetzung wiedergegeben. Andererseits wurden alle politischen Druckmittel ins Feld geführt, um entweder von Preußen oder von Frankreich höhere Subsidiengelder zu erlangen. Die Einschätzung u.a. des französischen Gesandten am Zweibrücker Hof, der Herzog habe eine Neigung zu großen Ausgaben und sei unfähig, seine Liebhabereien einzuschränken, trugen zum Scheitern der Versuche bei, erneut Gelder aufzutreiben. S. dazu ausführlich AMMERICH, Subsidien, S. 149 ff. Großen Einfluss auf die Bautätigkeiten am Carlsberg hatte die Erneuerung des Unionsvertrages mit Frankreich 1785, durch den die jährlichen Subsidien für Pfalz-Zweibrücken von 300 000 auf 500 000 Gulden erhöht wurden, und eine Anleihe über 6 Millionen livres, für die Ludwig der XVI. die Garantie übernommen hatte, und die in Raten ab März 1785 an das Herzogtum ausgezahlt werden sollte. AMMERICH, Subsidien, S. 154. Über diese 6-Millionen-Anleihe schrieb Baron von Hofenfels an den Grafen von Herzberg im Januar 1787: *„Ich hatte diesen Bericht zum Zeitpunkt der 6-Millionen-Anleihe erstattet. Damals wurde ich weder gehört; noch wurden meine Ratschläge berücksichtigt. Daher eine Folge von neuen unglücklichen Zuständen. Weit davon entfernt, aus den 6 Millionen unsere Schulden zu zahlen und unsere Finanzen zu sanieren, wurde dieser Betrag aufgezehrt; es wurde nicht nur weiter auf großem Fuß ausgegeben, sondern neue Schulden für mindestens eine Million Gulden gemacht; gleichzeitig haben wir die Landgüter in Böhmen im Wert von 4 Millionen verkauft."* Geh. StaatsA Preußischer Kulturbesitz, Berlin, Abt. I HA, Rep. 96, Nr. 173 I, Bl. 1. In der Tat wurden damit keine Staatsschulden, sondern Bauschulden bei den Handwerkern bezahlt. So wurde die Rentkammer laut den Bauprotokollen unzählige Male angewiesen, die Zahlung *„von den eingehenden Pariser Geldern"* vorzunehmen. Als Quelle einer Vielzahl von gleichartigen Anweisungen sei stellvertretend LA Speyer, Best. B4, Nr. 2547 aus dem Jahr 1785 genannt.

879 LA Speyer, Best. B3, Nr. 2584, Bl. 145, Rechnung vom 28. November 1783. Für diese Arbeiten berechnete er 12 Gulden. Er gibt an, im Flügel *„rechter hant dem schlos wo der schweighofer gemacht hate im unteren stok"* gearbeitet zu haben, LA Speyer, Best. B3, Nr. 2584, Bl. 151, während er vom Herzogsflügel als vom *„fligel lincker hant dem schlos"* spricht. LA Speyer, Best. B3, Nr. 2584, Bl. 138. Im unteren Stock, womit bei Jörg Bihl stets das Erdgeschoss gemeint ist, hatte er *„das baraten Zimer undt beite gawinetger undt schlaft Zimer und vor Zimer auff gefitert undt ins blei gelecht [...]."* LA Speyer, Best. B3, Nr. 2584, Bl. 145.

an einem Fenster berechnet. Die Boiseriestücke hatte er zuvor „*in dem bau Machsin zusamen gesucht breiter und höcher gemacht undt angeschlagen.*"[880] In zwei Zimmern, die zum Hof gelegen waren, hatte er zudem zwei Türen mit Futter und Bekleidung angebracht.[881] Der Fertigstellung zumindest dieses und vermutlich eines weiteren Appartements wurde zunächst die größte Eile und Dringlichkeit beigemessen. Aus der Tatsache, dass großer Wert auf die Einrichtung eines vollständigen Appartements gelegt wurde, das im Erdgeschoss des Südflügels untergebracht war, und damit in der Hierarchie der Raumfolgen unter der des Herzogs und gleichwertig mit dem Appartement der Herzogin im Nordflügel anzusiedeln ist, kann geschlossen werden, dass es sich zunächst um das Appartement des Pfalzgrafen Maximilian Joseph handelte. Der Bruder des Herzogs besaß nachgewiesenermaßen eine Unterkunft im Schloss,[882] die sich gemäß seinem Stand nicht auf der gleichen Ebene der Gemächer des Herzogs befinden durfte. Auch die Mansarde, wo beispielsweise die Freifrau von Esebeck logierte, kam schon aus eben diesem Grund nicht in Betracht.[883] Über die Räumlichkeiten des Erdgeschosses im Nordflügel sind die Angaben wiederum zu dicht, als dass dieses Appartement dort neben den bereits angegebenen Gemächern vermutet werden könnte. In den Baurechnungen des Nordflügels findet nur das Appartement der Herzogin Erwähnung.[884] Für die standesgemäße Un-

---

880 LA Speyer, Best. B3, Nr. 2584, Bl. 145. 20 Klafter Parkett, der Fries und die Fensterstücke wurden mit 29 Gulden angegeben. Der – gemessen am Preis – sehr einfache Friesboden des Vorzimmers wurde für 5 Klafter mit 8 Gulden 45 berechnet und die Fensterboiserien mit 2 Gulden 30 Kreuzer.
881 LA Speyer, Best. B3, Nr. 2584, Bl. 145, was für Holz und Arbeitslohn 12 Gulden kostete.
882 BayHStA München, Abt. IV, Serienakten 1999, N. 2 im Etat. BECKER, Karlsberg, S. 24 f.
883 Je höher die Stockwerke über dem ersten Obergeschoss lagen, um so beschwerlicher wurde das Hinaufsteigen empfunden. Entsprechend nimmt auch die Kostbarkeit der Möblierung ab, weshalb „die Geringern immer höher und höher logiret werden." KOTZUREK, Funktion, S. 49 mit Zitat von Rohr, Ceremoniel-Wissenschaft der Privat-Personen, 1728, S. 530 f.
884 Auch das Schadensverzeichnis von Schügens gibt hierzu keine verlässliche Auskunft. Hier wird lediglich das Appartement des Pfalzgrafen benannt, ohne dass der Benennung eine örtliche Zuordnung beigegeben wurde. In dem „*Zimmer, wo Ihro Durchlaucht der Prinz Max logiret haben*" war das Schlafzimmer mit weißem und blauem Damast tapeziert und mit breiten vergoldeten Leisten versehen. Hierfür, wie auch für den Damast des Alkovens, der Vorhänge und Möbel wurden jeweils 1200 Gulden als Schaden verzeichnet. Der Alkoven, Betthimmel, die Bettlade und Vorhangdraperie, zwei Sessel und vier Stühle und der Feuerschirm waren mit dem gleichen weißen und blauen Damast bezogen. Das Zimmer konnte mit einem großen modernen Marmorkamin beheizt werden, in dem das Holz auf zwei feuervergoldete Feuerhunde aus Messing gelegt wurde. Über dem Kamin befand sich ein Spiegel mit vergoldetem Rahmen. Im Nebenkabinett, in dem ein Schreibsessel, ein Toilettenspiegel und ein Toilettentisch verzeichnet wurden, hatte man die

terbringung Maximilian Josephs kam daher nur das Erdgeschoss des neuen Südflügels in Frage.⁸⁸⁵ Aus der Tatsache jedoch, dass man dem Schlafzimmer ein Paradezimmer vorgeschaltet hatte, das wohl als fürstliches Audienzzimmer der Herzogin hätte dienen sollen,⁸⁸⁶ könnte man schließen, dass diese Raumfolge nur vorübergehend für den Pfalzgrafen eingerichtet wurde, zumal die Ausstattung im Baumagazin zusammengesucht, also nur provisorisch war. Nach der Ausführung dieser Arbeiten kamen die Tätigkeiten in diesem Gebäudeteil zunächst zum Erliegen.

bb. Die zweite Bau- und Ausstattungsphase ab 1787

In der zweiten Ausstattungsphase, die sich hauptsächlich auf das Jahr 1787 konzentrierte, wurde der Schlossermeister Johannes Bihl auf *„Befehl des Durchlauchtigsten Herzog und angeben dem Hoff dabecehr rischahr"* tätig.⁸⁸⁷ Die

---

Wände mit Chintz tapeziert. Ein weiteres Kabinett war im chinoisen Stil gehalten, was man mit Hilfe einer Tapete dieses Stils auf Tuch erreichte. Die Wandbespannung und die Möbel eines weiteren Kabinetts waren mit gelbem Damast bespannt, während das Kompaniezimmer durch die Verwendung von rotem Damast in Rot gehalten und mit einem kristallenen Kronleuchter ausgestattet war. Ein Schreibkabinett war in grün gehalten, indem man die Wände und Möbel mit grünem Seidenzeug bezogen hatte. Der Sekretär *„von Königs- und Rosenholz mit einer messingenen Galerie im Feuer vergoldt"* war mit einem Wert von 220 Gulden beziffert. Das Vorzimmer des Pfalzgrafen war dagegen nur mit Chintz tapeziert, den man auch für Vorhänge und die 16 Stühle verwendet hatte. BayHStA München, Abt. IV, Serienakten 1999, N. 2 im Etat. Wiedergegeben auch bei BECKER, Karlsberg, S. 25. Laut dieser Aufzählung von Schügens folgten diesem Appartement mehrere *„frembdes Zimmer"*, teils mit Alkoven, teils mit Betten mit Bettvorhängen, einem weiteren Kompaniezimmer und Schreibkabinett.

885 Anders Schneider, der „das aus zwölf (überlieferten) Räumen bestehende Appartement Max Josephs" im ersten Obergeschoss vermutet. Vgl. SCHNEIDER, Schlösser, S. 276 f. Eine solche Anzahl geht jedoch weder aus den Baurechnungen oder der Aufzählung des Schadensverzeichnisses hervor, noch können die Listen des Pariser Lieferanten Bourjot dafür herangezogen werden, da Bourjot zu einer Zeit Möbel und Raumtextilien für das Schloss lieferte, als man mit dem Bau des Südflügels noch nicht begonnen hatte (Hauptsächlich 1780–1782). Zu den Lieferungen Bourjots s. LA Speyer, Best. B2, Nr. 3247 sowie HOJER/OTTOMEYER, Möbel, S. 298 f.

886 Annegret Kotzurek zitiert im Zusammenhang mit dem Audienzzimmer, das als offizieller Empfangsraum prächtig ausgestattet sein musste, da es der repräsentativen Zurschaustellung der fürstlichen Macht und des Reichtums diente, Florin: „In dem Apartement der Fürstlichen oder Gräfflichen Dames, heisset es das Parade= oder Prunck=Zimmer." FLORIN, Oeconomus, S. 866, zitiert nach KOTZUREK, Funktion, S. 34.

887 LA Speyer, Best. B3, Nr. 2591, Bl. 61. Franz Richard aus Zweibrücken war Hoftapezierer und als solcher verantwortlich für die Raumausstattung mit Tapeten, Stoffen, Vorhängen und Möbelbezügen.

Wandverkleidung, deren Bestandteile zuvor im Magazin zusammengesucht worden waren, wurde nun ersetzt, denn der Schreiner hatte im Kabinett neben dem Paradezimmer „*14 sch 6 zoll Lambrie mit Verhoben kelstes die fellungen mit allagreck*" abgerechnet. Ebenso hatte er Lambris im dortigen Paradezimmer selbst angefertigt, wo die Füllungen in gleicher Weise à la grec zu gestalten waren „*wie auf den dihren woh Vergult sint.*"[888] Im Vorzimmer des Paradezimmers hatte er drei Boiseriestücke von 9 Schuh Höhe gefertigt.[889] Der Quadrator Joseph Beindner übernahm laut Vertrag die Quadraturarbeiten der Gesimse im Erdgeschoss, dazu die Arbeiten im Stiegenhaus, im Gang und in sämtlichen Zimmern des ersten Obergeschosses.[890] Dies zeigt, dass große Teile dieses Gebäudes bis zu diesem Zeitpunkt noch nahezu im Rohbau standen und entsprechend nicht genutzt werden konnten.

In einem zweiten Appartement wurden ebenfalls in allen vier Zimmern umfangreiche Ergänzungen und Veränderungen vorgenommen. Im ersten Raum wurden fehlende Blind- und Parkettbodenstücke in den Türen verlegt, alte Profilleisten abgeschlagen und neue aufgebracht und mit anderen Teilen vereinheitlicht. Im zweiten Zimmer wurden vergoldete Boiseriestücke erhöht sowie „*zwey sticker glaten Lambrie mit sitzleisten und fuß gesimbser ney gemacht und angeschlagen und die dabeten rahmen auff die wänt gemacht.*"[891] Im dritten Zimmer musste der Parkettboden am Kamin ausgebessert werden. Tapetenrahmen wurden neu gemacht und gleichzeitig „*an finff eck und an zwey peiler die dabeten rahmen witer Loß gebrogen.*" Im vierten Raum, der als Kompaniesaal bezeich-

---

888 LA Speyer, Best. B3, Nr. 2591, Bl. 61 und 62. Die Länge des Lambris betrug 4,71 Meter und wurde mit 1 Gulden pro Schuh, insgesamt 14 Gulden 30 Kreuzern berechnet, während die Arbeit im Paradezimmer mit 24 Gulden angeführt wurde, was nicht mit den Kosten der Appartements im Nordflügel zu vergleichen ist.

889 LA Speyer, Best. B3, Nr. 2591, Bl. 61v. Die Boiserien waren 2,92 hoch und kosteten 15 Gulden.

890 LA Speyer, Best. B3, Nr. 2591, Bl. 214, Rechnung vom 11. Februar 1788. Der untere Stock wurde mit 469 Schuh abgerechnet, den Schuh zu 7 Kreuzern, während im ersten Obergeschoss 775 Schuh mit 6 Kreuzern pro Schuh abgerechnet wurden. Den Plafond des ersten Obergeschosses zu glätten berechnete er mit 15 Kreuzern pro Klafter. Die Gesamtrechnung belief sich auf 165 Gulden 40 Kreuzer. Die Arbeit wurde schon im Verlauf des Jahres 1786 durchgeführt, denn an anderer Stelle heißt es, der Gipser Jacob Müller und Joseph Beindner „*haben die Gesimmser in dem vom Maurer Meister Schweygoffer neu Erbauden Schlossflügel zu machen übernommen, und sich zu erkauffung der darüber nöthigen Lebensmittel 50 fl. Vorschuß ausgehalten.*" Die Genehmigung dieses Vorschusses wurde am 23. Januar 1786 von Krutthofen unterschrieben. LA Speyer, Best. B3, Nr. 2595, #2180.

891 LA Speyer, Best. B3, Nr. 2591, B. 62. Die Veränderungen im ersten Zimmer berechnete Johannes Bihl mit 11 Gulden 30 Kreuzern. Die Lambrisstücke des zweiten Zimmers zu machen kostete 8 Gulden. LA Speyer, Best. B3, Nr. 2591, Bl. 62v.

net wird, mussten vergoldete Lambris an den Pfeilern und den anderen Wänden auseinander genommen und verkleinert werden. Dafür war es wiederum notwendig, dass vier Fensterstücke und die vergoldeten Nachtläden nach oben verlängert wurden. Sitz- und Fußleisten für das ganze Zimmer wurden anders angebracht, *„weil die Lambrie zu nitrig war."* Der Saal hatte vier Fenster und vier Türen, an denen Veränderungen vorgenommen wurden. An zwei Kaminen wurde das Parkett aufgebrochen und die Fehlstellen mit neuem Fries und neuem Parkett um die Kamine herum belegt, *„weil die marbellen Platten zu klein wahren."*[892] Im fünften Zimmer wurden an vier Wänden Tapetenrahmen angebracht, hingegen an einer kompletten Wand an der Wetterseite die Rahmen wieder losgebrochen *„und die want mit dihlen ganz zu getefelt und die Vergulten Leisten die 5 Zoll breit wahren mit einer suport im ganzen Zimmer auff die dabeten angebast."*[893]

Im vorderen westlichen Gebäudeabschnitt, der ebenfalls erst in der zweiten Ausstattungsperiode um 1787 fertig gestellt wurde, hatten die Schreinermeister Johannes Daniel und Johannes Bihl *„die Böden in dem vom Maurer Meister Schweiggoffer neu Erbauten Schlossflügel, mit Frieß blind nebst Parquet Taflen zu macheen, ersteigt [...]."*[894] Johannes Bihl arbeitete 1787 an aufwändigen Fensterboiserien für zwei Fenster, einer zweiflügeligen Glastür zum Altan sowie den passenden Nachtläden *„die fellungen mitt allegreck."*[895] Auch ein Trumeau für *„das Zimmer auff der altahn auf das Kammin"* wurde noch gefertigt.[896] Zu seinen Aufgaben gehörten außerdem Lambris *„mit allegreck in den grosen sahl"* sowie einen Trumeau für einen Fensterpfeiler wie auch für einen Kamin *„in den sahl."*[897] Er hatte zudem mitgeholfen, an drei Trumeauspiegeln die Gläser herauszunehmen und andere Spiegel einzusetzen.[898]

---

892 LA Speyer, Best. B3, Nr. 2591, Bl. 62v und 63. Die Arbeiten im dritten und im vierten, dem Kompaniezimmer, wurden mit 53 Gulden berechnet.
893 LA Speyer, Best. B3, Nr. 2591, Bl. 63. Diese Arbeiten wurden in der Rechnung mit 10 Gulden angegeben.
894 LA Speyer, Best. B3, Nr. 2592, Bl. 42, Antragsbewilligung eines Vorschusses von 100 Gulden, der Höhe eines Drittels des ausgehandelten Endbetrages für diese Arbeiten. Der Antrag wurde am 22. Oktober 1785 von Krutthofen unterschrieben.
895 LA Speyer, Best. B3, Nr. 2591, Rechnung vom 29. November 1787. Die Fensterboiserien *„mit schambrahm hoch 7 sch 6 Zoll breitt 4 sch 8 Zoll"* (2,44 x 1,52 Meter) kosteten jeweils laut Steigprotokoll 17 Gulden 54 Kreuzer. Die Glastür, *„hoch 9 sch breit 4 sch 8 Zoll"* (2,92 x 1,52 Meter) kostete laut Steigprotokoll 37 Gulden 42 Kreuzer.
896 LA Speyer, Best. B3, Nr. 2591, Bl. 61v. In diesem Zimmer sollte ein Trumeau von 7 Schuh Höhe und 4 Schuh 3 Zoll Breite (2,27 x 1,38 Meter) über dem Kamin angebracht werden, der mit 14 Gulden berechnet wurde.
897 LA Speyer, Best. B3, Nr. 2591, Bl. 61. Ein Fenstertrumeau war 8 Schuh hoch und 4 Schuh 4 Zoll breit (2,60 x 1,41 Meter). Der Trumeau über dem Kamin war 2,27 Meter hoch und 1,79 Meter breit.
898 LA Speyer, Best. B3, Nr. 2591, Bl. 63, Rechnung vom 29. November 1787.

Für einen weiteren Saal, der mit Sicht zum Schlosshof zu liegen kam und *„wo ins schlaf Zimer get,"* also in ein Appartement führte, hatte der Schreinermeister Johannes Daniel auf Befehl des Herzogs und den Angaben des Hoftapezierers Richard drei Trumeaux angefertigt. Zwei davon waren für die Fensterpfeiler vorgesehen, während man einen *„Mit beylastern"* über dem Kamin anbrachte.[899] Dazu hatte er in seiner Rechnung ein Türfutter für eine Wandöffnung angegeben, *„wo aus dem sahl in das schlaffzimer get [...]."* Die hohen wie auch die vergoldeten Türen waren à la grec und mit einer Rundung in der mittleren Füllung gearbeitet worden.[900] Eine Türbekleidung auf einer Seite dieses Saales sowie eine Tür, die sich zu einem Kabinett beim Schlafzimmer hin öffnete, wurden in gleicher Weise mit drei Füllungen und einer Rundung in der mittleren Füllung angefertigt.[901] In einem weiteren Zimmer des Appartements, das zum Schlafzimmer führte und zur Orangerie hin gelegen war, wurde eine Wand ganz getäfelt, während an der anderen Zimmerwand Tapetenleisten angebracht wur-

Abb. 35: Wandpaneele aus Eichenholz aus Schloss Carlsberg
München, Residenz, Depot

den. Für das Kabinett daneben wurden laut gleicher Rechnung Tapetenrahmen gefertigt, die jedoch wegen einer Veränderung des Alkovens wieder abgebrochen werden mussten. Nachdem auch die Lambris wegen der Türveränderungen verbreitert worden waren, wurden die Tapetenrahmen wieder auf die Wand aufgebracht. Im Schlafzimmer betrafen notwendige Veränderungen drei Trumeaux,

---

899 LA Speyer, Best. B3, Nr. 2592, Bl. 65, Rechnung vom 15. Dezember 1787. Die drei Trumeaux wurden jeweils mit 16 Gulden berechnet. Der Trumeau mit zwei Pilastern über dem Kamin war 8 Schuh hoch und 4 Schuh 6 Zoll breit (2,60 x 1,46 Meter).
900 LA Speyer, Best. B3, Nr. 2592, Bl. 65. Diese Arbeit wurde mit 24 Gulden angegeben.
901 LA Speyer, Best. B3, Nr. 2592, Bl. 65. Diese Arbeiten schlugen mit 15 Gulden 11 Kreuzern zu Buche.

die schmaler und niedriger gemacht wurden, was auch hier mit Veränderungen der Tapetenrahmen und des Alkovens einherging. Das Zimmer *„Neben dem schlaf Zimer gegen dem garten"* blieb von Veränderungen ebenfalls nicht verschont, da dort vergoldete Lambris angeschlagen, zwei Fensterstücke breiter und ein Pfeilerstück dafür verschmälert werden mussten. An den Kaminen musste man den Boden ausbessern und hatte auch hier *„die went Mit Tabeten laten zugeschlagen."*[902]

Der Schreinermeister Georg Keller wurde gegen Ende des Jahres 1787 im ersten Obergeschoss zunächst *„im Ersten Zimer Lincker Hand, das Zimmer an der Altan das Zimer neben dem Altan im Eck gegen den Garten"* tätig, wofür er laut seiner Spezifikation die *„Eichene Lamperi allagrec"* gefertigt hatte.[903] Später kam noch eine Rechnung über zwei einflügelige *„Thüren mit allagrec und futer und Bekleitung darzu [...]."*[904] Schreinermeister Johann Georg Bintz gibt in einer Spezifikation an, im ersten Obergeschoss *„im Ersten Zimmer Rechterhand daß Eck Zimer Rechter und in das Klein Cabinet neben dem Alckof"* eichene Lambris im Stil à la grec gemacht zu haben.[905] Im passenden Stil fertigte er zwei einflügelige Türen mit Futter und Bekleidung.[906] Schreinermeister Michael Bihl hatte vier Paar Nachtläden, mit denen die Fenster von innen verdunkelt werden konnten, ebenfalls *„alegrech und mid schambramen gemach."*[907] In diesem Stockwerk hatte Schlossermeister Bubong ein weiteres Dutzend zweiflügeliger Türen sowie zwei zweiflügelige Glastüren mit Fischband und Schlössern beschlagen.[908] Dazu kamen zwei Alkoven, die mit zwei Türen beschlagen werden sollten, sowie 14 Paar Nachtläden mit *„fersteckten Zabpen Bant Ein ge-*

---

902 Alle Angaben in LA Speyer, Best. B3, Nr. 2592, Bl. 65. Für die Ausbesserungen verlangte Daniel 34 Gulden.
903 LA Speyer, Best. B3, Nr. 2648, #1608, Rechnung vom 13. Oktober 1787 über 161 Gulden 52 Kreuzer. Die Arbeit umfasste 21 Klafter, 1 Schuh und 10 Zoll.
904 LA Speyer, Best. B3, Nr. 2648, #1610, Rechnung vom 8. Dezember 1787 über 10 Gulden 24 Kreuzer je Tür.
905 LA Speyer, Best. B3, Nr. 2590, Bl. 249, Rechnung vom 13. Oktober 1787. Für 20 Klafter 1 Schuh *„Eichen Lamperi allagrec"* berechnete er insgesamt 153 Gulden 16 Kreuzer, die jedoch auf 148 Gulden gekürzt wurden (Abb. 34 u. 35).
906 LA Speyer, Best. B3, Nr. 2590, Bl. 250, Rechnung vom 8. Dezember 1787. Für *„zwey Einflügel Thüren mit allagrec und futer und Bekleitung"* standen Schreinermeister Bintz 20 Gulden 48 Kreuzer zu.
907 LA Speyer, Best. B3, Nr. 2590, Bl. 84, Rechnung vom 7. Januar 1788. Die Nachtläden berechnete er mit 71 Gulden 36 Kreuzern. Hohe Fensterboiserien kosteten 17 Gulden 36 Kreuzer.
908 LA Speyer, Best. B3, Nr. 2590, Bl. 429, Rechnung vom 28. Dezember 1787. Für die 12 Türen und die 2 Glastüren erhielt er jeweils 10 Gulden, insgesamt also 140 Gulden.

lassenen scharnier und fersteckten Rigel."[909] Schlossermeister Johannes Schillo berechnete die Fertigung einer blechernen Kamintür für einen Kamin in diesem Stockwerk.[910]

Teile der Mansarde dieses Schlossflügels wurden ebenfalls erst 1786 ausgebaut, was sich aus einer Rechnung des Schreinermeisters Johannes Bihl ergibt, der in *„des schweykofers fligel in den triten stock [...] in finff Zimmer friß böten gemacht"* hatte.[911] Für diese fünf Zimmer hatte er auch *„Lambrie gemacht sint in den finff Zimmer 10 fenster ist die Lambrie hoch 3 sch in den fenster und an den andern wänt 2 schuh hoch [...].*"[912] Dazu kamen von seiner Seite, zusätzlich zu einer Tür zum Gang, *„drey dihren mit futer und Beckleitung in 22 Zölige maür hoch 6 sch 8 z breit 3 sch"*, deren Fertigung er übernommen hatte.[913] Auch der Schreinermeister Georg Keller berechnete im *„dritten Stock Acht Eichene Thüren mit futer und bekleitung [...],"* die jedoch einfacher und billiger in der Herstellung waren als die vorher genannten.[914] Der Gang in der Mansarde wurde mit einem glatten Boden versehen.[915] Die gleiche Arbeit, auf fünf Zimmer verteilt die Friesböden zu verlegen und Lambris anzufertigen, hatte der Schreinermeister Michael Bihl übernommen.[916] Er hatte zusätzlich noch zwei Tapeten-

---

909 LA Speyer, Best. B3, Nr. 2590, Bl. 429. Für die Alkoventüren verlangte er 6 Gulden.
910 LA Speyer, Best. B3, Nr. 2591, Bl. 223v. Die *„plecherne Caminthür in den Mittleren stock, in schweighoffers schloßfliegel [...] hat gewogen im Magassin, auf der Waag 41 Pfund das Pfund plech und arbeithslohn, 20 xr."* Die Blechtür musste zur Vermeidung des Betrugs im Baumagazin gewogen werden.
911 LA Speyer, Best. B3, Nr. 2591, Bl. 52, Rechnung vom 27. August 1786. Die Friesböden wurden für 32 Klafter mit 18 Gulden 8 Kreuzern berechnet.
912 LA Speyer, Best. B3, Nr. 2591, Bl. 52, Rechnung vom 27. August 1786. Die Höhe des Lambris in den Fenstern betrug daher 97 Zentimeter, die der übrigen Wände 65 Zentimeter. Der Preis dafür betrug pro Klafter 3 Gulden 10 Kreuzer, insgesamt also 128 Gulden 10 Kreuzer.
913 LA Speyer, Best. B3, Nr. 2591, Bl. 52, Rechnung vom 27. August 1786. Die Höhe der drei Türen kann mit 2,17 Meter angegeben werden, die Breite mit 97 Zentimetern. Jede Tür kostete samt Holz und Arbeitslohn 9 Gulden. Die Mauern hatten eine Dicke von 60 Zentimetern. Die Tür zum Gang hatte eine Höhe von 2,14 und eine Breite von 1,46 Metern.
914 LA Speyer, Best. B3, Nr. 2648, #1609, Rechnung vom 1. Dezember 1786. Eine Eichentür für das zweite Obergeschoss kostete laut seiner Spezifikation 4 Gulden 48 Kreuzer.
915 LA Speyer, Best. B3, Nr. 2648, #1609, Rechnung vom 1. Dezember 1786. Für den Gang wurden *„5 Klafter = 21 ½ schuh glaten böten"* angegeben. Schreinermeister Michael Bihl hatte es übernommen, *„im ganch 8 klafter glade böden"* zum Preis von 29 Kreuzern pro Klafter zu verlegen, also 3 Gulden, 52 Kreuzer. LA Speyer, Best. B3, Nr. 2591, Bl. 76.
916 LA Speyer, Best. B3, Nr. 2590, Bl. 76, Rechnung ebenfalls vom 27. August 1786. Er hatte 28 Klafter der Friesböden in den fünf Zimmern zum Preis von insgesamt 15 Gulden 52 übernommen.

schränke mit jeweils zwei Türen, einer Höhe von 7 Schuh und einer Breite von 5 Schuh 6 Zoll angefertigt.[917] Beide Schränke sollten innen fünf Gefächer haben. Schreinermeister Johann Georg Bintz hatte in *„den dritten Stock Acht Eichene Thüren mit futer und bekleitung gemacht."*[918]

In dieser zweiten Ausbauphase wurde auch die Arbeit in den Stiegenhäusern aufgenommen. Ein steinernes Stiegenhaus, das über einem Kelleraufgang zu liegen kam und, wie im Herzogsflügel, von der Toreinfahrt nach oben führte, war bereits genannt worden. Auch ist das Auftreten diverser Schwierigkeiten nicht zu übersehen, wenn eine hölzerne *„Stock Stiege in Schweighoffers Flügel"* vom Zimmermann Heinrich Wirth *„abgebrochen und wieder eine neue dahin gemacht [...]"* werden musste.[919] Schlossermeister Johannes Schillo reichte eine Spezifikation ein, laut derer er ebenfalls ein neues Stiegengeländer mit Balustern angefertigt hatte. Insgesamt handelte es sich um 54 Baluster *„mit plechenem schlangen geträth, an jedem Palunster 10 Drath-stangen, und 6 geschlagene Bläter [...]."*[920] An zwölf Treppenwendungen einer geraden zweiläufigen Treppe, die vom Erdgeschoss bis in die Mansarde führte, mussten zwölf Girlanden *„mit Laubwerck außgeschlagen"* angebracht werden.[921] Darüber hinaus gab es noch mindestens ein weiteres Treppenhaus, worauf eine Rechnung des Schlossermeisters Bubong hinweist, der in *„des schweykofersch schloss fligel auf dem Karls Berg [...] Ein stigen gelenter gemacht Kanß Leicht ohne Laubwerck über Einen Blechernen sockel [...]."*[922]

Ein kleineres Stiegenhaus befand sich *„in dem so genanten Schweighöffers Flügel, im Eck neben dem Corps Logis [...],"* wo sowohl die Schreinergesellen Peter Schwarz und Johannes Rooß[923] als auch Ignatius Fischer und Johannes

---

917 Die Tapetenschränke hatten eine Höhe von 2,27 Metern und eine Breite von 1,79 Metern.
918 LA Speyer, Best. B3, Nr. 2591, Bl. 248, Rechnung vom 1. Dezember 1786.
919 LA Speyer, Best. B3, Nr. 2613, Bl. 276, Rechnung vom 1. Mai 1789. Die neue Treppe wurde mit 36 Gulden berechnet.
920 LA Speyer, Best. B3, Nr. 2604, #369 vom 15. März 1789.
921 Das Geländer musste befestigt werden *„biß oben unter den Dach, mit 24 stangen, mit holtz schrauben, und oben mit Einem Eysen, und mit einer Versengten Muter, und alles mit Holtzschrauben fest gemacht."* LA Speyer, Best. B3, Nr. 2604, #369 vom 15. März 1789.
922 LA Speyer, Best. B3, Nr. 2590, Bl. 436, Rechnung vom 4. Dezember 1787. Bubong hatte das Material auf der Stadtwaage wiegen lassen, wo das Material mit 339 Pfund angegeben wurde. Der Schlossermeister verlangte für diese Arbeit 90 Gulden 24 Kreuzer.
923 LA Speyer, Best. B3, Nr. 2609, Bl. 366, Rechnung vom 3. Februar 1789 über 50 Gulden. Diese Arbeit bezieht sich auf *„den 1ten Stock Stiegengeländer"*.

Ritz[924] in gemeinsamer Arbeit ein Geländer mit Balustern übernommen hatten, die mit einer Schweifung auf vier und mit Hohlkehlen auf zwei Seiten zu versehen waren. Im Auftrag enthalten war wiederum das Fußgesims und der Handlauf sowie Baluster, die vor ein Fenster gesetzt werden sollten. Arbeiten am einem weiteren hölzernen *„Stock Stiegen geländer an der Steinernen Stieg mit Architectur mäßigen Palunsteren [...] welche auf zwey Seiten geschweifet, und auf zwey Seiten überstochen, wie auch dreymal durchbrochen"* waren, übernahm der Schreinergeselle Ignatius Fischer. Da er das Fußgesims *„auf den Steinernen Stiegen Baum"* hatte aufschrauben müssen, kann es sich dabei nur über eine Verbindungs- und Funktionstreppe mit gemauerter Spindel handeln.[925] Diese Arbeit bezog sich jedoch nur auf die Verbindung von zwei Stockwerken, denn eine Arbeit für ein Stiegengeländer mit gleich lautender Beschreibung war dem Schreinergesell Johannes Ritz übertragen worden, dessen Fußgesims ebenfalls *„auf den Steinegen Stiegen Baum hat aufgeschraufet werden müssen"*.[926] Der Schreinergeselle Johannes Roos übernahm das *„Stock Stiegen Geländer in Schweighoffers Flügel im zweyten Stock mit Ballunster und Wendungen Fuß Gesims und Handlehn aus gekühlt, zwischen die Ballunster und Wendungen Lessinen gemacht."*[927] Die Stiege *„im dritten Stock mit Ballunster und Wendungen nebst Fuß Gesims und Handlehn"* hatte der Geselle Johannes Ritz übernommen.[928] Der Anstreicher Adam Zimmermann gibt schließlich an, 1790 ein Stiegengeländer in diesem Flügel dreimal angestrichen zu haben, *„[...] samt den Rosseten."*[929]

cc. Anmerkungen zum Cour d'honneur

Mit der Errichtung des südlichen Flügels war die bauliche Umrahmung des Ehrenhofes vollendet. Brazier beschreibt den Hof als einen Innenhof von quadrati-

---

924 LA Speyer, Best. B3, Nr. 2609, Bl. 252, Rechnung vom 3. Februar 1789 über 50 Gulden. Diese Arbeit bezieht sich auf das *„2ten Stock Stiegen Gelender"*.
925 LA Speyer, Best B3, Nr. 2605, Bl. 134, Rechnung vom 8. März 1789 über 40 Gulden. Die Tatsache, dass explizit ein Schreinergeselle die Arbeit an diesem Geländer übernehmen durfte, sind ebenfalls Hinweise darauf, dass es sich bei diesem Geländer um ein rein funktionales Werk gehandelt haben muss.
926 LA Speyer, Best. B3, Nr. 2609, Bl. 248, Rechnung vom 8. März 1789, *„[...] setze für die ganze Arbeitsverfertigung 40 fl."*.
927 LA Speyer, Best. B3, Nr. 2609, Bl. 37, Rechnung vom 8. September 1789, ebenfalls über 40 Gulden. Das Baumagazin vermerkte die Ausgabe von Dielen an den Schreinergesell Roos im Mai 1789 *„zu Fertigung des Stiegengeländers ins Schweighofers Fliegel im zweyten Stock."* LA Speyer, Best. B3, Nr. 2643, S. 4.
928 LA Speyer, Best. B3, Nr. 2609, Bl. 253, Rechnung vom 4. September 1789, ebenfalls über 40 Gulden.
929 LA Speyer, Best. B3, Nr. 2613, Bl. 525, Rechnung vom 3. November 1790.

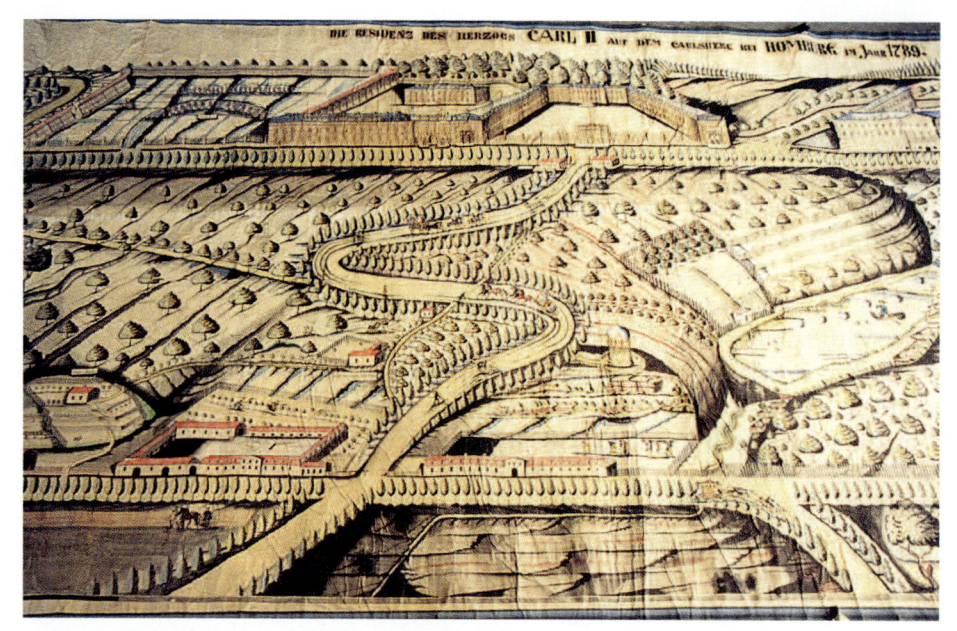

Abb. 36: Rosché, Claudius, Residenz-Schloss des Herzogs Carl II. mit sämmtlichen Gebäulichkeiten auf dem Carlsberg (Ausschnitt Schlossauffahrt, Schloss, Küchenbau und Bildergalerie) gezeichnet von Claudius Rosché von 1860 bis 1868

scher Form, leer und nackt wie der einer Kaserne[930] – wobei er dabei sogar von der Existenz des Hofgitters ausgeht. Zwar war auch Versailles aus einem ländlichen Jagdhaus hervorgegangen und der Cour de Marbre bildet das Herz des Schlosses, ähnlich wie es der Bau des Luisenhofes am Carlsberg tat. Doch ein Vergleich des Werkes von Le Vau mit dem Cour d'honneur „de la résidence ducale qui, par sa rusticité et sa plate ordonnance, ressemblait à une cour de quartier de gendarmerie!" verbietet sich damit für ihn.[931] Auch wenn diese Einschätzung zu hart anmutet – die Bauweise des Luisenhof-Kernbaues wurde über alle Achsen des Carlsberger Schlosses hinweg konsequent fortgesetzt. Akzente setzten lediglich die Rustikalisenen der Gebäudeabschnitte sowie die beiden Altane der Giebelseiten. Doch selbst die Altane vermochten es nicht, die Schlichtheit

---

930 BRAZIER, château, S. 96f: „Le château formait un vaste fer à cheval anvançant ses deux branches symétriques reliéées par une grille. La cour intérieure, de forme carrée, était vide et nue comme celle d'une caserne. C'était d'ailleurs un peu l'impression que produisaient au premier abord ses trois façades presque identiques, plates, aux lignes droites où des fenêtres à volets s'alignaient avec une régularité implacable."

931 BRAZIER, château, S. 117. Sein Hauptvorwurf ist „l'ordonnance rigide et froide", die von keinem Vorsprung, keiner Terrasse, keiner Kolonnade und keiner Treppe unterbrochen wird. BRAZIER, château, S. 97.

der Architektur aufzuheben, sondern verliehen den niedrigen langen Flügelbauten eine Schwere, die durch die südlichen Substruktionen noch verstärkt wurde. Mannlich wollte (oder sollte) am äußeren Erscheinungsbild keine weiteren Zutaten hinzufügen, die den ländlichen Charakter verändert hätten, wohl wissend, dass es immer ein veränderter Bau geblieben wäre. Vielmehr erscheint es bemerkenswert, dass es Mannlich gelang, angesichts der zerrissenen Baugeschichte eine Einheitlichkeit der Architektur zu erreichen. Erst beim Bau der Orangerie wird seine eigentliche ‚Handschrift' erkennbar. An dieser Stelle wird auf eindrückliche Weise deutlich, dass dem Herzog durchaus daran gelegen war, standesgemäß zu wohnen. Dabei lag das Hauptaugenmerk jedoch eindeutig auf der mobilen Inneneinrichtung, die er nach München mitzunehmen gedachte, sobald er Kurfürst würde.

Abb. 37: Marmorhof des Schlosses Versailles
Foto: Autorin

VI. Der Straßenflügel – Ein Bau für die Sammlungen

Als scheinbar unmittelbare Fortsetzung des ersten Ehrenhofflügels, des so genannten Herzogsflügels, erstreckte sich ein weiterer Schlossflügel im rechten Winkel entlang der Straße, die von Norden nach Süden an der Schlossanlage vorbei führte. Das Aquarell Le Clercs (Abb. 4) sowie die Zeichnung Herdegens (Abb. 38) und Schaefers (Abb. 9) zeigen jedoch, dass die Westseite keinen ein-

181

Abb. 38: Herdegen, Friedrich, Carte von Den Beiden Ober-Aemter Zweybrucken und Homburg, 1791: Vue de Carlsberg (Ausschnitt)

heitlich durchgehenden Flügel bildete, sondern dass ein vierachsiger zweigeschossiger Verbindungsbau mit Einfahrtstor den langen zweigeschossigen Putzbau mit hohem schiefergedecktem Mansarddach und den Ehrenhofflügel miteinander verband.

Der Baubeginn des Flügels ist nach dem des südlich gelegenen Schweighofer'schen Flügels anzusetzen. Er wird in den Baurechnungen mit mehreren Namen bezeichnet, um die durchgeführten Arbeiten lokalisieren und vom Südflügel abgrenzen zu können. Der vielfach verwendete Begriff des *„Neyen fligel lincker hant der wachtstub"*[932] oder des neuen Flügel *„neben der Schloß Wacht gegen der Küch über"*[933] sowie des *„bau über die Einfahrt zwischen dem schloss und dem bixen Cammer fligel"*[934] benannten den Neubau. Eine ebenfalls häufig gebrauchte Bezeichnung, die sich am Namen des Maurermeisters Michael Krumm orientierte, welcher die Maurerarbeiten dieses Flügels übernommen hatte, ist die des *„schloss fligel so fom Krum ist gebaut worten"*[935] oder die des *„Fliegel so durch Mstr Krumm verfertiget worden"*.[936] Wie im nachfolgenden Kapitel gezeigt wird, handelt es sich bei diesem neuen Bau um einen Flügel, der in erster Linie die Aufgabe hatte, Räumlichkeiten für die bis zu diesem

---

932 LA Speyer, Best B3, Nr. 2584, Bl. 253, Rechnung des Schreiners Johannes Bihl vom 28. September 1784.

933 LA Speyer, Best. B3, Nr. 2585, Bl. 458, Rechnung der Leyendecker Zorn vom 8. November 1783.

934 LA Speyer, Best. B3, Nr. 2585, Bl. 145, Rechnung des Dachdeckers Martin Bohn vom 1. August 1784.

935 LA Speyer, Best. B3, Nr. 2584, Bl. 494, Rechnung des Schlossermeisters Henrich Bubong vom 1. November 1784.

936 LA Speyer, Best. B3, Nr. 2585, Bl. 166, Rechnung des Tünchers Carré vom 9. Dezember 1784. Damit wurden gleichzeitig Verwechslungen mit dem zuvor errichteten südlichen Ehrenhofflügel vermieden, dessen Maurerarbeiten dem Maurermeister Schweighofer zugeschlagen worden waren. LA Speyer, Best. B3, Nr. 2584, Bl. 508.

Zeitpunkt bevorzugten Sammlungen des Herzogs zu schaffen, sowie eine adäquate Präsentation der Schaustücke zu gewährleisten. In diesem Zusammenhang wurden auch die Privaträume des Herzogs ein weiteres Mal verlagert.

1. Erbauung des Flügels ‚linker Hand der Wachtstube'

Die Erbauung dieses Flügels ist zeitlich nach der der Errichtung der beiden Ehrenhofflügel anzusetzen. Ein Vertrag vom 1. April 1784 bezog sich auf die Zimmermannsarbeiten des oben genannten Torbaues, um die *„Einfart am Schloß Flichel müt einem masar Dach-Stuhl"* zu errichten. Der Zimmermann sollte außerdem *„ Vier unter und vier Ober Dachfenster Nach dem Nemlichen Maaß wie die jenige an dessem schloß flügel machen und aufschlagen."*[937] Der gesamte Flügel wurde, wie bereits die vorigen Bauten, in Fachwerktechnik mit Riegelwänden errichtet[938] und anschließend verputzt. Im Sommer 1784 wurden laut den Rechnungen des Leyendeckers Martin Bohn sowohl der neue Schlossflügel[939] als auch der *„bau über die Einfahrt zwischen dem schloss und dem bixen Cammer fligel gedeckt."*[940] Die Maße des Schlossflügels wurden mit einer Länge von 113 Schuh und einer Höhe des oberen Daches von 23 Schuh, des unteren Dachbereichs von 9½ Schuh angegeben.[941] Außerdem hatte der Leyendecker dort laut dieser Rechnung 28 große Dachfenster und *„7 stück gleynern oder ochsen augen, Im obern dach [...]"* gedeckt.[942]

---

937 LA Speyer, Best. B3, Nr. 2584, Bl. 118. Den Zuschlag dafür erhielt Zimmermann Georg Barthol. Ihm sollten *„wan solche fix und fertig sein wird, und ohne fehler befund"* 100 Gulden bar ausgezahlt werden.
938 LA Speyer, Best. B3, Nr. 2584, Bl. 290. Der Schreiner Michael Bihl hatte in der Mansarde *„2 alte Thüren losgebrochen und neue Fuder und Bekleidung darzu in ein Riegelwand gemacht, und wieder angeschlagen."*
939 LA Speyer, Best. B3, Nr. 2585, Bl. 144. Die Rechnung wurde am 1. August 1784 unterschrieben.
940 LA Speyer, Best. B3, Nr. 2585, Bl. 145. Außerdem wurden laut dieser Rechnung *„noch 5 stück Camminer gedeckt 4 stück auf dem fligel 1 stick auf dissen bau per stick wie alzeit ad 4 Kr."*
941 LA Speyer, Best. B3, Nr. 2585, Bl. 144. Das entspricht einer Länge des Flügels im Dachbereich von 36,70 Metern. Die Höhe des oberen Daches entspricht, wie auch beim Herzogsflügel, 7,47 Metern, die des unteren Daches dagegen nur 3,09 Metern. Der untere Dachfirst hatte eine Breite von 13,64 Metern.
942 Die 28 großen Dachfenster zu decken kostete insgesamt 84 Gulden, während die Ochsenaugen per Stück mit 1 Gulden 7½ Batzen berechnet wurden.

a. Das erste Obergeschoss

Folgt man den Angaben der Zeichnung Le Clercs, hatte der neue Flügel sechzehn Fensterachsen (Abb. 4) – die Fenster des Verbindungsbaues nicht eingerechnet. Wie auch bei der Orangerie stimmen die Zeichnungen bezüglich der Fensterzahl nicht überein.[943] An Hand der Schreinerrechnungen für das erste Obergeschoss kann jedoch die Zahl von 46 Fenstern nachgewiesen werden: laut Rechnung vom Oktober 1784 fertigte der Schreinermeister Michael Bihl für das erste Obergeschoss 13 Fensterrahmen für zweiflügelige Sprossenfenster an.[944] Jörg Bihl hatte die Herstellung weiterer 12 Rahmen „*im zweiten stock foren gegen der straß*" übernommen,[945] und mit Johannes Bihl war der Vertrag für weitere neun Fenster abgeschlossen worden.[946] Schreinermeister Johannes Bihl gibt in seiner Rechnung auch die Größe der Fenster mit einer Höhe von 7 Schuh 6 Zoll und einer Breite von 3 Schuh 9 Zoll an.[947] Zehn weitere Fenster für dieses Stockwerk wurden von Schreiner Johannes Daniel übernommen.[948] Ein Teil der Fenster wurde mit zusätzlichen Vorfenstern versehen,[949] die im Winter eingesetzt werden konnten.

Die Schreinermeister Johann Peter Ott, Jacob Gieger und Heinrich Hübner erhielten den Auftrag, „*in dem zweyten Stock Parquet und Frieß Klafterweiß* […] *In dem Saal über der Einfahrt, die übrige neben Zimmer mit Naturalien, Büchsenkammer und Eckcabinet*" zu verlegen „*mit Inbegriff deren Thüren und fens-*

---

943 Geht man davon aus, dass auch dieses Gebäude, wie zuvor die Ehrenhofflügel, auf der nördlichen Stirnseite vier Fensterachsen tief war, so ergäbe sich eine das Gebäude umlaufende Fensterzahl von insgesamt 36 Fenstern in einem Stockwerk. Auf der Zeichnung Herdegens (Abb. 38) sind jedoch 17, auf der des Peraequators Schaefer (Abb. 9) dagegen nur 15 Fensterachsen zu erkennen. Die Zeichnungen können diesbezüglich nicht als verlässliche Quellen angesehen werden.
944 LA Speyer, Best. B3, Nr. 2584, Bl. 295. Rechnung vom 11. Oktober 1784. Die Herstellung der Fensterrahmen mit zwei Fensterflügeln wurde von Schreinermeister Michael Bihl mit 111 Gulden und 48 Kreuzern berechnet.
945 LA Speyer, Best. B3, Nr. 2584, Bl. 125. Diese zweiflügeligen Fenster waren „*mit Kreitzel holß*", samt Holz und Arbeitslohn, zu 8 Gulden 32 Kreuzer das Stück angefertigt worden.
946 LA Speyer, Best. B3, Nr. 2584, Bl. 253. Rechnung vom 28. Sept. 1784, samt Holz und Arbeitslohn pro Fenster ebenfalls für 8 Gulden 36 Kreuzer. Für neun Fenster erhielt er 77 Gulden 24 Kreuzer.
947 LA Speyer, Best. B3, Nr. 2584, Bl. 253. Die Höhe der Fenster ist danach mit 2,44 Metern festgestellt, während sich die Breite auf 1,22 Meter belief.
948 LA Speyer, Best. B3, Nr. 2592, Bl. 36, Rechnung vom 4. Oktober 1784. Daniel berechnete für die 10 Fensterrahmen des mittleren Stockwerks den gleichen Lohn wie die anderen Schreiner, insgesamt 86 Gulden.
949 LA Speyer, Best. B3, Nr. 2584, Bl. 499. Rechnung des Schlossermeisters Bubong vom 29. Dezember 1784. Für das Beschlagen und Einhängen eines dieser Vorfenster berechnete Bubong 2 Gulden 30 Kreuzer.

ter Stücker."[950] Diese Arbeiten geben Aufschluss über die Art der Räumlichkeiten des ersten Obergeschosses. Von den drei Schreinermeistern wurden für das Parkett zusätzlich insgesamt neun Türstücke mit einer Breite von 4 Schuh 5 Zoll und einer Tiefe von 22 Zoll sowie 35 Fensterstücke, das Stück 4 Schuh 5 Zoll lang und 13 Zoll breit, gefertigt.[951] Schlossermeister Bubong hatte im ersten Obergeschoss insgesamt 18 zweiflügelige Türen zu beschlagen mitsamt zweier Türen, *„so seint auf den antern fligel durch gebrochen worten,"* da man auf der Nordseite des Ehrenhofflügels Durchgänge in den Anbau schaffen musste. Dazu kamen zwei Glastüren mit den nämlichen Beschlägen.[952]

Laut diverser Rechnungen hatten sich die Schreinermeister Jörg,[953] Johannes,[954] und Michael Bihl[955] sowie Johannes Daniel[956] im gleichen Stockwerk die Arbeit an den Boiserien für 33 Fenster geteilt. Johannes Daniel hatte zudem 17 Klafter

---

950 LA Speyer, Best. B3, Nr. 2585, Bl. 459. Rechnung vom 16. Oktober 1784. Sie hatten *„das Klafter in der Steig erhalten zu 1 fl. 56xr. mit dem Blindboden zu legen und aufzufüttern, thut 242 fl. 56."*

951 LA Speyer, Best. B3, Nr. 2585, Bl. 459. Rechnungsposten Nr. 3 und 4. Die Türstücke besaßen eine Breite von 1,43 Metern, eine Tiefe von 60 Zentimetern. Die Fensterstücke hatten ebenfalls eine Länge von 1,43 und eine Breite von 35 Zentimetern, also andere Maße als die Fensterstücke der Bibliothek und des herzoglichen Schlafzimmers. Für die Arbeit wurden 9 Gulden per Klafter berechnet. Allerdings wurde von Baumeister Schaeffer bemängelt, dass das Parkett nicht ordnungsgemäß verlegt worden sei, so dass die Arbeit von Tagelohnschreinern repariert werden musste. Auch an drei französischen Kaminen mussten die Friesböden durch Dritte nachgebessert werden. *„[…] als kann Ihnen von anterseitiger Summa vor Ihre Schlechte Arbeit 18 Gulden abgezogen werden."* Die Gesamtsumme dieser Arbeiten belief sich auf 336 Gulden 31 Kreuzer.

952 LA Speyer, Best. B3, Nr. 2584, Bl. 494, Rechnung vom 1. November 1784. Für das Beschlagen einer Tür mit Fischbändern, Riegeln und Schloss, *„alles poliret"*, wurden 10 Gulden berechnet, insgesamt also 200 Gulden.

953 LA Speyer, Best. B3, Nr. 2584, Bl. 125. Laut Steigprotokoll kostete die Fertigung der acht Boiserien *„mit verhobnen Kölstöß oben runt mit verhobnen runtongen"* pro Fenster 14 Gulden 4 Kreuzer.

954 LA Speyer, Best. B3, Nr. 2584, Bl. 253. Auch Johannes Bihl erhielt für acht Fensterboiserien pro Fenster *„mit verhoben Kelstes oben rund mit schambrahmen und rundungen in die fellungen gestogen"* 14 Gulden und 4 Kreuzer, insgesamt 112 Gulden 32 Kreuzer. Die Boiserien zweier weiterer Fenster, die Johannes Bihl laut einer anderen Rechnung übernommen hatte, und die eine Höhe von 4 Schuh und 4 Zoll hatten, fällt gegenüber den übrigen Fensterboiserien auf, da die Herstellungskosten weit niedriger sind. Zwei Fenster werden hier mit insgesamt 10 Gulden berechnet. LA Speyer, Best. B3, Nr. 2584, Bl. 255, Rechnung vom 28. September 1784.

955 LA Speyer, Best. B3, Nr. 2584, Bl. 295, Rechnung vom 11. Oktober 1784. Michael Bihl erhielt für sieben Boiserien die gleiche Bezahlung wie Johannes und Jörg Bihl.

956 LA Speyer, Best. B3, Nr. 2592, Bl. 36. Daniel hatte die Boiserien zu den gleichen Konditionen gemacht.

2 Schuh an Lambris übernommen.[957] Johannes Bihl übernahm ebenfalls den Auftrag, im *„zweyten stock in fihr Zimmer zwanzig Klafter fihr schuh Lambrie"* mit profilierten Holzleisten um die Füllungen[958] sowie einen Trumeau *„auff ein peiler hoch 9 sch breit 4 sch 8 zoll mit Einer barget bis under die deck und mit zwey beylaster und einer spigel rahm"* anzufertigen.[959] Mit der Höhe des Trumeauspiegels samt den Pilastern von 2,92 Metern ist gleichzeitig die Höhe der Zimmerwände bis zum umlaufenden stuckierten Gesims an der Decke definiert. Michael Bihl hatte die Arbeit an 18 Klaftern der Lambris übernommen.[960] Den Anstrich des Lambris und der Boiserien, der Fenster und Fensterrahmen, der Türen und Nachtläden dreier Nebenzimmer dieses Stockwerks sowie Eckboiserien, Trumeaux und *„über den Fenster die Suborten"* mit weißer Leimfarbe hatte der Tüncher Carré besorgt.[961] Im gesamten ersten Obergeschoss befanden sich 25 Kamine aus Marmor sowie ein Kamin aus Granit.[962]

b. Die Mansarde

In der Mansarde waren außer dem herzoglichen Appartement ein weiteres Appartement für die Freifrau von Esebeck sowie – zumindest zeitweise – Räumlichkeiten für den Büchsenmacher Riegel[963] untergebracht. Der Schreiner Michael Bihl hatte im Appartement der Freifrau von Esebeck an zwei Fensteröffnungen die Boiserien, Fensterrahmen und das Lambris abgebrochen und danach provisorisch die Fensteröffnungen mit Latten verschlossen. Anschließend wur-

---

957 LA Speyer, Best. B3, Nr. 2592, Bl. 36. Die Kosten für ein Klafter des Lambris beliefen sich auf 6 Gulden und 6 Kreuzer, insgesamt 105 Gulden 44 Kreuzer.
958 LA Speyer, Best. B3, Nr. 2584, Bl. 253, Rechnung vom 28. September 1784. Für das Klafter wurde laut Steigprotokoll 6 Gulden 6 Kreuzer gezahlt, Holz und Arbeit eingeschlossen.
959 LA Speyer, Best. B3, Nr. 2584, Bl. 260, Rechnung vom 24. Dezember 1784. Die Fertigung und Anbringung des Trumeauspiegels auf einem Pfeiler, flankiert von zwei Pilastern kostete mit 15 Gulden ebensoviel wie ein ähnlicher Trumeau im herzoglichen Schlafzimmer. Die Höhe betrug 2,92 Meter, die Breite 1,52 Meter.
960 LA Speyer, Best. B3, Nr. 2584, Bl. 295, Rechnung vom 11. Oktober 1784. Die *„lambarien mit verhobnen Kölstöß in die felongen runtongen gestochen tut vom Klafter laut stei[g]brotokol 6 fl. 6 xr vor hols arbeits lon tun samen 109 fl. 48 xr."*
961 LA Speyer, Best. B3, Nr. 2585, Bl. 166, Rechnung vom 9. Dezember 1784. Insgesamt kamen dabei 3120 Schuh zusammen. Der Anstrich kostete pro Schuh 1½ Kreuzer, insgesamt 78 Gulden.
962 BayHStA München, Abt. IV, Serienakten 1999, N. 2 im Etat. Im Schadensverzeichnis von 1793 bezifferte Schügens 12 Marmorkamine mit einem Wert von 3600 Gulden, 12 weitere mit einem Wert von 1800 Gulden und den Kamin aus Granit alleine mit 660 Gulden.
963 LA Speyer, Best. B3, Nr. 2591, Bl. 51, Rechnung vom 23. Mai 1786: *„in dem triten stock woh der Bichsen mager rigel Loschirt hatt [...]."*

den die Boiserien wieder angeschlagen. Diese beiden Räume lagen auf der hinteren Gartenseite, denn in „*2 Zimmer die forderseit*" wurden ebenfalls „*Lamberien, Verguldete Leisten, Tapeten Laden und den Trimo loßgebrochen und die Lamberie verändert und kleine Stücke Lamberie gemacht gegen die 2 Thüren so durch gebrochen worden [...].*" Anschließend wurden alle Holzvertäfelungen wieder angeschlagen und in den beiden neu durchgebrochenen Türdurchgängen der Boden gedielt.[964] Schreiner Johannes Daniel hatte in einer Spezifikation ebenfalls von Veränderungen „*in den 3ten Stock in die Zimmer wo die Frau Oberhofmeisterin Freyfrau von Esebeck Excell Logis*" sich befindet, berichtet. Er hatte sieben Klafter ein Schuh Lambris, zwei Nachtläden sowie zwei Boiserien hergestellt. Gleichzeitig wurden die „*Posserien abgebrochen und die Nacht Läden auf die Plätzer angeschlagen, und die Posserien auf andere Plätze angemacht.*"[965] Der Vergolder Nicolaus Friedel hatte im dritten Stock „*zu Vier Zimern Lamberie, Posserie, Nachtläthen Fenster Rahmen, Thüren, Eck Pfeiller und an Trimo mit weißer Leymfarb angestrichen [...].*"[966] Im Schlafzimmer der Frau von Esebeck hatte Schreinermeister Johannes Bihl „*3 dihlen wänt helfen magen von 1½ zöligem holz [...],*" wobei die Wand eine Höhe von sieben Schuh und eine Länge von 46 Schuh hatte.[967] Eine Tür mit einer Höhe von sechs Schuh sechs Zoll und einer Breite von drei Schuh musste mit Futter und Verkleidung eingestemmt werden.[968] Zusätzlich wurde ein Tapetenschrank mit zwei Türen und einem ausziehbaren Gefach eingepasst, der sieben Schuh hoch, acht Schuh lang und zwei Schuh sechs Zoll tief war.[969]

Der Schreiner Johann Georg Bintz hatte für die Ausstattung weiterer Räume in der Mansarde zwei Klafter Lambris „*mit Rundung in den fillungen*" geliefert.[970] Auch Johannes Bihl berechnete 6½ Klafter Lambris für das zweite Oberge-

---

964 LA Speyer, Best. B3, Nr. 2584, Bl. 290v, Rechnung vom 26. September 1784.
965 LA Speyer, Best. B3, Nr. 2592, Bl. 37, Rechnung vom 4. Oktober 1784. Für die genannten Arbeiten an Lambris, Fensterläden und Boiserien sowie den Veränderungen wurden 34 Gulden 45 Kreuzer berechnet.
966 LA Speyer, Best B3, Nr. 2605, Bl. 185, Rechnung vom 16. Oktober 1784. Diese Anstreicharbeiten umfassten insgesamt 1371 Schuh und 3 Zoll, umgerechnet 445,38 Meter, zu je 2 Kreuzer pro Schuh.
967 LA Speyer, Best. B3, Nr. 2591, Bl. 69. Die Höhe der Dielenwand maß 2,27 Meter, die Länge 14,94 Meter. Die Aufstellung der Dielenwände kostete 20 Gulden.
968 LA Speyer, Best. B3, Nr. 2591, Bl. 69. Die Höhe der Tür maß 2,11 Meter, die Breite 97 Zentimeter. Die Tür samt Futter und Umrandung kostete 7 Gulden.
969 LA Speyer, Best. B3, Nr. 2591, Bl. 69. Der Schrank hatte eine Höhe von 2,27 Meter, eine Breite von 2,60 Meter und eine Tiefe von 81 Zentimetern. Für den Schrank wurden 20 Gulden berechnet.
970 LA Speyer, Best. B3, Nr. 2584, Bl. 203. Rechnung vom 17. Dezember 1784 über 5 Gulden für die Lambris.

schoss.⁹⁷¹ Zum gleichen Preis arbeitete auch Schreinermeister Michael Bihl an 29 Klaftern und 5 Schuh Lambris, aufgeteilt auf drei Zimmer und zwei Kabinette in der Mansarde.⁹⁷² In diesen Zimmern arbeitete er außerdem an zwölf Teilen der Fensterboiserien für vier Fenster sowie an vier neuen Türfuttern.⁹⁷³ Zwei alte Türen in diesen Zimmern wurden losgebrochen *„und neue Fuder und Bekleidung darzu in ein Riegelwand gemacht, und wieder angeschlagen"* sowie *„dahin noch 1 Tapeten Thür gemacht mit 3 Stücker Bekleidungen."*⁹⁷⁴ Im Schlafzimmer dieses Appartements wurde ein Alkoven mit Holzvertäfelungen verkleidet und für das Schlafzimmer samt dem Nebenzimmer und beiden Kabinetten die Tapetenleisten geschnitten und angebracht.⁹⁷⁵ Auch Schreiner Franz Brännesholz war in der Mansarde mit der Fertigung von 12 Klaftern Lambris mit einer Höhe von 18 Zoll beauftragt und verlegte außerdem in zwei Zimmern 14 Klafter Parkett mit vier Fenster- und zwei Türstücken.⁹⁷⁶ *„An Lamberie im dritten Stock, an einem Oval Fenster an einer Thür samt dem Fuder, an einem Trimo, an zwey Fenster Posserien samt den Nachtläden, an zwey Bretter zu den Fenster Vorhäng, an Tappet Leisten und an dem Volier unter der Steeg"* hatte Tüncher Carré die Aufgabe übernommen, alles mit weißer Leimfarbe anzustreichen.⁹⁷⁷ Schreinermeister Johannes Bihl hatte Nachtläden für zwei Fenster mit

---

971 LA Speyer, Best. B3, Nr. 2584, Bl. 255, Rechnung vom 28. September 1784. Das Klafter wurde mit 1 Gulden 30 Kreuzern in Rechnung gestellt, insgesamt 9 Gulden, 45 Kreuzer.
972 LA Speyer, Best. B3, Nr. 2584, Bl. 290, Rechnung vom 26. September 1784. Das Klafter wurde ebenfalls mit 1 Gulden 30 Kreuzern berechnet, insgesamt 44 Gulden, 45 Kreuzer.
973 LA Speyer, Best. B3, Nr. 2584, Bl. 290, Rechnung vom 26. September 1784. Die Fensterboiserien wurden mit insgesamt 48 Gulden in Rechnung gestellt, die Türfutter, die *„neu in die Mauer gemacht und angeschlagen wurden"* mit insgesamt 6 Gulden.
974 LA Speyer, Best. B3, Nr. 2584, Bl. 290, Rechnung vom 26. September 1784. Die beiden alten Türen loszubrechen und neue Türverkleidungen anzubringen kostete 4 Gulden, die Tapetentür dagegen 2 Gulden.
975 LA Speyer, Best. B3, Nr. 2584, Bl. 290, Rechnung vom 26. September 1784. Die Boiserien für den Alkoven kosteten 8 Gulden, die Tapetenleisten aus ½ zölligen Dielen 5 Gulden.
976 LA Speyer, Best. B3, Nr. 2590, Bl. 297, Rechnung vom 26. Dezember 1784. 18 Zoll entsprechen einer Höhe des Lambris von 43 Zentimetern. Da für die Arbeit herrschaftliches Holz, das heißt Holz aus dem Baumagazin zur Verfügung gestellt worden war, belief sich der Preis pro Klafter auf 1 Gulden 12 Kreuzer, insgesamt also auf 14 Gulden 24 Kreuzer. Das Parkett wurde pro Klafter mit 1 Gulden berechnet. In dieser Rechnung wird zudem erwähnt, dass man im Jägersburger Jagdschloss in zwei Räumen das Parkett und den Blindboden aufgebrochen habe und zwei Zimmer auf dem Carlsberg damit ausstattete, LA Speyer, Best. B3, Nr. 2590, Bl. 297, Rechnung vom 26. Dezember 1784.
977 LA Speyer, Best. B3, Nr. 2591, Bl. 243, Rechnung vom 28. Mai 1785. Für den Anstrich von 358 Schuh und einem Lohn von 1½ Kreuzer pro Schuh ergab sich ein Lohn von insgesamt 8 Gulden 57 Kreuzern.

Rahmen *"woh die nacht Läden einschlagen hoch 4 Sch 4 Zoll dief 20 Zoll"* zu einem Arbeitslohn von 12 Gulden hergestellt.[978] Dies lässt eine genaue Angabe über die Größe der Fenster in der Mansarde zu.

Hinsichtlich der Ausstattung der Räumlichkeiten im zweiten Obergeschoss gibt der Schreinermeister Johannes Bihl an, er habe *"in den triten stock in die neyen Zimmer auff drey peiler drey drimo hoch 5 sch breit 5 sch 8 Zoll mit barget und beyluster und unden noch ein fellung und in die fellungen rundungen gestogen und mit spigel rahmen"* geliefert und angebracht.[979] Für die gleichen Räumen wurden von ihm zwei zweitürige Tapetenschränke gemacht, die 7 Schuh hoch und 9 Schuh breit waren. Beide Tapetenschränke hatte man mit fünf höhenverstellbaren Gefachen ausgestattet.[980] Im Laufe der Zeit dienten die Räume der Mansarde unterschiedlichen Bewohnern als Logis. In den Räumen *"woh der Bichsen mager rigel Loschirt hatt"* arbeitete er 1786 an Lambris von 9 Klaftern 3 Schuh[981] und an den Boiserien für die Fenster und Fensterverkleidungen. Die Fensterboiserien hatten eine Höhe von 4 Schuh und 9 Zoll, die Umrandungen eine Höhe von 6 Schuh 3 Zoll.[982] Auch Schreiner Johannes Daniel hatte laut einer Rechnung des gleichen Jahres die Arbeit an Fensterboiserien zweier Fenster sowie elf Klafter und zwei Schuh des Lambris im gleichen Raum übernommen.[983]

---

978 LA Speyer, Best. B3, Nr. 2584, Bl. 255. Sowohl in die Läden als auch in die Fensterverkleidungen gibt Johannes Bihl die Verzierung durch Rundungen in den Füllungen an. Die Läden hatten die Höhe von 1,41 Metern und die Tiefe von 54 Zentimetern.
979 LA Speyer, Best. B3, Nr. 2584, Bl. 260, Rechnung vom 24. Dezember 1784. Die drei Trumeauspiegel kosteten je Stück 8 Gulden, Holz und Arbeitslohn eingeschlossen, insgesamt also 24 Gulden.
980 LA Speyer, Best. B3, Nr. 2584, Bl. 260, Rechnung vom 24. Dezember 1784. Die Schränke wurden mit Holz und Arbeitslohn mit 18 Gulden berechnet. Diese Tapetenschränke wurden von Schlossermeister Bubong mit Scharnier und Riegelbändern beschlagen. Er berechnete dafür 2 Gulden 24 Kreuzer. LA Speyer, Best. B3, Nr. 2584, Bl. 505, Rechnung vom 29. Dezember 1784.
981 LA Speyer, Best. B3, Nr. 2591, Bl. 51, Rechnung vom 23. Mai 1786. Dieser Posten wurde mit 23 Gulden 45 Kreuzern angegeben.
982 LA Speyer, Best. B3, Nr. 2591, Bl. 51v. Die Höhe der Boiserien ergibt umgerechnet 1,54 Meter, die Höhe der Umrandungen 2,03 Meter. Der Preis für die Arbeiten an den Boiserien zweier Fenster ist mit 16 Gulden angegeben.
983 LA Speyer, Best. B3, Nr. 2592, Bl. 60, Rechnung des Schreiners Johannes Daniel vom 2. Juni 1786. Auch er verlangte, wie sein Kollege Johannes Daniel, 2 Gulden 30 Kreuzer für das Klafter, insgesamt 28 Gulden 26 Kreuzer. Auch die beiden Fensterboiserien hatten den gleichen Preis von 8 Gulden je Fenster.

c. Die Treppenhäuser

1787 wurde der Entschluss gefasst, im westlichen Schlossflügel ein neues repräsentatives, eisernes Stiegengeländer – vermutlich als Ersatz für ein hölzernes – für eine Treppe anzufertigen, worüber ein Akkord mit dem Schlossermeister Bubong abgeschlossen wurde. Dieser hatte sich *„anheuschig gemacht, solches unter nachstehenden Bedingnissen zu verfertigen."*[984] Zu diesen Bedingungen gehörte eine gute und meisterhafte Arbeit nach einem vorgegebenen Riss. Nach den Vorgaben dieses Risses hatte der Schlossermeister einen blechernen Sockel sowie einen Handlauf mit Perlen und getriebenem Laubwerk anzufertigen.[985] Zwei Jahre später wurde vom Schlosser Johannes Schillo ein weiteres Stiegengeländer für das Treppenhaus, das an der Büchsenkammer gelegen war, angefertigt. Da man über dieses Treppenhaus auch in die Bildergalerie gelangen konnte, musste es eine repräsentative Gestaltung aufweisen. Entsprechend wurde das Geländer mit 625 Rosetten, sowie 300 gebogenen Ringen mit jeweils einem Knopf und Blättern verziert.[986] *„In obiger stieg sind 12 Wendungen, jede Wendung [hatte] 2 gerlanten"* mit Blättern als Verzierung. Jeweils zwei eiserne Stangen an den Podesten, die mit starken Holzschrauben an den Stufen befestigt wurden, gaben dem Geländer Stabilität. Die Anzahl der Wendungen des Geländers lässt darauf schließen, dass es sich um eine gerade dreiläufige Treppe mit gleichsinnigem Richtungswechsel vom Erdgeschoss bis hinauf zur Mansarde handelte. Eine solche Treppe war auch der Bedeutung der Lage angemessen.

---

984 LA Speyer, Best. B3, Nr. 2585, Bl. 434. Der Akkord wurde auf dem Carlsberg am 2. August 1787 unterschrieben. Krutthofen musste daraufhin vor der Rentkammer Stellung dazu nehmen, warum zu diesem Vorhaben keine Versteigerung stattgefunden habe, die zur Minderung der Kosten hätte beitragen können, LA Speyer, Best. B3, Nr. 2585, Bl. 433. Krutthofen antwortete, dass dem *„die von Serenissimi Herzogl. Durchl. besonders gnädigst befohlenen beschleunigung zum Grund"* liege, LA Speyer, Best. B3, Nr. 2585, Bl. 432. Außerdem gebe es in der hiesigen Gegend nur drei Schlossermeister, die zu einer solchen Aufgabe fähig seien, nämlich die Meister Lorenz, Wolf und Bubong. *„Ersterer ist schon ohngefehr acht Jahren mit einem Altan gerems hiesiger Orangerie, der andere aber mit einem stiegen Geländer und einfassung der schloss hof bey nah an die zehn Jahre beschäftiget, dieser Beyspiel des langsamen Gangs der Versteigten Arbeiten, einerseits, andererseits aber der des erwdgsten Gdgsten Befehl Serenissimi, werden dahero wie ich hofe, die hier in frag liegende Ausnahm rechtfertigen."*
985 LA Speyer, Best. B3, Nr. 2585, Bl. 432. Bubong war verpflichtet worden, das fertige Werk auf der Waage des Baumagazins abwiegen zu lassen, LA Speyer, Best. B3, Nr. 2585, Bl. 434. Das fertige Geländer wog 969 Pfund und wurde, den Arbeitslohn eingeschlossen, mit 484 Gulden und 30 Kreuzern berechnet. Rechnung vom 13. Oktober 1787, LA Speyer, Best. B3, Nr. 2585, Bl. 432.
986 LA Speyer, Best. B3, Nr. 2604, Bl. 367, Rechnung vom 20. April 1789. Die Arbeit an den Rosetten und Ringen wurde pro Stück mit 18 Kreuzern, insgesamt mit 187 Gulden und 30 Kreuzern berechnet.

Schreiner Johannes Roos gab in einer Rechung vom Juni 1789 an, er habe ein *„stock stiegen gelenter gemacht auf dem Carlsberg in Krommen flügel beym Durchlauchtigsten Hertzog seinem schlaff Zimer, Welches gelender mit quattrat auf 3 Zol von Einander gemacht ist darzu Fuß gesimß und Handt griff gemacht Die handt griff mit Jowahlen durchbrochen [...] und an Ein fenster ein gelender auf die arth gemacht."*[987] Ob sich die Angabe des Schlossers Schillo über ein aufwändigeres eisernes Geländer an einer hölzernen Treppe mit fünf Treppenabsätzen auf die gleiche Treppe bezieht, kann nur vermutet werden. Die Angabe der Tätigkeit, er habe ein Stiegengeländer am gleichen Ort, also *„an Ihro Durchlaucht Zimmer, mit 300 Rossetten, mit Bläter außgeschlagen"* sowie *„150 Ring, von starckem plech, Rund zusammen gebogen, und übers Kreutz ein gesetzt,"*[988] lässt diese Annahme jedoch zu. In diesem Stiegenhaus *„[...] woh ihro durchlaucht schlaf Zimmer ist"* setzte der Schreinermeister Johannes Bihl eine Glaswand mit neun Glastüren und neun Oberlichtern mit einer Höhe von 12 Schuh und 3 Zoll sowie einer Breite von 18 Schuh 4 Zoll ein. Eine Hälfte der Glaswand war durch vier Pilaster mit einer Verzierung à la grec gegliedert.[989] Licht erhielt das Treppenhaus zusätzlich durch *„[...] ein fenster under die stig hoch 7 sch breit 3 sch"* mit zwei Flügeln und Sprossen.[990]

Fasst man alle Angaben zusammen, so existierten im Straßenflügel drei Treppenhäuser. Die Haupttreppe führte, nachweislich der Schlosserangaben, mit einem aufwändig gestalteten Handlauf über viele Podeste durch das Gebäude. Die beiden anderen Stiegenhäuser waren entsprechend kleiner.

---

987 LA Speyer, Best. B3, Nr. 2609, Bl. 35, Rechnung vom 17. Juni 1789 über 36 Gulden.

988 LA Speyer, Best. B3, Nr. 2604, Bl. 373, Rechnung vom 28. Juli 1789, die jedoch von Baumeister Krutthofen von 212 Gulden auf 157 Gulden gekürzt wurde. Die Anzahl von 5 Wendungen lässt auf eine gerade zweiläufige Treppe mit gegenläufigem Richtungswechsel schließen, die vom Erdgeschoss zum Speicher führte. An den Podesten wurden *„10 stück aufrechte stangen Eysen, unten 1 holtzschraub, oben 1 schraub mit 1 Muter, auch 10 stück Eysen an den Handgrif, mit holtzschrauben fest gemacht."*

989 LA Speyer, Best. B3, Nr. 2603, Bl. 313, Rechnung des Schreinermeisters Johannes Bihl vom 10. September 1789. Die Glaswand mit Türen und Oberlichtern hatte eine Höhe von 3,98 Metern und eine Breite von 5,95 Metern. Fünf der neun Türen fertigte Bihl, vier Glastüren übernahm Schreiner Daniel, LA Speyer, Best. B3, Nr. 2604, Bl. 412. Daniel beschreibt die Aufteilung der Wand: *„die groß want auf Ein seit Mit bilaster Von an ter halb zelig hols Mit a la Krek in den Bilaster Ein seit die ander seit Mit gekelt be Kleidung und futer [...]."* LA Speyer, Best. B3, Nr. 2604, Bl. 412.

990 LA Speyer, Best. B3, Nr. 2603, Bl. 313. Das Fenster hatte eine Höhe von 2,27 Metern und 97 Zentimetern.

d. Der Verbindungsbau

Der Verbindungsbau ist innerhalb der langen Fassadenwand, die nach Westen zeigt, durch seine Durchfahrt besonders hervorgehoben. Er wurde in allen baulichen Details bis hin zur Mansarde den flankierenden Flügeln angeglichen, doch das Dach erreicht oberhalb der Mansarde nicht deren Höhe und markiert damit einen deutlichen baulichen Einschnitt. Zudem sind die vier Achsen des Baues beiderseits durch Lisenen begrenzt. Diese Einfassung entstand durch die Integration einer Ecklisene des Herzogsflügels in die Front des Gebäudes, während die zweite den Anfang des Straßenflügels bezeichnet. Die steinerne Rahmung der segmentbogigen Toreinfahrt reicht bis an das durchlaufende Geschossgesims heran und wird, wie jene des Herzogsflügels, durch zwei flankierende Schilderhäuser betont, die in den Farben Weiß und Blau gehalten wurden.[991] Auf der Darstellung der Gebäudeumrisse im so genannten Ölplan (Abb. 43) sowie im Situationsplan von Claudius Rosché (Abb. 39) ist der Verbindungsbau durch eine geringere Gebäudetiefe nach Osten erkennbar.

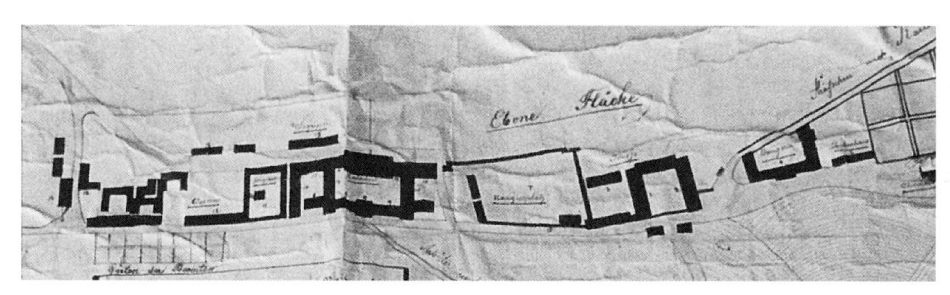

Abb. 39: Rosché, Claudius, „Situations Plan vom Carlsberg", 1825
Teil des Monumentaltableaus, Ausschnitt der Gebäudereihe,
Tusche auf Papier, aufgezogen auf Leinwand

Im unteren Dachbereich über der Einfahrt hatte der Bau eine Länge von 36 Schuh und eine Höhe von zehn Schuh. Der obere Dachbereich war durch die Schräge der flankierenden Dachflächen größer und hatte demnach eine Länge von 49 Schuh, während die Höhe des oberen Dachbereichs nur an 12½ Schuh heranreichte.[992] Auf der Vorder- und Rückseite dieses Baues mussten insgesamt acht große Dachfenster und vier Ochsenaugen gedeckt werden.[993] Vier *„Gau-*

---

991 S. dazu Kap. A.VI.4 zu den Schilderhäusern des Schlosses.
992 LA Speyer, Best. B3, Nr. 2585, Bl. 145. Die untere Breite des Dachbereichs maß 11,69 Meter, die Höhe 3,25 Meter. Das obere Dach maß in der Breite 15,92 und hatte eine Höhe von 4,06 Metern.
993 LA Speyer, Best. B3, Nr. 2585, Bl. 145. Die Dachfenster kosteten, wie die des Flügelbaues, pro Stück 3 Gulden, die Ochsenaugen zusammen 6 Gulden.

benfenster an den Neuen fligel über die fahrt", die von den Dachdeckern jeweils als große Dachfenster bezeichnet wurden, hatte Glasermeister Paul Purllacher mit 32 Glastafeln verglast und verkittet, so dass, auf Grund der Gleichartigkeit der Fenster über alle Flügelbauten hinweg, anzunehmen ist, dass jedes dieser Dachfenster mit acht Glastafeln bestückt war.[994] Am 9. März 1789 unterzeichnete die Witwe des Schreinermeisters Johann Peter Ott eine Rechnung, aus der hervorgeht, dass auf Befehl des verstorbenen Baumeisters Schaeffer *„ein Thor an den vom Maurer Meister Krumm erbauden Schlossflügel gemacht"* worden war, das man nun *„dem derzeitlichen Bau Meister Herrn Krutthofen Eingeliefert"* habe.[995]

Schreinermeister Jörg Bintz hatte für das erste Obergeschoss des Verbindungsbaues über der Einfahrt insgesamt fünf Vorfenster angefertigt.[996] Dort befand sich nach Aussage des Tünchers Johannes Carré über der Einfahrt ein Saal, den er *„angestrichen und mit verschiedenen Farben die wand marmoriert"* hatte.[997] Zuvor war von den beiden Quadratoren Bernhard Lieblang und Jacob Müller eine große Hohlkehle gezogen worden.[998] Jacob Müller alleine hatte den Auftrag, in diesem Saal Pfeiler und Supraporten über Fenstern und Türen *„an gibserner Possery"* zu formen.[999] Im gleichen Zeitraum hatte Tüncher Carré den *„gantzen Plaffong in dem Saal über der Einfahrt einmahl mit weißer Leym farb angestrichen […]"* und das ganze *„Holkehlgesimbs 8 Stück Fenster, Pohserien und 4 Thürren mit Fuder und Beckleidung und die gantze Lamperie 2 mahl mit weißer Leym farb angestriegen […]."*[1000] Dies zeigt, dass dieser marmorierte

---

994 LA Speyer, Best. B3, Nr. 2585, Bl. 58. Rechnung des Glasers Purllacher vom 27. Juni 1784. Für die 32 Glastafeln, Kitt und Arbeitslohn verlangte er 3 Gulden 12 Kreuzer.

995 LA Speyer, Best. B3, Nr. 2608, Bl. 241. Rechnung vom 9. März 1789 über 36 Gulden, unterzeichnet von ‚Ottoin Wittib'. Eine Glastür für den Bogen der Einfahrt des Herzogsflügels kostete noch 31 Gulden.

996 LA Speyer, Best. B3, Nr. 2584, Bl. 204, Rechnung vom 24. November 1784 über 35 Gulden.

997 LA Speyer, Best. B3, Nr. 2585, Bl. 167, Rechnung vom 22. Dezember 1784 über 38 Gulden und 34 Kreuzer für Farben und Arbeitslohn. Die Arbeit wurde von Mannlich persönlich abgenommen: *„ist richtig und gut gemacht worden, auch nicht übersetzet* [überzogen].*"*

998 LA Speyer, Best. B3, Nr. 2595, #2179, Rechnung vom 5. August 1784 für Arbeiten *„in den Zimer über der Einfahrt an Gesimbs […]"*. *„In zweyten Stock eine große Hohlkehl gezogen ist im Umfang lang 101 Schuh jeden Schuh acordirt zu ziehen a 6 x."* Der Umfang der Hohlkehle von insgesamt 32,80 Metern kostete 10 Gulden 6 xr.

999 LA Speyer, Best. B3, Nr. 2608, Bl. 151, Rechnung vom 9. Oktober 1784. Der Quadrator erhielt pro Klafter 2 Kreuzer.

1000 LA Speyer, Best. B3, Nr. 2585, Bl. 169, Rechnung vom 30. Dezember 1784 über 1½ Kreuzer pro Schuh, insgesamt 31 Gulden und 6 Kreuzer. Auch benannt in LA Speyer, Best. B3, Nr. 2953, S. 130.

Saal die identischen Maße wie der Verbindungsbau mit vier östlich und vier westlich gelegenen Fenstern hatte. Der Saal diente gleichzeitig als vermittelndes Raumelement zwischen dem Herzogsflügel mit fürstlichem Staatsappartement samt Paradeschlafzimmer und den Sammlungen des Herzogs. Er wurde als Kommunikations- und Bildergalerie genutzt, wie dies häufig geschah, wenn Gebäude oder Gebäudeteile miteinander verbunden werden mussten.[1001] Ein Hinweis darauf ergibt sich aus einer Lieferung von Schlossermeister Bubong über zwölf polierte Eisenstangen, um daran explizit Portraits aufhängen zu können.[1002]

Über die Mansardenzimmer des Verbindungsbaus „*im tritten stock [...] an die neyen Zimer die seint noch nag gemacht worten iber der Einfart Oben im Kanck*" berichtet der Schlosser Bubong, der dort eine zweiflügelige Tür, vier Fensterrahmen und vier Paar Sommerläden zu beschlagen hatte.[1003]

2. Die herzoglichen Privatgemächer im neuen Flügel

a. Die Räume des Herzogs in der Mansarde

Die privaten herzoglichen Räume lassen sich ebenfalls in der Mansarde des neuen Flügels auf der Westseite verorten.[1004] Sie wurden somit vom ersten

---

1001 S. dazu KOTZUREK, Funktion, S. 43. „Die Gallerien seynd entweder aus Noth, um dadurch eine Communication mit andern Gebäuden zu machen, oder, wie mehrenteils, zum Staat. Ihre Bekleidung und Auszierung besteht meistens in kostbaren Gemählden an Portraiten und Schildereyen, auch Statuen, oder in grossen prächtigen Spiegeln; oftmahls ist beydes beysammen." MOSER, Teutsches Hof=Recht, S. 289, zitiert nach KOTZUREK, Funktion, Anm. 157.

1002 LA Speyer, Best. B3, Nr. 2584, Bl. 502, Rechnung vom 29. Dezember 1784 über insgesamt 20 Gulden 48 Kreuzer. Anders Schneider, der hier einen ‚Lorbeersaal' vermutet, s. SCHNEIDER, Schlösser, S. 294, Abb. 10.71. Allerdings wird im Textteil ein Lorbeersaal nicht mehr erwähnt, sondern ein Lorbeerkabinett im Corps de logis oder im Nordflügel verortet. Vgl. SCHNEIDER, Schlösser, S. 207.

1003 LA Speyer, Best. B3, Nr. 2584, Bl. 494, Rechnung vom 1. November 1784. Für das Beschlagen der Tür, der Fenster und Fensterläden mit Fischbändern und Schlössern wurden 33 Gulden berechnet.

1004 LA Speyer, Best. B3, Nr. 2584, Bl. 152. Rechnung vom 30. Dezember 1784. Mannlich berichtet im Zusammenhang mit einer Erkrankung des Herzogs einige Jahre später, dass es sich bei dem Schlafzimmer um ein wenig gelüftetes kleines Zimmer in der Mansarde handelte, wo sich auch die Gemächer der Freifrau von Esebeck befanden. Eine Verlegung seines Zimmers aus der Mansarde in das erste Obergeschoss wollte die ‚grande maîtresse' verhindern, indem sie versuchte, „zu beweisen, daß die Luft in den Mansarden viel reiner sei als im ersten Stockwerk, was freilich scheinbar richtig, in der Tat jedoch falsch war." MANNLICH, Rokoko und Revolution 1966, S. 237. Die Ärzte warnten den Herzog, er schwebe in

Obergeschoss des Herzogsflügels, wo sie sich über der Wachtstube befanden,[1005] zunächst nach oben verlegt. Dabei handelte es sich um ein Appartement mit vier Zimmern, denn die Tüncherarbeit von Johannes Carré *„im Dritten Stock in dem Fliegel so durch Mstr Krumm erbauet worden"* umfasste in *„Ihro Durchl. vier Zimmer die Lamparie und Pohserie die Trimo die Thüren mit Fuder und Beckleidung die Schänck und Holtzene Gesimbser [...]."*[1006] Die beiden Quadratoren Bernhard Lieblang und Jacob Müller hatten im *„Schlaf Zimer bey den Kleinen Cabinet, und in dem Zimer hinter dem Alcoff an kleiner Hohlkehl gezogen 172 Schuh [...]. Auch seynd zwey Rossetten gezogen worden [...]."*[1007] Die Wände dreier Zimmer dieses Appartements waren mit grünem Damast tapeziert, während man für das prominenteste Zimmer, das Schlafzimmer, roten Damast mit goldenen Leisten gewählt hatte.[1008] Für ein Kabinett dieses privaten Appartements wurde von Schreiner Valentin Amtshoff an einem Fensterpfeiler ein Trumeau samt Spiegel und Rahmung für eine Supraporte befestigt. Ein weiterer Trumeau wurde, gerahmt von zwei Pilastern, über dem Kamin angebracht,[1009] bei dem es sich um einen von zwei *„moderne Camin"* des Appartements handelte.[1010] Für die dem Kamin gegenüberliegende Seite hatte der Schreiner *„noch ein trimo gemacht mit einem schanck von 8 schu hoch und 3 ½ schu breit mit 8 gefach zum hoch und niter legen und mit zwey beylaster*

---

    großer Gefahr, wenn er dieses Zimmer nicht verlasse, denn „er hat das Wundfieber, und trotz aller Kunst kann er in der verbrauchten Luft seines Zimmers nicht gerettet werden, das nur sieben Fuß hoch und beständig von Menschen angefüllt ist, die Kammerdiener, Neger, über fünfzig Vögel und mehrere Hunde gar nicht gerechnet." MANNLICH, Rokoko und Revolution 1966, S. 238.

1005 LA Speyer, Best. B3, Nr. 2584, Bl. 146. Der Schreinermeister Jörg Bihl hatte im November 1783 *„im fligel wo der hertzog wonet über der wachstuben im 2t stok"* gearbeitet.

1006 LA Speyer, Best. B3, Nr. 2585, Bl. 171. *„[...] jeden Schuh vor Farb Leym und Arbeitslohn 1 ½ xr."* Rechnung vom 30. Dezember 1784.

1007 LA Speyer, Best. B3, Nr. 2595, #2179. Die kleine Hohlkehle in den Räumen hatte eine Gesamtlänge von 55,87 Metern und kostete 11 Gulden 28 Kreuzer. Das Ziehen einer Rosette wurde mit 30 Kreuzern berechnet.

1008 BayHStA München, Abt. IV, Serienakten Nr. 1999, N. 2 im Etat: *„Weiters im dritten Stock Serenissimi Zimmer"*, wobei der Wert der grünen Damasttapeten mit 180 Gulden, der Wert der roten Damasttapeten mit 250 Gulden angegeben wurde. Angegeben auch bei BECKER, Karlsberg, S. 28.

1009 LA Speyer, Best. B3, Nr. 2584, Bl. 314. Rechnung des Schreiners Valentin Amtshoff vom 25. Oktober 1784. Für die Anbringung des Trumeaus am Fensterpfeiler berechnete er mit Holz und Arbeitslohn 15 Gulden. Für den Trumeau über dem Kamin, dessen Pilaster 1½ Schuh breit (49 Zentimeter) waren, sowie sämtlichen Rahmen dazu verlangte er 18 Gulden.

1010 BayHStA München, Abt. IV, Serienakten Nr. 1999, N. 2 im Etat: Die beiden Kamine wurden mit einem Wert von 300 Gulden angegeben. BECKER, Karlsberg, S. 28.

vom boten bis unter das gesims von 1½ schu breit und unten zwey dehren so hoch das kaminen ist."[1011] Der Schrank sollte durch die angepassten Maße des Aufbaus, der Türen und Schrankfächern sowie durch deren Dekorteile das Pendant zum Kamin mit Trumeauspiegel auf der anderen Wandseite bilden. Insgesamt befanden sich in den Räumen des Herzogs „*9 Spiegel mit vergoldene Rahmen.*"[1012] Weiter wurden in der Mansarde von Schlossermeister Bubong zwei Tapetentüren mit Schlössern beschlagen.[1013]

Der Schreiner Jörg Bihl war beauftragt, im „*3t stok ins Hertzogs neige schlaf Zimer*" das Gestell für einen Alkoven samt den Türen und Tapetentüren und eine hölzerne Wand aus Dielen einzubauen.[1014] Michael Bihl sollte für die herzoglichen Zimmer in der Mansarde vier Flügel für Nachtläden und zwei Vorfenster sowie ein Trumeau für einen Fensterpfeiler anfertigen.[1015] Das Bett und der Trumeau des Schlafzimmers waren mit vergoldeten Leisten verziert, während im Vorzimmer nur weiße Leisten verarbeitet worden waren.[1016] Die Angabe der Möbel, die im Schadensverzeichnis für den „*dritten Stock Serenissimi Zimmer*" aufgelistet wurden, wozu neben den üblichen Ausstattungsstücken wie einem Tisch und Kommoden auch ein Gewehrschrank, ein Pfeifenkopfschrank sowie ein Spieltisch gehörten, verdeutlichen den privaten Charakter der Raumfolge.[1017] Zu dem Appartement gehörte darüber hinaus ein „*schönes Schreibzimmer mit Papier tappezirt zwey spiegel an den Pfeiler und vergolden Leisten.*"[1018]

1011   LA Speyer, Best. B3, Nr. 2584, Bl. 314. Der Schrank hatte eine Höhe von 2,60 Metern und eine Breite von 1,14 Metern. Die Pilaster hatten die gleiche Breite von 49 Zentimetern, wie die des Kamins auf der gegenüberliegenden Wandseite.
1012   BayHStA München, Abt. IV, Serienakten Nr. 1999, N. 2 im Etat, mit einem Wert von 540 Gulden berechnet. Angegeben auch bei BECKER, Karlsberg, S. 28.
1013   LA Speyer, Best. B3, Nr. 2590, Bl. 396. Arbeit vom 23. März 1785.
1014   LA Speyer, Best. B3, Nr. 2584, Bl. 152. Diese Rechnung vom 30. Dezember 1784 über einen „*alkof mit 5 diren tabeten diren das gestell von 2 zölligen dilen samt dem beilaster […]*" belief sich auf 22 Gulden.
1015   LA Speyer, Best. B3, Nr. 2590, Bl. 65. Rechnung vom 26. Oktober 1785. Die Nachtläden und Vorfenster kosteten „*vor hols und arbeids lon*" zusammen 10, der Trumeau machte weitere 8 Gulden dieser Rechnung aus.
1016   LA Speyer, Best. B3, Nr. 2590, Bl. 85v. Rechnung vom 18. Juni 1785 des Schreiners Michael Bihl.
1017   BayHStA München, Abt. IV, Serienakten Nr. 1999, N. 2 im Etat.
1018   BayHStA München, Abt. IV, Serienakten Nr. 1999, N. 2 im Etat. Der Wert des Schreibzimmers wird mit 250 Gulden angegeben. BECKER, Karlsberg, S. 30.

b. Das neue Appartement des Herzogs – oder „son bel appartement au premier Etage"[1019]

Mannlich berichtet von einem Raum im ersten Obergeschoss dieses neuen Flügels, in welchen der Herzog anlässlich einer schweren Krankheit aus dem zunächst bezogenen Appartement in der Mansarde umgezogen war: „Der Herzog hatte sich in sein schönes Gemach im ersten Stockwerk schaffen lassen, ohne jemandem etwas davon zu sagen."[1020]

Wohl nachdem der Herzog entschieden hatte, aus der Mansarde in das erste Obergeschoss umzuziehen, wurden die dortigen Räume entsprechend geändert. Zunächst wurden „*ins Herzogs Zimmer 1 Nacht Laden, Posseri, Schamberam und Lamberien und fenster Rahmen und die verguldene Leisten und Dihlen von der Wand losgebrochen und die Dihlen auf dem Boden abgestemt weil man aus einem Fenster eine Tür gemacht hat, obige Lamberien verändert und wieder auf die Plätzer gericht und neben die Thür Ein Neu Stück gemacht und die Vergulden Leisten wieder in dem Zimmer auf gemacht und die Arbeit in den Stant gestält.*"[1021] Außerdem wurde in diesem Zimmer eine Supraporte „*über einer Thür loß gemacht und auf ein ander Platz gericht [...], und von dem drimo die weißen Leisten Loßgebrochen und vergulden darauf gemacht.*"[1022] Der Raum wurde mit einem Kamin beheizt.[1023] Im Schlafzimmer und in einem weiteren Nebenzimmer wurden von Schlossermeister Bubong vier Paar Nachtläden für die Fenster beschlagen „*die sig zusamen Legen [...].*"[1024]

Für die Wandverkleidung dieser Räume hatte der Schreinermeister Michael Bihl „*im 2te Stock in 3 Zimmer 6 glade Stücker Poserien*" und weitere vier Holzvertäfelungen, die etwas breiter waren „*in jedes zwey füllungen mit Rundungen ins*

1019 BENDER/KLEBER, Histoire, Bd. II, S. 319.
1020 Der Begriff des Appartements wurde in der deutschen Übersetzung mit dem missverständlichen Begriff des Gemachs übersetzt, da ein Gemach meist nur als ein einziger Raum verstanden wird. BENDER/KLEBER, Histoire, Bd. II, S. 319. Das Badezimmer erwähnt Mannlich dagegen nicht.
1021 LA Speyer, Best. B3, Nr. 2584, Bl. 290v, 291. Die Rechnung des Schreinermeisters Michael Bihl ist auf den 26. September 1784 datiert. Für die genannte Arbeit verlangte er 5 Gulden.
1022 LA Speyer, Best. B3, Nr. 2584, Bl. 291.
1023 LA Speyer, Best. B3, Nr. 2584, Bl. 291, Rechnung vom 26. September 1784.
1024 LA Speyer, Best. B3, Nr. 2584, Bl. 494. Das Paar der zusammenlegbaren Läden kostete 4 Gulden. Rechnung vom 1. November 1784. In einer späteren Rechnung gibt der Schlossermeister Bubong an, ein neues Schloss „*in den mittlen stock an Ein Cabinet in Durchlaucht schlaff Zimer gemacht*" zu haben. LA Speyer, Best. B3, Nr. 2590, Bl. 396. Diese Arbeit ist datiert auf den 24. Januar 1785. Ein erhöhter Zeitaufwand ergab sich, „*weillen Man nicht in das Zimer konnte und muste doch warten*".

Schlafzimmer und Capinet gemacht [...]."[1025] Schlossermeister Bubong gab an, er habe *"im schlaf Zimer Einen alckof beschlagen mit 2 theeren."*[1026] Der Tüncher Carré strich an die *"Lamberien im Schlaff-Zimmer an dem Alcoff mit beyden Thüren und an einem Maur Schanck"* insgesamt 366 Schuh mit weißer Leimfarbe an.[1027] Die beiden Türen seitlich des Alkovens verbargen meist Garderoben, Waschtische und Toilettenstühle, zumal ein Raum nachweisbar ist, *"alwo ihro Durchlaucht Nachstuhl steht [...]."*[1028] Schreiner Valentin Amtshoff fertigte für das Schlafzimmer einen Schrank mit Schiebetür, deren Mechanismus mit Seilen, Rollen und Gewichten durch eine Konstruktion funktionierte *"[...] neben mit zwey kasten wo die gewicht drein lauffen."*[1029] Der Schreinermeister Johannes Daniel beschrieb in einer Rechnung, er habe in diesem Schlafzimmer einen Trumeau mit Spiegelrahmen und einer weiteren Füllung als Erweiterung nach oben mit zwei seitlichen Pilastern in Zimmerhöhe hergestellt, welchen er über dem Kamin anbrachte.[1030] In einem der Zimmer dieses herzoglichen Privatappartements wurden Papageien gehalten, denn Schreinermeister Michael Bihl brachte dort einen Stock auf einem *"Papageientisch"* an und verschloss *"in dem Zimmer woh die babengeichen sein"* die Fenster mit Dielen.[1031] Schon über das Appartement in der Mansarde hatte Mannlich geschrieben, dass sich dort 50 Vögel befunden hatten.[1032]

1025 LA Speyer, Best. B3, Nr. 2584, Bl. 330, Rechnung vom 23. September 1784. Die sechs glatten Boiseriestücke sollten eine Höhe von 9 Schuh und eine Breite von 8 Zoll haben (2,92 x 0,22 Meter) und kosteten zusammen 6 Gulden. Die vier Boiseriestücke mit den zwei Füllungen waren ebenfalls 9 Schuh hoch, jedoch 15 Zoll breit (41 Zentimeter) und kosteten zusammen 8 Gulden.
1026 LA Speyer, Best. B3, Nr. 2584, Bl. 494. Diese Türen zu beschlagen kostete 6 Gulden. Rechnung des Schlossermeisters Bubong vom 1. November 1784.
1027 LA Speyer, Best. B3, Nr. 2585, Bl. 164. *"Jeden Schuh vor drey mahl anzustreichen mit Farb Leym und Arbeitslohn 2 xr."* Die Rechnung wurde am 23. September 1784 unterschrieben.
1028 LA Speyer, Best. B3, Nr. 2590, Bl. 396. Arbeit von Schlossermeister Henrich Bubong am 25. Februar 1785, der dort ein ovales Fenster mit sauberen Beschlägen und einem Griff versehen hatte. Eine solche Aufteilung ist beispielsweise noch in der nordwestlichen Gästewohnung von Schloß Benrath zu finden. S. dazu Fr. Schloss Benrath, Schloss Benrath, S. 95.
1029 LA Speyer, Best. B3, Nr. 2584, Bl. 314.
1030 LA Speyer, Best. B3, Nr. 2592, Bl. 39. Der Trumeau kostete mit Holz und Arbeitslohn 15 Gulden. Ein weiterer Trumeau, der über einem Kamin in der Mansarde angebracht wurde und in der gleichen Rechnung aufgezählt wurde, kostete dagegen samt Holz und Arbeitslohn nur 7 Gulden. Das lässt darauf schließen, dass der Trumeauspiegel für das Schlafzimmer mit doppeltem Kostenaufwand entsprechend aufwändiger gearbeitet war.
1031 LA Speyer, Best. B3, Nr. 2584, Bl. 297. Den Stock für den Papageientisch berechnete er mit 30 Kreuzern, die Arbeit an den Fenstern im *"Papageienzimmer"* wird mit 36 Kreuzern angeführt.
1032 MANNLICH, Rokoko und Revolution 1966, S. 238.

Einige Jahre später wurden innerhalb des Appartements noch einmal Ausbesserungen und Neuerungen vorgenommen: Schreiner Daniel brachte 1789 einen Trumeau am Fensterpfeiler an, der mit *„2 Bilaster ale Krek"* gestaltet war und eine Höhe von 9 Schuh 6 Zoll sowie eine Breite von 4 Schuh 8 Zoll innehatte.[1033] In diesem Zusammenhang ist auch die Arbeit dieses Schreinermeisters zu sehen, der in einem Zimmer neben dem herzoglichen Schlafzimmer tätig wurde, wo er bereits verlegten Friesboden aufbrechen und auffüttern musste, um danach den Boden erneut mit Parketttafeln zu belegen. Die Maße des Bodens werden dabei mit einer Länge von 18 Schuh und einer Breite von 11 Schuh angegeben.[1034] Allerdings wurde ihm, wie es gängige Praxis am Carlsberg war, nur die Hälfte der Arbeiten zugeteilt. Zu seinen Arbeiten gehörte die Anfertigung von sechs Klaftern Lambris, die mit Füllungen mit Verzierungen à la grec, gerahmt von profilierten Holzleisten, versehen waren. Die Höhe der umlaufenden Paneele war mit zwei Schuh und neun Zoll angegeben.[1035] Für das gleiche Zimmer fertigte der Schreinermeister einen Fensterladen mit Boiserien an, *„ist hoch 7 schuh in den felung a la krek [...]."*[1036] Um die Wärme in der Winterzeit besser in den Räumen halten zu können, wurde ein Vorfenster hergestellt und ein Sommerladen mit einem Rahmen, in welchen der Laden bei Tag versenkt werden konnte.[1037] Die andere Hälfte der Arbeiten hatte der Schreinermeister Johannes Bihl übernommen, der ebenfalls Lambris *„mit Verhoben Kelstes die fellungen mit allekrek [...]"* anfertigte.[1038] Auch einen weiteren Nachtladen mit gleichen Maßen, sowie ein Vorfenster *„deils von biren baumen holz mit 2 fligel die sich schiben"* mit einer Höhe von sieben Schuh und einer Breite von drei Schuh und einen Sommerladen von gleicher Größe hatte er zu liefern.[1039]

1033 LA Speyer, Best. B3, Nr. 2604, Bl. 412v. Rechnung vom 19. September 1789. Die Höhe des Trumeaus mit Pilastern à la grec betrug 3,09 Meter, die Breite 1,52 Meter.
1034 LA Speyer, Best. B3, Nr. 2604, Bl. 412. Die Länge des Zimmers beträgt umgerechnet 5,85 Meter, die Breite 3,57 Meter. Schreinermeister Daniel hatte dabei jedoch nur die Hälfte des Zimmers zu bearbeiten, die er mit 3 Klafter angibt, *„das Klafter arbeit lon 2 fl."*, also insgesamt 6 Gulden.
1035 LA Speyer, Best. B3, Nr. 2604, Bl. 412. Rechnung des Schreinermeisters Johannes Daniel vom 28. Juli 1789. Das Klafter des Lambris wird 6 Gulden berechnet. Die Höhe der Holzvertäfelung betrug 89 Zentimeter.
1036 LA Speyer, Best. B3, Nr. 2604, Bl. 412. Die Höhe des Ladens entsprach 2,27 Metern. Der Arbeitslohn dafür betrug 20 Gulden.
1037 LA Speyer, Best B3, Nr. 2604, Bl. 412. Das Vorfenster war zum Schieben konstruiert und *„die schibung ist von biren baumen hols sein das sich die Undern 2 fliglen schiben tut hols und arbeit lon 12 fl."* Der Fensterladen mit Rahmen wurde mit 8 Gulden 45 Kreuzern berechnet.
1038 LA Speyer, Best. B3, Nr. 2603, Bl. 304. Rechnung vom 10. Februar 1789.
1039 LA Speyer, Best. B3, Nr. 2603, Bl. 304. Die Höhe des Vorfensters und des Sommerladens entsprachen 2,27 Metern, die Breite 97 Zentimetern. Das Vorfenster wurde mit 12 Gulden, der Sommerläden mit 8 Gulden 25 Kreuzern berechnet.

c. Das Badeappartement des Herzogs

Das herzogliche Badezimmer lag im Erdgeschoss des neuen Flügels. Im Schadensverzeichnis von 1793 wird die Ausstattung *„Im Bad Zimer"* beschrieben: Das Badezimmer war demnach *„mit Papier tapezirt nebst 2 tapezirten Cabinetten mit 1 vollkommenen Alkov Bett, 2 messingenen Kränen und eisenen Kessel."*[1040] Dem Raum angeschlossen waren also noch ein Schlafzimmer sowie zwei Kabinette. Dies entsprach wiederum dem damaligen Ausstattungskriterium eines Bades, wie Franz Ludwig Cancrin (1738–1816), der Baumeister der Kuranlage von Wilhelmsbad beschrieb: „Es dient dieses [Wohn-] Zimmer dazu, dass man sich darinn aus- und ankleiden, in dem Bette nach dem Bade schwitzen und dann ein frisches Hemd anziehen, überhaupt seiner gebesserten Gesundheit nachdenken und die oft eingebildete Krankheit verliehren könne."[1041] In den Baurechnungsakten wird die Lage des Badezimmers von Schreinermeister Johannes Bihl deutlich für das Erdgeschoss benannt, wo er zwei Türen mit Kehlstößen und drei Füllungen sowie zwei Oberlichter *„im ersten stock im Herzog sein Bathzimmer"* bearbeitete.[1042] Außerdem hatte er in *„ihro durchlaucht bath stub ein blint boten und die riben gelegt mit 3 klafter [...]"* und im gleichen Raum drei Klafter Parkett verlegt.[1043] Für das Badezimmer sowie das Schlafzimmer wurden einige Arbeiten auch unter Zusammenfassung der Maße beider Räume miteinander verrechnet. So wurde *„im Bad Zimmer und schlaf Zimmer auff die dabeden 6 glade sticker boseriehen gemach [...]."*[1044] Für das Schlafzimmer *„neben dem Bad Zimmer"* hatte der Schreinermeister Michael Bihl sechs Klafter Rippen, Blindboden und anschließend das

---

1040 BayHStA München, Abt. IV, Serienakten Nr. 1999, N. 2 im Etat. Auch abgedruckt bei BECKER, Karlsberg, S. 30. Der Wert der Badezimmereinrichtung und der beiden Kabinette wurde mit 800 Gulden angegeben.
1041 CANCRIN, Grundlehren, S. 176, zitiert nach: MERK, Lustbarkeit, S. 144 f.
1042 LA Speyer, Best. B3, Nr. 2584, Bl. 255v. Rechnung vom 28. September 1784, wo für die Arbeit an den Türen und Türverkleidungen sowie an zwei Oberlichtern 10 Gulden berechnet wurden. Die Stockwerke werden von den Handwerkern vom Erdgeschoss zur Mansarde von 1–3 durchgezählt. Der erste Stock ist also immer das Erdgeschoss. Badezimmer und Badeappartements lagen in der Regel in einem Erdgeschossraum, s. OTTOMEYER, Holzwanne, S. 33.
1043 LA Speyer, Best. B3, Nr. 2591, Bl. 42. Rechnung vom 30. Oktober 1785. Als Lohn für den Blindboden, die Rippen und das Parkett berechnete der Schreinermeister laut den Vereinbarungen im Steigprotokoll 5 Gulden.
1044 LA Speyer, Best. B3, Nr. 2584, Bl. 297. Rechnung des Schreiners Michael Bihl, unterschrieben am 16. Oktober 1784. Außerdem LA Speyer, Best. B3, Nr. 2584, Bl. 291v. Rechnung des Schreiners Michael Bihl, der für insgesamt 8 Gulden in *„dem Bath und Schlafzimmer die Tapeten Leisten aus ½ Zl: Diehlen geschnitten und angeschlagen"* und *„in obige 2 Zimmer 6 glade Stücker posserien losgerissen, auf die Tabeden gemacht und die Tabeden Leisten darzu gemacht"* hatte.

Parkett verlegt[1045] und Tapetenleisten angefertigt.[1046] Außerdem hatte Schlossermeister Bubong *„neben dem Bath Zimer Einen alckof mit Zwey therren […]"* und *„in Einem fon den Kabinetger an dem Bath Zimer Eine Zwey fliglige ther beschlagen"*, die zu einem Schrank gebraucht würde.[1047] Die Bettlade im Alkoven musste von Schreinermeister Michael Bihl noch einmal auseinander genommen und verkleinert *„und die Leisten wo die Betlad darauf stehet auf dem Boden fest gemacht"* werden.[1048] Der Tüncher Carré strich im Badezimmer 91 Schuh Lambris mit weißer Leimfarbe,[1049] während Schreiner Michael Bihl für diesen Raum einen ovalen Fensterrahmen anfertigte.[1050] Zwei Türen des Badezimmers waren von Schlossermeister Bubong mit Scharnierbändern und einem Fallenschloss versehen worden.[1051] Außerdem hatte er drei Paar Nachtläden beschlagen und die Riegel und Scharniere mit versenkten Schrauben befestigt.[1052] Zu dem Hinweis auf drei Fenster im Badezimmer passt die Nennung eines Postens in einer Rechnung des Schreiners Valentin Amtshoff, wonach er zwei Pilaster an den Fenstern angebracht hatte,[1053] die demnach an den beiden Fensterpfeilern zwischen den drei Fensternischen ihren Platz fanden. Die Fenster hatten die gleiche Größe wie alle übrigen Fenster dieses Flügels, wie sich aus den Maßen des Parketts ergibt, das der Schreinermeister Johannes Bihl für die Fensternische angefertigt hatte.[1054] Diese Parkettstücke der Fensternischen hatten die gleichen Maße wie jene der Bibliothek,[1055] bestätigen also den Ein-

---

1045 LA Speyer, Best. B3, Nr. 2590, Bl. 63. Der Parkettboden wurde laut Steigprotokoll pro Klafter mit 1 Gulden veranschlagt. Rechnung vom 30. Oktober 1785.
1046 LA Speyer, Best. B3, Nr. 2584, Bl. 298, Rechnung vom 16. Oktober 1784. Der Schuh kostete 2½ Kreuzer.
1047 LA Speyer, Best. B3, Nr. 2590, Bl. 393. Die Türen des Alkovens zu beschlagen kostete 5 Gulden 30 Kreuzer.
1048 LA Speyer, Best. B3, Nr. 2584, Bl. 291v.
1049 LA Speyer, Best. B3, Nr. 2585, Bl. 164. Rechnung vom 23. September 1784.
1050 LA Speyer, Best. B3, Nr. 2584, Bl. 296v. Dieser Fensterrahmen kostete samt dem Arbeitslohn 3 Gulden.
1051 LA Speyer, Best. B3, Nr. 2590, Bl. 393. Die Arbeiten an den beiden Türen wurden mit 11 Gulden berechnet.
1052 LA Speyer, Best. B3, Nr. 2590, Bl. 393v. Die Arbeit wurde pro Paar der Nachtläden mit 4 Gulden berechnet.
1053 LA Speyer, Best. B3, Nr. 2584, Bl. 314. Rechnung vom 25. Oktober 1784. Dafür, dass Amtshoff *„in das bath Zimer zwey beylaster an die fenster gemacht"* verlangte er 4 Gulden.
1054 LA Speyer, Best. B3, Nr. 2591, Bl. 42. Rechnung vom 30. Oktober 1785. Auch hier hatte das anzufertigende Parkettstück für die Fensternische, wie bei den Fenstern der Bibliothek und im Schlafzimmer des ersten Obergeschosses, die Länge von 5 Schuh und die Breite von 14 Zoll (1,62 x 0,38 Meter). Die Arbeit wurde samt Holz und Arbeitslohn mit 1 Gulden 30 Kreuzern berechnet.
1055 LA Speyer, Best. B3, Nr. 2591, Bl. 113. Rechnung der Witwe von Jörg Bihl vom 30. Oktober 1785. Die Parkettstücke hatten auch hier eine Länge von 5 Schuh und eine Breite von 14 Zoll (1,62 x 0,38 Meter).

druck der Einheitlichkeit im Inneren, welche sich bei der Betrachtung des Außenbaues vermittelt. Zwei Fenster entfielen auf das Schlafzimmer, denn der Schreinermeister Jörg Bihl hatte „*ins schlaff Zimmer neben dem bad Zimmer 2 barge sticker in die fenster gemach [...]*."

Hinsichtlich der Ausstattung des Baderaumes gibt der Schlossermeister Bubong an, er habe im Badezimmer an den Rohren für den Brunnenmeister Bayer Zugbänder mit Schrauben zusammengezogen.[1056] Diese Rohre, für die der Brunnenmeister Bayer zuständig war, standen in Zusammenhang mit „*2 messingenen Kränen und eisenen Kessel*"[1057] welche zum Befüllen der Badewanne mit warmem Wasser notwendig waren. Das Wasser konnte aus einem Brunnenhaus in unmittelbarer Nähe herbeigeführt werden.[1058] Die Existenz einer Wanne erschließt sich aus einer Rechnung des Schreinermeisters Johannes Bihl, denn dieser hatte „*in obigem BathZimmer woh die Bathbitt stet 5 Stücker Lamberie gemacht zwei Stücker rund wie das Eck weist [...]*."[1059] Die Wanne stand unter einem Oberlicht[1060] und konnte mit einem Deckel abgedeckt werden.[1061] Be-

---

1056 LA Speyer, Best. B3, Nr. 2590, Bl. 393v. Für diese Arbeit verlangte er 3 Gulden 36 Kreuzer.
1057 BayHStA München, Abt. IV, Serienakten Nr. 1999, N. 2 im Etat. Auch abgedruckt bei BECKER, Karlsberg, S. 30. Zu Technik und Beheizung s. auch FUCHS/REISINGER, Schloss, S. 149 f. zum Badhaus. Auch Mannlich besaß im Hof seines Zweibrücker Hauses einen separaten Badepavillon, dessen klassizistischer Außenbau noch erhalten ist.
1058 Die Lage des Badezimmers ist in engem Zusammenhang mit einem Brunnen- oder Wasserhaus zu sehen, das in unmittelbarer Nähe dieses Flügels stand oder sogar auf der Rückseite des Flügels integriert und überbaut werden musste. So heißt es an einer Stelle, der Schreinermeister Jörg Bihl habe im obigen Flügel „*an das waser haus und biebeliodech 2 Zwey fligelige dieren [...]*" angebracht. LA Speyer, Best. B3, Nr. 2591, Bl. 113. Diese Tür „*an der Bronen stub*" wurde mit Fischband, Riegeln und Schlössern beschlagen, LA Speyer, Best. B3, Nr. 2590, Bl. 393. An anderer Stelle heißt es bei Johannes Bihl, er habe in diesem Flügel „*woh die brunnen kammer ist oter der Basen*[g] *steht ein stigen gelenter mit Laten und mit fihr rundungen das gelender bis auff den speiger*" für einen Lohn von 12 Gulden gemacht.
1059 LA Speyer, Best B3, Nr. 2584, Bl. 255v. Die Arbeit an den Lambris, die über eine abgerundete Zimmerecke geführt wurden, kostete 6 Gulden. Rechnung vom 28. September 1784.
1060 LA Speyer, Best B3, Nr. 2584, Bl. 291. Schreinermeister Michael Bihl hatte am Oberlicht „*die Bekleidung loßgebrochen und vom Balcken abgehauen das mans zumachen hat können [...]*". Rechnung vom 26. September 1784.
1061 LA Speyer, Best B3, Nr. 2584, Bl. 296. Rechnung des Schreinermeisters Michael Bihl vom 16. Oktober 1784, der „*in den deckel auff der badbid ein loch gemach [...]*" hatte. Der Deckel diente dazu, dass das Wasser nicht so rasch auskühlte, denn der Temperatur des Wassers kam eine entscheidende Rolle zu. S. dazu MERK, Lustbarkeit, S. 143 f. sowie Abb. 6 S. 143. Andernorts wurde dieser

züglich der Kamine erwähnt Becker, der Hoftapezierer Richard habe den „Marvellierer Thiebeau" als den Künstler genannt, „der auf dem Karlsberg bei Homburg das Badhaus geschaffen habe. Thiebeau soll für einen von ihm gefertigten Kamin achtzig Louisdor verlangt haben."[1062]

Badezimmer, die Teil eines Appartements waren, sind im 18. Jahrhundert durchaus nicht so ungewöhnlich, wie es zunächst scheinen mag. Das scheinbare Fehlen der Bäder und Waschvorrichtungen in Schlössern ist meist darauf zurückzuführen, dass es sich zwar um mobile Einrichtungen handelte, die jedoch mit personellem und organisatorischem Aufwand betrieben wurden. Doch auch Badezimmer und Badeappartements als feste Einrichtungen waren in Schlossbauten durchaus üblich.[1063] Badezimmer sind beispiels-

Abb. 40: Vaux-le-Vicomte: Badezimmer
Foto: Autorin

Zweck dadurch erreicht, dass man den Badezuber mit einem Tuch abdeckte. Meist waren die Zuber aus Holz, weil sie nicht so schnell auskühlten wie eine Wanne aus Metall. Ein zusätzliches Leintuch, mit dem die Wanne ausgelegt wurde, verhinderte Verletzungen durch Holzsplitter. OTTOMEYER, Holzwanne, S. 31 f.

1062 BECKER, Denkwürdiges, S. 131.
1063 Dazu eingehend Ottomeyer, der darauf verweist, dass es sich mittlerweile zu den gängigen ärgerlichen Topoi in Schlossführungen entwickelt hat, zu betonen, man habe sich im 18. Jahrhundert nicht gewaschen oder gebadet. Ausgerechnet Versailles, in diesem Zusammenhang immer wieder zitiert, hatte ein großes Badeappartement im Erdgeschoss des Hauptbaues mit eingetieften Bassins im Boden. Es war zudem offenkundig, dass die Gegenwart großer Öffentlichkeit und die Zugänglichkeit des Schlosses für Jedermann ein Problem in Versailles darstellten, nicht aber das Fehlen von Toilettenräumen. „Die Hygiene war hier besser, als man glaubt: Dem Umbau des Schlosses zum Museum sind eine Anzahl kleinerer Räume, die Garderoben und die Aborte zum Opfer gefallen." PÉROUSE DE MONTCLOS/POLIDORI, Versailles, S. 73. „Der Augenschein in Schlössern und Häusern bestätigt scheinbar diese These vom völligen Fehlen der Bäder und Waschvorrichtungen. Das vorgebliche ‚dark age' der Badekultur aber kannte ein anderes System. Von wenigen Ausnahmen abgesehen, verfügte niemand über fließendes Leitungswasser. Der Badende musste das Wasser holen lassen oder zum Wasser gehen. Statt stationärer Badevorrichtungen war es ein ambulantes Badesystem, das die Epoche bestimmte." OTTOMEYER, Holzwanne, S. 31 f.

weise vom Saarbrücker Ludwigsberg, aus Schwetzingen oder Schloss Benrath bekannt.[1064] Auch aus dem Jägersburger Schloss ist die Existenz einer „*Badbütte von Kupfer*" verzeichnet.[1065] Im Gartenknechtshaus des Schönthaler Hofes im Schönthal am Saarbrücker Ludwigsberg ist ebenfalls ein Baderaum, kombiniert mit einem Schlafzimmer und einer Garderobe, nachgewiesen.[1066] In Schloss Benrath gelangt man vom Ankleidezimmer zum Badezimmer, dessen Stuckaturen an eine arkadische Waldlandschaft erinnern sollen. Die Badewanne, die nach Pigages Entwurf in den Boden versenkt werden sollte, gelangte jedoch nicht zur Ausführung. In einem kleinen Zimmer neben dem Bad bestand die Möglichkeit, das Badewasser in einem Ofen zu erhitzen.[1067] Die pfälzische Kurfürstin Elisabeth Auguste besaß im Erdgeschoss des Schwetzinger Schlosses ebenfalls ein „Appartement de bain", bestehend aus einer Salle de bain, einem Ruheraum und einer Garderobe.[1068] Der Kurfürst ließ sich das Badhaus in Schwetzingen errichten, in welchem eine marmorne Badewanne in den Boden eingelassen worden und mit geheiztem Wasser befüllbar war.[1069] Baderäume innerhalb der Schlösser fielen als utilitäre Räume in untergeordneten Stockwerken und Zimmerfolgen jedoch meist den baulichen Veränderungen späterer Zeit zum Opfer. Zu den nachhaltig falschen Schlüssen daraus bemerkt Ottomeyer: „Das Fehlen eines Baderaumes, das Fehlen von Wasserleitungen wird als Beweis genommen, daß es mit der Körperpflege nicht weit her sein kann. Es ist die geheime Rache der Zivilisation an vergangener hochstehender Kultur, beharrlich den Verdacht auszusprechen, daß es mit der Sauberkeit damals nicht weit her gewesen sei und selbst Prinzen und Prinzessinnen sich nur parfümiert und gepudert hätten."[1070]

1064 Auch im Schloss von Vaux-le-Vicomte hat sich ein Badezimmer mit einer Badewanne erhalten (Abb. 40). Weitere Beispiele s. OTTOMEYER, Holzwanne, S. 31–36.
1065 GehHA München, Korrespondenz Akten, Nr. 1697c: Urkunden zur Rechnung über die eingenommene und ausgegebene Gelder von der Herzoglich Carlischen Verlassenschafts Masse, Tom III, No. 5 ad Nr. 899.
1066 PAUL, Ludwigsberger Garten, S. 125. Die dortige Badewanne hatte eine Sitzvorrichtung, auf der die Fürstin Catharina sitzen konnte und die „*sich dret vor in die bit zu komen [...]*." PAUL, Ludwigsberger Garten, S. 125, aus: LA Saarbrücken, N.S. II, Nr. 2227, S. 549. PAUL, Der Ludwigsberg, S. 155 ff.
1067 ZACHER, Schloß Benrath, S. 69.
1068 FUCHS/REISINGER, Schloss, S. 34.
1069 FUCHS/REISINGER, Schloss, S. 149 f. OTTOMEYER, Holzwanne, S. 34 f.
1070 OTTOMEYER, Holzwanne, S. 36.

3. Räume für die Sammlungen des Herzogs

a. Das Naturalienkabinett des Carlsbergs

Herzog Carl August besaß ein großes Interesse an naturwissenschaftlichen Themen. Schon als Pfalzgraf von Zweibrücken hatte er das Präsidium der „Physikalisch-ökonomischen Gesellschaft" in Kaiserslautern unter dem Ehrenmitglied der Mannheimer Akademie und Direktor dieser Gesellschaft, dem Botaniker Friedrich Casimir Medicus, übernommen.[1071] Speziell auf dem Gebiet des Blitzschutzes hatten sich sein großes Interesse an physikalischen Themen und der Wille zur Umsetzung in die Praxis gezeigt (Abb. 41).[1072] Es kann daher letztlich nicht verwundern, dass neben der Bibliothek, der Waffen- und der Pfeifensammlung, der Sammlung der „Altertümer" und Münzen, noch vor der Errichtung der Gemäldegalerie am Hof, auch ein physikalisches Kabinett sowie ein umfassendes Naturalienkabinett eingerichtet wurde. Auch Christian von Mannlich berichtet von dem „prächtigen Naturalienkabinett", das zugleich ein Zeugnis des allgemeinen Interesses an der „histoire naturelle" im 18. Jahrhundert darstellt, welches gerne als das „Kabinettseculum" bezeichnet wird.[1073] Diese Vorlieben des Herzogs stehen zudem in großer Übereinstimmung mit dem zeitlich vorangegangenen Ausbau der kurfürstlichen Sammlungen seines Onkels Carl Theodor in Mannheim. Dort hatte die Förderung der Wissenschaften ebenfalls ihren Niederschlag in der Pflege und Vermehrung der Sammlungen, das heißt der Hofbibliothek, der Münzsammlung und des Natura-

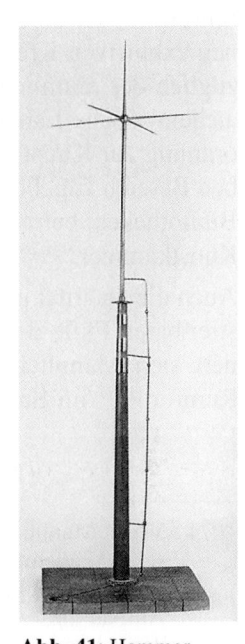

Abb. 41: Hemmer, Jacob, Blitzableitermodell
Holz, Messing;
122 x 34,5 x 33,5 cm
Staatliche Kunstsammlungen Kassel, Astronomisch-Physikalisches Kabinett

---

1071 BUDDE, Interessen, S. 368. Zu den wissenschaftlichen Interessen des Herzogs s. auch: BRAZIER, château, S. 131 f. Zum Interesse des Herzogs an der Luftschifffahrt s. BRAZIER, château, S. 133 m.w.N. BECKER, Charakteristik, S. 213 f. Der Herzog war am 25. September 1785 nach Frankfurt gereist, wo Monsieur Blanchard „seinen 15ten Aerostatischen Versuch auf diesen Tag angekündigt hatte," der jedoch auf Grund schlechter Witterung ausfallen musste. Allgemein zu den Ballonaufstiegen s. MÜLLER, La Follie des Ballons, S. 31–33. Ein Brief von Carl August von 1770 an die physikalisch-ökonomische Gesellschaft in Kaiserslautern wird wiedergegeben bei WEBER, Schloss Karlsberg, S. 359.
1072 S. dazu Kap. B.IV.
1073 MANNLICH, Rokoko und Revolution 1966, S. 226, BENDER/KLEBER, Histoire, Bd. II, S. 271: *„Magnifique Cabinet d'histoire naturelle."* Zum „Kabinettseculum" HEESEN, Sammlungen, S. 63.

lienkabinetts gefunden.[1074] Der Zweibrücker Herzog hatte mit Mannlich und anderen Gästen in Zeiten, in denen man mehr der Ruhe pflegte, Nachmittage in der Naturaliensammlung, im Waffensaal oder im physikalischen Kabinett verbracht, wo Jean-François Holandre, der Leiter der Kabinette, Experimente vorführte.[1075] Dies diente jedoch mehr der Erbauung und Unterhaltung eines kleinen exklusiven Kreises, als der öffentlichen Förderung der Wissenschaften. Bezüglich der räumlichen Einteilung war es auch andernorts nicht unüblich, dass alchemistische Laboratorien oftmals in direkter räumlicher wie inhaltlicher Zuordnung zur Kunst- und Naturalienkammer standen. „Ähnlich anderen, demselben Bereich zugehörigen Funktionsräumen wie Rüstkammern, Werkstätten oder Bibliotheken betrachtete man sie mehr oder weniger als Erweiterungen der Kunstkammer."[1076]

Auch die Qualität und der Wert der Carlsberger Sammlung war, neben der unbestreitbaren Fülle der Gemäldegalerie, in hohem Maße bemerkenswert. So erinnert sich Mannlich im Zusammenhang mit dem Aufenthalt des Grafen von Rumford[1077] im Schloss Carlsberg: „Der Herzog beauftragte mich, ihn bei den

---

1074 VOSS, Mannheimer Akademie, S. 33. 1763 wurde in Mannheim die Kurpfälzische Akademie der Wissenschaften durch den Straßburger Gelehrten Schöpflin (1694–1771) gegründet, der zusammen mit Andreas Lamey, seinem Schüler, den Aufbau dieser Institution durchführte. Zur Klasse der außerordentlichen Mitglieder zählte unter anderem der Zweibrücker Gymnasialdirektor und Hofbibliothekar Georg Christian Crollius, der hier mehrfach aus seinen Briefen an Andreas Lamey zitiert wird. Die Mannheimer Akademie wurde bald um ein physikalisches Kabinett, den botanischen Garten sowie das Antiquitäten-Kabinett und eine Sternwarte erweitert. Auch in diesen Einrichtungen zeigen sich Parallelen zu den Interessen des Herzogs, da er den Gedanken der Erbauung einer Sternwarte auf dem Carlsberg hegte. Das von Heinrich Walbaum veranschlagte Bauholz zu *„einem Observationsbau mit einem verschwelten gebrochenen Dachstuhl und 3 Stock Stiegen dazu"* sowie einer Kuppel wurde im Januar 1792 von Krutthofen für *„ein Logis für Herrn Ober Forster Schäfer und die Soldaten Priveter"* gebraucht. LA Speyer, B2, Nr. 1601, Bl. 215f: *„Überschlag Des jenigen Bau Holzes, so zum dießjährigen Carlsberger und sonstigen Bauwesen erforderlich ist, so aber im vorigen Jahr angewiesen jedoch zu anderm Bauwesen verbraucht worden ist."*
1075 MANNLICH, Rokoko und Revolution 1966, S. 242, BENDER/KLEBER, Histoire, Bd. II, S. 291. Holandre hatte seine Wohnung in der Orangerie, LA Speyer, Best. B3, Nr. 2584, Bl. 149. Schüler des Mr. Holandre war Ludwig Gemminger, den Mannlich bezeichnet als *„son éleve Louis Gemminger, aujourd'hui Laquai de chambre du Roi"*, in: BENDER/KLEBER, Histoire, Bd. II, S. 361. Zu Holandre s. SCHÖNDORF, Cabinet, S. 63–77.
1076 WALZ, Chemie, S. 296.
1077 Rumford, Sir (seit 1784) Benjamin Thompson, (1753–1814), britisch-amerikanischer Ingenieur, Physiker und Staatsmann. Er stand zunächst in englischen, später dann in bayerischen Diensten, seit 1799 wieder in England. In München ließ

Besuchen und Besichtigungen, die er zusammen mit diesem gebildeten Herrn machte, zu begleiten. Der Graf war verwundert über die reiche Sammlung [...]. Mit Herzlichkeit gratulierte er dem erlauchten Gründer einer so kostbaren, mit Geschmack und tiefer Sachkenntnis auserwählten Zusammenstellung von zahlreichen Objekten der Kunst und der Wissenschaft."[1078]

aa. Die Einrichtung des Naturalienkabinetts im neuen Flügel

Seit dem Entschluss, Schloss Carlsberg zur ausgedehnten Anlage auszubauen, muss es dem Herzog ein Anliegen gewesen sein, ein Naturalienkabinett einzurichten, welches die Schwerpunkte seiner Interessen widerspiegelte. In einem Bauprotokoll der Rentkammer von 1787 wird speziell die Vorliebe des Herzogs an der Durchführung von Experimenten untermauert: *„Serenissimus approbiren [...] den Antrag, daß zu Prüfung der Metallen, Mineralien, Fossilien p. in hiesigem Baumagazin ein Wind Offen ein Reverberir Offen und eine Sand Capelle gemauert und der Probier Offen repariret werden dürffen."*[1079] Es lag daher nahe, ein physikalisches Kabinett und ein Naturalienkabinett einrichten zu lassen. Letzteres sollte insbesondere dem großen ornithologischen Interesse des Herzogs Rechnung tragen. Die Einrichtung des Naturalienkabinetts erforderte auf Grund der Fülle der gesammelten Naturalia, also der mineralogischen, zoologischen und botanischen Bestände, die Schaffung eigener Räumlichkeiten innerhalb des Schlosskomplexes. So wurde das Naturalienkabinett an exponierter Stelle im ersten Obergeschoss des neu erbauten Westflügels untergebracht, über

---

er den Englischen Garten anlegen und führte in Bayern die Kartoffel ein. Beim Bohren von Kanonenrohren bemerkte er die Reibungswärme und schloss aus Versuchen, dass Wärme auf Bewegung beruht und kein Stoff ist. S. BUTTLAR, Ludwig von Sckell, S. 19.

1078 BENDER/KLEBER, Histoire, Bd. II, S. 263.
1079 LA Speyer, Best. B4, Nr. 2549, Bl. 49v. Herzog Christian IV. und Fürst Wilhelm Heinrich hatten „chemisch-technologische Experimente" durchgeführt, wie aus deren Briefen hervorgeht. BLEYMEHL, Aufklärung, S. 85f m.w.N. „... Überall kocht und brodelt man' schon im 17. Jahrhundert, begünstigt durch die Entdeckung neuer Kausalzusammenhänge im Naturgeschehen. Aber in zunehmendem Maße versuchte man durch vernünftiges Überlegen den Dingen auf den Grund zu kommen und durch immer neues Eingreifen die Stoffe umzuwandeln. In diesem Sinne bekunden die beiden Selbstzeugnisse der experimentierenden Regenten eine neue geistige Haltung!" BLEYMEHL, Aufklärung, S. 86. Der sächsische Kurfürst August I. besaß einen Muffelofen für experimentelle Schmelzversuche. S. WALZ, Chemie, S. 296 f. Auch von der badischen Markgräfin Karoline Luise wird berichtet, sie sei an allen handwerklich technischen Fragen innerhalb ihres Naturalienkabinetts interessiert gewesen und habe sich in einem Nebenraum einen „Probier-Wind- und Destillir-Ofen" unter einen französischen Kamin stellen lassen und nahm hier selbst „die Reduktion der Metalle vor und kapellirte Silber". LAUTS, Karoline Luise, S. 225.

der großen Bibliothek und neben der Büchsenkammer, im Anschluss an die Gemächer des Herzogs.[1080] Erste Nachrichten von Arbeiten im Naturalienkabinett finden sich ab April 1784 in den Bauprotokollen der Rentkammer.[1081] Im September stellte der Schreiner Johannes Bihl seine Rechnung über seine Arbeiten „*in den neuen Schlossflügel Lincker hand der Wacht Stube*" zusammen und berechnete darin, dass er „*in Obigem flügel im zweyten Stock [...] daselbst an dem großen Saal*" eine zweiflügelige Tür mit drei Türfüllungen und profilierten Leisten geliefert habe, welche eine Höhe von acht Schuh und eine Breite von drei Schuh gehabt habe.[1082] Im Oktober waren die Räumlichkeiten bereits so weit fertiggestellt, dass die Einrichtung in Angriff genommen werden konnte. Dafür wurden von Glaser Paul Purllacher in der „*Naturäll Kamer [...] 119 großen feinen Täfflen über die Natturäll Vöggel Kesten*" geschnitten.[1083]

Zusätzlich zu den gläsernen Vogelkästen für das Vogelkabinett waren spezielle Schränke notwendig, in denen man die Naturseltenheiten, Schmetterlinge, Muscheln und Steine aufbewahren konnte, die man in dieser Sammlung zusammengetragen hatte.[1084] Der Schreinermeister Johannes Schöller hatte, gemeinsam mit dem Schreinermeister Valentin Amtshoff, 13 moderne verglaste Schränke für das Naturalienkabinett angefertigt.[1085] Eine genauere Beschrei-

---

1080 Hinsichtlich des Stockwerks gab der Schreiner Michael Bihl in einer Rechnung an, er habe „*auff den karels berg in den 3 stock ueber dem nadurali kabined in ein Zimer 10 glaffer lamberichen gemach [...].*" LA Speyer, Best. B3, Nr. 2590, Bl. 93, Rechnung des Schreinermeisters vom 5. Dezember 1788. Mit dem dritten Stock ist seitens der Handwerker regelmäßig das Mansardgeschoss gemeint. Ähnlich in LA Speyer, Best. B3, Nr. 2584, Bl. 290v, Rechnung des Schreinermeisters Michael Bihl vom 26. September 1784. LA Speyer, Best. B3, Nr. 2585, Bl. 166, Rechnung des Tünchers Carré vom 9. Dezember 1784, laut der er die Türen in der Büchsen- und in der Naturalienkammer mit weißer Leimfarbe angestrichen hatte. Ebenso LA Speyer, Best. B3, Nr. 2585, Bl. 459, Rechnung vom 16. Oktober 1784 der Schreinermeister Ott, Gieger und Hübner, die Parkett „*In dem Saal über der Einfahrt, die übrige neben Zimmer mit Naturalien, Büchsenkammer und Eckcabinet*" verlegt hatten. Anders Schneider, der von der Annahme ausgeht, dass die Quellen „zwar seine Existenz, Ausstattung und Bestände, jedoch nicht die Lage innerhalb des Schlossgefüges" angeben. SCHNEIDER, Schlösser, S. 285.
1081 LA Speyer, Best. B4, Nr. 2547, Bl. 103v, Rechnung des Schreiners Daniel vom 6. April 1784 über 5 Gulden 15 Kreuzer „*im Natural Cabinet.*"
1082 LA Speyer, Best B3, Nr. 2584, Bl. 255, Rechnung vom 28. September 1784. Die Tür kostete 10 Gulden und war 2,60 Meter hoch und 97 Zentimeter breit.
1083 LA Speyer, Best. B3, Nr. 2585, Bl. 63, Rechnung vom 10. Oktober 1784 über 10 Kreuzer pro Glastafel. Die Arbeit wurde von Direktor Holandre bestätigt.
1084 BayHStA München, Abt. IV, Serienakten 1999, N. 46 im Etat: Verluste im Naturalienkabinett, Ludwig Gemminger. Zur Geschichte der Sammlungs- und Kabinettschränke s. SMPK, Schatzkästchen. HIMMELHEBER, Kabinettschränke.
1085 LA Speyer, Best. B3, Nr. 2953, S. 659, Rechnung vom 23. Januar 1785; auch benannt im Bauprotokoll, LA Speyer, Best B4, Nr. 2547, Bl. 132v. LA Speyer,

bung der Arbeit besagt, dass *„[...] die Grosse Schränck wieder in jeden 5 Schränck vornen mit Glassrahmen u. die Ober Zirckelrund"* gefertigt worden waren. Außerdem geben die beiden Schreinermeister an, *„das Holtz zu den Bäum u. auch das zu den Stämm gegeben"*[1086] zu haben. Diese Notiz bezieht sich auf Palmenbäume, welche von Bildhauern geschnitzt worden waren, was sich aus einem Vertrag über die *„fertigung deren Sechs=Schänck in den großen Naturalien Saal, und zwar wie selbe Herr Holander Ihnen dieselbe angegeben"*,[1087] entnehmen lässt. Diese sechs Schränke sollten den bereits existierenden Schränken der gegenüberliegenden Wandseite genau entsprechen. Im Vertrag mit den Schreinern Johannes Daniel und Johannes Bihl aus Homburg heißt es diesbezüglich: *„Die zu dießen Schänck gehörige Bäume müssen die Enterpreneurs denen Bildhauer ohnentgeldlich Verleimen, und zwar zu Zweybrücken ins Herrn Kranzers Werckstatt alwo das Holz licht."*[1088]

Diese Schränke waren, laut Akkord mit zwei Schreinermeistern aus Homburg über die Fertigung von sechs weiteren Schränken *„in den großen Naturalien Saal"*[1089], für die unbefensterte Wandseite des Raumes bestimmt. Die Schränke sollten so aussehen, *„wie selbe Herr Holander Ihnen dieselbe angegeben."* Außerdem wurden die sechs neuen Schränke aus Eichenholz *„mit bögen wie die gegen über stehenten allen Maaßen gleich, solied, sauber und Meisterhaft gemacht, in so weit es die fordere Wand betrifft, welche aus 13 Bögen bestehet."*[1090] Also waren zu diesem Zeitpunkt die 13 Schränke der langen Wandseite fertiggestellt und fanden nun durch sechs weitere, gleich aussehende Eichenschränke auf der gegenüberliegenden Wandseite ihre Ergänzung, die zudem auf

---

Best. B3, Nr. 2584, Bl. 197. Für diese Arbeit war die Zahlung von 858 Gulden vereinbart worden. Zur Entwicklung von Sammlungsmöbeln s. HEESEN, Sammlungsmöbel.

1086 LA Speyer, Best. B3, Nr. 2584, Bl. 197, Rechnung vom 23. Februar 1785.

1087 LA Speyer, Best. B3, Nr. 2591, Bl. 79. *„Man hat anheute die fertigung deren in dem Naturalien Saal zu machenter Schäncke, an die beydte Schreiner Meister Johannes Daniel, und Johannes Bihl, beyde von Homburg, Ver –Accordiert, und zwar, Theils wie die gegen über gemachten, auch von der nemlichen länge, mit einbegriff, alles Holz, Nägel, und Leim, selbsten zu stellen, und denen Bildhauer die Palmen-Bäume gehörig zu Verleimen, um die Summa ad 300 fl. ein Mehreres besagt der hierbey unterthänigst accludierte Accord und Conditionen."* Der Vertrag wurde am 20. Oktober 1784 ausgehandelt und dem Herzog zur Ratifikation übergeben. Auch benannt im Bauprotokoll, LA Speyer, Best. B4, Nr. 2547, Bl. 103v.

1088 LA Speyer, Best. B3, Nr. 2591, Bl. 78 sowie LA Speyer, Best. B3, Nr. 2591, Bl. 79v, Nr. 8 der Vertragskonditionen.

1089 LA Speyer, Best. B3, Nr. 2591, Bl. 79.

1090 LA Speyer, Best. B3, Nr. 2591, Bl. 79, Nr. 1 der Vertragskonditionen. Dagegen sollten die Rückwände der Schränke laut Nr. 6 des Vertrages bis unter das Gesims aus trockenem einzölligem Kiefernholz eingepasst wurden.

sieben Fensterachsen schließen lässt.[1091] Außerdem sollten laut Punkt drei *„die inwendigen grataiens und dablets"*[1092] so wie der Sockel nach den Angaben Holandres gemacht werden. *„Die Separationen auf denen Pfeyler in dem oder zwieschen jedem Schanck werden von 1 zölligen Kiefernen Diehlen gemacht, jedoch müssen selbige in die fordere und RückWand eingenuth werden."*[1093] Alle zu den Fenstern gerichteten Seitenwände sollten mit Holzsprossen vom Sockel bis zum Gesims in gleicher Proportion wie jene der Front versehen werden, um sie, wie die vordere Schranktür, verglasen zu können. Außerdem wurde Wert darauf gelegt, dass *„die Wand einen halben Zoll von der Mauer abzustehn Kommen, und dardurch vor Feuchtigkeit und Feulung gesichert bleiben."*[1094] Die Türen *„deren sechs Trimeaux werden ganz oder bis in den Bogen zu einflügelicht oder auch zweyflügelicht mit Kreuzel holz eingericht und zwar nach Proportion der Scheiben wie an denen schon gefertigten Schänck."* Die Beschaffung des sauberen Holzes für die Schränke, der Nägel und des Leims war Sache der Schreiner, *„und muß diße Arbeit in Zeit 10 Wochen alles fix und fertig sein."*[1095]

Der Vertrag fand die Zustimmung des Herzogs, denn im Dezember 1784 legte der Schlosser Henrich Bubong die Spezifikation einer Arbeit vor, die er *„in das Natural Cabinet Kemacht"*,[1096] worin er angibt, sechs Schränke mit jeweils drei Türen beschlagen zu haben. Im Inneren der Schränke brachte er auf weiteren Türen sechs Schlösser sowie 30 Messingschilder an und *„versteckten Richel mit*

1091 Da die Schränke 13 Schränken auf der gegenüberliegenden Seite entsprechen sollten, *„auch von der nemlichen länge"* kann aus der Anzahl von sechs Schränken auf der Fensterseite auf sieben Fensterachsen geschlossen werden. LA Speyer, Best. B3, Nr. 2591, Bl. 78, Bericht an den Herzog, wonach *„von Ew. Herzoglichen Durchlaucht Höchst gnädigsten Willens=Meinung, wird es demnach alleinig abhangen, ob diese Arbeit gnädigst Ratificirt werden wolle."*

1092 Das Gesims der Möbel solle das gleiche Profil wie die bereits bestehenden Schränke besitzen, und so sauber gefertigt sein, dass keine Fuge daran wahrgenommen werden dürfe. „Grataiens und dablets" sind eingedeutschte Begriffe aus dem Französischen: gradin: Aufsatz, kleine Stufe; tabletterie: Kunsttischlerei, Täfelung. Diese Begriffe beziehen sich auf die abgestufte, den Inhalten der Schränke angepassten Innengliederung.

1093 LA Speyer, Best. B3, Nr. 2591, Bl. 79. Die inneren und seitlichen Trennwände der Schränke wurden gemäß dem vierten Vertragspunkt aus Kiefernholz gefertigt.

1094 LA Speyer, Best. B3, Nr. 2591, Bl. 79.

1095 LA Speyer, Best. B3, Nr. 2591, Bl. 79, Nr. 9 des Vertrages. Die Schränke sollten in den Werkstätten in Homburg gefertigt und auf den Carlsberg gebracht werden, wo die Schreiner selbst beim Abladen helfen und ihre Arbeit selbst an Ort und Stelle bringen mussten. Die Schreiner sollten für die sechs Schränke die Summe von 300 Gulden erhalten, wobei sie einen Vorschuss von 150 Gulden erhielten, da das Material von den Schreinern selbst besorgt werden musste.

1096 LA Speyer, Best. B3, Nr. 2584, Bl. 504.

messingen Knebf aus wentig zum auf und zu machen mit 30 messingen schilter die schloss mit versenckten Holtzschrauben."[1097] An einem weiteren Schrank, an dem Schlossermeister Bubong gearbeitet hatte, wurden ebenfalls drei Türen mit Fisch- und Eckbändern beschlagen sowie Messingknöpfe und Messingschilder, die zur Beschriftung der gesammelten Objekte dienten.[1098] Im gleichen Verzeichnis gibt der Schlosser an, eine große schwere Schranktür beschlagen zu haben. Dabei handelte es sich um einen „*Natural schanck das ter schanck sambt der ther auf Käth mit einem Beschlag das sig oben und Unten zu Kleig 9 Zol auf treht dar zu 3 Moteller und 2 schloss gemacht Zur Brob bies man Es getroffen nag Herren Hollanter seinem gu.*"[1099] Im Mai 1785 wurden vom Tüncher Carré in der Naturalienkammer zwölf Schränke mit weißer Leimfarbe angestrichen. Dazu kamen weitere sechs große und zwei kleine Schränke.[1100]

Im Dezember des Jahres 1786 berechnete der Glaser Johannes Müller für die Naturalienkammer 75 Gulden, denn er hatte „*über 750 st. Kästger glaß ein geschnieden in Jedes Kästgen 2 gläßer und die zwey gläßer verKütt.*"[1101] Im Dezember des folgenden Jahres kamen noch einmal 158 von Müller gefertigte Kästchen der gleichen Machart hinzu.[1102] Zusätzlich befanden sich Schautische im Kabinett, für die er „*Auf 7 disch das glaß geschnieden und das glaß zu samen gesetz [...]*".[1103] Der Schreiner Matheis Jäger sollte im November 1786 196 „*gantz kleine rahmger*" in vier Größen bis 8 Zoll lang und vier Zoll breit für die Naturalienkammer des Herrn Holandre anfertigen.[1104]

1097 LA Speyer, Best. B3, Nr. 2584, Bl. 504. Die Höhe des Lohnes von 54 Gulden wird am Ende dieser Spezifikation mit erschwerten Arbeitsbedingungen gerechtfertigt, „*weillen man des tages nuhr 2 bis 3 stund Blatz gehabt und Etlige täg Kahr nicht an gekomen, und den Kantzen tag zu Zweit und Zu Trit gewart.*" Hatte. Auch benannt in LA Speyer, Best. B3, Nr. 2953, S. 28; ebenso in den Bauprotokollen LA Speyer, Best. B4, Nr. 2547, Bl. 97.
1098 LA Speyer, Best. B3, Nr. 2590, Bl. 388. Dies wurde mit den übrigen Arbeiten mit 9 Gulden berechnet
1099 LA Speyer, Best. B3, Nr. 2590, Bl. 388. Bis der Schrank samt der Tür aufging und Bubong den „*gu*", also Geschmack des Direktors getroffen hatte waren drei Modelle erforderlich, was 12 Gulden und 48 Kreuzer kostete.
1100 LA Speyer, Best. B3, Nr. 2591, Bl. 244, Rechnung vom 28. Mai 1785 über Leim, Farbe und Arbeitslohn zu 1½ Kreuzer pro Schuh, insgesamt 66 Gulden, 24 Kreuzer.
1101 LA Speyer, Best. B3, Nr. 2595, #2234. „*Macht Jedes Köstgen Vor ein zu schnieden und zu Verkütten ad 6 Kreitzer.*"
1102 LA Speyer, Best. B3, Nr. 2595, #2237.
1103 LA Speyer, Best. B3, Nr. 2595, #2234. „*Macht Jeder düsch ad 40 Kreitzer*". Um für fünf größere Kästen das Glas zu schneiden und einzusetzen verlangte der Glaser Johannes Müller 16 Kreuzer pro Kasten. LA Speyer, Best. B3, Nr. 2595, #2234.
1104 LA Speyer, Best. B3, Nr. 2648, #1543, Rechnung vom 22. November 1786, bestätigt von Holandre.

Mannlich berichtet in seinen Lebenserinnerungen, dass es 1793 viel Zeit in Anspruch genommen habe, diese Sammlung einzupacken, um sie, wie die Bibliothek und die Bilder, zum Transport herzurichten, denn er wollte nicht nur den Inhalt, sondern auch die „herrlichen Wandschränke, deren Vorderseite einen Spiegel aus einem Stück aufwies"[1105] fortschaffen. Die Angaben in den Baurechnungen und die der Lebenserinnerungen Mannlichs finden hier eine genaue Entsprechung. Der Wert der weiß gestrichenen eichenen Schränke ist neben ihrer Modernität als transparente Sammlungsmödel nicht zuletzt vor dem genannten Hintergrund der großen ungeteilten Glasflächen der Schränke zu verstehen. Es bedeutete damals großen finanziellen Aufwand, Spiegel und Glas zu kaufen, welches über die Größe einer Glastafel eines üblichen Sprossenfensters hinausging.

Die Nennung von Tischen und Kästchen sowie die Anordnung der Schränke ergeben ein Raumbild, das sich sowohl mit der Forderung der „Museographia" Caspar Friedrich Neickels[1106] als auch mit Vorbildern in Paris vergleichen lässt. In Pariser Kabinetten standen ebenfalls Schränke mit verglasten Türen ringsum an den Wänden. Innen wurden die Schränke mit blauem und grünem Stoff ausgeschlagen. Ihre Innenaufteilung ermöglichte eine Gliederung in drei Rängen: Im oberen Rang fanden Objekte des Tierreiches ihren Platz, den zweiten Rang füllten unter Glas geschützte Schautafeln über die Land- und Meeresflora, während Mineralien den dritten Rang einnahmen. Im Sockel der Schränke befanden sich Schubladen für Samen, Gesteine und Versteinerungen und Muscheln. Um die Gegenstände übersichtlich zu präsentieren, stellte man Tische mit einem Glassturz in die Mitte des Raumes.[1107]

1105   MANNLICH, Rokoko und Revolution 1966, S. 256.
1106   Caspar Friedrich Neickel ging in seiner „Museographia" von 1727 das Problem der Ordnung in den Raritäten-Sammlungen pragmatisch an. Der Raum soll nach Südosten liegen und zur Sicherheit steinerne Gewölbe sowie weiße Wände ohne Zierrat haben. Vier Schränke für Naturalien und einer für die Anatomica, ein Münzkabinett, ein Artificialien-Schrank und der lange Tisch in der Mitte gehören zur beweglichen Ausstattung, ergänzt durch Gemälde an den freien Wandflächen. „Die Art der Einrichtung desselbigen ist, wie man sieht, so beschaffen, daß ein grosser Fürst und Herr nach der Beurtheilung seines gesammleten Vorraths dasselbige nach selbst eigenem Gefallen und Gutdünken erweitern […] kan." C. F. Neickel, zitiert nach: BECKER, C., Raritäten-Kabinett, S. 97. Dieses Buch Neickels avancierte zum einzigen deutschen Handbuch für das europäische Sammelwesen und bildete das „letzte Ordnungsmodell mit universalem Anspruch, zu einem Zeitpunkt, als neue naturwissenschaftliche Ordnungssysteme die alte Einheit von Natur und Kunst in den Sammlungen aufzulösen begannen." BECKER, C., Raritäten-Kabinett, S. 92. S. auch: SMPK, Schatzkästchen, S. 11 f.
1107   LAUTS, Karoline Luise, S. 226 f. Die badische Markgräfin Karoline Luise erkundigte sich nach dem Aussehen der Pariser Vorbilder.

Im Carlsberger Kabinett erinnert der Wechsel von hölzernen Glasschränken mit zirkelrundem oberem Abschluss und raumhohen hölzernen Palmen an das Palmenzimmer des Neuen Schlosses in Bayreuth, wo geschnitzte und vergoldete Palmen im Wechsel mit segmentbogig abschließenden Bögen einer Nussholzvertäfelung vorgelegt worden waren. Dieses Palmenzimmer wird ebenso wie die Orangerie des „Neuen Gartens" beim Marmorpalais in Potsdam als Freimaurertempel gedeutet. Über das Motiv der Chinamode hinaus wird die Palme hier als Symbol für das Leben und den friedlichen Hain angesehen, das zudem auf den Tempel und das Allerheiligste des Königs Salomon verweist.[1108] Auch im Belvedere von Schloss Wörlitz entstand ab 1784 auf Veranlassung des Fürsten Franz von Anhalt-Dessau nachträglich ein Palmensaal mit hölzernen Palmen, dessen Verwendung und sein ikonographisches Programm jedoch bis heute nicht untersucht wurden.[1109] Die Potsdamer Orangerie, 1791–1792 nach Plänen von Carl Gotthard Langhans errichtet, war ebenfalls ein Saal, der mittels Palmbäumen als Gliederung der kostbar boisierten Wände sowie durch Einbindung von Sonnen und Sphingen die Symbole der Freimaurer integrierte.[1110] Mangels weiterer Nachweise ikonographischer Details der Ausstattung kann im Carlsberger Kontext nur auf die Möglichkeit eines ähnlichen Zusammenhangs in Bezug auf das herzogliche Naturalienkabinett verwiesen werden.[1111] Über das

---

1108 S. dazu KRÜCKMANN, Paradies des Rokoko, S. 122 f. mit mehreren Abbildungen. Das Allerheiligste seines Tempels soll mit Zypressenholz vertäfelt worden sein, worauf Gold, Palmen und Blumen aufgebracht worden waren (2. Chronik 3,5). Damit erhielt das Palmenzimmer des Markgrafen Friedrich von Bayreuth die Bedeutung des Allerheiligsten im ‚Tempel Friedrichs', der Freimaurer war und 1741 in Bayreuth die Schlossloge gegründet hatte, deren Großmeister er war. Der Palmensaal wird als „einer der bemerkenswertesten Orte in der Frühzeit der deutschen Freimaurerei" beschrieben. S. dazu KRÜCKMANN, Paradies des Rokoko, S. 128.
1109 QUILITZSCH, Chambers, S. 81. Interessant ist, dass die Palme als Ordenszeichen von Geheimorden geführt wurde. So wurde die „Fruchtbringende Gesellschaft", die älteste deutsche Sprachgesellschaft, die es sich zur Aufgabe gemacht hatte, zur Reinigung der deutschen Sprache beizutragen, auch als „Palmenorden" bezeichnet.
1110 QUILITZSCH, Chambers, S. 128. DEHIO/GALL, Potsdam, S. 57.
1111 S. zur Aufklärung und zu den Logen in Nassau-Saarbrücken: BLEYMEHL, Aufklärung. Speziell zu den Beziehungen zwischen dem Saarbrücker Hof und „den Karlsbergern" s. BLEYMEHL, Aufklärung., S. 32 f. Auf eventuelle Mitgliedschaften oder der Einstellung des Herzogs zu Logen wurde in der Forschung bisher nicht explizit eingegangen. Sowohl sein Bruder, als auch schon sein Vater und sein Onkel, Christian IV., waren Logenbrüder. Fraglich ist dabei, in wie weit die Freimaurerei dabei mit seinem Verständnis eines absolutistischen Herrschers vereinbar gewesen wäre. Lediglich das persönliche Verhältnis des Herzogs zu den Illuminaten wird von Mannlich beschrieben. Demnach betrachtete er diese als gefährlich, hassenswert und verabscheuungswürdig. BENDER/KLEBER, Histoire, Bd. II, S. 283 sowie S. 285. Andererseits wurde „das Herzogtum Zweibrücken

213

exotische Element hinaus könnte die Palme zumindest als Verweis auf das ‚Allerheiligste' des Herzogs zu deuten sein, in dem er jene Schätze versammeln und ausgewählten Gästen zeigen konnte, die seinen Neigungen am nächsten kamen.

bb. Die Bestände des Kabinetts

Für den Aufbau eines Kabinetts mit mineralogischen, zoologischen und botanischen Beständen, wofür ähnlich lukrative Auktionen stattfanden wie auf dem Kunstmarkt, waren erhebliche finanzielle Aufwendungen erforderlich. Welche Werte im Carlsberger Kabinett zusammengetragen worden waren, konstatiert der Verfasser des Schadensprotokolls nach der Zerstörung des Carlsbergs: *„Das Cabinet der Vögel übertraf an vollständig- und Manigfaltigkeit, nach Versicherung der Kenner, das Königlich französische – die Abschätzung desselben könnte nur allein nach den holländischen Catalogen vom Haag und von Amsterdam, die gegenwärtig ohnmöglich zu erhalten sind angegeben werden; daß aber der Werth eine solche Abschätzung noch um vieles übersteigen würde, lässt sich aus der Zahl und dem Reichthum der Sammlung am besten erweisen, das schöne Monument des Director La Mine, samtliche in spiritus aufbewahrte Naturseltenheiten die man mit den Vögeln zurücklassen mußte, sind ebenfalls von beträchtlichem Werth, so wie die meisten im Verzeichniß angeführten vierhufigen Thieren. Die zurückgebliebene viele Verschläge mit Mineralien Muscheln, Papillons usw. konnten zwar wegen Mangels an Raum nicht alle aufgestellt werden, es befand sich aber dennoch nichts mittelmäßiges unter denselben, und ihr groser Werth war von jedem Kenner anerkannt. Nach einem sehr mäßigen und Zuziehung von Sachkundigen gemachter Anschlag, kann daher / dieser beträchtliche Verlust, wegen gänzlich abgehender umständlicher Verzeichnisse, ohne Bedencken wenigstens auf Einhundert, zwanzig tausend Gulden überhaupt*

---

für viele der Verfolgten zu einer offenen und sie beschützenden Freistatt" nachdem unter Kurfürst Carl Theodor die Illuminaten- und Freimaurerverfolgung in Bayern einsetzte. Freimaurerei, Zweibrücken, S. 10. Nachgewiesen ist, dass laut der Saarbrücker Gründungsurkunde der St. Heinrichs-Loge von 1779 deren erster Präsident des Direktoriums der Bruder des Herzogs, Pfalzgraf Maximilian Joseph war, Freimaurerei, Zweibrücken, S. 45. Der Vater, Pfalzgraf Friedrich Michael von Zweibrücken (1724–1764), war Großmeister der Schottenloge „Charles de l'Union", die sich ab 1756 in Mannheim nachweisen lässt. Freimaurerei, Zweibrücken, S. 46, Anm. 6), Freimaurerei, Zweibrücken, S. 9 f. Fürst Ludwig von Nassau-Saarbrücken war Gründer der St. Ludwigs- und der St. Heinrichsloge in Saarbrücken und mit Prinz Maximilian von Zweibrücken Mitglied der Straßburger Loge Le Candeur, s. BEST, Fürstenlogen, S. 9 ff. Vgl. dazu auch: TEUFEL, Geschichte. Allgemein zur Geschichte der Freimaurer der Region s. DOTZAUER, Freimaurergesellschaften, S. 140–176.

bestimmt werden. Mannheim d. 29. Julius 1795."[1112] Bedenkt man, dass sich der Kostenvoranschlag für die komplette Umsetzung des Jägersburger Schlosses von Jägersburg zum Carlsberg auf eine ähnlich hohe Summe belief, so muss der – offensichtlich vorsichtig veranschlagte – Wert dieser Sammlung erstaunen. Wie in obigem Schadensbericht erwähnt, lag ein Schwerpunkt der gesammelten Naturalia in einer zoologischen Sammlungsabteilung, insbesondere bei Vögeln, was sich wiederum mit dem Interessenschwerpunkt des Herzogs in seiner Carlsluster Menagerie deckt.[1113] Auch dort galt sein Hauptaugenmerk der Sammlung einheimischer und exotischer Vögel. Der Leiter des Kabinetts besaß eine große Fertigkeit im Ausstopfen von Tieren sowohl hinsichtlich der Technik der Konservierungsmethode,[1114] als auch bezüglich der Aufstellung der Tiere, so dass es Mannlich möglich war, einen Teil seiner Vogelbilder, die er nicht am lebenden Objekt anfertigen konnte, im Naturalienkabinett bei Monsieur Holandre zu malen.[1115] Über den Umfang des Kabinetts berichtet Mannlich im Zusammenhang mit den Schwierigkeiten, dieses Kabinett mit 1200 Gattungen von Vögeln zu verpacken, um es nach Mannheim zu verbringen.[1116] Außerdem hatte Holandre einen 163-seitigen Katalog[1117] mit dem Titel „Catalogue des Oiseaux qui composent la collection de son Altesse Sérénissime Monseigneur le Prince Palatin Duc regnant des Deux-Ponts" angefertigt, in dem nicht weniger als 1000 Arten in 1187 Exemplaren unter ihren französischen, manchmal auch ihren deutschen Volksnamen aufgeführt waren. „Auch Neubeschreibungen sowie gelegentliche

---

1112 BayHStA München, Abt. IV, Serienakten 1999, N. 46 im Etat: Verluste im Naturalienkabinett. Die Schätzung wurde durch Herrn *„Kammer Rath Rheinwald nach einem sehr mäsigen und Sachkundigen Anschlag"* durchgeführt, BayHStA München, Abt. IV, Serienakten 1999, N. 46. S. auch BECKER, Karlsberg, S. 33. WEBER, Schloss Karlsberg, S. 355.
1113 Hier sei auch auf das Museum Fridericianum in Kassel verwiesen, ebenfalls im Jahr 1784 vollendet, wo ebenfalls eine zoologische Abteilung existierte, deren Bestand sich aus der landgräflichen Menagerie zusammensetzte. S. dazu BECKER, C., Raritäten-Kabinett, S. 154 ff.
1114 Andernorts war das Präparieren der Vögel ein Problem, denn aus Karlsruhe wird diesbezüglich berichtet, mit den ausgestopften Vögeln habe es immer wieder Ärger gegeben, weil sie sich schwer konservieren ließen. Hatten sie den Transport einigermaßen gut überstanden, was nicht immer der Fall war, musste man sie vor Ungeziefer, Temperatur- oder Witterungsschäden schützen und erlebte dabei manche Enttäuschung. LAUTS, Karoline Luise, S. 225 f. Dazu auch SCHÖNDORF, Cabinet, S. 67.
1115 BENDER/KLEBER, Histoire, Bd. II, S. 291. S. dazu auch: Mittelrh. Landesm., Mannlich.
1116 MANNLICH, Rokoko und Revolution 1966, S. 256.
1117 LAUTERBORN, Der Rhein, S. 274 f. Die Kenntnis um die Existenz dieses Kataloges wurde bis dato in der Literatur über den Carlsberg außer Acht gelassen. Holandre, Catalogue.

faunistische Angaben wie beispielsweise über das Brüten der Blaurake bei Zweibrücken fehlen nicht."[1118]

Neben den Vertretern der Vogelwelt fanden sich im Carlsberger Naturalienkabinett 110 Gläser von Naturseltenheiten in Spiritus, außerdem ein Zebra, ein „Bastard Ochs", ein junger Löwe, ein natürlicher Wolf, ein „Bastard Wolf", ein Bogen und andere indianische Seltenheiten, zwei Hörner eines Seepferdes, verschiedene Seltenheiten von Walfischen und Elefanten sowie ein Skelett.[1119] Allgemein gehörten exotische und missgebildete Tiere zu den Raritäten einer Sammlung, für die man bereit war, hohe Summen zu zahlen.[1120] Neben dieser großen zoologischen Gruppe, wozu auch 27 Schachteln voller präparierter Schmetterlinge gehörten, bezogen sich sechzehn Schubladen auf den Bereich der Steine und Muscheln.[1121] Im Zimmer des Herrn Holandre befanden sich darüber hinaus noch ca. 14 Verschläge mit Mineralien, Muscheln, Seegewächsen, großen Stücken von Versteinerungen und eine Sammlung gemalter Vögel,[1122]

1118   Lauterborn führt dazu an: „E. Hartert gebührt das Verdienst dieses völlig verschollene Werk wieder ans Licht gezogen zu haben (1924). Aufstellungsort und Schicksal der Sammlung sind (wie auch das Vorhandensein des großen Tierparks) Hartert unbekannt geblieben." LAUTERBORN, Der Rhein S. 274, Anm. 3. Zum großen Geier in der Nr. 15 des Kataloges schreibt Holandre: „S. A. S. possède cet oiseau; il est depuis plusieur années exposé aux injures de l'air, sans paroître en ressentir jamais la moindre incommodité; son aspect donne l'idée d'un animal formidable;" HOLANDRE, Catalogue, S. 5.

1119   BayHStA München, Abt. IV, Serienakten 1999, N. 46 im Etat: Verluste im Naturalienkabinett, Ludwig Gemminger. Auch wiedergegeben bei BECKER, Karlsberg, S. 34; WEBER, Schloss Karlsberg, S. 355.

1120   WALZ, Chemie, S. 50. Exotische und damit schwer zu beschaffende Tiere waren ebenso wie missgebildete Tiere kostspielige Handelsgüter, die auch für Betrüger lukrativ wurden. „Anomalien der Tier- oder Pflanzenwelt waren auch deshalb begehrt, weil viele glaubten, daß es sich dabei nicht um fehlerhafte Produkte der Natur handelte, sondern um beabsichtigte Schöpfungen, deren Erscheinen auf kommende, meist schlimme Ereignisse hinwies." WALZ, Chemie, S. 51.

1121   Muscheln und Schnecken waren auf Grund ihres vielfältigen Symbolgehalts ein beliebtes Sammelobjekt. „Konchylien galten als Beweis der Transformationslehre des Aristoteles, nach der sich jedes Element in ein anderes umwandeln lässt. Mit dem Rauschen der großen Schneckenhäuser, das Brandung und Wind suggeriert, fand auch das Element Luft einen Zugang. Die Schale selbst zeichnet sich bei Muscheln durch schillerndes Perlmutt und bei Schnecken durch einen luziden Glanz aus, den man auch am chinesischen Porzellan bewunderte und nachzuahmen versuchte. Neben ihrer stofflichen Schönheit zeigt der spiralige Aufbau des Schneckengehäuses auch theoretische Perfektion, denn er lässt sich mathematisch durch die Fibonacci-Folge genau beschreiben und liefert so einen Zusammenhang zwischen den artes liberales und der Natur." Minges, Klaus: Das Sammlungswesen der frühen Neuzeit, Münster 1998, zitiert nach: WALZ, Chemie, S. 52.

1122   BayHStA München, Abt. IV, Serienakten 1999, N. 46 im Etat: Verluste im Naturalienkabinett.

für deren Ausstellung kein Platz mehr war. Ergänzt wurde die Sammlung durch eine umfassende diesbezügliche Abteilung der Bibliothek im Erdgeschoss. Auf den großen Bestand an wissenschaftlicher Literatur, die insbesondere die Naturgeschichte der Vögel und Pflanzen thematisierte, hat bereits Weber verwiesen.[1123] Auch Literatur über Mineralien, Muscheln und Versteinerungen war vorhanden.[1124] Daneben wurden mathematisch-physikalische Sammlungsstücke angeschafft. Wie die Rechnung des Lazarus Abraham, *„Jud und opticus von Albersweiler"*, zeigt, gehörten dazu auch Instrumente und optische Geräte, denn er wurde für die Lieferung optischer Waren, insbesondere eines Perspektivs, also eines Handfernrohrs, bezahlt.[1125]

Ein weiterer Interessenbereich wurde ebenfalls kurz erwähnt: ein Bogen und „indianische Seltenheiten". Sie zählten ebenso zu den Artificialien wie die Münzen des herzoglichen Medaillenkabinetts[1126] und Antiken.[1127] Von weiteren Bestandteilen des Kabinetts berichtet Mannlich im Zusammenhang mit seinen Stu-

---

1123 WEBER, Schloss Karlsberg, S. 357 m.w.N. Dazu auch: GÜSE, Kunstschätze, S. 382 f.
1124 Als Beispiel seien die Werke von Georg Wolfgang Knorr über Muscheln und Meeresgeschöpfe genannt, s. StBib. Bamberg, Verzeichnis, S. 66 Nr. 119, über Petrefakte StBib. Bamberg, Verzeichnis, S. 51 Nr. 117 und ein auserlesenes Naturalienkabinett, StBib. Bamberg, Verzeichnis, S. 51 Nr. 118. Außerdem waren Werke über physikalische und mineralogische „Belustigungen" vertreten, „zum Behuf der Chymie und Naturgeschichte des Mineralreichs", StBib. Bamberg, Verzeichnis, S. 74, Nrn. 22 und 23.
1125 LA Speyer, Best. B3, Nr. 2953, S. 19. Er erhielt dafür 88 Gulden. Perspektive bestehen meist aus mehreren Rohrstücken, die beliebig zusammen geschoben und auseinander gezogen werden können. Weitere Mikroskope, Teleskope, Lupen und mechanische Instrumente werden in einer Versteigerungsanzeige vom 12. Juni 1795 benannt, s. BECKER, Charakteristik, S. 214. WEBER, Schloss Karlsberg, S. 359.
1126 Auch Münzen fielen in das Interessensgebiet des Herzogs. BENDER/KLEBER, Histoire, Bd. II, S. 283 f. Dies geht aus der Erzählung Mannlichs über einen Münzfund des Barons von Ambotten auf dessen Anwesen in Schwarzenacker im Bereich des heutigen römischen Ausgrabungsareals hervor. Ambotten, der bei Hof in Ungnade gefallen war, hatte Mannlich gebeten, dem Herzog, dem „Prince tres jaloux de posseder des choses rares", gefundene Münzen zu zeigen, BENDER/KLEBER, Histoire, Bd. II, S. 280 f., insbes. S. 282.
1127 „Oft ist die Tradition der Kunst- und Naturalienkammern noch im 18. Jahrhundert lebendig; die naturalia werden nach wie vor zur Vervollständigung des privaten, kleinen Universums durch artificialia ergänzt, unter denen die am häufigsten gesammelten, beliebtesten Münzen, Medaillen und Gemmen waren; sie galten als vorzügliche historische Dokumente, ließen sich auf geringem Raum unter- und leicht in Sicherheit bringen, boten auch wenig konservatorische Probleme. Mancher Sammler ergänzte sie mit „Antiquitäten" (Werke der Antike) und Gemälden, aber auch mit optischen Instrumenten und mit mechanischen Raritäten." SMPK, Schatzkästchen, S. 12.

dienjahren in Rom. Dort habe er während eines Abstiegs in die römische Unterwelt gemeinsam mit Freunden Grabstätten und Grabbeigaben sowie eine frühchristliche Kapelle gefunden und Funde als Andenken mit nach Hause gebracht. Dazu gehörten ein silbernes Kinderspielzeug mit Glöckchen und Elfenbeinstäbchen,[1128] ein Gegenstand, den er als Musikinstrument aus Elfenbein identifizierte sowie eine Armspange. Freskomalereien, die Motive aus Fabeln des Äsop und Naturdarstellungen zeigten, hatte man vorsichtig von der Wand gelöst und mitgenommen. Auch einige etruskische Vasen und Trinkbecher sowie Stücke aus Pompeji und Herkulaneum schenkte Mannlich dem Herzog „für sein Raritätenkabinett."[1129] Mannlich vermittelt damit einen Eindruck darüber, dass die unterschiedlichsten Dinge nicht nur das Interesse und die Beachtung des Herzogs fanden, sondern auch Begehrlichkeiten weckten.

cc. Ursprünge der Naturalienkabinette

Das Bedürfnis, sich ein Naturalienkabinett anlegen zu wollen, liegt in mehreren Ursachen begründet. So ist es, neben dem naturwissenschaftlichen Interesse, im ursprünglichen Sinne in der Tradition des Sammelns verankert. Ausgehend von der Sammlung des Herzogs Jean de Berry (1340–1416), die als erste, späteren Kunstkammern nahe kommende Sammlung angesehen wird, über die Studioli italienischer Renaissancefürsten,[1130] entstanden berühmte Sammlungen an vielen europäischen Höfen. Man denke dabei an die Schätze der sächsischen Kurfürsten im Grünen Gewölbe zu Dresden,[1131] die Kunstkammer der Herzöge von Braunschweig,[1132] jene des Schlosses Ambras des Habsburger Erzherzogs,[1133] und nicht zuletzt an die Schatzkammer der Wittelsbacher[1134] in der Münchner

---

1128 MANNLICH, Rokoko und Revolution 1966, S. 96.
1129 BENDER/KLEBER, Histoire, Bd. I, S. 283. Auch hier war die Naturalie gleichrangig dem Kunstwerk angesehen und das Spielzeug hatte seinen Platz neben Waffen, Musikinstrumenten, technischen Instrumenten, Globen oder einer Reliquie. Naturalia, Artificialia und Antiquitas wurden einander beigeordnet und durch Mirabilia ergänzt. S. dazu sowie zu den Bestandteilen einer solchen Sammlung WALZ, Chemie.
1130 S. dazu SCHLOSSER, Kunst- und Wunderkammer.
1131 SYNDRAM, Grüne Gewölbe. Hieraus entwickelten sich die „Koenigliche Naturalien-Galerien und Curiositaeten-Cabineten", die im Zwinger untergebracht waren. Einen „kurzen Entwurf der königlichen Naturalienkammer" bewahrte man auch in der Carlsberger Bibliothek auf, s. GÜSE, Kunstschätze, S. 388, B. 203. StBib. Bamberg, Verzeichnis, 55 C 6 (4°).
1132 WALZ, Chemie, S. 9–20.
1133 SCHEICHER, Kunstkammer.
1134 Zu der Sammeltätigkeit der Wittelsbacher s. u.a.: Landesreg. Rheinl./Pfalz, Sammeln m.w.N.

Residenz. Diese Sammlungen gingen in der Regel aus enzyklopädischen Kunstkammern der späten Renaissance hervor. Neben den Aspekt des Sammelns trat im Laufe der Zeit vermehrt das Interesse an den Naturwissenschaften. Naturwissenschaftliche Experimente, die bis in das 18. Jahrhundert nur in Gelehrtenkreisen Beachtung fanden, waren überhaupt erst möglich, nachdem sich die Wissenschaften Jahrhunderte zuvor allmählich von kirchlich-religiösen Dogmen lösen konnten.[1135] Vermehrt tauchen Schriften auf, die den pädagogischen und wissenschaftlichen Nutzen einer Sammlung postulierten.[1136] Seit dem 18. Jahrhundert ist über das pure Anhäufen von Wissensmengen hinaus auch der Drang zu erkennen, die Beobachtungsmethoden zu „verwissenschaftlichen" und Systeme zur Ordnung der Naturalien zu entwickeln. Dies lässt sich exemplarisch an der Einführung der so genannten binären Nomenklatur des schwedischen Naturforschers Carl von Linné (1707–1778) zeigen, der mit einem System zweiteiliger Namen die bisher gebräuchlichen, umständlich langen Benennungen der Pflanzen ersetzte. An den Fürstenhöfen war man sich darüber hinaus recht bald bewusst, dass Naturwissenschaftler, die am Hofe in den Naturalienkabinetten tätig waren, mit ihren Forschungen und Publikationen ebenso zum Ruhm des jeweiligen Regenten beitragen würden, wie es bislang Künstler, Musiker und Literaten vermocht hatten.[1137] Den wünschenswerten Zweck, den Diderot einer Naturaliensammlung zuschreibt,[1138] zur Förderung der Naturwissenschaften dadurch beizutragen, dass interessierte Menschen sie studieren und bewundern könnten, erfüllte die Carlsberger Sammlung, anders als die Bayreuther,[1139]

1135 Einen entscheidenden Beitrag dazu leistete dazu u.a. das Wirken des Naturforschers, Mathematikers und Philosophen Athanasius Kircher (1602–1680), einem Jesuitenpater aus Geisa in Hessen, der ab 1638 als Professor für Mathematik, Physik und orientalische Sprachen am Römischen Kollegium lehrte. Seine Erkenntnisse über den Magnetismus, die Ursache der Pest und die Heilmaßnahmen, die Beschreibung der Laterna Magica und des Hörrohrs sowie seine Tierexperimente wurden in zahlreichen Büchern und ca. 2000 Briefen an bekannte Persönlichkeiten aus Wissenschaft und Technik, u.a. Gottfried Leibnitz, verbreitet. 1650 erschien seine Abhandlung zur Musik, die „Musurgia Universalis", die bis in das 18. Jahrhundert ein geschätztes Handbuch zur Musik war. S. zu Kircher WALZ, Chemie, S. 277. KAH, Barock, S. 17 sowie S. 465 ff.
1136 BECKER, C., Raritäten-Kabinett, S. 91 f.
1137 Auch der Leiter des Carlsberger Naturalienkabinetts war Wissenschaftler. Er brachte 1790 in Zweibrücken mehrere Bände einer „Histoire naturelle" heraus. Seine Veröffentlichungen befanden sich in der Carlsberger Bibliothek, s. StBib. Bamberg, Verzeichnis, S. 82, Nr. 156: Holandre, Abrége d'histoire naturelle des quadrupedes, vivipares & des oiseaux. Deuxp. 1790. 4 Tom. & 2 Tom. planches. Ab 1795 war er in Metz tätig. WEBER, Schloss Karlsberg, S. 358.
1138 DIDEROT, Encyclopédie, S. 225 ff., zitiert nach LAUTS, Karoline Luise, S. 213.
1139 KRÜCKMANN, Paradies des Rokoko, S. 210.

Braunschweiger,[1140] Karlsruher,[1141] Kasseler[1142] oder Mannheimer Sammlungen[1143] indessen nicht. Sie teilte das Schicksal mit der Gemäldegalerie und der Bildersammlung, exklusiv nur dem Herzog und dessen geladenen Gästen zur Verfügung zu stehen.[1144] Ihr primäres Ziel war es nicht, der Wissenschaft zu nützen. Vielmehr war es ihre Aufgabe, der Repräsentation zu dienen und den umfassenden Herrschaftsanspruch sowie die Manifestation des Reichtums, hervorgehend aus einem enzyklopädischen Anspruch, zu stützen.

dd. Das Schicksal der Carlsberger Sammlung

In den Akten findet sich am 30. Juni 1793 ein Vermerk über die Ausgabe von Krämerwaren in Form von fünf Pfund Eisendraht an den Maurerpolier Münzel und den Polier Walbaum, die das Naturalienkabinett einpacken sollten. Am gleichen Tag wurden 267 ganze Verschläge und 126 zerbrochene Verschläge an die gleichen Personen abgegeben, um Möbel und Teile des Naturalienkabinetts transportieren zu können.[1145] Über das Schicksal des schließlich von Ludwig Gemminger reisefertig verpackten[1146] Kabinetts ist überliefert, dass König Friedrich Wilhelm II. von Preußen beim nochmaligen Zusammentreffen mit Herzog Carl II. August versicherte, dass die Franzosen den Carlsberg nicht wieder betreten würden, und somit keine Zerstörungen mehr zu befürchten seien. Obwohl die Wagen, die die Kisten hätten fortschaffen können, bereits in Kaiserslautern bestellt waren, erteilte der Herzog im Vertrauen auf den preußischen König den Gegenbefehl. So fiel die kostbare Sammlung zum größten Teil der Zerstörung des Carlsbergs anheim.[1147]

1140 Das Braunschweiger Kunst- und Naturalienkabinett wurde als repräsentative Einrichtung von Anfang an der Öffentlichkeit zugänglich gemacht (ab 1754). WALZ, Chemie, S. 19.
1141 LAUTS, Karoline Luise, S. 213 f.
1142 Zu den Kasseler Sammlungen s. BECKER, C., Raritäten-Kabinett, S. 132 ff.
1143 Im Mannheim gestaltete der Florentiner Gelehrte Cosimo Allessandro Collini (1727–1806), Geheimsekretär, Historiograph und Mitglied der Akademie in Mannheim, 1769 aus dem vorhandenen „Kabinett natürlicher Seltenheiten" ein zeitgemäßeres kleines naturwissenschaftliches Museum, das jedem Interessierten im Erdgeschoss des Mannheimer Schlosses zur Betrachtung offen stand. BUDDE, Interessen, S. 361.
1144 Diese Sammlungen waren zum Teil bereits in der Absicht angelegt worden, einer breiteren Öffentlichkeit zugänglich gemacht zu werden. Im 19. Jahrhundert gingen solche Kabinette vielerorts in den wissenschaftlichen Abteilungen örtlicher Museen oder eigens in naturhistorischen Museen auf.
1145 LA Speyer, Best. B3, Nr. 2651, #199.
1146 BENDER/KLEBER, Histoire, Bd. II, S. 361.
1147 MANNLICH, Rokoko und Revolution 1966, S. 262. BENDER/KLEBER, Histoire, Bd. II, S. 383 f. SCHÖNDORF, Cabinett, S. 63 ff.

b. Die große Bibliothek

Der Bücherbestand der Carlsberger Bibliothek war in drei unterschiedlichen Flügeln des Schlosses untergebracht. Ein Teil befand sich in den Räumen der Herzogin, ein weiterer Teil mit kunstgeschichtlichen Werken war in einem eigenen Bereich der Bildergalerie eingestellt. Die ‚große Bibliothek' jedoch, von der hier die Rede sein wird, befand sich, nachdem sie zunächst beengt im ‚Herzogsflügel' untergebracht worden war,[1148] später im Erdgeschoss des Flügels links der Wachtstube.[1149]

Eine genauere Angabe über den Umfang der Räumlichkeiten und der Ausstattung dieser Bibliothek findet sich zunächst in der Schadensbeschreibung des Oberjägers Schügens von 1793, der den entstandenen Schaden in der Bibliothek mit 4500 Gulden beziffert und die Aufteilung folgendermaßen wiedergibt: *„Nebst dem 3. Nebenzimer alle Wänd mit Schänck garniert vom Boden biß an den Blafond mit Schäfften und Thüren die vier Zimmer sind 160 schuh in der Läng das eine Zimmer sind die Thüren mit Meßing Draht geflochten und Carmoisin rothen Taffent dahinter mit Biblioteque Treppen und Tischen."*[1150] Die Bücher waren demnach in vier Räumen untergebracht, die in ihrer Ausstattung unterschiedlich gewichtet waren. Über die Größe und die Ausstattung der Bibliothekssäle geben die Baukassen-Rechnungen und dazugehörigen Urkunden nähere Auskunft. Auf Grund der Rechnungsdaten kann davon ausgegangen wer-

---

1148 Der Schreiner Michel Bihl gab an, dass er *„an den fligel lincher hant dem schloss [...] inß hertzog biblitech scheng helfen auff richten undt zu rech machen"*. LA Speyer, Best. B3, Nr, 2584, Bl. 278. Diese Rechnung wurde am 3. September 1782 unterzeichnet und markiert den Standort der Bibliothek vor der Errichtung des ‚Straßenflügels' im Herzogsflügel.

1149 Die Rechnung des Schreiners Michael Bihl vom 30. Oktober 1785 zählt einen Posten im Zusammenhang mit Arbeiten *„in den underen stock"* dieses Flügels auf. Dieser besagt, er habe in *„die grose biebeliedech die rieben und blind boden gelöch"* sowie das Parkett. LA Speyer, Best. B3, Nr. 2590. Bl. 63. Der Schreiner unterscheidet in seinen Rechnungen zwischen dem ‚unteren Stock', dem ‚2. Stock' und der Mansarde als dem ‚3. Stock'. Der Schlosser Bubong führte eine Arbeit *„in den Unterren stock [...] an dem Biboliteck Zimer [...]"* durch. LA Speyer, Best. B3, Nr. 2590, Bl. 393. Auch der Schreiner Jörg Bihl gab an, in diesem Flügel ‚unten unter dem ersten Stock' für die Bibliothek gearbeitet zu haben. LA Speyer, Best. B3, Nr. 2591, Bl. 113. Vgl. dazu aber Schneider, der die Bibliothek im ersten Obergeschoss dieses Flügels verortet, ihr jedoch nur die Hälfte der Gebäudetiefe zubilligt. Vgl. SCHNEIDER, Schlösser, S. 284, ohne Quellenangabe.

1150 BayHStA München, Abt. IV Serienakten 1999, N. 2 im Etat. 160 Schuh entsprechen einer Länge von 51,97 Metern. Ähnlich bei BECKER, Karlsberg, S. 30, erneut wiedergegeben bei WEBER, Schloss Karlsberg, S. 379. Wörtlich zitiert bei TAEGERT, Geschichte, S. 252. Vgl. auch SCHNEIDER, Schlösser, S. 284.

den, dass nicht alle Räume zur gleichen Zeit fertiggestellt, sondern erst nach und nach über einen Zeitraum von mehr als fünf Jahren eingerichtet wurden.

Zunächst wurde nach vorheriger Publikation in den jeweiligen Wochenblättern[1151] in Zweibrücken und Homburg am 15. Januar 1784 die Schreinerarbeit *„deren in den Carlsberg Biblothec, zu machenten Neue bücher schänck"* für einen Saal versteigert.[1152] Um zu vermeiden, dass sich die jeweiligen Handwerker für unterlaufene Fehler entschuldigen konnten, da die *„schänck nicht einerley tieffung und breite wegen dem platz haben können, und ehe man zur Versteigung geschritten ist, den schreiner Meistern die sach auf dem Platz Explicirt hat, damit ein jeder weiss, wie disse Arbeit soll gemacht werden [...],"*[1153] mussten eventuelle Mängel vom Entrepreneur selbst verantwortet werden. Die Vertragskonditionen geben außerdem Auskunft darüber, dass zweiflügelige Bücherschränke mit einer Tiefe von 21 Zoll[1154] gewünscht wurden, die mit Fuß und höherliegendem Brustgesims versehen werden sollten. Für die sichtbaren Schrankteile *„darff kein andteres als Eichnes [Holz] genohmen werden, jedoch zu den seyten wänd, und rück von kifferem holtz gemacht werden."*[1155] Jeder Schrank sollte mit einem Fries *„a la greece bis unter das gesimbs, von 4½ zoll breit hinauf wie es das Modell zeigt"* verziert sein.[1156] In den vier Ecken jedes Schranks mussten vier gezackte Leisten über die komplette Höhe des Schrankes einfügt werden, damit man nach Bedarf und Höhe der Bücher die Schrankbretter erhöhen oder absenken konnte. Alle Schränke sollten das gleiche Abschlussgesims haben, dessen Motiv auch um den Plafond des Zimmers herum gezogen worden war und wozu man dem jeweiligen Handwerker *„[...] das nemliche profill geben wird."*[1157] Die Versteigerung umfasste für die lange Seite des Raumes, die 54 Schuh[1158] maß, 12 Schränke, die angefertigt werden sollten. Es

---

1151 Am 12. Januar 1784 wurde laut der Spezifikation des Stadtdieners Jacob Weber *„die schreiner arbeit derren Carrelsberger bibledeck schanck 3 mahl bublizirt."* LA Speyer, Best. B3, Nr. 2600, Bl. 352.
1152 LA Speyer, Best. B3, Nr. 2584, Bl. 191.
1153 LA Speyer, Best. B3, Nr. 2584, Bl. 191.
1154 LA Speyer, Best. B3, Nr. 2584, Bl. 191 unter Nr. 2 der Steigkonditionen. 21 Zoll entsprechen 57 Zentimetern.
1155 LA Speyer, Best. B3, Nr. 2584, Bl. 191 unter Nr. 3 der Steigkonditionen.
1156 LA Speyer, Best. B3, Nr. 2584, Bl. 191 unter Nr. 4 der Steigkonditionen. 4½ Zoll entsprechen ca. 12 Zentimetern.
1157 LA Speyer, Best. B3, Nr. 2584, Bl. 191 unter Nr. 5 der Steigkonditionen, Bl. 192.
1158 LA Speyer, Best. B3, Nr. 2584, Bl. 191 unter Nr. 10 der Steigkonditionen, Bl. 193. 54 Schuh entsprechen 17,54 Metern. Den Zuschlag für diese Arbeiten erhielt zunächst der Schreinermeister Schoeller (hier Scheller geschrieben) aus Zweibrücken. Am nächsten Tag erschienen jedoch die Schreinermeister Daniel, Johannes, Michel und Georg Bihl und boten an, die Arbeit an den Bibliotheksschränken um 50 Gulden günstiger anfertigen zu wollen. Der Schreinermeister Schöller hielt dagegen und versicherte, die Arbeit zum gleichen Preis vornehmen

kann davon ausgegangen werden, dass sich hier – wenn überhaupt – eine geringere Anzahl an Fenstern als auf der Westseite des Flügels befand, da sich auf dieser Seite des Flügels nur die Aussicht auf den Küchenbau bot. Für die beiden Schmalseiten des Bibliothekssaales waren fünf Schränke eingeplant.[1159] Insgesamt wurden also zunächst 22 Schränke in Auftrag gegeben. Der Schreiner Michael Bihl hatte entsprechend die Aufgabe übernommen, *„in die grose biebeliodeh 22 sticher ale grech [...] auff die scheng [...]"* anzufertigen.[1160] Ein Jahr später, im Januar 1785 wurde mit dem Schreinermeister Franz Brännesholz ein Vertrag über sechs weitere Bibliotheksschränke abgeschlossen, denn es war *„weiter gnädigst Befohlen worden, auf die Pfeiler der neuen Bibliotaeque, Bücher Schänck anzubringen [...]"*, die *„was die vordere Seute betrifft, den gegen über stehenten schon gefertigten in allem gleich gemacht"* werden sollten.[1161] Daraus erschließt sich, dass sechs Schränke an den Wandstücken zwischen den Fenstern den Schränken an der Langseite gegenüber zu stehen kamen. Die bisherigen Fensterverkleidungen mussten darum laut Vertrag vom Schreinermeister losgebrochen und bis zum Boden verlängert werden, jedoch auf eine Weise, dass das Anstücken der Fensterverkleidung möglichst nicht auffiel.[1162] Um sechs Schränke an den Wandstücken zwischen den Fenstern aufstellen zu können, war eine Anzahl von mindestens fünf Fenstern für die ‚straßenseitige'

---

zu können und bestand auf sein Recht als erster Steiger. Die Schränke wurden von Schöller laut Attestat von Schaeffer für 774 Gulden angefertigt. S. auch LA Speyer, Best. B4, Nr. 2547, Bl. 132v.

1159 LA Speyer, Best. B4, Nr. 2547, Bl. 132v unter Nr. 8 der Steigkonditionen. Laut Nr. 9 sollten die Arbeiten bis zum Ende des Monats März 1784 fertiggestellt sein. Für jeden Tag des Verzuges sollten dem jeweiligen Handwerker 2 Gulden abgezogen werden. Der Schreiner Johannes Schöller erhielt für die Arbeiten aus dem Vertrag vom 15. Januar 1784 774 Gulden *„vor Schänck in der Bibliothek."* LA Speyer, Best. B4, Nr. 2547, Bl. 132v.

1160 An welcher Stelle der Schränke diese ‚à la grec' verzierten Holzstücke angebracht werden sollten, geht aus der Angabe der Sammelrechnung nicht hervor. Der Schreiner erhielt für diese Arbeit insgesamt 11 Gulden. LA Speyer, Best. B3, Nr. 2590, Bl. 64v. Im September 1784 wurde der Herzog *„freindlich ersucht dem Schlossermeister Christian Simon auf die Beschlagung deren 36 Thüren in der Bibliodeck –zwanzig fünf Gulden abschläglich zu bezahlen, weilen diese Arbeit eißerst pressieret dass ein mahl fertig wird."* LA Speyer, Best. B3, Nr. 2965, #5109. Auch Schneider erwähnt die Namen der Handwerker Schöller und Simon, ohne jedoch auf ihre Arbeiten einzugehen. Vgl. SCHNEIDER, Schlösser, S. 284, ohne Quellenangabe.

1161 LA Speyer, Best. B3, Nr. 2590, Bl. 301, Actum Carlsberg d. 16. Jan. 1785, Nr. 1 des Vertrages. Die Schränke sollten *„bis Vierzehen Tag vor Ostern aufs Platz zuliefern"* sein, LA Speyer, Best. B3, Nr. 2590, Bl. 301, Actum Carlsberg d. 16. Jan. 1785, Nr. 8 des Vertrages. Der Schreiner Brännesholz erhielt für jeden Schrank 28 Gulden, insgesamt also 168 Gulden, zum Preis LA Speyer, Best. B3, Nr. 2590, Bl. 305 sowie LA Speyer, Best. B3, Nr. 2590, Bl. 300.

1162 LA Speyer, Best. B3, Nr. 2590, Bl. 301, Nr. 4 des Vertrages.

Westseite des Bibliotheksraumes notwendig. Diesbezüglich gibt die Rechnung der Witwe des Schreinermeisters Jörg Bihl die genaue Auskunft, dass *„in die grose biebeliodech 7 barge sticker in die fenster gemach"*[1163] werden mussten. Sieben Parkettstücke für die Fensternischen der Bibliothek[1164] mit einer Länge von 5 Schuh und einer Breite von 14 Zoll[1165] geben auch eine Vorstellung über deren Dimensionierung, und damit über die Maße der Fensternischen des gesamten Flügels.

Die Schränke sollten laut den Vertragskonditionen in gleichmäßiger Entfernung zur Wand angebracht werden, *„damit die Rückwand deren Schäncken vor der Feylung sicher bleiben"*[1166] wie man es auch bei den Schränken des Naturalienkabinetts gehalten hatte. Die zweiteiligen Schränke waren unterschiedlich tief, denn die *„obere Schänck, werden alle 8 Zoll im Licht dief, die untere nach Proportion wies der gegen überstehende Sockel zeigt, auch laufen die sämtliche untere Schänck in dem nemlichen bley der schon gemachten fort."*[1167]

Tatsächlich handelte es sich zunächst nur um ein einzelnes Bibliothekszimmer, wie es der Schlossermeister Bubong bezeichnete, in dem noch im Dezember 1784 gearbeitet wurde. Der Schlossermeister hatte insgesamt drei zweiflügelige Türen für das Zimmer zu beschlagen.[1168] Der Tüncher Johannes Carré verlangte für seine Arbeit in diesem Raum im Februar 1785 seinen Lohn.[1169] Schreiner Michael Bihl verlegte in der *„grose biebeliedech"* 31½ Klafter Parkett.[1170]

1163 LA Speyer, Best. B3, Nr. 2591, Bl. 113. Rechnung vom 30. Oktober 1785. Die Parkettstücke kosteten inklusive Holz und Arbeitslohn jeweils 1 Gulden 30 Kreuzer.

1164 Anders Schneider, der zu dem Ergebnis kommt, dass der Bibliothekssaal zehn Achsen hatte. Vgl. SCHNEIDER, Schlösser, S. 284.

1165 LA Speyer, Best. B3, Nr. 2591, Bl. 113. 5 Schuh entsprechen 1,62 Metern, 14 Zoll einer Breite von 38 Zentimetern.

1166 LA Speyer, Best. B3, Nr. 2590, Bl. 301, Nr. 3 des Vertrages.

1167 LA Speyer, Best. B3, Nr. 2590, Bl. 301, Nr. 6 des Vertrages. 8 Zoll entsprechen 22 Zentimetern.

1168 LA Speyer, Best. B3, Nr. 2590, Bl. 393. Laut einer Spezifikation, die er am 26. Juni 1785 unterschrieb, führte er dort noch am 9. Dezember 1784 Arbeiten an der ersten Tür durch. Die beiden nächsten Türen wurden im Januar 1785 beschlagen. Die Arbeiten wurden pro Tür mit 10 Gulden berechnet. Außerdem musste er im Juli noch zwei weitere Türen *„an die Zimer alwo man in die Bibiliteck käth"* in gleicher Weise wie die anderen Türen mit Fischband und Zapfenband sowie einem schließenden Fallenschloss beschlagen. LA Speyer, Best. B3, Nr. 2590, Bl. 393.

1169 LA Speyer, Best. B4, Nr. 2547, Bl. 131v. sowie LA Speyer, Best. B3, Nr. 2953, S. 130. Der Tüncher forderte für seine Tätigkeit 26 Gulden und 19 Kreuzer.

1170 LA Speyer, Best. B3, Nr. 2590, Bl. 63. Für das Verlegen der Rippen und des Blindbodens erhielt er 21 Gulden, für das Parkett 31 Gulden und 30 Kreuzer. Die Rechnung ist auf den 30. Oktober 1785 datiert.

Ein kleinerer Bibliotheksraum wurde laut einer Rechnung des Schreiners Johannes Daniel 1788 an drei Seiten mit Bücherschränken ausgestattet. Zwei Wandseiten hatten eine Breite von elf Schuh, die dritte Seite maß lediglich acht Schuh.[1171] In einer Rechnung des Schreinermeisters Jörg Bihl aus dem Jahr 1785 war dieser Raum noch als Kabinett mit zwei Fensterachsen *„vor der Biebeliodech"* beschrieben worden, wo er das Parkett für den Raum sowie zwei Fensternischen anzufertigen und zu verlegen hatte.[1172] Drei Jahre später sollten nun für drei Wände acht Schränke angefertigt werden, die jeweils elf Schuh hoch und ein Schuh acht Zoll tief sein sollten.[1173] In jedem Schrank wurden 14 Gefache vorgesehen, die in der Höhe verstellbar waren durch *„[...] Hacken das Man die gefach kann hoch unt Nider Machen"*[1174].

Der Quadrator Andreas Nassner reichte im Mai 1790 eine Rechnung über seine Arbeiten in einem dritten Raum der Bibliothek ein. Er hatte ein Gesims mit einer Höhe von 7½ Zoll und einer Ausladung gleichen Maßes gezogen *„und mitt einem ocksen augen stab verzirth ganß neu ist 28 schu lang 18 schu breith [...]."*[1175] 1791 wurden vom Schreinermeister Daniel in diesem Zimmer *„bey der gros bibiltet"* erneut Schränke angefertigt.[1176] Für den Raum, den der

---

1171 LA Speyer, Best. B3, Nr. 2592, Bl. 72. 11 Schuh entsprechen einer Wandbreite von 3 Metern und 57 Zentimetern. 8 Schuh entsprechen 2,60 Metern. In einem solch kleinen Bibliotheksraum lassen sich „inhaltlich weniger gewichtige Literatur, ephemeres Kleinschrifttum und äußerlich durchaus unrepräsentative Bände" vermuten. TAEGERT, Geschichte, S. 254.

1172 LA Speyer, Best. B3, Nr. 2591, Bl. 113. Der Schreiner Jörg Bihl hatte laut dieser Rechnung vom 30. Oktober 1785 *„in das gabined vor der Biebeliodech die riben gelöch und den blindbodem mid 8 glaffer dud die glaffer laud steich brodugoll arbeids lon 40 xr."* Für die 8 Klafter Parkett wurde pro Klafter 1 Gulden berechnet. Die Fensternischen hatten die gleichen Maße wie die des Bibliothekssaales, nämlich eine Länge von 5 Schuh sowie eine Breite von 14 Zoll (162 x 38 Zentimeter). 8 Klafter können mit der zuvor angegebenen Wandbreite bei einer angenommenen Breite der Paketttafeln von 60 Zentimetern genau in Übereinstimmung gebracht werden.

1173 LA Speyer, Best. B3, Nr. 2592, Bl. 72. Rechnung des Schreiners Daniel vom 12. November 1788. Die Höhe von 11 Schuh entspricht 3 Metern, 57 Zentimetern. Die Tiefe von 1 Schuh und 8 Zoll entspricht 54 Zentimetern. Für Arbeiten an den Schränken *„in ein Zimer bey der gros bibel det"* berechnete er 110 Gulden 12 Kreuzern.

1174 LA Speyer, Best. B3, Nr. 2592, Bl. 72.

1175 LA Speyer, Best. B3, Nr. 2608, Bl. 229. Rechnung vom 12. Mai 1790. 7½ Zoll entsprechen ca. 20 Zentimetern. 28 Schuh entsprechen einer Raumlänge von 9,09 Metern, 18 Schuh entsprechen der Raumtiefe von 5,85 Metern. Die Gesamtlänge des umlaufenden Gesimses berechnete der Quadrator mit 92 Schuh (29,88 Meter) und verlangte dafür per Schu 28 Kreuzer, also 42 Gulden und 56 Kreuzer.

1176 LA Speyer, Best. B3, Nr. 2604, Bl. 416. Der Schreiner Johannes Daniel unterschrieb die Rechnung über 300 Gulden am 17. Juli 1791.

Schreiner mit eben jenen Maßen angab, die auch der Quadrator vermessen hatte, sollten 29 Schränke hergestellt werden. Die Höhe des Zimmers bis zum umlaufenden Gesims betrug zehn Schuh.[1177] Die Schränke reichten in ihrer Gesamthöhe bis zum Gesims und wiesen im unteren Teil eine Tiefe von einem Schuh acht Zoll auf. Der obere Teil hatte eine Tiefe von einem Schuh.[1178] Außerdem sollte der Schreiner eine zweiflügelige Tür mit Kehlstößen für die Bibliothek anfertigen, wobei angegeben wurde, dass diese Tür ins Stiegenhaus führt.[1179] In diesem Raum wurde außerdem vom Quadrator ein *„[...] reich verzirthes camin mitt einer Blumencerland"* versehen.[1180]

Da es sich nach den Angaben des Schadensverzeichnisses um insgesamt vier Räume handelte, ist zu vermuten, dass jene bereits erwähnten Bibliotheksschränke, deren Türen man mit Messinggeflecht und rotem Taft zum Schutz der Schriften und Bücher ausgestattet hatte, vom ursprünglichen Aufstellungsort im Herzogsflügel in den vierten, in den Rechnungen nicht erwähnten Bibliotheksraum verbracht worden waren.[1181] Schließlich wurden diese Schränke in der Bibliothek und nicht mehr im Herzogsflügel als Schadensposten aufgezählt.

Mit dem Westflügel, der ab 1784 erbaut wurde, konnte dringend benötigter Raum für das Naturalienkabinett, die Büchsenkammer und die Bibliothek geschaffen werden. Die beiden Ehrenhofflügel waren für Staats-, Privat- und Gäs-

---

1177 *„Zimer ist hoch 10 sch die schenck gen Under gesims [...]."* LA Speyer, Best. B3, Nr. 2604, Bl. 416. Die Raumhöhe betrug daher bis zum umlaufenden Gesims 3,25 Meter.

1178 LA Speyer, Best. B3, Nr. 2604, Bl. 416. Die Tiefe der Schränke im unteren Teil maß 54 Zentimeter, im oberen Teil 32 Zentimeter. Der Schreinermeister Daniel sollte 14½ Schränke anfertigen, wofür er *„170 stück dielen"* brauchte, was zeigt, dass diese Schränke nicht von der gleichen Qualität waren wie die eichenen Schränke mit den Verzierungen im goût grec, die für den großen Bibliothekssaal hergestellt worden waren. Für jeden Schrank wurden 13 Gulden berechnet, insgesamt 188 Gulden und 30 Kreuzer.

1179 LA Speyer, Best. B3, Nr. 2604, Bl. 416. *„[...] die dier get in stichen haus Tut hols Unt arbeit lon 16 fl."*

1180 LA Speyer, Best. B3, Nr. 2608, Bl. 229. Rechnung von Andreas Nassner vom 12. Mai 1790. Er berechnete außerdem, dass am *„camin die lambrie von gibs zu zihen und zu boserieren"* war. Für das Gesims dieses Raumes, die Kaminverzierung mit einer Blumengirlande und die gipserne Lambris am Kamin wurden 55 Gulden ausbezahlt.

1181 Im Herzogsflügel war im Juni 1782 feiner Messingdraht von *„zusamen 38 quatrad schu"* zu *„fünf stück dühren zu der herzogligen Bibliothek"* geflochten worden. LA Speyer, Best. B3, Nr. 2966, #5169. Im September wurden diese Schränke dort aufgestellt. LA Speyer, Best. B3, Nr. 2584, Bl. 287. Auch der Spenglermeister Georg Leseur wurde im Juli 1782 am Carlsberg in der Bibliothek tätig. LA Speyer, Best. B3, Nr. 2953, S. 426.

teappartements sowie Bedienstetenunterkünfte errichtet worden. Für nunmehr erforderliche Sammlungsräume, Bildergalerien und Kabinette war dagegen kein Raum mehr. Allerdings konnte man auch im eigens errichteten neuen Westflügel keine großen Galerieräume schaffen, da sonst durch die geringe Raumhöhe gedrückte Proportionen entstanden wären. Das Erfordernis, mehrere Sammlungen in einem Flügel – der Raumdisposition des Mannheimer Schlosses angelehnt – vereinen zu müssen, erlaubte keine Steigerung der Raumhöhe der Bibliothek über zwei Stockwerke. Dies ist bei eigens errichteten Bibliotheksbauten besser umsetzbar.[1182] Die Möblierung des ‚Bibliothekssaales' und der drei übrigen Räume war durch das gewählte Material und die Verzierung von unterschiedlicher Wertigkeit und bildete mit der jeweiligen Größe des Zimmers eine Form der Raumhierarchie. Dies und die unterschiedliche Dimensionierung der kleineren Bibliothekszimmer lässt darauf schließen, dass sie nicht als Enfilade angelegt, sondern einer anderen Disposition unterworfen waren, so dass nicht alle Räume beim Durchqueren des Westflügels zwangsläufig durchschritten werden mussten.

Die Fertigstellung des großen Bibliotheksraumes im neuen Flügel hatte zur Folge, dass 1785 eine Vielzahl neuer Bücher angeschafft wurde. Eine Rechnung der *„Mannheimer Hof- und accademische Buchhandlung [...] vor vom 26. Juli 1784 bis 4. July 1785 incl. gelieferte Bücher"*[1183] ist ebenso erhalten wie jene des Buchhändlers Fontaine in Mannheim vom April 1785, die sich über mehr als 6500 Gulden belief.[1184] Hinsichtlich des Aufstellungsprinzips der Bibliothek hatte man vermutlich jenes der privaten Bibliothek von Herzog Christian IV. fortgesetzt, die ihrerseits auf ein französisches Modell zurückging.[1185] Die Bibliothek war, im Gegensatz zu anderen Schlossbibliotheken, nicht öffentlich zugänglich. Selbst Mannlich konnte sich nur heimlich in der Bibliothek aufhalten, um unter der Aufsicht des Kabinettsekretärs Schmaltz in interessanten Werken

---

1182 In Mannheim hatte Kurfürst Carl Theodor ab 1750 einen Bibliotheksbau errichten lassen, der sich, vergleichbar mit der Lage des Straßenflügels am Carlsberg, als Querflügel im rechten Winkel zum Ehrenhofflügel anschloss. S. dazu LEHMANN, Bibliotheksräume, S. 163 f. Zur Entwicklung der Bibliotheksräume s. LEHMANN, Bibliotheksräume, S. 52 f. Zur Mannheimer Hofbibliothek und deren Beständen s. STENGEL, Denkwürdigkeiten, S. 61 f. FREY, Hofbibliothek, S. 30 f. SCHIBEL, Hofbibliothek, S. 325–336.

1183 LA Speyer, Best. B3, Nr. 2953, S. 514. Für diese Bücher wurden 900 Gulden 12 Kreuzer gezahlt.

1184 LA Speyer, Best. B3, Nr. 2953, S. 240. Der Buchhändler Fontaine erhielt *„vor gelieferte Bücher nach denen Anlagen durch des Herrn Ministre Excellenz d. 20. April 1785"* 6511 Gulden und 9 Batzen. Auch der Buchhändler Cazin aus Reims berechnete für *„Bücher sine voto et anno 2224 U 15 sous."* LA Speyer, Best. B3, Nr. 2953, S. 139.

1185 TAEGERT, Geschichte, S. 252 f. mit Darstellung des Aufstellungssystems.

zu blättern.[1186] Trotzdem veranlasste Mannlich die Rettung der Bibliothek, die über Würzburg schließlich nach Bamberg gelangte.[1187] Der ursprüngliche Bestand der Bibliothek in Schloss Carlsberg[1188] ist durch einen Katalog bekannt, der anlässlich der geplanten Versteigerung der Bücher 1796 angefertigt und gedruckt wurde.[1189] Der verbliebene Bestand wird als geschlossene Einheit in der Staatsbibliothek Bamberg aufbewahrt (Abb. 42).[1190]

1186 Mannlich erregte das Misstrauen des Herzogs, als er, ohne danach suchen zu müssen, einen Band über die Ausgrabungen in Herkulaneum in der Bibliothek fand. Der Herzog wunderte sich, wie er in einer so großen Bibliothek wie der seinen ohne genauere Kenntnis ein Buch finden konnte. Mannlich hatte sich zuvor heimlich in der Bibliothek aufgehalten, was in den Augen des Herzogs „un crime de léz-majesté" darstellte. BENDER/KLEBER, Histoire, Bd. II, S. 323. Auch Crollius beschreibt im Zusammenhang seiner Carlsbergvisitation unter Führung von Kammerrat Hautt im Brief vom 28. Juli 1785, „[...] die Visitation einer Bibliothek hätte mich mehr amusiert. Aber die ist, wie vieles anderes ein Verschloßenes Heiligthum." GLA Karlsruhe, Best. S Kremer-Lamey, Nr. 136, Brief Nr. 168. S. auch: TAEGERT, Geschichte, S. 253. In Zweibrücken war schon die von Johann I. gegründete fürstliche Bibliothek öffentlich zugänglich, bis sie 1677 durch die Truppen Ludwigs XIV. nach Frankreich abtransportiert und der Abtei Sainte Geneviève vermacht wurde. Unter Herzog Christian IV. wurde das Bibliothekswesen erneuert und wiederum öffentlich zugänglich gemacht. S. dazu HUBERT-REICHLING, Bibliotheken, S. 284. Auch die Mannheimer Bibliothek stand laut einem Erlass Carl Theodors von 1763 zu festgelegten Zeiten der allgemeinen Benutzung zur Verfügung. An drei Tagen die Woche konnte jedermann in der Bibliothek lesen und arbeiten. S. SCHIBEL, Hofbibliothek, S. 329.
1187 Der Herzog hatte Mannlich die Rettung der Bibliothek ans Herz gelegt. MANNLICH, Rokoko und Revolution 1966, S. 249 f. Eine Verfügung Maximilian Josephs besagt, dass die Bücher „als ein isolierter, mit der hiesigen Bibliothek auf keine Weise zu vermengender Bestandteil in einem besonderen Sale aufgestellt" werden sollten, wie es bis zum heutigen Tag gehalten wird. THOMANN, Zweibrückener Hofbibliothek, S. 7. Zur Flüchtung der Bibliothek s. TAEGERT, Geschichte, S. 253 f.
1188 Zur Carlsbergbibliothek s. BRAZIER, château, S. 147 f., m.w.N. THOMANN, Zweibrückener Hofbibliothek, S. 7–10. TAEGERT, Geschichte, S. 250–279; TAEGERT, Karlsberg-Bibliothek, S. 29–43, mit ähnlichem Wortlaut. Vgl. WEBER, Schloss Karlsberg, S. 377–387. Weber konnte die Lage der herzoglichen Bibliothek noch nicht ermitteln, vermutete sie jedoch an der richtigen Stelle, WEBER, Schloss Karlsberg, S. 379. SCHNEIDER, Schlösser, S. 284.
1189 Verzeichnis von der Verlassenschaft weyland Herrn Herzog Karls zu Pfalzzweybrücken Hochfürstliche Durchlaucht gehoerigen Buecher Sammlung aus allen Theilen der Wissenschaften und vielen kostbaren Werken bestehend, welche in Mannheim zu verkaufen sind. Mannheim 1797, StBib. Bamberg, Verzeichnis. Dieser Katalog führt in einer Auflage von 500 Exemplaren 3665 Werke auf. S. TAEGERT, Geschichte, S. 255. Bei der Versteigerung im August 1797 konnten jedoch nur 675 Werke versteigert werden, TAEGERT, Geschichte, S. 256.
1190 TAEGERT, Geschichte, S. 250. Der Bestand an Carlsberger Büchern der 1807/08 von der Königlichen Bibliothek in Bamberg übernommen wurde, umfasste etwa 11400 Bände. TAEGERT, Geschichte, S. 251.

Abb. 42: Die Carlsberg-Bibliothek
in den Dominikanerregalen der Staatsbibliothek Bamberg

c. Die Büchsenkammer

Im Schadensverzeichnis von 1793[1191] wird der Schaden in der „Gewehr Cammer" auf 550 Gulden beziffert. Darin enthalten war ein großer eingelegter Tisch, der mit grünem Tuch überzogen war „nebst Statua und 2 große Spiegelthüre."[1192] Dieser Raum im ersten Obergeschoss[1193] hatte dazu gedient, die Sammlung an Gewehren, darunter auch viele Schaustücke,[1194] aufzubewahren

---

1191 BayHStA München, Abt. IV, Serienakten 1999, N. 2 im Etat.
1192 Abgedruckt auch bei BECKER, Karlsberg, S. 31. Vgl. auch SCHNEIDER, Schlösser, S. 286 f.
1193 LA Speyer, Best. B3, Nr. 2591, Bl. 69. Anders SCHNEIDER, Schlösser, S. 293, Abb. 10.70, der die Waffenkammer im Erdgeschoss vermutet.
1194 Diesbezüglich heißt es bei v. Reitzenstein nach Aufzählung historischer Kuriositäten und Familienstücken der Sammlung: „Diese Auslese läßt ja nun wohl erkennen, daß auch der zu rechter Zeit vor dem Zugriff der französischen Armee in Sicherheit gebrachte, zweifellos größere Teil des Zweibrückischen Gewehrbesitzes nicht ganz arm an nicht eben zum Schießen bestimmten sogenannten Schieß-

und zu präsentieren. Mannlich berichtet von den Beständen der Waffenkammer als einer auserlesenen und überaus reich ausgestatteten Sammlung.[1195] Als Büchsenmacher am Carlsberg wird in den Baurechnungsakten, unter anderem auch als Bewohner des Straßenflügels, Meister Riegel genannt.[1196]

In der neuen Büchsenkammer hatte der Vergolder Nicolaus Friedel mit grün destillierter Leimfarbe an *„Sembtlichen Fenster Pfeiller an den drey übrigen Seiten Wändt an den Fenster Pohserien und Lamperien 2714½ Sch"* angestrichen.[1197] Das Parkett samt Blindboden, Tür- und Fensterstücken war von den Schreinern Ott, Hübner und Gieger verlegt worden.[1198] Die Aufgabe, Teile des Lambris[1199] und Türen[1200] mit weißer Leimfarbe anzustreichen, hatte der Tüncher Carré übernommen. Schreinermeister Johannes Bihl wurde auch in der Büchsenkammer tätig, die er *„in obigem flügel im 2ten Stock"*, also dem ersten Obergeschoss, lokalisiert, wohin er fünf Schuh Lambris mit profilierten Holzleisten lieferte,[1201] und wo er Veränderungen an den Boiserien vornehmen

---

gewehren, will sagen an Schaustücken gewesen ist. Indessen, quantitativ überwog das praktikable, in erster und letzter Linie zum Schießen bestimmte und also billig auch so zu nennende Schießgewehr." REITZENSTEIN, Gewehrkammer, S. 194.

1195 MANNLICH, Rokoko und Revolution 1966, S. 232. Auch bei Bezzel heißt es, der Herzog sei ein Liebhaber von Waffenraritäten und Luxuswaffen gewesen. BEZZEL, Geschichte, S. 548.

1196 LA Speyer, Best. B3, Nr. 2591, Bl. 51. In der Carlsberger Büchsenkammer befanden sich 74 Gewehre, unter anderem auch das Meisterstück des Büchsenmachers Riegel, dessen Vorname nie genannt wird. Von Reitzenstein vermutet, dass es sich um Meister Wolfgang Riegel handelt. REITZENSTEIN, Gewehrkammer, S. 195. Es handelte sich aber wohl um Johann Friedrich Riegel (1741–1785 auf dem Carlsberg). Neben den Gewehren Riegels befanden sich ebenso viele Stücke der Zweibrücker Büchsenmacher Hess in der Sammlung, REITZENSTEIN, Gewehrkammer, S. 194 f. Insgesamt müssen sich am Carlsberg laut erhaltener Inventare ca. 1000 Waffen befunden haben, s. dazu auch BEZZEL, Geschichte, S. 548, der die Namen Johann Friedrich, Leonhard und Wolfgang Riegel aufzählt und zusätzlich den Namen Eisenmenger nennt, BEZZEL, Geschichte, S. 548 Anm. 1). Vgl. auch WEBER, Schloss Karlsberg, S. 361 f.

1197 LA Speyer, Best. B3, Nr. 2585, Bl. 156, Rechnung vom 20. Juli 1784. Der Anstrich kostete pro Schuh für Material, Arbeitslohn mit dreimaligem Streichen 7 Kreuzer.

1198 LA Speyer, Best. B3, Nr. 2585, Bl. 459. Rechnung vom 16. Oktober 1784. Diese Arbeit war jedoch mangelhaft und musste nachgebessert werden.

1199 LA Speyer, Best. B3, Nr. 2585, Bl. 164. Die Fläche umfasste 63 Schuh. Auch hier war ein dreifacher Anstrich notwendig und der Arbeitslohn belief sich auf 2 Kreuzer pro Schuh.

1200 LA Speyer, Best. B3, Nr. 2585, Bl. 166.

1201 LA Speyer, Best. B3, Nr. 2591, Bl. 69. Für die Holzvertäfelungen berechnete Johannes Bihl 5 Gulden.

musste.[1202] Für die Fenster der Büchsenkammer wurden von Schreinermeister Michael Bihl vier Vorfenster angefertigt.[1203] Johannes Bihl zählte eine zweiflügelige Glastür für die Büchsenkammer innerhalb der Posten einer Rechnung auf.[1204] Von Schlossermeister Bubong wurden zwei einflügelige Türen und eine zweiflügelige Tür mit Fischband und einem polierten Fallenschloss beschlagen.[1205] Schreinermeister Michael Bihl hatte in der Büchsenkammer drei große Schränke aufgestellt und verschiedene Leisten dazu gemacht.[1206] Auch Johannes Bihl war mit der Herstellung von 15 eichenen vierseitigen Gewehrständern beauftragt, die er als zehn Schuh lang beschreibt, wobei *„in ietes stick 96 runten Löger auff fihr seiten in geschweifft Vor die gewöhr zu stellen [...]"* eingearbeitet werden mussten.[1207] Außerdem lieferte er *„zwey Kästgen mit drey gefach auff den Botem vor die grosen gewehr auff* [zu] *stellen sint auff allen seiten geschweifft."*[1208]

Mit der Büchsenkammer nicht zu verwechseln ist die Büchsenmacherwerkstatt, die als eigenes traufständiges Gebäude mit Satteldach in direktem Anschluss an diesen Schlossflügel (Abb. 38) errichtet wurde.[1209] Die Büchsenmacherwerk-

---

1202 LA Speyer, Best. B3, Nr. 2584, Bl. 255v. Rechnung vom 28. September 1784. Auch Schreinermeister Michael Bihl hatte für 3 Gulden im *„neuen Flügel im zweyten Stock in der Büchsenkammer und jedem Zimmer neben der fahrt 12 Stücker Lambarien loßgebrochen und in das Zimmer über der Fahrt wieder angeschlagen."* LA Speyer, Best. B3, Nr. 290, Bl. 291v. Auch die Fensterboiserien eines Fensters mussten losgebrochen, wieder angeschlagen und ein Stück im Boden repariert werden. LA Speyer, Best. B3, Nr. 2591, Bl. 69.
1203 LA Speyer, Best. B3, Nr. 2590, Bl. 65. Rechnung vom 26. Oktober 1785, *„dud eine vor hols und arbeids lon 6 fl. 30 xr. dun samen 22 fl."*
1204 LA Speyer, Best. B3, Nr. 2591, Bl. 69, Rechnung vom 22. Juli 1788. Die Glastür wurde mit 17 Gulden berechnet.
1205 LA Speyer, Best. B3, Nr. 2590, Bl. 393. Rechnung vom 26. Juni 1785 über Arbeiten in einem Zeitraum von mehr als einem Jahr. Dabei berechnete er für eine einflügelige Tür 5 Gulden 30 Kreuzer, für eine zweiflügelige Tür 10 Gulden.
1206 LA Speyer, Best. B3, Nr. 2584, Bl. 291v, Rechnung vom 26. September 1784.
1207 LA Speyer, Best. B3, Nr. 2591, Bl. 51, Rechnung vom 23. Mai 1786. Die Gewehrhalter waren 3,25 Meter lang und teils 8 Zoll, teils 11 Zoll tief, also 22, teilweise 30 Zentimeter. Jedes Stück wurde mit Holz und Arbeitslohn mit 1 Gulden 34 Kreuzern berechnet, insgesamt also 23 Gulden 30 Kreuzer. Eine Seite fasste 24 Gewehre.
1208 LA Speyer, Best. B3, Nr. 2591, Bl. 51, Rechnung vom 23. Mai 1786. Zwei solcher hölzerner Kasten wurden mit 1 Gulden 20 Kreuzern berechnet.
1209 Maurermeister Jacob Rosche 1790 mit dem Bau einer neuen Büchsenmacherwerkstatt begonnen. LA Speyer, Best. B3, Nr. 2609, Bl. 284, 285v. Insgesamt erhielt der *„Maurer Jacob Rosche zu Homburg, vor die Büchsenmacher Werckstatt aufm Carlsberg zu machen"* insgesamt 290 Gulden, *„mit dem Bemercken, daß 116 Gulden Vorschuß darauf angewiesen worden seyen."* LA Speyer, Best. B3, 2553, Bl. 12v. Der Maurer hatte die Giebel aufzumauern sowie die Gefache der Riegelwände auszumauern. Außerdem hatte er die Wände zu glätten, also mit

statt war eines der wenigen Gebäude, das den Schlossbrand 1793 zunächst überstanden hatte.[1210] Auch ein Teil der Carlsberger Waffensammlung aus der *„so beträchtliche*[n] *und in ihrer Art einzigen Büchsenkammer"*[1211] konnte in Sicherheit gebracht werden, zumal sie nicht als Verlust im erstellten Schadensetat aufgelistet wurde. Ein Teil wurde jedoch, in Kisten verpackt, nach Saarlouis verbracht.[1212] Heute befinden sich Gewehre der Carlsberger Sammlung in Paris, München, Nürnberg, Speyer und Berchtesgaden und Zweybrücken.[1213]

4. Die Schilderhäuser des Schlosses

Auf dem Aquarell Le Clercs (Abb. 4) sind sowohl zu beiden Seiten der Toreinfahrt an der Straße, der Einfahrt zum Inneren des Schlosshofes als auch der Tür in der Mitte des Corps de logis Schilderhäuser zu erkennen. Insbesondere die beiden Häuser rechts und links des Straßenflügeltores zeigen, dass es sich um mehrseitige Objekte handelte, die einen halbrunden oberen Abschluss und einen farbigen Anstrich in den Farben Weiß und Blau besaßen. Diese Farben, die der

---

      grobem Mörtel auszuwerfen. LA Speyer, Best. B3, Nr. 2609, Bl. 285v, Rechnung vom 23. Dezember 1790. Die Zimmermannsarbeiten für die *„Büchsenmacher Werckstatt, an der Bilder Gallerie ist lang 57 Schuh und Breit 28 Schuh"* (Länge: 18,51 Meter, Breite: 9,09 Meter) hatte Melchior Wien für 150 Gulden übernommen. LA Speyer, Best. B3, Nr. 2614, Bl. 173. Der Anstreicher Adam Zimmermann hatte 13 Fenster und zwei Türen der herzoglichen Büchsenmacherei zum Preis von 148 Gulden angestrichen, LA Speyer, Best. B3, Nr. 2613, Bl. 525. Vor dem Bau der „neuen" Büchsenmacherei hatte der Herzog zunächst befohlen, sie im *„untern Stock der neuen Bilder Gallerie einsweilen [...] einzurichten."* LA Speyer, Best. B3, Nr. 2609, Bl. 282. Anders SCHNEIDER, Schlösser, S. 286, ohne Quellenangabe.

1210 LA Speyer, Best. B2, Nr. 273/1. Rheinwalds Bericht: *„Die Büchsenmacherey neben dem Schloß steht noch ganz."*
1211 BayHStA München, Best. Kasten blau, 422/2.
1212 BayHStA München, Best. Kasten blau, 422/2, *„Begebenheiten, in und ausser der Stadt Zweybrücken"* vom 22. März: *„Ist die auf dem Carlsberg so beträchtliche und in ihrer Art einzigen Büchsenkammer durch den Commissaire* [Boutay] *in Beschlag genommen, und in Verschläge und große Wären eingepakt worden. [...] 24. Sind sämtliche Gewehre und Kostbarkeiten der Carlsberger Büchsenkammer nach Sarlouis transportiret worden."* Unterzeichnet wurde dieser tagebuchartige Bericht mit „Storck", geführt vom 9. Februar bis 3. April 1793, am 26. Juli 1794. Zu diesem Zeitpunkt waren die wertvollsten Stücke vermutlich bereits gerettet und nach Mannheim verbracht worden.
1213 REITZENSTEIN, Gewehrkammer, S. 190 f. WEBER, Schloss Karlsberg, S. 361 f., m.w.N. In Berchtesgaden werden mehrere Steinschlossgewehre und -pistolen von Christian Hess aufbewahrt, s. OPPEL, Schloß Berchtesgaden, S. 38 f. Stadtmuseum Zweibrücken, Inv. Nr. 276 a, Steinschlossgewehr v. Hess. Kulturstiftung Gehrlein-Fuchs, Zweibrücken, Mannlichhaus, zwei Waffen von Hess und Riegel.

Herzog als Zeichen der Verbindung mit dem bayerischen Haus Wittelsbach in seinem Wappen führte, umliefen die Häuser in waagerechtem Zick-Zack-Muster.

Die ersten beiden hölzernen *„Schilter Häußer vor auf den Carlsberg"* wurden bereits 1778 vom Schreinermeister Schober angefertigt.[1214] Der Drehermeister Kehl musste einen *„Knopf auf ein Schilder Hauß"* herstellen.[1215] Auch für den Sohn des Herzogs wurde eigens ein Schilderhäuschen gebaut, das im Dezember 1778 einer Reparatur unterzogen wurde.[1216] Möglicherweise war man sich über die endgültige Form dieser Holzbauten noch nicht schlüssig, denn der Schreinermeister Johannes Schöller rechnete 1782 ein *„Modell vor ein Schilter Hauß"* ab.[1217] Auch waren die Schilderhäuser, die in der Folge gebaut wurden, erheblich teurer als die beiden erstgenannten.[1218] Der Schlosser Magnus Bötsch hatte 1786 *„zwey Schilterhäußer welche vor dem Schloß stehen vest gemacht, jedes mit zwey Sperstangen und Kloben in die Mauer".*[1219] Die beiden Steinhauer Georg und Johannes Müntzel hatten es übernommen, *„Fußblatten unter die Schildwacht Häusel im Schloß Hoff"* zu behauen.[1220] Über die Höhe dieser Häuser gibt die Rechnung des Schreinermeisters Michael Bihl Auskunft, der zwei solcher Häuser *„hoch im licht 7 schu mit felungen und mid einem geschwey[ften] dach"*[1221] gemacht hatte. Johannes Bihl war zur gleichen Zeit mit der Herstellung von zwei Schilderhäusern beauftragt. Dieser ergänzte die Angabe der Höhe und der Dachform noch um das Detail, dass die Häuser achteckig waren.[1222] Insgesamt wurden innerhalb einer Versteigerung drei Paar an

---

1214 LA Speyer, Best. B3, Nr. 2584, Bl. 169. Die Rechnung wurde am 21. März 1778 unterschrieben. Für ein Schilderhaus verlangte der Schreinermeister 15 Gulden.
1215 LA Speyer, Best. B3, Nr. 2576, Bl. 267. Die Rechnung des Drehermeisters vom Dezember 1780.
1216 LA Speyer, Best. B3, Nr. 2584, Bl. 124. Rechnung des Schreinermeisters Jörg Bihl vom 27. Dezember 1778, der *„dem brintz sein schilter hauß rebarirt"* hatte.
1217 LA Speyer, Best. B3, Nr. 2584, Bl. 182. Rechnung *„vor Holtz u arbeit"* vom 14. August 1782.
1218 Das erste Paar kostete noch 15 Gulden das Stück, s. LA Speyer, Best. B3, Nr. 2584, Bl. 169. Die weiteren kosteten bereits zehn Gulden mehr, s. LA Speyer, Best. B3, Nr. 2590, Bl. 77 sowie LA Speyer, Best. B3, Nr. 2591, Bl. 56.
1219 LA Speyer, Best. B3, Nr. 2590, Bl. 743. Rechnungsposten über 1 Gulden vom 1. April 1786.
1220 LA Speyer, Best. B3, Nr. 2595, #2471. Rechnungsposten der Steinhauer Müntzel vom 31. Dezember 1785 innerhalb einer Reihe anderer Arbeiten über 2 Gulden 12 Kreuzer. Die Rechnung wurde jedoch erst im Februar 1788 beglichen.
1221 LA Speyer, Best. B3, Nr. 2590, Bl. 77. Rechnung vom 9. März 1787, wobei ein Schilderhaus, das Holz, die Nägel und den Arbeitslohn inbegriffen, 24 Gulden kostete. Die Höhe betrug umgerechnet 2,27 Meter. Diese Rechnung wird auch aufgeführt in LA Speyer, Best. B4, Nr. 2549, Bl. 134v.
1222 LA Speyer, Best. B3, Nr. 2591, Bl. 56. Rechnung von Schreinermeister Johannes Bihl vom 9. März 1787. Er verlangte ebenfalls 48 Gulden für die beiden Schilderhäuser und gibt an, dass sich der Preis und der Umfang der Arbeit aus dem Versteigerungsprotokoll für diesen Auftrag ergeben.

drei Handwerker vergeben, denn in der Folge hatte der Tüncher Johannes Carré „*Sechs schülter Heißer mit blau und weißer öhlfarb angestrichen Jedes a 60 schu [...].*"[1223] Leyendecker Martin Bohn deckte schließlich zwei Schilderhäuser am Schloss mit Schiefer.[1224] Die letzte Rechnung, die sich auf Schilderhäuser bezieht, datiert in das Jahr 1792. Auf Befehl des Baumeisters Krutthofen hatte der Schreinermeister Johannes Appel „*Vier Schilder haußer von 1 ½ zölligen Diehlen gemacht, und in das Carlsberger Magazin geliefert [...].*"[1225] Es bleibt jedoch ungewiss, ob und wo diese neuen Schilderhäuser zur Aufstellung kamen.

VII. Die Bildergalerie

Die Erbauung großer Räumlichkeiten in Schloss Carlsberg, die den Gemälden gewidmet waren, ist unmittelbar mit dem plötzlichen Erwachen des leidenschaftlichen Interesses Herzog Carl Augusts am Sammeln von Gemälden verbunden. Christian von Mannlich berichtet, die Begeisterung des Herzogs für die Malerei habe nach anfänglicher Gleichgültigkeit recht unvermutet eingesetzt.[1226] Diese Entwicklung zeigt sich besonders deutlich in der Tatsache, dass

---

1223 LA Speyer, Best. B3, Nr. 2591, Bl. 250. Der Tüncher berechnete für den blauen Farbanstrich pro Schuh 5 Kreuzer, für 180 Schuh also 15 Gulden. Die weiße Farbe war günstiger und wurde pro Schuh nur mit 3 Kreuzern berechnet, insgesamt also mit 9 Gulden. Die Gesamtsumme von 24 Gulden wurde jedoch auf 22 Gulden abgerundet. Der Anstrich von 6 Häusern wurde 1790 von Anstreicher Adam Zimmermann übernommen. Dieser verlangte für einen dreimaligen Anstrich 4 Gulden pro Stück, insgesamt also 24 Gulden. LA Speyer, Best. B3, Nr. 2613, Bl. 525. Ob es sich dabei um die gleichen Schilderhäuser handelte, bleibt ungewiss.

1224 LA Speyer, Best. B3, Nr. 2603, Bl. 42v. Verzeichnis der Arbeiten des Leyendeckers Martin Bohn über einen längeren Zeitraum. Das Decken der Häuser kostete pro Stück 3 Gulden.

1225 LA Speyer, Best. B3, Nr. 2617, Bl. 8. Die Rechnung ist auf den 11. Juni 1792 datiert und wurde von 33 Gulden pro Schilderhaus auf 27 Gulden 30 Kreuzern gekürzt, was noch immer einen Aufschlag von drei Gulden 30 Kreuzern bedeutet. Die Rechnungen zeigen, dass sämtliche Schilderhäuser des Carlsberges aus Holz bestanden. Anders WEBER, Schloss Karlsberg, S. 209.

1226 Noch wenige Monate vor der Erweiterung des Carlsberges hatte Mannlich anlässlich der Nachricht seiner bevorstehenden Ernennung zum Baudirektor erfahren, der Herzog habe gesagt, er liebe die Malerei nicht, weshalb Mannlich in seiner Funktion als Maler am Hofe nicht gebraucht würde. BENDER/KLEBER, Histoire, Bd. II, S. 194: „Pour ce qui regarde l'entretien et les reparations de ce memes chateaux, vous avez assez de subalternes que vous en chargerez, et vous aurez tout le tems de vous occuper de votre art favorit et de travailler pour vous, car le Duc m'a declaré qu'il n'aimoit pas la peinture, et qu'a cet egard vous lui seriez inutil."

die exquisite Sammlung seines Onkels Christian, die neben den Galerien von Dresden, Kassel, Mannheim und Düsseldorf große Beachtung gefunden hatte,[1227] am 6. April 1778 in Paris zur Versteigerung gelangen konnte, ohne dass man sich darum für den damaligen Carlsberger Bilderbestand bemüht hätte.[1228] Nach Mannlichs Erinnerungen war es Jahre später ausgerechnet seine eigene Sammlung, die er sich teilweise im Verlauf seiner Italienreise zusammengestellt hatte, welche die Leidenschaft des Herzogs an der Einrichtung einer eigenen Galerie entfachte. Eines Tages wünschte er diese Sammlung überraschend zunächst zu sehen und anschließend sofort zu besitzen.[1229] Außerdem erwarb der Herzog die Kunstsammlung des Baudirektors des Kurfürsten Carl Theodor, Nicolas de Pigage, und ließ sich jene Gemälde nach Zweibrücken kommen, die er aus der Erbschaft des Herzogs Klemens von Bayern erhalten hatte, welche er zunächst in München zurückgelassen hatte.[1230]

Über die anfängliche Unterbringung dieser Bilder schrieb Mannlich, es habe bis zur Zerstörung des Schlosses einen Raum gegeben, den der Herzog „Salon Mannlich" nannte, da er es letztlich gewesen sei, der sein Interesse für die Kunst geweckt habe.[1231] Von einem Raum dieses Namens schlug sich in den Bauakten selbstverständlich noch nichts nieder, da der Raum diese Benennung erst später erhielt. Eine Bestätigung für Mannlichs Aussage findet sich dennoch in den Speyerer Akten. Dort ist im Zusammenhang mit dem zuerst erbauten Ehrenhofflügel mehrfach von einem kleinen Bildersaal und von einem großen Bildersaal im ersten Obergeschoss die Rede.[1232] Dabei handelte es sich um Räume, die in die Raumfolge der neu angelegten Appartements des neuen Schlossflü-

---

1227 S. dazu LAUTS, Karoline Luise, S. 156.
1228 Über die Bildergalerie Herzog Christians IV. s. SIEFERT, Herzog Christian IV., S. 215 ff. Der Versteigerungskatalog von 1778 ist erhalten und enthält u.a. ikonographische und sammlungsgeschichtliche Erläuterungen sowie Illustrationen von Gabriel de Saint-Aubin. Titel des Katalogs zitiert nach SIEFERT, Herzog Christian IV., S. 223.: Catalogue de tableaux originaux de grands maîtres des trois écoles, qui ornoient un des Palais de feu Son Altesse Monseigneur Christien, duc des Deux-Ponts, Par Pierre Remy. Cette vente se fera le 6 avril 1778 [...], Paris 1778 (Paris, Bibliothèque nationale, Cabinet des Estampes, Yd 5342 8°, Nr. 59). Anders Weber, der dies nicht als Desinteresse des Herzogs an der Malerei gewertet wissen wollte. Vgl. WEBER, Schloss Karlsberg. Die vergessene Residenz, S. 38.
1229 MANNLICH, Rokoko und Revolution 1966, S. 212 ff. Mannlich erbat sich dafür eine lebenslängliche Rente.
1230 MANNLICH, Rokoko und Revolution 1966, S. 214. Auch Pigage erbat sich – wie Mannlich – eine Lebensrente als Gegenleistung für seine Sammlung, taxierte seine Bilder aber höher. Dazu ausführlich ROLAND, Maler, S. 261.
1231 MANNLICH, Rokoko und Revolution 1966, S. 214.
1232 S. dazu die Kap. A.III.1.c und A.III.3.b.ff zum großen und zum kleinen Speisesaal des Nordflügels.

gels aufgenommen wurden.[1233] Ein solcher Bildersaal, der mit dem „Salon Mannlich" in Zusammenhang gebracht werden kann, wurde auch von Edith Sichel erwähnt. Sie brachte diesen Saal jedoch, wie an vielen Stellen der nachfolgenden Literatur wiederholt geschehen, irrtümlich mit dem gesondert errichteten Bau der Bildergalerie in Verbindung. Sichel bezog sich dabei auf eine Rechnung des Tünchers Johannes Carré vom März 1783, wonach dieser „*im Carlsberger Schloß die Bilder Gallerie mit Herrschaftl. Farb Grün Angestrichen*" habe.[1234] Zeitlich handelt es sich hierbei allerdings um einen der Bildersäle des nördlichen Ehrenhofflügels, welcher 1783 als erster und einziger Schlossflügel fertig gestellt war. Diese Rechnung zeigt aber, dass man sich bei der Farbwahl für die Ausstattung der Bilderwände für die Farbe Grün entschieden hatte, was man auch in der Bildergalerie später beibehielt.

Die beiden genannten Säle und alle übrigen Gemächer und Vorzimmer, die man mit Gemälden bestückt hatte, reichten recht bald für die rasch wachsende Anzahl nicht mehr aus. Der Kunstmarkt wurde durch beauftragte Kunstagenten beobachtet, doch in der Hauptsache vertraute der Herzog dem Geschmack und dem Kunstsinn Mannlichs, den er sein „Auge" nannte, da es ihm oblag, die Bilder und Stiche für den Carlsberger Bestand auszuwählen.[1235] Dennoch dauerte

---

1233 LA Speyer, Best. B3, Nr. 2584, Bl. 221v. S. dazu die vorgenannten Kapitel zum kleinen und großen Bildersaal. In der Literatur wurde bisher niemals eine solche Unterscheidung vorgenommen.

1234 SICHEL, Hofkünstler, S. 102. Die von ihr zitierte Rechnung findet sich im LA Speyer, Best. B3, Nr. 2580, Bl. 72. sowie in LA Speyer, Best. B3, Nr. 2579, Pag. 34. Letztere Nummer gibt das Buch der Baukassenrechnung von 1782 an, was besagt, dass die Rechnung über 7 Gulden 35 Kreuzer sogar schon in dieses Jahr datiert werden muss. Dieser Raum „im Carlsberger Schloss" wurde mit dem eigens errichteten Bau der Bildergalerie und dem Bildergang gleichgesetzt und begrifflich wie zeitlich durcheinander gebracht. Vgl. Sichel, die, entsprechend der von ihr zitierten Rechnung, von einer Bauzeit um 1783 ausgeht: SICHEL, Hofkünstler, S. 102. Ähnlich Weber, der nicht zwischen den Bildersälen im Nordflügel und der Galerie differenziert: WEBER, Schloss Karlsberg, S. 401 ff. Berthold Roland wiederum setzt die Bauzeit um 1785 an, vgl. ROLAND, Maler, S. 267.

1235 MANNLICH, Rokoko und Revolution 1966, S. 220. „Pour ce qui regarde les tableaux et les estempes le Duc n'acheta rien sans me consulter; c'etoit a moi a les choisir; il m'appelloit en cela *son œil*." Zitiert nach BENDER/KLEBER, Histoire, Bd. II, S. 263. Ein Verzeichnis des „*Inventarium derer zur Verlassenschaft Serenissimi p.d. Herzogl. Durchlaucht gehörigen estampes – Zeichnungen und Wasserfarbe Gemählde*" befindet sich im GehHA München, Korrespondenz-Akten Nr. 1698. Die Gemälde und Zeichnungen erwarb Mannlich u.a. bei Versteigerungen, von denen man aus den zahlreichen Zeitungen am Hof Kenntnis erlangte, s. dazu MANNLICH, Rokoko und Revolution 1966, S. 243; zu den Zeitungen bei Hof s. ROLAND, Maler, S. 266, Anm. 8. Außerdem kaufte man Karten und Grafiken beim Kupferstichhändler Dominique Artaria, der einen Firmensitz in Mannheim hatte. S. dazu TENNER, Kunstsammler, S. 135 f., 143.

es noch bis 1787, bis eine Bildergalerie als eigenständiges Gebäude errichtet wurde. Mannlich berichtet, alle Gemächer und Vorzimmer hatten sich nach und nach mit Bildern angefüllt.[1236] Dies habe schließlich zu dem Entschluss geführt, dass man mit dem Bau einer Galerie beginnen musste, womit der Herzog Mannlich betraute.

1. Die erste Bildergalerie und der Anbau für die Kunstbibliothek – Ihre Entstehung nach dem Quellenmaterial

Der Bau der Bildergalerie ist eines der Projekte, von denen Mannlich recht ausführlich berichtet.[1237] Seine Schilderung der Gestaltung des Innenraumes gehört zu den meistzitierten Abschnitten seiner Lebenserinnerungen in der Literatur,[1238] da die Bildergalerie – stets im Zusammenhang mit der Bildersammlung selbst gesehen – bisher zu den spektakulärsten Bauten des Schlossensembles gezählt wurde. Die übrigen Sammlungen und ihre Unterbringung führten hinsichtlich ihrer Untersuchung im Vergleich ein Schattendasein. Auch das Wissen über die Bildergalerie beschränkte sich bisher weitgehend auf die Berichte Mannlichs, der bretterverschaltes Mauerwerk beschreibt, „mit grünem, von Arabesken durchzogenem Damast bespannt, der nach meinen eigenen Skizzen in Lyon angefertigt wurde. Zwanzig schöne Kristallüster hingen von der Decke hernieder, und zwischen je zweien lehnten sich an die Wände Nipptischchen aus vergoldeter Bronze mit sechsarmigen Leuchtern. Hundertundvier Lehnstühle aus vergoldetem Holz, eine Art kurulischer Sessel, von dem gleichen Damast wie die Wände bezogen und mit Goldfransen behangen, bildeten die Einrichtung dieses geräumigen Saales, der, an hundert Fuß lang, in eine offene, durch eine Kolonnade abgeschlossene Rotunde auslief. Von der Mitte des Saales aus trat man in einen kleinen, reich ausgestatteten Pavillon mit einer anstoßenden Bibliothek kunstgeschichtlicher Werke."[1239]

Die Bildergalerie war von je her an Hand des Ölplanes (Abb. 43) und der Beschreibung Mannlichs als langer schmaler Bau identifizierbar, welcher in rechtwinkligem Anschluss zum Sammlungsflügel parallel zum nördlichen Ehrenhof-

---

1236 MANNLICH, Rokoko und Revolution 1966, S. 217.
1237 BENDER/KLEBER, Histoire, Bd. II, S. 259. MANNLICH, Rokoko und Revolution 1966, S. 218.
1238 SICHEL, Hofkünstler, S. 102. ROLAND, Maler, S. 267. WEBER, Schloss Karlsberg. Die vergessene Residenz, S. 39. DERS., Schloss Karlsberg, S. 404. SCHNEIDER, Mannlich, S. 136; DERS., Schlösser, S. 192.
1239 MANNLICH, Rokoko und Revolution 1966, S. 218. BENDER/KLEBER, Histoire, Bd. II, S. 259.

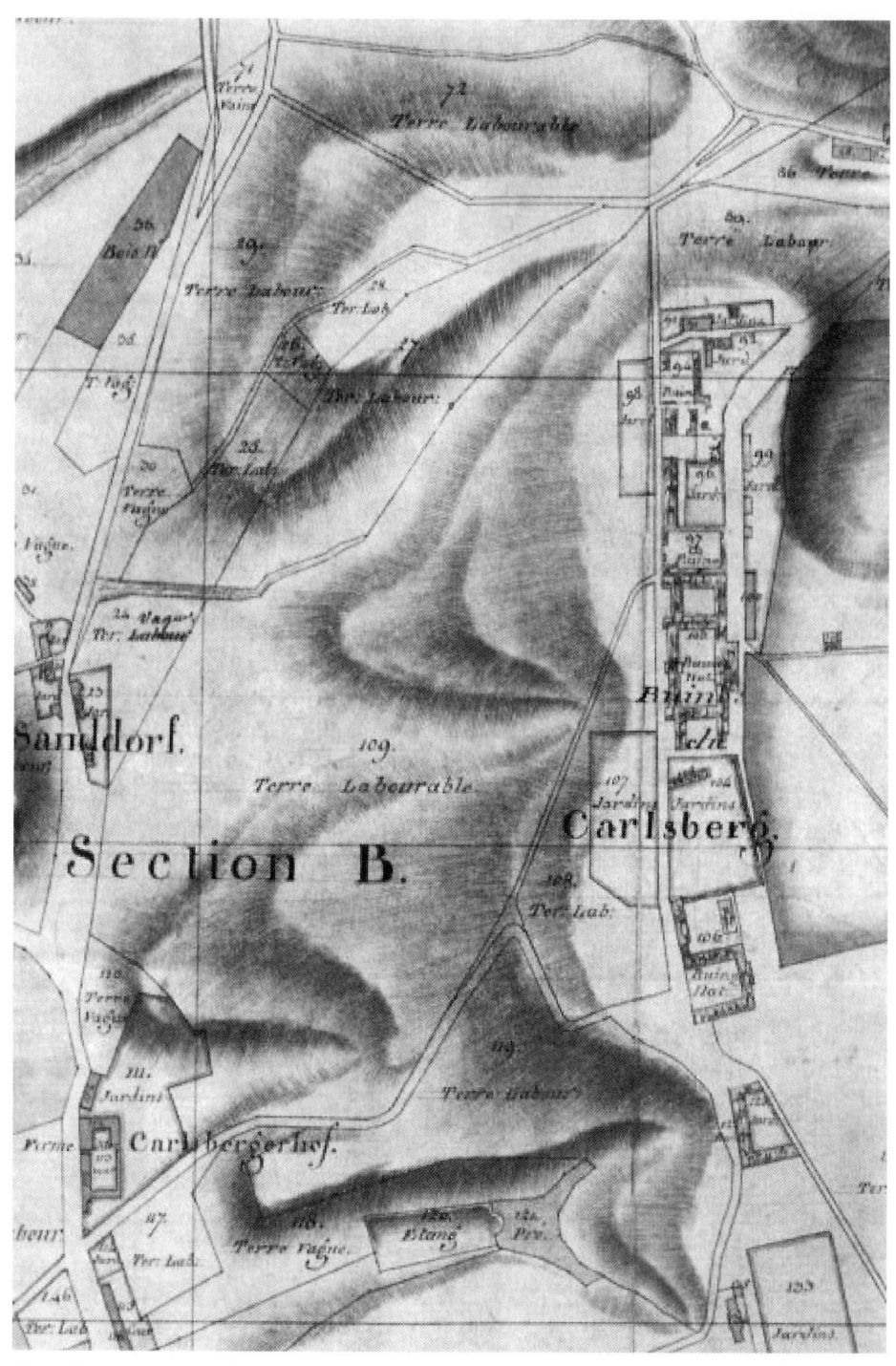

Abb. 43: So genannter „Ölplan" (Ausschnitt)

flügel an der Küche nach Osten führte.[1240] Seine Länge von 300 Schuh[1241] sowie die Erzählung Mannlichs, der Bau sei so lang gewesen, dass man in lenkbaren Lehnstühlen Wettrennen in der Galerie fahren konnte, ergänzen sich hier trefflich.[1242]

Ergänzungen, die ein noch genaueres Bild über diese Bildergalerie liefern, finden sich auch hier in den Rechnungen der Handwerker, die unter der Leitung von Baumeister Leonard Krutthofen an der Bildergalerie tätig waren. Eine erste Notiz vom Dezember 1786 gibt an, dass *„der Zimmer Meister Andler von Zweybrücken, den neuen Communications Fliegel aufm Carlsberg im Garten zu machen übernommen hat [...]."*[1243] An anderer Stelle wird mit Datum vom März 1787 von Krutthofen darauf verwiesen, dass dem Zimmermeister Andler, *„der den neuen hölzernen Communications Fliegel auf dem Carlsberg, herzustellen übernommen hat [...]"* ein Abschlag auf bereits geleistete Arbeit gezahlt werden solle, *„[...] als solche beyhülf zur Ausführung des ganzen Gebäudes solchen Mann äusserst nothwendig seyn soll."*[1244] Dieser Neubau, im Gartenbereich zwischen Schlossflügel und Treibhaus gelegen, hatte also zunächst die

---

1240 Die Lage eines Galeriebaues wird von Weber und Schneider übereinstimmend parallel zum Nordflügel angenommen. WEBER, Schloss Karlsberg, S. 404. SCHNEIDER, Schlösser, S. 290. Allerdings werden bei Schneider die Begriffe des Bildersaales, der Bildergalerie und des Bilderganges vermischt, SCHNEIDER, Schlösser, S. 210.

1241 BayHStA München, Abt. IV, Serienakten 1999, N. 2 im Etat zur „großen Bildergalerie". Die Angabe Mannlichs, die Galerie sei *„cent pas"*, also 100 Schritte lang gewesen, wurde fälschlicherweise mit 100 Fuß übersetzt, was den Bau um ungefähr zwei Drittel verkürzt. MANNLICH, Rokoko und Revolution 1966, S. 218. Auf den Fehler verwies bereits ROLAND, Maler, S. 267, Anm. 5). So auch WEBER, Schloss Karlsberg, S. 404. Die tatsächliche Länge der Bildergalerie von 300 Schuh wird auch im Schadensverzeichnis angegeben, s. BayHStA München, Abt. IV, Serienakten 1999, N. 2 im Etat zur „großen Bildergalerie". Dieser Übersetzungsfehler wie auch die Diskrepanz der falschen Übersetzung mit allen übrigen Quellen entgeht Schneider, weshalb er nach eigenen Berechnungen von einer Länge der Galerie von 37 Metern ausgeht und in der Folge zu einer falschen räumlichen Zuordnung innerhalb des Schlosses kommt, vgl. SCHNEIDER, Schlösser, S. 210 f. sowie S. 290.

1242 MANNLICH, Rokoko und Revolution 1966, S. 234.

1243 LA Speyer, Best. B2, Nr. 1603, Bl. 1. Zimmermeister Andler hatte sich einen Vorschuss ausbedungen.

1244 LA Speyer, Best. B3, Nr. 2590, Bl. 7. Anweisung von Krutthofen an die Baukasse zur Zahlung eines Abschlags von 500 Gulden. In einer Rechnung über geliefertes Material *„Zum 2ten Stock der herzoglichen Bilder Galerie auf dem Carlsberg ist auf ordre Tit. Herrn Bau Meisters Kruthenhofen geliefert worden, wie folgt:"* werden für den Juni 1787 und den Mai 1788 hölzerne Baumaterialien im Wert von insgesamt 1955 Gulden und 38 Kreuzer aufgezählt. Dazu gehörten Pfosten, Durchzüge, Balken, Pfetten, Riegel, u.v.m. LA Speyer, Best. B3, Nr. 2605, Bl. 178.

Aufgabe eines Verbindungsganges. Später teilte Krutthofen mit, dass auf Befehl des Herzogs *„der neue hölzerne Gang zu Wohnungen soll gemacht werden [...]."*[1245] Die Maurer gaben in ihrer Spezifikation vereinbarter Arbeiten im *„Untern Stock des Neuen Gangs, welcher am lincken Schloss Flügel angeschlossen u. bey der Küche vorbey lauft, und zu Wohnungen gemacht worden [...]"* an, man habe eine Fassade zum Hof, die 126 Schuh sechs Zoll lang und 13 Schuh samt Fundament hoch war, als steinerne Mauer aufgeführt. Die erforderlichen Scheidwände wurden als Fachwerkmauern errichtet.[1246]

Durch die Errichtung dieses Neubaus entstand gleichzeitig ein neuer Hof, der nach Süden vom Ehrenhofflügel, nach Westen vom Sammlungsflügel, nach Norden vom neu erbauten Gang und nach Osten vom Küchengebäude abgeschlossen wurde. Die Zufahrt zu diesem Hof wurde durch zwei Torbögen ermöglicht, welche den Neubau mit dem Schlossflügel und der Küche verbanden.[1247]

Die Länge des ursprünglichen Bauwerks, errichtet zu Wohn- und sonstigen utilitären Zwecken, stimmte jedoch zu diesem Zeitpunkt weder mit den von Mannlich genannten Maßen überein, noch mit seiner Aussage, der Herzog habe ihn explizit mit dem Bau einer Galerie beauftragt. Da sich die Erinnerungen Mann-

---

1245 LA Speyer, Best. B3, Nr. 2595, #2478. Mitteilung vom 7. April 1788 an die Rentkammer, da die Maurerarbeiten an die Steinhauermeister Johann Georg und Johannes Münzel vergeben worden waren, die einen Vorschuss von 150 Gulden ausgehandelt hatten.

1246 LA Speyer, Best. B3, Nr. 2595, #2479. Die Spezifikation ist datiert auf den 20. September 1788. Für die Arbeiten erhielten die Maurer und Steinhauer 973 Gulden. Die Länge dieser Mauer betrug umgerechnet 41,09 Meter und besaß eine Höhe von 4,22 Meter.

1247 Die Maurer und Steinhauer Münzel hatten diese *„zwey Thor Bögen, welche an den lincken Schloss Flügel u. an der Küche anschliesen, wo an den Vordern ein Groses Gesims darüber ist, auch inwendig sauber gehauen, und die gantze Weitung 22 Sch 6 Zoll ist."* LA Speyer, Best. B3, Nr. 2595, #2484. Die Weite des Torbogens betrug umgerechnet 7,31 Meter. Für diese Arbeit verlangten die Maurer und Steinhauer Münzel laut Spezifikation vom 20. November 1788 145 Gulden. Dazu gehörte, die benötigten Steine zu hauen und zu versetzen, sowie die Fundamente dazu zu graben. Über den hinteren Torbogen wird in einer anderen Spezifikation ausgesagt, dass an dem *„Scheid rechten Thor Bogen welcher an der Schloss Küche u. den Neuen Gang anschliesen thut, die ganze weitung 16 ½ Sch u. die ganze Höhe 20 Sch ist. Und vornen in der Hoff Seite Oben mit einem Grosen Gesims u. hinten mit einem Gurt Gesims versehen ist."* LA Speyer, Best. B3, Nr. 2607, Bl. 689, Spezifikation von Johann Georg und Johannes Münzel vom 24. Oktober 1788. Für diesen Torbogen berechneten sie 69 Gulden. Der Torbogen an der Küche war schmäler als der Torbogen am Sammlungsflügel, da er – nicht zu den repräsentativen Zufahrten gehörend – den übrigen Torbögen der Flügel nicht angeglichen werden musste. Seine Weite betrug nur 5,36 Meter und hatte eine Höhe von 6,50 Metern.

lichs insgesamt als zuverlässig erwiesen haben, muss es zu einer grundlegenden Änderung an diesem Bau bzw. zu einer Erweiterung des Gebäudes gekommen sein. Die Lösung ist in einer Änderung der Baufunktion in der ersten Jahreshälfte des Jahres 1788 zu finden, die in den Akten vermerkt wurde. Krutthofen teilte diesbezüglich der Baukasse mit, dass an den Zimmermeister Andler erneut Geld ausgezahlt werden müsse, da *„auf Höchstgnädigsten Befehl Serenissimi Herzogl. Durchl. aus dem neuen hölzernen Gang eine Bildergallerie soll gemacht werden, und daher von Zimmer Meister Andler zu Zweybrücken noch verschiedene Veränderungen an diesem müssen vorgenommen werden […]."*[1248] Auch dem Zimmermeister Joseph Vogel wurden aus diesem Grund Arbeiten an dem Gang, der zu einer Bildergalerie verändert werden sollte, übertragen.[1249] Zu diesem Zeitpunkt war man sich über die Art der Ausgestaltung der Galerie im Klaren. Gleichzeitig machte sich ein weiteres Mal die plötzliche Eile bemerkbar, mit der die Arbeiten angetrieben werden sollten, da *„der von Serenissimi Herzogl. Durchl. höchst betriebene neue Bildersaal in dem hölzernen Bau mit Stucotur und Quadratur Arbeit soll gemacht werden; so hat man solchen zu machen, dem Quadratur Andreas Naßner, Henrich Schultz et Consorten dahier […] veraccordirt;"*[1250] Im Mai 1788 gingen die ersten Rechnungen der Schreiner ein, welche die Verlegung des Parketts übernommen hatten. Die Arbeiten waren, wie auch in den vorigen Schlossflügeln und der Orangerie gebräuchlich, anteilig an mehrere Schreiner vergeben worden, welche zunächst ein Stück Friesboden verlegt hatten *„auf dem Neuen gang von 18 Claftern groß und darzu den boden aufgefüdert und auch den blindt boden gelegt."*[1251] Teile der Arbeiten im „Neuen Gang" beziehen sich vermutlich auf das Erdgeschoss der Galerie, die nicht in Gänze mit Parkettboden versehen wurde, sondern es wurden *„in dem Neuen Gang in dem untersten stock 3 zimer rau gedielt und die riben gelegt welche ein jedes groß ist ein weg 13 sch den andern 11 schu*

1248 LA Speyer, Best. B3, Nr. 2590, Bl. 9, datiert auf den 7. März 1788.
1249 LA Speyer, Best. B3, Nr. 2600, Bl. 22. Nachricht Krutthofens vom 27. März 1788 an die Rentkammer, dass dem Zimmermeister Joseph Vogel aus Ixheim 100 Gulden Vorschuss auf seine vorzunehmenden Arbeiten auszuzahlen seien. Auch kurz genannt in den Baukassenrechnungen: LA Speyer, Best. B2, Nr. 3989, Bl. 242. Im Rentkammerbauprotokoll vom 4. Juli 1788 wird vermerkt, dass der Herzog selbst befehle, dem Zimmermann Vogel aus Ixheim unter anderem *„vor Arbeit zur Bilder Gallerie aufm Carlsberg […]"* 100 Gulden auszuzahlen. LA Speyer, Best. B4, Nr. 2550, Bl. 178v.
1250 LA Speyer, Best. B3, Nr. 2597, Bl. 8, datiert auf den 22. April 1788. Auch hier behielt man sich einen Vorschuss von 150 Gulden auf die zu bestreitenden Arbeiten vor.
1251 LA Speyer, Best. B3, Nr. 2648, #1537, #1546. Rechnungen der Schreiner Rooß und Jäger vom 18. Mai 1788 über jeweils 18 Klafter Friesböden. Diese kosteten samt Anfertigung und Verlegen der Friesplatten je 48 Gulden.

[…]."[1252] Die Bildergalerie scheint sich daher nicht über die gesamte Ausdehnung des Bauwerks erstreckt zu haben. Ein zweites Paar Rechnungen der gleichen Schreiner Rooß und Jäger vom August 1788 belegt die Arbeiten der beiden am Friesboden, die sich nun auf den *„Neuen Bildersall welcher groß 103 ½ Klaft 12 sch […]"* beziehen. Beide hatten anteilig auf der Fläche von 51 ½ Klaftern und sechs Schuh *„den boden aufgeführt und auch den blind boden gelegt und den frißboden zusammen gesetzt […]."*[1253]

Den Anstrich des gesamten Gebäudes hatte der Tüncher Andreas Gitzner übernommen, der in seiner Spezifikation anführt, die ganze Fassade mit weißer Ölfarbe dreimal angestrichen zu haben. Neben dem unteren Stockwerk wurde auch *„das obere stock […]"* gestrichen.[1254] Da auch ein Treppenhaus existierte, von dem aus man vom ersten Obergeschoss des westlichen Sammlungsflügels zur Bildergalerie gelangen konnte, war zumindest der westlich gelegene Teil des Neubaus, der an den Sammlungsflügel anschloss, mehrstöckig. Ein *„Stieg-Geländer in die Bilder Gallerie, biß ins Tritte stock […],"* in dem der Schlosser Johannes Schillo tätig war, indem er Baluster mit doppelten Rosetten und Blättern sowie die Wendungen des Geländers *„in jede Ein schläng, mit flitschen pfeilen, und schnerr-Bogen, samt Dhrat […]"* versah, bestätigt dies.[1255] Auch

---

1252 Matheis Jäger hatte die Arbeit in diesen drei Zimmern (4,22 x 3,57 Meter) übernommen, aber auch zwei Parkettfriese angefertigt, *„welche auf den Neuen Gang haben kommen solen jedeß von 23 sch lang 2 sch breit"* (7,80 x 0,65 Meter) sowie *„an dem Neuen Gang in dem stegen hauß zwey früßböden gemacht welche 4 ½ Klafter außmachen […]."* LA Speyer, Best. B3, Nr. 2648, #1539, Rechnung vom 17. September 1788.
1253 LA Speyer, Best. B3, #1538, Rechnung von Johannes Rooß vom 15. August 1788 über 89 Gulden und 20 Kreuzer. LA Speyer, Best. B3, Nr. 2648, #1547, Rechnung von Matheis Jäger vom 15. August 1788 über die gleiche Summe.
1254 LA Speyer, Best. B3, Nr. 2605, Bl. 203, Rechnung vom 21. Februar 1789 über 3 Kreuzer pro Schuh. Nach den Angaben Gitzners hatte der hölzerne Bildergang im unteren Stock eine zu streichende Fläche von 135 Schuh in der Länge (43,85 Meter) und in der Höhe von 13 Schuh 9 Zoll (4,47 Meter). Das obere Stockwerk war ebenso hoch, jedoch länger, nämlich 288 Schuh (93,54 Meter). Die Rechnung wurde auch in den Rentkammer-Bauprotokollen erwähnt unter LA Speyer, Best. B4, Nr. 2551, Bl. 83v, sowie unter LA Speyer, Best. B4, Nr. 2552, Bl. 328v. Daraus geht hervor, dass Baumeister Krutthofen die zu zahlende Summe von 533 Gulden auf 400 Gulden gekürzt hatte, worauf der Tüncher Andreas Gitzner die Auszahlung der vollen Summe erbat, was die Einforderung eines erklärenden Berichts von Krutthofen zur Folge hatte.
1255 LA Speyer, Best. B3, Nr. 2604, Nr. 366, Rechnung von Johannes Schillo vom 30. April 1789. Für die Arbeiten am Treppengeländer mit Balustern, das mit Pfeil und Bogen, an Schleifen aufgehängt, verziert war, verlangte Schillo 230 Gulden. Das Material (Eisenblech) das er für diese Arbeiten brauchte, hatte er am 3. Februar 1789 im Baumagazin erhalten. LA Speyer, Best. B3, Nr. 2642, #72. Das Stiegengeländer wurde an jeder der neun Treppenwendungen von zwei eisernen

durch spätere Hinweise wird die Annahme teilweiser Mehrstöckigkeit untermauert, denn 1790 erging ein Befehl des Herzogs, im Erdgeschoss der Bildergalerie *„einsweilen zu einer Büchsenmacher Werckstatt einzurichten; man hat dahero die weitere Ausführung derselben an Maurer Meister Jacob Rosche von Homburg Klafterweiß veraccordirt [...]."*[1256] Aus der Bildergalerie führte eine geheime Falltür in die Werkstatt des herzoglichen Büchsenmachers. Mannlich erwähnt die Falltür in seinen Erinnerungen, da er diese später im Zuge der Flüchtung der wertvollsten Gemälde genutzt habe, um die Bilder in der Werkstatt zu verstecken, die zu diesem Zeitpunkt bereits leer war.[1257] Die Existenz dieser Falltür wird durch eine Notiz in den Ausgabebüchern des Baumagazins bestätigt, wonach an *„Schlosser Mstr: Anton Leseur vor an die Fallthür in der BilderGallerie"* 34 Pfund Eisen ausgehändigt wurden.[1258]

Über die Befensterung der Bildergalerie geben die Rechnungen der Schreinermeister Michael und Johannes Bihl – entgegen bisheriger Literaturmeinung – recht detailliert Auskunft.[1259] Michael Bihl hatte anteilig den Auftrag erhalten, vier Fenster zu fertigen, die jeweils eine Höhe von acht Schuh und eine Breite von vier Schuh hatten, sowie sieben dazu passende Jalousieläden.[1260] Der

---

    Stangen und Eisen gehalten. Dafür wurden 58 Gulden berechnet. Laut seiner Rechnung vom 7. April 1789 war der Schreiner Matheis Jäger im gleichen Stiegenhaus beschäftigt. Er hatte *„in dem stigen hauß an der Neuen Bilder Galery daß zweiter stock stegen gelender Nebst im triter stock noch ein grates gelender fortgefehrt über die ruh bank."* Zu den LA Speyer, Best. B3, Nr. 2606, Bl. 183. Der Schreiner Johann Georg Schmidt hatte die gleiche Arbeit zum gleichen Preis von 48 Gulden für das Geländer des ersten Stockwerks übernommen. LA Speyer, Best. B3, Nr. 2609, Bl. 482.

1256 LA Speyer, Best. B3, Nr. 2609, Bl. 282.
1257 MANNLICH, Rokoko und Revolution 1966, S. 254. Durch diese Falltür wurden die wertvollsten Gemälde 1793 von Mannlich und einem vertrauten Diener des Herzogs aus der Galerie hinausgeschafft, deren Haupteingangstür bereits versiegelt worden war. Die Bilder wurden übergangsweise „[...] hinter und auf den leeren Wandschränken des Büchsenmachers" versteckt, „in der Hoffnung, später einmal Mittel zu ihrer Rettung zu finden." MANNLICH, Rokoko und Revolution 1966.
1258 LA Speyer, Best. B 3, Nr. 2643, S. 33, Notiz vom 15. April 1789. Schlossermeister Leseur kam einige Monate später auch die Aufgabe zu, die Falltür in der Bildergalerie wieder gangbar zu machen, LA Speyer, Best. B3, Nr. 2607, Rechnung vom 19. Dezember 1789.
1259 Schneider konstatierte, die Frage nach der Belichtung des Saales sei nicht zu klären, da den Quellen nicht zu entnehmen sei, inwieweit Fenster vorhanden waren. Vgl. SCHNEIDER, Schlösser, S. 291.
1260 LA Speyer, Best. B3, Nr. 2603, Bl. 421. Die Höhe der Fenster betrug 2,60 Meter, die Breite 1,30 Meter. Ein Fenster kostete mit Holz und Arbeitslohn 8 Gulden. Nach Angabe des Schreinermeisters reichten die Fenster jeweils bis in die Hohlkehle hinauf. Die Jalousieläden hatten die gleichen Maße wie die Fenster und kosteten jeweils 7 Gulden 40 Kreuzer. Zu benötigtem Glas ist die Bezugsquelle

Schreiner Johannes Bihl hatte die restlichen „*zehen fensterrahmen mit kreitzel holz die futer von 2 zöligem holz und gehen in einer holkehl auff hoch 8 sch breit 4 sch dut eine vor holz arbeits Lohn 8 fl.*" übernommen. Auch diese wurden beschrieben als „*auff wentig außgekelt unden und oben ein gesimbs auß gekelt und Ueberstogen [...].*"[1261] Hinzu kamen die restlichen sieben Jalousieläden, „*unden mit 2 fellungen [...].*" Mit diesen Schreinerrechnungen geht die des Schlossers Anton Leseur überein, der „*14 Fenster mit zwey Flügel jedes Fenster mit Starcken Scharnier Band an den langen Gang beschlagen [...]*" hatte.[1262] Der Tüncher Matheis Morang zählte in einer Rechnung über Tüncher Arbeit in der Bildergalerie auf, er habe „*Vierzehn Fenster Gesteller mit Fuder und Begleidung, zweymahl angestrichen [...].*"[1263] Die Reihe der großflächigen Fenster wurde durch eine Glastür ähnlicher Machart ergänzt. Diese Glastür „*ist hoch 9 sch 6 zoll breit 5 sch 3 z*" und wurde außen ebenfalls mit Jalousieläden bestückt.[1264] Auch dem Schreinermeister Daniel war es übertragen worden, eine Glastür und eine zweiflügelige hölzerne Tür anzufertigen, sowie einen Schrank, der neben dem Kamin in die Mauer eingelassen wurde.[1265] Eine dieser Türen

---

genannt, da „*Magazinier Winsweiler berichtet [...] die zum neuen langen Gang auf den Carlsberg erforderl. Spiegelscheiben auf der S. Quiriner Glaßhütte bei Sarburg erkaufft worden seyen und 72 fl. 8½ xr kosteten.*" LA Speyer, Best. B4, Nr. 2550, Bl. 256v. vom 30. Sept. 1788. Anders Weber, der von Fenstern ausging, die „hoch lagen und somit Platz für die Hängung der Bilder ließen und eine Art Oberlicht ermöglichten." Vgl. WEBER, Schloss Karlsberg, S. 405, insbes. Anm. 28a).

1261 LA Speyer, Best. B3, Nr. 2591, Bl. 71, Rechnung vom 24. August 1788. Diese Arbeiten wurden ebenfalls mit 8 Gulden pro Fenster berechnet. Die passenden Jalousieläden kosteten 7 Gulden 40 Kreuzer. Für zehn Blindfenster fertigte er Jalousieläden und kehlte die Gesimse aus. Die „*schalosie Laten an die Blint Löger hoch 7 sch breit 3 sch 2 z*" (2,35 x 1,03 Meter) kosteten pro Stück 6 Gulden, insgesamt also 60 Gulden.

1262 LA Speyer, Best. B3, Nr. 2607, Bl. 570, Rechnung vom 19. Dezember 1789 über Arbeiten über einen längeren Zeitraum. Für jedes Fenster berechnete er zunächst 7 Gulden und 30 Kreuzer, die jedoch gekürzt wurden.

1263 LA Speyer, Best. B3, Nr. 2608, Bl. 207, Rechnung vom 4. März 1789.

1264 LA Speyer, Best. B3, Nr. 2591, Bl. 71. Die Höhe der Glastür betrug also 3,09 Meter, die Breite 1,71 Meter, und wurde mit 12 Gulden berechnet. Die Holzläden dazu kosteten 8 Gulden 30 Kreuzer.

1265 LA Speyer, Best. B3, Nr. 2592, Bl. 70. Die Glastür war 8 Schuh 6 Zoll hoch und 4 Schuh breit (2,76 x 1,30 Meter). Im unteren Teil der Tür waren hölzerne Türfüllungen eingelassen. Die Tür wurde mit 15 Gulden berechnet. Die zweiflügelige Holztür war mit drei Türfüllungen und Kehlstößen gearbeitet und mit 14 Gulden veranschlagt. Der Schrank wurde mit einer Tiefe von zwei Schuh 6 Zoll (81 Zentimeter) und einer Breite von 4 Schuh (1,30 Meter) angegeben und kostete 22 Gulden. Johannes Bihl sollte eine zweiflügelige Tür „*mit glater Bekleitung*" mit drei Türfüllungen für einen Schrank liefern, „*hoch 7 sch 6 z breit 4 sch 2 zoll [...].*" LA Speyer, Best. B3, Nr. 2591, Bl. 71, Rechnung vom 24. August 1788. Für die Schranktüren, welche die gleiche Breite hatten wie eine Tür (2,44 x 1,35 Meter) wurden 14 Gulden berechnet.

verband die Galerie mit dem Sammlungsflügel, was der Rechnung des Anstreichers Adam Zimmermann entnommen werden kann.[1266] Zusätzlich benannte er ebenfalls eine Glastür mit Rahmen und hölzerner Füllung im unteren Teil.[1267] Auf Grund der Höhe der Glastür, welche die der großen Fenster übertrifft, sowie der Tatsache, dass Jalousieläden für die Glastür angefertigt wurden, ist sicher anzunehmen, dass diese Tür nach draußen führte.[1268] Mindestens 23 Fenster kleineren Formats waren auf Grund der verschiedenen Stockwerke notwendig. Diese wurden in der Spezifikation des Tünchers Morang genannt, welcher die Jalousieläden und die Fensterbänke und Verdachungen dieser Fenster, wie auch die übrigen großen Fenster und Türen dreimal anstreichen sollte.[1269]

An der Herstellung der nördlichen Fenster *„an dem Ney Erbauen ganck gegen den stalung"* war ferner der Schreiner Johannes Daniel beteiligt. Er hatte für dieses Gebäude zehn Fenster mit den passenden Sommerläden hergestellt, deren Größe er mit einer Höhe von sieben Schuh sechs Zoll angab.[1270] Zusätzlich zu den normalen Sommerläden wurden *„7 bar sumer laten gemach an den blind leger sein hoch 7 schuh breit 3 schuh […]."*[1271] Auch für die Blindfenster wurde jeweils eine Fensterverkleidung angefertigt, *„Unt aus gekelt Unt oben Unt Unten gesimser daran gemach […]."*[1272]

1266 LA Speyer, Best. B3, Nr. 2613, Bl. 526. Adam Zimmermann benennt eine der Türen als jene *„wo am Schloß heraus geht ist 8 Sch 8 zl hoch 4 Sch 2 zl breit."* (2,81 x 1,35 Meter). Sie stimmt damit ungefähr überein mit jener, die auch der Schreiner aufzählte.

1267 LA Speyer, Best. B3, Nr. 2613, Bl. 526. Die Glastür gab er mit einer Höhe von 9 Schuh 2 Zoll (2,98 Meter) an. Die hölzerne Füllung der Tür im unteren Teil hatte eine Höhe von 2 Schuh 11 Zoll (95 Zentimeter).

1268 Die Maurer und Steinhauer Müntzel geben ergänzend dazu in ihrer Spezifikation vom November 1788 an, dass sie an einem *„Vor-Platz am Neuen Gang bey der Mittlern Thür […]"* gearbeitet hatten. LA Speyer, Best. B3, Nr. 2595, #2484. Außerdem hatte Johannes Bihl es übernommen, zwei hölzerne Tafeln mit den gleichen Maßen wie die Fenster anzufertigen. In drei Jalousieläden hatte er *„runten löger geschniten Vor ein rohr durg zu stecken […]."* LA Speyer, Best. B3, Nr. 2603, Bl. 309v., Rechnung vom 30. November 1788.

1269 LA Speyer, Best. B3, Nr. 2608, Bl. 207. Die Fertigung von Fensterrahmen hatte, zumindest anteilig, der Schreiner Ignatius Fischer übernommen, da er *„zu Fertigung von Fenster Rahmen in der Bilder Gallerie"* Holz hatte. LA Speyer, Best. B3, Nr. 2645, S. 5 sowie S. 24. Ebenso genannt in: LA Speyer, Best. B3, Nr. 2646, #654.

1270 LA Speyer, Best. B3, Nr. 2592, Bl. 70, Rechnung vom 18. August 1788. Die Fenster kosteten mit Rahmen, Futter und Fensterverkleidung jeweils 16 Gulden. Die Sommerläden kosteten jeweils 7 Gulden 40 Kreuzer, zusammen also 76 Gulden 40 Kreuzer. Die Höhe der Fenster betrug umgerechnet 2,44 Meter.

1271 LA Speyer, Best. B3, Nr. 2592, Bl. 70, Rechnung vom 18. August 1788. Die Läden für die Blindfenster kosteten pro Stück 6 Gulden. Die Höhe betrug 2,27 Meter und die Breite 97 Zentimeter.

1272 LA Speyer, Best. B3, Nr. 2592, Bl. 70, Rechnung vom 18. August 1788. Mit Holz und Arbeitslohn kam diese Arbeit auf eine Summe von 35 Gulden.

Das Dach der Galerie wurde im Lauf des Jahres 1788 mit Schiefer gedeckt. Bereits im August 1787 hatte Baumeister Krutthofen diesbezüglich der Rentkammer berichtet, *„daß zu einem auf höchsten Befehl aufgeschlagen werdenden Gebäude auf dem Carlsberg 350 Reiß Leyen nöthig seyn [...].“*[1273] Die Lieferung des Schiefers verzögerte sich jedoch, da weder genügend Schiefer vorrätig war, noch genügend Geld, um die erforderliche Menge samt dem Fuhrlohn zu bezahlen. Die Dachdeckerarbeiten hatte der Leyendecker Josef Jan laut seiner Rechnung vom August 1788 für einen Teil des Daches übernommen, den er in der Länge mit 92 Schuh und in der Höhe mit elf Schuh angab. Außerdem hatte er die Aufgabe, auf dem Neuen Gang für sieben Kamine das Dach aufzubrechen und hinter den Kaminen die Kehlen zu decken.[1274] Die Bildergalerie wurde, wie alle übrigen Bauten des Carlsberges, mit Blitzableitern versehen. Laut den Aufzeichnungen des Baumagazins wurde an den Schlossermeister Magnus Bötsch Eisen abgegeben *„zu Fertigung Wetterstangen auf die Bilder Gallerie.“*[1275] Wie darüber hinaus bei den Carlsberger Schlossgebäuden üblich, wurden am Eingang der Bildergalerie hölzerne Schilderhäuser postiert.[1276]

Die zunächst als hölzernes Gebäude angelegte Bildergalerie musste einige Jahre später nochmals einer grundlegenden äußerlichen Erneuerung unterzogen werden, indem die Wände nunmehr durch steinerne Mauern ergänzt, respektive ersetzt wurden. So gab der Maurer und Steinhauer Müntzel in einer umfangreichen Spezifikation von 1792 an, an der *„Bilder Gallerie welche an der Schloß Küche vorbey läuft [...]“* eine steinerne Mauer von 66 Schuh Länge, 12½ Schuh Höhe und 1 ⅓ Schuh Dicke errichtet, von außen glatt bestochen und geweißelt zu haben.[1277] Dann mussten *„19 Postamenter zu dieser Gallerie unter*

1273 LA Speyer, Best. B4, Nr. 2549, Bl. 209v. Danach erging eine Ministerialweisung, *„daß vor die Baldthunlichste Herbeyschaffung der zu Deckung eines ganz neuen Flügel auf dem Carlsberg erforderl. Leyen gesorgt werden solle.“* LA Speyer, Best. B4, Nr. 2549, Bl. 210v.

1274 LA Speyer, Best. B3, Nr. 2648, #1492, Spezifikation seiner Arbeiten vom 13. August 1788. Die angegebenen Maße entsprechen einer Länge von 29,88 Metern und einer Höhe von 3,57 Metern.

1275 LA Speyer, Best. B3, Nr. 2645, S. 38. Auch genannt in LA Speyer, Best. B3, Nr. 2646, #558, mit Datum vom 20. Juli 1789.

1276 Diese Schilderhäuser mussten von Zeit zu Zeit repariert werden. LA Speyer, Best. B3, Nr. 2642, #80. Demnach wurde im 1. Quartal 1789 vom Baumagazin an den Schreinergesell Georg Schupp Dielen, Schwarten und Nägel *„Zur Reparation der Schilder Haußer an die Kutschen Remis und Bilder Gallerie [...]“* abgegeben. Zu Schilderhäusern s. Kap. A.VI.4.

1277 LA Speyer, Best. B3, Nr. 2619, Bl. 91, Rechnung vom 12. Juli 1792. Die Mauer war 21,44 Meter lang, 4,06 Meter hoch und ca. 43 Zentimeter dick. Die angegebenen Arbeiten berechnete er mit 89 Gulden und 10 Kreuzern. Einige Zeit später wurde auch die Außenwand des langen Ganges einer Erneuerung unterzogen, indem dort, *„wo der Bestich meistens herunter gefallen gewesen wieder bestochen und geweiselt, wie auch an denen auswendige Caminer alwo der Bestich gantz*

die Pfosten gebrochen und gehauen," sowie die *„Fundamenter darzu ausgraben u. heraus gemauert die Postamenter versetzt [...]"* werden. Anschließend wurden die Wände selbst ersetzt durch eine *„Riegel Mauer alda auf einer seiten gegen den Garten 164 Sch lang und 10 Sch hoch, auf der andern Seiten der Küche 125 Sch lang und 5½ Sch hoch, Ferner 39 Sch lang 13½ Sch hoch [...]."*[1278] Die äußere Fassade sowie der Plafond wurden anschließend mit Latten überbunden, verputzt und geweißelt. Die Veränderungen des Mauerwerks brachten auch eine Veränderung der Fenster mit sich. 13 Fenster ließ man bis zu einer Höhe von 2½ Schuh zumauern und eine Tür in die Galerie brechen, welche *„neben herum wieder zu gemauert u. verbutzt"* wurde. An den Fenstern wurden dann, *„so weit sie zu gemauert worden, die Gewenden und Stürtz der Mauer [...]"* sowie das Hauptgesims in der Länge des Küchengebäudes abgeschlagen.[1279]

Auch das Treppenhaus wurde einer umfassenden Erneuerung unterzogen. In diesem Kontext werden vier Postamente genannt, für die man Fundamente graben und herausmauern musste, um diese Postamente setzen zu können. Die vier Säulen dazu waren 9½ Schuh hoch und 1¾ Schuh dick.[1280] *„Diese 4 Seueln nach der Toßcanischen Ordnung gehauen sauber geschlifen"* mussten *„[...] von der Steinhauer Hütte bis dahin bey gewaltzt werden [...]."*[1281] Schließlich berechnete der Steinhauer noch, die dazu gehörigen *„4 Capitäeler vor jedes zu brechen, hauen u. versetzen [...]."*[1282] Der Aufstellungsort der toskanischen Säulen lässt sich nicht genau bestimmen. An die Bildergalerie hatte man jedoch einen Altan angefügt, der in einer Rechnung des Schlossermeisters Schillo erwähnt wird. Der Schlossermeister hatte demnach *„ein Aldan an die Bilder Gallerie [...] zu beschlagen."*[1283] Es kann daher angenommen werden, dass dieser

---

herunter gefallen war wieder Neu bestochen u. Geweist beträgt zusamen 15 fl." LA Speyer, Best. B3, Nr. 2619, Bl. 95, Rechnung vom 12. November 1792 von Johannes Müntzel.

1278 LA Speyer, Best. B3, Nr. 2619, Bl. 91. Das Mauerwerk auf der Gartenseite, also der Nordseite der Galerie, war 53,27 Meter lang und 3,25 Meter hoch. Auf der Südseite, zum Küchenbau weisend, war eine Partie des Mauerwerks 40,60 Meter lang und 1,79 Meter hoch, die kürzere Partie war 12,67 Meter lang und 4,38 Meter hoch.

1279 LA Speyer, Best. B3, Nr. 2619, Bl. 91.

1280 LA Speyer, Best. B3, Nr. 2619, Bl. 92. Die Säulen hatten eine Höhe von 3,09 Metern und einen Durchmesser von 0,57 Zentimetern. Die Steine für die Säulen zu brechen, zu hauen, zu schleifen, die Steine auf- und abzuladen sowie die Fundamente zu richten wurde mit 40 Gulden 40 Kreuzern berechnet.

1281 LA Speyer, Best. B3, Nr. 2619, Bl. 92. Die Säulen zu hauen und zu schleifen kostete pro Säule 14 Gulden, insgesamt 56 Gulden.

1282 LA Speyer, Best. B3, Nr. 2619, Bl. 92. Die Kapitelle kosteten zusammen 20 Gulden.

1283 LA Speyer, Best. B3, Nr. 2652, S. 23v.

im Kontext der neu aufgemauerten „alten" Bildergalerie mit dem Treppenhaus zu sehen ist, und sich in seiner Gestaltung im Einklang mit der Säulenordnung an den Altanen der Stirnseiten der Schlossflügel befand.

Für das Innere des neuen Bildersaales wurden sowohl von Schreinermeister Johannes Bihl als auch von Schreinermeister Johannes Daniel jeweils mehr als acht Klafter Lambris sowie die Fertigung mehrerer Lisenen abgerechnet. Über den hölzernen Vertäfelungen und zwischen den Lisenen wurde jener von Mannlich erwähnte grüne Damast über hölzerne Latten gespannt. Dafür hatte der Schreiner „*in dem Biltersahl die dabeten Laten helfen schneiden und helfen magen [...].*"[1285] Die andere Hälfte dieser Arbeit war dem Schreiner Johannes Daniel übertragen worden.[1286] Außerdem waren erste Quadraturarbeiten, die Baumeister Krutthofen mit Andreas Nassner und Heinrich Schulz und Konsorten vertraglich ausgehandelt hatte, fertig gestellt worden. Dazu gehörte ein „*reich verziertes Gesims, 6 zl hoch 8½ zl ausladung, verziert mit einem Ochsenaugenstab und in der Hendblatt [?] mit Carro verziertes Kästgen in jeder Carro ein Rösschen und Carnis Staab mit Blätter, ist der Saal lang 272 Sch Breit 13¾ Sch [...].*"[1287] Der Stuckateur arbeitete ähnlich in der Erweiterung der Bildergalerie, wo eine Vielzahl kleiner eingetiefter Kassetten aus Gips mit Rosetten versehen und in das Gebälk eingefügt wurden. Nach oben zum Plafond schloss sich ein Fries an das Gesims an, „*[...] 14 zl. Breit mit 2 Hohlkehl mit einem Allagreque ist lang 270 Sch Breit 12 ¼ Sch [...].*"[1288] Diese Größenangaben für die Galerie

---

1284 LA Speyer, Best. B3, Nr. 2591, Bl. 71v. Rechnung von Johannes Bihl vom 24. August 1788. Die Holzvertäfelungen wurden mit 8 Klaftern, 4 Schuh und 6 Zoll angegeben, die Lisenen sollten aus 2-zölligem Holz angefertigt werden. Das Klafter wurde mit 5 Gulden berechnet, woraus sich für die gesamte Arbeit 40 Gulden errechneten. Die Rechnung von Johannes Daniel vom 18. August 1788 über „*8 Klafter 1 schuh lambrien [...] Mit Erhoben Kelstes Mit lesinen Tut das Klafter Mit hols unt arbeit lon 5 fl. Tun die 8 Klafter 1 schuh 40 fl. 50 xr.*" LA Speyer, Best. B3, Nr. 2592, Bl. 70v.
1285 LA Speyer, Best. B3, Nr. 2591, Bl. 71v. Dafür berechnete Johannes Bihl 8 Gulden.
1286 LA Speyer, Best. B3, Nr. 2592, Bl. 70v, Rechnung vom 18. August 1788. Johannes Daniel erhielt für diese Arbeit wie sein Kollege 8 Gulden.
1287 LA Speyer, Best. B3, Nr. 2597, Bl. 7, Rechnung vom 22. August 1788. Das Gesims hatte eine Höhe von 16 Zentimetern und eine Ausladung von ca. 23 Zentimetern. Die Länge des Gesimses betrug, 88,35 Meter, die Breite 4,47 Meter. Für die Arbeit waren 56 Kreuzer pro Schuh vereinbart, so dass die Summe für diese Arbeit 533 Gulden 24 Kreuzer betrug.
1288 LA Speyer, Best. B3, Nr. 2597, Bl. 7, Rechnung vom 22. August 1788. Der Fries über dem Gesims im goût grec hatte eine Höhe von 38 Zentimetern, während sich die Länge der Decke durch die Hohlkehle entsprechend auf 87,70 Meter verkürzte. Diese Arbeiten wurden mit 169 Gulden 21 Kreuzern berechnet.

decken sich nun mit dem Schadensverzeichnis, in dem die Maße für die *„große Bilder Gallerie Von 300 schuh lang [...]"* angegeben wurden.[1289] Zuletzt wurde der Plafond geglättet und sieben große sowie sechs kleine Rosetten für die Decke stuckiert.[1290]

Ab dem zweiten Quartal 1789 wurden erneut Quadraturarbeiten von Andreas Nassner und seinen Mitarbeitern vorgenommen, die *„zur Fertigung der Gipsarbeiten in die neue Bildergalerie"* und *„zur Fertigung der Quadratur Arbeit [...]"* Material aus dem Baumagazin erhielten. Dazu gehörte gewöhnlicher Gips sowie Busendorfer Gips *„zum stäb giesen und Formen zu machen in die neue Bilder Gallerie."*[1291] Von diesen Handwerkern wurde auch vermerkt, sie hätten 1789 *„Allabaster Blatten gemacht, und stäb gegossen und ausreparirt zu der neuen Bilder Gallerie."*[1292] Noch im Juli erhielt Nassner Material aus dem Baumagazin, um die Quadraturarbeiten im neuen Teil der Bildergalerie vornehmen zu können.[1293] Auch das Stiegenhaus zur Bildergalerie wurde mit einem reich verzierten Gesims versehen.[1294]

Neben der von Mannlich aufgezählten Einrichtung der Galerie, die aus 104 Stühlen, Gueridons und Kristalllüstern bestand, wurde von Zimmermann Joseph Vogel als ein weiterer Teil der Raumausstattung noch *„1 Blumen Stellasch [...]"* genannt, die von Tüncher Adam Zimmermann angestrichen wurde.[1295] Außerdem hatte der Schreinermeister Johannes Bihl dort, vermutlich an einem

---

1289 BayHStA München, Abt. IV, Serienakten 1999, N. 2 im Etat. BECKER, Karlsberg, S. 29.

1290 BECKER, Karlsberg, S. 29. Der Plafond hatte noch eine Länge von ca. 87,13 Metern und eine Breite von 3,25 Metern. Das Glätten des Plafonds wurde mit 18 Gulden berechnet, die großen Rosetten mit 63, die kleinen Rosetten mit 45 Gulden.

1291 LA Speyer, Best. B3, Nr. 2643, S. 60 ff. Die Quadraturarbeiter erhielten dafür mehr als 120 Faß (Grau-)Gips und Busendorfer Gips, der für die feineren Stuckaturarbeiten als besonders geeignet erachtet wurde. Weiter wurde an den Quadrator Nassner Wachs, Brennöl, Unschlitt, weiße Kreide, Baumwolle, irdene Töpfe und Pinsel abgegeben.

1292 LA Speyer, Best. B3, Nr. 2610, Bl. 339. Als Mitarbeiter, die oben vermutlich unter „Konsorten" gemeint waren, werden hier außer Andreas Nassner und Heinrich Schulz noch Jacob Klett, Peter Schulz und Nicklaus Paul genannt. Wozu diese Alabasterplatten und gegossenen Stäbe in der Bildergalerie dienten, wurde nicht vermerkt.

1293 LA Speyer, Best. B3, Nr. 2643, S. 66 f.

1294 LA Speyer, Best. B3, Nr. 2643, S. 66 f. Insgesamt betrug die Rechnung über die Arbeiten in der Bildergalerie 834 Gulden. Diese Rechnung wurde auch aufgeführt in LA Speyer, Best. B4, Nr. 2550, Bl. 242v.

1295 LA Speyer, Best. B3, Nr. 2600, Bl. 23. Adam Zimmermann gibt an, er habe die *„Blumen Stellasch an der Bilder Gallerie dreymal angestrichen."* Dafür wurde die stattliche Summe von 40 Gulden verlangt. LA Speyer Best. B3, Nr. 2613, Bl. 525.

der Kamine, *„Ein trimo Loß gebrogen und 6 Zoll breiter gemacht und witer auff ein unter blaz angemacht [...].*"[1296]

Mannlich erwähnte im Zusammenhang mit der Bildergalerie „un petit pavillon richement meublé, dont un des dégagemens donnoit dans une petite Bibliothèque composé des livres d'arts, dans l'autre il y avoit des lieux a L'Angloise (!)."[1297] Der letzte Halbsatz wurde in den Übesetzungsausgaben nicht berücksichtigt oder falsch gedeutet. Bis auf Bertold Roland interpretierte niemand diesen Ort neben der Bibliothek korrekterweise als Toilette.[1298] Dass es sich dabei tatsächlich um einen Toilettenraum handelte, bestätigt sich erneut durch einen Vermerk in den Handwerkerrechnungen, denn der Maurer und Steinhauer Johannes Müntzel hatte an *„den Neuen Privet unter der Bilder Gallerie ein Loch in die Felßen gehauen, 10 Sch lang, 6 Sch breit u. 3½ Sch dief."*[1299] Der Pavillon selbst wird in den Rechnungen nicht als solcher benannt. Vielmehr ist an einigen Stellen, die mit der Bildergalerie in Zusammenhang stehen, von einem *„anbau an der Bilter galrie"*[1300] die Rede, der begrifflich wiederum streng von dem *„Temppel auf dem Carels Berg an der Bilter Gallery"*[1301] unterschieden

---

1296 LA Speyer, Best. B3, Nr. 2603, Bl. 309, Rechnung vom 30. November 1788.
1297 BENDER/KLEBER, Histoire, Bd. II, S. 259.
1298 ROLAND, Maler, S. 268. Zur Erfindung der Toilette s. MOELLRING, Toiletten, S. 45. Zum Begriff der lieux à l'anglaise s. MOELLRING, Toiletten, Anm. 13. Dieser Begriff wurde in Frankreich für die in England patentierte Wassertoilette verwendet. Auch Laugier riet in seinem Manifest im Rahmen der Bequemlichkeit der Gebäude, man solle „[...] um alle schlechten Gerüche zu vermeiden, [...] Toiletten à l'Anglaise benützen." LAUGIER, Manifest, S. 121. Buttmann, der die erste Übersetzung von Passagen aus Mannlichs Erinnerungen für die Westpfälzischen Geschichtsblätter vornahm, (BUTTMANN, Auszüge) interpretierte diesen Begriff noch folgendermaßen: „Aus der Mitte des Saales trat man in einen kleinen, reich möblierten Pavillon, dessen einer Ausgang in eine kleine, aus Werken über Kunst bestehenden Bibliothek führte, während im anderen man zu Plätzen im englischen Geschmack kam." In der übrigen Literatur verzichtete man entweder gänzlich auf eine Erwähnung des Begriffs, oder beließ es kommentarlos bei dem Begriff der „Lieux à L'Anglaise", so WEBER, Schloss Karlsberg, S. 404 f.
1299 LA Speyer, Best. B3, Nr. 2619, Bl. 92. Das Gewölbe hatte die Maße 3,25 x 1,95 x 1,14 Meter. Die Arbeit wurde mit 10 Gulden abgerechnet. Wie solche Abtritte angelegt wurden, geht aus einer Anordnung Mannlichs an anderer Stelle hervor. Danach sollte in einem Gebäude unterhalb des Carlsberges ein *„Privet unter der Steeg [...] mit einem kleinen Gewölb und Rohr bis unter den Sitz mit einem Ablauf Dohlen bis 6. Schu vors Hauß führen, und auswendig mit einem Deckel, damit selbiges geputzt werden kann."* LA Speyer, Best. B3, Nr. 2648, #ad 1570.
1300 LA Speyer, Best. B3, Nr. 2603, Bl. 302v, Rechnung des Schreiners Johannes Bihl vom 28. November 1789.
1301 LA Speyer, Best. B3, Nr. 2603, Bl. 42, Rechnung des Leyendeckers Martin Bohn vom 8. Dezember 1789. In der Rechnung des Schreiners Bihl von Bl. 302v. ist ebenfalls vom *„tembel"* die Rede.

wird, und darum nicht verwechselt werden kann. Der Anbau entstand jedoch erst im Verlauf des Jahres 1789 und musste daher an die bereits bestehende Galerie angefügt werden.[1302]

Der Zimmermann Joseph Vogel gab an, *„vor Gnädigste Herrschaft auf dem Carlsberg, den Anbau an der Bilder Gallerie, die Zimmer Arbeit verfertiget […]"* zu haben.[1303] Auch der Zimmerpolier Walbaum und der Maurer und Steinhauer Münzel waren an der Errichtung dieses Anbaus beteiligt, wie die Eintragungen des Baumagazins ausweisen.[1304] Johannes Müntzel führte dazu selbst auf, an *„den AnGebäu an der bilder Gallerie Fundament Mauer gemacht"* zu haben, Riegelmauerwerk errichtet, eine Decke eingezogen, den Plafond verputzt, das Mauerwerk bestochen und einen Kamin 15 Schuh hoch aufgemauert zu haben.[1305] Die Schreinermeister Johannes Bihl und Johannes Daniel hatten in eben diesem Anbau jeweils zur Hälfte das Verlegen des Blindbodens übernommen und anschließend *„in obigem Zimmer 2 Klafter 12 Schuh friß böten gelegt […]."*[1306] Die Wände wurden mit ½-zölligem Holz doppelt getäfelt, abgehobelt und hölzerne Vertäfelungen darauf angebracht, deren Füllungen mit Kehlstößen versehen waren.[1307] Auch die Herstellung der Wandvertäfelungen wurde zwischen den beiden Schreinermeistern aufgeteilt. Johannes Daniel beschrieb sie ergänzend, er habe *„lambrien gemach so in al krek […]."*[1308] Dazu kam die Verkleidung von zwei Wandöffnungen, in denen Boiseriestücke zusammengestemmt wurden und *„die schambrahm auß gekelt und peifen darin gestogen und das stäbge mit perlen gestogen […]."*[1309] Diese Fenster bzw.

1302 S. dazu die diversen Eintragungen der *„Carlsberger Baumagazin-Rechnungen"* des Jahres 1789: LA Speyer, Best. B3, Nr. 2646 sowie Nr. 2647.
1303 LA Speyer, Best. B3, Nr. 2613, Bl. 16, Rechnung vom 16. September 1789 über 48 Gulden.
1304 LA Speyer, Best. B3, Nr. 2645, S. 24: *„Ausgab eichene Rahmschenkel […] An Zimmer Polir Walbaum […] zu Fertigung des Anbaus an der Bildergallerie."* LA Speyer, Best. B3, Nr. 2645, S. 35: *„Ausgab Überbindlatten […] An Maurer Polir Münzel zu Fertigung des Anbaus an der Bilder Gallerie."*
1305 LA Speyer, Best. B3, Nr. 2607, Bl. 696, Rechnung von Johannes Müntzel vom 24. November 1789. Für die Arbeiten am Anbau berechnete er rund 50 Gulden.
1306 LA Speyer, Best. B3, Nr. 2603, Bl. 302v, Rechnung von Johannes Bihl. Für den Blindboden erhielt er 2 Gulden, für das Verlegen des Friesbodens 4 Gulden 30 Kreuzer. LA Speyer, Best. B3, Nr. 2604, Bl. 413, Rechnung vom 6. Dezember 1789 von Johannes Daniel. Den Schreinermeistern wurde dazu Material aus dem Baumagazin ausgehändigt, s. LA Speyer, Best. B3, Nr. 2647, S. 1, 9, und 26 f.
1307 LA Speyer, Best. B3, Nr. 2603, Bl. 302v. Die Vertäfelungen wurden mit *„3 Klafter 3 Zoll Lambrie mit Verhoben Kelstes"* beschrieben. Die Arbeit wurde mit 15 Gulden abgerechnet.
1308 LA Speyer, Best. B3, Nr. 2604, Bl. 413. Die Vertäfelungen wurden mit 5 Gulden pro Klafter abgerechnet.
1309 LA Speyer, Best. B3, Nr. 2603, Bl. 302v. Jede Holzverkleidung wurde mit 10 Gulden berechnet. Die Höhe wurde mit 10 Schuh 5 Zoll, die Breite mit 4 Schuh 8 Zoll angegeben (3,38 x 1,52 Meter).

Fenstertüren wurden mit Jalousieläden beschlagen, von denen jeder Flügel 22 verstellbare Schaufeln hatte.[1310] Der Zugang zu diesem Anbau erfolgte durch eine zweiflügelige Glastür.[1311] Glasermeister Purllacher gab an, *„1 groß glaß thihr und 1 groß fenster an den neu an bau an dero bilder gallery neu ver glaß"* zu haben, *„Jedes stick mit 8 großen feinen scheiben [...]."*[1312] An ihn wurden außerdem *„zum verglassen der Fenster an den Anbau an der Bilder Gallerie 18 Taflen Fein Glas"* ausgegeben, die man *„Von der St. Louiser Glashütte erhalten"* hatte.[1313] Die Gips- und Stuckaturarbeiten waren, wie schon bei der Bildergalerie, Aufgabe des Quadrators Andreas Nassner.[1314]

Der Leyendecker Josef Jan übernahm das Eindecken einer Hälfte eines Walmdaches auf dem Anbau und gab die Maße an mit *„ist lang 14 schuch und hoch 11 schuch der walwen ist breit 16 schuch und hoch 11 schuch [...]."*[1315] Martin Bohn hatte am *„an bau an der gallery mit dem Jann zur Helff"* die Dachdeckerarbeit übernommen und zusätzlich einen Kamin darauf gedeckt,[1316] woraus auf die gesonderte Beheizung dieses Raumes geschlossen werden kann.

1310 LA Speyer, Best. B3, Nr. 2607, Bl. 570v, Rechnung des Schlossermeisters Anton Leseur vom 19. Dezember 1789. Er verlangte für diese Arbeit 14 Gulden.

1311 LA Speyer, Best. B3, Nr. 2607, Bl. 570v, Rechnung des Schlossermeisters Anton Leseur vom 19. Dezember 1789. Die Glastür war im oberen Teil mit hölzernen Sprossen, im unteren Teil mit hölzernen Füllungen angefertigt worden und kostete 15 Gulden.

1312 LA Speyer, Best. B3, Nr. 2608, Bl. 333. Eine Scheibe kostete 12 Kreuzer.

1313 LA Speyer, Best. B3, Nr. 2647, S. 82. Notiz in den Baumagazin-Rechnungen vom 30. Oktober 1789.

1314 LA Speyer, Best. B3, Nr. 2647, S. 66 f. Laut den Eintragungen des Baumagazins wurden ihm *„zu Fertigung der Quadratur Arbeit in den Anbau der Bilder Gallerie"* Gips, Leim und Pinsel ausgehändigt.

1315 LA Speyer, Best. B3, Nr. 2606, Bl. 235. Die Länge betrug daher 4,55 Meter, die Höhe 3,57. Der Walm wird mit einer Breite von 5,20 Meter und einer Höhe von ebenfalls 3,57 angegeben. Dafür verlangte er 13 Gulden 12 Kreuzer. Dies gibt einen ungefähren Aufschluss über die Größe des Anbaus (4,55 x 5,20 Meter), wobei dabei ein eventueller Dachüberstand abgerechnet werden muss.

1316 LA Speyer, Best. B3, Nr. 2603, Bl. 42, Rechnung vom 8. Dezember 1789. Für diese Arbeit verlangte er 18 Gulden und 9 Kreuzer. Gemäß den Aufzeichnungen des Baumagazins wurde auch entsprechendes Material an ihn ausgegeben *„zum Eindecken des Anbaus an der Bilder Gallerie."* LA Speyer, Best. B3, Nr. 2645, S. 15. Dazu gehörten tannene Dielen, die ihm laut Eintrag vom 11. September 1789 ausgehändigt wurden, sowie 20 Reiß Leyen und 8 Pfund Blei, *„zum Eindecken des Anbaus an der Bilder Gallerie",* LA Speyer, Best. B3, Nr. 2645, S. 82. Explizit werden alle an Bohn ausgegebenen Materialien noch einmal in LA Speyer, Best. B3, Nr. 2646, #713 benannt.

2. Die Rotunde, oder der „*Temppel auf dem Carels Berg an der Bilter Gallery*"[1317]

Mannlich hatte nicht nur den Auftrag erhalten, jene Bildergalerie einzurichten, die parallel zum nördlichen Ehrenhofflügel zur Gartenseite führte. Vielmehr sollte die Galerie zum Garten „in eine offene, durch eine Kolonnade abgeschlossenen Rotunde" auslaufen (Abb. 17).[1318] Die Rotunde öffnete sich auf der Vorderseite zu jener um drei Stufen höher als der Garten gelegenen Kolonnade,[1319] die bei Mannlich an anderer Stelle als Ausgangspunkt für Ausflüge genannt wurde.[1320] Eine Rotunde kommt in den Bezeichnungen der Handwerker und in den Rechnungen des Baumagazins nicht vor. Vielmehr wurde der Abschluss der Bildergalerie als der „*Neu erbauten Tembel [...] welche ober die bilder Galery komth*"[1321] oder einfach als Tempel „*an der Bilder Gallerie*"[1322] angeführt. Auch im Schadensverzeichnis wurde dieses Tempelzimmer aufgelistet und darin beschrieben als tapeziert „*mit Marmor und Granit von Papier mit Säulen und Figuren nebst 2 große garnirte Bänck und Spiegelthüre.*"[1323]

Die Maurer- und Steinhauerarbeiten an diesem Tempel hatte, wie schon zuvor an der Bildergalerie, Johannes Müntzel übernommen, der in seiner Spezifikation angab, die Arbeiten des Fundaments sowie die des Riegelmauerwerks aus-

---

1317 LA Speyer, Best. B3, Nr. 2603, Bl. 42, Rechnung vom 8. Dez. 1789.
1318 MANNLICH, Rokoko und Revolution 1966, S. 218.
1319 BENDER/KLEBER, Histoire, Bd. II, S. 260. Diese Passage wird in den deutschen Ausgaben nicht vollständig wiedergegeben.
1320 MANNLICH, Rokoko und Revolution 1966, S. 222. „Nach dem Kaffee fanden wir vor der Kolonnade der Galerie im Garten einen mit vier Pferden bespannten sogenannten Wurstwagen bereitstehen. Der Herzog brachte uns zur Karlslust [...]."
1321 LA Speyer, Best. B3, Nr. 2606, Bl. 189.
1322 LA Speyer, Best. B3, Nr. 2647, Bl. 26, 66, 68, 80.
1323 BayHStA München, Abt. IV, Serienakten 1999, N. 2 im Etat. BECKER, Karlsberg, S. 29. Der Schaden in diesem Raum wird mit 240 Gulden beziffert. Anders aber Weber, der das Tempelzimmer, das bei Mannlich mit keinem Wort erwähnt werde, im Hauptpalais verortet. Durch die völlig andere Raumdisposition bei Weber ergibt sich für ihn eine – nun nicht mehr haltbare – ikonografische Zuordnung des Raumes zum Aphrodite-Kult. Vgl. WEBER, Schloss Karlsberg, S. 238. Schneider hält eine Verbindung der beiden Bezeichnungen Rotunde und Tempelzimmer zunächst für Wert, in Betracht gezogen zu werden, vgl. SCHNEIDER, Mannlich, S. 170. Später stuft er diese Verbindung als fraglich ein, vgl. SCHNEIDER, Schlösser, S. 292, unter Einbeziehung einer Rechnung ohne Quellenangaben. Sein Verweis auf Rechnungen der Brüder Neuhäusel aus dem Jahr 1788, welche sich auf eine marmorne Wandgestaltung bezögen, entzieht sich mangels einer Fundstellenangabe einer Überprüfbarkeit. Darüber hinaus könnte sich diese Angabe auch auf die beiden Marmorzimmer im Schlossflügel bzw. im Corps de logis beziehen.

geführt zu haben.¹³²⁴ Die Arbeiten zur Innengestaltung dieses Tempelzimmers häufen sich im letzten Quartal des Jahres 1789. Der Schreiner Ignatius Fischer machte dabei den Anfang mit der Herstellung einer *„Thür zum Tempel"* mit zwei Türfüllungen, dem Türsockel samt dem Türfutter und doppelter Verkleidung.¹³²⁵ Der Schreiner Johannes Ritz hatte ebenfalls die Fertigung einer zweiflügeligen Tür mit zwei Füllungen sowie einer *„Glas Thür an den Tempel 7 Sch hoch 3 Sch Breit mit Fuder und Doppelter Verkleitung"* bewerkstelligt.¹³²⁶ Als Bodenbelag hatte man, wie auch in der Bildergalerie und deren Verlängerung, einen Parkettboden gewählt, da er sorgfältig gespänt werden musste.¹³²⁷

Im September stellten die Schreiner Matheis Jäger und Johannes Ritz eine Spezifikation ihrer Arbeiten zusammen, die sie im Zusammenhang mit diesem Raum erbracht hatten. Dazu zählten an erster Stelle sechs Freisäulen und zwei Pilaster ionischer Ordnung,¹³²⁸ die zu jener von Mannlich erwähnten Kolonnade zugehörig scheinen. Die *„2 Capitaeler an die Pilaster vorn Rund und auf der Seit mit geschweiften Rundungen 2 überstehenden Schnerckel, mit einem Rund- und Ochsen Stab samt Carnis"* sowie *„2 Tragstein"* hatte der Schreiner Johannes Ritz übernommen.¹³²⁹ Die Arbeiten an vier hölzernen *„Jonische Capitaeler nach des. Hl. Baumstr.* [herzoglichen Baumeister] *seinem Riß"* sowie an

---

1324 LA Speyer, Best. B3, Nr. 2607, Bl. 696v, Rechnung vom 24. November 1789 über eine Vielzahl von Arbeiten an diversen Bauten. Aus dem Zeitpunkt der Erstellung seiner Spezifikation ist daher nicht auf den Zeitpunkt der Arbeiten zu schließen. Zu seinen Arbeiten gehörte es auch, den Plafond des Tempels zu verputzen sowie die glatten Seiten des Tempels zu bestechen.

1325 LA Speyer, Best. B3, Nr. 2604, Bl. 135. Es ist zu vermuten, dass diese Tür von der Bildergalerie zum Tempelzimmer führte. Die Tür hatte eine Höhe von 6 Schuh 8 Zoll und eine Breite von 2 Schuh 9 Zoll (2,17 x 0,89 Meter). Die Tür kostete an Arbeitslohn 8 Gulden. In der gleichen Rechnung gibt Fischer an, er habe auch 4 Zuglatten und 9 Gesimslehren für die Gipser angefertigt.

1326 LA Speyer, Best. B3, Nr. 2609, Bl. 249, Rechnung vom 21. Oktober 1789. Die zweiflügelige Tür war 7 Schuh hoch und 4 Schuh breit (2,27 x 1,30 Meter) und kostete 13 Gulden. Die Glastür kostete 7 Gulden und hatte eine Höhe von 2,27 Meter sowie eine Breite von 97 Zentimetern.

1327 LA Speyer, Best. B3, Nr. 2623, Bl. 119, Rechnung vom 13. Juli 1792. Der Schreinergeselle Johannes Roos berechnete, er habe *„[…] 4 Tag am Tempel aus gespähnt p Tag 36 xr."*

1328 LA Speyer, Best. B3, Nr. 2606, Bl. 189. Säulen und Pilaster hatten eine Höhe von 10 Schuh 9 Zoll (3,49 Meter). Die Säulen wurden mit jeweils 22 Gulden, die Pilaster mit jeweils 12 Gulden berechnet. Die umfassende Spezifikation über 18 vorgenommenen Arbeiten im Tempelzimmer wurde zwar mit 314 Gulden erfasst, jedoch von Krutthofen auf 277 Gulden heruntercorrigiert.

1329 LA Speyer, Best. B3, Nr. 2609, Bl. 249. Die beiden Kapitelle kosteten zusammen 14 Gulden, die beiden Konsolen, *„vorn geschweift unten ein überstehendes Rundell auf 2 Seiten mit vier überstehenden Schnerckel"* kosteten zusammen 10 Gulden. Ob diese Konsolen für die erwähnten „Figuren" des Schadensverzeichnisses dienten, kann nicht geklärt werden.

„2 halb runde Capitaeler von der nehmlichen Gröse" hatte man dem Bildhauer J.M. Weißer aus Blieskastel übertragen.[1330] Dazu kamen, passend zur jonischen Ordnung der Kapitelle, Leisten mit Herzlaub, *„Ochsen Augen mit Zungen dazwischen"* und *„Wasser Laub an breite Thüren deren Flügel"* sowie Konsolen neben den Türen und *„Champs Rahmen mit Wasser Laub und Rebonten [?]."* Dazu kamen noch 5 Rosetten *„mit gespaltenem Laub".*[1331] Über den Kapitellen fertigten die Schreiner Jäger und Ritz gemeinsam für die Außenseite ein hölzernes Gebälk mit einem Architrav, einem Karnies als Astragal, einem Fries und einem Zahnschnitt darüber.[1332] Auf den Zahnschnitt folgte *„Ein großer Ochsenstab mit Einem Kleinen stäbgen"*, gefolgt von einem Kranzgesims.[1333] Darüber

---

1330 LA Speyer, Best. B3, Nr. 2613, Bl. 382, Rechnung vom 8. November 1789 über insgesamt 466 Gulden 24 Kreuzer, die von Kruthofen jedoch auf 396 Gulden gekürzt wurden. Die Kapitelle kosteten *„vor Holz, Schreiner und Bildhauer Arbeit p: St. 44 fl."*, insgesamt also 176 Gulden, während die beiden halbrunden Kapitelle zusammen mit 44 Gulden angegeben wurden. Die Dienste des Bildhauers Weißer waren schon zuvor für *„Verfertigte Vasen laut Rech. de 25. Nov: 1783"* in Anspruch genommen worden. LA Speyer, Best. B3, Nr. 2953, S. 779. Die Rechnung von 1789 über 396 Gulden wird summarisch auch im Bauprotokoll von 1789 aufgeführt, LA Speyer, Best. B4, Nr. 2551, Bl. 310v. Lohmeyer schreibt über ihn als „Mathias Weysser" (1747–1813), der, aus dem Schwarzwald stammend, nach Blieskastel kam. Dort wird ihm der Entwurf des frühklassizistische Hauses in der Schlossbergstraße 40 zugeschrieben. LOHMEYER, Weysser, S. 313–318.
1331 LA Speyer, Best. B3, Nr. 2613. Insgesamt wurden 63 Schuh (20,46 Meter) Herzlaub, verwendet im lesbischen Kyma, zu 26 Gulden 12 Kreuzern geliefert, 66 Schuh (21,44 Meter) Ochsenaugen zu 41 Gulden 48 Kreuzern. Die Konsolen kosteten je 16 Gulden 30 Kreuzer. Vier Rosetten wurden jeweils zu 1 Gulden 40 Kreuzern angerechnet.
1332 LA Speyer, Best. B3, Nr. 2606, Bl. 189 f. Zunächst fertigte man einen Architrav, welcher *„inwendig an den tembel komt [...] ist hoch 10 zol [...]."* LA Speyer, Best. B3, Nr. 2606, Bl. 189 f., Nr. 3 der Spezifikation. Der Architrav von 19 Schuh hatte eine Höhe von 27 Zentimetern und wurde mit einer Länge von 19 Schuh (6,17 Meter) angegeben. Für die Fertigung der *„untersicht welche unter dem gesims durchlaufft"* wurden 20 Einzelstücke berechnet. LA Speyer, Best. B3, Nr. 2606, Bl. 189 f., Nr. 4 der Spezifikation über 32 Einzelstücke, die *„mit Pfeiffen gestochen ist breith 13 ½ zol"*, also ca. 36 Zentimeter. Der Architrav der Außenseite, der *„von außwendig am tembel auf den cabiteler gleich auf sitzen ist hoch 10 zol"* und hatte die gleiche Höhe wie auf der Innenseite, s. Nr. 5 der Spezifikation. Allerdings wurde für die Außenseite eine Länge des Architravs von insgesamt 38 Schuh angenommen (12,34 Meter). Auf dem Architrav befand sich ein Karnies, dessen Platte mit einer Höhe von zwei Zoll (5 Zentimeter) und einer umlaufenden Länge von 40 Schuh (12,99 Meter) zu 4 Gulden angegeben wird, s. Nr. 6 der Spezifikation.
1333 LA Speyer, Best. B3, Nr. 2606, Bl. 189 f., Nrn. 9 und 10 der Spezifikation. Das Kranz- oder *„haubt gesims welche auf den glidern unter dem Dach herdurch lauft ist hoch 6 ¼ zol"* (ca. 17 Zentimeter) *Welche mit Einem Vertiften Platen her*

erhob sich *„die frontspitz 15 sch von dem Karniß mit Einer großen platten welche mit schregem Zanschnith übersetz ist [...]. Von dem Ochsenstab seind in der frontspitz 16 sch [...]."*[1334] Der Dreiecksgiebel wurde zudem von einem Gesims umlaufen, das wie das Hauptgesims des Gebälks gestaltet war.[1335] Ferner wurde angegeben, dass die beiden Schreiner *„auf dem dach deß Tembels [...] 36 sch sockel gemacht"*[1336] hatten.

Zu den Arbeiten der beiden Schreiner Jäger und Ritz gehörte es auch, eine zweiflügelige Tür mit jeweils drei Füllungen für diesen Tempel anzufertigen *„welche ist hoch 9 sch breith 4 sch 4 zol."* Die Tür sollte auf beiden Seiten durch Pilaster gerahmt sein, darüber ein *„hauptgesims darauf unter dem hauptgesims Ein subborth welche Die fülung mit pfeiffen überstochen ist."*[1337] Diese Angaben über eine zweiflügelige Tür sowie zwei einflügelige Glastüren stimmt mit den Angaben des Schlossers Anton Leseur überein, der angab, er habe eine *„Zweyflüglich Thür an den Tempel angeschlagen mit 8 starcke Scharnier Band [...]"*. In der gleichen Rechnung benannte er zwei Glastüren, die am Tempel ebenfalls mit Scharnierband angeschlagen wurden.[1338] Die beiden einflügeligen Glastüren wurden vom Glaser jeweils *„mit 3 großen fein scheiben"* verglast und die *„scheiben mit weißen fenster Küt Eingeküt."* Dazu kamen noch zwei ovale Fenster am Tempel, für die man jeweils eine große Scheibe feinen Fensterglases benötigte.[1339] Die Ausführung eines dieser ovalen Fensterrahmen hatte der

---

      nacher mit Einer henckente platen hernacher mit einem Kleinen Karniß auf dem karniß ist platen hernacher Ein großer Karniß seind 54 sch (17,54 Meter) *vom schuh 30 xr. at 27 fl."* Diese Arbeit wurde mit 27 Gulden berechnet.

1334 LA Speyer, Best. B3, Nr. 2606, Bl. 189 f. 15 Schuh des Zahnschnitts am Dreiecksgiebel entsprechen 4,87 Metern, 16 Schuh der Ochsenaugen entsprechen 5,20 Metern. Diese Leiste wurde mit einem Lohn von 5 Gulden 30 Kreuzern berechnet.

1335 LA Speyer, Best. B3, Nr. 2606, Bl. 189 f., Nr. 13 der Spezifikation. Dieses den Giebel umlaufende Gesims hatte die gleiche Höhe wie das Hauptgesims (ca. 17 Zentimeter) und die gleiche Form. Die Länge von 19 Schuh (6,17 Meter) wurde mit 9 Gulden 30 Kreuzern berechnet.

1336 Ebd, Nr. 15 der Spezifikation. Der Sockel war 11,69 Meter lang und 35 Zentimeter hoch.

1337 LA Speyer, Best. B3, Nr. 2606, Bl. 190, Nr. 18 der Spezifikation. Die Tür hatte die Maße von 2,92 x 1,41 Metern. Sie wurde samt den Pilastern, dem Gesims und der Supraporte mit 33 Gulden berechnet.

1338 LA Speyer, Best. B3, Nr. 2607, Bl. 570, Rechnung vom 19. Dezember 1789. Die Arbeit an der zweiflügeligen Tür wurde mit 5 Gulden 52 Kreuzern berechnet, jene an den beiden Glastüren mit 4 Gulden 24 Kreuzern.

1339 LA Speyer, Best. B3, Nr. 2608, Bl. 333, Rechnung des Glasers Purllacher vom 28. Dezember 1789. Die sechs Scheiben feinen Glases wurden mit Fensterkitt und Arbeitslohn mit 1 Gulden 12 Kreuzern berechnet. Die Scheiben für die *„2 stick ofall fenster in dito Tembel"* kosteten 24 Kreuzer.

Schreiner Johannes Ritz übernommen.[1340] Der Schreiner Johannes Bihl fertigte *„an den tembel 3 sticker schambrahm hoch 6 sch 6 z breit 3 sch 10 z auß gekelt."*[1341] Laut einer Rechnung von Johannes Ritz musste nachträglich eine *„Glas Thür samt der Champrahm verlängert"* werden. Außerdem hatte er die Herstellung der Holzvertäfelungen übernommen, die mit Lisenen versehen waren sowie einer doppelten Verkröpfung, die *„unden ein Socle oben ein Sitz leist"* ausbildete. Die Füllungen sollten doppelt vertieft werden.[1342] Die Quadraturarbeiten am Tempel der Bildergalerie hatte man Andreas Naßner übertragen, wie aus den Ausgabebüchern des Baumagazins hervorgeht.[1343] Das Dach des Tempels wurde von Dachdecker Martin Bohn gedeckt,[1344] und 1790 schließlich hatte Schlosser Magnus Bötsch einen Blitzableiter auf das Dach des Tempels montiert.[1345]

Dieser Tempel, konzipiert als Rotunde mit einer Kolonnade, die drei Stufen höher als der Garten lag, zeigte sich, laut den Angaben der Baurechnungen, als ein Rundbau ionischer Ordnung mit vorgelagertem Portikus und Dreiecksgiebel. Die Bestandteile des Architravs wurden in den Rechnungen ausgiebig beschrieben. In diesen architektonischen Bestandteilen offenbarten sich starke Anregungen aus der palladianischen Architekturtradition, der sich Mannlich schon im Entwurf seines Zweibrücker Hoftheaters verpflichtet zeigte.[1346] Der Säulenportikus, also jene beschriebene Kolonnade, die zur östlichen Gartenseite angelegt worden war, wurde als Wagenvorfahrt für die beschriebenen Gartenausflüge des Herzogs genutzt. Am Übergang von der Gemäldegalerie zum Garten diente der

---

1340 LA Speyer, Best. B3, Nr. 2609, Bl. 254, Rechnung vom 22. Dezember 1789.
1341 LA Speyer, Best. B3, Nr. 2603, Bl. 302v, Rechnung vom 28. November 1789. Die Verkleidungen waren 2,11 Meter hoch, 1,25 Meter breit, und wurden mit 2 Gulden 40 Kreuzern berechnet.
1342 LA Speyer, Best. B3, Nr. 2609, Bl. 254. Fünf Klafter Lambris wurden mit 20 Gulden berechnet.
1343 Dort hatte man ihm zu diesem Zweck Dachlatten, Gips und Pinsel ausgehändigt. LA Speyer, Best. B3, Nr. 2647, S. 27, 66, 68, 80 im 4. Quartal 1789.
1344 LA Speyer, Best. B3, Nr. 2603, Bl. 42, Rechnung vom 8. Dezember 1789. Das Dach war 8 Schuh hoch und 15½ Schuh lang (2,60 x 5,03 Meter). Der Dachdecker Bohn berechnete dafür 16 Gulden. Die Gesimse und die Traufe wurden mit 1697 Pfund Blei belegt.
1345 LA Speyer, Best. B3, Nr. 2603, Bl. 172, Rechnung vom 31. Oktober 1790 über zwei Wetterableiter, *„eine auf dem Tempel, und eine auf der Bilder Gallerie wieg 40 [lb] à 10 x.".*
1346 Die Kapitelle an den Portiken der Villa Rotonda (erbaut 1566–1570 für Paolo Almerico) bei Vicenza, die im 18. Jahrhundert u.a. in den Architekturentwürfen von William Kent und William Chambers rezipiert wurde, gestaltete Palladio in der ionischen Ordnung. S. mit Abbildungen MURANO/MARTON, Villen, S. 202 f. HIRSCHFELD, Theorie, Bd. III, S. 23 f. Zu den Tempeln im 18. Jahrhundert s. HIRSCHFELD, Theorie, S. 58 ff.

Tempel als vermittelnder Raum, der die optische Verbindung vom Innenraum zu den Ausblicken in den Garten schaffte.[1347] Dem Tempel mit Ruhebänken kam damit die Funktion eines würdigen architektonischen Ausklanges der Gemäldegalerie ebenso zu wie die einer Überleitung zum Garten, ähnlich einer singulären Gartenarchitektur. Hirschfeld erachtete gerade die runden Tempel für Gärten am meisten geeignet. „Ihre Form führt bey aller Würde eine gewisse Leichtigkeit, Freyheit und Anmuth mit sich, die sie vorzüglich Revieren empfiehlt, wo die Natur ihre Reize enthüllet."[1348] Auch die Wahl der ionischen Säulenordnung wurde von Hirschfeld für edle Landhäuser als angemessen angesehen, denn „sie verbindet mit Einfalt eine bescheidene Zierlichkeit und eine feine Annehmlichkeit."[1349] Sie fand als Zierde des Tempels, der die Gemäldegalerie abschloss, ihre adäquate Anwendung, da die Beibehaltung des ländlichen Charakters der Architektur von Schloss Carlsberg stets betont wurde. Außerdem wurde die Ionika durch ihren geschlechtsspezifischen Inhalt generell für Gebäude als angebracht empfunden, die sich auf das weibliche Geschlecht, hier vertreten durch die Kunst, beziehen.[1350] Da hier der abschließende Tempel den Übergang von der Bildergalerie zum Garten und damit von der Kunst zur Natur darstellte, war die gewählte Ordnung die einzig Passende.

VIII. Der „*Lange Gang*" – Die Erweiterung der Bildergalerie

Obwohl nun der Herzog ab 1788 eine Bildergalerie besaß, reichte der damit gewonnene Platz nicht aus, um die Vielzahl der erworbenen Gemälde aufhängen

---

1347 An dieser Stelle soll auch auf den Kuppelbau der neuen Orangerie am Ludwigsberg verwiesen werden, der nach einem Entwurfsplan Balthasar Wilhelm Stengels (1748–1824) ebenfalls mit einem Säulenportikus versehen wurde. Dieser Bau entstand laut der erhaltenen Handwerkerakkorde ab 1790, also kurz nach dem Carlsberger Tempelbau. Am Ludwigsberg fand jedoch bei den Säulen die korinthische Ordnung Verwendung. Auch wurden insgesamt höherwertige Materialien verwendet, indem die Säulen des Portikus und der Dreiecksgiebel aus Stein errichtet und der Boden mit Marmor belegt wurde. Der Kuppelsaal wurde mit einer Statue der Flora des Bildhauers Philipp Jakob Scheffauer (1756–1808) ausgestattet. S. dazu PAUL, Ludwigsberger Garten, S. 122 f. Abb. der Zeichnung s. PAUL, Ludwigsberger Garten, S. 46. Die Innenraumgestaltung des Carlsberger Tempels erfolgte dagegen lediglich mit ‚Marmor und Granit von Papier.' Über die Skulpturen ließ sich kein Nachweis finden.
1348 HIRSCHFELD, Theorie, Bd. III, S. 74.
1349 HIRSCHFELD, Theorie, Bd. III, S. 23. Ähnlich auch bei Sulzer, s. dazu SCHÜTTE, Ordnung und Verzierung, S. 105, insbes. Anm. 426.
1350 SCHÜTTE, Ordnung und Verzierung, S. 105.

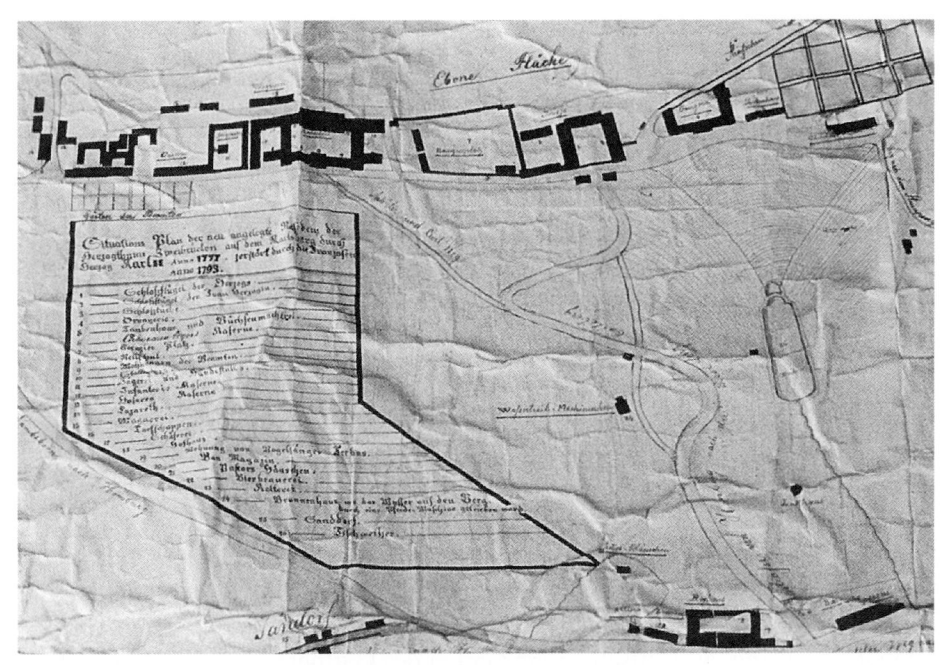

Abb. 44: Rosché, Claudius, „Situations Plan vom Carlsberg", 1825
Teil des Monumentaltableaus, Ausschnitt mit Legende

und präsentieren zu können. Deshalb sah man eine Vergrößerung der Galerie rasch als notwendig an. Eine Verlängerung des Baues nach Osten war ausgeschlossen, hätte sie doch einen unschönen Einschnitt in den Bereich des Schlossgartens bedeutet. Zudem hatte die bestehende Galerie bereits ihren östlichen Abschluss zum Garten im oben beschriebenen Tempelzimmer gefunden. Eine Verlängerung der Galerie im rechten Winkel nach Süden hätte unweit der Schlossküche vorbeigeführt, in deren unmittelbarer Nähe man ein Hühnerhaus[1351] errichtet hatte, weshalb auch diese Möglichkeit als reichlich unpassend ausscheiden musste. Eine Verlängerung konnte daher nur – ausgehend vom Tempelzimmer – nach Norden verlaufend ins Auge gefasst werden. Auch hier handelte es sich, wie die verwendeten Baubezeichnungen in den Handwerkerrechnungen zeigen, zunächst um einen Verbindungsgang zwischen zwei Gebäudekomplexen, der anschließend dazu bestimmt wurde, als Verlängerung der repräsentativen Bildergalerie zu dienen (Abb. 17).

1351 LA Speyer, Best. B3, Nr. 2607, Bl. 687. Spezifikation vom 24. Oktober 1788 der Maurer und Steinhauer Johann Georg und Johannes Müntzel über das „*Hinkel Hauss an der Schloss Küche, welches 25 Sch lang, 15 Schuh breit, und von Boden auf 10 Sch hoch*" war (8,12 x 4,87 x 3,25 Meter). Das Hühnerhaus mit sechs Fenstern und zwei Türen und wurde von den beiden Handwerkern mit rund 130 Gulden berechnet.

Dieser so genannte Lange Gang, von dem ab 1788 die Rede ist, wird auf dem Ölplan (Abb. 43) und dem Situationsplan von Claudius Rosché (Abb. 44) als eine sehr schmale Fortsetzung der Bildergalerie gezeigt, die im rechten Winkel von der Galerie abgeknickt nach Norden zum Reithaus geführt wird. Die Bezeichnungen für diesen Bau erscheinen in den Rechnungen zunächst nicht einheitlich. Im Schadensverzeichnis wird der Bau als *„Bildergang von 180 schuh lang"* bezeichnet.[1352] Einige Handwerker sprachen von diesem Gebäude als dem *„Langen Gang nach der Reitschull"* sowie dem *„Nejen Sonnenfang"*.[1353] Andere Handwerker verwendeten die Umschreibung des neuen Ganges *„der von der Bilder Gallerie nach der Reitschul geth."*[1354] Diese Bezeichnungen sind abhängig vom Datum der Rechnung und damit von der jeweilig geplanten Baufunktion dieses Gebäudes. Die Rechnungsdaten ermöglichen daher die Ermittlung, um welchen Teil und um welche Ausbauphase der Bildergalerie es sich jeweils handelt.

Zunächst bat Baumeister Krutthofen *„um gnädigste Enschließung 1) wo das Holtz vor den langen Gang vom herzoglichen Schloß bis zur Reithschule zur Ersparung des Fuhrlohns am nächsten und sichersten abgeladen werden dörfe?"* und wie der Gang zur Reitschule am Garten des Gärtners Reichard durchgebrochen werden solle sowie darüber, wo *„die Steine zu den fundamenter vor diesen langen Gang zu bekommen seyen, da die Steinbrechern wegen Geldmangels nicht mehr arbeiten können."*[1355] Störende Felsen *„zwischen dem Schloß Fliegel und dem Garten so von dem Gärtner Reichhard gepflantzt wird"* wurden von Henrich Herzog entfernt.[1356]

In der Folge wurden die Zimmergesellen Peter Schwarz und Konsorten zur Erbauung dieses Ganges tätig.[1357] Anschließend gab der Maurer und Steinhauer Johannes Müntzel an, an dem *„Neuen Gang der von der Bilder Gallerie nach der Reitschul zu geth, welcher 345 Sch lang, und im Licht 4 Sch 8 Zoll breit ist,*

1352 BayHStA München, Abt. IV, Serienakten 1999, N. 2 im Etat. BECKER, Karlsberg, S. 29.
1353 LA Speyer, Best. B3, Nr. 2606, Bl. 230. Rechnung des Dachdeckers Joseph Jan vom 16. März 1789.
1354 LA Speyer, Best. B3, Nr. 2607, Bl. 693, Rechnung des Maurers Johannes Müntzel vom 12. September 1789.
1355 LA Speyer, Best. B2, Nr. 1601, Bl. 163. Das Blatt selbst ist undatiert, befindet sich aber im Kontext von Blättern um 1787.
1356 LA Speyer, Best. B3, Nr. 2593, Bl. 514, Rechnung über 22 Gulden vom 7. Januar 1788. Zum Garten und den Treibhäusern Reichards s. Kap. B.II.2.a.
1357 LA Speyer, Best. B3, Nr. 2614, Bl. 214. Dafür wurden 4052 Schuh Holz verarbeitet.

zwischen den Balcken auf beyde Mauren aus gemauert [...]" zu haben.[1358] Dieser Gang war jedoch in seiner Länge noch nicht identisch mit der Fortsetzung der Bildergalerie nach Norden, denn Müntzel gab weiter an, *„im 89ter Jahr an der Neu zu erbauender Bilder Gallerie welche an die Alte anschließt und nach des Reichard Treib Hauß zu lauft 297 lang un 27 Fuß breit ist [...]"* die Fenstersteine, Sockelquader, Torpfeiler, Lisenen sowie ein Gurtgesims gehauen zu haben, *„welches auf jeder Lesine Zweymahl verkröpft ist."*[1359] Es kann also davon ausgegangen werden, dass dieser lange Gang durch Anbauten zum so genannten Galeriegang ausgebaut wurde. Der ursprüngliche Gang wurde auf einer Seite in Fachwerktechnik mit Riegelmauerwerk errichtet. Das Fundament, das Glätten des Plafonds, das Bestechen der Wände mit einfachem Putz, das Aufführen zweier Kamine sowie das Verlegen eines steinernen Bodenbelags führte Müntzel ebenso in einer Spezifikation an[1360] wie das Verputzen und zweimalige Weißeln des Plafonds.[1361] Der Zimmermann Joseph Schilling aus Schwetzingen hatte die Zimmerarbeit übernommen in dem *„schmalen Gang so an den neu erbauten Tempel angebaut worden."*[1362]

Aus der Rechnung des Leyendeckers Martin Bohn geht hervor, dass er anteilig *„den Gang vom schloß nach der Reuth schul gedeckt ist lang 172 Schuh hoch mit dem sonnfanck 13 schuh [...]."*[1363] Auch an der zweiten Hälfte des Gangs wurde ein weiterer Schwanenhals ergänzt, denn Joseph Jan gab in einer später datierten Rechnung an, er habe *„Ein halbe seitte Dach gedeckt auf dem Nejen Sonnenfang an dem Nejen Gang nach der Reitschull ist lang 172 schuch und*

1358 LA Speyer, Best. B3, Nr. 2607, Bl. 693. Spezifikation vom 24. November 1789. Der Neue Gang hatte eine Länge von 112,06 Metern und einer Breite von 1,52 Metern. Dafür wurden 38 Gulden berechnet.

1359 LA Speyer, Best. B3, Nr. 2607, Bl. 698, Spezifikation vom 12. Juli 1790. Das Gurtgesims berechnete er mit 130 Gulden 32 Kreuzern. Außerdem hatte er *„Zu die Fenster Gesteller, Sockel Quader, Lesinen, Thorbögenstein, und Gurtgesims, Haustein gebrochen."* Diese Arbeit wurde mit 190 Gulden 5 Kreuzer berechnet.

1360 LA Speyer, Best. B3, Nr. 2607, Bl. 696v, mit Datum vom 24. November 1789. Die beiden Kamine wurden jeweils 18 Schuh hoch (5,85 Meter) aufgeführt und zusammen mit 17 Gulden veranschlagt. Ein Teil des Ganges wurde *„mit ordinäre geschorirte Blatten gelegt 70 ½ Schu vor jeden Schu zu legen 2 xr beträgt 2 fl. 21"*.

1361 LA Speyer, Best. B3, Nr. 2607, Bl. 693. Dafür wurden 38 Gulden 34 Kreuzer berechnet. Für das Verputzen der Decke und das Weißeln wurden 40 Gulden berechnet. Das Mauerwerk wurde an drei Seiten bestochen.

1362 LA Speyer, Best. B3, Nr. 2614, Bl. 160. Datum vom 7. November 1789. Der Gang hatte eine Ausmessung von 827 Schuh (268,61 Metern). Die Arbeit Schillings wurde mit 27 Gulden 34 Kreuzern berechnet.

1363 LA Speyer, Best. B3, Nr. 2603, Bl. 44, Rechnung vom 2. Mai 1789. Für das Decken des Ganges hatte er 149 Gulden und 1 Batzen verlangt. 172 Schuh entsprechen 55,87 Metern. Die Höhe betrug 4,22 Meter.

hoch 3 schuch [...]."[1364] Den Anstrich des Sonnenfangs besorgte der Anstreicher Adam Zimmermann.[1365] Der „Sonnenfang", auch „Schwanenhals" genannt, ein konkav angelegter Fries oberhalb der Fensterzone, sollte der Speicherung der Sonnenwärme dienen und war in erster Linie ein wichtiges Element der Treibhausbauten.[1366] Diese hochgezogene Dachseite des Gebäudes war bei gleicher Länge entsprechend höher als die andere, deren Eindeckung der Leyendecker Joseph Jan wiederum anteilig zur Hälfte übernommen hatte, denn er berechnete für seine Spezifikation, auf der zweiten niedrigeren Seitenhälfte *„auf dem Nejen gang nach der Reit schull ist lang 172 schuch und ist hoch 10 schuch [...]"* gedeckt zu haben.[1367] In der Dachzone befanden sich mindestens *„11 Stick ofalle Dachgauben fenster auf den neu gebautten Bilder gallery gang hintter dero Schloss Kich [...],"* deren Fenster der Glasermeister Purllacher zu verglasen, mit Tafelblei zu verbleien und mit Windeisen zu versehen hatte.[1368] Zu den größeren Schwierigkeiten gehörte es trotzdem, diesen neuen Bildergaleriegang vollständig einzudecken, denn im September 1791 wird zwar vermerkt, dass zu *„dem ohne Verzug zu beendigenden Bauweßen an dem Gang zu der Carlsberger Bildergallerie [...]"* Blei und Schiefer bereit stünden,[1369] doch Wochen später war noch nichts geschehen. Ein Schreiben an die Rentkammer machte darum auf die Dringlichkeit des Vorhabens aufmerksam, denn der *„mit Gemehlden bereits behängte Carlsberger Bilder Gallerie Gang kann wegen Mangel an Leyen nicht gedecket werden, mithin ist zu besorgen, daß der Regen*

1364 LA Speyer, Best. B3, Nr. 2606, Bl. 230, Rechnung vom 16. März 1789. Für diese Arbeit wurden 34 Gulden und 24 Kreuzer berechnet. Material dafür händigte ihm das Baumagazin am 13. Februar aus. LA Speyer, Best. B3, Nr. 2642, #101. Der Schwanenhals vom Bildersaal bis zum Reithaus wurde 1792 mit Schiefer neu eingedeckt. LA Speyer, Best. B 3, Nr. 2619, Bl. 287. Dafür verlangte der Leyendecker Josef Jan 50 Gulden und 40 Kreuzer. Auch der Leyendeckermeister Johann Peter Kramer arbeitete noch 1791 an der Eindeckung des langen Ganges, LA Speyer, Best. B3, Nr. 2606, Bl. 421. Rechnung vom 1. Januar 1792 über 170 Gulden 33 Kreuzer.
1365 LA Speyer, Best. B3, Nr. 2645, S. 68. Er erhielt laut Rechnung des Baumagazins am 10. August 1789 25 Pfund Nürnberger Rot *„zum anstreichen des Sonnenfangs von der Bildergallerie in die Reitschul."* Auch benannt in LA Speyer, Best. B3, Nr. 2646, #612.
1366 S. dazu Kap. B.II.3.
1367 LA Speyer, Best. B3, Nr. 2606, Bl. 227, Rechnung vom 18. November 1788. Die Dachlänge ist identisch mit der Angabe des Leyendeckers Bohn, die Höhe von 3,25 Metern weicht um die Höhe des Sonnenfangs von drei Schuh, also 97 Zentimetern, von der anderen Dachseite ab. Jan verlangte für seine Dachseite 114 Gulden und 14 Kreuzer.
1368 LA Speyer, Best. B3, Nr. 2617, Bl. 204, Rechnung vom 9. April 1792.
1369 LA Speyer, Best. B2, Nr. 1601, Bl. 209.

durchschlagen und die Gemälde verderben werde."[1370] Weil es dem Herzog „*auf die Deckung des Ganges von der Carlsberger Bilder Gallerie sehr pressiren: so hat Baumeister Krutthoffer bey dem Geibert von Scheuren einstweilen Leyen bestellet [...]."*[1371]

Zur Beheizung des langen Ganges wurden zunächst drei Kamingestelle eingerichtet.[1372] Später wurden drei Öfen mit langen Rohren „*welche zum ausdrocknen ein gericht worden, zweymal aufgesetzt, und um die Öffen herum Ohmbacher Blatten gehauen u. gelegt."*[1373]

Über die Fenstersituation lässt sich aus den Rechnungen schließen, dass zum einen neun kleinere zweiflügelige Fenster benötigt wurden, die nur fünf Schuh hoch und drei Schuh breit waren.[1374] Zum anderen wurden neun größere Fenster eingebaut, denn der Schlosser Friedrich Herbel brachte Jalousieläden mit 22 verstellbaren Schaufeln und Zugstangen daran an.[1375] Der Gesamtanzahl der Fenster kommt vermutlich die Spezifikation des Glasermeisters Paul Purllacher näher, der 28 zweiflügelige Fenster „*neu ver glaß und die scheiben mit weißem fenster Küt neu ein geküt Jedes fenster mit 8 stick halb feinen scheiben at dieße 28 fenster machen samen 224 scheiben [...]."*[1376] Diese Angabe findet in der

---

1370 LA Speyer, Best. B2, Nr. 1601, Bl. 205. Die herzogliche Rentkammer wurde daher beauftragt, auf der Stelle dafür zu sorgen, dass der schon bestellte Schiefer aus Allenbach „*sobald es nur immer zu machen thunlich ist, geliefert und H. Baumeister Krutthofer dessen beaufsichtiget werde."* Nachricht vom 27. September 1791.

1371 LA Speyer, Best. B2, Nr. 1601, Bl. 213. Der zuvor bestellte Schiefer könne trotzdem geliefert und bezahlt warden, da „*ein Vorrath von derg. allezeit nöthig und räthlich ist."* LA Speyer, Best. B2, Nr. 1601, Bl. 213, sowie in den Rentkammer-Bauprotokollen LA Speyer, Best. B4, Nr. 2553, Bl. 245v., Bl. 252v., Bl. 254v. sowie Bl. 259v.

1372 LA Speyer, Best. B3, Nr. 2607, Bl. 688, Rechnung vom 24. Oktober 1788 der Maurer Müntzel.

1373 LA Speyer, Best. B3, Nr. 2619, Bl. 91v, Rechnung vom 12. Juli 1792, die insgesamt 86 unterschiedliche Posten umfasst und sich über einen langen Zeitraum erstreckt. Für die Arbeit an den drei Öfen wurden 7 Gulden vom Maurer und Steinhauer Müntzel verlangt.

1374 LA Speyer, Best. B3, Nr. 2603, Bl. 413, Rechnung vom 6. Dezember 1789 von Johannes Daniel. Diese Fenster kosteten samt Rahmen, Futter und Fensterverkleidung jeweils 10 Gulden 30 Kreuzer, zusammen also 94 Gulden 30 Kreuzer. Die Größe der Fenster betrug in der Höhe 1,62 Meter, in der Breite 97 Zentimeter. Das Material hatte er aus dem Baumagazin erhalten, s. LA Speyer, Best. B3, Nr. 2646, #660, #746.

1375 LA Speyer, Best. B3, Nr. 2617, Bl. 120, Rechnung vom 9. Mai 1792 über 100 Gulden.

1376 LA Speyer, Best. B3, Nr. 2608, Bl. 333, Spezifikation vom 28. Dezember 1789. Für die 224 Scheiben, die Scheibe zu 8 Kreuzern, den Kitt und den Arbeitslohn wurden 29 Gulden 52 Kreuzer berechnet.

Aufzählung der Arbeiten von Tüncher Johannes Eichhorn ihre Bestätigung, der im Rahmen seiner Arbeiten am *„Neuen Gang welcher von der Bilder Galerie nach der Reitschul geht, 28 Fenster Rahmen nebst Fuder und Begleidung"*, sowie eine Tür und das Gesims unter dem Dach mit Ölfarbe jeweils dreimal angestrichen hatte.[1377]

An den Fußböden der „neuen" Bildergalerie arbeitete der Schreinergeselle Ignatius Fischer, der laut der Ausgabenotizen des Baumagazins kieferne und tannene Dielen erhielt.[1378] Die Arbeiten selbst zogen sich, vermutlich bedingt durch die allgegenwärtigen Geldschwierigkeiten, über einen längeren Zeitraum hin, denn die Rechnung der *„stuckatur und quatter und marmor arbeit so ich Enthes untter schribner auf befehl Ihro herzoglichen durchlaucht und angebung des herrn Baumeister Krutthoffen auf dem carlsberg im accort verferdigt habe [...] In dem neuen Bilter gang hinter der Hoff Küche [...]"* wurde erst im Dezember 1791 angefertigt.[1379] Die Wandgestaltung des Innenraumes bestand im unteren Teil aus einer hölzernen Vertäfelung, die von Tüncher Adam Zimmermann mit einer Länge von 163 Schuh und zehn Zoll und einer Höhe von zwei Schuh und zwei Zoll angegeben wurde. Die Holzvertäfelung der Fensterseite hatte die gleiche Höhe und war *„mit Verkröpfung 137 Sch 4 zl lang [...]."*[1380] Den Plafond des langen Ganges mit weißer Farbe anzustreichen war ebenfalls seine Aufgabe, wofür er sich das Material aus dem Baumagazin besorgte.[1381] Die Länge des Plafonds gab er mit 162 Schuh und drei Zoll an, die Breite mit fünf Schuh und einem Zoll.[1382] Auch das Gesims, das er dort gestrichen hatte, hatte eine Länge von 162 Schuh und drei Zoll, *„unten und oben zusamen 334 Sch 6 zl Breit 14 zl [...]."*[1383] Der Stuckateur hatte ein Gesims von ungefähr gleicher Länge gezo-

---

1377 LA Speyer, Best. B3, Nr. 2603, Bl. 454. Spezifikation vom 25. November 1789. Das Gesims unter dem Dach gab er mit einer Länge von 374½ Schuh und einer Höhe von 9½ Zoll an. (121,64 Meter Länge, 26 Zentimeter Höhe).

1378 LA Speyer, Best. B3, Nr. 2643, S. 4 sowie S. 12, Vermerk vom 7. Mai 1789.

1379 LA Speyer, Best. B3, Nr. 2608, Bl. 230, Rechnung vom 29. Dezember 1791.

1380 LA Speyer, Best. B3, Nr. 2613, Bl. 526. Das entspricht einer Länge der Vertäfelung auf der Wandseite von 53,21 Metern, auf der Fensterseite, wozu jedoch auch die Verkleidung der Türnischen gehörte, von 44,61 Metern.

1381 LA Speyer, Best. B3, Nr. 2642, 1. Quartal 1789, Nro. 136. Adam Zimmermann erhielt *„zum weisen des Plaffong in der Bilder Gallerie 29 Pfundt Schifferweiß"* sowie Tuch, um den Firnis aufzutragen. Sodann erhielt er zu Anstreicharbeiten in den Schlossgebäuden 65 Pfund Bleiweiß, *„10 Anstreich Pinzel"* sowie *„2 Pfundt Terpentin Öhl."* Die Ausgabe des Materials ist auf den 28. Februar 1789 datiert.

1382 LA Speyer, Best. B3, Nr. 2613, Bl. 526. Die Länge betrug umgerechnet 52,70 Meter, die Breite 1,65 Meter.

1383 LA Speyer, Best. B3, Nr. 2613, Bl. 526. Das Gesims war daher so lang wie der Plafond, nämlich 52,70 Meter. Das untere und das obere Gesims hatten zusammen eine Länge von 108,65 Metern und eine Breite von 14 Zoll, also 38 Zentimetern.

gen, die bereits zuvor der Tüncher Adam angegeben hatte.[1384] Über die Gesamtlänge von 340 Schuh und acht Zoll hatte Andreas Nassner einen Karniesstab mit Wasserblättern *„1 ¼ zoll hoch 1 ¾ zoll außladung gerebarirt und oben an dem blaffung in das gesims verzirt und bey gebutz [...]."* Darunter wurde das Gesims mit einem Perlstab versehen und der Fries bestand aus *„1012 zwey mal verdiffte Kästgen 3 ½ Zoll lang 3 ½ zoll breith mit einen halb zoll breithen früß [...]."*[1385] Für die Kassetten wurden zweierlei Arten kleiner Rosetten gefertigt und anschließend in die Kassetten eingesetzt.[1386] Unter dem Kassettenfries brachte Nassner einen Ochsenaugenstab und unter diesem einen Perlstab an. Anschließend hatte er die Glättung der Decke übernommen und fertigte dafür *„acht abweckselte Reich verzirte Rosetten"* als Stuckaturelemente. In der Mitte der Deckenrosette befand sich eine neun Zoll große Rose, die von einem Perlstab, einem *„gewundenen bant staab"*, einem *„5 zoll langen laub stab"*, einem Karniesstab und erneut einem Ochsenaugenstab umlaufen wurde.[1387] Schlossermeister Johannes Schillo hatte in Übereinstimmung mit diesen Angaben *„8 Eisen in den langen Gang gemacht vor die Gibser vor die Laternen aufzuhencken unter den Rosetten [...]."*[1388]

Von der Bildergalerie und dem anschließenden Bildergang wurden bislang keinerlei zeitgenössische Darstellungen aufgefunden. Lediglich das Monumentaltableau von Claudius Rosché (Abb. 47), das mehr als ein halbes Jahrhundert nach der Zerstörung des Carlsbergs angefertigt wurde, zeigt die Bildergalerie als einen rundbogigen Arkadengang, der im rechten Winkel an den Sammlungsflü-

---

1384 LA Speyer, Best. B3, Nr. 2613, Bl. 526. Das Gesims hatte eine Höhe von 4 Zoll (11 Zentimeter) und eine Ausladung von 9 ½ Zoll (26 Zentimeter). Der Gang – und damit die Länge des Gesimses – wurde mit 163 Schuh 9 Zoll Länge (53,19 Meter) angegeben. Die Breite betrug nach dieser Rechnung 6 Schuh und 7 Zoll (2,14 Meter). *„[...] machen die zwey länge sambt der zwey breithung 340 schu 8 zoll macht in suma 22 fl. 30 xr."* (110,65 Meter).
1385 LA Speyer, Best. B3, Nr. 2613, Bl. 526. Der Karniesstab hatte eine Höhe und eine Ausladung von etwas mehr als drei Zentimetern. Der Stuckateur berechnete dafür 40 Gulden. Für den Perlstab berechnete er 17 Gulden 2 Kreuzer. Für eine kleine Kassette mit doppelter Vertiefung, die er unter dem Gesims anbrachte, verlangte er pro Kassette 2 Kreuzer. 1012 Kästchen kosteten 33 Gulden 44 Kreuzer.
1386 LA Speyer, Best. B3, Nr. 2613, Bl. 526. Die Rosetten waren 2 ½ Zoll groß (ca. 7 Zentimeter) und kosteten pro Stück 5 Kreuzer. 1012 Rosetten in zweierlei Machart kosteten insgesamt 68 Gulden.
1387 LA Speyer, Best. B3, Nr. 2608, Bl. 230v. Die Rosetten wurden zusammen mit 84 Gulden berechnet.
1388 LA Speyer, Best. B3, Nr. 2617, Bl. 71, Rechnung vom 31. Dezember 1791. Die Eisen, die als Aufhängung für die Leuchter dienen sollten, wogen zusammen 87 ½ Pfund und kosteten zusammen 17 Gulden 30 Kreuzer.

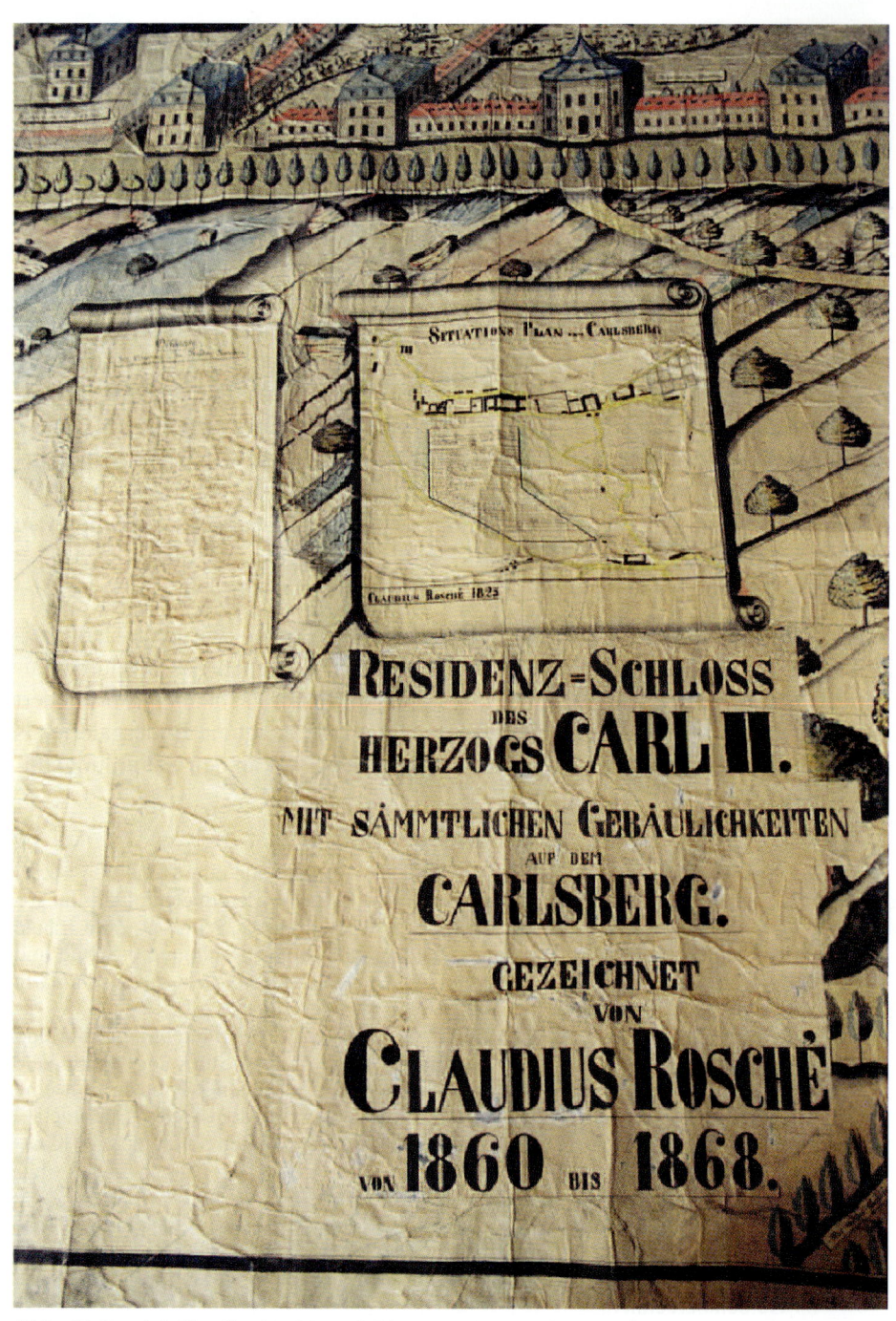

Abb. 45: Rosché, Claudius, Residenz-Schloss des Herzogs Carl II. mit sämmtlichen Gebäulichkeiten auf dem Carlsberg (Ausschnitt Titel, Situationsplan)
gezeichnet von Claudius Rosché von 1860 bis 1868

gel anschließt. Die auf dem Tableau dargestellten Arkadenbögen ruhen auf rechteckigen Pfeilern und verdecken ein langes schmales, befenstertes Gebäude, das mit roten Ziegeln gedeckt ist. Der gezeigte Bau erinnert an das 1783 eröffnete Galeriegebäude auf der Nordseite des Münchner Hofgartens, das Kurfürst Carl Theodor zur Unterbringung der Gemäldebestände 1780/81 von Carl Albert von Lespilliéz mit einer Folge von Sälen und hoch angeordneten Fenstern an die nördliche bereits bestehenden Arkaden anbauen ließ.[1389] Es lässt sich jedoch nicht ermitteln, ob sich Claudius Rosché bei seiner Darstellung der Galerie auf eine bildliche oder mündliche Quelle stützen konnte, so wie dies bei anderen Details seines Tableaus nachvollziehbar ist.[1390] Jedenfalls wusste er nichts von der Fortsetzung der Galerie im „Langen Gang", denn an dessen Stelle zeigen sowohl das Tableau, als auch der Situationsplan Roschés (Abb. 39) nur eine Mauer, bzw. einen schmalen Strich. Im Ölplan (Abb. 43) werden sowohl die Bildergalerie als auch der lange Gang extrem schmal ausgewiesen. Zusammen mit der außergewöhnlichen Länge des abknickenden Bilderganges nach Norden machte dies für Rosché die Annahme eines begehbaren Bauwerkes unmöglich, weshalb er diese Angabe des Ölplanes in seinem Tableau als Mauer interpretierte.

Die Bildersammlung des Herzogs brauchte durch ihren außerordentlichen Umfang von rund 2000 Gemälden[1391] sowie der Qualität der Werke[1392] den Vergleich mit anderen Sammlungen der Zeit nicht zu scheuen. Die Unterbringung

---

1389 DEHIO, München, S. 759. Zu den Hofgartenarkaden s. auch HILDEBRAND, Einfassungen, S. 303 f. Mit früher angesetzter Datierung vgl. HENTZEN, Hofgarten, S. 30. HOFMANN, Gemäldegalerie, S. 242.
1390 Der Eisenbahneinnehmer Claudius Rosché wurde am 6. Oktober 1808 geboren und verstarb im Oktober 1889. Sein Grabstein befindet sich noch heute auf dem Homburger Friedhof (Abb. 46). Der in den Akten vielfach benannte Maurermeister Peter Rosche könnte somit ein naher Verwandter des Claudius Rosché sein, der der gängigen Mode des 19. Jahrhunderts folgte, den Familiennamen mit einem accent aigu zu betonen. Seine Zeichnung des Schlosses bezieht sich auf die Lithografie nach Le Clerc bei Martin von Neumann, (Abb. 33). Der Situationsplan geht auf den so genannten Ölplan zurück (Abb. 43). Die übrigen Quellen für Details seines Tableaus lassen sich dagegen nicht festlegen, so dass auch nicht mit Bestimmtheit gesagt werden kann, welche baulichen Bestandteile er noch aus mündlicher Überlieferung kannte.
1391 MANNLICH, Rokoko und Revolution 1966, S. 248. ROLAND, Maler, S. 289.
1392 Zur Carlsberger Galerie s. ROLAND, Maler, S. 260 ff. Zur Qualität im Vergleich zur Mannheimer Galerie ROLAND, Maler, S. 292. Zur Sammlung s. ROLAND, Kunstsammlungen, S. 33 ff. m.w.N. Die beiden zum Zweck der Versteigerung der Sammlung erstellten Kataloge befinden sich im BayHStA München, Bestand HR I 280, Fasz. 24/2–4. Der von Mannlich in den Jahren zuvor für den Herzog erstellte beschreibende Katalog war auf der Flucht verloren gegangen. MANNLICH, Rokoko und Revolution 1913, S. 487.

dieser Bildersammlung am Carlsberg und die Umstände ihrer Entstehung sollen im Folgenden einer gesonderten Betrachtung unterzogen werden.

Meist waren die fürstlichen Sammlungen architektonisch und konzeptionell in das Raumprogramm eines Schlosses integriert, wo sie neben der Bibliothek, den wissenschaftlichen Instrumenten, dem Kupferstich- und dem Münzkabinett der höfischen Repräsentation dienten. Die jeweiligen Sammlungsschwerpunkte hingen dabei von den persönlichen Interessen des jeweiligen Besitzers ab.[1393] Diese Galerien waren in der ersten Jahrhunderthälfte nicht allgemein zugänglich. Vielmehr wurde nur ausgewählten Besuchern die Ehre einer Führung durch die Sammlungskabinette zuteil,[1394] wodurch die Bedeutung der Gemäldesammlung als „bewusst geplante Inszenie-

Abb. 46: Grabmal des Eisenbahn-Einnehmers Claudius Rosché geb. 6. Oktober 1808, gest. 26. Oktober 1889; Friedhof Homburg

---

1393 S. dazu PLAGEMANN, Kunstmuseum, S. 22 ff.
1394 So beispielsweise in Mannheim unter Kurfürst Carl Philipp und anfänglich auch bei Carl Theodor, s. dazu HOFMANN, Gemäldegalerie, S. 239 f. Zu den Anfängen der Mannheimer Gemäldesammlung in der Beletage des südöstlichen Pavillons des Corps de logis HOFMANN, Gemäldegalerie, S. 240 f. Dazu auch STENGEL, Denkwürdigkeiten, S. 62. Mit der Herauslösung der Gemälde aus dem Zusammenhang der Hauptstaatsappartements und den privaten Räumen des Kurfürsten und der Einrichtung der Galerie im Ostflügel wurde die Sammlung in Mannheim öffentlich zugänglich gemacht.

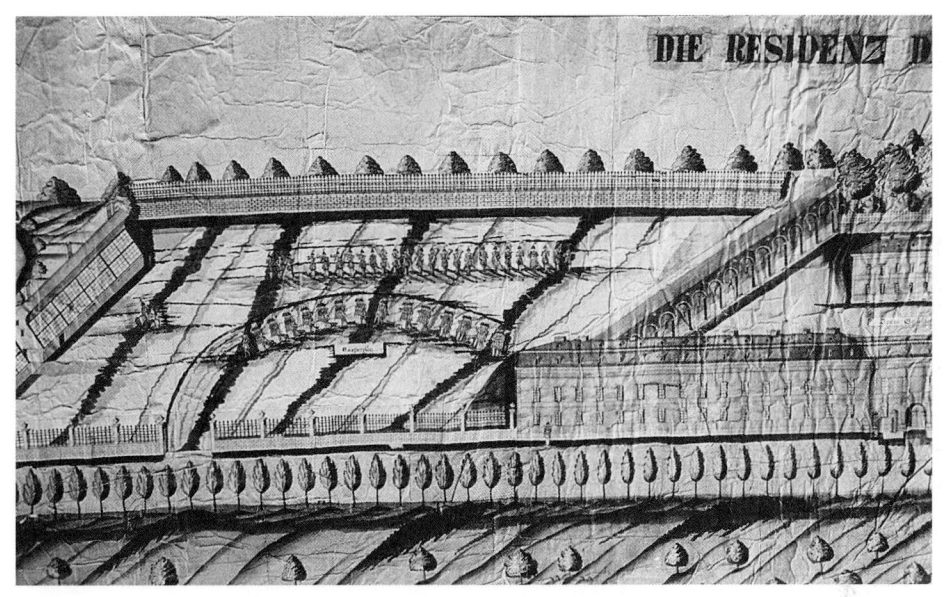

Abb. 47: Rosché, Claudius: Residenz-Schloss des Herzogs Carl II. mit sämmtlichen Gebäulichkeiten auf dem Carlsberg (Ausschnitt Exerzierplatz und Treibhäuser)

rung" barocken Reichtums[1395] unterstrichen wurde. Nahm die Bildersammlung einen größeren Umfang an, so wurden teilweise Sommerresidenzen und ungenutzte Schlossbauten umgewidmet.[1396] Nur für wenige Bildersammlungen wurde eigens eine Galerie errichtet, beispielsweise die Bildergalerie Friedrichs des Großen in Sanssouci, dem ältesten erhaltenen selbständigen Galeriebau in Deutschland.[1397] Parallel zum neu entwickelten Kunstverständnis, das sich am deutlichsten in veränderten Prinzipien der Hängung niederschlug,[1398] wandelte sich im Laufe des Jahrhunderts auch die Beziehung zur

---

1395 FLÜGEL, Einführung, S. 47.
1396 In Wien wurden das Obere und das Untere Belvedere als Gemäldegalerien genutzt, während in München das Schloss in Schleißheim zur Galerie umgewandelt wurde.
1397 Diese breitgelagerte eingeschossige Galerie war ab 1755 nach Plänen von Johann Gottfried Büring als architektonisches Gegenstück zu den Neuen Kammern, damals noch Orangerie, errichtet worden. DEHIO, Berlin, S. 32 f. Als Vorbild für diesen Bau wird die damalige Dresdner Gemäldegalerie auf der Brühlschen Terrasse vermutet. FLÜGEL, Einführung, S. 48.
1398 Der Ordnung der Gemälde nach nationalen Schulen, die in Wien und Paris verfolgt wurde, stand Mannlichs eigenes Gliederungsprinzip gegenüber, der die Gemälde nach ihrer Qualität ordnen wollte, ungeachtet ihrer nationalen Herkunft. S. dazu Goethes Briefwechsel mit Christian von Mannlich in: BLEI/STERNHEIM, Briefwechsel, S. 132 f. Vgl. auch WEBER, Schloss Karlsberg, S. 537 f.

Öffentlichkeit. Wie schon zuvor in Dresden wurde unter Kurfürst Carl Theodor dessen Sammlung in Mannheim, wie auch später in München im Sammlungsgebäude am Hofgarten, allgemein zugänglich gemacht. In Kassel betrachtete man die Gemäldesammlung als Unterrichtsquelle und Schulung des Geschmacks, die für den Kunstfreund offen sein sollte.[1399]

Am Carlsberg existierten anfänglich ein kleinerer und ein größerer Bildersaal als Bestandteile der Appartements und eine kleine Galerie mit Porträts als angemessenem Übergang aus dem herzoglichen Appartement zum Sammlungsflügel. Als diese Säle zu klein wurden und man sich entschloss, für die Gemälde eigene Räumlichkeiten zu errichten, fiel dieses Vorhaben jedoch in einen Zeitraum, der von Spar- und Reformvorschlägen der Rentkammer auf Grund der drückenden finanziellen Nöte des Herzogtums geprägt war. Das Bauwesen sollte „*bis auf das Höchstnöthige beschränkt werden.*"[1400] Dass dies nicht in gedachter Weise funktionierte, geht aus einem Schreiben der Rentkammer hervor, wonach „*das finanz Sistem nothwendigbald in die Vorige leidige Verfassung zurückfallen müsse, auch die fertigung und Mittheilung des genannten Wirtschafts Plans überflüssig und unnüzlich seyn würde, wenn nicht, sogleich mit dem häufigen Bauweßen Einhalt gethan werden wollte.*"[1401] Der Herzog hatte zwar daraufhin – mit Datum vom 22. Juli 1788 – die Abschrift mit „*der Höchsten Versicherung zurückgegeben, daß, so bald die vor mehreren Jahren schon angefangenen und dermahlen in der Ausmachung stehenden nothwendigen Baulichkeiten beendiget seyn werden, Wir das Bauweßen so viel nur immer thunlich ist, einstellen und nur das vorhandene in dem erforderlichen Stand unterhallt laßen werden.*"[1402] Indes war es ihm offensichtlich unmöglich, sich an das Versprechen zu halten, was ein Rentkammerprotokoll vom Beginn des Jahres 1790 zeigt, als „*nach den Berichten des Baumeisters Krutthofen zu urteilen viel neues Bauwesen auf dem Carlsberg vorgenommen werden würde.*" Man sah sich jedoch in der Rentkammer außer Stande, „*weder die viele rückständige Baukosten- noch weniger die durch das neue Bauweßen entstehende Kosten zu bestreiten,*"[1403] da „*auf diese Art das ganze Finanzwesen völlig zerrüttet würde, besonders auch da die Kosten der Hofjägerey, Marrstallamt, die Fruchtabgaben für die Hunde, zumalen bey gegenwärtiger Theuerung ganz und gar nicht mit der Einnahm im Verhältniß sind / der beträchtliche Kosten des neuen Regiments nicht zu gedencken.*"[1404]

1399 HOFMANN, Gemäldegalerie, S. 242 f.
1400 LA Speyer, Best. B2, Nr. 1601, Bl. 166. Auch teilweise zitiert in AMMERICH, Subsidien, S. 157.
1401 LA Speyer, Best. B2, Nr. 1601, Bl. 168.
1402 LA Speyer, Best. B2, Nr. 1601, Bl. 168.
1403 LA Speyer, Best. B2, Nr. 1601, Bl. 172.
1404 LA Speyer, Best. B2, Nr. 1601, Bl. 173 vom 19. März 1790. S. auch AMMERICH, Subsidien, S. 157.

Der Kompromiss, einen hölzernen „Kommunikationsflügel" zur Galerie umzugestalten, stellte damit eine geschicktes Unterlaufen der desaströsen finanziellen Gegebenheiten dar, um dem unbedingten Willen des Herzogs nachzukommen, eine eigene Bildergalerie zu besitzen. Solche bedeckten Verbindungsgänge waren durchaus nicht ungewöhnlich. Beispiele dafür sind aus Dresden bekannt, wo berichtet wird, dass anlässlich der Hochzeit des Kurprinzen „aller Orten in, neben und hinter dem Schloß in die Höhe geführte Gänge erbaut" worden seien, so dass „der Landesfürst von einem Ort zum andern aus dessen Zimmer [...] unbemerkt kommen kann."[1405] Bereits dort formierten sich solche hölzernen Konstruktionen zu architektonischen Räumen, die „zugleich Anregungen für das ‚echte' Baugeschehen boten."[1406] Ob es sich bei der Erbauung eines solchen „Kommunikationsflügels" am Carlsberg um eine vergleichbare Entwicklung oder gar um einen trickreich eingefädelten Weg des Herzogs handelte, auf Umwegen zu einer Galerie zu gelangen, kann zumindest als Frage in den Raum gestellt werden. Jedenfalls gelang es dem Herzog auf diese Weise, ein eigenes Bauwerk für die Gemäldesammlung abzutrotzen, das zwar geeignet war, die riesige Sammlung aufzunehmen, das jedoch auf Grund der äußeren baulichen Beschaffenheit nicht mit Galeriegebäuden wie in Mannheim, Kassel oder Potsdam gleichzustellen war. Lediglich die innere Ausstattung, wie Mannlich sie schildert, musste den Vergleich mit der Ausgestaltung der Galerien anderer Residenzen nicht scheuen. Hier bildeten edle Materialien wie grüner Damast aus Lyon für die Wände und zwanzig Kristalllüster, sowie Tische aus vergoldeter Bronze den adäquaten Rahmen für die Bilder. Die Gemälde waren auf Grund der außerordentlichen Fülle in dichter Hängung an der den Fenstern und Fenstertüren gegenüberliegenden Wand angebracht. Wie schon bei der Möblierung der herzoglichen Schlossräume, so ist auch hier festzustellen, dass der Herzog in jene Objekte Geld investierte, die mobil waren und die man bei der erwarteten Übernahme der Kurfürstenwürde des Onkels Carl Theodor nach München hätte transportieren können. Bilder, Möbel, Wandbespannungen und Lüster waren, ausgesucht und edel, eigens angeschafft worden. Die Wandvertäfelungen und Stuckaturen wurden, der neuesten Mode ‚à la grec' folgend, von einheimischen Handwerkern vor Ort hergestellt. Ob dagegen eine malerische Gestaltung der Decke vorgenommen wurde, erschließt sich aus den vorgefundenen Akten nicht. Die äußere Hülle des Baues musste hingegen hinter dem prächtigen, repräsentablen Erscheinungsbild des Inneren zurückzustehen. Es wurde lediglich Wert darauf gelegt, dass die Architektur mit einem Schieferdach und Blitzableitern sowie großflächigen Fenstern und Klappläden an die Architektur den Schlosses angepasst war.

1405 ICCANDER, Kern-Chronicon, S. 32 f. Zitiert nach: LAUDREL, Projekte, S. 306.
1406 LAUDREL, Projekte, S. 306 mit weiteren Ausführungen.

Wie sehr dem Herzog daran gelegen war, eine eigene Galerie zu besitzen, schilderte Mannlich bezüglich des Fortgangs der Arbeiten an der Galerie: „Tag und Nacht wurde gearbeitet, und der Herzog sah in seiner Ungeduld wohl zwanzigmal des Tages nach. Als man endlich so weit war, dass die Bilder aufgehängt werden konnten, verließ er kaum mehr den Saal, stand selbst während der Nacht drei- bis viermal auf und erschien im Schlafrock, um sich vom Fortgang der Arbeiten zu überzeugen."[1407] Nach der Fertigstellung hatte niemand Zugang zur Galerie außer dem Herzog selbst, denn, so Mannlich, „er allein besaß den Schlüssel und das ausschließliche Benutzungsrecht. Niemand konnte sie besuchen, selbst ich nicht. Diese Eigenheit verwunderte mich indes nicht, da auch der erste Stallmeister, Strubberg, niemals die Stallungen ohne ausdrückliche Erlaubnis zu betreten wagte."[1408] Nur ausgewählten Gästen wurde die Gunst eines Besuchs zuteil, wie beispielsweise dem Staatsrat und späteren bayerischen Minister und Sozialreformer Benjamin Thompson, Reichsgraf Rumford (1753–1814).[1409] Auch dem Maler Ferdinand Kobell und dessen Bruder Wilhelm hatte der Herzog „die Gnade erzeigt, uns zum Besuch auf den Karlsberg einzuladen, um seine Gallerie zu sehen [...]"[1410], worüber sich Kobell in einem Brief vom Dezember 1791 äußerte.

1407 MANNLICH, Rokoko und Revolution 1966, S. 218.
1408 MANNLICH, Rokoko und Revolution 1966, S. 219.
1409 BENDER/KLEBER, Histoire, Bd. II, S. 263.
1410 Zitiert nach ROLAND, Maler, S. 269.

IX. Das Schlossgitter

Der Ehrenhof des Schlosses Carlsberg wurde auf mehreren zeitgenössischen Abbildungen dargestellt. Vereinzelt ist dabei ein Schlossgitter im Stil Louis XVI. zu sehen, das den Ehrenhof abschließt und auf den ersten Blick an das Gitter der Place d'Armes in Versailles erinnert[1411] (Abb. 48). Der Cour d'honneur, der von Hauptgebäude und vorgelagerten Flügelbauten umschlossene Empfangshof, in dem die Wagen vorfuhren, wurde im 17.[1412] und 18. Jahrhundert in der Regel durch ein kunstvoll gestaltetes schmiedeeisernes Ehrenhofgitter, dem „grille d'honneur", abgeschlossen. Die Aufträge für solche Tore und

Abb. 48: Schlosstor von Versailles

1411 Tatsächlich befindet sich ein vergleichbares monumentales Gitterwerk heute noch als Abschluss der Place d'Armes in Versailles. Auch der Cour Royale war ursprünglich von einem drei Meter hohen Ziergitter abgeschlossen, das im Jahr 1793 aus Geldnot eingeschmolzen wurde. Die Pläne für diese Gitter gehen auf den Kunstschmied Luchet zurück. Ein vergleichbares Gitter befindet sich vor der École Militaire, erbaut durch J.-A. Gabriel sowie vor dem auf der Île de la Cité gelegenen Justizpalast, dem alten Palais de la Cité in Paris. Der Größenvergleich macht jedoch deutlich, dass die Tore und Gitter in Paris und Versailles die des Carlsberges, könnte man sie nebeneinander stellen, um mehr als ein Drittel überragen würden.
1412 Eiserne Tore und Gitter kamen in Europa wohl erst im 17. Jahrhundert auf. S. dazu: CAMPBELL, Schmiedearbeiten, S. 53.

Gitter bedeutender Paläste und Plätze wurden aufgrund der exponierten Lage und Repräsentationsfunktion meist an berühmte Schmiede vergeben, die dort die entsprechenden heraldischen Motive verarbeiteten, was in der Folge immer wieder aufgegriffen wurde.[1413] Auch die Architekten entwarfen Gitter für ihre Bauwerke, da solche schmiedeeisernen Gittertore als wesentliche Bestandteile der Architektur galten.[1414]

Im ausklingenden 18. Jahrhundert widersprach jedoch ein solches Gitter als Symbol der Abgrenzung mehr und mehr den Vorstellungen aufgeklärter Landesfürsten, die sich um ihre Untertanen fürsorglich kümmern und ihren Kontakt suchen wollten.[1415] Auch in Saarbrücken wurde die geschwungene Hermenbalustrade, die den Cour d'honneur vom Vorhof trennte, wieder abgetragen.[1416] Ein Ehrenhofgitter stellte ein eher retardierendes Element aus der Epoche des Sonnenkönigs und der ersten Hälfte des 18. Jahrhunderts dar.

Die detaillierteste Darstellung des Carlsberger Schlossgitters ist jenes bereits vielfach erwähnte Aquarell des Hofmalers Philipp Le Clerc von 1790 (Abb. 4). Das Schlossgitter verleiht hier dem gesamten Bau und dem Cour d'honneur eine eindrucksvolle Monumentalität und wurde schon damals als ‚kostbares Geländer oder Hoftor'[1417] bezeichnet.

Die zweite Abbildung, die das Schlossgitter zeigt, ist eine seit 1945 verschollene Meißener Porzellanplatte (Abb. 49)[1418], die von Wilhelm Weber in die Zeit Marcolinis[1419] um 1780 datiert wurde.[1420] Auch die Vorlage für die Meißener

---

1413 CAMPBELL, Schmiedearbeiten, S. 53.
1414 MEISSNER, Gittertore, S. 40. Schmiedeeisen war in dieser Zeit der Hauptwerkstoff für Gitter, da es leicht zu bearbeiten und auch im kalten Zustand hämmer- und biegbar ist. Die weitere Bearbeitung im Feuer macht das Eisen härter und gleichzeitig elastischer. Schmiedeeisen kann geschweißt und gepresst werden, weshalb es sich für die Vorfertigung von Schmuckelementen gut eignet, s. MEISSNER, Gittertore, S. 27 f.
1415 Als Beispiel sei hier Fürst Franz von Anhalt–Dessau genannt, der die Nähe des Volkes suchte. Gebildete Reisende konnten das Wörlitzer Schloss nach Voranmeldung sogar besichtigen – was am Ende dazu führte, dass die Zimmer im Jahr 1794 „bisweilen drey- bis viermal des Tages von durchreisenden Fremden besucht werden." Matthisson, Fr. v.: Schriften III, Zürich 1825, S. 297, zitiert nach: STROCKA, Kopie, S. 187.
1416 Lohmeyer kommentierte dies mit den Worten: „Bereits der Neuklassizismus wurde diesem Werke [dem Saarbrücker Fürstenschloss] verderblich. Damals fiel die köstlich geschwungene Hermenbalustrade, die den Ehrenhof des Schlosses von dem großen Vorhof getrennt hatte […]." LOHMEYER, Stengel, S. 104.
1417 LA Speyer, Best. B2, Nr. 1605, Bl. 14.
1418 S. dazu: SPRATER, Schloß Karlsberg, S. 69.
1419 Graf Camillo Marcolini übernahm 1774 die Oberleitung der Manufaktur in Meißen. Die Marcolini-Periode dauerte von 1774 bis 1813 und die Stücke dieser Zeit wurden durch einen sechsstrahligen Stern, der zwischen die Parierstangen der Kurschwerter gezeichnet ist, signiert. S. DANCKERT, Handbuch, S. 297.

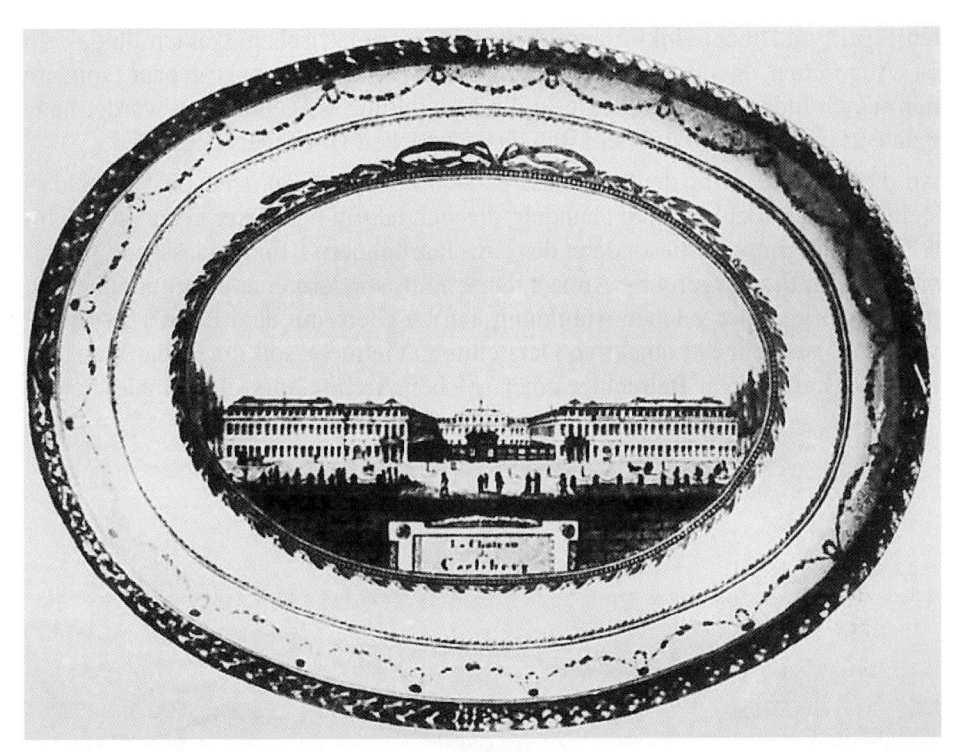

Abb. 49: Le Chateau de Carlsberg
Ovale Porzellanplatte, Meißen nach 1785, Gesamtdurchmesser mit Fahne 27,5/36,5 cm, farbiges Bild im Spiegel 16/22 cm. Bildunterschrift: Le Chateau de Carlsberg

Platte ist nicht erhalten.[1421] Die Darstellung auf der Porzellanplatte zeigt das Schloss in einer Frontalansicht – bis ins architektonische Detail exakt gespiegelt – als streng symmetrische Anlage, während Le Clerc eine leicht seitwärts gerichtete Perspektive wählt, die auf geschickte Weise den Betrachter über die tatsächliche Asymmetrie der Baulichkeiten hinwegtäuscht. Die bisher vorgenommene Datierung der Porzellanplatte in das Jahr 1780 ist in die zweite Hälfte der 1780er Jahre zu korrigieren, da das Schloss mit zwei hofumschließenden Sei-

---

1420 WEBER, Schloss Karlsberg, S. 192. Da es ab 1780 zu mehreren umfassenden Planänderungen gekommen war, stellt die Porzellanplatte keine frühe Projektierung des Schlosses dar. Die Datierung der Platte muss daher mindestens fünf Jahre später angesetzt werden.
1421 Eine Durchsicht des Bestandes im Archiv der Meissener Porzellan-Manufaktur GmbH ergab, dass eine Vorlage nicht nachgewiesen werden kann, wobei solche Vorlagen auch vom Besteller eingereicht und wieder an ihn zurückgegeben werden konnten. Frdl. Hinweis von Herrn Schärer, Archivar der Porzellan-Manufaktur Meissen GmbH.

tenflügeln und rechtwinklig anschließenden symmetrischen Trakten dargestellt ist. Abgesehen davon, dass ein rechter Straßenflügel niemals gebaut, sondern nur aus Gründen der Symmetrie in die Darstellung aufgenommen wurde, hatte man erst im Jahr 1780 mit dem Bau des nördlichen Hofflügels begonnen.

An dieser Stelle wird deutlich, dass es sich bei den besprochenen Schlossdarstellungen um Idealansichten handelt, die sich häufig bei dieser Form der Architekturschilderung, insbesondere des 18. Jahrhunderts, finden lassen. Oftmals wurde nicht die ausgeführte Anlage dargestellt, sondern eine ursprüngliche Planung.[1422] Ziel einer solchen Abbildung, bei Le Clerc mit dem Begriff „Vue"[1423] versehen, ist nicht die objektive Darstellung. Vielmehr soll durch die Wahl des Bildausschnitts beim Betrachter einer solchen Architekturszenographie ein be-

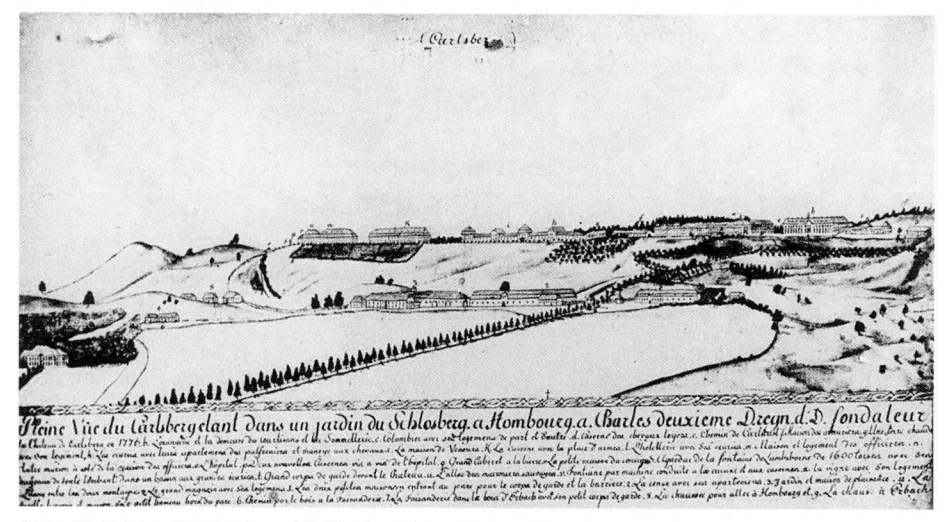

Abb. 50: Lüder, Friedrich und Wilhelm, Pleine Vue du Carlsberg

---

1422 S. dazu: VÖLKEL, Bild vom Schloss, S. 313. Bezüglich publizierter Stichwerke – auf den vorliegenden Fall jedoch übertragbar – begründet sie die Entstehung von Idealansichten mit der höfischen Baupraxis des 17. und 18. Jahrhunderts: „In zahlreichen Fällen wurde die Umsetzung einer großartigen *prima idea* durch eine politische Wende, die Wankelmütigkeit des fürstlichen Bauherrn oder durch unterschätzte technische Schwierigkeiten verhindert. In solchen Fällen versuchten einige Architekten, ihre anspruchsvollen Planungen wenigstens auf dem Papier zu verwirklichen. Doch auch den Bauherrn schien daran gelegen zu sein, zum eigenen Ruhm nicht das Bild der tatsächlich realisierten Kompromißlösung, sondern das der großartigsten Planung in ganz Europa zu verbreiten." S. zum Idealplan auch NERDINGER, Architekturzeichnung, S. 24.

1423 Als Beispiel für die Wahl der Untertitelung „Vue" sei hier das Album von Claude-Louis Chatelet genannt, das Ansichten des Petit Trianon zeigt. Dieses Album wurde mehrmals auf Bestellung Marie Antoinettes für Gäste als Erinnerung an ihre Residenz erstellt. Weitere Beispiele s. VÖLKEL, Bild vom Schloss, S. 292, Anm. 750.

stimmter Eindruck erzeugt werden. „Diese Bilder vom Schloß sind zeitgenössische Rezeptionsvorgaben, die das Schloß so darstellen, wie es gesehen werden soll."[1424] Alle übrigen zeitgenössischen Zeichnungen,[1425] beispielsweise die Zeichnungen Herdegens (Abb. 38), die der Kadetten Lüder aus dem Jahr 1791 (Abb. 21) oder die Zeichnung des Geometers Schaefer aus dem Jahr 1793 (Abb. 9) zeigen dagegen kein Schlossgitter. Es drängt sich daher die Frage auf, warum diese Einfassung des Schlosshofes, für deren Motiv und Aufwendigkeit in der Gestaltung sich in der hiesigen Gegend bisher kein Vergleich finden ließ, auf den zuletzt erwähnten zeitgenössischen Zeichnungen nie abgebildet wurde, obwohl sie zeitgleich oder gar später als das Le Clerc-Aquarell entstanden. Tatsächlich wurde das Gitter ab dem Jahr 1788 unter Auflage höchsten Stillschweigens angefertigt, aber erst im Jahr 1792 fertiggestellt. Aufgrund diverser Schwierigkeiten wurde es jedoch niemals an Ort und Stelle aufgerichtet. Der Grund dafür erschließt sich ein weiteres Mal aus den Akten, die über die Vorstellungen des Herzogs und die damit verbundenen Probleme der Handwerker berichten.

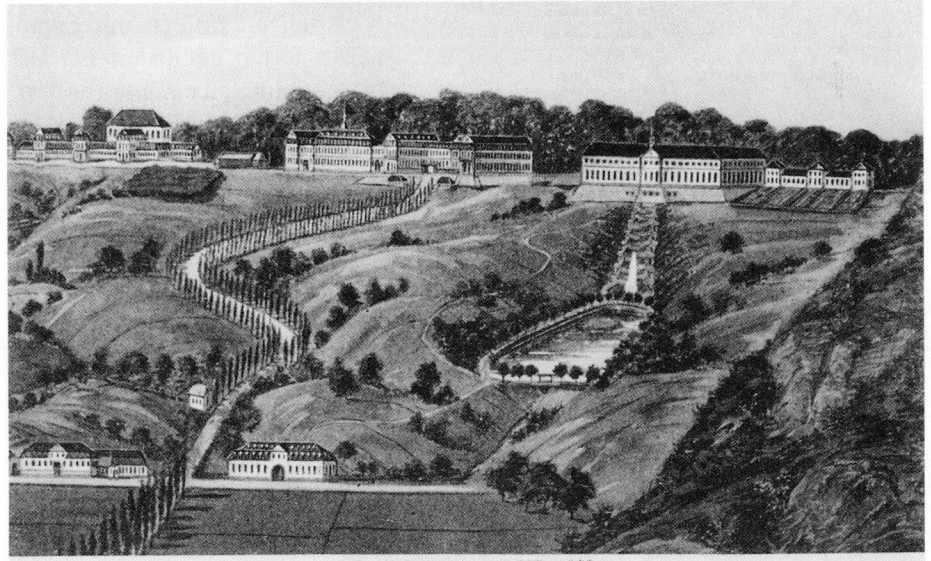

Abb. 51: Schloß Karlsberg 1777–1793, Postkarte

1424 VÖLKEL, Bild vom Schloss, S. 277.
1425 Drei weitere Zeichnungen geben ebenfalls das Schlossgitter wieder. Dabei handelt es sich um eine Abbildung von Dubois, welche 1837 nach dem Aquarell von Le Clerc angefertigt wurde (Abb. 33), das Monumentaltableau von Claudius Rosché von 1860–1868 (Abb. 53) sowie eine Festpostkarte aus dem Jahr 1913 (Abb. 51). Da diesen Abbildungen gemeinsam ist, dass sie lange nach der Zerstörung des Carlsberges nach älteren Zeichnungen entstanden und deshalb für Detailfragen des Schlosses nicht aufschlussreich sind, sollen sie hier nur der Vollständigkeit halber erwähnt werden.

1. Zur Gestalt des Schlossgitters auf den beiden zeitgenössischen Abbildungen

Bei der Abbildung von Philipp Le Clerc steht das Gitter auf einer steinsichtigen Mauer aus drei Steinlagen. In der Mitte zwischen den Schlossflügeln erhebt sich das Tor, das – vergleichbar mit einem Triumphbogen[1426] – durch einen hohen Durchgang in der Mitte und zwei niedrigeren seitlichen Portalen mit Supraporten gegliedert ist. Das Triumphbogenmotiv wurde im 18. Jahrhundert innerhalb der Antikenrezeption wieder vermehrt aufgegriffen und findet sich insbesondere im Kontext ephemerer Festbauten häufig wieder. Auch im Rahmen schmiedeeiserner Hofbegrenzungen lässt sich die Verwendung des modifizierten Motivs[1427] ab der Mitte des 18. Jahrhunderts vereinzelt nachweisen, wie der Gesamtplan Friedrich Joachim Stengels für die Dornburger Schlossanlage aus dem Jahr 1757

Abb. 52: Porte de Paris, Reims

1426 So auch BRAZIER, château, S. 97. „La grand porte d'honneur retenait aussi l'attention des visiteurs par son ampleur et par la pureté de son style Louis XVI. Elle se présentait d'une façon imposante, monumentale même, et sa forme générale rappelait plutôt celle d'un portique."
1427 Die drei Torelemente sind jedoch in der Regel durch steinerne Pfosten getrennt voneinander befestigt.

zeigt.[1428] „Une grille majestueuse dite porte de Paris"[1429] findet sich noch heute an der Promenade et square Colbert in Reims (Abb. 52). Das 1775 zu Ehren König Ludwigs XVI. errichtete Tor dient als Begrenzung einer Promenade und zeigt – nicht zuletzt in seiner Funktion als Ehrentor – einen verwandten Aufbau zum Carlsberger Tor. Das Tor zur Place d'Armes in Versailles besitzt, ebenso wie die Tore in Paris, nur zwei Flügel.

Das Carlsberger Tor besteht aus vier kannelierten Pilastern mit toskanischen Kapitellen. Die vier Pilaster tragen ein Gebälk aus einem Zwei-Faszien-Architrav und einem Fries, der durch vier Triglyphen gegliedert ist, welche jeweils über den Pilasterkapitellen angeordnet sind. Zwischen den Triglyphen bilden aneinander gereihte Festons eine horizontale Zier des Frieses, die im Gegensatz zu den übrigen Festons nicht aus gewundenem Blattwerk, sondern wohl aus gerafften Tüchern zu bestehen scheinen. Das dreifach gestufte Gesims wird noch einmal bekrönt durch einen zweistufigen architravähnlichen Aufsatz, der seitlich durch stilisierte Kronen betont wird. In der Mitte ist eine Kartusche erkennbar, in der sich traditionell das Wappen des Hauses befindet.[1430] Die Kartusche ist zu beiden Seiten mit den begleitenden Kronen durch breit ausschwingende Festons verbunden. Auch die bereits erwähnten schmiedeeisernen Tore in Versailles und Paris werden jeweils von einer Kartusche bekrönt, welche dort die drei Lilien der Bourbonen rahmt.

Die seitlichen schmalen Türen des Hoftores sind zweiflügelig und von den jeweiligen Supraporten durch eine Querstrebe getrennt, welche auf gleicher Höhe liegt wie das durchlaufende Gesims des übrigen Gitterwerks. Türen und Supraporten sind mit nicht näher erkennbaren Verzierungen und Festons versehen. Die unteren querrechteckigen Türfelder des Mittelportals, dessen Flügel, im Gegensatz zu den seitlichen Türen, bis zum Gebälk reichen, sind jeweils mit einem Frucht- oder Blattgehänge verziert. Im Zentrum der beiden hochrechteckigen mittleren Türfüllungen befindet sich jeweils ein Motiv, das von Strahlen umgeben ist. Auf den querrechteckigen oberen Türfüllungen sind, ganz ähnlich den seitlichen, wiederum Festons angebracht.

1428 Auch bei diesem Plan handelt es sich um eine Idealansicht (Dornburger Schlossanlage nach einem Stich Püschels in „Becmanus enucleatus", Cöthen und Dessau 1757), wovon lediglich der Mittelbau letztlich ausgeführt wurde. Beim Schlossgitter des Dornburger Plans greift F. J. Stengel weitgehend auf den Entwurf Lukas von Hildebrandts für das schmiedeeiserne Tor des Oberen Belvedere in Wien aus dem Jahr 1721–1723 zurück.
1429 RACINE, Guide, S. 114. Jean Leroux legte diese Promenade in Reims als „grande composition végétale" mit einer Länge von 1200 Metern an. Im 19. Jahrhundert wurde auf der Stelle eines Boulingrin der Bahnhof innerhalb der Anlage errichtet.
1430 „Au sommet, dans un cartouche, le blason doré de Son Altesse étincelait, maintenu par ses „tenants": les lions palatins." BRAZIER, château, S. 98.

Zehn Zaunfelder[1431], bestehend aus einer Reihung einfacher vertikaler Stäbe, die durch zwei Längsverbindungen in der Nähe des Sockels und der Spitzen gehalten werden, sind zu beiden Seiten zwischen Tor und den Ecklisenen der Seitenflügel eingespannt und an jeweils vier schmiedeeisernen Pfeilern befestigt. Die eingetieften Füllungen der Lisenen sind innerhalb eines schmalen Rahmens mit vertikalen Kerben versehen und enden kurz unterhalb der abschließenden Gitterstange in einem runden, nicht näher identifizierbaren plastischen Motiv. Auf der durchlaufenden Gesimsstange des Stabgitters sitzen 20 Vögel, die paarweise die Enden von Laubgirlanden in ihren Schnäbeln halten. Die Vertikalität der Zaunfelder beeinflusst – insbesondere in der Dominanz, in der Le Clerc das Gitter darstellt – auch die optische Wahrnehmung des dahinter liegenden Schlosses. Meißner stellt dazu fest: „Eine vertikale Gliederung zerschneidet den Hintergrund, hohe Gegenstände erscheinen überhöht."[1432] Das Schloss erhält durch diese Tatsache eine Form der optischen Unterstützung, die das Corps de Logis höher und damit monumentaler wirken lässt. Das Tor verleiht dem Mittelteil des Schlosses zudem eine Mittenbetonung, welche die Architektur selbst mit dem verbliebenen ländlichen Charakter nicht besitzt.

Das Bild von Le Clerc unterscheidet sich jedoch in einem Detail von der Darstellung der Meißener Platte: Auf der Porzellanplatte endet das Gitter jeweils an den Gebäudeecken der Seitenflügel. Bei Le Clerc dagegen verläuft das Gitter in vereinfachter Form, lediglich verziert mit kleinen Festons, an den Fenstern der Stirnseite des Herzogsflügels links und rechts der Säulenpaare des Altans weiter und vergittert damit die beiden Fenster des Erdgeschosses. Auf der Seite des Südflügels, der auf hohen Substruktionen steht, wurde gemäß der Zeichnung auf ein solches Zaunfeld verzichtet.

2. Der Verlauf der Arbeiten am Schlossgitter nach den Bauakten

a. Die Finanzierungs- und Ausführungsproblematik des ersten Schlossgitters von Schlossermeister Wolf

Im Jahr 1790 sandte der Schlossermeister Christian Wolf eine Bittschrift an den Herzog, worin er um die Anweisung seines Lohnes bittet, denn *„Bereits 1778 habe aus dem herrschaftlichen Magazin eisen bekommen, zu Verfertigung eines Thors und 8 Pilaster vor den Schloßhof auf den Carlsberg erhalten, welches auch, so weit das Eisen gereichet, gefertiget; 1779 wollte mehr Eisen zu Vollen-*

1431 Zur Begrifflichkeit und dem Grundaufbau von Gittern s. MEISSNER, Gittertore, S. 17 ff. Das konstruktive Skelett von Gittern besteht aus Zaunfeldern und stützenden Elementen in Form von Pfeilern, Pfosten oder Säulen.
1432 MEISSNER, Gittertore, S. 24.

dung deßelben haben, welches damaliger baumeister Schaefer verweigerte, auf deßen Befehl eine Zeichnung über Erthanes Thor mit Fürstlichen Wappen und 2 Löwen verfertigen muste, die gnädigst genehmigt wurde. Baumeister Schaefer aber verstarb darüber und nach öfteren Bitten bey dem jezigen Baumeister H. Krutthofer um Eisen zu Endigung dieser Arbeit zu erhalten, bekam 1787 zur Antwort, daß solches Thor nach einem andern Riß gemacht werden solle [...]."[1433]

Acht Jahre später gab er in einer Spezifikation zu Schlosserarbeiten, welche er auf dem Carlsberg durchgeführt habe an, er habe *"Zu dem eisernen thor und gerems vor den schloßhoff [...] die 2 thor fliegel nebst den zwey seiten bilaster und 8 bilaster auf die mauer verferdiget."*[1434] Die beiden Torflügel samt Seitenpilastern und jene acht Mauerpilaster wurden auf der Mehlwaage mit 2304½ Pfund gewogen. Die zusätzlichen Treibarbeiten, so zwei Löwenköpfe und *"Feuerflammen und laubwerck auf die bilaster"* sollten 36 Gulden kosten. Der Rechnung liegt eine Erklärung des Schlossermeisters Wolf bei, wonach die Arbeiten bereits in der Zeit von 1778 bis 1779 ausgeführt worden seien, *"und den 17en decem 1787 hat mir der baumeister grudhober bemelde arbeit weg genommen ohne ursach und hat nach einer anderen facon machen laßen bei schloßer meister bobong in homburg."*[1435] Die Rechnung für die hergestellten Torflügel und Pilaster wurde ab 1788 mehrmals erfolglos eingereicht. Eine Spezialkommission befragte diesbezüglich zunächst Bauschreiber Engelbach, der wiederum antwortete, er könne weder beurteilen, ob die Forderung des Schlossermeisters Wolf berechtigt sei, noch warum der Schlossermeister Bubong die Arbeit habe übernehmen sollen. Dies wisse Baumeister Krutthofen am besten, *"jedoch ist mir so viel noch bewußt, daß bey dieser Arbeit Zwitzigkeiten geschehen sind, in was solche aber bestanden weiß ich nicht."*[1436]

Anschließend wurde von Baumeister Krutthofen *"in Betreff der Forderung des Schlossermeisters Christian Wolf [...] die Erläuterung verlangt, welche die*

1433 LA Speyer, Best. B2, Nr. 1604, Bl. 78, identisch mit Bl. 3 aus Nr. 1605.
1434 LA Speyer, Best. B2, Nr. 1604, Bl. 66.
1435 LA Speyer, Best. B2, Nr. 1604, Bl. 67. Das Material wurde pro Pfund mit 8 Kreuzern berechnet Die Gesamtrechnung belief sich auf 343 Gulden und 16 Kreuzer und wurde im März des Jahres 1798, also fünf Jahre nach Zerstörung des Schlosses, an die „königlich bairische Special Commission in Zweybrücker Angelegenheiten" gesandt.
1436 LA Speyer, Best. B2, Nr. 1604, Bl. 74. Immerhin gibt der Bauschreiber an dieser Stelle seiner Verwunderung über das lange Zögern Ausdruck: *„Wolf wollte absolut haben, ich sollte ihm seine Rechnung für gut Attestieren, solches kann ich aber als ein ehrlicher Mann nicht und ein allenfallsiger Betrüger bei der Herrschaft zu sein, dann aus deßen Grund hat er die Sache so lang liegen laßen, in ao 1787 ist erst diese Verhandlung geschehen, und in ao. 1793 brach der Krieg aus also hatte dieser doch fünf volle Jahre Zeit seine Sache zu beendigen [...]"*.

Richtigkeit derselben gewähren könnten."[1437] Krutthofen gab daher an: *„In Frag gezogene Arbeit gehört unter jene, welche [...] auf Befehl Sr. Höchstseelig: Herzogl: Durchlaucht sind angegeben worden. Schlossermeister Wolf [...] führte die bestellte Arbeit nicht aus, sondern lieferte nur Bruchstücke über die er [einen] Schein erhielte."*[1438] Im Übrigen berief er sich darauf, er habe *„also in dieser Sache weiter nichts mehr zu thun als zu erinnern man wolle in den Acten nachsehen und der hierauf bezug habende Bericht hervorsuchen welche hinlängliche auskunft gewähren werden."* Auch wenn Krutthofen an dieser Stelle keine deutliche Aussage über die damals ausschlaggebenden Gründe macht, warum dem Schlossermeister Wolf der Auftrag entzogen worden war, so verdeutlicht eine andere Stellungnahme aus dem Jahr 1788 einen der Gründe für die Zession. Krutthofen war aufgefordert, den Grund für die Auftragsvergabe eines Stiegengeländers im nördlichen Schlossflügel ohne vorangehende Versteigerung des Vertrags zu erklären. Krutthofen legte *„in diesem fall die von Serenissimi Herzogl. Durchl. besonders gnädigst befohlenen beschleunigung zum Grund. Wie bekannt sind zu dergleichen Unternehmungen fähigen Schlosser Meister in hiesiger Gegend nur drey, als neml. Meister Lorenz, Wolff und Bupong. Ersterer ist schon ohngefehr acht Jahren mit einem Altan gerems hiesiger Orangerie, der andere aber mit einem stiegen Geländer und einfassung der schloss hof bey nah an die zehn Jahre beschäftigt, dieser Beyspiel des langsamen Gangs der Versteigten Arbeiten, einerseits, andererseits aber der des erwdgsten Gdgsten Befehl Serenissimi, werden dahero wie ich hofe, die hier in frag liegende Ausnahm rechtfertigen."*[1439]

Neben dieser Angabe, dass Wolf mit seiner Arbeit an der Einfassung des Schlosshofes nach zehn Jahren seit Auftragsvergabe noch nicht fertig war, dürfte für die Übertragung der Arbeit an Bubong die Tatsache ausschlaggebend gewesen sein, dass das Schlossgitter nach diesem beachtlichen Zeitraum mit den Bauten, die in der Zwischenzeit entstanden waren und dem damit verbundenen Repräsentationsbedürfnis einem gewandelten Anspruch gerecht werden musste. Nun war nicht mehr der Hof eines Landhauses mit flankierenden Stallungen zu schließen, sondern der Cour d'honneur eines mehrflügeligen repräsentativen Schlosskomplexes, der sich in der Zwischenzeit zur Residenz entwickelt hatte, in der Landesherren und Gesandte ihre Besuche und Aufwartungen machten. Damit hatte sich auch das Zeremoniell geändert, dem alle Bewohner und Besucher der Residenz unterworfen waren, weshalb einem Ehrenhofgitter eine geänderte Repräsentationsfunktion zukam.

1437 LA Speyer, Best. B2, Nr. 1604, Bl. 63. Kommissionsprotokoll vom 5. August 1806.
1438 LA Speyer, Best. B2, Nr. 1604, Bl. 63. Bei dem erhaltenen ‚Schein' handelte es sich um die schriftliche Bestätigung, dass eine Arbeit ausgeführt worden war, die vorgelegt werden musste, um Geld zu erhalten.
1439 LA Speyer, Best. B3, Nr. 2590, Bl. 432v.

b. Das zweite Schlossgitter von Schlossermeister Bubong

Im April 1788 formulierte der Schlossermeister Henrich Bubong aus Homburg einen Bittbrief an den Herzog persönlich, in dem er darüber berichtet, dass *„ich seit Martini a.p. an dem Geländer von einen Schloß Flügel zum Andern auf dem Carlsberg arbeite und mich an die viele Leute die ich seitdeme blos über der Arbeit halte so ausgeben, daß ich beynahe nicht mehr weiß wie mich durch schlagen will. Um nun die Arbeit mit force fort setzen zu können, habe ich Ew. Herzogliche Durchlaucht unterthänigst bitten wollen, gnädigst zu verfügen, daße mit 1500 oder wenigstens 1000 fl. Vorschuß und abschlägliche Zahlung geleistet würde."*[1440] Der Grund, warum sich der Schlossermeister mutig an den Herzog persönlich wandte, liegt darin, dass der Baumeister Krutthofen ihm einen neuen Riss des Gitters überbrachte. Gleichzeitig wurde ihm *„jedoch zugleich das strengste Stillschweigen hierinnen auferleget, indeme weder die herzogliche Renth Cammer noch sonsten Jemand etwas davon wißen dürfte, die Kosten hingegen aus Ihrer Durchlaucht Chatule bezahlet würden."*[1441] Das erforderliche Stillschweigen gegenüber der Rentkammer hatte seine Ursache darin, dass die Kammer schon lange über Geldnot klagte und mehrfach die Kosten des Bauwesens kritisierte.

Das Vortragen der Schwierigkeiten beim Herzog brachte ihm zwar das *„Fürstliche Versprechen"*, trotzdem befand er sich *„durch die leeren Versprechungen in der äußersten Verlegenheit: ich entschloß mich meine Leute, denen ich das Reisegeld schon gezahlet hatte, wiederum fortzuschicken, änderte doch diesen Plan, weil ich aufs neue übel dran werden würde, wiederum andere Leute zu bekommen, wenn ich den Vorschuß inzwischen bekäme. Als ich mich nun weiterhin, wiewohl vergeblich, um den Vorschuß geplagt hatte, finge ich doch mit meinen Leuten die Arbeit nach der Vorschrift an, und continuerte damit 18. Wochen lang, wodann gegen alle Vermuthung der Baumeister Krutthofer wieder zu mir kame und mir einen andern ähnlichen Riß vorlegte, der viermal schwerer und kostspieliger als jener war, mit dem Befehl, die Arbeit nunmehro hiernach zu machen – und der gnädigsten Versicherung, daß der höhere Kostenbetrag mir eben so, wie bei dem Erstern versprochen worden, bezahlt werden solle. Durch diesen neuerlichen Umstand gerieth ich nun aus aller Faßung, weil ich bei der erstern Arbeit schon einen Kosten aufwand von mehr als 600 f. hatte, und befürchtete, daß, wenn ich die ganze Arbeit erliegen liese – mir nichts andres als das leere Nachsehen übrig bliebe."*[1442] So war es ein zweites Mal, diesmal so-

---

[1440] LA Speyer, Best. B2, Nr. 1601, Bl. 167. Die Zeitangabe „seit Martini a.p." meint den St. Martins-Tag ‚anni priori', also des vorigen Jahres.
[1441] LA Speyer, Best. B2, Nr. 1605, Bl. 43.
[1442] LA Speyer, Best. B2, Nr. 1605, Bl. 44. S. Anhang C.I.5.

gar innerhalb der Arbeitsphase des Schlossermeisters Bubong, zu einer Änderung der Pläne für das Schlossgitter gekommen, und er musste *„die bereits nach dem erstern Riß gemachte Arbeit, woran ich nun ¾ Jahr zugebracht hätte, als gänzlich unbrauchbar wieder cassiren."*[1443]

Die Forderung über eine Abschlagszahlung findet sich in den Zweibrücker Rentkammer-Bauprotokollen vom September des gleichen Jahres. Eine dieser Rechnungen in Höhe von 3344 Gulden und 44 Kreuzern betrifft *„Schloßer Bubong zu Homburg vor den Carlsberger Schloßhoff mit einem Gegitter zuzumachen."*[1444] Ein Vorschuss in Höhe von 1100 Gulden wurde ihm am 11. Juni 1788 gewährt, doch waren die Kosten zur Herstellung dieses Tores so hoch, dass allein der Preis des Eisens das Dreifache der Summe ausmachte, welche Schlossermeister Wolf für seine gesamte Arbeit in Rechnung gestellt hatte.

Entsprechend formulierte Schlossermeister Bubong im August des Jahres 1789 die erneute Bitte um Auszahlung seines Lohnes.[1445] Auch der Aufwand für diese Arbeit wird in der Bittschrift dargestellt, denn der Schlosser hatte neben dem Ankauf von Materialien im Wert von 1200 Gulden *„die Gesellen, welche ich zu dieser Arbeit brauchen kann, mit grosen Kosten, aus Berlin und anders woher beschreiben müssen [...] welche mich im Lohn und Kost sehr hoch zu stehen kommen, und bereits 4 Wochen wegen Mangel der Materialien und Geld nicht mehr arbeiten können, und nichts dessen weniger Kost und Lohn geniesen."*[1446] An anderer Stelle präzisierte Bubong, er habe *„die zu diesem Ende erforderliche Arbeiter / welche dahier und in der Gegend sehr rar waren/ von Regensburg, Basel und Mainz"*[1447] auf seine Kosten herbeigerufen.

Ein neuerliches Bittschreiben vom März 1790 berichtet davon, dass die Gesellen im Vorjahr wegen Geldmangels fortgeschickt werden mussten. *„Ohngeacht nun mir noch kein Hülfe verschaft sehe, und Ihro Herzogliche Durchlaucht auf die Arbeit getrungen, so beschrieb ich wieder 4 Gesellen, welche mich aber so ausgesogen, daß ich dieselbe nicht mehr bezalen kann. Jezo habe ich zu befürchten, daß ich, wann ich die mir geliehenen 1160 fl. nicht in Zeit 8 Tagen abzale, daß ich prostituirt werde, ohne einmal dahin zugedencken, daß ich noch*

1443 LA Speyer, Best. B2, Nr. 1605, Bl. 44. S. Anhang C.I.5. Das Gitter musste – zumindest in Teilen – wieder eingeschmolzen werden.
1444 LA Speyer, Best. B3, Nr. 2550, Bl. 241v. Für ein Gewicht von 16.283 Pfund, per se einem ungeheuren Materialwert, für die Anfertigung und *„sodan für Modell transport und Gäng zu dem Bildhauer"* verlangte der Schlosser *„[...] mithin jedes Pfundt eins ins andere gerechend 12 xr"*.
1445 LA Speyer, Best. B3, Nr. 2590, Bl. 443. Er erbittet, ihm seinen *„bereits verdienten Lohn seit Martini her benebst Materialien Hochgnädigstest aus zahlen zu lassen."*
1446 LA Speyer, Best. B3, Nr. 2590, Bl. 443 f.
1447 LA Speyer, Best. B2, Nr. 1605, Bl. 43. S. Anhang C.I.5.

600 fl. auf die Eisenhütte schuldig bin und mein Credit gänzlich verfallen."[1448] Wiederum droht der Schlossermeister, dass er baldigst eine Zahlung erhalten müsse, *„ansonsten ich mich vermüßiget sehe die Gesellen abzudancken und die Arbeit liegen zulaßen."* Die Forderungen für geleistete Arbeiten und gekaufte Materialien ziehen sich parallel zu den übrigen Bittschriften durch die Bauprotokolle bis in das Jahr 1790 und belaufen sich zu diesem Zeitpunkt auf eine Gesamtsumme von mehr als 5800 Gulden. Der Beschluss der Baukasse lautete jedoch, nochmals beim Herzog anzufragen, *„ob diese Rech. anzuweisen mit dem Anfügen, daß die H. Renthkammer außer Stand seye, eine solche grose Summe zu bezahlen."*[1449] Der Herzog selbst unterschrieb eine Anweisung an die Rentkammer vom Januar 1790, wonach man dem Schlosser 2000 Gulden zukommen lassen solle, weil es sich um eine *„auf Special Befehl Serenissimi Herzogliche Durchl. wegen Fertigung der neuen Eisernen Treillage nebst Thor und Seiten Thür zu Schliesung des Schlosshof aufm Carlsberg"*[1450] handele und weil *„die ganze Arbeit bis auf einige Kleinigkeiten zum aufstellen fertig geliefert worden."* Dennoch erreicht den Herzog am 22. September 1790 ein weiterer Hinweis, dass die Schlosserarbeit fertig sei – verbunden mit dem dringenden Ansuchen um Zahlung der noch immer ausstehenden Rechnungen.[1451] Aus einer Zahlungsanweisung Krutthofens im gleichen Zeitraum geht hervor, dass *„der zum aufstellen dieser Arbeit erforderliche, steinerne Socel nicht konnte aufgeführt werden, und folglich die hier fertig verrechnende Schlosser-Arbeit man aufzustellen nicht im stand ist, so wären für die von Seiten des Schlosser Meister Bubongs noch überdieß zu leistende Arbeit zu unserer Sicherstellung weiters 220 fl. einzuhalten."*[1452] Es fehlte also noch die erforderliche Mauer, um das Schlossgitter darauf aufrichten zu können. Erst im Juli 1792 gab der Maurer Münzel in einer Spezifikation an, er habe *„zu den Gatter werck vor an grosen Schlosshof welches von Homburg ins Bau Magazin gefahren worden, […] zum auf und abladen 4 Man Steinhauer Gesellen gegeben haben zusamen 8 Tag per Tag 45 xr […]."*[1453] Entsprechend wurde erst im November des Jahres 1792 eine Rechnung über Steinhauerarbeiten eingereicht, *„zu den Grilage vor am*

1448 LA Speyer, Best. B2, Nr. 1601, Bl. 187.
1449 LA Speyer, Best. B3, Nr. 2552, Bl. 268v.
1450 LA Speyer, Best. B3, Nr. 2603, Bl. 278.
1451 LA Speyer, Best. B2, Nr. 1605, Bl. 20. Damit verbindet er die ungewöhnliche Bitte, die Summe in üblicher Höhe verzinsen zu lassen, *„damit ich die Capitalien, die ich deßwegen aufgenommen, nicht ex propriis Verzünßen, und dadurch mein Haußhalten unverschuldet ruiniren müsse."* Die Bitte zeigt ihre Wirkung, denn in den Bauprotokollen wird ein baldiges Gutachten darüber und baldige Bezahlung verlangt, *„weil sonsten alle andern zu dergl. Begehrung veranlasst werden würden."* LA Speyer, Best. B3, Nr. 2554, Bl. 257v.
1452 LA Speyer, Best. B2, Nr. 1605, Bl. 22.
1453 LA Speyer, Best. B3, Nr. 2619, Bl. 91.

Schloß Hoff Quader Steine gebrochen u. gehauen"[1454] zu haben. Daraus ergibt sich, dass im November 1792 die erforderliche Mauer noch immer nicht existierte. Letzte Nachrichten über die vom Schlosser einbehaltenen 220 Gulden wegen des fehlenden Mauersockels finden sich Monate nach der Zerstörung des Schlosses im September 1793, in denen Bubong berichtet, dass die Aufstellung des Schlossgitters bisher noch immer nicht geschehen sei.[1455] Eine Notiz des gleichen Jahres stellt fest: *„Da der Bubong nach dieser Erklärung schuldig ist das Thor aufzustellen und diese Arbeit durch seinen mit dem Gesell gemachten Accord auf 100 fl. geschäzt wird, dermalen aber die Aufstellung des Thores nach aller Wahrscheinlichkeit unverbleibt, so muß sich der Bubong auch diese 100 fl. an seiner Forderung abziehen lassen [...]."*[1456] Ein abschließender Satz besiegelt sowohl das Schicksal der noch ausstehenden Summe als auch die Geschichte des Schlossgitters selbst: *„Da dieses Geländer nicht aufgestellt worden, so wird wohl diese Nachforderung cessirt."*[1457] Die noch ausstehende Summe von 3800 Gulden war im November 1801 noch immer nicht beim Schlossermeister eingegangen, weshalb er sich gezwungen sah, sich an die Debitkommission zu wenden.

Abb. 53: Rosché, Claudius, Residenz-Schloss des Herzogs Carl II. mit sämmtlichen Gebäulichkeiten auf dem Carlsberg (Ausschnitt Ehrenhof und Schlossgitter)
gezeichnet von Claudius Rosché von 1860 bis 1868

1454   LA Speyer, Best. B3, Nr. 2619, Bl. 95. Darin wurden 221 Gulden 24 Kreuzer berechnet.
1455   LA Speyer, Best. B2, Nr. 1605, Bl. 14.
1456   LA Speyer, Best. B2, Nr. 1605, Bl. 16.
1457   LA Speyer, Best. B2, Nr. 1605, Bl. 14.

3. Das Aussehen des Gitters nach Detailangaben der Akten

Schlossermeister Wolf berichtet, er habe „*zu dem eisernen thor und gerems vor den schloßhoff [...] die 2 thor fliegel nebst den zwey seiten bilaster und 8 bilaster*"[1458] gefertigt. Seine Version des Schlossgitters scheint, trotz des überaus lange währenden Fertigungszeitraums von 10 Jahren, gemessen am Preis recht schlicht gewesen zu sein und besaß, anders als das später in Auftrag gegebene Tor, nur zwei Torflügel. Als Zierde des Tores hatte er das fürstliche Wappen, zwei Löwen sowie ‚Feuerflammen und Laubwerk' auf den Pilastern angefertigt.[1459]

Der Schlossermeister Bubong berechnet in seinem Arbeitsverzeichnis vom September 1788, er habe dafür 14 „*Lessinen*", „*Staquetten Wandt [...] derer sind 12 st.*"[1460], „*12 Gesimser*", 24 Adler zu je 54 Pfund sowie 14 Löwenköpfe zu je 14 Pfund und 12 Girlanden gefertigt.[1461] Jene angegebenen Teile waren Bestandteil des seitlichen Gitterwerks, das die Tore flankierte, und damit können die oben beschriebenen Vögel als Adler identifiziert werden. Bubong selbst berichtet, man habe ihm einen Riss vorgelegt, nach welchem „*[...] auch auf dem Thoraufsaz und obere Gesims mit 24 Adlern und Löwen garniret*"[1462] gefertigt werden sollten. Es ist daher wahrscheinlich, dass es sich bei jenen runden oberen Abschlüssen der Pfeiler um die angegebenen Löwenköpfe handelt, deren Anzahl mit der Zahl der Lisenen übereinstimmt. Die Angabe von 12 Gesimsen und Zaunfeldern deckt sich dagegen nicht mit der Abbildung von Le Clerc, auf der insgesamt nur 10 Gitterabschnitte mit ebenso vielen Gesimsen zu sehen sind. Auch die Anzahl der angefertigten Adler würde zu insgesamt 12 Gesimsen passen, die 12 Girlanden tragen würden. Es ist anzunehmen, dass sich Le Clercs Darstellung des Tors und der im Gitter enthaltenen Details tatsächlich an einem Riss orientierte, welcher auch dem Schlosser für seine Arbeit vorlag,[1463] während er die Anzahl der erforderlichen Gitter und Lisenen nur schätzen konnte, da er sie nie am vorgesehenen Platz sah.

Im gleichen Jahr 1788 reichte der Bildhauer Bail[1464] ein Verzeichnis „*Unterschiedlicher Bildhauer Arbeit so zum Hochfürstl. Bauwesen aufm Carlsberg*

1458 LA Speyer, Best. B2, Nr. 1604, Bl. 66.
1459 LA Speyer, Best. B2, Nr. 1604, Bl. 67 und 66.
1460 Mit „Lessinen" werden synonym Pilaster oder Lisenen bezeichnet. Mit Staquetten sind Staketen, also Latten gemeint. ‚12 Staquetten Wände' bezeichnen die Gitterabschnitte zwischen den Lisenen auf der Mauer.
1461 LA Speyer, Best. B2, Nr. 2590 Bl. 437.
1462 LA Speyer, Best. B2, Nr. 1605, Bl. 43.
1463 LA Speyer, Best. B2, Nr. 1605, Bl. 43. S. Anhang C.I.5: „*[...] wurde mir von dem damaligen Baumeister Krutthofer auf Befehl Ihrer Herzoglichen Durchlaucht Carl Höchstseeligen Andenkens ein Riß vorgeleget [...].*"
1464 Der Bildhauer Louis Bail war in den 80er Jahren mehrmals am Carlsberg beschäftigt. ROLAND, Maler, S. 320 f.

theils an Modell für Schlosser und quadratur theils auch in andern Behuff gefertiget und geliefert" ein, wozu vier *„Löwen Köpf zu Model für den quadratur und Schlosser"*[1465] zum Preis von 100 Gulden gehörten. Die Notiz über Modelle von Löwenköpfen deckt sich mit obiger Angabe des Schlossermeisters Bubong, der Löwenköpfe fertigen sollte *„und Gäng zu dem Bildhauer"* zu erledigen hatte, um Modelle zu holen.[1466] Die Zahl von 14 Löwenköpfen lässt wiederum auf die Anzahl der Pfeiler schließen, die erforderlich waren, um zwölf Zaunfelder zu rhythmisieren, und kann mit den oben beschriebenen runden Abschlüssen in den Lisenenfeldern in Übereinstimmung gebracht werden. Die Bedeutung der Löwenköpfe erschließt sich aus dem Wappen des Herzogs, das in der Mitte den goldenen Löwen auf schwarzem Grund für die Pfalz führt, darüber den Löwen für Jülich, daneben die Löwen für Veldenz und Berg. Die Anbringung des Löwen als Zierelement, das in dieser Zeit eigentlich nicht in Mode war,[1467] verweist daher neben seiner allgemeinen Herrschersymbolik auf die Herkunft des Herzogs. Der Adler lässt sich dagegen nicht heraldisch erschließen, sondern steht wohl – ähnlich dem Löwen, hier aber als Entsprechung für das Element der Luft – als Symbol für Größe, Kraft und majestätische Erscheinung. Beide, Löwe und Adler, hätten schon in der Annäherung zum Schloss für jedermann sichtbar den umfassenden Machtanspruch des Herzogs gezeigt.

Vom August 1790 liegt weiter ein Verzeichnis vor *„Derer Schlosser Arbeit so Schlosser Meister Heinrich Bubong von Homburg weiters zu schliesung des Schlosshofs aufm Carlsberg, an zwey grose Thorflügel, zwey Thüren, zwey Suborten Vier Säulen, wie auf Fuß und Gesimsstangen verfertigt hat"*[1468] aus *„unterschiedlichen Gattungen Eisen und Blech"*[1469]. Demnach verarbeitete er an zwei Torflügeln 765 Pfund Blech sowie 432 Pfund *„Blech so an den zwey Thüren in Blätter und Laubwerck ist"*.[1470] Die Supraporten wogen nur 24 Pfund. Weiter werden 70 Pfund Blech *„so bestehet in zwey Tücher über die Thüren, und vier Kronen auf die Säulen"* aufgeführt. *„Ferner hat Bubong zu den Säulen 8 Sockel auf der Schmelz giesen lassen so gewogen haben 14 Ctr. 18 Pfd*

1465 LA Speyer, Best. B3, Nr. 2590, Bl. 263.
1466 Weber schloss aus dieser Stelle, dass der Bildhauer Bail gänzlich für die Türen des Portals verantwortlich sein könnte und ging daher von geschnitzten, hölzernen Türflügeln aus. WEBER, Schloss Karlsberg, S. 228 sowie S. 209.
1467 „Die Rokoko- und Zopfzeit hat für die Darstellung des Löwen wenig Geschick und wenig Verständnis". MEYER, Handbuch der Ornamentik, S. 77.
1468 LA Speyer, Best. B2, Nr. 1605, Bl. 21.
1469 In der Gitterherstellung arbeitet der Schlosser mit Fertigteilen wie Blechen, Stäben oder Rohren, die er anschließend weiter bearbeitet. S. zu den Techniken MEISSNER, Gittertore, S. 31 ff.
1470 LA Speyer, B2 Nr. 1605, Bl. 21v.

[...]."[1471] Nach Monaten der Arbeit am ersten, nach Angabe des Schlossers durchaus schon aufwändigen Gitter erfolgte die Anweisung zur Fertigung eines noch prachtvolleren Tores nach einem neuen Riss.

Am Ende stellt sich die Frage, warum der Herzog überhaupt solchen Wert auf ein derart repräsentatives Tor legte, das nicht durch seine Größe, vielmehr durch seinen triumphbogigen Aufbau mit vier Pforten noch monumentaler wirkte als das Versailler Tor. Es wurde in der dargestellten Form in Auftrag gegeben, als von der Rentkammer beständig Ermahnungen erfolgten, das teure Bauwesen einzuschränken, weshalb der Herzog den Auftrag heimlich erteilte und ursprünglich aus seiner Privatschatulle bezahlen wollte. Wenn nun aber Carl II. August, wie bereits in vorigen Kapiteln erwähnt, den Carlsberg nur als Übergangsaufenthalt betrachtete, von dem aus er den Umzug nach München und die Kurfürstenwürde erwartete, so scheint er das Tor zu jenen kostbaren Mobilien gerechnet zu haben, die der Mitnahme Wert gewesen wären, vergleichbar mit Kutschen, Möbeln und Kronleuchtern. Wäre das Gitter zur Aufstellung gekommen, wäre es in seiner Ausführung geeignet gewesen, der Architektur durch das Triumphbogenmotiv vor der zentralen Schlossachse einen kräftigen Akzent zu verleihen, denn das Tor trägt all jene herrschaftlichen Insignien und Embleme, welche die Schlossarchitektur nicht aufweist.

Mannlich erwähnt das Schlossgitter nicht, so dass die Rückführung des Entwurfs auf seine Person zwar vermutet, letztlich aber nicht bewiesen werden kann. Vergeben wurde der Auftrag von Baumeister Krutthofen, der ab dem Jahr 1785 die Bauarbeiten am Carlsberg leitete, damit Mannlich sich verstärkt der Bildergalerie widmen konnte. Ob es noch zu einer Überführung des Gitters an einen anderen Ort kam, oder ob es als kostbarer Werkstoff, vielleicht vom Schlosser selbst, abverkauft oder wiederverwertet wurde, ist aus dem ausgewerteten Aktenbestand mangels weiterer Hinweise bislang nicht zu klären. Das Schicksal des Abbruchs und Einschmelzens ereilte im gleichen Jahr auch das Gitter der Cour Royale in Versailles. Seiner gedachten Bestimmung konnte das Carlsberger Schlossgitter an Ort und Stelle jedenfalls niemals nachkommen und prägte dennoch durch die Wiedergabe in Le Clercs Aquarell und dessen vielfachen Reproduktionen die kollektive Erinnerung an das Schloss.

1471 LA Speyer, B2 Nr. 1605, Bl. 21v. Für den Zentner wurden 7 Gulden 15 Kreuzer mit Fuhrlohn verlangt. Mit Material und allen übrigen Kosten ergab sich für das Tor die stattliche Summe von 6020 Gulden und 25 Kreuzern.

B. Architektur der umgebenden Schlossbauten

I. Das Orangeriegebäude auf dem Carlsberg

1. Die Baugestalt der Carlsberger Orangerie

Die am höchsten aufragenden Mauerreste eines Gebäudes im unmittelbaren Schlosskontext, die sich bis heute erhalten haben, gehören zur Orangerie. Der Besucher des Carlsberges findet heute Ruinen der Kellergewölbe und Mauerwerk von ungewöhnlicher Stärke vor (Abb. 54), die jedoch – nicht zuletzt auf Grund des ungünstigen Standes zur Sonne – in keinerlei Hinsicht an bekannte, der Sonne zugewandte lichtdurchflutete Orangeriegebäude erinnern, in denen im Winter empfindliche Orangen- und Lorbeerbäumchen untergebracht werden können. Erst die Betrachtung der Mauerreste unter Hinzuziehung der historischen Zeichnungen und der schriftlichen Quellen wird im Folgenden den Zusammenhang der erhaltenen Reste mit der vormaligen Orangerie aufzeigen. Außerdem wird der Versuch unternommen, die Carlsberger Orangerie an Hand der so gewonnenen Erkenntnisse in den Kontext bekannter Bautypen einzuordnen.

Abb. 54: Ruinen der Orangerie von Schloss Carlsberg
Mittelrisalit

a. Beschreibung der erhaltenen Reste

Beim Carlsberger Orangeriebau handelte es sich um eine Dreiflügelanlage, deren Hof sich, in umgekehrter Weise zum Cour d'honneur des Schlosses, nicht zur Hangseite öffnet, sondern zur östlichen Gartenseite. Das mittlere Gebäude der Dreiflügelanlage steht demnach nicht, wie das Corps de logis des Schlosses, im Hintergrund, sondern wurde direkt am Weg postiert, der an der westlichen stadtzugewandten Seite der Schlossgebäude entlang führt. Der Hauptbau mit einer Länge von 84,70 Metern orientiert sich in Nord-Süd-Richtung, während die kürzeren Seitenflügel nach Osten weisen.[1472] Das Orangeriegebäude erhielt dadurch eine dominantere Rolle in der Fernsicht als der eigentliche Schlossbau.

Die Höhe, mit der das Kellergeschoss aus Sandsteinmauerwerk aus dem Boden ragt, ergibt sich aus der Hanglage des Gebäudes, wodurch der ehemalige Innenhof des Gebäudes ca. fünf Meter höher liegt als das Bodenniveau am Fuß des Gebäudes. Das Erdgeschoss konnte dadurch nur seitlich und von der rückwärtigen Gebäudeseite zu ebener Erde betreten werden. Die Eckkanten des Kellergeschosses sind seitlich leicht ausgestellt,[1473] ähnlich den Substruktionen der Ministerflügel in Versailles, erbaut durch Hardouin-Mansart. Auch dort wurden auf den rückwärtigen, dem Vorhof des Schlosses abgewandten Seiten, ebenso wie am Nordflügel des Schlosses hohe Unterbauten zum Ausgleich des abfallenden Geländes notwendig, die einen ebenso massigen Eindruck vermitteln wie der Unterbau der Carlsberger Orangerie.

Der leicht hervortretende Mittelrisalit wird im Kellergeschoss mit ebenfalls leicht seitlich ausgestellten Kanten durch ein Rundbogenportal mit zwei seitlichen Fenstern betont. Diese Betonung der Mitte setzte sich im ersten Obergeschoss durch einen Balkon fort, dessen abgeschlagene Konsolsteine noch im Mauerwerk erkennbar sind, und der drei Fenster- bzw. Türachsen horizontal miteinander verband. Im Keller sind heute noch vier unterschiedlich große, mit Längstonnen gewölbte Räume begehbar. Da nur der nördlich an den Mittelrisalit anschließende Gebäudeteil ergraben wurde, ist nur er einer genaueren Untersuchung zugänglich (Abb. 55). Hier sind – im Gegensatz zur Südseite[1474] –

1472 Zu den genauen Maßen und den bisherigen Angaben in der Literatur s. SCHWAN/ULRICH, Orangerie, S. 45 f. Demnach ist die Länge der Seitenflügel mit ungefähr 19, deren Breite mit ca. 10 Metern anzunehmen. Die Neuaufnahme der Maße geht auf die Arbeit von Stefan Ulrich zurück, der einen Gesamtgrundriss der ergrabenen und frei liegenden Gebäudeteile erstellte.

1473 Die Fassade des Erdgeschosses war, den Untersuchungsergebnissen von Ulrich folgend, entlang der Schauseite dossiert und besaß einen 5° messenden Anzug auf den Schmalseiten. SCHWAN/ULRICH, Orangerie, S. 46.

1474 An der südwestlichen Gebäudeecke sind noch drei originale Werksteinquader der äußeren Mauerschale erhalten (Abb. 56). Auch ein Steinmetzzeichen (Z) ist dort deutlich erkennbar. Über die Maße der Seiten s. SCHWAN/ULRICH, Orangerie, S. 46.

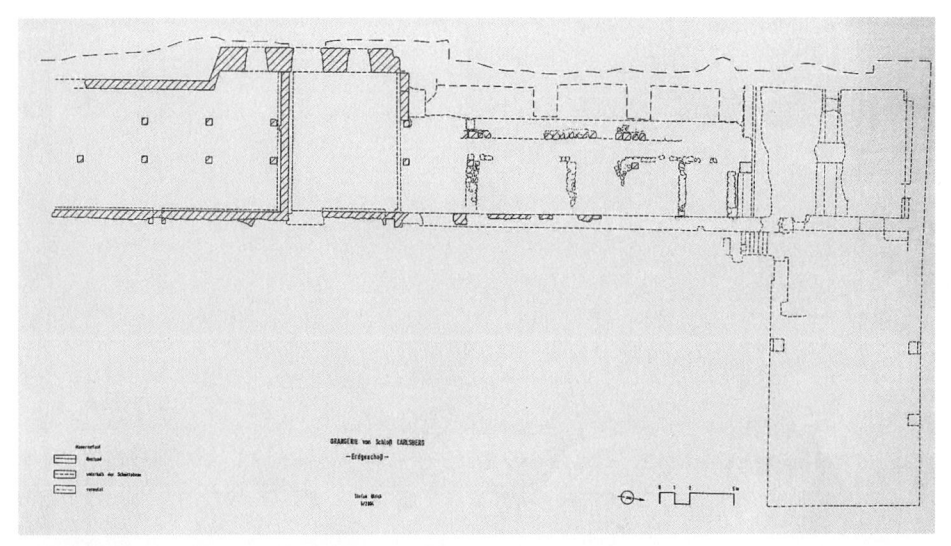

Abb. 55: Orangerie
Bauaufnahme der Carlsberger Orangerie – Erdgeschoss, von Stefan Ulrich

keine Werksteinquader der Außenschale mehr vorhanden, sondern nur noch raues Füllmauerwerk. Über diesen, bis zu einer Höhe von 3,3 Metern schräg ansteigenden Mauerresten folgt ein Absatz von zwei Metern Tiefe über einem sandverfüllten Hohlraum. Im rechten Winkel dazu erheben sich weitere Mauern, die jeweils von schmalen Tonnengewölben überspannt werden. Die dadurch entstandenen rückwärtigen Räume wurden mit Geröllmaterial verfüllt, wobei es sich um eingebrachtes Material der Bauzeit handelt (Abb. 57).[1475] Untersuchungen ergaben, dass die Außenschale der Westfassade und der zweite aus Tonnengewölben bestehende Mauerverbund nicht in Verbindung zueinander stehen. Diese auffallende Mauersituation ist nur dadurch zu erklären, dass es sich dabei um Abschnitte unterschiedlicher Bauphasen handelt, so dass bestehende Bauteile in einen späteren Neu- bzw. Umbau mit einbezogen werden mussten.[1476] Details dazu werden im Zusammenhang mit den schriftlichen Quellen noch zu klären sein.

1475 SCHWAN/ULRICH, Orangerie, S. 47f. Die Kellergewölbe im nördlichen Seitenflügel waren vom Hof aus über eine Treppe zugänglich. Auch drei Kellerfenster konnten offengelegt werden. Ein Teil des Mauerwerks, insbesondere der Gewölbe, welches vom nördlichen Flügel ergraben wurde, ist jedoch zwischenzeitlich eingestürzt.

1476 SCHWAN/ULRICH, Orangerie, S. 49f. Ähnlich Schneider, der es zwar als „unschlüssiges Konglomerat von Mauerwerk und Gewölbefigurationen" beschreibt, jedoch ebenfalls zu dem Ergebnis kommt, dass es sich um zwei ineinander integrierte Bauwerke – Schweizerei und Orangerie – handelt, vgl. SCHNEIDER, Schlösser, S. 300.

Abb. 56: Orangerie: Erhaltene Werksteine an der südwestlichen Gebäudeecke

Abb. 57: Orangerie: Gewölbe mit Füllmaterial

Im Erdgeschossbereich, der ebenerdig von der Ostseite betreten werden kann, fallen steinerne quadratische Postamente auf (Abb. 58), die hölzerne Stützen für die Unterzüge der Raumdecken trugen.[1477] Fundamentreste mehrerer kleinerer Räume, die sich entlang eines Flures aufreihten, befinden sich zusätzlich im nördlichen Teil des

Abb. 58: Orangerie: Postament der Pflanzenhalle im Erdgeschoss

Abb. 59: Orangerie des Carlsberges
Ringfundament des Rundbaues von 1785

1477 Die Postamente wurden aus 44 x 44 x 35 Zentimetern messenden Werksteinen gefertigt, welche sich nach oben verjüngen. Es konnten steinerne Postamente ergraben werden, die teilweise in Mauerzüge integriert worden waren, was als Beleg für die Annahme unterschiedlicher Bauphasen und Nutzungen zu werten ist. Auf zwei Postamenten waren noch verkohlte Stümpfe verbrannter hölzerner Pfeiler festzustellen. SCHWAN/ULRICH, Orangerie, S. 51 sowie Anm. 29. Schneider hingegen schließt eine statische Funktion dieser Postamente gänzlich aus, da seiner Meinung nach die Dimensionen der Sockel nur für gusseiserne Stützen taugten. Vgl. SCHNEIDER, Schlösser, S. 302.

Baues (Abb. 55). Auch diese Bauteile, Postamente und Mauerwerk der Räume, überschneiden sich und weisen auf unterschiedliche Nutzungen zu unterschiedlichen Zeiten hin.

Ein steinernes Ringfundament im ehemaligen Innenhof der Orangerie, das sich mit einem ungefähren Durchmesser von 42 Metern im Boden abzeichnet (Abb. 59), geht auf einen bereits vielfach behandelten ephemeren Festbau zurück. Dieser Kuppelbau, den Mannlich anlässlich der Feierlichkeiten im Dezember 1785 zu Ehren Maximilian Josephs und seiner zuvor in Darmstadt angetrauten Gattin Marie-Wilhelmine-Auguste (1765–1796) entworfen hatte, war in den Wintermonaten des Jahres 1785 aus Holz und Leinwand errichtet worden.[1478]

b. Das Aussehen der Orangerie nach bildlichen Quellen

Zur Klärung des Aussehens der Orangeriefassade können mehrere erhaltene zeitgenössische Zeichnungen herangezogen werden. Alle Darstellungen des Schlosses und der Orangerie wurden jedoch aus ähnlicher Perspektive angefer-

Abb. 60: Rosché, Claudius, Residenz-Schloss des Herzogs Carl II. mit sämmtlichen Gebäulichkeiten auf dem Carlsberg (Ausschnitt Orangerie)
gezeichnet von Claudius Rosché von 1860 bis 1868

1478 S. MANNLICH, Rokoko und Revolution 1966, S. 226 f. Vgl. WEBER, Schloss Karlsberg. Die vergessene Residenz, S. 31 f.; DERS., Schloss Karlsberg, S. 257 mit Abbildungen. SCHNEIDER, Carlsberg – Carlslust, S. 360 f.; DERS., Schlösser, S. 295 ff. S. Kap. B.I.8.

tigt, so dass keine der bisher aufgefundenen Zeichnungen über das Aussehen der rückwärtigen Seite Auskunft gibt. Allen gemein ist, dass sie die Orangerie, gesehen von Westen, als Flügelbau zeigen, dessen Hauptflügel, im Gegensatz zum Corps de logis des Schlosses, dem Tal zugewandt erbaut wurde und dessen Hof sich nach Osten zur Gartenseite öffnete. In der Darstellung der Details widersprechen sie sich dagegen erheblich (Abb. 38, 21, 9, 43, 60).

Das Kellergeschoss war vermutlich mit einigen kleineren Fensteröffnungen versehen (Abb. 38). Die Zeichnungen machen hierüber unterschiedliche Angaben, die zum Teil von einer völlig geschlossenen Wandfläche der Rücklagen bis hin zu einer unregelmäßigen Befensterung reichen. Über dem mächtigen Kellergeschoss der Orangerie erhoben sich, erkennbar auf allen Darstellungen, ein Erd- und ein erstes Obergeschoss. Die Fenster des Erdgeschosses werden auf allen Zeichnungen einheitlich als sehr hoch gezeigt, die des darüber liegenden Obergeschosses dagegen wie kleiner. Die Form der Fenster lässt sich aus den Zeichnungen nicht erschließen. Darüber, wie viele Achsen dieses Gebäude an der Vorderseite gehabt haben könnte, geben die Zeichnungen wiederum unterschiedliche Auskünfte.[1479] Die Annahme von 21 Achsen, wie sie auf der „Vue de Carlsberg" von Herdegen aus dem Jahr 1791 (Abb. 38) dargestellt wurde, kommt hinsichtlich der Genauigkeit des Zeichners hinsichtlich anderer Details der tatsächlich anzunehmenden Achsenzahl am nächsten.

Die Seitenflügel erheben sich ebenfalls über Kellergeschossen (Abb. 38), welche jedoch entsprechend dem Hangverlauf zur Gartenseite der Anlage zunehmend von Erdreich umschlossen werden, so dass das Erdgeschoss dieser Flügel von der Gartenseite ebenerdig zu begehen war. Über die Zahl der Fensterachsen der Seitenflügel geben die Zeichnungen durch ihre verkürzte Darstellung des Südflügels keine Auskunft. Allein die so genannten Ölpläne von 1805, die die vorgefundenen Fundamente nach der Schlosszerstörung darstellen (Abb. 43) zeigen, dass der Seitenflügel zur Seite des Taubenhauses länger war als der Nordflügel zur Schlossseite. Auf diese Weise reichen beide Flügel nicht nur bis zur so genannten Appelallee[1480] hinter der Orangerie heran, sondern werden

---

1479 Die Zeichnung der Kadetten Lüder (Abb. 21) zeigt 17 Achsen mit jeweils sieben seitlichen und drei Achsen in der Mitte. Herdegen (Abb. 38), Schaefer (Abb. 9) und Rosché (Abb. 60) bilden 21 Achsen ab mit jeweils 9 seitlichen Achsen und drei Achsen in der Mitte. Eine Verteilung von nur 17 Achsen aufgrund der Gesamtbreite der Orangerie von ca. 84 Metern mutet dabei am unwahrscheinlichsten an.

1480 Der heute noch gebräuchliche Name der „Appelallee" leitet sich von den Apfelbäumen ab, welche den Auftakt der Allee bildeten, denn August Petri verzeichnet im Schadensbericht der Carlsberger Gärtnerei: *„2 Große Aepfel bäume neben der Orangerie Thüre verbrennt."* BayHStA München, Best. Serienakten 1999, N. 18 im Etat. Auch im Staatspark Fürstenlager hatte man eine Apfelallee, zur Eremitage führend, angelegt, die ästhetische und wirtschaftliche Aspekte

auch mit leicht abgeschrägten, dem Verlauf der Allee angepassten Flügelfronten dargestellt. Auf der Zeichnung Herdegens (Abb. 38) ist zudem zu erkennen, dass sich am Ende des Südflügels ein nicht näher definierter Gebäudekubus anschließt.

Das Dach der Orangerie wird auf der Lüder-Zeichnung (Abb. 21) in gleicher grau-blauer Farbe wie das Schloss, also mit einem Schieferdach wiedergegeben, was von den heute noch zahlreichen Schieferresten vor Ort bestätigt wird. Die gewählte Dachform eines Walmdaches unterscheidet sich dagegen von der des Schlosses, wo man sich für ein Mansarddach entschieden hatte. Der dreiachsige Mittelrisalit wird durch einen Dreiecksgiebel in der Dachzone und einen Dachreiter – auch hier ein Zitat des Schlossmittelbaues – betont. (Abb. 38 und 9). Die Zeichnungen von Lüder und Herdegen geben darüber hinaus eine nicht bestimmbare Anzahl von Dachfenstern an. Über die Gestaltung der Fassade, beispielsweise durch horizontale Gesimse in den Rücklagen und Seitenflügeln, eine Gliederung des Mittelrisalits durch Pilaster oder eine plastische Zier im Dreiecksgiebel, kann aufgrund der vorliegenden Zeichnungen keine Aussage gemacht werden.

c. Die Verwandtschaft des Mittelrisalits der Carlsberger Orangerie mit der Fassade des Zweibrücker „Neuen Rathauses"

Das Aussehen des Mittelrisalits wurde in der Literatur stets mit dem des neuen Zweibrücker Rathauses verglichen (Abb. 61),[1481] dessen Fassadenentwurf einstimmig Mannlich zugeschrieben wird,[1482] das jedoch im Zweiten Weltkrieg zerstört wurde. Eine Betrachtung dieses Bauwerkes soll daher Auskunft über den Baustil geben, den Mannlich sich zu Eigen gemacht hatte.

---

miteinander verknüpfte. Diesen Gedanken betont auch August Petri in seinen Werken immer wieder. S. zum Fürstenlager GRÖSCHEL, Fürstenlager, S. 40f.

1481 Das „neue" Rathaus in Zweibrücken ist der Nachfolgebau des Rathauses in der neuen Vorstadt. Das „alte" Rathaus war auf Wunsch des Herzogs Christian IV. erst im Jahr 1770 unter Baudirektor Hautt vor dem unteren Tor, heute Herzogstr. 1, erbaut worden. Der Rat der Stadt hielt es für unzweckmäßig, das Rathaus aus der Mitte der Stadt an deren Rand zu verlegen und hatte sich nur widerwillig gefügt. S. MOLITOR, Herzogsschloß, S. 189f. RÜBEL, Bautätigkeit, S. 31. Zur Besitzergeschichte des „alten" Rathauses s.: GLÜCK-CHRISTMANN, Vorstadtgeschichte(n), S. 4.

1482 Dazu s. MOLITOR, Herzogsschloß, S. 191; MOLITOR, Vollständige Geschichte, S. 463. RÜBEL, Bautätigkeit, S. 42. BRAZIER, château, S. 118. SICHEL, Hofkünstler, S. 100f. WEBER, Schloss Karlsberg, S. 320f.

Abb. 61: ‚Neues Rathaus' in Zweibrücken

aa. Das „neue Rathaus" in Zweibrücken

Das Aussehen der Rathausfassade ist durch alte Fotografien überliefert (Abb. 61). Einem dreistöckigen traufständigen Putzbau wurde ein giebelständiger Risalit mit steinsichtiger Fassade vorgeblendet. Dieser ragte aus der Häuserflucht heraus. Über einem Sockelgeschoss mit Bänderrustika erhoben sich ein Haupt- und ein Mezzaningeschoss in drei Achsen. Das Sockelgeschoss öffnete sich ursprünglich in drei Arkadenbögen, von denen zwei vermauert wurden. Der linke offene Bogen führte als Tordurchfahrt, durch einen Prellstein an der Hausecke erkennbar, in eine Gasse hinein (Abb. 62). Das Hauptgeschoss war sowohl durch drei Fenstertüren mit waagerechtem Sturz, als auch durch waagerechte Verdachungen darüber, betont. Die Mezzaninfenster darüber waren quadratisch. Über die gesamte Breite des ersten Obergeschosses zog sich ein schmiedeeiserner Balkon auf massigen Konsolsteinen. Haupt- und Mezzaningeschoss wurden durch vier kannelierte basenlose Kolossalpilaster dorischer Ordnung gegliedert. Über den Pilastern lag ein Gebälk mit einem Architrav, einem Fries mit Trigly-

Abb. 62: ‚Neues Rathaus' in Zweibrücken

phen und an der Unterseite der Gesimsplatten des Tympanons befanden sich, deutlich sichtbar, die Mutuli. Die Fläche des Dreiecksgiebels war durch nach innen kleiner werdende erhabene Dreiecke gegliedert, welche die Form des Tympanons aufnahmen.

Das Rathaus wurde nach den Grundrissen und unter der Leitung des Bau- und Chausseeinspektors Friedrich Wahl[1483] erbaut.[1484] Laut Aussage des Rechnungsbuches der Zweibrücker Stadtzinsschreiberei des Jahres 1778 wurden dafür von Freiherr von Gagern 8000 Gulden aufgenommen,[1485] um den Kaufpreis für das vormalige Wohnhaus des Herrn Kammerrat Hautt, dem nunmehrigen neuen

---

1483 Von Friedrich Gerhard Wahl (1748–1826), ab 1772 Landbau- und Chausseeinspektor, wurden im Herzogtum Pfalz-Zweibrücken die evangelischen Pfarrkirchen in Annweiler, Hornbach und Obermoschel erbaut. Zu seinen Ämtern s. STUCK, Verwaltungspersonal, S. 66; Zur Biografie Wahls s. MEDDING, Hofbaumeister, S. 227 ff.
1484 RÜBEL, Bautätigkeit, S. 42. MOLITOR, Herzogsschloß, S. 191 f. Einige Details, allerdings ohne Angabe der Quellen, erwähnt auch MÜLLER, Rathäuser, S. 316 f.
1485 StadtA Zweibrücken, Rechnungsbuch der Stadtzinsschreiberei von 1778, S. 70. Im Jahr 1780 löste man diesen Kredit mit einem neuen Kredit der Saarbrücker Kaufleute Schmidtborn, Korn et Compagn. zu Saarbrücken ab. StadtA Zweibrücken, Rechnungsbuch der Stadtzinsschreiberei von 1780, S. 2 Nr. 1.

Rathaus aufzubringen. Im gleichen Jahr erhielt *„Schloßermeister Heinrich Bubong zu Homburg nome Herrn Bau Director Hautt, auf das von lezterm acquirirte neue Rathhauß"*[1486] 1000 Gulden, was für die Aufnahme der Umbauarbeiten an diesem Rathaus spricht. Bereits im darauffolgenden Jahr wurde *„die Rathhauß Wirthschaft in dem izzigen neuen Rathhauß in der Stadt auf anderweite 4 Jahre unter Bürgschaft"*[1487] an den Zweibrücker Bäckermeister Wolff verpachtet. Das Haus muss 1780 im Inneren weitgehend fertig gestellt worden sein, denn in diesem Jahr wird unter den Einnahmen der Stadt die Miete *„des Herrn Hofmahler Leclerc von 3ten und 4ten Stockwerk in dem neuen Rathhauß, vermög beyliegendem Mieth Contract"*[1488] vermerkt.[1489] Die gestalterischen Arbeiten können sich noch über das Jahr hinausgezogen haben, denn 1781 wurde *„dem Bildhauer Mihm vor die Arbeit an denen Kragsteinen des neuen Rathauβes"*[1490] sowie dem Bildhauer Andreas Gitzner für Arbeiten am Flügelbau des neuen Rathauses Lohn ausgezahlt.[1491] Im Jahr 1782 erhielt der Maurermeister Michel Krumm *„vor die Erbauung des neuen Rathhaußes"* gemäß älterer Rechnungen 1117 Gulden.[1492]

1486 StadtA Zweibrücken, Rechnungsbuch der Stadtzinsschreiberei von 1778, S. 82, Nr. 292.
1487 StadtA Zweibrücken, Rechnungsbuch der Stadtzinsschreiberei von 1779, S. 5.
1488 StadtA Zweibrücken, Rechnungsbuch der Stadtzinsschreiberei von 1780, S. 8 Nr. 5. Die Höhe des Mietzinses für das Jahr belief sich auf 165 Gulden. Le Clerc (1755–1826) bewohnte dieses Haus wohl nicht lange, denn schon 1783 heißt es im Stadtzinsbuch auf S. 5: *„Vor den 3ten Stock des neuen Rathhaußes, welcher Hochfürstl. Policey und Forst-Commission auch Herzoglichem Ober Appellations Gericht zu benuzzen übergeben worden, zahlt Herzogliche Land Renthey, von Michaeli 1782 bis dahin 1783 den gnädigst regulirten Zinß mit 90 fl."*
1489 Eine gleich lautende Information zitiert auch Rübel, der darüber hinaus angibt, das Haus habe aus drei Stockwerken bestanden und in dem vierten unter dem Dach habe man verschiedene schöne Gemächer untergebracht. Dahinter habe sich außerdem ein großer Garten mit einem Blumengarten und einer Maulbeerallee befunden, welche auf ein Gartenhaus und eine kleine Menagerie mündete. RÜBEL, Bautätigkeit, S. 41. Eine andere Ansicht hinsichtlich der Bauzeit vertritt SCHNEIDER, Schlösser, S. 303, ohne Quellenangabe, der von einer Erbauung des Zweibrücker Rathauses 1784 ausgeht.
1490 StadtA Zweibrücken, Rechnungsbuch der Stadtzinsschreiberei von 1781, S. 49 Nr. 108. *„[…] vermög Assignation und Quittung"* wurden ihm dafür 70 Gulden ausgezahlt. Johann Philipp Mihm war hauptsächlich in Saarbrücken, so auch an der Orangerie am Ludwigsberg tätig, vgl. PAUL, Ludwigsberger Garten, S. 116. PAUL, Der Ludwigsberg, S. 140. LOHMEYER, Südwestdeutsche Gärten, S. 96 f.
1491 StadtA Zweibrücken, Rechnungsbuch der Stadtzinsschreiberei von 1781, S. 49 Nr. 109. Der Lohn für Andreas Gitzner belief sich auf 40 Gulden.
1492 StadtA Zweibrücken, Rechnungsbuch der Stadtzinsschreiberei von 1782, S. 55 Nr. 131. Molitor geht sogar von einer Fertigstellung der Fassade erst im Jahr 1788 aus. Vgl. dazu MOLITOR, Vollständige Geschichte, S. 463.

bb. Mannlichs Kenntnisse antiker Architektur

In einer erhaltenen Abbildung der Rathausfassade (Abb. 62) fällt auf, dass die kannelierten Pilaster dorischer Ordnung keine Basen aufweisen. Mannlich zeigte in der Wahl der basenlosen Dorik, dass er mehr als nur über ein Grundwissen antiker Architektur verfügte. Die Grundlage dafür hatte er auf seiner Italienreise erworben, die er 1766 mit dem Architekten Jean François Heurtier[1493] und einigen Malern angetreten hatte. In Begleitung des sächsischen Architekten Christian Traugott Weinlig[1494] hatte er die antiken Stätten Roms kennen gelernt. Seine Reise nach Neapel im Jahr 1768, die ihn auch nach Pompeji und Herkulaneum führte, machte er ebenfalls in Begleitung des Architekten Weinlig.[1495] Die Architektur der Antike erregte vielerorts seine Aufmerksamkeit, wie seine Beschreibung des Amphitheaters von Capua und der dortigen Säulenordnungen zeigt.[1496]

Zu diesen Kenntnissen, die Mannlich sich auf seiner Reise angeeignet hatte, kommt ein weiteres entscheidendes Faktum hinzu: Parallel zum allgemeinen Interesse der Künstler und Architekten an antiker Architektur stieg auch die Anzahl Aufsehen erregender archäologischer Veröffentlichungen, allen voran jene von Leroy „Les Ruines des plus beaux monuments de la Grèce" aus dem Jahr 1758, sowie „The Antiquities of Athens" von Stuart und Revett, erschienen in London im Jahr 1762. In Paris galt es in Künstlerkreisen schon sehr bald als selbstverständlich, sich Wissen über die antike Architektur anzueignen, welches auch an der Akademie vermittelt wurde. Der in Zweibrücken bekannte Architekt Pierre Patte[1497] kündigte für seinen Privatunterricht in Paris u.a. die Betrachtung

---

1493 Heurtier (1739–1822) wurde später Hofbaumeister Ludwigs XVI.
1494 BENDER/KLEBER, Histoire, Bd. I, S. 253: *„Il nous arrivà dans ce tems deux jeunes gens bien intéressans a Rome, l'un nomé Sergel pensionaire du Roi du Suede, Sculpteur plain de talent, l'autre Mr Weinlig pensionaire Architecte de l'Electeur de Saxe."* Christian Traugott Weinlig (1739–1799), Architekt des Frühklassizismus in Diensten des Kurfürsten von Sachsen, war später u.a. in Pillnitz tätig. S. dazu HARTMANN, Pillnitz, S. 148 f. Weinlig äußerte sich über Mannlich, er sei ein „Mann von edler Denkungsart und großen Talenten." Zitiert nach WEBER, Schloss Karlsberg, S. 476.
1495 BENDER/KLEBER, Histoire, Bd. I, S. 301.
1496 MANNLICH, Rokoko und Revolution 1913, S. 135. Eine Beschäftigung mit der Architektur, angeregt durch Weinlig, kann ohne Zweifel angenommen werden: BENDER/KLEBER, Histoire, Bd. I, S. 307: *„Dès le lendemain de bon matin nos courses commencerent, Weinlig a publié ses remarques en Architect eclairé dans ses lettres sur Rome. Lefevre, Vanloo et moi, nous nous occupames principalement de Peinture et d'Antiquités, et Sergel recherchà surtout les Statues et basreliefs. Nous nous communiquons nos idées, et je me resouviens encore avec plaisir de ce voyage aussi instructif qu'agreable."*
1497 S. zu Pierre Patte (1723–1814), der unter Herzog Christian IV. in Pfalz-Zweibrücken tätig war: ROLAND, Maler, S. 294 f. m.w.N. WEBER, Pierre Patte, S. 123–170.

der Werke von Antoine Babuty Desgodetz und des Vitruv von Perrault an.[1498] Ausgaben der Werke Pattes sowie des Vitruv mit den Anmerkungen Perraults von 1673 befanden sich, neben dem Stichwerk „The temple builder's most useful companion" von Thomas Collins Overton, in der Carlsberger Bibliothek[1499] und geben Aufschluss darüber, dass diese Werke auch hier Beachtung fanden. In der praktischen Antikenrezeption wurden einzelne Architekturmotive in Paris ab den 50er Jahren übernommen. Speziell die übergiebelte Tempelfront fand als Eingangslösung auch in der Profanarchitektur ihren Niederschlag, beispielsweise an den Fassaden der 1755–1766 erbauten Place Louis XV. (heute Place de la Concorde) von Ange-Jacques Gabriel. Ab den 80er Jahren kam für kurze Zeit die basenlose dorische Ordnung weit verbreitet in Mode.[1500] In deutschsprachigen Traktaten hingegen ging man erst um 1800 auf diese Säulenform ein.[1501]

Vor diesem Hintergrund ist die Bauweise des Zweibrücker Rathauses im Zusammenhang mit einer aktuellen Zeitströmung zu sehen, die eine intensive Beschäftigung und Auseinandersetzung Mannlichs mit den Stiltendenzen der zeitgenössischen Architektur belegt.[1502]

Der Entwurf der Carlsberger Orangerie ist hinsichtlich ihrer Entstehungszeit unter der Ägide Mannlichs als Generalbaudirektor diesem ohne Zweifel zuzuschreiben. Ein Vergleich mit früheren Bauten Mannlichs[1503] gibt zudem Aus-

---

1498 HÄBERLE, Pariser Architektur, S. 35.
1499 StBib. Bamberg, Verzeichnis, S. 100, Nr. 37: Vitruve, Architecture, avec des notes de Perrault. Paris 1673; S. 103, Nr. 37: Patte, Description du théatre de la ville de Vicence. Paris 1780; Nr. 38: Patte, Mémoires sur les objets les plus importants de l'architecture. Paris 1769; S. 109, Nr. 81: Overton, Thomas Collins, The temple Builders most useful companion, being fifty entire new original designs for pleasure and recreation, consisting of plans, elevations and sections in the Greek, Roman, and Gothic taste. London 1774.
1500 HÄBERLE, Pariser Architektur, S. 39.
1501 SCHÜTTE, Ordnung und Verzierung, S. 95. Zur Verwendung der dorischen Ordnung in Deutschland s. auch FORSSMANN, Stil.
1502 So erstaunt die Ansicht Rübels, der in seiner Einschätzung des Baues bemerkt, dass dessen Wert nicht zu hoch anzuschlagen sei, weil das Ganze zu sehr Kulisse, und in der Durchbildung im Einzelnen „matt" sei. RÜBEL, Bautätigkeit, S. 42. Diesem Urteil schloss sich SICHEL, Hofkünstler, S. 100, an. Brazier beurteilt die Orangerie als charakteristischstes Werk Mannlichs am Carlsberg: „[…] l'Orangerie, la plus ancienne bâtisse après le château, fut le seul monument où le souci de l'ornementation semble avoir prévalu. C'était aussi l'édifice le pus caracteristique de l'invention de Mannlich. Oeuvre la plus personnelle de celui-ci, parmi les créations du Carlsberg, la façade de l'Orangerie s'apparentait complètement à celle de l'Hôtel de Ville de Deux-Ponts, conçue à la même époque par le même artiste. L'amour du classicisme, le dedain des 'sémillants caprices du rococo' ont guidé Mannlich dans l'édification de ces deux monuments;" BRAZIER, château, S. 117 f.
1503 Neben der Fassade des Rathausbaues wurden bereits in der älteren Literatur die Fassade der Zweibrücker Eremitage, die ebenfalls Mannlich zugeschrieben wird,

kunft über seine Architekturkenntnisse. Dies erlaubt jedoch nur vorsichtige Schlüsse über das Aussehen der Orangerie, da sich die betrachteten Gebäude hinsichtlich ihrer Bauaufgabe elementar unterscheiden.

2. Erkenntnisse über die Carlsberger Orangerie aus Archivmaterial

Hinsichtlich der bisher aufgeworfenen Fragen nach dem Grund der ungünstigen Ausrichtung der Orangerie zur Sonne, den baulichen Unstimmigkeiten und Überschneidungen von Gebäudeteilen, der Größe und Form der Fenster und damit zusammenhängend des Standorts der Pflanzen, der Dachform und weiterer wissenswerter Einzelheiten über den Bau und seine Gestaltung, geben die erhaltenen Archivalien detaillierter Auskunft als die baulichen Reste und Zeichnungen.

a. Bau- und Funktionsgeschichte der Carlsberger Orangerie

In einem Brief vom 20. August 1778 schrieb Lehrbach[1504] an Kaunitz[1505]: „Mit Zweybrücken ist dermalen der Herr Churfürst noch außer aller Verbindung; die

---

und die Zeichnung Mannlichs zum Zweibrücker Hoftheater zur Erschließung des Aussehens der Orangerie herangezogen, da diese Bauten den überlieferten zeichnerischen Darstellungen der Orangerie als stilistisch verwandt bezeichnet wurden. Das Zweibrücker Hoftheater wurde 1775/76 ausgeführt, 1807 an die französische Besatzungsmacht verkauft, baulich verändert, in der Folge als Reithalle benutzt und 1945 zerstört. Die Fassade des Theaters, das längsseitig an einen Nebenbau des Kleinen Schlösschens der Gräfin Forbach angebaut wurde, ist lediglich von einer Zeichnung Mannlichs bekannt, welche zusammen mit anderen Zeichnungen des Theaterinnenraumes nach Düsseldorf gelangte. Kunstsammlungen der Stadt Düsseldorf, F.P. 5852 K.B. 1029 Mannlich, Joh. Christian – 174/1423. S. dazu Kap. B.I.7.a. Nähere Angaben bei BREGEL, Geschichte, S. 55 ff. Zur stilistischen Verwandtschaft s. u.a. MOLITOR, Vollständige Geschichte, S. 463. SICHEL, Hofkünstler, S. 100. Die Eremitage und das Hoftheater entstanden beide vier bis fünf Jahre vor dem Rathaus. Die Eremitage, ein kleiner Bau im Zweibrücker Hofgarten (heutige Eremitagestraße), der für die Herzogin Amalie erbaut wurde, bald darauf jedoch schon in Privatbesitz überging, zeigte eine dreiachsige Front mit dorischem Dreiecksgiebel über Pilastern, die, ähnlich wie die Rathausfassade, der langen Traufseite eines langen Baues vorgeblendet war. Die Eremitage entstand ab dem Jahr 1776 und gehörte ab 1783 dem Hofgärtner Petri, der auch den zugehörigen Garten angelegt hatte. Der letzte Besitzer war Otto Dingler, bevor das Gebäude bis auf einen Turm an der Nordostecke im Krieg zerstört wurde. S. zur Eremitage in Zweibrücken WEBER, Schloss Karlsberg, S. 316f. mit einer Abbildung. Die erhaltenen Abbildungen der Eremitage geben keine Auskunft über die Gestaltung von Details.

1504 Lehrbach, Konrad Ludwig Graf von (1750–1805), Gesandter des österreichischen Hofes in München.

Nachrichten von diesem Hof erregen bey ihm ein desto größeres Mißfallen, da sie neuerdings das Zeugniß von der allda noch fortgehenden großen Verschwendung ablegen, indem der Herr Herzog zu Carlsberg, wo Er dermal seinen Aufenthalt hat, ein sehr kostbares Orangerie-Haus anlegen, und andere unnöthige Ausgaben mehr machen, dabey aber außer Stand seyn soll, die dringendsten Schulden und sogar die gewöhnlichen Besoldungen seiner Dienerschaft abzuführen. Sonsten sagen die Nachrichten von daher, daß der Herzog von dem unerträglichen Humor seye, auch beinahe sich vor Jedermann verschlossen haben solle."[1506] Aus diesem Brief könnte man schließen, man habe zu diesem Zeitpunkt bereits begonnen, jenes erwähnte kostbare Orangeriehaus zu bauen. Anzunehmen ist aber, dass solche Informationen lanciert wurden, um vor politischem Hintergrund einen Eindruck von der Verschwendung bei Hofe zu vermitteln. Zu diesem besagten Zeitpunkt, als der Luisenhof noch in seiner ursprünglichen Form bestand und lediglich ein Schlossflügel existierte, war eine solche Orangerie bestenfalls in Planung. Genaueres über den Zeitpunkt der Entstehung und die unterschiedlichen Funktionen der Orangerie liefern die Handwerkerrechnungen und Notizen in den Baukassenbüchern.

aa. Die Schweizerei

Bei Durchsicht der Bauakten findet sich zunächst lediglich eine Notiz vom 29. Juni 1779, die sich auf die Versteigerung einer verbilligten *„Beyfuhr des Bauholzes zu der auf dem Carlsberg zu erbauenden Schweitzerey"*[1507] bezieht. Die Vorbereitungen zur Erbauung dieser Schweizerei hatten danach im Sommer des Jahres 1779 begonnen, als ein Bericht an den Herzog mit seinem persönlichen Vermerk *„soll also verfertiget werden"*[1508] abgezeichnet wurde. Diese Notiz, die zunächst in keinem Bezug zur Orangerie zu stehen scheint, erhält ihre Bedeutung durch eine weitere Nachricht, die den Maurermeister Schweighofer betrifft. Dieser forderte in mehreren erhaltenen Rechnungen und Notizen seinen Lohn *„vor die Orangerie so vorhero zur Schweizerey bestimt gewesen, und*

1505 Kaunitz, Wenzel Anton Graf von (1711–1794), österreichischer Staatskanzler, der bezüglich Pfalz-Zweibrücken hinsichtlich des Bayerischen Erbfolgekrieges und dem damit zusammenhängenden Tauschprojekt Bayern-Niederlande in Erscheinung trat.
1506 BRUNNER, Humor, Bd. I, S. 202; Teilweise wiedergegeben bei GÖTZ, Saarbrücker Orangerien, S. 385.
1507 LA Speyer, Best. B3, Nr. 2961, #3450. Eine Schweizerei, auch Meierei oder Holländerei genannt, ist ein Stallgebäude mit Milchverarbeitung, also der Herstellung von Butter und Käse.
1508 LA Speyer, Best. B3, Nr. 2961, #3450. Die Versteigerung der Lieferung von Bauholz und Steinen „[...] zu der auf dem Karlsberg zu erbauenden Schweitzerey [...]" betreffend, erfolgte am 23. Juni 1779.

durch den Schweighofer beynahe fertig gemacht, aber nachgehends zur orangerie, mithin auch durch denselben verfertiget word [...]."[1509] Die Rechnung wurde von Maurermeister Schweighofer am 7. Februar 1783 mit dem Wortlaut eingereicht, er habe für die gnädige Herrschaft auf dem Carlsberg gearbeitet für *"daß gebey so zu Eyner schweitzerey angefangen ist dahir [...]."*[1510]

Dies bedeutet, dass das Orangeriegebäude nicht von Beginn an als solches geplant war, sondern dass man zunächst mit dem Bau einer Schweizerei mit Stallungen und Milchwirtschaft begonnen hatte. Diese Einrichtungen waren ursprünglich Bestandteile des Dreiflügelkontexts am Luisenhof, die man nun allmählich aus dem Umkreis des Schlossgebäudes zu entfernen begann. Eine Änderung dieses Vorhabens muss gegen Ende des Jahres 1780 zur Planung gekommen sein, denn Mannlich gab in einer Reisekostenabrechnung an, dass im Oktober 1780 die Arbeiten für *"das Ausgraben derer Keller in dem auf dem Carlsberg erbaut werdenden Orangerie Gebäude versteigt"* worden seien, und er zu diesem Zweck zum Carlsberg reisen musste, *"um denen Liebhabern die Arbeit auf dem Platz zu zeigen"*[1511] und die Versteigerung vor Ort vorzunehmen. Diese Änderung der Bauaufgabe ist an den verbliebenen Mauerresten ablesbar. Zwar kann die Ausdehnung des ursprünglichen Schweizereigebäudes nicht mehr abschließend festgestellt werden, doch es kann als gesichert gelten, dass Teile dieser Schweizerei in der späteren Orangerie aufgingen. Zu diesen Teilen gehören jene oben erwähnten tonnengewölbten schuttverfüllten Keller der ergrabenen Nordwestecke. Da die Dimensionen der Orangerie jene der Schweizerei weit übertrafen, musste die nachträglich vorgeblendete Fassadenmauer, die nicht mit der hinteren, bereits bestehenden Gebäudesubstruktion verbunden war, durch Pfeiler gestützt werden (Abb. 63).[1512]

Wie weit die Schweizerei bereits fertig gestellt war, erschließt sich aus einem Verzeichnis des Leyendeckers Martin Bohn *"der Jenigen Leyendecker Arbauth so ich unter schriebener Im Jahr 1780 auf der Herrschaftl. schweitzerey an dem*

1509 LA Speyer, Best. B3, Nr. 2953, S. 632. Auch zitiert bei SCHNEIDER, Schlösser, S. 297 ohne Datierung. Auch der Maurer Krumm war an der Erbauung der Schweizerei beteiligt. LA Speyer, Best. B3, Nr. 2960, #2703. Da für die Forderung Schweighofers kein Steigprotokoll in den zeitgenössischen Akten vorlag, wurde die Arbeit dem Gutachten seines Maurerkollegen Krumm unterworfen, welcher zu Protokoll gab: *"Nach der Aestimation des Maurer Krum et cons. beträgt die Arbeit, so an der Schweizerey schon verfertiget gewesen, ehe solche zur Orangerie gemacht worden 14796 fl. 10 bz. 8."* LA Speyer, Best. B3, Nr. 2953, S. 635.
1510 LA Speyer, Best. B3, Nr. 2965, #4724. *"[...] und der Akkord [...] der weiteren arbeut zur Oraschery Ertragt 11355 fl."*
1511 LA Speyer, Best. B3, Nr. 2576, Bl. 755. Mannlich berechnete *"vor Transport Kosten und Diaeten 2 fl."*
1512 S. SCHWAN/ULRICH, Orangerie, S. 47, 57 f.

Carelsberg gemacht haben."[1513] Demnach habe er elf große und acht kleinere Dachfenster gedeckt, sowie *„die fronden spieß die fürst gedecketh."*[1514] Das Gebäude, das als Schweizerei begonnen und in den darauf folgenden Monaten teilweise wieder abgetragen, zur Orangerie erweitert und umfunktioniert wurde, war demnach im Winter 1780/81 unter Dach. Ulrich vermutet, dass die Orangerie zunächst als längsrechteckiger Baukörper mit akzentuierten Eck- und Mittelrisaliten geplant war, ähnlich dem Aussehen des Marstalles und des Taubenhauses.[1515] Eine erneute Planänderung führte schließlich zur ausgeführten Form des Gebäudes mit geschlossenen Rücklagen und nur leicht vorspringendem Mittelrisalit, die vermutlich auf die Intention zurückzuführen ist, der Orangerie eine angemessene Fernwirkung in axialer Ausrichtung über dem Carlsbergweiher zu geben. Bedingt durch die Integration der bereits errichteten Gebäudeteile und der gewünschten Weiterführung der Fassaden der Schlossgebäude entlang der in Nord-Süd-

Abb. 63: Orangerie: Vorgeblendete Fassadenmauer Verbindungsmauern mit dem früheren Gebäudeteil

---

1513 LA Speyer Best. B3, Nr. 2585, Bl. 130.
1514 Mit „fronden spieß" ist ein Frontgiebel gemeint, s. Glossar. LA Speyer Best. B3, Nr. 2585, Bl. 130.
1515 S. SCHWAN/ULRICH, Orangerie, S. 57. Hätte man jedoch diese Bauweise gewählt, so wäre die Orangerie neben dem Schloss in ähnlicher Weise auf dem Hügel „eingesunken", wie dies erkennbar bei den Gebäuden des Marstalles und des Taubenhauses der Fall ist (Abb. 8). Allein mit Hilfe der massigen Substruktionen der Orangerie konnte man den gewünschten Effekt der Fernwirkung erzielen.

Richtung verlaufenden Straße auf dem Carlsberg konnte das Orangeriegebäude keine optimale Ausrichtung zum Lauf der Sonne erfahren.

bb. Die Arrestantenzellen und andere Funktionen der Kellergewölbe

Ein Bericht vom 21. Mai 1781 über die Arbeit, welche nun im Rahmen der abgeänderten Bauaufgabe zur Orangerie von Maurermeister Schweighofer auszuführen sei, gibt genauere Auskunft über Einzelheiten der Weiterführung des Baues.[1516] So sollten im Keller eines Flügelbaues, der zu diesem Zeitpunkt begonnen worden war, die Wände sauber bestochen und die Böden mit Ohmbacher Platten belegt werden. In der Mitte des Orangeriegebäudes sollten „*Gefängnisse nach dem darüber vorliegenden besonderen plan eingerichtet und die Arbeiten besonders solide und gegen das einbrechen der arrestanten fest verwahrt, zu dem Ende dann die Fenstern mit starcken Hausteinen auch inwendig eingefaßt werden müssen. Alle diese Gefängnisse werden mit gehauenen blatten von einem halben schuh dick beleget, und glatt bestochen*[1517] *und geweißelt.*"[1518] Dem Zweck einer Orangerie, Orangenbäumchen zur Winterzeit aufzunehmen, wurde die für solche Gebäude recht ungewöhnliche Aufgabe beigestellt, Arrestanten in Gefängniszellen einschließen zu können. Ob diese Arrestzellen jemals ihrem Zweck gedient haben, ist nicht belegt. Entgegen der Auffassung Webers dienten diese dunklen Kellerräume jedoch niemals der Aufbewahrung der Pflanzen.[1519] Es ist bekannt, dass in den Gewölben in späterer Zeit Dinge verwahrt wurden, die eher der Bestimmung von Kellerräumen entsprachen.[1520] Beispielsweise erbat der Baumeister Krutthofen im Zuge der Arbeiten zum „Langen Gang" im Jahr 1787 die Entschließung des Herzogs darüber, ob man „*das viele alte Eißen, welches auf dem Carlsberg zerstreuet und zum Exempel in dem Keller unter der Orangerie liegen, zusammen suchen, das gute davon verarbeiten, das Unbrauchbare aber auf das Contwiger Werck verkauffen dörfe, da er kein neues Eißen zu erhallten wiße, und das abgängige täglich mehr verderbe, auch auf solche Art zu Geld gemacht werde.*"[1521] Eine Steinhau-

---

1516 LA Speyer, Best. B3, Nr. 2965, #4707, s. Anhang C.I.7.a.
1517 Glatt bestochen bezeichnet die einfache Art eines Wandputzes mit dünnflüssigem grobem Mörtel.
1518 LA Speyer, Best. B3, Nr. 2965, #4707, s. Anhang C.I.7.a, Abs. 3.
1519 Weber ging von der Unterbringung der Pflanzen in den dunklen Gewölben des Kellers aus, vgl. WEBER, Schloss Karlsberg, S. 241. Ebenso DHOM, Regenten, S. 138.
1520 Auch die Ausstattung entsprach der eines Kellers, denn Schreinermeister Michael Bihl listete in einer seiner Rechnungen über Arbeiten in der Orangerie „*in den Keller Ein 2 fligliche lathten dir* [Lattentür]" auf. LA Speyer, Best. B3, Nr. 2584, Bl. 280.
1521 LA Speyer, Best. B2, Nr. 1601, Bl. 163 Nr. 5.

errechnung des Jahres 1789 gibt an, man habe „*[…] zwey Steinerne Figuren aus den Schloß in das Oragerie gewölb getragen.*"[1522] Dieser Angabe entspricht auch ein Literaturhinweis des Jahres 1854/55: „Eine Sammlung von Römerdenkmälern, für die Karl ein eigenes Gebäude herrichten lassen wollte und die vorläufig im Orangerie-Keller Platz gefunden hatte, blieb zwar vom Brande verschont, ward aber unter der französischen Verwaltung als Baumaterial versteigert."[1523]

Abb. 64: Orangerie Mittelrisalit und nördlicher Flügel

Im Jahr 1790 vermeldete der Schlosser Bötsch, er habe „*auf die Orangerie Gebäuder […] Erstl. ein neuen Kellerschlüssel zum Wein Keller gemacht*" sowie „*Ein neu Herrschaftlich Schloß an die Vortere Kellerthür am Weinkeller mit neuem Schließkloben gemacht.*"[1524] Entsprechend fanden sich im Gewölbe der Orangerie laut dem „*Local Befund der Carlsberger Brandstette*" des Jahres 1793 „*930 Bouteillen fremden Wein verschiedener Gattung*" im Wert von 2100 Gulden sowie „*20 Bouteillen fein Provencer Baumöl*" und „*1 Feuillet Bordeauxwein.*" An gleicher Stelle wird erwähnt, dass man „*unten in der Orange-*

1522 LA Speyer, Best. B3, Nr. 2607, Bl. 694v.
1523 GÄRTNER, Geschichte, S. 284. Eine ähnliche Auskunft, allerdings ohne Angabe des Orangeriekellers als Aufbewahrungsort, findet sich bei: NEUMANN, Schlösser, S. 6. Auch Reichsrat Böcking erwähnt, dass sein Großvater das Orangeriegebäude bewohnte, „in welchem die durch den Herzog mit großen Kosten erworbenen Alterthümer bis zur Herstellung eines besonderen grossartigen Museums aufbewahrt wurden." BÖCKING, Beitrag, S. 34.
1524 LA Speyer, Best. B3, Nr. 2603, Bl. 159, Rechnung des Schlossers Magnus Bötsch vom 31. Oktober 1790.

rie 52 Stück grüne Gartenbänk, mit Oelfarb angestrichen,"[1525] aufbewahrt habe.

cc. Die Orangerie als Pflanzenhaus

Über die Überwinterung von Pflanzen in der Orangerie geben die Lebenserinnerungen Mannlichs Auskunft, der das Bauwerk im Rahmen der Feierlichkeiten zu Ehren Maximilian Josephs und seiner Gattin auf dem Carlsberg im Dezember 1785 als einen Ort beschreibt, der, geschmückt und beleuchtet, für einen angenehmen Spaziergang zwischen den schönen Bäumen mit unzähligen Blüten und Früchten geeignet sei, und außerdem Schutz bot gegen Kälte, Schnee und Regen.[1526] Eine weitere Schilderung der Orangerie als Mehrzweckbau findet sich bei Friedrich Christian Karl von Fürstenwärther, der das Gebäude beschreibt: „Zur linken des fürstlichen Schlosses stehet die Orangerie, ins Gevierte ein grosses Gebäude, von einem Haupttheile desselben benamst [...]."[1527] Dieser namensgebende Hauptteil, also die Orangensäle, dienten anlässlich der genannten mehrtägigen Feierlichkeiten neben dem eigens errichteten Festzelt im Innenhof „[...] zum Speiss Saal und Aufenthalt [...]."[1528] „Eben wie mitten im schönsten Frühling, grünten und blühten die Bäume allerlei Art; Blumen in Kränzen und Töpfen nach dem Leben, wechselten mit andern Zierrathen ab, brennende Lampen in allerlei Gestalten zusammengestellt, hatten den Abend zum herrlichen Tage gemacht."[1529]

Die Säle für die empfindlichen Zitruspflanzen mussten den Erfordernissen nach Licht und Belüftung genügen. Daher wurden „*in der Orangerie in dem Haubt vordern Bau Zwey reihen Pfeiler in dem Flügelbau nur eine reihe von haustein zu laagung der durchzüge aufgeführt. Auf dem boden oder in dem untern Stockwercke werden alle Gänge und pläze vor den stiegen mit sauber gehauenen und in dem Maaß gefügten Ohmbacher oder andern festen blatten beleget, in die Orangerie oben kommen dergleichen keine, sondern der boden wird ausgeebnet und mit Kiß überführet, welche Arbeit aber den Entrepreneur nicht betrifft.*"[1530] Insgesamt existierten nach Angabe des Tünchers Gitzner „*55 Stück Pfosten in*

1525 BayHStA München, Abt. IV, Serienakten 1999, N. 3 im Etat.
1526 BENDER/KLEBER, Histoire, Bd. II, S. 272: „[...] qui l'orangerie même decoré et illuminée fourniroit une belle promenade entre les beaux arbres chargé de fruits et de fleurs, et un abri contre le froid, la neige ou la pluye." Diese Stelle wurde nicht in die deutschen Ausgaben aufgenommen.
1527 FÜRSTENWÄRTHER, Gedächtniss, S. 65.
1528 FÜRSTENWÄRTHER, Gedächtniss, S. 65. Diese Doppelfunktion wird vielerorts beschrieben, s. u.a. PÜTTMANN, Orangerien, S. 46 ff. DAUER, Schlossbaukunst, S. 119.
1529 FÜRSTENWÄRTHER, Gedächtniss, S. 66.
1530 LA Speyer, Best. B3, Nr. 2965 #4707, s. Anhang C.I.7.a, Abs. 4.

der Orangerie" sowie *"55 Stück Postamenter,"*[1531] die mit weißer Ölfarbe angestrichen wurden. Simon Berthold, der die Aufsicht über die Maurer am Carlsberg hatte, bemängelte in einem Bericht diejenige Arbeiten, die der Maurer *"in der Orangerie noch zu verfertigen schuldig gewesen. In der gantzen Orangerie finden sich 54 Stück holtzene Pfosten, wo statt dessen steinerne gemacht haben sollen werden."*[1532]

An dieser Stelle ergänzen sich die schriftlichen Quellen lückenlos mit den Grabungsfunden. Die quadratischen Sandsteinsockel der beiden Pfeilerreihen des Mittelbaues haben sich zum Teil erhalten (Abb. 58). Grabungen im Jahr 1997 ergaben, dass sich auf Postamenten, welche im Zuge späterer Umbauarbeiten der Orangerie in einen Mauerverband eingebunden wurden, noch Reste der 1793 beim Brand der Orangerie verkohlten hölzernen Pfosten befanden.[1533] Die Postamente mit den Pfosten im Erdgeschoss machen deutlich, dass es sich hier um eine von Pfeilern gestützte offene Halle handelte.[1534] Das Erdgeschoss, das vom Orangeriehof zu ebener Erde begehbar ist, beherbergte jene Säle, durch welche das Licht ungehindert hindurchfluten konnte.[1535] Gleichzeitig blieb genügend Raum, um mit Karren und Pflanzentragen die Aufstellung der Kästen arrangieren zu können.

Diese Angabe zeigt auch, dass vermutlich nur der Mittelbau und der südliche der beiden Flügelbauten zur Unterbringung der Orangenpflanzen gedient haben. Hinsichtlich der Ausrichtung des Gebäudehofes nach Osten war neben dem Mittelbau der dem Schloss abgewandte Flügel besser geeignet, den Pflanzen genügend Licht zukommen zu lassen. Die Fenster des Hauptbaues wiesen im Innenhof nach Osten, die der Fenstertüren über dem Balkon nach Westen. Die Innenhoffenster des nördlichen Flügels wiesen nach Süden, wurden jedoch von

---

1531 LA Speyer, Best. B3, Nr. 2582, Bl. 87, Rechnung des Tünchers Andreas Gitzner.
1532 LA Speyer, Best. B3, Nr. 2965, #4708. In diesem Bericht wurde aufgeführt, was es kosten würde, die hölzernen Pfosten durch steinerne Pfeiler zu ersetzen. Dies geschah jedoch in erster Linie, um zu errechnen, um wie viel dadurch der Lohn des Maurers Schweighofer verringert werden solle.
1533 Frdl. Auskunft von Herrn Dr. Klaus Kell; S. auch: SCHWAN/ULRICH, Orangerie, S. 55 mit Anm. 56, Abb. 7.
1534 Auch Schneider vermutet zwar eine durchgängige Halle, beschreibt jedoch die Sandsteinsockel als eigenwillig anmutend, da sie den Eindruck einer dreischiffigen Halle erweckten, obwohl sie letztlich keine statische Bedeutung besäßen, und stuft sie daher als Balkenlagen für den Fußboden ein. SCHNEIDER, Schlösser, S. 301 f.
1535 Hierzu heißt es bei Le Blond: „Vor allen Dingen muß ein solches Haus mit denen Fenstern gegen Mittag gerichtet seyn, niemalen aber gegen Mitternacht wegen der Kälte und starcken Winde, so daher kommen. […] An dem wohlgelegensten Orte von vorne muß eine grosse Thüre seyn, und viele hohe Fenster, durch welche bey angenehmer Zeit die Sonne hinein dringen kan." LE BLOND, Gärtnerey, S. 286.

den anderen Flügeln verschattet. Die Angabe einer Schlosserrechnung, man habe *„das Schloß repariert wo die Blumenzwiebeln liegen auf der Orangerie"*[1536] deutet darauf hin, dass einige Räume auch zur Lagerung von solchem Pflanzmaterial genutzt wurden, das weniger Licht brauchte.

Der südliche Bau entstand in der zeitlichen Reihenfolge der Orangerieflügel zuletzt. Dies geht aus einem Schreiben des Maurermeisters Schweighofer an den Herzog vom 24. September 1781 hervor, in dem er sich darüber beklagt, er habe *„noch alle Jahr grosse Vorhinderung In anseung der Zimerleut Erlitten denoch aber ein mehr als dieses Jahr dar der flügel der oranschery gegen dem daubenhauß hette schon vor ongefehr 9: wochen Kennen aufgeschlagen werden und ist wircklich noch nicht Im stand dass ich das haupte gesimbs Legen Kann sollte er auch so weid gebracht werden, so bin bey der rauen Jahres zeut an jezo nicht mehr Im stand wegen starcken wind und rauem wetter dass gesims zu legen."*[1537] Der rechte Flügel zur Seite des Taubenhauses war demnach im Herbst des Jahres 1781 noch nicht unter Dach, obwohl im Mai 1781 bestimmt worden war, dass mit der Arbeit sogleich begonnen werden sollte und *„mit aller Macht und also betrieben werden, daß die Orangerie wenigstens bis in die Mitte des Septembris in fix und fertigen [...] stand stehe, das übrige gebäude aber noch vor Winter so weith fertig seye, daß die Schreiner Arbeiten angemacht werden können, und ab der flügel zum Schloß zu, so weith aufgeführet und mit dem dach versehen ist, so muß darinnen sogleich mit Wölbung der Keller gemacht, un so forth wie das dach gedeckt seye wird, alles verpuzt und im wohnbahren stand gestellet werden."*[1538]

dd. Wohnungen und Werkstätten in der Orangerie

Im ersten Obergeschoss der Orangerie sollten die Gänge mit ausgesuchten Ziegeln belegt werden. Außerdem war vorgesehen, dass alle *„Mauren und Wände in und auswendig glatt verpuzt und geweißelt"*[1539] werden, und das *„[...] Dach wird mit leyen gedeckt."*[1540] Die Steine für den Bau sollten aus Kostengründen in der Nähe gebrochen werden, und so gestattete der Herzog, dass dafür die un-

---

1536 LA Speyer, Best. B3, Nr. 2590, Bl. 711. Angabe des Schlossers Magnus Bötsch vom 1. Oktober 1785. Die Lagerung von Blumenzwiebeln, Gartengerät, den Tragen und Wagen, die zum Transport und der Verpflanzung der exotischen Pflanzen notwendig waren, findet sich auch in anderen Orangerien. S. dazu u.a. HERRMANN, Orangerien, S. 17–24. AHRENDT, Belvedere, S. 25 ff.
1537 LA Speyer, Best. B3, Nr. 2965 #4841, s. Anhang C.I.7.b.
1538 LA Speyer, Best. B3, Nr. 2965 #4707, s. Anhang C.I.7.a, Abs. 10.
1539 LA Speyer, Best. B3, Nr. 2965 #4707, s. Anhang C.I.7.a, Abs. 6.
1540 LA Speyer, Best. B3, Nr. 2965 #4707, s. Anhang C.I.7.a, Abs. 7. Diese Angabe wird sowohl durch die zahllosen Funde von Schiefer vor Ort, als auch durch die Zeichnung der Gebrüder Lüder (Abb. 21) gestützt.

mittelbar daneben gelegenen Steinbrüche genutzt werden dürften.[1541] Die Funktion der Zimmer im ersten Obergeschoss des Hauptbaues, der Seitenflügel sowie des Dachgeschosses zählte Mannlich selbst auf, als er von einer „Orangerie mit Wohnungen für die Kammerherren, Pagen, Offiziere, Gärtner, Ärzte, Chirurgen, Kapläne etc."[1542] berichtete.

Tatsächlich wurden bei der „[...] quadratur arbeit in gybß Welche bernhardt Lieblang und Christian gebhardt, auf der orangerie auf dem Carlsberg verfertigt haben alß [...] in acht Zimmer die gesimbßer gezogen"[1543] sowie „[...] um sechs ofen die gesimbßer gezogen" und „[...] in elff fenster gybßer Bohserie gezogen [...]."[1544] Aus den Handwerkerrechnungen lassen sich für das Erdgeschoss des nördlichen, zum Schloss gelegenen Flügels nur wenige Wohnräume nachweisen,[1545] da sich dort noch Räume für die Orangenpflanzen befanden. Im ersten Obergeschoss des gleichen Gebäudes hatte Schreinermeister Johannes Bihl „neben der stig [...]" in zwei Räumen Friesböden aus Tafeln zusammengeleimt.[1546]

In der Mansarde des westlichen „Langen fligel foren gegen homburg" hatte Schreiner Johannes Bihl „im triten stock fihr Zimmer mit friß Böten gelecht die daflen geleimbt [...]."[1547] „Item in dem gemelten langen fligel gegen den Walt oter den hoff [...]" wurden noch drei weitere Zimmer mit Friesböden gleicher Machart versehen,[1548] welche zusammen sechs Fenster mit hölzernen Fensterverkleidungen hatten, „oben runt lang bis auff den boten [...]."[1549] Im Flügel „gegen der Karels Lust [...]" waren drei Zimmer lediglich glatt gedielt

---

1541 LA Speyer, Best. B3, Nr. 2965 #4707, s. Anhang C.I.7.a, Abs. 12 (1). Die Reste dieser Steinbrüche sind heute noch südlich der Orangerie zwischen der vormaligen Lage des Taubenhauses und der Kaserne zu finden.
1542 BENDER/KLEBER, Histoire, Bd. II, S. 241 f.
1543 LA Speyer, Best. B3, Nr. 2961 #3401, Ausmessungsangaben der Stuckateure vom November 1782. Für die Gesimse in 8 Zimmern wurden für 466 Schuh (151,36 Meter) 31 Gulden und 4 Kreuzer verlangt.
1544 LA Speyer, Best. B3, Nr. 2961, #3401. Für 81 Schuh (26,31 Meter) der Gesimse um die Öfen wurden pro Schuh 3 Kreuzer berechnet.
1545 LA Speyer, Best. B3, Nr. 2584, Bl. 238. Laut dieser Rechnung des Schreinermeisters Johannes Bihl vom Januar 1783 hatte er dort ein Zimmer gedielt zum Preis von 3 Gulden 16 Kreuzern.
1546 LA Speyer, Best. B3, Nr. 2584, Bl. 238v. Die Arbeiten geschahen „in nemlichem Bau", also dem nördlichen Flügel, und umfassten 11 Klafter Friesboden zu insgesamt 19 Gulden.
1547 LA Speyer, Best. B3, Nr. 2584, Bl. 239v. Hier handelte es sich um 18 ½ Klafter zu 33 Gulden 17 Kreuzern.
1548 LA Speyer, Best. B3, Nr. 2584, Bl. 239v. Hier waren es zu fertigende 12 ½ Klafter zu 23 Gulden 30 Kreuzern.
1549 LA Speyer, Best. B3, Nr. 2584, Bl. 281.

worden.[1550] In unmittelbarer Nähe dieser Räumlichkeiten existierte „*gegen den hoff*" das Zimmer, welches als kleines Garde-meuble diente, „*Woh der Herr rischahr die tabeten hat auff gehoben und die Beter Ligen [...]*."[1551]

Arbeiten in Räumen, die einer bestimmten Person zugeordnet werden können, sind jene des Herrn von Esebeck, denn man hatte „*bei Herrn von Isenbech 4 Zimer mit frisböten ausgespent.*"[1552] Der Schreiner Reeß lokalisierte diese Räume im ersten Obergeschoss der Orangerie, denn er habe „*im Zweyten stock wo Hern von Esbeck wohnt an jetzo In 4 Zimer 27 Clafter fries Boden gemacht.*"[1553] Es handelte sich dabei um ein großes Appartement, in welchem in „*3 Zimer mit lambarien gemacht in die felungen runtongen gestochen*"[1554] wurden. Das Vorzimmer des Appartements hatte vier Fenster, wofür der Schreinermeiser Johannes Bihl „*schambrahmen oben runt sauber auß gekelt [...]*" hatte.[1555] Der Schreiner Johannes Daniel gab die Maße des Friesbodens im Schlafzimmer des Esebeck'schen Appartements mit 19 Schuh in Länge und Breite an.[1556] Er hatte außerdem im „*schlaff Zimer Ein alkoff gemach Mit 2 Kaffnet mit zwey ober lecher Ieber die dieren sein owahl*", sowie in „*sein schlaffzimer Unt in zwey Zimern schambram gemach an 4 finstern.*"[1557] Das

---

1550 LA Speyer, Best. B3, Nr. 2584, Bl. 240. Schreinermeister Johannes Bihl brauchte dazu 50 Stück Dielen.

1551 LA Speyer, Best. B3, Nr. 2584, Bl. 240. Hierfür wurden 13 Stück Dielen zu 1 Gulden 35 Kreuzern benötigt.

1552 Gemeint ist Oberst Georg von Esebeck, der Ehemann der Maitresse Herzog Carls II. August; LA Speyer, Best. B3, Nr. 2584, Bl. 141. Rechnung des Schreiners Jörg Bihl vom Januar 1783.

1553 LA Speyer, Best. B3, Nr. 2584, Bl. 153v. Auch hier wurden, wie in den übrigen Gebäuden, die Stockwerke ab dem Erdgeschoss durchgezählt. Es könnte sich dabei um das erste Obergeschoss des Westflügels der Orangerie gehandelt haben, da im „vorderen Flügel", also dem Nordflügel von „*foren an bis an dem heren Obsterst (!) seinen Zimeren seint 17 diren in want [...].*" LA Speyer, Best. B3, Nr. 2584, Bl. 141. Von dessen Räumen wiederum geht es in den Flügel „*grath Vom herr Von Esbeck durg gegen Karels Lust [...].*" LA Speyer, Best. B3, Nr. 2584, Bl. 240.

1554 LA Speyer, Best. B3, Nr. 2584, Bl. 141v, Rechnung des Schreinermeisters Jörg Bihl vom Januar 1783. Für die 27½ Klafter der hölzernen Wandvertäfelungen wurden pro Klafter 4 Gulden berechnet. Auch der Schreinermeister Johannes Bihl wurde laut Rechnung vom gleichen Monat mit der Anfertigung von Lambris für zwei Zimmer dieses Appartements zum gleichen Preis beauftragt. LA Speyer, Best. B3, Nr. 2584, Bl. 240.

1555 LA Speyer, Best. B3, Nr. 2584, Bl. 239v, Rechnung vom 26. Januar 1783. Für die Fensterumrahmungen verlangte er insgesamt 10 Gulden.

1556 LA Speyer, Best. B3, Nr. 2592, Bl. 28. Das entspricht einer Raumgröße von 6,17 x 6,17 Metern. Für das Klafter berechnete Schreiner Daniel 2 Gulden.

1557 LA Speyer, Best. B3, Nr. 2592, Bl. 28v. Für den Alkoven mit den Seitenkabinetten und den ovalen Oberlichtern berechnete er 25 Gulden. Die Fensterverkleidungen wurden pro Fenster mit 2 Gulden 30 Kreuzern berechnet.

Schlafzimmer, ein Kabinett „*Unt das Zimer for dem Kaffnet*" wurden mit Lambris der gleichen Weise ausgestattet, wie sie zuvor für die übrigen Räume angefertigt worden waren.[1558] Insgesamt wurden in den Räumlichkeiten des Herrn von Esebeck 18 Türen, die Wandvertäfelung, Fenstereinfassungen und Fensterbretter sowie „*in dito Zimer 14 Fenster Rahmen nebst 4 Ofen blatten [...] mit Leimfarbe angestrichen.*"[1559] Zur Ausstattung des Appartements wurde auch „*Ein thrimo mit 2 beilaster undt den spichel in den thrimo gemacht.*"[1560]

An anderer Stelle geben die Rechnungen Auskunft über weitere Bewohner der Orangerie, denn der Schreiner Michael Bihl hatte „*unten wo der mohr wont [...]*" einen Schrank mit einem Gefach in die Mauer eingepasst.[1561] Von Schreiner Johannes Bihl wurde ein Türfutter angefertigt „*auff der Orangerie woh der herr dochtor rose loschirt.*"[1562] Für letzteren wurden 1783 zwei Schränke aufgeschlagen.[1563] Als weitere Bewohner der Orangerie werden von den Handwerkern die Kammerdiener Gortt[1564] und Vongall,[1565] der Rat Plonger,[1566] Baron von Rumling,[1567] der Hofgärtner Petri[1568] sowie M. Holandre[1569] erwähnt. Au-

---

1558 LA Speyer, Best. B3, Nr. 2592, Bl. 28v. Die getäfelte Sockelzone wurde auch hier, wie auch in der Arbeit des Schreiners Jörg Bihl – LA Speyer, Best. B3, Nr. 2584, Bl. 141v – mit 4 Gulden pro Klafter berechnet und „*Mit runtung in der felung*" gearbeitet.

1559 LA Speyer, Best. B3, Nr. 2590, Bl. 359. Ausmessung der Tüncher-Arbeit vom November 1782. Für diese Arbeit berechnete der Tünchermeister Stey 55 Gulden 31 Kreuzer.

1560 LA Speyer, Best. B3, Nr. 2584, Bl. 141v. Die Anfertigung des Trumeaus kostete 7 Gulden.

1561 LA Speyer, Best. B3, Nr. 2584, Bl. 280v. Für diese Arbeit berechnete Michael Bihl in einer Gesamtrechnung vieler Posten in der Orangerie vom Januar 1783 1 Gulden 30 Kreuzer. Schlossermeister Henrich Bubong hatte zum Preis von 3 Gulden den „*schanck beschla in der Mauer alwo der Mohr loschiret mit fisch und schloss [...].*" LA Speyer, Best. B3, Nr. 2584, Bl. 455. Im Übrigen sind mehrere „Mohren" in herzoglichen Diensten namentlich bekannt, u.a. Prudent der Leibhusar, Tobie, Chimsie, Amar und Johton, s. dazu die Liste der Kostgelder für die Dienerschaft: LA Speyer, Best. B2, Nr. 4654, Bl. 19, wonach sie einen Gulden bzw. 45 Kreuzer Kostgeld am Tag erhielten.

1562 LA Speyer, Best. B3, Nr. 2584, Bl. 243, Rechnung vom 28. Mai 1783. Der geheime Rat und Arzt Rosé war ein Freund Mannlichs. MANNLICH, Rokoko und Revolution 1966, S. 203.

1563 LA Speyer, Best. B3, Nr. 2584, Bl. 288v.
1564 LA Speyer, Best. B3, Nr. 2584, Bl. 288v.
1565 LA Speyer, Best. B3, Nr. 2590, Bl. 662v.
1566 LA Speyer, Best. B3, Nr. 2584, Bl. 289.
1567 LA Speyer, Best. B3, Nr. 2590, Bl. 661v. Baron von Rumling (teilweise auch: Rümling) „war Intendant der ‚Regimentsharmonie und sogenannten Tafelmusik', die teilweise aus den Hoboisten des Garderegiments bestand." BEZZEL, Geschichte, S. 551.

1568 LA Speyer, Best. B3, Nr. 2590, Bl. 743, Rechnung des Schlossermeisters Magnus Bötsch vom 1. April 1786.

ßerdem waren mehrere Pagen in Räumen der Orangerie untergebracht.[1570] Dr. Jean-François Holandre, Direktor des Naturalienkabinetts, hatte 1793 Pfalz-Zweibrücken verlassen, um in seine Heimat Frankreich zurückzukehren. In seinem Zimmer befanden sich bei Ankunft der Franzosen auf dem Carlsberg im Juli 1793 14 gepackte Verschläge mit Mineralien, Muscheln, Seegewächsen und Versteinerungen sowie 27 Schachteln mit Schmetterlingen und einer *„schönen Sammlung gemalter Vögel,"*[1571] die man dort zwischenlagern wollte.[1572] Ludwig Gemminger, ebenfalls im Naturalienkabinett beschäftigt,[1573] erwähnte dies im Rahmen der Verluste des Naturalienkabinetts.

Außerdem wird in den Handwerkerrechnungen eine Arbeit bei Kammerrat Hautt[1574] berechnet, in dessen Zimmern Böden ausgespänt wurden, was auch hier auf ein Appartement schließen lässt. In einer *„Beylag Zu dem Inventarium vom Karlsberg was ausgeplündert und verbrannt worden ist Auf der Orangerie"* von 1793 wurden nach der Zerstörung noch *„vierzehn Zimmer mit papierne Tapeten auf die Wand tapezieret gefunden ad 33 fl."* sowie *„Zehn Zimmer tapeziert auf Tuch 50 fl.".*[1575]

Der Schreiner Michael Bihl berichtet zudem, er habe im dem „langen Bau" der Orangerie, also im Mittelbau, *„an daß brofet Ein langen Kasten gemacht von 4 dilen auff den Kasten Ein brill mit Einem Tekel […]."*[1576] Auch im südlichen

---

1569 Monsieur Holandre oder Hollander (mehrere Schreibweisen existieren: LA Speyer, Best. B3, Nr. 2584, Bl. 149v) – war Naturforscher und Militärchirurg.
1570 LA Speyer, Best. B3, Nr. 2590, Bl. 711, Rechnung des Schlossers Magnus Bötsch vom Oktober 1785.
1571 BayHStA München, Abt. IV, Serienakten 1999, N. 46 im Etat.
1572 Letzte Überreste fanden sich bei Grabungsarbeiten an der Orangerie im Jahr 1997 unter der Leitung von Dr. Klaus Kell. Man zog daraus jedoch den Schluss, man habe die Überreste einer Werkstatt gefunden: „Werkstatt tauchte aus dem Schutt auf. […] In den abgetragenen Schuttmassen fand man bearbeitete Architekturteile. Auch Eisenteile, Scharniere, die wohl zu Fenstern gehörten wurden gefunden. Marmorteile, die zu einer Wandverkleidung gehörten, gab der Schutt auch preis. Ebenso fand man Mineralien, die teilweise bearbeitet und poliert waren." Saarbrücker Zeitung Nr. 85. v. 12./13. April 1997.
1573 Ludwig Gemminger arbeitete ebenfalls im Naturalienkabinett. LA Speyer, Best. B3, Nr. 2584, Bl. 149v.
1574 LA Speyer, Best. B3, Nr. 2584, Bl. 288v, Rechnung des Schreiners Michael Bihl vom November 1793.
1575 BayHStA München, Abt. IV, Serienakten 1999, N. 3 im Etat.
1576 LA Speyer, Best. B3, Nr. 2584, Bl. 281. Das „brofet", andernorts auch „profit", im Plural auch „Priveter" genannt, bezeichnete die Toiletten. Maurermeister Schweighofer hatte laut einer Rechnung vom 7. Februar 1783 ein *„Priveten gewelb bey der oranschery auß gegraben und Außgemauert von 19 schuh lang 8 schuh breut (6,17 x 2,60 Meter) im lichte und die 3 Neben mauren hoch 6 schuh dick 2 schuh (1,95 x 0,65) hoch gibt 19 claftr. Dass gewelb daran 9 […]."* Dafür berechnete er 48 Gulden 30 Kreuzer. Vom Abtritt wurde durch die Mauer ein Rohr gezogen und *„Erdene heffen Ein gemauert […]."* LA Speyer, Best. B3, Nr. 2965, #4710.

Seitenflügel war ein solcher Abtritt untergebracht.[1577] Über diese „heimlichen Gemächer", geht aus den Rechnungen hervor, dass sie von Zeit zu Zeit bei Nacht geleert und gesäubert wurden.[1578]

Außer Wohnungen waren mehrere Werkstätten in der Orangerie untergebracht, denn in einer Schreinerrechnung des Meisters Michael Bihl ist für Arbeiten in der Orangerie von Arbeiten für Räumlichkeiten des Büchsenmachers die Rede „*unten wo der bichen Macher seine werchstat hate*" und „*in bichen Macher seiner Kich [...]*."[1579] Maurermeister Schweighofer musste an der Orangerie außerhalb seines Akkordes noch Arbeiten verrichten „*wegen abenderung der bicksen Camer [...]*."[1580] Der Schreiner Michael Bihl zählt in einer Rechnung vom November 1783 auf, er habe „*unten im bichen Macher seiner werchstatt Eine 2 flichliche zusamen gestemte dir mit 3 sticker bekleitong auff die Mauer angeschlagen*", die dann als Schrank diente.[1581] Aus der Beschreibung der Arbeiten „unten in der Werkstatt" kann geschlossen werden, dass es sich um Räume im Erdgeschoss der Orangerie handelte, die damit im Südflügel gelegen haben könnten. Später jedoch wurde die Unterbringung der Büchsenmacherwerkstatt in der Orangerie nicht mehr als geeignet empfunden, denn 1790 wurde mit dem Bau einer neuen Werkstatt in einem eigenen Gebäude begonnen.[1582] Der gleiche Schreinermeister zählte in seiner Rechnung auf, er habe außerdem „*bei Heren Uhr Macher dereng an der Oroschri in seiner werkstatt die werck bang gemacht von 2 zölligen dilen darunter 6 schublaten gemacht [...]*."[1583] Die Werkstatt hatte zwei Fenster. Außerdem hatte Schreinermeister Bihl „*[...] in dem uhr*

1577 LA Speyer, Best. B3, Nr. 2585, Bl. 64v. Glasermeister Purllacher hatte einen Fensterflügel im Komödienhaus „*ins Profitt neu verglaß und verbleit [...]*." Für diese Arbeit verlangte er laut seiner Rechnung vom Dezember 1784 17 Kreuzer.
1578 LA Speyer, Best. B3, Nr. 2966, #5219. Diese Arbeiten wurden in der Nacht von einem „Wasemmeister" mit zwei Gehilfen und einem Pferd vorgenommen, wofür dieser neben dem Gehalt pro Nacht 2 Maß Wein und ein halbes Pfund Brennmaterial zur Beleuchtung erhielt.
1579 Umgangssprachlich: in der Küche des Büchsenmachers, LA Speyer, Best. B3, Nr. 2584, Bl. 280, Rechnung des Schreinermeisters Michael Bihl vom Januar 1783.
1580 LA Speyer, Best. B3, Nr. 2965, #4710. In der Büchsenmacherwerkstatt wurden insgesamt 350 Schuh Platten zum Preis von 29 Gulden verlegt und eine Scheidwand herausgerissen.
1581 LA Speyer, Best. B3, Nr. 2584, Bl. 288. Außerdem wurden an den Fenstern Bretter angebracht, „*das die fenster nit verbrechen in seiner werkstatt [...]*." LA Speyer, Best. B3, Nr. 2584, Bl. 288, wofür 30 Kreuzer berechnet wurden.
1582 S. dazu Kap. A.VI.3.c.
1583 LA Speyer, Best. B3, Nr. 2584, Bl. 288. Für die Werkbank mit 6 Schubladen berechnete er 4 Gulden. Durch die Ausmaße der Werkbank war es notwendig, die Fenster in der Werkstatt zu verkleinern, LA Speyer, Best. B3, Nr. 2584, Bl. 288. An anderer Stelle wird der Name des Uhrmachers mit „Tering" [De Rhein] angegeben: LA Speyer, Best. B3, Nr. 2585, Bl. 64v.

Macher seiner werkstatt die went bekleit vor sein werkzeig auff zu steken und leisten auff die went vor das werkzeig" sowie Arbeitslohn *„vor den uhren Macher Ein stelasche vor die uhren zu brobieren undt zu richten"* zu verlangen.[1584]

ee. Die letzte Aufgabe: Der Umbau zur Kaserne[1585]

Am 12. Januar reichte der Schlossermeister Johannes Schillo aus Homburg eine Rechnung *„von Fertigung 6 Camin Thüren in die Orangerie so zur Cassern soll gemacht werden"* ein.[1586] Am 13. Februar 1793 übergab der Schreinermeister

---

1584 LA Speyer, Best. B3, Nr. 2584, Bl. 288.
1585 Bis zum Umbau der Orangerie existierten schon mehrere Kasernen- und Lazarettgebäude. 1787 wurde von Baumeister Krutthofen ein Vorschuss an den Maurer Peter Rosche angewiesen *„vor Arbeit an der Husaren Caserne auf dem Carlsberg [...]."* LA Speyer, Best. B4, Nr. 2549, Bl. 270v. Diesem Vermerk schlossen sich in den kommenden Jahren noch eine Vielzahl von Rechnungen an. LA Speyer, Best. B4, Nr. 2550, Bl. 18v f. LA Speyer, Best. B3, Nr. 2590, Bl. 161; Best. B3, Nr. 2591, Bl. 66, Bl. 231 etc. Am 21. Mai 1790 erging ein Schreiben des Herzogs an die Rentkammer, worin er 5 000 Gulden anforderte um den *„auf alle nur thunliche Art zu beschleunigenden hiesigen Casernen Anbau in 4 Monaten fertig zu bringen [...]."* LA Speyer, Best. B2, Nr. 1608, Bl. 2. Dieser neue Kasernenbau nördlich des Schlosses, welcher *„an die Alte Cassern und an den Haetz Hunds Zwinger anschließt [...]"*, entstand im Lauf des Jahres 1790. LA Speyer, Bl. 1608, Bl. 71. Die Rechnungen finden sich teilweise in LA Speyer, Best. B4, Nr. 2552, Bl. 135v, ff. Außerdem wurde in dieser Zeit ein Exerzierplatz angelegt, wofür der Gartenbereich zwischen der Bildergalerie und dem Treibhaus verwendet wurde, wie es das Tableau von Claudius Rosché ausweist (Abb. 47). LA Speyer, Best. B4, Nr. 2552, Bl. 231v, 248v. Auf dem Carlsberg existierte eine Leibgarde, ab 1780 umgewandelt in eine Husarenleibgarde in rotgrundiger Uniform. BEZZEL, Geschichte, S. 539. 1790 musste die Husarenleibgarde einer Cheveauxlegersleibgarde in grün-grauen Uniformen weichen, BEZZEL, Geschichte, S. 540. Parallel dazu gab es eine Leibgarde zu Fuß, die 1780 einen Bestand von drei Kompanien aufwies, BEZZEL, Geschichte, S. 542. Allerdings führten ausbleibende Lohnzahlungen und schlechte Verpflegung zu massenhaften Desertionen. Die Rentkammer klagte 1790 über die Unmöglichkeit, den erforderlichen Monatsbedarf für das Militär zu beschaffen, doch die Vorgänge in Frankreich machten alle Gedanken an Einsparungen zunichte. Vielmehr umfasste das Leibregiment Ende des Jahres 1790 ohne Offiziere 1105 Köpfe, im Gegensatz zu noch 564 Personen im vorangegangenen Januar. Laut einem Exerzierreglement von 1791 umfasste das herzogliche Leibgarde-Regiment 12 Kompanien, also 2 Bataillone. BEZZEL, Geschichte, S. 543. Die Militärmacht auf dem Carlsberg nutzte nichts, denn als die Kavallerie des Generals Landremont am 10. Februar 1793 auf dem Carlsberg anrückte, ließen sich die Mannschaften entwaffnen und gefangen nehmen oder traten zu den Sansculotten über. Das Regiment löste sich bis auf wenige Reste auf. BEZZEL, Geschichte, S. 556. S. MANNLICH, Rokoko und Revolution 1966, S. 251 f., wonach ein Drittel des Regiments noch in der ersten Nacht desertierte.
1586 LA Speyer, Best. B3, Nr. 2652, S. 34v, Rechnung von Schlossermeister Schillo vom Januar 1793.

Appel aus Zweibrücken eine Rechnung, „*von zu machen 17 Zimmer Fußböden vor in die Orangerie welche zur Cassern soll gemacht werden [...]*."[1587] Als die Unruhen in Frankreich immer drängender wurden, noch bevor der Herzog den Carlsberg in der Nacht des 9. Februar 1793 verließ, war der Entschluss gefasst worden, die Orangerie zur Kaserne mit den dazugehörigen Stallungen umzubauen. Dieser Umbau betraf jene Teile der Orangerie, die bis dahin noch nicht als Wohnräume gedient hatten, was die Rechnungen zur Neuanfertigung von Fußböden und Kamintüren zeigen. Wände wurden eingezogen, um weiteren Wohnraum zu schaffen. Damit diese Veränderung sich nicht störend in der Fassadengliederung durch die Fenster niederschlug, nahm man auch die Entstehung von Blindfenstern in Kauf, denn der Glaser Purllacher spricht davon, er habe zwei „*Brust fenster oder Blint fenster wo inen Wendig zu gemaurett sein an dito Bau an der fordern Seitt aus wendig [...] neu ver glaß und neu Ein ge küdt Jedes fenster mit 8 Scheiben [...]*."[1588]

Die Ruinen der Orangerie weisen noch heute im Bereich der Orangeriesäle Wandfundamente nachträglich eingefügter Quartiere auf, die durch einen Mittelgang erschlossen wurden (Abb. 55). Außerdem wurden zusätzliche Stallungen eingerichtet, denn es finden sich im „*Carlsberger Bau Magazins Ausgabe Diarium vom 1ten und 2ten Quartal 1793*" vom 13. Mai die Vermerke, man habe an den Zimmerpolier Walbaum kieferne Dielen, Klammern und Nägel „*zu Pferdts-Krippen in die Orangerie*"[1589] ausgegeben.

b. Prägende Baudetails des Außenbaues

Das Aussehen einer Orangerie wurde vor allem durch die Größe und Form der fassadengestaltenden Tore, Fenster und Türen bestimmt. Die Schreiner-, Tüncher- und Glaserarbeiten für Fenster und Türen der Orangerie machen einen großen Anteil der Posten innerhalb der Handwerkerrechnungen zur Orangerie in den Urkundenbänden der Baukasse aus. Deren Auswertung bringt die teilweise Klärung bisheriger Fragestellungen hinsichtlich der Größe und Aufteilung und damit auch einiger Raumdispositionen.

aa. Tore der Orangerie

Der Hof der Orangerie war mittels zweier Torduchfahrten in den Seitenflügeln befahrbar. Der wuchtige Substruktionsbau mit den Kellergewölben der Fassa-

---

[1587] LA Speyer, Best. B3, Nr. 2652, S. 33v, Rechnung über 462 Gulden und 24 Kreuzer.
[1588] LA Speyer, Best. B3, Nr. 2623, Bl. 113. Rechnung vom Dezember 1792.
[1589] LA Speyer, Best. B3, Nr. 2650, 13. Mai 1793. S. dazu auch SCHWAN/ULRICH, Orangerie, S. 56, Abb. 5 S. 52.

denseite ermöglichte keinen standesgemäßen Zugang zum Gebäude. Die Flügel der Orangerie reichten bis zum Damm der schnurgerade verlaufenden sog. „Appelallee" heran, der durch zunehmende Steigung von Norden nach Süden ebenfalls keine bequeme Zufahrt in den Hof erlaubte. Der Zutritt war daher nur seitlich durch die Flügel möglich, insbesondere da das Gelände hier auf gleichem Höhenniveau wie die Tordurchfahrt des südlichen Schlossflügels lag. Diese Überlegungen wurden jedoch erst angestellt, als die Funktion des Baues von der Schweizerei zur Orangerie geändert wurde. So erklärt sich die Rechnung der Steinhauer Luxemburger und Böhler im Dezember 1780, welche *„den Dohrbogen in die Neue Orangerie durch gebrochen den forderen und hintern Stirn Bogen von Haustein gemacht und versetzt"*[1590] hatten. Der Pflasterer Ludwig Pfaff berechnete ein Jahr später die Arbeit, um die *„einfahrt in der Neuen Orangerie lang 24 schu breit 11 schuh"*[1591] zu pflastern. Ein weiteres Tor befand sich im Südflügel der Orangerie. Dies bestätigt die Schreinerrechnung von Christian Reeß vom Juli 1783, der *„an dem thor gegen dem Tauben Hauß Einen Bogen mit Creutzel Holtz verfertiget 10 sch breit 4 sch hoch samt einem starcken gesims wo der Bogen drauf steht und das Vor Thor oben in den Fals geht [...]."*[1592] Daraus erschließt sich nicht allein die Existenz des Tores, sondern auch dessen Aussehen. Auf der Darstellung des Schlosses von Le Clerc (Abb. 4) erkennt man am Straßenflügel des Schlosses eine ebensolche Tordurchfahrt mit einem hölzernen, teilweise verglasten Bogen, der auf einem hölzernen Kämpfer über den Türflügeln fest installiert ist.[1593] Die Breite der Tordurchfahrt wurde mit 10 Schuh angegeben, was auch der Breite der nördlichen Einfahrt entsprach. Die Einfahrten waren zur Hofseite hin ebenfalls verschließbar, denn der Schreiner Valentin Amtshoff gab an, *„an die oranscherie auch zwey dohr gemacht"*[1594] zu haben, jeweils mit vier Flügeln und eines zum Preis von 28 Gulden. Außerdem habe er *„noch eines an das stegen haus gemacht, welges kleiner ist"*[1595] und darauf hindeutet, dass dieses Tor den Aufgang aus der Einfahrt zum

---

1590 LA Speyer, Best. B3, Nr. 2961, o. Nr., Rechnung der Steinhauer vom 21. Dez. 1780 über 44 Gulden.

1591 LA Speyer, Best. B3, Nr. 2963, Nr. 4087, Rechnung des Pflasterers Ludwig Pfaff vom 30. November 1781 über 20 Gulden und 54 Kreuzer. Die angegebenen Maße entsprechen einer Länge der gepflasterten Einfahrt von 7,80 Metern und einer Breite der Durchfahrt von 3,57 Metern.

1592 LA Speyer, Best. B3, Nr. 2584, Bl. 155, Rechnung vom 28. Juli 1783 über 13 Gulden. Die angegebenen Maße entsprechen einer Breite von 3,25 Metern und einer Höhe von 1,30 Metern.

1593 Ein solcher Kämpfer, oder wie hier ausgedrückt, ein ‚starkes Gesims', ist zwar erst bei einer Fenster- bzw. Türhöhe ab 10 Schuh notwendig. Rund- und Segmentbögen müssen aus Stabilitätsgründen jedoch immer auf einem Kämpfer aufsitzen. LIETZ, Fenster, S. 29.

1594 LA Speyer, Best. B3, Nr. 2584, Bl. 311. Rechnung vom Dezember 1782.

1595 LA Speyer, Best. B3, Nr. 2584, Bl. 311. Dieses Tor kostete 20 Gulden.

Stiegenhaus verschloss. Mit großen Winkel- und Kreuzbändern sowie starken Stützkloben hatte Schlossermeister Bubong *„4 Krossen Haubt Thoren beschlagen Unten an der Orascheri Jete mit 4 fligel [...],"*[1596] wobei das große Tor, welches zum Taubenhaus hin gelegen war, eigens verändert werden musste, denn *„statt Zwey Fligel ist mit 4 fligel gemacht worten so konnte das gemachte Beschläg nicht Kans gebraucht werten ohne Verentert"*[1597] und durch weitere Riegel und Bänder ergänzt zu werden. Bei Dunkelheit war es möglich, den Orangeriehof – wie auch den Ehrenhof des Schlosses – mit Laternen zu beleuchten, was eine Spenglerrechnung über *„sechs Neue lander lichter gemacht in den Orangerie Hoff"*[1598] besagt. Am langen Westflügel befand sich hofseitig ein Glastor.[1599] Ein weiteres Tor, dessen Maueröffnung noch heute in den erhaltenen Gebäuderesten zu sehen ist, befand sich in der Mitte des Kellergeschosses als *„Tor an den Gewelber"*[1600] und wurde, wie schon das Glastor zum Hof, mit weißer Ölfarbe angestrichen.

Die Tore der Orangerie strich man, wie auch die Fenster, sämtlich mit weißer Ölfarbe an, was dem Bau das helle Erscheinungsbild verlieh, das von anderen Schlössern und Bauten dieser Zeit vertraut ist. Die Helligkeit des Anstrichs nahm dem Bau einen Teil der Wuchtigkeit, die der Betrachter heute angesichts der Ruinen empfindet. Ölfarben wurden, im Gegensatz zu andernorts ebenfalls häufig erwähnten Leimfarben, hauptsächlich für äußere Gebäudepartien verwendet und besaßen eine materialkonservierende Wirkung.[1601]

1596 LA Speyer, Best. B3, Nr. 2584, Bl. 455, Rechnung vom 30. Dezember 1782. Das Beschlagen der vier Tore kostete 64 Gulden.
1597 LA Speyer, Best. B3, Nr. 2584, Bl. 463, Rechnung vom 20. Juni 1783.
1598 LA Speyer, Best. B3, Nr. 2585, Bl. 206. Rechnung vom 7. März 1785. Die Laternen kosteten 24 Kreuzer. Kurz darauf wurden noch *„zwey ladernen rebrirt in den Orangerie Hoff für 8 xr."* LA Speyer, Best. B3, Nr. 2585, Bl. 206. Rechnung des Spenglers Johann Peter Ham über Arbeiten vom Februar 1785.
1599 LA Speyer, Best. B3, Nr. 2582, Bl. 87v, Rechnung des Tünchers Andreas Gitzner vom 6. November 1783.
1600 LA Speyer, Best. B3, Nr. 2582, Bl. 87v. Der Anstrich mit Ölfarbe wurde samt Farbe und Öl mit 3 Kreuzern pro Schuh berechnet. Das Glastor *„in mite der Oranschrie"* wurde laut einer Rechnung des Ansteichers Johannes Carré vom 8. September 1785 erneut einmal mit weißer Ölfarbe gestrichen. LA Speyer, Best. B3, Nr. 2591, Bl. 247, was vermutlich mit den geplanten Feierlichkeiten zusammenhing, wofür neben den Neubauten im Orangeriehof auch einige Details aufgefrischt werden mussten.
1601 Die weiße Farbe wurde mit Bleiweiß, das sich in den Lieferungen unterschiedlicher Farbwarenhändler zum Carlsberg in großen Mengen nachweisen lässt, und Terpentinöl angerührt. S. dazu auch: LIETZ, Fenster, S. 118f.

bb. Die Fenster und die Fassadengliederung

Eine große Anzahl erhaltener Rechnungen gibt über die Fertigung unterschiedlichster Fenster für die Orangerie und damit auch über ihr Erscheinungsbild Auskunft. Die Bauprotokolle geben Aufschluss darüber, dass mehrere Schreiner zur gleichen Zeit mit den Arbeiten an der Orangerie beschäftigt waren. Die meisten ihrer Rechnungen datieren ab dem Ende des Jahres 1782 und beziehen sich auf Arbeiten aus dem Zeitraum zuvor.

Für den Keller wurden von Schreiner Brännesholz im April 1783 15 Fensterrahmen in Rechnung gestellt.[1602] Aus einer Rechnung von Tüncher Andreas Gitzner vom November ist zu erfahren, dass er 20 Kellerläden in der Orangerie angestrichen hatte.[1603]

Auf sämtlichen Darstellungen der Orangerie wurde das hohe und schmale Format der stadtseitigen Fenster des Erdgeschosses betont. Dies deckt sich wiederum mit Angaben aus den Handwerkerrechnungen, in denen außerordentlich hohe Fensterrahmen zu je 23 Gulden abgerechnet wurden. In einer Rechnung vom Januar 1783 des Schreiners Jörg Bihl wurden acht Rahmen beschrieben als *„8 fenster ramen in die oraschrie Jete mit 4 fligel mit Kreitzel hols hoch 12 schu 6 zoll breit 3 schu 6 zoll [...]."*[1604] Der Verweis auf Fensterflügel ‚mit Kreitzel', also Kreuz, bedeutet, dass es sich um Fensterrahmen mit Kreuzstöcken handelte. Ob es sich dabei um einen Mittelkreuzstock oder um die wahrscheinlicheren Fenster mit hochliegendem Kämpfer handelte, lässt sich daraus zunächst nicht bestimmen. Klar ist dagegen, dass es sich überall um Sprossenfenster mit Holzsprossen handelte, in die Tafelglas eingesetzt wurde, denn, so stellte Sabine Lietz in ihrer Arbeit über Fenster des Barock fest, das „fürstliche Fenster des 17. und 18. Jahrhunderts ist in jedem Fall ein Sprossenfenster."[1605] Auch Schreiner Amtshoff berechnete *„6 stieck von den grossen fenster rahmen mit xel hols [...]."*[1606] Weitere sieben Fensterrahmen für die Orangerie, jeder *„mit 4 flige mit Kreitzel holß hoch 12 schu 6 Zoll breit 3 schu 6 Zoll tut Eine vor holß arbeits lon 23 fl."*[1607] wurden, diesmal samt der passenden Läden, ebenfalls im Ja-

---

1602 LA Speyer, Best. B3, Nr. 2590, Bl. 285. Der Schreiner führte die Arbeiten im Auftrag von Baumeister Schäfer aus und berechnete pro Fenster 28 Kreuzer, insgesamt also 7 Gulden.
1603 LA Speyer, Best. B3, Nr. 2582, Bl. 87.
1604 LA Speyer, Best. B3, Nr. 2584, Bl. 141. Das entspricht einer Höhe von 4,06 Metern und einer Breite von 1,14 Metern. Ein Fenster kostete mit Holz und Arbeitslohn 23 Gulden.
1605 LIETZ, Fenster, S. 92. Solche Fenster sind auch bei Le Clerc (Abb. 4) für das Schloss angegeben.
1606 LA Speyer, Best. B3, Nr. 2584, Bl. 311. Die Rechnung datiert vom 30. Dez. 1782. Auch er verlangte 23 Gulden für ein Fenster. Mit ‚x' oder ‚xel' wird in den Rechnungen stets der Begriff Kreuz abgekürzt.
1607 LA Speyer, Best. B3, Nr. 2584, Bl. 280.

nuar 1783 von Schreiner Michael Bihl in Rechnung gestellt. Die nächsten fünf „*grosse fenster rahmen mit 4 flügel u Creutzel [...]*"[1608] rechnete Schreiner Schoeller ab. Eine letzte Rechnung von Schreiner Johannes Daniel über sieben Fensterrahmen und Läden gleicher Machart[1609] bestätigt die Annahme, dass es sich bei diesen insgesamt 33 hohen Fensterrahmen um jene handelte, die sich über die gesamte westliche Fassade verteilten.

Der Schreiner Johannes Schoeller fertigte außerdem „*eine Grosse Glaßthür auf die altan.*"[1610] Dies geht mit einer Angabe des Schlossermeisters Bubong einher, er habe „*eine Klas Ther beschlagen an der altahn mit 4 fligel mit 16 fisch 2 rigel und einer pasquil.*"[1611] Im November 1783 berechnete der Tüncher Gitzner den Anstrich von Glastüren mit weißer Ölfarbe.[1612] Mit dem Begriff Altan ist der Balkon gemeint, dessen Kragsteinansätze noch im aufgehenden Mauerwerk sichtbar sind (Abb. 54). Eine Bestätigung dafür findet sich in einem Bericht des Baumeisters Krutthofen vom Januar des Jahres 1788. Darin erklärte er, Schlossermeister Lorenz „*[...] ist schon ohngefehr acht Jahren mit einem Altan gerems hiesiger Orangerie [...] beschäftiget [...].*"[1613] Das bei Meister Lorenz in Auftrag gegebene Geländer war im Januar 1788 demnach weder fertig, geschweige denn an Ort und Stelle befestigt. Ob es jemals dazu kam, scheint zumindest zweifelhaft, denn auf keiner der erhaltenen zeitgenössischen Zeichnungen des Schlossprospekts wird diese schmiedeeiserne Balkoneinfassung angedeutet.

Im Januar 1783 ging eine Rechnung ein über „*[...] siben fensterrahmen in die Oranscherie untern Mit fihr fligel mit Kreitzel holz hoch 12 schuh breit 3 schuh 6 zoll duth eine vor holz arbeit ad 23 fl.*"[1614] Diese Fenstermaße weichen in der Höhe um 16 Zentimeter von der zuvor berechneten, etwas höheren Partie ab, entsprechen sich hingegen in der Breite genau. Auch für diese Fenster wurden die passenden Fensterläden gefertigt. Es wäre möglich, dass es sich hierbei um Fenster für den Teil des südlichen Flügelbaues handelte, der ebenfalls einen Orangeriesaal beherbergte, welcher jedoch etwas niedriger war als der Westflügel, weswegen die Flügelfenster etwas geringer dimensioniert sein mussten.

1608 LA Speyer, Best. B3, Nr. 2584, Bl. 186. Rechnung vom 1. Februar 1783 über ebenfalls 23 Gulden pro Fenster.
1609 LA Speyer, Best. B3, Nr. 2592, Bl. 28.
1610 LA Speyer, Best. B3, Nr. 2584, Bl. 186, Rechnung vom 1. Februar 1783 des Schreiners Johannes Schoeller. Für die Glastür berechnete er 38 Gulden.
1611 LA Speyer, Best. B3, Nr. 2584, Bl. 455, Rechnung vom 30. Dezember 1782.
1612 LA Speyer, Best. B3, Nr. 2582, Bl. 87.
1613 LA Speyer, Best. B3, Nr. 2590, Bl. 432.
1614 LA Speyer, Best. B3, Nr. 2584, Bl. 238, Rechnung vom 26. Januar 1783 von Schreinermeister Johannes Bihl. Die Fenstermaße entsprechen einer Höhe von 3,90 Metern und einer Breite von 1,14 Metern. Die sieben Paar Fensterläden wurden jeweils mit 6 Gulden 20 Kreuzern abgerechnet.

Im Gegensatz zum Straßenflügel mit den immens hohen Fenstern des Erdgeschosses, die mehr als vier Meter hoch waren, sprachen die Schreiner stets von drei Stockwerken an einem der Flügel, die mit Fenstern zu bestücken waren. Allgemein leitet sich die Fensterhöhe von der Höhe des zugehörigen Raumes ab, denn die Fensterhöhe sollte sich direkt proportional zur jeweiligen Raumhöhe verhalten.[1615] Daraus ergibt sich, dass sich die Innenräume des Straßenflügels entsprechend der Fensterhöhe über die Höhe von zwei Stockwerken erstreckten, was schon die oben erwähnten Pfeilerbasen in diesem Gebäudeteil vermuten ließen, während sich in Teilen des seitlichen Flügels Räume mit der üblichen Zimmerhöhe, verteilt auf drei Stockwerke, befanden. Die hohen Fenster markierten daher den hohen, nur durch Pfeiler unterteilten Raum für die Orangenpflanzen, in welchem auch Pflanzen mit einer Höhe von mehr als drei Metern problemlos untergestellt werden konnten.[1616]

Nur zwei Monate zuvor hatte der Schreiner Christian Reeß eine andere Rechnung eingereicht, darüber, dass er *„6 grose fenster Rahmen gemacht mit Creutzel Holtz verfertiget seind hoch 12 sch 4 Zoll Breit 4 sch 6 Zoll [...]."*[1617] Diese Fenster entsprachen in ihrer Höhe mit einer Differenz von fünf Zentimetern den Fenstern der Straßenseite, die Breite übertraf diese dagegen um 32 Zentimeter. Die Breite der Glasfenster spricht dafür, dass es sich um jene handelte, die zur Hofseite zeigten, da ein Abweichen der Fensterbreite innerhalb einer horizontalen Fensterreihe ästhetisch nicht befriedigend und daher unzulässig gewesen wäre. Die Reihung dieser Fenster wurde durch die Existenz des oben erwähnten Glastores in der Mitte durchbrochen, durch welches die Pflanzen in die Orangerie und wieder hinaus befördert werden konnten. Schreiner Schoeller hatte angegeben, ein *„grosses 4 flügl. thor in den Hoff mit Holtz und Arbeit"*[1618] angefertigt zu haben. Dieses Tor musste eine Mindestbreite aufweisen, um die Pflanzen unbeschadet hindurchbewegen zu können. Daher liegt die Annahme nahe, dass auch dieser Fassadenteil Fenster einheitlicher Breite hatte, die zudem mit der des Mitteltores harmonierte.[1619] Gleichzeitig beschreiben sie mit der großflächigen Öffnung zum Garten und dem ebenerdigen Ausgang zum Orangerie-

---

1615 LIETZ, Fenster, S. 27.
1616 Siehe dazu: Kap. B.I.6.
1617 LA Speyer, Best. B3, Nr. 2584, Bl. 153. Die Fenster waren 4,01 m hoch und 1,46 m breit. Ein Fenster kostete jeweils 25 Gulden und 20 Kreuzer. Auch für diese Fenster wurden laut gleicher Rechnung zweiflügelige Fensterläden zu jeweils 19 Gulden gemacht.
1618 LA Speyer, Best. B3, Nr. 2584, Bl. 186. Rechnung vom 1. Februar 1783. Das Hoftor wurde zum Preis von 28 Gulden hergestellt.
1619 Für diese Annahme spricht zudem, dass der Tüncher Andreas Gitzner laut seiner Rechnung vom 6. November 1783 *„an der Orangerie auf dem Carlsberg [...] 7 Fenster Lathen gegen dem Hoff"* mit weißer Ölfarbe angestrichen habe. LA Speyer, Best. B3, Nr. 2582, Bl. 87.

parterre eine Situation, die geeignet war, den Übergang vom „Drinnen" zum „Draußen" ähnlich einer Sala terrena nahezu aufheben zu können.

Insgesamt gab es im Erdgeschoss der Orangerie mindestens 48 Fenster, die eine Höhe von zwölf Schuh besaßen, denn der Schlosser Henrich Bubong berichtet, er habe *„unten in der orascheri 48 st. Krossen fenster Rahmen beschla an Jete 6 fisch und Einer spaniolstang von 8 schu Lang [...]."*[1620] Da ein solcher Drehstangenverschluss mit seinen Haken in Schließbleche am Boden und im Fenstersturz greifen muss, reichte er zwangsläufig über die volle Länge des Fensterflügels. Bei vorliegenden Fenstern handelte es sich, wie erwähnt, um vierflügelige Fenster. Bei einem Vierflügelfenster reicht die Espagnolettestange nur bis zum Kämpfer,[1621] so dass die zu öffnenden unteren Fensterflügel eine Höhe von ca. 2,60 Metern hatten. Die oberen Fensterflügel mit einer Höhe von ca. 1,30 Meter waren daher vermutlich ab dem Kämpfer feststehend eingesetzt. Sollten sie doch geöffnet werden, wurden sie entweder mit Schubriegeln versehen oder durch eine weitere Eisenstange in einem Zug mit der Espagnolette mittels Zapfen und Nut bewegt. Diese großen Fenster dienten sowohl zur ausreichenden Belichtung der Pflanzen, mussten jedoch auch eine geeignete Belüftung gewährleisten, für die entsprechende Halterungen notwendig waren, um ein Zuschlagen der Fenster zu verhindern. Darauf verweist eine Rechnung des Schlossers Adam Manny, der *„Stellstangen zu fenster in der Orangerie einen Schuh lang"* geliefert hatte.[1622]

Die Fenster des ersten Obergeschosses, von den Handwerkern in der Regel als dem ‚zweiten Stock'[1623] bezeichnet, waren kleiner und, da sie sich über die gesamte Länge des ersten Obergeschosses aller Flügel sowie über zwei Stockwerke des südlichen Seitenflügels verteilten, entsprechend zahlreich. Auch diese Aufträge wurden, wie auch bei den übrigen Schlossbauten üblich, anteilig an mehrere Schreiner vergeben. So wurden von Schreiner Reeß 25 Fensterrahmen *„mit Creutzel Holtz verfertiget [...]."* Dazu kamen 25 Paar passende Sommerlä-

---

1620 LA Speyer, Best. B3, Nr. 2584, Bl. 453. Die Angabe des Schlossers, er habe ‚unten in der Orangerie' gearbeitet, ist ein Verweis auf die Durchführung der Arbeiten im Erdgeschoss. Die Anzahl der Fischbänder und v.a. die Länge der Espagnolettestange von 2,60 m sind ein weiterer Hinweis auf große Fenstertüren über die Bezeichnung der *„Krossen fenster Rahmen"* hinaus.
1621 LIETZ, Fenster, S. 112.
1622 LA Speyer, Best. B3, Nr. 2595, #2493. Die Stangen kosteten 48 Kreuzer.
1623 LA Speyer, Best. B3, Nr. 2584, Bl. 153, Rechnung von Schreiner Christian Reeß vom 10. Nov. 1782; LA Speyer, Best. B3, Nr. 2584, Bl. 238v, Rechnung des Schreinermeisters Johannes Bihl vom 26. Jan. 1783, der ebenfalls die Stockwerke stets vom Erdgeschoss (1. Stock) bis zur Mansarde (3. Stock) durchzählte.

den.¹⁶²⁴ 26 zweiflügelige Fensterrahmen wurden zum gleichen Preis von sechs Gulden 40 Kreuzern pro Stück von Schreiner Johannes Schoeller hergestellt. Auch hier wurden die passenden Sommerläden, das Paar zu 4 Gulden, mit abgerechnet.¹⁶²⁵ Ebenfalls für den ‚zweiten Stock' stellte Schreiner Amtshoff 25 Fensterrahmen und Läden her.¹⁶²⁶ Insgesamt wurden also mindestens 76 Fenster gleicher Größe für dieses Stockwerk gefertigt. Dazu könnte eine Berechnung von Tüncher Gitzner passen, der angibt, *„77 Stück Fenster Rahmen und Lathen in dem Fliegel"*¹⁶²⁷ zum Anstrich mit 2498 Schuh veranschlagt zu haben.

Für den *„foteren bau gegen dem schlos"*, also den Nordflügel, wurden im *„unteren undt miteleren stok 8 fenster ramen Jete mit 2 fligel oben runt hoch 4 schu 6 zoll breit 2 schu 9 zoll"*¹⁶²⁸ zum Preis von drei Gulden angefertigt, was darauf hinweist, dass diese Fenster kleiner respektive einfacher gestaltet waren als die vorher genannten. Vom gleichen Schreiner wurden für den unteren und mittleren Stock, also das Erdgeschoss und das erste Obergeschoss, 12 Paar Sommerläden geliefert, die ebenfalls „oben runt" waren. Zehn weitere Fenster gleicher Art kamen von Schreiner Amtshoff.¹⁶²⁹ Johannes Schoeller hatte ebenfalls neun solcher zweiflügeliger Fensterrahmen zu je drei Gulden beigesteuert, zu denen er jedoch noch anmerkte, es seien *„Fenster rahmen ohne Creutzel,"*¹⁶³⁰ also Fensterrahmen ohne Kreuzstock mit zwei Fensterflügeln. In einer weiteren Januarrechnung des Schreiners Michael Bihl von 1783, ebenfalls für den Flügel *„gegen dem schloß im untern stok undt miteleren"*, finden sich *„7 fenster ramen Jete mit 2 fligel oben runt hoch 4 schu 6 Zoll breit 2 schu 9 Zoll"* sowie *„an obigen bau an unteren undt miteleren stok 12 bar Somer läthen gemacht oben runt."*¹⁶³¹ Im gleichen Monat wurde schließlich eine weitere Rechnung einge-

---

1624 LA Speyer, Best. B3, Nr. 2584, Bl. 153. Rechnung von Schreiner Christian Reeß vom 10. Nov. 1782. Das Stück wurde mit 6 Gulden und 40 Kreuzern berechnet. Insgesamt kosteten die 25 Fensterrahmen mit Holz und Arbeitslohn 166 Gulden 40 Kreuzer. Die Fensterläden wurden mit je 4 Gulden veranschlagt.
1625 LA Speyer, Best. B3, Nr. 2584, Bl. 186. Auch diese Fensterrahmen *„mit Creutzel in die 2t Etage"* kosteten pro Stück 6 Gulden 40 Kreuzer.
1626 LA Speyer, Best. B3, Nr. 2584, Bl. 311, Rechnung vom 30. Dezember 1782. Valentin Amtshoff berechnete den gleichen Preis für Fenster und Läden wie die anderen Schreiner.
1627 LA Speyer, Best. B3, Nr. 2582, Bl. 87.
1628 LA Speyer, Best. B3, Nr. 2584, Bl. 141. Rechnung des Schreinermeisters Jörg Bihl vom 20. Januar 1783. Die Fenster besaßen damit eine Höhe von 1,46 Metern und eine Breite von 0,89 Meter. Für diese Fensterrahmen wurden pro Stück 3 Gulden berechnet.
1629 LA Speyer, Best. B3, Nr. 2584, Bl. 311.
1630 LA Speyer, Best. B3, Nr. 2584, Bl. 186.
1631 LA Speyer, Best. B3, Nr. 2584, Bl. 280. Die Maße entsprechen 1,46 x 0,89 Metern.

reicht, die von der Fertigung weiterer sechs Fensterrahmen gleicher Größe und Machart und zum gleichen Preis berichtet.[1632] Zusätzlich wurden an gleicher Stelle weitere zwölf Paar passende Sommerläden *„In Nemlichen Bau Item an den zweiten und ersten Stock"* für 36 Gulden berechnet.

Am schlossseitigen Flügel befanden sich, wie aus den Rechnungen zweier Schreiner eindeutig hervorgeht, Fenster mit einem oben abgerundeten Abschluss. Auch im südlichen Flügel scheint es Fenster mit abgerundetem Abschluss gegeben zu haben, denn im Vorzimmer des Herrn von Esebeck wurden *„fihr fenster Löcher mit schambrahmen oben runt sauber auß gekelt [...]."*[1633] Daraus resultiert zwar, dass all die Fenster jener Gebäudeteile, die zur Unterbringung von Appartements und einzelnen Wohnräumen vorgesehen waren, einen abgerundeten Abschluss hatten. Aus der Formulierung *„oben rund"* kann dagegen nicht eindeutig geschlossen werden, ob es sich nun um einen Rund- oder um einen Segmentbogenabschluss gehandelt hat. Allerdings wäre hier der Segmentbogen aus Gründen der Einheitlichkeit mit den Fenstern des Schlosses die wahrscheinlichere Lösung.

Die erhaltenen Rechnungen unterscheiden sich von Handwerker zu Handwerker in der Genauigkeit der Angaben hinsichtlich der verfertigten Teile. Einige gaben Maße und Details an, andere dagegen nur den berechneten Preis. Daher kann nicht mit abschließender Sicherheit geklärt werden, ob alle Fenster der Orangerie *„oben rund"* waren, oder sich in der Form unterschieden. Daraus, dass auch jene Schreiner, die einen expliziten Hinweis auf Fensterrundungen gemacht hatten, andernorts einen solchen Hinweis auf eine abschließende Rundung unterließen, könnte man auf unterschiedliche Fensterformen für die Orangerie schließen, wie es beispielsweise am Sommerpalais Greiz, entstanden ab 1769, zu sehen ist (Abb. 67).[1634] In diesem Fall wäre die Vermutung zulässig, dass es sich an der Westfassade um Fenster mit geradem Sturz handelte, die Fenster der Seitenflügel dagegen stichbogig waren. Letztlich muss die Frage, ob in den restlichen Rechnungen der

---

1632 LA Speyer, Best. B3, Nr. 2584, Bl. 238. Die Rechnung lokalisiert die Fenster in die Orangerie *„in den Zweiten stock [...] gegen dem schloß"*, also im nördlichen, dem Schloss zugewandten Orangerieflügel.

1633 LA Speyer, Best. B3, Nr. 2584, Bl. 239. Mit dem Begriff „schambrahmen" ist das frz. Wort chambranle gemeint, das für die Einfassung der Fensteröffnung steht.

1634 S. zu Greiz PAULUS, Orangerieträume, S. 69 ff. Das Greizer Sommerpalais entstand von 1769 bis 1779 unter Heinrich XI. Reiss ä.L. (= ältere Linie). Als Architekt wird W. Matthes vermutet. Hier finden sich an den hohen Fenstern des Erdgeschosses, in dem sich der Orangeriesaal befindet, stichbogige Abschlüsse, während das Mittelportal einen Rundbogen aufweist. Die Fenster des ersten Obergeschosses und die Fenster des Attikageschosses weisen gerade Fensterstürze in den Rücklagen auf, während man die Fenster des Mittelrisalits mit Stichbogen betonte (Abb. 67).

Verweis einfach unterblieben ist, oder ob es an diesen Fenstern schlicht keine abschließende Rundung gab, ebenso offen bleiben wie die abschließende Entscheidung über die Fensterform als rund- oder stichbogiges Fenster.

Auch die Architekturtheorie jener Zeit kann nicht zur eindeutigen Beantwortung der Frage der ästhetischen Bewertung von Fensterformen hinzugezogen werden. Theoretiker des 18. Jahrhunderts wie D'Aviler bevorzugten den Rundbogenabschluss als besonders perfekte Lösung, die insbesondere der Akzentuierung bestimmter Gebäudepartien dient. Auch am Jägersburger Schloss wurden der Mittelrisalit und die Seitenrisalite sowie die Fenster an der Abschlussseite der Seitenflügel, vergleichbar vielen weiteren Beispielen der Zeit, mit Rundfenstern versehen, während es sich bei den Übrigen um Stichbogenfenster handelte. Briseux erachtete den Segmentbogen als elegante Fensterform,[1635] während Laugier den Rundbogen kritisierte und die rechteckige Fensterform für die bequemste hielt.[1636]

Über Fenster in der Mansarde berichtete Schreiner Johannes Bihl: „*Mer an obigen bau an den 3t stock 4 fenster ramen gemacht hoch 4 schu 8 zoll breit 3 schu.*"[1637] Auch für diese Fenster wurden Jalousieläden gefertigt. Vier weitere gleich gearbeitete Fenster mit den Fensterläden gab Michael Bihl in seiner Rechnung an.[1638] Die gleichzeitige dritte Rechnung umfasste sieben Fensterrahmen mit zwei Flügeln „*in den triten stock [...] hoch 5 sch breit 2 sch 9 Zoll.*"[1639] Auch hier finden sich kleine Abweichungen der Fenstermaße innerhalb des gleichen Stockwerks, die nur damit zu erklären sind, dass es sich um Fenster unterschiedlicher Flügel- und Gebäudeseiten handelte.

Die Fenster wurden im November des Jahres 1782 verglast, denn auf Befehl des Baumeisters Schaeffer setzte der Glaser Daniel Römer 1501 Tafeln Fensterglas ein.[1640] Zur gleichen Zeit wurde eine Rechnung von Salome Rippin eingereicht, laut derer sie in der Orangerie sechs Tage mit dem Putzen der Fenster zugebracht habe.[1641] Aus der Anzahl der Tafeln, die eingepasst werden mussten,

---

1635 Zu den Ansichten von D'Aviler und Briseux s. LIETZ, Fenster, S. 29 f.
1636 LAUGIER, Manifest, S. 61 f.
1637 Die Fenster waren 1,52 m hoch und 0,97 m breit. LA Speyer, Best. B3, Nr. 2584, Bl. 141.
1638 LA Speyer, Best. B3, Nr. 2584, Bl. 280.
1639 Das entspricht einer Höhe von 1,62 m und einer Breite von 0,89 m. LA Speyer, Best. B3, Nr. 2584, Bl. 238v.
1640 LA Speyer, Best. B3, Nr. 2964, Rechnung Nr. 4416. Die Tafel kostete 7 Kreuzer.
1641 LA Speyer, Best. B3, Nr. 2964, Rechnung Nr. 4471 vom 23. Nov. 1782. Salome Rippin arbeitete den Tag zu je 16 Kreuzern. Der Nachname Rippin leitet sich im Übrigen vom Familiennamen Ripp ab. Die Nachnamen wurden bei Frauen stets durch das Anhängen der Silbe -in verlängert. Auch Catharina Schoppin gab Rechnungen ab, in denen sie angibt, in der Orangerie geputzt zu haben, LA Speyer, Best. B3, Nr. 3554, Bl. 111v.

kann – gemeinsam mit der angegebenen Höhe der Fenster – auf das Erscheinungsbild der Sprossenfenster geschlossen werden. Der Glaser Purllacher teilte mit, er habe *„aus 1 fenster Rahm in dito Oraschery Bau wo inen wendig in den Hof kombt das glaß herraus gemacht alwo Ein gekütt wahr von 36 Scheiben,"*[1642] was eine Aufteilung von 18 Scheiben pro Fensterflügel ergibt. Dabei wurden die Scheiben in einem Flügel paarweise angebracht, so dass neun Scheibenpaare einen Fensterflügel bildeten. Entsprechend dem oben errechneten Verhältnis der Fenstermaße bis zum Kämpferholz und darüber von 2,60 : 1,30 Metern saßen im unteren Fensterteil sechs, und im Fensterteil oberhalb des Kämpfers drei Scheibenpaare. Zum Vergleich weisen die Fenster der Schwetzinger Orangerie, zum Orangerieparterre gewandt, jeweils 40 Scheiben auf, die Fenster und Fenstertüren von Schloss Benrath, wie die Carlsberger Orangerie, jeweils 36. Beide Beispiele zeigen drei Scheibenpaare oberhalb des Kämpfers und geben einen vergleichbaren Eindruck über Größe und Aussehen der Carlsberger Orangerie-Innenhoffenster. Die Proportionierung der Fensterhöhe mit sehr hochliegendem Kämpfer ist, so Lietz, vornehmlich in Frankreich oder bei Architekten französischer Ausbildung anzutreffen.[1643]

Weiter wurden 20 Paar Fenster *„am untteren stock an der fordere Seidt dito fenster neu verglaß und neu ver küdt. Jedes paare fligel hatt 16 scheiben at diße 20 paar fenster fligel machen zu samen 320 scheiben […]."*[1644] Jedes dieser Fenster hatte 16 Scheiben, so dass ein Fensterflügel mit 8 Scheiben bestückt war. Dies stimmt mit der Angabe der Fenster des Nordflügels *„hoch 4 schu 6 Zoll breit 2 schu 9 zoll"*[1645] überein. In der gleichen Rechnung des Glasermeisters Purllacher werden neun zweiflügelige Fenster mit zehn großen halbfeinen Scheiben und zwei ebensolche Glastüren aufgezählt. Fenster dieser Größe mit zehn Fensterscheiben erkennt man auf der Schlossdarstellung Le Clercs (Abb. 4) im dortigen ersten Obergeschoss wieder. Die Fenster der Giebelseiten des Schlosses hatten, ebenso wie die dortigen Fenstertüren zum Altan, zehn Scheiben, während die Fenster und Altantüren des Erdgeschosses 12 Scheiben aufwiesen.[1646] Die Fenster der Orangerie, die nicht zu den Pflanzensälen gehörten, wurden daher der Höhe der Schlossfenster angeglichen.

Grundsätzlich muss davon ausgegangen werden, dass sowohl nach außen als auch zum Innenhof eine symmetrische Befensterung gewählt wurde. Eine so-

---

1642 LA Speyer, Best. B3, Nr. 2623, Bl. 113.
1643 LIETZ, Fenster, S. 62f mit weiteren Beispielen.
1644 LA Speyer, Best. B3, Nr. 2623, Bl. 113.
1645 LA Speyer, Best. B3, Nr. 2584, Bl. 280. Diese Fenster befanden sich im Erdgeschoss und im ersten Obergeschoss des Nordflügels. Die Fenstergröße entspricht der Höhe von 1,46 Metern und einer Breite von 0,89 Meter.
1646 Als Quelle dafür wird hier die Zeichnung des Schlosses von Le Clerc vom Jahr 1790 herangezogen.

wohl horizontale wie senkrechte Symmetrie galt in der französischen Architekturtheorie als Hauptkriterium der Fassadengestaltung der Palastarchitektur.[1647] Aufgrund der erhaltenen Zeichnungen und Baurechnungen steht fest, dass auf der Westseite der Orangerie eine einheitliche Fensterhöhe in jedem Stockwerk sowie eine einheitliche Fensterbreite in sämtlichen Achsen gewählt wurden.[1648] Auch auf die Symmetrie der Fensterdisposition wurde in der Orangerie geachtet, denn die Ausmessung des Tünchers Carré berichtet von 6 Blindfenstern, die er ebenfalls mit Leimfarbe anstreichen sollte.[1649] Solche Blindfenster wurden zur Aufrechterhaltung der Symmetrie der Fensteranordnung empfohlen.[1650]

Für sämtliche Fenster jedweder Größe wurden, wie in den Rechnungen mehrfach erwähnt, gleichzeitig so genannte Sommer- bzw. Jalousieläden angefertigt. Diese hölzernen Flügelläden, welche nach außen anschlagend angebracht wurden, waren entweder ganz oder im oberen Drittel durchbrochen bzw. mit schräg stehenden hölzernen Lamellen versehen, um die Luftzirkulation zu gewährleisten, gleichzeitig aber die Räumlichkeiten vor dem hellen Sonnenlicht zu schützen. Die Läden der Orangerie besaßen mit Sicherheit solche Lamellen, denn eine Rechnung zeigt, dass *„an obige Löger fihr pahr sommer Laten die schaufflen stehen [...]"* befestigt wurden.[1651] Auch am Schloss hatte man an den Fenstern sämtlicher Stockwerke bis hinauf zur Mansarde Sommerläden montiert. Solche hölzernen Klappläden hatte man in der Architekturtheorie besonders für Gebäude auf dem Land als angemessen erachtet.[1652] Die Fensterläden finden auch besondere Erwähnung im Bericht über die Zerstörung des Carlsberges, in dem es heißt: *„Die Orangerie hat in Ansehung des Mauerwercks am wenigsten gelitten, die meisten Fenstergestelle und Läden, sogar auch einige Fenster sind ganz unverletzt, und deswegen liegt auch der Schutt in diesem Gebäude am höchsten."*[1653]

1647 Auf Grund der Dominanz der Orangerie im Schlosskontext sind diese Regeln hier durchaus ebenso gültig. Vertiefend dazu: LIETZ, Fenster, S. 21.
1648 Eine Forderung Laugiers in seinem Manifest des Klassizismus war, dass Fenster, die auf einer Reihe liegen, immer die gleiche Form haben sollten. LAUGIER, Manifest, S. 63.
1649 LA Speyer, Best. B3, Nr. 2585, Bl. 160. Die Ausmessung wurde im Juni 1783 assigniert.
1650 LIETZ, Fenster, S. 21.
1651 LA Speyer, Best. B3, Nr. 2584, Bl. 258. Rechnung vom 28. September 1784 von Schreinermeister Johannes Bihl. Er verlangte für das Paar Klappläden jeweils 2 Gulden, insgesamt also 8 Gulden.
1652 LIETZ, Fenster, S. 122. Dies galt insbesondere dann, wenn ihnen ein bunter Anstrich einen heiteren Anblick verlieh. Auf dem Carlsberg hatte man sich bei den Gartengebäuden für einen farbigen Anstrich der Fensterläden entschieden. S. dazu Kap. C.I.2.
1653 LA Speyer, Best. B2, Nr. 273/1.

Abb. 65: Hilbringer Schloss, erbaut für Franz Dietrich v. St. Maurice

Da sämtliche Fenster der Orangerie mit hölzernen Läden beschlagen waren, bedeutet dies zum einen, dass es sich dabei um eine sinnvolle Regulierung von Luftzirkulation sowie Licht und Schatten – nicht zuletzt zu Gunsten der Pflanzen – handelte, wie sie auch in Schwetzingen an der neuen Orangerie angewendet wurde.[1654] Darüber hinaus wurde das Gebäude stilistisch dem ländlichen Charakter des Schlossbaues angepasst. Da Klappläden als Bestandteile der Fenster auch eine Form der Wandgestaltung darstellen, musste die übrige Form der Wandgliederung darauf abgestimmt werden, um mit Sommerläden in geöffnetem Zustand nichts zu verdecken und um darüber hinaus nicht den Gebäudecharakter zu verändern.[1655] Dies ist besonders hinsichtlich der in der Literatur

---

1654 Diese hölzernen Klappläden wurden später an vielen Bauten entfernt, so auch in Schwetzingen. Ursprünglich waren sie jedoch aus oben genannten Gründen unerlässlich, s. WERTZ, Schwetzinger Orangerien, S. 68, Abb. S. 72 f.
1655 Ein Blick auf die Fenster des Schlosses Benrath (Abb. 66), das von Nicolas de Pigage für Kurfürst Carl Theodor als ländliches Lustschloss erbaut wurde, zeigt, dass die Fenster und Fenstertüren zu beiden Seiten des Mittelrisalits und in den Lukarnen der Dachzone mit Klappläden ausgestattet sind. Auch das Sommerschloss Schönbusch bei Aschaffenburg, errichtet durch E. J. von Herigoyen, be-

vertretenen Meinung von Bedeutung, man müsse eine Gliederung des Mittelrisalits durch Kolossalpilaster annehmen.[1656] Es ist in diesem Zusammenhang jedoch fraglich, ob Mannlich für die Gestaltung der Orangerie tatsächlich auf Kolossalpilaster zurückgreifen wollte, wie er dies am Zweibrücker Rathaus ge-

Abb. 66: Schloss Benrath, erbaut für Kurfürst Carl-Theodor
Gartenseite

---

sitzt, gemäß dem ländlichen Charakter des Baues und vergleichbar mit einer Vielzahl anderer ländlicher Schlossbauten, Fenster und Fenstertüren mit Klappläden. Bei allen aufgezählten Gebäuden handelt es sich um Putzbauten, deren Wandgliederungen über Eckrustizierungen der Mittelrisalite und der Rücklagen sowie Verzierungen der Fensterrahmungen kaum hinausgeht. Als weitere Beispiele für ländliche Schlossbauten, deren Fenster man mit Klappläden versehen hatte, seien in der näheren Umgebung das Schwetzinger Schloss, das pfalz-zweibrückische Schlösschen Rohrbach bei Heidelberg, der Annahof und der „Rote Bau" der Gräfin von der Leyen am Niederwürzbacher Weiher sowie das Hilbringer Schlösschen bei Mettlach (Abb. 65) genannt.

1656 Ralf Schneider geht in seiner Rekonstruktionsskizze von einer Pilastergliederung sowohl am Mittelrisalit, wo er eine Kannelierung annimmt, als auch in den Rücklagen aus, wo er eine durchgehende Rustizierung der Pilaster angibt, vgl. SCHNEIDER, Schlösser, S. 303, Abb. S. 295. Wilhelm Weber verweist zur Frage der Fassadengestaltung auf die Ähnlichkeit mit dem Zweibrücker Rathaus und dessen „kannelierten Pfeilern", geht aber davon aus, dass sich die Frage der Fassadengliederung der Orangerie letztlich nicht beantworten lässt. WEBER, Schloss Karlsberg, S. 242.

tan hatte, oder ob er den Gebäudeschmuck der Orangerie auf Balkon, Dreiecksgiebel und Dachreiter beschränkte. Ein Hinweis könnte die Aussage des Bau- und Chausseedirektors Wahl[1657] sein, der als einer der wenigen fachkundigen Zeitzeugen über die Carlsberger Schlossbauten festhielt: *„Die Gebäude zu Carlsberg hatten Raum für zwey fürstliche Hofhaltungen; neben deme Wohnungen für 2000 Menschen und Stallung für 1000 Pferde. Sie machten eine Fronte, die, ununterbrochen, tausend Schritte lang ware; aber simpel, ohne Architectur*, von Mauererei durchaus.*

* Architectur nennen die Künstler blos dasjenige an Gebäuden, was mit Kollonaden[1658] *versehen ist. Massiv, was aus Quatern besteht. Massonerie, Mauererei was aus Steinen und Kalk gemacht ist, baraquiret, gehüttet einen Bau desen Geripp aus Holz zusammengesezt wurde. Herausgeber."*[1659] Das Zweibrücker Schloss beschrieb er dagegen als einen Bau mit *„[...] rundum korinthische[r] Architectur"*, das Jägersburger Schloss als *„durchaus massiv, Jonischer Architectur [...]."*[1660] Hätte man also den Orangeriebau mit Kolossalpilastern versehen, so hätte der Architekt Wahl vermutlich deren Existenz und Ordnung mitgeteilt, nicht aber die Front der Carlsberger Bauten als „ohne Architektur", also ohne erwähnenswerte charakteristische Säulen- bzw. Pilastergliederung charakterisiert. Die Schlossfassaden zum Ehrenhof hatte Mannlich ohne Fassadenschmuck belassen und die Wahl einer Kolossalordnung an der Orangerie hätte die schlichten dorischen Säulen an den beiden Altanen der Ehrenhofflügel des Schlosses übertroffen. Hinsichtlich der Wahl einer Säulenordnung war jedoch die Frage nach den Bewohnern wichtig, denn die Schicklichkeit oder „Convenienz schreibt jeder Art von Gebäuden seinen eigenthümlichen Charakter vor, der durch seine Größe, Einrichtung, Pracht oder Simplicität bestimmt wird. Sie ist es, wodurch ein Werk der Baukunst gleich beym ersten Anblick die Ursache seiner Errichtung andeuten muß. [...] In Ansehung der Schönheit lehrt sie, den gehörigen Gebrauch von Ebenmaß, von der Wohlgereimtheit, und allen Arten von Verzierungen zu machen."[1661] Demnach wäre die Verwendung einer Ord-

---

1657 Im Nachlass des Landbau- und Chaussee-Direktors Friedrich Gerhard Wahl (1748–1826) im LA Speyer befindet sich u.a. ein Heft, in dem sich der Autor, der sich selbst als Architekt und Ingenieur bezeichnet, mit Architektur und Gartengestaltung anhand unterschiedlicher Beispiele beschäftigt. Außerdem nimmt er zu den Ereignissen im Zusammenhang mit der Zerstörung durch die Franzosen im Verlauf des Jahres 1793 Stellung. LA Speyer, Best. V 24 Nr. 1, Nachlassakte Wahl.
1658 Mit „Kollonaden" sind an dieser Stelle Säulen oder Pilaster dorischer, jonischer oder korinthischer Ordnung gemeint, wenn man vergleicht, in welchem Kontext er diesen Begriff an anderen Bauten verwendete.
1659 LA Speyer, Best. V 24, Nr. 1, Nachlassakte Wahl, S. 55.
1660 LA Speyer, Best. V 24, Nr. 1, Nachlassakte Wahl, S. 56.
1661 MILIZIA, Grundsätze S. 207f., zitiert nach SCHÜTTE, Ordnung und Verzierung, S. 101.

nung nach deren Verständnis im Verhältnis zum Schlossbau nicht schicklich gewesen. Es wäre vielmehr geradezu undenkbar, dass all jene Personen, die Kammerherren, Ärzte und Gärtner, die als Bewohner der Orangerie benannt waren, in einem Gebäude Wohnung bezogen hätten, dessen architektonischer Rang über dem des Schlossbaues gestanden hätte. Es ist daher formal wie funktional begründet, von einer Angleichung in der Architektur beider Gebäudekomplexe hinsichtlich des ländlichen Charakters auszugehen. Mannlich zeigte sich im Ganzen bestrebt, den Gebäuden, die nach und nach entsprechend den aufkommenden Bedürfnissen des Herzogs und dessen Hofhaltung entstanden, eine gewisse Einheitlichkeit zu verleihen. Damit ist das Bemühen Mannlichs erkennbar, die jeweiligen Bauten der gestellten Aufgabe ebenso zu unterwerfen wie dem Charakter der Umgebung.

cc. Das Dach

Vom 25. September des Jahres 1780 stammt die Quittung, *„auß höchsten Händten Sernissime Hertzogliche Durchläucht [...] abschläglich auf die dach latten Liferung der Carlsberger orangrie [...]"* eine Zahlung bar erhalten zu haben.[1662] Im Jahr 1780 hatte der Dachdecker Martin Bohn das Dach der Orangerie, damals in den Rechnungen teilweise noch als *„Herrschaftliche Schweizerei"* benannt, mit Schiefer gedeckt, wozu die Deckung elf großer und acht kleinerer Dachfenster gehörte.[1663] Außerdem wurden über *„die fronden spieß die fürst gedecketh [...]"*,[1664] so dass schon an diesem Bau ein Dreiecksgiebel vorhanden war. Das Dach musste nach der Vergrößerung zur Orangerie noch einmal völlig neu gedeckt werden, denn in einer Rechnung vom Februar 1783 über die Dacharbeiten, die erneut anteilig von Martin Bohn übernommen wurden,[1665] wird erwähnt, dass der Leistbruch am *„forder fligel"* aufgebrochen werden musste *„[...] um das gesims legen zu kennen, In dem Es schohn zu Vor gedeckt*

1662 LA Speyer, Best. B3, Nr. 2963, #4104. Quittung vom 25. September 1780 über den Erhalt von 75 Gulden.
1663 LA Speyer, Best. B3, Nr. 2585, Bl. 130. Ein großes Dachfenster wurde mit 3 Gulden 30 Kreuzern berechnet. Nr. 2595, #2453v, Rechnung der Zimmerleute Peter Matheis und Heinrich Wirth vom 15. November 1788, wonach man *„4 Dachfenster auf die Orangerie gemacht"* hatte, das Stück zu 2 Gulden.
1664 LA Speyer, Best. B3, Nr. 2585, Bl. 130. Mit *„fronden spieß"* ist Frontispiz, also Frontgiebel gemeint.
1665 Ein weiterer Anteil der Dacharbeiten wurde von Peter, Johannes und Nicolaus Zorn übernommen, die laut ihrer Rechnung vom 22. Februar 1783 für Arbeiten in der Orangerie 302 Gulden 46 Kreuzer verlangten. LA Speyer, Best. 2953, S. 805. Auch die Rechnung von Martin Bohn ist auf Februar 1783 datiert und gibt an, er habe Teile der Orangerie *„mit dem Meister Zorn zur helfften gedecketh."* LA Speyer, Best. B3, Nr. 2585, Bl. 133v.

gewessen."[1666] Der Leyendecker gab in dieser Rechnung die genauen Maßangaben der fertig gestellten Dachflächen an, denn *"der forder fligel allein gedecketh ist lang 107 schu [...]."*[1667] Mit dem Vorderflügel ist auch hier der dem Schloss zugewandte nördliche Seitenflügel der Orangerie gemeint. Die Höhe des Daches wurde bezeichnet mit *"der Sperrn samt leist bruch hoch 22 et ½ schuh [...]."*[1668] Die Maße am langen westlichen Orangeriebau wurden zur Hofseite hin beschrieben als am *"Mittelen Bau zur helfft die Inwentig seith nach dem Hof ist Lang 233 schuh und hoch 23 et ½ schuh [...],"*[1669] und damit leicht erhöht zu den seitlichen Flügeln. *"Der hinderste fligel Nach dem Dauben Hauss Eben messig die Inwendige seith ist lang 162 schu und hoch wie der fordere fligel 22 et ½ schuh [...]."*[1670] Das Dach des südlichen Flügels war um 17,87 Meter auffallend länger als das des nördlichen Flügels, was mit den gezeigten Umrissen im Ölplan (Abb. 43) übereinstimmt, der einen entsprechenden Längenunterschied beider Seitenflügel anzeigt.[1671] Ob allerdings die Gartenfassaden der Seitenflügel auch die im Ölplan gezeigte ungewöhnliche abgeschrägte Form hatten, lässt sich anhand der Rechnungen nicht nachvollziehen.

In der Dachzone des erweiterten Orangeriebaus befanden sich mindestens 26 Dachfenster, denn der Tüncher Andreas Gitzner gab in einer Rechnung des Jahres 1783 an, 26 Dachfenster samt den Läden angestrichen zu haben.[1672] Außerdem waren auf dem Dach 17 Kamine sowie vier Spitzgauben zu decken.[1673] Die Zeichnungen der Orangerie geben stets einen Dachreiter, ähnlich dem des Corps

---

1666 LA Speyer, Best. B3, Nr. 2585, Bl. 133.
1667 LA Speyer, Best. B3, Nr. 2585, Bl. 133. Das entspricht einer Flügellänge von 34,75 m. Mit dem vorderen Flügel ist der nördliche, dem Schloss zugewandte Seitenflügel gemeint, während der Hauptbau, welcher von der Stadt aus sichtbar ist, mit den Begriffen des ‚langen' oder ‚mittleren' Baues bezeichnet wird. Der südliche Flügel wird entweder als ‚hinterer Flügel' oder ‚Flügel nach dem Taubenhaus' beschrieben. Diese Rechnung wird auch in den Zweibrücker Rentkammer-Bauprotokollen geführt, s. LA Speyer, Best. B4, Nr. 2547, Bl. 123.
1668 LA Speyer, Best. B4, Nr. 2547, Bl. 123. „Der Sperrn" bezeichnet den Gratsparren der Gratlinie des Walmdaches und gibt die schräge Dachhöhe von 7,31 Metern an.
1669 LA Speyer, Best. B4, Nr. 2547, Bl. 123. Die Länge des hofseitigen Daches, das durch die Flügel verkürzt wird und daher kürzer ist als die der Stadt zugewandten Dachseite, entspricht 75,68 Metern. Die Höhe des Daches entspricht 7,63 Metern, also um einen Schuh gegenüber den Seitenflügeln erhöht.
1670 LA Speyer, Best. B3, Nr. 2585, Bl. 133v. Die Länge dieses südlichen Flügels zum Taubenhaus entspricht damit 52,62 Metern, die Höhe stimmt mit der des nördlichen Flügels überein.
1671 S. dazu auch SCHWAN/ULRICH, Orangerie, S. 45 mit Anm. 23.
1672 LA Speyer, Best. B3, Nr. 2582, Bl. 87. Der Leyendecker Martin Bohn hatte allein „*18 grosse dach fänster gedecketh [...],*" LA Speyer, Best. B3, Nr. 2585, Bl. 133v, Rechnung vom 20. Februar 1783.
1673 LA Speyer, Best. B3, Nr. 2585, Bl. 133, 134.

de logis an (Abb. 38, 21, 9). Die Existenz dieses Dachreiters wird durch einen Vermerk der Baukassenrechnung bestätigt, laut dessen der Schlossermeister Jost 229 Gulden „*vor ein Fahnstang auf den Orangerie Thurm*"[1674] zu fordern hatte. Ein Bauprotokoll vom 27. Juli des Jahres 1784 berichtet von einer Rechnung des Tünchers Carré, wonach dieser Geld für die Vergoldung einer Fahne, eines Knopfs sowie einer Figur auf der Orangerie erhielt.[1675] Zudem mussten sechs Wetterableiterkasten gestrichen werden,[1676] was zeigt, dass sich auf der Orangerie ebensolche Blitzableiter befanden wie auf dem Dach des Schlosses und vieler weiterer Gebäude.

c. Details des Innenbaus: Treppen und Stiegenhäuser

Maurermeister Schweighofer berechnete, zu Beginn des Jahres 1783 in der Orangerie außer Akkord die Böden einer Kammer, einer Küche und zweier Stiegenhäuser mit Platten belegt zu haben.[1677] Ein hölzernes Tor mit mehreren Flügeln hatte der Schreiner Valentin Amtshoff „*an das stegen haus gemacht [...]*"[1678] womit der Aufgang von der Durchfahrt nach oben verschlossen werden konnte. Neben den Treppenhäusern, die von den Durchfahrten nach oben führten,[1679] existierten noch weitere Stiegenhäuser. Auch dem Maurermeister Rosche stand gemäß einer Rechnung vom Juli 1784 Geld für eine Stiege in der Carlsberger Orangerie zu.[1680] Im Januar 1783 ersuchte Schreiner Johannes Bihl um sein Geld für ein Stiegengeländer über drei Stockwerke „*mit Laten wie die im schloß [...].*"[1681] Michael Bihl berechnete im gleichen Monat ein weiteres Stiegengeländer, das er ebenfalls mit Latten gemacht habe „*auf der hintere sei-*

1674 LA Speyer, Best. B3, Nr. 2953, S. 418. Auch zitiert bei Schneider, mit Transkriptionsfehler ohne Quellenangabe, vgl. SCHNEIDER, Schlösser, S. 298.
1675 LA Speyer, Best. B3, Nr. 2546, Bl. 134v. Der Tüncher Carré erhielt dafür 33 Gulden und 48 Kreuzer.
1676 LA Speyer, Best. B3, Nr. 2582, Bl. 87. Das Stück kostete 10 Gulden. Siehe zum Blitzschutz auch Kap. B.IV.
1677 LA Speyer, Best. B3, Nr. 2965, Rechng. Nr. 4710. Für das „*Legen sampt Speiß*" verlangte er 10 Gulden.
1678 LA Speyer, Best. B3, Nr. 2584, Bl. 311. Für das Tor wurden 20 Gulden berechnet.
1679 Es existierte ein Treppenhaus im Flügel „*gegen dem schloß*", LA Speyer, Best. B3, Nr. 2584, Bl. 238v. sowie im südlichen Flügel „*an die oranscherie an das kometih hauß [...].*" LA Speyer, Best. B3, Nr. 2584, Bl. 258.
1680 LA Speyer, Best. B3, Nr. 2953, Bl. 583. Für diese Arbeit erhielt er 38 Gulden. Ebenso aufgezählt in LA Speyer, Best. B3, Nr. 2964, #4322.
1681 LA Speyer, Best. B3, Nr. 2584, Bl. 238, Rechnung vom 26. Januar 1783. Für das Stiegengeländer aus hölzernen Latten verlangte er 15 Gulden.

ten gen dem tauwen haus [...]."[1682] Im November listete er auf, er habe an der Stiege *„auff dem langen bau [...],"*[1683] womit der Straßenflügel der Orangerie gemeint war, ein Oberlicht gemacht. Von Schreinermeister Johannes Bihl wurde *„auff der Orangerie an die stig [...]"* eine Tür angefertigt.[1684] Der Tüncher Andreas Gitzner hatte laut seiner Rechnung eine *„Thür in dem Zwerg Fliegel bey der Steeg"* mit weißer Ölfarbe angestrichen.[1685]

3. Definition des Begriffs der Orangerie und deren Bedeutung

a. Die Zitrusfrucht und ihre Bedeutung als Frucht der Gärten der Hesperiden

Seit dem 16. Jahrhundert wurden in fürstlichen Hofgärten nördlich der Alpen fremdländische Pflanzen gesammelt und gezüchtet. Dabei erfreuten sich insbesondere die Orangen großer Beliebtheit, da man diese oft und gerne mit dem allgemein wohlbekannten Herkulesmythos vom Raub der goldenen Äpfel der Hesperiden gleichsetzte.[1686] Bereits in der Antike wurden diese goldenen Äpfel mit Zitrusfrüchten identifiziert,[1687] was in der Renaissance und im Barock übernommen wurde. Außerdem waren Zitruspflanzen überaus beliebt „weil die Pomerantzen-Bäume/ wegen ihrer Blüthe/ ihres Geruchs/ der schönen Farbe ihrer Blätter/ welche auch den Winter hindurch bleibet/ eine der besten Zierathen eines Gartens sind."[1688] So gehörten zunehmend große Sammlungen dieser in unseren Breiten recht wertvollen Pflanzen bald zu den angemessenen Ausdrucksmitteln der Repräsentation eines fürstlichen Hofes, da man sich der symbolischen Bedeutung der Zitruspflanzen durchaus bewusst war. Der Besitz dieser

---

1682 LA Speyer, Best. B3, Nr. 2584, Bl. 281.
1683 LA Speyer, Best. B3, Nr. 2584, Bl. 288.
1684 LA Speyer, Best. B3, Nr. 2584, Bl. 242, Rechnung vom 22. März 1783. Die Maße der Tür wurden mit einer Höhe von 6 Schuh 8 Zoll und einer Breite von 2 Schuh 9 Zoll (2,17 x 0,89 Meter) angegeben.
1685 LA Speyer, Best. B3, Nr. 2582, Bl. 87v.
1686 Herkules sollte als elfte Arbeit für den König von Mykene die goldenen Äpfel der Hesperiden beischaffen. Diese Äpfel wurden von den Töchtern der Nacht und dem Drachen Ladon bewacht. Auf der Suche nach den Hesperiden traf Herkules den Titanen Atlas, der das Himmelsgewölbe trug. Herkules übernahm dies von Atlas, während Atlas die Aufgabe übernahm, die Äpfel zu rauben. Herkules legte die Äpfel zum Dank auf den Altar der Athene, die die Früchte an den Ort ihrer Bestimmung zurückgab. Zur Geschichte ausführlich HEILMEYER, Geschichte, S. 16f. PAULUS, Orangerieträume, S. 20 ff. Zur Zitrone als Symbol s. DERS., Orangerieträume, S. 18 ff.
1687 S. PÜTTMANN, Orangerien, S. 9 ff. GRÖSCHEL, Herren, S. 28 f.
1688 D'AVILER, Cours d'architecture, S. 219.

Gewächse zeigte anschaulich das Vermögen eines Herrschers in doppelter Hinsicht, sowohl seiner Finanzkraft als auch seiner Macht über die Gewalt der Natur. Das immergrüne Laub, das gemeinsam mit Blüten und Früchten zur gleichen Zeit einen Orangenbaum ziert, symbolisierte immerwährenden Frühling und Fruchtbarkeit. Als weitere, aber doch nicht unwichtige Kriterien für die ausnehmende Beliebtheit dieses besonderen Obstes sei bemerkt, dass man den medizinischen Nutzen der Früchte der Zitruspflanzen recht bald erkannte.[1689] Außerdem galten sie als Delikatessen, die den jeweiligen fürstlichen Speiseplan bereicherten.

Wie sehr der symbolische Gehalt der Orangen in der damaligen Zeit verinnerlicht wurde, zeigt die „Erklärung des Kupffer-Titel-Blats und der Haupt-Vorstellung des Königl. Zwinger-Gartens" von Matthäus Daniel Pöppelmann von 1729, in der er erklärt: „Weil auch Ihro Königl. Majest. erstes Absehen, damals vornehmlich auf die zu erbauende und nach der Zeit würcklich mit den allerraresten und kostbarsten Bäumen und Gewächsen angefüllte Orangerie gieng; so erblickt man seitwerts den siegenden Herkules, wie er die eroberten güldenen Aepfel, und die mit einer so herrlichen Frucht prangende Bäume, aus den hesperidischen Gärten, durch die Luft herbey bringet."[1690] Am Zwinger dienten künstlerische Form und ikonographisches Programm gemeinsam dazu, diesen Bau als einen Ort der Tapferkeit und Lustbarkeit als Sinnbild für das blühende Kurfürstentum Sachsen und August den Starken als „Hercules saxonicus" darzustellen. Auch Herzog Carl II. August kannte den Zwinger recht gut, da er am 12. Februar 1774 die sächsische Prinzessin Maria Amalie, Tochter des sächsischen Kurfürsten Friedrich Christian Leopold, in Dresden geheiratet hatte. Nicht zuletzt aus diesem Grund war er mit dieser Ikonographie bestens vertraut, und es lag nahe, sich dieser Symbolik auch am Carlsberg zu bedienen.

b. Die Orangerie als Pflanzensammlung

Der Begriff der Orangerie bezog sich zu Beginn auf die Sammlung der wärmebedürftigen Pflanzen selbst, nicht auf deren Unterbringung.[1691] Ursprünglich

---

[1689] PÜTTMANN, Orangerien, S. 9. Demnach setzte man Agrumen gegen Trunkenheit und Ohrensausen ein. Man erkannte auch, dass das Fruchtfleisch gegen Skorbut und Erkältungskrankheiten half.

[1690] PÖPPELMANN, Vorstellung. Zitiert nach: MARX, Pöppelmann, S. 70.

[1691] Der Begriff Orangerie wird bei Zedler definiert: „Orangerie heisset auch der von Citronen=Pomerantzen = allerhand ausländischen Bäumen und Gewächsen bey einem Garten vorhandene Vorrath, welcher seiner Herkunfft nach ein wärmeres Land, als das unserige ist, erfordert, darbey aber demselben eine besondere Zierde und Ansehen giebt, und daher auf dessen Anbau viel Fleiß gewendet wird." ZEDLER, Universallexikon, Bd. XXV, Spalte 1725.

handelte es sich bei den frühesten Winterhäusern noch um abschlagbare Häuser, die um wenige auserlesene Pflanzen herum gebaut wurden. Als man aber begann, die Gewächse als bewegliches Element eines Barockgartens aufzufassen, und sie in Kübel setzte, um sie problemlos in jeden beliebigen Teil des Gartens zu bringen, kamen fest stehende Gebäude auf.[1692] Auch in der Saarregion ist die Orangenzucht sehr früh belegt. Bereits unter Graf Wilhelm Ludwig von Saarbrücken soll nach Angabe des Hofgärtners Friedrich Köllner[1693] im ersten Drittel des 17. Jahrhunderts unterhalb des Saarbrücker Schlosses „ein Orangerie hauß und bäume"[1694] angelegt worden sein. Mit Bezug auf diese Quelle hätte dieses Orangenhaus mit der Gottorfer Orangerie zu den frühesten festen Orangeriebauten in Deutschland gehört.[1695]

Mit der Zunahme des Interesses an exotischen Pflanzen und Früchten, das sich nicht nur in der Architektur, sondern vermehrt auch in der Malerei und in der Herstellung und dem Gebrauch von Tafelservicen aus Porzellan[1696] und Tafeldekorationen in Form der seltenen Früchte ausdrückte, stieg auch die Anzahl der Pflanzen an den jeweiligen Höfen selbst. In Dresden war um 1730 eine Sammlung von 2426 Zitruspflanzen entstanden,[1697] mit denen man das Orangerieparterre des Zwingers gestalten konnte. Auch im Schlossgarten von Schwetzingen befanden sich im Jahr 1747 866 Orangenbäume, 226 Granatapfelbäume und 71 Kaffeebäume, womit der Garten im Sommer üppig bestückt wurde.[1698] Für Schloss Solitude bei Stuttgart wurde im Jahr 1772 beschrieben, dass sich „noch die berühmte Orangerie in diesem Theil vom Garten [befindet], darunter einige Stämme von der Dicke eines Mannes sind. Die ganze Orangerie besteht aus 1500 Stück Orangenbäumen, davon in der oben erwähnten Promenade allein 364 stehen, 466 Spalieren, welche alle grün angestrichen und oben vergoldet

---

1692 TSCHIRA, Orangerien und Gewächshäuser, S. 20 f. BALSAM, Orangerien, S. 115 ff. PÜTTMANN, Orangerien, S. 12 ff.
1693 SCHWAN, Geschichte, S. 93.
1694 Koellner, Johann Friedrich Christian: *„Etwas zum Zeit Vertreib der Winter abenten. Vom Jahr 1800,"* S. 72. Manuskript im LA Saarbrücken, Best. HV.
1695 Götz, Saarbrücker Orangerien, S. 378.
1696 Anschauliches Beispiel dazu ist eine Deckelterrine aus Zweibrücker Porzellan, Alte Sammlung des Saarland Museums Saarbrücken, Inv.-Nr. NI 3856 a, um 1768/69, deren Deckel von einer Handhabe in Form einer plastischen Zitrone mit Blättern und Blüte geziert wird. S. dazu KESSLER-SLOTTA, Porzellan, Abb. S. 29, S. 169. Zitronen hatten große Bedeutung beim Würzen von Speisen und Getränken, und wurden daher häufig dargestellt. S. dazu auch PAULUS, Orangerieträume, S. 18 ff. In Meissen wurde ein ganzes Service in Form von Zitronen hergestellt; S. zu Orangeriepflanzen in Kunst und Kunsthandwerk GRÖSCHEL, Orangerie, S. 30 f.
1697 GRÖSCHEL, Orangerie, S. 30.
1698 FUCHS/REISINGER, Schloss, S. 59 insbes. Anm. 67.

sind, 150 Lorbeerbäumen und 255 Feigenbäumen."[1699] Zwangsläufig war es auch zur Pflege der Pflanzen notwendig, Lehrbücher über die geeignete Haltung der kostbaren Gewächse zu kennen. Ein weit verbreitetes Werk, das ein langes Kapitel „Von den Pommerantzen = Jeßmin = Granat = Myrthen = und andern Blüth = tragenden Bäumlein [...]" und eines über die „Wartung der Pommerantzen = Bäume und anderer Blüth = tragenden Stauden [...]" enthält, war das Lehrbuch Antoine Joseph Dezallier d'Argenvilles „La Théorie et la Pratique du Jardinage", das von Alexandre Le Blond in deutscher Fassung veröffentlicht wurde, und das sich auch in der Carlsberger Bibliothek befand.[1700] Aus den sich allerorts ständig vergrößernden Pflanzenbeständen hatte sich die Notwendigkeit entwickelt, die frostempfindlichen Pflanzen in geeigneten großen lichtdurchfluteten, warmen und ausreichend hohen Räumen zu überwintern. Einhergehend mit der Möglichkeit, große Glasfenster mit besserem Fensterglas herzustellen, was den Pflanzen eine konstante Raumtemperatur mit viel Licht bot, erwuchs im Laufe der Jahrzehnte eine eigenständige Bauaufgabe, deren Architektur gänzlich den Erfordernissen der Pflanzen angepasst wurde.[1701]

c. Die Orangerie als Gebäude

Aus einfachen Nutzbauten, die im Kontext einer Schlossanlage und deren Gartenplan zunächst eine nachgeordnete Rolle spielten, entwickelten sich ab dem Ende des 17. Jahrhunderts üppige Schmuckbauten mit ästhetischem Eigenwert,[1702] welcher der hohen Bedeutung eines barocken Gartens für das Leben am Hof angemessen war. Dieser Bauaufgabe wurde bald – ausgehend von den Pflanzensammlungen selbst – der Begriff der ‚Orangerie' übertragen.

Zudem zeigte sich, dass ein solcher Orangeriebau, der für die geeignete Unterbringung der Pflanzen weiträumig und hell angelegt worden war, im Sommer, wenn die Pflanzkübel ins Freie verbracht worden waren, den Platz und die Möglichkeit für Feste und Amusements bot. Im Winter dagegen hatte man die Gelegenheit, wie in einer Galerie zwischen den kostbaren grünen, duftenden, sorgfältig aufgestellten Pflanzen zu lustwandeln.

1699 Die Solitude, wie sie ein junger Nürnberger Patrizier im Jahre 1772 sah (Johann Sigmund Christof Joachim Haller von Hallerstein). Zitiert nach: BERGER-FIX/MERTEN, Gärten, S. 114.
1700 LE BLOND, Gärtnerey. In der Bibliothek laut StBib. Bamberg, Verzeichnis, S. 74, Nr. 35.
1701 Hierzu im Detail: TSCHIRA, Orangerien und Gewächshäuser. BALSAM, Orangerien, S. 122 ff.; DIES., Pommerantzen-Häuser, S. 30–45.
1702 GÖTZ, Saarbrücker Orangerien, S. 374–393.

4. Varianten der Anordnung einer Orangerie im Kontext eines Schlossbaues und deren unterschiedliche Bautypen

Bezüglich des Ortes, an dem eine solche Orangerie anzulegen sei, existierte zunächst weder in der Theorie noch in der Praxis eine einheitliche Meinung,[1703] so dass zeitgleich mehrere Stellungen der Orangerie im Ensemble eines Schlosskomplexes ausgewählt wurden, die hauptsächlich von den örtlichen Gegebenheiten, individuellen Vorstellungen oder jeweiligen Vorbildern abhingen.[1704] Simone Balsam[1705] ordnete in ihrer Forschungsarbeit über Orangerien diese unterschiedlichen Bauweisen und Anordnungen zu Orangerietypen mit spezifischen baubezogenen Merkmalen, welche hier bezüglich der Carlsberger Orangerie zu deren Einordnung dienen sollen.

a. Die Orangerie als Teil des Schlossbaues

Eine Möglichkeit der Anordnung einer Orangerie innerhalb des Schlosskomplexes besteht darin, dass die Orangerie in einem der Schlossflügel einer Dreiflügelanlage untergebracht wird und damit den Cour d'honneur zur Seite abschließt. Im Grundriss ist der Bau dann nicht gesondert erkennbar. Die Zugehörigkeit zum Schlosskomplex bietet die Möglichkeit, in den oberen Geschossen Wohnräume einzurichten. Die Orangerie kann jedoch auch in weiterer Entfernung zum Schloss in Vor- oder Wirtschaftshöfen als Nutzbau eingegliedert werden.[1706] Zu diesem Bautyp zählte beispielsweise die Saarbrücker Orangerie vor dem linken Schlossflügel, die von Balthasar Wilhelm Stengel 1786/87 als siebenachsiger Bau errichtet wurde, an den sich Kutschenremise und Beschließerei anfügten.[1707]

1703 Dazu ausführlich: Balsam, Orangerien, S. 19 ff.; Balsam, Stellung, S. 87–110.
1704 Die erste Arbeit, die sich eingehend mit der geschichtlichen Entwicklung von Orangerie- und Treibhausbauten auseinander setzte, war die von Tschira, Orangerien und Gewächshäuser. Er untersuchte sie jedoch mehr nach länderspezifischen Eigenheiten, indem er die Entwicklung der Orangerien in Frankreich, Holland, Deutschland unterschied.
1705 Balsam, Orangerien, S. 19 ff.; Dies., Stellung, S. 89 f.; Dies., Pommerantzen-Häuser, S. 33.
1706 Die Stellung der Orangerien in den Gärten und der Einfluß der Stellung auf ihre Architektur, in Balsam, Stellung, S. 90 f.; Dies., Pommerantzen-Häuser, S. 34 f. mit weiteren Beispielen.
1707 Zimmermann, Kunstdenkmäler, S. 121 f. Dieser Bau wurde nach Erzählung des Freiherrn von Knigge auch als „Wintergarten" genutzt. Das Innere des Baues war durch Säulen unterteilt, welche mit Baumrinde verkleidet waren, die Decke war

341

b. Die Orangerie als Rahmung des Schlossparterres

Als weitere Variante wurden Orangerien als Rahmung eines Schlossparterres errichtet, was aufgrund der herausgehobenen Stellung im Schlossensemble eine aufwändigere Bauweise bedingte. Der Vorteil solcher Bauten liegt darin, dass sie der Winterung der Pflanzen ebenso wie der Nutzung als repräsentatives Festgebäude dienen konnten.[1708] Als Beispiel für eine solche Orangerie sei hier die Orangerie im nördlichen Zirkelbau von Schwetzingen nach Plänen Alessandro Galli Bibienas von 1747 genannt. Eine besondere Stellung nimmt auch die Orangerie ein, die den Abschluss der Hauptachse eines Gartens als Point de vue und damit als Widerspiel des Schlosses[1709] bildet. Dabei handelt es sich um ein Charakteristikum deutscher Gartenanlagen, „den Garten gefällig abzuschließen",[1710] das für Jahrzehnte bestimmend blieb. Als Beispiele dafür seien die Orangerien der Schlösser Weikersheim und Seehof bei Bamberg genannt.

c. Die Orangerie mit eigenem Orangeriequartier

Einen weiteren Typus stellt die Orangerie in einem eigenen Orangeriequartier dar, die den Vorteil hatte, dass sie an jeder beliebigen Stelle eines Gartens positioniert werden konnte.[1711] Außerdem konnte das Gebäude optimal zur Sonne und zu weiteren Garteneinrichtungen ausgerichtet werden. Der Gartenteil vor der Orangerie, dessen Bezugspunkt nunmehr das Orangeriegebäude war, konnte, abseits des Gartens in der Achse des Schlosses als Separatgarten durch die Vielzahl der verfügbaren Kübelpflanzen rund um die Zierbeete als Orangerieparterre besonders betont werden. So wurde dieser Orangerietyps der Doppelfunktion Winterhaus und Festarchitektur in besonderer Weise gerecht, zumal für die Tänze des 18. Jahrhunderts lang gestreckte Räume vonnöten waren.[1712] Ein Beispiel dieses Typs ist der Orangerieneubau in Schwetzingen, von Nicolas de Pigage mit einem vertieften Parterre angelegt, das von einem Kanal eingefasst ist. Auch im Herzogtum Pfalz-Zweibrücken existierte ein Beispiel, näm-

---

       wie ein Himmel gestaltet und Fenster und Öfen wurden mit Pflanzen so verdeckt, dass der Eindruck entstand, man befände sich auch im Winter in einem kleinen englischen Garten. S. GÖTZ, Saarbrücker Orangerien, S. 386.

1708 BALSAM, Stellung, S. 91; DIES, Pommerantzen-Häuser, S. 36. PÜTTMANN, Orangerien, S. 18 f. mit Beispielen dieses Typs aus Westfalen.

1709 BALSAM, Stellung, S. 92 f. mit weiteren Beispielen. TSCHIRA, Orangerien und Gewächshäuser, S. 59.

1710 TSCHIRA, Orangerien und Gewächshäuser, S. 33.

1711 BALSAM, Stellung, S. 96 f.; DIES., Pommerantzen-Häuser, S. 39 ff. PÜTTMANN, Orangerien, S. 30 f.

1712 S. zum Thema Tanz: FUCHS/REISINGER, Schloss, S. 38.

lich die Zweibrücker Orangerie, die Herzog Christian IV. um 1760 im Zusammenhang mit der Erbauung der dortigen neuen Vorstadt errichten ließ.[1713] Dieser Bau entstand parallel zum neuen Kanal an einer Lindenallee, anschließend an das Wohnhaus Fiserius und vermittelnd zum Schlösschen der Gräfin Forbach. Dabei handelte es sich um einen zweigeschossigen Bau mit dreizehn Achsen[1714], wobei in einem zeitgenössischen Pro Memoria bemerkt wurde, dass der gleichzeitig entstandene Rathausbau der neuen Vorstadt „lange nicht so kostbar, was die Steinhauerey angeht"[1715] sei wie jene Orangerie. Dieses Zweibrücker Gebäude diente gleichzeitig als Hoftheater, bis Herzog Christian IV. den Bau eines größeren Theaters beschloss, „da der bisherige Raum in der Orangerie zu klein war".[1716] Auch die Orangerie, die Balthasar Wilhelm Stengel im Ludwigsberger Garten in Saarbrücken schuf, ist zu diesem Typus mit eigenem Orangeriequartier zu zählen.[1717]

Eine eher untergeordnete Rolle spielt neben diesem Bautypus jener der Orangerie in Hanglage, welche rückwärtig in eine Geländestufe eingebettet ist. Er ist auf das Vorbild von Versailles zurückzuführen und sicherlich von den jeweiligen örtlichen Gegebenheiten abhängig, fand aber nur wenige Nachahmer.[1718]

d. Die Orangerie als Lustschloss

Als letztes Beispiel sei hier der Typus der Orangerie als Lustschloss genannt.[1719] Dabei handelt es sich um ein Bauwerk, das einerseits der Unterbringung der Pflanzen dient, daneben aber Wohn- und Gesellschaftsräume eines Fürsten und des Hofstaates in angefügten Räumen oder darüber liegenden Stockwerken beherbergt und das Achsensystem eines Gartens beherrscht, welcher völlig losgelöst vom eigentlichen Schlossgarten nur auf dieses Gebäude bezogen ist. Beispiele dafür sind die Kasseler Karlsaue und der Bessunger Orangeriegarten in Darmstadt sowie die Orangerie am Sommerpalais Greiz in Thüringen

---

1713 RÜBEL, Bautätigkeit, S. 31 f. MOLITOR, Vollständige Geschichte, S. 448.
1714 GÖTZ, Saarbrücker Orangerien, S. 383.
1715 RÜBEL, Bautätigkeit, S. 32.
1716 MANNLICH, Rokoko und Revolution 1966, S. 188.
1717 PAUL, Ludwigsberger Garten, S. 122. Diese Orangerie wurde 1790 im Inneren ausgestattet, womit der Baubeginn um 1789 zu vermuten ist. PAUL, Der Ludwigsberg, S. 118 ff.
1718 TSCHIRA, Orangerien und Gewächshäuser, S. 24 f. Meist wird als Grund für die Ablehnung der Orangerie in Versailles kritisiert, dass die Kellergewölbe den Pflanzen schadeten.
1719 BALSAM, Stellung, S. 100 f.; BALSAM, Pommerantzen-Häuser, S. 43 f. S. dazu auch TSCHIRA, Orangerien und Gewächshäuser, S. 70.

Abb. 67: Schloss Greiz in Thüringen, Südseite, erbaut 1769–1779

(Abb. 67).[1720] Der französische Stil der Südseite des Greizer Sommerpalais mit einem dreiachsigen Mittelrisalit mit Dreiecksgiebel und seitlich aufgeputzer Eckrustizierung kommt dem Charakter des Carlsberger Orangeriebaues, gemessen an den vorliegenden Informationen, sehr nahe.

5. Die Einordnung der Carlsberger Orangerie

Der Typus der Carlsberger Orangerie hinsichtlich des Standortes

Die Carlsberger Orangerie kann innerhalb dieser Einteilung der unterschiedlichen Orangeriebauten nicht eindeutig zugeordnet werden.[1721] Es handelte sich hier um

---

1720 Dazu BALSAM, Orangerien, S. 218 f. (Darmstadt) und 288 f. (Kassel). PAULUS, Orangerieträume, S. 69 ff., (Greiz). Die Wohnräume des Greizer Sommerpalais waren über den Orangeriesaal zu erreichen, so dass die fürstliche Wohnung in das Pflanzenambiente integriert war. PAULUS, Orangerieträume, S. 72.

1721 Zu einem anderen Ergebnis kommt hier Ralf Schneider in SCHNEIDER, Carlsberg – Carlslust, S. 358 f., der die Carlsberger Orangerie mit Verweis auf Fulda mit dem Begriff Orangerieschloss versieht, später verwendet er den Begriff „Orangeriepalast" ohne ihn zu definieren in: SCHNEIDER, Schlösser, S. 295.

eine Mischform der Orangerie mit eigenem Orangeriequartier, für das auf der südlichen Seite, heute noch deutlich sichtbar, eine ebene Fläche in langsam ansteigendes Gelände hineingearbeitet wurde. Außerdem kann es durchaus sein, dass dieses Orangerieparterre in einem Bezug zur Gartenanlage des Corps de logis stand. Deren genaue Struktur kann jedoch bislang aufgrund fehlender Pläne nicht nachvollzogen werden, weshalb diese Annahme Spekulation bleiben muss. Tatsache ist, dass ein kleines Rosengärtchen,[1722] welches sich an den südlichen Schlossflügel anschloss und von Treillagen umgeben war, verbindend auf einem aufgeschütteten Terrain bis nah an den Orangerieflügel hinreichte. So könnte zumindest eine Nebenachse auf das Orangerieparterre bezogen gewesen sein.

Der große Nachteil des Homburger Baues lag eindeutig darin, dass er, im Gegensatz zu den typischen Vertretern der Orangerie mit eigenem Orangeriequartier, nicht optimal zum Lauf der Sonne ausgerichtet war. Der Hof öffnete sich nach Osten, während normalerweise bei dieser Orangerieform eine Wendung zur Südseite bevorzugt wird.

Neben der Form der Orangerie mit eigenem Orangeriequartier vermischte sich der Typus der Carlsberger Orangerie mit dem der Orangerie als Lustschloss. Das Carlsberger Gebäude war, wie oben dargelegt, als mehrstöckige Dreiflügelanlage und zusätzlich als Wohnbau konzipiert worden. Allerdings diente dieses Gebäude nicht in erster Linie als Gesellschafts- und Aufenthaltsraum für den Herzog selbst, sondern dazu, jene „Wohnungen für die Kammerherren, Pagen, Offiziere, Gärtner, Ärzte, Chirurgen, Kapläne"[1723] aufzunehmen, für die sich in den beengten räumlichen Verhältnissen des bis dahin bestehenden Schlossbaues kein Platz fand. Das Gebäude wurde gemäß seinem Zweck als Orangerie mindestens bis 1785 genutzt, denn anlässlich der Feierlichkeiten für Maximilian Joseph und seine Gattin war „die Orangerie, geschmückt und beleuchtet, geeignet für einen angenehmen Spaziergang zwischen den schönen Bäumen mit deren zahlreichen Blüten und außerdem bot sie ein Schutz gegen Kälte, Schnee oder Regen."[1724]

So war in diesem Gebäude zwar Wohnnutzung mit Pflanzennutzung vereint, doch die Wohnnutzung bezog sich auf die Unterbringung verschiedener subalterner Hofangestellter, nicht aber des Herzogs selbst. Außerdem war das Gebäude kein Bezugspunkt einer vollkommen selbständigen Gartenanlage, losgelöst von der des Schlosses, wie dies beispielsweise in der Kasseler Karlsaue der Fall ist. Lediglich eine eindrucksvolle Sichtachse, welche sich auf das Orangeriegebäude bezog, die auch heute noch zweifelsfrei nachvollzogen werden kann, richtet sich vom heute so genannten Karlsbergweiher hinauf zur Orangerie, wo sich deren Ruinen direkt über dem Hang erheben. Zur damaligen Zeit muss die

---

1722 S. dazu Kap. C.I.9.
1723 MANNLICH, Rokoko und Revolution 1966, S. 211.
1724 BENDER/KLEBER, Histoire, Bd. II, S. 272.

Abb. 68: Der „Lac" unterhalb des Schlosses Wilhelmshöhe Kassel

Orangerie in ähnlicher Weise auf den Betrachter gewirkt haben, wie noch heute der Baukörper des Schlosses Wilhelmshöhe in Kassel, gesehen vom „Lac" (Abb. 68).[1725]

Der entscheidende Unterschied zwischen Kassel und Homburg lag darin, dass in der Homburger Anlage ein gerader Achsenbezug vom Weiher zum Gebäude bestand. Außerdem blickte der Betrachter in Homburg nicht auf ein Schloss, sondern auf die Orangerie[1726], welche jedoch die dominantere Fernwirkung (Abb. 69) besaß und darüber hinaus mehr dem Charakter eines klassizistischen Palais entsprach – vergleichbar mit dem Sommerpalais in Greiz – als das eigentliche Schloss (s. Abb. 67). Nach den vorgestellten Kriterien stellte die Carlsberger Orangerie eine Bauform dar, die sich nicht unter einen einzigen Orangerietypus subsumieren lässt, sondern sowohl Merkmale des Orangerieschlosses als auch der Orangerie mit eigenem Orangeriequartier in sich vereint.

1725 Auch dort existierte ein ‚Karlsberg', benannt nach seinem Erbauer Landgraf Karl von Hessen-Kassel (1670–1730), der oberhalb des Schlosses Weißenstein ab 1701 das gewaltige Oktogon mit der Kolossalstatue des Herkules errichten ließ. Ab 1785 wurde diese Anlage unter dem Landgrafen Wilhelm IX. von Hessen-Kassel nach der Mode der Zeit im englischen Stil vollendet und ab 1798 „Wilhelmshöhe" genannt. Zu den Gartenanlagen in Kassel u.a.: DITTSCHEID, Wilhelmshöhe, S. 313–315, sowie MODROW, Gartenkunst in Hessen, S. 157 f. S. zum Kasseler „Lac" (Abb. 68) und den dortigen Wasserkünsten: KORSMEIER, Wasserkünste, S. 43.
1726 Zur Orangerie s. BRAZIER, château, S. 117 f.

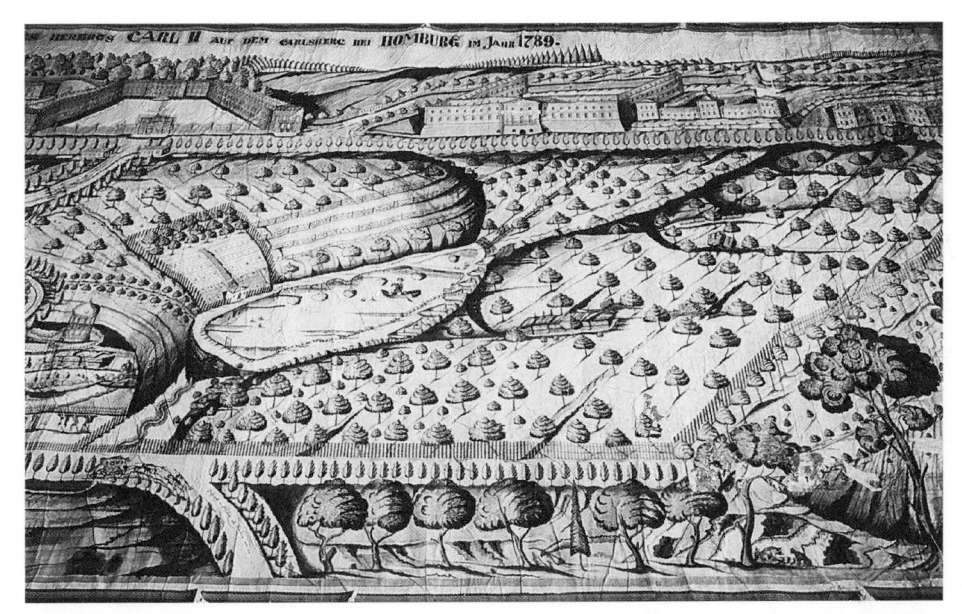

Abb. 69: Rosché, Claudius: Residenz-Schloss des Herzogs Carl II. mit sämmtlichen Gebäulichkeiten auf dem Carlsberg (Ausschnitt Orangerie, Taubenhaus, Weinberg, Weiher, Felsen) gezeichnet von Claudius Rosché von 1860 bis 1868

6. Orangenkästen für die Orangerie

Der Besitz und die Aufbewahrung von Orangenbäumen war in der zweiten Hälfte des 18. Jahrhunderts noch fester Bestandteil einer repräsentativen Gartenanlage. Da man am Carlsberg, wie oben beschrieben, die Möglichkeit geschaffen hatte, solche Pflanzen zu überwintern, konnte man im Sommer große Gartenteile und Wege in unterschiedlichen Anordnungen mit diesen exotischen Gartenelementen bestücken. Dafür war es erforderlich, die Bäumchen in sowohl praktische als auch der Schönheit der Pflanzen angemessene ansehnliche Behältnisse zu pflanzen. Man benutzte dazu im allgemeinen Töpfe[1727] und hölzerne Kübel[1728], meistens jedoch Kästen.[1729]

1727 Als Beispiel für Blumentöpfe s. SCHARWATH, Nutzpflanzen, S. 75. Auch am Carlsberg wurden Orangenpflanzen zunächst „in Scherben", also tönernen Töpfen gepflanzt. BayHStA München, Abt. IV, Serienakten 1999, N. 11 im Etat.

1728 Der Hofgärtner August Petri verzeichnete in der Schätzung der Gartengewächse, die ruiniert wurden oder abhanden kamen, in der Rubrik „*Garten- oder Arbeitsgeschirr*" zwei Zentner eiserner Reifen für Orangenkübel. BayHStA München, Abt. IV, Serienakten 1999, N. 10 im Etat.

1729 AHRENDT, Hölzerne Kasten, S. 58. Zur Begriffsbestimmung s. AHRENDT, Pflanzgefäße, S. 150f. Ein Kübel ist ein rundes hölzernes Gefäß, das – wie ein Fass – durch Reifen zusammengehalten wird und vom Böttcher hergestellt wird. Die Begriffe Topf – Kübel – Kasten dürfen daher nicht synonym verwendet werden.

Zahlreiche Schreiner-, Schlosser- und Tüncherrechnungen vom Carlsberg geben über Jahre hinweg Auskunft darüber, dass hier eine Vielzahl von hölzernen Orangenkästen angefertigt und repariert wurde. Stellvertretend für viele andere seien hier lediglich solche Rechnungen erwähnt, deren Detailangaben bedeutsam sind. So geben die Baukassenrechnungen des Schreinermeisters Jacob Zöller aus dem Jahr 1788 an, er habe 12 Orangenkästen hergestellt.[1730] Nach seinen Angaben ist jeder Kasten *„[...] 1 Schu 9 Zoll breit, 1 Schu 8 Zoll hoch."*[1731]

Allgemein wurde von den Handwerkern die Herstellung nach Format, speziell großer, mittlerer und kleiner Kästen unterschieden.[1732] Waren größere Stückzahlen von Orangenkästen vonnöten, so wurden solche Aufträge versteigert. Im Jahr 1787 bestätigte August Petri, der Schreinermeister Wilms von Zweibrücken habe *„die zur herzoglichen Orangerie auf dem Carlsberg ersteigte Vierzig Acht stück Orangen Kästen nach denen vorbeschriebenen Steig Conditionen des Herrn Bau Meister Krutthofers richtig verferdiget und abgeliefert."*[1733] Noch im Jahr 1791, in Zeiten größter finanzieller Not am herzoglichen Hof, wurden 147 Orangenkästen auf einen Schlag bestellt und angefertigt, die *„[...] nach Abzug der darauf bezahlten 200 fl. Vorschuß, nach bei gehender Berechnung 1569 fl. 17 xr Kosten."*[1734]

Über das Material und die Form der Pflanzkästen gibt eine Rechnung Auskunft, in der Jacob Zöller berichtete, die von ihm hergestellten Kästen seien aus Eichenholz gefertigt. Die Pfosten hätten eine Dicke von 4 Zoll,[1735] *„[...] ohne die Knöpf und Stollen."*[1736] Um den Kästen die nötige Stabilität zu geben, wurden sie mit Eisenbeschlägen versehen. Der Schlosser Adam Manny verlangt in einer Rechnung vom 6. Januar 1787 *„in die Hochfürstliche Gärtnerey von Schlosser Arbeit [...] 11 grosse Orangekasten neu beschlagen von meinem eysen für 33 fl."*[1737]

1730 LA Speyer, Best. B3, Nr. 2597, Bl. 52 Nr. 2607.
1731 Demnach war ein Kasten ca. 57 Zentimeter breit und 54 Zentimeter hoch. Für die Arbeit berechnete der Schreiner die Summe von 62 Gulden und 24 Kreuzern. Nimmt man diese Maße und vergleicht sie mit den Maßen, die Dorothee Arendt für die Orangenkästen des Weimarer Belvedere ermittelt hat, so eignete sich ein Kasten von ca. 58–60 Zentimetern (ohne Fuß) Höhe für einen Orangenbaum bis 3,50 Meter Höhe, AHRENDT, Pflanzgefäße, S. 158 f.
1732 LA Speyer, Best. B3, Nr. 2603, Bl. 444 Nr. 202.
1733 LA Speyer, Best. B3, Nr. 2601, Bl. 202.
1734 LA Speyer, Best. B3, Nr. 2608, Bl. 271.
1735 Das entspricht ca. 11 Zentimetern.
1736 LA Speyer, Best. B3, Nr. 2597, Bl. 52.
1737 LA Speyer, Best. B3, Nr. 2595, Rechng. Nr. 2493. In der gleichen Rechnung notierte er für *„16 Mittelmassige Orangekasten beschlagen von meinem Eysen"* 48 Gulden, während für *„29 geringere Orangekasten beschlagen von meinem Eysen"* 58 Gulden berechnet wurden.

Es wurden jedoch nicht nur neue Kästen hergestellt, sondern auch Reparaturen an älteren, beschädigten Pflanzbehältern vorgenommen, wie die Rechnung der Schlosser Reichhardt und Manny vom Juli 1787 zeigt. Danach wurden *„4 Kasten beschlagen mit alt beschläg und die winckel zusamen geschweißt und reberirt."*[1738] Darüber hinaus wurden Kästen eines speziellen Typs angefertigt, die *„die zum auseinander machen eingerichtet seyn."*[1739] War ein Kasten fertig gezimmert und beschlagen, wurde er vom Tüncher im Auftrag der herzoglichen Hofgärtnerei mit Ölfarbe versehen. 65 Pflanzkästen wurden beispielsweise von Tüncher Andreas Gitzner in den Farben Grün und Weiß angestrichen. Dabei wurde zunächst zweimal mit weißer Ölfarbe und dann *„an den 30 Stück Kästen die Eckpfosten und zwerg Stücker mit grüner Oehlfarb angestriegen."*[1740]

Daraus entsteht ein klares Bild der Erscheinungsweise der Carlsberger Orangenkästen. Es handelte sich zum Teil um zerlegbare hölzerne Behälter, manche aus Eichenholz, mit vier Seitenwänden und Eckpfosten mit Stollen und Knauf, welche vom Schlosser beschlagen wurden. Die Farbe der Kästen war Weiß, um sich, wie auch bei den Gartenskulpturen zu beobachten, von der Natur und dem Aufstellungsort abzuheben und in der Gesamterscheinung ein einheitlich gestaltetes Bild zu schaffen. Teilweise wurden die Eckpfosten und Verbindungshölzer mit grüner Ölfarbe betont. So finden sich an den Carlsberger Kästen jene Farben kombiniert, die bevorzugt für Pflanzkästen ausgewählt wurden.[1741]

Als besonders aufschlussreich erweist sich der Hinweis, einige Carlsberger Kästen, vermutlich die großen, seien zum *„auseinander machen"* konstruiert. Damit handelte es sich der Beschreibung nach um Orangenkästen nach Art der „Caisse de Versailles" (Abb. 70), die seit der Zeit Ludwigs XIV. aus dem festgefügten Eichenholzkasten entwickelt worden war.[1742] Die Pflanzkästen bestanden

---

1738 LA Speyer, Best. B3, Nr. 2595, Rechng. Nr. 2496.
1739 LA Speyer, Best. B3, Nr. 2613, Bl. 69.
1740 LA Speyer, Best. B3, Nr. 2593, Bl. 40. Gitzner verlangte für 3 Kreuzer für einen weißen Anstrich, 5 Kreuzer für einen grünen Anstrich pro Schuh. Eine weitere Rechnung über 77 Kästen in den Farben Weiß und Grün findet sich aus dem Jahr 1787, von Petri abgezeichnet, in LA Speyer, Best. B3, Nr. 2605, Bl. 200.
1741 Versailler Kästen sind bis heute in Grün gehalten, während man in der Kasseler Karlsaue weiße Kästen bevorzugt. Die Farbkombination Weiß-Grün wurde beispielsweise für die Orangeriegärten von Schwetzingen, den Bessunger Orangeriegarten und das Belvedere in Weimar gewählt. Für Weimar ist die Farbkombination durch historische Abbildungen belegt, s. AHRENDT, Pflanzgefäße, S. 157.
1742 AHRENDT, Hölzerne Kasten, S. 60. Bei Le Blond heißt es dazu: „Man erwählet einen zu der Grösse der Wurtzel des Baums sich schickenden Kübel von gutem Eichen=Holtz, und innwendig mit Pech verpicht, auswendig aber mit Oel=Farbe angestrichen, damit er desto länger dauere." LE BLOND, Gärtnerey, S. 288. Bei Loudon heisst es zu den Kästen: „Der Pflanzenkasten […] dient als Substitut für einen großen Topf; er hat eine cubische Gestalt und ist gewöhnlich von Holz (ob-

Abb. 70: Caisse de Versailles in der Orangerie von Versailles

seit dem 18. Jahrhundert aus zwei festen und zwei beweglichen Seitenteilen, um die Wurzeln untersuchen zu können und um das Umpflanzen zu erleichtern, ohne die gesamte Pflanze aus dem Kasten heben zu müssen. Das seitliche Öffnen des Kübels durch Riegel mit Scharnieren und Haken ermöglichte ein waagerechtes Verpflanzen des Bäumchens. Diese „Caisse de Versailles" mit beweglichen Seitenteilen wurde zu jener Zeit in ganz Europa nachgebaut und variiert[1743] und wird in zum Teil leicht veränderter Form bis auf den heutigen Tag für Palmen, Zitrusfrüchte und Lorbeer verwendet.

Die große Anzahl der Orangenkästen, die für die herzogliche Gärtnerei ge-

---

gleich man auch manchmal den Rahmen aus Gusseisen und die Seitenwände aus Schiefer, der zweckmäßig geschnitten seyn muß, verfertigt), und man kann dessen Standort nach Gefallen verändern. Solche Kasten werden hauptsächlich zu Orangenbäumen gebraucht. Man hält die Bauart derer zu Versailles für die beste, und sie sind in England von Sir A. Hume, dessen Gärtner J. Mean sie auf folgende Art beschreibt, nachgeahmt worden: ‚Zwei der einander entgegengesetzten Seiten sind fest, und die anderen beiden beweglich; diese werden jedoch durch ein paar eiserne Stangen, die an einer Seite Angeln haben und auf der andern eingehakt werden damit man den Stand der Wurzeln leicht untersuchen, auch nach Gefallen die alte Erde herausmachen und frische dafür hinein thun kann, an ihren Platz festgehalten. Einen anderen wesentlichen Nutzen gewähren diese Kasten dadurch, daß sie mich in den Stand setzen, die Gewächse zu verpflanzen, indem ich sie in andere gleiten lasse;'" LOUDON, Encyclopädie, S. 376 f., zitiert nach: AHRENDT, Pflanzgefäße, S. 150.

[1743] AHRENDT, Hölzerne Kasten, S. 106.

fertigt wurden, vermittelt die hohe Wertschätzung von Orangen, Pomeranzen und Lorbeer für die Gärten des Carlsberges. Selbst als die herzoglichen Kassen leer, das Herzogtum verschuldet und die Rentkammer deutlich in ihren Verweisen auf diesen Missstand war, nahm die kostspielige Orangenzucht immer noch einen wichtigen Platz innerhalb des Etats ein. Gleichzeitig weist diese Vorliebe des Herzogs für wärmeliebende Gewächse auf dessen retrospektive Einstellung hin. Immerhin hatte Hirschfeld bereits einige Jahre zuvor festgestellt, die Orangerien seien „in unsern Gärten vormals noch mehr gesucht worden, als jetzt."[1744] Zudem verlor sich allgemein ihre Bedeutung, als die Gärten im anglochinoisen bzw. englischen Stil mehr und mehr rezipiert wurden. Doch Mannlich selbst gibt in seinen Lebenserinnerungen einen kurzen Einblick, wie stolz der Herzog darauf war, dass er mitten im Winter den ‚Salon Mannlich' im Schloss mit großen Orangen-, Zitronen- und Kirschbäumen in voller Blüte und beladen mit Früchten schmücken lassen konnte, um die wahre Jahreszeit darüber vergessen zu machen und so in seiner Umgebung „die Natur mit der Kunst zu besiegen"[1745] – und gewährt damit einen Einblick in die retrospektiv geprägte Vorstellungswelt des Herzogs.

7. Das Komödienhaus an der Orangerie

Die Orangerie wurde neben allen bisher genannten Funktionen durch eine weitere ergänzt, da spätestens ab Herbst 1783 die Anfügung eines Theatersaales am Südflügel nachgewiesen werden kann. Dieser rechteckige Anbau, der im rechten Winkel zum südlichen Orangerieflügel zu stehen kam, ist einzig auf der Zeichnung von Herdegen zwischen der Orangerie und dem Taubenhaus zu erkennen (Abb. 38). Im folgenden Kapitel soll – entgegen bisheriger Annahmen – gezeigt werden, dass ausgehend vom Gesellschaftstheater in Zweibrücken zunächst eine Interimslösung gesucht wurde, bevor mit dem Bau des Carlsberger Theaters begonnen wurde, obwohl der Hof bereits auf den Carlsberg übergesiedelt war. Diese Interimslösung stellte das Ostheimer'sche Haus in Homburg dar, das jedoch nur kurze Zeit als Theater diente. Darauf folgten zwei Phasen des Hoftheaters auf dem Carlsberg: in der ersten Phase wurde, vermutlich von Sommer bis Herbst 1783, lediglich ein kleiner Saal in der Orangerie als Theater genutzt, bis man kurz darauf, wohl ab Herbst 1783, in einer zweiten Phase einen Anbau mit der Funktion eines Komödienhauses an die Orangerie hinzufügte.

1744 HIRSCHFELD, Theorie, S. 74 f.
1745 BENDER/KLEBER, Histoire, Bd. II, S. 286: „[...] comme il faut enticiper sur les saison, et vaincre la nature par l'art." MANNLICH, Rokoko und Revolution 1966, S. 232 f. Damit zeigte sich der Herzog als ein Anhänger einer streng im Barock verhafteten Einstellung, die in der Zeit des ausklingenden 18. Jahrhunderts nicht mehr dem Zeitgeschmack entsprach.

In den Schadensverzeichnissen des Zerstörungsjahres wurde ein Theater bereits nicht mehr genannt. Um das Theater auf dem Carlsberg charakterisieren zu können, bedarf es eines Rückgriffs auf das Zweibrücker Gesellschaftstheater, das unter Herzog Christian IV. von Christian von Mannlich als ein moderner Theaterbau errichtet wurde. Damit und mit dem Verweis auf die retrospektive Haltung des Herzogs kann aufgezeigt werden, dass das Carlsberger Hoftheater hinter dem Zweibrücker Gesellschaftstheater zurückblieb und deshalb nicht mehr Mannlichs originärem Ideengut entsprach.

a. Das Zweibrücker Gesellschaftstheater[1746] und dessen Auswirkungen auf das Carlsberger Komödienhaus

Mannlich berichtet in seinen Lebenserinnerungen davon, dass Prinzessin Maria Amalie,[1747] Prinz Maximilian Joseph, die Grafen von Forbach und andere Mitglieder des Hofes noch unter Herzog Christian IV. von Pfalz-Zweibrücken mit großer Begeisterung selbst Rollen in Theaterstücken übernahmen und mit großem Geschick zu spielen wussten.[1748] Angesteckt von dieser Theaterbegeisterung bei Hof fasste der Herzog den Entschluss, ein Theater in Zweibrücken zu bauen. Er reihte sich damit in die Tradition deutscher Fürstenhöfe ein,[1749] die ein Theater als festen Bestandteil des Schlosskontextes betrachteten, denn ein Festzeremoniell bei Hof war ohne Theater und Oper nicht denkbar. „Den Höflingen von Versailles schwebte natürlich das Theater des Königs, wenn auch in kleinerem Maßstabe, als Muster vor Augen," wie Mannlich kommentierte.[1750]

Erste Skizzen wurden vom damaligen Baudirektor Hautt eingereicht, doch letztlich überzeugte ein Entwurf Mannlichs, dem das Theaterkonzept eines Gesellschaftstheaters zugrunde lag, in dem die Zuschauer „nicht in eine Art von Hüh-

---

1746 Zur Geschichte des Hoftheaters und des höfischen Gesellschaftstheaters in Zweibrücken s. vor allem BREGEL, Geschichte sowie SICHEL, Hofkünstler. WEBER, Schloss Karlsberg, S. 243 ff. SCHNEIDER, Schlösser, S. 143 ff.
1747 Prinzessin Maria Amalie (1757–1831), Tochter des Kurfürsten Friedrich von Sachsen, Gemahlin des späteren Herzogs Carl II. August von Pfalz-Zweibrücken.
1748 MANNLICH, Rokoko und Revolution 1913, S. 307.
1749 Exemplarisch seien hier nur Potsdam, Gotha, Ludwigsburg, Mannheim und Schwetzingen genannt. Immerhin in unmittelbarer Nähe des Schlosses befindet sich das Markgräfliche Opernhaus in Bayreuth. Vertiefend dazu: SCHRADER, Architektur.
1750 MANNLICH, Rokoko und Revolution 1966, S. 188. Die Versailler Oper war nach einem Entwurf A.-J. Gabriel fünf Jahre zuvor im Jahr 1770 anlässlich der Hochzeit des Thronfolgers Ludwig mit Marie-Antoinette fertiggestellt worden. PÉROUSE DE MONTCLOS/POLIDORI, Versailles, S. 114f.

Abb. 71: Mannlich, Johann Christian von: Längsschnitt durch das Zweibrücker Komödienhaus

nerställen, sogenannten Logen, eingesperrt zu werden"[1751] brauchten, sondern auf einer Zuschauertribüne Platz nehmen konnten, die in einen Halbkreis vor der Bühne eingefügt war und einen Überblick über die ganze Szenerie erlaubte (Abb. 71). „Ich hatte meinem Plan einen bestimmten Gedanken zugrunde gelegt: die Bänke im Halbkreise sollten die Stufen einer großen zu einem Musentempel führenden Treppe darstellen, und die dorischen Säulen auf der letzten Sufe mit ihrem Gesimse gewissermaßen den Portikus des Tempels bilden, dessen Inneres durch die an die abschließende Mauer gemalte Tür angedeutet war."[1752]

Das herzogliche Hoftheater wurde nördlich an das so genannte ‚kleine Schlösschen' der Gräfin von Forbach angefügt[1753] und mit einer klassizistischen Fassade versehen (Abb. 72). Über einem hohen Sockelgeschoss aus glatten Quadern rahmten im Obergeschoss sechs basenlose toskanische Säulen vier hochrechteckige Fenster und eine gleich hohe Reliefplatte in der Mitte, Apollo darstellend, der die Leier spielt. Auf den Säulen ruhte ein Gebälk, das mit einem Faszienarchitrav, einem Triglyphenfries und einem Gesims mit Mutuli eine Mischform mit der ionischen und der dorischen Ordnung bildete.[1754] Über dem Gebälk erhob sich der schlichte Dreiecksgiebel. Diese Zusammensetzung fand sich in ähnlicher Form bei den Säulen der beiden Altane der Schlossflügel des Carlsberges.

1751 MANNLICH, Rokoko und Revolution 1966, S. 188.
1752 MANNLICH, Rokoko und Revolution 1913, S. 330.
1753 MOLITOR, Vollständige Geschichte, S. 457; ausführlich dazu: BREGEL, Geschichte, S. 69 ff. WEBER, Schloss Karlsberg, S. 95. SCHNEIDER, Schlösser, S. 147.
1754 Die toskanische Ordnung zeigt einen glatten Architrav und die Mutuli entfallen, oft zu Gunsten eines Zahnschnitts.

Abb. 72: Mannlich, Johann Christian von: Vorderansicht des Zweibrücker Komödienhauses

Dieser Typus eines Theaters ohne Logen und Ränge war in der streng hierarchisch gegliederten Gesellschaft des 18. Jahrhunderts sehr ungewöhnlich, da die Logen, ihre Ausgestaltung und Anordnung gleichsam ein Spiegelbild der höfischen Gesellschaft darstellten.[1755] Das Zweibrücker Theater nach dem Vorbild der Antike, halbkreisförmig und ohne Logen, blieb danach bis zur Errichtung des Eremitage-Theaters in St. Petersburg durch Giacomo Quarenghi (1744–1817) in den Jahren 1783 bis 1789[1756] und dem Hoftheater von Schloss Grips-

---

1755　S. dazu: SCHRADER, Architektur, S. 3 ff.; Berichte zu Forschung und Praxis der Denkmalpflege in Deutschland 4: Historische Theater in Deutschland, Teil 2, Östliche Bundesländer, Erfurt 1994; MEYER, Theaterbautheorien, S. 147.
1756　THON, St. Petersburg, S. 46. Zur Person Quarenghis THON, St. Petersburg, S. 227.
1757　Das Theater von Schloss Gripsholm wurde 1781 vom Architekten Erik Palmstedt (1742–1803) für König Gustaf III. ebenfalls unter dem Eindruck des Teatro Olimpico Palladios in einem der alten dortigen Schlosstürme eingerichtet. Palmstedt war Musiker und Architekt und ab 1791 Professor der Kunstakademie, s. HÖIJER, Musiklexikon, S. 349; zu Palmstedt: THIEME/BECKER/VOLLMER, Allge-

holm in Schweden[1757] ohne Nachfolge.[1758] Erst Karl Friedrich Schinkel (1781–1841) griff 1818 den Typus des Theaters mit halbkreisförmigem Zuschauerraum wieder auf, was er mit der besseren Sicht sämtlicher Zuschauer zur Bühne begründete.[1759]

Ein wichtiges Vorbild für den Entwurf Mannlichs war Andrea Palladios Teatro Olimpico – jener Formulierung der Gestaltungsprinzipien eines antiken Theaters nach den Gedanken Vitruvs – das 1580 bis 1585 in Vicenza errichtet worden war.[1760] Ein konkreter Hinweis auf die Vorbildfunktion des Teatro Olimpico für den Zweibrücker Bau findet sich in einer Eintragung der Baukassenrechnungen des Jahres 1775. Hier bestätigt Mannlich den Erhalt von 11 Gulden und dreißig Kreuzern: „Folgende Ausgaben habe ich für das neue Comoedien Hauß gehabt: für eine große geschliffene Kupferplatte, auf welche eine Inschrift stechen ließ, und welche unter dem ersten Stein des Hauses gelegt war 6 fl. für den Plan und Durchschnitt des berühmten Theaters des Paladio von Vicenza, welchen aus Italien kommen ließ 5,30 fl."[1761]

Während Mannlich eines seiner Vorbilder explizit benennt, blieb ein zweites unerwähnt und daher bislang unberücksichtigt. Seine Theaterkonzeption zeigt Bezüge auf ein damals ganz aktuelles Gebäude, nämlich auf das Theater von Mademoiselle Guimard in Paris (Abb. 73), das Claude-Nicolas Ledoux (1736–1806), ein Vertreter der Revolutionsarchitektur, kurz zuvor im Jahr 1772 dort erbaut hatte.[1762] Auch hierbei handelte es sich um ein Theater, in welchem sich hinter dem Parterre ein Zuschauerraum nach dem Vorbild eines Amphitheaters

---

meines Lexikon, Bd. XXVI, S. 184. S. dazu auch: MEYER, Theaterbautheorien, S. 239.

1758 Anders Schneider: Er sieht erst im Bayreuther Festspielhaus einen „Nachbau, der ganz in Mannlichs Sinn entstand" und wirft gar die Frage nach einer Vorbildlichkeit des Zweibrücker Theaters für das Festspielhaus Wagners auf. Vgl. SCHNEIDER, Schlösser, S. 149 f.

1759 Zu Schinkel s. FORSSMANN, Schinkel; BÖRSCH-SUPAN, Schinkel.

1760 In der Bibliothek des Carlsberges befand sich das Werk Pierre Pattes, „Description du théatre de la ville de Vicence", Paris 1780. StBib. Bamberg, Verzeichnis, S. 103, Nr. 37. Das Erscheinungsjahr dieses Werkes zeigt, wie nah Mannlich mit seinen Gedanken zum Theater am Puls der Zeit war. Zum Teatro Olimpico s. PUPPI, Palladio. BEYER, Teatro Olimpico; RIGON, Teatro Olimpico. Zur Vorbildlichkeit des Theaters in Vicenza s. SICHEL, Hofkünstler, S. 94. BREGEL, Geschichte, S. 74 ff. WEBER, Schloss Karlsberg, S. 252 f. SCHNEIDER, Schlösser, S. 148.

1761 Mannlich hatte die Bauten Palladios und das Theater während seiner mehrjährigen Reise durch Italien besucht und Grundrisszeichnungen angefertigt. MANNLICH, Rokoko und Revolution 1913, S. 194. Die Rechnung zitiert nach: SICHEL, Hofkünstler, S. 94 mit eingehender Beschreibung des Theaters.

1762 GALLET, Ledoux, S. 86. Das Theater wurde am 8. Dezember 1772 mit dem Stück von Charles Collé, Die Jagdpartie Heinrichs IV., eingeweiht. MANNLICH, Rokoko und Revolution, S. 343.

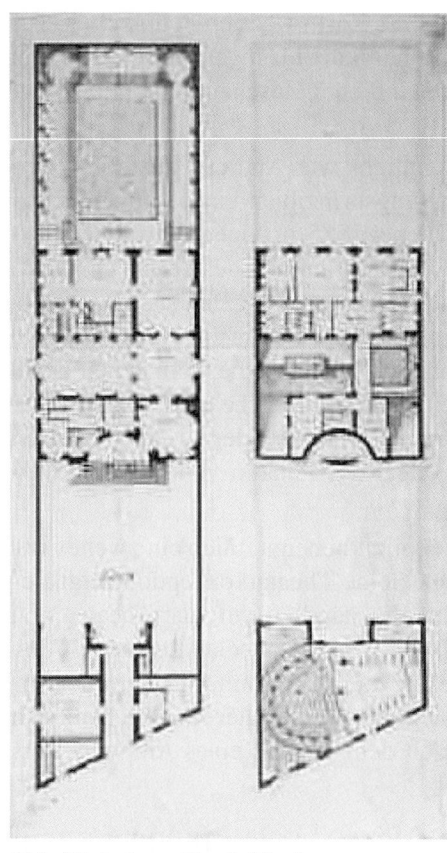

Abb. 73: Ledoux, Claude-Nicolas
Theater der Mademoiselle Guimard

erhob, der am oberen Rand von einer Kolonnade dorischer Säulen eingefasst wurde, hinter der sich weitere Sitzreihen befanden.[1763] Ledoux hatte zudem die Idee, das Orchester, das er als ein Instrument vergleichbar der Stimme ansah, in eine ‚Grube' zu setzen und vor dem Publikum zu verstecken. Eine Deckenwölbung sollte die Akustik verbessern. Diese Idee stellte daher bereits die Vorwegnahme der Idee Wagners für Bayreuth dar.[1764] Da Mannlich nach der Eröffnung dieses Theaters mehrmals in Paris weilte,[1765] und ein aufmerksamer Beobachter der Pariser Theater- und Opernszene war, hatte er das Theater der Mademoiselle Guimard in diesem Zusammenhang kennen gelernt.

Der Zweibrücker Bau war im Oktober des Jahres 1775 so weit fortgeschritten, dass mit den Arbeiten im Inneren des Theaters begonnen werden konnte. Mannlich beschrieb den Innenraum in einer Veröffentlichung des Jahres 1802 folgendermaßen: „Jeder Zuschauer übersah die ganze Bühne gerade vor

---

1763   Auch Etienne-Louis Boullée (1728–1799) hatte die Idee eines Theaters, das zum einen mit größtmöglichen Sicherheitsstandards versehen wurde, da Boullée die Idee von 42 Türen hatte, die im Notfall mit einem Seilzug gleichzeitig geöffnet werden könnten. „Der Innenraum meines Theaters ist halbkreisförmig, zweifellos die schönste Form, und es ist nun einmal ein Grundsatz der Architektur, daß eine schöne Form die erste Voraussetzung einer schönen Ausschmückung ist. Darüber ist diese Form die einzige für das Theater geeignete. Man muß dort ausgezeichnet sehen und hören können, und welche Form könnte diese beiden Forderungen besser erfüllen als diejenige, welche es Auge und Ohr erlaubt, durch exakt gleiche Abstände völlig ungehindert, frei und gleichmäßig alles zu erreichen; wo es nichts gibt, was die Sicht auf etwas anderes verdeckt, und wo deshalb die auf gleicher Höhe sitzenden Zuschauer auch gleich gut sehen und hören können?" Wyss, Boullée, S. 94. Das Traktat wurde jedoch erst 1933 von Emil Kaufmann veröffentlicht.
1764   Tidworth, Theatres, S. 112.
1765   Mannlich, Rokoko und Revolution 1966, S. 160.

sich: auch die schwächeste Stimme war wegen der glatten Wände, wegen der an der Decke angebrachten immer sich weiter öfnenden Wölbung, wegen der von ganz dünnen Holze verfertigten Säulen und wegen ihrer Stellung in die Runde herum, überall hörbar. Der ganze Saal stellte einen Garten vor, in welchem der Zuschauer gegenüber der Bühne, hinter ihm aber ein Tempel vorgestellet war, auf dessen Stuffen der eine Theil saß und der andere in der Vorhalle desselben hinter den Säulen stand und dem Schauspiele beiwohnte. Zwei Oefen und ein Kanal, der queer (auf Art unserer Treibhäuser) durch den Saal gieng, erwärmten denselben von unten herauf: auf den beyden Oefen standen mit Hieroglyphen verzierte Obelisken, auf deren Spitzen Gefässe angebracht waren, die den Saal schwach und ohne Nachtheil beleuchteten."[1766]

Auch hinsichtlich des Musiktheaters machte sich Mannlich eigene Gedanken, indem er wie Ledoux feststellte, es sei „ein die Täuschung zerstörender Gebrauch unserer Bühnen, daß die Herren Musiker fast mit dem halben Leibe über dieselbe hervorragen. Wir legten aber (zwar zum Mißvergnügen dieser Herren, aber zum wahren Besten der Sache) das Orchester so tief, daß dem untern Zuschauer nichts die Bühne deckte, was dieses dadurch an Klang und Stärke verlor, suchten wir dadurch zu ersetzen, daß der Boden desselben hohl und eine Art Resonanzboden war. Jeder Liebhaber wird an sich selbst bemerkt haben, wie viel interessanter die Musik für ihn sey, die auf der Bühne selbst hinter den Seitenwänden derselben gemacht wird; so bald er aber das ganze Orchester in Bewegung vor sich siehet, das ihm überdieß noch einen Theil der Bühne verdecket, dann verschwindet die Täuschung, und er wird nicht ohne Mißvergnügen erinnert, daß er nur im Schauspiele seye."[1767]

Bei der Bemalung der Bühnenbilder verließ sich Mannlich auf erfahrene Kräfte. Einige waren in Mannheim bei Lorenzo Quaglio[1768] in Auftrag gegeben worden, andere ließ Mannlich an Ort und Stelle fertigen.[1769] Die erste Aufführung war für Neujahr 1776 geplant, doch der plötzliche Tod Herzog Christians IV. am 5. November 1775 brachte die Arbeiten am Theater nicht nur zum Erliegen,

---

1766 MANNLICH, Versuch, S. 12. Das Buch erschien „auf Kosten des Verfassers", war dem Freiherrn von Rumling gewidmet und enthält u.a. zwei Kupferstiche mit Grund- und Aufriss des Zweibrücker Theaters sowie des „Planetenlüsters". Die Beschreibung des Innenraumes findet sich auch in seinen Erinnerungen, s. MANNLICH, Rokoko und Revolution 1913, S. 327 ff. MANNLICH, Rokoko und Revolution 1966, S. 197 mit diversen Kürzungen und Übertragungsdifferenzen.
1767 MANNLICH, Versuch, S. 12 f. Damit war Mannlich ein erster konsequenter Vertreter der Idee von Ledoux. Auch die Tatsache, dass sich Türen eines Theatersaales nach außen zu öffnen haben, um im Falle eines Gedränges nicht zur tödlichen Falle für die herausdrängenden Menschen zu werden, bezog Mannlich in seine Planungen mit ein. S. MANNLICH, Versuch, S. 11, Anm. a).
1768 Lorenzo Quaglio (1730–1804) erbaute das Mannheimer Theater.
1769 MANNLICH, Rokoko und Revolution 1913, S. 311.

man dachte sogar über eine andere Verwendung der Räume nach.[1770] Erst der Besuch der Kurfürstin Elisabeth Auguste, Gemahlin des pfälzischen Kurfürsten Carl Theodor, und ihre Liebe zum französischen Theater brachten die Arbeiten am Bau im Jahr 1776, nun unter Herzog Carl II. August, erneut in Schwung. Angeregt durch den Erfolg der Aufführungen für die Kurfürstin fand auch der neue Herzog, der ebenfalls ein Liebhaber des Theaters war,[1771] wieder Freude daran und ließ die Arbeiten im Zuschauerraum fortsetzen, die bis dahin noch nicht vollendet waren. Neben Mannlich waren die Maler Johann Caspar Pitz[1772] und Christoph Friedrich Wirth[1773] an der Umsetzung der Entwürfe für die Innendekoration[1774] beteiligt.

Das Theater fand, so berichtete Mannlich, anlässlich einer Aufführung für den Kurfürsten Carl Theodor großen Zuspruch von allen Seiten – nicht jedoch von Freifrau von Esebeck. Sie bemängelte, dem Hof seien so ungünstige Plätze direkt vor der Bühne zugewiesen worden, dass er den Blicken aller ausgesetzt gewesen sei. „Im übrigen habe sie nie von einem Schauspielsaal ohne Logen gehört; man habe wie eine einzige Familie auf meinen Stufen gesessen, und es schiene, als wären alle Zuschauer vom gleichen Kaliber gewesen."[1775] So erhielt Mannlich bald darauf die Anweisung des Herzogs, Logen für den Hof mit Damast und breiten Goldfransen zwischen den Säulen des Hintergrundes einzufügen. Dies widersprach jedoch gänzlich dem Konzept Mannlichs: „Dies alles musste nun den verwünschten Logen zum Opfer fallen, die in keiner Weise mit dem das Ganze beherrschenden einfachen und reinen Stil der Antike in Einklang zu bringen waren."[1776]

1770 MANNLICH, Rokoko und Revolution 1913, S. 326.
1771 In Neuburg an der Donau, wo er die erste Zeit seiner Ehe bis zum Tod seines Onkels verbracht hatte, hatte sich Carl August, dem sogar schauspielerische Begabung nachgesagt wurde, noch 1775 ein „deutsches Schauspiel", die „Hochfürstlich=Pfalzgräflich=Zweybrückische Gesellschaft" unter der Leitung von Wilhelm Runge (auch Leutnant von Rungius genannt) einrichten lassen; s. dazu: BREGEL, Geschichte, S. 90 f.
1772 Johann Caspar Pitz (1756–1795), gebürtig in Saarbrücken, wohl 1776 Übersiedelung nach Zweibrücken, Studienreise nach Italien, danach in pfalz-zweibrückischen Diensten bis 1793.
1773 Christoph Friedrich Wirth (1750?–1796), Porzellanmaler in der Zweibrücker Porzellanmanufaktur, wurde 1776 als herzoglicher Maler von Carl II. August angenommen. LA Speyer, Best. B2, Nr. 1595, Bl. 111v. Laut einer Bewilligung des Herzogs vom 20. Juli 1778 wurde dem Maler Christoph Friedrich Wirth außerdem eine Besoldungszulage von 100 Gulden zugesprochen. LA Speyer, Best. B2, Nr. 3773, Bl. 7.
1774 Detailliert wird die Innendekoration samt Beleuchtung von Mannlich selbst beschrieben, s. MANNLICH, Rokoko und Revolution 1913, S. 328, weiter DERS., Versuch, S. 12 ff.
1775 MANNLICH, Rokoko und Revolution 1913, S. 329.
1776 MANNLICH, Rokoko und Revolution 1913, S. 330.

In seiner Publikation des Jahres 1802, in der er voller Stolz vom Zweibrücker Theater berichtete, ohne es jedoch explizit beim Namen zu nennen, trat er nach wie vor für seine Idee im „reinen Stil der Antike" ein: „Es ist sehr schwer, ja fast unmöglich bei unsern Sitten und Gebräuchen eine Bühne zu bauen, wo Unterschied des Ranges, Absonderung gewisser Gesellschaften von andern, so wie Unterschied des Preises vorausgesetzt ist, und zu gleicher Zeit Geschmack, guter Styl in der Bauart und Bequemlichkeit für den Zuschauer gefordert wird. […] Bey Gesellschaftsbühnen aber, wo die Zahl 5 bis 600 der Zuschauer nicht übersteigt, lassen sich diese Vortheile auf eine sehr leichte und mit wenigen Kosten verknüpfte Art erreichen. Wir hatten Gelegenheit eine solche Bühne aufzuführen, und sie übertraf nach ihrer Vollendung unsere Erwartung."[1777]

b. Das Homburger Komödienhaus

Nach dem Umzug des Hofes auf den Carlsberg lag der Zweibrücker Theaterbau in weiter Ferne und wurde fortan nur noch selten genutzt. Bisher ging man davon aus, dass deshalb ab 1783 am Südflügel der Orangerie ein Komödiensaal angefügt wurde,[1778] der eine nahtlose Fortsetzung der Zweibrücker Hoftheatertradition darstellte.[1779]

Die Belege des Schlossermeisters Bubong geben nun aber den sicheren Nachweis, dass das ‚Ostheimer'sche Haus' in Homburg zunächst als Interimslösung für das Hoftheater diente, da es auf dem Carlsberg noch keine geeignete Spielstätte gab und man den Weg nach Zweibrücken für kleinere Aufführungen und Feste scheute. Bereits im Januar 1781 waren von Schlossermeister Bubong Vorkehrungen getroffen worden, das „*Ostheimerische*[n] *Hauß zu Homburg zu einem TanzSaal*" herzurichten.[1780] 1782 hatte er mehrere Arbeiten „*in dem Comedien Hauß zu Homburg*"[1781] berechnet. Dass es sich dabei noch nicht um die Carlsberger Komödie gehandelt haben kann, geht aus einer Rechnung über Arbeiten hervor, welche er „*in Ostheimersch Haus in dem Kometi sahl gemacht habe.*"[1782] Im Rahmen dieser Tätigkeit habe er eine Tür an einem Verschlag be-

---

1777 MANNLICH, Versuch, S. 11f. Die nachträglichen Veränderungen, die er hatte vornehmen müssen und die seine Idee eines Theaters zunichte machten, erwähnt er an dieser Stelle nicht.
1778 Hinweise hierzu finden sich schon in der älteren Literatur, z.B. bei MOLITOR, Vollständige Geschichte, S. 484.
1779 S. dazu: SICHEL, Hofkünstler. S. 93 ff. BREGEL, Geschichte, S. 103 ff. WEBER, Schloss Karlsberg, S. 242f. Alle weiteren Publikationen greifen auf deren Quellen und Kenntnisse zurück.
1780 LA Speyer, Best. B4, Nr. 2547, Bl. 96. Die Rechnung vom 21. Januar 1781.
1781 LA Speyer, Best. B3, Nr. 2953, S. 23.
1782 LA Speyer, Best. B3, Nr. 2584, Bl. 430, #311. Rechnung von Schlosser Bubong vom Juni 1782.

schlagen, worin man die Kleider eingeschlossen habe. Über das Ostheimer'sche Haus ist bisher nichts bekannt. Der Name könnte sich auf die große Familie des Johann Jakob Ostheimer[1783] beziehen, der in Homburg den Beruf des Metzgers ausübte und dessen Immobilien sich – wohl auf Grund der Größe – zur Einrichtung eines Komödiensaales eigneten. Das Haus erfüllte für einen Übergangszeitraum das Bedürfnis nach einer Spielstätte in der Nähe des Carlsberges.

Nach dem Bau des Komödiensaals auf dem Carlsberg wurde das Ostheimer'sche Haus wieder umgebaut und verlor seine Nutzungsmöglichkeit als Theater. Dies bestätigt erneut ein Beleg des Schlossermeisters Bubong, der 1785 „*Arbeit in des Ostheimers zu Homburg Hauß wo vorhero die Comedie gewesen*"[1784] übernommen hatte. Dass es sogar auf Kosten des Herzogs wieder seiner vorherigen Funktion zugeführt wurde geht wiederum aus einem Verzeichnis Bubongs hervor: „*derren Jenige schlosser arbeit welge Ich Unter schribener Zu Homburg in Ostheimer s. Haus gemacht welges die Herschaft so durch das Kometi so im Haus gewessen witter in forigen stant gestelt.*"[1785] Damit wird bestätigt, dass es sich um einen Raum gehandelt hat, der im Auftrag des Herzogs umgestaltet worden war.

c. Das Hoftheater auf dem Carlsberg

aa. Zeitgenössische Schriftquellen

Die Existenz des Carlsberger Hoftheaters ist sowohl durch Mannlichs Lebenserinnerungen als auch durch andere schriftliche zeitgenössische Quellen nachgewiesen. So findet sich in der Rubrik „Sachen, so gefunden worden" des wöchentlichen Zweibrücker „Frag- und Kundschaftsblattes" vom 15. Februar 1785 die Notiz: „Bey dem Ausräumen des Herzoglichen Komödienhauses auf dem Carlsberg von dem letzten Bal ist ein Ring gefunden worden; wer diesen verloren hat, kann sich deshalben bey Hr. Oberforster Schügens auf gedachtem Carlsberg melden." Herzog Carl Eugen von Württemberg notierte in seinem Reisetagebuch über den Aufenthalt auf dem Carlsberg für Samstag, den 14. Mai 1785, man habe nach vier Uhr an einer Tafel von 30 Couverts zu Mittag gespeist, und „nach dem Caffée gieng es in das Theatre, wo eine französische Co-

---

[1783] Johann Jakob Ostheimer, Metzger zu Homburg, geb. 29. Mai 1714, gest. am 2. Mai 1788 in Homburg, s. www.genealogy.net/privat/wagner/dirk/d00002/g0000012.html. (Stand 2004.)

[1784] LA Speyer, Best. B3, Nr. 2547, Bl. 264v. Diese Rechnung wurde noch von Schaeffer bestätigt.

[1785] LA Speyer, Best. B3, Nr. 2590, Bl. 395. Diese Rechnung wurde von Baumeister Krutthofen an die Baukasse weitergeleitet. Aus den Akten wird jedoch nicht ersichtlich, welche Funktion die umgebaute Räumlichkeit hatte.

medie und Operette von meistens Kindern auffgeführt wurde. Nach dem Spectacel aß mann zu Nacht und legte sich zur Ruhe."[1786] Bei dieser Kindertruppe handelte es sich um eine Gruppe französischer Kinderkomödianten unter der Leitung von Direktor Alexander Pochet, die im Sommer 1783 von St. Petersburg über Warschau, Dresden, Prag, Wien, München nach Zweibrücken gekommen war.[1787] Das Ensemble trat nun, trotz der drückenden finanziellen Schwierigkeiten bei Hof, in die Dienste des Herzogs.[1788] Von Direktor Pochet ist ein Brief bekannt, woraus hervorgeht, er habe den Herzog dazu gebracht, statt eines kostspieligen Theatersaales direkt neben dem Schloss eine kostengünstigere Variante zu wählen. Der Herzog habe demnach zugestimmt, „in der Orangerie einen kleinen Saal bauen zu lassen."[1789]

Der Spielbetrieb wurde möglicherweise schon 1783 aufgenommen, denn Schneidermeister Martin Glöckner aus Homburg „*Erhielte vor Arbeit vor die Comedianten den 10. Sept. 1783*" sein Geld.[1790] Spätestens 1784 wurde sicher gespielt, denn Andreas Brauer, „*Peruquenmacher zu Carlsberg*" hat „*den 22. Mart. 1784 vor Frisiren der Comedianten bey A. Pochet*" Geld eingefordert.[1791] Bei Mannlich ist zu erfahren, man habe ein oder zwei Mal in der Woche gespielt, unterschiedliche Komödien und Komische Opern, wohin man habe gehen müssen, da der Herzog wünschte, das Theater gut besetzt zu sehen. Doch obwohl man Eintrittskarten gratis ausgegeben habe, seien das Parterre und die Logen oftmals fast leer gewesen.[1792] Diese Aussage Mannlichs ist in zweifacher Hinsicht interessant, denn sie gibt einerseits Auskunft darüber, dass es sich beim

---

1786 UHLAND, Tagbücher, S. 238.
1787 BREGEL, Geschichte, S. 114. Auch erwähnt bei WEBER, Schloss Karlsberg, S. 243, ohne Quellenangabe.
1788 Diese Tatsache wird von Mannlich sehr kritisch angemerkt, wie auch die Tatsache, dass der Familie Pochets eine lebenslange Pension zugesprochen wurde, s. BENDER/KLEBER, Histoire, Bd. II, S. 331.
1789 Schriftsatz aus den Schriftwechselakten zwischen dem Zweibrücker Hof und Pachelbel in Paris im GehHA München, vermutlich aus dem Jahr 1787, zitiert nach: BREGEL, Geschichte, S. 106, wo der betreffende Absatz erstmals veröffentlicht wurde.
1790 Der Schneider erhielt zwei Gulden, 8 Batzen, LA Speyer, Best. B3, Nr. 2953, S. 281.
1791 LA Speyer, Best. B3, Nr. 2953, S. 105. Auch der Schuhmacher Christian Gerard bekam ab Februar 1784 Geld für Arbeiten „*zur Comedie*", LA Speyer, Best. B3, Nr. 2953, S. 284. Später wurde ein Komödienschneider bestellt namens Kloezel, LA Speyer, Best. B3, Nr. 2953, S. 408; Pochets Truppe verließ den Carlsberg spätestens 1786, denn in dieser Zeit wandte sich Pochet nach Wilhelmsbad in Hanau. WEBER, Schloss Karlsberg, S. 243 nach DIECK, Theatergeschichte, S. 123 f. Weiter wird aufgezählt, dass „*Antoine, Friseur bey den Comedianten*" vom Juli 1784 bis Mai 1785 tätig war. LA Speyer, Best. B3, Nr. 2953, S. 21.
1792 BENDER/KLEBER, Histoire, Bd. II, S. 332. Dieser Abschnitt wurde bisher in den Übersetzungen ausgelassen.

Carlsberger Theater um ein klassisches Logentheater handelte. Andererseits erschließt sich, warum Mannlich über das Aussehen dieses Theaters nichts erwähnt und damit eine deutliche innere Distanz zu diesem Bau vermittelt.

So viel Mannlich über seinen Zweibrücker Theaterbau berichtete – voller Stolz für ein Theater, das nach seiner Vollendung alle Erwartungen übertraf – so tief saß sein Groll über den Einbau der Logen, der noch in seinen Lebenserinnerungen an betreffender Stelle deutlich herauszulesen ist, denn sein eigenes Ideal eines Theaters erfuhr mit dem Carlsberger Bau in doppelter Hinsicht Ablehnung. Man hatte, obwohl das Zweibrücker Modell so viel Lob von Seiten des pfälzischen Kurfürstenpaares erfahren hatte, sowohl in Zweibrücken nachträglich Logen in den Zuschauerraum einbauen lassen, als auch beim Carlsberger Theater ein Theater mit Logen favorisiert. Die bisherige Annahme, Mannlich habe dennoch auch hier die Pläne für die Inneneinrichtung entworfen,[1793] lässt sich aus dessen eigenen Aussagen gerade nicht bestätigen.

Über das Aussehen des Innenraumes gibt ein Brief anlässlich einer Festveranstaltung Auskunft, worin es heißt: „Das Parterre war dem Theater gleich gemacht jedermann aus Zweybr. war da, die Herren in venetianischen Mäntel, die Masquen auf die Hüte. Auf beiden Seiten war das Parterre biss ans Theater zu beiden Seiten mit Bäumen (von Holz, bemahlt) besezt, zwischen jeden 2 Bäumen hang ein lustre mit 12 Wachslichter beleuchtet, welches auf jeder Seite 4 lustres machten. Das ganze Parterre und logen und der Himmel war alles dicht mit Girlanden von Blumen behängt, welches einen trefflichen Effect machte und wie ein Garten aussah."[1794] Dabei fällt natürlich zunächst die Formulierung auf, wonach das Theater „wie ein Garten aussah", was vergleichbar mit dem Zweibrücker Theater zu sein scheint, von dem Mannlich sagte: „Der ganze Saal stellte einen Garten vor."[1795] Während der Zweibrücker „Garten" in dem von Mannlich beschriebenen Kontext eines Tempels den umgebenden Heiligen Hain rekurriert, rührt der Garteneindruck des Carlsberger Theaters aus rein dekorativen Elementen wie Blütenfestons, mit denen das Parterre, die Logen und der

---

1793 WEBER, Schloss Karlsberg, S. 243.
1794 Brief Georg Pollets vom 10. 2. 1785 an seinen Vater, zitiert nach: BREGEL, Geschichte, S. 108; leicht verändert wiedergegeben bei: WEBER, Schloss Karlsberg, S. 243 sowie SCHNEIDER, Mannlich, S. 175.
1795 MANNLICH, Versuch, S. 12. Über das weitere Schicksal des Theatersaales nimmt Dhom an, dass er in einen Wintergarten umgebaut worden sei. Knigge habe diesen Saal beschrieben, ihn jedoch fälschlicherweise dem Saarbrücker Schloss zugeordnet. Vgl. DHOM, Regenten, S. 140f. Diese Meinung, die nur mit der Aufgabe des Theaters begründet wird, ist jedoch abzulehnen, da es sich bei dem beschriebenen Gebäude um den Wintergarten des Saarbrücker Oberbaudirektors Balthasar Wilhelm Stengel handelt, der 1786–87 erbaut wurde „und der den Schloßhof nach der oberen Lustgartenseite neu abschließen sollte." S. LOHMEYER, Südwestdeutsche Gärten, S. 62.

Himmel behängt waren. Zwischen fünf Bäumen zu beiden Seiten, die das Säulenmotiv paraphrasierten, hatte man die Leuchter mit zwölf Wachslichtern befestigt. Eine Vergleichbarkeit dieser Motive ist auf Grund der Unterschiedlichkeit ihrer Ikonographie fragwürdig und der Rückschluss auf Mannlich als Entwerfer der Carlsberger Theaterpläne bleibt damit spekulativ.[1796]

bb. Hinweise aus den Archivalien

Wie bereits oben zitiert, wurde in der Orangerie des Carlsberges ein Theatersaal eingerichtet, was möglicherweise im Zusammenhang mit dem Engagement der Kindertheatertruppe zu sehen ist. Kurz darauf kamen die ersten Stücke zur Aufführung,[1797] denn der Schreiner Christian Reeß gibt in seiner *„Specification der schreiner arbeit so ich gemacht zum Herschaflichen Cometi auf dem Carls Berg"* vom September 1783 an, er habe *„den fremden Comedian 13 grose rahmen gemacht vor ihr gemähle drauf zu machen."*[1798] Im gleichen Jahr hatte Schlossermeister Bubong *„in der orascheri an dem Kometi sahl Eine Ther Beschlagen."*[1799] Auch der hiesige Maler Huber hatte laut einer Rechnung vom 6. Oktober 1783 eine Forderung für Malereien in der Komödie offen.[1800] Doch es hat den Anschein, als habe dieser Saal den nunmehr gestiegenen Anforderungen an ein Theater nicht mehr genügt, denn noch im gleichen Jahr kündigten sich Vorbereitungsarbeiten für ein Carlsberger Komödienhaus an, welche über die Errichtung eines einfachen Theatersaales hinauswiesen.

Diese Veränderungen begannen mit Arbeiten von Tagelöhnern aus Waldmohr, die laut Steigregister vom 28. Oktober 1783 *„mit noch mehreren Consorten Nach den Anlagen vor Applanirung des ganzen Terrens, worauf der neue Comedie Flügel sollte erbaut werden"*[1801] 330 Gulden erhalten sollten. Dabei handelt es sich um den ersten Nachweis, dass das neue Komödienhaus auch äußerliche Veränderungen an der Orangerie mit sich brachte. Ein Schreiner gab einen weiteren Hinweis auf Umbauten in einer Rechnung vom November des gleichen Jahres, in welcher er anführte, *„in der oroscheri unten woh das Kometi war ne-*

1796 Anders urteilten hier: WEBER, Rotunde, S. 368; DERS., Schloss Karlsberg, S. 243 sowie SCHNEIDER, Mannlich, S. 175, der den Dekor aus Girlanden- und Blumengehängen als dem Stil Mannlichs entsprechend zuschreibt. Dabei bleibt unbeachtet, dass es sich bei diesen Blütenfestons allgemein um ein Motiv des Stils der Zeit Ludwigs XVI. handelt, nicht aber um ein spezielles Zeugnis der Handschrift Mannlichs.
1797 Zu den Stücken, die zur Aufführung kamen BREGEL, Geschichte, S. 93 ff.
1798 LA Speyer, Best. B3, Nr. 2584, Bl. 166.
1799 LA Speyer, Best. B3, Nr. 2584, Bl. 466.
1800 LA Speyer, Best. B3, Nr. 2953, S. 325. Es handelte sich um 101 Gulden und 13 Batzen
1801 LA Speyer, Best. B3, Nr. 2953, S. 226.

ben dem tiater zu geschlagen undt ins Kometi alte bäng zu recht gemacht"[1802] zu haben. Der Schlosser Daniel Vogel rechnete das Beschlagen einer zweiflügeligen Tür *„am neuen Comoedien Haus"*[1803] ab, und auch der Schreiner Simon Bertold sprach von Schreinerarbeiten, die *„bey Abanderung deß Comoedie Hauss"*[1804] gefertigt wurden.

Im Juni des Jahres 1784 war die Errichtung dieses Haus so weit gediehen, dass der Schreiner Franz Brännesholz seine Arbeit nach den Anweisungen des Baumeisters Schäfer vornehmen konnte. So habe er im *„auß wendigen gang und stigen Hauß"*[1805] 16 beidseitig gehobelte Dielen verlegt. Im gleichen Monat gab der Glasermeister Paul Purllacher an, er habe sechs Fenster am Komödienhaus mit insgesamt 36 Tafeln verglast und verkittet.[1806] In einer späteren Rechnung machte er geltend, er habe, *„42 scheiben an den Kamodi Haus in dem Neuen Zimer an dißen Fenster Ein gesötz und ver Küt [...]."*[1807] Außerdem wurden 15 Scheiben in der Komödie *„auf den Triattrium Ein gesötz und ver kütt"* sowie *„1 fligel an Comodi Haus ins Profitt*[1808] *neu verglaß und verbleit."*[1809]

Vom Juli 1784 existiert ein Verzeichnis der Tage, welche der Maler Huber *„mit Mahlung der Theater Arbeit vor die französische Komedie zugebracht, als um hinauf zu fahren vor die Kutsch."*[1810] Laut Eintragungen in diesem Verzeichnis arbeitete er ab dem 27. Mai gemeinsam mit seiner Tochter, die ihm beim Reiben der Farben behilflich war, bis in den Juli hinein an insgesamt 25 Tagen. Für diese Arbeiten wurde ihm vom Direktor Pochet selbst in den Abrechnungen Eifer und Fleiß bescheinigt, so dass es sich bei den Arbeiten um Kulissenmalereien gehandelt haben mag. Ab Juni wurden Spenglerarbeiten im Komödienhaus in Angriff genommen, wozu *„120 stück federn leuchter gemacht 84 grosse*

1802 LA Speyer, Best. B3, Nr. 2584, Bl. 288. Mit ‚bäng' sind Bänke gemeint.
1803 LA Speyer, Best. B3, Nr. 2966, #5546, Rechnung vom 13. Oktober 1783 über 12 Gulden.
1804 LA Speyer, Best. B3, Nr. 2966, #5229, Rechnung vom 11. Oktober 1783 über 16 Gulden 44 Kreuzer.
1805 LA Speyer, Best. B3, Nr. 2590, Bl. 293. Für das Stück verlangte er samt Arbeitslohn 7 Kreuzer.
1806 LA Speyer, Best. B3, Nr. 2585, Bl. 58. Für die Verarbeitung einer Tafel verlangte er 6 Kreuzer.
1807 LA Speyer, Best. B3, Nr. 2585, Bl. 64v. Diese Rechnung bezieht sich auf den Dezember des Jahres 1784.
1808 Hier ist wiederum ein „privet", also ein Abtritt gemeint. Hans Adam Schild aus Mittelbexbach war im März dazu beordert, *„das Heimliche Gemach in dem Comedianten Hauß"* zu säubern und brachte mit zwei Hilfskräften zwei Nächte dazu zu, LA Speyer, Best. B3, Nr. 2966, #5223.
1809 LA Speyer, Best. B3, Nr. 2585, Bl. 64v, Rechnung vom Dezember 1784.
1810 LA Speyer, Best. B3, Nr. 2585, Bl. 154. Für seine gesamten Arbeiten sowie die seiner Tochter und für die Kutschfahrten berechnete er 87 Gulden 48 Kreuzer. Die Tochter erhielt pro Tag 30 Kreuzer.

daß stück für 8 kr und 36 kleinere daß stück für 6 kr."[1811] Im Juli wurden laut gleicher Rechnung neben anderen Leuchtmitteln sieben Beleuchtungskörper geliefert, die mit Spiritus zu befüllen waren. Diese Arbeiten wurden vom Theatermaschinisten Jean Pierre Constant abgezeichnet. Ebenfalls im Juni brachte der Schlosser Magnus Betsch seine zuvor gemachten Leistungen zur Abrechnung. Neben mehreren Türen die anzuschlagen, und Schlössern die zu reparieren waren, mussten drei Klammern auf den Lehnen der Loge befestigt werden. Außerdem hatte er *„ein gros geschweiftes eißen über die mittler Losch gemacht, 8 große Spitz-Nägel darzu gemacht wo der Vorhang darauf ist."*[1812] Die Logen hatte man aus dem Homburger Komödiensaal entfernt, um sie am Carlsberg erneut zu verwenden, denn der Möbelschreiner Corfier gibt an, er habe am 26. Mai 1784 *„Im Comedy hauß alle losche abgebrochen alle balunster herauß gemacht und ein gepackt und auff geladen vor auff den Carlsberg."*[1813]

Im August wurde von Dachdecker Martin Bohn ein Vordach über dem Gang am Komödienhaus gedeckt, welcher 45 Schuh lang war.[1814] Im September wurden von Schreiner Johannes Bihl *„an die oranscherie an das kometih hauß foren an der stig ein zweyfliglich dihr […] mit drey fellungen hoch 7 sch 6z breit 4 sch"*[1815] angebracht. Laut gleicher Quelle wurden im Komödienhaus vier zweiflügelige Fensterrahmen mit Sprossen eingesetzt, die 1,30 Meter hoch und 1,16 Meter breit waren. Diese Fenster erhielten, wie auch die übrigen Fenster der Orangerie, Sommerläden mit Lamellen. Außerdem wurden *„an obiges kometi hauß an des herzogs Zimmer noch zwey pahr sommer Laten"*[1816] angebracht. Worum es sich bei diesem Zimmer des Herzogs genau handelte, geht aus der Rechnung nicht hervor. Im Oktober hatte Schreiner Michael Bihl *„ins Kometis haus in hertzogs Zimer 2 stiker boserien gemacht zusamen gestemet in die felungen runtongen gestochen."*[1817] Auch von Schreiner Johannes Daniel wurden zwei zweiflügelige Türen im Komödienhaus eingepasst, die ebenfalls eine Höhe von 2,44 Meter hatten. An gleicher Stelle gibt er an, er habe *„im Commedi Haus ohngefehr 3 Klafter Lambri verendert von den so im Flügel abgebrochen worten im mittelsten Stock."*[1818] So scheint sich die Innenausstattung des Komö-

---

1811 LA Speyer, Best. B3, Nr. 2585, Bl. 204.
1812 LA Speyer, Best. B3, Nr. 2590, Bl. 663v. Zwei ebensolche Eisen, die zusammen 68 Pfund wogen, wurden auf den Seitenlogen angebracht. Ein weiteres großes Eisen von 139 Pfund wurde *„unter der Losch"* montiert.
1813 LA Speyer, Best. B3, Nr. 2591, Bl. 299.
1814 45 Schuh entsprechen einer Länge von 14,62 Meter. LA Speyer, Best. B3, Nr. 2585, Bl. 141v.
1815 LA Speyer, Best. B3, Nr. 2584, Bl. 258. Die Höhe der Tür entspricht damit 2,44 Meter, die Breite entspricht 1,30 Meter. *„[…] duth vor holz und arbeits Lohn 12 fl"*.
1816 LA Speyer, Best. B3, Nr. 2584, Bl. 258.
1817 LA Speyer, Best. B3, Nr. 2584, Bl. 298. Für diese Arbeit berechnete er 3 Gulden.
1818 LA Speyer, Best. B3, Nr. 2591, Bl. 37. Die Türen hatten jeweils drei Türfüllungen mit Profilierungen.

dienhauses in vielen Teilen aus bereits vorhandener hölzerner Wandvertäfelung des Schlosses zusammengesetzt zu haben, was auch an dieser Stelle nicht auf eine eigens erdachte Gesamtkonzeption schließen lässt.

Im Dezember wurden für den Bodenbelag eines Abtritts im Komödienhaus Ohmbacher Platten gehauen.[1819] Im Februar des Jahres 1785 wurden vom Spengler Johann Peter Ham in einer Lieferung 146 Lampen für das Komödienhaus gebracht und zwei Bleche repariert, jeweils 6 Schuh[1820] lang *„ins Comedien hauß für lichter rein zustellen."*[1821] Anlass dieser Lieferung von Beleuchtungskörpern war ein Ball im Rahmen der Festveranstaltungen zu Ehren des Grafen Hohenzollern, worüber der Brief Georg von Pollets Auskunft gibt: „Das Parterre war dem Theater gleich gemacht […] Wie das ballet anfing, wurde das Theater mit 50 laternen beleuchtet welche den ganzen ball durch brannten. Wie das ballet geendiget wurden die Stühle weggenommen und der ball fing an, welches bis ½ 5 dauerte."[1822] Die Veränderbarkeit des Bühnenraumes zeigt die Rechnung des Schlossers Magnus Bötsch, welche wieder vom erfahrenen Theatermaschinisten Jean Pierre Constant abgezeichnet wurde. So zählte zu den abgerechneten Arbeiten, dass man *„60 stück grosen Boden Schrauben auf Theater aufzuschlagen zum Baal gemacht"*[1823] habe. Gleichzeitig wurden *„8 stück grose zusammen gefeilte Band an die 2 Fall Thüren auf dem Tanz Theater wo die Musicanten gesessen haben gemacht a 6 xr p St."*[1824] So war es offensichtlich möglich, mittels großer Bodenschrauben das Theater, womit die Bühne gemeint ist, so zu verändern, dass daraus ein größerer Saal entstand, der auch die Möglichkeit bot, dort zu tanzen. Nach dem Ballett mussten lediglich die Stühle entfernt werden, um über eine größere Fläche zu verfügen. Das bedeutet andererseits, dass dieses Theater keinen Orchestergraben besaß, den man zu diesem Zweck hätte überbrücken müssen, wie Mannlich ihn für das Zweibrücker Theater vorgesehen hatte.[1825]

Bereits im Jahr 1784 wurden mindestens 36 Vorstellungen[1826] gegeben, denn der Schlosser Bötsch rechnete im Januar 1785 für das verflossene Jahr *„36 Co-*

1819 LA Speyer, Best. B3, Nr. 2584, Bl. 56.
1820 Dies entspricht einer Länge von 1,96 Metern.
1821 LA Speyer, Best. B3, Nr. 2585, Bl. 206.
1822 Brief Georg Pollets vom 10. 2. 1785 an seinen Vater, zitiert nach: BREGEL, Geschichte, S. 108; Bregel vermutet, dass mit dem Begriff Theater die Bühne gemeint ist. Dies entspräche durchaus den damaligen Gepflogenheiten, den Bühnenbereich wie das Parterre als Tanzfläche zu nutzen, wie z.B. im markgräflichen Theater in Bayreuth.
1823 LA Speyer, Best. B3. Nr. 2590, Bl. 690, Rechnung vom 1. April 1785. Eine Bodenschraube kostete 9 Kreuzer.
1823 LA Speyer, Best. B3. Nr. 2590, Bl. 690.
1825 MANNLICH, Versuch, S. 12 f. Vertiefend dazu BREGEL, Geschichte, S. 77 ff.
1826 Die Theatersaison 1784 wurde durch den Tod des Erbprinzen Carl August Friedrich am 12. September des Jahres jäh beendet.

methien worinnen jedes Mal mit der 2ten war wovon jedem allemal 2 bz. zahlt wird, und Beträgt Neun gulden, Neun Batzen."[1827] Diese Rechnung wurde abermals vom Theatermaschinisten unterzeichnet und auch in einer Rechnung vom April 1785 wurde die Anwesenheit von Helfern bei jeder Vorstellung abgerechnet.[1828] Die Männer wurden für die Dauer einer Vorstellung für die Bühnendekoration und die Bewegungen der Bühnenmaschinerie eingesetzt. Außerdem finden sich Rechnungen des Schneidermeisters Johann Martin Glöckner über Röcke und Hosen, die er für die Komödianten auf dem Carlsberg genäht hatte.[1829] Der Schuhmacher Gerard gab an, im Sommer 1784 *„vor die Bandomien* [Pantomimen] *„Le pouvoir de la Rohse"* sowie *„Roy et son fermier"*[1830] vier Paar schwarze und ein paar rote Schuhe aus Saffian genäht zu haben. Vom Oktober 1785 existiert eine Rechnung, wonach der Schlosser zwei Haken anfertigte, *„vor die Tembelsaullen anzuhenken,"*[1831] die demnach zu einem Bühnenbild gehörten. Außerdem wurde die Anfertigung von Haken für die Flaschenzüge berechnet sowie das Beschlagen einer Gewichtsscheibe mit zwei Ringen und einem Haken um die Dekoration einzuhängen. Ebenfalls auf Order des Herrn Constant wurden in der ersten Jahreshälfte des Jahres 1786 vierzig doppelte Haken an den Beleuchtungsstangen befestigt. Acht Haken wurden *„an die Rollen vor die Vorhäng auf zuziehen gemacht."*[1832] Zu jeder Vorstellung waren erneut zwei Personen für das Ingangsetzen der Bühnenmaschinerie erforderlich.[1833]

Der Schlosser Magnus Bötsch hatte im Juli 1785 zwei Fenster *„in die Comethie Gartrob"*[1834] zu beschlagen. Im Oktober wurden die Schlösser an den Glastoren *„an der Durchfahrt am Comödie Haus"*[1835] von ihm repariert. Eine Rechnung des Spenglers Johann Peter Ham gibt Auskunft über eine vorhandene Beleuchtung der Zufahrt, denn er hatte *„ein licht in eine ladern gemach auf die strasse nach dem Comedienhauß."*[1836] Ebenfalls im Verlauf des Jahres 1785 wurde ein

---

1827 LA Speyer, Best. B3, Nr. 2590, Bl. 689.
1828 LA Speyer, Best. B3, Nr. 2590, Bl. 690.
1829 LA Speyer, Best. B3, Nr. 2958, #2244. Diese Rechnung wurde bereits im September 1783 ausgestellt.
1830 LA Speyer, Best. B3, Nr. 2958, #2267.
1831 LA Speyer, Best. B3, Nr. 2590, Bl. 727.
1832 LA Speyer, Best. B3, Nr. 2590, Bl. 741.
1833 „Weiters sind Comödie gewesen worinnen jedes mal zwey Mann gewesen als d. 17. April und 30t do und den 14t May ist auf dem Mann 8 xr." LA Speyer, Best. B3, Nr. 2590, Bl. 741.
1834 LA Speyer, Best. B3, Nr. 2590, Bl. 705v. Er erhielt dafür 24 Kreuzer.
1835 LA Speyer, Best. B3, Nr. 2590, Bl. 710.
1836 LA Speyer, Best. B3, Nr. 2593, Bl. 397. Diese Rechnung datiert auf den 16. Juli 1785. Am 9. Dezember hatte er drei neue Lichter *„zu den ladernen auf die Strasse nach dem Comedienhaus das stück 4 xr"* zu machen, LA Speyer, Best. B3, Nr. 2593, Bl. 397.

Anbau am Komödienhaus mit Dachhaken versehen[1837] und gedeckt. Der „Anbau hinter dem Comödie Haus"[1838] besaß eine Länge von 54 Schuh und wies zwei Dachfenster und zwei Kamine auf.[1839] Damit wird deutlich, dass mit dem Einbau des Komödienhauses in die Orangerie und den angegebenen Bauten auch eine deutlich sichtbare Veränderung des Außenbaues der Orangerie vonstatten ging, zu der eine eigens beleuchtete Zufahrt existierte. Ein Anbau findet sich jedoch weder im Grundriss der Orangerie auf dem Ölplan von 1804 (Abb. 43), noch auf der Federzeichnung der Kadetten Lüder aus dem Jahr 1791 (Abb. 21). Auf dem Situationsplan von Claudius Rosché aus dem Jahr 1825 dagegen, der sich sonst genau an den Ölplan hält, ist am Südflügel der Orangerie ein rechteckiger Anbau (Abb. 39) zu erkennen. Auch auf der Zeichnung Friedrich Herdegens vom Jahr 1791 (Abb. 38) ist ein solcher Anbau am südlichen Flügel zwischen der Orangerie und dem Taubenhaus eingezeichnet.

Auf Befehl des Hoftapezierers Richard wurden im Juni 1785 von Schreiner Michael Bihl vergoldete Leisten im Komödienhaus losgebrochen, und außerdem habe er „die dabeden helfen abmachen und die waben in dem komedie haus helfen ab machen."[1840] Vergoldete Leisten und Wappen können zwar noch keinen Eindruck der Ausstattung des Theaters geben, doch aus der Tatsache, dass das Zweibrücker Theater weiterhin bei großen Anlässen – wenn auch viel seltener – bespielt wurde, geht hervor, dass es sich beim Carlsberger Theater um ein kleineres und mit weniger Aufwand gestaltetes Gebäude als das Zweibrücker Theater handelte. Außerdem war das Carlsberger Komödienhaus zumindest teilweise mit der „alten" Ausstattung des Homburger Hauses versehen worden. Außer dem Maler Huber und dem Maler Maurer aus Straßburg, der im Dezember 1785 330 Gulden „für Mahlereyen zur Comedie"[1841] erhielt, treten keine Namen in Verbindung mit der Ausgestaltung des Carlsberger Komödienhauses und dessen Bühnenbildern in Erscheinung.

Im Schadensverzeichnis von 1793 werden das Komödienhaus oder Gegenstände, die auf dessen Existenz hinweisen könnten, nicht mehr aufgezählt. Dies findet sich durch die Rechnungen der Handwerker bestätigt. Wie lange die Schauspieltruppe am Carlsberg blieb, kann nicht genau datiert werden. Weber geht vom Jahr 1786 aus.[1842] Pochet, dem „Commedien Director dahier", wurde

---

1837 LA Speyer, Best. B3, Nr. 2590, Bl. 710.
1838 LA Speyer, Best. B3, Nr. 2590, Bl. 710.
1839 LA Speyer, Best. B3, Nr. 2590, Bl. 143. Der Anbau war 17,54 Meter lang. Zwei Kamine decken sich mit der Angabe des Schlossers Bubong vom Jan. 1786, der „zwey Bleyerne Kamin therren gemacht" hat. LA Speyer, Best. B3, Nr. 2590, Bl. 373.
1840 LA Speyer, Best. B3, Nr. 2590, Bl. 85. Für diese Arbeit erhielt der Schreiner 2 Gulden 40 Kreuzer.
1841 LA Speyer, Best. B3, Nr. 2953, S. 516.
1842 WEBER, Schloss Karlsberg, S. 243.

jedenfalls vom September des Jahres 1783 bis zum Juni 1785 die stattliche Summe von 22.561 Gulden zugestanden.[1843]

Da die Kinderschauspieltruppe Pochets im Jahr 1787 aus Kostengründen aufgelöst[1844] und die Orangerie mit dem ausgehenden Jahr 1792 nach und nach zur Kaserne umgeändert worden war,[1845] hatte man für Theaterräumlichkeiten auf dem Carlsberg keine Verwendung mehr. Vielmehr wurden nun auch diese Teile der Orangerie den baulichen Veränderungen im Kontext eines Kasernenbaues unterworfen. Der Maurer und Steinhauer Johannes Münzel stellte im November 1792 im Rahmen seiner Tätigkeit in der Orangerie „*6 Pfeiller wo das Comödien Hauß geweßen 5 Sch hoch und 3 Sch breit u. dick heraus gemauert p Pfeiller 4 fl.*"[1846] in Rechnung. Zu diesem Zeitpunkt war das Carlsberger Komödienhaus auch im Bewusstsein der Handwerker bereits ein überholter Teil der Carlsberger Baugeschichte.

8. Der Rundbau hinter der Orangerie – Beispiel eines ephemeren Festbaues

Maximilian Joseph, der Bruder Herzog Carls II. August, heiratete 1785 in Darmstadt Marie-Wilhelmine-Auguste (1765–1796), Prinzessin von Hessen-Darmstadt. Im Anschluss daran plante man ein Fest auf dem Carlsberg, welches

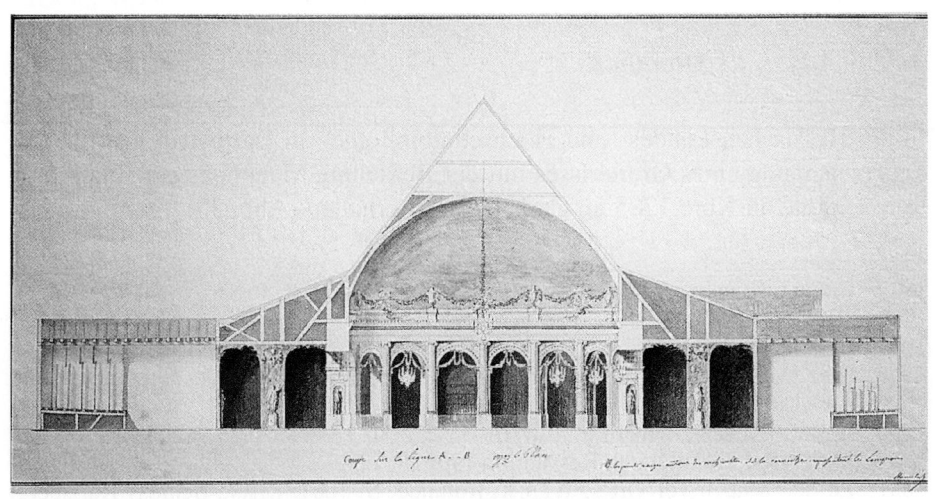

Abb. 74: Mannlich, Johann Christian von: Coupe sur la ligne A-B

1843 LA Speyer, Best. B3, Nr. 2953, S. 566.
1844 BREGEL, Geschichte, S. 117.
1845 S. dazu Kap. B.I.2.a.ee.
1846 LA Speyer, Best. B3, Nr. 2619, Bl. 99.

noch großartiger sein sollte, als jenes, das zuvor in Darmstadt gefeiert worden war.[1847] „Alles müsse aufgeboten werden, um die Festlichkeiten möglichst glanzvoll zu gestalten; die Majore Magnier und Cloßmann aus Mannheim würden das Feuerwerk, die Ballons und dergleichen vorbereiten helfen, und Quaglio mit seinen Gehilfen die Dekorationen malen. ‚Denn', fügte er [der Herzog] bei, ‚ich beabsichtige bei zweien dieser Festlichkeiten die ganze Bevölkerung zuzulassen. Man muß sie also unter freiem Himmel abhalten und gedeckte Plätze für den Hof und die hervorragendsten Persönlichkeiten vorsehen.'"[1848] Nach einiger Überlegung brachte Mannlich als erste Veranstaltung „[...] einen Jahrmarkt in Venedig in Vorschlag, dessen Schauplatz der weitläufige Hof der Orangerie sein sollte, welcher nur nach Süden[1849] offen war; somit wären drei Seiten der Gebäude, die ich dort aus Holz mit Leinenbedeckung usw. errichten würde, geschützt vor den Unbilden der Witterung. Die Orangerie selbst wäre, geschmückt und beleuchtet, geeignet für einen angenehmen Spaziergang zwischen den schönen Bäumen mit deren zahlreichen Blüten und außerdem ein Schutz gegen Kälte, Schnee oder Regen."[1850]

Noch heute zeichnen sich am Boden des Innenhofes der Orangerie zwei steinerne Fundamentringe ab. Der Äußere mit einem Durchmesser von 42 Metern[1851] stößt unmittelbar an den Mittelbau der Orangerie an. Über diesen Ringen erhob sich ein Rundbau aus Holz und bemalter Leinwand, der in kürzester Zeit errichtet[1852] (Abb. 74) und anschließend wieder abgetragen wurde.

a. Die Aquarelle Mannlichs

In der Hessischen Landes- und Hochschulbibliothek in Darmstadt hat sich die Federzeichnung eines Grundrisses mit der Betitelung Mannlichs als „Plan de la foire executé au Xbre 1785 au Carlsberg"[1853] erhalten (Abb. 75). Dazu gehören

---

1847 BENDER/KLEBER, Histoire, Bd. II, S. 272. MANNLICH, Rokoko und Revolution 1966, S. 226.
1848 BENDER/KLEBER, Histoire, Bd. II, S. 272.
1849 Hier trog Mannlich die Erinnerung, denn die offene Seite der Orangerie zeigt nach Osten.
1850 BENDER/KLEBER, Histoire, Bd. II, S. 272 in Übersetzung. Nur teilweise bei MANNLICH, Rokoko und Revolution 1966, S. 227.
1851 Zu den Maßen vor Ort s. WEBER, Rotunde, S. 366f. DERS., Schloss Karlsberg, S. 260.
1852 BENDER/KLEBER, Histoire, Bd. II, S. 273. MANNLICH, Rokoko und Revolution 1966, S. 227.
1853 Hessische Landes- und Hochschulbibliothek, Mappe 27/4/5. Diese Zeichnung ist – im Gegensatz zu einigen anderen Zeichnungen in diesem Mappenkonvolut – eindeutig dem Carlsberg und Mannlich zuzuweisen, da sie von Mannlich deutlich lesbar signiert wurde. Die Aquarelle wurden bereits bei Weber abgebildet

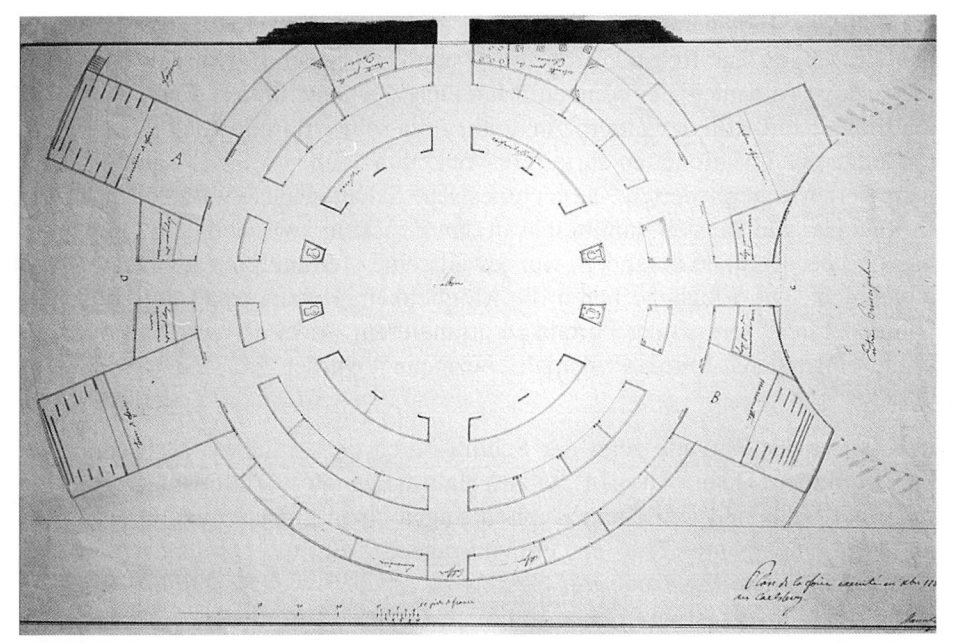

Abb. 75: Mannlich, Johann Christian von: Plan de la foire executé en Xbre 1785 au Carlsberg

vier aquarellierte Federzeichnungen, von denen eine den Schnitt eines Kuppelbaues zeigt (Abb. 74). Zwei weitere Zeichnungen zeigen die Eingangssituationen von einander gegenüberliegenden Seiten des Baues (Abb. 76, 77).[1854] Der Grundriss beschreibt einen Rundbau, dessen Mitte mit „Sallon" bezeichnet ist. Der Salon wird von drei konzentrisch verlaufenden Reihen weiterer Einbauten umlaufen, welche zwei Umgänge bilden. In diesen Einbauten, die in gleichmäßige kleine Abschnitte unterteilt sind, war laut Mannlichs Beschriftung Raum für das Orchester, Erfrischungen sowie für einen Garkoch, einen Konditor, einen Limonadenverkäufer und eine Vielzahl weiterer unbenannter Läden. Eine Detailzeichnung, die vierte des erhaltenen Aquarellkonvoluts, zeigt, wie die De-

---

und von ihm besprochen, s. WEBER, Rotunde, S. 366 f., DERS., Schloss Karlsberg. Die vergessene Residenz, S. 33 sowie DERS., Schloss Karlsberg, S. 259 ff. Die Tatsache, dass sich der Plan in Darmstadt erhalten hat, hängt damit zusammen, dass der Landgraf Ludwig X. von Hessen-Darmstadt die Rotunde nachbauen lassen wollte. „Le Landgrave de Hess, aujourdhui grand Duc en fut si content qu'il prià le Duc de lui permettre de faire copier mon plan, etant intentioné de le faire construire a Darmstadt en murs solide pour y donner des fêtes, et louer des boutiques aux marchends en tems de foire." BENDER/KLEBER, Histoire, Bd. II, S. 275, wo auch der Dankesbrief des Landgrafen für die übersandten Kopien Mannlichs wiedergegeben ist. S. auch WEBER, Rotunde, S. 368.

1854 Hessische Landes- und Hochschulbibliothek, Mappe 27/4/4 sowie 27/4/1 und 27/4/3.

koration und Beleuchtung dieser Stände aussehen sollte (Abb. 78).[1855] Neben den Eingängen zur Rotunde, die mit C und D bezeichnet wurden, sind vier rechteckige Anbauten zu erkennen. Mannlich zeichnete in drei dieser vier Bauten Bühnen mit Kulissengattern ein, und gab in seiner Beschriftung an, dass Komödianten und Marionetten darin ihre Vorstellung geben sollten, während in einem vierten ungegliederten Raum chinesische Schattenspiele vorgesehen waren. In Räumen, welche sich unmittelbar in den Zwickeln zwischen dem Orangeriebau und der Rotunde befanden, war jeweils eine „retraite pour les Dames" untergebracht. Die Eingänge boten die Möglichkeit, jeweils eine „loge pour des animaux rares" seitlich der Portale zu arrangieren, wobei der zum Schloss weisende Eingang als „Entrée Principale" bezeichnet wurde.

Das Innere der Rotunde zeigt der Schnitt durch diesen hölzernen Festbau mit kegelförmigem Dach (Abb. 74). Glatte Halbsäulen auf würfelförmigen Sockeln mit einer Basis und jonischem Kapitell tragen einen umlaufenden Dreifaszienarchitrav, einen glatten Fries und ein vorkragendes Gesims. Darüber scheint sich eine zweite glatte Frieszone mit Gesims zu erheben, welche durch Sockelvorsprünge gegliedert ist, auf denen im Wechsel Vasen und Gruppen kleiner Putti in den gleichen Abständen wie die Halbsäulen darunter zu erkennen sind. Dabei handelt es sich jedoch um einen Trompe-l'oeil. Die Täuschung wird im Schnitt des Gebäudes in der Kuppelwölbung sichtbar, wo jene zweite Frieszone mit den Vasen und den dazwischen hängenden Blumenfestons dort, wo sie seitlich plastisch hervortreten müssten, nicht mehr erkennbar ist. Darüber erhebt sich ein blaues Himmelsgewölbe, in dessen Mitte ein blumengeschmückter Kronleuchter angebracht ist. Eine Rundbogenarkatur hinter den Säulen vervollständigt das Theatermotiv der umlaufenden Architektur. Zwischen den Archivolten hängen Blütenfestons, während in einigen Durchgängen zusätzlich Lüster angebracht sind. Zur Beleuchtung tragen außerdem hunderte kleiner Lichter bei, deren Flämmchen auf dem Gesims der Kolonnade und in den Archivolten zu erkennen sind. Da die umlaufende Kolonnade die hölzerne Dachkonstruktion trägt, sind die Bogenfelder der Arkadenbögen recht tief, um die notwendige Konstruktion hinter den Halbsäulen zu verdecken. Man hatte daher genügend Raum für flache Figurennischen und einen Kassettendekor mit kleinen goldenen Rosetten in den Bögen. Die Konstruktion, welche die beiden Umgänge voneinander trennt, musste als Widerlager den Schub des Daches auffangen und bot wiederum ausreichend Tiefe, um die Durchgänge mit Festons und Skulpturen zu schmücken. Diese Wände sind mit geflochtenen Matten bedeckt, deren ausfransendes Flechtmaterial sich vom oberen Rand, Palmblättern ähnlich, nach unten neigt.

1855 „Décoration et illumination des Boutiques". Mappe 27/4/2. Auch abgebildet bei SCHNEIDER, Carlsberg – Carlslust, S. 361.

Abb. 76: Mannlich, Johann Christian von: Elevation de L'Entrée D

Die Portiken sind jeweils zwischen zwei Bühnenanbauten eingefügt, welche außen mit ebensolchen Flechtmatten verkleidet und mit Blumenfestons und Fahnen auf den flachen Satteldächern geschmückt sind. Der Eingang D (Abb. 76) wird durch die Verschmelzung einer Triumphbogenarchitektur mit einem vorgeblendeten Portal gebildet, dessen unkannelierte Doppelsäulen auf gedoppelten Sockeln stehen und mit jonischen Kapitellen geschmückt sind. Das Gebälk trägt einen Dreiecksgiebel. In den etwas zurückspringenden Seitenteilen befinden sich rechteckige Figurennischen, über welchen quadratische Reliefplatten mit Medaillons und umschließenden Lorbeergirlanden eingelassen sind. Zu beiden Seiten des Dreiecksgiebels befinden sich auf dem Gebälk der Rücklagen Gruppen kleiner Putti, aus welchen ein mittlerer stehender Putto eine brennende Fackel emporreckt. Dieses Portal, an dessen Archivolte ein Lüster und zwei seitliche Blumengirlanden angebracht sind, stimmt jedoch nicht mit der Beschriftung des oben beschriebenen Grundrisses überein, die angibt, dass seitlich Räume für seltene Tiere existierten.

Der Haupteingang C (Abb. 77) dagegen, dessen Gestaltung aus einem ebensolchen Portal mit Dreiecksgiebel vor einer breiteren Rundbogenarchitektur besteht, entspricht der Einzeichnung im Grundriss. Die beiden seitlichen Bögen, welche den Portalbogen rechts und links in gleicher Höhe flankieren, sind durch hohe Gitter verschlossen, die auf Käfige hindeuten. Gedoppelte Säulen mit glattem Schaft und jonischem Kapitell tragen ein Gebälk, auf dem Flammenvasen den Rhythmus der Säulen nach oben fortschreiben. Auch der Dreiecksgiebel des Portals wird rechts und links mit jeweils einer etwas ausladenderen Flammenvase geschmückt, die zusätzlich mit Lorbeergehängen verziert sind. Zwei Fahnen, die auf den Dächern der seitlichen Theaterzelte wehen, sind mit den Bestimmungen der Zelte beschriftet.[1856] Vor den Gittern der seitlichen Räume stehen zwei Skulpturen auf Sockeln der gleichen Höhe wie jene der Eingangsarchitektur. Die Skulpturen sind jedoch, wie alle anderen des Zeichnungskonvoluts, nur angedeutet und erlauben keine ikonographische Zuweisung.

Abb. 77: Mannlich, Johann Christian von: Elevation de l'Entrée Principale

b. Die Beschreibung bei Mannlich und Hinweise weiterer zeitgenössischer Schriftquellen und Akten

In der Gazette des Deux-Ponts vom 10. Dezember 1785 wurde die Ordnung der Festivitäten veröffentlicht, „die von Seiner Durchlauchtigsten Hoheit dem Pfalzgrafen, regierenden Herzog von Zweibrücken bei Gelegenheit der Vermählung seines Durchlauchtigsten Bruders angeordnet worden sind."[1857] Am Mitt-

---

1856 So steht auf der linken Fahne zu lesen „C'est ici les Marionettes animées". Auf der rechten Fahne steht, durch eine Falte verkürzt: „C'est ici les ombres verit[…]."
1857 Gazette des Deux-Ponts vom 10. Dezember 1785, Nr. 99, zitiert nach: BUTTMANN, Feierlichkeiten, Nr. 5. Danach war für Donnerstag, den 8. Dezember ein

woch, dem 14. Dezember war ein „Venetianischer Markt auf dem Karlsberg" vorgesehen. „Man wird, Herren wie Damen, in Venetianischer Tracht erscheinen. – Donnerstag, 15. Fortsetzung des Marktes."[1858] Zu diesem Zweck erdachte Mannlich den beschriebenen Rundbau. „An der Decke flatterten Amoretten, welche die Aufhängung des Kronleuchters schmückten. Rings um die Rotunde, von jedem Pilaster zum nächsten, waren große Arkaden angebracht. Von diesen Arkadenbögen dienten vier als Eingang und standen den vier großen Zwischengängen gegenüber, die in gerader Linie durch die Buden der Händler einen breiten Korridor bildeten; am Ende jedes Korridors befand sich ein Theater. Die übrigen Bögen waren für die Orchester, Wirte, Limonadenverkäufer, Garköche, Kuchenbäcker usw. bestimmt. Man betrat diesen Markt, der aus einem einzigen Gebäude bestand, durch einen großen Portikus mit Seitenflügeln zu beiden Seiten; diese beiden Anbauten waren für lebende exotische Vögel und seltene Tiere vorgesehen. Ein dritter Kreis von kleinen Läden war um die Rotunde angeordnet, welche zum Tanz vorgesehen war. Aus der Mitte konnte man in der Ferne in die vier Theater blicken und durch das Gewölbe der Orangerie hindurch auf den Markusplatz von Venedig."[1859] Beleuchtet wurde der Bau durch tausende kleiner Lämpchen, die man auf die Gesimse und um die Läden herum aufgestellt hatte. In den Läden boten Händler aus Mannheim, Straßburg, Metz und Paris ihre Waren feil (Abb. 78).

Friedrich Christian Karl von Fürstenwärther, der an jenem Fest teilgenommen hatte, schildert sein Erleben wie folgt: „Zur linken des fürstlichen Schlosses ste-

---

    großes Festmahl und eine Theatervorstellung geplant, für den 9. Dezember ein Mittagsmahl in Monbijou und „eine Stadtbeleuchtung in Zweibrücken, wobei ein Luftballon aufsteigen wird." Der Samstag war der Jagd vorbehalten, der Sonntag einem Festball auf dem Carlsberg. Der 12. Dezember war ein Ruhetag, bzw. ein Ausweichtag, falls man witterungsbedingt umdisponieren müsste. Dienstags war eine Theatervorstellung geplant, mittwochs und donnerstags der venezianische Markt auf dem Carlsberg. Am Freitag waren ein Feuerwerk und ein Ball in Zweibrücken vorgesehen, samstags erneut eine Jagd. Der Sonntag war wiederum dem Theater gewidmet und am Montag sollte ein Feuerwerk in der Carlslust stattfinden. Dienstags stand ein Ball in der Fasanerie der Herzogin und am Mittwoch ein chinesisches Fest auf dem Carlsberg auf dem Programm. BUTTMANN, Feierlichkeiten, Nr. 5, S. 20. S. zu diesem Fest SCHWAN, Feuerwerk.

1858 BUTTMANN, Feierlichkeiten, Nr. 5.
1859 „[…]; de son milieu on voyoit dans le lointaine les quatre theatres, et au travers la voute de l'Orangerie la place de S$^{t.}$ Marc de Venise." BENDER/KLEBER, Histoire, Bd. II, S. 273 f. Etwas ungenauer übersetzt bei MANNLICH, Rokoko und Revolution 1966, S. 228: „[…] und nach der Seite der Orangerie hin erstand in der Ferne vor den Augen des Beschauers der Markusplatz von Venedig". Weber verstand diese Textstelle völlig anders, nämlich als „Straße der Orangerie", und kam daher zu einer anderen Interpretation, indem er die Sicht auf den Markusplatz in Richtung der so genannten Appelallee annahm. WEBER, Schloss Karlsberg, S. 263.

Abb. 78: Mannlich, Johann Christian von: Décoration et illumination des Boutiques

het die Orangerie, ins Gevierte ein grosses Gebäude, von einem Haupttheile desselben benamst, ein grosser Hof in der Mitte welcher zu einem Venetianischen Markt ausgeschmükt werden sollte. Er war gleich einem Zelte, mit purem Tuche gedekt, dessen Dach kegelförmig sich endigte, und die Seitenwände enthielten die Öfen, welche den ganzen weiten Raum erwärmten. Die Täuschung der Kunst stellte hier eine Aufführung von Steinen dar, und ein jeder, noch der Bauart und Materie unwissende konnte keinen Augenblick daran zweifeln. Inwendig war alles mit Malereien geziert und hell erleuchtet, die Deke stellte den Himmel vor und zwischen den Wolken leuchteten Sterne. In der Mitte war ein freier runder Plaz zu Täntzen bestimt, und rund umher standen die Stände der Kaufleute in drei Reihen, so, dass man dazwischen herum gehen konnte: auch aller Zwischenraum war mit grünem Gesträuche geziert und erleuchtet. Aus diesem Zelte konnte man in die daran stossende Orangerie gehen, die den Fürsten und ihrem Gefolg zum Speiss Saal und Aufenthalt diente, woraus sie von Zeit zu Zeit auf den Markt und zu den Täntzen sich begaben."[1860]

In den Akten finden sich weitere Details, die über die Größe und die Konstruktion der Rotunde Auskunft geben. Der Schlossermeister Henrich Bubong gab in seiner *„Specificacion derren Jenige schlosser arbeit welge ich Unter schribener*

1860 FÜRSTENWÄRTHER, Gedächtniss, S. 65 f.

auf den Karls Berg zu dem feyerwerck und fenicianissen Marck gemacht habe"[1861] an, er habe *„Zwey Krossen Reif fon starcken Eissen um den Kantzen Bau Herrom gemacht [...],"* die jeweils einem Umfang von 168 Schuh hatten und zusammengeschraubt wurden, was einen Durchmesser des zentralen Salons von 17,38 Metern ergibt.[1862] Zum Anbringen dieser Reifen um den Bau, die dem Zusammenhalt und der Stabilisierung der hölzernen Konstruktion dienten, benötigte man mit mehreren Männern vier Tage.[1863] Die von Mannlich beschriebene Beleuchtung des Baues durch tausende kleiner Lämpchen wurde ebenfalls mit der Hilfe des Schlossers bewerkstelligt, der dafür 5560 Drahthalterungen aus Messing anfertigte, *„alwo man die Klesserne Lichter Eingestelt forne am Ent Eine Holz schraub alwo man sie Ein geschraubt hath."*[1864] Bezüglich der Beschaffung dieser gläsernen Lichter ging man recht pragmatisch zu Werke, denn auf der Götzenbrücker Glashütte wurde ein Bericht verfasst, welcher besagt, dass der Glasermeister Römer *„allhier 6000 stück drinck becher gelathen von der dritten Sorten weillen keine von der Ersten Sorten verfertiget waren [...]."*[1865] Eine Nota dieses Berichts ergänzte nun, dass diese Gläser im Rahmen der Feierlichkeiten, die auch in Zweibrücken stattfanden, *„nach gemachtem Gebrauch dahier H. Hofgärtner Petry zur Illumination auf den Karlsberg zugestellt worden."*[1866]

Henrich Bubong lieferte für die Rotunde die Ofenrohre für zwölf jener von Mannlich erwähnten Öfen.[1867] Mit beteiligt an den Arbeiten war im November und Dezember 1785 auch der Schlosser Magnus Bötsch. Er lieferte einen *„gro-*

1861 LA Speyer, Best. B3, Nr. 2590, Bl. 370, datiert auf den 30. Dezember 1785. Die Gesamtsumme, mit der er seine Arbeiten in Rechnung stellte, belief sich auf 398 Gulden und 2 Kreuzer.
1862 LA Speyer, Best. B3, Nr. 2590, Bl. 370. 168 Schuh entsprechen einem Umfang von 54,57 Metern. Die Reifen wogen zusammen 1198 Pfund.
1863 Der Schlosser benötigte an zwei Tagen drei und an zwei weiteren Tagen vier Männer. Insgesamt berechnete er dafür den Tagelohn für vierzehn Tagewerke à 36 Kreuzer, was dem Tagelohn eines Gesellen entspricht. LA Speyer, Best. B3, Nr. 2590, Bl. 370.
1864 LA Speyer, Best. B3, Nr. 2590, Bl. 370. Für diese Teile berechnete er 139 Gulden.
1865 LA Speyer, Best. B3, Nr. 2601, Bl. 65. Der Bericht wurde am 24. November 1785 in der Götzenbrücker Glashütte (heutiges Goetzenbruck im Département Moselle) abgezeichnet. Mit Fuhr- und Einpackerlohn kosteten diese 6000 Gläser 171 Gulden 27 Kreuzer *„teutsch Geld"*.
1866 LA Speyer, Best. B3, Nr. 2601, Bl. 65v. Diese Trinkgläser reichten jedoch noch nicht aus, weshalb man einen Mann noch einmal zur Glashütte schickte, um noch einmal für die Summe von 18 Gulden Gläser *„zur hiesigen Illumination vor gnädigste Herrschafft"* abzuholen. LA Speyer, Best. B3, Nr. 2601, Bl. 80.
1867 LA Speyer, Best. B3, Nr. 2590, Bl. 370v. Dafür berechnete er 53 Gulden 3 Kreuzer.

sen starken Hacken vor den mittler Ehrenleuchter anzuhenken [...]."[1868] Mehrere Türen anzuschlagen gehörte ebenfalls zu seinen Aufgaben. So waren Türen am Orchester zu beschlagen und einzuhängen, wie auch *„auf dem kleinen Theater, wo das Schattenspiel gewesen"* und *„auf den kleinen Theatern [...]"* und schließlich *„zwey Profet Thüren [...]."* Tüncher Johannes Carré gab in einer Rechnung an, er habe auf Befehl *„des Herr Hoff Tapezier Monnsier Rischard [...] auf dem Carlsberg 4 Täg an dem Viennitzianischen marck leinwand otter Toch angenagelt [...]."*[1869] Der Schlosser Adam Manny hatte *„für gnädigste Herrschaft auf dem Carls-Berg zu denen freudenfesten und feyer ausgefertiget [...] Auf Angaben des Herr Constans erstens siebenzehen Krohnenleuchter von Eysendraht – zwölf leuchter jeden zu zwölf lichter darauf zu stecken [...] und fünf andere Kronenleuchter auf jeden 24 lichter zu stecken [...]."*[1870] Die Arbeiten, die der Aufsicht des Baumeisters Krutthofen unterstanden, mussten Tag und Nacht ununterbrochen fortgesetzt werden, was aus den *„Urkunden von denen Geldern, welche in ao 1785 bei der vorgeweßenen festivitaet von Magazinier Winsweiler ausbezahlt worden"*[1871] zu ersehen ist. Zu den erforderlichen Arbeitern, *„welche bey der Herrschaftlichen Mahlerey p zur vorgewesenen Festivität und Feuerwerck p gearbeitet haben [...],"*[1872] gehörten fünf Steinhauer, 18 Maurer, vier Zimmerleute, sieben Schreiner, vier Leyendecker, zwei Tüncher, sowie mehr als vierzig Handlanger und Personen, welche notwendige Gänge erledigten. Die Arbeiten, beispielsweise jene des Steinhauers Adam Himmel, wurden für 24 Tage und 26 Nächte zu jeweils 26 Kreuzern abgerechnet.[1873] Für das leibliche Wohl der Arbeiter war auch gesorgt, denn zu *„[...] der unterm Monat Decembr: 1785 Von Sr. Herzogl. Durchlaucht Gnädigst geordneter Festivitaet [...]"* musste Andreas Ott laut seines Schreibbuches *„[...] auf Verlangen des Herrn Baumeister Cruttenhof, an die Handwercks Leute [...] Brod – Bier – und Brandenwein verabfolgen lassen."*[1874]

1868 LA Speyer, Best. B3, Nr. 2590, Bl. 726. Dafür berechnete er 30 Kreuzer.
1869 LA Speyer, Best. B3, Nr. 2591, Bl. 253. Er verlangte pro Tag einen Gulden.
1870 LA Speyer, Best. B3, Nr. 2595, zu #2489. Für einen Leuchter mit zwölf Lichtern verlangte er einen Gulden, während die Leuchter mit 24 Lichtern einen Gulden 30 Kreuzer kosteten. Die Rechnung datiert auf den 31. Dezember 1785 und wurde vom Theatermaschinisten Jean Pierre Constant abgezeichnet.
1871 LA Speyer, Best. B3, Nr. 2601, Bl. 49.
1872 LA Speyer, Best. B3, Nr. 2601, Bl. 50 f.
1873 LA Speyer, Best. B3, Nr. 2601, Bl. 50. Die Arbeiten aller Personen, die an der Rotunde beschäftigt waren, schlugen mit insgesamt 944 Gulden und 57 Kreuzern zu Buche.
1874 LA Speyer, Best. B3, Nr. 2597, Bl. 111. Rechnung vom 13. Februar 1786 über 35 Gulden und 51 Kreuzer. Davon belief sich die Summe für *„Brandenwein"* alleine auf 20 Gulden und 30 Kreuzer.

c. Vorbilder der Festidee und des Baues

Das Motiv des venezianischen Marktes im Zusammenhang mit vergleichbaren Festivitäten geht auf eine barocke Tradition zurück, die sowohl nach Dresden in die Heimat der Herzogin verweist, als auch nach Ludwigsburg zu Herzog Carl Eugen von Württemberg, mit dem der Zweibrücker Herzog befreundet war. Ein barockes Fest, das über etliche Tage gefeiert wurde, bestand aus einer Komposition unterschiedlicher Elemente und Mottoveranstaltungen, deren Ideenfindung den angesehensten Künstlern oblag.[1875] In Dresden, der Heimat der Herzogin, hatte man anlässlich der Hochzeit Augusts des Starken mit der Erzherzogin Maria Josepha von Habsburg 1719 den Dresdener Zwinger zum Schauplatz einer so genannten Wirtschaft gemacht, auch Mercerie genannt.[1876] Dabei handelte es sich um einen gespielten Jahrmarkt, wo die Mitglieder des Hofes in Verkleidung unterschiedlichster Kulturen teilnahmen und wo man Buden aufgebaut hatte, in welchen „Schmuck, Gold- und Silberwaren, Puppen und Spielzeug etc. feilgeboten wurden. Ein Quacksalber spielte seine Rolle ebenso wie ein Harlekin, Kunstspringer aus Venedig traten auf, ein Marionettenspieler führte eine französische Komödie auf, wahrsagende Zigeuner gab es und einen blinden Bettler, der eine Moritat über die Türken sang."[1877] Solche Mercerien waren fester Bestandteil größerer feudaler Feste.[1878] Wirtschaften und Jahrmärkte lieferten, so konstatiert Richard Alewyn, „allerorten die Devisen zu lustigem Trachten- und Völkergewühl, als man, der höfischen Rollen müde, sich sehnte, die Welt einmal von unten zu betrachten, und damit im Spiel vorwegnahm, was am Ende schreckliche Wirklichkeit werden sollte."[1879] Auch der Karneval in Venedig bot alle Möglichkeiten der Verkleidung und war daher als Thema bei Bällen sehr beliebt. Schon im Rahmen der Hochzeitsfeierlichkeiten der Pfalzgräfin Maria Amalia Augusta, der Schwester Carl Augusts, mit dem sächsischen Kurfürsten Friedrich August III. im Jahr 1769, fand ein venezianischer Karneval statt.[1880] Als der Pfalzgraf Carl August 1774 in Dresden die Prinzessin Maria Amalie von

---

1875 S. dazu ALEWYN, Epoche, S. 8 ff. Mannlich berichtet (MANNLICH, Rokoko und Revolution 1966, S. 226), dass der Herzog ihn mit der Planung der 14-tägigen Festivitäten betraute, und wusste sich damit in der Tradition großer Hofkünstler, von Le Brun über Rubens und Bernini bis zu Inigo Jones, Boucher und Goethe, die ihre Ideen in solche vergänglichen Festkunstwerke investieren mussten. Der Anlass für solche mehrtägigen Feste konnten Hochzeiten, Geburtstage, die Genesung von einer Krankheit, Besuche, Einweihungen etc. sein. ALEWYN, Epoche, S. 12. S. dazu auch STENKE, Festarchitektur, S. 336.
1876 STENKE, Festarchitektur, S. 338 f.
1877 BAUER, Barock, S. 132.
1878 BAUER, Barock, S. 132. ALEWYN, Epoche, S. 30 f.
1879 ALEWYN, Epoche, S. 31.
1880 WEBER, Freundschaft, S. 9.

Sachsen heiratete, wurde die Idee eines Fastnachtsballs im venezianischen Stil erneut aufgegriffen.[1881]

Die Idee der venezianischen Messe stammte dagegen aus Ludwigsburg. Zum dortigen Hof bestanden freundschaftliche Verbindungen, wie gegenseitige Besuche zeigen. So weilte Herzog Carl Eugen im Mai 1784 auf dem Carlsberg, was er in seinem Tagebuch vermerkte.[1882] Anlässlich der Messe in Ludwigsburg wurde der Marktplatz „zeltartig mit Tüchern bedeckt, Verkäufer und Käufer waren maskiert. Es war ein buntes Getümmel von Masken, welche die tollsten Aufzüge und Spiele ausführten […]."[1883] Die Idee einer venezianischen Messe hatte Herzog Carl Eugen vermutlich von einem seiner Venedigaufenthalte mitgebracht, denn ab 1768 wurde die erste dieser Messen, die im jährlichen Turnus bis 1775 stattfanden und danach in Stuttgart fortgesetzt wurden, in Ludwigsburg auf dem dortigen Marktplatz abgehalten.[1884] Diese Messe war eine Verkaufsmesse, die durch Annoncen Händlern anbot, sich um eine Boutique auf diesem Markt zu bewerben. Über den Ablauf wurde berichtet, man habe „vor die anhergekommenen vielen fremden und einheimischen Handelsleute auf dem großen Marktplatz bequeme und geräumige Boutiquen errichten lassen,"[1885] so dass „darauf allen aus- und innländischen Handelsleuten ihre Waaren feil zu haben, und jedermänniglich davon zu profitiren en Masque sich dabey einzufinden und überhaupt an denen offentlichen Ergözlichkeiten Theil zu nehmen erlaubt seyn solle […]."[1886]

Das Fest in der Rotunde mit dem venezianischen Markt stellt daher eine Verbindung zweier Ideen dar: der des Karnevals, wie es bei Hochzeiten in Dresden üblich war, mit der eines Jahrmarktes in der Kulisse Venedigs. Mannlich gelang es damit, für das Hochzeitspaar innerhalb des Festablaufs ein Motto zu schaffen, das nicht als Wiederholung der herzoglichen Hochzeit in Dresden aufgefasst werden würde, und doch die Möglichkeit reizvoller Verkleidungen in eleganter Kulisse bot.

Hinsichtlich der Architektur wurde bereits von Wilhelm Weber auf die Verwandtschaft der Anordnung der Bühnenräume mit dem Vierbühnenprojekt von

---

1881 WEBER, Freundschaft, S. 9.
1882 UHLAND, Tagbücher, S. 239.
1883 Kerner, Justinus: Das Bilderbuch aus meiner Knabenzeit, Leipzig 1849, zitiert nach: IM HOF, Jahrundert, S. 22.
1884 HENNING, porcelaine, S. 146–159, S. 153.
1885 Bayreuther Zeitung vom 2. Februar 1769, zitiert nach: HENNING, porcelaine, S. 156.
1886 Stuttgardische privilegierte Zeitung vom 30. Dec. 1771, zitiert nach: HENNING, porcelaine, S. 155.

Abb. 79: Chalgrin, Jean François Thérèse: Sale de bale
Entworfen anlässlich der Hochzeit des Dauphin mit Marie Antoinette

Joseph Furttenbach verwiesen.[1887] Auch auf die Tatsache, dass es sich um eine Festarchitektur handelte, wie sie andernorts zu Hochzeiten und anderen festlichen Anlässen erbaut worden waren, wies er hin. Vertiefend kann an dieser Stelle noch hinzugefügt werden, dass Mannlich sich anlässlich der Erbauung dieser Rotunde erneut mit der Architekturtheorie und den Zeitströmungen auseinandersetzte, wie er dies zuvor bereits bei der Verwendung der basenlosen Dorik und hinsichtlich der Neuerungen seiner Zweibrücker Theaterarchitektur – stets mit Blick auf die Entwicklungen in Paris – getan hatte. Ab 1760 erfreuten sich in Paris kreisförmige Räume besonderer Beliebtheit, die auf der reinen geometrischen Form einerseits und auf der Vorbildfunktion des römischen Pantheon als der perfekten antiken Raumform andererseits basierte. „Vor allem der kreisrunde überkuppelte Salon entwickelt sich zu einer häufigen, fast kanonischen

---

1887 WEBER, Rotunde, S. 369 sowie DERS., Schloss Karlsberg S. 263. Dieses Projekt eines achteckigen Schauspielsaales mit vier Bühnenhäusern wurde vorgestellt in: Mannhafter Kunstspiegel, Augsburg 1663, Kupferstich Nr. 28. Näheres zu den Theaterprojekten Furttenbachs s. REINKING, Theaterprojekte. Weber wies außerdem auf die Grundrisse des unausgeführt gebliebenen Schlosses Malgrange nach Plänen von Boffrand sowie jene des Schlosses Stupinigi bei Turin nach Plänen von Juvarra hin. S. WEBER, Schloss Karlsberg, S. 264 f. Zu den Plänen von Boffrand s. HÄBERLE, Pariser Architektur, S. 82 sowie die Abb. 33 und 34.

Raumform im Pariser Hôtelbau."[1888] Auch die von Le Camus de Mezières erbaute ‚Halle au blé', eine kreisrunde Getreidehalle mit umlaufenden Arkaden, wurde von der Architekturkritik ebenso gefeiert wie vom Publikum.[1889] Wie weit dabei hinsichtlich der konzentrischen Umgänge ein Vorbild in Santo Stefano Rotondo, der frühchristlichen Kirche auf dem Monte Celio in Rom, zu sehen ist, muss hier Spekulation bleiben. In jedem Fall stellt auch diese Rotunde aus drei umlaufenden Kreisen, in die ein griechisches Kreuz eingeschrieben ist, eine architektonische Meisterleistung dar, die Mannlich bei seinem Romaufenthalt ab 1766 kennen gelernt haben, und die auch für jene Grundrissgestaltungen in Paris impulsgebend gewesen sein könnte.

Die architektonischen Wurzeln der Eingangspforten, die Mannlich entworfen hatte, liegen ebenfalls in jener Festarchitektur, wie sie vielfach in Form von Ehrenpforten zum Anlass von Hochzeiten, Besuchen, Genesungen oder sonstigen Feierlichkeiten errichtet wurden. In der Carlsberger Bibliothek finden sich dazu einige Titel von solchen Begebenheiten.[1890] Insbesondere das Formenvokabular des Eingangsportals eines Ballsaales, das Jean François Thérèse Chalgrin aus Anlass der Hochzeit des Dauphin mit Marie Antoinette 1770 errichtet hatte (Abb. 79),[1891] könnte Mannlich bei seinen Entwürfen inspiriert haben. Diese Festarchitektur Chalgrins wurde von J.F. Blondel wegen seines innovativen Wertes gelobt, denn sie stellt ein Beispiel modernster Architektur dar.[1892] Die Verwendung der jonischen Ordnung an einer Triumphbogenarchitektur, darüber Medaillons, welche mit Lorbeerfestons behängt sind, und seitlichem Raum für Skulpturenschmuck findet sich bei Mannlich in modifizierter Form wieder.

Zusammenfassend kann bezüglich der Zeichnungen, welche über die Rotunde im Orangeriehof erhalten sind, gesagt werden, dass Mannlich sich auch hier, wie schon zuvor im Rahmen seines Zweibrücker Theaterbaues und der dortigen Rathausfassade, sowie der Wahl der dorischen Säulenordnung für die Altane des Schlosses, erneut als Kenner der aktuellen Strömungen innerhalb der Architekturtheorie und der modernen Baukunst ausweist. So bestätigt sich die Aussage

---

1888 HÄBERLE, Pariser Architektur, S. 83.
1889 HÄBERLE, Pariser Architektur, S. 84.
1890 StBib. Bamberg, Verzeichnis, S. 114, Nr. 31: Fetes (representation des) données par la Ville de Strasbourg pour la convalescence du Roi, à l'arrivée & pendant le séjour de sa Majesté en cette Ville inventée par J.M Weis. Paris. Nr. 32: Fetes (Description des) données par la Ville de Paris à l'occasion du Mariage de M. Louise Elisabeth de France & de Dom Philippe Infant d'Espagne les 29 & 30 Aug. 1739. Paris 1740. StBib. Bamberg, Verzeichnis, S. 117, Nr. 67: Patte, Monumens érigés en France à la gloire de Louis XV. Paris 1768.
1891 OECHSLIN/BUSCHOW, Festarchitektur, S. 112.
1892 OECHSLIN/BUSCHOW, Festarchitektur, S. 94.

Mannlichs, er habe die Architektur „nach der Seite des Geschmackes hin"[1893] gekannt. Hinsichtlich der ihm gestellten Aufgaben als Architekt war er somit bezüglich seines Kenntnisstandes immer auf der Höhe der Zeit.

II. Die Treibhäuser

Betrachtet man auf den wenigen erhaltenen Zeichnungen des Schlossprospekts die einzelnen Gebäude, die den Kern des Schlossbereiches rahmen (Abb. 38), so wird das Schlossgebäude nach Norden zunächst durch den Straßenflügel verlängert, welcher das Küchengebäude verdeckt. Zwischen dem Schloss und den Marställen erkennt man weitere kleinere Gebäude, die das Schloss vom Marstallkomplex trennen. Dabei handelt es sich um Treibhäuser. Bereits Mannlich erwähnt ihre Existenz[1894] in seinen Lebenserinnerungen im Zusammenhang mit frühlingshaften Tafelfreuden an einem verschneiten Wintertag im so genannten ‚Salon Mannlich' des Schlosses. Dabei habe man frische Ananas, Kirschen, Trauben, Erdbeeren und anderes aus den Treibhäusern kredenzt, weil man, wie der Herzog meinte, den Jahreszeiten vorgreifen und die Natur mit der Kunst besiegen müsse.[1895]

In den Akten zu den Carlsberger Bauten werden, 1781 beginnend, über Jahre hinweg Treibhausbauten erwähnt, die es umzusetzen, zu errichten oder auszubessern galt. Da die Standorte der Treibhäuser und die Pflanzen, die in diesen Bauten gezogen wurden, allgemein Auskunft über das Aussehen der Carlsberger Anlagen, aber auch speziell über die Gartengestaltung und Lebensumstände im Schloss geben, folgt eine Untersuchung der bildlichen und schriftlichen Überlieferungen hinsichtlich der Treibhäuser in der Umgebung des Schlosses.

1. Bildmaterial von Carlsberger Treibhausbauten

Die Zeichnung von Friedrich Herdegen aus seiner „Carte von den Beiden Ober Aemter Zweybrucken und Homburg" aus dem Jahr 1791 (Abb. 38) zeigt den Schlossprospekt, auf welchem nördlich des Schlosses eine niedrige Mauer zu erkennen ist, die ein größeres Terrain einfriedet. Den nördlichen Abschluss dieses Geländes bildet ein Treibhaus mit Pultdach. Das Dach ist, gesehen von der Talseite, von Norden nach Süden ansteigend. Die weit in die Tiefe reichende

---

1893 MANNLICH, Rokoko und Revolution 1966, S. 200.
1894 BENDER/KLEBER, Histoire, Bd. II, S. 285. MANNLICH, Rokoko und Revolution 1966, S. 233.

südöstliche, dem Schloss zugewandte Gebäudeseite bildet unterhalb der Dachtraufe eine deutliche Hohlkehle.[1896] Auch die Zeichnung der Kadetten Lüder (Abb. 21) aus dem Jahr 1791 gibt unter „g" in der Legende an: *„Une terre chaude avec son logement"*, wobei es sich um einen Transkriptionsfehler des französischen Wortes für Treibhaus „serre chaude" handelt. Auf dieser Abbildung ist zu erkennen, dass sich zwei Treibhäuser mit nach Nordwesten abfallendem Pultdach an der gleichen Stelle, die auch Herdegen ausweist, in einer Flucht hintereinander reihen.[1897] Auf dem so genannten Ölplan im Landesarchiv Speyer aus dem Jahr 1804 (Abb. 43), der die zu dieser Zeit nachweisbaren Grundmauern der Schlossanlage angibt, findet sich am Rand eines trapezförmigen Geländes nördlich des Schlosses, das mit *„Jardins"* gekennzeichnet ist, ein Treibhaus. Dieses Gebäude steht mit dem Giebel zur Straße parallel zu den Flügeln des Schlosses.

Auch zwei zeitlich später anzusetzende Zeichnungen des Bahnmeisters Claudius Rosché zeigen die beiden Treibhäuser. Roschés *„Situations Plan vom Carlsberg"* von 1825, der in sein gezeichnetes Monumentaltableau der Zeit von 1860 bis 1868 integriert wurde, weist an gleicher Stelle wie der Ölplan zwei Gebäude auf, welche dicht angrenzend in einer Flucht beieinander stehen. Die ebene Fläche zwischen den Treibhäusern und dem Schloss wird hier im Unterschied zu anderen vorhandenen Zeichnungen in der Legende als Exerzierplatz ausgewiesen (Abb. 44)

In ähnlicher Form ist diese Situation auf Roschés Monumentaltableau von 1860–68 *„Die Residenz des Herzogs Carl II auf dem Carlsberg bei Homburg im Jahr 1789"* dargestellt, das die Gesamtsituation der Carlsberger Anlagen aus der Vogelschau wiedergibt (Abb. 80). Hier erkennt man zwei Treibhäuser in einer Linie, die den genannten Exerzierplatz begrenzen, auf dem Soldaten paradieren. Die beiden Gebäude besitzen jeweils zur Straßenseite zwei Fensterachsen mit einer Tür in der rechten Achse des Erdgeschosses und zwei Fenstern im ersten

---

1895 MANNLICH, Rokoko und Revolution 1966, S. 233.
1896 Auch auf dem „Plan perspectif de la ville de Hombourg et de ses environs" (Abb. 44), einer aquarellierten Zeichnung aus dem Jahr 1785 ist nördlich des Schlosses unter Nummer 5 der Legende ein Treibhaus angegeben. Im Übrigen handelt es sich bei der Darstellung des Schlosses um eine symmetrische Idealansicht.
1897 Die *„Carte von dem Ober Amt Homburg"*, im Jahr 1793 vom Pfalz-Zweibrückischen Geometer Schaefer aufgenommen (Abb. 21), enthält in der oberen rechten Ecke einen Prospekt des Carlsberges in ähnlicher Darstellungsform wie die oben genannten Ansichten. Auch diese Zeichnung gibt Auskunft über zwei Gebäude der bereits beschriebenen Art. Man erkennt darüber hinaus an der Straßenseite des Gebäudes drei Fensterachsen in zwei Stockwerken mit einer Eingangstür zu ebener Erde in der mittleren Achse.

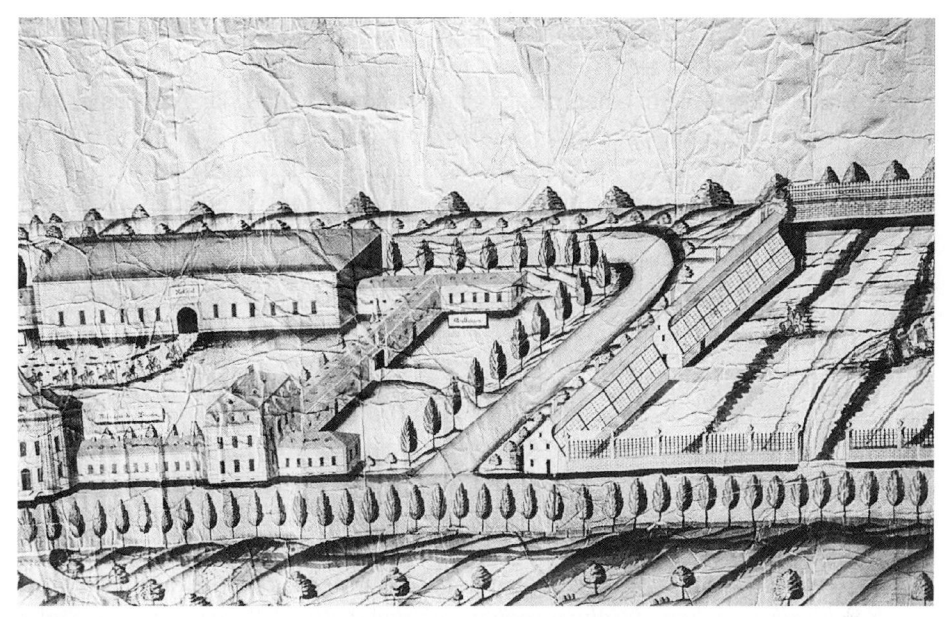

Abb. 80: Rosché, Claudius: Residenz-Schloss des Herzogs Carl II. mit sämmtlichen Gebäulichkeiten auf dem Carlsberg (Ausschnitt Reithaus, Stallungen, Treibhäuser)

Obergeschoss. Unter dem Dachfirst befindet sich in der Mitte eine kleinere Fensteröffnung, die zu einem Speicher unter dem abknickenden Dach zu gehören scheint. Die Giebelfassade ist ohne architektonischen Schmuck gestaltet. Das Dach steigt auf der schlossabgewandten Seite wie ein Satteldach an, knickt zu Schlossseite um und endet in einer Hohlkehle, die sich über die gänzlich in Glas aufgelösten Fassadenwände neigt. Die schräg gestellten Glasfensterwände dieser Häuser sind nach Süden ausgerichtet und setzen mit ihrer Neigung über einem senkrechten steinernen Sockel an. Eines der Häuser ist auf der Abbildung in der südlichen Sockelwand mit einer zusätzlichen Tür versehen.

2. Aktenmaterial zu Treibhäusern auf dem Carlsberg

Die Grundlage für den Nachweis mehrerer unterschiedlicher Treibhäuser[1898] auf dem Carlsberg bildet neu aufgefundenes Material in den Speyerer Aktenbeständen – im Gegensatz zu den Bildquellen, die nur die oben benannten Gebäude

---

[1898] Auch Regierungsrat Rheinwald berichtete in seiner Zustandsbeschreibung des zerstörten Schlossgartens von mehreren Treibhäusern: „*Des Hn. Burgers Wohnung blieb auch verschont; hingegen brannten das Lorbeerhaus und das Treibhaus des Gärtners Francois ab. In dem Schlossgarten sieht es noch zhiemlich gut*

kennen. Darüber hinaus liefern die Rechnungen der Handwerker den Nachweis für die Tatsache, dass die Treibhäuser für unterschiedliche Pflanzen angelegt wurden, was sich im Einzelnen oftmals noch andeutet, und dass den einzelnen Gärtnern eigene Treibhäuser unterstanden und in deren Zuständigkeitsbereich fielen. Zunächst wäre also zu klären, um welches Treibhaus es sich bei jenem handelt, welches von den Abbildungen bekannt ist, um anschließend die übrigen Häuser zuordnen zu können.[1899]

a. Das Treibhaus des Gärtners Reichard nördlich des Schlosses

Auf Grund der Aktenlage ist das Treibhaus nördlich des Schlosses als das des Gärtners Reichard[1900] zu identifizieren. Über die Gebäudelage geben zunächst Rechnungen Auskunft, die sich auf ein völlig anderes Bauwerk beziehen. Im Jahr 1787 fragte Baumeister Krutthofen um eine Entschließung nach, *„wo das Holtz vor den langen Gang vom herzoglichen Schloß bis zur Reitschuhle [...] am sichersten abgeladen werden dörfe"*, und *„wie der Gang zur Reitschuhle an des Reichards Garthen durchgebrochen werden solle"*.[1901] An anderer Stelle wird erwähnt, man habe *„zwischen dem Schloß Fliegel und dem Garten so von dem Gärtner Reichhard gepflantzt wird"*[1902] Felsen beseitigt. Weiter berichtete ein Maurer von *„[d]erjenigen Maurer und Steinhauer Arbeit so ich unterschriebener auf den Carlsberg im 89ter Jahr an der Neu zu erbauender Bilder Galle-*

---

      aus- dagegen sind die Treibhäuser des Hn. Skell, Reichard und Bischof von den Bauern starck mitgenommen und die Fenster beinahe alle zerbrochen worden." LA Speyer, Best. B2, Nr. 273/1. Im September des gleichen Jahres erging die Meldung vom Carlsberg, man brauche zur Instandhaltung der Treibhäuser und Aufbewahrung der Gewächse, die von den Franzosen übriggelassen worden seien, dringend 24 Kisten Glas, LA Speyer, Best. B2, Nr. 4654, Bl. 76; LA Speyer, Best. B3, Nr. 2556, Bl. 58v.

1899 Die Rechnungen, welche die Treibhäuser betreffen, benennen die jeweilig zu erbauenden Gebäude oft nur als „das neue Treibhaus", manchmal auch als zum jeweiligen Gärtner gehörig oder gemäß ihrer Funktion, beispielsweise als Lorbeer- oder Blumentreibhaus. Eine Lageerklärung erübrigte sich damals, da den Beteiligten klar war, von welchem aktuellen Treibhaus die Rede war. Ohne die Kenntnis der damaligen Vorgänge und laufenden Bauvorhaben kann heute eine Angabe wie: „*Wegen Fertigung der Zimmer Arbeit, des auf dem Carlsberg neu zu erbauenten Blumen Treib Hauß wurdte mit dem Zimmer Meister Jacob Davidt junior, von Homburg folgender acord getroffen [...]*" (LA Speyer, Best. B3, Nr. 2584, Bl. 90) ohne weitere Hinweise keinem Standort oder einem bestimmten Gärtner zugeordnet werden. Die Angaben der Baurechnungen mussten daher systematisch entschlüsselt werden.

1900 Zu Reichard s. Kap. D.I.5.
1901 LA Speyer, Best. B2, Nr. 1601, Bl. 163.
1902 LA Speyer, Best. B3, Nr. 2593, Bl. 514.

rie welche an die Alte anschließt und nach des Reichard Treib Hauß zu lauft"[1903] verrichtet habe. Da dieser Gang als die Fortsetzung der Bildergalerie parallel zur Straße nach Norden verlief, ist das Treibhaus, welches auf den Abbildungen zu erkennen ist, zweifelsfrei dem Gärtner Reichard zuzuordnen.[1904] Gärtner Reichards Treibhaus nördlich des Schlosses entstand im Laufe des Jahres 1783.[1905] Für das Jahr 1783 finden sich etliche Rechnungen, die für das so genannte ‚neue' Treibhaus spezifiziert sind.[1906] Der ausführlichste erhaltene Bericht betrifft die Zimmermannsarbeit zu *„dem auf dem Carlsberg zu erbauenten Neuen Treibhauß"* und gibt an, dass der Bau in Fachwerktechnik errichtet und 132 Schuh lang sein sollte,[1907] sowie *„zwey kleine steegen von dihlen werden in die beydte Entersolle*[1908] *vom Zimer Mstr gemacht und auf geschlagen"*,[1909] was den Hinweis auf die Existenz eines Erd- und eines Obergeschosses enthält. An der südlichen Dachunterseite des Obergeschosses befand sich ein Sonnenfang, dessen Sparren der Zimmermeister selbst schneiden und fertigen musste.[1910] Insgesamt besaß dieses Treibhaus mindestens 32 Fenster gleicher Machart und Größe,[1911] wobei sich aus den Angaben des Schreiners Johannes Bihl die genauen Maße der Fenster erschließen lassen, da er angab, er habe *„[…] fensterrahm gemacht hoch 12 sch breit 3 sch 9 zoll in ietes Loch trey fligel und in ieten*

1903 LA Speyer, Best. B3, Nr. 2607, Bl. 698.
1904 Anders WEBER, Schloss Karlsberg, S. 268, der dieses Treibhaus als Bau des Friedrich Ludwig Sckell identifizierte. Seine Quelle bezieht sich jedoch auf Matthias Sckell, der ein Treibhaus an anderer, bisher nicht zu lokalisierender Stelle erbaut hatte. Schneider verortet den holländischen Garten und die dazugehörigen Gärten an dieser Stelle, vgl. SCHNEIDER, Schlösser, S. 326.
1905 Der Maurer Matheis Schütz reichte seine Rechnung über 1698 Gulden *„vor ein in ao. 1783 verfertigtes Treibhauß"* ein. LA Speyer, Best. B4, Nr. 2547, Bl. 157v. Im November 1783 legte der Schreiner Daniel eine Rechnung über Arbeiten vor, die er am Treibhaus zur Stallung hin an elf Fenstern und am Dachgesims gemacht hatte. LA Speyer, Best. B3, Nr. 2592, Bl. 33. Im Dezember war der Tüncher Jacob Grünewald laut seiner Rechnung in der Treiberei und an Orangenkasten am Werk. LA Speyer, Best. B4, Nr. 2547, Bl. 71.
1906 Die übrigen Rechnungen des gleichen Jahres, welche Treibhäuser betreffen, geben andere Beinamen an.
1907 LA Speyer, Best. B3, Nr. 2591, Bl. 94. 132 Schuh entsprechen einer Länge von 42,87 Metern.
1908 Das Wort steht für Entresol, frz. für Zwischengeschoss.
1909 LA Speyer, Best. B3, Nr. 2591, Bl. 94. Nach *„Actum Carlsberg den 14ten Juli 1783 […] hat in der 4ten steigung* [den Auftrag] *erhalten johanes bihn von Zweybr. […]."* Die Steigkonditionen besagen, dass der Zimmermann gemäß einem damals vorgegebenen, aber nicht erhaltenen Riss zu arbeiten hatte.
1910 LA Speyer, Best. B3, Nr. 2591, Bl. 94, Punkt sechs des Steigprotokolls. Im Dezember 1783 gab der Schreiner Johannes Bihl an, er habe *„an das ney dreib haus das foren an dem weg stet 44 stick dihlen abgehobelt und samen genoth und an den sonen fang angeschlagen."* LA Speyer, Best. B3, Nr. 2584, Bl. 249.
1911 Dies entspricht einer verglasten Fläche von mindestens 140,77 m^2.

fligel trey Mitel sticker."[1912] In einem Fensterflügel wurden jeweils zwölf große Scheiben verarbeitet.[1913] Der Schreiner Michael Bihl fertigte zwei zweiflügelige und zwei einflügelige Türen für den Außenbau.[1914] Eine Rechnung über Türen für zwei Stockwerke im *„treibhaus woh der reichard wond"*[1915] ist ein Hinweis darauf, dass diese Gewächshäuser nicht nur Pflanzen, sondern auch die Wohnung des Gärtners Reichard beherbergten.[1916]

In der näheren Umgebung des Treibhauses waren Gartenbänke mit geschweiften Seiten und Lehne sowie zwölf Stühle *„[...] die sitzen geschwefet undt aus gestochen undt Ein len daran wie die schwefung"* aufgestellt.[1917]

Aus den erhaltenen Verzeichnissen geht hervor, dass in diesem Treibhaus Orangenpflänzchen und Lorbeer sowie einige Blumensorten gezogen wurden.[1918] Die Tatsache, dass hier Orangen- und Lorbeerbäume standen, obwohl es doch eine große Orangerie gab, erklärt sich aus der Tatsache, dass diese Pflanzen in Pflanzenhäusern herangezogen und zum Blühen gebracht wurden, bevor man sie in den Gartensälen aufstellte. Daher wurden repräsentative Orangerien in der Regel durch solche Pflanzenhäuser ergänzt,[1919] im Laufe der Zeit sogar oftmals ersetzt.[1920] Darüber hinaus wurden Obstbäume der Sorten Apfel und Kirsche, Pfirsich, Aprikose, Mirabelle, Reineclaude und anderen mehr neben Traubenstöcken und Spalierobstbäumen aufgeführt.

1912 LA Speyer, Best. B3, Nr. 2584, Bl. 249. Das entspricht 3,89 x 1,21 Metern und kostete 69 Gulden 20 Kreuzer. Im November 1783 reichte der Schreiner Michael Bihl eine Rechnung über 16 Fensterrahmen am neuen Treibhaus ein, *„an Jetes loch 3 fligel undt an Jeten fligel 3 mitel stiker."* Mit „Mittelstücken" sind die Fenstersprossen gemeint. LA Speyer, Best. B3, Nr. 2584, Bl. 285. Er verlangte für diese Arbeit 128 Gulden.

1913 Für den Glaser Paul Purllacher gab es laut der Rechnung vom Oktober 1783 48 Flügel zu verglasen und zu verkitten, LA Speyer, Best. B3, Nr. 2585, Bl. 47.

1914 LA Speyer, Best. B3, Nr. 2584, Bl. 285. Die vier Türen kosteten 10 Gulden.

1915 LA Speyer, Best. B3, Nr. 2584, Bl. 296. Schreiner Michael Bihl hatte zudem in *„obiges threib haus 90 stik dilen abgehobelt undt gefirt undt genuth undt angeschlagen"*, LA Speyer, Best. B3, Nr. 2584, Bl. 285. Außerdem existiert die Schätzung der Glaser-Arbeit, die notwendig wäre *„ins Gärtner Reichards-Treibhaus u. Logis"*, um das Gebäude wieder in Stand zu setzen. Dazu wären Fenster zu verglasen und in den Zimmern 40 Scheiben einzusetzen. BayHStA München, Abt. IV, Serienakten 1999, Local Befund.

1916 Zu einem völlig anderen Ergebnis kommt Ralf Schneider, der diese Fundstelle, ohne sich auf weitere Angaben stützen zu können, auf die südliche Schlossseite bezieht. Vgl. SCHNEIDER, Schlösser, S. 328.

1917 LA Speyer, Best. B3, Nr. 2584, Bl. 285. Rechnung des Schreiners Michael Bihl vom November 1783. Eine Gartenbank kostete drei Gulden, ein Gartenstuhl 1 Gulden 20 Kreuzer.

1918 BayHStA München, Abt. IV, Serienakten 1999, N. 10 im Etat.

1919 TSCHIRA, Orangerien und Gewächshäuser, S. 59.

1920 TSCHIRA, Orangerien und Gewächshäuser, S. 65.

b. Das Ananasgewächshaus des Gärtners Reichard

Ein weiterer Schadensposten des Gärtners Reichard korrespondiert wiederum mit den Handwerkerakten, denn unter der Rubrik „Botanische Pflanzen" bezifferte er im oben genannten Schadensinventar 600 Ananas-Pflanzen zu jeweils einem Gulden und darüber hinaus 60 Pflanzen mit unreifen Ananasfrüchten mit einem jeweiligen Wert von zwei Gulden und 30 Kreuzern. In einem Nachtrag zu diesem Schadensprotokoll vom 10. Oktober 1793[1921] wurden 55 zerstörte Ananasfenster sowie der Verlust von Ananasfrüchten und Ananasböden beziffert.

Die Aufzucht exotischer Früchte hatte seit dem Jahr 1735, als der Direktor des Versailler Gemüsegartens dem König eine essbare Ananas vorsetzen konnte,[1922] den Ehrgeiz zur Kultivierung dieser Früchte an vielen Höfen Europas geweckt.[1923] Der Verzehr der Ananas war nicht nur als Dessert sehr beliebt, sondern erfreute sich auch aufgrund der medizinischen und diätetischen Wirkung, die man ihr zuschrieb, eines hohen Ansehens.[1924] Die Bewunderung dieser Frucht machte sich übergreifend auch in der Darstellung in Malerei und Baukunst bemerkbar.[1925]

Auch Mannlich führte in seiner oben erwähnten Aufzählung der Früchte, die man im Winter aus den Treibhäusern beziehen konnte, die Ananas auf. Dafür waren entsprechende Treibhausbauten mit einem zur Südseite verglasten Pflanzraum und ummauerten tiefen Beeten von Nöten, welche die notwendige Bodenerwärmung ermöglichten.[1926] Tatsächlich finden sich mehrere Glaserrechnun-

---

1921 BayHStA München, Abt. IV, Serienakten 1999, N. 17 im Etat.
1922 S. dazu: SCHARWATH, Nutzpflanzen, S. 77. Die erste Ananasfrucht im Gewächshaus zu ziehen gelang zu Beginn des 18. Jahrhunderts dem „Herrn Le Cour zu Leiden in Holland, welcher nach vielen, oft misslungenen, aber unermüdet wiederhohlten Versuchen, endlich glücklicher Weisen den eigentlichen Grad der für sie erforderlichen Wärme, und die eigentliche Art ihrer Wartung ausfündig machte." Zitiert nach: HINRICHS, Ananas, S. 80. Im Garten von Sanssouci beispielsweise begann man erst 1786 mit dem Anbau der Ananas, s. SCHURIG, Ananas, S. 131 sowie S. 163.
1923 Europas Botaniker, Gärtner und Kleinzüchter wetteiferten miteinander in der Kunst, die besten Früchte zu produzieren. Hüteten die meisten auch ihre Kultivierungsgeheimnisse, so machten doch einige Publikationen die Interessierten mit dem Wissen um die Aufzucht der Ananas bekannt." HINRICHS, Ananas, S. 80. Abb. eines Lohglashauses für Ananaspflanzen HINRICHS, Ananas, S. 81. Eingehend zur Ananastreiberei s. SCHURIG, Ananas, S. 163f.
1924 UERSCHELN/KALUSOK, Kleines Wörterbuch, S. 44.
1925 Als Beispiel sei hier der Chinesische Pavillon aus dem Jahr 1768 von Ferdinand Tietz im fürstbischöflichen Garten von Veitshöchheim genannt, dessen Dach von fünf Ananasfrüchten bekrönt wird.
1926 S. dazu: SCHURIG, Ananas, S. 162. Packungen von Gerberlohe und Mist heizten durch ihre Verrottungstemperatur den darüber liegenden Kulturboden, was später

gen, erstmals im Jahr 1784,[1927] welche die Fenster von Ananaskästen und Fensterrahmen für Ananas betreffen und eine Fenstergröße angaben: *„jedes hoch 6 schu 2 zol breit 4 sch Machen 150 schu [...]."*[1928] Es ist also anzunehmen, dass Reichard in seinem Glashaus neben den Orangenpflanzen und Blumen auch eine Ananastreiberei beherbergte, wie sie in ähnlicher Form von Franz Ignaz Krohmer 1774 für Rastatt entworfen wurde, wo in zwei Abteilungen des Glashauses eine kleine Orangerie und eine Ananastreiberei untergebracht werden sollten.[1929] Möglich wäre auch, dass das zweite Treibhausgebäude ähnlicher Bauart im Hintergrund, das auf den Zeichnungen erkennbar ist, allein der Aufzucht der begehrten Prestige-Früchte diente.

Damit bestätigt sich, was sich als Erzählung sogar bis in die Nachbarschaft des Fürstentums Nassau-Saarbrücken verbreitete und für Unfrieden sorgte, nämlich die reiche Ernte der begehrten Exoten in Gärtner Reichards Gewächshäusern. In Saarbrücken versicherte der Gartendirektor Koellner im Jahr 1784 dem Fürsten Ludwig, er wolle mit denen „Carls Berger um die Wette arbeiten"[1930], denn der Saarbrücker Fürst hoffte darauf, neben dem schönsten Gemüse auch Melonen und Ananas auf seiner Tafel zu finden. Zwar lieferte ihm sein Hofgärtner schon seit dem Jahr 1763 diese Früchte zur Tafel, doch scheinbar war dem Fürsten die Menge im Vergleich zu „denen Carlsbergern" nicht ausreichend.

c. Der Garten des Hofgärtners Bischof

aa. Das erste Treibhaus im holländischen Garten

Im Bericht des Regierungsrates Rheinwald[1931] wurde auch das Treibhaus des Gärtners Bischof benannt. Wilhelm Bischof war, nachdem er vorher in Holland als Gärtner gearbeitet hatte, am 12. September 1781 mit einem Gehalt von zu-

---

   durch Heizkanäle übernommen oder unterstützt wurde. Ein tieferes Beet, in das zur Erwärmung Schichten verrottender Materialien eingebracht werden konnten, wurde Lohbeet genannt. SCHURIG, Ananas, S. 164.
1927 LA Speyer, Best. B3, Nr. 2953, S. 550 Nr. 35. Schneider geht von einer Ananastreiberei aus dem Jahr 1781 aus. Vgl. SCHNEIDER, Schlösser, S. 332, ohne Quellenangabe.
1928 Rechnung des Glasers Johannes Müller vom 12. Juni 1787, der *„6 Annaß fenster rahmen gemacht und neu verglaß"* für jeweils *„ein schu ad 1 Kreitzer"*, attestiert von Ludwig Reichardt, LA Speyer, Best. B3, Nr. 2595 (nicht paginiert), Rechng.-Nr. 2235 und 2242. Die Fenster hätten damit eine Größe von 2 auf 1,29 Meter.
1929 TSCHIRA, Orangerien und Gewächshäuser, S. 82 (dort auch abgebildet).
1930 SCHARWATH, Nutzpflanzen, S. 74.
1931 S. Anm. 1898, LA Speyer, Best. B2, Nr. 273/1.

nächst 250 Gulden jährlich in pfalz-zweibrückische Dienste getreten.[1932] Der Herzog hatte einen Gärtner suchen lassen, *„welcher die gantz frühe Treibung sowohl von Früchten als Gemüser verstünde."*[1933]

Laut Angabe des Schadensverzeichnisses von 1793[1934] waren nicht nur Tulpenzwiebeln im Wert von 60 Gulden, sondern auch 400 Stück Grasblumen, Orangen-, Zitronen- und Myrthenbäumchen ruiniert. Die Aufzählung erwähnte aber auch 300 Pfirsiche, 74 Fenster mit Melonen im Wert von 222 Gulden, 2400 Köpfe Wirsing und Weißkraut, sowie Erbsen, Gelbrüben, Zwiebeln und Samen. Darüber hinaus waren bei Gärtner Bischof Gartengeräte, von der Schubkarre über Rechen und Mistgabeln bis zum Melonenheber und einer Tragbahre für Pflanzen, aufbewahrt. Das vorhandene Werkzeug zeigt, dass sich hier auch Räumlichkeiten zur Umkübelung von Pflanzen befanden. Ein Nachtrag[1935] benannte noch beschädigte Mistbeetfenster, Pfirsich- und Traubenkastenfenster und Strohdecken. Daraus lässt sich ein deutliches Bild seiner Zuständigkeit für Zitruspflanzen, Obst und Gemüse, aber auch Blumen zeichnen. Letzteres wird bestätigt durch eine Rechnung der ‚Blumenhändler Krepp der Sohn und Kompagnie' in Harlem, für *„auf Verlangen des Hofgärtners Bischoff, zum Carlsberger Hofgarten, gelieferte Blumenzwiebeln und botanische Blumengesträuche"*[1936] was zeigt, dass Bischof weiterhin seine Kontakte aus der Zeit in Holland bewahrt hatte.

In den Akten ist ab 1782 von einem Treibhaus ‚seitwärts der Orangerie' die Rede.[1937] Auf dem Ölplan und dem Situationsplan von Rosché aus dem Jahr 1825 sind südlich der Orangerie und des Taubenhauses tatsächlich regelmäßig angelegte Gartenkompartimente eingezeichnet, die vom Weg zur Carlslust nach

---

1932 Zum Dienstantritt: LA Speyer, Best. B3, Nr. 2953, S. 95. Zur Tätigkeit Bischofs vor und nach dem Carlsberg s. Kap. D.I.6.
1933 *„Abschrift des Schreibens Sr. Durchlaucht des Herrn Margrafen Wilhelm Ludwig zu Baden. Mühlburg bey Carlsruh d. 22.ten August 1781."* BayHStA München, Best. MF 18755.
1934 *„Verzeichnüß des Schadens, welcher durch die Plünderung der Franzoßen bei Abbrennung des Carlsberges in der Herzoglichen Gärtnerey bei dem Gärtner Bischoff ist verursacht worden."* BayHStA München, Abt. IV Kriegsarchiv, Best. Serienakten Nr. 1999, N. 9 im Etat.
1935 BayHStA München, Abt. IV Kriegsarchiv, Best. Serienakten Nr. 1999, N. 19 im Etat.
1936 LA Speyer, Best. B2, Nr. 1596, Bl. 455. Die Lieferung hatte einen Preis von 435 Gulden und 6 Kreuzern, Dabei handelt es sich wohl um die *„Herrn Krebs und Sohn in Harlem"*, an die sich der Markgraf Wilhelm Ludwig zu Baden gewandt hatte, um für den Zweibrücker Herzog nach einem geeigneten Gärtner anzufragen. BayHStA München, Best. MF 18755, *„Abschrift des Schreibens Sr. Durchlaucht des Herrn Margrafen Wilhelm Ludwig zu Baden, Mühlburg bei Carlsruh d. 22. August 1781."*
1937 LA Speyer, Best. B3, Nr. 2547, Bl. 100 v., Nr. 594.

Osten begrenzt werden. Dieses Treibhaus war älter als das des Gärtners Reichard und zeigt, dass die ursprüngliche Planung die Orangerie, das Parterre, Gärten und ein Treibhaus in einen lokalen Zusammenhang brachte, welche später durch den gestiegenen Bedarf an Obst, Gemüse und Pflanzen durch den Bau eines weiteren Treibhauses auf der nördlichen Seite des Schlosses durchbrochen wurde.

Es muss sich bei diesem Treibhaus ‚seitwärts der Orangerie' um eines gehandelt haben, das innerhalb des auf den Zeichnungen angegebenen Gartens lag. In den Rechnungen ist ab dem Jahr 1782[1938] vielfach die Rede von dem „holländischen Garten" und dem „holländischen Gärtner". Wie bereits oben erwähnt, gab es auch in Versailles und in Schwetzingen ein Gartenstück, das als „Hollandoise"[1939] bezeichnet wurde, und das dem Obst- und Gemüseanbau diente. In den beheizten Gewächshäusern des botanischen Gartens von Versailles, „serre hollandaise" genannt, wurden tropische Pflanzen aufbewahrt, denn es war notwendig, dass neben der Orangerie ein Gebäude zur Verfügung stand, das zur Anzucht und Kultur von Jungpflanzen dienen konnte, wozu eigens wachstumsfördernde Beete angelegt wurden.[1940] Ein Hinweis darauf, dass auch der holländische Garten am Carlsberg solchen Zwecken diente ist der Hinweis des Zimmerpoliers Heinrich Walbaum, der aus dem Baumagazin Holz erhielt „zu Fertigung [von] Mistkutschen in den Holländischen Garten."[1941]

Es ist daher naheliegend, dass dieser Gartenteil auch auf dem Carlsberg von den Handwerkern als „der holländische Garten" bezeichnet wurde, zumal Bischof zuvor in Holland gearbeitet hatte. Das Bindeglied, das den Kreis zwischen dem holländischen Garten und dem Gärtner Bischof als dem „holländischen Gärtner" schließt, ist eine Rechnung des Jahres 1786, in welcher eine Glaserarbeit abgerechnet wurde „welche ich[1942] auf dem Karelsberg in dem hollendische Garten bey dem gärtner Bischoff verferdiget",[1943] und die auch von Bischof unterschrieben wurde.

Darüber hinaus geht aus dem „Local Befund der Carlsberger Brandstette" hervor, dass sowohl an Gärtner Bischofs Behausung als auch an dessen Treibhaus

---

1938 Die Fenster des Hauses wurden im Februar 1783 vom Glaser Johannes Müller verglast, LA Speyer, Best. B3, Nr. 2585, Bl. 104. Am 18. September wurden „*in seiner treywerrey zwey therren beschla mit winckel Bant und schloss dut 4 fl.*" LA Speyer, Best. B3, Nr. 2584, Bl. 439.
1939 S. auch: FUCHS/REISINGER, Schloss, S. 89.
1940 WERTZ, Schwetzinger Orangerien, S. 68.
1941 LA Speyer, Best. B3, Nr. 2646, #733.
1942 Gemeint ist der Glasermeister Müller, der „*in hießigen Hoch fürstl. Garten im Jahr 1786 463 Fenster Scheiben eingesetz hat*", LA Speyer, Best. B3, Nr. 2595, nicht paginiert, Nr. 2232.
1943 LA Speyer, Best. B3, Nr. 2595, nicht paginiert, Nr. 2232.

Schreinerarbeiten vorgenommen werden mussten,[1944] so dass er, vergleichbar seinem Kollegen Reichard, seine Wohnung gleich bei seiner Arbeitsstätte hatte. Daher ist anzunehmen, dass es sich bei dem Garten südlich der Orangerie um den vielerorts so bezeichneten holländischen Garten handelte.[1945] Der Maurermeister Schweighofer gab an, er habe im Jahr 1782 *„An dem garden wo der Hollender gerdner Innen ist Eine Lange garden maure sampt zwey dreibheisser um Pirsching darine zu pflanzen"*[1946] erbaut und erhielt dafür laut Vertragsvereinbarung 280 Gulden. Im gleichen Jahr wurden 112 Treibhauskutschenfenster vom Schlossermeister Henrich Bubong beschlagen.[1947] Im März berechnete der Zimmermann Jacob David für ein hölzernes Häuschen für den holländischen Gärtner, welches 30 Schuh lang und 15 Schuh breit war,[1948] 34 Gulden und 43 Kreuzer. Im April wurden an der *„Treiberei Verfertiget als zum holländischen Garten"*[1949] 136 gleiche Fensterrahmen und 37 größere Rahmen vom Tüncher Andreas Gitzner mit roter Ölfarbe angestrichen. Im Mai wurden 222 Windeisen für die Treibhausfenster hergestellt[1950] und im September wurden die Türen mit Beschlägen und 20 Mistbeetfenster mit Handhaben und Windeisen versehen.[1951] Im Dezember befestigte Schlossermeister Bubong dort drei eiserne Kamintüren.[1952] Außerdem fertigten die Schreiner Christian Reeß und Johannes Bihl von September bis Dezember insgesamt neun Paar große Fensterläden für ein Treibhaus *„nahe bey der Oranscheri"*.[1953] Ebenfalls im Dezember lieferte der Schreiner Brännesholz 20 Fensterrahmen *„von 6 Schuh hoch 3 schuh breit an ein iede Ram ein mitel stück und ein leist"*[1954] sowie die passenden Läden dafür. Verglast wurden die Fenster im Februar 1783 von Glaser Johannes Müller.

1944 BayHStA München, Abt. IV Kriegsarchiv, Best. Serienakten 1999, Local Befund.
1945 Anders Schneider, der diesen Gartenteil nördlich des Schlosses vermutet, [s. Anm. 1946]. Vgl. SCHNEIDER, Schlösser, S. 326.
1946 LA Speyer, Best. B3, Nr. 2965, #4717. Schneider ordnet diese beiden Treibhäuser mit einer Kegelbahn in ein Gartenkompartiment, das östlich des Schlosses zu liegen kam und verbindet diesen Garten mit dem Hofgärtner Reichard. Vgl. SCHNEIDER, Schlösser, S. 328; SCHNEIDER, Carlsberg – Carlslust S. 372.
1947 LA Speyer, Best. B3, Nr. 2584, Bl. 429.
1948 Dies sind umgerechnet ca. 9,74 Meter auf 4,87 Meter. LA Speyer, Best. B3, Nr. 2584, Bl. 96.
1949 LA Speyer, Best. B3, Nr. 2593, Bl. 19.
1950 LA Speyer, Best. B3, Nr. 2584, Bl. 429.
1951 LA Speyer, Best. B3, Nr. 2584, Bl. 439.
1952 LA Speyer, Best. B3, Nr. 2584, Bl. 446.
1953 Die Läden waren neun Schuh acht Zoll hoch und fünf Schuh breit (3,14 Meter x 1,62 Meter). LA Speyer, Best. B3, Nr. 2584 Bl. 165 und 236.
1954 Die Läden fertigte er zum Preis von 21 Gulden. Die Rahmen hatten eine Größe von 1,94 x 0,97 Meter. LA Speyer, Best. B3, Nr. 2590, Bl. 282.

bb. Das ‚eilige' Treibhaus

Als das Treibhaus ‚seitwärts der Orangerie' von 1782 keine ausreichenden Kapazitäten mehr hatte, erging im September 1784 ein Bericht an den Herzog, „[d]*ie Fertigung der Zimmer-Arbeit, von einem in dem Hollendischen Garten, neu zu machenten Treibhauß von 60 Schuh lang*" betreffend, wonach zwei Schreiner unter Vertrag genommen worden seien, weil sie genügend Leute bereitstellen könnten und billig arbeiteten, zumal die Arbeit pressiere.[1955] Das in Holzbauweise, vermutlich über querrechteckigem Grundriss errichtete Treibhaus besaß 26 nahezu quadratische Fenster, die mit Windeisen stabilisiert wurden.[1956] Das Treibhaus war mit Ziegeln gedeckt.[1957] Bereits im November wurden für dieses Treibhaus „*in dem Garten so durch den Gärtner Bischoff gepflantzt wird*"[1958] von den Steinhauern Münzel zwei Kamingestelle gehauen, große Ofenplatten aus Ohmbacher Platten[1959] unter frei stehende Öfen gelegt und zwei Gewände an französische Kamine gefertigt.

Die Zimmerleute David und Cullmann waren im Januar 1785 in diesem Treibhaus damit beschäftigt, den Sonnenfang für das Treibhaus zu hobeln und drei

---

1955 „*Man hat Vermög gnädigster Order, von Ew. Herzoglichen Duchlaucht selbsten, über dieses Treibhauß Riß, und von verschiedenen Zimmer Meister Überschlag machen laßen, wie die beylage ausweist, und hat endlich diese Arbeit weil selbe pressiert, und diese beyde Meister mit hinlänglichen Leuten versehen, auch sich am Wohlfeilsten behandlen laßen, Veraccordiert und zwar um die Summa 100 fl.*" LA Speyer, Best. B3, Nr. 2601, Bl. 352. Die angegebenen 60 Schuh entsprechen ca. 19,48 Metern.

1956 Der Schreiner Valentin Amtshoff reichte eine Rechnung für 26 Fensterrahmen ein und erhielt dafür 39 Gulden. Diese Rahmen wurden vom Schlosser Bubong mit Winkel- und Eckband beschlagen, mit Vorrichtungen zum Öffnen und Schließen versehen und die Fenster mit Windeisen stabilisiert. LA Speyer, Best. B3, Nr. 2584, Bl. 315 sowie LA Speyer, Best. B3, Nr. 2584, Nr. 498. Die Bauten litten überall unter dem Wind, da nur die Rückfront aus Mauerwerk bestand. „In Malmaison musste man bereits vier Jahre nach dem Bau der Treibhäuser alles abstützen, damit die Mauern nicht einstürzen." SAUDAN-SKIRA/SAUDAN, Orangerien, S. 127. Im Dezember 1784 verglaste der Glaser Purllacher eine Hälfte der Fenster, wobei er die Höhe der Fenster mit 3 Schuh und 3 Zoll, die Breite mit 3 Schuh angab. Das entspricht ca. 1,02 x 0,97 Metern. LA Speyer, Best. B3, Nr. 2585, Nr. 68. Die übrigen 13 Fensterrahmen verglaste der Johannes Müller zu den gleichen Bedingungen. LA Speyer, Best. B3, Nr. 2585, Bl. 110. Er erhielt dafür die Summe von 18 Gulden.

1957 LA Speyer, Best. B3, Nr. 2585, Bl. 150. Dachdecker Martin Bohn erhielt für das Decken mit 18000 Ziegeln 9 Gulden 9 Kreuzer.

1958 LA Speyer, Best. B3, Nr. 2584, Bl. 55.

1959 Laut frdl. Auskunft v. Herrn Dr. Friedrich Häfner vom Geologischen Landesamt sind auf Ohmbacher Gemarkung drei Steinbrüche verzeichnet. Dabei handelt es sich um „Untere Kuseler Schichten, Rotliegend", die man zu Mauer- und Werksteinen verwendet habe. Frdl. Vermittlung v. Stefan Ulrich aus Homburg.

Dachfenster darauf zu setzen.[1960] So wurde schließlich auch die Arbeit an diesem Treibhaus „*weil selbe pressiert*" im Januar des Jahres 1785 zu Ende gebracht. Dass es sich bei den Treibhäusern im holländischen Garten wohl um Holzbauten handelte, erklärt sich aus der Geschwindigkeit der Errichtung und aus der Tatsache, dass bereits zehn Jahre nach der Zerstörung des Schlosses keinerlei Überreste dieser Treibhausbauten mehr zu sehen waren und in keiner der Zeichnungen mehr dokumentiert werden konnten.

cc. Das Lorbeerhaus

Im September 1785 wurde von Schreiner Henrich Wilms die „*Verfertigung des Lorbeer Saals bey Gärtner Bischof*" erwähnt,[1961] das sich ebenfalls im Holländischen Garten befand und bereits im April 1786 weitgehend fertiggestellt war.[1962] Auch dieses Warmhaus wurde über queroblongem Grundriss in Holzbauweise errichtet.[1963] Bereits im Dezember berichtet der Dachdecker Martin Bohn, er habe ein „*nej orrascheri Hauss in dem Hollendische Garden mit Zigellen Gedeckt*" und noch dazu zwei Kaminlöcher aufgebrochen und wieder gedeckt,[1964] was auf zwei Heizstellen verweist. 18 Fenster[1965] mit Klappläden und jeweils 20 Scheiben[1966] sorgten für die Belichtung, eine zweiflügelige Tür ermöglichte den funktionsgemäßen Zugang.[1967] Im Oktober des Jahres 1785 er-

---

1960 LA Speyer, Best. B3, Nr. 2547, Bl. 120, Nr. 664 sowie Best. B3, Nr. 2584, Bl. 69.
1961 LA Speyer, Best. B3, Nr. 2953, S. 784.
1962 Im gleichen Monat wurden die Türen und die Fenster vom Schlosser Bubong beschlagen und darüber hinaus 17 starke Stützen angefertigt, „*for Blumen Heffen drauf zu stellen.*" LA Speyer, Best. B3, Nr. 2590, Bl. 377.
1963 Eine innere Giebelwand war 19 Schuh breit und 11 Schuh hoch. LA Speyer, Best. B3, Nr. 2604, Nr. 344. Die Breite entspricht damit 6,17 Metern, die Höhe misst 3,57 Meter. Außerdem gibt der Dachdecker Martin Bohn an, er habe das Lorbeerhaus des holländischen Gartens eingefasst, wobei der First 70 Schuh lang sei. Das entspricht einer Länge des Gebäudes von ca. 23,73 Metern. LA Speyer, Best. 2590, Bl. 155. Dafür verlangte er 8 Gulden.
1964 LA Speyer, Best. B3, Nr. 2590, Bl. 140.
1965 Die Fenster hatten eine Höhe von 5 Schuh 9 Zoll und eine Breite von 3 Schuh 9 Zoll, was einer Fenstergröße von ca. 1,80 x 1,21 Metern entspricht. LA Speyer, Best. B3, Nr. 2601, Bl. 188. Sie wurden im April des Jahres von den Schlossern Vogel und Flamm mit Bändern und Riegeln beschlagen. LA Speyer, Best. B3, Nr. 2600, Bl. 42.
1966 Die Hälfte der Fenster wurden im Juni mit jeweils zwanzig Scheiben, die Scheibe zu je 5 Kreuzern, für 15 Gulden von Glasermeister Purllacher verglast. „*9 Fenster an das Lohr Biehren Hauß neu ver glaß und mit weisen fenster Kütt ver Kütt Jedes fenster mit 20 Scheiben*" LA Speyer, Best. B3, Nr. 2597, Nr. 2656. Die Rechnung ist auf den 2. Juli 1786 datiert.
1967 Die Tür war 9 Schuh hoch und 5 Schuh 9 Zoll breit, was einer Höhe von ca. 2,92 Metern und einer Breite von 1,80 Metern entspricht, LA Speyer, Best. B3,

geht laut Rentkammer-Bauprotokoll eine Anweisung an die Baukasse, dem Schreiner Henrich Wilms, dem Schlosser Daniel Vogel und dem Quadratur-Arbeiter Jacob Müller den jeweils im Vertrag ausgehandelten Vorschuss „*auf Ihre an dem neuen Lorbeerhauß auf dem Carlsberg übernommene Arbeit sogleich auszahlen zu lassen.*"[1968] Die Tätigkeit des Quadraturarbeiters lässt auf die Fertigstellung der Decken im Inneren des Gebäudes schließen. Der Boden war mit einem Steinfußboden aus Ohmbacher Platten belegt[1969] und gibt, ebenso wie die Verlegung steinerner Schwellen unter den Türen des Hauses den Hinweis darauf, dass das Gebäude im übrigen weitgehend aus Holz gefertigt war. Im Sommer 1789 wurden zwei Kamine abgebrochen und neu aufgeführt und das Lorbeerhaus schließlich verputzt.[1970] Eine Spezifikation des Leyendeckers Josef Jan vom September 1790 besagt, er habe „*in dem hollentische garten Ein hauß gedeckt mit ziglen welges abgebrent ist.*"[1971] Welches der Warmhäuser im holländischen Garten es zu erneuern galt, muss dabei jedoch offen bleiben.

d. Blumentreibhaus, Feigenhaus und weitere Treibhäuser

Hinsichtlich des Hofgärtners Mathias Sckell,[1972] der am 5. Mai 1786 aus Schwetzingen als Hofgärtner übernommen wurde,[1973] geht aus den spärlichen Aktennotizen hervor, dass er ebenfalls ein Treibhaus unterhielt, worin Melonenbäume, Papaya, Kaffee, aber auch Jasmin aufbewahrt und gezogen wurden.[1974] Größe und genaue Funktion dieses Treibhauses lassen sich jedoch nicht mehr bestimmen, während die Lage des Treibhauses in der Nähe des Schlossgartens angenommen werden kann.[1975]

Nr. 2597, Nr. 2656. Für die Arbeiten an Fensterrahmen, Klappläden und Türen im März 1786 berechnete der Schreiner Wilms abzüglich eines erhaltenen Vorschusses noch 176 Gulden.
1968 LA Speyer, Best. B3, Nr. 2547, Bl. 248v.
1969 Die Steinhauer Johann Georg und Johannes Münzel belegten den Boden „*mit denne* [Platten] *wo noch voräthig vor jeden Schu 2 xr*", insgesamt 1222 Schu. LA Speyer, Best. B3, Nr. 2595, nicht paginiert, Nr. 2471.
1970 LA Speyer, Best. B3, Nr. 2604, Nr. 344. „*1tens Daß Lorberen Hauss Auswendig welches im Umfang 245 Schuh lang und 17 Sch hoch ist*" sowie die Giebelwand zu verputzen, einige Ausbesserungen und „*4tens Zwey Stück Caminer abgebrochen und Neu aufgeführt*" wurde laut der Spezifikation vom 12. August 1786 mit 36 Gulden abgerechnet.
1971 LA Speyer, Best. B3, Nr. 2606, Bl. 237.
1972 S. zu Mathias Sckell Kap. D.I.1.
1973 LA Speyer, Best. B2, Nr. 1649, Bl. 38.
1974 BayHStA München, Abt. IV, Serienakten 1999, N. 16 im Etat.
1975 LA Speyer, Best. B2, Nr. 273/1.

Der Standort und die Zuordnung eines Blumentreibhauses,[1976] das schon ab dem Jahr 1781 in den Akten erwähnt wird, ist mit dem vorhandenen Aktenmaterial nicht zu klären. Auch ein Treibhaus, das laut Befehl des Herzogs hinter der Zweibrücker Orangerie abgebrochen und samt Sonnenfang unter Verwendung allen brauchbaren Materials *„auf den Carlsberg an einen von H. Hoffgärthner Petri aufzuweissenden platz vorsezet"*[1977] werden sollte, was im Oktober 1783 geschah,[1978] ist nicht konkret genug beschrieben, um es einem Ort oder einem bestimmten Gärtner zuweisen zu können.

Ein Feigenhaus von 54 Schuh Länge und 17 Schuh Breite, welches sich im November 1784 im Bau befand,[1979] und wofür im Juli 1785 Feigenbäumchen geliefert wurden,[1980] versagt sich ebenfalls jeder genaueren Zuordnung.

1787 schließlich soll auf dem Carlsberg wiederum ein neues Treibhaus errichtet werden, wozu man die Maurergesellen Beintner und Consorten von Kirrberg beauftragte.[1981] Zu Beginn des Jahres wurde ein Verzeichnis der Maurerarbeiten an einem neuen Treibhaus von Maurermeister Peter Rosche eingereicht.[1982] Danach ist dieses Haus 40 Schuh lang und samt Fundament an der hinteren Mauer 14 Schuh hoch.[1983] Die vordere Mauer soll mit Fundament eine Höhe von 5 Schuh 6 Zoll[1984] haben. Die beiden Giebelmauern sind jeweils 15 Schuh 3 Zoll lang und einschließlich Fundament 14 Schuh hoch.[1985] Die Böden wurden überbunden, bestochen und geweißelt und das Dach gedeckt, 2 Kamine gesetzt und 4 Postamente gemauert. Im Dezember des Jahres 1788 rechnete der Zimmermann Joseph Vogel das Anbringen eines Sonnenfanges am Treibhaus bei Gärtner François Lorrain ab.[1986]

e. Carlsberger Treibhauspflanzen und -früchte

Zusammenfassend können für den Bereich des Carlsberges die Treibhäuser des Gärtners Reichard und des Hofgärtners Bischof lokalisiert, zeitlich eingeordnet

---

1976 LA Speyer, Best. B2, Nr. 3993, Bl. 44v. sowie LA Speyer, Best. B3, Nr. 2584, Bl. 443 und 446.
1977 LA Speyer, Best. B3, Nr. 2592, Bl. 361.
1978 LA Speyer, Best. B3, Nr. 2584, Bl. 246.
1979 LA Speyer, Best. B3, Nr. 2591, Bl. 498.
1980 LA Speyer, Best. B3, Nr. 2953, Bl. 518.
1981 LA Speyer, Best. B3, Nr. 2591, Bl. 212.
1982 LA Speyer, Best. B3, Nr. 2609, Bl. 219.
1983 Das entspricht einer Länge von ca. 12,99 Metern und einer Höhe samt Fundament von 4,54 Metern.
1984 Das entspricht einer Höhe von 1,78 Metern.
1985 Das entspricht einer Länge von 4,98 Metern und einer Höhe von 4,54 Metern.
1986 LA Speyer, Best. B3, Nr. 2600, Bl. 27. Rechnung über 8 Gulden.

und deren Funktion benannt werden. So wurden exotische Früchte wie Ananas, Pfirsiche, Feigen, Melonen und Kaffeebohnen erfolgreich herangezogen. Sowohl die Anzahl der Treibhäuser als auch die Ausbildung der Gärtner,[1987] spricht für deren hohe Fertigkeit, ebenso wie für die große Bedeutung, die der Pflanzenzucht und -bewahrung am Carlsberg beigemessen wurde. Die Vielzahl der Blumen und exotischen Kübelpflanzen geben Aufschluss darüber, dass damit die direkte Umgebung des Schlosses bepflanzt und ausgestattet wurde. Wie wichtig die Blumenzucht gewesen war, zeigen nicht zuletzt die vorhandenen Bücher in der Carlsberger Schlossbibliothek.[1988]

3. Funktion und Beschreibung eines Treibhauses

Nachdem die Begeisterung für Orangerien vielerorts bereits abgeklungen war, wurden sie von Glasbauten als Warmhäuser abgelöst.[1989] Bald zählten die Treibhäuser, wie zuvor die Orangerien, zu den festen Bestandteilen der Gärten.[1990] Es ist daher, nicht zuletzt für die weiterführende Betrachtung der Gartengestaltung, interessant, dass das Corps de logis des Carlsberges sogar zu beiden Seiten unmittelbar von Gebäuden flankiert wird, die der Aufzucht und der Aufbewahrung von Pflanzen dienten.

1987 Über die Ausbildung von Gärtnern, besonders über die Ausbildung von Matthias Sckell s. ausführlich: LAUTERBACH, Sckell und Frankreich, S. 229.
1988 StBib. Bamberg, Verzeichnis, z.B. Nr. 99: Frank (Pet.) Unterricht in der Erzeugung der Blumen zur Winterszeit. Werth. 1781. Nr. 112: Gleditsch (Joh. Gottl.) Pflanzen-Verzeichniß fuer Lust- und Baumgaertner. Berlin 1773.
1989 „Aufgrund der künstlichen Wärme, die durch versteckte Röhren eingeleitet wird, herrschen im Gewächshaus frühlingshaft milde Temperaturen. Man zieht darin die empfindlichsten Pflanzen, die gefälligsten Exoten, die eiligsten einheimischen Gewächse." Morel, Jean-Marie: Théorie des Jardins, Paris 1776, zitiert nach: SAUDAN-SKIRA/SAUDAN, Orangerien, S. 126. Treibhäuser wurden entsprechend ‚Warmhäuser', Orangerien dagegen ‚Kalthäuser' genannt.
1990 Dies zeigt beispielsweise eine Reisebeschreibung des Gartens der Solitude bei Stuttgart aus dem Jahr 1786: „Dann sind noch merkwürdig ein Rosenparterre; ein großer Bogengang; [...] ein großes Vogelhauß, in dessen Mitte ein großer Tannenbaum stehet; ein lebendiges Theater mit Rosenstöcken bewachsen und mit 9 Statuen und Gruppen besetzt; ein großer offener Garten-Salon; ein länglicht ovaler Irrgarten mit Buchenwänden; zwey Spielplätze mit Baumalleen, drey Treibhäußer; Baumschulen von auserlesenem französischem Obst; eine Maille mit Terrassen; in einem runden kleinen See ist eine angenehme Insel mit einem Pavillon; um ein großes Baßin sehr schöne Plantagen und unzählige andere Veränderungen bald im englischen, bald im französischen Geschmacke." ROTENSTEIN, Lust-Reisen, S. 118 ff. Zitiert nach: BERGER-FIX/MERTEN, Gärten, S. 115.

Bereits J.-F. Blondel formulierte als Konzept für die Anordnung bestimmter Funktionsbauten im nahen Umfeld eines Lustschlosses die Verlagerung der Küchengebäude und daran anschließend die Nutz- bzw. Gemüsegärten auf die linke Seite des Schlosshofes.[1991] Die Orangerie samt ihrem Parterre wurde auf der rechten Seite als Pendant zum Küchengebäude disponiert. Dieses Schema behält für viele Schlossanlagen des 18. Jahrhunderts über Jahrzehnte hinweg formalen Modellcharakter. Stellvertretend seien hier die Schwetzinger Anlage nach den Plänen des Nicolas de Pigage wie auch die Anlage des Belvedere in Weimar unter Herzogin Anna Amalia genannt. Auch am Carlsberg wurde diese Aufteilung, die Orangerie auf der einen, den Küchenbau auf der anderen Seite des Schlosses zu erbauen, zunächst beibehalten.

Die Anlage der Nutzgärten und Treibhäuser war hier dagegen schon nicht mehr den Blondelschen Ideen immanent, sondern richtete sich vielmehr nach steigendem Bedarf an Nutz- und Zierpflanzen und nahm daher schon bald den Raum zu beiden Seiten des Schlosses ein.

Bei solchen Treibhäusern handelte es sich um Glashäuser, die in den Gärten der Höfe des 18. Jahrhunderts verbreitet waren. Ein solcher gläserner Pflanzraum zur Aufbewahrung wärmebedürftiger Pflanzen war zur Sonnenseite hin senkrecht oder mit schräg gestellten Wänden in Sprossen verglast und mit Windeisen und Holzstützen verstärkt. Die gemauerte Nordseite sollte gegen die kalte Luft schützen und in Kammern die jeweiligen Gerätschaften und Heizungsutensilien beherbergen. Über der Glasfront wölbte sich ein ausladendes Dachgesims, das „Sonnenfang" oder „Schwanenhals" (Abb. 80) genannt wurde.[1992] Dieser sollte dazu dienen, dass „[…] man die Sonne bey dergleichen Häusern nicht so müßig und unthätig vorbeischleichen lassen könne; sondern man müsse ihre Strahlen in diesem Fange sammeln, allda würden sie sich brechen, auf die Fenster fallen und durch diesen den innenher befindlichen Gewächsen Nahrung und Gedeyhen geben."[1993] Insgesamt wird die Wirkung solcher Sonnenfänge jedoch eher ge-

---

1991   BLONDEL, distribution. Planche I.
1992   TSCHIRA, Orangerien und Gewächshäuser, S. 80. Auch in Schwetzingen hatten die Gewächshäuser südlich des Schlosses ein nach Norden abfallendes Pultdach und eine nach Süden geöffnete schräge Glasfront. „Charakteristisch für die Gewächshäuser war der sogenannte Schwanenhals, eine Art Hohlkehle zwischen Glaswand und dem vorspringenden Dachansatz, der dazu dienen sollte, die Sonnenwärme besser einzufangen und vor dem Gebäude zu stauen." HEBER, Nicolas de Pigage, S. 317.
1993   MANGER, Baugeschichte, S. 80 f. Das Zitat Mangers bezog sich auf die Orangerie am Neuen Palais in Potsdam, ebenfalls ein Gewächshaus mit schräggestellter Südfront und Sonnenfang v. 1768. Manger schätzte die Konstruktion aber als weitgehend wirkungslos ein. Zitiert aus: HAMANN, Orangerien, S. 38. Außerdem sollten die Fenster damit vor Hagelschlag geschützt werden, s. TSCHIRA, Orangerien und Gewächshäuser, S. 82.

ring eingeschätzt. Wichtiger war in diesem Zusammenhang die Frage der Beheizung, die entweder durch Öfen oder Kanalheizungen gewährleistet wurde.[1994] Diese Warmhäuser dienten in der Regel größeren Pflanzen wie Orangen und Palmen, doch auch kleinere Gewächse stellte man auf abgetreppten, eigens angefertigten Gestellen auf.[1995] Derlei Gebäude waren architektonisch schlicht und zumeist ohne Schmuck gestaltet, denn der schönste Schmuck für diese Bauten, so Tschira,[1996] stellte die gute Aufteilung der Glaswand und die kräftige Ausladung des Hauptgesimses dar.

Treibhäuser gehörten, seit das Interesse nicht allein der Überwinterung von Orangen und Pomeranzen, sondern dem Anbau exotischer Pflanzen und Früchte galt, neben den Orangerien zu den Bauaufgaben, mit denen sich die höfischen Baumeister in der Folge ebenso auseinander zu setzen hatten wie mit dekorativen Gartenarchitekturen.[1997]

In Weimar hatte Herzogin Anna Amalia um das Jahr 1760 ein Treibhaus mit schräger Glasfront und Sonnenfang für Orangen, Zwetschgen und Kaffeebäume errichten lassen.[1998] In Versailles entstand ab 1761 in der Nähe des Petit Trianon ein botanischer Garten mit kleinen Treibhäusern und einem großen heizbaren Glashaus, das nach den neuesten wissenschaftlichen Kriterien mit großem technischem Aufwand errichtet worden war.[1999] Dieses Warmhaus beherbergte eine Vielzahl von tropischen Pflanzen[2000] und wurde als *„serre hollandaise"* bezeichnet.[2001] Ähnliche Einrichtungen folgten an vielen anderen Höfen, nicht zu-

---

1994 TSCHIRA, Orangerien und Gewächshäuser, S. 82.
1995 TSCHIRA, Orangerien und Gewächshäuser, S. 81.
1996 TSCHIRA, Orangerien und Gewächshäuser, S. 83.
1997 Vgl. dazu auch den Plan eines Treibhauses von Gottfried Heinrich Krohne in Gotha in: MÖLLER, Krohne, Abb. Nr. 171, S. 152. Ebenso Balthasar Neumann und Johann Jacob Michael Küchel, die Gebäude des herrschaftlichen Gemüsegartens mit Treibhäusern und Feigenhäusern im Schlossgarten von Pommersfelden in: HOTZ, Küchel, S. 133 ff. Als Beispiel seien Zeichnungen von Franz Ignaz Krohmer für ein Glashaus in Rastatt aus dem Jahr 1774 genannt, s. TSCHIRA, Orangerien und Gewächshäuser, S. 82, Abb. 62, sowie von Heinrich Christoph Jussow der Entwurf eines Gewächshauses aus dem Jahr 1810, s. OTTOMEYER, Jussow, S. 195, die den damals gängigen Typ eines Treibhauses mit und ohne Sonnenfang zeigen.
1998 Von den jährlich dort geernteten Kaffeebohnen wurde tatsächlich Kaffee zubereitet. S. AHRENDT, Belvedere, S. 28.
1999 LAUTERBACH, Sckell und Frankreich, S. 230.
2000 LABLAUDE, Gärten, S. 126 f.
2001 LABLAUDE, Gärten, S. 127. Das Wort ‚serre', das ab 1640 in Frankreich für beheizbare Glashäuser aufkam, war bis dahin nur für die Kammer verwendet worden, in der Obst aufbewahrt wurde. S. SAUDAN-SKIRA/SAUDAN, Orangerien, S. 125. Diderot und d'Alembert definierten das Treibhaus in der Encyclopédie von 1765 und rieten, sich „die holländischen und englischen Gewächshäuser zum Vorbild zu nehmen, denn unser Volk ist noch nicht aufgeklärt über diese An-

letzt getrieben durch das Bedürfnis, exotische Früchte auf den höfischen Tafeln vorzufinden, die nun praktischerweise nicht länger von weit her angeliefert werden mussten. In Schwetzingen wurden von Nicolas de Pigage Arbeiten an den Gewächshäusern der Gartenanlagen durchgeführt, wozu er mehrere „*Serres volantes a la Hollandaise*"[2002] baute. Auch in Pillnitz entstand ein Garten mit mehreren Gewächshäusern, der die Bezeichnung „Holländischer Garten" trug, wo die wissenschaftliche Gartenpflege ihren Ausgang nahm.[2003] In Saarbrücken existierte ein fürstlicher Gemüsegarten mit Orangerie und Treibhaus,[2004] von wo Obst für die fürstliche Tafel geliefert werden konnte. Dies zeigt die umfassende Bedeutung, die den Treibhäusern – und nicht zuletzt den dafür verantwortlichen Gärtnern – zugemessen wurde. Folgerichtig besaßen sie auch auf dem Carlsberg, hinsichtlich der Unterbringung der Ziergewächse für den Garten, ebenso wie für das Gedeihen der Pflanzen und Früchte der herzoglichen Tafel, eine große Wertigkeit, was nicht zuletzt durch ihre Stellung zu den Schlossgebäuden unterstrichen wurde.

III. Eisgruben und Eiskeller

Ein Teil des hinteren Schlossgartens, der auf den Plänen mit „Buch[en]wald" bezeichnet wird (Abb. 23) und sogar auf dem Aquarell Le Clercs deutlich als Waldgebiet erkennbar ist, dessen Baumwipfel hinter dem Schloss aufragen (Abb. 4), war auch zur Carlsberger Zeit als Waldgebiet benannt. So wurden sowohl Bauarbeiten zu einem „*Lusthaus im Wald hinter dem Schloß*"[2005] berechnet, es findet sich aber auch die Angabe innerhalb einer Spezifikation eines Dachdeckers, er habe einen „*Eiß Keller gedeckt mit schindelen hinder dem schlos im walt [...]*."[2006] Der Wald war demnach nicht nur Teil des Gartenbereichs, der durch Pavillons gestalterisch oder thematisch verändert werden konnte, sondern er wurde darüber hinaus sehr pragmatisch genutzt, um Eiskeller an schattigen Plätzen in Schlossnähe anzulegen. Die Nachrichten aus jenen Rechnungen, die sich auf die Errichtung und Erhaltung von Eisgruben und Eis-

---

lagen, die dem Fortschritt der Botanik dienlich sind." Encyclopédie ou Dictionnaire raisonné des sciences et des métiers, Neuchâtel 1765, zitiert nach SAUDAN-SKIRA/SAUDAN, Orangerien, S. 125.
2002 HEBER, Nicolas de Pigage, S. 316.
2003 HARTMANN, Pillnitz, S. 140.
2004 LOHMEYER, Südwestdeutsche Gärten, S. 65 f. und Abb. 59, S. 61.
2005 LA Speyer, Best. B3, Nr. 2590, Bl. 580. Rechnung über Eisenwaren des Schlossers Magnus Bötsch vom 30. Januar 1782.
2006 LA Speyer, Best. B3, Nr. 2606, Bl. 241. Rechnung des Dachdeckers Josef Jan vom August 1791.

kellern am Carlsberg beziehen, setzen im Dezember des Jahres 1778[2007] ein und enden im Januar 1793, als die Ausgabediarien des Baumagazins die Abgabe von Dielen und Klammern an den Polier Walbaum verzeichneten, damit dieser eine „*Eißbritsch zum Eißeinmachen*"[2008] anfertigen könne. Im Verlauf dieses Jahres wurden die Eiskeller nur noch als Versteck für unterschiedlichste Materialien genutzt.[2009]

Eiskeller, Eishütten und Eisgruben zählten von alters her zu jenen notwendigen Nebeneinrichtungen einer feudalen Unterkunft, in welchen man mit Eis, das im Winter herbeigeschafft wurde, Wildbret, Speisen und Getränke kühlen und frisch halten konnte.[2010] Eis war ein Luxusartikel, der bereits zu Beginn des 18. Jahrhunderts in Portionen verkauft wurde. So heißt es im Kochbuch Paul Jacob Marpergers: „Was vornehme Höfe und Haushaltungen seyn, die haben ihre Eisgruben, und in großen Städten ist es allbereits eingeführt, daß man des Sommers Eis vor Geld Pfund und Stück weiß kann zu kauff bekommen."[2011] Mellin bezeichnete die Eisgrube als „unentbehrliches Bedürfniß, um nicht sowohl im Sommer Eis zum Gefrornen, als vielmehr um Fleisch in dieser Jahreszeit frisch erhalten zu können;"[2012] Über die Anlage historischer „Eiß-Gruben" erklärte Zedlers Universallexikon von 1734, dass es sich dabei um ein Behältnis handele, „worinnen das dem Winter über gesammlete Eiß den gantzen Sommer durch zu Erfrischung des Getränckes in der grösten Hitze erhalten werden kan. Eine solche Eiß-Grube muß an einem von der Sonnen-Wärme entlegenen Ort gegen Mitternacht, auf einem gantz trockenen Platze, zwey oder drey Clafter weit nach dem Diameter gegraben, unten aber etwas enger gemacht werden. Die Tieffe richtet man nach belieben ein, nachdem der Ort trocken oder feucht ist, denn wo man einen trockenen Grund antrifft da sind sie je nesser je kälter. […] Wenn die Eiß-Grube unter freyem Himmel ist, muß sie mit einem kleinen Mäuerlein eingefangen und mit einem guten starck abhängigten Dach wohl davon

---

2007 LA Speyer, Best. B3, Nr. 2572, Bl. 197. Rechnung des Zimmermeisters David Männer vom 4. Dezember 1778, der zwei Böden für eine Eisgrube zum Preis von 28 Gulden anfertigte.
2008 LA Speyer, Best. B3, Nr. 2650, Ausgabe von eichenen und kiefernen Dielen, Bindfaden, Maurerschnur, Nägeln und Klammern vom 24. Januar 1793.
2009 BECKER, Schlossbau, S. 46.
2010 Über die verschiedenen Kühlungsmethoden mittels Eis und Schnee über die Jahrhunderte s. HELLMANN, Kälte, S. 27 ff. Außerdem gehörte im Paris des 18. Jahrhunderts das „boire à la glace" zur den Tafelgenüssen, denn gefrorene Fruchtsäfte waren schon Ende des 17. Jahrhunderts dem breiteren Publikum zugänglich gemacht worden. Die Konsistenz des Eises sollte nicht so hart wie Roheis sein, sondern geschmeidig wie Schnee. HELLMANN, Kälte, S. 32.
2011 Marperger, Paul Jacob um 1715, zitiert nach: HELLMANN, Kälte, S. 31.
2012 MELLIN, Unterricht, S. 223.

unterschieden und eingedeckt, auch gegen Morgen, Mittag und Abend Bäume oder Sträucher hingesetzt werden, damit die Sonnen nicht eingreifen, und dem Eiß schaden könne, nur allein die Mitternachts-Lufft wird frey gelassen; [...] Es bestehet aber eigentlich so eine Eyß-Grube in drey Behältnissen, nemlich des Eisses, dem Behältniß, wo die zu erfrischenden Dinge hingebracht werden, und endlich in einem Zimmer zu mehrerer Bedeckung der vorigen."[2013] Diese Eiskeller verschwanden jedoch im Laufe der Zeit, bedingt sowohl durch die Zerstörung der Schlossanlagen als auch durch den technischen Fortschritt des 19. Jahrhunderts,[2014] weitgehend unbemerkt aus den Gärten,[2015] bis man sie oftmals nicht mehr als solche erkannte. So zumindest verhielt es sich am Carlsberg.[2016]

Die Eisgruben und Eiskeller, die in den Akten zum Carlsberg erwähnt werden, befanden sich an unterschiedlichen Orten, jedoch hauptsächlich ‚im Wald hinter dem Schloss' sowie in der Carlslust und wurden Jahr für Jahr erneuert oder neu angelegt. Die erste Nachricht über die Existenz einer Eisgrube auf dem Carlsberg stammt vom Dezember 1778, dem Jahr des Umzugs von Jägersburg zum

---

2013 ZEDLER, Universallexikon, Bd. VIII, Spalte 652 f. weiter zum Stichwort „Eiß-Grube": „Ist der Grund sandigt und röhrend, so muß die Grube ausgemauert seyn, ist er aber von zähem festen Leimen, oder steinigt und starck, so wird die Grube nur mit Brettern oder Stroh-Decken ausgefüttert; kan sie an einem abhängigem Orte angebracht werden, so muß sie unten einem Ablaß bekommen. [...]" In diese Grube wird ein Holzgerüst gebaut, welches verhindert, dass das Eis den Boden oder die Wände berührt, und worauf im Dezember und Januar Stroh und Eis in wechselnden Lagen aufgeschichtet werden. „Die inzwischen vom untersten Boden abgesonderte Balcken dienen auch dazu, wenn etwan lauhe Winde kommen, dass das Eiß anfienge zu nassen, so kan die Feuchtigkeit hinab in die Erde trieffen, dahingegen, wo sie von dem Eiß nicht solte abfließen können, würde sie solches bald schmeltzend machen, welches aber durch dieses Abseihen verhütet wird." Aus der Beschreibung der unterschiedlichen Typen ergibt sich, dass die Begriffe Eisgrube und Eiskeller durchaus synonym verwendet wurden.
2014 Zu den ersten Kühlbehältern und Eiserzeugungsapparaten s. HELLMANN, Kälte, S. 65 ff.; HÅRD, Überall zu warm, S. 69–86; DIENEL, Eis, S. 101–112.
2015 Eiskeller- oder zumindest die Reste davon – finden sich noch heute. Als Beispiele seien hier nur der erhaltene und sanierte Eiskeller im „Eistälchen" des Ludwigsburger Schlossgartens (Abb. 81) sowie die Reste der Eiskeller im Park von Schloss Biebrich, im Staatspark Fürstenlager in Bensheim-Auerbach, und jener in den Felsen von Sanspareil genannt. Das Kühlhaus und der Eiskeller in Schwetzingen sind neben dem Wasserwerk und der Kellerei erhalten, s. HEBER, Nicolas de Pigage, S. 333 u. 341.
2016 Einzig Paul Brazier erwähnte die Notwendigkeit von Kühlhäusern und deren Funktion auf dem Carlsberg. Er zog dabei die richtige Folgerung aus dem falschen Gebäude, denn er interpretierte den Plan von Claudius Rosché, der eine Kelterei neben der Brauerei in der Legende anführte. Brazier folgert: „Cet édifice y est désigné sous le nom de Kelterei (de *Kälterei – Kalt = froid*)". BRAZIER, château, S. 94.

Carlsberg. Für diese Eisgrube, die mit zwei Türen verschlossen werden konnte,[2017] wurden zwei hölzerne Böden angefertigt.[2018] Der *"Pastor zu Kübelberg Lyser liefferte pro anno 1778 den Zweybrückische Höchste Herrschaft für zu decken die Eiskeller zu Jägersburg und Carlsberg"*[2019] das erforderliche Stroh. Allerdings wurde kein Ort genannt, mit dem dieser erste Eiskeller lokalisiert werden könnte. Der Schmied Schmelzle gab für den 12. Januar 1779 die Anfertigung von Tragehaken für die Eisgrube an.[2020] In einer Spezifikation über unterschiedlichste Schreinerarbeiten vom 25. April 1779 führt Schreiner Bihl auf, er habe ein kleines Bassin zu drei Gulden am Eiskeller angefertigt,[2021] worin vermutlich das Tauwasser aufgefangen wurde. Da beide nur einen Eiskeller nannten und keine weiteren Ortsangaben machten, handelte es sich wohl um den obigen Eiskeller.

Ein Bericht an den Herzog vom 30. Dezember 1779 betrifft *"die Fertigung zwey neuer Eisgruben auf dem Carlsberg"*.[2022] Der Ratsdiener Wilhelm Christian Froehner hatte zuvor *"in hiesiger Stadt* [Zweibrücken] *und denen Vorstädten [...] wegen Ausgrabung zweyer neuer Eißgruben"* auf dem Carlsberg *"[d]ieser wegen Vier mahlen publicirt"*,[2023] dass die Ausgrabung von Eisgruben für interessierte Handwerker am 30. Dezember ersteigert werden konnte. Der Auftrag wurde an besagtem Tag an Johann Georg Ohlinger versteigert,[2024] wofür sich die Steigkonditionen in den Akten erhalten haben, die einen Eindruck über die Größe einer solchen Eisgrube vermitteln. Nach den Konditionen sollte jede dieser Eisgruben *"oben 20 Schu weit, 20 Schu bis auf den Rost tief, 15*

2017 LA Speyer, Best. B3, Nr. 2572, Bl. 219. Schreiner Johannes Bihl hatte zwei Türen aus ½-zölligem Holz für den Eiskeller zu zwei Gulden 30 Kreuzer hergestellt. Rechnung vom 24. Dezember 1778.
2018 LA Speyer, Best. B3, Nr. 2572, Bl. 197. Rechnung vom 4. Dezember 1778, ausgestellt vom Zimmermann David Männer aus Ixheim.
2019 LA Speyer, Best. B3, Nr. 2572, Bl. 310. Der Pastor J. H. J Lyser stellte die Rechnung in Kübelberg am 14. Dezember 1778 aus. Die Rechnung belief sich auf 38 Gulden und 30 Kreuzer, LA Speyer, Best. B3, Nr. 2572, Bl. 344: Rechnung von Nicklas Brandauer vom 23. Dezember 1778, der auf dem Carlsberg *"die neue Eisgrube mit Stroh gedeckt, und davor accordirtermassen mit Imbegriff des Lattens und Abrichten derer Gerthen"* 20 Gulden forderte.
2020 LA Speyer, Best. B3, Nr. 2580, Bl. 80. Außerdem stellte er am 18. Januar zwei lange starke Kloben her, um die Leiter in der Eisgrube befestigen zu können.
2021 LA Speyer, Best. B3, Nr. 2578, Bl. 74v. Spezifikation vom 25. April 1779 über ein *"Kleinen basing an den Eiß Keller tut Arbeits lon 3 fl."*, was von Mannlich attestiert wurde.
2022 LA Speyer, Best. B3, Nr. 2963, #3998.
2023 LA Speyer, Best. B3, Nr. 2576, Bl. 770.
2024 Er sollte die Aushubarbeiten für einen Lohn von 199 Gulden und 30 Kreuzer vornehmen. Die Arbeit wurde vom Herzog persönlich ratifiziert und mit der Anweisung versehen, dass unverzüglich damit anzufangen sei. LA Speyer, Best. B3, Nr. 2963, #3998.

Schu auf dem Rost weit, der bihsarre [?] 6 franz. Schu tief und 8 Schu weit gegraben und an dem bihsarre [?] muß ein dohlen von 1 ½ schu allweg angebracht werden damit das faule wasser ablaufen kann."[2025] Die Arbeit an den Eisgruben wurde „*[...] auff dem Carlsberg beim Daubenhauß*"[2026] begonnen, doch man beschied dem Handwerker damit aufzuhören, „*weilen die Eiß Keller an Einen anderen orth hinkommen [...],*"[2027] der sich jedoch aus den Akten nicht mehr erschließt. Der Maurermeister Peter Rosche ersteigerte im November des Jahres 1780 die Arbeit an zwei weiteren Eiskellern. In einem Bericht vom Jahr 1785 wird bestätigt, dass er diese Arbeiten „*[...] nach denen Ihme Vorgeschriebenen größe laut Steig-Conditionen richtig gefertigt*"[2028] habe.

Der Bedarf an gekühlten Lebensmitteln und Getränken wuchs kongruent zur Anzahl der Personen am Hof, die an der herzoglichen Tafel und im höfischen Umfeld verköstigt werden mussten. Im Jahr 1781 muss es mindestens vier Eis-

---

2025 LA Speyer, Best. B3, Nr. 2963, #3999. Nr. 1 der Konditionen. Die Maße entsprechen einer oberen Weite und Tiefe des Schachts von 6,50 Metern, einer unteren Weite von 4,87 Metern. Die Maße des „bihsarre" – wobei es sich um ein Wasserauffangbecken o.ä. handeln könnte, weil der Ablaufdohlen für das Tauwasser daran anschließen sollte – waren 1,95 x 2,60 Meter. Weiter besagten die Steigkonditionen, dass, sollten sich während des Ausgrabens Felsen finden, auch in diesem Fall weitergegraben werden müsse, „*sollten aber Mauerstein seyn, so werden solche dem Enterpenneur abgenommen und nach dem Steigprotokoll bezahlt.*" LA Speyer, Best. B3, Nr. 2963, #3999, Nr. 2 der Konditionen.
2026 LA Speyer, Best. B3, Nr. 2963, #4002. Die Eisgruben sollten „*jezo an Einen andern blatz gemacht werden.*"
2027 LA Speyer, Best. B3, Nr. 2963, #4000. Im März des folgenden Jahres erging ein Bericht über diesen Arbeitsvorgang an den Herzog. Darin heißt es, Ohlinger habe, nachdem er den Vertrag ersteigert hatte, sofort mit der Arbeit begonnen, „*um selbige baldigst fertig zu bringen. Da aber kürzlich befohlen wurde, daß diese Eisgrube nicht verfertigt werden sollte, so übergab der Ohlinger eine Rechnung von seiner bereits an diesen Eisgruben verfertigten Arbeit. Man ließ daher solche durch den Maurermeister Peter Zimmermann dahier examiniren, und die bereits verfertigte Arbeit abschätzen wo sich dann gefunden, daß sie nicht übersetzet* [überzogen] *ist, wie der Zimmermännische hierbey accludirte Bericht beprobet* [beweist]." LA Speyer, Best. B3, Nr. 2963, #4001. Dieser Bericht wurde von Mannlich angefertigt und unterschrieben. Er gestand Ohlinger 32 Gulden 48 Kreuzer zu, während Zimmermann als Diäten für seine Schätzung 2 Gulden erhalten sollte. Gutachter Zimmermann schreibt: „*So habe gefunden das der 6te deil von beiden Eis Gruben ausgekraben ist und sind auch in dem aus graben worin sich felzen gefunden 12 wagen Stall schäne Mauerstein welche sich alda befinden welches hiermit gehorsambst berichten wollen.*" LA Speyer, Best. B3, Nr. 2963, #4002. Der Vorgang findet sich auch in den Rechnungen von Creutzers, s. LA Speyer, Best. B3, Nr. 2953, S. 537.
2028 LA Speyer, Best. B3, Nr. 2964, #4318. Bericht des Baumeisters Schaeffer, der wohl aufgrund der Klagen des Maurermeisters wegen bisher unterbliebener Bezahlung erstellt wurde. Dem Maurer standen laut Steigregister 64 Gulden zu. So auch in LA Speyer, Best. B3, Nr. 2953, S. 583.

gruben gegeben haben.[2029] 1782 befanden sich allein hinter dem Schloss bereits fünf Eiskeller, denn der Schlosser Magnus Betsch berichtete, er habe *„die 5 Eiskeller hinder dem Schloß aufgemacht."*[2030] Die Eiskeller mussten jährlich beim Einsetzen des ersten starken Frosts geöffnet und gelüftet werden, damit die Wände und das umgebende Erdreich die niedrigen Temperaturen annahmen.[2031] Die Gegend hinter dem Schloss bot sich aufgrund der Nähe zum Küchenbau wie auch durch seine Geländestruktur mit bewaldeten, schattigen Gebieten an.

In den folgenden Jahren ist noch von weiteren Eisgruben an diversen Plätzen die Rede. *„Durch Phillipp Reuter Bernhard Pirro Jacob Schlicher und Peter Kirschner ist der Fleischkeller vor Aus zugrab zu dem Jägerhaus Veracordirt worden vor Vierzig Gulden."*[2032] Im Rentkammer-Bauprotokoll des Jahres 1787 findet sich auch die Anweisung, *„dem Michel Scherer et Cons. von Bechhoffen zu Grabung eines Eißkellers im Carls Lust"*[2033] einen Vorschuss auszahlen zu lassen. Gegen Ende des Jahres 1788 erfolgt erneut eine Weisung, dass dem Maurer Adam Bläß und seinen Mitarbeitern für zwei Eiskeller 48 Gulden als Vorschuss bar gewährt werden sollten.[2034] Die Rechnung des Maurers enthielt insgesamt das Aufgraben zweier Eiskeller auf dem Carlsberg, *„um das Gehölz heraus schaffen zu können, und auf dem Herrschaftl. Zimmerplatz zwey neue Eißkeller aus gegraben, den Kessel ausgemauert und die Eiskeller wieder zugeworffen [...]."*[2035] Eine Rechnung des Zimmermanns Vogel aus Ixheim vom

---

2029 Der Dachdecker Cronauer gibt an: *„Auf dem Carlsberg habe ich 4 Eisgruben gedeckt."* Die Eisgruben zu decken kostete *„jeden um 7 fl. nach dem accord, machen also die 4 28 Gulden."* Rechnung vom 21. April 1781. LA Speyer, Best. B3, Nr. 2956, #1301.

2030 LA Speyer, Best. B3, Nr. 2590, Bl. 606v. Für das Öffnen der Eiskeller verlangte der Schlosser 15 Kreuzer.

2031 Frdl. Hinweis von Herrn Ostwald vom staatl. Vermögens- und Hochbauamt in Ludwigsburg bezüglich des Ludwigsburger Eiskellers im so genannten „Eistälchen", das sich in einem kleinen Wäldchen im Unteren Ostgarten des Ludwigsburger Schlosses befindet.

2032 LA Speyer, Best. B3, Nr. 2960. Nachtrag einer Rechnung vom 30. Aug. 1782, attestiert von Baumeister Schaeffer.

2033 LA Speyer, Best. B4, Nr. 2549, Bl. 282v. Datum vom 30. November 1787. Danach soll die Hälfte des ausgemachten Geldes als Vorschuss in Höhe von 33 Gulden angewiesen werden. Der Herzog befahl der Baukasse im Dezember, Michel Scherer und seinen Mitarbeitern diese 33 Gulden auszahlen zu lassen, LA Speyer, Best. B4, Nr. 2549, Bl. 296v. Der Zimmerpolier Heinrich Walbaum hatte den Auftrag, mit zwei herrschaftlichen Zimmergesellen die zwei Eiskeller in der Carlslust *„aus zu heben und wieder auf zu schlagen"*, also wohl das feuchte Holz herauszubringen und neue Gestelle zu errichten, wofür er 72 Gulden erhielt. Rechnung vom 8. Dezember 1787. LA Speyer, Best. B3, Nr. 2648, #1724.

2034 LA Speyer, Best. B4, Nr. 2550, Bl. 283v. Vermerk vom 1. November 1788 nach dem Bericht des Baumeisters Krutthofen.

2035 LA Speyer, Best. B3, Nr. 2590, Bl. 192. Rechnung von Adam Bläß vom 28. November 1788 über 146 Gulden. Im Januar 1788 hatte Nickel Cronauer diese bei-

Dezember *„vor Arbeit am Eißkeller aufm Carlsberg"*[2036] wurde in das Bauprotokoll eingetragen. Im Februar 1789 wurden diese Eiskeller mit Stroh gedeckt.[2037] In einer Rechnung vom August 1791 schließlich gab der Dachdecker Josef Jan an, er habe ein *„Eiß Keller gedeckt mit schindelen hinder dem schlos im walt ist hoch 20 schuh und im omfang in der halwen höhe hat 41 schuh macht 820 schuh [...]."*[2038] Aus den Aktenmaterialien ergibt sich für die Carlsberger Eiskeller das Bild eines ausgemauerten Kessels, der nach oben entweder durch Mauerwerk verschlossen und mit Erdreich bedeckt wurde, oder mittels eines hölzernen Aufbaus mit reichlich Stroh versehen wurde. In den Mauerkessel hatte man eine hölzerne Konstruktion eingefügt, um darauf Eis, Stroh und die Behältnisse für die zu kühlende Ware auflegen zu können.

Tatsächlich finden sich in einem Bereich östlich des Schlosses, dessen Gemarkung heute den Namen „Schlossberg" trägt, und der schon immer zu den bewaldeten Gebieten des Buchenberges zählte, noch heute Reste eines ringförmig ge-

---

     den Eiskeller auf dem Zimmerplatz, dem Platz hinter dem damaligen Baumagazin (der heutige ‚Karlsberger Hof') eingedeckt. LA Speyer, Best. B3, Nr. 2591, Bl. 476. Auch Zimmermann Vogel war sowohl in der Carlslust tätig, um dort die beiden Eiskeller auszuheben, als auch bei den beiden Eiskellern auf dem Zimmerplatz. Von den letztgenannten Eiskellern wusste Vogel zu berichten, dass diese starker Reparaturen bedurften in Form zweier neuer Roste und neuer Schwellen und Riegel. LA Speyer, Best. B3, Nr. 2600, Bl. 29. Rechnung vom 2. Dezember 1788. Insgesamt muss es auf dem Zimmerplatz vier Eiskeller gegeben haben, denn laut der Baumagazins-Urkunden wurden Dielen und Nägel *„zur Reparation der alten Eißkeller auf dem Herrschaftl. Zimerplatz"* abgegeben. LA Speyer, Best. B3, Nr. 2642. Darüber hinaus wurden aber auch 245 Bund Kornstroh, Latten und Nägel abgegeben zum *„eindecken der zwey neuen Eißkeller aufm Zimmerplatz."* LA Speyer, Best. B3, Nr. 2642, Nr. 32.

2036 LA Speyer, Best. B4, Nr, 2550, Bl. 339v. Rechnung über 90 Gulden.
2037 Der Bedarf an Stroh war recht hoch, da das Stroh im Eiskeller erneuert werden musste und die Eiskeller außen neu verkleidet wurden. So berichtete Baumeister Krutthofen am 1. März 1790, dass zur Umdeckung der Eiskeller 400 Bund Stroh eiligst notwendig seien. LA Speyer, Best. B4, Nr. 2552, Bl. 58v. Der mit der Besorgung des Strohes angewiesene Rat Böttger gab zu Bedenken, *„daß es ein klarer Wiederspruch seye, des fordersamsten Stroh zu erkaufen und solches Wohlfeil als möglich."* Daraufhin wurde ihm *„die unanständige und einem Subalternen nicht geziemende Schreibart ernstl. verwiesen und auch bey weiterer Verzögerung dieses Auftrags man solches Ser^{mo} anzeigen werde."* LA Speyer, Best. B4, Nr. 2552, Bl. 59v. Wenige Tage später waren die erforderlichen 400 Bund Stroh für eine Summe von 68 Gulden gekauft und die Rechnung wurde an die Baukasse weitergereicht. LA Speyer, Best. B4, Nr. 2552, Bl. 73v. Die Bezahlung war dagegen im September noch nicht erfolgt. LA Speyer, Best. B4, Nr. 2552, Bl. 252v. Im Jahr später war die gleiche Menge Stroh für 50 Gulden 15 Kreuzer zu haben. LA Speyer, Best. B4, Nr. 2553, Bl. 321v.
2038 LA Speyer, Best. B3, Nr. 2606, Bl. 241v. Dort wurde das Stroh abgenommen und eine Gaube gedeckt. Die Höhe entspricht 6,50 Metern, der Umfang in der halben Höhe 13,32 Metern.

Abb. 81: Eiskeller im ‚Eistälchen' des Ludwigsburger Schlossgartens

mauerten Schachts (Abb. 82).[2039] Es kann sich bei diesem Bau nur um einen der erwähnten Eiskeller hinter dem Schloss handeln. Der Schacht besteht aus Sandsteinquadern unterschiedlicher Größe, die über ca. 3,60 Meter mörtellos aufgemauert wurden. Weitere drei Meter Tiefe wurden dadurch gewonnen, dass dieses Loch mit einem Durchmesser von ca. 6,70 Metern weiter in den anstehenden Fels in die Tiefe getrieben wurde.[2040] Die teilweise durch dünne Sandstein-

---

2039 Dieser Schacht liegt ca. 250–300 Meter vom Küchenbau des Schlosses entfernt. Folgt man dem Weg, der heute durch den Ehrenhof nach Osten verläuft, und biegt an der ersten Wegekreuzung nach Norden ab, so erhebt sich noch vor der ersten Wegbiegung linkerhand deutlich sichtbar ein Hügel, der nach oben abgeflacht ist. Die Funkton des Schachtes war bislang weitgehend ungeklärt. Schneider stellt eine Verbindung mit dem ‚Prinzenlusthaus' her mit der Begründung, dass das sichtbare Bruchsteinmauerwerk „eine andere Nutzung, z.B. als Zisterne oder Wasserbecken, nicht zuläßt." Vgl. SCHNEIDER, Schlösser, S. 328. Dies muss jedoch abgelehnt werden, da das Prinzenlusthaus nicht unterkellert war. Die Diplomarbeit von Ulrich gibt die Maße und eine Beschreibung des Schachtes, s. ULRICH, Konzept, S. 34. In der näheren Umgebung sind weitere Hügel zu finden, wobei es sich um Grabhügel der Hallstadtzeit handelt. (Kolling, A.: Saarbrücker Zeitung v. 11. September 1979).
2040 ULRICH, Konzept, S. 34. Im Innern des Schachts wurden jedoch nur wenig mehr als 6,20 Meter gemessen, so dass davon auszugehen ist, dass der Schacht sich nach unten leicht verjüngt.

Abb. 82: Eiskeller nordöstlich des Schlosses Carlsberg

platten mit einem Abschluss versehene Oberkante des Schachtmauerwerks liegt zur Hälfte fast zu ebener Erde, der Rest aber ragt über abschüssiges Gelände hinaus und wurde zum Rand hin mit Erdreich angeschüttet, was dem Bauwerk, von aus Süden gesehen, die Gestalt eines flachen Vulkankegels verleiht. Vor Ort finden sich noch heute Reste von Schiefer, so dass der Keller vermutlich – zusätzlich zur Dämmung durch Stroh – mit einem hölzernen Dachstuhl und Schiefer bedeckt war. All dies zeugt davon, dass es sich hierbei um einen Eiskeller handelt, zumal sich darin auch nach regenreichen Perioden kein Wasser ansammelt.[2041]

Um den Schacht eines solchen gemauerten Eiskellers nutzen zu können, waren hölzerne Einbauten und Roste nötig, auf denen, wie oben bereits dargelegt, Eis, Stroh sowie die jeweiligen zu kühlenden Getränke und Lebensmittel gelagert werden konnten. Um in die Keller zu gelangen, wurden feste Einbauten oder Leitern gebraucht, wie in einer Rechnung des Schmiedemeisters Heinrich Oster deutlich wird, der „[...] 5 Steigleiter in den Carlsberger Eiß Keller"[2042] herge-

---

[2041] S. dazu ULRICH, Konzept, S. 34. Der Boden des Schachts scheint also – wenn nicht noch ein unterstützender Ablauf existiert – das Versickern des angesammelten Wassers zu begünstigen.

[2042] LA Speyer, Best. B3, Nr. 2585, Bl. 201. Auch aufgeführt in den Rentkammer-Bauprotokollen, LA Speyer, Best. B4, Nr. 2546, Bl. 122v. Eine Leiter kostete 7 Gulden.

stellt hatte. Um im Winter das erforderliche Eis aus den nahegelegenen Weihern und Teichen zu beschaffen, wo es in Stücke gesägt und mit Fuhrwerken zur Eisrampe des Eiskellers gefahren wurde, bedurfte es Haken für die Eisbrecher[2043] sowie einer Eispritsche. Dem Zimmerpolier Walbaum wurden im Jahr 1793 vom Baumagazin Dielen, Klammern, Körbe und Nägel ausgegeben, *„zur Eißbritsch zum Eißeinmachen"*.[2044]

Ein weiterer Aspekt zur möglichen Baufunktion eines Eiskellers eröffnet sich mit einer Rechnung des Tünchers Jacob Grünewald. Er wird mit einer Forderung vom April 1782 erwähnt, wonach ihm im Zusammenhang mit anderen Tüncherarbeiten auch Geld für *„Anstreich Arbeit [...] in dem Zimer der Eißgrube"*[2045] zustand. Ein Zimmer in einer Eisgrube, in dem auch der Glaser beschäftigt war,[2046] mutet nicht mehr wie ein reiner Nutzbau an. In diesen Kontext passt eine Arbeit des gleichen Zeitraums, in der Schlosser Magnus Bötsch angibt, drei Laden am Eiskeller anzuschlagen zu haben *„und drei Kloben zum aufziehen"*.[2047] Diese Arbeit wurde auf Anordnung des Hofgärtners August Petri

---

2043 LA Speyer, Best. B3, Nr. 2590, Bl. 590. *„1 Hocken vor die Eisbrecher gemacht"*. Das Abschlagen des Eises an Flüssen oder stehenden Gewässern wurde als „Eisernte" bezeichnet. HELLMANN, Kälte, S. 30, 50, Abb. über den Ablauf der Eisernte S. 52, 53. Werkzeuge S. 54. Zur Mechanisierung der Eisernte s. TÄUBRICH, Eisbericht, S. 53.

2044 LA Speyer, Best. B3, Nr. 2650, Ausgabediarium des Baumagazins: Ausgabe eichene Dielen, kieferne und tannene Dielen, Seilerware; LA Speyer, Best. B3, ad 2651, Rechnungen Nro. 41. Als Größenordnung: Der Ludwigsburger Eiskeller, eine Trommel mit Gewölbe aus Bruchstein, 32 Schuh hoch und 14 Schuh breit, wurde mit 100 m³ Eis beschickt. Frdl. Hinweis von Herrn Ostwald vom staatl. Vermögens- u. Hochbauamt Ludwigsburg. Zwei Äxte, zwei Beile und fünf Stichel waren Polier Walbaum am Carlsberg in den Weiher gefallen – was zusätzlich zeigt, welches Werkzeug ‚zum Eiseinmachen' notwendig war. LA Speyer, Best. B3, ad 2651, Rechnungen Nro. 41. Rechnung des Poliers Walbaum.

2045 LA Speyer, Best. B3, Nr. 2953, S. 250, so auch in den Rentkammer-Bauprotokollen von 1785, LA Speyer, Best. B4, Nr. 2547, Bl. 122, wonach ihm für Arbeit in der Eisgrube für April 1782 acht Gulden zehn Kreuzer zustanden.

2046 Glaser Purllacher gibt an, er habe *„4 scheib Ein gesözt in den Tappezierten Eiß Keller im Walt,"* LA Speyer, Best. B3, Nr. 2585, Bl. 11. Der Glaser war im Dezember 1781 dort tätig. In ZEDLER, Universallexikon, Bd. VIII, S. 6523 heißt es zum Stichwort „Eiß-Grube": „Überhaupt müssen alle Thüren u. Wände mit Phälen, so mit Stroh umwunden, verwahret seyn, den Zugang der äussern Lufft dadurch abzuhalten, als welches das führnehmste ist, weil sonst das Eiß gar leicht schmeltzen würde; weßwegen gedachter massen das dritte Zimmer übergesetzet wird, und zwar ohne Fenster und andrer Öffnung, um darein Holtz und andere Dinge zu legen, und dadurch den Zugang der Lufft zum Behältniß [...] zu verhindern." Diese Forderung nach einem fensterlosen Raum ist ein weiterer Grund für die Annahme, dass es sich hier nicht um einen „echten" Eiskeller handeln kann.

2047 LA Speyer, Best. B3, Nr. 2590, Bl. 580. Rechnung vom 30. Januar 1782, in der die Arbeiten am Eiskeller einen Gulden und 30 Kreuzer betrugen.

Abb. 83: Unbekannt, Zwölf aquarellierte Ansichten vom Ludwigsberg

ausgeführt, der für den Park und seine Ausstattung verantwortlich zeichnete. Es könnte sich hier – ähnlich wie auf dem Ludwigsberg in Saarbrücken – um einen Staffagebau gehandelt haben. Samuel C. Wagener berichtete in der Beschreibung seines Besuchs am Ludwigsberg von einem vergleichbaren Bauwerk: „In dem vorliegenden Lustwalde befand sich, neben mancherlei angenehmen Überraschungen, unter andern auch ein großer Haufe geschlagenen Holzes, worin man ein Paar niedliche Zimmer antraf. Eine ähnliche versteckte Wohnung hatte von außen die Gestalt einer Eisgrube."[2048] Diese Eisgrube, die auf mehreren erhaltenen Ansichten zu sehen ist (Abb. 83 u. links), wird als kegelförmiges Gebilde aus Stroh gezeigt, das mittels eines kleinen, ebenfalls strohbedeckten Vorbaues in der Größe einer Tür mit kleinem Satteldach erschlossen werden kann. Die Spitzhütte besitzt ein kleines Fenster, dessen Klappladen nach oben geöffnet und befestigt ist. Es ist daher naheliegend, dass sich ein solcher Eiskeller als

---

2048 WAGENER, Pfalz, S. 45f. Die Eisgrube wurde auch auf einem der Elfenbeinknöpfe mit Ansichten vom Ludwigsberg von Johann Friedrich Dryander (1756–1812) wiedergegeben. S. dazu das Foto von Hermann Brandseph, 28 Elfenbeinknöpfe (Abb. 111), dritter Knopf (v. l. n. r.) in der zweiten Reihe von unten. Außerdem ist sie auf einem Aquarell das 12 Ansichten vom Ludwigsberg zeigt, als erstes Bild der untersten Reihe zu erkennen (Abb. 83). PAUL, Der Ludwigsberg, S. 39 und S. 267.

Staffagebau, der laut Aussage des Glasers ‚im Wald hinter dem Schloss' lokalisiert werden kann, unter den durch die Quellen belegten existenten Eisgruben befunden hat, zumal auch die genutzten Kelleraufbauten als dekorativ empfunden wurden. So beschrieb sie Mellin nicht nur als unentbehrliches Bedürfnis, sondern auch als „eine ländliche Dekoration."[2049]

IV. Anmerkungen zu Brand- und Blitzschutzmaßnahmen

Die Wetterleiter – Zu den ‚Hemmerschen Fünfspitzen'

Das Aquarell von Le Clerc aus dem Jahr 1790 (Abb. 4) zeigt auf dem Dachreiter des Corps de logis und auf den Dächern der Seitenflügel in regelmäßigen Abständen dünne Spitzen, die wie Antennen aufragen. Dabei handelte es sich um Blitzableiter, die der Geistliche, Physiker, Meteorologe und Sprachforscher Johann Jakob Hemmer (1733–1790)[2050] entwickelt hatte. Die eigentliche Erfindung des Blitzableiters geht auf Benjamin Franklin (1706–1790) zurück, der um 1750 in Philadelphia die „Kraft der Spitzen" entdeckte.[2051] Diese Idee gelangte 1760 nach England, wo auf dem Leuchtturm von Plymouth der erste Blitzableiter Europas errichtet wurde. 1769 fand diese Idee auch in Deutschland Beachtung und wurde erstmals auf der Jacobikirche in Hamburg eingesetzt.[2052]

Johann Jacob Hemmer entwickelte daraus einen fünfspitzigen „Wetterleiter" (Abb. 41), mit dem er die Gebäude „bewaffnete".[2053] Bei dieser Erfindung han-

---

2049 MELLIN, Unterricht, S. 223.
2050 Hemmer war seit 1767 außerordentliches, seit 1768 ordentliches Mitglied der Pfälzischen Akademie der Wissenschaften „Theodoro-Palatina" in Mannheim und richtete für Kurfürst Carl Theodor das physikalische Kabinett ein. Außerdem geht die Gründung der Societas Meteorologica Palatina im Jahr 1780 auf ihn zurück und „machte Mannheim zur Geburtsstätte der neuzeitlichen Wetterkunde". BECKER, Hemmer, S. 39. VOSS, Mannheimer Akademie, S. 42. Über Johann Jacob Hemmer: HKBAdW, Biographie, Bd. XI, S. 721. SCHÄFER, Hemmer, S. 60–63.
2051 HOFMANN, Europa 1789, S. 196. Franklin wurde in Europa sowohl hinsichtlich seiner Rolle im amerikanischen Unabhängigkeitskampf, als auch als Erfinder des Blitzableiters gefeiert. Anlässlich seines Todes im Jahr 1790 verfasste Christian Friedrich Daniel Schubart (1739–1791) ein Gedicht u.a. mit der Zeile: „Er wusste den Strahl des Tyrannen / Wie Blitze des Himmels zu bannen", zitiert aus: HÖPER, Glück Württembergs, S. 89.
2052 HOFMANN, Europa 1789, S. 196.
2053 BECKER, Hemmer, S. 39. Abbildung eines Blitzableitermodells in der Staatlichen Kunstsammlung Kassel, Astronomisch-Physikalisches Kabinett, Inv. F 441a–763, vgl. Abbildung HOFMANN, Europa 1789, S. 196, Kat. Nr. 213.

delt es sich um eine senkrechte Metallstange, die durch die Mitte eines waagerecht ausgerichteten Kreuzes geführt wird. Vom Fuß der Stange „laufen über das Dach zu zwoen Seiten die Dräte in die Erde hinab."[2054] Dieses Aussehen brachte der schmiedeeisernen Konstruktion den Namen ‚Hemmersche Fünfspitzen' ein, wobei die Spitzen aus Kupfer gefertigt waren und eine Gesamthöhe von vier Metern und eine waagerechte Ausdehnung von zwei Metern besaßen.[2055] Diese Erfindung machte ihn weithin bekannt und so konnte man bald, über die Berichte in den Schriften der Kurpfälzischen Akademie hinausgehend, im heimischen Pfarramt ein Büchlein für 20 Kreuzer erwerben[2056] um nachzulesen, wie seine Wetterleiter anzulegen seien.[2057]

Den ersten Blitzableiter montierte Johann Jakob Hemmer am 15. April 1776 auf das Schlösschen des Obristjägermeisters Franz Karl Joseph von Hacke in Trippstadt[2058] bei Kaiserslautern. Im gleichen Jahr ordnete Kurfürst Carl Theodor als erster unter den deutschen Fürsten an, dass Schlösser und weitere Gebäude mit Blitzableitern auszustatten seien. Wetterstangen sind bis heute auf dem Schloss in Schwetzingen[2059] und auf dem Schloss in Bruchsal erhalten. In der Pfalz wurden, gemessen an den kritischen Diskussionen darüber,[2060] im Jahr 1783 viele Blitzableiter angebracht, so auch auf dem Dach des Schlosses Monaise (1779–1783) des Grafen von Walderdorff.[2061]

Auch Herzog Carl II. August hatte Sinn für naturwissenschaftliche Neuerungen. So unterstützte er die im Jahre 1768 gegründete „Kurfürstlich Physikalisch-

---

2054 Trierisches Wochenblättgen, Nr. 29, 1783, zitiert nach: HÄRIG, Schloss Monaise, S. 73.
2055 BUDDE, Zeughaus. Auch der Blitzableiter auf Schloss Monaise hatte ähnliche Maße, denn die Stange „hat ihre rechte Größe, wenn sie 14–15 Schuhe [~4,55–4,87 Meter] über das Dach in aufeinander geschraubten Theilen heraus raget, und nach der Höhe eine passende Dicke hat: besser ists, wenn sie oben spitzig zusammengeht; denn in eine spitzige wird sich der Blitz mehrsten theils sanft und ohne Geräusch ergießen [...]. Trierisches Wochenblättgen, 1783, Nr. 30, zitiert nach HÄRIG, Schloss Monaise, S. 74.
2056 BUDDE, Interessen, S. 263.
2057 HEMMER, Wetterleiter.
2058 BECKER, Hemmer, S. 39.
2059 FUCHS/REISINGER, Schloss, S. 34. Darüber hinaus zeigt ein Blatt einer Serie von Gebäudeansichten der Stadt Mannheim die Hauptfront des Zeughauses mit Wetterleitern auf dem Dach. Das Zeughaus wurde in den Jahren 1777 bis 1779 erbaut. Der Architekt war der Hofbildhauer des Kurfürsten Carl Theodor, Peter Anton Verschaffelt (1710–1793), s. WIECZOREK/PROBST/KOENIG, Lebenslust, Bd. II, S. 246. Abbildung WIECZOREK/PROBST/KOENIG, Lebenslust, Bd. II, S. 244.
2060 HÄRIG, Schloss Monaise, S. 73 f.
2061 Dort erregte diese technische Neuerung großes öffentliches Aufsehen. HÄRIG, Schloss Monaise, S. 72 f.

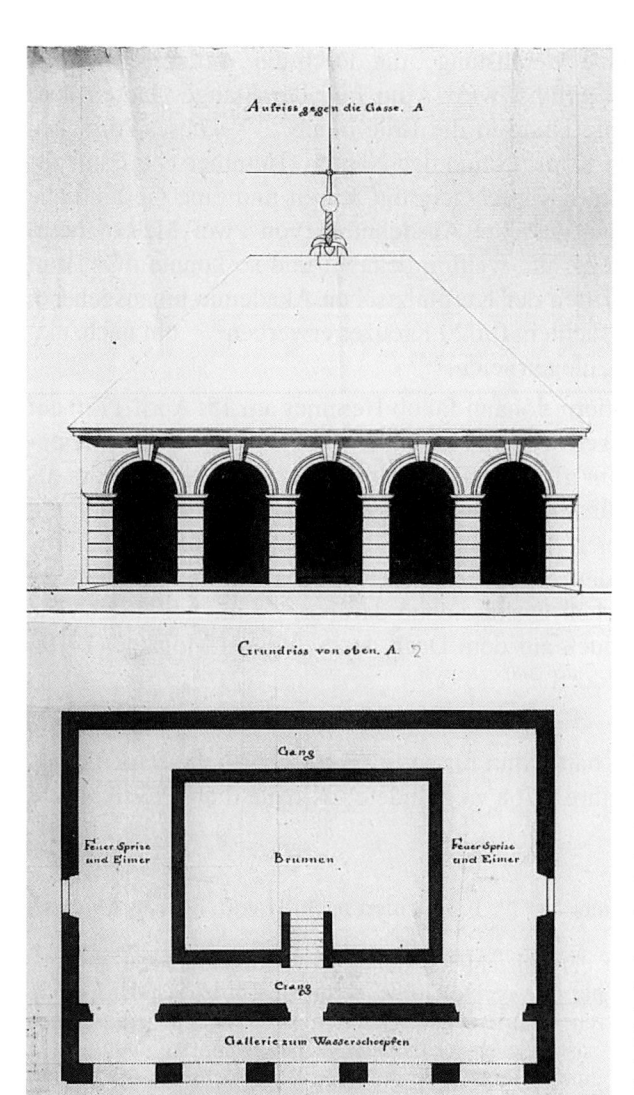

Abb. 84 Wahl, Friedrich Gerhard: Brunnenhaus Aufriss gegen die Gasse A und Grundriss von oben. A

Ökonomische Gesellschaft"[2062] in Mannheim, die längere Zeit unter der Leitung des Arztes und Botanikers Friedrich Casimir Medicus (1736–1808) stand, dessen „Beyträge zur schoenen Gartenkunst" und botanischen Beobachtungen in der Bibliothek Carls II. August zu finden waren.[2063]

Auf dem Carlsberg wurden spätestens ab 1783 sämtliche Bauten mit Blitzableitern ausgestattet (Abb. 84).[2064] Die Nachweise über die Errichtung von Wetterleitern ziehen sich bis zum Ende des Jahres 1789, so dass für diesen Zeitraum der weitgehende Abschluss der Arbeiten angenommen werden kann. Eine erhaltene Rechnungsnotiz gibt Auskunft darüber, dass der Flaschnermeister Johannes May aus Mannheim als auswärtiger Experte auf dem Carlsberg tätig war, denn er *„empfinge durch Banquier*

2062 MOLITOR, Vollständige Geschichte, S. 503.
2063 StBib. Bamberg, Verzeichnis, S. 87, Nr. 233, 234.
2064 Im gleichen Jahr erhielt auch das erste Gebäude in Stuttgart einen Blitzableiter. HÖPER, Glück Württembergs, S. 89. Doch nicht nur Gebäude wurden mit Blitzableitern ausgestattet. Hemmer entwickelte auch einen Reisewagen mit Blitzschutz auf dem Dach, den sich der Herzog Carl II. August bauen ließ. Dieser bestand aus einem Eisenstab mit Kupferspitze, der sich durch ein Gelenk unter streifenden Ästen zurückklappte und wieder aufrichtete. Eisenketten, die bei Be-

Schmalz alda[2065] *vor verfertigte Arbeit zu den Wetterableitern nach einem Conto de 20. Aug. 1783 511 fl. 8 xr.*"[2066] Danach waren die einheimischen Handwerker so weit eingewiesen, dass man sich für die zahlreichen kommenden Arbeiten auf sie verlassen konnte. So hatte der Leyendecker Martin Bohn gleich *„21 stück wetter leyder auffgericht die fürsten auff gebrochen, und witter zu gedecketh, wie auch alle fürsten* [Firste] *und Caminer mit Eissen stangen über zogen, und Ehl farb an gestrigen ist acortirth vor stück wie die arbauth sehr mißam ist ad 6 fl."*[2067] Der Spengler Georg Leseur aus Homburg stellte am 31. Dezember 1784 eine Rechnung über Arbeiten *„an der Wetterleitung"* aus.[2068] Die Spezifikation des Schlossers Johannes Schillo vom Juni des Jahres 1788 gibt genaue Auskunft über die Art der Ausstattung, denn er formulierte seine Arbeiten, die er auf der Carlsberger Husarenkaserne verrichtete, mit den Worten, er habe *„Erstl. 2 Wetter stangen auf die Cassern, jede 15 schu hoch, die selbig mit kupferne spitzen, und die gantze Cassern mit ableidungen, samt den Caminen verferdiget, diese ableidung mit gablen, und schrauben versehen [...]."*[2069] Zwei Monat später gibt der Leyendecker Josef Jan eine Rechnung ab für *„dehren Jenigen leien decker arbeit welge ich auf dem Carelsberg ferfertiget hab [...]."* So habe er ebenfalls *„[...] auf der husaren Casern zwey wetterleitung aufgericht und das dach aufgebrochen und witer zugedeckt."*[2070]

Trotzdem alle Gebäude mit Blitzableitern bestückt wurden, bemängelte der Baumeister Krutthofen in einem Bericht an den Herzog vom Januar 1787, dass *„[...] von keiner Seite wegen zu befürchtender Feyers Gefahr in Ew. Hochfürstl. Durchl. Ressidens, und anfängenden Gebäuden, von meinem Forfahrer dem BauMeister Schäfer, nicht eben die Vorsicht, die in dergleichen Fällen billig höchst nöthig ist gebraucht worden."*[2071] Aus diesem Grunde habe er sich ge-

---

    darf befestigt wurden, sicherten durch Nachschleifen die nötige Erdung. Nach Becker war Herzog Carl II. August der erste, der sich den von Hemmer geschaffenen Reisewagen mit Blitzschutz bauen ließ, s. BECKER, Hemmer, S. 40; BRAZIER, château, S. 134.
2065 Das Wort „allda" bedeutet in den Rechnungen stets Carlsberg, um ihn von Zweibrücken, das als Ausstellungsort vieler Schriftstücke mit „dahier" bezeichnet wird, abzugrenzen.
2066 LA Speyer, Best. B3, Nr. 2953, S. 517.
2067 LA Speyer, Best. B3, Nr. 2585, Bl. 141v. Seine ‚mühsame Arbeit' verrichtete Martin Bohn laut Rechnung vom August 1784.
2068 LA Speyer Best. B4, Nr. 2547, Bl. 168. In einer Notamina über gesammelte Baukassenrechnungen von 1786 bis 1788 wird erwähnt, dass dem Schlossermeister Bubong eine Rechnung für Wetter-Ableiter beglichen wurde. LA Speyer Best. B2, Nr. 3989, Bl. 236 v. Die Rechnung wird moderiert, das heißt abgerundet, auf 150 fl.
2069 LA Speyer, Best. B3, Nr. 2591, Bl. 231. *„thut jede stand und ableidung 55 fl."*
2070 LA Speyer Best. B3 Nr. 2648, #1492.
2071 BayHStA München, Kasten blau Nr. 405/ 40, Heft IV, Bl. 4.

kümmert und nun stünden „*Sturm Bütten*" zur Verfügung, die nur noch mit dem bereiteten künstlichen Löschwasser gefüllt werden müssten. „*So kommt es nur noch blos allein noch darauf an, daß Ew. Hochfürstl. Durchl. die unterschiedliche Plätz, wo dieselbe hinzustellen gdgst.* [gnädigst] *bestimmen; Ich habe jedoch hiebey noch untgst* [untertänigst] *erinnern sollen, daß die für den Flügel so Ihro Hochfürstl. Durchl. selbst bewohnen, für jeden Stock zu bestimmende Sturm Bütten mit einem besonders zu bereitenden Löschwasser werden gefüllt werden da hingegen alle andern Bütten in einem aus minder kostspieligen incrediens gefertigten Löschwasser bestehen werden.*"[2072] Auch Feuerspritzen und Feuerleitern waren vorhanden.[2073]

Am 15. Mai 1789 wird in den Baumagazinsrechnungen des zweiten Quartals aufgelistet, dass an den Schlossermeister Magnus Bötsch aus Zweibrücken Zahneisen abgegeben wurde, um Wetterstangen anzufertigen, die auf dem neuen Marmorsaal des Corps de logis anzubringen waren.[2074] Laut Auskunft der Baumagazinsrechnungen im dritten Quartal 1789 werden an den Schlossermeister Anton Leseur in Homburg „*zur Fertigung eines Wetterableiter aufs Hofhauß, und Bau-Magazins Schoppen*" zwei Zentner und 18 Pfund Zahneisen sowie 70 Pfund „*Gros Eisen*" abgegeben.[2075] Am 20. Juli wird ebenfalls Eisen an den Schlossermeister Bötsch „*zu Fertigung Wetterstangen auf die Bilder Gallerie*" als Ausgabe notiert.[2076] Am 17. August braucht der Schlossermeister Johannes Schillo Eisen aus dem Baumagazin „*zu Fertigung einer Wetterableitung auf das Bienenhauß.*"[2077] In Homburg wurden die Fasanerie, das Palais der Freifrau von Esebeck und das des Abbé Salabert mit ‚Wetterstangen' versehen.[2078] In der Zusammenschau der Vorkehrungen für die Wetterableiter mit den Besorgungen um den Feuerschutz wird ein anschauliches Bild über deren hohe Wertigkeit am Carlsberg vermittelt.

2072 BayHStA München, Best. Kasten blau Nr. 405/ 40, Heft IV, Bl. 4; Es ist nicht überliefert, woraus dieser Inhaltsstoff bestand.
2073 Hofmesserschmied Philipp Lorenz Müller war gleichzeitig Spritzenmeister am Carlsberg, der auch die Schäden erfasste, welche 1793 bei Feuerspritzen und Löschmaterial eingetreten waren. BayHStA München, Abt. IV, Serienakten Nr. 1999, Etat N. 4.
2074 LA Speyer Best. B3 Nr. 2643, S. 36.
2075 LA Speyer Best. B3 Nr. 2645, S. 37.
2076 LA Speyer, Best. B3, Nr. 2645, S. 38.
2077 LA Speyer, Best. B3, Nr. 2645, S. 39.
2078 Becker, Hemmer, S. 39.

C. Parkarchitekturen und Anlagen

Von den Gärten des Carlsberges und der Carlslust wurde bis zum heutigen Tag kein Gartenplan eines Hofgärtners oder eines auswärtigen Gartenkünstlers gefunden. Das bisherige Wissen über die Gärten des Carlsberges rührt neben den erhaltenen Resten in der Waldlandschaft aus Zeichnungen des Schlosses und geometrischen Karten. Diese erfassen jedoch nur Teilbereiche und zeigen keine gartenkünstlerischen Details. Im Folgenden geben nun die schriftlichen Quellen, wie die Lebenserinnerungen Johann Christian von Mannlichs im Zusammenspiel mit einer Vielzahl erhaltener Handwerkerrechnungen Auskunft über einzelne Elemente der Gärten. Speziell die Rechnungen und Bauprotokolle enthalten zum Teil ausgiebige Informationen über die unterschiedlichen Gärtner, deren individuellen Werdegang und ihre jeweiligen Tätigkeiten. Außerdem enthalten sie Hinweise auf Architekturen und Staffagebauten sowie diverse Anlagen, die sich sowohl im direkten Umfeld des Schlosses, zu dessen Füßen um den Weiher sowie in der Carlslust befanden. Das folgende Kapitel gibt einen Überblick über die Gartenanlagen und ihre Ausstattungselemente, von denen heute lediglich einige Weiher, Ruinen und Geländestrukturen erhalten sind, die sich teilweise nur noch dem kundigen Betrachter erschließen. In diesem und im darauf folgenden Kapitel werden die Zuständigkeitsbereiche und Tätigkeiten

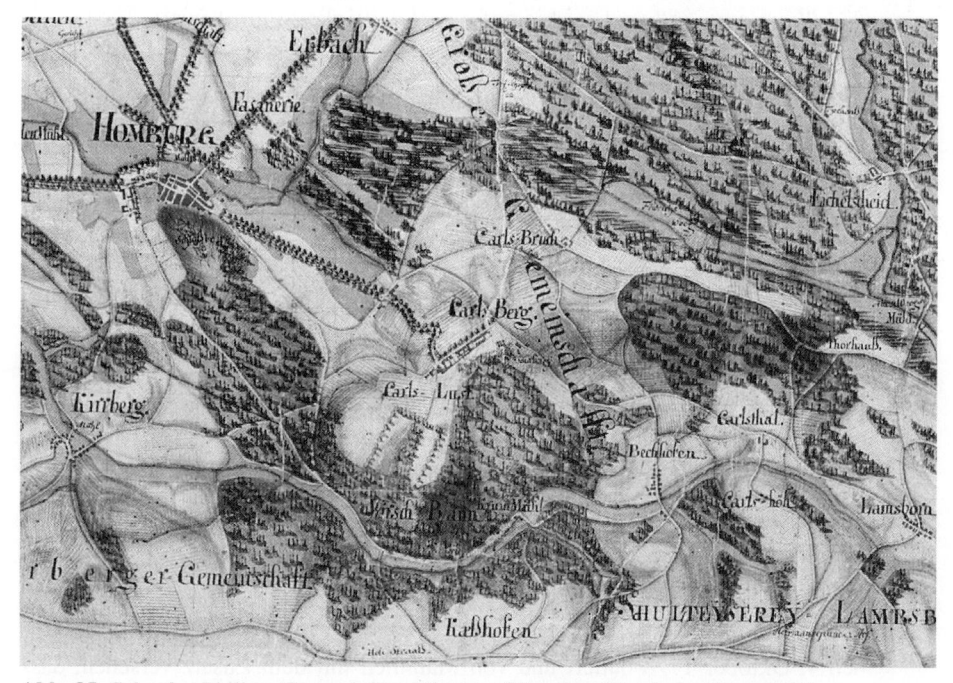

Abb. 85: Schaefer, Philipp: General-Carte über das Ober-Amt Homburg (Ausschnitt)

der einzelnen Gärtner des Carlsberges herausgearbeitet. Dabei wird deutlich gezeigt, dass die Oberaufsicht der Gärten August Petri „dem Vater" (1744–1809) unterstand. Ab 1788 jedoch wurde Bernhard Petri (1767–1854) die verantwortungsvolle Tätigkeit übertragen, einen englischen Garten anzulegen.

I. Die Bauten im Umfeld des Schlosses im Carlsberger Garten

1. Das Seidenhasenhaus[2079]

Über das Seidenhasenhaus ist in den Lebenserinnerungen Mannlichs wie in den übrigen erzählenden Quellen nichts vermerkt. In Rheinwalds Bericht über die Zerstörung des Schlosses heißt es aber: *„Das sogenannte Haasenhaus im Garten liegt ebenfalls in Asche, man schreibt aber diesen Brand, so wie die Anzündung der Wohnung des Regimentsbüchsenmachers nicht den Franken, sondern den Bauern zu."*[2080] Von besonderer Aktualität ist das Hasenhaus, da die Seiden- oder Angorakaninchen[2081] erst seit 1777 in Deutschland gezüchtet wurden. Der Zimmermann Barthold reichte im Oktober 1778 eine Rechnung ein, die besagt, er habe die Arbeit an der *„auf dem Carlsberg zu erbauende Hassen Garrainne*[2082] *übernommen"* und sei bis auf eine Kleinigkeit damit fertig.[2083] In den

---

2079 Als Seidenhasen, Seidenkaninchen, auch in Buffons „Histoire Naturelle" von 1754 beschrieben, wurden Angorahasen oder Kaninchen bezeichnet. Der Begriff Angora wurde im 19. Jahrhundert u.a. von Alfred Brehm auf alle langhaarigen Tiere ausgedehnt, wobei sich der Begriff von der früheren Schreibweise der Stadt Ankara (Angora) herleitet. Die Zucht der Angorakaninchen begann in Deutschland durch Pastor Friedrich Christian Sigmund Mayer, der 1777 ein Kaninchenpaar aus England gekauft und erfolgreich vermehrt hatte. 1789 erschien sein Buch unter dem Titel: „Anleitung zur Angorischen und Englischen Kaninchenzucht" in Dresden. Das Kaninchen eignete sich besonders zur Zucht, weil es günstig zu ernähren war, ‚Wolle' bei der ‚Wollernte' lieferte und schließlich als Fleischlieferant diente. S. dazu: BAUER, U., Kaninchen.
2080 LA Speyer, Best. B2, Nr. 273/1. Weber zählte das Seidenhasenhaus auf Grund dieser zitierten Zeile zu den Bestandteilen der Carlsluster Menagerie. Vgl. WEBER, Gartenkunst, S. 102.
2081 Die Begriffe Seidenhasen oder ‚angorische oder englische Kaninchen' werden in der Literatur des 18. Jahrhunderts synonym verwendet.
2082 Garrainne, auch Gareme, Careine geschrieben, steht für das französische „la garenne" (Kaninchengehege).
2083 LA Speyer, Best. B3, Nr. 2572, Bl. 367. Da er zur Bezahlung seiner Arbeiter sehr nötig Geld brauche, bitte er um Zahlung von 80 Gulden. Die Rechnung ist auf den 4. Oktober 1778 datiert und von Mannlich mit dem Zusatz versehen, dass man *„dem Supplicanten 70 fl. abschläglich gnädigst bezahlen"* könne. Die

Baukassenrechnungen des folgenden Jahres wird, bezugnehmend auf diese Forderung, die Arbeit des Zimmermanns Barthold „*vor die Africanische Hassen Garenne auf dem Carlsberg*" nochmals erwähnt.[2084] Der Begriff des „afrikanischen" Hasenhauses könnte ein Hinweis auf den exotischen Charakter des Hauses sowie seiner vierbeinigen Bewohner sein.

Das Seidenhasenhaus befand sich im bewaldeten Teil des Buchenberges hinter dem Schloss, was aus einer Rechnung des Glasers Purrlacher hervorgeht, der zwei Glasscheiben „*in den Hassen Hauß Ein gemacht im Wald*"[2085] einsetzte. Eine weitere Rechnung des Schlossers Bötsch über das Hasenhaus im Wald präzisiert diese Annahme durch die Feststellung, dass „*4 starcke Banckeisen, an das Vordach in der Hasen Carin hinter dem Schloß gemacht*" werden sollten.[2086] Obwohl die tatsächliche Größe und Baugestalt dieses Pavillons mit Hilfe der Akten nicht genau ermittelt werden kann, lassen sich dennoch Hinweise finden. Beim Hasenhaus handelte es sich um einen rechteckigen zweistöckigen Bau, der in Fachwerktechnik errichtet wurde. Dies lässt sich daraus schließen, dass im Mai 1779 Albrecht Jagy aus Beeden Mauersteine zur Carlsberger Hasen-Garenne lieferte, um am Hasenhaus pflastern und Riegelwände ausmauern zu können.[2087] Die Fassaden waren durch 13 gleich große und drei kleine zweiflügelige Fenster, einem kleinen Fenster, durch welches Licht in das das Treppenhaus fiel, sowie einer Tür gegliedert. Die Spezifikation des Schreiners Jörg Bihl, die im November 1778 zusammengestellt wurde, gibt diesbezüglich detailliertere Auskünfte über das Seidenhasenhaus: Der erste Posten ist eine halb verdoppelte Tür mit zwei Flügeln, deren Höhe mit 7 Schuh 6 Zoll, ihre Breite mit 5 Schuh angegeben wird.[2088] Außerdem fertigte er für 13 Fenster das Futter und die Verkleidung und gibt als Größe der Fenster „*auff die bekleitong steb hoch 5 schu breit 3 schu*"[2089] an. Die Fensterrahmen wurden für Fenster mit zwei Flügeln angefertigt. Zu den 13 großen Fenstern kamen drei kleine zweiflügelige Fenster von nur drei Schuh Höhe und zwei Schuh sechs Zoll Breite hinzu, wofür ebenfalls Futter, Verkleidung und Rahmen berechnet wur-

---

    Rechnung des Zimmermanns wurde mit einem Handzeichen statt einer Unterschrift gezeichnet.
2084 LA Speyer, Best. B3, Nr. 2573, Pag. 31 f.
2085 LA Speyer, Best. B3, Nr. 2585, Bl. 22. Die Rechnung ist datiert auf Juni 1782.
2086 LA Speyer, Best. B3, Nr. 2603, Bl. 170v. Die Rechnung vom 31. Oktober 1790.
2087 LA Speyer, Best. B3, Nr. 2572, Bl. 296. Die Rechnung vom 5. Mai 1779 umfasste 6 Gulden.
2088 LA Speyer, Best. B3, Nr. 2584, Bl. 123. Die Tür ist 2,27 Meter hoch und 1,62 Meter breit. Schreiner Bihl verlangte dafür 4 Gulden.
2089 LA Speyer, Best. B3, Nr. 2584, Bl. 123, wobei die Fenster 1,62 Meter hoch und 97 Zentimeter breit sind. Für ein Fenster erhielt er vier Gulden, für alle 13 Fenster demnach 52 Gulden. Dazu kam der Arbeitslohn für die Rahmen: 22 fl., 11b., 1xr.

den und „*ein fenster an die steg.*"[2090] Der Bau war mit einer Kuppel versehen, was aus Arbeiten des Leyendeckers Peter Zorn vom November 1779 hervorgeht, der „*auf dem Carlsberg in dem Carninges Garten Ein Lust Hauss mit Einer Cuppel und stege mit Leyen gedeckt, welches mir Herr magaziner schafer veracordirt fertig zu machen*".[2091] Das Erdgeschoss diente vermutlich der Unterbringung der Tiere, während das Obergeschoss Aufenthaltsmöglichkeiten bot. Der Schreiner gibt an, er habe „*die galari mit dilen zu geschlagen [...]*" sowie „*oben daß Zimmer und die galari aussgefitert. [...] Mer wo ihro durchlaucht nacht stuhl steet Ein loch zu recht gemacht und ein samen gestembt dir daran.*"[2092] Schließlich wurden „*an obiges Hasen Haus 12 bar schalusi läthten*" sowie „*6 fligel schalusi läthten an die galari*" berechnet. Die Jalousietüren liefern den Hinweis, dass sich diese Galerie am Außenbau befand, um von dort die ‚Seidenhasen' beobachten zu können. Neben dem Seidenhasenhaus, vermutlich an der Längsseite des Gebäudes, lag ein gepflasterter Hof. 1780 gibt der Pflasterer nämlich an, er habe an „*der Garainne auf dem Carlsberg [...] Den Hof neu gepflastert welcher lang ist 131 ½ Schu breit 17 ½ Schu.*"[2093] Der Hof war umzäunt und diente vermutlich als Auslauf für die Tiere. Eine Pflasterung wurde für ‚Kaninchengärten' empfohlen, da sich die Tiere sonst durch die Erde unter dem Zaun durchgraben konnten.[2094]

Das Gebäude war für den einzigen Sohn des Herzogspaares angelegt und für diesen bestimmt. Dass hier tatsächlich etliche Angorahasen oder -kaninchen gehalten wurden, bestätigt die Arbeit des Spenglers Georg Leseur aus Homburg, der für Arbeiten an der Hasen Garenne ebenso bezahlt wurde wie „*vor Drath zu flechten vor den Kasten zu den Seidenhassen.*"[2095] Auch Schreiner Jörg Bihl stellte 1779 einen Kasten für die Seidenhasen sowie 18 Kasten „*vor die Seiten*

2090 LA Speyer, Best. B3, Nr. 2584, Bl. 123, mit einer Höhe der Fenster von 97 und einer Breite von 81 Zentimetern. Der Glaser Johannes Müller wurde 1780 laut den Baukassenrechnungen für Arbeiten im Hasenhaus bezahlt. LA Speyer, Best. B3, Nr. 2575, Pag. 38: *Glaßer Arbeit*.
2091 LA Speyer, Best. B3, Nr. 2572, Bl. 257. Peter Zorn erhielt 26 Gulden für die von Schaeffer bestätigte Arbeit.
2092 LA Speyer, Best. B3, Nr. 2584, Bl. 123. Für das Abhobeln der Dielen berechnete er 18 Gulden, für das Ausfüttern des Zimmers und der Galerie 1 Gulden. Das Einrichten des Nachtstuhls und das Versehen des Örtchens mit einer Tür schlug mit 4 Gulden zu Buche.
2093 LA Speyer, Best. B3, Nr. 2576, Bl. 257. Der Hof ist damit 42,71 Meter lang und 5,68 Meter breit – was für ein Gelände sprechen würde, das sich vor einem Gebäude erstreckt. Eine Pflasterung wurde auch empfohlen, da sonst die Wolle der Tiere schmutzig würde.
2094 S. dazu die Seite von BAUER, U., Kaninchen.
2095 LA Speyer, Best. B3, Nr. 2573, Pag. 39. Der Spengler erhielt laut der Baukassenrechnung vom Jahr 1779 für die nicht weiter benannten Arbeiten 7 Gulden, für das Flechten des Drahtes erhielt er 3 Gulden 28 Kreuzer.

Hasen zu fiteren" her.[2096] Neben den Hasen befanden sich hier auch andere Tiere. Der Schreiner Johannes Bihl hatte 1779 auch einen *„Kasten vor den prinz vor mehrschweinger darin zu thun mit einem dach und schiber"* für den kleinen Prinzen gebaut,[2097] während sein Bruder Michael Bihl einen Verschlag *„bei dem brintz höcher breiter gemacht wo Er das lambt dar Ein hate."*[2098] Neben dem Lamm, den Hasen und den Meerschweinchen gab es auch Stachelschweine,[2099] die dort für den Prinzen gehalten wurden. Gleichzeitig kann in der Anlage dieses Hasenhauses ein Nachklang der Zeit des Rokoko gesehen werden, in der man sich „gern mit kleinen Tieren, Lämmern und dergleichen" beschäftigte.[2100]

In der Folgezeit ruhten die Arbeiten an diesem Gebäude, denn erst 1784 tauchen erneut Rechnungen über Arbeiten am Hasenhaus auf. Von Schreinermeister Georg Bintz wurden *„5 Klafter Eichene Lamperi in das Obere Stock gemacht"*.[2101] Die Arbeiten, die im September vom Tüncher dort vorgenommen wurden, werden schon als Arbeiten *„in dem gewußenen Haasen Haus auf dem Carlsberg"*[2102] bezeichnet. Diese Änderung in der Benennung und möglicherweise auch in seiner Funktion steht mit dem Tod des einzigen Sohnes des Herzogspaares, dem Erbprinzen Carl August Friedrich, am 12. September 1784 in Zusammenhang. Nach dessen frühem Tod wurde das Gebäude, das für das Kind erbaut oder dessen Nutzung ihm gewidmet worden war, umgewandelt. Mit der Änderung der Bezeichnung gingen auch sichtbare Veränderungen einher, denn der Tüncher hatte den Auftrag, sechs Paar untere und sechs Paar obere Fensterläden sowie drei Paar kleine Läden mit grüner Ölfarbe zu streichen. Zudem sollten in beiden Stockwerken *„an Fenster Thüren, Fuder und Beckleidung samt Fenster Rahmen und an beyden Dachgesimbser mit Leymfarb angestrichen"* werden.[2103] Im Juni 1785 hatte der Schreiner Michael Bihl auf Befehl des Hof-

---

2096 LA Speyer, Best. B3, Nr. 2578, Bl. 74. Der Schreiner rechnete am 25. April 1779 ab.
2097 LA Speyer, Best. B3, Nr. 2576, Bl. 155. Für den Meerschweinchenkasten berechnete Johannes Bihl am 25. April 1779 2 Gulden.
2098 LA Speyer, Best. B3, Nr. 2582, Bl. 65. Die Spezifikation von Michael Bihl datiert auf den 25. April 1779.
2099 LA Speyer, Best. B3, Nr. 2576, Bl. 155v. Rechnung von Johannes Bihl vom 25. April 1779, in der er ein Dach *„auff den stall wo die stachel schwein sein"* zum Preis von 6 Gulden anfertigte.
2100 WIMMER, Geschichte, S. 472.
2101 LA Speyer, Best. B3, Nr. 2584, Bl. 206. Die Spezifikation ist auf den 10. August 1784 datiert und belief sich auf 15 Gulden. Auch der Schreiner Georg Keller reichte im gleichen Zeitraum eine Rechnung über Arbeiten am Hasenhaus ein. LA Speyer, Best. B4, Nr. 2547, Bl. 105v, Rechnung vom 10. August 1784.
2102 LA Speyer, Best. B3, Nr. 2585, Bl. 165, Rechnung vom 23. September 1784 des Tünchers Carre; auch so benannt in: LA Speyer, Best. B3, Nr. 2953, S. 130.
2103 LA Speyer, Best. B3, Nr. 2585, Bl. 165. Der Schreinermeister Georg Keller hatte nach den Baukassenrechnungen 27 Gulden für Arbeiten im Jahr 1784 *„in dem Haasen Hauß zu Carlsberg"* zu fordern. LA Speyer, Best. B3, Nr. 2953, S. 388.

tapezierers Richard „*ein trimo im hasen haus zurech gemach.*"[2104] Im August war der Tüncher Franz Hell dort tätig und lieferte seinen Rechnungszettel bei Mannlich ab.[2105] Das Haus „*im Wald neben der Haasen Carin*" wurde vom Schlosser Magnus Bötsch im Rahmen seiner dortigen Tätigkeit schließlich als das „*Grüne Lusthaus*"[2106] bezeichnet.

2. Das Lusthaus des Prinzen

In einigen Baurechnungen wird ein Gebäude im Umfeld des Schlosses als Pavillon oder ‚des Prinzen Lusthaus' aufgeführt. Auch dieses war, wie schon das Seidenhasenhaus, dem Sohn des Herzogspaares, Carl August Friedrich, gewidmet. Es befand sich im holländischen Garten auf der südlichen Seite der Orangerie in der Nähe des Orangeriegartens des Gärtners Bischof.[2107] Dies belegt eine Bitte des Dachdeckers Zorn an den Kammerrat Dippel im Jahr 1788, noch immer ausstehende elf Gulden „*auf dem Zetul des verfertigten Lusthausses im Holländischen Garten auf dem Carlsberg, des verstorbenen Prinzen Seelig: an Herrn Schmolze auszubezahlen.*"[2108] Es wurde in nur kurzer Zeit errichtet und war bereits zu Beginn des Jahres 1784 unter Dach gebracht.[2109]

Es handelte sich bei diesem Lusthaus um ein eingeschossiges Gebäude in Fachwerktechnik, das mit einem schiefergedeckten Kuppeldach, vier alternierend durch Dreiecksgiebel und Segmentbogengiebel bekrönten Türen und sechs blau lasierten Fenstern versehen war.

Der erste Hinweis auf das Gebäude findet sich in einem Kostenvoranschlag vom Juni 1783, den Zimmermeister Jacob David für ein Lusthaus einreichte.[2110] Er erhielt den Zuschlag für den Vertrag, in dem vereinbart wurde, dass er die Arbeit an diesem Lusthaus nach einem vorgegebenen Riss „*sauber soliede und Meisterhafft*" zu fertigen habe und dabei „*die beyden Rundten, und beydte*

2104 LA Speyer, Best. B3, Nr. 2590, Bl. 85. Für das Zurechtmachen des Trumeaus erhielt Bihl 30 Kreuzer. Im Oktober hatte der Glaser erneut „*11 scheiben in dem Hassen Haus im Wald Ein gesötzt*". LA Speyer, Best. B3, Nr. 2585, Bl. 2.
2105 LA Speyer, Best. B4, Nr. 2547, Bl. 216v. Die Rechnung betrug 5 Gulden.
2106 LA Speyer, Best. B3, Nr. 2590, Bl. 712. Rechnung vom 1. Oktober 1785.
2107 Anders Schneider, der schon den holländischen Garten an anderer Stelle vermutet – SCHNEIDER, Schlösser, S. 326, – das Prinzen-Lusthaus fälschlicherweise im Buchenwald hinter dem Schloss verortet und die Wände des Eiskellers (s. Kap. B.III) mit diesem Lusthaus in Verbindung bringt, SCHNEIDER, Schlösser, S. 328.
2108 LA Speyer, Best. B3, Nr. 2601, Bl. 394 vom 28. Juni 1788.
2109 LA Speyer, Best. B3, Nr. 2601, Bl. 390.
2110 LA Speyer, Best. B3, Nr. 2584, Bl. 116. An Holz und Arbeitslohn erachtete der Zimmermeister Jacob David 160 Gulden 16 Kreuzer für notwendig. Unterschrieben am 4. Juni 1783.

gradte frondespiies mit ihren gesimbern so wie auch die Copoll und gräthe sauber aus gemacht und alle gesimber gehowelt werden die sembtliche Rigel wend drey mahl ver Rigelt [...]" werden sollten.[2111] Hieraus geht hervor, dass der Pavillon in Fachwerktechnik mit Riegelwänden und einer Kuppel errichtet wurde. Die beiden ‚runden' und zwei ‚geraden' hölzernen Frontispize sind hinsichtlich der Anzahl der Türen auf deren Bekrönung als Segmentbogengiebel oder Dreiecksgiebel zu verstehen, denn Krutthofen gibt in seiner Schadensabschätzung des Prinzen-Lusthauses vier Flügeltüren an.[2112] Ein Schreiben von Baumeister Schaeffer von 1783 wird in den Rentkammer-Bauprotokollen zitiert, wonach Glas in der Glashütte von St. Louis zum Prinzen-Lusthaus gekauft werden müsse.[2113] Im Dezember 1783 wurden vom Spengler Leseur *„ans Prinsen lust [...] grad auf den dach gemacht 128 schuh."*[2114] Der Leyendecker Johannes Zorn hatte das Dach, wie andere Bauten des Gartens, ebenfalls mit Schiefer gedeckt.[2115]

Die Steinhauer Georg und Johannes Münzel rechneten den Auftrag, für *„Ihro Durchl. Printzen Haus Zwey Thüren Schwellen von 6 Sch"* zu hauen, im Juli 1784 ab,[2116] womit wohl die Türschwellen des Eingangs gemeint sind. Der

---

2111   LA Speyer, Best. B3, Nr. 2584, Bl. 116. Akkord vom 10. Juli 1783, unterschrieben von Schaeffer und dem Zimmermann. Der Zimmermann sollte bei vertragsgemäßer Arbeit die Summe von 133 Gulden erhalten. Es stellte sich jedoch heraus, dass er die zwei runden und die beiden geraden Frontispize weder angefertigt noch aufgeschlagen hatte, weshalb er nur 113 Gulden erhielt. Angegeben auch im Rentkammer-Bauprotokoll, LA Speyer, Best. B4, Nr. 2547, Bl. 115.
2112   BayHStA Abt. IV, Serienakten Nr. 1999.
2113   LA Speyer, Best. B4, Nr. 2552, Bl. 169v. Lieferant für Glas war u.a. die Verrerie Royal in St. Louis bei Bitsch, LA Speyer, Best. B3, Nr. 2619, Bl. 41v, deren Direktor zu dieser Zeit Mr. Beaufort war, LA Speyer, Best. B3, Nr. 2607, Bl. 486. Meisenthals Nachbardorf Saint-Louis-les-Bitche war als kleine frühindustrielle Fabriksiedlung planmäßig rings um eine vormals königliche Glasmanufaktur angelegt worden. In St.-Louis-les-Bitche wurden alle Lüster und die Tafelgläser für Versailles hergestellt. Glaswaren von dort galten in Frankreich wie auch an deutschen, polnischen und russischen Fürstenhöfen als Statussymbole, s. ANHÄUSER, Glasindustrie.
2114   LA Speyer, Best. B3, Nr. 2582, Bl. 98. Der Spengler Leseur erhielt am 8. Dezember 1783 die Summe von 8 Gulden 32 Kreuzer für 41,57 Meter Dachgrate. S. auch LA Speyer, Best. B3, Nr. 2581, Pag. 31 der Baukassenrechnungen.
2115   LA Speyer, Best. B3, Nr. 2601, Bl. 390. *„Ordre des verstorbenen H. Baumeister Schaeffer [...] das Lust-Haus Ihro Hochfürstlichen Durchlaucht Hoch Seeligen Erb Prinzen in dem Holländischen Garten auf dem Carlsberg mit Viereckigen und Runden Leyen gedeckt, ist verfertigt worden d. anno 1784 ist accordirt zu 36 fl. als habe mit Unterthänigster Bitte diese Rechnung eingegeben."* Zahlungserinnerung vom 9. Februar 1786 von Leyendecker Zorn. Auch benannt in den Rentkammer-Bauprotokollen LA Speyer, Best. B3, Nr. 2548, Bl. 164.
2116   LA Speyer, Best. B3, Nr. 2584, Bl. 54. Zwei Türschwellen von 1,95 Metern kosteten 24 Kreuzer.

Schlosser Jacob Weller hatte eine zweiflügelige Tür mit Fischbändern, einem Schloss und Riegeln beschlagen.[2117] Schon im Januar hatte der Schlosser Bubong sechs Fensterrahmen mit Fischbändern beschlagen und eines der Fenster mit einer Espagniolettestange zum Schließen des Fensters bestückt. Außerdem wurden acht Paar Sommerläden mit Winkeln und Kreuzband verstärkt und langen Riegeln versehen. Ein Oberlicht über dem Tor bildete den Abschluss der Arbeiten.[2118] Mit den Angaben des Schlossers Bubong deckt sich die des Glasers Purllacher, der im Juni *„6 fenster vor den durchlaucht brintz sein Hauß neu verglaß"*[2119] hatte. Auch die *„Blau Lahsier Arbeit"* des Vergolders Nicolaus Friedel vom Juli beinhaltete das Streichen von sechs Fensterbeschlägen mit den Espagniolettestangen sowie der Beschläge zweier einfacher Türen und einer doppelten mit blauer Lasur.[2120] Ein letzter Rechnungsvermerk vom 31. Dezember 1784 wird für das Prinzenlusthaus von Spengler Leseur festgehalten.[2121]

Der Befund der Carlsberger Brandstätte des Baumeisters Krutthofen gibt weitere Auskünfte über die Ausstattung.[2122] Um das Gebäude wieder in Stand zu setzen, wären Arbeiten der Schreiner notwendig, die den Boden erneut mit Rippen und Blindboden belegen müssten, damit wieder ein Friesboden verlegt werden könnte. Vier fehlende Flügeltüren und sechs *„Fenster-Rahmen nebst Futter*

2117 LA Speyer, Best. B3, Nr. 2584, Bl. 321. Die Arbeiten wurden am 30. Juli 1784 in Rechnung gestellt.

2118 LA Speyer, Best. B3, Nr. 2584, Bl. 488. An zwei zweiflügeligen und vier einflügeligen Türen wurden, wie auch an zwei Schränken in den Kabinetten, Beschläge angebracht. Die Rechnung über insgesamt 114 Gulden stammt vom 14. September 1784 und wird sowohl in den Rentkammer-Bauprotokollen geführt, LA Speyer, Best. B4, Nr. 2547, Bl. 99, wie auch in den Rechnungs-Abhör-Akten des Landrentmeisters Ehrlenholz, LA Speyer, Best. B2, Nr. 3989, Bl. 150. Auch in den Büchern v. Creutzers wird die Rechnung benannt: LA Speyer, Best. B3, Nr. 2953, Bl. 27. Die Rechnung des Schlossers datiert auf den 14. September 1784 über Arbeiten im laufenden Jahr 1784 und ist auch bei Schneider erwähnt: SCHNEIDER, Schlösser, S. 328, ohne Quellenangabe. Der Schreiner Michael Bihl hatte im September den *„Thüren, Fenster und Läden nach geholfen."* LA Speyer, Best. B3, Nr. 2584, Bl. 230.

2119 LA Speyer, Best. B3, Nr. 2585, Bl. 58. Die 48 Tafeln kosteten mit Kitt und Arbeitslohn 7 Kreuzer pro Stück, zusammen also 5 Gulden 36 Kreuzer. Die Rechnung wurde von Glaser Purrlacher am 27. Juni 1784 ausgestellt.

2120 LA Speyer, Best. B3, Nr. 2585, Bl. 155. Die Türen zu lasieren kostete demnach 4 Gulden 48 Kreuzer, die Türen kosteten 2 Gulden 36 Kreuzer. Die Rechnung wurde am 19. Juli 1784 unterschrieben.

2121 Dieser Vermerk, datiert auf den 31. Dezember 1784, findet sich sowohl in den Rentkammer-Bauprotokollen, LA Speyer, Best. B4, Nr. 2547, Bl. 168, als auch in den Rechnungsbücher v. Creutzers, LA Speyer, Best. B3, Nr. 2953, S. 427. Auch Schneider erwähnt eine Rechnung von Schlossermeister Georg Leseur. SCHNEIDER, Schlösser, S. 328, ohne Quellenangabe.

2122 BayHStA Abt. IV, Serienakten Nr. 1999.

und Bekleidung" sowie sechs Paar Sommerläden wurden ebenso benannt wie 16 Klafter zu ersetzende *„Lambri zum theil rund."*[2123] Dies gibt einen weiteren Hinweis darauf, dass der Teil des Gebäudes, welcher mit einer Kuppel versehen war, diese Rundung schon im Grundriss vorgab, weshalb die Holzvertäfelungen ebenfalls teilweise gerundet angefertigt werden mussten. Da von mehreren Kabinetten die Rede ist, könnte das Gebäude jenen Typus eines Gartenpavillons mit rundem Mittelsaal und zwei links und rechts anschließenden Räumen variiert haben, welcher bereits um 1730 im Zweibrücker Schlossgarten errichtet wurde[2124] und in einer Zeichnung variiert wird, die dem Zweibrücker Garten zugeordnet wird (Abb. 86).[2125]

Abb. 86: Gartensaal im Hofgarten von Zweibrücken

2123 Die Schreinerarbeiten wurden insgesamt mit einer Summe von 389 Gulden, die Schlosserarbeit mit 181 Gulden und die Glaserarbeit mit 66 Gulden veranschlagt. Die Schlosser müssten diese sechs Fenster, vier Türen und sechs Paar Sommerladen erneut beschlagen und die Fenster müssten vom Glaser neu verglast werden.

2124 S. Abbildung bei WEBER, Schloss Karlsberg, S. 54. Der Entwurf dieses Pavillons wird Jean François Duchenois zugeschrieben, s. MOLITOR, Vollständige Geschichte S. 402; RÜBEL, Bautätigkeit, S. 10; LOHMEYER, Südwestdeutsche Gärten, S. 124; anders WEBER, Schloss Karlsberg, S. 57, der den Pavillon Sundahl zuschreibt.

2125 Weber schreibt dieses Blatt Mannlich zu, obwohl das Blatt nicht signiert ist und die Handschrift nach meiner Einschätzung nicht mit der Mannlichs identisch ist. WEBER, Schloss Karlsberg, S. 57 f. Schneider übernimmt die Autorschaft Mannlichs, weist den Pavillon jedoch dem „Lustgarten der Herzogin" zu, vgl. SCHNEIDER, Schlösser, S. 330.

3. Zum Nutzen und zur Lust – über die Bienenhäuser am Carlsberg

Neben den Eiskellern, Brunnen und Taubenhäusern zählten Bienenstöcke zu den wichtigen Einrichtungen, die der Bewirtschaftung eines Hofes dienten,[2126] da ein hoher Bedarf an Imkereiprodukten, wie Honig und Wachs, bestand. Entsprechend kam der Hege und Pflege der Bienen ein beträchtlicher Stellenwert zu. Honig, seit alters her ein wichtiger Bestand in der Küche, wurde zum Süßen der Speisen und Getränke verwendet,[2127] und Bienenwachskerzen blieben noch bis zur Einführung des Petroleums in der Mitte des 19. Jahrhunderts das wichtigste Beleuchtungsmittel.

Am Carlsberg können die Gärtner Anton van Wynder und Wilhelm Bischof mit der Bienenzucht in Verbindung gebracht werden.[2128] Das Schadensverzeichnis aus dem Jahr 1793 gibt Auskunft darüber, dass sowohl 33 Bienenstöcke ruiniert, als auch 10 ‚Pariser Bienenkästen' zu Schaden gekommen waren.[2129] Auch eine

---

2126 Welche Bedeutung die Imkerei in der hiesigen Region hatte, zeigt die Gründung der „Physikalisch-ökonomischen und Bienengesellschaft (!) zu Lautern" im Jahr 1769 durch den Apotheker und Zolleinnehmer Johann Riem, der zuvor für seinen Aufsatz „Die beste Bienenzucht in der Kurpfalz" einen Preis der Mannheimer Akademie der Wissenschaften erhalten hatte. „Ziel der Gesellschaft war zunächst die Pflege und Verbreitung der Bienenzucht, die den armen Bauern der Westpfalz neue Erwerbsmöglichkeiten bieten sollte. In den folgenden Jahren gab Riem zusammen mit seinem Bienenfreund Werner den ‚Praktischen Bienenvater' in Leipzig heraus und wurde dadurch in Fachkreisen Deutschlands bekannt." BUDDE, Interessen, S. 368. In der Carlsberger Bibliothek befand sich ein Exemplar von Anton Korsemkas ‚Unterricht von der Bienenzucht in Bayern' aus dem Jahr 1771. StBib. Bamberg, Verzeichnis, 41 G 24 (8°). Im Garten von Schönbusch diente die Bienenzucht ebenfalls als lehrreiches Anschauungsobjekt. Zwei „Maisonnettes des Abeilles" wurden zwischen 1783 und 1785 eingerichtet. Als dortiger Fachmann konnte Johann Ludwig Christ (1739–1813) gewonnen werden, der 1780 das Buch „Anweisung zur nützlichsten und angenehmsten Bienenzucht" veröffentlicht hatte und Entwurfspläne für die Bienenstände in Schönbusch anfertigte. S. ALBERT/HELMBERGER, Schönbusch, S. 32.
2127 Die Möglichkeit, Zucker aus Rüben zu gewinnen, wurde 1747 von A.S. Marggraf entdeckt. Zuvor musste man auf Rohrzuckerimporte zurückgreifen, s. dazu ANDRESSEN, Tafelfreuden, S. 50 f.
2128 LA Speyer, Best. B3, Nr. 2953, S. 787. Danach erhielt Anton van Wynder am 24. April 1785 55 Gulden 10 Kreuzer für verkaufte Bienen. An anderer Stelle quittierte van Wynder den Erhalt angefertigter Bienenkästen, s. LA Speyer, Best. B3, Nr. 2590, Bl. 87.
2129 BayHStA München, Abt. IV, Serienakten Nr. 1999, N. 9 im Etat. Die Hofgärtner August Petri und Wilhelm Bischof stellten im Oktober 1793 fest, dass sich der Schaden bei den Bienenstöcken auf 214 Gulden, bei den Bienenkästen auf 50 Gulden und bei „*2 Bienen Kappen*" auf 11 Gulden belief. Bienen-Kappen oder Bienen-Hauben dienten zur „Verwahrung des Gesichts, wenn man die

ungefähre Lokalisierung ist mit Hilfe dieses Verzeichnisses möglich, da der Schaden an den Bienenstöcken und -kästen in der *„Herzoglichen Gärtnerey bei dem Gärtner Bischoff ist verursacht worden.*"[2130] Die Gärten des Hofgärtners Wilhelm Bischof sind im Umkreis der Orangerie anzusiedeln, wie die Untersuchung über die Treibhäuser und ihre Gärtner ergab,[2131] so dass auch die Bienenstöcke und das erforderliche Apiarium dort zu finden gewesen sein müssen. Die Bienenhäuser, nach Zedlers Universallexikon „von Kalck und Steinen oder Bretern, wider Regen und Kälte wohl verwahrte Hütte[n]," seien am besten gelegen, wenn sie „die Sonne am längsten haben, und [die] wider die Mitternachts-Winde wohl beschirmet stehen. Der Ort, wo man sie anlegen will, muß sein frey, lufftig und gar nicht sumpffig oder feucht seyn. So ist auch gut, wenn in der Gegend schöne, klein-flüssende Wasser, kein langes Graß, keine nahe stehende hohe Bäume, wegen der Schwärme, hingegen genungsamer Überfluß an allerhand süssen, wohlrichenden Blumen sich befindet. Das Hauß selbst muß fein räumlich seyn, daß man von hinten die Stöcke besehen und saubern, und so hoch, daß die Stöcke in zwey Schichten über einander stehen können."[2132] Diesen Erfordernissen wurden die Gartenanlagen des Hofgärtners Bischof gerecht,

---

      Bienen=Stöcke beschneiden, oder zeideln oder reinigen, oder Schwärme auffassen, und in andere Stöcke bringen will." Es bestand aus „Cannefaß oder anderer starcken und dichten Leinewand" und reichte über Kopf, Hals und Schultern und besaß ein Visier aus Messing oder Kupferdraht und konnte damit „denen Bienen also die Passage zum Gesichte verwehren." ZEDLER, Universallexikon, Bd. III, Spalte 1786 zu „Bienen=Haube, oder Kappe".

2130 BayHStA München, Abt. IV, Serienakten Nr. 1999, N. 9 im Etat. Anders Schneider, der die Lage eines „mehrmals benannten Bienenhauses" im Zusammenhang „mit einem anderen Treibhaus" als nicht bestimmbar einschätzt. Vgl. SCHNEIDER, Schlösser, S. 332.

2131 S. dazu Kap. B.II.2.c.

2132 ZEDLER, Universallexikon, Bd. II, Spalte 829 zu „Apiarium, Bienen=Hauß." Entsprechend ist nach Zedler der Bienen-Garten der Platz, „wo man Bienen-Stöcke anleget, und zum Nutzen derer Bienen einrichtet; dergleichen Garten soll an einen reinen und gesunden Ort, wo kein morastiger sumpffiger Boden, oder stillstehendes Wasser, sondern vielmehr ein kleiner frischer Bach oder reine Quelle in der Nähe befindlich, angeleget, mit einem guten, jedoch nicht allzuhohen Zaun umgeben, und mit allerhand denen Bienen nicht contrairen Bäumen, als Kirschbäumen, Ammern, Quitten, Aprikosen und andern Bäumen versehen sind; Man kann auch allerhand Blumen und Kräuter, als Nelcken, Lilien, Rosen, Pappeln, allerley Klee=Blüthe, Salbey, Gold=Wurtz, Majoran, Kümmel, Roßmarin, und andere Gattungen hinein bringen. Ferner muß in einen Bienen=Garten das Gras nicht zu hoch wachsen, sondern von Zeit zu Zeit unter der Sichel gehalten, und abgegraset werden, damit die Bienen, wann sie schwer von Honig oder Wachs beladen, und von Wind und Wetter ins Graß geworffen sind, sich nicht im Grase verwickeln, oder darinnen gar verderben." ZEDLER, Universallexikon, Bd. II, Spalte 829, zu „Bienen=Garten".

in denen Blumen und Gemüse gezogen wurde und die weit genug entfernt vom Buchenwald bei der Orangerie in der Nähe einer Quelle lagen.

1788 ist in den Bauprotokollen für den 25. März vermerkt: *"Serenissimus communiciren ein Verzeichniß über 39 Rechnungen in betr. des Carlsberger und Pettersheimer Bauwesens zur Zahlung als [...] eine über 105 fl. 10 xr. von Schreiner Michel Biehl von Homburg vor Arbeit in das Bienenhauß [...]."*[2133] Die Arbeiten, die dem Verzeichnis zu Grunde lagen, bestanden in der Anfertigung von 50 Bienenkästen mit Gesims und Türen, ebenso vielen Dächern aus Eichenholz für die Kästen und schließlich wurden 60 *"Ihmen breder gemach von danen hols"*.[2134] Der Bedarf an Bienenkästen war damit noch immer nicht gedeckt, denn darüber hinaus *"haben nach dem von Ser^{mo} communicirten Verzeichniß zu fordern, Schreiner Michel Bihl 90 fl. vor Bienenkästen auf den Carlsberg zu machen."*[2135] Im August 1788 hatte der Leyendecker Josef Jan am Bienenhaus Teile des Daches abgedeckt, Haken für die Regenrinne angeschlagen und das Dach wieder zugedeckt.[2136] Im gleichen Monat war die Regenrinne montiert, denn Carl Grad führte in einer Spezifikation von Arbeiten in *"hochfürstlichen Gebeuten"* auf, er habe die *"Kandel am Bienen Haus zweymahl mit Roth Öhlfarb angestrichen"* und danach *"Daselbige 3 Mahl weis angestrichen."*[2137] Im folgenden Jahr wurde an den Schlossermeister Schillo vom Baumagazin Eisen *"zu Fertigung einer Wetterableitung auf das Bienenhauß"*[2138] ausgegeben. 1793 gab Baumeister Krutthofen im *"Local Befund der Carlsberger Brandstette"* für das Bienenhaus drei Öfen, sechs Schlösser sowie Tür- und Fensterbeschläge als fehlend an, und erachtete das Verglasen zweier Fenster und 18 kleinerer Fenster als erforderlich.[2139]

2133 LA Speyer, Best. B4, Nr. 2550, Bl. 93v.
2134 LA Speyer, Best. B3, Nr. 2590, Bl. 87. Die Rechnung wurde von Schreiner Bihl am 28. Februar 1788 gestellt, die Arbeiten von Gärtner Anton van Wynder abgenommen und die Rechnung wurde von Baumeister Krutthofen zur Zahlung angewiesen.
2135 LA Speyer, Best. B4, Nr. 2550, Bl. 93v.
2136 LA Speyer, Best. B3, Nr. 2648, #1492. Die Rechnung wurde am 13. August 1788 über eine Summe von 15 Gulden 12 Kreuzer gestellt.
2137 LA Speyer, Best. B3, Nr. 2593, Bl. 102. Rechnung vom 28. August 1788. Die Länge der Regenrinne wurde für die beiden Anstriche jeweils mit 153 ½ Schuh angegeben, was 49,86 Metern entspricht.
2138 LA Speyer, Best. B3, Nr. 2645, S. 39. *„2. Quartal 1789 – Ausgab Neu Schmidteisen."* Die *„Fertigung einer Wetterableitung auf das Bienen Hauß auf dem Carlsberg"* findet sich auch in LA Speyer, Best. B3, Nr. 2646, Nro. 632.
2139 BayHStA München, Abt. IV, Serienakten 1999. Die zwei Fenster und ein Bienenglas wurden mit 48 Gulden taxiert, für die 18 übrigen Fenster sah er für das Verglasen und Verbleien pro Fenster nur 14 Gulden, insgesamt also 252 Gulden vor. Die 18 Fenster müssen daher kleiner gewesen sein.

Über ein nützliches Apiarium hinaus existierte im Carlsberger Schlossgarten ein Bienenhaus, dessen Funktion über die eines reinen Ökonomiegebäudes hinausging, denn obschon es den Namen eines Bienen- oder Immenhauses trug, befand sich darin ein Saal, der mit Fenstern und Lambris ausgestattet war. Dieses Gebäude ist bereits ab 1783 in den Handwerksrechnungen nachzuweisen. Dabei handelte es sich um ein Gebäude des Schlossgartens, das mit den Staffagebauten des Ludwigsberger Gartens verglichen werden kann. Dort befand sich ebenfalls ein Immenhaus, wie ein Blatt mit aquarellierten Zeichnungen von 1778 angibt (Abb. 83).[2140] Die Ansicht zeigt ein Bienenhaus mit Pultdach, unter dem in drei Reihen übereinander je vier Bienenkörbe[2141] aufgestellt waren. Da auch die übrigen Miniaturen des Blattes bekannte Staffagebauten[2142] wie den Holzstoß, den Eiskeller und die Einsiedlerkapelle zeigen, handelt es sich bei dem Bienenhaus vermutlich ebenso um einen Staffagebau, in dem – vergleichbar den übrigen kleinen Parkgebäuden – ein Zimmer versteckt war.

Eine der ersten Nachrichten nach einer Notiz vom Zimmermeister Georg Meyer über Arbeiten am Carlsberger Bienenhaus[2143] stammt vom Leyendeckermeister Johannes Zorn, der *„auf dem Carlsberg daß Neu erbaute Bienen Hauss mit Leyen gedeckt"*[2144] hatte. Schon die Tatsache, dass das Häuschen mit Schiefer gedeckt wurde, einfache Nutzbauten dagegen in der Regel nur ein Ziegeldach erhielten, spricht zu Gunsten der Annahme eines Staffagebaus. Darüber hinaus wurde laut gleicher Rechnung vom November 1783 auch ein Kamin eingedeckt. Ebenfalls im November gab der Schreinermeister Michael Bihl an, an das neue Immenhaus 32 Fensterläden sowie zwei halb verdoppelte Türen für einen steinernen Rahmen gemacht zu haben.[2145] Dabei handelte es sich jedoch nicht um Fensterläden der beiden Saalfenster, sondern um Läden mit Einschubleisten, wie sie an Bienenhäusern zu sehen sind. Das Beschlagen der Fensterrahmen wurde unter den Schlossern aufgeteilt, denn sowohl der Schlosser Bubong als

---

2140 Zweites Bild der mittleren Reihe.
2141 Bienenkörbe wurden aus Weiden, Binsen oder „Rocken-Stroh geflochten[e] und mit gespaltenen Weiden-Ruthen zusammen geheftet[e]", s. ZEDLER, Universallexikon, Bd. III, Halle 1733, Spalte 1786 zu „Bienen=Korb".
2142 S. dazu LOHMEYER, Südwestdeutsche Gärten, S. 94 ff.; TREPESCH, Landschaftsgarten, S. 12 ff.
2143 LA Speyer, Best. B3, Nr. 2953, S. 471 v. 22. Nov. 1783. Der Zimmermeister Meyer hatte demnach eine Verdienstforderung über 81 Gulden 3 Batzen 6 Pfennig. Schneider benennt diese Forderung ganz allgemein für *ein* Bienenhaus, s. SCHNEIDER, Schlösser, S. 332, ohne Quellenangabe.
2144 LA Speyer, Best. B3, Nr. 2585, Bl. 457. Leyendecker Zorn erhielt zusammen mit dem Eindecken des Kamins insgesamt 33 Gulden 7 Kreuzer, die in einer Rechnung vom 14. November 1783 gefordert wurden.
2145 LA Speyer, Best. B3, Nr. 2584, Bl. 287. Rechnung von Schreinermeister Michael Bihl vom 28. November 1783 über eine Summe für Fenster und Türen i.H.v. 147 Gulden 15 Kreuzern.

auch der Schlosser Daniel Vogel[2146] hatten es übernommen, im Immenhaus zwei Fensterrahmen mit poliertem Fischband zu beschlagen. Bubong kam es dabei noch zu, zwei Fenster mit Espagniolettestangen zu versehen.[2147] Im Juli wurden vom Vergolder Nicolaus Friedel zwei Fenster im Bienenhaus und *„4 Thüren daselbst als 2 toppelte"* sowie *„2 einfache alles blau lasiert."*[2148] Der Tüncher Carré berechnete, dass *„Zwey Fenster an daß Bihnen Hauß"*[2149] mit Ölfarbe anzustreichen waren. Der Glaser Purllacher stellte zwei neu verglaste und verkittete Fenster mit 16 Tafeln *„in den Sahl an Ihmen Haus"* in Rechnung.[2150] Das gibt Auskunft darüber, dass ein Sprossenfenster des Saales im Bienenhaus aus acht Scheiben bestand, und dass es sich tatsächlich um einen kleinen Saal handelte, der sich im Inneren des Bienenhauses verbarg. Im Oktober schließlich wurde eine Rechnung des Schreiners Jörg Bihl eingereicht, der acht Klafter 18 Zoll Lambris für das Immenhaus angefertigt hatte.[2151] Genaueres über die Wandverkleidungen offenbart die Rechnung des Tünchers Carré, der *„in dem Biehnen Hauß auf dem Carlsberg"* die *„[...] lamberie an Thüren mit Fuder und beckleidung an zwei Fenster Pohserien und an einem Camin gestell"* mit weißer Leimfarbe, die *„Thüren an der Auswendigen Seyte mit Oehlfarb"* angestrichen hatte.[2152] Später wurde das Bienenhaus verändert und einer anderen Funktion zugeführt, denn der Steinhauer Johannes Münzel gibt in einer

---

2146 LA Speyer, Best. B3, Nr. 2966, #5548. Rechnung vom 19. April 1784 über moderierte 6 Gulden.

2147 LA Speyer, Best. B3, Nr. 2584, Bl. 347. Rechnung vom 8. März 1784. Auch aufgeführt mit gleichem Datum in LA Speyer, Best. B2, Nr. 3989, Bl. 147 sowie in den Rentkammer-Bauprotokollen LA Speyer, Best. B4, Nr. 2546, Bl. 158v.

2148 LA Speyer, Best. B3, Nr. 2585, Bl. 155. Rechnung vom 19. Juli 1784. Die Fenster und die einfachen Türen blau zu lasieren kostete 48 Kreuzer, die doppelten Türen kosteten pro Stück 1 Gulden.

2149 LA Speyer, Best. B3, Nr. 2585, Bl. 163. Rechnung vom 23. September 1784, wobei er pro Schuh drei Kreuzer verlangte. Am Bienenhaus waren es 26 Schuh, das entspricht 8,44 Metern. Diese Rechnung wird auch in den Baukassenbüchern aufgeführt: LA Speyer, Best. B3, Nr. 2953, S. 130, sowie in den Bauprotokollen der Rentkammer, LA Speyer, Best. B3, Nr. 2547, Bl. 131v.

2150 LA Speyer, Best. B3, Nr. 2585, Bl. 58. Der Glaser erhielt für diese Arbeit 1 Gulden 36 Kreuzer. Auch der Glaser Daniel Römer war im Bienenhaus tätig und verlangte dafür am 16. März 1784 11 Gulden 20 Kreuzer. LA Speyer, Best. B4 Nr. 2548, Nro. 1029, ebenso in: LA Speyer, Best. B3, Nr. 2953, S. 594.

2151 LA Speyer, Best. B3, Nr. 2584, Bl. 149, Rechnung vom 16. Oktober 1784. Für die Lambris berechnete er acht Gulden 30 Kreuzer.

2152 LA Speyer, Best. B3, Nr. 2585, Bl. 173, Rechnung vom 16. Februar 1785. Für den Anstrich der Lambris, Fensterboiserien sowie der Kamingestelle und Türen erhielt er *„vor Farb oehl und Arbeitslohn"* 14 Gulden, 18 Kreuzer. Die Rechnung wird in den Bauprotokollen ebenso geführt – LA Speyer, Best. B4, Nr. 2547, Bl. 131 – wie in den Rechnungsbüchern von Creuzers, LA Speyer, Best. B3, Nr. 2953, S. 130.

Rechnung vom November 1792 an, er habe zwei steinerne *„Camin Gesteller an das gewesene Bienen Hauß im Schloß Garten"* gemacht.[2153]

4. Das *„Vogel hauß hinder dem schloß"*

Zu den frühen Einrichtungen in der näheren Umgebung des Schlosses, die in den Akten für das Jahr 1778 genannt werden, gehörte ein Vogelhaus.[2154] Vogelhäuser dienten in Parks und Gärten neben den Lusthäusern als vielfach verwendete Ausstattungselemente, da man die unterschiedlichen dekorativen Gestaltungsmöglichkeiten einer Voliere wie auch den Gesang der Vögel sehr schätzte.[2155] So legte man im 17. und 18. Jahrhundert Volieren für Singvögel an, weil man „die Ohren mit dem holdseligen Frühlings=Gesang der lieblichen Wald=Vögelein und die Augen mit dem Anblick ihrer schön=und bundt untereinander vermischten Farben erlustigen kann [...]"[2156] (Abb. 87).

Für das zuerst erwähnte Carlsberger Vogelhaus hatte der Spengler Peter Wegy im Mai 1778 eine Regenrinne von 154 Schuh Länge angefertigt und rot angestrichen.[2157] Schreiner Johannes Daniel stellte im Juli 1778 eine Rechnung über

---

2153 LA Speyer, Best. B3, Nr. 2619, Bl. 96
2154 Zur Geschichte der Vogelhäuser s. PAUST, Studien, S. 47 ff.
2155 Wie beispielsweise im Garten der Solitude bei Stuttgart: „Der dritte [Garten] aber ist der Ziergarten, welcher ringsherum mit einem Berceau eingefangen ist. Er enthält in sich neben dreien Vogelhäusern vier kleine Lusthäuser, vier Cabinets von Rosen, vier von Linden, vier Salons von Rosen, das vortreffliche Theater, welches auf beiden Seiten Coullissen hat, deren Wände von Rosenhecken sind." Die Solitude, wie sie ein junger Nürnberger Patrizier im Jahre 1772 sah (Johann Sigmund Christof Joachim Haller von Hallerstein), zitiert nach: BERGER-FIX/MERTEN, Gärten, S. 115. Ebenso im Ludwigsburger Garten: „Ein grosses Vogelhaus, dessen Bauart soviel Geschmack als Pracht zeiget, ist in der Mitte des Gartens aufgerichtet. Man unterhält darinn immer alle verschiedene Arten von Vögeln, welche einen angenehmen Gesang haben." Uiot, Beschreibung der Feyerlichkeiten welche bey Gelegenheit des Geburtsfestes Sr. Herzogl. Durchlaucht ..., Stuttgart 1763, S. 79 ff., zitiert nach: BERGER-FIX/MERTEN, Gärten, S. 114, wie auch im Garten von Étupes: „Les tapis verts nous servaient de mail et de jeux de boules, au grand désespoir des jardiniers, et nous restions de longues heures près des volières, où tous les oiseaux nous connaissaient;" Mémoires de la Baronne d'Oberkirch, Bd. I, Paris 1853, S. 42 ff., zitiert nach: BERGER-FIX/MERTEN, Gärten, S. 117.
2156 HOBERG, Georgica Curiosa, S. 753. Zitiert nach: PAUST, Studien, S. 51. Auf Grund ihrer Bauweise haben sich nur wenige Vogelhäuser bis heute erhalten, beispielsweise im Staatspark Fürstenlager, s. GRÖSCHEL, Fürstenlager.
2157 LA Speyer, Best. B3, Nr. 2582, Bl. 102. Für die Regenrinne von insgesamt rund 50 Metern und das Streichen mit roter Farbe erhielt er 51 Gulden und 5 Batzen. Die Arbeit wurde auf den 8. Mai, die Rechnung selbst auf den 24. Mai datiert und von Mannlich zur Zahlung angewiesen.

ein Fensterfutter und die Fensterverkleidung mit einer Höhe von 5 Schuh und einer Breite von 3 Schuh 6 Zoll aus.[2158] Außerdem fertigte er Futterkästen mit zwei Gefächern an.[2159] Schon dies belegt, dass die Voliere ein Parkbau war, dessen Aufwand über den eines bloßen Drahtgestelles mit Dach weit hinausging. Im September wurden vom Schlosser Eisen am Vogelhaus angebracht, um daran Balken zu befestigen, eine Tür mit Fischband beschlagen und zwei Schlösser weiß poliert.[2160] Schlossermeister Leseur brachte im Oktober ein weiteres Schloss am Vogelhaus an,[2161] und im Dezember 1778 deckte der Leyendecker Martin Bohn das Häuschen mit Schiefer.[2162] Der Vergolder Anton Schupp zählt in

Abb. 87: Das Vogelhaus im Staatspark Fürstenlager, Bensheim-Auerbach

---

2158 LA Speyer, Best. B3, Nr. 2572, Bl. 221. Er rechnete am 12. Juli 1778 seine Arbeiten am Vogelhaus ab. Für das Fenster, das eine Höhe von 1,62 Meter und eine Breite von 1,14 Meter hatte, verlangte er drei Gulden.
2159 LA Speyer, Best. B3, Nr. 2572, Bl. 221. Für das Futter in der Mauer des Vogelhauses verlangte er 1 Gulden 30 Kreuzer, für die beiden Futterkästen sechs Gulden.
2160 LA Speyer, Best. B3, Nr. 2572, Bl. 230v. Die Rechnung ist auf den 21. September 1778 datiert.
2161 LA Speyer, Best. B3, Nr. 2572, Bl. 235. Die Tätigkeit selbst ist auf den 16. Oktober datiert, die Rechnung dagegen erst vom Januar 1779. Für das Schloss wurden 36 Kreuzer berechnet.
2162 LA Speyer, Best. B3, Nr. 2572, Bl. 251. Der Leyendecker stellte, nachdem Schaeffer die Arbeit attestiert hatte, die Rechnung über 12 Gulden am 9. Dezember aus und Mannlich leitete sie zur Zahlung weiter.

einer Aufstellung seiner Arbeiten auf Befehl des Herzogs auch auf, er habe „*ein Knopff auff das fogell hauß verguld*".[2163] Im April 1779 stellte der Schreiner zwei Gulden dafür in Rechnung, dass er vor dem Winter „*ums fogels hauß dilen herum gestellet [...] 36 stick undt im fri jahr wieter hin wech gethragen*"[2164] hatte, wohl um die Bewohner der Voliere vor Kälte zu schützen. Der Glaser Johannes Müller hatte „*in dem Vogel hauß hinder dem schloß*" Arbeiten an zwei Blechtüren verrichtet und eine Glastafel eingesetzt.[2165] Durch diese Notiz lässt sich das Vogelhaus im hinteren Schlossgarten lokalisieren. Die letzte Nachricht über das Vogelhaus stammt vom Juli 1781, als der Brunnenmeister Philipp Bayer „*auf dem Carlsberg, als hin und wieder folg. reparcionen an Brunnen und bumben arbeiten [...] die wasser Kunst gemacht gantz neu hinter dem schloß in daßiges Vogelhauß mit bleyerne rohren samt einem auf satz.*"[2166] Bei dieser Wasserkunst handelte es sich um einen Springbrunnen in einem Becken. Zum einen waren solche sprudelnden Wasserstellen für Volieren und Vogelhäuser generell empfohlen, denn nicht nur Hirschfeld stellte dessen Funktionalität fest: „Ein kleiner Springbrunnen haelt das Wasser frisch und trägt zu seiner Belebung bey."[2167] Zum anderen galten Springbrunnen im 18. Jahrhundert „gleichsam als Seele der Gärten und ihre vornehmste Zierde, indem sie dieselben, so zu reden, beseelen und beleben."[2168]

Im Laufe der Jahre wurden im direkten Umfeld des Schlosses, bedingt durch die Vorliebe des Herzogs für Vögel, mehrere Volieren für unterschiedliche Vogelarten errichtet, beispielsweise für Raben, Papageien und Uhus. Der Schlosser Jacob Weller erwähnt nämlich in einer Spezifikation aus dem Jahr 1780, er habe „[h]*inter dem Schloß wo die Schuhu seyndt das Schloß abgebrochen zurecht gemacht und wieder angeschlagen.*"[2169] Der Schreiner Jörg Bihl gab 1781 an, er

---

2163 LA Speyer, Best. B3, Nr. 2572, Bl. 283. Er erhielt für die Arbeit vom August 1778 5 Gulden.
2164 LA Speyer, Best. B3, Nr. 2578, Bl. 74. Im gleichen Jahr wurde der Schlosser Bubong in größerem, nicht näher spezifiziertem Umfang am Vogelhaus tätig, LA Speyer, Best. B3, Nr. 2573, Pag. 35. Der Schlosser erhielt für die Arbeiten am Vogelhaus 123 Gulden und der Dachdecker Martin Bohn musste das Dach am „*Vogel Hauß witter dem schloss*" im Juni 1779 aufbrechen und anschließend ein Stück Dach erneut decken, LA Speyer, Best. 3, Nr. 2576, Bl. 222.
2165 LA Speyer, Best. B3, Nr. 2585, Bl. 81. Der Glaser erhielt dafür insgesamt 22 Kreuzer. Die Rechnung wurde am 30. Dezember 1780 ausgestellt.
2166 LA Speyer, Best. B3, Nr. 2590, Bl. 537. Der Brunnenmeister berechnete dafür am 22. Juli 1781 11 Gulden 30 Kreuzer.
2167 HIRSCHFELD, Theorie, Bd. III, S. 38. So auch schon Furttenbach, der in einem Vogelhaus als Ausstattung „lustige springende Wasserbrünnlin" vorsieht, s. FURTTENBACH, Architectura, S. 32.
2168 LE BLOND, Gärtnerey, S. 349.
2169 LA Speyer, Best. B3, Nr. 2576, Bl. 173. Mit ‚Schuhus' sind entweder speziell ‚Uhus' oder allgemein Eulen gemeint. Die Rechnung stammt vom 31. August 1780.

habe *„an dem raben hauß Ein ram gemacht mit throt geflecht ist hoch 13 schu breit 3 schu."*[2170] Außerdem wurden laut gleicher Spezifikation noch sechs Türchen, ebenfalls mit Drahtgeflecht, für das „Rabenhaus" angefertigt. Dabei handelt es sich vermutlich um das gleiche Vogelhaus, für das der Spengler Johann Peter Ham 1786 blecherne Näpfe für die „Indianischen Raben"[2171] reparierte. Möglicherweise kam nach Fertigstellung des Tempelzimmers gegen Ende des Jahres 1789, das die Bildergalerie zum Garten abschloss, in Sicht- und Hörweite eine weitere Voliere hinzu. Laut Aktenbestand arbeitete der Maurer Hartmann Dumont 1790 an der *„Mauer zu dem neuen Vogelhauß bey der Bilder Gallerie."*[2172] Die letztgenannten Volieren sind vermutlich nicht identisch mit dem oben genannten Vogelhaus hinter dem Schloss. Die Vielzahl der nachweisbaren Volieren unterstreicht die besondere Passion des Herzogs für Vögel, welche sich auch in der Menagerie und im Naturalienkabinett ausdrückte.

5. Die Eremitage – *„und witter abgebrochn und Ins carels Lust gesteld"*

„Von dem Maurer Gesellen Adam Bläß und Mathies Marder ist auf dem Carlsberg in dem Wald zu einem Gebäude daß Fundamenter aus gemauert worden."[2173] Diese Arbeit erfolgte im Herbst 1785 und in der Folge finden sich mehrere Rechnungen, die sich auf *„die Eremittasch hinder dem schloss"* beziehen.[2174] Dieses Gebäude wurde, wie schon andere zuvor, im bewaldeten Bereich des Gartens hinter dem Carlsberg errichtet, was in einer Rechnung des Schreiners Michael Bihl Erwähnung fand, der im Oktober 1786 *„ins Lusthaus hinder*

2170 LA Speyer, Best. B3, Nr. 2585, Bl. 134. Die Rechnung über 6 Gulden ist datiert auf den 5. Juli 1781. Der Rahmen war 4,22 Meter hoch und 97 Zentimeter breit.
2171 Mit dem ‚indianischen Raben' ist eine Papageienart, *ara aura*, gemeint.
2172 LA Speyer, Best. B3, Nr. 2611, Bl. 134. Der Maurer ist für Arbeiten in der Woche vom 23. bis 28. August 1790 aufgeführt. 1792 wurde von Baumeister Krutthofen ein Rechnungszettel vom Zimmermann Peter Mathis *„vor ein Gesims um das Vogelhauß aufm Carlsberg zu machen"* bei der Rentkammer eingereicht. LA Speyer, Best. B3, Nr. 2554, Bl. 213v. Der Handwerker erhielt dafür 43 Gulden 20 Kreuzer. In manchen Stellen tauchen in den Rechnungen auch Notizen über angekaufte Tiere auf, so z.B. erhielt ein Händler namens Beauger, dessen Herkunft unbekannt ist, *„vor ein Vögel d. 14. Aug. 1786"* 77 Gulden. LA Speyer, Best. B3, Nr. 2953, S. 102.
2173 LA Speyer, Best. B3, Nr. 2590, Bl. 191. Die Maurergesellen berechneten für die Arbeit, die mit der Hilfe von Handlangern durchgeführt wurde, insgesamt 14 Gulden 22 Kreuzer. Die Rechnung ist auf den 29. Oktober 1785 datiert.
2174 LA Speyer, Best. B3, Nr. 2590 Bl. 152. Die Eremitage wird mit einer Ortsangabe versehen, um sie nicht mit der Eremitage der Herzogin zu verwechseln.

dem gord loschie im wald"[2175] gearbeitet hatte. Vorstellbar wäre es zwar, dass eine solche Einsiedelei als „niedriges im Schatten in einem Busche oder Garten gelegenes Lust-Gebäude, mit rauhen Steinen, schlechtem Holtz-Werck, Mos= oder Baum=Rinden inwendig bekleidet, und gleichsam wie wild zugerichtet, daß man darinnen die Einsamkeit pflegen oder frische Lufft schöpfen möge"[2176] in der Waldpartie angelegt worden wäre. Auch Hirschfeld definiert die Einsiedeleien als „eine Hütte, ein einfältiges Haus", vorstellbar als „von Holz erbauet und mit Schiefer gedeckt", das „auf einen Einzelnen eingeschränkt" sei. Als angemessene Umgebung für eine Einsiedelei sieht er „die einsame und sanft melancholische Gegend" an.[2177]

Einen ganz anderen, eher exotisch anmutenden Eindruck vom Aussehen des Carlsberger Lusthauses vermittelt jedoch die Rechnung des Dachdeckers Martin Bohn, der ein Verzeichnis mehrerer ausgeführter Leyendeckerarbeiten ablieferte, darunter auch Arbeiten an der Eremitage. Danach handelte es sich um einen vermutlich hölzernen, ringsum durchfensterten Rundbau auf steinernem Fundament mit entsprechend rundem Dachabschluss, denn es war eine untere *„Zirckel runder Cubel"*[2178] mit Schiefer zu decken, wobei zwischen einer größeren unteren und einer kleineren oberen Kuppel unterschieden wurde. Die untere runde Dachpartie hatte eine Höhe von elf Schuh, die *„oberste Cuppel ist vierseytig"*[2179] und hatte jeweils eine Höhe und eine Breite von sieben Schuh.[2180] Auf Befehl des Hoftapezierers Richard[2181] hatte der Schreiner Michael Bihl sechs Klafter und zwei Schuh hölzerne Lambris und Gesimse für die Innenausstattung angefertigt.[2182] Im Juli wurde die Glaserarbeit für elf neue Fensterrahmen in Rechnung gestellt, von denen jedes Fenster *„in dem neu erbaute Baweliohn"* die Höhe von vier Schuh und die Breite von vier Schuh und

---

2175 LA Speyer, Best. B3, Nr. 2590, Bl. 67v. „Gord loschie" steht für ‚Corps de logis'.
2176 ZEDLER, Universallexikon, Bd. VIII, Spalte 1590 zum Stichwort ‚Eremitage'.
2177 HIRSCHFELD, Theorie, Bd. III, S. 97.
2178 LA Speyer, Best. B3, Nr. 2590, Bl. 152. Rechnung vom 20. Mai 1786, wobei er für das Decken der beiden Kuppeln 46 Gulden 2 Batzen berechnete. Das Beschlagen der Gesimse und des obersten Grates mit Blei berechnete er mit drei Gulden.
2179 LA Speyer, Best. B3, Nr. 2590, Bl. 162.
2180 11 Schuh entsprechen 3,57 Metern, 7 Schuh entsprechen 2,27 Metern. Die untere Kuppel maß *„in der Mitte im Umfang 54 schu"*, was 17,54 Metern entspricht.
2181 C. F. Richard war der Hoftapezierer. BayHStA München, Best. MF 19102 sowie MF 21846, jew. ohne Paginierung.
2182 LA Speyer, Best. B3, Nr. 2590, Bl. 67v. Die Gesimse hatten – wie auch die Lambris – eine Gesamtlänge von 12,34 Metern. Die Rechnung vom 25. Mai 1786 betrug für die Lambris und die Gesimse mit Holz und Arbeitslohn insgesamt 47 Gulden 2 Kreuzer.

Abb. 88: Die Eremitage in der Carlslust, Ringfundament

vier Zoll aufwies,[2183] also etwas breiter als hoch war. Im November gleichen Jahres wird in den Bauprotokollen ein Zettel des Tünchers Jacob Grünewald genannt, mit dem er eine *„Arbeit in dem Lusthauß hinter dem Schlos aufm Carlsberg"* abrechnet.[2184] Die Aufschlüsselung dieser Tätigkeit erfolgte in der Rechnung vom 2. September, woraus sich ergibt, dass der Tüncher Grünewald Lambris einer Länge von 40 Schuh und einer Höhe von zwei Schuh sechs Zoll[2185] mit grüner Ölfarbe versah. Im Oktober sollte der Tüncher Andreas Gitzner die Tüncherarbeit *„am Sommer heisgen hinter dem Schloß"*[2186] übernehmen, die

---

2183 Die Fensterrahmen des Glasers Johannes Müller hatten eine Höhe von 1,30 Metern und eine Breite von 1,57 Metern. Ein Rahmen wurde mit 2 Gulden berechnet. Die Fenster wurden mit Glas aus dem Baumagazin verglast.

2184 LA Speyer, Best. B3, Nr. 2548, Bl. 215v. Die Rechnung betrug 8 Gulden 20 Kreuzer.

2185 Die Länge der Lambris betrug damit 12,99 Meter, die Höhe 81 Zentimeter. LA Speyer, Best. B3, Nr. 2593, Bl. 246. Die Rechnung wurde vom Hoftapezierer attestiert.

2186 LA Speyer, Best. B3, Nr. 2593, Bl. 46. Die Rechnung für den Anstrich den Sommerhäuschens betrug 37 Gulden, 6 Kreuzer. Den *„blafang im Sommer haus"* berechnete er mit 4 Gulden 3 Kreuzern.

einschloss, das Sommerhäuschen mit grüner Farbe sowie den Plafond des Häuschens mit Wasserfarbe anzustreichen. Auch diese Details widersprechen der Vorstellung eines bescheidenen Gebäudes, bestehend aus Stein oder Holz, dessen Zusammensetzung „die höchste Einfalt und Nachlässigkeit zeigen. Keine Kunst, viel weniger ein Anschein von Pracht; selbst die Vernachläßigung der Verhältnisse der Baukunst ist hier eher ein Verdienst, als ein Fehler."[2187] So scheint der Pavillon nicht das Aussehen, sondern vielmehr die Funktion einer Einsiedelei besessen zu haben, wohin man sich in Ruhe zurückziehen konnte.

Abb. 89: Die Eremitage in der Carlslust, Ringfundament

Der Pavillon war vermutlich fertiggestellt, als Bewegung in die Planungen der Gestaltung des Geländes um das Schloss kam. Die Eremitage scheint nun nicht länger zum Charakter des Ortes gepasst zu haben, den man noch im Jahr zuvor ausgewählt hatte – zumindest hatte man in der Carlslust einen neuen Platz gefunden, der als geeigneter erachtet wurde. Der Dachdecker Bohn definiert das Gebäude, an dem 1787 erneut Dachdeckerarbeiten anfielen als „*die Ihrermitasch oder Rundtell so hinder dem schloss auf dem Carelsberg gestanden, und witter abgebrochn und Ins carels Lust gesteld worden.*"[2188] Ob dieses Gebäude mit dem „*neu Renifiiertte Lust Haus in dem neu an geleget Baumb garrtten ins*

2187 HIRSCHFELD, Theorie, Bd. III, S. 103.
2188 LA Speyer, Best. B3, Nr. 2590, Bl. 162. Rechnung vom 11. Oktober 1787 über 48 Gulden, wobei das Decken der Kuppeln mit Schiefer mit 46 Gulden 2 Batzen exakt die gleiche Summe betrug, die er auch bei der ersten Deckung der Dächer verlangt hatte. Lediglich das Beschlagen der Gesimse mit Blei war um 7 Batzen teurer.

Carls lust"[2189] identisch ist, einem im Verlauf des Jahres 1792 erneuerten runden Gartenhaus,[2190] dessen zehn zweiflügelige Fenster und zwei Glastüren mit jeweils zehn Fensterscheiben[2191] vom Schlosser Anton Leseur beschlagen und mit Fensterläden versehen wurden, kann zwar nicht bewiesen, doch auf Grund einiger Hinweise angenommen werden. Ein Anhaltspunkt dafür ist die Angabe des Glasers Purllacher, der zehn einflügelige Fenster *„an dito lust haus in die Kupel"*[2192] verglaste. Eine durchfensterte Kuppel bedingt wiederum zwei Dachflächen unterschiedlicher Höhe, so dass es sich bei diesem Gartenhaus im ‚Baumgarten', nicht zuletzt auf Grund der zeitlichen Abfolge, um die umgesetzte Eremitage in neuem Kontext handeln könnte. Stefan Ulrich stellte in einem kurzen Beitrag einen kreisförmigen Mauerzug (Abb. 88) auf einem Hügel der Carlslust südlich der Menagerieterrassen vor.[2193] Dieser ringförmige steinerne Sockel (Abb. 89) weist hinsichtlich der von Ulrich aufgenommenen Maße, der Beschaffenheit des Mauerwerks und der Schieferfunde vor Ort die meisten Übereinstimmungen mit dem oben beschriebenen Gartengebäude auf,[2194] so dass es sich hier tatsächlich um die Eremitage handeln könnte.

2189 LA Speyer, Best. B3, Nr. 2623, Bl. 113v. Die Rechnung des Glasers Paul Purllacher über insgesamt 70 Gulden ist auf den 30. Dezember 1792 datiert. Mit Baumgarten könnte ein Gartenteil gemeint sein, wie er auch in Schwetzingen von Nicolas de Pigage ab 1773 als Arboretum, von Pigage auch als „jardin sauvage" bezeichnet, angelegt wurde. Das Schwetzinger Arboretum ist eine Form der Baum-Lehrschule mit unterschiedlichsten, teilweise auch exotischen Pflanzen und Bäumen, das Pigage als ein „lebendes Lexikon der Gartenbäume und -büsche" bezeichnete. FUCHS/REISINGER, Schloss, S. 90. Wo sich der Baumgarten in der Carlslust befunden haben könnte, ließ sich mit Hilfe der bisher vorliegenden Angaben nicht bestimmen.

2190 LA Speyer, Best. B3, Nr. 2623, Bl. 89. Die Rechnung bezieht sich auf das Beschlagen von 9 Fensterrahmen und zweier zweiflügliger Glastüren. Die Fenster wurden mit Sommerläden beschlagen. Die Rechnung ist datiert auf den 8. Februar 1793.

2191 LA Speyer, Best. B3, Nr. 2623, Bl. 113v. Insgesamt wurden 110 Scheiben eingesetzt und verkittet, was mit einem Gesamtbetrag von 18 Gulden und 20 Kreuzern berechnet wurde.

2192 LA Speyer, Best. B3, Nr. 2623, Bl. 113v. Diese *„10 fenster haben zusamen 20 scheiben"* die er einsetzen und verkitten sollte.

2193 ULRICH, Eremitage, S. 7f. Dieser Mauerzug war 1962 bereits von Forstmeister Boiselle freigelegt, aber unter Vorbehalt als Rest einer Burganlage identifiziert worden. Ulrichs Untersuchung ergab, dass es sich um ein Gartengebäude der Carlslust handeln muss. ULRICH, Eremitage S. 7f.

2194 Der äußere Durchmesser des Sockels beträgt 7,5 Meter, der innere Durchmesser 5,9 Meter. Die Mauerstärke differiert zwischen 75 und 80 Zentimetern. Das äußere Mauerwerk besteht aus unregelmäßigem Bruchstein und groben Quadern aus Sandstein. Die Oberkante des Mauerverbandes bildet vermutlich die letzte historische Steinlage, auf welcher eine hölzerne Architektur aufgesetzt wurde. Weitere Details dazu und zur Lage im Gelände auf dem so genannten Mohrenkopf s. ULRICH, Eremitage, S. 7f. mit einer Abbildung von Lesefunden S. 10.

Im Gebiet hinter dem Schloss war die Eremitage das letzte errichtete Gebäude, dessen Rechnungen sich in den Akten finden lassen. Dieses Lusthaus im Baumgarten der Carlslust mit einer beigestellten Voliere[2195] von ähnlichem architektonischem Aufbau stellt einen der letzten baulichen Vorgänge im dortigen Bereich dar.

6. Der *„Weyher unter dem Carlsberg"*

Über die Anlegung des heutigen Karlsbergweihers (Abb. 9), der unterhalb der Orangerie in einem Tal südlich der Schlossauffahrt[2196] aufgestaut wurde, ist nur wenig bekannt.[2197] Lediglich die Bitte des Zimmermanns Ruff aus Auerbach, der *„die Candell Arbeit des Neu Anzulegenten Weyhers unter dem Carlsberg verferdigen soll,"*[2198] ihm 30 Gulden Vorschuss zukommen zu lassen, ist erhalten geblieben. Da sie am 31. Juli von August Petri unterschrieben wurde, ist das Schriftstück gleichzeitig der Beleg dafür, dass er für diese Arbeit verantwortlich zeichnete, zumal die ursprüngliche gartenkünstlerische Gestaltung des Weihertälchens seine Handschrift trägt. Da die Gartenarbeiten jedoch nur summarisch über die Bücher der Rentkammer und der Baukasse abgerechnet wurden,[2199]

2195 Dieses Vogelhaus wird in der Schlosserrechnung von Peter Rombler erwähnt, der 22 Winkeleisen an den Pfosten des Vogelhauses angebracht und *„4 starcke Eisen an das Kamin gemacht"*. LA Speyer, Best. B3, Nr. 2623, Bl. 121. Der Dachdecker Josef Jan hatte laut seiner Rechnung vom 23. Oktober 1792 *„in dem oberen garten bei Carelßlust Ein fogell Hauß gedecket mit leien ist zirkell runt daß obere Dach ist hoch 6 schuch [1,95] und breit 6 schuch sein 36 schuch / daß undere Dach ist hoch 7 schuch [2,27] und breit 15 schuch [4,87] [...]."* LA Speyer Best. B3, Nr. 2619, Bl. 287. Diese Arbeit wurde mit 15 Gulden 49 Kreuzern abgerechnet.

2196 Zur Topographie s. SCHNEIDER, Carlsberg – Carlslust, S. 340f., SCHNEIDER, Schlösser, S. 325.

2197 Mannlich erwähnt nur summarisch, im Zusammenhang mit stattfindenden Jagden, dass es innerhalb des Jagdzaunes einige sehr schöne Weiher im Park gab. BENDER/KLEBER, Histoire, Bd. II, S. 322. „Il y avoit plusieurs tres beaux Etangs dans le Parc [...]."

2198 LA Speyer, Best. 3, Nr. 2964, #4557. Schneider gelangt zu dem Ergebnis, dass der Sinn dieser Arbeiten nicht zu entschlüsseln sei, vgl. SCHNEIDER, Carlsberg – Carlslust, S. 356, ohne Quellenangabe.

2199 Nur bauliche Einrichtungen der Gärtner, wie z.B. Treib- und Bienenhäuser oder Wohnbauten der Gärtner, oder architektonische Elemente der Gärten, also Park- und Staffagebauten, werden in den Rechnungen spezifiziert. Auch Rechnungen über unterschiedliche Pflanzenbestellungen tauchen vereinzelt auf. Sonstige Arbeiten in den Gärten werden entweder summarisch benannt, beispielsweise als *„Arbeiten in der Gärtnerei"* oder als Arbeiten der Tagelöhner. Der Gärtner Petri führte vermutlich eigene Bücher, nach denen die Arbeiten aufgeschlüsselt werden könnten.

sind nähere Angaben nicht möglich. Die Formulierung ‚des neu anzulegenden Weihers' impliziert, dass die Anlage im Sommer 1781 in Vorbereitung, jedoch noch nicht fertiggestellt war.[2200] Man hatte sich mithin erst zu einem Zeitpunkt für die Gestaltung des Tales entschieden, als die meisten Gebäude der Carlslust – und damit wohl auch die sie umgebenden Gartenanlagen – bereits vollendet, respektive angelegt worden waren. Entsprechend ist auf der ‚Generalkarte über das Oberamt Homburg' des Geometers Schaefer von 1782 (Abb. 85) ein Gewässer im Tal verzeichnet. Der utilitäre Nutzen eines Weihers bestand – neben seiner dekorativen Funktion – in der Hauptsache darin, dass man „darinnen […] gewisse Fische halten, und das Wasser nach Gefallen, und wenn es die Nothdurft erfordert, ablassen kan. Er ist darinnen von einer See unterschieden, die man nicht ablassen kan."[2201] Ein Weiher ermöglichte zudem die Anlage von Fischkästen[2202] und die notwendige Eisernte zur Bestückung der Eiskeller im Winter.

Die ursprüngliche Form des Weihers ist auf dem so genannten Ölplan von 1804 (Abb. 43) zu erkennen, der ihn als Anlage auf dem Grundriss eines Trapezes (Abb. 23) mit eingezogenem halbkreisförmigem Abschluss an der östlichen

---

2200 Schneider datiert die Entstehung des Weihers zunächst in die Zeit um 1779/80, vgl. SCHNEIDER, Carlsberg – Carlslust, S. 356, 371. An anderer Stelle kommt er ohne Angabe zusätzlicher Gründe zu der Annahme, dass der Weiher 1781 fertiggestellt wurde, vgl. SCHNEIDER, Schlösser, S. 325.

2201 ZEDLER, Universallexikon, Bd. XLII, Spalte 575 zum Stichwort „Teich, Weiher". Hirschfeld unterscheidet in seinem Kapitel über das Wasser die Begriffe ‚See', sowie Teiche, die er den älteren Gärten zuordnet und Wasserstücke, „die weder See noch einen Teich bilden." HIRSCHFELD, Theorie, Bd. I, Fünfter Abschnitt, S. 85 ff. Nach der Definition Hirschfelds handelt es sich beim Carlsbergweiher um einen Teich.

2202 Die Schlosser Jacob und Ludwig Weller hatten an „*den Füsch Kasten auf dem Karlsberger Weyer ein neu Kett gmacht von 10 Schug lang Mitt 2 neuen Globen an geschlagen*" wie eine Rechnung vom 9. August 1793 über diesbezügliche 6 Gulden ausweist. LA Speyer, Best. B3, Nr. 2623, Bl. 154. „Setzet man die Fische in die Fisch-Kästen, so muß man eine Art besonders in einen besonderen Fisch-Kasten setzen, alle Tage fleißig dannach sehen, und die abgestandenen Fische herausnehmen, damit nicht etwa die anern damit angestecket werden. Man muß gute starcke Vorlege-Schlösser vorlegen, damit nicht etwa eine bequeme Gelegenheit Fisch-Diebe mache, auch wohl den Fischer dahin mit instruiren, daß er des Nachts dann und wann bey denen Fisch-Kästen recignoscire. Es ist auch wohl Acht zu haben, daß die Fische, zumahl wenn es grosse sind, sattsamen Raum in denen Fisch-Kästen haben. […] Man hat auch bewegliche Fisch-Kästen, welche höltzerne mit Löchern versehene Behältnisse sind, die oben mit einem Deckel und einem Schlosse versehen sind, und zur Verwahrung der Fische dienlich sind." ZEDLER, Universallexikon, Bd. IX, Spalte 1028 zum Stichwort „Fisch-Kasten".

Schmalseite zeigt. Das heutige Erscheinungsbild des Weihers in einer geschlossenen Talmulde zeigt eine Insel in der Mitte, die im ‚Ölplan' nicht ablesbar ist. Auch auf dem Monumentaltableau von Claudius Rosché ist keine Insel angegeben (Abb. 45).[2203] Obwohl vermutet werden könnte, dass die Insel zur gleichen Zeit angelegt wurde wie das umgebende Gewässer, so ist sie doch erst ab 1846 gesichert nachzuweisen.[2204] Die Staumauer, die mit einer Breite von ca. zehn Metern und einer Höhe von 2,80 Metern aus Sandsteinquadern errichtet wurde, besitzt einen hochrechteckigen Wasserdurchlass mit einer Höhe von ca. 90 Zentimetern.[2205] Die Mauer befindet sich an einer Stelle, an der sich massige Felsformationen aus Buntsandstein, die teilweise Bearbeitungsspuren zeigen, wie Riegel von beiden Seiten in das Tal hineinzuschieben scheinen. Diese Felsen bilden den Auftakt einer Verengung des Tales, durch das sich ein Bachlauf, ausgehend von der Staumauer, nach Westen zieht. Die Wahl dieses Ortes zur Errichtung der Mauer hing einerseits wohl mit rein praktischen Gesichtspunkten zusammen, die diesen Ort zur Errichtung des Dammes geeignet erscheinen ließen. Andererseits wusste man solche wuchtigen Felsblöcke, die sich beiderseits des Tales symmetrisch gegenüberstehen, in die gartenkünstlerische Gestaltung mit einzubeziehen.

Das heutige Erscheinungsbild der Ufervegetation mit umsäumenden Bäumen, welche die Umrisse des Sees auflockern, täuscht über die Tatsache hinweg, dass der Weiher auf Grund seines Grundrisses noch nicht im englischen Stil angelegt wurde. Vielmehr ist er in seiner Regelmäßigkeit noch der formalen Gartenkunst französischer Prägung verpflichtet und entsprach in dieser Form schon zum Zeitpunkt seiner Entstehung nicht mehr den neuesten gartenkünstlerischen Anforderungen. Der Gartentheoretiker Hirschfeld verurteilte in seiner ‚Theorie der Gartenkunst', die auch in der Carlsberger Bibliothek mehrfach vorhanden war,[2206] die Regelmäßigkeit eines Gewässers auf das Schärfste. „Daß übrigens

---

2203 Das Tableau gibt keine Insel an, gibt jedoch auch die Ufer des Weihers nicht in der strengen Trapezform, sondern durch kleine Buchten aufgelockert wieder. S. auch Abb. 5a, wo ebenfalls keine Insel angegeben ist.
2204 In einem Extraditionsplan von 1846 wurde sie als kreisrunde Insel mit einem Durchmesser von 10 Metern angegeben. Der heutige Durchmesser weist nur noch ca. 8 Meter auf, s. ULRICH, Konzept, S. 31. Die Annahme, dass die Insel erst im 19. Jahrhundert angelegt worden sein könnte, wird durch die jüngsten Grabungen am Tosbecken der Kaskade in der Carlslust gestützt. Auch dort türmte man eine Insel aus Steinen auf, die nicht mit der historischen Beckenmitte und der dortigen Vorrichtung für den Fontänensprung übereinstimmt.
2205 LA Speyer, Best. B3, Nr. 2647, S. 1. Brunnenmacher Gerstenmeyer erhielt am 12. Oktober 1789 eichene Dielen „zu Fertigung des Auslaufs des Weyers am Magazins Zaun". Die Angabe ‚am Magazins-Zaun' bezieht sich auf das Baumagazin, dem heutigen Karlsberger Hof, mit dahinter liegendem Zimmerplatz, s. Abb. 137, 90.
2206 StBib. Bamberg, Verzeichnis, S. 65 Nr. 103: Hirschfeld (C.C.L.) Théorie de l'art des jardins, avec fig. Leipzig 1779. 4 Tom.

ein angelegter See von keiner vollkommen regulären Figur, weder in ganz gerader Linie, noch viereckt noch zirkelrund seyn soll, wird wohl keiner weitern Entwicklung bedürfen."[2207] Erst recht bei Teichen, die er grundsätzlich als Verbannung jeden Lebens kritisierte, habe man nicht daran gedacht, „daß man auch in der Figur die edle Freyheit der Natur nachahmen könnte, und wählte bald runde Behältnisse, die zu gekünstelt, bald eckige, die unausstehlich sind. [...] Man fasste sie mit Holz und Steinwerk ein, die allen Anschein von Natur verdrängten, und das Auge von der Mühe überzeugten, die man aufgeopfert, um ein wenig trübes, leimigtes und faulendes Wasser zusammenzuhalten."[2208] Wichtig sei daher, das Gewässer so verwildern zu lassen, dass kein menschliches Zutun zu erkennen ist. Die 1781 getroffene Entscheidung, ein Gewässer in einer regelmäßigen symmetrischen Form anzulegen, deutet zunächst auf eine Fortsetzung der Gartenkonzeption im Stil des Jardin anglo-chinois[2209] hin, welche man auch für die Carlslust gewählt hatte. Laut den Rechnungsdaten bündelte man die gartenkünstlerischen Anstrengungen zunächst für den Bereich hinter dem Schloss und der Carlslust. Erst danach wandte man sich der Gestaltung des Tals unterhalb der Orangerie zu, was möglicherweise mit der Fernwirkung des Orangeriebaues zusammenhängt.[2210]

Die nachweisbare Gestaltung des Tales deutet auf eine Entstehung innerhalb zweier Konzeptionsansätze hin, die von zwei Gartenkünstlern unterschiedlicher Generationen, August und Bernhard Petri, geschaffen wurden. Der Weiher selbst, ein flankierender Weinberg und ein Monopteros auf einem Felssporn in Sichtweite gehören stilistisch der ersten Planung im Stil des Jardin anglo-chinois an, während die Einbeziehung der Felsen als Stimmungs- und Bedeutungs-

---

2207 HIRSCHFELD, Theorie, Bd. I, S. 88 f.
2208 Es sei daher notwendig, „für Abfluß und Reinigkeit" zu sorgen und „die Ufer mit grünem Rasen und mit einer Pflanzung von Waldbäumen [zu bekleiden], die sich eine Strecke fortziehen. Man lasse ganz unten am Wasser hie und da ein überhängendes Gebüsch verwildern, und die Scene noch natürlicher machen. Kurz die ganze Anlage sey von allem Steifen und Gezwungenen entfernt, daß das schärffste Auge hier kein Werk der menschlichen Hand entdecke. [...] Wenn auch dieser blos zu einem Fischbehältnisse dient, so wird er doch noch allemal einer mehr natürlichen Anlage und Verzierung fähig seyn. [...] Uebrigens scheinen Teiche sich am besten an verborgenen schattigen Orten zu schicken. Selten ist ihr Wasser von der Klarheit, daß es lebhafte Widerscheine giebt; vielmehr wird seine gewöhnliche Dunkelheit von umherstehenden Bäumen noch vermehrt. Diese Dunkelheit, verbunden mit der ewigen Unbeweglichkeit, macht einen eigenen Charakter, der auf ihnen ruht, den Charakter der Melancholie und Trauer." HIRSCHFELD, Theorie, Bd. I, Fünfter Abschnitt, S. 101 f.
2209 Zum Jardin anglo-chinois s. die Mustersammlung von Le Rouge: Jardins anglo-chinois ou détails des nouveaux jardins à la mode, 21 Hefte mit 496 Stichen, 1776–1788; BUTTLAR, Landschaftsgarten, S. 87 f.; BUTTLAR, Gartenkunst, S. 107–131. WEISS, Chambers.
2210 Ähnlich SCHNEIDER, Schlösser, S. 325.

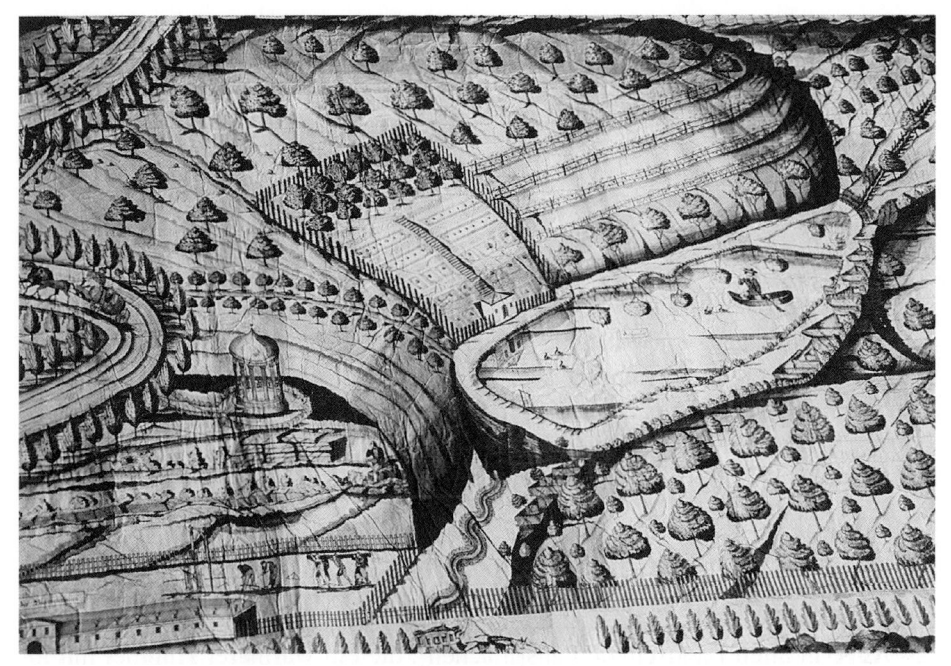

Abb. 90: Rosché, Claudius: Residenz-Schloss des Herzogs Carl II. mit sämmtlichen Gebäulichkeiten auf dem Carlsberg (Ausschnitt Monopteros, Weinberg, Weiher)

träger bereits auf jüngere Gartenkonzepte des englischen Landschaftsgartens verweist.

Großflächige Strukturen der heute, im Gegensatz zum 18. Jahrhundert, völlig bewaldeten Umgebung des Weihers – insbesondere die Reste einer Terrassierung der nördlichen und östlichen Hangseite – zeigen noch immer Gestaltungsspuren aus der Entstehungszeit. Ein letzter Hinweis der Akten, der sich auf den Weiher bezieht, stammt aus einem Verzeichnis der Tage, welche Baumeister Krutthofen „*in Herrschaftlichen Geschäften auswärts zugebracht habe.*" Er gibt an, in Mannheim gewesen zu sein „*bey H. Ober-Jäger Schügens wegen Anzeigung, daß das Magazin von den Francken gelehrt, und der grose Weyer am Carlsberg gezogen worden ist.*"[2211] Weitere Handwerksrechnungen aus den Ak-

---

2211 LA Speyer, Best. B3, Nr. 2623, Bl. 206. Krutthofen sprach dabei vom 14. März 1794. ‚Gezogen' könnte evtl. die Bedeutung von ‚abgelassen' haben, denn ein tagebuchartiger Bericht „*Begebenheiten, in und ausser der Stadt Zweybrücken*", geführt vom 9. Februar bis 3. April 1794, unterschrieben von „Storck" am 26. Juli 1794, besagt: „*13. [Februar] Fieng die Fischdiberey, Ablassung der Weyher und Behälter an. Desgleichen wurde der Anfang mit Abhauung der Bäume so wol in den Schlossgärten als Herrschaftlichen Waldungen gemacht. Desgleichen fieng das Schiessen der Fasanen u. jeder Art von Wildpret an.*" BayHSta München, Best. Kasten blau, 422/2.

ten geben zusätzliche Auskünfte über Partien des direkten Umfeldes, welche für die Bestimmung des gartenkünstlerischen Charakters dieses Tales notwendig sind.

a. *Der Weinberg, das Weinbergshäuschen und der Monopteros*

Auf den zeitgenössischen Darstellungen ist dieser sonnenbeschienene Hang auf der nördlichen Seite des Weihers als Weinberg zu sehen,[2212] wie es auch das Monumentaltableau von Claudius Rosché noch ein halbes Jahrhundert später zeigt (Abb. 90). Die notwendige Terrassierung des Geländes und die der Sonne zugewandte Reihung der Rebstöcke fügen sich dabei in den gartenkünstlerischen Charakter der Regelmäßigkeit ein.[2213] Die heutige Gemarkung ‚An den Weinbergen' (Abb. 10) nördlich des Weihers gibt noch immer den Hinweis auf die damalige Nutzung.

Im 18. Jahrhundert wurden Weinberge oftmals als dekorative regelmäßige Elemente in Schlossgärten integriert,[2214] zumal sie zu den nützlichen Einrichtungen eines Gartens gezählt wurden, die gleichzeitig „die schönsten Gegenstände für das Auge in allen Landschaften aus[machen], die ein wärmerer Himmel mit ihrem Segen schmückt."[2215] Der erste quellenkundliche Hinweis in einem „*Ver-*

[2212] In der Darstellung der Gebrüder Lüder (Abb. 4) von 1791 ist in der Legende unter Punkt x) *„La vigne avec son logement"* verzeichnet. Auch bei Herdegen (Abb. 38) von 1790 ist der Weinberg zu erkennen.

[2213] Ob die Darstellung auf dem Tableau von Rosché als verlässlich einzustufen ist, ist auf Grund der Tatsache, dass alle Bäume mit der Regelmäßigkeit eines Quincunx über die Landschaft verteilt sind, fraglich, zumal selbst die Felsen in solch exakter Reihung dargestellt wurden, wie sie – heute noch nachvollziehbar – nicht vor Ort zu finden sind. Daher ist ein Rückschluss aus diesem Tableau auf den tatsächlichen Gartencharakter nicht möglich.

[2214] Der berühmteste Weinberg ist der Terrassenweinberg von Sanssouci, der ab 1744 in Potsdam angelegt wurde. Auch in Schwetzingen hatte man in der Nähe des Wasserkastells auf dem Gelände um den Obelisken einen kleinen Weinberg gepflanzt. Dort wird der Weinberg mit dem Botanik-Tempel und dem Wasserkastell und den damit verbundenen mythologischen Bedeutungsträgern Dionysos, Demeter und Poseidon in Zusammenhang mit dem Fruchtbarkeitskult gebracht, s. REISINGER, Schlossgarten, S. 63. In Carlsruhe in Oberschlesien wurde im englischen Garten ein Weinbergschlösschen in einem Weinberg errichtet, für dessen 20.000 Rebstöcke eigens ein Winzer aus Stuttgart angestellt wurde. BERGER-FIX/MERTEN, Gärten, S. 111. Auch im oberen Ostgarten des Ludwigsburger Schlossgartens befindet sich ein kleiner Weinberg. In Saarbrücken wurde 1762 auf einer Gartenterrasse des Schlösschens Monplaisir auf dem Halberg ein Weinberg angelegt. HENNEBO/HOFFMANN, Gartenkunst, Bd. II, S. 293. SCHARWATH, Nutzpflanzen, S. 80. STOLL, Gärten, S. 139 f.

[2215] HIRSCHFELD, Theorie, Bd. V, S. 157. „Ein Weinberg kann als eine besondre Gattung von Gärten angesehen werden; [...] Seine Lage auf sonnigten Anhöhen oder

zeichnus derjenigen Arbeit, so an dem neu angelegten Rebstück am Carlsberg verrichtet worden" vom April 1781[2216] zeigt, dass es von Beginn an geplant war, den Weiher mit einem Weinberg zu kombinieren. Laut diesem Verzeichnis waren für den Weinberg zunächst Gräben auszuheben, Wasserabflüsse zu schaffen, für *„3800 Pfähl zu den Weinstöken zu hauen und zu machen"* und die Rebstöcke einzupflanzen.[2217] Schon vor 1784 war schließlich ein Winzer namens Valentin in Diensten des Herzogs, der jedoch gleichzeitig für einen Weinberg am Homburger Schlossberg unterhalb der Ruine der Hohenburg verantwortlich war.[2218] Am 1. Januar 1784 wurde eigens für den Carlsberger Weinberg ein *„Wingertsmann"* eingestellt.[2219] In der Folge wurde der Weinberg entweder vergrößert oder professionalisiert, denn der Schmied Christoph Weber stellte 1784

---

an hügeligten Abhängen giebt ihn einen Charakter von Heiterkeit, der sich schon bey der Annäherung ankündigt. Man genießt hier eine freye Aussicht, und athmet voll Ruhe in einer reinern Luft. Wird das Auge durch den Anblick eines Sees, der in der Niedrigung dahin wallet, oder eines vorüberfließenden Flusses, oder eines Gemisches von Wiesen und Laubhütten, die unter ihm in der Tiefe ruhen, ergötzt; so hat die Lage einen so frischen und doch so sanften Reiz, der dieser Gattung überaus angemessen ist. Der Charakter eines Weinbergs ist Einfachheit." HIRSCHFELD, Theorie, Bd. V, S. 158.

2216 LA Speyer, Best. B3, Nr. 2963, #4192. Das Geld in Höhe von 97 Gulden 7 Batzen wurde Christian v. Petersholz, der im Übrigen am Carlsberg für die Haltung der Enten und als Entenfänger angestellt war (LA Speyer, Best. B3, Nr. 2963, #4192), am 2. Mai 1781 von Kammerdiener Vongall bar ausgezahlt. Die Rechnung wird auch genannt in LA Speyer, Best. B3, Nr. 2953, S. 565. Schneider bezieht sich ebenfalls auf diese Textstelle, weist aber als Folge eines Transkriptionsfehlers die Anlage des Weinbergs nicht Christian v. Petersholz sondern „Peter Scholz" zu und betrachtet die Anlage des Weinbergs am 2. Mai 1781 als abgeschlossen. SCHNEIDER, Schlösser, S. 325, ohne Quellenangabe; SCHNEIDER, Carlsberg – Carlslust, S. 356.

2217 Ein *„Verzeichnuß derjenigen Täglohner arbeit so den Sommer durch in dem Herrschaftlichen Endenfang, auch in dem Weinberg gearbeitet worden"* vom 15. September 1781 umfasste unter anderem das Umgraben und Herauslesen der Steine aus dem Hang und dessen Befestigung mit Rasenstücken.

2218 Der Schneider Nickel Binno aus Homburg erhielt für ein Gewand seinen Lohn, das er für den Winzer Valentin am 14. Oktober 1784 ablieferte. LA Speyer, Best. B3, Nr. 2953, S. 105. Winzer Valentin wird in der gleichen Akte auch im Rahmen der Schlossberger Gartenkosten aufgezählt, LA Speyer, Best. B3, Nr. 2953, S. 288.

2219 LA Speyer, Best. B3, Nr. 2953, S. 522. Er hatte von Beginn seiner Dienstzeit am 1. Januar 1784 an ein jährliches Gehalt von 200 Gulden zu beziehen. Im November 1784 fertigte ihm der Schneidermeister Martin Glöckner aus Homburg eigene Gewänder. LA Speyer, Best. B3, Nr. 2953, S. 281. Der *„Wingertsmann"* Mauler blieb mit dem angegebenen Jahresgehalt bis zum 1. Juli 1794, an dem er verabschiedet wurde, in herzoglichen Diensten. LA Speyer, Best. B2, Nr. 1595, Bl. 88.

neues Werkzeug her[2220] und am 16. April 1785 lieferte Joseph Gätte aus dem Elsass 15.000 junge Reben von dort.[2221] Die Menge der Reben spricht dafür, dass die Weinberge an Schlossberg und Carlsberg nicht ausschließlich aus dekorativen Gründen angelegt wurden.

Nach Hirschfelds Theorie liegt der Reiz eines Weinbergs, neben dem nutzbringenden Effekt, in seinem Charakter der Heiterkeit und Einfachheit. Das Vergnügen des Spazierganges könne sich mit der Ruhe und der sanften Anmut der Aussichten vereinigen. „[U]nd unten am Eingange des Weinberges mag eine Hütte, die Wohnung des Winzers, nachlässig ruhen. […] Ruhe und liebliche Einfalt herrsche durch den ganzen Bezirk."[2222] Tatsächlich wurde für den Winzer Mauler 1785 ein hölzernes Wohnhaus in der Nähe des Weinbergs errichtet.[2223] Genaueres

Abb. 91: Linck, Konrad (?): Bacchusknabe mit einem Ziegenbock von Schloss Carlsberg

---

2220 Der Schmied Christoph Weber aus Homburg erhielt „*vor Arbeit vor die Herschaftl. Wingert ao. 1784*" 4 Gulden 22 Kreuzer. LA Speyer, Best. B3, Nr. 2548, Bl. 163v. Dafür wurden „*ein neu Spathgeschirr gemacht mit einer Axt und 2 Keil*" sowie eine ganz neue Axt, während anderes Werkzeug nur geschärft wurde. Rechnung vom 1. Dezember 1784, LA Speyer, Best. B3, Nr. 2600, Bl. 339.

2221 LA Speyer, Best. B3, Nr. 2953, S. 283. Joseph Gätte erhielt für „*junge Reben, so er aus dem Elsaß geliefert*" 275 Gulden. Da es aber, wie oben festgestellt, auch einen Weinberg am Schlossberg gab, können die 15.000 Rebstöcke nicht allesamt für den Carlsberger Weinberg angenommen werden, weshalb aus dieser Anzahl auch keine Größenbestimmung möglich ist.

2222 HIRSCHFELD, Theorie, Bd. V, S. 158.

2223 Über das Haus zählt eine Rechnung vom 15. Juli 1785 den Umfang der Zimmermannsarbeit auf: „*An dem Wohn Hauß bey dem Wüngert wölches Gantz von Holtz an Zümmerarbeith ist verförtiget, und ein KöhlGebölck, wie auch Etliche Köller Balcken, sich befünden ist an Zümmer Arbeith verförtiget worden von Josöph Vogel.*" Am Haus wurden vom Zimmermann Vogel 2267 Schuh (736,32 Meter) Holz verarbeitet, wobei im Vertrag für den verarbeiteten Schuh 2 Kreuzer festgeschrieben waren. Der Preis für diese Arbeiten betrug 75 Gulden 34 Kreuzer. LA Speyer, Best. B3, Nr. 2600, Bl. 16. Vom Maurermeister Mathias Schuz (?) stammt ein Vermerk in einem Untersuchungsprotokoll der Überzahlungen der Zweibrücker Baukassenrechnungen, er habe 1786 „*das Wingertshauß gem.*" für 127 Gulden. LA Speyer, Best. B2, Nr. 3993, Bl. 44v.

über dieses Haus wird in einem *„gesuch eines wohngebäudtes auf dem Carlsberg welches der Wingerts Mann Mauller Ehedehm bewohnet hat betrefent"* benannt, welches der Kaufinteressent Amboß aus Rohrbach 1796 beschreibt als *„einstöckig von Holtz erbauet, nebst dem Angebäute, und stehen ohne dach und ohne fenster."*[2224] Dieses Gebäude ist auf der Zeichnung von Herdegen (Abb. 38) auf einer Anhöhe oberhalb des Baumagazins und des Zimmerplatzes als kleines Haus mit Krüppelwalmdach und drei Fensterachsen auf der Giebelseite zu erkennen. Die verkürzte Darstellung der Traufseite lässt dagegen keine Beschreibung zu. Der von Amboß angegebene Anbau ist ebenfalls in den Baurechnungsakten durch Arbeiten am *„Neuen Bau unten am Wingerts Hauß"* dokumentiert.[2225] Der Maurer und Steinhauer Müntzel hatte den Platz dafür zu ebnen, eine steinerne Mauer mit einem Umfang von 147 Schuh und einer Höhe von zehn Schuh zu errichten und die Steine für Tür- und Fenstergewände zu schlagen. Dass dieser Anbau nicht mehr nur einstöckig gewesen sein kann, ergibt sich aus der Rechnung des Zimmergesellen Peter Schwarz aus Homburg, der *„in das neu angebaute Hauuß ans Wingert Hauß in dem Wingert am Carlsberg eine Stiege mit Handlehn gemacht und aufgeschlagen"* hatte.[2226] Das Weinbergshaus hatte sieben zweiflügelige Fenster mit Fensterläden und vier Tü-

---

2224 *„[…] wan mir solche gnädigst über laßen würde, so bin ich gesonen Solches auf einen anderen blaz nach bundenbach zu bringen und zu erbauen da nun die franzoßen den besiz dermallen noch in bundenbach haben das ich Solches Häußgen nicht dahin bringen kann, auch ich mich in diesem Zeit Raum ohn vermögent fünde Solches bar zu bezahlen, auch gegenwärtig zu gefürchten das die franzosen wider einen fortschrit machten, So wünschte das die einrichtung Solcher gestalten ohnmaßgeblich gemacht würde Als wäre dieses gebäute von mir unterschriebenem Schon würcklich bar bezahlt worden, So das ich Solches im vorkommenfall, den franzosen durch bescheinigung Vorzeugen könnte."* Dieses Kaufgesuch ist auf den 29. Februar 1796 datiert und zeigt, dass das Gebäude zu diesem Zeitpunkt noch stand, wenn auch in ruinösem Zustand ohne Dach und ohne Fenster. LA Speyer, Best. B2, Nr. 1619, Bl. 14.
2225 LA Speyer, Best. B3, Nr. 2619, Bl. 98. Die von Krutthofen angewiesene Rechnung bezieht sich auf den Maurer und Steinhauer Johannes Müntzel, datiert auf den 12. November 1792. Der Platz für diesen Bau sollte 41 Schuh lang (13,32 Meter) und 30 Schuh breit sein (9,74 Meter). Außerdem mussten noch *„6 Sch hoch abgehoben"* werden (1,95 Meter). Dafür wurden 123 Gulden berechnet. Der Umfang der Mauer betrug 47,75 Meter, die Höhe 3,25 Meter, die Dicke mit 1¾ Schuh 57 Zentimeter. Das Brechen und Mauern der Steine wurde mit 160 Gulden 45 Kreuzern berechnet. Hausteine für Türen und Fenster kosteten 8 Gulden 48 Kreuzer. Diese Rechnung auch aufgeführt in LA Speyer, Best. B3, Nr. 2554, Bl. 262v.
2226 LA Speyer, Best. B3, Nr. 2619, Bl. 124. Schwarz berechnete für die Treppenstiege 22 Gulden. Die Rechnung wurde am 2. Oktober 1792 ausgestellt. Auch aufgeführt in LA Speyer, Best. B3, Nr. 2554, Bl. 234v.

ren²²²⁷ und stand, wie der Kaufinteressent Amboß aussagte, bis zum Jahr 1796. Ein weiterer, ganz kurzer Hinweis auf die Ausstattung des Weinbergs gibt die Rechnung des Tünchers Andreas Gitzner vom Oktober 1786, der darin berechnete, das *„Sommer Haus im Wingert grün angestrichen"*²²²⁸ zu haben. Auf dieses vermutlich hölzerne Sommerhaus, das nicht mit dem Haus des Winzers identisch ist, fehlt jeder weitere Hinweis.²²²⁹ Ob es sich dabei – wie nach den Vorstellungen Hirschfelds – um einen „Tempel, dem wohlthätigen Gott des Weins gewidmet, […] leicht und fröhlich erbaut" handelte, der „inwendig zur Bewohnung für einige Personen eingerichtet werden kann, oder die nöthigen Bequemlichkeiten für einen kurzen Aufenthalt des Besitzers enthalten,"²²³⁰ kann nur als Möglichkeit angegeben werden.²²³¹

Auf den Zeichnungen von Herdegen (Abb. 38) und Rosché (Abb. 90) findet sich an exponierter Stelle auf einem Felsen, zwischen der ersten Biegung der Schlossauffahrt und dem Winzerhäuschen gelegen, ein Monopteros,²²³² ein Gartenpavillon als Rundbau, dessen Dach von Säulen getragen wird. Der Ort ist noch heute oberhalb eines kleinen Steinbruchs im Gelände als ein rundes Plateau mit Resten von Bruchstein und einem ungefähren Durchmesser von fünf

---

2227 Dies ergibt sich aus der Rechnung des Schreiners Johannes Bihl aus Homburg vom 2. Januar 1793. LA Speyer, Best. B3, Nr. 2623, Bl. 31. Die Fensterrahmen hatten eine Höhe von 3 Schuh 9 Zoll (= 1,22 Meter) und eine Breite von 2 Schuh 8 Zoll (87 Zentimeter) und kosteten 18 Gulden 40 Kreuzer. Die Türen hatten eine Höhe von 6 Schuh 4 Zoll (2,06 Meter) und eine Breite von 3 Schuh (97 Zentimeter) und kosteten mit Holz und Arbeitslohn 29 Gulden 20 Kreuzer.
2228 LA Speyer, Best. B3, Nr. 2593, Bl. 46. Die Rechnung umfasste den Anstrich von 304 Schuh zu jeweils 6 Kreuzer, was eine Summe von 30 Gulden 24 Kreuzern ergab. In Hirschfelds Gartentheorie wird ein grüner Anstrich eines Gartengebäudes als „lächerliches Unternehmen, einen Pavillon mit einem Wald oder Rasen unter eine Farbe bringen zu wollen" bezeichnet. HIRSCHFELD, Theorie, Bd. III, S. 45.
2229 Vielleicht handelt es sich hierbei um ein Häuschen, das bei Rosché am Ufer des Weihers unterhalb einer terrassierten regelmäßigen, eingefriedeten Gartenanlage neben dem Weinberg zu sehen ist (Abb. 90).
2230 HIRSCHFELD, Theorie, Bd. V, S. 158.
2231 Schneider vermutet am Hang in der Achse zwischen Weiher und Orangerie den Standort eines Tempels. SCHNEIDER, Carlsberg – Carlslust, S. 371, Plan S. 340. Weber verortet an der östlichen Hangseite unterhalb der Orangerie eine Kaskade, für die sich jedoch kein einziger Hinweis finden ließ. Auch das Gelände ist nicht in entsprechender Weise definiert, als dass sich eine Kaskade annehmen ließe. Vgl. WEBER, Schloss Karlsberg, S. 328.
2232 Rosché zeigt diesen Monopteros sowohl aus der Vogelschau seines Monumentaltableaus, als auch als ‚Lusthaus' bezeichnete Baulichkeit innerhalb des Situationsplanes von 1825. Der Monopteros wurde auch benannt bei SCHNEIDER, Carlsberg – Carlslust, S. 341; DERS., Schlösser, S. 325. Zur Geschichte und Funktion des Monopteros s. WEIBEZAHN, Geschichte.

Metern zu erkennen. Aus den Baurechnungen lassen sich keine eindeutigen Hinweise auf die Erbauung dieses Monopteros ableiten. Lediglich die Rechnung des Steinhauers Johannes Himmel aus Zweibrücken, der *„zu dem auf dem Karlsberg zu erbauenden Tempel 8 Stück Säulen Capitael verfertiget"*[2233] hatte, könnte sich auf Grund der passenden Anzahl der Kapitelle auf den Monopteros beziehen, da die achtsäuligen Tempel zu den gebräuchlichsten Typen der Monopteroi zählen.[2234]

Ingrid Weibezahn beschreibt das Auftreten des Monopteros' als Gartenpavillon im Jardin anglo-chinois als „Ausblickstempel", der „mit Vorliebe auf die Spitze eines Hügels gesetzt"[2235] wurde. Mit dem Apollotempel in Schwetzingen, der ab 1762 von Nicolas de Pigage errichtet wurde, setzte „die Verbreitung des Monopteros-Baus auf dem Kontinent ein."[2236] Hirschfeld forderte, dass die Architektur der Umgebung angepasst sein müsse und die Stimmung des Ortes aufgreifen solle: „Eben so, wie in der Landschaft, müssen Gebäude in den verschiedenen Revieren der Gärten ihre Wirkungen beweisen, nicht bloße Gegenstände, sondern Gegenstände von Bedeutung seyn. Sie müssen geschickt seyn, die Charaktere der Gegenden, denen sie zugeordnet werden, nicht blos deutlicher zu bezeichnen, sondern ihnen auch eine neue Kraft mitzutheilen, die sich schnell über das Ganze verbreitet. Sie müssen die Anmuthigkeit, die Heiterkeit, den Ernst, die Melancholie der Auftritte, unter welchen sie liegen, erhöhen, und

---

2233 LA Speyer, Best. B3, Nr. 2572, Bl. 319. Rechnung vom 20. Juni 1778, von Mannlich zur Anweisung an die Baukasse weitergeleitet.
2234 WEIBEZAHN, Geschichte, S. 35.
2235 WEIBEZAHN, Geschichte, S. 13. Danach sind acht- und zehnsäulige Tempel am gebräuchlichsten, während als Säulenordnungen alle Gattungen Verwendung fanden.
2236 Weibezahn datiert die Errichtung des Schwetzinger Tempels noch um 1761. Heber berichtet von einem Pro Memoria vom September 1762, in dem der Auftrag für acht Kapitele vergeben wurde, s. HEBER, Nicolas de Pigage, S. 485. Reisinger hingegen datiert die Entstehung des Apollotempels erst ab 1765/66, s. FUCHS/REISINGER, Schloss, S. 118; dagegen WEIBEZAHN, Geschichte, S. 19. 1768 folgte der Freundschaftstempel in Sanssouci und zwischen 1772 und 1774 zwei Monopteroi in Louveciennes (bei Paris). WEIBEZAHN, Geschichte. Diesen Rundtempeln folgten die Monopteroi von Monceau zwischen 1773 und 1778, Wörlitz 1774, Hohenheim 1777, Versailles 1778, Wilhelmsbad 1779/80 und Kassel-Wilhelmshöhe 1782/83. WEIBEZAHN, Geschichte, S. 22. Der Monopteros hielt also „gleichzeitig mit dem Landschaftsgartenstil um etwa 1760 seinen Einzug auf dem Kontinent, wo er zunächst vor allem dort in Gebrauch kam, wo Bauherr oder Architekt in unmittelbarem Kontakt mit England stehen." WEIBEZAHN, Geschichte, S. 77. Seine Bedeutung als „Gehäuse für Götterfiguren" (Bsp. Schwetzingen, Skulptur des Apollo von Verschaffelt (Abb. 129) wandelte sich im Laufe des 18. Jahrhunderts zunehmend zu einer denkmalhaften Wirkung unter Verwendung als Freundschaftstempel (Bsp. Staatspark Fürstenlager, Freundschaftstempel für die Großherzogin Luise von 1824, S. dazu GRÖSCHEL, Fürstenlager, S. 36).

jeden Charakter dem Gefühl eindringender machen. Eine offene Rotunde z.B. vermehrt auf einem Hügel das Luftige einer kleinen Gruppe, die sich um seinen Abhang mit hellen Zwischenräumen zieht."[2237] Runde Tempel hielt Hirschfeld am meisten für angemessen, da ihre Form eine gewisse „Leichtigkeit, Freyheit und Anmuth mit sich [bringt], die sie vorzüglich Revieren empfiehlt, wo die Natur ihre Reize enthüllet."[2238] Der Carlsberger Monopteros, der alle von Hirschfeld genannten Erfordernisse erfüllte, ermöglichte auf dem Felssporn, gleich einem Belvedere, den Blick auf den Bachlauf im Tal des Carlsbergweihers, über die Ebene nach Homburg und zur Schlossauffahrt.

b. Die Felseninschrift am Carlsberger Weiher

Die Inschrift befindet sich, vom Weg, der zum Carlsbergweiher hinauf führt sichtbar, auf einer erhöhten unregelmäßigen Felsformation aus Buntsandstein

Abb. 92: Felsinschrift am Carlsberger Weiher
Inschrift aus Horaz Hor c. I 1, 30–32

2237 HIRSCHFELD, Theorie, Bd. III, S. 50. Als Beispiele für solche Rotunden bzw. Tempel nennt Hirschfeld die Tempel der Venus und des Bacchus im Garten von Stowe in Buckinghamshire und den Tempel des Aeolus und den Tempel des Pan im Garten von Kew. HIRSCHFELD, Theorie, Bd. III, S. 67f.
2238 HIRSCHFELD, Theorie, Bd. III, S. 74.

südwestlich des Weihers (Abb. 92). Sie wurde in ein rechteckig eingetieftes Feld[2239] an einem Felsüberhang gemeißelt.[2240]

me gelidum nemus

Nympharumque leves

cum Satyris chori

Secernunt populo[2241]

Am gleichen Felsen befindet sich an höherer, schlecht einsehbarer Stelle ein weiteres Feld ähnlicher Größe. In vergleichbarer Weise wurde eine rechteckige Eintiefung in den Stein eingearbeitet, jedoch nicht mehr beschriftet (Abb. 93). Dies hängt entweder mit der größeren – und damit ungünstigeren – Entfernung dieser Tafel zum Betrachter zusammen, oder aber mit der Möglichkeit, dass diese Gartenpartie nicht mehr fertiggestellt wurde. Weber datierte die Inschrift auf ein Alter von ca. 100 Jahren und schrieb sie dem Geistlichen und Literaten Friedrich Aulenbach (1810–1882) zu, der diese Zeilen jedoch nirgendwo zitiert.[2242] Tatsächliche Erwähnung finden sie dagegen bei Hirschfeld, der sie in

---

2239 Das querrechteckige Feld passt sich den Unebenheiten des Felsüberhangs an und hat daher unregelmäßige Maße: 60 (unten) x 40 (links) x 67 (oben) x 33 (rechts) Zentimeter.

2240 Unter Verweis auf vorliegende Arbeit bereits erwähnt bei ULRICH, Konzept, S. 32.

2241 „Mich sondern der kühle Hain und die leichten Tänze der Nymphen mit den Satyrn vom Volke ab"; Erste Ode des Horaz, Hor c. I 1, 30–32. Es handelt sich dabei um einen Ausschnitt seiner Eröffnungsode, in welcher zunächst sein Gönner Maecenas angesprochen wird und anschließend unterschiedliche Menschen und Lebensweisen geschildert werden. Dem stellt Horaz sein eigenes Tun, das eines Dichters, entgegen, das ihn unter die Götter versetze. In diesem Zusammenhang „schildert er ausführlicher das Phantasiebild eines geheimnisvollen Ortes, zu dem nur er als der Dichter Zutritt habe, und die mythischen Gestalten, die seinen Zauber verkörpern und ihn von der grauen Welt des Alltags absondern." SYNDIKUS, Lyrik, S. 30. Dieser Ort des musischen Daseins, in der griechischen Dichtung identisch mit der freien Berglandschaft des Helikon, wohin sich Horaz zurückzieht, ist in der römischen Dichtung als eine idealisierte, geheiligte Landschaft mit frischen Quellen zu verstehen, die keinen realen Raum darstellt. SYNDIKUS, Lyrik, S. 33.

2242 WEBER, Homburg-Saar, S. 44. In den folgenden Publikationen fand diese Inschrift deshalb keine Erwähnung mehr. Friedrich Aulenbach wohnte drei Jahre im ehemaligen Carlsberger Baumagazin, nachdem gegen Ende des Jahres 1839 „des Magazins letzter Bewohner, Philipp Förster" ausgezogen war. Er erkundete die dortige Gegend und beschäftigte sich mit der Geschichte des Carlsberges und seines Wohnhauses. S. AULENBACH, Rhapsodieen, S. 74 f. Zur dreihundertjährigen Gedächtnisfeier der Gründung des Zweibrücker Gymnasiums 1859 veröffentlichte er die ‚Rhapsodieen', sowie den Text „Aus vergangenen Tagen". Beides sind Prosatexte, welche die Geschichte und Beschreibungen der Region mit jeweils eingefügten Gedichten verbinden. Die Textstellen, die in beiden Schriften

seinem Kapitel über Inschriften als Beispiel für solche in lateinischer Sprache anführt, die „in den Leasowes oder Hirtenfeldern [...] schon lange, sowohl der Schönheit der Poesie als der glücklichen Anwendung wegen, geschätzt"[2243] seien. Da Hirschfeld den Inschriften allgemein die Eigenschaft zumisst, dass sie „auf die besondern Schönheiten der Scenen hinwinken, bald eine nützliche Lehre ins Gedächtniß zurückrufen, oder eine Empfindung ausdrücken, die dem eigenthümlichen Charakter des Ortes angemessen und durch ihn selbst veranlaßt ist",[2244] ist der Vergleich der beiden Orte und deren Charakter unerlässlich. Laut Hirschfeld findet sich der entsprechende Platz, an dem sich Horaz' Vers in den Leasowes befindet, indem „man durch ein ländliches Thal, unter dem Schatten dicker Birken, zu einem finstern Winkel hinaufkommt."[2245] Dort sei jene Strophe an einer Bank angebracht. Das Tal des Carlsbergweihers ist in seinem Charakter durchaus vergleichbar, zumal mehrere Felsen auf der südlichen Hangseite schroffe Schattenplätze bilden. Der Rückgriff auf den Horaz'schen Vers erhält im Carlsberger Kontext eine doppelte Bedeutung. In den Leasowes bildete der Vers eine Anspielung auf das Landgut des Horaz in Form der Integration ökonomischer Nutzflächen in das Gartenbild einer Parklandschaft.[2246] Da auch der äußere Charakter des Carlsberges immer der eines Landgutes geblieben war, das inmitten bebauter Flächen zu liegen kam, und sich zudem schräg gegenüber der Felsen ein Weinberg befand, sind die Verbindungen sowohl zur Idee der Leasowes als Zierfarm als auch zur Tradition des Horaz'schen Gutes evident. Um diese Verbindung herstellen zu können, muss jedoch die Kenntnis der Leasowes und deren spezifischer Besonderheiten ebenso vorausgesetzt werden wie die der Textstelle Hirschfelds. Dies schließt die Annahme des Geistlichen Aulenbach als Initiator der Inschrift ebenso aus wie die August Petris (1744–1809).[2247] August Petris Englandaufenthalt von 1762 und die da-

---

      den Carlsberg betreffen, sind weitgehend identisch. Aulenbach setzt sich jedoch in keiner Form mit den Horaz'schen Zeilen oder mit Hirschfeld auseinander, weshalb er nicht als Verantwortlicher für diese Felsinschrift in Betracht kommt.

2243 HIRSCHFELD, Theorie, Bd. III, S. 156. Die Leasowes/Shropshire, das Gut des Dichters William Shenstone (1714–1763), stellen eine Gartenfarm dar, in der das Areal und die Wegeführung sowie das Herrenhaus selbst die zentralen Elemente bilden, nicht dagegen eingestreute Gartentempel. Shenstone markierte alle interessanten Aussichtspunkte durch „Gartenbänke oder Inschriftentafeln mit Versen meist griechischer und römischer Dichter, die auf den gewünschten Stimmungswert der Szenen anspielten." BUTTLAR, Gartenkunst, S. 54. Eine ausführliche Beschreibung der Leasowes gibt HIRSCHFELD, Theorie, Bd. IV, S. 247f unter Betonung des ländlichen und ungekünstelten Charakters der Landschaft. Zur Rolle der Leasowes s. auch GOTHEIN, Gartenkunst, Bd. II, S. 376f. Abbildungen dazu s. KLUCKERT, Gartenkunst, S. 368f.

2244 HIRSCHFELD, Theorie, Bd. III, S. 154.
2245 HIRSCHFELD, Theorie, Bd. III, S. 156.
2246 BUTTLAR, Gartenkunst, S. 51.
2247 S. hierzu im Kap. D.I.2.

Abb. 93: Eingearbeitete Leertafel im Felsen am Carlsberger Weiher

mals vorherrschenden Gartentendenzen sowie seine Umsetzung des anglo-chinoisen Gartenstils sind nicht mit dem vorliegenden Konzept in Einklang zu bringen. Vielmehr kommt hier mit der größeren Wahrscheinlichkeit dessen Sohn Bernhard Petri (1767–1854) in Frage, der ab 1788, versehen mit einem hohen Gehalt, „*wegen desselben guten Eigenschaften, Fleißes und erprobten Geschicklichkeit*"[2248] am Carlsberg tätig war und nach der Aussage des Bau- und Chausseeinspektors Wahl mit der Anlage des dortigen Naturgartens[2249] begonnen hatte. Die erforderlichen Studienreisen eines Gärtners hatten Bernhard Petri um das Jahr 1784 nach England geführt, wo er die Möglichkeit hatte, die dortigen Gärten und Stiltendenzen zu studieren, die er nach seiner Rückkehr als junger Gartenkünstler am Carlsberg umsetzen wollte. Die Aussage Wahls, man habe mit der Anlage des Naturgartens begonnen, ist in Verbindung mit dem späten Arbeitsbeginn Bernhard Petris so zu werten, dass Petri seine Vorstellungen der Umformung in einen Garten englischen Stils nur noch in den Anfängen umsetzen konnte. Auch die Einbeziehung von Felsen, „die roh und unbekleidet

---

2248 LA Speyer, Best. B2, Nr. 1649, Bl. 36. S. hierzu im Kap. D.I.3.
2249 LA Speyer, Best. V24, Nachlass Wahl Nr. 1, S. 55. Wahl, Friedrich Gerhard (1748–1826), hatte von 1787–1792 das Amt des Landbau- und Chausseedirektors inne.

sind" und „den Charakter der Wildheit und der Wüste in sich tragen,"[2250] fügt sich in das Landschaftskonzept und die Vorstellungswelt der Generation Bernhard Petris ein, denn in „romantischen Gegenden sind Felsen von einer vorzüglichen Wirkung, und diese hängt von ihrer Lagen und ihren Gestalten ab. Je abwechselnder, kühner, verwickelter, seltsamer und abentheuerlicher ihre Gestalten und ihre Zusammensetzungen sind, je auffallender sie gegen die benachbarten Theile abstechen, desto treffender sind sie zu jener Wirkung. Selbst Formen, die sonst bey einer Anhöhe, bey einem Hügel beleidigen, die gegen allen Begriff von Schönheit anspringen, sind für die Bewirkung des Romantischen von der glücklichsten Kraft."[2251]

Petri gelang es, den Gedanken einer arkadischen Landschaft[2252] mit Hilfe der Elemente des Weinbergs, des Wassers, der Felsen mit Inschriftentafeln und des Monopteros in diese Gegend zu transportieren. Wie in den Gärten Englands, wo Rundtempel, Bogenbrücken, Skulpturen, Teiche und weite Rasenflächen zu pittoresken Landschaftsgärten komponiert wurden, so versuchte auch Bernhard Petri am Carlsberg, insbesondere durch die Anbringung der Inschrift mit dem Vers des Dichters Horaz eine Verknüpfung von historisch-mythologischen Gedanken und nützlichem Gartenland herzustellen, wie es gerade in den Leasowes gelungen war. Seine Herangehensweise eines übergreifenden Sinnzusammenschlusses unterscheidet sich damit grundsätzlich von der August Petris, dessen Gärten noch dem Rokoko mit seiner Fülle von additiven Staffagebauten auf engstem Raum verpflichtet waren.

Zu einer Fertigstellung des Naturgartens durch Bernhard Petri konnte es – auch hinsichtlich der Größe des Geländes, auf Grund der angespannten finanziellen Lage im Herzogtum gerade zum Zeitpunkt seiner Anstellung – nicht mehr kommen.

7. „*Daß Schiß Hauß auf dem Carlsberg*" und die Wildschweinschütte

Im Sommer des Jahres 1778 wurde „*im Wald hinter dem Schloß*" ein grünes hölzernes Schießhaus[2253] über achteckigem Grundriss errichtet.[2254] Das kleine

---

2250 HIRSCHFELD, Theorie, Bd. I, S. 192.
2251 HIRSCHFELD, Theorie, Bd. I, S. 193.
2252 S. dazu GOTHEIN, Gartenkunst, Bd. II, S. 373. BUTTLAR, Gartenkunst, S. 43f. „Von den ersten Theoretikern der sogenannten englischen Gärten betrachteten Addison, Pope und Shaftesbury die Malerei direkt oder indirekt als Modelle für die Gartenplanung." HUNT, Pictura, S. 227. SCHÜTTE, Garten, S. 33f.
2253 Schreiner Valentin Amtshoff setzte am 4. August 1778 eine Rechnung darüber auf, dass er „*auf den Carrels berg [...] ein schieß haus gemacht gans von Diehlen und aus wentig mit einer fries tobellung rechne vor das haus sambt einer Dehr und 4 läten arbeits lohn 15 fl.*" LA Speyer, Best. B3, Nr. 2572, Bl. 206.

Gebäude, dessen Umfang kaum mehr als zehn Meter betrug, war vermutlich auf den acht Seiten mit insgesamt einer Tür,[2255] sechs Fenstern[2256] und einem breiteren Schussfenster[2257] ausgestattet und besaß eine Höhe von 2,76 Metern.[2258] Zwei metallene Fahnen, vermutlich Wetterfahnen zur Bestimmung der Windrichtung vor dem Schießen, zierten das achteckige Dach.[2259] Das Innere des kleinen Gebäudes bestand aus einem einzigen Raum, der aus Funktionalitätsgründen lediglich mit vier Lehnstühlen und einem Tisch möbliert war.[2260]

2254 Über die äußere Form des Häuschens gibt Schreiner Bihl Auskunft, denn laut seiner Rechnung hatte er *„den blaffon im schißhaus mit einem gesimbs in die acht gemacht"* sowie das *„Dach an dem schiß hauß über das 8eck geschnitten die Dielen all abgehobelt"*. LA Speyer, Best. B3, Nr. 2572, Bl. 209.

2255 Schreiner Bihl fertigte eine halbdoppelte Tür mit Futter und Verkleidung zu 3 Gulden. LA Speyer, Best. B3, Nr. 2572, Bl. 209. Die Rechung trägt das Datum v. 29. Heumond (Juli) 1778. Im August 1778 hatte der Schlosser Christian Simon eine Tür mit Schippenband zu beschlagen. LA Speyer, Best. B3, Nr. 2580, Bl. 63. Auch aufgelistet in: LA Speyer, Best. B3, Nr. 2579, Pag. 32.

2256 Schreiner Jörg Bihl fertigte im Juli 1778 drei einflügelige Fensterrahmen mit den dazu passenden Fensterläden. LA Speyer, Best. B3, Nr. 2572, Bl. 209. Glasermeister Ludwig Faber fertigte im Juli *„in daß Schiß Hauß auf dem Carlsberg 2 Fenster Rahmen"* zu einem Gulden. Die Fensterrahmen, die eine Höhe von drei Schuh und eine Breite von einem Schuh und acht Zoll hatten, wurden mit Glas, Blei und Windeisen versehen. LA Speyer, Best. B3, Nr. 2572, Bl. 248. Die Rechnung wurde am 15. November 1778 ausgestellt, wobei die Arbeiten an den Fenstern *„von Herrschaftl. Holz"* auf den 30. Juli datiert sind. Diese Fenster waren 97 Zentimeter hoch und 54 Zentimeter breit. Außerdem berechnete Andreas Gitzner, dass er am Schießhaus zwei Läden mit einer Höhe von 3 Schuh 9 Zoll und einer Breite von 1 Schuh 4 Zoll mit grüner Ölfarbe angestrichen hatte. LA Speyer, Best. B3, Nr. 2593, Bl. 16. Die Läden waren also 1,22 Meter hoch und 43 Zentimeter breit.

2257 LA Speyer, Best. B3, Nr. 2593, Bl. 16. Zwei Läden am Schießloch mit der gleichen Höhe wie die Fenster und einer Breite von 5 Schuh bekamen ebenfalls einen grünen Anstrich. Diese Läden waren 1,62 Meter breit und wurden mit 1 Gulden 52 Kreuzern berechnet.

2258 LA Speyer, Best. B3, Nr. 2593, Bl. 16. Tüncher Andreas Gitzner, der das Schießhaus mitsamt der Läden mit grüner Ölfarbe angestrichen hatte, berechnete den Gesamtumfang des achteckigen Häuschens mit 31 Schuh (10,07 Meter), während die Höhe 8 Schuh 6 Zoll (2,76 Meter) maß. Die Rechnung ist auf den 11. November 1781 datiert.

2259 LA Speyer, Best. B3, Nr. 2582, Bl. 103. Rechnung des Spenglers Peter Wery über *„Zwey fahnen auf das schies Haus a 3 fl. das stück"*. Die Rechnung ist auf den 4. Januar 1779 datiert.

2260 Die vier Lehnstühle und ein Tisch mit einer Schublade wurden von Schreiner Jörg Bihl im Juli 1778 zu einem Preis von 5 Gulden 2 Batzen angefertigt. In gleicher Rechnung gibt er die Anfertigung eines Futterkastens für das Schießhaus an, der 6 Schuh 6 Zoll lang und 2 Schuh breit (2,11 x 0,65 Meter) war und mit drei Deckeln und drei Gefächern mit *„dilen negel arbeits lon"* acht Gulden kostete. LA Speyer, Best. B3, Nr. 2578, Bl. 78. Die Rechnung stammt vom *„29t Heimont* [Juli] *1778"*.

Als Schieß- oder Schusshaus bezeichnete man Hütten oder Gebäude, „wo zur Lust geschossen wird, die Schützen ihr Gewehr zu lösen pflegen und wird solches sonderlich dazu gebraucht, theils, daß man eine abgemessene und beständige Weite des Zieles habe; theils daß man das bisweilen schwere Geschütze bequem anlegen könne; theils auch, daß man beym Schüssen vorm Regen und üblen Witterung bedeckt sey."[2261] Dieses Lusthaus, das in erster Linie dazu diente, von dort sowohl auf feste als auch auf bewegliche Ziele schießen zu können, hatte auch die rein zweckgebundene Funktion zum Einschießen der Waffen. Das Carlsberger Haus schützte aber nicht nur vor „übler Witterung", sondern ein vorhandenes *„Sonnendach am Schieshaus im Wald hinter dem Schloß"* erleichterte dem Schützen den Schuss.[2262]

In der Rechnung des Schreiners Jörg Bihl vom Juli 1778, die drei einflügelige Fensterrahmen und die dazu passenden Fensterläden aufzählt, wird auch die Besonderheit benannt, dass sich daran *„[...] unten schüber das man hinaußschisen kann"*[2263] befanden. Daraus und aus der Existenz des Schussfensters mit der Breite von 5 Schuh[2264] ergibt sich, dass der Pavillon sowohl eine Hauptschussrichtung auf ein festes Ziel vorsah, andererseits über drei Fenster mit Schubern auch den Schuss auf bewegliche Ziele, also auf Wild ermöglichte. Die gelenkte Schussrichtung könnte darüber hinaus mit der Lage des Häuschens in Verbindung gebracht werden, denn solche achteckigen Pavillons waren als Lusthaus

---

2261 ZEDLER, Universallexikon, Bd. XXXIII, Spalte 1376 zu ‚Schüßhaus'.

2262 LA Speyer, Best. B3, Nr. 2590, Bl. 562v. Rechnung v. 30. Januar 1782. Außerdem musste *„1 Schirm Dach unten und oben Angestrichen"* werden, das 6 Schuh 4 Zoll hoch und ebenso breit war (2,06 Meter), LA Speyer, Best. B3, Nr. 2593, Bl. 16. Dabei könnte es sich um einen Jagdschirm handeln, ein „Behältniß, worinne die zu der Jagd begierige Herrschafft, mit allen anwesenden Cavalliers, Dames und andern Frauenzimmern beym Abjagen auf dem Lauff-Platze das getriebene und vorgejagte ankommende Wild mit besonderen Freuden erwarten, und daselbst nicht nur durch unterschiedliches Geschoß, groß und klein Wildpret fällen und erlagen, sondern auch nach geendigter Jagd [...] herrliche Jagd=Panquete und Gastereyen prächtig ausrichten lassen [...]. Die eigentliche Beschaffenheit dieser Civil-Archidectur bestehet von Kiefernen Holtze, [...] zum Grund werden kleine Schwellen gestrecket, darauf ungefähr drey Ellen hoch ein Unter=Stockwerk auf Säulen gesetzet, und mit Balcken und Riegeln verwahret wird." Alle Hölzer wurden, sorgfältig durchnumeriert, zusammengeschraubt wo immer man Bedarf hatte und ansonsten im Zeughaus gelagert. ZEDLER, Universallexikon, Bd. XIV, Spalte 158 zu ‚Jagd-Gezelt, oder Jagd=Schirm'. Am Carlsberg erhielten außerdem zwei Pfosten, die zu einem *„Gestell zum Vogelschiesen"* gehörten, einen grünen Anstrich. LA Speyer, Best. B3, Nr. 2593, Bl. 16v.

2263 LA Speyer, Best. B3, Nr. 2572, Bl. 209. Die Rechnung trägt das Datum vom 29. Heumond (Juli) 1778. Für die Anfertigung der Fenster berechnete er drei Gulden, die Läden mit den Schubern kosteten 4 Gulden 48 Kreuzer.

2264 LA Speyer, Best. B3, Nr. 2593, Bl. 16. Das entspricht einer Breite von 1,62 Metern und ist damit um mehr als einen Meter breiter als die übrigen Fenster.

Abb. 94: Eger, Georg Adam: Sauhatz an der Favoritenburg
1765

im Jagdgebiet,[2265] im Zentrum eines Jagdsterns oder als ‚Saufanghäuschen' verbreitet, wie eine Abbildung der ‚Sauhatz an der Favoritenburg' von Georg

---

2265 GERGELY, Saugarten, S. 104. Auch hier handelte es sich um ein achteckiges Haus als „nur ein luftiger, einfacher Holzbau." In Hessen-Darmstadt existierte im Wildpark von Schloss Kranichstein die ‚Dianaburg' als hölzerner Pavillon mit Kuppel und Laterne, errichtet 1765 unter Landgraf Ludwig VIII. (1691–1768). Solche Jagdlusthäuser oder Rondelle wurden meist im Zentrum eines Jagdsterns angelegt und dienten der Jagdpause oder wurden zu einer Art Jagdschirm, wenn sie den Schießstand eines eingestellten Jagd bildeten, s. Magistrat Darmstadt, Barock, S. 149. S. auch PAUL, Der Ludwigsberg, S. 178 f. Die vergrößerte Variante bildete nach dem Jagdsternschloss Carlsberg bei Weikersheim, erbaut ab 1727 nach Plänen von Johann Christian Lüttich (1685–1760), das Jagdsternschloss des bayerischen Kurfürsten Karl Albrecht von Bayern (1697–1745) im Forstenrieder Park bei München, das er sich 1733 als Holzbau auf dem Grundriss eines Achtecks mit vier angesetzten quadratischen Flügeln von Joseph Effner (1687–1745) errichten ließ. Die Fensterachsen des Gebäudes richteten sich auf die ausstrahlenden Alleen. Dieses so genannte „Gelbe Haus" war ringförmig um-

Adam Eger (1727–1808) zeigt (Abb. 94),[2266] so dass auf das Aussehen des Carlsberger Schießhauses geschlossen werden kann.

Da das Haus lediglich aus Holz errichtet und wohl mit der Zeit witterungsbedingt unansehnlich geworden war, wurde das Schießhaus 1789 gänzlich erneuert. Der Zimmermann Heinrich Wirth errichtete nochmals ein *„Schieß Haus im Wald hinder dem Schloß auf dem Carlsberg"*, für das er das *„Holz zugericht und aufgeschlagen doppelt verschalt mit Fußboden Thüren und statt der Läden Schüber dran gemacht"* hatte.[2267] Das Häuschen existierte bis 1793, denn noch im Januar dieses Jahres reichte der Zimmermeister Jacob Andler an die Baukasse eine Liste der Arbeiten ein, für die er noch Geld zu fordern hatte. Darunter befand sich auch eine Rechnung über 57 Gulden *„vor ein 8 eckigt Häußgen hinter dem Schloß im Wald"*.[2268]

Dieses Häuschen könnte mit einer Wildschweinschütte in Verbindung zu bringen sein, die ebenfalls im Sommer 1778 auf dem Carlsberg errichtet wurde.[2269] Zu dieser Wildschweinschütte gehörte laut der Ausmessung der Zimmermanns-

---

      geben von hölzernen Pavillons mit grünem Anstrich. Sein Bruder, Kurfürst und Erzbischof von Köln, Clemens-August (1700–1761), entwickelte 1736–46 sein steinernes Jagdschloss Clemenswerth bei Sögel mit seinem Architekten Johann Conrad Schlaun (1695–1773) innerhalb eines Jagdsterns mit radial umstehenden Gebäuden zur Unterbringung der Wirtschaftsräume und der Jagdgesellschaft. Aus der Mitte des zentralen Saales ist der ungehinderte Blick in die ausstrahlenden Jagdschneisen möglich, während die umgebenden Häuser durch die Wände verdeckt werden, so dass sich die Illusion eines einsamen Jagdhauses einstellen kann. S. zu jagdlichen Zentralbauten und Jagdsternen: WAGNER, Clemenswerth, S. 122 ff.

2266 Georg Adam Eger, Sauhatz an der Favoritenburg, 1765, Öl/LW, 40x49 cm, Privatbesitz. Rückwärts bez.: „Vorstellung der sogenannten Favoritenburg, allwo die wilden Schweine, nach dem man selbige vorher anderswo mit Hunden lebendig gefangen und auf einem Karren dahin gebracht, von SR. Drchlt. dem Reg. Herren Landgrafen Ludwig VIII., zu Hessen Darmstadt, mit Schwärmern zum Theil durch und durch Geschosse auch öfters Knall und Fall erledigt worden. Del. U. P. G. A. Eger 1765." Das Bild zeigt ein achteckiges Saufanghäuschen, ein Schießhaus an der Landstraße zwischen Dieburg und Darmstadt in einem umzäunten Gehege während einer Wildschweinjagd. Der Zugang zum Schießhaus lag außerhalb des Zaunes. Als Variante des Jagdhäuschens findet sich auch im Garten von Veitshöchheim an der nördlichen Gartenmauer unweit des Schlosses ein steinerner Rundbau, der „Schießturm", der dem Würzburger Fürstbischof ebenfalls als Schießhaus gedient hatte, s. WERNER, Hofgarten, S. 14 f.

2267 LA Speyer, Best. B3, Nr. 2613, Bl. 279. Die Rechnung aus den Baukassenrechnungen von 1789–91 ist datiert auf den 16. Juli 1789. Der Zimmermann verlangte dafür 35 Gulden, also mehr als Zimmermann Amtshoff elf Jahre zuvor. Entweder war das neue Schießhaus aufwändiger gestaltet, oder die Arbeit war 1789 teurer.

2268 LA Speyer, Best. B3, Nr. 2619, Bl. 108.

arbeit von Meister Michel Andres auch ein verdeckter Gang. Über die Lage der Schütte ist bekannt, dass sie sich auf dem Carlsberg im Wald in der Nähe eines Steinbruchs befunden hatte.[2270] Mannlich berichtet, Jäger hätten Schwarzkittel bis zur Waldgrenze in unmittelbarer Nähe des Schlosses locken können,[2271] um sie dort zu füttern. Darum waren der Schlossgarten und der Wald durch einen Zaun voneinander getrennt, um die Wildschweine daran zu hindern, aus dem Wald in die Schlossgärten zu gelangen. Dies bestätigen Rechnungen des Schlossers Weller, der an *„der Garten Thür hinter dem Schloß, das Schloß zurecht gemacht ein neuen Schlüssel darzu gemacht und an geschlagen"* sowie *„an der Gartenthür im Zaun am Wald, ein alten Schlüssel zum Schloß gemacht"* hatte.[2272] Gleichzeitig wird auch deutlich, dass das Jagdgebiet tatsächlich in Sichtweite des Schlosses lag.

2269 LA Speyer, Best. B3, Nr. 2572, Bl. 196. Ausmessung und Rechnung des Zimmermeisters Michel Andres. Die Fertigstellung wurde am 16. Juni 1778 von Schaeffer attestiert und der Betrag von 26 Gulden 22 ½ Kreuzern von Mannlich zur Zahlung weitergeleitet. In den Baukassenrechnungen des Jahres 1779 findet sich die Angabe der Spenglerarbeiten von Georg Leseur über das Beschlagen des Daches an der ‚*Wildschwein Schütt*' auf dem Carlsberg, LA Speyer, Best. B3, Nr. 2573, Pag. 39.

2270 Im Zusammenhang mit der Erbauung eines Brunnenhauses 1782 erbittet der Steigerer der Maurerarbeiten, Ulrich Gandtner, *„das wan sie nicht steine auf dem bau platz odter gleich darbey zu diessem gebäudte haben könten, und Sernissime Hertzogliche Durchlaucht nicht wollte in dem alten bruch bey der wildten schweins schütt brechen lassen, um gnadigster Herrschaft den Fuhrlohn zu erspahren, Sie freye seindt haben mögten die stein im Carlsberger Zaun brechen zu dörfen."* LA Speyer, Best. B3, Nr. 2584, Bl. 47.

2271 BENDER/KLEBER, Histoire, Bd. II, S. 303. Die Waldgrenze befand sich nach seinen Angaben ca. 70 Fuß, also knapp 23 Meter vom Schloss entfernt. „Der Herzog machte dem Jäger, der den Sack trug, das Zeichen, auf den Rasen hinab zu gehen. Sobald er dort angelangt war, schoss der Jäger seine Pistole in die Luft ab. Sofort kamen Wildschweine von allen Seiten: von den Frischlingen bis zu den ungeheuren ausgewachsenen Tieren. Dennoch war unter diesen Wildschweinen eine Art, die die anderen eindeutig übertraf, eine richtige Plage für die Homburger Gärtner. Der Jäger warf ihnen seinen Weizen nach rechts und links und gab ihnen auch aus der Hand zu fressen; nachdem sein Sack leer war, streichelte er sie. Zum Schluss setzte er sich rittlings auf das größte Tier, und zwar dasjenige, das mir einmal den Weg versperrt hatte. An einer Seite des Tieres hatte er schon mit Scheren sehr sauber die Buchstaben PZ für Pfalz-Zweibrücken in die langen Borsten markiert. […] Der Jäger kam auf die Terrasse zurück und schloss die Tür hinter sich. Gleichzeitig feuerte der Herzog sein Gewehr ab; das Tier, von zwei Kugeln getroffen, schrie gellend auf und stürzte sich voll Wut in den Wald, wo das Dickicht am Dunkelsten war."

2272 LA Speyer, Best. B3, Nr. 2576, Bl. 174v, 175. Die Rechnung des Schlossers Johann Jacob Weller ist datiert auf den 31. August 1780, doch Mannlich traut dieser Rechnung nicht, denn er fügt die Bemerkung hinzu: *„Demohnerachtet aber, und besonders weilen der Weller ein sehr schlechter und liederlicher Mann ist und sich dergestalten aufgeführt hat, daß er auf gnädigsten Befehl Sermi. Her-*

Wildschweinschütten dienten zur Fütterung der Tiere mit dem Hintergrundgedanken, sie an einen bestimmten Ort zu gewöhnen. Mit Schüttkörnern köderte man das Schwarzwild zu diesen Plätzen und konnte die Tiere nach und nach in solide umzäunte hölzerne ‚Saufänge' locken, um sie so zur eingestellten Jagd[2273] zu sammeln und danach durch ein umfriedetes Areal an der Jagdgesellschaft vorbeizutreiben.[2274] Dies würde auch die Existenz des ‚verdeckten Ganges' erklären. Der Bezug zwischen dem ‚Schießhaus' und der ‚Wildschweinschütte' wird einmal mehr durch das Schadensverzeichnis vom September 1793 hergestellt,[2275] wonach ein Tisch und vier Stühle aus ‚der Sauschütt' zu jenen Möbeln zählten, welche der Plünderung zum Opfer fielen. Dieses Mobiliar wird oben gerade als Einrichtung des ‚Schießhauses' genannt, weshalb sich die Annahme verfestigt, dass das Schießhaus und die Wildschweinschütte im Wald in jener direkten Beziehung zueinander standen, welche die Jagd erforderlich macht.

8. Die ‚Wasserkunst' hinter dem Schloss und die Hirschmonumente

Die Verwendung des Wassers in den großen Gärten des 17. und 18. Jahrhunderts sollte zum einen dieses Element der Natur in die Gärten einbringen, zum anderen waren es die technisch-mechanischen Möglichkeiten der Wasserkunst, die den Betrachter in Erstaunen versetzen sollten. Die Wasserkunst wurde demnach im 18. Jahrhundert beschrieben als die „Kunst, sich des Wassers, wie zur Nothdurfft, also auch zur Lust, zu bedienen, lasset sich füglich eintheilen in die ste-

---

zoglichen Durchlaucht vom Carlsberg weggejaget werden soll, setze ich in jede Richtigkeit Misstrauen, weilen derselbe mir solche erst vor kurzem übergeben hat, welches mich vermuthen läßet, daß [...] also gegenwärtig ein Duplicat seye, denn ein Mann, wie der Weller ist nicht nur zu diesem, sondern zu noch weit mehrerem capable." LA Speyer, Best. B3, Nr. 2576, Bl. 181. Die Rechnungen waren jedoch nicht doppelt angefertigt, weshalb das Geld zur Zahlung angewiesen werden konnte.

2273 Bei der eingestellten, also umzäunten Jagd, hetzte nicht der Jäger dem Wild hinterher, sondern das Wild wurde gefangen und durch eine Umzäunung getrieben, an der ein Schießstand oder Jagdschirm aufgebaut war, in welchem der Jagdherr und die Jagdgesellschaft bequem das Wild abpassen konnten. Zur Jagd s. HEPP, Jagd-Lust, S. 141. JARCK, Clemens August, S. 152 f. SCHWAN, Jagdschiff, S. 20 f.

2274 Zur ‚Sperrjagd' von Schwarzwild s. GERGELY, Saugarten, S. 114 f. Im Lainzer Tiergarten war dies ein probates Mittel, das Schwarzwild, das sich stark vermehrt hatte, in hoher Anzahl abschießen zu können.

2275 BayHStA München, Abt. IV, Serienakten 1999, N. 2 im Etat. Abgedruckt auch bei BECKER, Karlsberg, S. 32. Der Schaden belief sich bei einem Tisch und vier Stühlen auf die Summe von 18 Gulden.

henden und springenden Wasser. Die erste geben ab Canäle, Teiche und überhaupt alle Behältnisse darinne in oben gedachten doppelten Gebrauch das Wasser aufbehalten wird; die letzten aber begreiffen in sich die Fontainen Jets d'Eaux und Cascaden."[2276]

Im Rahmen der Errichtung der Carlsberger Anlagen spielte die Leitung des Wassers zur Deckung des Bedarfs vor Ort, zum Beispiel die Wasserleitung[2277] aus der einige Kilometer entfernt liegenden Ortschaft Lambsborn zum Reithof und einem Kasernenbau des Carlsberges (Abb. 11),[2278] sowie die Errichtung von Brunnenkammern und Brunnenhäusern (Abb. 84),[2279] gemessen an den erhaltenen Rechnungen und Vermerken in den Baukassenbüchern, eine große Rolle. 1783 war die Vergrößerung des Schlosskomplexes zu einer Dreiflügelanlage im Rohbau so weit abgeschlossen, dass mit der Gartengestaltung des direkten Schlossumfeldes begonnen werden konnte.

Der Steinhauer Michel Luxemburger hatte am 12. Juni 1783 einen Vertrag über die Fertigung eines *„grosen Basing im Schlossgarten zu Carlsberg"* abgeschlossen.[2280] Die Steine für dieses Bassin sollte der Maurermeister Peter Rosche brechen und liefern, welcher laut gleicher Rechnung zusätzlich die Liefe-

---

2276 ZEDLER, Universallexikon, Bd. LIII, Spalte 624 zum Stichwort „Wasserkunst". Dazu vertiefend SCHÜTTE, Garten, S. 23. WIMMER, Geschichte S. 467 f.
2277 Schon im Oktober 1777 arbeitete der Brunnenmacher Philipp Beyer an einer Brunnenleitung auf dem Carlsberg. LA Speyer, Best B3, Nr. 2570, Bl. 219. Dazu mussten Leitungen verlegt werden, was der Brunnenmacher am 7. Oktober 1777 mit 78 Gulden und 24 Kreuzern berechnete. Auch das Auffinden neuer Brunnen war laut einer Rechnung vom 11. Juli 1778 die 28-tägige Aufgabe eines Mannes namens Spieß, der dafür 28 Gulden berechnete. LA Speyer, Best. B3, Nr. 2570, B. 221.
2278 LA Speyer, Best. B3, Nr. 2607, Bl. 70 f. S. dazu Kap. A.II.5, Anm. 254.
2279 LA Speyer, Best. B3, Nr. 2584, Bl. 46 f. Danach erhielt der Maurermeister Gandtner aus Homburg am 14. März 1782 den Auftrag, ein Brunnenhaus hinter dem Carlsberg zu erbauen, wofür er 863 Gulden erhielt. Die Zimmermannsarbeiten sowie die Fertigung der Räder und des Laufwerks führte der Zimmermeister Männer für 517 Gulden aus, LA Speyer, Best. B3, Nr. 2584, Bl. 46. Schon 1779 waren Arbeiten in einer Brunnenstube im Gange, LA Speyer, Best. B3, Nr. 2584, Bl. 85. SCHWAN, Wasserversorgung, S. 6 f. Für die Wasserversorgung waren mehrere Pumpen im Einsatz, die hin und wieder Reparaturarbeiten notwendig machten. Der Brunnenmacher hatte im März 1781 *„die bumb vor dem schloß an der schausse reparirt ist davor 2 fl. 30"*, LA Speyer, Best. B3, Nr. 2584, Bl. 537. Auch an anderer Stelle ist von einer Pumpe *„fornen am schloß hof an der schausse"* die Rede, LA Speyer, Best. B3, Nr. 2584, Bl. 510. Diese Stellen könnten eine Erklärung für das rechteckige gemauerte Bassin liefern, das noch heute ‚am Schlosshof an der Chaussee' zu sehen ist.
2080 LA Speyer, Best. B3, Nr. 2953, S. 437. Er erhielt für das große Bassin 90 Gulden. Schon 1781 war von Johannes Keller ein großes Wasserbassin angelegt worden, das aber nicht zu lokalisieren ist, und das deshalb auch im Bereich der Ställe angenommen werden könnte. LA Speyer, Best. B3, Nr. 2960, #2992.

rung der Hausteine für zwei steinerne Hirschköpfe übernommen hatte,[2281] die auf Grund des Rechnungszusammenhangs in einem gestalterischen Kontext mit dem Bassin standen. Wie lange es dauerte, bis diese beiden Skulpturen fertiggestellt waren und zur Aufstellung kommen konnten, zeigt die Rechnung der Steinhauer Müntzel, die im Dezember 1785 die Fertigung von *„Zwey Stück Sockell unter die Hirsch Köpf"*[2282] auflistet. Die Details und Konditionen dieses Vertrages mit dem Steinhauer Luxemburger, der *„einen großen steinernen gehauenen Passein in dem Carlsberger Schlossgarten zu fertigen und zu versezen"*[2283] hatte, besagen, dass das *„Passein zwanzig Schu im Durchschnit allweg haben, und Vier Schuh dief seyn* [sollen]*, und alle Haustein sauber gehauen und gefügt, damit die fugen sauber zusammen gesez werden können."*[2284] Das runde Bassin sollte als oberen Abschluss der Umrandung ein Gesims erhalten, wozu dem Steinhauer das gewünschte Profil angegeben wurde.[2285] Unter dem Bodenbelag aus Ohmbacher Platten sollte es abgedichtet werden, indem man darunter *„so wie Rings ums ganze Passein 9 bis 12 Zoll wohl preparirten guten Letten, in welchem nichts Unreines ist geschlagen worden"*[2286] verteilte. Zeitpunkt der Fertigstellung sollte das Ende des Monats Juli 1783 sein.[2287] Im Bassin sollte

---

2081   Der Maurermeister Rosche hatte 23 Gulden *„vor gelieferte Stein zu dem neuen Baseing zu Carlsberg"* zu fordern. LA Speyer, Best. B3, Nr. 2953, S. 437. In anderer Schreibweise zitiert bei Schneider, der dieses Bassin jedoch seitlich des Südflügels verortet. Vgl. SCHNEIDER, Schlösser, S. 328 ohne Quellenangabe. Die Rechnung Rosches findet sich aufgeschlüsselt in LA Speyer, Best. B3, Nr. 2964, #4310, wonach für das Bassin und die zwei Hirschköpfe zusammen insgesamt 345 Schuh Haustein gebrochen werden mussten. Auch an späterer Stelle (1784) findet sich eine Auflistung der Rechnungen, die Maurermeister Rosche aus Homburg seit dem Jahr 1783 angewiesen worden waren, worin die Hausteine für das Bassin und die Hirschköpfe erneut zusammen angeführt wurden. Außerdem hatte er die erforderliche Menge Graukalk für das Bassin geliefert. LA Speyer, Best. B3, Nr. 2964, #4322.

2082   LA Speyer, Best B3, Nr. 2595, #2471. Die Sockel maßen insgesamt 16 zu hauende Schuh.

2083   LA Speyer, Best. B3, Nr. 2961, #3318.

2084   Dabei sollten *„alle Haustein sauber gehauen und gefügt* [werden]*, damit die fugen sauber zusammen gesez werden können"* LA Speyer, Best. B3, Nr. 2961, #3318, Punkt 1 der Vertragskonditionen. Das Bassin hat damit einen Durchmesser von 6,50 Metern und eine Tiefe von 1,30 Metern.

2285   LA Speyer, Best. B3, Nr. 2961, #3318, Punkt 2 der Vertragskonditionen.

2286   LA Speyer, Best. B3, Nr. 2961, #3318, Punkt 4 der Vertragskonditionen. Die Dicke des Lehms musste 24 bis 32 Zentimeter betragen. Den Lehm musste der Steinhauer selbst aussuchen und ausgraben, damit er später, im Falle, dass das Bassin nicht dicht wäre, die Schuld nicht auf die Qualität des Lehms schieben könne, Punkt 7 des Vertrages.

2087   Der Steinhauer musste für seine Arbeit ein Jahr lang garantieren und *„wann das passein kein Waßer hält selbiges auf seine Kösten machen bis es gut seyn wird."* LA Speyer, Best. B3, Nr. 2961, #3318, Punkt 9 des Vertrages. Der Steinhauer hatte die vertragliche Zusicherung erhalten, dass er für die vollendete vertragsge-

eine Fontäne springen, denn der Glockengießer Christoph Klein hatte eine Rechnung eingereicht, die sich auf *„Arbeit an dem grosen Bahsin hinter dem Carlsberg"* bezog,[2288] und die noch einmal die Lage des Bassins hinter dem Schloss verdeutlicht.

Noch heute befindet sich im mittleren Bereich des damaligen Schlossgartens, der von einem Weg überlagert wird, welcher auch die Mitte des Cour d'honneur und des Corps de logis durchschneidet, eine Nassstelle. Dort verhindert die Beschaffenheit des Bodens auch nach Zeiten längerer Trockenheit das Versickern angesammelten Wassers.[2289] Die Annahme eines Brunnens mit einer Fontäne in der Mitte des hinteren Schlossgartenbereichs in Verbindung mit zwei Hirschköpfen auf steinernen Sockeln erlaubt folgende Schlussfolgerungen hinsichtlich der Gestaltung dieses Bereichs: Der Rosengarten beim südlichen Ehrenhofflügel, wird auf dem Aquarell von Le Clerc als ein in sich geschlossener regelmäßiger Bereich, von Berceaux umlaufen, gezeigt. Auch der hintere Schlossgarten in unmittelbarer Nähe des Corps de logis war einer regelmäßigen Gartengestaltung unterworfen. Die beiden Hirschköpfe weisen auf den Bezug des Gartens zum Jagdpark hin, ähnlich wie in Schloss Benrath oder in Schwetzingen. Der Schlossgarten des Carlsberges stand in direkter Verbindung zu einem Waldbereich. Der Garten und das Jagdrevier mit der Sauschütte und dem Schießhaus waren miteinander verbunden, was durch die jagdbezogene Ikonographie der Skulpturen unterstrichen wurde. In Schwetzingen erinnern die beiden Hirschgruppen von Peter Anton von Verschaffelt (1710–1793) am westlichen Ende des Zirkels am Hirschbassin als Wasserkunst an die Göttin der Jagd.[2290] Der Hirsch, der von Hunden gestellt wurde, verweist auf die Metamorphosen Ovids: Ak-

---

mäße Arbeit 90 Gulden erhalten würde. Die Arbeit wurde am 24. September 1783 von Schaeffer zur Zahlung weitergereicht.

2088 LA Speyer, Best. B4, Nr. 2547, Bl. 180v. Danach war die Rechnung am 4. Juli 1785 von Geheimrat v. Creuzer zur Zahlung weiter geleitet worden. Diese Rechnung war bereits 1784 von Christoph Klein zu v. Creuzer gebracht worden, bis dieser sie weitergeleitet hatte. Dies bestätigt eine Spezifikation von Reparaturarbeiten, die im September 1784 von Glockengießer Klein, Hofschreiner Zimmer und dem Brunnenmacher Gerstenmeyer eingereicht wurde. Man benötigte eine Schraube aus Messing am Bassin hinter dem Schloss, was darauf schließen lässt, dass sich die notwendigen Vorrichtungen für die Fontäne zu diesem Zeitpunkt bereits im Bassin befanden. Die Röhren, welche das Wasser zum Bassin leiteten, waren entweder aus Holz, Ton oder Blei. „Diejenigen Röhren aber, wodurch das Wasser heraus springet, sind meistentheils von Metall oder Bronze oder Kupfer." ZEDLER, Universallexikon, Bd. XXXIX, Spalte 503 zum Stichwort ‚Spring-Brunnen'. Zur damaligen Technik der Fons Artificialis, „worinnen das Wasser durch Röhren in die Höhe springet", s. ZEDLER, Universallexikon, ab Spalte 502.

2289 Schon bei SCHNEIDER, Carlsberg – Carlslust, S. 341 f., der ebenfalls auf Grund dieser Nassstelle in einer Entfernung von ca. 40 Metern hinter dem Corps de logis einen Brunnen vermutet. SCHNEIDER, Schlösser, S. 327.

2290 S. dazu: FUCHS/REISINGER, Schloss, S. 72.

taion hatte die Jagdgöttin Diana beim Bad überrascht, und war deshalb von ihr in einen Hirsch verwandelt und von der Meute seiner eigenen Jagdhunde zerfleischt worden.[2291] Ein Hirschkopf, wie er auch am Ludwigsberg als Monument am Seeufer nördlich des Schlosses aufgestellt war,[2292] kann daher über die bloße Darstellung der Jagdbeute hinaus als ‚verkürztes' Bild und impliziten Verweis auf die Jagdgöttin Diana verstanden werden.

Einige Vermerke des Baumagazins von 1789 geben an, dass diverses Material an den Brunnenmacher Gerstenmeyer ausgegeben wurde *„zu Fertigung des neu angelegten Bassains im Schlossgarten."*[2293] In den Tagelohnlisten von 1790 findet sich der Vermerk, dass dreizehn Handlanger in der 16. Woche dieses Jahres *„dem Bassain zugeworfen welcher im Schlossgarten abgebrochen worden."*[2294] Ob es sich dabei um das beschriebene Bassin von 1783 handelte, kann nicht geklärt werden. Es könnte jedoch ein Indiz darauf sein, dass seit der Einstellung des jungen Gärtners Bernhard Petri 1788 neben der Erneuerung der Partie um den Carlsbergweiher auch der unmittelbare Schlossbereich in einen „Naturgarten" verwandelt wurde.[2295] Die Errichtung des neuen Bassins fällt hingegen zeitlich genau mit der Anlage des Rosengartens neben dem Herzoginnenflügel zusammen,[2296] so dass davon ausgegangen werden kann, dass sich diese Wasserkunst im Zentrum eines regelmäßigen Gartens befunden haben könnte.

2291 Ovid: Metamorphosen (III 138–252). In Schloss Benrath, ab 1755 unter Kurfürst Carl Theodor als Jagd- und Lustschloss entstanden, wurde im Skulpturengarten auf der Westseite der Südterrasse, dem Jagdgarten zugewandt, auf Meleager und Atalante – ebenfalls von Verschaffelt – verwiesen, über deren Jagd nach dem kalydonischen Eber bei Ovid berichtet wird, und die als Vorbild fürstlicher Jäger galten. Auf Diana und Akteion wird im Giebelfeld der Südfassade des Hauptgebäudes, in der Skulpturengruppe Verschaffelts „Jagdzug der Diana" Bezug genommen. S. ZACHER, Schloß Benrath, S. 126. Im Garten von Caserta unterhalb der Kaskade wurden Diana und Akteion in einer vielfigurigen Gruppe in einem Wasserbecken arrangiert, bevor das Wasser über diverse Becken in Richtung des Schlosses weitergeleitet wird.

2292 Balthasar Wilhelm Stengel (1748–1824): Vier Monumente vom Ludwigsberg, aquarellierte Federzeichnung, Berlin, Kunstbibliothek; abgebildet in: TREPESCH, Gartenkunst, S. 42; das Hirschmonument wurde auch auf den Elfenbeinknöpfen mit Ansichten des Ludwigsbergs von Dryander dargestellt, s. Abb. 111, Knopf 17 von 28. Zu den Knopfminiaturen s. PAUL, GARTENANLAGEN, S. 4–7. PAUL, Der Ludwigsberg, S. 229 f.

2293 Zu diesem Zweck wurden vom Baumagazin Calvonium, Kandelblei und Englisch Zinn sowie eichene Dielen ausgegeben. LA Speyer, Best. B3, Nr. 2645, S. 69 u. 89. Ebenso LA Speyer, Best. B3, Nr. 2646, Nro. 760.

2294 LA Speyer, Best. B3, Nr. 2611, Bl. 62v.

2295 S. dazu im Kap. D.I.3.

2296 LA Speyer, Best. B3, Nr. 2643.

9. Der Rosengarten

Friedrich Aulenbach (1810–1882),[2297] der ab 1839 die Gegend des Carlsberges erkundete, beklagt in seinen Veröffentlichungen, von „[…] all den Prachtgebäuden, dem imponierend prunkenden Schlosse, den Kasernen, Marställen bis hinab zu den Bären- und Hundszwingern, den Falken-, Fasanen- und Taubenbehältern; von dem palastähnlichen Orangerie-hause, den geschmackvollen großen Gärten und Parkanlagen; von den Tempeln und Pavillons mit ihren vergoldeten Dächern, gestützt auf hohe Porphyrsäulen, bis hinab zu dem niedlichen Rosengärtchen der Herzogin mit seinen Wegen von buntfarbigen Kieseln […] was, der Bewunderung werth, blieb noch übrig?"[2298] Einzig an dieser Stelle der Carlsberger Literatur wird ein Rosengarten der Herzogin erwähnt. Man ist daher zunächst verleitet, dies als eine vom Gedankengut der Romantik getragene Textpassage zu bewerten, zumal die große Zeit der Rosengärten und zahlreichen Neuzüchtungen gerade in das erste Drittel des 19. Jahrhunderts zu datieren ist.[2299] Zwar existierten auch im 18. Jahrhundert einige umfangreichere Rosenpflanzungen, die Dezallier d'Argenville in der Veröffentlichung der ‚Voyage pittoresque des environs de Paris […]'[2300] beschreibt. Doch wie man geneigt ist, sich bereits die frühen ornamentierten Gartenparterres blühend vorzustellen, so waren Blumenparterres beispielsweise in den Gärten André Le Nôtres nur vereinzelt in Randlagen zu finden.[2301] Ebenso wenig wurden Rosen, die zu den beliebten Motiven der künstlerischen Innendekoration zählten, als bevorzugte Blumen im Garten angesehen. Zu den Lieblingsblumen des 18. Jahrhunderts zählten vielmehr Tulpen, Nelken, Hyazinthen, Aurikel, Anemonen, Ranunkel, Levkojen, Tausendschönchen und Schlüsselblumen, während die Rose noch wenig Beachtung fand.[2302] Erst Joséphine Bonaparte ließ „ein Rosarium mit Ro-

---

2297 Zu Friedrich Aulenbach s. Kap. C.I.6.b, Anm. 2242.
2298 AULENBACH, Rhapsodieen, S. 67. Die Bezeichnung des „Rosengärtchens der Herzogin" scheint sich bis weit in das 19. Jahrhundert hinein erhalten zu haben, s. AULENBACH, Rhapsodieen, in der Anmerkung.
2299 Im 18. Jahrhundert gab es nur wenige Rosensorten. 1815 waren dagegen bereits 250 Sorten bekannt, im Jahr 1828 hatte sich diese Zahl bereits verzehnfacht. S. dazu WUNDERLICH, Rose, S. 133.
2300 Dezallier d'Argenville: Voyage pittoresque des environs de Paris, ou description des maisons royales, châteaux & autres lieux de plaisance, situés à quinze lieues aux environs de cette ville, Paris 1762. Zitiert nach: WUNDERLICH, Rose, S. 135.
2301 Seine bevorzugten Elemente wie Rasen, Kies und Wasser waren weniger dem Einfluss der Jahreszeiten unterworfen. BRIX, Garten, S. 72. Auch in Versailles existierte ein Blumenparterre nur im Südparterre, das in Sichtweite der Appartements der Königin lag, BRIX, Garten, S. 73.
2302 WUNDERLICH, Rose, S. 132.

senparterres aller Rosensorten, die sie bekommen konnte, anlegen."[2303] In der Folge wurden in Frankreich Rosarien angelegt und die Anzahl der Züchtungen vervielfacht.

In den Carlsberger Handwerksrechnungen wird jedoch ab 1789 explizit ein Rosengarten benannt, welcher aufgrund dieser Angaben südlich des Schweighoferflügels lokalisiert werden kann. Das Aquarell von Le Clerc bestätigt dies insofern, als am rechten Bildrand eine Stützmauer erkennbar ist, welche, wie auch bei Herdegen sichtbar, am südlichen Teil des Südflügels ansetzt (Abb. 38) und über welcher sich grüne Treillagen erheben (Abb. 4).[2304] Der dargestellte Teil des Laubenganges bildet einen rechten Winkel um eine Gartenpartie, über welche bislang wenig ausgesagt werden konnte.

Nähere Angaben diesbezüglich werden in einer Rechnung des Schreiners Johann Georg Schmidt gemacht, der im Zuge seiner Arbeit neben *„den schweighoffer Flügel, in den Rosen Gartten ein Stück perschor gemacht, von 50 schuh lang und hoch 9 Schuh breit 6 sch, welcher einen verdrückten Bogen hat, 2 welche Bögen mit zöligen latten bestehet und mit halbzöligen überbunden ins quatrat 4 Zoll von einander."*[2305] Der Laubengang sollte also im oberen Abschluss die Form eines Korb- oder Segmentbogens haben, und das quadratische Gitterwerk bestand aus hölzernen Latten unterschiedlicher Stärke. Eine Rechnung des Schreiners Matheis Jäger gleichen Datums über einen Laubengang gleicher Größe und Machart ergänzt diese Angaben.[2306] Um die Treillagen aufrichten zu

---

2303 WUNDERLICH, Rose, S. 137. Joséphine beschäftigte Botaniker und Gärtner, die sich mit der botanischen Sammlung des Gartens von Malmaison befassten. Napoleon schickte Pflanzen und Samen von seinen Feldzügen nach Hause.

2304 So schon Schneider, der auf den Mauerverlauf auf den Abbildungen Herdegens und Le Clercs verweist. Vgl. SCHNEIDER, Schlösser, S. 327. Für den Garten von symmetrischer Struktur nimmt er ebenfalls angesichts der Abbildung Le Clercs Treillagen an, deren Entstehung er in das Jahr 1784 datiert. In den gleichen Zeitraum datiert er ein Bassin für dieses Gartenstück. SCHNEIDER, Schlösser, S. 328, ohne Quellenangaben. Das Zitat, mit dem er die Existenz eines Bassins im südlichen Garten belegte, bezog sich jedoch auf ein Bassin im hinteren Schlossgarten, s. hierzu LA Speyer, Best. B3, Nr. 2953, S. 582 sowie Kap. C.I.8. Danach ist das Bassin bereits 1784 entstanden, während der Garten südlich des Schlosses erst um 1789 angelegt wurde.

2305 LA Speyer, Best. B3, Nr. 2609, Bl. 483. Die Rechnung über 36 Gulden ist auf den 6. Juni 1789 datiert und von Kruttothofen abgezeichnet. Mit *„perschor"* sind die berceaux gemeint, die auf dem Aquarell von Le Clerc zu erkennen sind. Berceaux, also gewölbte Laubengänge, wurden hier geradlinig und winkelförmig angeordnet. Das angegebene Stück, das aus Holzlatten gefertigt wurde, hatte eine Länge von 16,24 Metern, eine Höhe von 2,92 Metern und eine Breite von 1,95 Metern. Die Latten sollten jeweils Quadrate von 11 Zentimetern bilden. Zu Treillagen und deren Konstruktion s. HEBER, Treillagearchitekturen, S. 185–263.

2306 Die Rechnung vom 6. Juni 1789 über 36 Gulden bezog sich auf eine Arbeit Jägers *„auf dem Carls berg Neben dem schweighoffers flügel in dem Rossen gar-*

können, kümmerte sich der Maurer Johannes Münzel um *„20 Stück Postamenter zu den Neuen Perso im Garten hinter den Rechten Schloß Flügel jedes vor zu hauen u. zu versetzen, daß Fundament darzu zu graben u. heraus zu Mauren sambt Mauerstein 1 fl. 12 xr."*[2307] Einen weiteren hölzernen Bogen hatte der Zimmermann Heinrich Walbaum gefertigt, der dafür einzöllige Latten aus dem Baumagazin erhielt.[2308] Möglicherweise um die hölzernen Laubengänge zu festigen oder zu ergänzen, hatte der Schlossermeister Jacob Weller im März des Jahres Eisen aus dem Carlsberger Baumagazin *„[...] zu Fertigung Bögen in den Blumen Garten"* erhalten.[2309]

Zeitlich nachfolgend wurde die Mauer angelegt, wie sich aus einer genauen Angabe in einer Rechnung des Maurers Johannes Müntzel ergibt. Dieser hatte neben *„den Schweighofers Flügel am Garten eine Mauer gemacht ist 85 Sch lang u. 7 Sch 3 Zoll hoch, u. 1 Sch 9 Zoll dick [...]."*[2310] Jedes Klafter wurde *„mit Sauber abgerichteten Steinen und geschichten weiß gemauert, wie auch holtzerne Bögen eingespitzt u. mit Eiserne Schließen eingemauert [...]."* Dazu wurden Steine für ein Gesims gehauen, das auf dem Aquarell von Le Clerc sogar angedeutet ist. *„Zu diesen Gesims Stein gebrochen 87 Sch lang 2 Sch 9 Zoll breit 1 Sch dick."*[2311] Die Steine für das Gesims wurden *„von der Steinhauer Hütte bis an Garten gefahren, und durch den Garten bis an die Mauer gewaltzt [...]."* Nachdem das Gesims versetzt worden war, wurden Löcher *„oben darauf*

---

den [wo er] *Ein stück perschong gemacht vo 50 schuh lang und hoch 9 sch breit 6 sch welcher Ein Ver trückter bogen hat welcher bogen mit zölligen latten bestehet und mit halb zölligen latten überbunden ins quattrath 4 zol von Einander."* LA Speyer, Best. B3, Nr. 2606, Bl. 185.

2307 LA Speyer, Best. B3, Nr. 691v. Die Rechnung über die 20 Postamente betrug 24 Gulden und wurde am 10. Juni 1789 angefertigt.

2308 LA Speyer, Best. B3, Nr. 2642, Nro. 114. Das Material von 400 Stück einzölligen eichenen Latten wurde Walbaum am 20. Februar 1789 laut den Baumagazinsurkunden ausgegeben.

2309 LA Speyer, Best. B3, Nr. 2642, Nro. 153, 165 sowie 216. Die Ausgaben erfolgten jeweils im März 1789. Treillagekonstruktionen brauchten ein Stützkorsett aus Eisen, da es zu viel Holz bedürfte, um der Treillage die nötige Tragfähigkeit zu verleihen. Das Gerüst soll jedoch nach außen unsichtbar sein. S. dazu HEBER, Treillagearchitekturen, S. 186.

2310 LA Speyer, Best B3, Nr. 2607, Bl. 712. Die Mauer war 27,61 Meter lang, 2,35 hoch und 57 Zentimeter dick. Die Arbeit an der Mauer wurde mit 74 Gulden und 30 Kreuzern berechnet. Die Rechnung ist auf den März 1792 datiert, umfasst jedoch eine Vielzahl von Einzelposten, die in das Jahr 1791 zurückreichen (als 85. Posten findet sich die Angabe des Maurers, auf Befehl des Herzogs mit 11 Gesellen zum Jahresbeginn 1792 *„[...] auch zum Schnee schöppen auf den Carlsb. in denen Schloßhöffen wie auch auf der Straß"* angetreten zu sein, wofür er mehr als 100 Gulden berechnete, LA Speyer, Best B3, Nr. 2607, Bl. 714v. Die Gartenmauer hat die zeitlich früheren Posten Nr. 54–57.)

2311 LA Speyer, Best B3, Nr. 2607, Bl. 714v. Das Gesims hatte eine Länge von 28,26 Metern, eine Breite von 89 und eine Dicke von 32 Zentimetern.

eingehauen u. mit Bley aus gegossen vor die holzerne Bögen zu befestigen [...]."[2312]

Mit diesem Garten wurde 1789 in unmittelbarer Nähe des Schlosses eine abgeschlossene regelmäßige Gartenpartie angelegt, die den Namen ‚Rosengarten' oder ‚Blumengarten' trägt. Es kann auf Grund der dezidierten Bezeichnung davon ausgegangen werden, dass es sich um die einzige geometrisch angelegte Gartenpartie handelte, der mit Blumen bepflanzt war. Der späte Zeitpunkt der Anlegung dieses Gartenteils hängt mit der lange verzögerten Fertigstellung des südlichen Ehrenhofflügels zusammen.

II. Bauten und Anlagen der Carlslust

1. Das Chinesische Haus in der Carlslust

a. Chinoiserien

In den Akten, welche die Rechnungen der Handwerker und Bauleute enthalten, wird an mehreren Stellen ein Bau erwähnt, der als *„Chinoise in Carlslust"*[2313] bezeichnet wird. An einigen Stellen findet sich eine genauere Lokalisierung des Baues *„im Margrafen Thal."*[2314] Mannlich berichtet in seinen Lebenserinnerungen nichts darüber. Auch in anderen zeitgenössischen Quellen wird ein solches Bauwerk nicht benannt. Das damals vorhandene Interesse an Chinoiserien am Carlsberg schlägt sich jedoch im veröffentlichten Festkalender zu den Feierlichkeiten zu Ehren des Pfalzgrafen Maximilian und dessen Gattin im Dezember des Jahres 1785 nieder, der für den Mittwoch, den 21. Dezember, dem 14. und letzten Tag der anberaumten Festlichkeiten ein „Chinesisches Fest auf dem Carlsberg"[2315] vorsah. Dieses Fest fand jedoch aufgrund eines tragischen Feuerwerksunglücks in der Carlslust nicht statt.[2316]

Wie bei allen anderen Bauten der Carlslust haben sich auch hier keine Zeich-

---

2312 LA Speyer, Best B3, Nr. 2607, Bl. 714v. Die Arbeit wurde pro Schuh mit 12 Kreuzern, also insgesamt 17 Gulden 18 Kreuzern berechnet.
2313 LA Speyer, Best. B3, Nr. 2953, S. 357 u. 363.
2314 LA Speyer, Best. B3, Nr. 2648, Rechnung Nr. 1569, Rechnung des Maurermeisters Krumm; LA Speyer, Best. B3, Nr. 2960, Rechnung Nr. 2775; Rechnung von Krumm als ‚Vertrag' zitiert bei Schneider, der die Chinoiserie aufgrund eines Lesefehlers im ‚Hasenthal' verortet. SCHNEIDER, Schlösser, S. 332, ohne Quellenangabe. Das Markgrafental ist auf keiner der erhaltenen Karten mit diesem Namen bezeichnet.
2315 Gazette des Deux-Ponts, Jahrgang 1785, Nr. 99, 10. Dezember.
2316 S. dazu Kap. C.II.7.a.

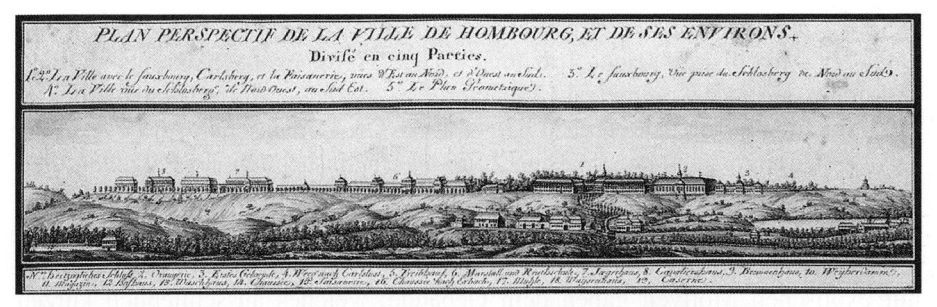

Abb. 95: Plan perspectif de la ville de Hombourg (Ausschnitt), aus dem Jahr 1785

nungen und Pläne erhalten. Einzig der „Plan perspectif de la ville de Hombourg" (Abb. 95), der eher als Idealansicht des Schlosses denn als historisch richtige Wiedergabe verstanden werden muss, gibt südlich des Taubenhauses am rechten Bildrand eine Pagode wieder, die weder auf einer anderen Zeichnung noch in den Akten erscheint. Weber versuchte, eine in Darmstadt befindliche Zeichnung eines chinesischen Turms mit dem Carlsberg in Verbindung zu bringen.[2317] Hierbei handelt es sich aber, wie Schneider bereits feststellte, um das Drachenhaus auf dem Klausberg in Potsdam nach den Entwürfen von Karl Philipp Christian von Gontard,[2318] für deren Einbeziehung in den Kontext der Carlsberger Bauten es keine Hinweise gibt.

Hinsichtlich der Baugestalt der Carlsluster Chinoise, deren Entstehung für den Zeitraum von 1780 bis 1783 angenommen werden kann,[2319] hilft an dieser Stelle nur die Auswertung der Erwähnungen in den Akten sowie die Betrachtung früherer Chinoiserien und möglicher Architekturvorbilder des 18. Jahrhunderts weiter.

Nachdem Ludwig XIV. im Jahr 1670 in Versailles das Trianon de porcelaine[2320] als Teehaus innerhalb einer dreiteiligen Anlage für die Marquise de Montespan hatte erbauen lassen, erlangte das Gebäude mitsamt seiner Ausstattung und Ver-

---

2317 Hessische Landes- und Hochschulbibliothek Darmstadt, Mappe 26/20. Zeichnung, Bleistift, Tusche laviert, nicht bezeichnet, unsigniert; abgebildet bei WEBER, Schloss Karlsberg, S. 335. „Zu dem Tempel, dessen Zeichnung vorliegt [...]", WEBER, Schloss Karlsberg, S. 224. Die Zeichnung lässt sich jedoch nicht in einen Bezug zu anderen Blättern bringen, deren Signatur, Beschriftung oder Wasserzeichen auf den Carlsberger Kontext verweisen.

2318 SCHNEIDER, Schlösser, S. 333. Schneider nimmt trotzdem an, dass es sich um eine geplante Pagode handelt, ohne dies weiter zu belegen, vgl. SCHNEIDER, Schlösser, S. 332.

2319 LA Speyer, Best. B3, Nr. 2648, Rechnung Nr. 1569 des Maurermeisters Krumm von 1780; LA Speyer, Best. B3, Nr. 2593, Bl. 260, Rechnung des Tünchers, der den Dachanstrich übernommen hatte.

2320 Erbaut in nur wenigen Monaten nach Entwürfen von Louis Le Vau, bereits 1687 abgebrochen. S. PÉROUSE DE MONTCLOS/POLIDORI, Versailles, S. 160.

kleidung mit blau-weißen Fayencen in kürzester Zeit große Berühmtheit. Sowohl die Schnelligkeit seiner Erbauung als auch seine exotisch anmutende Bauweise, die der aufgekommenen Chinamode[2321] auf neue Weise auch architektonisch Rechnung trug, hatten dazu beigetragen. Die Leidenschaft für chinesische Luxusgüter hatte sich bis zu diesem Zeitpunkt hauptsächlich auf Porzellan, Statuetten, Lackarbeiten und Seide bezogen. Nun aber hatte man bei diesem Bau nicht nur den Innenraum, sondern auch die Fassade einschließlich des Daches mit Fayencen bedeckt und die Balustraden mit Vasen bestückt. Die Fayencen mit exotischen Motiven gaben dem Gebäude, welches ausschließlich kurzen Aufenthalten außerhalb des höfischen Zeremoniells diente, den Reiz eines Ortes, an dem die strenge Etikette ebenso wenig Geltung zu besitzen schien wie in der wundersamen Fremde Chinas, wo nach den zeitgenössischen Berichten Weisheit, Glück und Genuss das Leben der Menschen bestimmten.[2322]

Die Anordnung der Anlage mit einem zentralen Mittelpavillon und Seitenpavillons um einen Innenhof lässt sich auf das Vorbild des Kaiserpalastes in Peking zurückführen, dessen Abbildung neben der Pagode von Sinkicien im Reisebericht des Chinareisenden Jan Neuhof im Jahr 1665 erstmals veröffentlicht worden war.[2323] Jenes Versailler Teehaus hatte in der Folge großen Einfluss auf die Architektur benachbarter Höfe. Ein weiteres frühes Beispiel der Chinamode als Ausdruck eines exotischen Arkadiens und dem Wunsch nach verspielter Heiterkeit wurde Schloss Pillnitz, dessen Planung im Jahr 1720 unter August dem Starken in der Nähe von Dresden begann.[2324] Zwischen 1716 und 1719 war in München im Park des Schlosses Nymphenburg bereits die Pagodenburg entstanden, ein Lusthaus mit chinesischer und „indianischer" Ausgestaltung.[2325] Diese erste Generation von Bauwerken zeigte in ihrem Äußeren außer der Anordnung der Gebäude in Versailles sowie den geschweiften Mansarddächern und Hohlkehlen unter der Dachtraufe in Pillnitz lediglich chinesisch anmutende Ansätze, lagen den Baumeistern doch bis zu diesem Zeitpunkt erst wenige detaillierte

---

2321 Im Jahr 1686 hatte ein Chinese aus Nanking Ludwig XIV. in Versailles gezeigt, wie man mit Stäbchen isst. LEMASSON, Exotismus, S. 123. Zur Chinamode s. außerdem u.a.: QUILITZSCH, Chambers, S. 88 ff.; BRENTJES, China, S. 53–63; KIBY, Faszination, S. 71 ff.
2322 S. dazu: BAUER, Fernöstlicher Glanz, S. 7 f.
2323 Jan Neuhof war Erster Hofmeister der holländischen Gesandtschaft in China, nach dessen Zeichnungen ein Konvolut von ca. 100 Stichen angefertigt wurde. Dazu auch: LEMASSON, Exotismus, S. 122 f. KIBY, Faszination, S. 80 f.
2324 Zu Schloss Pillnitz s. HARTMANN, Pillnitz, S. 53 ff.
2325 Diese Begriffe wurden, wie schon in den Sammlungen exotischer Kunst- und Gebrauchsgegenstände in den Kunstkammern, neben „indisch" synonym verwendet. Chinesisches, Japanisches und Arabisches verschmolz begrifflich zu „indianisch". S. zu den Kunstkammerexotika: WALZ/KÖNIG-LEIN, Weltenharmonie. KHM Wien, Kunstkammer, S. 18 f. Zu exotischen Architekturen: FRANK, Pagodenburg, S. 12 ff.; KIBY, Exotismen, S. 104 f.

Kenntnisse chinesischer Vorbilder zugrunde. Beispiele chinesischer Bauten befanden sich beispielsweise auf diversen Seidenmalereien, die in den Kunstkammern Europas gesammelt wurden,[2326] sowie auf Vasen oder asiatischen Lacktafeln, welche zur Wandverkleidung jener immer beliebter werdenden japanischen bzw. chinesischen Kabinette verwendet wurden.[2327]

Eine entscheidende Erweiterung der allgemeinen Kenntnis trat erst mit dem 1721 in Wien erschienenen „Entwurf einer historischen Architektur" von Fischer von Erlach ein, worin erneut neben dem Kaiserpalast in Peking die Pagode von Sinkicien abgedruckt wurde. Letztere Abbildung war anregend für viele chinoise Kleinarchitekturen und Teehäu-

Abb. 96: Kassel, Wilhelmshöhe Chinesischer Pavillon

ser. Als besonders kennzeichnend wurden die Pfeiler empfunden, welche die geschwungenen, mit Glöckchen verzierten Spitzen des Daches stützten sowie das darüber befindliche, etwas zurückgesetzte eigene, ebenfalls geschwungene Dach des Obergeschosses mit einer abschließenden Laterne. Diese Merkmale finden sich entsprechend häufig als Zitat an den chinoisen Gartenbauwerken – erwähnt seien hier nur die Pagode im chinesischen Dorf Mulang im Park Kassel

---

2326 Als Beispiel sei hier eine chinesische Landschaft auf Seide aus dem 16. Jahrhundert genannt, welche sich in der Kunstkammer von Schloss Ambras erhalten hat, vgl. dazu KHM Wien, Kunstkammer, S. 102 Nr. 251. Abbildung, allerdings seitenverkehrt, in: AUER/SANDBICHLER/SCHÜTZ/BEAUFORT-SPONTIN, Ambras, S. 59.

2327 So das Japanische Kabinett im Alten Schloss Eremitage in Bayreuth, s. dazu: KRÜCKMANN, Paradies des Rokoko, S. 42 ff.

Abb. 97: Pillnitz, Chinesischer Pavillon

Wilhelmshöhe (ca. 1778, Abb. 96) oder der chinesische Pavillon im Garten von Schloss Pillnitz (1804, Abb. 97). Ein besonderes Beispiel, zeitlich zwischen Versailles und den zahlreichen Nachfolgern der zweiten Hälfte des 18. Jahrhunderts liegend, bildete im Park des Schlosses von Lunéville neben dem 1737 erbauten Kiosk in pagodenartiger Höhenstaffelung mit Wasserscherzen, Automatenfiguren und einem „Tischlein-deck-dich" ein besonderer Pavillon.[2328] Emmanuel Héré hatte diese „Maison de trèfle", das seinen Namen von seinem kleeblattförmigen Grundriss ableitete, für den polnischen Exilkönig Stanislaus Leszczynski im Jahr 1742 erbaut. Umlaufende Stützen trugen ein weit vorgezogenes gewelltes Dach, worüber sich eine Laterne erhob, deren Dach die Wellenform erneut aufgriff, und kennzeichneten das Gebäude als türkische oder chinesische Architektur. Durch die Oeuvre-Publikation Hérés ab dem Jahr 1752 erlangte Friedrich II. von Preußen Kenntnis von diesem Bau, der nun Vorbild werden sollte für das berühmte Teehaus, das Johann Gottfried Büring von 1754–1757 im Rehgarten von Sanssouci erbaute (Abb. 98).[2329] Noch im Jahr 1810/13

2328 Dazu mit Abbildungen: DENNERLEIN, Gartenkunst, S. 80 ff.
2329 BUTTLAR, Sanssouci, S. 1 ff.

Abb. 98: Chinesisches Teehaus im Garten von Schloss Sanssouci, Potsdam

entstand in Bad Doberan nach dem Entwurf von Carl Theodor Stein ein Fachwerkbau[2330] mit achtseitigem Dach und laternenartigem Dachaufbau, das deutlich an die Vorbilder von Lunéville und Potsdam gemahnt.

Entscheidenden Einfluss auf das Stilempfinden sowohl der europäischen Gartenkunst als auch auf die Architekturformen hatte der englische Architekt William Chambers (1723–1796) mit der Herausgabe der Stichwerke „Designs of

---

2330 Inst. f. Denkmalpfl., Bau- und Kunstdenkmale, S. 239.

Chinese Buildings" (1757) sowie „Plans, Elevations ... At Kew" (1763), dessen Schaffen weit über die Grenzen Englands hinausreichte.[2331] Viele Entwürfe kleinerer chinoiser Parkarchitekturen gehen auf Chambers' „Haus des Konfuzius"[2332] zurück (Abb. 99). Dieses Haus war in der Ausgabe „Plans, Elevations ... At Kew" abgebildet, welche zum Bestand der Carlsberger Bibliothek gehörte,[2333] und daher als bekannt vorausgesetzt werden kann. Die Wände des Pavillons auf achteckigem Grundriss scheinen sich in Treillagen chinoiser Ausformung aufzulösen bis sich darüber ein geschweiftes achteckiges Dach erhebt, dessen Spitze ein Drache bekrönt und an dessen Firstenden kleine Glöckchen schwingen.[2334]

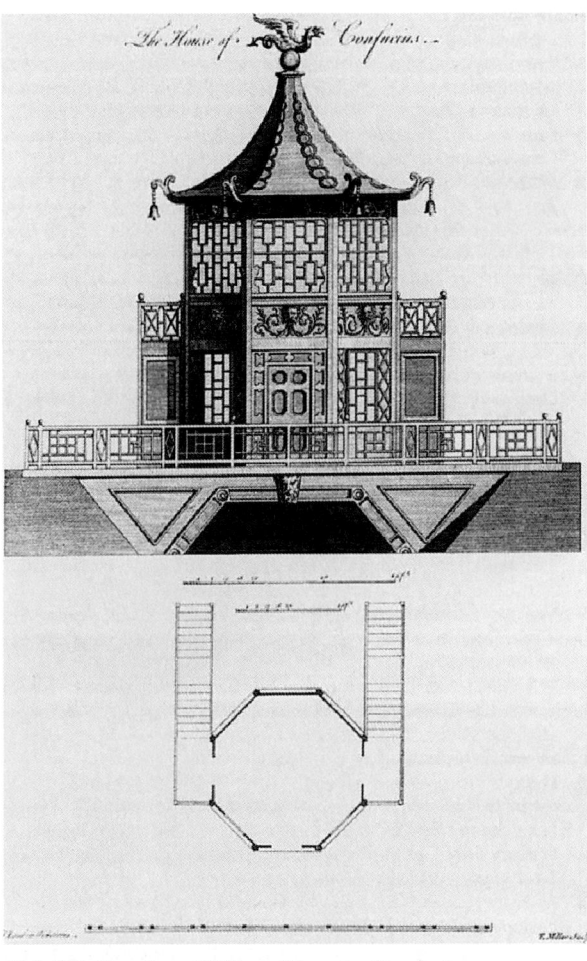

Abb. 99: Chambers, William: Haus des Konfuzius „Plans, Elevations, Sections ... At Kew", London 1763
Haus des Konfuzius

2331 S. dazu u.a TRAUZETTEL, Chambers, S. 13 ff. BUTTLAR, Gartenkunst, S. 61 ff.
2332 William Chambers, Das Haus des Konfuzius, 1757, in: William Chambers, Plans, Elevations ... At Kew, London 1763, Plate 15, Abb. 35, in: VOGEL, Konfuzianismus, S. 205.
2333 StBib. Bamberg, Verzeichnis, S. 99, Nr. 6. Unter Nr. 7 wird Chambers „Designs of Villa at Kew" aufgeführt.
2334 Auch Balthasar Wilhelm Stengel griff bei seinen Entwürfen für die Chinesische Pagode und die „Affen Caserne" für die Ludwigsberger Gartenanlage auf das Drachenmotiv und die Glöckchen sowie auf den achteckigen Grundriss und das geschwungene Dach zurück. S. TREPESCH, Gartenkunst, S. 48 f. PAUL, Der Ludwigsberg, S. 183 f. (s. Abb. 111, Knopf 16/28).

b. Das chinesische Haus in der Carlslust

Die Carlsluster Chinoise entstand ab November des Jahres 1780, da der Maurermeister Michael Krumm, der schon vom Schlossbau selbst bekannt ist, begonnen hatte, *„die Fundamenter auszumauren und in fertichen Standt zu stellen"* und *„die backstein Kalch und Maurstein zu liefern."*[2335] Im August 1782 fertigten mehrere Schreiner u.a. *„drey par Trilaschirte dihren zu der Neyen Schönues"*[2336] und gleichzeitig wurde *„die antre Trilascherey Reparirt"* sowie eine Blumenstellage verfertigt.[2337] Im Frühjahr 1783 wurde vom Tüncher Andreas Gitzner *„ins Carlslust den Genuessischen Hauß mit Grüner Öhlfarb das Dach angestrichen."*[2338] Außerdem wird in dieser Rechnung eine Aussage über die Form und die Größe des Daches gemacht, denn das obere Dach misst 107 Schuh,[2339] *„das untere Dach aber thut 709 Schu a 6 xr per Schu."*[2340] und umfasst damit fast die siebenfache Fläche der oberen. Noch genauere Auskunft über die Beschaffenheit des Daches gibt ein weiterer Tüncher, Jacob Grünwald, der laut einer Rechnung des Jahres 1787, *„ein blechen Dach aufm Jennwesischen Häußgen Grün angestrichen"*[2341] hatte. Aus seiner Berechnung der Flächen lässt sich ermitteln, dass das untere Dach *„17 schuh hoch, 2 Seiten 16 sch breit, macht in die 8 Seiten 64 sch Breit"*[2342] war. *„Den Obern Dach darauf, 7 sch hoch, 8 sch breit, solche 8 sch in der Breitung werden 4 mal genommen, weilen 2 Seiten 8 sch machen."*[2343] Aus diesen Angaben kann der Schluss gezo-

---

2335 LA Speyer, Best. B3, Nr. 2648, Rechnung Nr. 1569.
2336 LA Speyer, Best. B3, Nr. 2966, Rechnung Nr. 5170. „Drey par" bedeutet laut Rechnung nicht etwa drei Türpaare, sondern drei Türen zu jeweils einem Gulden dreißig Kreuzern. „Trilaschirte dihren": Türen mit Treillagen, s. Glossar. Mit der „Neuen Schönues" ist die Chinoise gemeint, da dieses fremdartige Wort nach Gehör weitergetragen wurde, und in den Varianten „Chinoise", „Chynoise", „Genuessisches Hauß" und „Jennwesischen Häußgen" oder gar „Tinöschine Hauß oder schöne Wößt", jeweils abhängig vom Rechnungssteller, verstanden bzw. aufgeschrieben wurde. Interessant sind dazu auch die Entwürfe und ihre Bezeichnungen der Chinoiserien Balthasar Wilhelm Stengels für den Ludwigsberg in Saarbrücken, wo vom „genesischen Thurm" die Rede ist. DIMMIG, Architekturentwürfe, S. 132.
2337 LA Speyer, Best. B3, Nr. 2966, Rechnung Nr. 5170.
2338 LA Speyer, Best. B3, Nr. 2585, Bl. 177 Nr. 517.
2339 Ca. 34,75 Meter.
2340 LA Speyer, Best. B3, Nr. 2585, Bl. 177 Nr. 517. 709 Schuh entsprechen einer Länge von 230,28 Metern, die in eine Quadratfläche zu bringen wären.
2341 LA Speyer, Best. B3, Nr. 2593, Bl. 260 Nr. 1288, zu Bezeichnung s. Anm. 2336.
2342 LA Speyer, Best. B3, Nr. 2593, Bl. 260 Nr. 1288. Die Angaben entsprechen einer Höhe von 5,52 Metern, an zwei Seiten einer Breite von 5,20 Metern, insgesamt in den 8 Seiten 20,79 Meter.
2343 LA Speyer, Best. B3, Nr. 2593, Bl. 260 Nr. 1288. Die Angaben entsprechen einer Höhe von 2,27 Metern und einer Breite von 2,60 Metern, wobei diese mit vier multipliziert werden sollen.

gen werden, dass das Dach aus Blech bestand, mit grüner Farbe bemalt wurde und, da für die Flächenberechnung jeweils zwei Seiten mal vier genommen werden mussten, eine achtseitige Dachlandschaft existierte, worüber sich eine ebensolche Laterne mit einer stark verkleinerten Dachpartie erhob, was im Aufriss sehr an den Pavillon von Lunéville, das Potsdamer Teehaus oder auch an den Morgenländischen Bau im Felsengarten von Sanspareil erinnert. Die jeweils angegebene Höhe lässt die Annahme einer Krümmung des Daches in jenem oben erwähnten als chinesisch empfundenen Stil, welcher die Fläche vergrößert, ohne weiteres zu.

Eine weitere Rechnung stammt vom Oktober des Jahres 1783, in der Glasermeister Daniel Römer „*vor Arbeit in Carlslust an der Chinoise*"[2344] 40 Gulden zu fordern hat. Im April 1785 hatte der Glaser Purllacher die Aufgabe, „*2 feinen scheiben in den Tinöschine Hauß oder schöne Wößt ins Carls Lust*"[2345] einzusetzen. Eine letzte Erwähnung findet der Carlsluster Pavillon im Schadensverzeichnis[2346] vom 4. September 1793, worin verzeichnet wurde, dass in der Carlslust „*in der Chynoise*" ein Schaden von 600 Gulden entstanden sei, denn sie sei „*Mit Chynoisischen Tappeten tappezirt auf Tuch mit Differenten Chynoisische Meubles.*"[2347] Auf diese Weise wird deutlich, dass es sich bei dem Pavillon als „maison sans gêne" um ein wohl achtseitiges geschlossenes Bauwerk gehandelt hat, dessen grünes Blechdach an die grünen Kupferdächer des Chinesischen Teehauses von Sanssouci erinnert, und einen zweiten eingezogenen Dachaufbau besaß. Die drei genannten Fenstertüren des Bauwerks, für das Schügens nur einen Raum erwähnt, waren mit Lattenwerk verziert, während über die Existenz von kleineren Fenstern nichts erwähnt wurde. Das Gebäude scheint daher mit dem oben vorgestellten Gebäude von William Chambers verwandt zu sein, das sich ebenfalls über einem achtseitigen Grundriss erhob.

Die Chinoise in der Carlslust war Ausdruck eines übergreifenden Interesses am Fernen Osten, das über einen Zeitraum von mehr als einhundert Jahren in Ver-

---

2344 LA Speyer, Best. B3, Nr. 2953, S. 594. Mit dieser Rechnung kann ein Zeitraum der Arbeiten an diesem Bau vom November 1780 bis Oktober 1783 beschrieben werden. Es sei hier darauf hingewiesen, dass im gleichen Jahr eine Quittung eingereicht wurde, wonach der Tüncher Johannes Carré Geld „*auff seine Tüncher Arbeit auf der Chinoise in dem Garten Sr. Excellenz der Frau Obristhofmeisterin von Esbeck*" in ihrem Homburger Anwesen erhalten hat. LA Speyer, Best. B3, Nr. 2956, Rechnung Nr. 1195.
2345 LA Speyer, Best. B3, Nr. 2585, Bl. 72. Die Bezeichnung ‚*schöne Wößt*' lässt sich als ‚Chinoise' auflösen.
2346 BayHStA München, Abt. IV, Serienakten 1999 ad N. 543.
2347 BayHStA München, Abt. IV, Serienakten 1999, N. 2 im Etat. Mit kleinen Abweichungen in der Transkription und ohne Angabe des Fundorts bereits bei SCHNEIDER, Schlösser, S. 332.

sailles, am preußischen Hof Friedrichs II. und am sächsischen Hof in Dresden ebenso geteilt wurde wie in Kassel, Bayreuth und München. Die Chinabegeisterung der europäischen Fürsten des aufgeklärten Absolutismus wurde darüber hinaus mit der Lehre des Konfuzius vom tugendhaften Herrscher und dessen weiser Regentschaft mit einer hohen ethischen Verpflichtung gegenüber dem ihm anvertrauten Volk verbunden.[2348] Das Interesse an der Fremdheit der Denkweisen und Formen war somit kein tiefgreifendes Interesse, diese Kulturen verstehen zu wollen, sondern stellte Gegenmodelle zu den vorhandenen Misslichkeiten dar – über alle Unvereinbarkeiten der unterschiedlichen Kulturen hinweg.

Im Kontext der Carlslust, die abgelegen und unzugänglich nur von ausgewählten Personen besucht werden konnte, muss davon ausgegangen werden, dass die Errichtung einer Chinoise weniger dem Gedanken einer Gesellschaftsutopie als dem Gedanken aus Chambers Buch „Plans, Elevations ... At Kew" verpflichtet war, wonach man die Natur so gestalten könne, dass ein Park die Gesamtheit der Welt repräsentiere.[2349] Der liberale Symbolgehalt eines solchen Bauwerks blieb in diesem Fall hinter der Faszination des rein Exotischen und Pittoresken zurück.

2. Der Heuwagen – Ein „Maskeradengebäude" der Carlslust

Ein bisher unbekannt gebliebenes Element der Carlslust ist der so genannte Heuwagen. Mannlich erwähnt weder etwas Derartiges in seinen Erinnerungen, noch taucht der Wagen in einem der zeitgenössischen Berichte über den Carlsberg auf. Die erhaltenen Handwerkerrechnungen und das Schadensinventar des Jahres 1793 geben dagegen Auskunft über die Existenz des Heuwagens, der sich, wie die Chinoiserie um 1780 entstanden, im ‚Markgrafental' der Carlslust befand.[2350] Hierbei handelte es sich um ein Staffagegebäude, dessen Äußeres einen Heuwagen darstellte, wie man ihn aus der Landwirtschaft kannte. Im Innern jedoch war ein Zimmer versteckt, welches mittels einer unauffälligen Treppe zu erreichen war. Der Hofgärtner August Petri fertigte darüber hinaus am 10. Oktober 1793 eine *„Specification des durch die Franzosen in der Carlslust verübten*

2348   VOGEL, Konfuzianismus, S. 188 ff.
2349   BRENTJES, China, S. 62.
2350   BayHStA München, Abt. IV, Serienakten 1999, N. 20 im Etat. Weder Weber noch Schneider erwähnen den Heuwagen. Bei Schneider wird zwar erstmals, allerdings ohne Kennzeichnung der Fundstelle, die betreffende Textstelle zitiert, jedoch wird aufgrund eines Lesefehlers aus „Heuwagen" „Heusgen". S. SCHNEIDER, Mannlich, S. 178; in gleicher Weise gehandhabt in: SCHNEIDER, Carlsberg – Carlslust, S. 354.

Schadens"[2351] an, in der *„die Beschädigung am Heu Wagen, im Margraventhal"* mit 12 Louis d'or angegeben wird.

Genaueres über den Heuwagen ergibt sich aus Rechnungen vom Herbst des Jahres 1780, seiner vermutlichen Entstehungszeit. Er wurde über die folgenden Jahre hinweg genutzt, denn in den Baukassenbüchern tauchen immer wieder Rechnungen auf, die Reparaturen des Wagens belegen.[2352] Weiteres ist aus der Spezifikation des Glasermeisters Daniel Leiner aus Zweibrücken *„derjenigen Glasser Arbeit welche ich vor Gnädigste H:schaft ins Carlslust verfertigt habe"* zu erfahren, in der er zwanzig Gulden dafür berechnet, dass er *„In den Heywagen 12 Neye Fenster verglast mit tradbley jedes fenster hoch 2 Schu 9 Zoll*[2353]*"* und *„1 schu 10 zl. br.*[2354] *zusammen 60 Schu p: Schu ad 20 xr."*[2355] Diese Rechnung ist datiert auf den 14. September 1780. Der Hofgärtner August Petri bestätigt dazu am 18. September 1780, dass *„vorgemeldete Gläßer Arbeit richtig geliefert, meisterhaft gemacht [...]"*[2356] wurde.

Auch der Schlossermeister Rombler aus Homburg führt in der Liste seiner Forderungen unter Punkt 29 mit dem Datum vom 11. November 1780 auf, 68 Gulden und 8 Batzen *„vor Arbeit an dem Heywagen in Carlslust"* zu bekommen[2357], denn er habe am *„auf Carls Lust gekommenen sogenannten Heuwagen"*[2358] elf Läden an den Fenstern angeschlagen sowie eine zweiflügelige Tür angebracht. Unterschrieben und zur Bezahlung weitergeleitet wurden diese Rechnungen von Hofgärtner August Petri. Dies belegt wiederum, dass es sich bei dem Heuwagen zwar um eine bauliche Besonderheit handelte, die jedoch hier in den Bereich der Gartengestaltung fiel und damit zu den Aufgaben des Hofgärtners zählte, da andere Bauten vom jeweiligen Baumeister unterzeichnet wurden. Der Wagen blieb

---

2351 BayHStA München, Abt. IV, Serienakten 1999, N. 20 im Etat.
2352 So wurde im Juni 1782 vom Glaser Pullacher eine neue Glasscheibe in ein Fenster eingesetzt, LA Speyer, Best. B3, Nr. 2585, Bl. 22; im Jahr schließlich 1785 deckte man das Dach zur Hälfte neu, LA Speyer, Best. B3, Nr. 2590, Bl. 158.
2353 Das ist eine Höhe von ca. 0,89 Metern.
2354 Das ist eine Breite von ca. 0,60 Metern. Mit der nach den Angaben des Glasers Leiner vorgegebenen Annahme von 12 Fenstern à 60 Zentimetern, einer vergleichbaren Türbreite und einer angenommenen Wandfläche zwischen den Fenstern von insgesamt 2 Metern ist auf der Grundlage von Grenzwertberechnungen von einer Grundfläche des Heuwagens von 12–14 m^2, also einer stattlichen Größe auszugehen, die ungefähr mit der eines Wohnwagens zu vergleichen ist. Man kann daher vermuten, dass der Heuwagen der Carlslust, ähnlich wie der Ludwigsberger und der Ludwigsburger Heuwagen als Speisesaal o.ä. gedient haben wird.
2355 LA Speyer, Best. B3, Nr. 2961, Rechnung Nr. 3379.
2356 LA Speyer, Best. B3, Nr. 2961, Rechnung Nr. 3379. Die Rechnung wird in diesem Zusammenhang *„zur weiteren Assignation hiermit unterthänigst übergeben."*
2357 LA Speyer, Best. B3, Nr. 2953, S. 590.
2358 LA Speyer, Best. B3, Nr. 2597, Bl. 341.

bis zum Untergang der Schlossanlage im Jahr 1793 Bestandteil der Carlslust, denn der letzte Hinweis auf seine Existenz findet sich im *„Local Befund der Carlsberger Brandstette"* vom 16. September 1793. Dort wird von Baumeister Krutthofen für das Carlsluster Bauwesen angegeben, dass an Schreinerarbeit *„[...] ins Herzogs Logis und Heuwagen neu zu machen [...]"* 5 Türen, 50 Fensterflügel und 12 Läden benötigt würden,[2359] wollte man alles reparieren. Dafür und für *„[...] sonstige Rep: an Lambri, Läden, Thüren p:p:"* wurden 360 Gulden und 30 Kreuzer veranschlagt. Aus diesem Befund lässt sich auf eine aufwändige Innenraumgestaltung mit hölzernen Wandverkleidungen, schließen.

Die Idee, ein Staffagegebäude als Heuwagen zu gestalten, entstand vermutlich erstmals in England im Park von Windsor.[2360] Im südwestdeutschen Raum, nachgewiesenermaßen in Ludwigsburg, Kärlich, Saarbrücken und Homburg, schien man besonderen Gefallen an diesem Beispiel gefunden zu haben, wobei sich die Reihenfolge des Auftretens in den Gärten noch nicht rekonstruieren lässt.[2361]

Ein weiterer Heuwagen befand sich in nächster Nähe im Ludwigsberger Garten des Fürsten Ludwig von Nassau-Saarbrücken.[2362] Adolph Freiherr von Knigge beschrieb den Ludwigsberger Wagen *„[...] Auf einer Wiese im Thale [...]"* stehend, *„[...] man ahndet nicht, daß sonst etwas darinnen verborgen seyn könnte; aber nun thut sich eine Tür im Hintertheile des Wagens auf; man zieht eine kleine Treppe hervor, öffnet die versteckten Seitenfenster und hat dann einen Speisesaal vor sich."*[2363] An anderer Stelle wird er beschrieben als *„ein großer mit Heu beladener Wagen. Aber dieses Fuder Heu hatte eine verborgene Hinterthüre, bei deren Eröffnung eine kleine Treppe hervorsprang. Folgte man der Einladung, und öffnete dann noch die versteckten Fenster, so sah man sich in einem schönen Speisesaale."*[2364] Es ist nicht überliefert, wann dieser Wagen gebaut oder aufgestellt wurde.

2359 BayHStA München, Abt. IV; Serienakten 1999. Eigenes Heft: Local Befund. Ohne Paginierung.
2360 GOTHEIN, Gartenkunst, Bd. II, S. 405.
2361 Die genannten Beispiele wurden, außer dem Carlsberger Heuwagen, bisher hinsichtlich ihrer Entstehungszeit nicht datiert. Abgesehen von einem Heuwagen existierte im Garten von Hohenheim auch noch ein Heuhaufen, in dem ein Billardsalon untergebracht war, s. WENGER, Traum, S. 38.
2362 GOTHEIN, Gartenkunst, Bd. II, S. 405. „ [...] in dem untergegangenen Parke Ludwigsburg (sic!) in Saarbrücken stand mitten auf der Wiese ein Heuwagen, der einen Speisesaal im Innern barg." Auch Lohmeyer erwähnt den Heuwagen als „Verkleidung für einen überraschenden Innenraum", s. LOHMEYER, Südwestdeutsche Gärten, S. 101.
2363 KNIGGE, Briefe, Bd. IV, Dritter Brief S. 19.
2364 WAGENER, Pfalz, S. 46. Der Berichterstatter erzählte vom Ludwigsberg im November 1793, also bereits nach dessen Zerstörung.

Ein Lageplan eines Lusthaines im heutigen Mühlheim-Kärlich aus der zweiten Hälfte des 18. Jahrhunderts verweist darauf, dass auch im Garten des letzten Trierer Kurfürsten Clemens Wenzeslaus von Sachsen die Aufstellung eines Heuwagens geplant war. Ein „Acurater Grundris von dem Nahe bey Caerlich gelegenen Heuwagen von welchen die vornehmste Hütte im Prospekt gebracht welche aufgemessen und gezeichnet ist von Jacob Zimmermann"[2365] zeigt einen Plan von Kärlich samt einer Legende und einzelnen eigens dargestellten Parkarchitekturen, wozu neben einem chinesischen Pavillon auch ein Heuwagen in ländlicher Szenerie neben zwei Heuhaufen gehört.[2366]

Auch im Ostgarten des Ludwigsburger Schlosses stand ein Heuwagen, nach dem ein ganzes Wiesenstück unterhalb der Emichsburg benannt war. Der Wagen im „Heuwagenstück" war mit Seilen am Boden befestigt und mit Fenstern und einer Tür versehen, zu der Stufen hinaufführten. Die Wände und das Blechdach hatte man außen vollkommen mit Stroh bedeckt. Das Innere war mit Tapeten ausgekleidet und enthielt einen Tisch mit Erfrischungen.[2367] Die Idee für diesen Heuwagen soll Carl Eugen von seiner Grand Tour aus England mitgebracht haben. Doch auch in Ludwigsburg war es bisher nicht möglich, die Aufstellung zeitlich einzuordnen.[2368] Es ist dagegen bekannt, dass es enge Kontakte zwischen Herzog Carl August von Zweibrücken und Herzog Carl Eugen von Württemberg gab, zumal Herzog Carl Eugen in seinem Reisetagebuch von 1785 erwähnte, bei seinem dreitägigen Aufenthalt auf dem Carlsberg am 16. Mai vom Herzog und der Herzogin abgeholt worden zu sein, *„um nach Carls-lust zu fahren, eine Anlaage im Wald, die eine Viertelstund vom Carls-berg entlegen*

2365 Abgebildet in: DOHNA/RICHTER, Gartenpläne, S. 23. HStA Koblenz, ohne Angabe der Fundstelle. Aquarellierte Federzeichnung, datiert in die 2. Hälfte des 18. Jahrhunderts.

2366 Der Garten in Kärlich sollte ab 1783 „auf englische Art" angelegt werden, was nach Meinung des Kammerherrn Freiherr von Thünnefeld, der eine Studienreise nach England unternommen hatte, „sowohl in ihrer Anlage als Unterhaltung wenigst kostspielig ist." DOHNA/RICHTER, Gartenpläne, S. 23. Die Planung ist daher zeitlich der des Heuwagens in der Carlslust nachgeordnet. Auch im Kärlicher Heuwagen war ein Zimmer verborgen. DOHNA/RICHTER, Gartenpläne, S. 24.

2367 SZYMCZYK-EGGERT, Ludwigsburger Schlossgarten, S. 319. An anderer Stelle wird auch ein „Tischlein deck' dich" genannt, das sich in diesem Wagen befunden haben soll. S. Gartenschau GmbH, Ludwigsburg. Ein solches befand sich auch im Salon des Kiosk von Lunéville (1737 vollendet) sowie nahezu ein Jahrhundert später im Schloss Belvedere in Weimar unter dem Turmzimmer im Corps de logis. Dabei handelte es sich um eine mit Winden betriebene Anlage, bei der zwei runde Tische eingedeckt und wechselseitig nach oben gefahren werden konnten. S. dazu: ULFERTS, Schloß Belvedere, S. 19. DENNERLEIN, Gartenkunst, S. 80.

2368 Auch bei Szymczyk-Eggert wurde lediglich eine Einordnung in die „Ära" des Carl Eugen vorgenommen, s. SZYMCZYK-EGGERT, Ludwigsburger Schlossgarten, S. 319.

ist."[2369] Dort hielt man sich auf um zu speisen, zu spazieren und um die Fasanen und *„anderes Geflügelwerck"* zu betrachten.

Der Ludwigsberger Garten und die Carlslust waren Gegenstand kleiner Konkurrenzen und Vergleiche. Die erhaltenen Briefe des Fürsten Ludwig an Carl August geben Auskunft über gelegentliche Besuche. Im Sommer des Jahres 1780 lud Ludwig seinen Cousin ein *„[...] et d'aller luy demander le Jour on Elle*[2370] *Voudra Voir Mon hermitage qu'on n'ose pas présenter quand on a Vu La Carls Lust."*[2371] Einer kannte jeweils des Anderen Garten und dessen Ausstattung und war bestrebt, Neuerungen, die Gefallen gefunden hatten, in ähnlicher Weise im eigenen Garten zu errichten.

Der Heuwagen zählt zu jenen Staffageelementen eines Gartens dieser Zeit, die sowohl zur Belebung als auch zur Vervollkommnung eines komponierten Landschaftsbildes dienten. Solche Bauten blieben aufgrund ihrer Bauweise und Verkleidung aus leicht vergänglichen Materialien nirgendwo bis in die heutige Zeit erhalten.

Ähnliche Staffagen kennt man aus den Ludwigsberger Anlagen in Saarbrücken, wo sich außer dem Heuwagen auch ein bewohnbarer Baumstumpf und ein Holzstoß (Abb. 83)[2372] im Garten befanden. Von jenem Holzstoß schrieb Freiherr von Knigge, er habe sich in einem Wäldchen befunden und man sei davon überrascht worden, im Inneren des Holzstoßes hübsche Zimmer für den Hofmarschall erblicken zu können.[2373] Damit werden beide Aspekte einer solchen Staffage deutlich beschrieben: Sie komplettierten eine dreidimensionale Szenerie und boten dem Betrachter den Überraschungseffekt. Einer solchen ‚surprise' in Form eines landwirtschaftlichen Fuhrwerks war der Gedanke der „Dörfle"-Idee verwandt (s. Kap. A.I.2), das vermeintlich einfache Leben und ländliche Unverdorbenheit dem höfischen Leben und den Zwängen entgegensetzen zu können. Für das von Theoretikern nicht nur getadelte, sondern oftmals verspottete Vergnügen, etwas zu erschaffen, was den Eindruck erweckt, etwas völlig anderes zu sein als es zunächst den Anschein hat, fand Marie Luise Gothein die treffende Bezeichnung „Maskeradenlust".[2374]

2369 UHLAND, Tagbücher, S. 239.
2370 „Elle" bezieht sich auf „Notre Altesse" Carl August.
2371 GehHA München, Korrespondenzakten Nr. 1695, Brief v. Ludwigsberg am 30. Juni 1780.
2372 S. auch Abb. 111, Knopf 18/28. PAUL, Der Ludwigsberg, S. 267f.
2373 TREPESCH, Landschaftsgarten, S. 14.
2374 GOTHEIN, Gartenkunst, Bd. II, S. 405: „Dieser Garten [gemeint ist der Garten um das Marmorpalais in Potsdam], der das Interesse an Sanssouci eine Zeitlang so verdrängte, daß man es seines Schmuckes beraubte, kann in seiner Anlage als ein wahres Musterstück jener Maskeradenlust angesehen werden. Seit lange schon durfte ein Parkgebäude ja niemals von außen verraten, was es eigentlich sei."

3. Der Tschifflik-Pavillon

a. „Turquerien" an deutschen Höfen

1778 wurden die Verträge für einen Pavillon vergeben,[2375] der ab 1779 den Namen ‚Tschifflik-Pavillon' trug.[2376] Dieser Name rekurriert auf eine Zweibrücker Anlage, die zu Beginn des 18. Jahrhunderts unter Stanislas Leszczynski entstand und deren Name mit der Bedeutung „Landgut" in den osmanischen Sprachraum verweist. Am Carlsberg war dagegen keine Gartenanlage, sondern ein Pavillon gemeint, der zunächst für den Bereich des Schlossgartens vorgesehen war. Eine Planungsänderung führte dazu, dass man den zweistöckigen Bau schließlich in der Carlslust errichtete,[2377] wo er um 1780 als Teil eines Blickachsensystems[2378] vollendet wurde. Bevor jedoch näher auf den Tschifflik-Pavillon in der Carlslust eingegangen werden kann, ist es unumgänglich, auf die Herkunft der Türkenmode allgemein und auf deren besondere Tradition im pfalz-zweibrückischen Raum im Besonderen einzugehen.

Die Mode, türkische Elemente am Hof und in den Gärten zu integrieren, gründete zunächst im Interesse an Fremdländischem und Exotischem, das im 18. Jahrhundert nicht nur in den Chinoiserien ihren Niederschlag fand. Vielmehr wendete sich die Aufmerksamkeit nach Indien, Persien und die Türkei mit „Turquerien" als Ausdrucksform der Bewunderung für die Pracht und den märchenhaften Reichtum des Orients. In der ersten Hälfte des 18. Jahrhunderts war diese Faszination noch durch die Niederschlagung der Türkenbelagerung Wiens im Jahr 1683[2379] und die Rückgewinnung Ungarns und Teilen des Balkans geprägt. Erbeutete Fahnen, Zelte, Waffen, Sättel und Zaumzeug füllten die Rüstkammern der Kunst- und Wunderkammern.[2380] Insbesondere in Baden, Bayern, Lothrin-

---

Goethe dichtete darüber in schärferem Ton: „Um des Cerberus Hundehaus / Und formieren das zu einer Kapelle. / Denn notabene in einem Park / Muß alles ideal sein, / Und salva venia jeden Quark / Wickeln wir in eine schöne Schale ein. / So stecken wir zum Exempel / Einen Schweinestall hinter einen Tempel. / Und wieder ein Stall, versteht mich schon, / Wird geradewegs ein Pantheon." Aus „Triumph der Empfindsamkeit", zitiert nach GOTHEIN, Gartenkunst, Bd. II, S. 405 f.

2375 LA Speyer, Best. B3, Nr. 2580, Bl. 57, s. Anhang C.I.9.a.
2376 LA Speyer, Best. B3, Nr. 2576, Bl. 226. Rechnung des Dachdeckers Martin Bohn v. 12. Juni 1779, die darauf hinweist, dass der Bau zu diesem Zeitpunkt unter Dach gewesen sein muss. Im August berechnete der Schreiner Bihl die Anfertigung von Jalousieläden und Fensterrahmen. LA Speyer, Best. B3, Nr. 2576, Bl. 157.
2377 2349 LA Speyer, Best. B3, Nr. 2572, Bl. 351.
2378 JORDAN, Waldlandschaftspark.
2379 Zur zweiten Türkenbelagerung Wiens 1683 s.: HM Wien, Türken.
2380 So z.B. ein orientalischer Streitkolben in der kleinen Rüstkammer der Kunstkammer von Schloss Ambras, vgl. KHM Wien, Kunstkammer, S. 209; Beutestücke sind ebenso in der Dresdner Rüstkammer zu bewundern, dazu s. MIKLISS DE DOŁĘGA, Beobachtungen, S. 375.

gen und Sachsen, wo die Beute der Türkenkriege zu bewundern war, erfasste die Türkenmode die Phantasie der Höfe und Künstler. Die Begeisterung für die osmanische Pracht erhielt durch das Eintreffen orientalischer Gesandtschaften in Paris in der ersten Hälfte des 18. Jahrhunderts[2381] neue Impulse. Die Vorliebe für alles Türkische ging in der Folge über den Hang zu Sammlungsstücken hinaus, deren Wertschätzung nicht mehr nur aus ihrer Bedeutung als Beutegut rührte, sondern die nun als nachahmenswertes Zeugnis orientalischen Glanzes gesehen wurden. Dabei ist jedoch eine unterschiedliche Prägung der Ikonographie nicht zu übersehen: Jene Landesherren, die in den Türkenkriegen involviert waren, neigten zu einer Einbeziehung der türkischen Symbole als Trophäen, während andere sich mehr von der Pracht und dem glanzvollen Erscheinungsbild inspirieren ließen.[2382] Um jenes Bild auf den eigenen Hof zu übertragen, gehörten beispielsweise Türken und Türkinnen in Kaftan und Turban zur Dienerschaft[2383] der Kurfürstin Sophie Charlotte in Berlin. In dieser Kostümierung ergänzten sie die „kurzweiligen Personen" im Hofdienst,[2384] zu denen – wie auch andernorts üblich – Schwarzafrikaner als „Mohrenpagen"[2385] und Kleinwüchsige als „Zwerge" in prächtigen bunten Pagenuniformen gehörten. Am Hofe Eberhard Ludwigs von Württemberg, genannt der ‚Türken-Louis', wurde 1713–19 im westlichen Pavillon des Ludwigsburger Schlosses ein Kabinett mit türkischen Boiserien eingerichtet, dessen Marketerie den Eindruck eines Türkenzeltes erwecken sollte.[2386]

Nicht zuletzt Antoine Gallands Übersetzung der „Märchen aus 1001 Nacht" im Jahr 1704 bot reichlich Stoff für Feste, Maskenbälle und Kostüme. Bei Maskeraden und im Karneval spielte das Türkenmotiv eine große Rolle – und der Kaffee als türkisches Getränk[2387] wurde so beliebt wie Tee und Schokolade. Nach-

---

2381 KOPPLIN, Turcica und Turquerien, S. 158 sowie PAPE, Turquerie.
2382 MIKLISS DE DOŁĘGA, Beobachtungen, S. 373. Gerade der Versailler Hof und der Dresdner Hof waren große Anhänger der türkischen Mode und waren aufgrund ihres ohnehin großen Einflusses auf die kulturellen Geschehnisse maßgebend und stilbildend.
2383 GEHLEIN, portée en chaise, S. 107.
2384 GEHLEIN, portée en chaise, S. 109.
2385 So gab es auch am Carlsberg mehrere ‚Mohren' als Bedienstete, deren Namen regelmäßig in den Gehaltslisten auftauchen. So sind es die „beyden Mohren Tobie und Prudent", die im Dienst des Herzogs stehen (LA Speyer, Best. B3, Nr. 2955, #933), sowie Barque, Jean, der als „Mohr bey Serenissimi" genannt wird, LA Speyer, Best. B3, Nr. 2953, S. 101. Zu den ‚Mohren' bei Hof s. u.a. KLEẞMANN, Mohr.
2386 BERCKENHAGEN, Exotisches, S. 185, mit weiteren Beispielen.
2387 „Die Europäer übernehmen nicht nur den Kaffee, sondern auch die Tradition des Kaffeehauses von den Türken. […] Im deutschen Raum war nicht – wie es die Sage erzählt – Wien die erste Kaffeehausstadt, sondern ab 1677 hatte Hamburg diese Einrichtung." WITZMANN, Kaffee und Kipferl, S. 366.

haltigen Eindruck machte hinsichtlich der Türkenmode die Hochzeit des sächsischen Kurprinzen Friedrich August mit der Erzherzogin Maria Josepha von Habsburg im Jahr 1719 in Dresden, als die Braut am Elbufer in einer türkischen Zeltstadt empfangen wurde und der Höhepunkt der Feierlichkeiten eine „Fête des Turques" bildete,[2388] wofür man eigens ein Lusthaus und einen Park zum „Türckischen Palais" und zum „Türckischen Garten" umgestaltet hatte.[2389]

b. Die türkische Mode im Herzogtum Zweibrücken und die dortige Tschifflik-Anlage

Zu Beginn des 18. Jahrhunderts entstand jene Anlage östlich von Zweibrücken als Sommersitz für den polnischen König Stanislaus Leszczynski.[2390] Dieser lebte ab 1714 im damals zu Schweden gehörigen Zweibrücken. In Erinnerung an den Schwedenkönig Karl XII. und dessen Aufenthalt in der Türkei ließ er ab 1715 von dem schwedischen Architekten Jonas Eriksson Sundahl (1678–1762) die Tschifflik-Anlage errichten.[2391] In Bender und Edirne, wo der Schwedenkö-

---

2388 MIKLISS DE DOŁĘGA, Beobachtungen, S. 375f. BECHTER, Kostbarkeiten, S. 193ff mit weiteren Nachweisen.

2389 „Neben dem Anfügen einer zweiläufigen Freitreppe an der Ostseite wurden u.a. die Wohn- und Festräume im Lusthaus in orientalischer Weise geschmückt, alle Türen und Fenster erneuert und auf das Dach ein Halbmond gesetzt." BECHTER, Kostbarkeiten, S. 193–195.

2390 Stanislaus Leszczynski (1677–1766) lebte nach seiner Vertreibung als König von Polen als „duc par délégation" ab 1714 im Herzogtum Pfalz-Zweibrücken, wobei ihm der schwedische König Karl XII. (27. 6. 1682–11. 12. 1718) auch die (bescheidenen) Einkünfte des Herzogtums zur Verfügung gestellt hatte. Leszczynskis Aufenthalt währte bis zur Nachricht des Todes des schwedischen Königs im Januar 1719, da mit dem Tod Karls XII. die schwedische Linie der Wittelsbacher erlosch und die Herzogswürde dem Pfalzgrafen Gustaf Samuel Leopold zufiel. Dazu u.a.: HKBAdW, Neue Deutsche Biographie, Bd. XV, S. 238. LEHMANN, Vollständige Geschichte; WEBER, Leszcinsky. KRZYŻANOWSKI, Leszczynski; kritisch zu Stanislaus Leszczinski in Zweibrücken vgl. u.a.: BAUMANN, Lesczinsky.

2391 Molitor beschreibt die Entstehung der Tschifflik-Anlage so: „Der König förderte durch seine Gegenwart die rasche Fortsetzung und war täglich mit seiner Familie in der Mitte der Arbeitenden, wobei er zuweilen selbst Hand angelegt haben soll. Nach deren Beendigung umgab er das Ganze mit einer Mauer und nannte es zur Erinnerung an seinen Aufenthalt in Bender Tschifflik." MOLITOR, Vollständige Geschichte, S. 379. Die Bedeutung und die Herkunft des Namens Tschifflik waren bereits im Laufe des 18. Jahrhunderts in Vergessenheit geraten. So wird berichtet, dass in der Nähe von Zweibrücken der ‚Lust-Ort Schuflick' in einem Tal läge, welchen der König Stanislaus angelegt habe. Der Name ‚Schuflick' rühre daher, dass einem Kavalier der Absatz abgebrochen sei, doch ‚die Herrn Pohlen' sprächen ihn ‚Schieflick' aus. Denkwürdiger und nützlicher Antiquarius des Neckar-Mayn-Lahn-Mosel-Stroms, Frankfurt 1740, S. 78. Zur Zweibrücker Tschiff-

nig sich aufgehalten hatte und von wo ihn Stanislaus Leszczynski zurück nach Schweden bringen wollte, hatte Stanislaus für die Dauer der diplomatischen Bemühungen ein Landhaus bewohnt, das „Tschifflik" – nach dem türkischen Wort für Landgut „Çiflik" – genannt wurde.[2392]

Das Aussehen der Zweibrücker Tschifflik-Anlage vermitteln zwei perspektivische Ansichten, die sich in der Bibliothèque Stanislas in Nancy erhalten haben (vgl. Abb. 100),[2393] von denen eine mit einer ausführlichen Legende versehen ist. Der westliche Teil der Anlage war, eingefasst von Gräben, Laubengängen und Kastanienalleen, einem Abhang folgend über einem Wasserlauf gelegen und durch zwei Terrassen in drei Ebenen geteilt. Kaskaden und seitlich begleitende Treppen vermittelten zwischen den drei Ebenen mit Parterres d'eau, filigranen Broderieparterres und Brunnen mit Wasserspielen. Auf der obersten Terrasse standen das Gärtnerhaus und das Wohnhaus des Hofmarschalls von Adlersfeld, ein quergelagertes Haus mit Walmdach. Auf dem mittleren Plateau hatte man in seitlichen über Eck verlaufenden eingeschossigen Pavillons Wohnmöglichkeiten für die Mutter und die beiden Töchter des Königs geschaffen. Die balustradenumlaufenen Dächer dieser Pavillons waren vom obersten Plateau aus begehbar.

In der Mitte des Plateaus befand sich das eingeschossige Lusthäuschen des Königs und der Königin, dessen seitliche zweiachsige Pavillons mit einem leicht geschweiften[2394] Walmdach bedeckt und durch eine Rücklage mit Satteldach

---

    lik-Anlage u.a.: Kunstdenkm. Rheinl./Pfalz, Zweibrücken, S. 403. HAUTTMANN, Tschifflik. DOHNA/RICHTER, Gartenpläne, S. 30–33. WEBER, Schloss Karlsberg, S. 41–45. DHOM, Regenten, S. 37–50. DÜRR, Gärten. SCHNEIDER, Schlösser, S. 25–31. AVCIOĞLU, Palace. JUNKER-MIELKE, Verborgene Schätze, S. 80–87.

2392 Der Aufenthalt in der Türkei hatte sich recht angenehm gestaltet, denn in den Briefen des Baron de Fabrice, einem Vertrauten Stanislas', heißt es 1713, dass der „Emperor [Ahmed III] [had] given orders, not only to furnish magnificently a seraglio adjoining to Adrianople [Edirne], there to lodge his Majesty, but also having sent orders to the Han and Bashaw here [in Bender], to treat King Stanislaus as the guest and friend of the Porte." Anecdotes du sejour du roi de Suede a Bender ou Lettres de M. le Baron de Fabrice pour servir d'eclaircissement a l'histoire de Charles XII, Hamburg 1760, Vol. 7, S. 217, zitiert nach: AVCIOĞLU, Palace, S. 4, die den Sultan Ahmed III als „peace-and-comfort-loving" charakterisiert, „who spent the first seventeen years of his reign in Edirne, away from his capital". AVCIOĞLU, Palace, S. 4,

2393 Plansammlung Morey, Bibliothèque Stanislas, Nancy. Diese Pläne stammen – ausgehend vom Vergleich der Handschrift und des Zeichenstils – von gleicher Hand wie die Ansichten, die sich vom Schloss in Zweibrücken und von Schloss Gutenbrunn in Wörschweiler im Hohenlohe Zentralarchiv Neuenstein erhalten haben, welche mit Gottfried Sundahl (um 1710–1771), Renovator in Pfalz-Zweibrücken von 1742–1756, bezeichnet sind.

2394 Hier stimmen jedoch die unterschiedlichen Abbildungen nicht überein. Ein Blatt, das die Fassaden der Häuser der Tschifflik-Anlage zeigt, gibt gerade Walmdächer an. Die übrigen Pläne, welche die Anlage aus der Vogelschau zeigen, geben geschweifte Dächer an.

Abb. 100: Gottfried Sundahl: Vue d'oiseaux Tschifflik in Zweibrücken

miteinander verbunden waren. Die Mitte des Gebäudes wurde in ähnlicher Form wie der Bau des Hofmarschalls durch einen erhöhten Dachausbau durchbrochen. Im Erdgeschoss der Rücklage zwischen den Pavillons wurden drei rundbogige Fenstertüren durch zwei Pfeiler voneinander getrennt, welche den Balkon mit der Balustrade des Obergeschosses zu stützen scheinen. Das Obergeschoss dieses Mittelbaues war mit einem eigenen Zeltdach bedeckt, dessen Grate ebenfalls zur Traufe hin aufwärts geschwungen waren. Die Spitze des Zeltdaches war, wie die Firstenden der seitlichen Pavillondächer, mit kleinen Knäufen versehen. Diese Dachform wurde an den übrigen Pavillons – wenn auch in gemäßigterer Form – wieder aufgenommen. Einen interessanten Gegensatz zu den geschwungenen Zeltdächern der Pavillons in Tschifflik bildeten die Überkuppelungen der Treillagendurchgänge, für die man die Form eines Glockendachs verwendete, in welchen der Dachschwung umgekehrt wurde. Zwei weitere seitliche Eckpavillons dienten als Speisesaal und Spielsalon und komplettierten das Bauensemble als einem Ort der Kurzweil und Zerstreuung.

Als Pendant dieses Ensembles erhob sich auf der gegenüber liegenden Hangseite des Wasserlaufs eine terrassierte Anlage mit Stufen und von Balustraden eingefassten Terrassen. Den oberen Abschluss bildete ein repräsentatives Tor, an ein Triumphtor erinnernd, das rückseitig über eine Treppenrampe zu besteigen war. Der Zeichner des Plans, Gottfried Sundahl, bezeichnete diesen Teil als „*les degres qui montent jusqu'a la hauteur de la montagne des trompettes qui ont été fait de gaçons, mais à present ruinés."* Es scheint sich dabei um Bauten gehandelt zu haben, von welchen man eine perfekte Aussicht auf die Broderien und Wasserspiele der mehrstufigen Anlage gegenüber hatte. Darüber hinaus gibt die Zeichnungslegende mit der Bezeichnung „montagne des trompettes", wie bereits von Wilhelm Weber beschrieben,[2395] den Hinweis auf eine Verwendung als Musikantenbühne. Noch in einer Reisebeschreibung des Jahres 1784 wird das vortreffliche Echo dieses Ortes eigens erwähnt.[2396]

Zusammenfassend handelt es sich bei der Tschiffliker Anlage um ein Architektur- und Gartenensemble, das zur gleichen Zeit entstand, in der man sich in Paris, Dresden, Ludwigsburg und Berlin der allgemeinen „Turkomanie" ergab.[2397] Der Grund für die Erbauung einer exotischen Anlage als Turquerie lag hier jedoch in erster Linie in der Biographie Stanislas Leszczynskis begründet. Die Architekturformen des Tschifflik muten zunächst nicht auffallend fremdländisch an, doch Details wie die leicht geschwungenen Dachfirste, die turmartig erhöhte Mitte des zentralen Pavillons und die glockenförmigen Kuppeln der Treillagen geben den Bauten zunächst das Aussehen einer unbestimmten Exotik.

Ein deutlicher Hinweis, dass die Anlage des Tschifflik, über dessen Innengestaltung bisher nichts bekannt ist, über eine gänzlich abstrakte Neigung zu fremdländischer Architektur hinausging,[2398] ist die Namensgebung. Darüber hinaus wird die Ausrichtung der Anlage und ihre Unterteilung in mehrere Terrassen von Nebahat Avcıoğlu mit der Anlage des Topkapı-Palastes verglichen, dessen hintereinander gelegene Höfe in ähnlicher Weise die Zugänglichkeit durch Besucher filterten, wie dies in der Tschifflik-Anlage vorgesehen war. Zudem wies

---

2395 WEBER, Gartenkunst, S. 38.
2396 MOLITOR, Vollständige Geschichte, S. 380.
2397 Der allgemeine Hang zur Exotik hatte bereits zuvor seinen Weg aus den Kunst- und Wunderkammern hinaus gefunden und schlug sich von nun an in der Innenraumgestaltung ebenso nieder wie in der Architektur einzelner Park- und Gartenpavillons, sowie in Lusthäusern innerhalb größerer Parkanlagen.
2398 Eine andere Ansicht vertrat Weber: Er sah keine Verbindung zu einem türkischen Landsitz, da die Anlage von italienischer und französischer Gartenkunst bestimmt sei. WEBER, Gartenkunst, S. 39. Dies widerspricht jedoch gerade nicht dieser These, sondern fügt sie allgemein in die Beispiele „orientalischer Bauten" dieser Zeit beispielhaft ein. Außerdem glaubte Weber, dass man sich „fälschlicherweise von dem türkischen Namen „Tschifflick" immer wieder dazu verführen ließ, in der Anlage von Tschifflick so etwas wie eine „exotische Provinz" oder gar ein Nachbild einer türkischen Gartenanlage, wie Stanislaus sie in Bender bewohnt haben mag zu sehen. […] Die Favorite in Mainz – nicht irgendeine Fata Morgana in der Türkei – müssen wir als Vorbild für Tschifflick heranziehen." WEBER, Leszcinsky, S. 13 f.

der Mittelpavillon für den König auf der mittleren Terrasse eine überraschende Ähnlichkeit mit einem zentralen Pavillon im Topkapı-Palast auf.[2399]

Auch der „Türkische Kiosk"[2400] im Schlossgarten von Lunéville, der nach den eigenen Vorstellungen König Stanislaus' von dessen Hofarchitekt Emmanuel Héré im Jahr 1737 vollendet worden war,[2401] zeigte in Grund- und Aufriss sowie in seiner Lage Ähnlichkeiten mit dem Perlenkiosk im Topkapı-Palast in Istanbul.[2402] Die leicht geschwungene zeltartige Dachform über dem Mittelpavillon, der dem zweigeschossigen Gebäude in ähnlicher Form vorgelagert ist wie

---

2399 „The building in the center covered with three pitched roofs, the one in the middle being higher than the two on either side, surprisingly resembles the building occupying the center of the smallest court in Lorichs bird's-eye view of Topkapı. [...] Tschifflik was not a copy of Topkapı; rather, it offered inspiration based on Stanislas's experiences of Ottoman culture, enriched by conversations on architecture while at Bender and Edirne, as well as through his knowledge of European travellers' accounts." AVCIOĞLU, Palace, S. 9f. Avcioglu stellt fest, dass bisher erst zwei Autoren eine Verbindung zwischen türkischen Gebäuden und den Bauten Stanislaus Leszczynskis hergestellt hatten: BALDENSPERGER, Kiosque, S. 183–189; MIDDLETON, Boullee, S. 35–49.

2400 In der Enzyklopädie von Denis Diderot und Jean d'Alembert ist das Wort Kiosk beschrieben als türkisches Wort, das mit ‚Pavillon' übersetzt werden kann und eine Form türkischer Gebäude darstellt, die zu den angenehmsten Bauwerken zählten, welche die Türken hätten. Einige habe man an Meeres- und Flussufern errichtet, doch die meisten in Gärten in der Nähe von Springbrunnen. Hierzu s. AVCIOĞLU, Palace, S. 4, die nachweist, dass es große Ähnlichkeiten zwischen dem Kiosk von Lunéville gibt, dessen Pläne auf Anweisungen des Königs selbst zurückgehen sollen, und dem Perlen-Pavillon im Topkapı-Palast in Istanbul, erbaut unter Murad III, zwischen 1588 und 1591.

2401 Am 17. März notierte der Prinz von Hessen-Darmstadt in sein Tagebuch: „Nous y vimes la maison turc qu'on appelle Chiost, et qui est de la propre invention du Roy. Elle est extremement jolie." Un voyage en Lorraine en 1741, in: Journal de la Société d'Archéologie Lorraine 45 (1986), S. 17–22, zitiert nach: AVCIOĞLU, Palace, S. 17, Anm. 30. Zu Héré s. HÉRÉ, Recueil. RAU GRÄFIN VON DER SCHULENBURG, Héré.

2402 „There are striking similarities between the Kiosque and the Pearl Kiosk built for Murad III between 1588 and 1591 in the outer gardens of Topkapı Palace. [...] Stanislas's Kiosque featured a facade auf similar extent with arches and a balcony and was similarly furnished with a fountain in the middle of the ground floor." AVCIOĞLU, Palace, S. 5. „The Pearl Kiosk's external appearance was slightly altered in 1681 by a new dome replacing the conical roof over the central hall; it was ultimately destroyed in 1871 to make way for the new railroad. [...] The kiosk may even have been the prototype for the Demirtas Palace (Kiosk) itself." AVCIOĞLU, Palace, S. 17, Anm. 32. Auch der Demirtas-Palast, erbaut im frühen 17. Jahrhundert in der Nähe des Sultanspalastes in Edirne, wird als Vorbild für die Pavillons in den Anlagen Stanislaus' genannt. AVCIOĞLU, Palace, S. 4.

Abb. 101: Jagdschloss Clemenswerth, Mittelbau
erbaut für Clemens August von Bayern, Kurfürst von Köln.

an den Gebäuden in Zweibrücken, deutet auf die Verwandtschaft der Bauten.[2403] Die Tschiffliker Anlage Zweibrückens kann daher, ebenso wie der „Türkische Kiosk" in Lothringen, als Sonderform der Turkomanie gewertet werden, die sich durch die Anlage der Gebäude und vermutlich auch durch Details der Ausstattung des Innern, wie beispielsweise eines Springbrunnens in der Halle des Kiosks, von den übrigen Bauten unterschied.

Einzelmotive wurden in der Folge vielfach, jedoch unter den unterschiedlichsten Vorzeichen wieder aufgegriffen. Einen ähnlichen Eindruck hinsichtlich der Dachform vermittelt beispielsweise der zentrale Bau des Schlosses Clemenswerth in Niedersachsen (Abb. 101), einer „Insel der jagdlichen Vergnügungen"

2403 Vgl. dazu MARCZOCH, Orientalismus, S. 144, der keine islamischen Formen erkennt. Auch Koppelkamm stellt lediglich eine Mischung aus türkischer Bezeichnung und geschweiften Dachkanten in chinoiser Manier fest, was jedoch stets auf China verweisen wollte. KOPPELKAMM, Der imaginäre Orient, S. 11. Dennerlein ordnet den Kiosk und die „Maison de Trèfle" trotzdem den exotischen Kleinarchitekturen zu, die zu den Berühmtheiten der lothringischen Gärten zählten, die „hier zum ersten Mal – etwa zwanzig Jahre bevor sie in englischen Gärten errichtet wurden – innerhalb eines französischen Gartens neben Architekturen im Zeitstil vor." DENNERLEIN, Gartenkunst, S. 90.

des Kurfürsten und Erzbischofs von Köln, Clemens August.[2404] Dort rekurriert die Dachform des mittleren Pavillons auf den Topos des Türkenzeltes (Abb. 102). Hier handelt es sich nicht um die Verwendung eines Architekturmotivs aus Gründen der Erinnerung an einen eigenen angenehmen Aufenthalt in türkischen Gefilden – vielmehr soll hier auf die Traditionslinie verwiesen werden, dass nahezu die gesamte Verwandtschaft des Kurfürsten in den Türkenkriegen gekämpft hatte. Im Park von Schloss Falkenlust hatte er sich eine Kapelle als ‚steinernes Türkenzelt' errichten lassen, einem Gartenhaus Lukas von Hildebrandts verwandt, das dieser für den Prinz Eugen erbaute.[2405] Auch an dieser Kapelle findet sich das Motiv des Zeltes am achtseitig gebrochenen, geschwungenen Mansarddach. Details der Fenster- und Türgewände nehmen arabisch anmutende Motive auf. Der ‚Morgenländische Bau', der in Sanspareil durch die Markgräfin von Bayreuth ab 1748 errichtet wurde, weist sich dagegen mehr durch seinen Namen als solcher aus. Die Bauformen und Details wie zeltartig geschwungene – in veränderter Form erhaltene – Dach- und Wandflächen aus Tuffstein deuteten den Willen zur Exotik an.

Abb. 102: Jagdschloss Clemenswerth erbaut durch Johann Conrad Schlaun für Clemens August von Bayern, Kurfürst von Köln. Detail des Daches

Die Zweibrücker Anlage ist im Kontext orientalisch-türkischer Bauten als frühestes Beispiel überhaupt zu sehen, das in dieser Form – wie auch die Anlage

---

2404 Der Bau wurde 1737 begonnen und zehn Jahre später fertiggestellt.
2405 MIKLISS DE DOŁĘGA, Beobachtungen, S. 370.

von Lunéville – ohne Nachfolge blieb. Sie jedoch nur einer allgemein einsetzenden „mode nouvelle à la Turque" unterzuordnen, scheint zumindest hinsichtlich der Intention und der gewählten Form der Anlage problematisch, da Stanislas Leszczynski mit der Anlage des Tschifflik und auch später mit dem Kiosk und dem Pavillon de Trèfle in Lunéville eine Form der Erinnerung an einen Lebensabschnitt dartun wollte, was sich völlig von den Motiven der Bauten von Dresden, Clemenswerth oder Bonn und deren Entstehungsgründen abhebt. Später und andernorts bezog man sich mit anderen Vorzeichen auf die Kunst des Orients, unter Verwendung von Symbolen, die mit der eigenen Kunstauffassung verwoben wurden und bildhaft für gesteigerte Sinnesfreude standen. Ein vergleichbarer Verlauf ist zu Beginn bei der Vorliebe für die Chinoiserien zu beobachten.

c. Tschifflik am Carlsberg

In der zweiten Hälfte des 18. Jahrhunderts ist ein Wiederaufleben der Turquerien in gewandelter Form zu beobachten.[2406] Im Gegensatz zu den frühen Bauten der allgemeinen Türkenmode wurde nun mehr Wert auf historische Authentizität gelegt. Ausdruck dafür ist insbesondere der Bau der ‚Alhambra' im Jahr 1758 und der ‚Moschee' im Jahr 1761, „gebaut nach den eigentümlichen Prinzipien türkischer Architektur"[2407] in den Gärten von Kew durch William Chambers. Obwohl Chambers, anders als bei den chinesischen Architekturen, nicht auf eigene Studien zurückgreifen konnte, entstanden hier erstmals Bauten, die für die Vorstellung orientalischer Architektur allgemein prägend wurden. Die Abbildungen der Gebäude fanden durch ihre Veröffentlichung in „Plans, Elevations …At Kew", erschienen 1763 in London, einen großen Bekanntheitsgrad.[2408] Die Moschee in Schwetzingen entstand ab 1779, nachdem dort man

---

2406 S. das Portrait des „Prinzen Maximilian Joseph von Pfalz-Zweibrücken in türkischer Tracht" aus dem Jahr 1763 von Christian von Mannlich (Villa Ludwigshöhe, Edenkoben, Abb. in: WEBER, Schloss Karlsberg, S. 506). Mannlich stellte – ganz in der Tradition von Jean-Etienne Liotard (1702–1789), des „peintre-turc" des 18. Jahrhunderts und Carle van Loo (1705–1765), der die Marquise de Pompadour im türkischen Kleid als Sultanin malte – den achtjährigen zweibrückischen Prinzen im türkischen Kostüm neben einem Mohrenpagen dar, der in orientalisierter Livree neben dem Jungen kniet und einen Turban und den Hubertusorden für ihn bereit hält. Zur Tradition dieser Malerei s. KOPPLIN, Turcica und Turquerien, S. 156 ff.; PAPE, Turquerie.
2407 HARRIS, William Chambers, S. 49.
2408 Diese Publikation fand nicht nur durch Chambers' eigene Veröffentlichung hohe Beachtung, sondern auch durch die Publikation in den periodisch erscheinenden Schriften „Jardins à la mode" von Georges Louis Le Rouge, die seit 1770 Kupferstiche und Beschreibungen der neuesten Gärten zeigten. Darin waren auch einige Alternativentwürfe zu Moscheen und Maurischen Tempeln enthalten. KOPPELKAMM, Der imaginäre Orient, S. 35, mit weiteren Beispielen.

Abb. 103: Carlslust: Fundamente des Tschifflik-Pavillons

schon vorher einen ‚türkischen Garten' geplant hatte, und geht auf den Einfluss von Chambers Entwürfen zurück.[2409] Auch in Potsdam sollte im Park des Neuen Palais von Sanssouci eine Moschee errichtet werden, die jedoch letztlich nicht verwirklicht wurde.[2410] Im Garten des Saarbrücker Ludwigsberges befand sich ein Gebäude, dem vermutlich durch Umbauten ein türkischer Charakter verliehen wurde.[2411] Es verwundert daher nicht, dass auch am Carlsberg das Interesse an einer „türkischen Architektur" erwachte, zumal man in Zweibrücken,

---

2409 FUCHS/REISINGER, Schloss, S. 165.
2410 GIERSBERG, Friedrich, S. 139 ff.
2411 S. Abb. 110, Knopf 10/22. Eine genaue Datierung des Gebäudes ist nicht möglich. Der Dachfirst dieses Gebäudes wurde mit türkischen Halbmonden verziert, während der Tür und den Fenstergewänden durch Kielbögen ein fremdländisches Aussehen verliehen wurde. Vor dem Gebäude stehen zwei Masten, welche an Minarette erinnern, die das Dach des Gebäudes überragen und deren Spitze ebenfalls jeweils ein Halbmond ziert. Ob dieses Gebäude dauerhaft mit diesem Schmuck versehen war, ist fraglich, da der gleiche Bau auf einem weiteren Knopf abgebildet ist, s. Abb. 110, Knopf 8/22, ohne den orientalischen Schmuck an Dach, Fenstern und Türen und ohne die ‚Minarette'. PAUL, Der Ludwigsberg, S. 258 f.

wie oben dargelegt, in einer eigenen Tradition türkischer Architekturen stand. Zwar erwähnte Mannlich in seinen Lebenserinnerungen weder die Existenz einer solchen Architektur, noch den Namen „Tschifflik", doch ein Pavillon dieses Namens ist für das Gebiet der Carlslust eindeutig nachgewiesen, denn in den Akten wird, wie gewohnt in unterschiedlichster Schreibweise, von Arbeiten berichtet, welche man *„ins Carlslust im Schiflücker Bavillion",*[2412] wenn auch nicht ohne vorangehende Komplikationen, verrichtet habe.

d. Ein Pavillon zieht um

Bereits eine der ersten Erwähnungen des Tschifflik in der Carlslust in der Liste der Ausgaben der Baukasse des Jahres 1780, laut welcher der Dachdecker Martin Bohn dafür bezahlt wurde, den *„transportirten Schiflicker Pavillon in der Carlslust"* mit Schiefer zu decken, wirft in ihrer Formulierung Fragen auf.[2413] An anderer Stelle heißt es, der Quadrator Jacob Müller habe für Arbeiten *„in dem ehemalig Schiflicker Pavillon in der Carlslust"*[2414] Geld erhalten. Auch der Schlosser Leseur *„ist für Arbeit an dem ehemalig Schiflicker Pavillon dermalen in Karlslust"*[2415] bezahlt worden. Aus diesen Formulierungen wurde daher der Schluss gezogen, man habe den Hauptpavillon des Tschifflik in Zweibrücken abmontieren lassen und in der Carlslust wieder aufgebaut.[2416] Dabei

---

[2412] LA Speyer, Best. B3, Nr. 2576, Bl. 270. Die Bezeichnung „Tschifflik" wird auch in den zeitgenössischen Beschreibungen der Carlslust vom Volksmund nicht erwähnt – auch nicht im Zusammenhang mit dem großen Feuerwerksunglück anlässlich der Hochzeit des Pfalzgrafen Maximilian Joseph, als die Bevölkerung eingeladen war, an den Feierlichkeiten in der Carlslust teilzunehmen.

[2413] LA Speyer, Best. B3, Nr. 2575, S. 40. Er erhielt dafür laut den Baukassenrechnungen für 1780 insgesamt 66 Gulden.

[2414] LA Speyer, Best. B3, Nr. 2575, S. 43.

[2415] LA Speyer, Best. B3, Nr. 2577, S. 30. Der Begriff „dermalen" wird gleichbedeutend mit „jetzt" oder „nunmehr" gebraucht.

[2416] KINZINGER, Tschifflick-Pavillon. „Herzog Karl II. August gefällt der Hauptpavillon Herzog Christians IV. in Tschifflick bei Zweibrücken so gut, dass er ihn 1779/80 einfach abmontieren und in der Karlslust am Karlsberg bei Homburg wieder aufbauen lässt." Dagegen spricht, dass auf einem Plan, der im Hauptstaatsarchiv München aufbewahrt (vgl. WEBER, Schloss Karlsberg, S. 45, ohne Angabe der Aktennr.) und in die Regierungszeit Herzog Christians IV. datiert wird, die Pavillons des Marschalls Adlersfeld und der königliche Pavillon sowie die Gebäude im Tal am unteren Bassin, welche erkennbar als Fachwerkgebäude errichtet worden, waren, bereits nicht mehr existierten. Es ist daher anzunehmen, dass auch die zentralen Gebäude – anders als die Räume, die als Substruktionen der Terrassenanlage notwendig waren, und die heute noch erkennbar sind, in leichter Holzbau- oder Fachwerktechnik errichtet worden waren und die Zeit daher nicht überdauern konnten. Abbildung auch in: SCHNEIDER, Schlösser, S. 29 mit anderer Datierung (1755) und ohne Angabe der Fundstelle.

handelte es sich zwar um ein mehrfach praktiziertes Vorgehen,[2417] doch im vorliegenden Fall kam eine andere Variante der Umsetzung zum Zug.

In den Bauakten ist am 16. Juni 1778 zunächst einmal davon die Rede, dem Maurermeister Christian Schweighofer 200 Gulden *„für das neu erbaut werdende Pavillon auf dem Carlsberg, nach denen SteigConditionen auszuzahlen".*[2418] Am 11. Juli quittiert Schweighofer den Empfang, reicht jedoch am 8. September an den Herzog die Bitte ein, ihm weiteres Geld als Abschlag zu zahlen, denn er habe *„die Maurer Arbeit an dem auf dem Carlsberg erbaut werden sollenden Pavillon, welches aber nunmehr in Carlslust erbauet wird, ersteiget"*[2419] und sei schon weit damit avanciert. In den Ausgabegeldern der Baukasse werden beide Abschlagszahlungen mit insgesamt bewilligten 400 Gulden *„wegen dem auf dem Karlsberg zu erbauenden Pavillon in zweymalen"* bis in das Jahr 1781 fortgeführt.[2420] Diese beiden Abschlagszahlungen bilden das entscheidende Erkennungsmerkmal, weshalb dieser Pavillon am Carlsberg mit dem ‚Tschifflik'-Pavillon in Verbindung gebracht werden darf.

In den Baukassenrechnungen des Jahres 1782 findet sich als Notiz zur Maurer Arbeit, dass dem Maurermeister Peter Rosche *„als Cessionarius besagten Maurer Schweighofers"* […] *„nach beyliegender Versteigerung wegen dem auf dem Carlsberg neu erbauten Pavillon 1118 fl."* gebührten.[2421] Allerdings wurden davon jene bereits von Schweighofer abschläglich erhaltenen 400 Gulden in Abzug gebracht. Die weiteren Informationen zu diesem Pavillon rühren in der

---

2417 So wurde beispielsweise im Jahr 1779 ein Stall in Jägersburg abgebrochen und mit größter Sorgfalt zum Carlsberg verbracht. LA Speyer, Best. B3, Nr. 2576, Bl. 107.

2418 LA Speyer, Best. B3, Nr. 2572, Bl. 350. Eine Schwierigkeit in der Auswertung der Archivalien rührte daher, dass nicht alle Handwerker die Bauwerke, an denen sie arbeiteten, genau benannten. Demnach ist sehr häufig nur von einem „Pavillon" die Rede, der jedoch nicht mit dem Namen „Tschifflik" verbunden wird. Da zumeist mehrere Gebäude in zeitlicher Überschneidung im Bau waren, musste zweifelsfrei festgestellt werden, dass es sich bei einem erwähnten „Pavillon" tatsächlich um „Tschifflik" handelte.

2419 LA Speyer, Best. B3, Nr. 2572, Bl. 351. Schweighofer macht geltend: *„Da ich nun zu Anschaffung der erforderlichen Materialien und Bezahlung meiner Arbeitsleute sehr nöthig Geld brauche, so erkühne mich Ew. Hochfürstl. Durchlaucht unterthänigst zu bitten: Mir auf diese Arbeit 300 fl. abschläglich gnädigst auszahlen zu lassen."* Laut einer Empfehlung Mannlichs wurde eine Ausbezahlung von 200 Gulden als angemessen erachtet.

2420 LA Speyer, Best. B3, Nr. 2577, S. 35.

2421 LA Speyer, Best. B3, Nr. 2579, S. 31/32. Am 6. November 1781 reichte Peter Rosche schließlich jene Rechnung über die ursprünglich vereinbarten 1118 Gulden, abzüglich der bereits geleisteten Abschlagszahlungen an seinen Vorgänger, bei der Baukasse ein. LA Speyer, Best. B3, Nr. 2580, Bl. 57. S. Anhang C.I.9.a.

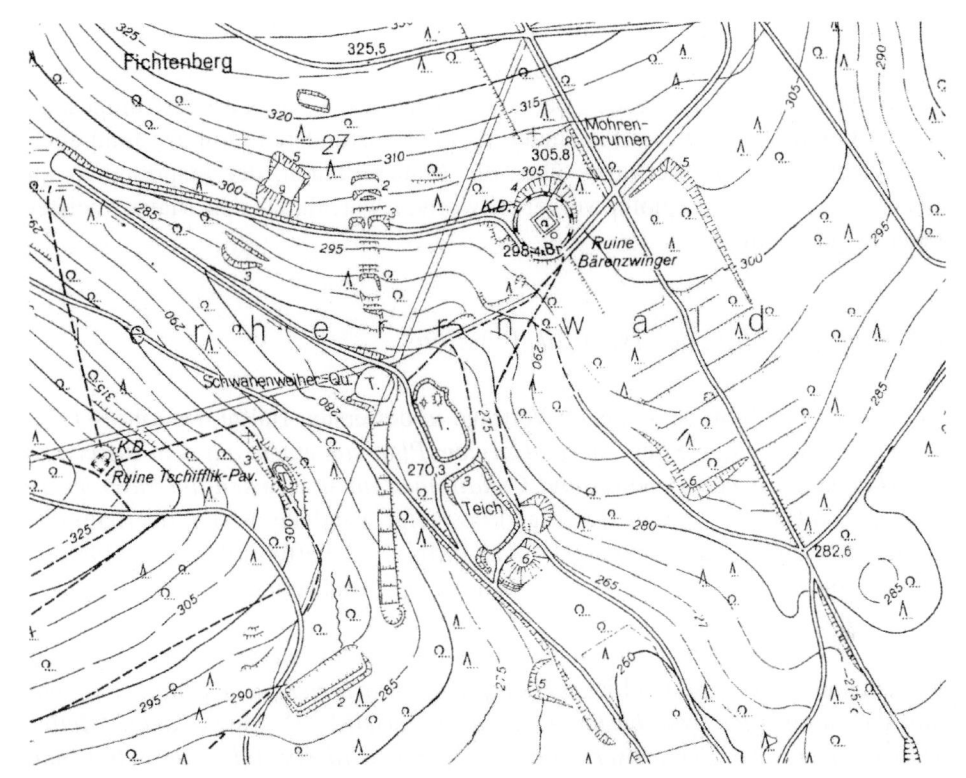

Abb. 104: Messtischblatt: Deutsche Grundkarte (DGK5). Ausschnitt Carlslust. Blatt Sanddorf, Sanddorf-Ost, Bechhofen-West. Maßstab 1:5 000.

Folge daher vom Zessionar des Vertrages, dem Maurermeister Rosche.[2422] Dieser berichtete bereits im Dezember 1778 über den *„Pavillon, woran ich die Maurer Arbeit mache, welches dermalen in Carlslust gebauet wird, hatte von Anfang sollen auf dem Carlsberg in den Wald gebauet werden. Ich hatte dahero ein Kalckloch gegraben, das Wasser zum Kalckablöschen den Berg herauf getragen und würklich 21 Malter Kalck abgelöscht, auch die nöthige Speißpfannen gemacht."*[2423] Am Ende musste man *„den Kalck wieder aus dem Loch heraus schaffen und ins Carls lust führen 6 Wagen a 30 xr."*[2424] Aus den erwähn-

---

2422 Folgerichtig gab Maurer Schweighofer in einer späteren Notiz vom 8. Juli 1781 an, er habe zwar *„die schifflicker Papilion so zu Carlslust auff gebaut worden"* ersteigert, dann aber *„an den Maurer Meister Roschy von Humburg zu Machen über Lassen und ged Mich diesses werck nichts an und kann mit Meister roschy verrechnet werden ohne mich darum zu keren".* LA Speyer, Best. B3, Nr. 2580, Bl. 51.
2423 LA Speyer, Best. B3, Nr. 2572, Bl. 175.
2424 LA Speyer, Best. B3, Nr. 2572, Bl. 175. An dieser Arbeit waren neben dem Meister ein Geselle, ein Handlanger und eine weitere Hilfskraft zwei Tage lang beteiligt. Der Meister erhielt für einen Arbeitstag 36, der Geselle 32 und ein Handlanger 24 Kreuzer.

ten Rechnungen wird in der Verbindung klar, dass es sich beim Tschifflik-Pavillon um ein Parkgebäude handelte, das zunächst für den Bereich des Carlsberges vorgesehen war, im Laufe der Bauarbeiten jedoch in die Carlslust umgesetzt wurde. Ob als Folge dieser Planänderung oder aus anderen Gründen fand auch eine Übernahme des Vertrages über die Mauerarbeiten, der ursprünglich an Maurermeister Schweighofer vergeben worden war, durch den Maurermeister Peter Rosche statt.

e. Details zum Bau des Tschifflik-Pavillons

Bei diesem Pavillon, dessen erste Verträge in der ersten Hälfte des Jahres 1778 versteigert wurden, wie der *„Bericht zu dem Plan von einem auf dem Carlsberg zu erbauenden neuen Pavillon und Conditionen unter welchen die Maurer Arbeit gemacht wird"*[2425] vom 12. Mai 1778 zeigt, handelte es sich oberhalb des Kellers um einen Fachwerkbau.[2426] Als Termin der Fertigstellung war für den Maurer und den Zimmermann Jacob Andler der Michaelitag[2427] 1778 vorgesehen. Laut den Vertragskonditionen für den Maurer hatte der Pavillon einen Keller, der nicht gewölbt, sondern lediglich mit ausgemauerten Balken bedeckt werden sollte. *„Der Boden* [des Kellers] *wird mit rau gehauenen Blatten belegt, die Wände werden rau bestochen und geweiselt."*[2428] Eine *„kleine Keller Treppe welche von der grösern hinunter gehet, wird ebenfalls von gehauenen*

2425 LA Speyer, Best. B3, Nr. 2580, Bl. 57; Der Bericht, laut dem Maurermeister Schweighofer den Zuschlag für den Vertrag erhalten hatte, bildet den Anhang zur Abschlussrechnung v. 6. September 1781, s. Anhang C.I.9.

2426 LA Speyer, Best. B3, Nr. 2576, Bl. 132. S. Anhang C.I.9.b. Die Verträge für den Maurer und den Zimmermann wurden beide am 12. Mai 1778 versteigert. Auch der Vertrag des Zimmermanns hat zunächst einen *„auf dem Carlsberg zu erbauenden Pavillon"* zum Inhalt, bezieht sich jedoch ebenfalls auf jenen Bau, der vom Carlsberg in die Carlslust verbracht wurde und hat den gleichen Termin der Fertigstellung zum Vertragsinhalt. Außerdem wird im Vertrag mit dem Zimmermann Andler der Maurermeister Schweighofer als dessen Bürge benannt, dem auch zunächst die Maurerarbeiten am Pavillon zugesprochen worden waren. Nicht zuletzt auf Grund der Entsprechungen innerhalb der beiden Verträge ist anzunehmen, dass sich beide auf das gleiche Gebäude und damit auf dasjenige beziehen, das vom Carlsberg in die Carlslust verbracht wurde, und in einigen Rechnungen mit ‚Tschifflik' bezeichnet wird. Die Mauern des Erdgeschosses sollten 1½ Schuh dick (das entspricht einer Dicke von 49 Zentimetern) in Fachwerktechnik mit Riegelwänden aufgeführt werden.

2427 Der 29. September wird nach dem hl. Michael als Michaelitag bezeichnet.

2428 LA Speyer, Best. B3, Nr. 2580, Bl. 57, s. Anhang C.I.9.a, Nr. 3) der Steigkonditionen. Laut Vertrag sollten die Fundamente des Pavillons zwei Schuh tiefer sein als der Keller, um dem Gebäude die notwendige Solidität zu geben. Der Keller musste vom Maurer selbst ausgehoben werden.

Steinen gemacht" (Abb. 105).[2429] Das Erdgeschoss wie auch das erste Obergeschoss wurde in Fachwerktechnik aufgeführt und innen und außen glatt verputzt und geweißelt. Die Türen und Fenster sollten mit sauber behauenen Steinen, versehen mit einem Gesims, gemauert werden.[2430] Drei steinerne Stufen mit Rundstabgesimsen führten zu einer großen, von einer Balustrade eingefassten Terrasse, die mit Platten belegt wurde, wobei man auch hier im Vertrag betonte, dass auf sorgfältige Arbeit Wert gelegt wurde.[2431] Der Zimmermann sollte die Baluster und die Zargen für die Stiege zum Obergeschoss des Pavillons anfertigen.[2432] Das Stiegenhaus wurde, wie auch der *"Gang zu denen beeden Feuerstätten,"*[2433] mit gehauenen Platten belegt. Für das Obergeschoss waren gemauerte Fenster und Türen vor-

Abb. 105: Carlslust: Fundamente des Tschifflik-Pavillons Detail: Steinerne Kellertreppe

---

2429 LA Speyer, Best. B 3, Nr. 2580, Bl. 58v., s. Anhang C.I.9.a, Nr. 10). Außerdem hatte der Schlosser Leseur zwei Kellertüren mit Bändern und Schlössern versehen. LA Speyer, Best. B3, Nr. 2955, #804.

2430 LA Speyer, Best. B3, Nr. 2580, Bl. 57, s. Anhang C.I.9.a, Nrn. 4) und 5).

2431 LA Speyer, Best. B3, Nr. 2580, Bl. 57, s. Anhang C.I.9.a, Nr. 6). Die Sockel und Zargen sollten aus sauber hauenem Quaderstein bestehen. Die Gesimse und Baluster der Terrasse wurden vom Zimmermann angefertigt, LA Speyer, Best. B3, Nr. 2576, Bl. 132, s. Anhang C.I.9.b, Nr. 5).

2432 LA Speyer, Best. B3, Nr. 2576, Bl. 132, s. Anhang C.I.9.b, Nr. 4). Die Stufen der Holztreppe sollten als Blocktritten, also als Stufen mit rechteckigem Querschnitt vom Zimmermann angefertigt werden.

2433 LA Speyer, Best. B3, Nr. 2580, Bl. 57, s. Anhang C.I.9.a, Nr. 7). Entsprechend waren zwei Kamine notwendig, die mit Backstein bis unter das Dach aufgemauert und mit einem Gesims abgeschlossen wurden. LA Speyer, Best. B3, Nr. 2580,

gesehen, während die Wände sorgfältig überbunden, verputzt und geweißelt werden sollten. Vom Obergeschoss konnte man auf zwei Balkone mit einer hölzernen Balustrade hinaustreten, denn *„auf dem untern Terras und denen beyden oberen Balcons"* […] wurden *„Gesimser und Balustrer vom Zimmermann ebenfalls sauber verfertiget."*[2434] Im Juni des Jahres 1779 zeigte der Dachdecker Martin Bohn an: *„In dem Carels Lust habe ich vor gnätigster Herrschaft die grosse schiflicker Bablion benanth mit Leyen gedeckt und mit 6 grosse Dachfänster und 4 Kehlen versehen."*[2435] Im August 1779 notierte der Schreiner Michael Bihl, *„in Karel lust an den schiflicher babeliohn"*[2436] sechs paar Jalousieläden angebracht zu haben, von denen jeder vier Schuh hoch und zwei Schuh, sechs Zoll breit war.[2437] Diese Arbeiten beziehen sich auf die Dachfenster. Zwei zweiflügelige Haustüren, die von den Schreinern gemacht wurden, beschlug der Schlossermeister Anton Leseur im Dezember 1780 laut seinem *„Verzeichnuß derer schlosser Arbeit welche in den schißlicher in den Bablion in das Karls lust gemacht hab"*[2438] mit starkem Winkelband und Spitzkloben, Riegelschlössern und vier starken Schubriegeln und vier Türknöpfen, so dass das Gebäude sorgfältig verschlossen werden konnte.

Die Arbeiten im Inneren des Gebäudes sind für den Sommer des Jahres 1780 anzunehmen, denn der Quadrator Jacob Müller gab jene Arbeiten an, welche er in der Carlslust im Tschiffliker Pavillon verfertigt hatte. Dazu gehörte die

---

Bl. 57, s. Anhang C.I.9.a, Nr. 8). Der Dachdecker Martin Bohn hatte dort *„2 Camin lecher auf gebrochen und zugedeckath"*. LA Speyer, Best. B3, Nr. 2576, Bl. 222. Wenn das Gebäude mittels Öfen geheizt wurde, war der ‚Gang zu den Feuerstätten' in den Fluren gelegen, damit die Dienerschaft mit dem Brennmaterial und der Asche nicht durch die Räume laufen mussten, sondern die Heiz- und Reinigungstätigkeit ohne Schmutz und ungesehen vorgenommen werden konnte.

2434 LA Speyer, Best. B3, Nr. 2576, Bl. 132, s. Anhang C.I.9.b, Nr. 5).
2435 LA Speyer, Best. B3, Nr. 2576, Bl. 226. Mit dieser Arbeit, so gibt der Dachdecker an, habe er sich 66 Gulden *„seyerlich verdieneth"*. Der Vertrag des Zimmermeisters enthielt die Herstellung von nur vier Dachfenstern, LA Speyer, Best. B 3, Nr. 2576, Bl. 132, s. Anhang C.I.9.b, Nr. 7). Die Wangen der Dachfenster sollten vom Maurer wiederum sauber ausgemauert, glatt bestochen und geweißelt werden. LA Speyer, Best. B3, Nr. 2580, Bl. 57, s. Anhang C.I.9.a, Nr. 13). Die für den Zimmermann avisierte Anzahl der Dachfenster wurde später auf sechs erhöht.
2436 LA Speyer, Best. B3, Nr. 2576, Bl. 157.
2437 LA Speyer, Best. B3, Nr. 2576, Bl. 157. Das entspricht einer Höhe von 1,30 Meter und einer Breite von 81 Zentimetern. Für die Anfertigung der Fenster erhielt er 15 Gulden. Außerdem habe er für sechs Fenster die Futter- und Blendrahmen angefertigt.
2438 LA Speyer, Best. B3, Nr. 2578, Bl. 95. Die Kosten beliefen sich auf 16 Gulden pro Tür, also mehr als für die Anfertigung der eigentlichen Haustür. Auch zehn Stubentüren und zwei zweiflügelige Glastüren wurden mit schließenden Fallen und Fischbändern beschlagen.

„Quadratur Arbeit" im Pavillon, die zwar nicht näher benannt wurde, die sich jedoch nur auf die Deckenarbeiten beziehen kann, da laut Schadensverzeichnis des Mobiliars[2439] die Wände des *„Schifflicker Pavillon ins Carlslust Im untern Stock 7. Zimmer"* nebst einem Alkoven und einem Kabinett *„auf Tuch tappezirt"* waren. Diese Stuckaturarbeiten verteilten sich auf *„7 Zimmer nebst dem grossen Saal oben."*[2440] Für die Monate Juli bis Dezember des Jahres 1780 liegen Forderungen des Tünchers Johann Georg Stenger in Höhe von rund 200 Gulden für den Tschiffliker Pavillon vor.[2441] Die sieben Räume des Erdgeschosses wurden durch acht Türen, eine zweiflügelige Glastür und eine Tapetentür verbunden, während zwei große zweiflügelige Glastüren zur Terrasse nach draußen führten.[2442] Von den Schreinern wurde ein geschweifter Alkoven für das Schlafgemach im Erdgeschoss angefertigt sowie 13 Fensterboiserien befestigt. Darüber hinaus habe man *„zwei Klafter Stück Lamperi gemacht daß Klafter 5fl."*[2443] Jene 13 Fensterboiserien stimmen mit der der Spezifikation der Schreiner überein, wonach neben einem kleinen Fenster zwölf große Fensterrahmen gefertigt wurden, die das Stück neun Gulden in der Herstellung kosteten,[2444] worin ein Anhaltspunkt für die Größe der Tschiffliker Fenster gesehen

---

2439 HStA München, Abt. IV, Serienakten, N. 2 im Etat, erstellt von Oberjäger Schügens am 4. September 1793. In geänderter Schreibweise wiedergegeben bei BECKER, Karlsberg, S. 16 ff.
2440 LA Speyer, Best. B3, Nr. 2576, Bl. 270. Die Arbeit war pro Schuh mit 4 Kreuzern angesetzt worden und umfasste insgesamt 350 Schuh (113,68 Metern). Bei der Arbeit muss es sich um eine einfache Stuckarbeit gehandelt haben, denn das Ziehen von gipsernen Gesimsern wurde mit 6 Kreuzern pro Schuh berechnet.
2441 LA Speyer, Best. B3, Nr. 2953, S. 664. Auch benannt bei SCHNEIDER, Schlösser, S. 339, ohne Quellenangabe.
2442 LA Speyer, Best. B3, Nr. 2955, #804. Die drei Schreiner Georg Bintz, Anton Becker und Jacob Ludwig waren über einen längeren Zeitraum im Tschiffliker Pavillon tätig. Laut der Spezifikation dieser drei Schreiner wurden im Erdgeschoss acht Türen mit Futter- und Blendrahmen eingepasst. Die Spezifikation der Arbeiten datiert zwar auf den 23. August 1783, doch die identische Forderung der drei Schreiner über 564 Gulden 56 Kreuzer *„Vor Gnädige Herrschaft in des Carlslust in dem Schiflicker Bavillion"* wird schon in den v. Creutzerschen Rechnungen für den April 1782 geführt. LA Speyer, Best. B3, Nr. 2953, S. 86. Die Anfertigung der acht Stubentüren kostete 60 Gulden, große Glastüren kosteten pro Tür 13 Gulden, *„Item Ein Tabeten Thür mit futer und bekleitung tut 4 fl.",* eine Haustür und eine normale Glastür dagegen nur 10 Gulden. Eine Kellertür kostete 3 Gulden. Auch benannt bei SCHNEIDER, Schlösser, S. 339 f., ohne Quellenangabe.
2443 LA Speyer, Best. B3, Nr. 2955, #804. Das entspricht einer Länge der Holzvertäfelungen von 3,66 Metern. Der Alkoven kostete mit Holz und Arbeitslohn 15 Gulden.
2444 LA Speyer, Best. B3, Nr. 2955, #804. Dazu passend wurden *„12 Zwey flügliche finster Ramen beschlagen mit 6 fischban und 2 schubregel auf Blech gesetzt thut einer 4 fl."* LA Speyer, Best. B3, Nr. 2578, Bl. 95v.

werden kann.²⁴⁴⁵ An allen Fenstern hatte man Fensterläden angebracht, die, je nach Größe, entweder *„zum zien gericht seien mit 7 Schaufeln"*²⁴⁴⁶ oder mit 10 verstellbaren Brettchen versehen waren.

Im Obergeschoss befanden sich ein Saal, ein Gang und zwei Galerien, die zunächst mit glatten Dielen belegt wurden.²⁴⁴⁷ In diesem Saal wurden im Anschluss drei Klafter Friesboden verlegt, im gesamten Obergeschoss fünf zweiflügelige Glastüren, eine eingefasste Tür und eine kleine Tür gesetzt,²⁴⁴⁸ die dem gesamten Obergeschoss einen lichtdurchfluteten Charakter verliehen. Die Schreiner hatten außerdem im unteren und im oberen Stockwerk insgesamt *„45 Klafter Lamperi gemacht."*²⁴⁴⁹ Laut dem ‚Verzeichnis der Effekten' hatte man *„Im obern Stock ein Compagnie Saal deßgleichen tappeziert"* wie die Zimmer des Erdgeschosses und diesen Saal möbliert mit *„44 Seßel und Stühl wovon 20 von Rohr sämtlich mit doppelten Küssen."*²⁴⁵⁰ Für insgesamt 15 Fenster des Pavillons hatte man Vorhänge *„von carriren Toil de cotonne"* ausgewählt, die ebenfalls im Verzeichnis der fehlenden Objekte aufgelistet wurden.²⁴⁵¹ Die bei-

---

2445 Dieser Preis von 9 Gulden für einen Fensterrahmen ist auffallend hoch, da die meisten Fensterrahmen durchschnittlich vier Gulden kosteten. Zum Vergleich finden sich Fenster am rechten Schlossflügel, deren Preis sich auf 9 Gulden 30 Kreuzer belief. Diese Sprossenfenster waren 7 Schuh 6 Zoll hoch und drei Schuh breit (2,44 x 0,97 Meter), LA Speyer, Best. B3, Nr. 2584, Bl. 231. Maßgebend für den Vergleich dieser Rechnungen war, dass nicht nur der Arbeitslohn, sondern auch verwendetes Holz berechnet wurden, was nicht in allen Rechnungen der Fall ist. 1781 wurden vom Glasermeister Paul Purllacher für 32 Kreuzer *„1 Tag in schifliger bäblion fenster gebuzt."* LA Speyer, Best. B3, Nr. 2585, Bl. 11.
2446 LA Speyer, Best. B3, Nr. 2578, Bl. 95v. Der Schlosser Anton Leseur gibt an, dass vier kleine Sommerladen beschlagen werden sollten. Solche Schlagläden mit verstellbaren Jalousiebrettchen ‚zum ziehen' kennt man auch von den übrigen Gebäuden des Carlsberges. Weiter wurden acht größere Sommerläden angeschlagen, die jeweils zehn Schaufeln und eine Zugstange zum Bewegen der Brettchen hatten. Im Sommer des Jahres 1782 geht eine Rechnung des Tünchers Andreas Gitzner ein, wonach er *„Auf Befehl des Baumeister Herr Schäffer"* […] *„in dem Schifflicker Pavillon ins Carlslust 8 Schalousie Läden In Öhlfarb Angestrichen"* und einen Tag lang mit Öl und Farbe daselbst repariert habe. LA Speyer, Best. B3, Nr. 2593, Bl. 21.
2447 LA Speyer, Best. B3, Nr. 2955, #804.
2448 LA Speyer, Best. B3, Nr. 2955, #804. Den Friesboden zu legen kostete pro Klafter 45 Kreuzer.
2449 LA Speyer, Best. B3, Nr. 2955, #804. Das entspricht einer Länge der Holzvertäfelungen von 82,48 Metern. Hier wurde das Klafter nur mit 3 Gulden berechnet, was ein Hinweis auf den unterschiedlich hohen Aufwand der Holzvertäfelung ist.
2450 HStA München Abt. IV, Serienakten, N. 2 im Etat, erstellt am 4. September 1793. BECKER, Karlsberg, S. 32. zitiert auch bei WEBER, Schloss Karlsberg, S. 303; SCHNEIDER, Schlösser, S. 343, jew. ohne Quellenangabe.
2451 HStA München Abt. IV, Serienakten, N. 2 im Etat. Im Pavillon befanden sich außerdem noch ein Tisch, ein Nachttisch, ein Nachtstuhl, ein Bidet und eine Bett-

den Balkons des Obergeschosses ermöglichten vom Kompaniesaal aus den Blick in die Carlslust.

Da dieser Pavillon als Lusthaus zur privaten Sphäre gehörte, in welchem die durch das Zeremoniell bedingten Regeln keine Geltung besaßen, mussten auch die Dekoration und Möblierung nicht diesen zeremoniellen Vorgaben unterworfen werden, sondern konnten der Bequemlichkeit gelegentlicher Aufenthalte dienen. Im Erdgeschoss, in dem nur eine kleine Zimmeranzahl mit einem Schlafgemach mit Alkoven und einem Toilettenkabinett sowie weiteren sechs Räumen untergebracht waren, musste nicht die klassische Folge eines Appartements eingehalten werden. Vielmehr konnten sie als „Wohn"-Zimmer, beispielsweise in Form eines Ankleide-, Schreib-, Spiel- oder Assembléezimmers eingerichtet werden, während sich im Keller vermutlich der utilitäre Bereich für Geschirr, Heizmaterial und Vorräte befand.[2452]

f. Standort und Funktion des Carlsluster Tschifflik-Pavillons (Abb. 104)

Die Rechnungen geben keine Hinweise auf den genauen Standort des Pavillons in der Carlslust. Lediglich August Petri berichtete am 10. Oktober 1793 in einer Spezifikation der Schäden in der Carlslust, welche die Pflanzen betrifft, man habe *„Am Hang ohnweit des Schiflicker Pavillons unter der Schanze"*[2453] 204

---

lade. Diese Liste zählt jedoch nicht jene Möbel und Ausstattungsstücke auf, die man zuvor bereits entfernt hatte. Eine Schadensabschätzung *„denen Gebäuden so noch von den Franzosen stehen geblieben aber Ruinirt geworden sind"*, HStA München, Abt. IV, Serienakten, Nr. 1999, erstellt am 16. September 1793 von Baumeister Krutthofen, gibt die baulichen Schäden der Gebäude an, unterteilt in Maurer- und Steinhauerarbeit, Schreiner-, Schlosser und Glaserarbeit. Allerdings fasst dieser Schadenseat des Carlsluster Bauwesens die Schäden in allen Pavillons zusammen, so dass sich beispielsweise aus dem Erfordernis von Schreinerarbeiten an 35 Fenstern keine Schlüsse über einzelne Bauten ziehen lassen.

2452 „Es ist an den Höfen angenommener und ausgemachter Saz: Daß die Residenz auch der Sitz des Ceremoniels seye und dahero der Regent auf Lust= Land= und Jagd= Schlössern und Häusern in vilen Stücken nachlassen könnte, welches in erstem Fall seine Würde und die Strenge der Hof=Gesetze nicht gestatteten." MOSER, Teutsches Hof=Recht, S. 274. Zur Distribution und Ausstattung fürstlicher Lustschlösser nach zeitgenössischen Schriften s. KOTZUREK, Funktion, S. 53–56.

2453 BayHStA München, Abt. IV, Serienakten 1999, N. 20 im Etat. Jeder der Bäume wurde mit einem Wert von 15 Livres veranschlagt, (1 Livre = 25 Kreuzer) also 6 Gulden, 15 Kreuzern. Im Messtischblatt des Geländes des Carlsberges existiert die Gemarkung ‚Hinter der Schanz', die jedoch nicht in einen direkten Zusammenhang mit einem Gebäude zu bringen ist, zumal es im Gelände, das im Verlauf des Jahres 1793 umkämpft war, mehrere Schanzen gibt. S. zu den Ereignissen der Gegend die „Aufzeichnungen des zweibrückischen Regierungsrates Ludwig Philipp Horstmann (um 1735–1818) aus den Jahren 1789–1817", mitgeteilt von BUTTMANN, Zweibrücken.

Abb. 106: Carlslust: Fundamente des Tschifflik-Pavillons
Detail: Blick über die Mittelachse zur ‚Apside'

Pinus abies, also Kiefern abgeschlagen, welche eine Höhe von mehr als acht Metern erreicht hatten. Somit steht fest, dass es sich um ein Bauwerk gehandelt haben muss, das am Hang gelegen war – doch dies allein besitzt noch keine Aussagekraft, da die Carlslust ein weitläufig von Talsenken durchzogenes Gelände mit vielen Hängen ist.

Bisher wurden dort zwei Pavillons ergraben. Die Grundmauern eines Pavillons (Abb. 112) wurden 1999 von Stefan Ulrich freigelegt.[2454] Dieser Bau scheidet jedoch auf Grund seiner räumlichen Disposition und seiner erkennbaren Funktion als Vogelhaus aus.[2455] Ein zweiter Pavillon, der im Volksmund früher „*Ka-*

2454 Grabungsdokumentation s. ULRICH, Konzept, S. 60 f.
2455 S. dazu Kap. C.II.6. Der Pavillon, der in den Berichten Mannlichs und anderer Zeitgenossen in der Carlslust gegenüber der Kaskade beschrieben wird, und von dem Schneider annimmt, es handele sich hier um den Tschifflik, scheidet ebenfalls aus. S. dazu Kap. C.II.5. Dieser Pavillon war kleiner als jene Räumlichkeiten, die für den Tschifflik angegeben wurden und nicht unterkellert. Anders vgl. SCHNEIDER, Schlösser, S. 338 f.

pelle" genannt wurde (Abb. 106),[2456] für den sich jedoch seit der Freilegung durch Wilhelm Weber 1954/55[2457] auch der Name *„Tschifflik"* eingebürgert hat, könnte mit dem vorbeschriebenen Gebäude übereinstimmen. Ein Hinweis darauf ist die Tatsache, dass der Tschifflik laut Angaben der Akten ein gemauertes Kellergeschoss hatte. Der von Weber ergrabene Tschifflik-Pavillon ist der einzige Pavillon der Carlslust, der ein Kellergeschoss aufweist, und ausreichend Raum für die angegebene Anzahl der Kabinette bot.[2458] Ein weiterer Grund ist der Achsenbezug, der den Pavillon nach den Untersuchungen von Peter Jordan festlegt als „Teil-System der Gesamt-Anlage" von wo sich

Abb. 107: Carlslust: Überreste des Bachlaufes durch das Tal der Carlslust zu den Schwanenweihern

---

2456 S. dazu WEBER, Schloss Karlsberg, S. 303; SCHNEIDER, Schlösser, S. 342. Die Bezeichnung ‚Kapelle' könnte auf die talseitige Apside im Grundriss der Fundamente zurückzuführen sein, da die Apsis über lange Zeit der einzig sichtbare Teil des Fundaments war.

2457 Weber berichtet: „Die Reste und Grundmauern dieses an einem Berghang liegenden Gebäudes wurden bei den Ausgrabungen auf dem Karlsberg in den Jahren 1954/55 freigelegt." WEBER, Leszcinsky, S. 14. Im Zuge dieser Grabungen wurden auch die Maße aufgenommen. Danach bildet der Grundriss nahezu ein Quadrat mit einer Kantenlänge von 10,55 x 10,25 Metern. Die weiteren Maße s. WEBER, Schloss Karlsberg, S. 303 sowie Abbildung S. 304.

2458 Anders Schneider, der die Anzahl der Räume nicht in Übereinstimmung bringen kann. Die Grundfläche des Obergeschosses, die er immerhin auf 95 Quadratmeter errechnet, erachtet er als nicht ausreichend für die Möblierung und stellt die Zuschreibung dieses Pavillons als Tschifflik in Frage. SCHNEIDER, Schlösser, S. 343. S. dazu Kap C.II.5.

„Blickbeziehungen vom und zum Tschifflik-Pavillon auf der Hangkante des gegenüberliegenden Südhanges"[2459] ergeben (Abb. 104). Der Blick zum Südhang geht über den Talgrund, der heute versumpft ist. Ein erhaltener Quellmund in der nordöstlichen Talkehre und eine weitere, frei austretende Quelle sowie ein noch existierender befestigter Bachlauf im oberen Teil bis zum Talgrund (Abb. 107) zeigen, dass der Bachlauf bis zu den Schwanenweihern führte.[2460] Damit wurde eine Geländesituation geschaffen, die der des Tschifflik in Zweibrücken nicht unähnlich ist. Auch hier stehen sich über einem Wasserlauf aufeinander bezogene Pavillons und Terrassensysteme gegenüber, die jedoch auf einem abweichenden Konzept beruhen.

Der dritte Grund, der für die Annahme spricht, dass es sich bei diesem Pavillon tatsächlich um den historischen Tschifflik handelt, ist die Raumdisposition, die sich aus den Akten erschließt und die sich mit den Fundamenten in Deckung bringen lässt (Abb. 103). Der erhaltene quadratische Grundriss der Fundamente zeigt die Disposition einer Maison de plaisance, die auf die wesentlichen Elemente beschränkt wurde: Einem kleinen Vestibül, neben dem nach rechts ein Treppenraum situiert ist,[2461] folgt nach links gewandt ein Kabinett. Die Mittelachse des Baues wurde durch einen rechteckigen Salon mit einer vorgelagerten hufeisenförmigen Apside betont, wobei sich nicht erschließt, bis in welche Höhe die Mauer die Apside reichte. Vom Salon ausgehend erreichte man beiderseits jeweils zwei Kabinette (Abb. 108). Die kompakte Raumanordnung des Gebäudes über einem Quadrat, dessen erhaltene Fundamente nurmehr kantige Räume zeigt, ohne eventuelle dégagements anzudeuten, geht im Kern auf einen Grundriss zurück, das Jacques François Blondel in seiner Publikation über die Maisons de Plaisance vorschlug (Abb. 109).[2462] Auf die Raumdistribution dieses Gebäudes lässt sich wiederum eine Vielzahl weiterer Bauten zurückführen.[2463] Hier wurden die Grundrisse über einem Rechteck angeordnet, in dem mehrere seitliche Kabinette von einem zentralen Salon abgingen.

2459 JORDAN, Waldlandschaftspark, Teilbereich Tschifflik-System.
2460 JORDAN, Waldlandschaftspark. In der nordöstlichen Talkehre ist dieser Bachlauf noch befestigt und gut zu erkennen. S. Abb. 107.
2461 In den Akten war vermerkt, dass die Treppe zum Obergeschoss sich über der Kellertreppe fortsetzt. Laut Laugiers Forderungen nach Bequemlichkeit einer Treppe bedarf es hier das meiste Licht, da dort ein Fehltritt mit dem größten Risiko verbunden sei. LAUGIER, Manifest, S. 120. Die Treppe des Tschifflik-Pavillons lag auf der Süd-West-Seite, also der günstigen Seite des Gebäudes.
2462 S. auch BLONDEL, distribution, Bd I, S. 173 f., Abb. S. 174. Dieses Gebäude ist jedoch so konzipiert, dass sich alle Räumlichkeiten, so auch das Cabinet de Compagnie, der größte Raum neben dem zentralen Salon, auf einer Etage befinden, „à l'imitation des Edifices d'Italie", BLONDEL, distribution, Bd I, S. 173. Die Küche wurde im Souterrain untergebracht.
2463 Dazu zählt beispielsweise das Badhaus, das sich Kurfürst Carl Theodor von Nicolas de Pigage in Schwetzingen ab dem Jahr 1768 hatte erbauen lassen. Auf

Abb. 108: Carlslust: Fundamente des Tschifflik-Pavillons

Damit war innerhalb der Carlslust ein weiteres Gebäude entstanden, das in eine aktuelle Zeitströmung einzuordnen ist, welche auch an anderen Höfen nachweisbar ist. So befanden sich in der Carlslust Gebäude in türkischer Manier und von chinoisem Charakter. Im Nebeneinander der Turquerien und Chinoiserien

---

dem Rasenvorplatz standen die Bacchuskinder von Konrad Linck (1730–1793) – eine ähnliche Skulptur, vermutlich ebenfalls von Linck, hat sich für den Carlsberg im Depot des Historischen Museums Speyer erhalten, s. Abb. 91. Auch Schloss Falkenlust in Brühl, ab 1725 vermutlich durch François Cuvilliés zur Sommerresidenz ausgebautes Jagdgebäude des Kurfürsten und Fürstbischofs Clemens August von Köln, geht auf die Prinzipien des Blondel'schen Grundrisses zurück. S. dazu FRANK, Maison, S. 98 ff.; KOPPELKAMM, Der imaginäre Orient, S. 53 f. FUCHS/REISINGER, Schloss, S. 143 f . Wilhelm Weber stellte als Vorbild für den Pavillon einen Grundriss aus Grohmanns Ideen-Magazin vor, der ebenfalls eine Apside, jedoch drei Kabinette und ein Treppenhaus aufweist. S. WEBER, Schloss Karlsberg, S. 303, Abb. S. 305, ohne genaue Fundstelle. Das erste Heft des Ideenmagazin „für Liebhaber von Gärten, Englischen Anlagen und für Besitzer von Landgütern um Gärten und ländliche Gegenden, sowohl mit geringem als auch großem Geldaufwand, nach den originellsten Englischen, Gothischen, Sinesischen Geschmacksmanieren zu verschönern und zu veredeln" erschien jedoch erst 1796 in Leipzig, also 18 Jahre nach Erbauung des Tschifflik.

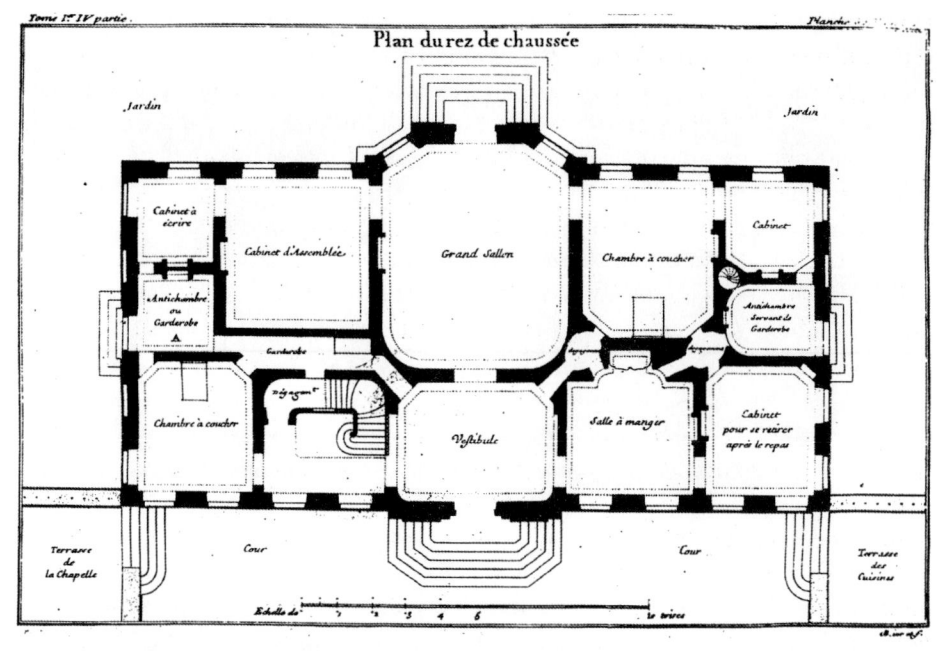

Abb. 109: Blondel, Jacques-François: Plan du rez de chaussée
Entwurf Nr. IV für eine „Maison de plaisance"

entstand für den Herzog auf diese Weise die Möglichkeit eines Spaziergangs durch exotische Architekturen der Welt im eigenen Gartenreich, ähnlich wie in Kew,[2464] in Monceau,[2465] am Ludwigsberg oder in Hohenheim.

4. Der Zeltbau in der Carlslust

Die großen Fürstenhochzeiten hatten, wie oben bereits ausgeführt, zu Beginn des 18. Jahrhunderts dazu beigetragen, die Mode à la turque zu verbreiten und

---

2464 HARRIS, William Chambers, S. 49.
2465 Der Garten im Stil eines „Jardin anglo-chinois", im 8. Arrondissement von Paris gelegen, wurde von 1773 bis 1778 angelegt durch Louis Carrogis, genannt Carmontelle, im Auftrag von Louis-Philippe d'Orleans, Duc de Chartres (1747–1793). So entstand ein Ort „d'une simple fantaisie, d'un jardin extraordinaire où seraient réunis tous les temps et tous les lieux." RACINE, Guide, S. 168. Zum Garten von Monceau auch: BUTTLAR, Gartenkunst, S. 111 ff. mit Abbildungen. Musée Cernuschi: Grandes et petites heures du Parc Monceau: hommage à Thomas Blaikie (1750–1838), jardinier écossais du duc d'Orléans, Paris 1981, „La Folie de Chartres 1773–1780" S. 19–39. Dort waren ein türkisches Zelt, eine holländische Windmühle, ein türkisches Minarett, ein chinesischer Schirm und ein italienischer Weinberg u.v.m. nebeneinander zu sehen.

Gelegenheit geboten, in erbeuteten Prachtzelten der Türkenkriege Feste zu feiern. Auf dieser Tradition basierend, fand die Türkenmode in der zweiten Hälfte dieses Jahrhunderts neben den Chinoiserien ihren Eingang in die Staffagebauten der Gartenkunst. Exotismen wie der chinesische Pavillon, der türkische Kiosk oder das türkische Zelt brachten damit die „Idee der Verfügbarkeit aller Kulturen als Exempla in den Rahmen eines Landschaftsgartens."[2466] Auch der Garten der Carlslust bot schon zu Beginn der Bau- und Vergrößerungsaktivitäten am Carlsberg den gewünschten Rahmen für solche Architekturen. Schon 1778 findet sich der erste Nachweis über ein Zelt in der Carlslust,[2467] das über einen längeren Zeitraum dort gestanden hatte, denn noch im Februar des Jahres 1781 hatte der Schlosser Betsch 8 Bänder „*zu der Zelt in Carlslust angeschlagen.*"[2468]

Dieses achteckige Zelt wurde über einer hölzernen Konstruktion mittels acht Stangen errichtet, die der Hoftapezierer Richard „*gewunden blau und weis angestrichen jede ist lang 7 Schu 5 Zoll breit 10 Zoll.*"[2469] Drei Latten um das Zelt herum waren dagegen ganz in Blau zu halten, maßen sieben Schuh und besaßen eine Dicke von acht Zoll.[2470] Die Höhe des Zeltes erschließt sich aus acht Latten mit einer Länge von 11 Schuh und 4 Zoll, „*welche die Zelt zusammen halten*" und die zu gleichen Teilen Weiß und Blau gestrichen wurden.[2471] Zur Sicherheit hatte man es mit acht Steinen beschwert.[2472] Danach wurden die acht

---

2466 ANANIEVA, Erinnerung, S. 240. Über den Garten im anglo-chinoisen Stil in der Paullust in Pawlowsk, wo sich um eine Einsiedelei und Ruinen ein Chinesischer Pavillon (Kitajskaja Besedka) und ein Türkisches Zelt (Turezkaja Palatka) gruppierten.

2467 Es handelt sich dabei um den Vermerk des Schlossermeisters Bubong, er habe im Juli acht Zwingen für die Pfosten eines Zeltes in der Carlslust hergestellt. LA Speyer, Best. B3, Nr. 2572, Bl. 246. Diese Rechnung wird von Mannlich zur Anweisung weitergeleitet. Der Schreiner Jörg Bihl hatte im Zusammenhang mit Arbeiten in der Carlslust eine „*Zelten stang von 7 schuh*" im Juli 1778 abgerechnet. LA Speyer, Best B3, Nr. 2572, Bl. 212.

2468 LA Speyer, Best. B3, Nr. 2584, Bl. 330. Die Rechnung datiert vom Juni 1781 und weist für die Arbeit am Zelt 12 Kreuzer aus.

2469 LA Speyer, Best. B3, Nr. 2576, Bl. 238. Das entspricht einer Länge der Pfosten von 2,41 Metern und einer Dicke von 0,27 Metern. Die Rechnung des Hoftapezierers wurde im Februar 1779 eingereicht und enthält die Tüncherarbeiten an einem Zelt in der Carlslust.

2470 Das entspricht einer Länge von 2,27 und einer Dicke von 0,22 Metern.

2471 LA Speyer, Best. B3, Nr. 2576, Bl. 238. Die Latten besaßen eine Länge von 11 Schuh 4 Zoll und eine Breite von 6 Zoll, was einer Länge von 3,68 Metern und einer Breite von 27 Zentimetern entspricht.

2472 LA Speyer, Best. B3, Nr. 2576, Bl. 238. Die Steine mussten ebenfalls mit weißer und blauer Ölfarbe gestrichen werden. Sie waren jeweils 2 Schuh hoch, 3 Schuh 5 Zoll tief und 1 Schuh breit, was einer Größe von 0,65 x 1,11 x 0,32 Metern entspricht.

Seiten des Zeltes mit „*8 Fliegel mit blau und weiser Öhlfarb auf beyden Seiten [...]*"[2473] zu gleichen Teilen angestrichen. Jeder der Flügel hatte eine Höhe von 10 Schuh und 4 Zoll und eine Breite von 5 Schuh und 6 Zoll, „*mithin betragen diese 8 Fliegel auf einer Seite 454 schu 8 zl: also auf beyten Seyten 909 Schu 4 Zl:.*"[2474] Über das Material der Flügel wird dabei keine Aussage gemacht. Die erforderlichen Rahmen für die trapezförmigen Zeltflügel hatte der Möbelschreiner Philipp Corfier angefertigt, der in einem Beleg der Baukassenrechnung schrieb: „*[...] auf Befehl Ihro hochfürstl. Durchlaucht und order des Herr Hoff Dabezirer Rischar habe ich auff den Carls berg eine Neue Zelt gemacht mit 8 ramen Jede ram 11 schu lang an einem und 9 schu breit und am andern end 2 schu breit nebst 2=8 eckige ramen darzu mit einer Cubell und 8 Deckleisten über die fugen Nebst 8 drag leisten Vor auff die Posten zu legen [...].*"[2475] Die „*Schweifung an der Kuppel, welche lang ist 2 Schu 10 Zoll und hoch 1 Schu halb blau und halb weiß angestrichen*"[2476] schloss das Zelt nach oben ab. Der Umfang der Kuppel, die sich zur Spitze über zwei achteckige Rahmen verjüngte und an deren Außenseite ringsum Lambrequins mit 30 blauen und weißen Quasten[2477] befestigt waren, beträgt acht mal die Breite von 0,65 Metern, also 5,20 Meter. Ebenso wie die Quasten dienten vermutlich auch mindestens „*8 Stück kleine Kranz jedes lang 6 Zoll breit 4 Zoll*"[2478] der Dekoration. Die Höhe des Zeltes von ca. 3,57 Metern bis zur Kuppel wurde durch die Rahmen vorgege-

---

2473 LA Speyer, Best. B3, Nr. 2576, Bl. 238.
2474 LA Speyer, Best. B3, Nr. 2576, Bl. 238. Das ergibt eine Höhe der Flügel von 3,36 und eine Breite von 1,79 Metern. Die blaue Ölfarbe kostete sechs Kreuzer pro Schuh, die weiße Ölfarbe kostete nur drei Kreuzer.
2475 Sie waren zu fertigen aus „*anderthalb zölligem holtz Jede 8 schu lang 3 zol breit thut vor holtz Nägell und arbeitslohn 38 fl. 30.*" LA Speyer, Best. B3, Nr. 2591, Bl. 255. Der Beleg des Möbelschreiners datiert vom Dezember 1778 und wurde vom Hoftapezierer Richard attestiert. Jeder Rahmen hat damit eine Länge von 3,57 Metern und eine Breite von 2,92 Metern und ‚am anderen Ende' eine Breite von 0,65 Metern, verjüngte sich also nach oben. Die Leisten hatten eine Länge von 2,60 Metern und eine Breite von 8 Zentimetern.
2476 LA Speyer, Best. B3, Nr. 2576, Bl. 238. Das entspricht einer Länge von 0,92 und einer Höhe von 0,32 Metern.
2477 LA Speyer, Best. B3, Nr. 2576, Bl. 238. Der Tapezierer hatte „*30 Stück Quasten Rings um die Zelt blau und weiß angestrichen a 12 xr macht 26 fl.*"
2478 LA Speyer, Best. B3, Nr. 2576, Bl. 238. Das entspricht einer Länge von 16 und einer Breite von 11 Zentimetern. Für einen „*Rahm zum Kranz welche rund herum*", welcher zwölf Schuh mit einer Dicke von sieben Zoll aufwies, wurde ebenfalls ausschließlich blaue Farbe zu sechs Kreuzern pro Schuh verwendet. Das entspricht einer zu bearbeitenden Länge von 3,90 und einer Dicke von 0,19 Metern. Für den Zeltbau waren noch „*8 Stück Kränz*" notwendig, auf zwei Seiten zweifarbig angestrichen, mit einer Länge von neun Schuh vier Zoll und einer Breite von einem Schuh. Das entspricht einer Länge von 3,03 und einer Breite von 0,32 Metern.

ben, die am unteren Ende eine Breite von 2,92 Metern hatten und damit einen Umfang des Zeltes von 23,36 Metern bildeten. Der Durchmesser des Zeltes betrug damit ca. sechs Meter mit einer Fläche von ca. 30 Quadratmetern. Das Zelt entstand 1778 in der Carlslust, als dort auch die Arbeiten zur Anlage der Menagerie in vollem Gange waren.[2479]

Das Zelt, das in der Carlslust errichtet wurde, fügte sich zeitlich in eine Reihe bekannter Beispiele ein. Im Garten von Monceau[2480] befanden sich neben einer Vielzahl unterschiedlicher Parkgebäude ein „Tente Tartar" und ein „Tente Turque".[2481] Auch im Ludwigsberger Garten in Saarbrücken wurde am Ende einer Querachse im Kiefernwald ein Platz angelegt, den der Gartendirektor des Fürsten Ludwig von Nassau-Saarbrücken Johann Friedrich Koellner[2482] beschrieb: „Diese rundung ist im Kiefern wald gewesen, wo des Mittags gespeist, auch abend gegessen, und Music gemacht. Da ist ein Zelt gestanden."[2483] Dieses zweifach gekuppelte runde Zelt mit umlaufenden Lambrequins ist auf einem der verschollenen Elfenbeinknöpfe[2484] mit Motiven des Ludwigsberges zu erkennen und erinnert an das runde Binnenzelt im Staatszelt Kara Mustafas, das als Kupferstich weite Verbreitung fand.[2485] Es liefert mithin einen Anhaltspunkt für den möglichen Aufbau des Zeltes in der Carlslust. (Abb. 111)

Auch in Schweden erbaute Frederik Markus Piper 1780 für König Gustav III. ein Zelt im Garten von Drottningholm.[2486] Wie weit die Kreise waren, die diese

---

2479 S. zur Menagerie Kap. C.II.7.
2480 Zum Garten von Monceau s. Anm. 2465.
2481 MARCZOCH, Orientalismus, S. 147. Im Garten befand sich neben einer holländischen Windmühle eine gotische Ruine, eine chinesische Brücke, ein Minarett u.v.m. Das Aussehen des Gartens wurde über ein im Jahr 1779 erschienenes Tafelwerk überregional verbreitet. Abbildung des Tartarenzeltes als Stich aus: Louis Carmontelle, Jardin de Monceau, près de Paris, 1779 in: KOPPELKAMM, Der imaginäre Orient, S. 10.
2482 Zu Johann Friedrich I. Christian Koellner (1733–1809) s. LOHMEYER, Südwestdeutsche Gärten, S. 19f. sowie 34f. TREPESCH, Landschaftsgarten, S. 12f. SCHWAN, Geschichte, S. 93.
2483 LOHMEYER, Südwestdeutsche Gärten, S. 94, Abb. 107, S. 108. PAUL, Der Ludwigsberg, S. 260.
2484 Die Knöpfe wurden von Johann Friedrich Dryander (1756–1812) mit Miniaturen des Ludwigsbergs bemalt und von Hermann Brandseph fotografiert. Angaben zu den Elfenbeinknöpfen bei PAUL, Ludwigsberger Garten. (Abb. 111, 5/28). Eine zeitliche Einordnung des Zeltes war jedoch bisher nicht möglich.
2485 Abgebildet in: HM Wien, Türken, S. 111, Kat. Nr. 12/7. Das Staatszelt Kara Mustafas, Nicolò Billy d.Ä., Kupferstich, 30,2 x 42,2 cm, Wien HM, Inv. Nr. 37.989.
2486 Piper (1746–1824) orientierte sich dabei vermutlich an einem „Turkish Tent" in Painshill. Piper war Architekt am schwedischen Hof und wurde 1785 von dem französischen Architekten Jean-Louis Desprez abgelöst. S. MARCZOCH, Orientalismus, S. 147. Eine Abbildung des Zeltes in Painshill von Piper findet sich in: REINHARDT, Gartenkunst, S. 126, Abb. 10.

Abb. 110: Brandseph, Hermann: 22 Elfenbeinknöpfe von Johann Friedrich Dryander mit Ansichten vom Ludwigsberg, 1899, Originale verschollen

Abb. 111: Brandseph, Hermann: 28 Elfenbeinknöpfe von Johann Friedrich Dryander mit Ansichten vom Ludwigsberg, 1899, Originale verschollen

Mode zog, zeigen die ‚Briefe über den Garten von Pawlowsk, geschrieben im Jahr 1802' von Heinrich Friedrich Storch,[2487] der im zweiten Brief erwähnt: „Gleich bey der Barriere finden Sie hier auf einem erhabenen freyen Platze ein großes Zelt, dessen geschmackvolle Verzierungen der berühmte Dekorationsmaler Gonzago besorgt hat."[2488] All diesen Zelten war offensichtlich gemein, dass sie aus vergänglichen Materialien wie Holz und Leinwand bestanden, weshalb einige zwar bildlich dokumentiert sind, keines davon jedoch erhalten ist. Die einzigen Zelte, die bis in die heutige Zeit ortsfeste Bestandteile einer Gartenanlage blieben, befinden sich im Garten von Schloss Drottningholm und im Park von Haga in Stockholm. Das Zelt im Park von Haga war von Beginn an nicht als leicht auf- und abzubauender ‚Pavillon transportable' geplant,[2489] sondern bestand aus mehreren Pavillons und Rücklagen aus Kupfer.[2490] Auch bei diesem Zelt hatte man sich für die Farben Blau und Weiß entschieden, während die einfassenden Lambrequins, Quasten und Fransen der Kuppeln und Dachkanten sowie schmückende Wappenkartuschen in Gold gehalten waren.

Die Zelte, die als Staffagebauten die Gärten zierten, werden meist mit dem Terminus „türkisch" als Hinweis auf den Ursprung der Präsentation türkischer Prachtzelte aus den Türkenkriegen verbunden. Jene erbeuteten Prachtzelte, die sich noch heute zum Teil in den Museen befinden,[2491] wurden auch in den nachfolgenden Jahrzehnten immer wieder aufgebaut, um das Thema eines Festes zu untermalen.[2492] In der zweiten Hälfte des 18. Jahrhunderts entfernte sich die Liebe zur Turquerie immer mehr von diesem Topos und wurde – hier in Gestalt

---

2487 H. F. Storch, in Russland Adrej Karlowitsch Schtorch, (1766–1835). Autor, Professor der schönen Literatur, ab 1799 Erzieher der Zarentöchter, Mitglied der Akademie der Wissenschaften. S. dazu: ANANIEVA, Parkbeschreibung, S. 307 f.

2488 STORCH, Briefe, S. 292. Da die ersten Entwürfe für russische Projekte des Dekorationsmalers Pietro die Gottardo Gonzaga (1751–1831) erst ab Januar 1792 nachgewiesen sind, kann das Zelt frühestens ab 1792 entstanden sein.

2489 Johann Gottfried Grohmann gibt in seinem Werk ‚Engl. Anlagen für Besitzer von Landgütern etc.', Leipzig 1797, ein Beispiel für eine türkisches Zelt, das transportabel ist und an jedem beliebigen Ort wieder errichtet werden kann; s. dazu MARCZOCH, Orientalismus, S. 148.

2490 MARCZOCH, Orientalismus, S. 148.

2491 So beherbergt das Badische Landesmuseum in Karlsruhe die Sammlung des Markgrafen Ludwig Wilhelm von Baden-Baden, die aus der so genannten „Türkenbeute" hervorgegangen ist. Das Bayerische Armeemuseum Ingolstadt besitzt die „Türkenbeute" des bayerischen Kurfürsten Max Emanuel, wozu auch ein Zelt gehört. Die Militärabteilung der Staatlichen Kunstsammlung auf Schloss Friedrichstein bewahrt ein Zelt eines türkischen Befehlshabers aus einem türkischen Heerlager auf; s. zur Kasseler Türkenbeute u.a. LEHMANN/SCHMIDT, Kassel, S. 108.

2492 So errichtete man in Darmstadt ein ‚Lustlager', u.a. festgehalten im Bild von Johann Heinrich Schmidt (1757–1821) ‚Das Lustlager von Groß-Gerau', 1782, Öl auf Leinwand, 47 x 59 cm, Schlossmuseum Darmstadt.

eines Zeltes – als orientalische Variante neben den Chinoiserien im kleinen Gartenkosmos adaptiert. In diesem Kontext ist auch das Zelt der Carlslust zu sehen. Mit der Zeit der Aufklärung ist ein Nachlassen des Interesses an solchen Staffagen zu beobachten. Patrick Lemasson formuliert diese Entwicklung des Exotismus, die zu Beginn des 19. Jahrhunderts ihr vorläufiges Ende fand, so: „Jean Jacques Rousseau trug den Orientalismus in Emile – zumindest vorläufig – mit einer einzigen Formulierung zu Grabe: ‚Jener Philosoph liebt die Tataren, um dafür seine Nachbarn nicht lieben zu müssen.'"[2493]

5. Die ‚Drei Pavillons' – ein Lusthaus in der Carlslust

Eine explizite Nennung von ‚drei Pavillons' findet sich weder in der zeitgenössischen Literatur, noch bei Mannlich, der nur summarisch von „verschiedenen Gebäuden"[2494] schreibt. Eine Angabe findet sich in einer Rubrik des Schadensverzeichnisses des Carlsberges und der Carlslust.[2495] Hier wird der Begriff der „3 Pavillon" im Kontext der Carlslust aufgeführt. Der Schaden in der Carlslust in *„den 3 Pavillon 5 Zimmer, 1 Alkov, 2 Cabinet, alles mit papirenen Tapeten tappezirt auf Tuch, in dem kleinen Saal 14 garnirte Sessel, in dem andern Zimmer 20 Stühl mit Kissen, für 9 Fenster die Umhäng"*[2496] macht insgesamt 1000 Gulden aus. In der Schadensabschätzung der Gebäude[2497] werden für die Carlslust an erforderlicher *„Maurer und Steinhauer-Arbeit"* um *„84 Zimmer in den drey Bavilion, Wollieur, Schifflicker Pavillon, und Taglöhners Hauß zu rep.*[arieren] *samt Materialien"* insgesamt 209,36 Gulden veranschlagt.

Bei weiterer Durchsicht der Schadensverzeichnisse fällt auf, dass für die Nennung der ‚drei Pavillons' stets die gleiche Form gewählt wird: Die ‚drei Pavillons' werden stets als Einheit, niemals jedoch als einzelne Komplexe aufgezählt.[2498]

Hinsichtlich der Vielzahl von Pavillons, die sich in der Carlslust befanden, kann die Nennung von drei Pavillons als solche zunächst zwar nicht verwundern, da mehrere Orte in der Carlslust durch ihre Geländestruktur die Annahme eines Gebäudestandorts wahrscheinlich machen. Die Münchner Akten des Kriegsar-

---

2493 LEMASSON, Exotismus, S. 134.
2494 MANNLICH, Rokoko und Revolution 1966, S. 222.
2495 BayHStA München, Abt. IV, Serienakten 1999, N. 2 im Etat. In Auszügen bei BECKER, Karlsberg, S. 32.
2496 BayHStA München, Abt. IV Serienakten 1999, N. 2.
2497 BayHStA München, Abt. IV Serienakten 1999. Die Schätzung der Gebäudeschäden wurde von Baumeister Krutthofen vorgenommen.
2498 So wird beispielsweise „*Vor die Cascade, und den steinernen Fußboden in den 3 Pavillion zu rep.*[arieren]" die Summe von 66 Gulden veranschlagt.

chivs mit ihrer einheitlichen Nennung von ‚drei Pavillons' bilden den Grund für die Annahme, dass es sich bei diesen Pavillons um einen einheitlichen, wenn auch vermutlich mehrteiligen Komplex handelte, und nicht um drei getrennt voneinander zu betrachtende Bauten.[2499] Die Baukassenrechnungen und Bauprotokolle bestätigen diese These und geben darüber hinaus weiteren Aufschluss über die Beschaffenheit dieser ‚drei Pavillons', die in einem Zeitraum vom Sommer 1778 bis zum Winter des Jahres 1779 errichtet wurden.

Die erste Erwähnung in den Speyerer Akten findet sich in Form einer Rechnung des Leyendeckers Martin Bohn vom Dezember des Jahres 1778, in der er um die Zahlung von 40 Gulden bittet, denn er habe auf Befehl des Baumeisters Schaeffer *„[…] die trey bablion oder lusthauß in das Carels lust mit leyen gedeckt."*[2500] Hier nimmt der Handwerker selbst eine Gleichsetzung dieser allgemein gewählten Bezeichnung ‚drei Pavillons' mit der Funktionsbenennung ‚Lusthaus' vor. Das Gebäude war im Dezember unter Dach und Fach. Eine Rechnung über Spenglerarbeiten reichte Peter Wery im Januar 1779 ein, der *„fünf Stück fahnen auf das Babillion auf das Carls Lust"*[2501] anbrachte. Der zeitliche Zusammenhang rechtfertigt hier die Annahme, dass es sich auch in diesem Fall um eine Arbeit für die ‚drei Pavillons' handelt. Auch die Angabe des Vergolders Anton Schupp vom 29. November des Jahres 1778 ist damit zu verbinden, der *„auff des Karlß Lust einen grosen Knopf samt dem fahnen und Curhut feyn verguld den sturtz wais aufgetzogen"* und *„fihr kleyne knepf samt den fahnen und stärn feyn verguld die stürtz mit weisser fernius farb ausgetzogen"*[2502] hatte.

Zeitlich geht diesen Rechnungen ein erhaltener *„Bericht zu dem Plan von einem im Carlslust zu erbauenden Pavillon und Conditionen, unter welchen die Zimmer Arbeit versteigt wird"*[2503] vom Juli 1778 voraus, der mit den ‚drei Pavillon' vermutlich identisch ist. Erster Punkt der Konditionen für den Zimmermann lautet: *„Das ganze Pavillon wird mit Riegelwänd, wie der Riß zeiget, und diese*

2499 Schneider interpretiert die Pavillons dagegen als separate Gebäude und weist der von Ulrich ergrabenen Voliere die Bezeichnung eines der drei Pavillons zu, vgl. SCHNEIDER, Schlösser, S. 342.
2500 LA Speyer, Best. B3, Nr. 2572, Bl. 175. Rechnung vom 7. Dezember 1778.
2501 LA Speyer, Best. B3, Nr. 2582, Bl. 103. Für die Fahnen, *„der gröste a 4 fl. die andere a 3 fl. das Stück"* wurden 16 Gulden verlangt.
2502 LA Speyer, Best. B3, Nr. 2572, Bl. 283. Der Vergolder Schupp verlangte dafür 61 Gulden. Die Vergoldung von einem großen Knopf und Fahne sowie vier kleinen Knöpfen mit Fahnen und Stern stimmt mit den Angaben über die Anzahl der Fahnen in der erwähnten Rechnung des Spenglers überein.
2503 LA Speyer, Best. B3, Nr. 2584, Bl. 64. Die Versteigerung der Zimmermannsarbeit erfolgte am 24. Juli 1778. Den Zuschlag erhielt in Zimmermeister Cullmann zu 109 Gulden mit 50 Gulden Vorschuss.

werden 5 Zoll dick gemacht und auf beyden seiten sauber abgeteilt."[2504] Das Gebälk des Pavillons sollte beschlagen und ausgespundet, das Dach mit geschweiften Sparren aus zweizölligen Dielen gemacht werden.[2505] Danach sollte der Maurer zeitig seine Arbeit aufnehmen können. Zusammen mit der Aufgabe, Riegelwände zu errichten, ist die Tatsache, dass der Maurer nach dem Zimmermann tätig werden muss, ein Hinweis auf die Errichtung des Pavillons in Fachwerktechnik.

Im August des folgenden Jahres führten die Schreiner Jörg und Johannes Bihl gemeinsam mit Johannes Daniel in einer gemeinsamen Rechnung Details ihrer *„Arbeit welche wir ins Karels Lust an den trey babeljon haben verfertigt wie folgt"*[2506] detailliert aus. So wurden die Rahmen für zwei *„geschweiffen hauß dieren mit futer und bekleitung"* angefertigt. Jeder Türrahmen mit geschweiften Zapfenstücken war für eine zweiflügelige Tür bestimmt und maß in der Höhe sieben Schuh drei Zoll, in der Breite drei Schuh und sechs Zoll.[2507] Dazu wurden *„an obige Löcher 2 glaß dieren Ein iete mit 2 fliegel die Zaben sticker geschweifft"* das Stück zu elf Gulden geliefert. Außerdem berechnete man vier eingefasste Türen, jede sechs Schuh sechs Zoll hoch und drei Schuh breit.[2508] 14 Fensterrahmen mit Futter und Fensterverkleidung waren *„in und auswentig die bekleitung außgekelt oben alle runt"*, die zweiflügeligen Fenster waren vier Schuh neun Zoll hoch und drei Schuh breit und entsprechend ebenfalls ‚oben rund'.[2509] Zusätzlich mussten *„2 blint Löcher beckleit"* werden, die in gleicher Weise wie die übrigen Fenster mit Sommerladen ausgestattet wurden, um damit ein einheitliches Bild am Bau zu schaffen. So wurden *„16 pahr sommer laten an obige Löcher mit 2 fligel dut das pahr vor holz und arbeits lon 3 fl. 20 xr."* angebracht. In direkter zeitlicher Folge, ebenfalls im August des Jahres 1779,

---

2504 LA Speyer, Best. B3, Nr. 2584, Bl. 64.
2505 LA Speyer, Best. B3, Nr. 2584, Bl. 64. Der Zimmermann musste *„seine Arbeit längstens in Zeit 6 Wochen fertig haben, damit der maurer nicht gehindert wird, seine Arbeit bey der guten Witterung noch fertig zu machen."*
2506 LA Speyer, Best. B3, Nr. 2576, Bl. 160. Rechnung vom 1. August 1779 über 260 Gulden. Die Rechnung wird im Baukassenmanual des Jahres 1780 aufgeführt: *„Item dem Schreiner Georg und Johann Biehl, wie auch Johann Daniel ist zusammen für Arbeit an denen drey Pavillions in der Carlslust zalt worden 260 fl."* LA Speyer, Best. B3, Nr. 2575, Pag. 35.
2507 Die Haustüren hatten also die Maße 2,35 x 1,14 Meter. Die Rahmen kosteten je 20 Gulden.
2508 Die Türen hatten jeweils eine Höhe von ca. 2,11 Metern und eine Breite von ca. 0,97 Metern. Diese Türen waren weniger aufwändig gefertigt und kosteten entsprechend nur 6 Gulden 30 Kreuzer pro Stück.
2509 Die 14 Fensterrahmen schlugen pro Fenster mit vier Gulden 30 Kreuzer zu Buche. Die zweiflügeligen Fensterrahmen hatten eine Höhe von jeweils 1,54 Metern und eine Breite von 0,97 Metern.

wurde der Schlosser Bubong tätig.[2510] Zu den Schlosserarbeiten gehörte es, an 16 Fensterrahmen jeweils zwei Flügel mit Fischband und polierten Riegeln sowie Sommerläden anzuschlagen. Weiter hatte man neben zwei einfachen Toren und zwei Zimmertüren *„zwey zweyfliglige Thoren alta beschla mit fisch und pollirten rigel und schissent fallen schloß",*[2511] die mit den Glastüren der Schreinerrechnung in Übereinstimmung gebracht werden können, denn man hatte *„an bemelten Thoren zwey zweyfligligen Klas Thiren beschla mit fisch und pollirten Schissent fallen und schub rigel".* In den beheizbaren Räumen wurden noch zwei zweiflügelige eiserne Kamintüren mit Blei angebracht. Auch der bereits oben genannte Alkoven wurde laut der Schlosserrechnung noch *„beschla mit 2 Thoren,"* und zusätzlich wurden 120 Spalierhaken *„gemacht vor an das pabbelion",* die man benötigte, um Latten für die Tapetenbespannung zu befestigen.[2512] Vom 18. August datiert eine Spezifikation der Schreinerarbeiten des Michael Bihl, der ein *„geschweften alkof in die trey babliong"* angefertigt hatte. Außerdem habe er *„in 5 Zimer Lambarien gemacht seint in den 5 Zimer an Klafter 28 [...]"* und man habe *„den boten im sall gethilet seint 44 dilen darein."*[2513] Außerdem wurden Rippen gelegt und Spalierlatten an den Saalwänden befestigt, um die Tapeten darauf anbringen zu können, von denen man aus dem Schadensverzeichnis weiß, dass es sich um ‚papierne Tapeten tapeziert auf Tuch' handelte.[2514] Die Tüncherarbeiten des Tünchers Stenger[2515] fügten sich,

---

2510 LA Speyer, Best. B3, Nr. 2576, Bl. 200. *„Spezification deren Jenige Schlosser Arbeit welge Ich Unter Schribener an den Babbelion so in Karls Lust in der alle steht."* Hier fällt auf, dass der Schlosser von diesem Gebäude im Singular spricht, es also als *ein* Bauwerk begreift. Ebenso liest sich die Erwähnung der obigen Rechnung in den Listen der Baukassen-Rechnungen, geführt von Landrentmeister Isaak Ehrlenholz, der diese Rechnung einträgt als: *„im Bavillon in Carlslust Conto vom 12. Aug. 79, 179 fl. 20."* LA Speyer, Best. B2, Nr. 3989, Bl. 146. Außerdem beschreibt er, dass er in der Carlslust an einer Allee steht, was den heute kaum mehr nachvollziehbaren Eindruck bestätigt, den schon die alten Karten vermitteln, dass Teile der Karlslust völlig unbewaldet waren. Daher konnte überhaupt eine Allee angelegt werden.

2511 LA Speyer, Best. B3, Nr. 2576, Bl. 200. Die einfachen Tore kosteten 10 Gulden 30 Kreuzer, die zitierten Tore dagegen 16 Gulden, um sie zu beschlagen.

2512 LA Speyer, Best B3, Nr. 2576, Bl. 200. Die Rechnung wurde am 12. August 1779 über 197 Gulden 20 Kreuzer ausgestellt, von Mannlich im Dezember abgezeichnet und an die Baukasse weitergereicht. Erneut kann auf Grund des zeitlichen Kontext eine Rechnung des Leyendeckers Bohn vom 12. Juni 1779, der *„[...] auf dem Lust Hauß Hauß (sic!) in das Carels Lust 2 Camin lecher auf gebrochen und zugedecketh von jedem 1 fl. 30 xr."* zu den Nachweisen über Arbeiten an den drei Pavillons gezählt werden. LA Speyer, Best. B3, Nr. 2576, Bl. 222.

2513 LA Speyer, Best. B3, Nr. 2582, Bl. 67. Der Alkoven wurde mit 20 Gulden, die Böden im Saal mit 5 Gulden 13 Kreuzern berechnet.

2514 Außerdem findet innerhalb dieser Rechnung ein Taubenhaus Erwähnung, in dem *„[...] 11 Klafter 1 schu lambarien gemacht"* wurden, das Klafter zu zwei Gulden. LA Speyer, Best. B3, Nr. 2582, Bl. 67.

nachdem die Schreiner und Schlosser ihre Arbeit im Gebäude fertig gestellt hatten, in den Arbeitsablauf am Bauwerk ein. Eine Rechnung des Glasers Johannes Müller vom Dezember 1779 umfasste als Glaserarbeiten in der Carlslust, dass er zuerst *„in den Babelion 14 fenster rahmen neu verglaß mit trat bley von dem glaß aus dem magazin ist jedes hoch 4 schu breit 1 schu 9 zoll"*[2516], was sich mit den Angaben der Schreiner deckt. Auch die Zahl der Fenster, die verglast werden mussten, stimmt überein, da die beiden genannten Blindfenster nicht dazu zählten.

Noch im November des Jahres 1791 gab der Schreiner Johannes Bihl eine Rechnung über mehrere Reparaturen ein. Danach wurden *„ins Karels Lust in den 3 Bavelion in 5 Zimmer die Lambrie rebarirt mit neyen sticker angefast die fellungen friß all geleimbt und witer abgekelt, [...] die fellungen in den dihren verleimbt den fensterrahmen und sommer Laten im ganzen Bau nach geholfen die dabeten Leisten witer angemacht und 4 Klafter Lambrie ney gemacht [...]."*[2517]

Im Zuge der Zerstörung des Carlsberger Schlosskomplexes im Jahr 1793 blieben die Gebäude der Carlslust zwar nicht verschont, doch hätte man sie in der erhaltenen Substanz wieder richten können.[2518] Die Spezifikation der Schäden, welche von den Gärtnern für die Carlslust erstellt wurde, benennt als *„vom alten Hofgärtner Petri taxirt"*[2519] nur, dass an *„den 3. Pavillons die Rosen ruinirt, und das Geländer verschlagen"* seien und *„linker Hand allda einen Lirioden-*

2515 In den Rentkammer-Bauprotokollen findet sich ein Vermerk über Rechnungen des Tünchers Stenger, unter denen sich eine nicht näher ausgeführte Rechnung vom Oktober 1779 für Arbeiten in der Carlslust befindet. LA Speyer, Best. B3, Nr. 2547, Bl. 142v, Rechnung über 245 Gulden 50 Kreuzer sowie 117 Gulden 20 Kreuzer.
2516 LA Speyer, Best. B3, Nr. 2576, Bl. 78. Rechnung vom 7. Dezember über 13 Gulden 4 Kreuzer. Die Höhe der Fenster betrug ca. 1,30 Meter, die Breite ca. 0,57 Meter. Unterschiede in der Höhe zu den Angaben der Schreiner ergeben sich daraus, dass die Höhe der Fensterrahmen natürlich jene der Glasflächen übersteigt.
2517 LA Speyer, Best. B3, Nr. 2617, Bl. 36. Rechnung vom 20. November 1791 über 34 Gulden, bearbeitet von Baumeister Krutthofen.
2518 Innerhalb der Aufzählung erforderlicher Schreinerarbeiten zur Wiederherstellung der Carlsluster Bauten heißt es: *„Vor 7 Glasthüren 15 Stubenthüren 35 Fenster mit Futter Und Bekleidung 3 Paar Somer Laden 6 Drath-Rahmen und Das Geländer vornen am Bau, in den 3 Pavillion, Wollieur Und Schifflicker Pavillion zu machen"* würde eine Summe von 564 Gulden und 40 Kreuzern nötig sein. Zur erforderlichen Schlosserarbeit hätten Reparaturen der Beschläge von Türen, Fenstern, vier blecherner Kamintüren *„und sonstig Unterschiedl. Rep: Arbeiten in den 3. Pavillion, Wollieur, und Schifflicker Pavillion"* gezählt, wofür 443 Gulden und 2 Kreuzer veranschlagt wurden. BayHStA München, Abt. IV, Serienakten 1999.
2519 BayHStA München, Abt. IV, Serienakten 1999, bez. Ad N.16. 17. 18. 19. und 20.

dron Tulipifera die halbe Krone abgerissen"[2520], so dass dadurch ein Schaden von insgesamt 3 Louis d'or entstanden sei.

Zusammenfassend liegt die Bauzeit der drei Pavillons in einem Zeitrahmen, beginnend im Spätsommer des Jahres 1778 bis mindestens zum Winter des Jahres 1779, als die Innenausbauten im Gange waren. Über das Äußere des Baues erfährt man, dass er 16 hohe Fenster hatte, wovon zwei nur Blindfenster waren. Zwei Glastüren mit jeweils zwei ‚geschweiften' Flügeln waren, wie die Fensterrahmen ‚oben alle rund', was die Möglichkeit eines Rundbogens ebenso wie die eines Segmentbogens einschließt. Das Dach des Gebäudes mit geschweiften Sparren war mit Schiefer gedeckt und von vergoldeten Aufsätzen mit Kugeln, Fahnen und Sternen und Kurhut bekrönt.

Das Innere des Pavillons teilte sich in fünf Räume und zwei Kabinette in ebenerdiger Raumfolge auf.[2521] Im größten der Räume, in den Rechnungen als kleiner ‚Saal' bezeichnet und groß genug für ‚14 garnierte Sessel', hatte man sich für einen Dielenboden, in anderen Räumen nur für steinerne Böden entschieden.[2522] In einem der weiteren Räume fanden immerhin 20 Stühle ihren Platz. Die Wände waren mit Lambris verkleidet und mit papiernen Tapeten auf Tuch tapeziert. In einem der fünf Räume hatte man einen ‚geschweiften Alkoven' eingezogen, der diesen Pavillon in der Carlslust auch zu einem Ort des Verweilens machte. Zwei Kamine mit eisernen Kamintüren ermöglichten die Beheizung der Räume. Der Name „drei Pavillons" rekurriert vermutlich auf die Form der Dachlandschaft und die Gebäudeform, welche mit dem königlichen Pavillon Stanislas Leszczynskis in der Zweibrücker Tschifflik-Anlage verwandt gewesen sein könnte (Abb. 100).

Die unmittelbare Umgebung des Pavillons war mit Rosen bepflanzt. Basierend auf der Tatsache, dass alle bisher bekannten Fundamentstrukturen von Carlsluster Pavillonbauten auf Geländepartien errichtet wurden, die künstlich in einen Hang eingetieft werden mussten, ist eine Einfassung an der abschüssigen Hangseite denkbar.[2523]

2520 BayHStA München, Abt. IV, Serienakten 1999, bez. N. 20 im Etat. Bis vor wenigen Jahren hatte sich ein *Liriodendron tulipifera*, also ein Tulpenbaum, in der Carlslust unterhalb des 1999 ergrabenen Pavillons erhalten.
2521 Weder ein Treppenhaus, noch Stiege oder Geländer werden von den Handwerkern erwähnt.
2522 Bei der Wahl des Steins kann es sich durchaus um jene im Schlossbereich vielfach verwendeten ‚Ohmbacher Platten' handeln. Steinböden wurden oftmals in Pavillons verwendet, bestehend aus quadratischen Platten, deren Kanten um 90° gedreht zum Wandverlauf und manchmal im Wechsel von hellen und dunkleren Steinnuancen verlegt wurden.
2523 Trotzdem kann hier, genau wie bei der Frage nach dem Standort des Pavillons, nur spekuliert werden, da die beschriebene Gebäudestruktur weder mit einer bis-

Eine Stelle in der Carlslust, an der sich ein bisher von der Forschung unbenannter Pavillon befand, wird von zeitgenössischen Quellen erwähnt. Mannlich beschreibt im Rahmen der geplanten Veranstaltungen zu Ehren der Hochzeit des Prinzen Maximilian mit der Prinzessin von Hessen-Darmstadt im Winter 1785: „La seconde (fête) se donneroit a la Carlslust –, audessus de la grande Cascade; que le Pavillon qui se trouvoit sur la montagne vis a vis serveroit pour la cour et les gradins pratiqués dans le penchant de la montagne seroient occupé par le public."[2524] Auch die ‚Gazette des Deux-Ponts' benennt dieses Fest in einem Artikel,[2525] in dem dieser Pavillon erwähnt wurde. „Bei der Ankunft Ihrer Durchlauchtigsten Hoheiten im kleinen Pavillon gegenüber dem Wasserfall zu Karlslust wird der Vulkan unter dem Donner einer starken Kanonade Flammen zu speien beginnen."[2526] Dieser Pavillon gegenüber der Kaskade konnte wiederum nicht ganz so klein sein wie es in den oben genannten Zitaten klingen mag, denn Herzog Carl Eugen von Württemberg schreibt in seinem Reisetagebuch vom 16. Mai 1785, man sei vom Herzog und der Herzogin abgeholt worden, um in die Carlslust zu fahren. „Alldorten wurde in einem kleinen Hauß zu Mittag gespeist an der Taffell von 16 Couverts, gerade gegen einer Cascade über, die der Herzog erst machen lassen und die im ganzen genommen gut aussiehet."[2527] Auch die Räumlichkeiten der ‚drei Pavillons' waren laut Beschreibung der Akten immerhin groß genug um den kleinen Saal mit 14 ‚garnierten Sesseln' und das ‚andere Zimmer' mit 20 Stühlen mit Kissen zu möblieren, so dass es sich bei dem kleinen Pavillon gegenüber der Kaskade wohl um den Komplex der ‚drei Pavillons' handelt. Noch heute befinden sich in der Carlslust als spiegelbildliches Pendant angelegte Terrassen der Kaskade genau gegenüber, die man als große Stufen in den Hügel eingetieft hatte (Abb. 104).[2528] Die drei Pavillons sind daher als ein zusammenhängender Komplex in diesem Teil der Carlslust anzunehmen.

---

her ergrabenen Situation vor Ort in Übereinstimmung zu bringen ist, noch durch Hinweise aus den Akten einem anderen Ort eindeutig zugewiesen werden kann.

2524   BENDER/KLEBER, Histoire, Bd. II, S. 272. MANNLICH, Rokoko und Revolution 1966, S. 227.
2525   ‚Heute' bezieht sich auf den 20. Dezember 1785. Gazette des Deux-Ponts, Jahrgang 1785, Nr. 102, Samstag den 24. Dezember, zitiert nach: BUTTMANN, Feierlichkeiten, Nr. 5, S. 20.
2526   Gazette des Deux-Ponts, Jahrgang 1785, Nr. 102, Samstag den 24. Dezember, zitiert nach: BUTTMANN, Feierlichkeiten, Nr. 5, S. 20. Eine fast gleichlautende Schilderung („[...] in dem der Kaskade in Karls Lust gegenüber stehenden kleinen Pavillon [...]") findet sich bei FÜRSTENWÄRTHER, Gedächtniss, S. 67.
2527   UHLAND, Tagbücher, S. 239.
2528   Schneider kam zu dem Schluss, dass es sich bei dem Gebäude des „‚Terrassenberg' mit abschließendem Pavillon" der Kaskade gegenüber um den Tschifflik-Pavillon handeln müsse, wobei der Pavillon „über eine elegant geschwungene Freitreppe erschlossen war, die sich in ihren Resten vor Ort erhalten hat."

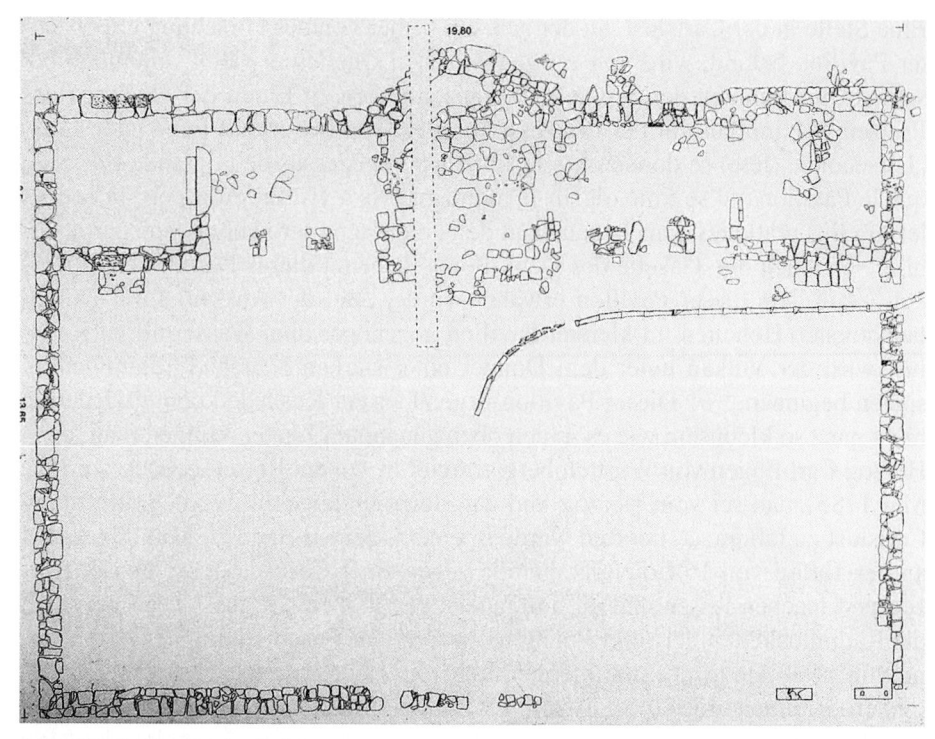

Abb. 112: Voliere in der Carlslust
Bauaufnahme der Voliere in der Carlslust von Stefan Ulrich

6. Die Voliere in der Carlslust

Bislang wurden in der Carlslust die Fundamente von zwei Gebäuden freigelegt. Ein Fundamentrest wird seit den Grabungen von Wilhelm Weber mit dem Tschifflik-Pavillon identifiziert. Ein weiterer Fundort auf der gegenüberliegenden Hangseite, der erst im Jahr 1999 von Stefan Ulrich ergraben wurde (Abb. 112),[2529] konnte bisher weder hinsichtlich seiner Funktion noch einer im

---

SCHNEIDER, Carlsberg – Carlslust, S. 369, 374. Er begründet die Lage des Tschifflik gegenüber der Kaskade mit der Annahme, dass das „Zweibrücker Vorbild in der Carlslust „kopiert" werden sollte" SCHNEIDER, Schlösser, S. 338. Der Pavillon gegenüber der Kaskade kann nicht mit dem Tschifflik-Pavillon identisch sein, da er als vergleichsweise kleiner Pavillon beschrieben wird, während Tschifflik als der „*grosse schiflicker Bablion benanth [...]*" wurde. LA Speyer, Best. B3, Nr. 2576, Bl. 226.

2529 Die Freilegung der Fundamente erfolgte durch Stefan Ulrich, Homburg, der sich im Rahmen seiner Diplomarbeit mit Schloss Carlsberg und dem umgebenden Gelände auseinandersetzte. Zur Grabungsdokumentation s. ULRICH, Konzept, S. 60 f.

Volksmund überlieferten Bezeichnung zugeordnet werden.[2530] Auf Grund erarbeiteter Vergleiche kann die Funktion des Gebäudes heute mit der einer großen Voliere in Verbindung gebracht werden. Die Reste des Tschifflik-Pavillons und der Voliere liegen einander zugewandt an den Hängen eines Tales. Der Landschaftsarchitekt Peter Jordan beschreibt in seiner Bestandsaufnahme der Carlslust die Lage der Pavillons so, dass der Tschifflik-Pavillon ein Zentrum für ein Teilsystem der Gesamtanlage bilde. „Seine Position auf einem Geländerücken erlaubt Blickbeziehungen mit der Sonne auf den gegenüberliegenden besonnten Hang. Dieser ist gegliedert durch 3 Terrassen, von denen zwei symmetrisch auf der rechtwinklig von der Tschifflik-Terrasse ausgehenden Haupt-Achse liegen, während die oberste gegen diese Achse verschwenkt ist."[2531] Die Reste des zweiten ergrabenen Pavillons befinden sich auf der mittleren dieser drei Terrassen, so dass die Fundamente beider Bauten einander zugewandt und hinsichtlich architektonisch nachvollziehbarer Details, wie beispielsweise einer apsidial vortretenden Mitte der Schauseite, aufeinander bezogen sind.

Abb. 113: Carlslust: Voliere, Fundament der ausschwingenden Fassadenmitte

---

2530 Schneider gibt eine Beschreibung des Ortes und der Fundamentreste und bringt diese mit der Nennung der „drei Pavillons" im Schadensverzeichnis in Verbindung: „Sicherlich handelt es sich bei dieser Anlage um einen davon." Für die Fläche, die in den Hang eingetieft wurde, nimmt er eine Rasenfläche mit einem Wasserspiel an. Vgl. SCHNEIDER, Schlösser, S. 342.
2531 JORDAN, Waldlandschaftspark, Akte BEI c.3.1, Aufnahme von Einzelstrukturen Nr. 19.

Der Bau, dessen steinerne Fundamente in einer Achsenbeziehung zum Tschifflik-Bau ein Rechteck von ca. 13 x 20 Metern bilden,[2532] wurde auf einer künstlich in den Hang eingearbeiteten Fläche errichtet. Die Talseite der Anlage besteht aus zwei kleinen, kaum drei Meter in den Seiten messenden flankierenden Pavillons, die aus der Wandfläche der Schauseite nur um wenige Zentimeter vorspringen. Die Frontseite schwingt zwischen den Pavillons in einen flachen Segmentbogen aus (Abb. 113) und nimmt damit das Motiv des apsidialen Vorbaus des Tschifflik-Pavillons der gegenüberliegenden Hangseite in zurückgenommener Weise auf. Funde vor Ort haben gezeigt, dass reich profilierte Tür- bzw. Fenstergewände in Sandstein gearbeitet waren, die auf gerade Fensterstürze hinweisen (Abb. 114). Der Mittelteil zwischen den quadratischen Pavillons ist mit einem steinernen Fußbodenbelag versehen, dessen Fläche mit der Ausdehnung der Seitenpavillons übereinstimmt. Parallel zu den leichten Mauerrücksprüngen der Schauseite zwischen den Pavillons und der ausschwingenden Mitte finden sich auf der rückwärtigen Seite jeweils zwei steinerne quadratische Basen, die eine loggienartige Öffnung des Gebäudes zur Hangseite vermuten lassen.

Abb. 114: Carlslust: Voliere
Bodenfunde der steinernen Gewände

2532 ULRICH, Konzept, S. 61. Der bebaute Teil umfasst eine Ausdehnung von 3,7 x 20 Metern. ULRICH, Konzept, S. 62. Anders Schneider, der eine Tiefe von 14 Metern angibt. Vgl. SCHNEIDER, Schlösser, S. 341.

Abb. 115: Carlslust: Voliere
Reste der tönernen Wasserleitung

Weder der Raum zwischen den Pavillons noch das umfriedete, in den Hang eingetiefte Gelände ist durch Wandfundamente gegliedert, so dass sich, von den Arkaden hangaufwärts blickend, eine große rechteckige Fläche öffnet. Am Boden befand sich eine tönerne Wasserleitung (Abb. 115),[2533] in leichtem Schwung zur Mitte des umfriedeten Bezirks verlegt, so dass dort im Zentrum eine Tränke oder ein Wasserspiel vermutet werden kann, zumal sich ein ergrabener Bodenfund als Teil einer Brunnenschale erwies.[2534]

Die Fundamente der rückwärtigen Umfriedung umlaufen nicht das vollständige Gelände, sondern enden in jener Ecke der Terrasse, die am tiefsten in den Hang hineingearbeitet werden musste. Dort scheint anstehender Sandsteinuntergrund die Fortsetzung einer Mauer überflüssig gemacht zu haben, weshalb man lediglich sauber behauene schmale Werksteinquader mit regelmäßigen Eintiefungen versetzte, die geeignet waren, Stangen oder Pfosten hineinstecken zu können (Abb. 116).

[2533] Zum Zeitpunkt der Ausgrabung befand sich diese Wasserleitung aus ineinander gesteckten tönernen Deicheln noch nahezu intakt in situ (Abb. 115). Heute ist sie nicht mehr vorhanden.
[2534] ULRICH, Konzept, S. 63.

Abb. 116: Carlslust: Voliere, hintere Gebäudeecke
Werksteinquader mit runden Eintiefungen

Die beiden kleinen quadratischen Pavillons, die durch eine Wand und eine offene Loggia mit einem Mittelteil verbunden waren, lassen kein Gebäude als Lusthaus im Sinne der oben beschriebenen Aufenthaltsorte vermuten. Vielmehr handelte es sich bei diesem Bauwerk, das sich in unmittelbarer Umgebung der Menagerie befindet, um eine Voliere,[2535] wie sie in vielen Gärten zu finden war, und wie sie auch Hirschfeld in seiner ‚Theorie der Gartenkunst' beschreibt: „Sie [die Volieren] erfordern vornehmlich Gruen, frisches Wasser, Schatten, und einen nicht zu feuchten und kalten Ort; man überzieht sie mit einem Gitter von Drath, das so hoch seyn kann, daß Baeume darunter bequem emporwachsen koennen. Ein kleiner Springbrunnen haelt das Wasser frisch und trägt zu seiner Belebung bey. In einem Kabinetchen an der Seite kann man die verschiedenen Haushaltung der Familien beobachten. Fuer einheimische Sangvoegel ist ein

---

2535 Zur Entwicklung der Vogelhäuser s. PAUST, Studien, S. 47 ff.

Vogelhaus doch immer ein unverdientes Gefaengniß."[2536] Letzteres wurde besonders betont, denn in solchen Vogelhäusern, mit Drahtnetzen überzogen, hielt man sich vor allem exotische Singvögel. Darum wurde in der einschlägigen Literatur empfohlen, den „Vogelhäusern kleine separate Räume mit gemauerten Wänden zu errichten, die den empfindlichen Exoten während der kalten Jahreszeit die nötige Wärme bieten sollten."[2537]

Auch in diesem Zusammenhang liefert Versailles, diesmal der Garten der Menagerie, wichtige Anhaltspunkte für die Deutung des Gebäudes. Die Versailler Menagerie (Abb. 136)[2538] wurde vielfach rezipiert. Im „Cours des Demoiselles"[2539] stand bereits in den Anfängen der Menagerie ein Vogelhaus, das sich aus drei kleinen Pavillons zusammensetzte, welche durch zwei loggienartige Gänge miteinander verbunden waren. „Mehrere Bassins und ein Bach, der durch das Vogelhaus lief, trugen zum Wohlbefinden seiner gefiederten Insassen bei."[2540]

In der Folge finden sich auch andernorts Vertreter dieses Volierentyps, wie im „Dörfle" des Hohenheimer Gartens des Herzogs Carl Eugen und Franziska von Hohenheim. Dort handelte es sich um eine „Moschee mit Gaertchen für gold und silberfasanen"[2541], die sich im Grundriss ebenfalls als ein langgestrecktes Gebäude mit einem mittleren und zwei seitlichen Pavillons ausweist, verbunden durch schmale eingezogene Verbindungsstücke. Selbst Heinrich Storchs Briefe über den Garten zu Pawlowsk aus dem Jahr 1802 enthalten die Beschreibung einer Voliere, die mit dem oben genannten Volierentypus große Verwandtschaft zeigt: „Die Voliere bestand aus einem Saal und zwey abgesonderten Seitenkabinetten, die durch Säulenreihen verbunden sind; ein gemeinschaftliches, in der Mitte des Saals mit einer kleinen Kuppel versehenes Dach deckt alle drey Gebäude, und vereinigt sie zu einem Ganzen. Zwischen den Säulen, durch welche die Seitenstücke mit dem Saal zusammenhängen, ist ein Drathgitter ausgespannt; die Kabinette haben Fenster, und der Saal wird durch zwey gegenüberstehende Glasthüren erleuchtet. In den einfach aber niedlich möblierten Kabinetten bringt die Kaiserinn zuweilen eine Morgenstunde zu; der Saal mit den

---

2536 HIRSCHFELD, Theorie, Bd. III, S. 38.
2537 PAUST, Studien, S. 51.
2538 Die Versailler Menagerie wurde ab 1663 im Süden des Petit Parc durch den Architekten Le Vau eingerichtet. S. dazu u.a. LABLAUDE, Gärten, S. 69; MABILLE, Gartenkunst, S. 168–170; PAUST, Studien, S. 54 ff. m.w.N.
2539 Mit „Demoiselles" wurden Kraniche bezeichnet, s. PAUST, Studien, S. 63, Anm. 284.
2540 PAUST, Studien, S. 63. Bettina Paust stellte fest, dass Gestaltung und Dominanz dieser Voliere innerhalb der Menagerieanlage italienische Vorbilder vermuten lassen.
2541 WENGER, Traum, S. 38. Angegeben im „Grund-Riss der englischen Anlage von Hohenheim" von 1795 unter Nr. 47 der Legende, WENGER, Traum, S. 37.

daran stoßenden offenen Flügeln bietet an schönen Sommerabenden einen angenehmen Speisesaal dar."[2542]

Diese Beschreibungen weisen große Übereinstimmung mit Ausgrabungen an betreffendem Gebäude der Carlslust auf, so dass die Vermutung nahe liegt, dass es sich beim Bau der Carlslust ebenfalls um eine Voliere handelte. Unterstützt wird dies durch die Speyerer Akten, denn der Dachdecker Martin Bohn bezeichnet ein Gebäude, bei dem es sich um das obige handeln könnte. Er gibt in einer Rechnung an, dass er in der Carlslust *„trey wolljehr woh die vögel hin Ein kommen mit Leyen gedecketh habe seyerlich verdienet 44 fl."*[2543] Bohn datiert diese Rechnung mit dem 12. Juni 1779, und gibt damit einen Anhaltspunkt dafür, dass das Gebäude im Frühsommer unter Dach gewesen sein muss. Auch ein Hinweis auf die Versorgung des Volierengebäudes mit Wasser fehlt nicht. Eine Rechnung vom Mai stammt von Brunnenmeister Beyer, der mit seinen Leuten *„die wasser Kunst Verfertiget in dem Carls lust in das Vogelhauß [...] zusambt denen bleyernen rohren und aufsatz alwo das wasser heraus springt [...]."*[2544] Auf Anweisung des Baumeisters Schaeffer hatte der Brunnenmeister kurze Zeit darauf *„[...] in dem Carls lust, aus dem Vogel hauß, von dem pasing an, alwo das wasser springt, den ablauf verfertiget [...]."*[2545] Die freigelegte tönerne Wasserleitung zur Mitte der Freifläche (Abb. 115) muss daher mit diesem Wasserablauf in Verbindung gebracht werden. Zeitlich passt eine Rechnung des Schreinermeisters Peter Schmitt und Philipp Welderlich in den Bauverlauf, die *„an dem vollieurs [...] nachstehende dradt geflochten."*[2546] Die Dächer jenes Vogelquartiers waren mit Schiefer gedeckt. Das bestätigen sowohl die zahlreichen Reste von Dachschiefer, die noch vor Ort zu finden sind, als auch die Notiz des Dachdeckers Martin Bohn, der *„Auf denen Trey Wolljehr Ins Karls Lust die Trey Ca-*

2542 STORCH, Briefe, S. 284.
2543 LA Speyer, Best. B3, Nr. 2576, Bl. 227. Die zahlreichen Schieferfunde vor Ort bestätigen dies.
2544 LA Speyer, Best. B3, Nr. 2590, Bl. 500. Die Rechnung ist datiert auf den 34. (!) Mai 1779 und belief sich auf 16 Gulden. Die bleiernen Rohre und der Aufsatz waren daher vermutlich an die tönerne Leitung angeschlossen.
2545 LA Speyer, Best. B3, Nr. 2590, Bl. 504. Rechnung vom 26. Juli 1779 über 5 Gulden 30 Kreuzer.
2546 LA Speyer, Best. B3, Nr. 2576, Bl. 167. Rechnung vom 17. Juni 1779 über Drahtflechten zu 6 Kreuzer pro Schuh. Auch die Baukassenrechnungen, die nur kurze Vermerke über Auszahlungen machen, geben für das Jahr 1779 an, dass sowohl der Steinhauer Himmel als auch die Gipser Jacob Müller und Consorten für Arbeit in der Voliere in der Carlslust Geld erhalten hätten. LA Speyer, Best. B3, Nr. 2573, Pag. 42. Steinhauer Himmel erhielt für *„Steine zur Voliere in die Carlslust"* 28 Gulden 24 Kreuzer; Pag. 40: Jacob Müller ‚und Konsorten' erhielten für Gipserarbeiten *„in der Voliere in der Carls Lust"* 9 Gulden 30 Kreuzer.

miner mit Leyen gedeckt."[2547] Auch der Glaser Johan Georg Kassenberger war im November des Jahres 1779 in der Carlslust „*in dem Vogel Hauß*" tätig, wofür er zwei Rahmen „*die offen mit Tradt geflochten.*"[2548]

Auch in der Menagerie, die zeitgleich angelegt wurde, befanden sich Volieren, um dort jene Vögel unterzubringen, von denen Mannlich in seinen Erinnerungen berichtet. Pfauen, Silber- und Goldfasanen und chinesische halbwilde Hennen[2549] bilden nur einen kleinen Teil der bekannten Arten, welche jedoch einen Eindruck der Tierlaute geben, die zusammen mit jenen der Affen und Büffel als muntere Kakophonie die Menagerie erfüllten. Die oben beschriebene Voliere wurde hingegen in einiger Entfernung – dem Tschifflik-Pavillon gegenüber – auf halber Höhe des Hanges und in unmittelbarer Nähe der Terrassen der drei Pavillons positioniert. Die Geräusche dieses Tales setzten sich aus jenen der Quellen, des Baches (Abb. 107) im Talgrund und – zumindest von Zeit zu Zeit – dem Rauschen der Kaskade zusammen. Hier, wo die drei Pavillons, ebenso wie Tschifflik, die Möglichkeit eines Rückzugs in eine Atmosphäre von Ruhe und Beschaulichkeit ermöglichten und wo man Gäste bewirtete, erscheint es schlüssig, eine Voliere mit Singvögeln zu vermuten, wie Hirschfeld sie beschreibt.[2550]

2547 LA Speyer, Best. B3, Nr. 2585, Bl. 138. Rechnung über unterschiedliche Posten vom 26. Oktober 1783, von Martin Bohn eingereicht. Die drei Kamine mit Leyen zu decken kostete 12 Gulden.

2548 LA Speyer, Best. B2, Nr. 3992, Bl. 40. Die Drahtarbeiten für zwei Rahmen „*die offen mit Tradt geflochten*" waren, hatten eine Höhe von 5 Schuh, 9 Zoll (1,87m) und eine Breite von 3 Schuh, 2 Zoll (1,03m).

2549 MANNLICH, Rokoko und Revolution 1966, S. 222; BENDER/KLEBER, Histoire, Bd. II, S. 267.

2550 HIRSCHFELD, Theorie, Bd. III, S. 38. Welche Wertigkeit und Wirkung die Naturwahrnehmung in der damaligen Zeit haben konnte, beschreibt Johann Georg Sulzer: „Die Betrachtung der Natur kann uns auch in starke Rührungen, ja bis zum Entzüken bringen. […] Horche aber einmal auf die angenehmen Thoene, die aus diesem Waeldgen kommen. Auf das Geschwaez eines kleinen Bachs, indem er sich ueber Steine und Wurzeln der Eichen und Tannen=Baeume absturzet; oder auf den Gesang der Voegel, die sich so froehlich ermuntern. Bald ergezt dich der frohe Schlag der hohen Lerche, bald sezt sich der Gesang der Nachtigall in Nachdenken und erregt iezt zaertliche, denn froehliche Empfindungen in dir. Bald ermuntert dich der lebhafte Fink zur Lust, oder der geistreiche Haenfling sezet sich in philosophisches Nachdenken, indem er, wie der alte Silen von den berborgenen Dingen der Natur zu singen scheint. Was fuer Verschiedenheit der Thoene, nicht nur in Ansehung der Hoehe und Tieffe, sondern der Art und der Melodie! […] So klein dir alles dieses scheinen moechte, so stark wuerket es auf eine stille Seele. SULZER, Unterredungen, S. 13.

7. Die Wasserkunst: Vom stehenden und springenden Wasser in der Carlslust

Die Kunstfertigkeit, mit Hilfe der Mechanik das Wasser teilweise in bizarren Wegen zu leiten, wurde ganz allgemein schon im Ursprung unter dem Begriff der „Wasserkunst" geführt.[2551] Nicht nur die Errichtung eines Mikrokosmos mit architektonischen Exotismen sowie botanischen und zoologischen Seltenheiten, sondern auch die Beherrschung der Elemente durch die Inszenierung des Wassers findet in den Gärten des 17. und 18. Jahrhunderts seinen Ausdruck,[2552] weshalb dem Wasser auch in der Carlslust ein eigener Bereich zugeteilt wurde. Es handelt sich dabei sowohl um stehende als auch um springende Wasser, wobei zu den springenden Wassern sowohl die Fontänen als auch Kaskaden zählen (Abb. 104).

Die Gärten der Carlslust wurden in ihren unterschiedlichen Bereichen entweder durch den exotischen Charakter oder durch die funktionale Bestimmung der Gebäude beherrscht. So bildeten die Menagerie, die Voliere und die Terrassen mit den drei Pavillons ebenso Bereiche mit einem eigenständigen Charakter, wie dies um den Chinesischen Pavillon oder die Grotte am Schwanenweiher der Fall war. Eine ganz eigene gartenkünstlerische Ambition lag der Gestaltung eines Gartens mit den diversen Wasserspielen zu Grunde, deren technische Möglich-

---

[2551] S. dazu ZEDLER, Universallexikon: Bd. LIII, Spalte 624 zum Begriff der Wasserkunst. Überhaupt bemaß sich noch ein Jahrhundert zuvor der Rang eines Gartens an seinem Wasserreichtum. S. BRIX, Garten, S. 119. Im Garten von Marly befanden sich insgesamt ein Dutzend Kaskaden der unterschiedlichsten Gestaltungsformen. Auch Saint-Cloud war mit einer großen Zahl von Kaskaden bestückt. Dies deutet wiederum auf die Bedeutung der Kaskade als gartenarchitektonisches Mittel hin, s. WEBER, Brunnen, S. 144 u. S. 177. Zum Begriff, den Typen und der Genese der Kaskade s. WEBER, Brunnen, S. 46f.

[2552] S. dazu u.a.: WEBER, Brunnen; SCHÜTTE, Garten, S. 23f. KORSMEIER, Wasserkünste. Zur Gestaltung der Gewässer in Schönbusch bei Aschaffenburg s. ALBERT/HELMBERGER, Schönbusch, S. 15f. Nicht nur die Wassergestaltung selbst, sondern die daraus resultierende Notwendigkeit von Brücken unterschiedlichster Konstruktionen, Formen und Materialien wurde zu einer Aufgabe, die weit über die Funktion des ‚Überbrückens' hinausging. Auch in der Carlslust waren Brücken aus Holz und aus Stein gebaut worden, die sich jedoch nicht weiter lokalisieren lassen. Vom Tüncher Andreas Gitzner wurde 1782 eine Holzbrücke mit weißer Ölfarbe angestrichen, was auf eine Balken- oder Bogenbrücke schließen lässt, vergleichbar mit der so genannten Chinesischen Brücke in Schwetzingen, LA Speyer, Best. B3, Nr. 2593, Bl. 20. Eine gewölbte steinerne Brücke existierte ebenfalls laut der Spezifikation über eine in der „Carls-Lust Durch mich Wendel Klein Maurer-Meister zu Erbach verfertigten Brücke" von 1786 zum Preis von 33 Gulden. LA Speyer, Best. B3, Nr. 2648, #1693. Zu den unterschiedlichen Brückentypen s. BURKHARD, Rekonstruktion, S. 104–111; BURKHARD, Brückenprogramm, S. 207–218.

keiten sich in der Anlage von Springbrunnen, Fontänen und Kaskaden ausdrückten.

a. Die Kaskade in der Carlslust

Der Verlauf der Kaskade ist noch heute im Gelände der Carlslust ablesbar. Sie wurde, anders als beispielsweise in Kassel, Bayreuth oder in Aschaffenburg,[2553] nicht dem Hang folgend, sondern „schräg zum Hanggefälle angeordnet und in das Gelände durch Ab- und Antrag modelliert."[2554] Das Kaskadengerinne besteht aus einem oberen runden Einlaufbecken sowie neun rechteckigen Kaskadenmulden und Treppenstürzen, die damit eine Leiterkaskade formieren.[2555] Es

Abb. 117: Carlslust: Seitlicher Quellspeicher der Kaskade

[2553] Zu Kassel s. KORSMEIER, Wasserkünste. Zur Gestaltung der Gewässer in Schönbusch bei Aschaffenburg s.: ALBERT/HELMBERGER, Schönbusch, S. 15f. Zu der Kaskade der Eremitage in Bayreuth und deren Wiederentdeckung 1983 s. WIELAND, Historische Parks, S. 26f.
[2554] ENDERS, Klein-Versailles, S. 34.
[2555] Zu den diversen Kaskadentypen s. WEBER, Brunnen, S. 47–49 sowie S. 145 mit dem Beispiel der Kaskade von Saint-Cloud.

Abb. 118: Carlslust: Sammelbecken für die Kaskade

besitzt zusammen mit dem unteren Auffangbecken eine Länge von ca. 170 Metern.[2556] Die ungewöhnliche Lage der Kaskade zum Hang erklärt sich aus einem Achsenverlauf, der durch die Kaskade am Südhang und durch eine „Terrassen-Kette am besonnten Nordhang"[2557] gebildet wird. Die Achse zieht sich über einen schmalen Talgrund hinweg, der von einem – heute versumpften – Wasserlauf durchflossen wurde.[2558] Die Speisung der Kaskade erfolgte aus einem rechteckigen Sammelbecken, in dem sich Wasser aus einem seitlichen Speicherbecken (Abb. 117) mit eigener Quelle staute.[2559] Das Sammelbecken ist mit einem ungefähren Umfang von 20 x 60 Metern sowohl auf dem Messtischblatt der Carlslust (Abb. 104)[2560] als auch im Gelände zu erkennen (Abb. 118). Heute stellt sich dieses Becken als eine rechteckige Vertiefung im Gelände dar, worin keine Bäume wachsen, was mit der Bearbeitung des mit Lehm verdichteten wasserundurchlässigen Beckenbodens zusammenhängt, die noch immer einen Pflanzenbewuchs verhindert. Die Kaskade konnte daher nur in gewissen Zeitab-

---

[2556] ENDERS, Klein-Versailles, S. 34. Anders Weber, der die Anlage beschreibt als „eine nahezu 300 Meter lange Kaskade", vgl. WEBER, Schloss Karlsberg, S. 329.
[2557] JORDAN, Waldlandschaftspark.
[2558] JORDAN, Waldlandschaftspark.
[2559] JORDAN, Waldlandschaftspark. SCHNEIDER, Schlösser, S. 340.
[2560] Deutsche Grundkarte (DGK5). Blatt Sanddorf, Sanddorf-Ost, Bechhofen-West. Maßstab 1:5 000.

Abb. 119: Carlslust: Tosbecken der Kaskade
Seitliche Umfassungsmauer des Bassins mit Ecke eines Einzugs

ständen oder zu bestimmten Anlässen in Betrieb genommen werden. Am Fuß der Kaskade befand sich ein Becken von regelmäßiger Form mit symmetrischen Schwüngen und Einziehungen, wie Grabungsschnitte vom November 2006 zeigen (Abb. 119, 122).[2561] Das Becken war mit Gesimssteinen (Abb. 120) eingefasst[2562] und in der Mitte fanden sich gekreuzte hölzerne Balkensubstruktionen als Halterung für den Fontänensprung (Abb. 121).

In der zeitgenössischen lokalen Literatur wird die Kaskade der Carlslust gleich mehrfach genannt. Den meisten Erwähnungen gemein ist dabei die Beschrei-

---

2561 Die Grabung wurde durchgeführt von Stefan Ulrich, der mehrere Schnitte anlegte. Der bis zum Jahr 2006 vorhandene kreisrunde Teich mit einem Steinhügel in der Mitte, der ebenfalls einen Fontänensprung barg, war eine Anlage des 19. Jahrhunderts, die nichts mit der ursprünglichen barocken Beckenform gemein hatte. Zum Zeitpunkt des Abschlusses dieser Dissertation waren die Grabungen erst im Anfangsstadium und die Beckenform noch nicht endgültig bestimmbar.
2562 Diese Gesimssteine hatte man einst zur Einfassung des Quellmundes der Schwanenweiherquelle verwendet. (Abb. 123).

bung eines Feuerwerksunglücks am 19. Dezember 1785 in der Carlslust.[2563] Der eigentliche Anlass, der zur Erwähnung der Kaskade führte, waren mehrtägige Feierlichkeiten zu Ehren des Pfalzgrafen Maximilian Josephs und seiner Gattin, in deren Zusammenhang die Kaskade der Carlslust der zentrale Austragungsort einer großen Illumination sein sollte. Ein Brief vom 23. Dezember 1785 schildert den Plan in kurzen Worten, der sich in ähnlicher Weise auch in den übrigen Berichten wiederfindet. „Eben den 19ten sollte ein Fest auf Carlslust sein, das um 6 Uhr seinen Anfang nehmen sollte und darin bestehen sollte, daß erstlich gantz Carlslust illuminiert sein sollte, ferner sollte über der Cascade auf dem Gipfel ein Vesuv verfertiget werden, der nach 3 Auswürfen zusammen fallen sollte, und an dessen statt ein Tempel alsdann da stehen sollte."[2564] An anderer

---

2563 Die Feierlichkeiten fanden ein jähes Ende, als das Gerüst mit Pulver, Raketen und Schwärmern, welche nach und nach abgebrannt werden sollten, mit einem Mal explodierte und zwölf Menschen in den Tod riss. Die ausführlichste Beschreibung dieses Unglücks gab der Gymnasialdirektor Georg Christian Crollius (1728–1790) in seinen Briefen an den Mannheimer Hofrat Andreas Lamey: GLA Karlsruhe, Best. S Kremer-Lamey 136, Nr. 190; „*Es ist unbegreiflich, wie man einen solchen Raqueten Rogum [Scheiterhaufen] errichten konnte auf einem Gerüst, das 13 Schuh lang 11 Schuh breit u. 45–50 Schuh hoch war. 2 Schuh der Länge waren noch mit Raqueten Kösten u. Schwärmern ganz bestellt, die noch immer eingeschoben werden sollten. Auf diesem gefährlichen Rand waren so viele Leute, 40 Schuhe hoch, die alles anzünden wollten. Der Constabel, der das erste bouquet Raqueten / anzünden sollte u. wollte, zitterte, indem er's that. Daß sah ein Zimmermann u. sprang 40 schuh hoch herab zur Erde. Der Constabel, sprang nach der Anzünden ihm nach. Indessen flog das erste Bouquet schon auf. Also zündete der Maior das 2te selbst an. Dieses spritzte auf der Seite, u. nun rief er aus. Wir sind alle verlohren, Rette sich wer kann. Die Raquet fiel in die Schwärmer. Die ganze masse gieng an. Der Major verbrannte auf der Stelle in einer Sekunde, u. mit ihm andere.*" GLA Karlsruhe, Best. S. Kremer-Lamey 137, Nr. 1. MANNLICH, Rokoko und Revolution 1966, S. 230f. Teilweise abgedruckt auch bei BUTTMANN, Feierlichkeiten, Nr. 3, S. 12. Erwähnung des Vorfalls auch in: MOLITOR, Vollständige Geschichte, S. 490f. sowie bei BRAZIER, château, S. 139. Zum Feuerwerk ausführlich SCHWAN, Feuerwerk und Festkultur, S. 149ff.

2564 Georg von Pollet: Brief vom 23. 12. 1785 an seine Eltern in Stralsund. Zitiert nach: SCHULER, Katastrophe. S. auch MANNLICH, Rokoko und Revolution 1966, S. 229. Die Veranstaltung „würde man dann in der Karlslust, oberhalb der großen Kaskade, abhalten, und der Hof von dem gegenüberliegenden Pavillon auf dem Berge zuschauen, während die Volksmenge auf Stufen längs des Bergabhanges lagern würde. Hinter der großen Kaskade sollte sich eine Kulisse wie ein Vulkan erheben, der zuerst Rauchwolken, dann Flammen und schließlich feurige Massen ausspeien würde, Lava sollte fließen, und unter furchtbarer Explosion schließlich der Berg in sich zusammenstürzen und von der Bildfläche verschwinden, und an seiner Stelle aus dem qualmenden Rauch der Tempel Hymens emporsteigen. Liebliche Musik und weihevolle Gesänge zu Ehren dieses Gottes und des erlauchten neuvermählten Paares sollten ertönen, und Priester und Priesterinnen auf dem Altar heilige Feuer anzünden, Hymnen singend. Inzwischen würden zur

Stelle wird beschrieben, der Berg sollte Feuer ausspeien und „mehreres Feuerwerk abgebrannt werden. Unter einem fürchterlichen Donner von Kanonen, und dem Krachen der so ungeheuern Menge Raketen, die zu gleicher Zeit aufstiegen, sollte auf einmal der ganze Berg gänzlich, vom obersten bis zum untersten Bassin, verschwinden."[2565] Zusätzlich wurde in der Gazette des Deux-Ponts eine „Skizze von dem Feste [ge]geben, das man für heute in Karlslust vorbereitet. [...] Der ganze Wasserfall, wie der übrige Wald wird dabei illuminiert sein."[2566] Auch Herzog Carl Eugen von Württemberg berichtet in seinem Reisetagebuch über einen Besuch der Carlslust als einer „Anlaage im Wald, die eine Viertelstund vom Carls-berg entlegen ist. Alldorten wurde in einem kleinen Hauß zu Mittag gespeist an einer Taffel von 16 Couverts, gerade gegen einer Cascade über, die der Herzog erst hatte machen lassen und die im ganzen genommen gut aussiehet."[2567]

Etwas detaillierter findet sich die beschriebene Kaskade in den Urkunden des Baumagazins und in den Baukassenrechnungen. Ein Promemoria, das sowohl von Maurermeister Krumm und dem Hofgärtner August Petri unterschrieben wurde, besagt, dass an den Maurermeister Krumm von Zweibrücken „*von Ihro Herzoglichen Durchlaucht auf die veraccordierte Neue Cascaden und Oberen Passings Arbeit in Carlslust, die Summa von Fünff Hundert Gulden huldreichst avancieret worden.*"[2568] An anderer Stelle wird noch einmal genauer auf die durchzuführenden Arbeiten des Maurermeisters verwiesen, wo vom abgeschlossenen „*Accord deren Cascaden und obere Basings Arbeit ins Carlslust*" die Rede ist, welche das „*Stein brechen Steinhauer Maurer Arbeit und Lieferung derer Materialien*" umfasste.[2569] „*Ferner haben Serinisimi Herzogliche Durch-*

---

      feierlichen Rückkehr ins Schloss die Kaskade und die großen Waldlichtungen in leuchtendem Glanze erstrahlen."

2565 FÜRSTENWÄRTHER, Gedächtniss, S. 67.

2566 Gazette des Deux-Ponts, Jahrgang 1785, Nr. 102, Samstag, den 24. Dezember. In dieser Ausgabe wird von den Ereignissen geschrieben, bevor sich das Unglück ereignet hatte. Zitiert nach: BUTTMANN, Feierlichkeiten, Nr. 5, S. 20.

2567 UHLAND, Tagbücher, S. 239 über „Monntag, den 16ten May" [1784]. Damit war die Kaskade spätestens 1785 fertiggestellt. Anders bei ENDERS, Klein-Versailles, S. 32.

2568 Dieses Promemoria datiert auf den 5. Juni 1780. LA Speyer, Best. B3, Nr. 2960, #2693. Diese 500 Gulden erhielt Maurermeister Krumm laut Quittung vom 24. Juli 1780 „*Aus Serenissime Höchsten Händen*" als Vorschuss. LA Speyer, Best. B3, Nr. 2960, #2698. Am 19. August stellte Ludwig v. Esebeck fest, dass dem Maurermeister Krumm „*Ein Tausen Gulden auf seine Arbeit bezahlt werden*" können. LA Speyer, Best. B3, Nr. 2960, #2699.

2569 LA Speyer, Best. B3, Nr. 2648, #1569. Danach waren für diese Arbeiten 1560 Gulden vereinbart worden, wobei der Vertrag erst mit dem Maurermeister Peter Zimmermann geschlossen war, laut höchstem Befehl des Herzogs jedoch an den Maurermeister Krumm vergeben wurde.

Abb. 120: Carlslust: Tosbecken der Kaskade
Gesimsstein der oberen Einfassung des Bassins

laucht Gnädigst zu befehlen geruhet, dass das unter Haupt Basing eben mäßig mit gezierten Sargen stücker und zu gehauenen Steinen ausgemauert werden soll."[2570] Diese Arbeiten waren laut Rechnung vom 19. November 1780 fertiggestellt und der anschließenden Abnahme durch August Petri unterworfen.[2571]

2570　LA Speyer, Best. B3, Nr. 2648, #1569. Für diese Arbeit wurden 350 Gulden vereinbart. An anderer Stelle ist davon die Rede, dass in der *„Carls Lust an den grosen Pasin gesims Steine gebrochen, u. gehauen"* wurden. Der Umfang des Bassins wird mit 56 Schuh, also 18,19 Metern angegeben. Rechnung von Johannes Müntzel vom 12. Juli 1792 über 33 Gulden 36 Kreuzer. LA Speyer, Best. B3, Nr. 2619, Bl. 93. Die Grabung Ulrichs vom November 2006 bestätigt, dass das Becken eingefasst war (Abb. 120).

2571　LA Speyer, Best. B3, Nr. 2648, #1569. Ebenso erwähnt in LA Speyer, Best. B3, Nr. 2953 sowie in LA Speyer, Best. B3, Nr. 2960, #2775. Anders Schneider, der eine Abrechnung vom 19. Nov. 1780 als Bauvertrag interpretiert und das Attestat Petris vom 28. März 1784 als Abnahme bezeichnet, das sich auf geleistete Abschläge innerhalb mehrerer Abrechnungsschwierigkeiten, diese Kaskade betreffend, bezieht. Er kommt mithin zu dem unzutreffenden Schluss, dass die Kaskade erst 1791 fertiggestellt worden sei. Vgl. SCHNEIDER, Carlsberg – Carlslust, S. 357. Später geht er auf dieses Datum nicht mehr ein und kommt zu einem anderen Ergebnis, ohne Quellenangaben, vgl. DERS., Schlösser, S. 340.

Die Kaskadenbecken waren gemauert, denn in einer späteren Reparaturarbeit wurde *„an Jeder bardie oben wie unden wo das waser Abfalt früsch gefundamentirt damit das waser sein behältnis hatt."* Außerdem wurden *„die platten alle sambdt früsch in maß"* gelegt, mit den Zargen verfuhr man ähnlich, und letztlich waren die *„fugen zu verkütten und nach zu arbeitten."*[2572]

Schon im Sommer 1780 war der Glockengießer Christian Couturier im Auftrag des Hofgärtners Petri und des Brunnenmeisters Philipp Bayer[2573] an der Herstellung von Schrauben und Ventilen aus Messing sowie Rohren aus Blei *„zu der Quasquad"* beschäftigt.[2574] Nähere Informationen über die Kaskade gibt eine Liste des Brunnenmeisters, in der er Auskunft über seine *„auf Ordre Hl. Hofgärtner Petris, in Brunnen-Waßerkünste und Springwercke gemachter Arbeiten"*[2575] erteilt. Darin wird zwischen einer großen *„Haupt Reserve so die Gassgade fournirt"*, also dem oben genannten Sammelteich sowie dem *„obern klei-*

2572 LA Speyer, Best. B3, Nr. 2597, Bl. 5. Schon 1787 musste das Mauerwerk der Kaskade repariert werden. Die Arbeiten führte der Quadrator Andreas Nassner im Auftrag des Baumeisters Krutthofen aus.

2573 Der Brunnenmeister Philipp Beyer [Bayer] aus Alzey „hatte das Flaschnerhandwerk erlernt und wurde spätestens 1768 herrschaftlicher Brunnenmacher in Zweibrücken." NSZ Rheinfront vom 13. 12. 1933. Er erhielt spätestens ab 1789 eine jährliche Besoldung von 500 Gulden im Jahr, s. LA Speyer, Best. B3, Nr. 2615, Bl. 30. Diese vergleichsweise hohe Besoldung verdeutlicht die Wertigkeit dieser Stellung am Hof. Philipp Bayer, der in Zweibrücken in der Löwengasse wohnte, wie aus dem wöchentlichen „Zweybrücker Frag- und Kundschafts-Blatt" vom 3. Juli 1781 hervorgeht, verstarb am 12. Mai 1791 im Alter von 64 Jahren. LA Speyer, Best. B3, Nr. 2615, Bl. 29. Zur Herkunft Bayers s. den Bericht ‚Aus unserm Vereinsleben' in: Westpfälzische Geschichtsblätter 1934, S. 36. NSZ Rheinfront vom 13. 12. 1933.

2574 LA Speyer, Best. B3, Nr. 2585, Bl. 198. Laut der Spezifikation vom 30. Juli 1780 fertigte er drei große Ventile für das große Wasserreservoir mit einem Durchschnitt von jeweils 6 Zoll, also 16 Zentimetern. Speziell für die Kaskade wurden eine große Schraube mit einem Durchschnitt von 7 Zoll, also 19 Zentimetern sowie drei andere Schrauben gemacht. Die Arbeit wurde von Philipp Bayer attestiert, und die Rechnung belief sich insgesamt auf mehr als 85 Gulden. Auch 1781 war Christian Couturier noch einmal für die technischen Vorrichtungen in einem Bassin und an der Kaskade tätig. LA Speyer, Best. B3, Nr. 2585, Bl. 195. Die Rechnung ist auf den 28. Dezember 1781 datiert und beträgt 255 Gulden und 31 Kreuzer, wobei alleine 20 Messingaufsätze mit Kranen und jeweils drei Paar Schrauben 80 Gulden ausmachten. Auf Grund des Materialwertes waren es eben jene Messingteile und Kranen, die nach der Zerstörung der Carlsluster Anlagen als fehlend angegeben wurden und deren Wert mit der Summe von 600 Gulden beziffert wurde. BayHStA München, Abt. IV, Serienakten 1999, Local Befund der Carlsberger Brandstette, Brunnen-Arbeit.

2575 LA Speyer, Best. B3, Nr. 2590, Bl. 533. Die Liste beginnt mit Arbeiten vom 4. Oktober 1779 und endet am 16. Januar 1782. Sie enthält Forderungen in Höhe von insgesamt 1057 Gulden.

Abb. 121: Carlslust: Tosbecken der Kaskade
Hölzerne Substruktion für den Fontänensprung

nen Bahsin" und dem unteren *„großen Bassin [...] wo die Haupt Waßerkunst springt"* unterschieden,[2576] was mit den heutigen Gegebenheiten der Wasserbecken übereinstimmt. Um den Druck für die Fontäne dieser Haupt-Wasserkunst im großen Bassin zu erzeugen, wurde *„Holz von den Blockmäßigen Stämmen"* so zugeschnitten und gebohrt, dass die Deicheln in einander gesteckt und mit eisernen Ringen versehen werden konnten. Dies alles wurde in Homburg vorbereitet und mit mehreren Leuten *„ins Carls Lust gebracht und gelegt – mit umstandlichen und unterbrochener Zeit als Kosten wegen der Leute und auswärtiger Zehrung."*[2577] Anschließend wurde das *„bleyerne Rohr zum Hauptsprung in den untern Bassin mit einem Bogen an das kupferne Rohr und hölzerne Deichel samt dem hölzernen Postamentge (Abb. 121) mit einem Gestell an das Fundament gesetzt und angekütt, wie auch den Meßingenen Aufsaz*

2576 LA Speyer, Best. B3, Nr. 2590, Bl. 533–535.
2577 LA Speyer, Best. B3, Nr. 2590, Bl. 533v. Diese Vorbereitungen wurden mit 190 Gulden berechnet. Die Deicheln wurden zu einer inneren Weite von 5 Zoll, also 14 Zentimetern gebohrt.

darauf gelötet."[2578] Von der Hauptreserve führten zwei Deichel-Reihen zum oberen kleinen Bassin, *„die eine zum Sprung, die andere für die Gassgade zu founiren,"* wobei die Leitung zur Kaskade einen inneren Durchmesser von fünf Zoll haben sollte, während die Leitung zur Fontäne einen geringeren Durchmesser von drei und vier Zoll aufwies.[2579] Die Fontäne muss entsprechend der Fallröhren eine beachtliche Höhe gehabt haben, denn wenn „auf eine gewisse Höhe das Wasser […] in einem Halter, so man insgemein den Wasser=Schatz nennet, gesammlet wird, und man leitet dasselbe aus dem Wasser=Halter durch Röhren in die Tiefe, giebt aber der am Ende befindlichen meßingenen Röhre nach Proportion des vorhandenen Wassers eine etwas kleine und enge Oeffnung, so wird das zufliessende Wasser sich dadurch in eine ziemliche Höhe vermöge des Falls und seiner eigenen Schwere pressen lassen."[2580] So bildete insbesondere die Fontäne im unteren Becken mit ihrem Mittelstrahl den Point de vue innerhalb der Blickachsen von der Kaskade, dem Tschifflik und den Terrassen auf der gegenüberliegenden Hangseite innerhalb eines Wasserstücks, das es gestattete, „größere Raumeinheiten als Wasserareale zu gestalten, bzw. auch bei stark abfallendem Terrain mit gartenarchitektonischen Mitteln formreiche räumliche Zusammenhänge zu schaffen, die sonst nur noch um den Preis der Architektonisierung des Gartens mit Hilfe von Treppen zu erreichen wären."[2581] Zwei Deichelreihen sollten *„an die Gassgade zu den 18 Nebensprüng, wie auch unten zwey gerade Sprüng auf der Gassgade"* führen.[2582] Die Anzahl der Neben-

---

2578 LA Speyer, Best. B3, Nr. 2590, Bl. 533v. Diese Arbeit wurde *„inclusive meiner Leute"* mit 15 Gulden angerechnet. S. dazu auch ZEDLER, Universallexikon: Bd. XXXIX, Spalte 503 zum Begriff des Springbrunnens oder Fons Artificialis, s. Anm. 2288.

2579 LA Speyer, Best. B3, Nr. 2590, Bl. 534. Drei Zoll entsprechen acht, vier Zoll dagegen elf Zentimetern. Auch hier wurden die Deicheln an beiden Enden behauen und mit eisernen Ringen versehen. Diese Arbeit wurde mit 220 Gulden berechnet, nicht zuletzt *„wegen Zeit und Kosten Verwendung als der auswärtigen Zehrung"*.

2580 ZEDLER, Universallexikon: Bd. XXXIX, Spalte 502 zum Begriff des Springbrunnens. Demnach nimmt das springende Wasser „die Figur und Leitung der Röhre an, und so, wie die Oeffnung in selbiger beschaffen ist. Will man demnach, daß das Wasser gerad als ein Stab in die Höhe springen soll, so wird das Rohr auf den Horizont perpendicular gestellet; […] Wird man ausser dieser mittleren Perpendicular=Röhre annoch andere Röhren zur Seiten anbringen, welche mit dem Horizont in schiefen Winckeln zusammen gesetzt sind, so werden diese verschiedene Strahlen, wenn die Spring-Röhren in guter Ordinantz sich befinden, sehr angenehm unter einander Spielen. Man pfleget auch wohl auf die Röhre einen andern Aufsatz zu schrauben, wodurch sich das ausspringende Wasser allerley Figuren geben lasset;" ZEDLER, Universallexikon: Bd. XXXIX, Spalte 502 zum Begriff des Springbrunnens.

2581 WEBER, Brunnen, S. 177.

2582 LA Speyer, Best. B3, Nr. 2590, Bl. 534. In Auszügen auch bei Schneider zitiert, vgl. SCHNEIDER, Schlösser, S. 341, ohne Quellenangabe. Im *„Lokalbefund der*

Abb. 122: Carlslust: Tosbecken der Kaskade
Geschwungene seitliche Umfassungsmauer des Bassins

sprünge zeigt, dass sich an jeder der neun Kaskadenstufen jeweils zwei Fontänen befanden, deren Wasserstrahl schräg zur Mitte der Becken geführt wurde, da ausdrücklich betont wird, dass es sich bei den beiden unteren Fontänen um ‚gerade Sprünge' handelt.

Bei der Carlsluster Kaskade als „Spring- oder Lustbrunnen" wurden somit zwei unterschiedliche Arten der Wasserkunst kombiniert, die bei Zedler benannt werden als „Cascaden, da das Wasser aus einem Becken in das andere, über den Rand breit ausgedehnt, herab fället" sowie „der Wasser-Strahl, welcher gerade in die Höhe springet."[2583] Der Kontrast von fallendem Wasser und senkrechten Strahlen ist wiederum ein Kennzeichen französischer Kaskaden, während diese Kombination in Italien nicht vorkam.[2584] Dies charakterisiert sie als eine Gestal-

---

Carlsberger Brandstette" von 1793 ist *„Für die Gascad wo alle messingene Wassersprüng fehlen"* sowie den großen Haupthahn ein Schaden von 600 Gulden verzeichnet. BayHStA München, Abt. IV, Serienakten 1999.

2583 ZEDLER, Universallexikon, Bd. XXXIX Spalte 503 zum Begriff des Springbrunnens.

2584 WEBER, Brunnen, S. 147 sowie dort Anm. 344.

tungsform, die nicht mit dem natürlich anmutenden Verlauf der nahezu zeitgleich entstandenen Aschaffenburger Kaskade in Schönbusch zu vergleichen ist. Die Kaskade des dortigen Gartens wurde in einem Bett „von Quadersteinen aufgeführt, welche leztere aber nach Aussage des Ingenieurs d'Irigoyen durch den Wasserschlamp und dessen ... bald schwarz werden sollen. – Es sind auch hie und da bleyerne Röhren (welche das Wasser, jedoch nur aufquellweis in die Höhe treiben sollen), angebracht." Schon die zeitgenössische Kritik bemängelte jedoch, dass bereits mit der Verwendung der Quadersteine zu sehr von der Natur abgewichen worden sei, „simot durch dieses zu viel Verkünstelte Weesen der ersten Absicht bei Englichen Anlaagen entgegen gehandlet seye."[2585] Die Carlsberger Kaskade entspricht in der Regelmäßigkeit der Becken und der Vielzahl der begleitenden Wassersprünge und der Gestaltung der Umfassungssteine dem Vorbild älterer Anlagen, wie beispielsweise der Kaskade in Bayreuth aus der ersten Hälfte des 18. Jahrhunderts.[2586] Auch in der talübergreifenden Gesamtsituation, in der die Kaskade als Teil eines Achsensystems angelegt wurde, bildet die Kaskade der beschriebenen Form erneut ein retardierendes Element der Gartenkunst, das nicht mit den Theorien der Gartenkunst Hirschfelds oder Sckells in Verbindung gebracht werden kann.[2587]

b. Die heutigen „Schwanenweiher"

Die beiden so genannten Schwanenweiher wurden in der Talmulde in einem rechten Winkel zu der Achse zwischen dem Tschifflik-Pavillon und dem Auffangbecken der Kaskade angelegt.[2588] Das Tal, das zwischen dem Pavillon und

---

2585 „Unterthäniger Bericht vom 28ten im Märzmonate 1779 den dermaligen Befund des Schönbusches betreffend" des Hofkammerrats Johann Jacob v. Stubenrauch, zitiert nach: ALBERT/HELMBERGER, Schönbusch, S. 100.
2586 Zur Datierung der Bayreuther Kaskade s. HABERMANN, Gartenkunst, S. 66. Die Kaskade in Schwetzingen unterhalb des Apollotempels, eine ‚fontaine rustique', kann von ihrer Anlage unterhalb des Belvedere als hintere Bühnendekoration des Heckentheaters ebenso wenig als Vergleich herangezogen werden wie die monumentalen Kaskaden von Kassel. Zu Schwetzingen s. FUCHS/REISINGER, Schloss, S. 118f. Eine weitere Kaskade entstand ab 1772 im Veitshöchheimer Hofgarten durch Materno Bossi, die zwar zeitlich näher an der Entstehungszeit der Carlsberger Anlage liegt, von ihrer Architektur her vielmehr eine mehrteilige Brunnenanlage darstellt, welche von Kolonnaden gerahmt wird. S. WERNER, Hofgarten, S. 28f.
2587 Hirschfeld geht in seinen Theorien überhaupt nicht mehr auf Kaskaden ein, sondern unterscheidet natürliche Formen des fallenden Wassers wie den Wasserguss, den Wasserfall und den Wassersturz. S. HIRSCHFELD, Theorie, Bd. I, S. 113f.
2588 Peter Jordan sieht in seinem Gutachten das „Schwanenweiher-System" als bestehend „aus 3 im Talgrund hintereinander geschalteten Teichen." S. JORDAN, Wald-

Abb. 123: Carlslust: Quellmund der Schwanenweiherquelle
Einfassung des Quellmundes mit Gesimssteinen des Kaskadenbassins

der Voliere in der Carlslust liegt und im Nordwesten als enge Schlucht seinen Anfang nimmt, weitet sich im Bereich der Weiher zusehends, bis es trichterförmig das Wiesental des Lambsbaches mündet. Ein künstlicher Damm, dessen Schauseite aus Zyklopenmauerwerk errichtet wurde, trennt die beiden Weiher und ermöglicht es, dass die Becken auf unterschiedlichem Niveau angelegt werden konnten (Abb. 124). Sowohl im nördlichen, höher gelegenen Gewässer, als auch im südlichen tieferen Weiher befindet sich eine Insel, die aus aufgesetzten

---

landschaftspark, zum Schwanenweiher-System. Da das runde Auffangbecken/ Tosbecken der Kaskade, wie auch Jordan feststellt, eine eigene Quelle besitzt und zusätzlich durch einen Bachlauf, der das beschriebene Tal durchzieht, gespeist wird, hängen die drei Weiher durch gemeinsame Wasserquellen zusammen und bilden daher tatsächlich ein System. Von der gartenkünstlerischen und funktionalen Anordnung sind sie jedoch voneinander getrennt, da das Auffangbecken im Verhältnis zum oberen und unteren Schwanenweiher deutlich aus der Achse schwenkt und als der Kaskade zugehörig angelegt wurde. Ich ziehe es daher vor, das Auffangbecken und die Schwanenweiher in der Diktion zu trennen und nicht als zusammengehörigen Komplex zu bezeichnen.

Abb. 124: Carlslust: Damm zwischen oberem und unterem Schwanenweiher mit Zyklopenmauerwerk

Steinen errichtet wurde.[2589] Auf der Südseite des unteren Weihers hatte man einen Hügel künstlich aufgeschüttet, dessen Schauseite zum Weiher ebenfalls Zyklopenmauerwerk zeigt und der wie ein Riegel in der Mitte des Talgrundes den Abschluss dieser Gewässerfolge bildet (Abb. 125). Die Mitte dieses groben Mauerwerks wird durch eine oben abgerundete gemauerte, halbrunde Nische betont. Die Hügelkuppe wirkt abgeflacht und wird zu beiden Seiten von Bächen umlaufen, die aus dem unteren Teich abgeleitet werden. Die Abflüsse aus dem südlichen Schwanenweiher werden durch zwei symmetrisch angelegte, brückenähnliche Mauerbögen überwölbt, deren Spiegelbilder bei optimaler Wasserhöhe auf der Wasseroberfläche einen Kreis formieren (Abb. 126).

[2589] Schneider beschreibt sie als bauliche Reste eines im Kern gemauerten Wasserspieles, auf welche sich auch die oben angegebenen Rechnungen des Brunnenmeisters Philipp Bayer bezögen. Letzteres ist jedoch nicht richtig. Diese Rechnungen beziehen sich ausschließlich auf die Bassins der Kaskade. In der Rechnung Bayers wird zwischen diesen Begriffen genau unterschieden. Vgl. SCHNEIDER, Schlösser, S. 344. Nach den Ergebnissen der jüngsten Grabungen am Tosbecken, wo sich eine ebensolche Insel als spätere Zutat herausstellte, kann erst eine genaue Untersuchung ergeben, ob die Insel im 18. Jahrhundert angelegt wurde.

Abb. 125: Carlslust: Künstlicher Hügel mit Schauseite aus Zyklopenmauerwerk
Gemauerte halbrunde Nische in der Mitte

Abb. 126: Carlslust: Mauerbogen über einem der beiden seitlichen Abflüsse
des Schwanenweihers

In der zeitgenössischen Literatur finden sich bislang nur spärliche Erwähnungen dieses Weiherkomplexes.[2590] Ausführlicher ist dabei erneut die Beschreibung der Feierlichkeiten in der Carlslust durch von Fürstenwärther, der berichtet, dass im Zuge des großen Feuerwerks, das sich über die Bassins der Kaskaden hinziehen sollte, auf „dem untersten Bassin [...] durch Kunst Schwanen verfertigt [waren], welche brennend darauf herum schwimmen sollten."[2591] Jenes „Feuerwerk unterhalb der Kasskade und die brennende Schwanen und Enten auf dem Bassin, sollten das Feste beschliessen."[2592]

Die bisher aufgefundenen Rechnungen geben nur am Rande Auskunft über die Situation an den Weihern, was mithin Fragen über die detaillierte Gestaltung der Zyklopenwand am abschließenden Hügel und der darin befindlichen Nische sowie des oberen Hügelabschlusses aufwirft. Der Brunnenmacher Philipp Bayer verwendete im Zusammenhang seiner Rechnung über die *„Brunnen-Waßerkünste und Springwerke"*[2593] in der Carlslust zwei Begriffe, mit denen er die Becken der Kaskade und die ‚Schwanenweiher' unterschied. Das runde Tosbecken der Kaskade bezeichnet er jeweils als Bassin, während er die übrigen Gewässer mit dem Ausdruck ‚Weiher' versieht. Die Wasserversorgung der Weiher geschieht durch einen *„Ablauf an dem großen Bassin [...] wo die Haupt waßerkunst springt, durch den Damm in den andern Weiher mit 15 stück 5 zöllig gebohrten Deicheln."*[2594] Der Brunnenmacher gibt an, dass er *„durch den Dam am untern Weyer nach dem Alterthum zu, dem untern und obern Ablauf mit 5 zölligen Deicheln gelegt"* hatte.[2595] Weiter hatte er *„ein bleyernes Rohr unten im Alterthum an die Muscheln gemacht und hinein gekütt."*[2596] Die Er-

---

2590 Mannlich erwähnt nur, dass es im Park mehrere schöne Weiher gab. S. BENDER/KLEBER, Histoire, Bd. II, S. 322. Holandre führt in seiner Beschreibung der herzoglichen Vogelsammlung an, der Herzog habe eine große Anzahl von Kapgänsen besessen, „qui ornent les différentes pièces d'eau de son superbe jardin du Carlslouste." Auch Guineagänse habe man dort in großer Zahl beobachten können. HOLANDRE, Catalogue, S. 152.
2591 FÜRSTENWÄRTHER, Gedächtniss, S. 67.
2592 FÜRSTENWÄRTHER, Gedächtniss, S. 68.
2593 LA Speyer, Best. B3, Nr. 2590, Bl. 533–536 vom 16. Januar 1782.
2594 LA Speyer, Best. B3, Nr. 2590, Bl. 535v. Fünf Zoll entsprechen 14 Zentimetern. Außerdem wurde noch eine „*Seyhe*", also ein Sieb auf den Ablauf gesetzt. Dafür verlangte Brunnenmacher Bayer 40 Gulden.
2595 LA Speyer, Best. B3, Nr. 2590, Bl. 533v. Für das Deichelholz waren starke Stämme zu schneiden, zu bohren, an beiden Enden zu behauen, und eiserne Ringe daran zu befestigen. Für den Brunnenmeister und seine Leute waren für diese Arbeiten 40 Gulden in der Rechnung angesetzt worden.
2596 LA Speyer, Best. B3, Nr. 2590, Bl. 535v. Auch bei Schneider angesprochen: SCHNEIDER, Schlösser, S. 344. Allerdings interpretiert er diese Stelle als Muschelinkrustation und zieht eine Parallele zum Grottenhof der Residenz München, der als Gartenhof der Sommerresidenz Herzog Wilhelms V. als „Geheimes Lust- und Residenzgärtlein" zum Ende des 16. Jahrhunderts angelegt wurde. S.

Abb. 127: Veitshöchheim, Hofgarten
Grottenhaus

wähnung dieses ‚Altertums' und der Muscheln bietet jedoch nicht die Möglichkeit einer eindeutigen Bestimmung, um was es sich dabei im Detail handelt. So könnten die Muscheln eine Partie mit Grottenmauerwerk[2597] und entsprechenden Inkrustationen aus Muscheln und Schnecken bilden, welche in und um die Nische in der Mittelachse der mit Zyklopenmauerwerk gestalteten Mauer zu vermuten wären. Damit wäre eine Situation vorstellbar, wie sie in ähnlicher Weise mit dem Grottenhaus im Veitshöchheimer Hofgarten existiert (Abb. 127).[2598] Der wasserumflossene Hügel in der Carlslust mit den symme-

---

DEHIO, München, S. 749. Weder zeitlich noch von ihrem baulichen, an italienische Renaissancegärten angelehnten Charakter ist diese Anlage mit der des Schwanenweihers zu vergleichen.

2597 Zu Grottenkonzepten in Frankreich und Italien s. WEBER, Brunnen, S. 56f m.w.N. Weitere Literatur zu Grotten vom 16. bis zum 18. Jahrhundert s. MAUÉ, Kunst, S. 505–518.

2598 Dieses Grottenhaus bildet im Garten der Würzburger Fürstbischöfe den Abschluss einer langen Wegachse. Auf einem amorphen Felsgebilde aus Tuffstein mit rundbogigen Nischen, kleinen Höhlen und inkrustierten Tierfiguren darin wurde es als achtseitiger Pavillon errichtet, dessen innere und äußere Wände, Säulen und das abschließende Gebälk mit Inkrustationen aus farbigem Stein, Glas und Muscheln bedeckt sind. Den Entwurf für diesen Bau lieferte Johann Philipp Geigel (1729/30–1800). Materno Bossi (1735–1802) schuf 1772 und 1773 die Stuckaturen und Inkrustationen. S. dazu: WERNER, Hofgarten, S. 30 f.

trisch angeordneten steinernen Bögen wird dabei in ähnlicher Weise kreisförmig umfasst, wie dies durch die geschwungenen Treppenarme des Veitshöchheimer Tuffsteinhügels mit einer kleinen Platzanlage geschieht.

Bei den erwähnten Muscheln des Schwanenweihers könnte es sich andererseits auch um eine Brunnenarchitektur handeln (Abb. 128).[2599] Diese Möglichkeit wird durch eine Rechnung des Steinhauers Johannes Müntzel eröffnet, der angibt, er habe „*zwei Grose Muschlen in Carlslust gebrochen und gehauen, vor jede eine in die ander 12 fl. [...]*",[2600] zumal dort ein bleiernes Rohr, das Wasser führen sollte, eingekittet werden musste.

Bei dem besagten ‚Altertum',[2601] das für den Bereich dieses Hügels am Schwanenweiher erwähnt

Abb. 128: Historisches Museum Speyer, Innenhof Brunnennische

2599 Die gezeigte Brunnenarchitektur umschließt eine Nische aus einer Muschelform mit einer Volute im Kern, durch die vormals ein Wasserrohr führte, vermutlich zu einer Freiplastik. Das rahmende Bandelwerk des Brunnens, der von Schloss Carlsberg stammen soll, lässt darauf schließen, dass der Brunnen aus einem älteren Kontext (um 1730) stammt, und ursprünglich nicht für den Carlsberg oder die Gärten geschaffen wurde. Er gibt jedoch eine Vorstellung davon, wie ein Brunnen am Schwanenweiher mit ‚Muscheln' ausgesehen haben könnte.

2600 LA Speyer, Best. B3, Nr. 2619, Bl. 93. Die genannte Arbeit an zwei Muscheln über 24 Gulden, die aus Sandstein, dem in der Carlslust vorkommenden Gestein geschlagen wurden, ist in einer umfassenden Rechnung über einen längeren Zeitraum enthalten. Die Rechnung ist auf den 12. Juli 1792 datiert.

wurde, könnte es sich um eine Ruinenarchitektur auf der abgeflachten Hügelkuppe handeln. Da man jedoch insbesondere römische Antikenfunde mit dem Begriff ‚Altertum' versah, ist es wahrscheinlicher, damit eine Skulptur zu verbinden, vergleichbar mit dem Apoll auf dem Schwetzinger Belvedere, der innerhalb einer schützenden Kleinarchitektur den Hügel bekrönt (Abb. 129).[2602]

Sturm beschreibt in seinem Buch der Bau=Kunst über „Kunst-Hölen oder Grotten" in Italien die Situation, wo man „Außwendig [...] diese Hölen gleichsam mit Klippen oder einen wilden Berglein zu bekleiden [pflege]

Abb. 129: Schwetzingen, Schlossgarten
Apollotempel auf einem künstlichen Hügel mit Kaskade und zwei Najaden

---

[2601] Schneider will unter diesem Begriff die gesamte Hügelanlage verstanden wissen, die er als Bauwerk bezeichnet, auf dessen oberer Ebene „sich Fundamentreste eines Bauwerkes erschließen. Zwischen zwei runden Endstücken befindet sich ein Bereich mit möglicherweise zwei Räumen. Zur Weiherseite erschloß sich ein Balkon." Vgl. SCHNEIDER, Schlösser, S. 344 ohne Quellenangabe, dafür aber mit einer Zeichnung, deren Legende das Bauwerk als „Tempel" bezeichnet. Die Angaben Schneiders konnten jedoch bisher nicht durch sichtbare Funde oder durch eine Grabung verifiziert werden. An gleicher Stelle rückt er jedoch vom Gedanken der beiden Räume mit Balkon ab und vergleicht die Situation mit dem Römischen Wasserkastell und dem Merkurtempel im Garten von Schwetzingen, die „keine in sich abgeschlossene Salons oder Kabinette [besitzen], sind also nicht bewohnbar." Damit verknüpft er wiederum den Gedanken des Tumulus als keltischem Grabhügel und setzt gleichzeitig die erforderlichen Kenntnisse darüber im 18. Jahrhundert voraus, was m.E. abzulehnen ist. Vgl. aber SCHNEIDER, Schlösser, S. 344.

[2602] Mit dem Begriff ‚Altertum' wurden in der Carlsberger Zeit insbesondere römische Antiken bedacht, die auf dem Carlsberg gesammelt wurden. Der Herzog ließ in Schwarzenacker nach solchen ‚Altertümern' graben, wie Mannlich ausführlich berichtete. S. dazu BENDER/KLEBER, Histoire, Bd. II, S. 206 f. „Im Jahre

/ daselbst pflantzen sie auch Bäumlein / und bißweilen führen sie einen weg hinauff in gestalt einer auffsteigenden Schnecke / da sie dann eine Laub=Hütte oder andere Lust=Häußlein angeben."[2603] Daraus entwickelt sich eine Gartensituation, wie sie auch in Schwetzingen in weiterentwickelter und modifizierter Form anzutreffen ist. Dort formieren sich hinter den Heckenkulissen des Gartentheaters aufgetürmte Felsbrocken zu einem Hügel mit begehbaren Höhlen, den Helikon als Sitz der Musen darstellend. Zwei Quellnymphen gießen Wasser in eine Muschel, woraus es in eine Kaskade weiterläuft. Auf dem Felsen erhebt sich ein Monopteros als Belvedere, worin Apoll als Schützer der Musen die Lyra spielt.[2604] Damit schließen sich die Elemente eines Hügels aus aufgetürmten Felsen, des Wassers, der Muschel und des „Altertums" als Skulptur einer antiken Gottheit zu einem Programm zusammen. Um eine gültige Aussage über die Deutungsmöglichkeit der Schwanenweiher, des aufgetürmten Mauerwerks, der Nische und den genannten Elementen der Muschel und des Altertums treffen zu können, bieten die oben genannten Vergleichsbeispiele zwar Möglichkeiten einer Interpretation. Letztlich verhelfen die vagen Begriffe der erhaltenen Rechnungen jedoch bisher zu keiner abschließenden Deutung, ohne sich dabei in einem unzulässig spekulativen Bereich zu bewegen.

    1789 wurden nämlich auf dem Quirnbacher Banne zufällig zwey Steine mit heidnischen Götterfiguren ausgegraben, und von da in das herzoglich zweybrückische Schloß zu Karlsberg überbracht. […] Zufolge näher eingezogenen Erkundigungen hat sich auch auf dem Karlsberg wirklich eine schon bedeutende Sammlung römischer Monumente befunden; – sie sollten dort ein eigenes Local erhalten, und wurden einstweilen in dem sogenannten Orangeriekeller aufbewahrt. Obgleich dieser Keller bey dem Brande und der Zerstörung des Schlosses nichts gelitten hat, so sind doch diese Monumente der Barbaren nicht entgangen. Ein französischer Commissär hat sie in den letzten Jahren als Baumaterial verkauft, und einige Sarkophage sind nach Homburg gekommen, und als Tröge für das Vieh verwendet worden." Intelligenz-Blatt des Rheinkreises, Speyer, den 31ten Januar 1825 Nr. 24, S. 120 über „Römische Altertümer im Rheinkreise".

2603 GOLDMANN, Goldmanns, S. 154. In solchen Grottenräumen „schicken sich Neptunus / welcher auff seinem Wagen durchs Wasser fähret / und von seinen Wasser=Göttern begleitet wird / desgleichen von seinen Wallfischen und Meerwundern / wie zu Heidelberg / wie auch in den Kunst=Hölen / unter den Gassen=Treppen / zu S. Germain in Franckreich mit Bewegung getrieben. In einer andern Höle ist Orpheus mit Thieren / die um ihn herum gehen. In einer andern eine Jungrau / welche auf einer Orgel spielet. In einer andern der Perseus, wie er das Meerwunder tödtet / und seine Andromeda erlöset. Zu dergleichen Erfindungen kann man die Diana mit ihren Bade=Gespielen gebrauchen / desgleichen Nympffen / welche sich baden oder die Kleider / oder das Haar aufwinden;" GOLDMANN, Goldmanns, S. 154.

2604 S. dazu FUCHS/REISINGER, Schloss, S. 117 f.

8. Die Menagerie in der Carlslust

Ein früher Bestandteil der Carlslust, von Mannlich beschrieben als ein „Fleckchen Erde, das weltverloren mitten in einem herrlichen Walde lag, umgeben von Höhenzügen, düsteren und wilden Tälern, durchrieselt von zahlreichen sprudelnden Quellen"[2605] war die Menagerie,[2606] deren Anlage 1778 ihren Anfang nahm,[2607] 1786 erweitert wurde[2608] und über die sich Mannlich in seinen Erinnerungen recht detailliert äußert. Er gibt an, dass es sich bei der Menagerie um einen eingezäunten Tierpark,[2609] also einen vom übrigen Park abgeschlossenen Komplex handelte, dessen Tiere nicht nur selten, sondern teilweise noch „unbekannt und unbeschrieben"[2610] waren. An die Unterbringungen der Tiere erinnert er sich als einer langen Reihe von einstöckigen Häuschen, die durch Gitter voneinander getrennt waren. Die Reihe der Unterbringungen „stand in einem schö-

---

2605 BENDER/KLEBER, Histoire, Bd. II, S. 267; MANNLICH, Rokoko und Revolution 1966, S. 222.

2606 Zum Begriff ‚Menagerie' s. PAUST, Studien, S. 15 ff. Danach ist das Wort, ursprünglich als Ort ländlichen Lebens und ländlicher Nutztierhaltung verstanden, im neuen Sinne einer höfischen Menagerie, die sich auf die Haltung exotischer Tiere verlegt hatte, erst zu Beginn des 18. Jahrhunderts mit den ersten Menageriebauten auf deutschem Boden auch in unseren Wortschatz gelangt. Nicht zu verwechseln sind dabei die Begriffe Menagerie und Tiergarten. Ein Tiergarten ist nach Mellin „ein weitläufiger Ort, oder grosser Bezirk, Wald, Feld und Wiesen, der mit allen Nothwendigkeiten und Annehmlichkeiten die für die Bedürfnisse des Wilprets erfordert werden, versehen, und dergestalt verwahrt ist, dass es denselben nicht verlassen kann. Ist der hierzu eingegebene Ort sehr gross, so nennt man ihn eine eingefriedigte oder eingesperrte Wildbahn." MELLIN, Unterricht, S. 17.

2607 Die ersten Aktenstücke datieren in den Juli 1778, LA Speyer, Best. B3, Nr. 2572, Bl. 353 sowie die Bitte um einen Abschlag des Maurers J.P. Zimmermann vom September 1778, LA Speyer, Best. B3, Nr. 2572, Bl. 361.

2608 LA Speyer, Best. B4, Nr. 2552, Bl. 157v.

2609 BRAZIER, château, S. 141 ff.; BENDER/KLEBER, Histoire, Bd. II, S. 267. BUTTMANN, Auszüge, S. 22, dessen Übersetzung abweicht von MANNLICH, Rokoko und Revolution 1966, S. 222 mit kleinen Auslassungen in der Übersetzung des Textes; dieser Text auch in Teilen wiedergegeben bei SCHNEIDER, Carlsberg – Carlslust, S. 136; SCHNEIDER, Schlösser, S. 336. Ebenfalls abweichende Übersetzung der Stellen, die Menagerie betreffend in: DHOM, Regenten, S. 165 ff.

2610 BENDER/KLEBER, Histoire, Bd. II, S. 267. BUTTMANN, Auszüge, S. 22. Diese Stelle bezieht sich auf die Ausgabe der „Histoire naturelle, générale et particulière" in 44 Bänden des Naturforschers Georges-Louis Marie Leclerc, Comte de Buffon (1707–1788). Für die Zweibrücker Gesamtausgabe der „Histoire naturelle" gestaltete Mannlich den Titelkupfer und Abbildungen. Auch Holandre erwähnt in seinem „Catalogue des Oiseaux" Vögel der herzoglichen Menagerie, welche noch nie in dieser Form beschrieben wurden, s. HOLANDRE, Catalogue, S. 5. S. auch ROLAND, Vogel-Werk, S. 15. STAEDTLER, Vogelabbildungen, m.w.N.

nen Buchenwald und bildete eine geräumige Einfriedung, in deren Mitte sich eine Fläche von fließendem Wasser befand. Wasserspiegel und Boden um das Becken herum waren in gleicher Höhe. Alle diese kleinen Behausungen waren in elf Fuß Höhe mit einem Netz aus geteertem Garn oder Eisendraht bedeckt, je nach den Tieren, die sie bewohnten; im Winter wurden sie von außen beheizt, und zwar entsprechend dem Klima der Heimat dieser Tiere."[2611] Außer diesen Behausungen existierte noch ein weiterer Teil der Menagerie, der sich in seiner Anlage von der übrigen unterschied. „Nicht weit von dort befand sich das Gebäude in der Form eines antiken Amphitheaters, in dem die Vierfüßler und Raubvögel untergebracht waren; unter den letztgenannten erweckte besonders der König der Geier meine Aufmerksamkeit."[2612] Die Durchsicht der erhaltenen Rechnungen ergab, dass die Menagerie in zwei Bauphasen errichtet wurde, wo-

Abb. 130: Carlslust: Menagerie
Rund des ersten Menageriebaus, heute so genannter ‚Bärenzwinger'

2611 BENDER/KLEBER, Histoire, Bd. II, S. 269. BUTTMANN, Auszüge, S. 26/27. MANNLICH, Rokoko und Revolution 1966, S. 224 mit kleinen Abweichungen bei der Wiedergabe des Textes; abgedruckt auch bei SCHNEIDER, Schlösser, S. 336.
2612 BENDER/KLEBER, Histoire, Bd. II, S. 270. MANNLICH, Rokoko und Revolution 1966, S. 225. BUTTMANN, Auszüge, S. 27. Die Übersetzung dieser Textstelle wird unterschiedlich gehandhabt. Diese Angabe Mannlichs wird gestützt durch eine Anmerkung Holandres in seiner Publikation über die herzogliche Vogelsammlung, in der unter Nr. 17 zu lesen ist: „S. A. S. possède dans sa ménagerie un autre Percnoptere vivant qui diffère de tous ceux que j'ai vus par les couleurs de son plumage […]." HOLANDRE, Catalogue, S. 5.

bei das ‚Amphitheater' den frühesten Teil bildet, während der von Mannlich geschilderte Teil mit einstöckigen Häuschen in gerader Reihe der späteren Erweiterung der Menagerie zuzurechnen ist.

a. Erhaltene Überreste der Menagerie in der Carlslust

Reste der Menagerie sind noch heute im Gelände der Carlslust zu erkennen. Ein schnurgerader Weg, der parallel zur so genannten Appelallee ansetzt und hangabwärts in das Lambsbachtal führt, durchschneidet ein Terrain, das in einer Ausdehnung von ca. 80 x 100 Metern zu einer Seite in einen Hang eingetieft wurde. Nach Süden hin fällt das Gelände allmählich ab und wurde mit teilweise noch erhaltenen Stützmauern in sechs Terrassen gegliedert (Abb. 104).[2613] Auf den Terrassenstufen sind noch heute gehäuft Ziegel, behauener Sandstein und Schiefer zu finden, teilweise kann man vor Ort noch Gebäudeecken kleiner Architek-

Abb. 131: Carlslust: Menagerie
Rund des ersten Menageriebaus, Fundamente der Separationshäuschen

---

[2613] Zur Topographie ULRICH, Konzept, S. 40. SCHNEIDER, Carlsberg – Carlslust, S. 356 f., 373; SCHNEIDER, Schlösser, S. 337.

Abb. 132: Carlslust: Menagerie
Rund des ersten Menageriebaus, Rekonstruktionen der Separationshäuschen

turen auf rechteckigem Grundriss erkennen (Abb. 135). Diese lassen darauf schließen, dass sich auf den Geländestufen jener Teil der Menagerie befand, die Mannlich als lange Reihe von einstöckigen Häuschen beschreibt, die durch Gitter voneinander getrennt waren.

Nicht weit davon entfernt befindet sich in westlicher Richtung eine kreisförmige Anlage, die sich in einen Hang einfügt. Dieser bietet, ähnlich den Rängen eines Amphitheaters, dem Besucher die Möglichkeit, von erhöhter Lage in das gemauerte Rund hineinzublicken (Abb. 130). Diese Anlage, die im Volksmund heute ‚Bärenzwinger' genannt wird, besteht aus einem steinernen Ringfundament,[2614] an dessen Innenseite 20 Fundamente kleiner Häuschen in kurzen Abständen angefügt wurden. 19 dieser Fundamente weisen einen quadratischen, ein einziges an der Öffnung des Ringfundaments nach Westen einen halb-

---

[2614] Der Durchmesser des Fundamentringes wird von Weber mit 38 Metern angegeben, vgl. WEBER, Schloss Karlsberg. Brazier gibt einen Durchmesser von 42 Metern an, vgl. BRAZIER, château, S. 145. Schneider misst 40 Meter, vgl. SCHNEIDER, Schlösser, S. 337.

runden[2615] Grundriss auf (Abb. 131). Zwei der Häuschen auf quadratischem Grundriss wurden als künstliche Ruinen wieder aufgemauert und mit rundbogigen Öffnungen zum Innenhof und zur Seite versehen (Abb. 132). Dieses Bild entspricht jedoch nicht den damaligen Gegebenheiten,[2616] denn die Rundbögen aus Sandstein stammen aus dem Abbruchmaterial der Kirche eines benachbarten Ortes.[2617] Weber selbst gibt an, dass „wir uns Aufbauten zu denken [haben], von denen allerdings keine konkreten Angaben bekannt sind. Wahrscheinlich waren sie aus Holz und schlossen mit einem Dach ab, das den Innenhof wie eine Arena frei ließ."[2618] Im Zentrum des Ringes befindet sich eine quadratische

Abb. 133: Carlslust: Menagerie
Rund des ersten Menageriebaus,
quadratischer Wassergraben in der Mitte mit dem Wasserzulauf aus der Mohrenquelle

---

2615 SCHNEIDER, Carlsberg – Carlslust, S. 366. An anderer Stelle verwendet er den Begriff „Wärterloge", vgl.: SCHNEIDER, Schlösser, S. 337.
2616 Schneider sieht sich bei den Gebäuden an steinerne Hundehütten erinnert und hält den Eindruck für „völlig verfälscht". S. SCHNEIDER, Schlösser, S. 336.
2617 Freundlicher Hinweis des Försters, Herrn Michael Pfaff; s. auch SCHNEIDER, Schlösser, S. 337.
2618 WEBER, Schloss Karlsberg, S. 343.

Insel (Abb. 133),[2619] welche durch einen Wassergraben umgeben ist, der von der östlich am Hang gelegenen ‚Mohrenquelle' gespeist wird.

b. Details aus den Akten – Der Menagerie erster Teil und ihre Bewohner

Die erhaltenen Geländefunde werden von den Baukassenrechnungen und Bauprotokollen bestätigt und ergänzt. Die ersten Angaben über die Menagerie datieren vom 24. Juli 1778 als Bericht *„Zu dem Plan von der im Carlslust zu erbauenden Menagerie und Conditionen unter welchen die Zimmerarbeit versteiget wird."*[2620] Danach sollte der Unternehmer für 19 kleine *„Häußger das Gebälck und die Dächer machen, wie solches der Riß zeiget."*[2621] Außerdem sollten die *„Latten Separation von einem Häußgen zum andern, das Gebälk auf dem Saal des Pavillons, dasjenige in die kleinen Thürmger und die hölzerne Gesimser samt dem Dachwerck und 4 Dachgauben und Schneckensteeg"* vom Zimmermann gemacht und aufgeschlagen werden. Der Zimmermann hatte alle erforderlichen Arbeiten an den Gebäuden *„nach dem Riß in fix und fertigen Stand zu stellen."*[2622] Es handelte sich also nicht nur um 19 durch Lattenwerk voneinan-

---

[2619] Die Seitenlänge der Insel wird von Weber mit zwölf Metern angegeben, vgl. WEBER, Schloss Karlsberg. Schneider misst eine Seitenlänge von elf Metern. SCHNEIDER, Schlösser, S. 337.

[2620] LA Speyer, Best. B3, Nr. 2584, Bl. 61. (S. Anhang C.I.10) Der Bericht über die Vertragsversteigerung wurde, von Mannlich selbst verfasst und am 24. Juli 1778 unterzeichnet. Schaeffer attestierte am 21. Februar 1780, dass die Arbeit *„Ist richtig verfertigt biß auf etwas kleines an den Separationswänd."* Am 23. Februar wurde dieses Steigprotokoll der Rentkammer von Mannlich mit dem Vermerk übergeben, den Steigschilling bis auf verbleibende 10 Gulden auszuzahlen, die erst angewiesen werden sollten, wenn er selbst die Vollendung der Arbeit attestiert habe. Der Empfang des Geldes wurde von Theobald Cullmann erst im Februar 1785 bescheinigt. LA Speyer, Best. B3, Nr. 2584, Bl. 60. Im Januar 1783 erging die Nachricht, dass die ausstehenden 10 Gulden *„gnedigst außbezalt werden."* LA Speyer, Best. B3, Nr. 2584, Bl. 63. Zwischenzeitlich muss es weitere Zahlungsschwierigkeiten gegeben haben, denn *„Theobald Cullmann zu Homburg welcher die Separationen in Carlslust machet bittet unterthänigst, wege beförderung solcher Arbeit um 200 fl. gnädigst zu Avanciren."* 9. Januar 1779 mit Unterschrift von Oberförster Richstein. LA Speyer, Best. B2, Nr. 1601, Bl. 108. Eine Nota von Abschlagszahlungen erwähnt eine Zahlung von 100 Gulden an Cullmann im Jahr 1778. LA Speyer, Best. B3, Nr. 2573, Pag. 50. Schneider sieht eine Rechnung des Tünchers Stenger vom 20. 10. 1779 als Hinweis für einen frühen Baubeginn. Vgl. SCHNEIDER, Schlösser, S. 336, ohne Quellenangabe.

[2621] LA Speyer, Best. B3, Nr. 2584, Bl. 61, Nr. 1 der Konditionen (S. Anhang C.I.10). Wie häufig bei den erhaltenen Steigkonditionen bezieht sich die Ausführung auf einen damals beigegebenen Riss, der sich jedoch nicht erhalten hat.

[2622] Der Bericht gibt an, dass der Vertrag von Zimmermeister Theobald Cullmann für die Summe von 306 Gulden ersteigert wurde. Die Bezahlung sollte prompt und

der separierte Häuschen, sondern zusätzlich um die Anfertigung kleiner hölzerner Türmchen, die Hinweise auf Vogelbehausungen sein könnten. Dachgauben und eine Wendeltreppe sowie ein zusätzlicher Pavillon mit einem Saal ergänzten die Anlage. Aus diesen Angaben erschließt sich zunächst nicht eindeutig, mit welchem heute noch zu lokalisierenden Teil der Menagerie sie in Verbindung gebracht werden können. Eine Spezifikation des Schlossers Rombler erlaubt einen Hinweis darauf, denn er gibt als Schlosserarbeit in der Carlslust an, er habe *„11 thüren Beschlagen, in der Rundel, mit Band, Kloben, schlenck, und fall"*[2623] und in *„der Rundel das Thor Reparirt"*. Der Begriff ‚Rundel' kann sich nur auf das Rondell des von Mannlich als „Amphitheater" beschriebenen Teils *„in der Mináschery in den Kleine stell herumb"*,[2624] den heutigen ‚Bärenzwinger' beziehen.[2625] Außerdem liegt es nahe, dass es sich bei den Zimmermannsarbeiten des Jahres 1778, 19 Häuschen betreffend, um Arbeiten an dieser Anlage handelte. Das runde Fundament des 20. Häuschens könnte mit der erwähnten „Schneckenstege", also einer Wendeltreppe in Verbindung gebracht werden (Abb. 131). Im Umkreis dieser Ringanlage waren weitere „Hühnerhäuser"[2626] und Käfige untergebracht. Diese Anlage bildete den Ursprung der Menagerie, hatte jedoch mit der ausschließlichen Haltung von Bären – entgegen der mündlichen Überlieferung – nichts zu tun.[2627]

---

       nach Proportion der Arbeit erfolgen. Bürge des Vertrags, der erst in der 44. Steigung bei einem Ansatz von 350 Gulden zugeschlagen wurde, weshalb sich die Summe pro Steigung um einen Gulden auf 306 Gulden reduzierte, war der Zimmermann Jacob David.

2623 LA Speyer, Best. B3, Nr. 2597, Bl. 333. Rechnung vom 5. Dezember 1782 über 33 Gulden 58 Kreuzer.

2624 LA Speyer, Best. B3, Nr. 2585, Bl. 11. Rechnung des Glasers vom 2. Dezember 1781.

2625 Auch Schneider setzt eine Bezeichnung in den Quellen *„Rundbau in der Carlslust"* mit dem Jahr 1782 in Bezug, allerdings in der Annahme, dass Maurermeister Krumm die Anlage errichtet habe, vgl. SCHNEIDER, Schlösser, S. 338, ohne Quellenangabe. Die Rechnung, auf welche er sich vermutlich stützt, bezeichnet *„die mauren arbeit an der neuen fasanerie in Karels lust"*, die im Jahr 1781 durch Michel Krumm errichtet wurde. LA Speyer, Best. B3, Nr. 2964, #4372, #4373, #4375, #4376.

2626 Die Bezeichnung ‚Hühner' wurde damals für unterschiedliche Rassen verwendet. So werden in den Etats, die der Oberförster Richstein über Verkäufe, Geschenke oder Abgaben oder Lieferungen aus der Fasanerie Tschifflik in Zweibrücken zum Carlsberg, zur Carlslust oder aus den Beständen der Carlslust ‚Birckhühner, Perlhühner, Normandische Hühner, Kobel Hühner, Zwerg Hühner, Welsche Hühner, Theutsche Wilde Hühner und Feldhühner' aufgezählt. BayHStA München, Best. Kasten blau, Nr. 406/22, Forestalia.

2627 Anders DHOM, Regenten, S. 172, der darin nicht nur einen Bärenzwinger, sondern einen Rundbau mit der Funktion eines Hetztheaters sieht, in dem Hetzjagden in Verbindung mit Wetten der Zuschauer abgehalten wurden. Er begründet diese Annahme mit der runden Form solcher Theater und Mannlichs Bezeich

Vom April des Jahres 1779 hat sich ein Schreiben des Maurers Zimmermann erhalten, wonach er im Jahr zuvor *„die Fertigung der Maurer Arbeit in dem auf dem Carlsberg erbauten ochsenstall, an dem Pavillon und der Menagerie in Carlslust übernommen"* habe. Seitdem habe er *„die Arbeit mit aller Macht betrieben"*,[2628] in der Hoffnung, dass die Bezahlung, wie in den Steigkonditionen zugesagt, bar und prompt nach Fortgang der Arbeit geschehen würde. Nun bat er Mannlich um Geld, da er sonst die Arbeit liegen lassen müsse. Aus der Reihenfolge des Tätigwerdens von Zimmermann und Maurer kann auch hier – wie schon zuvor bei den Carlsluster Pavillons – auf Bauten in Fachwerktechnik geschlossen werden. Im Urkundenband der Baukasse vom Jahr 1778 findet sich noch ein Verzeichnis der Leyendeckerarbeiten, die der Dachdecker Martin Bohn in der Menagerie durchgeführt hatte. Danach deckte er die 20 Hühnerhäuser mit Schiefer und beschlug die Firste und Grate mit Blech. Zu den Arbeiten gehörte es außerdem, ein Lusthaus mit drei Dachfenstern und sechs Kehlen zu decken, wobei es sich um den bereits oben benannten Pavillon mit einem Saal handelte. Dafür, dass er *„zwey runde stigen thüren daran gelatt und gedecketh"*[2629] erhielt er pro Tür zehn Gulden. Auch am Lusthaus waren First und Grate zu beschlagen, hier jedoch nicht mit Blech wie an den Hühnerhäusern, sondern mit Blei. Im Zusammenhang mit diesem Lusthaus können auch die Anstreich-Arbeiten des Tünchers Johann Georg Stenger vom Oktober und Dezember 1779 gesehen werden.[2630] Schlossermeister Bubong war ebenfalls in der Menagerie tätig und berechnete, am 26. November 1779 für sechs Öfen die Ofenrohre her-

---

nung des Geländes als „Amphitheater", worin Tiere lebten, die für solche Hetztheater gehalten wurden. Außerdem sei der Herzog in Wien gewesen, weshalb Dhom einen Besuch in einem dortigen Hetztheater annimmt. Diese Annahme ist jedoch mit Verweis auf die Vorbilder der Carlsberger Menagerie innerhalb dieses Kapitels abzulehnen. Zu Hetztheatern s. DAIGL, world m.w.N.

2628 LA Speyer, Best. B2, Nr. 1601, Bl. 4. Brief des Maurers Zimmermann vom 24. April 1779, der sich auf den Vertrag vom Jahr zuvor bezieht. An anderer Stelle findet sich eine Eingabe, die Zimmermann bereits am 28. September 1778 gemacht hatte und in der er angibt, er habe *„die in Carlslust zu erbauende Menagerie ersteiget"* und sei mit der Arbeit schon so weit avanciert, dass die Hälfte bereits fertig sei. Deshalb seien, um Materialien, Kost für die Arbeiter etc. zu kaufen, 600 Gulden notwendig. Schließlich wurden ihm 500 Gulden bewilligt. LA Speyer, Best. B3, Nr. 361 und 353. In den Baukassenrechnungen des Jahres 1779 werden geleistete Abschlagszahlungen von 1000 Gulden als abzugsfähig erinnert. LA Speyer, Best. B3, Nr. 2573, Pag. 49.

2629 LA Speyer, Best. B3, Nr. 2572, Bl. 255. Rechnung des Leyendeckers Martin Bohn vom 7. Juli 1779. Für das Decken der 20 Hühnerhäuser erhielt er 120 Gulden. Insgesamt umfasste die Rechnung 179 Gulden 30 Kreuzer.

2630 LA Speyer, Best. B3, Nr. 2953, S. 663, wo 117 Gulden 5 Batzen berechnet wurden, sowie S. 664, wo für die Menagerie 12 Gulden 10 Batzen berechnet wurden. Genannt auch bei SCHNEIDER, Schlösser, S. 336 als Hinweis auf einen frühen Baubeginn im Jahr 1779, ohne Quellenangabe.

gestellt zu haben.²⁶³¹ Öfen waren sicherlich auch für das Lusthaus notwendig, doch für die Unterbringungen der Tiere waren sie ebenfalls unerlässlich, denn im Winter, so schrieb Mannlich, „[…] wurden diese kleinen Behausungen je nach dem Klima der Heimat ihrer gefiederten Bewohner von außen geheizt."²⁶³² Welcher Art dieser Pavillon gewesen sein könnte, erschließt sich aus diesen wenigen Angaben nicht. Bettina Paust weist jedoch darauf hin, dass in jenen Menagerieanlagen, auf die sich ihre Studien beziehen, der Typus der Pavillons und Lusthäuser die grundrissspezifische Übereinstimmung eines Zentralbaus in all seinen Varianten aufwiesen.²⁶³³ In der Carlsluster Menagerie kann man darum ebenfalls einen Bezug der radialen Anlage, der übrigen Tiergehege wie der ‚Hühnerhäuser' und des Pavillons zueinander annehmen, der jedoch an dieser Stelle mangels weiterer Quellenhinweise nicht geklärt werden kann.

Eine weitere Rechnung des Glasers Johann Georg Kassenberger, ebenfalls vom November 1779, betrifft Drahtarbeiten, die der Glaser in der Menagerie anfertigte. Neben Arbeiten an einem Vogelhaus und einem Pavillon in der Carlslust, fertigte er *„in der Minaschery 10 Thüren owahl rund mit tradt geflochten."*²⁶³⁴ Zu dieser Rechnung des Glasers Kassenberger passt jene des Glasers Johannes Müller vom Jahr darauf, in der er angibt, er habe *„in der Mänascheri in den runden Fenster 10 Taflen Ein gesetz […]."*²⁶³⁵ 26 Glastafeln passte er in Blechtüren ein, die sicherlich zu den Tierhäusern, meist Separationshäuschen genannt, gehörten. Im Dezember 1781 erwähnt der Glaser Paul Purllacher, auch er habe 14 Scheiben *„in der Mimäschery in den Kleine stell herumb"*²⁶³⁶ eingesetzt.

2631 LA Speyer, Best. B3, Nr. 2576, Bl. 202. Auch im Dezember des Jahres war er noch in der Menagerie tätig, LA Speyer, Best. B2, Nr. 3989, Bl. 144 u. Bl. 146. In den Baukassenrechnungen wird sein Verdienst für die Schlosserarbeiten in der Menagerie mit 164 Gulden angegeben. LA Speyer, Best. B3, Nr. 2573, Pag. 35.
2632 MANNLICH, Rokoko und Revolution 1966, S. 224.
2633 PAUST, Studien, S. 173 f. Ausgehend von der Entwicklung barocker Gartenpavillons bildeten in zahlreichen Menagerien Zentralbauten den Kulminationspunkt der gesamten Anlage. PAUST, Studien, S. 178.
2634 LA Speyer, Best. B2, Nr. 3992, Bl. 40. Außerdem hatte er *„zu dem Babelgong ein tradtgitter geflochten"*, das 8 Schuh (2,60m) hoch und 4 Schuh 11 Zoll (1,60m) breit war.
2635 LA Speyer, Best. B3, Nr. 2595, Nr. 2213. Auch der Schlossermeister Bubong war wieder in der Menagerie tätig, LA Speyer, Best. B3, Nr. 2575, Pag. 38. Daneben war der Schlosser Peter Rombler *„auf Hohen gnädigsten Befehl Serenissime Hochfürstl. Durchl. in der Menagerie der Carlslust"* beschäftigt, wo er 9 Türen mit Bändern, Schlössern und Griffen beschlug. LA Speyer, Best. B3, Nr. 2597, Bl. 339. Die Spezifikation Romblers über 14 fl. 7 xr. stammt vom 30. Mai 1781, bestätigt von Oberförster Richstein, von Mannlich weitergeleitet.
2636 LA Speyer, Best. B3, Nr. 2585, Bl. 11. Rechnung des Glasers vom 2. Dezember 1781 über 42 Kreuzer. Kurze Zeit danach fügte weitere 16 Scheiben ein und berechnete einen *„¾ Tag in der Mimäschery die fenster gebuzt"* zu haben. Im Juni

1781 zahlte der Oberförster Richstein[2637] Gelder aus *"zum Behuf des Bau wesens, an denen Separationen in Carlslust",*[2638] wozu einige Zahlungen an den Seilermeister für geliefertes Garn gehörten. Das Garn war notwendig, um geteerte Netze herzustellen, die über die Behausungen der Tiere gespannt wurden, wie es Mannlich in seiner Erwähnung des Tierparks berichtet. Warum die Netze geteert wurden, klärt sich bei Mellin, der Netze beschreibt, „deren Maschen 2 Zoll im Quadrat haben, und die man in Leinöl kocht oder betheert, um ihnen dadurch eine längere Dauer zu geben."[2639] Vom Mai 1782 existiert eine Rechnung von Magdalena Gehrer, die in einem *„Zimmer in der minascherij den bödem gebuzt"*[2640] habe. Im Oktober des Jahres 1783 erhielt der Oberförster Richstein

---

      des Jahres 1782 verarbeitete er weitere 25 Scheiben in der Menagerie. LA Speyer, Best. B3, Nr. 2585, Bl. 22. Für diese 25 Scheiben verlangte er einen Gulden, 15 Kreuzer.

2637 Jh. (Johann?) Richstein war Oberförster und Fasanenmeister am Carlsberg. 1789 verstarben er und seine Frau binnen eines Monats und hinterließen mindestens drei Söhne. Herzog Carl August erließ ein Versorgungsreskript, datiert auf den 1. November 1789, wonach den unversorgten Kindern eine Pension in Höhe von 300 Gulden jährlich sowie 16 Malter Korn und *„freye Wohnung nebst Garten und 3 Morgen Land in der Schifflicker Fasanerie so lang es uns gnädigst gefällig sein wird"* zuteil werden sollten. Daraus, und aus der Tatsache, dass in den Jahren zuvor Oberförster Richstein seine Schreiben stets in Tschifflik in Zweibrücken abzeichnete, kann geschlossen werden, dass die Familie dort ihren Wohnsitz gehabt hatte. Zwei der Söhne, Carl und Christian, arbeiteten zu diesem Zeitpunkt bereits als *„Fasanerie Purschen"*, denen als jährliche Besoldung *„statt der bisherigen"* nun 250 Gulden zugesprochen wurde. BayHStA München, Best. MF 19104. Laut Maximilian Josephs *„Höchsten Rescripts vom 19. Oct: 1804 wurde der vormals zweybrückische Jäger Carl Richstein als Forstwärter auf der Glashütte in der Provinz Schwaben angestellt."* BayHStA München, Best. MF 19105. In der gleichen Akte wird im Zusammenhang mit Besoldungsrückständen Richsteins aufgelistet, dass er als Fasanenjäger über einen Zeitraum von 2 ¼ Jahren *„nach dem Dienerbuch und der General Forst Casse Rechnung jährlichen Gehalt, in Geld 250f."* und *„frei Logis und Brand angeschlagen zu 16f."* erhalten habe. Da Carl Richstein *„mit Fasanen hierher nach Mannheim gefolgt, so ist er bis zum 1t April 1795 als ein activer Diener anzusehen."*

2638 LA Speyer, Best. B3, Nr. 2963 #4218 sowie LA Speyer, Best. B3, Nr. 2964 #4523, #4524. So erhielt Seilermeister Pache 200 Gulden abschläglich für geliefertes Garn zur Menagerie in den Jahren 1780 und 1781. Auch an anderer Stelle wird diese Abschlagszahlung benannt und durch Kammerdiener Vongall ausgeführt. LA Speyer, Best. B3, Nr. 2953, S. 569. Auch zitiert bei SCHNEIDER, Schlösser, S. 336, ohne Quellenangabe.

2639 MELLIN, Unterricht, S. 221.

2640 LA Speyer, Best. B3, Nr. 2958, #2209. Zu den Aufräumarbeiten in der Baustelle der Menagerie gehörte, was 1780 von den Tagelöhnern Philipp Henrich Schmid und Johannes Thanay berechnet wurde *„welche auf dem Carlsberg arbeiten [...] den Grund und Schutt aus der Menagerie in der Carlslust heraus geschafft"* haben. LA Speyer, Best. B3, Nr. 2576, Bl. 297. Rechnung vom 29. August 1780 über 15 Gulden.

Abb. 134: Rosché, Claudius: Residenz-Schloss des Herzogs Carl II. mit sämmtlichen Gebäulichkeiten auf dem Carlsberg (Ausschnitt Kamel)
gezeichnet von Claudius Rosché von 1860 bis 1868

4 Louis d'or, um die Separationen in der Carlslust mit Farbe anstreichen zu lassen.[2641]

Die Akten geben überdies Auskunft über einige Bewohner der Menagerie. Neben den Pfauen, die überall, sowohl im Schlossgarten als auch in der Carlslust herumspazierten,[2642] und einigem anderem Geflügel, das man aussetzte, bildeten Dromedare den Auftakt der Reihe außergewöhnlicher Tiere. Für die „*an Serenissimi Herzogl. Durchl. verkauffte zwei Dromedaire*"[2643] wurde dem Tier-

---

2641 LA Speyer, Best. B3, Nr. 2963, #4539. Es erschließt sich jedoch nicht, mit welcher Farbe dies geschah.
2642 BayHStA München, Best. Kasten blau, Nr. 406/22, S. 60. Im Sommer 1785 wurde von Richstein ein Etat der „*Fasanen und Gefliegels welches auf Hohen Gnädigsten Befehl, in dem erste halbe jahr 1785 aus der Herzogl: Fasanerie zu Schiflick* [Zweibrücken] *abgeliefert worden; als 1) Zur Herzogl: Hofhaltung 3 Fasanen. 2) In Carlslust 2 Normandische Hühner, 5 Pfauen […]*" erstellt.
2643 LA Speyer, Best. B3, Nr. 2953, S. 137. Die Rechnungen geben Capelini, dessen Vorname sowohl mit Bartolame als auch mit Bartolome (von ihm selbst) angegeben wird, als Tierhändler unbekannter Herkunft „*[…von N. N.]*" an. Der Kauf wird bestätigt in LA Speyer, Best. B3, Nr. 2956, #1235, wo sich die Quittung des

händler Bartolome Capelini von Kammerrat Syffert am 29. Januar 1780 die Summe von 1650 Gulden ausbezahlt. Die Erinnerung an die Dromedare blieb über Generationen hinweg wach, denn noch auf dem Tableau von Claudius Rosché ist ein Mann in Pluderhosen dargestellt, der ein Dromedar die Schlossauffahrt hinaufführt (Abb. 134)). Laut einer Rechnung vom Juni 1781 sollte der Schlosser Magnus Betsch zwei Drahtrahmen für den Käfig der Affen befestigen,[2644] der vermutlich für jene zwei Affen gedacht war, welche in der nämlichen Rechnung für einen jungen Büffelochsen an den Tierhändler Capelini mit 352 Gulden zu Buche schlugen.[2645] Auch Mannlich erzählt, dass sich ein Affenkäfig in der Menagerie befand, in dem die Tiere „von Ast zu Ast, von Baum zu Baum sprangen oder sich an ihren Schweifen herniederbaumeln ließen."[2646] Im Jahr 1784 wurde laut den Rechnungsbüchern Geld *„vor einen bengalischen Hirsch, Fasanen pp zu Hanau zu erkaufen und anhero zu transportieren"*[2647] an Oberförster Richstein weitergegeben. Dieser Hirsch, vier Goldfasanen und vier Kapgänse waren auf Befehl des Herzogs in der Hessen-Hanauischen Fasanerie angekauft und in die Carlslust transportiert worden.[2648] Vom Januar 1785 hat

---

Tierhändlers befindet, in der er unterzeichnet, *„d'avoir recu de Monsieur Le Conseiller Suffert Sur les ordres de Monseigneur le Duc de Deuxponts la Somme de cent cinquante Louis pour deux Dromedaire vendus a S.A.S. fait a homburg le 19. Janv. 1780. Bartolomeo Capelini. 1650 fl. vor Gethier."*

2644 LA Speyer, Best. B3, Nr. 2584, Bl. 330. Dazu waren vier Bankeisen notwendig, die 12 Kreuzer kosteten.

2645 LA Speyer, Best. B3, Nr. 2953, S. 137, Rechnung vom 28. August 1781. Die Quittung Capelinis gibt an, *„Zweyunddreysig neue französische Louisd'or sind mir vor einen jungen Büffel ochßen und zwey Affen baar auszahlt worden;"* LA Speyer, Best. B3, Nr. 2956, #1236. Auch im Schadensverzeichnis werden noch zwei Affen mit einem Wert von 264 Gulden beziffert, BayHStA, Abt. IV, Serienakten 1999, N. 5 im Etat, unterzeichnet am 5. September 1793 von Franz Vogel. Abgedruckt bei BECKER, Karlsberg, S. 37. Zitiert bei SCHNEIDER, Schlösser, S. 338, ohne Quellenangabe.

2646 MANNLICH, Rokoko und Revolution 1966, S. 225.

2647 LA Speyer, Best. B3, Nr. 2953, S. 607. Er bezahlte dafür 316 Gulden 5 Kreuzer laut einer Rechnung vom 12. September 1784.

2648 LA Speyer, Best. B3, Nr. 2964, #4547. Dafür wurden an den Hofrat Koch aus Wilhelmsbad 253 Gulden bezahlt (Hanau, Kur- und Badeort mit Fasanerie, durch Erbprinz Wilhelm von Hessen Kassel (1743–1821) mit dem Architekten Franz Ludwig von Cancrin (1738–1816) ab 1777 ausgebaut. S. dazu MODROW, Gartenkunst in Hessen, S. 133 ff.). Für einen Hirschkasten waren sechs Gulden berechnet. Der Fuhrmann Friederich Müller aus Contwig erhielt für neun Tage, die er brauchte, um Hirsch und Gänse mit seinem Wagen zu holen, 40 Gulden. Dem Boten Franz Semar wurden 6 fl. 45 xr. gezahlt, weil er die Goldfasanen hergetragen hatte. Schließlich erhielt der Sohn des Oberförsters, Carl, für Auslagen und Verzehr 10 fl. 20 xr. Nach der Zerstörung der Carlslust befanden sich u.a. 45 Kapgänse in der Menagerie. Eine wurde mit einem Wert von 22 Gulden geschätzt. BayHStA, Abt. IV Kriegsarchiv, Serienakten 1999, N. 5 im Etat. Veröf-

sich eine Rechnung über zwei wilde Trappen erhalten, die von Straßburg nach Homburg gebracht wurden.[2649]

c. Details aus den Akten – Die Erweiterung der Menagerie und ihre Bewohner

Eine neue Bauphase kündigte sich im Jahr 1786 an, als „ein Bericht von dem Baumeister Krutthofen de 1786 über die zu verfertigende Skizen zu einer anzulegenden Menagerie zum Protokoll gegeben"[2650] wurde. In einer Rechnung vom Mai dieses Jahres verzeichnete der Dachdecker Martin Bohn, er habe „*in der Menaschery 5 sebrations heißer gedeckt*".[2651] Eine zweite Liste über Arbeiten in der Menagerie vom August, welche sich auf „*14 stück sebbrations heußer*"[2652] bezieht, schloss sich an. Diese Spezifikation findet ihre Entsprechung in einer Liste des Zimmermanns Theobald Cullmann. Dieser hatte laut Akkord vom 11. August 1786 als Zimmerarbeit in der Carlslust vier Häuser gebaut sowie 14 Separationen errichtet.[2653] Außerdem hatte er acht Bogen und vier Türen in die alten Separationen eingefügt. Für die Maurerarbeiten der Separationen war Meister Morand zuständig, denn dieser bat, indem er sich auf einen Akkord vom 10. August 1786 bezog, um eine Abschlagszahlung, „*die erbauung der Vierzehen Separationen in Carlslust Betrefendt*."[2654] Eine Notiz vom Januar

---

       fentlicht in: BECKER, Karlsberg, S. 36. Becker „verbesserte" in dieser Aufstellung des Oberförsters Richstein einen Fehler, der Richstein 1793 unterlaufen war. Der Oberförster hatte 2 Pelikane zu jeweils 1100 Gulden mit dieser Summe und nicht zu 2200 Gulden in die Liste aufgenommen. Becker nahm 2200 Gulden an und „richtete" die Gesamtsumme statt der in den Akten aufgeführten 8.948 Gulden 30 Kreuzer auf 10.048 Gulden 30 Kreuzer, BECKER, Karlsberg, S. 37.

2649 LA Speyer, Best. B3, Nr. 2958, #2275.
2650 LA Speyer, Best. B4, Nr. 2552, Bl. 157v.
2651 LA Speyer, Best. B3, Nr. 2590, Bl. 153. Rechnung vom 20. Mai über 5 Gulden pro Häuschen.
2652 LA Speyer, Best. B3, Nr. 2590, Bl. 157. Spezifikation der Arbeit vom 16. August 1786, wo die Arbeit von fünf auf vier Gulden pro Häuschen moderiert wurde.
2653 LA Speyer, Best. B3, Nr. 2591, Bl. 359. Die vier Häuser wurden mit 7568 Schuh, per Schuh zu 1 ½ Gulden, insgesamt 189 Gulden 12 Kreuzer berechnet, die 14 Separationen wurden mit 11389 Schuh, per Schuh zu 2 ½ Gulden, insgesamt 474 Gulden 32 Kreuzer angegeben. Für die Erbauung der 14 Häuschen sollte Cullmann eine Abschlagszahlung in Höhe von 100 Gulden erhalten. LA Speyer, Best. B4, Nr. 2549, Rentkammer-Bauprotokoll v. 25. Mai, Bl. 100v. Oberförster Richstein zahlte ihm am 16. Juli 1786 420 Gulden „*auf die Separations Arbeit in Carlslust abschläglich […]*" aus. LA Speyer, Best. B3, Nr. 2956, #1161.
2654 LA Speyer, Best. B3, Nr. 2595, #2150. Oberförster Richstein befürwortete im November des Jahres 1787 die Abschlagszahlung „*da solcher fleißig, und mit seiner Arbeit so weit avanciret ist, daß solchem solches Gefl. angewiesen werden*

Abb. 135: Carlslust: Menagerieterrassen
Eckmauerwerk eines kleinen Gebäudes auf einer Menagerieterrasse

1789, die sich vermutlich auf das vorige Jahr bezieht, benennt Arbeiten von Schreiner Daniel, Glasermeister Römer und Schlosser Frank „*wegen der 14 Separationen in Carlslust [...].*"[2655] Hauptbestandteil dieses Teils der Menagerie waren somit diese 14 Tierbehausungen, die sich mit der Beschreibung Mannlichs verbinden lassen, der einen Teil der Menagerie als eine gerade Reihe von einstöckigen Häuschen beschreibt.[2656] Für diese Beschreibung bietet sich das oben beschriebene Gelände östlich des runden Tiergeheges an, welches über sechs Terrassen hinweg die Tierhäuser in Reihen zu sieben Häuschen beiderseits der Schneise über die Terrassenplateaus hinweg möglich machte.

---

könnte." Der Herzog selbst wies die Rentkammer zur Zahlung an. Am 3. Oktober erging eine Ministerialweisung ein, dass Maurer Morand zu Homburg „*auf seine accordirte Arbeit an den neuen Separationen im Carls Lust des fordersamsten bezalt werden solle*" mit 100 fl. LA Speyer, Best. B4, Nr. 2550, Bl. 259v. Am 30. November erging der Befehl des Herzogs, an Morand „*wegen Erbauung der Separationen im Carls Lust 150 fl. des fordersamsten*" zu bezahlen, LA Speyer, Best. B4, Nr. 2550, Bl. 282v.

2655 LA Speyer, Best. B2, Nr. 1602, Bl. 101. Die drei Handwerker erhielten 845 fl. 43 xr. Rechnung vom 20. Januar 1789. Auch in den Bauprotokollen finden sich Rechnungen „*über die 14 Separationen in dem Carlslust*" des Schreiners Daniel, des Glasers Römer und des Schlossers Franck, LA Speyer, Best. B4, Nr. 2551, Bl. 23v.
2656 MANNLICH, Rokoko und Revolution 1966, S. 224.

Der Schreiner Johann Peter Schmidt hatte die Aufgabe übernommen, für die Separationen und andere Örtlichkeiten der Carlslust Draht zu flechten.[2657] Neben den Separationen für die Tiere gab es noch ein weiteres Gebäude in unmittelbarer Nähe, auf das sich ein Bericht des Oberförsters Richstein bezieht, als er *„um 75 Stück Diehlen zu Diehlung 6 Zimmer in dem Hauß an den Separationen in Carlslust"* und zu deren *„ohngesäumten Abgebung"* bittet.[2658] Dabei kann es sich um Räume zum Aufenthalt gehandelt haben, denn Mannlich berichtet, dass während eines Besuchs in der Menagerie aus einem der Häuschen ein Sessel für den Herzog gebracht worden war.[2659]

Im Jahr 1789 entstanden ein weiteres Mal neue Bauten, denn das herzogliche Baumagazin vermerkte im ersten Quartal, dass an Oberförster Richstein 1000 Tornägel und Ziegelsteine verabfolgt worden seien.[2660] Der Schreiner Carl Drein beschrieb in einer Rechnung vom 14. September des Jahres die Größe der *„zwey gegitter wenth [...]"*[2661], die mit einem Rahmen eingefasst und beidseitig abgehobelt wurden. In jeden Rahmen wurde eine Tür eingepasst. Die Spaliere waren jeweils sechs Schuh hoch und 8 Schuh breit.[2662] Zwei weitere Scheidwände mit einem Gitter *„welche zwischen dir seind kommen und in Eine Jede wand Ein schuber gemacht ist Eine Jede hoch 6 sch und breith 5 sch."*[2663] Im Oktober arbeiteten vier Tagelöhner in der Menagerie.[2664]

Diese zweite Bauphase der Menagerie ab 1786 auf dem Terrassengelände ist wiederum verbunden mit einigen Rechnungen, die über die Tiere Auskunft geben, welche in diesen Teil der Menagerie Einzug hielten. Da die bisherigen Erkenntnisse ausschließlich auf den Aussagen Mannlichs beruhten, der neben dem

---

2657 LA Speyer, Best. B4, Nr. 2549, Bl. 87v über 22 Gulden *„vor Draht flechten in der Carlslust"* sowie LA Speyer, Best. B4, Nr. 2549, Bl. 198v, Rechnung über 190 Gulden *„vor Schreiner Peter Schmidt dahier vor Separationen in der Carlslust mit Draht zu flechten."* Den Draht dafür lieferte der Kaufmann Lilier. LA Speyer, Best. B4, Nr. 2549, Bl. 204v. Diese Rechnung über 1504 fl. 44 xr wurde am 13. August vom Herzog an die Rentkammer eingereicht.

2658 LA Speyer, Best. B4, Nr. 2549, Bl. 236v vom Oktober 1787. Die Errichtung der Tierbehausungen kostete insgesamt 10.216 Gulden, von denen der Herzog 983 Gulden selbst bezahlte. LA Speyer, Best. B4, Nr. 2549, Bl. 102v. Der Oberförster hatte 6030 Gulden bezahlt, 1484 Gulden 58 Kreuzer waren an die Landrentei angewiesen worden. 20. April 1787 wurden noch 1718 fl. 20 xr. als nicht bezahlt geführt. Gläubiger waren Zimmermann Cullmann, die Maurer Morne und Rosche, Glaser Römer, Kaufmann Chandon, Schlosser Leseur u.a.

2659 BENDER/KLEBER, Histoire, Bd. II, S. 267.

2660 LA Speyer, Best. B3, Nr. 2642, Nro. 35 u. 204.

2661 LA Speyer, Best. B3, Nr. 2604, #407. Für diese Arbeit erhielt er 36 Gulden.

2662 Das entspricht einer Höhe von 1,95 und einer Breite von 2,60 Metern.

2663 LA Speyer, Best. B3, Nr. 2604, #407. Das entspricht einer Höhe von 1,95 und einer Breite von 1,62 Metern.

2664 LA Speyer, Best. B2, Nr. 1602, Bl. 127. Die Tagelöhner erhielten für ihre Arbeiten, 34 Gulden 50 Kreuzer.

Oberbegriff „Vierfüßler"[2665] außer Affen, Bären, Jaguaren, Wölfen und Füchsen[2666] keine weiteren Tiere benannte, nahm man bisher an, dass die Menagerie keine „großen exotischen Tiere wie Löwen, Giraffen, Elefanten und dergleichen enthielt"[2667] und ihr „alles Sensationelle gegenüber anderen und älteren Menagerien [fehlte], in denen es Elefanten, Rhinozerosse, Löwen, Tiger, Leoparden, Stiere, Giraffen und Straußenvögel gab."[2668] Die Notizen der Baumagazinsurkunden und Rechnungen berichten anderes. So wurden an den Zimmerpolier Walbaum vom Baumagazin Dielen ausgegeben *„zu Fertigung eines Kastens für den Löw in der Carlslust [...]"* sowie *„An Eundem zu Fertigung eines Kastens vor die Indianische Katz [...]."*[2669] Der Schlossermeister Weller brauchte Seilerware, um damit eine Vorrichtung zum Aufziehen der Schuber am Löwenkasten anfertigen zu können.[2670]

Der bis heute erhaltene Ausdruck ‚Bärenzwinger' für den älteren runden Menagerieteil verweist darauf, dass in der Carlslust auch Bären gehalten wurden, da der Volksmund die Erinnerung mit diesem Namen bewahrte und es im Laufe der Zeit zu einer begrifflichen Verschmelzung mit den letzten erkennbaren Ruinen der Menagerie kam. Mannlich erwähnt die Existenz von Bären in seinen Erinnerungen.[2671] Auch in den Akten finden sich Hinweise auf die Existenz von Bären.[2672] So gibt der Schlosser Magnus Bötsch in einer Aufzählung seiner Schlosserarbeiten im Mai und Juni 1786 jene Verrichtungen an, die *„an dem grosen neuen Bären-Kasten"* durchzuführen waren. So waren für diesen Bärenkasten acht große Gitter vonnöten, die zusammengeschweißt wurden und 1852 Pfund wogen. Mit 1315 Pfund Blech wurde der ganze Kasten *„inwendig mit*

2665 MANNLICH, Rokoko und Revolution 1966, S. 225. In der Originalfassung ist von „les quadrupèdes" die Rede, BENDER/KLEBER, Histoire, Bd. II, S. 270.
2666 BENDER/KLEBER, Histoire, Bd. II, S. 291. „Dieser Lärm und die Meldung des Raubtierwärters der Carlslust, als er mir meinen Sohn zurückbrachte, den er mit dem Jungen von Esebeck, Sohn von Georg, in der Einfriedung für Bären, Jaguare, Wölfe und kanadische Füchse ertappt habe, als sie dabei waren, diese Tiere zu necken und ihre Händchen durch die Eisengitter hinein- und herauszuschieben."
2667 DHOM, Regenten, S. 170.
2668 WEBER, Schloss Karlsberg, S. 343. Die Singvögel, die Weber im Kontext der Menagerie aufzählt, werden im Schadensetat dem Schloss und den dortigen Volieren zugeordnet, s. BECKER, Karlsberg, S. 37.
2669 LA Speyer, Best. B3, Nr. 2643, S. 7. Angaben des Baumagazins vom 4. und den 12. Mai 1789.
2670 LA Speyer, Best. B3, Nr. 2643, S. 78. Weller erhielt am 10. Juni 1789 *„¼ Mauerschnur."*
2671 BENDER/KLEBER, Histoire, Bd. II, S. 291.
2672 Anders dazu Schneider: „Die Existenz von Bären, die angeblich im sog. ‚Bärenzwinger' einquartiert waren, ist aufgrund der vorhandenen Quellen nicht ersichtlich." Vgl. SCHNEIDER, Carlsberg – Carlslust, S. 357.

Blech beschlagen auf dem Boden und oben wie auch neben." Eine Walze und Ketten erleichterten, die Tür des Kastens aufzuziehen mit *„einem doppelten aufzug an die thür", mit 4 starken mittlern schrauben"* während *„einen bogen vor die Ketten einzuhenken"*[2673] das Arretieren der Verschlagtür ermöglichte. Außerdem hatte der Schlosser *„zwey Kretzer vor die Kästen auszubutzen gemacht."*[2674]

Im Mai des Jahres 1786 berechnete der Dachdecker Martin Bohn elf Gulden dafür, dass er *„noch den Dach über Bähren Kasten mit Leyen gedeckt"*[2675] habe. Zimmermann Bartholl hatte im Januar 1787 ein Holzverzeichnis für den Baumeister Krutthofen zusammengestellt, aus dem ersichtlich wird, wie viel Bauholz für bereits beschlossene Zimmermannsarbeiten erforderlich sein würde. Zu den angeordneten Arbeiten gehörte laut dieser Liste auch ein Dachstuhl *„über den Bören-Bau in das Carls-Lust."*[2676]

Die Steinhauer Johann Georg und Johannes Müntzel geben in einer Aufzählung ihrer Steinhauerarbeiten im Jahr 1787 an, man habe *„Zu den Neu angelegten Garten im Wald 18 Tröglicher mit Neue Löcher durchbohrt"*, und dabei *„ein Tröglich für die Jungen Bärren"*[2677] gemacht. 1789 wurden dem Zimmerpolier Walbaum 50 doppelte Leistnägel vom Baumagazin ausgegeben, um eine Reparatur an den Bärenkästen durchführen zu können.[2678] An den Schlosser Bötsch mussten 1789 vom Baumagazin 17 Pfund Eisenblech ausgegeben werden, *„vor an den grosen Bären Kasten in Carlslust."*[2679] Noch im Jahr 1790 hatte der Leyendecker Joseph Jan den Auftrag, die Dächer von drei Bärenhäusern auszubessern.[2680] Aufgrund des zeitlichen Zusammenhangs mit dem zweiten Teil der Menagerie sind die Bärenkästen im terrassierten Teil des Areals zu vermuten.

2673 LA Speyer, Best. B3, Nr. 2590, Bl. 740. Rechnung vom 18. Juni 1786 über 610 Gulden 41 Kreuzer.

2674 LA Speyer, Best. B3, Nr. 2590, Bl. 740v. Die beiden Kratzer kosteten 36 Kreuzer. Im Zusammenhang mit den Bärenkästen ist möglicherweise auch eine Rechnung von Philipp Leyser vom 11. Juni 1786 zu sehen, der einen Gulden dafür erhielt *„2 eiserne Kefig nach Carlsberg zu führen."* LA Speyer, Best. B3, Nr. 2953, S. 458.

2675 LA Speyer, Best. B3, Nr. 2590, Bl. 152, Rechnung vom 20. Mai 1786 von Dachdecker Bohn.

2676 BayHStA München, Best. Kasten blau, Nr. 405 #40, Bl. 6.

2677 LA Speyer, Best. B3, Nr. 2595, #2470. Rechnung vom Januar 1787 über 15 Gulden 12 Kreuzer, wobei für einen kleinen Trog 48 Kreuzer verlangt wurden.

2678 LA Speyer, Best. B3, Nr. 2645, Pag. 96. Baumagazins-Rechnungen vom 3. Quartal 1789. Im 4. Quartal taucht der Vermerk an Walbaum auf *„zur Reparation der Bären Kasten"*. LA Speyer, Best. B3, Nr. 2646, #605.

2679 LA Speyer, Best. B3, Nr. 2646, Nro. 647.

2680 LA Speyer, Best. B3, Nr. 2606, Bl. 233. Die Rechnung ist datiert auf den 13. Januar 1790 und enthält auch andere Reparaturen in der Menagerie und der Fasanerie.

Auch ein Vogel Strauß bewohnte ab 1785 die Carlslust, denn in diesem Jahr wurde *„dem fogel straus Ein sebrasion gemach in Ein Zimer."*[2681] Dies zeigt, dass die Carlsberger Menagerie, wenn auch der Schwerpunkt auf der Haltung exotischer Vögel zu liegen schien, bisher in ihrer Vielfalt unterschätzt wurde und in ihrer Konzeption der Reihe der Menagerien von Paris, Wien oder Schwetzingen angeschlossen werden kann.

d. Vorbilder der Carlsberger Menagerie

Die Erinnerung an die Carlsberger Menagerie manifestierte sich in der Bezeichnung der erhaltenen kreisförmig angeordneten Ruinen in der Carlslust bis zum heutigen Tag als dem ‚Bärenzwinger'. Noch im Jahr 1860, zwei Generationen nach der Zerstörung, beschrieb man die Menagerie als einen Ort unweit der damals bereits versumpften Schwanenweiher. „In der Nähe derselben, am Terrassenhange des mählig ansteigenden Buchenwaldes, waren die Menagerien – worin unter anderen zoologischen Seltenheiten Enten mit vier Flügeln –, die Bärenbehälter und Wolfsställe, nebst den Grotten angebracht."[2682]

Eine Menagerie hatte seit der Antike zu den feudalen Prestigeobjekten eines Herrschers gehört, und die Tiere wurden als wertvolle diplomatische Geschenke überreicht, gesammelt, getauscht und verschenkt.[2683] In der Frührenaissance wuchs in Italien „die Leidenschaft, seltene und wilde Tiere in Käfigen oder zu Jagdzwecken zu halten, wieder wie im Altertum ins Ungemessene."[2684] Fremdländische Tiere, die zum standesgemäßen Luxus gehörten, wurden über die italienischen Handelsstädte wie Kunstwerke und fremdländische Preziosen gehandelt. Noch in Zedlers Universallexikon des 18. Jahrhunderts wird die Menagerie als „eines derer herrlichsten Stücke von einem prächtigen und ansehnlichen Garten"[2685] beschrieben. Das Gelände besteht danach aus „[…] einem weitläufftigen Raum, der wiederum verschiedene Abtheilungen mit leeren Plätzen oder Höfen beschliest, darinnen man allerhand fremde und seltsame Thiere und Geflügel aufbehält." Auch bei der Carlslust handelte es sich um einen Park, in dem die Unterbringungen der fremdländischen Tiere ein begrenztes Areal einnahm.

2681 LA Speyer, Best. B3, Nr. 2592, Bl. 56. Rechnung des Schreiners Johannes Daniel vom 27. Dezember 1785.
2682 AULENBACH, Karlsberg, S. 48. Es ist zeigt sich auch andernorts, dass die Beschreibung der in den Menagerien gehaltenen Tiere in eher „von Aberglauben und Fabeln gefärbten Schilderungen als in der Art von sachlichen, fundierten Berichten" erfolgten. PAUST, Studien, S. 135.
2683 S. dazu PAUST, Studien, S. 38 ff.; MABILLE, Gartenkunst, S. 168.
2684 GOTHEIN, Gartenkunst, Bd. I, S. 233.
2685 ZEDLER, Universallexikon, Bd. XX, Spalte 603.

Eine zentrale Funktion innerhalb der Betrachtung architektonischer Ursprünge der Carlsberger Menagerie übernimmt die Versailler Menagerie König Ludwigs XIV., die um 1663 nach Entwürfen des Baumeisters Le Vau (1612–1670) begonnen und 1698 durch Jules Hardouin-Mansart (1646–1708) umgestaltet wurde.[2686] Der Besuch der Menagerie war fürderhin ein fester Bestandteil einer Parkbesichtigung, zumal wenn sie in Anwesenheit des Königs erfolgte, verbunden mit einer Rast im dortigen Salon.[2687] Entsprechend wird diese „Menagerie Royale" in Zedlers Lexikon 1739 als „ein so wohl wegen seiner ungemeinen Weite, als herrlichen Architectur und schönen Einrichtung, unvergleichliches Gebäude, an der Seite des Frantzöschen Lust-Hauses Versailles […]" gelobt und als „Viel-Eck, in dessen Mitte ein prächtiges Lust-Gebäude stehet, so mit einer Kuppel bedecket wird. […] Der übrige Raum ist in eine Menge der schönsten, theils durch Mauern, theils durch Gatter-Werck von einander abgesonderten Höfe abgetheilet, worinnen die Thiere verwahret werden. Diese Höfe sind mit Teichen, Brunnen, Gras=Böden, Ställen und anderm Zugehör versehen […]."[2688] Die begleitende Anlage bestand aus einer Scheune, Taubenschlag, Tränke, Ställen und einem Hühnerhof. Der zentrale Pavillon war von fächerförmig ausstrahlenden Höfen eingefasst, wo die verschiedensten Geschöpfe untergebracht waren. In angrenzenden Höfen mit Wasserbecken lebten ebenfalls Vögel und kleine Säugetiere in kleinen Verschlägen.[2689] Le Vaus Anlage strahlenförmig angelegter Höfe, die sich wie ein Fächer ausbreiteten, orientierte sich zunächst an der Idee des Jagdsterns, doch die bauliche Grundrisskonzeption für ein Tiergehege und dessen Integration in den Garten waren eine Neuheit, die in der Folge von zahlreichen Architekten aufgegriffen und modifiziert wurde.[2690] Es war dem Besucher der Menagerie möglich, zum Zwecke der Zerstreuung auf bequemem Wege seltene und bemerkenswerte Tiere zu betrachten. Die Gehege, als einfache Häuschen gestaltet, waren mit Rasen- oder Sandböden und Bassins versehen und durch Mauern oder Gitter getrennt. „Alle diese Merkmale bildeten – in variierender Ausprägung – im 18. Jahrhundert den Kanon höfischer Mena-

---

2686 Hierzu: PAUST, Studien, S. 57 ff., LABLAUDE, Gärten, S. 69.
2687 PAUST, Studien, S. 69 f.
2688 ZEDLER, Universallexikon, Bd. XX, Spalte 604, zu Menagerie (die Königliche), La Menagerie Royale; Die Versailler Menagerie wurde schon kurz nach ihrer Entstehung zu den Sehenswürdigkeiten von Versailles gezählt, s. hierzu PAUST, Studien, S. 69.
2689 S. dazu MABILLE, Gartenkunst, S. 170.
2690 Dazu gehörten in Frankreich die Menagerien von Chantilly und die so genannte Menagerie von Sceaux. S. MABILLE, Gartenkunst, S. 170. Ab dem Jahr 1763 wurde die kurpfälzische Menagerie in Schwetzingen genutzt, die vorwiegend für Geflügel gedacht war. Dort reihten sich Häuserpaare mit Gehegen U-förmig um ein zentrales Bassin, also einer Modifikation der Idee von Versailles.

Abb. 136: Pérelle, A: Ansicht der Menagerie von Versailles

gerien."[2691] Im deutschsprachigen Raum wurden die Menagerieanlagen, die zumeist in der ersten Hälfte des 18. Jahrhunderts entstanden, in Schönbrunn, Karlsruhe, Hildburghausen und Weimar als fächerförmige Anordnung von Tierhöfen in ähnlicher Form konzipiert.[2692] Das ‚Amphitheater' des Carlsberges, heute Bärenzwinger genannt, entspricht in seiner radialen Anlage, wenn auch kleiner und kleinteiliger als die genannten Beispiele, eben diesem Vorbild, denn die einzelnen Separationen, die ursprünglich durch Gitter oder Bretterwände voneinander getrennt und mit Netzen überspannt waren, boten jedem Tier den Zugang zur Wasserstelle in der Mitte. Das Konzept fügt sich damit in die Reihe der Menagerien nach Versailler Vorbild ein und greift mit dem Motiv des Amphitheaters gleichzeitig auf ein Thema bei Parkschöpfungen zurück.[2693] Die

---

2691 PAUST, Studien, S. 80. Auch für die Schönbrunner Menagerie unter Franz I. wurde diese Form gewählt. „In der Mitte befindet sich ein innen grün ausgemalter Pavillon. Von diesem Pavillon aus sieht man sternartig angeordnet die Häuser, in denen sich die Tiere befinden." Graf Karl von Zinzendorf am 3. 12. 1761. Zitiert nach: PAUST, Studien, S. 128.
2692 PAUST, Studien, S. 160 f. Zur Menagerie in Weimar (begonnen 1729/30), die sich fächerförmig direkt hinter dem Corps de logis ausbreitete s. LASS/SCHMIDT, Belvedere, S. 55 ff. sowie AHRENDT, Belvedere, S. 23 ff.
2693 S. dazu die Gärten des Fürsten Johann Moritz von Nassau-Siegen (1604–1679) in Kleve. Dort stellt das Amphitheater am Hang des Springenberges einen künstlerischen Höhepunkt im Neuen Tiergarten dar. HANSMANN/MONHEIM, Gartenparadiese, S. 8 f.

Öffnung des Ringfundaments im Westen bot möglicherweise dem Besucher die Gelegenheit, zwischen den Gattern über eine Brücke zur Mitte der Anlage zu gelangen, um von dort die Tiere aus nächster Nähe zu betrachten.[2694] Vielleicht war die singuläre Rundform des Fundaments seitlich des Zugangs dazu angelegt, die dazu gehörige Wendeltreppe unterzubringen. Dies kann jedoch nur vermutet, aber nicht belegt werden.

Die Unterbringungen für die Tiere werden in Zedlers Lexikon allgemein beschrieben als Behältnisse, „darinnen gedachte Thiere verschlossen, sind nach dererselben Art mit eisernen durchbrochenen Thüren, oder Drat=Gittern versehen, daß man solche, ohne Schaden zu besorgen, sicher betrachten könne. Gleichwie aber eine jede Art von denenselben, und sonderlich die, welche ihrer Natur gemäß sich nicht mit einander vertragen können, seine besondere Wohnstadt und Behältniß haben muß; also wird auch dabey auf eine angenehme Abtheilung derer so verschiedenen Behältnisse gesehen. Die reißige grosse Bestien, als Löwen, Leoparden, Tieger, Bären, Luchse u.s.f. verwahret man theils in gewölbten und starck vergitterten Höhlen, oder in wohl verschlossenen und mit hohen Mauern und Gräben umgebenen Höfen, daß sie keines weges heraus brechen, und doch zugleich warm und bedeckt liegen können. Die kleinen und unschädlichen Thiere hingegen werden in Kammern, Ställen, Höfen und dergleichen, wie es ihre Eigenschafft und Lebens=Art erfordert, aufbehalten."[2695] In der Tat handelte es sich innerhalb der meisten Menagerien beim Typus der Tierhäuser um schmucklose konforme Zweckbauten.[2696] Auch in der Carlsberger Menagerie waren kleine Häuschen mit geschieferten Dächern und Blechtüren für die Tiere vorgesehen, die durch Gitter und Holzwände voneinander getrennt wurden. Der erweiternde Teil der Menagerie, der über eine Terrassenanlage angelegt worden war, lag dem Tal der Carlslust, in dem sich die Pavillons und Lusthäuser mit den Wasserspielen befanden, noch weiter abgewandt. Die Errichtung von Menagerien in eher entlegenen, wenn auch angebundenen Gartenbereichen ist ebenfalls eine Gemeinsamkeit der Menagerien, die Paust nachvollziehbar mit Gründen der Geruchsbelästigung in Verbindung bringt.[2697] Für den zweiten Menageriekomplex wurde jedoch weder die Radialkonzeption der Versailler Anlage gewählt, noch eine abgeleitete Form wie die U-förmige Variante, für die man sich in Schwetzingen entschieden hatte.[2698] Vielmehr entschied man

---

2694 Schneider nimmt die Existenz eines Pavillons auf der Insel an, der bisher jedoch noch nicht nachgewiesen werden konnte, vgl. SCHNEIDER, Schlösser, S. 338. Bei einem solchen Gebäude auf der Insel des radialen Geheges könnte es sich um eine Voliere oder einen Pavillon als Belvedere handeln.
2695 ZEDLER, Universallexikon, Bd. XX, Spalte 603.
2696 PAUST, Studien, S. 160.
2697 PAUST, Studien, S. 160.
2698 Die Menagerie in Schwetzingen war ab Sommer 1763 von Pigage angelegt worden und seit Herbst des Jahres in Nutzung, jedoch 1767 noch nicht fertig. Zur Menagerie in Schwetzingen s. HEBER, Nicolas de Pigage, S. 425 ff.

sich für eine rechteckige Form, deren Terrassierung eine andere Möglichkeit bot, Einzelgehege anzulegen, die schon durch den Höhenunterschied der Geländestufen voneinander getrennt werden konnten.

e. Die Bedeutung der Menagerie und ihr Ende

Der Menagerie oblagen im Carlsluster Park gleich mehrere Funktionen. Auf ihre Bedeutung als Prestigeobjekt mit der Sammlung exotischer Tiere wurde oben bereits hingewiesen. Eine übergreifende Verklammerung bestand in der engen Verbindung der Menagerie mit dem Naturalienkabinett und der Bibliothek. Die Begeisterung des Herzogs für alle Vertreter der Vogelwelt zeigte sich neben der Existenz verschiedenster Volieren um das Schloss und in der Carlslust, in den Beständen des kostbaren Naturalienkabinetts,[2699] in dem sich die immense Anzahl von 1200 ausgestopften Vögeln befunden hatte,[2700] wie auch in den vorhandenen Titeln der Bibliothek.[2701] Insbesondere die „Histoire naturelle des oiseaux" von Buffon[2702] sowie vielerlei Werke über die Tier- und Pflanzenwelt und petrifizierte Körper[2703] waren Bestandteil der Büchersamm-

---

[2699] S. dazu Kap. A.VI.3.a.

[2700] BENDER/KLEBER, Histoire, Bd. II, S. 361; MANNLICH, Rokoko und Revolution 1966, S. 256. Der französische Naturforscher Levaillant kam zu einem Besuch des Fürsten Ludwig ins benachbarte Saarbrücken, der jedoch keine vergleichbaren Kabinette und Sammlungen vorweisen konnte. Es sei daher nicht ausgeschlossen, so vermutet Bleymehl, dass sich Levaillants Interesse mehr auf den Carlsberger Hof richtete, wo der Herzog die bedeutendste Vogelsammlung der Zeit angelegt hatte. S. BLEYMEHL, Aufklärung, S. 33. Diese Vogelsammlung, die in einem Katalog des Direktors des Naturalienkabinetts Holandre dokumentiert worden war – wie auch Mannlich die Gemäldesammlung in einem Katalog hatte zusammenstellen müssen –, zählte demnach „nicht weniger als rund 1000 Arten in 1187 Exemplaren auf und zwar unter ihren französischen, öfters auch deutschen Volksnamen; auch Neubeschreibungen sowie gelegentliche faunistische Angaben wie beispielsweise über das Brüten der Blaurake fehlen nicht. [...] Kaum weniger bedeutend als das Naturalienkabinett war der Tierpark des Karlsberges, der in Deutschland damals kaum seines gleichen gehabt haben dürfte." LAUTERBORN, Der Rhein, S. 275. HOLANDRE, Catalogue, S. 4f., 15, 40, 44, 82, 112.

[2701] S. zur Bibliothek u.a.: TAEGERT, Geschichte, S. 250–279.

[2702] StBib. Bamberg, Verzeichnis, S. 60: Nr. 39, Buffon, Histoire naturelle des Oiseaux. Paris 1770. 9 Tom.; Nr. 40, Buffon, Histoire naturelle des minéraux. Paris 1783. 5 Tom avec 1 Vol. de Cartes.

[2703] Als pars pro toto seien hier aus dem StBib. Bamberg, Verzeichnis, folgende Bände genannt: S. 51, Nr. 117, Knorr (Georg Wolfg.): Sammlung von Merkwuerdigkeiten der Natur und Alterthuemern des Erdbodens, welche petrificierte Koerper enthaelt. Nuernberg 1755–1771. 4 Theile. S. 53, Nr. 147, de Murr (Christ. Theoph.) Zoologia britannica, cum fig. Col. Mit der teutschen Ueberset-

569

lung. Der Pfalz-Zweibrücker Bau- und Chausseedirektor Friedrich Gerhard Wahl (1748–1826) macht in seinen Ausführungen über den Carlsberg explizit auf den Zusammenhang zwischen der Menagerie, der Naturaliensammlung und der Bibliothek aufmerksam, indem er darauf hinweist, dass es eine herrliche Naturaliensammlung gab, *„mit der eine große Menacherie und einschlägige auserleßene Bibliothec zusammenhing [...].*"[2704] Für Mannlich stellt die Menagerie eine lebende bebilderte Naturgeschichte dar, für die er sich, insbesondere in Bezug auf Vögel, begeisterte und die ihm alle Motive bot, die er brauchte.[2705] Seinen Besuch der Menagerie beschloss er entsprechend mit den Worten: „Ich muss gestehen, dass ich ungern dieses lebende Naturalienkabinett verließ."[2706] Tatsächlich war auch die gedruckte „Histoire naturelle" Buffons mit dem Untertitel „avec la description du Cabinet du Roy" versehen, der die Orientierung an der Ordnung der königlichen Naturalienkammer verrät[2707] und damit den Gedanken der Menagerie als Naturalienkabinett mit lebenden Exemplaren impliziert. Ein weiterer, sehr profaner Nutzen der Menagerie war rein wirtschaftlicher Art, denn einige Tiere, die in Menagerien gehalten wurden, dienten auch der Versorgung des Hofes.[2708] Darüber hinaus stellte die Menagerie neben einer Ansammlung exotischer Architekturen die Fortsetzung eines kleinen abgeschlossenen Kosmos dar, welcher dem höfischen Divertissement diente und den der Herzog ausschließlich zu beherrschen wünschte. Dies drückte sich darin aus, dass niemand ohne Erlaubnis die Menagerie betreten durfte.[2709]

Auffallend ist im Zusammenhang mit der zeitlichen Einordnung der Menagerie, dass diese Form der ‚Tiersammlung' zum Zeitpunkt ihrer Errichtung – ähnlich den großen Sammlungen von Orangen- und Zitruspflanzen – andernorts bereits

---

zung. Auf Vind. 1771. S. 55, Nr. 181, Seligmann (Joh. Mich.) Sammlung verschiedener auslaendischer und seltener Voegel, mit illum. Kupf. 6 Theile in 3 Baenden.

2704 LA Speyer, Best. V24 Nr. 1, Nachlassakte Wahl S. 35.
2705 BENDER/KLEBER, Histoire, Bd. II, S. 291.
2706 BENDER/KLEBER, Histoire, Bd. II, S. 270. MANNLICH, Rokoko und Revolution 1966, S. 225.
2707 Damit war zwar auf Grund der Abbildungen eine Grundlage für weitergehende Forschungen gegeben, doch das Gliederungsprinzip war nicht mehr zeitgemäß, ganz im Gegensatz zum Ordnungsprinzip Carl von Linnés (1707–1778), der schon 1731 in seiner „Systema Naturae" ein Ordnungssystem für Pflanzen und Tiere, die binäre Nomenklatur, eingeführt hatte, s. STAEDTLER, Vogelabbildungen, S. 148, Anm. 50 m.w.N.
2708 Am Hof wurden 1790 256 Fasanen, 1319 Hasen, und 194 wilde Enten auf der Viktualienliste des gesamten Jahres angeführt. LA Speyer, Best. B2, Nr. 4654, Bl. 38.
2709 „Aber ich habe verboten, irgend jemand Zutritt zu gestatten, und lasse mir über die berichten, die ohne mein Wissen einzudringen suchen. Denn ich beanspruche, dass man mir gehorcht, wenn ich etwas befehle." MANNLICH, Rokoko und Revolution 1966, S. 224.

lange bestanden hatte und teilweise schon im Niedergang begriffen war.[2710] Paust ordnet die Entstehung der großen barocken Menagerien im deutschsprachigen Raum in die Zeitspanne ab 1715 bis 1763, in Übereinstimmung „mit der Hochphase der Ausbreitung des klassischen französischen Gartenstils in Deutschland."[2711] So ist die Menagerie in der Carlslust erneut eine Form der Repräsentation von eher retardierendem Charakter, die in den Rechnungsbüchern mit hohen Kosten zu Buche schlug und entsprechend angemahnt wurde. In einer Promemoria der vereinigten Regierungs- und Rentkammer des Herzogtums Zweibrücken vom 24. November 1792 wurden dem Herzog Reformvorschläge unterbreitet, die „nach dem ohnzielsetzlichen Ermessen Herzogl. Rentkammer folgender massen bewürkt werden"[2712] könnten um die zerrüttete Finanzlage zu verbessern. So sei es unter anderem tunlich, die „Menagerie, Fasanerie und Fauconerie gänzlich abzuschaffen."[2713] Der Herzog antwortete daraufhin ein wenig ausweichend, die Menagerie sei schon größtenteils eingegangen und würde auf die Bedürfnisse der Hofküche eingeschränkt, ansonsten verpflichtete man sich zu Sparsamkeit. Das bedeutet, dass die Menagerie – zumindest in Teilen – bis zur Zerstörung 1793 existierte. Nur so ist es zu erklären, dass sich noch im August und September eine Vielzahl von Vögeln dort befunden hatten, die in Schadenslisten aufgenommen und taxiert wurden.[2714]

Über das Ende der Menagerie gibt ein Brief Auskunft, den Oberst v. Szekely am 29. Juli 1793 an den Herzog schickte, worin es heißt: „Monseigneur. Ich bin enttäuscht, Sie von dem schrecklichen Ereignis, das gerade passiert ist, unterrichten zu müssen. Der General Houchard selbst an der Spitze von Schurken, die er befehligt, hat gestern abend Feuer an Ihr Schloß gelegt, und alles ist zer-

---

2710 So beispielsweise die Menagerie in Schwetzingen, auf deren bedenklichen Erhaltungszustand Pigage bereits 1774 hinwies, s. PAUST, Studien, S. 142. Außerdem waren Tiere eingegangen, worüber der Kurfürst sehr verärgert war, und weshalb wohl nur noch unterschiedliche Vogelarten dort gehalten wurden, die Menagerie im Übrigen aber weitgehend aufgegeben wurde. S. dazu auch: WERTZ, Schwetzingen.

2711 PAUST, Studien, S. 160.

2712 „Ohne diese – nach obigem Maastab zu treffende – und bey würcklicher Ausführung noch ferner zu modificirende schleunige Einschränkung – weshalben Herzogl. Rentkammer schon seit vielen Jahren die dringendste – bishero aber stäts ohne Gehör gebliebene Vorstellungen an Ihro Herzogl. Durchlaucht erlassen – ist und bleibt die künftige Zalung derer – zumalen wegen Anschaffung der benötigten Früchten – noch immerhin sehr hochsteigenden laufenden Geldsumme eine absolute Ohnmöglichkeit." Promemoria der vereinigten Regierungs- und Rentkammer des Herzogtums Zweibrücken vom 24. November 1792, abgedruckt bei BUTTMANN, Karlsberg. Paraphrasiert wiedergegeben auch bei MOLITOR, Vollständige Geschichte, S. 494–496.

2713 MOLITOR, Vollständige Geschichte, wobei Fauconerie (frz.: la fauconnerie) für Falknerei steht.

2714 BECKER, Karlsberg, S. 36.

stört worden mit Ausnahme der Karlslust, des kleinen Hauses der Herzogin nahe der Chaussee nach Erbach, der Kaserne der leichten Reiter und der Menagerie, von der nur noch die Mauern stehen. Fast alle Tiere sind getötet worden. Es lag nicht in meiner Macht, die Ausführung dieses Vorhabens aufzuhalten."[2715] Der Bau- und Chausseedirektor Wahl notierte über die Menagerie: *„All dies wurde auf Verordnung und Befehle der großen Nazion weggenommen und was man nicht schleppen konnte, verstöret. Die seltensten Vögel waren am Tage des Überfallens schon getödet. Ein Officir ermordete den sogenannten Königsvogel, mit einem Knittel."*[2716]

Auf diese Weise steht das Ende der Menagerie exemplarisch für das Ende der Anlagen in der Carlslust, die in ihrer Kumulation von Spielereien und Zerstreuungen noch ganz dem Rokoko und dem Stil des anglo-chinoisen Gartens angehörend, zeitgleich mit dem Carlsberger Schloss der Zerstörung anheim fielen.

2715 Abgedruckt bei: SCHULER, Briefe, S. 18.
2716 LA Speyer: Bestand V 24 Nachlass Wahl, Nr. 1, S. 55 f.

D. Biographien der Gärtner, Baumeister und Handwerker

I. Die Gärtner am Carlsberg

Das Hofgartenwesen bestand auch am Carlsberg aus der im Gartenbau notwendigerweise engen Verbindung von ‚Lust' und ‚Nutzen'. Schon Albert Becker beschrieb, dass auf dem Carlsberg „wie in Zweibrücken August Petri der Vater (1744–1809) an der Spitze des Hofgartenwesens"[2717] gestanden habe. Als Gärtner nennt Becker auch Friedrich Ludwig von Sckell (1750–1823)[2718] und dessen Bruder Matthias Sckell (1760–1815) sowie Johann Georg Bernhard Petri (1767–1854) als dort tätige Gartenkünstler.[2719] Diese Ansicht teilte auch Lohmeyer, der für die Gartenanlagen des Carlsberges annahm, dass dem Herzog dort „erste Kräfte zur Verfügung [standen] und halfen und planten, was sie konnten, um August Petri, den Vater, Bernhard Petri d.J., Friedrich Ludwig von Sckell selbst und seinen jüngeren Bruder Mathias […]."[2720] Es galt aber, neben der Gestaltung der Parks, einen Hofstaat mit Obst und Gemüse zu versorgen, also den ‚nützlichen' Teil der Gärtnerei ebenfalls abzudecken. So benennt Lohmeyer in einer damit einhergehenden Klassifizierung „von den zahlreichen Untergärtnern noch kurz Ludwig Reichardt, Daniel Essert, Bischoff, François Lorrain und Stephan Rechscheider (Rehschneider)."[2721] Das folgende Kapitel soll nun – neben der Untersuchung der jeweiligen Tätigkeiten der Gärtner am Carlsberg – Auskunft darüber geben, welche Informationen sich außer bisher Bekanntem aus den Archivalien erschließen lassen. Darüber hinaus soll gezeigt werden, dass die Carlsberger Gärten ihre Gestalt maßgeblich durch August Petri und dessen Sohn Bernhard erhielten – entgegen der bisherigen Annahme, dass Friedrich Ludwig von Sckell der Entwerfer der Anlagen sei.

2717 BECKER, Karlsberg, S. 39.
2718 Zu F. L. von Sckell siehe u.a.: LIPOWSKY, Künstler=Lexikon, Bd. I, S. 92–103; SCKELL, Beiträge; HALLBAUM, Landschaftsgarten; HENNEBO/HOFFMANN, Gartenkunst, Bd. II; HANNWACKER, Sckell; Hypo Vereinsbank, Gartenlust; FUCHS/REISINGER, Schloss; LAUTERBACH, Sckell und Frankreich m.w.N.
2719 BECKER, Karlsberg, S. 39f.; BECKER, Schlossgärten, S. 219.
2720 LOHMEYER, Südwestdeutsche Gärten, S. 137f.
2721 LOHMEYER, Südwestdeutsche Gärten, S. 138; DERS., Hautt, S. 102, Anm. 5. Die übrigen Gärtner werden auch aufgezählt bei BECKER, Schlossgärten, S. 223. Die Namen werden ebenfalls genannt bei WEBER, Schloss Karlsberg, S. 332, hier allerdings unter Berichtigung des Namens ‚Rechscheider' in ‚Reschreuder'. Bisher war es jedoch bei diesen Gärtnern nicht gelungen, mehr in Erfahrung zu bringen als ihre Namen.

1. Die Tätigkeit der Gebrüder Sckell am Carlsberg

Die Annahme, dass Friedrich Ludwig Sckell zu den Gärtnern am Carlsberg gehört habe, gründet auf den Forschungen Hallbaums über den Landschaftsgarten, der den „Karlsberg bei Homburg in der Pfalz" zu den Werken der Schwetzinger Amtszeit Sckells zählt, die praktische Ausführung jedoch dem jüngeren Bruder Matthias Sckell zuschreibt.[2722] Doch schon Hallbaum standen, wie er selbst vermerkte, für seine Forschungen weder Veduten, noch Grundrisse oder Aktenmaterial zur Verfügung, weshalb er sich bei der Annahme der Nebenarbeiten Sckells auf die diesbezügliche Aussage Lipowskys im „Baierischen Künstler=Lexikon" stützte, und sich auf die Aussagen Mannlichs und Molitors beschränkte.[2723] In der spä-

Abb. 137: Rosché, Claudius: Residenz-Schloss des Herzogs Carl II. mit sämmtlichen Gebäulichkeiten auf dem Carlsberg (Ausschnitt Ehrenhof, Monopteros, Weinberg,)

2722 HALLBAUM, Landschaftsgarten, S. 149 ff. Die Tatsache, dass ein „bezeichnendes Denkmal des vorromantischen-kosmographischen Stils daraus geworden [ist] mit den typischen Schwächen, die dieser Gestaltungsweise anhaften" fällt ihm auf. Vorsichtig lastet er diesen Umstand einer eingeschränkten Gestaltungsfreiheit des Gartenkünstlers an: „Obwohl Sckell zu ihrer Ausgestaltung herbeigerufen wird, scheint für die Einzelformen und für das Programm des Gartens eher der phantastische, ans Bizarre grenzende Geschmack des Fürsten verantwortlich gewesen zu sein." HALLBAUM, Landschaftsgarten.

2723 HALLBAUM, Landschaftsgarten, S. 148 f. Molitor beschreibt die Carlslust als „eine ausgedehnte Waldung mit an das Märchenhafte grenzenden Anlagen, darunter Menagerien mit den seltensten fremdländischen Thieren, ein Bärenzwinger und ein Schwanenteich. S. MOLITOR, Vollständige Geschichte, S. 485. Tatsächlich wird im „Baierischen Künstler=Lexikon" Lipowskys noch zu Lebzeiten

teren Literatur wiederholte sich diese Annahme, ohne jedoch diesbezügliche Quellen hinzufügen zu können, bis es sich zur allgemeinen Gewissheit verfestigte. Weber stellte schließlich fest, dass Sckell der „eigentliche Entwerfer der großen, von 1781/82 bis 1791/92 entstandenen Parkanlagen auf dem Karlsberg war. [...] Wie Mannlich als Generalbaudirektor die Pläne für die zahlreichen Gebäude schuf, so war Sckell der planende und ausführende Gartenkünstler."[2724]

Auch in Sckells eigener Publikation „Beiträge zur bildenden Gartenkunst" wird die Arbeit an den Carlsberger Gärten genannt – hier jedoch erst in der zweiten Auflage im Vorwort seines Neffen Carl August Sckell (1793–1840), der noch auf dem Carlsberg zur Welt gekommen war. Dort heißt es, er habe „im Jahre 1780 und 1790 die Pläne für die Gärten des Herzogs von Zweibrücken auf dem Carlsberg und Montbijou" verfertigt.[2725] An dieser Stelle wurde darauf verzichtet, auf eine tatsächliche Ausführung der Pläne einzugehen. Es kann also nicht geklärt werden, ob und warum seine Entwürfe verworfen wurden. In diesem Zusammenhang fällt auf, dass der Plan Sckells, den er um 1785 nachweislich

---

  des Gartenkünstlers unter dem Stichwort ‚Sckell' vermerkt: „In den Jahren 1780 u. 1790 verfertigte Sckell die Pläne des Herzogs von Zweibrücken Durchl. auf dem Karlsberge und Monbijou, und arbeitete in der Folge an derselben Ausführung; allein der Krieg hat diese Bemühungen vernichtet." LIPOWSKY, Künstler=Lexikon, Bd. II, S. 96.

2724 WEBER, Gartenkunst, S. 92 ff.; DERS., Schloss Karlsberg, wo er ihn mit „insgesamt 11 Persönlichkeiten im Stab der für den Karlsberg verantwortlichen Gartenkünstler und Hofgärtner" sieht, S. 331 f. Diese Meinung wird auch vertreten von JORDAN, Gartenschöpfungen, S. 203; DHOM, Regenten, S. 135; KELL, Homburg, S. 98. Weitergetragen wurde diese Ansicht auch in allgemeinerer Literatur, so z.B. MEDDING, Burgen, S. 108, wo „der Gartenbaumeister Friedrich Ludwig v. Sckell und die Hofgärtner Johann Ludwig und August Petri mitgewirkt" hatten an den „phantastischsten Gartenanlagen [...], die die Phantasie von Menschen je auszudenken imstande war." MEDDING, Burgen. Auch in Zeitungsartikeln wurde immer wieder darauf verwiesen, dass es F. L. v. Sckell gewesen sei, der ab 1780 am Carlsberg tätig gewesen sei. So als Beispiele BRASS, Karlsberg; DERS., Zukunft; DERS., Spatenstich.

2725 SCKELL, Beiträge, S. XII. Der identische Wortlaut findet sich in: DERS., Lustschloß, S. 70. Frdl. Auskunft von N. Nordmann, Bayerische Verwaltung der staatlichen Schlösser, Gärten und Seen. Carl August Sckell, Sohn von Matthias Sckell, war 1793 auf dem Carlsberg zur Welt gekommen. Es ist also möglich, dass auch er sich auf die Aussage Lipowskys stützen musste, da er weder aus seiner Erinnerung, noch aus der Rücksprache mit seinem Onkel heraus die Arbeiten seines Onkels benennen konnte. Sein Vorname weist im Übrigen auf die Begeisterung des Herzogs hin, Patenschaften zu übernehmen „denn es gehörte zu den Liebhabereien des Herzogs, Pate zu sein; infolgedessen gab es auch in Zweibrücken während seiner Regierung eine zahllose Menge von Karls und Karolinen." S. MANNLICH, Rokoko und Revolution 1966, S. 235.

für den Ludwigsberger Garten des Fürsten Ludwig von Nassau-Saarbrücken erstellt hatte, an keiner Stelle erwähnt wird.[2726]

Die Strukturen der Carlsberger Anlagen, insbesondere die Symmetrie und Häufung der Terrassen und Pavillons, lassen sich nicht ohne weiteres mit den bekannten Gärten und Gartenplänen Sckells in Verbindung bringen, weshalb auch für Hallbaum eher der „phantastische, ans Bizarre grenzende Geschmack des Fürsten verantwortlich gewesen zu sein" scheint, als dass es Sckell gelungen wäre „die Gunst des Geländes [...] in monumentalem Sinn zu nutzen."[2727] Die Skepsis Hallbaums, die in der zeitlich nachfolgenden Literatur konsequent übergangen wurde, war tatsächlich begründet.

Mannlich berichtet in seinen Lebenserinnerungen ganz allgemein darüber, dass „der Gemüsegarten vergrößert, in einen englischen Garten verwandelt und mit den Wäldern, Tälern, Wiesen und Weihern der Umgebung des Berges verbunden" wurde, ohne sich näher auf die Gärten einzulassen.[2728] Auch Gartenkünstler und Gärtner finden weder eine Erwähnung, noch nennt er deren Namen, sondern schildert vielmehr sein Erstaunen über das Aussehen der Carlslust, die er anlässlich eines Besuchs der Menagerie zum ersten Mal sah, obgleich er an den Plänen für verschiedene Gebäude gearbeitet hatte.[2729] Da er in seinen Erinnerungen überaus verlässlich Auskunft über seine eigenen Aufgaben und Planungen gab und ebenso ausführlich wie begeistert über den eigenen Entwurf des Gartens von Abbé von Salabert in Homburg und den Erfolg dieser Anlage berichtet,[2730] kann er im Umkehrschluss als Entwerfer der

---

2726 LOHMEYER, Südwestdeutsche Gärten, S. 91, Abb. 112, S. 111. S. dazu auch: TREPESCH, Landschaftsgarten, S. 14; PAUL, Ludwigsberger Garten, S. 116. PAUL, Der Ludwigsberg, S. 64 ff.
2727 HALLBAUM, Landschaftsgarten, S. 149.
2728 MANNLICH, Rokoko und Revolution 1966, S. 203.
2729 MANNLICH, Rokoko und Revolution 1966, S. 222. Aufgrund dieser Aussage muss Mannlich als Entwerfer der Carlsluster Gartenanlage ausscheiden, da dies genaueste Ortskenntnis vorausgesetzt hätte.
2730 „Le jardin de Salabert fut en effet un des plus agreables, des plus fertils et le plus varié que j'ai jamais vu. [...] Apres avoir desiné le terrain et les environs jusqu'au frontieres de la loraine, c'est a dire tout le paisage, je composai un autre paisage dans l'interieur du jardin de l'Abbé. Je profitois de son abondance d'eau pour en former des rivieres en apparence tres larges et navigables. Je cachai par des plantation ce qui ne me plaisois pas, et menagais par elles des points de vue charmans en m'appropriant tous les environs. Mon dessin fini, je plantois les piquets pour la conduitte des eaux et les plantations. Ce dessin servit de model au jardinier pour planter des arbres hauts ou il en falloit, et des arbustes ou les régles de la belle composition l'exigeoient. Nous poussames même nos soins jusqu'aux formes et la couleur des feuilles des arbres, pour former ainsi des tableaux charmans, mis en harmonie, surtout a certains heurs du jour et a des points donnés, soit du balcon de la maison, ou des Sallons des Pavillons qui se trouvoient dans le jardin". BENDER/KLEBER, Histoire, Bd. II, S. 305 f., übersetzt

Carlsberger Gärten ausgeschlossen werden, da er diese aus seinen Erzählungen ausblendet.[2731]

Auch der mehrfache Verweis auf die Beschäftigung Matthias Sckells,[2732] des jüngeren Bruders Friedrich Ludwigs, als dessen „verlängerter Arm" und ausführende Kraft in den Carlsberger Gärten, vermag letztlich nicht zu greifen, denn *„Mathias Skeel aus Schwezingen"* wurde erst *„unterm 5n Mai 1786 zu Unserm Hofgärtner gnädigst angenommen"* und *„eine jährliche Besoldung von Dreyhundert Gulden seit seiner gedachten Anstellung huldreichst ausgesezet,"*[2733] wozu auch Wohnung und Brennmaterial gehörte.[2734] In der Folgezeit war Matthias Sckell in Monbijou tätig, da eine Abschrift des Jahres 1790 ihn als *„der Hofgärtner Skell in Monbijou"* bezeichnet.[2735] Im Sommer des Jahres 1792 ver-

---

z.T. wiedergegeben in WEBER, Schloss Karlsberg, S. 340. Vgl. auch: DHOM, Regenten, S. 192. MANNLICH, Rokoko und Revolution 1966, S. 219.

2731 Anders Schneider, der Mannlich als Schöpfer der Carlsberger Gärten, vor allem der Carlslust annimmt, daneben jedoch die Unterstützung von Friedrich Ludwig von Sckell und Bernhard August Petri vermutet. Vgl. SCHNEIDER, Schlösser, S. 345 ff. ohne Quellenangaben; ähnlich ENDERS, Klein-Versailles, S. 33, die Mannlich als Gestalter von Bauten und Gartenanlagen annimmt und daneben die anteilige Mitwirkung von Friedrich Ludwig von Sckell und dessen Neffen Carl August Sckell sowie die Gärtnerfamilie Petri als Gegenstand der Forschung bezeichnet. Carl August Sckell kann hier jedoch unbesehen als Beteiligter ausgeklammert werden, da er erst im Jahr der Zerstörung des Carlsberges 1793 zur Welt kam.

2732 Zu Matthias Sckell s. LACK, Sckell, S. 206 sowie LAUTERBACH, Sckell und Frankreich, S. 224 ff.

2733 LA Speyer, Best. B2, Nr. 1649, Bl. 38. *Acta Die Dienstbestellung dero Herrschaftl. Gärthner betreffend*, unterschrieben am 10. Januar 1789 vom Herzog. Zuvor hatte er bei seinem Vater und später in Bruchsal gelernt und studierte und arbeitete auf Empfehlung seines älteren Bruders 1781 und 1782 in Paris unter André Thouin (1747–1824) im Jardin du Roi. Neben Friedrich Ludwig Sckell selbst und seinem jüngeren Bruder Matthias hielten sich auch Karl Effner und Carl August Sckell zu Studienzwecken in Paris auf. LAUTERBACH, Sckell und Frankreich, S. 223, mit Auszügen aus den Briefen F. L. v. Sckells an Thouin, LAUTERBACH, Sckell und Frankreich, S. 224. Zu Matthias Sckell vgl. außerdem LOHMEYER, Südwestdeutsche Gärten, S. 16, der allerdings das Jahr 1761 als Geburtsjahr annimmt; BECKER, Schlossgärten, S. 223. Matthias Sckell darf am Carlsberg nicht länger als der Gärtner gesehen werden, der „ausschließlich für die Durchführung der Gartenpläne von Friedrich Ludwig Sckell auf dem Karlsberg und in Monbijou verantwortlich war" – so WEBER, Schloss Karlsberg, S. 331; ähnlich SIEMON, Die bildende Kunst, S. 261. Vielmehr arbeitete er als eigenverantwortlich tätiger Gärtner und sammelte hier jene Erfahrungen, die ihn später als Mitarbeiter seines Bruders auszeichneten.

2734 LA Speyer, Best. B2, Nr. 1649, Bl. 69–72.

2735 LA Speyer, Best. B2, Nr. 1649, Bl. 55. In dieser Abschrift wird vermerkt, dass Sckell auf seine jährliche Besoldung von 300 Gulden noch 125 Gulden geschuldet würden.

fügte der Herzog, dass ihm fortan ein jährliches „*Gehalt von Fünfhundert Gulden gnädigst angewiesen"* würde.²⁷³⁶ Bis zum August 1794 war Sckell sicherlich am Carlsberg oder Monbijou tätig, denn der Herzog sandte aus Mannheim eine Anweisung an ihn, dass Gärtner Esser seine Demission erhalten habe und „*Unser Hofgärtner Skell hat demselben demnach in den Monath Listen nicht weiter nach zu führen."*²⁷³⁷ Auch ein Treibhaus hatte Matthias Sckell wie auch seine Gärtnerkollegen Bischof und Reichard unterhalten.²⁷³⁸ Im Anschluss an seine Tätigkeit am Carlsberg ist Matthias Sckell als Hofgärtner im herzoglichen Schlösschen Rohrbach bei Heidelberg nachzuweisen.²⁷³⁹

Abb. 138: Florabüste, vermutlich von Schloss Carlsberg stammend, gelblicher Sandstein

---

2736 LA Speyer, Best. B2, Nr. 1661, Bl. 11. Abschrift eines Dekrets „*für Hofgärtner Mathias Sckell, d.d. Carlsberg den 1ten Juli 1792"*. Im Verlauf des Jahres wurden laut einer Rechnung der Witwe des Spenglers Peter Hamm mehrere Gießkannen repariert und „*in die Hof-Gärtnerey für Gärtner Sckell richtig verfertigt."* LA Speyer, Best. B3, Nr. 2623, Bl. 75.
2737 LA Speyer, Best. B2, Nr. 1647, Bl. 67.
2738 LA Speyer, Best. B2, Nr. 273/1. S. dazu das Kap. B.II zu den Treibhäusern.
2739 LA Speyer, Best. B2, Nr. 4659, Bl. 3. In der Schuldenliste der General Kammer Kasse über alte Rückstände bis zum 1. April 1795 standen dem Hofgärtner Sckell noch 729 Gulden zu. GehHA München, Korrespondenzakten Nr. 1697 a/1.

2. August Petri – Der Vater[2740]

Ernst August Bernhard Petri (1744–1809), der Vater des Gartenkünstlers Bernhard Petri, war seit 1766 Hofgärtner in Pfalz-Zweibrücken und mit *„langjährigen Erfahrungen und gesammleten Praktischen Kenntnissen, welche ich unter der glücklichen Regierung Christian des Vierten p.m. Haupsächlich aber unter Carl dem Zweiten als Hofgärtner mir erworben"*[2741] ausgestattet. Nach Lohmeyer hatte er 1758 bis 1761 in Gotha beim dortigen Hofgärtner Johann Christoph Krieger gelernt, der ihm 1761 den Lehrbrief ausstellte,[2742] und sich auf Studienreisen nach England,[2743] Frankreich[2744] und Holland begeben. Schließlich war er – wohl durch seinen Onkel Johann Ludwig Petri[2745] – nach Zweibrücken gekommen.[2746] Unter Herzog Christian IV. hatte er in Zweibrücken und Jägersburg 1769 die Akazie eingeführt, deren Samen er 1766 aus Paris mitgebracht hatte.[2747] Auch auf dem Carlsberg hatte August Petri Jahre später Aka-

---

2740 Er selbst unterschrieb oft mit dieser Bezeichnung, so sogar in seinem Manuskript der „Auf Erfahrung gegründete Anweisung nüzliche Waldungen von allerley Holz Arten welche in unserm Himmelsstrich gedeyhen, anzupflanzen." Dem Herzog gewidmet im Jahr 1790 von August Petri und verlegt in der Jägerischen Buchhandlung in Frankfurt, s. Anhang zum Zweybrücker Anzeigblatt Nr. 3 v. Oktober 1789. Die Bezeichnung ‚der Vater' geht vermutlich auf die Tatsache zurück, dass der Familie Petri früh die Mutter verstarb, s. dazu das Gemälde der Gärtnerfamilie Petri im Stadtmuseum Zweibrücken von Johann Caspar Pitz, WEBER, Schloss Karlsberg, S. 333.

2741 BayHStA München, Best. Kasten blau 406/22.

2742 Der Lehrbrief ist abgebildet bei LOHMEYER, Südwestdeutsche Gärten, Abb. 12, S. 11.

2743 1762 war er in England, denn in seiner *„Auf Erfahrung gegründete Anweisung"*, BayHStA München, Kasten blau, Nr. 406/22 schreibt er im Kapitel *„Vaterland und Anpflanzung"*, er sei 1766 vom Herzog beordert worden, *„auf Paris und Vitri zu fahren, um eine Parthie Linden bäume zur neuen Garten Anlage zu Jägersburg anzukauffen. […] Nahe dabey sahe ich verschiedene Robinia Pseudo-Acadia […] und ob mir gleich die Acacien vier jahre vorher aus England her bekandt waren, wo ich zu damahliger Zeit eine Küste mit Amerikanischer Holz Sämerey auf Zweybrücken abschückte, so verursachte doch diese unerwartete Überraschung eine außerordentliche Aufmercksamkeit."*

2744 1764 hat August Petri zusammen mit dem Landschaftsmaler Georg Friedrich Meyer seine Studienreise nach Paris angetreten. BECKER, Schlossgärten, S. 14. In Holland sollte er den „dasigen Wintertreibereien" beiwohnen, BECKER, Schlossgärten, S. 206.

2745 Zu Ökonomierat Johann Ludwig Petri (1714–1794), der in einer Lohnliste der Carlsberger Gärtner mit einem Gehalt von 496 Gulden jährlich geführt wird – LA Speyer, Best. B2, Nr. 1649, Bl. 69 – s. u.a.: BECKER, Schlossgärten, S. 13 ff. LOHMEYER, Südwestdeutsche Gärten, S. 4 ff.; LOHMEYER, Barockgärten: Zu Schwetzingen s. HENNEBO/HOFFMANN, Gartenkunst, Bd. III, S. 362 ff.; REISINGER, Schlossgarten, S. 20 ff.; FUCHS/REISINGER, Schloss, S. 72.

2746 LOHMEYER, Südwestdeutsche Gärten, S. 11 u. 15.

zien angepflanzt.[2748]

Er schuf in Zweibrücken nach 1775 im Bereich der Eremitage[2749] einen Garten, der jedoch schon bald verfiel. Danach wurde er auf dem Carlsberg als Hofgärtner angestellt, wo er laut einer Besoldungsliste mit einem Jahresgehalt von 680 Gulden geführt wurde und damit von allen Gärtnern die höchste Summe erhielt.[2750] Außerdem hatte Petri, wie auch Mannlich, der Arzt Rosé und Oberst von Esebeck eine eigene Unterkunft in der Orangerie.[2751]

Am 15. Dezember 1786 ließ der Herzog dem Hofgärtner Petri mitteilen, dass

---

2747 In Jägersburg musste er die Akazien, auf die er so stolz war, wieder entfernen, da arabische und englische Stuten und ihre Fohlen im Jägersburger Schlossgarten weiden durften, und sich die Behauptung verbreitete, dass das Laub der Akazien *„[…] eine der allergefährlichsten und tödlichsten Speißen für Pferdte"* sei. Trotzdem setzte er in Zweibrücken die Vermehrung der Bäume fort. *„Auf Erfahrung gegründete Anweisung"*, BayHStA München, Kasten blau, Nr. 406/22.

2748 *„In allen übrigen Anpflanzungen auf dem Carlsberg wo solche am Hang ihre Lagen haben, sind sie ohnbeschädigt geblieben. Die Lage eines anzupflanzenden Acacien Waldes muß also nicht in einer Ebnung und Fläche seyn wo Wasser lange stehen bleibt."* Petri, August: *„Auf Erfahrung gegründete Anweisung"*, BayHStA München, Kasten blau, Nr. 406/22, Kap. „Sicherste Methode".

2749 „Der Plan zu dem phantasievollen Gebäude war von Mannlich entworfen, der reizende Lustgarten durch Hofgärtner August Petri angelegt." MOLITOR, Vollständige Geschichte, S. 481. Ähnlich LOHMEYER, Barockgärten, S. 76.

2750 LA Speyer, Best. B2, Nr. 1649, Bl. 69. Sein gutes Gehalt wurde auch in anderem Zusammenhang konstatiert: Hofgärtner Petri wies im Jahr 1784 in einem Pro Memoria darauf hin, dass die drei Gulden, die ihm für Schreibmaterialien ausgesetzt worden seien, *„bey dem Geschäfte wo ohngleich mehr benöthiget bin"* nicht mehr ausreichten, weshalb er um Ausgabe von Schreibmaterial in natura bat. LA Speyer, Best. B2, Nr. 1649, Bl. 13. Die Rentkammer äußerte sich gutachtlich zu diesem Gesuch, wonach die Hofgärtner und Hofbedienten zu Zeiten Herzog Christians das Material tatsächlich in natura bezogen hätten. *„Es haben aber zuletzt fast die mehrste es so bund gemacht, daß daraus der größte missbrauch entstanden"*, LA Speyer, Best. B2, Nr. 1649, Bl. 11, weswegen man sich im Jahr 1771 dafür entschieden habe, Geld für Schreibmaterialien auszuzahlen. *„Nun haben zwar viele Bedienten bishero sich dargegen beschwert, welche so viele Besoldung und Zulagen als der Hofgärtner Petri beziehet, nicht geniesen; man hat aber selbige jedermalen abgewiesen, und wann dem Supplicanten deferirt werden solte; so würde solches bey andern zu vielen Suppliken und Beschwerden Anlaß geben."* Um keine weiteren Begehrlichkeiten anderer Bedienter zu wecken, entschied die Rentkammer, dass der Supplikant abzuweisen sei. Sollte er aber mehr Schreibmaterial als vorher nötig haben *„wohl es Camerae unbekannt ist, so würde es besser seyn demselben noch 3 fl. als eine Besoldungszulage zukommen zu lassen."* Ludwig von Esebeck stimmte dem Antrag, nunmehr dem Hofgärtner Petri 6 Gulden jährlich als Besoldungszulage anweisen zu lassen, am 21. April 1784 zu, LA Speyer, Best. B2, Nr. 1649, Bl. 10.

2751 LA Speyer, Best. B3, Nr. 2590, Bl. 743. Spezifikation der Schlosserarbeiten von Magnus Bötsch vom April 1786, laut derer er ein Fallenschloss angeschweißt hatte *„auf dem Gang auf der Orangerie wo Hl.n Petry Logirt."*

das von Petri bisher besorgte „*sämtliche Carlsberger Gartenwesen nebst den anderen vielen Nebenaufträgen, mit der- von selbigem ebenfals bestrittenen Unterhaltung gedachten Unseres Zweibrücker Lustgartens dies- und jener Seits des Kanals wegen desselben fortbeständigen Anwesenheit auf dem Carlsberg, sowol als auch in Rücksicht der erforderlichen stäten Aufsicht und allzu vielen Arbeit nicht wohl bei einander bestehen, ohne daß ein oder das andere darunter leidet.*" Um Petri zu entlasten und „*damit unser Carlsberger Gartenwesen desto ehender in seine Vollkommenheit gebracht und darinnen unterhalten werden könen*" wurde beschlossen, „*Unserem gedachten Hofgärtner blos und allein Unsere Gärtnerey auf dem Carlsberg und was darauf Bezug hat künftig zu belassen.*"[2752] Die Wohnung auf dem Carlsberg erleichterte diese Aufgabe erheblich, da Petri seinen Wohnsitz in der Neuen Vorstadt in Zweibrücken hatte.[2753] Die Aufsicht über die Zweibrücker Lust- und anderen Gärten wurde hingegen „*dem Gemüsgärtner Reschreuter*" übertragen.[2754] Von sonstigen Aufsichtspflichten sollte Petri mit Beginn des Jahres 1787 befreit sein. Gänzlich mochte man auf seinen Rat auch in Zukunft in Zweibrücken nicht verzichten, denn es sollte ihm „*auferlegt seyn und bleiben […] bey Bemerckung, daß ein und das andere auf andere Art vortheilhafter zu machen wäre, davon die schriftliche submisseste Anzeige zu thun.*"[2755] Im September 1789 erging ein Schreiben des Herzogs an die Rentkammer, dass die Gelder und Diäten für Fahrten zum Carlsberg „*ohne Consequenz passiret werden in Zukunft aber Unser Hofgärtner August Petri, der Vater, in jedem Monat nur einmal auf den Carlsberg kommen soll.*"[2756]

Ein besonderes Anliegen war August Petri neben der Anlage der Gärten die

---

2752 LA Speyer, Best. B2, Nr. 1648, Bl. 1, *Abschrift gnädigsten Rescripti an Hofgärtner Petri, d.d. Carlsberg, den 15n December 1786, unterschrieben Carlsberg eodem, Carl Pfalzgraf;* LA Speyer, Best. B2, Nr. 1648, Bl. 4, 6–9 beinhaltet die Abschrift des Reskripts an den Gemüsegärtner Reschreuter. Paraphrasiert wiedergegeben bei WEBER, Schloss Karlsberg, S. 332, ohne Quellenangabe. Nach Weber hatte Reschreuter einen Bruder, Mathias, der als Gärtner in Malgrange bei Nancy arbeitete. WEBER, Schloss Karlsberg, ohne Quellenangabe.

2753 Der Hofgärtner August Petri erbaute sein Haus in der Herzogstr. 9 in Zweibrücken als Teil der Neuen Vorstadt nach Plänen von J. Ch. L. Hautt im Jahr 1768. Im Balkongitter sind die Initialen ‚AP' zu sehen und die Konsolen des Balkons zeigen Körbe mit Früchten und Rosengirlanden. S. zur Geschichte des Hauses GLÜCK-CHRISTMANN, Vorstadtgeschichte(n), S. 8. Das Haus Mannlichs liegt in der gleichen Straße.

2754 Weiter wurde angeordnet, dass „*Unser Rath Petri von Zeit zu Zeit in selbigen nachsehe und mit dem Reschreuter, wie die Sache am vorhteilhaftesten zu behandlen seyn mögte überlegen und anordnen helfen.*" LA Speyer, Best. B2, Nr. 1648, Bl. 1.

2755 LA Speyer, Best. B2, Nr. 1648, Bl. 1, erwähnt bei WEBER, Schloss Karlsberg, S. 331 ohne Quellenangabe.

2756 LA Speyer, Best. B2, Nr. 1649, Bl. 49. Unterschrieben vom Herzog am 7. September 1789. Dieser Schritt ist wohl im Zusammenhang mit den Sparmaßnah-

Holzwirtschaft, die sich im Laufe des 18. Jahrhunderts zu einem drängenden Problem entwickelt hatte.[2757] Die Forstverwaltungen waren um die Erhaltung nachhaltiger Waldressourcennutzungen besorgt,[2758] denn neben einem sprunghaften Anwachsen der Bevölkerung waren die vermehrten Gewerbeansiedlungen um Eisen- und Glashütten und der lohnende Holzhandel der Grund dafür, dass im Fürstentum Nassau-Saarbrücken, in der Grafschaft von der Leyen und im Herzogtum Pfalz-Zweibrücken ein akuter Holzmangel auftrat, dessen man durch Forstordnungen, Brenn- und Nutzholzverordnungen und durch drastische Strafen für Holzfrevel[2759] Herr zu werden suchte.[2760]

Nach der Zerstörung des Carlsberges fertigte August Petri die Spezifikation der

---

men zu sehen, die dem Herzog in dieser Zeit nahegelegt wurden und denen er auch teilweise zustimmte. Dazu gehörte auch die Niederlegung des Wildzaunes im gleichen Jahr. Zwei Dankschreiben zur Wildbannsaufhebung des Oberamts und der Stadt Zweibrücken und deren Schultheißen sowie der Stadt Homburg und den Vorstehern von Altstadt, Erbach, Waldmohr, Kübelberg haben sich erhalten. *„[...] Nur eins ware es noch, was zu wünschen übrig bliebe, die Abschaffung der Wildbahn, Aber auch dieses geschahe eben so bald, als die Beschwehrlichkeit derselben zu denen Landesvätterlichen Ohren gelangen konnte, sintemalen uns gestern durch das hiesige Ober Amt eröffnet worden, dass den Wildzaun zu cassiren und das Wild darnider schiesen zu lassen, die gemessenste Befehle ertheilet seyen."* in: GehHA München, Korrespondenz-Akten Nr. 1688.

2757 „[...] Freunde der Oeconomie = Land und Forst = Wirtschaft, desgleichen Bürger! [...] Ihr wisset, Bürger, daß durch den Krieg ganze Gegenden, Bänne und Gemarkungen, besonders diesseits Rheins, von Waldungen und mancherley Arten nützlicher Obstbäume gänzlich entblößet und darnieder gehauen worden sind; Ihr wisset, daß bereits vor dem Krieg aus manchen Gegenden über den herannahenden Holzmangel und dessen ungeheuren Preiß laut geklaget und geschrien worden ist; Ihr wisset, daß während dem Kriege an keine künstliche Ansaaten, und Anpflanzungen der Waldungen, wohl aber an Holzcouppen, Niederfällung und Versilberung derselben gearbeit worden ist; Gesetzgeber! die ihr in Palästen und grossen Häussern wohnet, Euch sey tief in eure Herzen geprägt, vergesst, wenn auch Paläste noch gebaut, ihre Gemächer noch geheitzt werden können, o vergesst in euern warmen Cabinette nie, daß Millionen andere Menschen auch ungern frieren, auch ihr Brod backen, ihre Speise kochen ihre Hütten bauen und erhalten müssen, daß Holz unentbehrlich, daß Holz in billigen Preiße eine Landes Wohlthat ist. Fordert alle Forst = Verständigen auf, Vorschläge öffentlich bekannt zu machen, durch deren Befolgung dem drohenden Mangel vorgebeugt werden könne. Reichen einheimische Bäume und Gesträuche nicht hin, so können mit Vortheile Acacien für Schaff = und Brennholz, und Lerchen = Bäume, für Bau = und Werkholz angepflanzet werden [...]." August Petri, der Vater in einem Auszug aus seiner „1795 gefertigt und übergebenen Forstverordnung," in: Zweybrücker Anzeigblatt Nr. 3, Okt. 1798. S. zur Veröffentlichung Petris auch: Dhom, Regenten, S. 70 f.

2758 S. dazu ausführlich Schmidt, Der Wald, S. 49 f.

2759 Verordnung vom 21. April 1776, unterschrieben vom Herzog: *„Nachdeme Wir zu verordnen gnädigst gut gefunden, daß diejenige Person, welche einen von denen auf den Chaussée befindlichen Bäumen ganß abhauet, die rechte Hand abgehauen, diejenige Manns Person aber, welche einen von diesen Bäumen be-*

Schäden in der Gärtnerei der Herzogin, der Carlslust und des herzoglichen Schlossgartens am Carlsberg und der dortigen Gärtnerei für das Schadensverzeichnis an.[2761] Über die Ereignisse der Zeit berichtet er als Zeitzeuge in den „Tagebuchartigen Aufzeichnungen",[2762] in denen er schildert, dass „mit dem Umhauen der Bäume sowohl im herzoglichen Schlossgarten, besonders hinter der Insul und in den herrschaftlichen Waldungen freventlich verübt, Bäume umgerissen, die Gipfel abgehauen, dergestalten, daß der kälteste Mensch nicht ohne Mitleid solches anzuschauen vermögend ist."[2763] 1797 ersteigerte Petri die noch einzig erhaltene Forst-Plantage in Zweibrücken, „im sogenannten Gemüßgarten, samt den darinn befindlichen schnell wachsenden Holzarten [...]."[2764] Eine letzte Nachricht seiner Tätigkeiten findet sich vom März 1799, als er ein

---

schädiget, auf unbestimte Zeit zum Schub Karre, die Weibs Person hingegen ad tempus indeterminatum ins Zuchthauße condemniret, und damit sich mit der Unwißenheit dieser Verordnung Niemand entschuldigen könne, durch Unsere Chaussée Deputation Placaten auf die Chaussée gesetzet, und auf solche die vorbesagte Strafe schriftlich und durch Abmahlung einer abgehauenen Hand und einer im Schub Kare gehenden Person jedermann bekannt gemacht werden solle, Als habt Ihr Euch hiernach sowohl selbsten gehorsamst zu achten, als auch dieses zu Jedermanns Nachricht und Achtung bekannt machen zu laßen. Zu fürstlichen Hulden Euch stets wohl beygethan verbleibend Carl Pfalzgraf." LA Speyer, Best. B2, Nr. 1695, Bl. 2. Das Oberamt stellte daraufhin am 1. Juni den Antrag, die Verordnung auf *„hiesiegen Gemeinen Stadtwegen Vom Stadt-Rath angepflanzte Bäume zu extendiren"*, da man an Straßen und Wegen Bäume gepflanzt habe, an denen *„schon öffters groser Unfug geschehen;"* LA Speyer, Best. B2, Nr. 1695, Bl. 22. Entsprechend wurde die Verordnung vom Herzog ausgeweitet. Diese Verordnung hatte jedoch nicht den gewünschten Effekt, da *„Niemand mehr denuncijret, auch darüber alle Bäume nach und nach verlohren gehen, so haben Wir Unserer Herzogl. Policey Commission hierdurch gnädigst anfügen wollen, denen Garden ins Geheim zu bedeuten, daß die Denuncianten sich daran nicht kehren sollten indeme Wir die Straf allemal gndgst, mitigiren* (frz.: mitiger: mildern) *werden: dahero solche desto fleißiger Acht haben sollten."* Dies wurde vom Herzog am Carlsberg den 23. Juny 1785 mitgeteilt und erlassen.

2760 S. zum Holländerholzhandel, der auch dem Herzogtum Pfalz-Zweibrücken viel Geld einbrachte und zu den diversen Lösungsstrategien in den verschiedenen Herrschaftsbereichen SCHMIDT, Der Wald, S. 43 ff.

2761 BayHStA München, Abt. IV, Serienakten 1999, Schäden im Garten der Herzogin abgedruckt in: BECKER, Karlsberg, S. 43. Einen Überschlag der Kosten des ruinierten Zweibrücker Schlossgartens vom Jahr 1797 mit Angabe der Maße des Gartens findet sich in LA Speyer, Best. B2, Nr. 4659, Bl. 3 ff.

2762 WERNHER, Geschichte.

2763 WERNHER, Geschichte, Nr. 6, S. 23 Eintrag vom 12. Februar 1793.

2764 „Damit nun diese durch meine Hand mehrentheils angesäeten auch unter meiner bisherigen Pflege herangewachsenen nützlichen Holzarten zu ihrer wahren Bestimmung mögten angewendet werden und nicht unter Hände fallen die nur bloß auf Raub bauen und das allgemeine Wohl verkennen, so ersteigte ich diesen sogenannten Gemüßgarten." Zweybrücker Anzeigblatt Nr. 3, Okt. 1798. An dieser Stelle gibt er an, dass einige Holzarten ausgedünnt werden müssten und er selbige deswegen zum Kauf anbietet.

Pro Memoria darüber verfasste, dass „[d]*er Vormalige Herr Geheimer Staats Minister von Esebeck und Oberjäger Schügens [...] dem Vernehmen nach beauftragt gewesen, die Sämtlich Rahre Ausländische Bäume, Gesträuch und strauchartige Pflanzen aufm Carlsberg und Carlslust auszugraben und nach Zweibrücken transportieren zu lassen. Es sind dahero mehrere Wägen voll hieher gefahren. Die wenigst und geringsten Arten in der ehmaligen Treiberey beim Gärtner Göttelmann – die Mehrest und Rahrsten Sorten hingegen nebst einer Sammlung Rosenstöcken, in der Verstorbenen Herrn von Esebecks Garten abgelaten, und abgepflanzt worden. [...] Es entsteht dahero die unterthänigste Anfrage, ob nicht allenfalls Sn. Churfürstliche Durchlaucht eines und das andere gnädigst von dieser Sammlung befehlen?*"[2765] Er blieb – im Gegensatz zu vielen seiner Gärtnerkollegen – in Zweibrücken.

3. Adjunctus Bernhard Petri – Das aufstrebende Talent

Johann Georg Bernhard Petri trat 1788 in die Dienste des Herzogs. Er wurde 1767 in Zweibrücken geboren und starb 1854 in Theresienstadt bei Wien.[2766] Nach Angaben Lohmeyers lernte der Sohn des zweibrückischen Hofgärtners Ernst August Petri (1744–1809) in Schwetzingen bei Friedrich Ludwig von Sckell.[2767] Über einen Zeitraum von vier bis fünf Jahren bereiste und studierte er die Gärten Englands, Frankreichs, der Niederlande und Deutschlands, wobei er einen Teil der Reisen vermutlich als Pensionär des Zweibrücker Herzogs mit einem jährlichen Gehalt von 200 Gulden machte, die ihm vom 19. September 1784 an als Besoldung ausgesetzt worden waren.[2768] Bereits die ADB berichtet davon, dass er nach seiner Rückkehr „in Karlsberg bei Zweibrücken die Hofgär-

---

2765 LA Speyer, Best. B2, Nr. 4659, Bl. 14, Unterschrift von August Petri dem Vater, 17. März 1799. Aufgrund dieses Pro Memoria soll ein Gutachten in Auftrag gegeben werden, „*ob und was vor aus ländische Bäum und Pflanzen in des Ministre von Esebeks Garten gekommen und von daher zu versezen seyen- auch was ohngefehr dieselbe im Werth gehabt haben mögten und sodann dieser mit Gutachten zu begleiten. Mannheim den 4. April 1799.*"
2766 Siehe zur Biografie von Petri: LOHMEYER, Südwestdeutsche Gärten, S. 15; HKBAdW, Biographie, Bd. XXV, S. 522. Lohmeyer nennt ihn – im Gegensatz zur übrigen Literatur – mit Adelstitel. S. auch: THIEME/BECKER/VOLLMER, Allgemeines Lexikon, Bd. XXVI, S. 496.
2767 Der Lehrbrief, ausgestellt von Friedrich Ludwig Sckell am 15. Mai 1785 über eine dreijährige Lehrzeit seit 1782, ist erhalten. Auszüge daraus bei WEBER, Schloss Karlsberg, S. 332.
2768 LA Speyer, Best. B2, Nr. 1649, Bl. 36. Auch Rogasch, etwas allgemeiner: „Bernhard Petri (1767–1853), der Landschaftsgärtner, der im Auftrag des Herzogs von Pfalz-Zweibrücken vier Jahre lang Landschaftsgärten in England studiert hatte und später auch Gärten in Österreich und Ungarn schuf [...]." S. ROGASCH, Schlösser, S. 256. Weber nimmt eine kürzere Ausbildung in England an, vgl. WEBER, Schloss Karlsberg, S. 332.

ten nach Englischer Art" eingerichtet hat.[2769] Dieses kann nun weiter spezifiziert werden, denn Bernhard Petri kann gesichert als Entwerfer jener späteren englischen Gartenpartie im Umfeld des Schlosses nachgewiesen werden. Den entscheidenden Hinweis auf die Urheberschaft des Englischen Gartens am Carlsberg liefert der Bau- und Chausseedirektor Wahl in seiner Beschreibung der Carlsberger Anlagen. *"Eine herrliche Naturaliensammlung, mit der eine große Menacherie und einschlägige auserleßene Bibliothec zusammen hing, ware unter andern in diesen Gebäuden mit, um welche ein angefangener Naturgarthen, gegen eine quaterat Meule gros, der mit allen in der Gegend im freien fortkommenden Gewächsen prangte und von Petri, dem Sohn angegeben ware, den Du nun in Ungarn durch seine Anlagen kennst, herum ging."*[2770]

Dem „Hofgärtnerei Adjuncto" Petri wurde bereits zu Beginn seiner Gärtnerlaufbahn die doppelte Summe bewilligt, die man Matthias Sckell zugestanden hatte, was eine entsprechend verantwortungsvolle Tätigkeit Petris impliziert,[2771] denn am 25. August 1788 – Bernhard Petri war gerade 21 Jahre alt – erging ein Dekret des Herzogs, das in Kopie der Rentkammer zuging: *„Daß Wir Unserm Hofgärtnerei Adjunctum Bernhard Petri wegen desselben guten Eigenschaften, Fleißes und erprobten Geschicklichkeit, zu den demselben unterm 19n September 1784 gnädigst ausgesezten Besoldung von 200 fl. annoch Vierhundert Gulden huldreichest zulegen, mithin daß derselbe seit dem 1n. dieses künftig überhaupt järlich Sechshundert Gulden haben solle. Wie wir dem demselben diese 600 fl. zur Besoldung jeden Jahres in Höchsten Gnaden verwilligen und anweisen. Urkundlich. […] Carlsberg eodem. Carl Pfalzgraf."*[2772] Nachdem der Carlsberg 1793 zerstört worden war, wandte er sich nach Österreich, „führte da-

---

2769 HKBAdW, Biographie, Bd. XXV, S. 522, wörtlich übernommen bei LOHMEYER, Südwestdeutsche Gärten, S. 15.

2770 LA Speyer, Best. V24, Nachlass Wahl Nr. 1, S. 55. Friedrich Gerhard Wahl (1748–1826), Landbau- und Chausseedirektor; zu seinen Ämtern s. STUCK, Verwaltungspersonal, S. 66. Zur Biografie s. MEDDING, Hofbaumeister, S. 227 ff.

2771 Sein Selbstbewusstsein als Gartenkünstler äußert sich in einem Schriftstück von 1790 über seine Art auszubilden: „Da aber die Gärtnerei mein Gefach nicht ist, und der geschickteste Gärtner doch noch kein Gartenkünstler ist, so werde ich ihn hauptsächlich in der Gartenkunst oder in der Wissenschaft, schöne Gärten nach dem Genius des Ortes und der Gegend anzulegen, und außerdem Botanik und Landwirtschaft lehren." Zitiert nach WEBER, Schloss Karlsberg, S. 332, ohne Quellenangabe. Sein Standpunkt unterscheidet sich bereits grundlegend von der Formulierung seines Onkels in dessen eher verhaltenem Selbstbewusstsein: „Man nehme es nicht übel, daß ich bitte, mich mit dem Titel als Ingenieur oder als Architekt zu verschonen, weil von beiden Keines, sondern nur ein Gärtner bin." Zitiert nach LOHMEYER, Barockgärten, S. 70. Ebenfalls gegenübergestellt bei WEBER, Schloss Karlsberg, S. 332.

2772 LA Speyer, Best. B2, Nr. 1649, Bl. 36. Die Zahlung von 600 Gulden sollte seit dem 1. Januar 1787 rückwirkend gezahlt werden, wie sich aus einem Befehl des Herzogs an die Rentkammer ergibt, LA Speyer, Best. B2, Nr. 1649, Bl. 37.

selbst die schöne Gartenkunst ein und wurde Güterdirektor des Fürsten Johann von Liechtenstein [...]."[2773] Fürst Johann Josef von Liechtenstein (1760–1836), ein Vertreter einer der reichsten Familien Österreichs, die im steten künstlerischen Wetteifer mit dem Kaiserhaus in Wien stand, nahm Bernhard Petri in seine Dienste. Hier schuf er ab 1803 den englischen Park im österreichischen Loosdorf und entwickelte ab 1805–1808 ein Konzept für dessen Parkanlagen im heute tschechischen Eisgrub (Lednice) und Feldsberg (Valtice).[2774] „Auch nachdem Petrie (sic!) 1808 Eisgrub verlassen hatte, wurden die Arbeiten in seinem Sinne fortgesetzt."[2775] Neben Eisgrub legte Petri auch in Adamsthal, Neuhäusel und Rossau bei Wien sowie in Ungarn englische Gärten an.[2776] Berühmt machten ihn im 19. Jahrhundert seine wissenschaftlichen Abhandlungen über die Zucht von Merinoschafen, welche ihm in der hiesigen Literatur den Beinamen „Schaf-Petri" einbrachten.[2777] Dieser Beiname und vor allem die Tatsache, dass seine Gartenschöpfungen zu weit aus unserem Wahrnehmungsfeld gerückt sind, trugen dazu bei, dass der in der hiesigen Region klingendere Name Sckell vornehmlich für den Carlsberg in Anspruch genommen wurde. Bernhard Petri

---

2773 HKBAdW, Biographie, Bd. XXV, S. 522.
2774 Er erhöhte u.a. mit großem Aufwand das Gelände und sicherte es damit vor Überschwemmungen. Die Region von Lednice und Valtice um den Herrschaftssitz von Schloss Feldsberg und der Sommerresidenz der Familie Liechtenstein ist mit einer Fläche von 25 Quadratkilometern eine der größten gestalteten Landschaften Mitteleuropas und wurde 1996 zum Weltkulturerbe ernannt. Valtice und Lednice sind durch eine sieben Kilometer lange Kastanienallee sowie durch ein System von Auwäldern, Flüssen, Teichen und Pflanzungen miteinander verbunden. Valtice lag auf der österreichischen, der Sommersitz Lednice auf der mährischen Seite. Seit 1920 gehörte Valtice zur ehemaligen Tschechoslowakei. S. ROGASCH, Schlösser, S. 132.
2775 „Er erhöhte auf geniale Weise das Terrain des Eisgruber Parks, um diesen überschwemmungssicher zu machen. Das beim Aushub des Teiches gewonnene Erdreich verwendete er für mehrere Inseln und eine generelle Aufhöhung des Parkniveaus um 60 auf 100 Zentimeter. [...] In den Jahren von 1805 bis 1811 waren vom Frühling bis Herbst jeweils 300 bis 700 Menschen im Park beschäftigt. Sie bewegten dabei eine halbe Million Kubikmeter Erde, eine organisatorische und technische Meisterleistung, die den Fürsten etwa 2 Millionen Gulden kostete. Petrie war nicht nur in den Gärten von Eisgrub und Feldsberg tätig. Beim Mühlteich, beim Mittleren Teich und auch beim Bischofswarter Teich legte er Englische Landschaftsgärten an. Wieder bearbeitete er die Uferlinien der Teiche, schüttete künstliche Inseln an und umgab sie mit Wegen und Baumpflanzungen." NOVÁK, Einflüsse, S. 133f. Dabei handelte es sich um eine Abwehr der periodischen Überschwemmungen durch die Hochwasser der Thaya, s. auch ROGASCH, Schlösser, S. 256. Architekt der Bauwerke dieses Landschaftsparks war Alois Josef Hardtmuth (1758–1816), der Erfinder des Bleistifts, ROGASCH, Schlösser.
2776 Deshalb ging er im Künstlerlexikon als ungarischer Gartenarchitekt ein. THIEME/BECKER/VOLLMER, Allgemeines Lexikon, Bd. XXVI, S. 496 zu Bernhard Petri.
2777 So v.a. LOHMEYER, Südwestdeutsche Gärten, S. 5. Die Titel der Publikationen Petris über Schafe s. HKBAdW, Biographie, Bd. XXV, S. 522.

machte sich einen Namen in der Gartenkunst Österreichs und Ungarns, und seine gartenkünstlerische Tätigkeit trug nicht zuletzt dazu bei, dass die Gärten von Lednice und Valtice heute zum Weltkulturerbe zählen.

4. Der „Gemüsgärtner Reschreuter"

Der Gemüsegärtner Stephan Reschreuter erhielt laut einer Lohnliste der Gärtner ein jährliches Gehalt von 400 Gulden[2778] sowie einen Gulden Zulage für Schreibmaterialien.[2779] 1786 wurde ihm eine Abschrift des herzoglichen Reskripts zugestellt, wonach *„dem Gemüsgärtner Reschreuther die Aufsicht über die Unterhaltung sämtl. Zweybrücker Lust und andrer Gärten dergestalten übertragen werden solle"*[2780] und dass der Rat Petri von Zeit zu Zeit nachsehen solle, im Übrigen aber der kommandierende Offizier der Herzoglichen Garde zu Fuß die Anweisung habe, nunmehr Reschreuter die Arrestanten zu der nötigen Arbeit folgen zu lassen,[2781] da diese wie *„bishero zu Säuberung und Unterhaltung derer wegen und anderen schicklichen Garten Arbeiten zu gebrauchen"*[2782] waren. In der Folgezeit ist er in Zweibrücken nachzuweisen.[2783] Über einen Teil seiner Aufgaben nach der Verwüstung des Carlsberges berichtet er selbst in einem Bittschreiben an die kurfürstliche Spezialkommission. Danach hatte er *„als zeitlicher Hofgärtner"* vom Herzog selbst den Auftrag bekommen, *„besonders bey damaligen bößen Zeiten, nicht allein die Herzogl. Gärthen, sondern auch daß Schloß, und andere gebäude, allenthalben, so Viel möglich zu retten gesucht, ist auch Vieles durch mich erhalten und gliklich Fortgebracht worden – wozu ich aber nicht allein meine kleine Barschaft an die damalige Comisaires Verwenden Muste, und danach mehr male mein Leben in gröste Gefahr gesezt habe."*[2784] Er bat daher um Geld, damit er die Schulden und den Steig-

---

2778 LA Speyer, Best. B2, Nr. 1649, Bl. 69–72. Auch dieser Name wird in einigen Schreibvarianten genannt: Reschreuder, Reschreuter, Reschreiter.
2779 LA Speyer, Best. B2, Nr. 1595, Bl. 92.
2780 LA Speyer, Best. B2, Nr. 1648, Bl. 6–9.
2781 LA Speyer, Best. B2, Nr. 1648, Bl. 4. Reskript an den kommandierenden Offizier der Herzoglichen Garde vom 15. Dezember 1786.
2782 LA Speyer, Best. B2, Nr. 1648, Bl. 1, mit den Befehlen an die Rentkammer Nr. 2).
2783 So u.a. in Bezug auf Baumhauerarbeiten im Zweibrücker Schlossgarten und diesbezüglichen Schwierigkeiten. LA Speyer, Best. B2, Nr. 1648, Bl. 10ff. Vorgang aus dem Jahr 1787, in der sich zwei Parteien um das Recht, die Bäume im Schlossgarten zu beschneiden, streiten. Im Jahr 1792 ergeht ein Beschluss, dass das Baumhauen in den Schlossgärten für das laufende Jahr eingestellt werden sollte, LA Speyer, Best. B2, Nr. 1648, Bl. 40.

schilling bezahlen könne, da er *"den Bau am Schloß, wie auch daß große gemüß hauß, sambt den kleinen garthen langß der Mauer, welche ich vor etlich Jahren, mit jungen obstbäume angepflanzt, und bißhero erhalten habe, welches mich schon zimlich gekost hat noch ferner zu erhalten"* trachtete. Er habe ihn auch deshalb ersteigert, weil er glaubte, der Fürst komme eines Tages zurück. Nun aber sollten seine Mobilien *"in Kürze versteigert werden, so geht es mir Einem Etlich dreysig Jährigen Dinner, der zu allen Zeiten, besonders zu dießen Krieg, sich mit allen, ja mit seinem Leben, für das Herzogl. Hoche Hauß Verwendet hat, daß ich in Ermanglung Meiner guthabenden Besoldung, schon Einige Jahre mit meiner Families in Schulden; Kummer und Mangl leiden Muß."*[2785] Hier findet sich der einzige Hinweis auf das Alter des Gärtners, der demnach um die Jahrhundertmitte zur Welt gekommen sein muss.

Am 22. Februar 1805 erging für den *"ehemals zweybrückischen Hof- und Gemüßgärtner Stephan Reschreider"* der erlösende Beschluss des Kurfürsten Maximilian Joseph und des Freiherrn von Montgelas, dass dem Hofgärtner noch 3315 Gulden 15 Kreuzer zustünden und *"weil derselbe bisher seiner Dienste noch nicht förmlich entlassen worden ist, sondern in Kraft unseres gegenwärtigen Entschlusses hirmit erst vom 1ten Jänner des heurigen Jahres anfangend entlassen wird, so wollen Wir ihm auch nach dem Gutachten unserer Commission von Anfang des Jahres 1801 bis Schlusse des Jahres 1804 eine Pension von jährlichen Vierhundert Gulden passiren lassen, wornach sein Guthaben auf Viertausend neunhundert fünfzehn Gulden 36x anwächst."*[2786]

5. Hofgärtner Ludwig Reichard

Der Hofgärtner Ludwig Reichard trat spätestens im Januar 1783 am Carlsberg in die Dienste des Herzogs.[2787] Sein Gehalt betrug zeitweise 180 Gulden jährlich.[2788] Über Ludwig Reichard ist auch bekannt, dass er mehrere Treibhäuser betreute,[2789] so das Treibhaus, das auf den Abbildungen des Carlsberges zwi-

---

2784 LA Speyer, Best. B2, Nr. 1647, Bl. 55. Schreiben vom 20. Juni 1802.
2785 LA Speyer, Best. B2, Nr. 1647, Bl. 55. Unterschrieben von Stephan Reschreider, Hofgärtner.
2786 BayHStA München, Best. MF 19115, vom 22. Februar 1805, unterschrieben vom Kurfürsten und Montgelas.
2787 Ab diesem Zeitpunkt bewilligte man ihm eine Besoldungszulage in Form von 84 Gulden und drei Ohm Wein. LA Speyer, Best. B2, Nr. 1649, Bl. 20. Auch Ludwig Reichard selbst spricht zu Beginn des Jahres 1790 von *"14jährigen treu geleisteten Diensten"*. Unklar ist dabei, woher Reichard kam, und ob er von Anfang an auf dem Carlsberg tätig war. LA Speyer, Best. B2, Nr. 1649, Bl. 56.
2788 LA Speyer, Best. B2, Nr. 1649, Bl. 69ff., ohne Datum.

schen Marstall und Schloss zu erkennen ist und eine mehrfach erwähnte Ananastreiberei. Folglich war er für die Pflanzenzucht verantwortlich.[2790] Dies bestätigt überdies ein Inventar, das er gemeinsam mit August Petri am 26. August 1793 erstellte. Danach waren sowohl Orangenpflänzchen und Lorbeer unter seiner Obhut, als auch Blühpflanzen wie ‚Zistrosen' und *„eine Sammlung der vortrefflichsten Grasblumen, bestehend in 1000 Stöck à 1 fl."*[2791] Im März 1790 wandte sich Reichard mit der Bitte um eine Besoldungszulage an den Herzog, da *„bey gegenwartigen theuren Zeiten, mich und meine angewachsenen noch unerzogene Familie mit meinem sehr gering Gehalt, nicht mehr länger als ein ehrlicher Mann zu ernähren im Stande finde [...]."*[2792] Nach erfolgter Zulagenbewilligung verdiente er ab 1790 449 Gulden jährlich.[2793] Am ersten August 1795 wurde er aus dem Dienst verabschiedet,[2794] doch aus einem Kabinettsprotokoll vom Mai 1796 geht hervor, dass er sich zu diesem Zeitpunkt noch auf dem Carlsberg aufhielt. Dies wird aus dem Wunsch des *„dimittirten Hofgärtner Reichard"* deutlich, ihm eine Wohnung auf dem Carlsberg zu gestatten und das brach liegende Land zur Bestreitung des notdürftigen Unterhalts zu überlassen.[2795] Später war er als Gärtner in Sindlingen tätig.[2796]

2789 LA Speyer, Best. B2, Nr. 273/1. S. dazu Kap. B.II.2.a und Kap. B.II.2.b.
2790 LA Speyer, Best. B3, Nr. 2953, S. 550 Nr. 35. Glaserrechnung, die Fenster von Ananaskästen betreffend.
2791 BayHStA München, Abt. IV, Serienakten 1999, N. 10 im Etat. Summarisch aufgeführt bei BECKER, Karlsberg, S. 43. Die Liste umfasst das Inventar und die Gewächse, die ruiniert worden oder abhanden gekommen waren.
2792 „[...] so unterwinde mich Ew. Herzogl Durchlaucht nochmalen unterthänigst anzuflehen, daß höchstdieselbe geruhen wollen, mir eine Besoldungs Zulage, in Geld oder Frucht in gdgstr. Rücksicht meiner 14jährigen treu geleisteten Dienste und schwerer Arbeit, huldreichest angedeihen zu lassen, indem solches sehr benötiget bin." Dem Hofgärtner wurden daraufhin 120 Gulden an Zulage bewilligt. LA Speyer, Best. B2, Nr. 1649, Bl. 56.
2793 LA Speyer, Best. B2, Nr. 1649, Bl. 58, weshalb man ihn aufforderte, einen Anteil in die Zivilwitwenkasse einzuzahlen. Reichard erfreute sich jedoch der Gunst des Herzogs, denn dieser ließ im Jahr 1791 wissen, dass dem Gärtner der Anteil zur Witwenkasse ersetzt werden solle, „indem Wir solche gedachten Reichard aus besonderer Gnade geschenket haben. Carlsberg den 20. August 1791. Carl Pfalzgraf". LA Speyer, Best. B2, Nr. 1649, Bl. 67.
2794 LA Speyer, Best. B2, Nr. 1595, Bl. 92.
2795 LA Speyer, Best. B2, Nr. 1619, Bl. 33.
2796 LA Speyer, Best. B2, Nr. 1595, Bl. 92.

6. Hofgärtner Wilhelm Bischof – Der ‚holländische Gärtner'

Wilhelm Bischof, in Hessen gebürtig,[2797] hatte nach seiner Ausbildung in Holland gearbeitet. In einem Schreiben berichtet er: *„Als der Bürgermeister Boudaen von Amsterdam dessen Gärtner ich gewesen, starb, war ich deswegen doch meines Dienstes nicht verlustig; sein Nachfolger der Fiscael Boreel wäre mein neuer Herr geworden; allein familien Angelegenheiten riefen mich in mein Vatterland nach Hessen zurück. Zu der Zeit hatten des Herren Printzen Carl Von Hessen Durchlaucht mir zu drei Verschiedenen malen [...] Ihre Dienste nebst einer sehr ansehnlichen Besoldung antragen lassen; Da aber durch ein eigenes Schreiben des Herrn Margrafen Wilhelm Ludwig zu Baaden,[2798] namens Sr. nun Hochseeligen Herzoglichen Durchlaucht mir die Pfalz Zweibrückische Dienste angetragen wurden, [...] so zog ich diese Vor; und kam d. 8n Sept. 1781 auf dem Karlsberg an; wo ich die Stelle eines Herrschaftlichen Gärtners daselbst übernahm."*[2799] Diese trat er am 12. September 1781 an.[2800] Wilhelm Ludwig von Baden hatte sich für den Herzog nach einem Gärtner in Harlem erkundigt, *„welcher die gantz frühe Treibung sowohl von Früchten und Gemüser verstünde"*.[2801] Über Bischof wurde Wilhelm Ludwig berichtet, *„daß er diese Wissenschaft vollkommen verstünde,"* weshalb er sich für ihn beim Herzog verwandte, der Bischof als gesuchtem Spezialisten für Frühbeete *„einen jährlichen Gehalt von Zweyhundert fünfzig Gulden, nebst freyer Kost, Logis und Brandt, auszusezen geruhet."*[2802] Im Juli 1788 wurde *„Unserm Herrschaftlichen Gärt-*

2797 Es wäre daher möglich, dass Wilhelm Bischof mit jenem J. H. Bischoff (gest. 1758) in Verbindung zu bringen wäre, der neben dem Hofgärtner Rudolf Mastwyck (gest. 1751) in der Karlsaue in Kassel tätig war. Diese beiden waren „vornehmlich für die Gärten des Abhanges jenseits der Kleinen Fulda tätig." LADENDORF/BIEHN, Karlsaue, S. 21.
2798 Bruder des Markgrafen und Kurfürsten Karl Friedrich von Baden Durlach.
2799 BayHStA München, Best. MF 18755, *„Entwurf der Umstände unter welchen ich in Herzogl. Pfalz Zweibrückische Dienste getretten und wie ich darin zu Verbleiben genöthiget wurde",* 2. Juni 1794. Das Gehalt auf dem Carlsberg sei jedoch nicht so hoch wie in Hessen gewesen. Vielmehr hätte man auf dem Carlsberg eine Erhöhung seines Gehalts von befriedigenden Proben seiner Arbeit abhängig gemacht. Doch ein dreiviertel Jahr nach seiner Anstellung habe er noch immer kein Anstellungspatent erhalten, weshalb er im Mai 1782 *„mit Urlaub nach Hessen"* reiste. Von dort aus habe er den Oberjäger Schügens sowie den Geheimrat v. Creutzer um seinen Abschied aus herzoglichen Diensten gebeten, was jedoch mit Verweis auf seinen Diensteid abschlägig beschieden wurde.
2800 LA Speyer, Best. B3, Nr. 2955, #886.
2801 BayHStA München, Best. MF 18755, *„Abschrift des Schreibens Sr. Durchlaucht des Herrn Margrafen Wilhelm Ludwig zu Baden, Mühlburg bey Carlsruh d. 22ten August 1781."*
2802 LA Speyer, Best. B2, Nr. 1649, Bl. 18, Erlass des Herzogs v. 12. Oktober 1781, in Abschrift vom 6. Juni 1785.

ner Wilhelm Bischoff eine järliche Besoldungszulage von 24. Louisdor oder zweyhundertsechzig vier Gulden gnädigst ausgesezet."²⁸⁰³ Diese beachtliche Zulage erklärte Bischof später damit, dass er in jenem Jahr heiraten wollte und auf Grund der nach wie vor schlechten Bezahlung nach einer neuen Anstellung Ausschau hielt, die er in Dänemark gefunden hatte. *„Hierauf bat ich nochmals um meinen Abschied, welcher mir aber durchaus nicht gewähret wurde, sondern Seine Herzogliche Durchlaucht geruhten mir eine Jährliche Zulage von 24 Louisd'or festzusetzen und liesen mich dabei auf das gnädigste Ihrer immer währenden Huld versichern, mit dem öfters wiederholten Versprechen daß höchst dieselben mich gewiß noch glücklich machen würden."*²⁸⁰⁴ 1789 beschwerte er sich darüber, dass ihm seit seiner Hochzeit vom Landrentmeister Dippel Anteile für die Witwenkasse abgezogen worden seien. Dafür habe man ihm einen Empfangsschein versprochen.²⁸⁰⁵

Am 10. Mai 1795 wurde Wilhelm Bischof von Pfalzgraf Maximilian Joseph aus seinen Diensten entlassen.²⁸⁰⁶ Damit wollte sich Bischof jedoch nicht abfinden und sandte ein Promemoria nach Mannheim, worin er seine Ansprüche *„auf*

2803 LA Speyer, Best. B3, Nr. 1649, Bl. 34. Beschluss des Herzogs vom 15. Juli 1788. Auch eine spätere Berechnung über Rückstände an Besoldung und Pension, die Bischof zu fordern hatte, stellte fest: *„Derselbe hatte nach dem Dienerbuch und den Land Rentei Rechnungen jährlich an Besoldung an Geld 514 fl., frei logis, Brand und licht, angeschlagen zu 50 fl."* BayHStA München, Best. MF 18755, Berechnung über Rückstände..., 27. Nov. 1804.

2804 BayHStA München, Best. MF 18755, *„Entwurf der Umstände unter welchen ich in Herzogl. Pfalz Zweibrückische Dienste getretten und wie ich darin zu Verbleiben genöthiget wurde. Mannheim d. 2ten Juny 1794."* Im gleichen Jahr wurden an der Wohnung des Gärtners Bischof 10 Flügelläden angebracht. LA Speyer, Best. B3, Nr. 2603.

2805 *„Sechs Monathe sind unter langen mir gemachten Vorspiegelungen verflossen – noch gestern wurde ich ebenso abgefertigt [...]; allein als ich mehrerer Sicherheit wegen mich bey dem H. Kammerrath Marx befragte, so erfuhr ich zu meinem größten Leidwesen, daß demselben nicht nur mein Name unbekannt war, sondern daß auch kein Künstler, ohne besondere hohen Befehl Eurer Herzoglichen Durchlaucht in die Wittwen Kasse aufgenommen würde. Da ich nun schon seit acht Jahren durch ein gnädigstes Decret, von Eurer Herzoglichen Durchlaucht als Hofgärtner auf dem Carlsberg angestellt bin, so ersuche ich Höchst dieselbe, in tiefster Unterthänigkeit, mich, so wie die übrigen von der hiesigen Hofdienerschaft, ebenfals für fähig zu erklären, an einer Wohlthat theil zu nehmen, die den Meinigenn nach meinem Absterben, einige erleichterung ihres Schicksals verschaffen kann."* LA Speyer, Best. B2, Nr. 1649, Bl. 41 v. 1989. Im darauffolgenden Jahr schreibt er jedoch, dass er zwar ein Rescript mit der Versicherung seiner Aufnahme in die Witwenkasse erhalten habe, dass dies jedoch vom Vorsteher der Witwenkasse noch nicht zur Kenntnis genommen worden sei. LA Speyer, Best. B2, Nr. 1649, Bl. 46.

2806 BayHStA München, Best. MF 18755, Extractus v. 10. Mai 1795.

eine dauerhafte Versorgung in den Herzoglichen Diensten" darlegt.[2807] Nicht nur seine 14-jährigen Dienste bei mäßigem Gehalt, sondern *„da ich in diesen Diensten nun älter geworden und eine familie zu ernähren habe, da mein ganzes Vermögen auf / dem Karlsberg ein Raub der Feinde wurde, da ich aus meiner Lage gerissen, und schlechterdings gehindert wurde meinem Glücke anderwärts zu folgen,"* seien Grund für seine Bitte, ihn mit dem bisherigen Gehalt in Diensten zu belassen, zumal *„verlautet, daß der Hofgärtner Reschreuter in Zweibrücken gestorben sey, so sollte Höchstdieselben weiter submissest bitten mir die bedienung des Hof-Gärtner Reschreuters Huldreichst zu versichern."*[2808] Da Reschreuter mitnichten verstorben war,[2809] konnte man dieser Bitte nicht entsprechen. Trotzdem wurden ihm ab diesem Jahr Pensionszahlungen in Höhe von 350 Gulden jährlich zugestanden. Überdies erhielt er gemäß *„Höchsten Rescripts vom 11ten März 1800 mit einem Gehalt von 700 Gulden"* eine Anstellung als Gärtner in Nymphenburg.[2810]

7. Anton van Wynder aus Schwetzingen

Anton van Wynder ist auf dem Carlsberg als Gärtner zwischen 1785 und 1792 nachzuweisen. Er entstammt der Familie des Oberhofgärtners Theodor van Wynder aus Schwetzingen, welcher schon bei seiner Tätigkeit im Garten der Karlsaue in Kassel als „der umsichtige Gärtner" beschrieben worden war, nachdem er dort die Nachfolge von Rudolf Mastwyck angetreten hatte. 1762 gab er die dortige Stellung auf und „verließ Kassel, weil die Erschwernisse der Kriegszeit die Gartenarbeiten hinderten."[2811] Im gleichen Jahr wurde er Nachfolger Ludwig Wilhelm Koellners (1720–1779)[2812] als Hofgarten- und Plantageinspektor in Schwetzingen und stieg in der Folge zum Oberhofgärtner neben Petri,

---

2807 BayHStA München, Best. MF 18755, Promemoria v. 5. Juni 1795. Außerdem standen ihm laut Schuldenetat der General Kammerkasse über die alten Rückstände bis 1. April 1795 noch 1230 Gulden 9 Kreuzer zu, GehHA München, Korrespondenzakten Nr. 1697 a/1.
2808 BayHStA München, Best. MF 18755, Promemoria v. 5. Juni 1795.
2809 BayHStA München, Best. MF 18755, Promemoria v. 5. Juni 1795. Hier muss es sich um eine Fehlinformation handeln, da sich die Briefwechsel Reschreuters bis in das 19. Jahrhundert fortsetzen, s. Kap. A.1.4.
2810 BayHStA München, Best. MF 18755, *Ad Registraturam, wann der Hofgärtner Bischof in Nymphenburg angestellt worden…* Auch in: LA Speyer, Best. B2, Nr. 1595, Bl. 99. HERZOG, Hofgärtner, S. 36.
2811 LADENDORF/BIEHN, Karlsaue, S. 21. Sein Nachfolger in Kassel wurde Christoph Heyken, LADENDORF/BIEHN, Karlsaue.
2812 Ludwig Wilhelm Koellner aus der Saarbrücker Gärtnerfamilie Koellner musste seine Stellung in Schwetzingen aufgeben, weil er 1762 wegen Majestätsbeleidigung verurteilt wurde. S. dazu: HEBER, Nicolas de Pigage, S. 402f.

Pigage und Sckell auf. Anton van Wynder wurde vermutlich wie sein Bruder Johann zunächst beim Vater in Schwetzingen ausgebildet, denn später traten die Söhne Theodor van Wynders und Johann Wilhelm Sckells zueinander in Konkurrenz.[2813] Schließlich wurden sie in vollkommen unterschiedlichen Bereichen eingesetzt, indem van Wynders Sohn Johann nach dem Tod seines Vaters zum Hofküchengärtner ernannt und Sckells Sohn Friedrich Ludwig am selben Tag zum künftigen Hof-Lust-Gärtner erhoben wurde.[2814] Während Antons Bruder Johann in Schwetzingen bleiben konnte, trat Anton selbst in Zweibrücker Dienste. Eine Parallele ist bei den Brüdern Ludwig und Matthias Sckell zu beobachten. Auch hier nahm der jüngere Bruder nach der Ausbildung seine Tätigkeit im Herzogtum Pfalz-Zweibrücken auf.

Zum Aufgabenbereich Anton van Wynders im Nutzgarten von Schloss Carlsberg scheint unter anderem die Imkerei gehört zu haben, denn er erhält am 24. April 1785 Geld für Bienen, die er verkauft hatte.[2815] Im Februar 1788 bescheinigt er dem Schreiner Michael Bihl die Arbeit an 50 Bienenkästen mit Gesims und Türen.[2816]

Seine Stellung innerhalb der Hierarchie der Gärtner lässt sich an seinem jährlichen Gehalt bemessen, das mit 300 Gulden als niedrigeres Jahreseinkommen eingestuft werden kann.[2817] Anton van Wynder wird noch im April 1792 „*wegen der Arbeiter in dem Carlsberger Garten*"[2818] in einer Auszahlungsliste geführt. Später findet sich eine Notiz, dass ihm noch 10 Gulden 34 Kreuzer zustünden seit 1792, „*da er verabschiedet worden*".[2819]

8. Die Gärtner Franz Lorraine und Daniel Esser

Der Gärtner Franz Lorraine arbeitete vom 20. September 1786 bis zum 10. Mai 1795 in den Diensten des Herzogs. Ein Schreiben des Herzogs vom August

---

2813 LAUTERBACH, Sckell und Frankreich, S. 223.
2814 HEBER, Nicolas de Pigage, S. 77.
2815 LA Speyer, Best. B3, Nr. 2953, S. 787. Er erhielt „*vor Verkauffte Bienen 55 fl. 10 xr.*"
2816 LA Speyer, Best. B3, Nr. 2590, Bl. 87. Michael Bihl erhielt für „*50 stick Ihmen kasten mit gesims und dihren*" sowie Brettern und Leisten die Summe von 105 Gulden 10 Kreuzern.
2817 LA Speyer, Best. B2, Nr. 1649, Bl. 69–72. Ob die von Lohmeyer gewählte Bezeichnung des ‚Untergärtners' hier greift, soll dahingestellt bleiben, da er diesen Begriff nicht weiter definierte, sondern jene Gärtner darunter subsumierte, die sich nicht mit der Gartengestaltung, sondern der Pflanzenanzucht beschäftigten. Dass sich die Gärtner mit diesen Kenntnissen jedoch einer großen Wertschätzung erfreuten zeigt das Beispiel des Gärtners Bischof.
2818 LA Speyer, Best. B2, Nr. 1602, Bl. 199.
2819 LA Speyer, Best. B3, Nr. 1595, Bl. 97.

1787 bezüglich seiner Besoldung stellt den Nachweis für den Dienstbeginn u.a. am Schlossberg dar, da Lorraine *„schon seit dem 20n September ai:praet: sich beköstiget- und von diesem Tag an solche Besoldung ihren Anfang zu nehmen hat; so ist selbige diesem von gedachtem 20n September ai:d: aus[zu]zahlen […]."*[2820] Auf Grund seines vergleichsweise geringen Jahresgehaltes von 200 Gulden[2821] ist seine Tätigkeit in entsprechend untergeordneter Stellung zu sehen.

Der Hofgärtner Lorraine wurde mit Entlassungsschreiben vom 10. Mai 1795[2822] und weiterer Zahlung seines Gehalts bis zum 1. Juli 1795 aus den herzoglichen Diensten verabschiedet.[2823] Eine Berechnung über *„die Rückstände der Besoldung, welche der ehemalige Hofgärtner Francois Lorraine bis den 1n August 1795 da er nach der Anlage der Berechnung No 81 ohne Pension verabschiedet worden, zu fordern hat"*[2824] gibt Auskunft über sein jährliches Gehalt in Höhe von 200 Gulden, aber auch darüber, dass ihm drei Ohm Wein, *Logis, Brand und Licht in Natura"* sowie *„alle zwei Jahr eine Livrée"* zugestanden hatten. Die offenen Forderungen Lorraines zogen sich jedoch bis in das Jahr 1806 hin, als ein Bericht mit einem anliegenden Promemoria in München einging, wonach *„der vormalige Hof-Gärtner Francois Lorrain für im Jahr 1789 zu Metz erkaufte und an des Herrn Herzog Carl p.m. Hochfürstlichen Durchlaucht gelieferte Bäume annoch 128 Livres oder 58 fl. 40 xr."* zustünden, da *„dem weiters angebogenen Bericht des Oberforster Schügens keinem Zweifel unterworfen und nicht bekannt ist, daß der Lorrain eine Zahlung dafür erhalten habe."*[2825]

[2820] LA Speyer, Best. B2, Nr. 1649, Bl. 23. Schreiben des Herzogs v. 1. August 1787. Von dieser Summe sollten bisher jährlich gezahlte 88 Gulden abgezogen werden. In einem Bericht über das dem Gärtner geschuldete Gehalt heißt es, dass *„dessen Besoldung aus der Herzoglichen Rechnung bis ende 1786 jährl. mit 88 fl. außbezahlt worden"* sei. LA Speyer, Best. B2, Nr. 1649, Bl. 25. Bericht von Kammerrat Süffert v. 24. August 1787. Eine Aktennotiz benennt ihn als *„Gärtner auf dem Schloßberg"*. LA Speyer, Best. B3, S. 459.

[2821] LA Speyer, Best. B2, Nr. 1649, Bl. 22. Befehl des Herzogs an die Rentkammer v. 11. Februar 1787.

[2822] BayHStA München, Best. MF 19010. Entlassungsschreiben durch Maximilian Joseph.

[2823] LA Speyer, Best. B2, Nr. 1595, Bl. 87. Danach standen ihm noch 384 Gulden 9 Kreuzer zu.

[2824] BayHStA München, Best. MF 19010. Berechnet zu Mannheim am 29. Dezember 1804 von Schreiner. Aus der Berechnung ergibt sich eine Summe von 242 Gulden und 59 Kreuzern, die Lorraine noch zustanden.

[2825] BayHStA München, Best. MF 19010. Bericht, unterschrieben am 22. April 1806 in München von den Herren Pfender, Becker und Schreiner. Dabei handelte es sich um Obstbäume *„zu der damahligen Anlage zu dem Krumm wogs weyher"*, wie Schügens in einem Schreiben vom 18. April 1806 aus Ottobeuren mitteilt, und dass es damit seine Richtigkeit habe. An eine Bezahlung könne er sich *„durch Länge der Zeit nicht mehr erinnern."* BayHStA München, Best. MF 19010.

Deshalb wird eine Zahlungsanweisung anheim gestellt. Über den späteren Aufenthaltsort Lorraines kann nur der Ort, an dem sein Schreiben über die noch immer unbeglichene Baumrechnung abgeschickt wurde, Auskunft geben. Lorraine unterzeichnete diese Forderung am 20. Februar des Jahres 1806 in Marimon.

Der Hofgärtner Daniel Esser, *„der vormals auf dem Carlsberg im Zweybrückischen gestandene[n] Gärtner"* wurde *„nach einem vorliegenden Höchsten Rescript Serenissimi pie defunati schon unterm 31. August 1794 dimittirt"*,[2826] weswegen sein Gesuch *„um Anweisung und Zahlung vergeblicher Besoldungs Rückstandes"* abgewiesen wurde. Laut Schuldenetat der General Kammer Kasse standen ihm an alten Rückständen bis zum 1. April 1795 jedoch noch 565 Gulden zu.[2827] Esser blieb jedoch weiter in Pfalz-Zweybrückischen Diensten, denn später war er in den Anlagen des Schlösschens Rohrbach bei Heidelberg beschäftigt,[2828] das dem Herzog als Wohnung neben seinem – noch im Umbau befindlichen – Stadtpalais in Mannheim diente.

II. Die Baumeister am Carlsberg

1. Johann Christian von Mannlich[2829]

Johann Christian von Mannlich wurde am 2. Oktober 1741 als Sohn des Malers Konrad Mannlich (1700–1758) in Straßburg geboren. Konrad Mannlich entstammte einer Augsburger Goldschmiedefamilie[2830] und hatte bei Johann Ku-

---

2826 LA Speyer, Best. B2, Nr. 1647, Bl. 61. Schreiben aus Mannheim vom 3. Juli 1802. Ein Schreiben vom 31. August an den Hofgärtner Sckell gibt an, dass Gärtner Esser die Demission erteilt worden sei, weshalb er nicht mehr in den Monatslisten zu führen sei. LA Speyer, Best. B2, Nr. 1647, Bl. 67.
2827 GehHA München, Best. Korrespondenzakten Nr. 1697 a/1.
2828 LA Speyer, Best. B2, Nr. 1647, s. dort: Gehaltsaufstellungen.
2829 Zu J. Chr. v. Mannlich s. BENDER/KLEBER, Histoire, Bd. I. HKBAdW, Biographie, Bd. XX, S. 207. MOLITOR, Vollständige Geschichte, S. 451. BÖHM, Mannlich. THIEME/BECKER/VOLLMER, Allgemeines Lexikon, Bd. XXIV, S. 24. SICHEL, Hofkünstler. ROLAND, Maler; ROLAND, Malergruppe; ROLAND, Mannlich, S. 142–166; ROLAND, Porträtist, S. 31–41; ROLAND, Mannlich 1979, S. 86–91. BECKER, Mannlich, S. 219–226. WEBER, Werk; DERS., Schloss Karlsberg, S. 489–566. BENDER, Mannlich. SCHNEIDER, Mannlich, S. 94–113. STAEDTLER, Vogelabbildungen, S. 18 ff.
2830 Der Großvater J. Chr. v. Mannlichs, Johann Heinrich Mannlich, galt neben der Goldschmiedefamilie Biller, die den Auftrag für das Berliner Silberbuffet erhielt, sowie Abraham I. Drentwett, Johann Zeckel und Johann Adreas Thelott „zu den berühmtesten Vertretern der Augsburger Goldschmiedekunst des 17. Jahrhunderts." SCHADE, Goldschmiedekunst, S. 175.

pezky in Wien gelernt. Als Hofmaler des Herzogs von Württemberg wurde er in die Dienste des Pfalzgrafen Christian III. von Birkenfeld-Bischweiler-Rappoltstein berufen, dem er nach Zweibrücken folgte, wo er auch unter dessen Nachfolger, Herzog Christian IV., als Hofmaler in Anstellung blieb.[2831] Sein Sohn Johann Christian besuchte das Gymnasium in Zweibrücken und fiel schon früh durch sein künstlerisches Talent auf.[2832] Auf Fürsprache des Malers Johann Georg Ziesenis fanden seine Arbeiten die Beachtung des Herzogs Christian IV., welcher ihn im Jahr 1758 zur Ausbildung auf die kurfürstliche Zeichenschule in Mannheim schickte.[2833]

Im Winter des Jahres 1762 reiste Mannlich zusammen mit Herzog Christian IV. nach Paris. Dessen gutes Verhältnis zum französischen Hof,[2834] sein Kunstverständnis und seine zahlreichen Kontakte trugen dazu bei, den jungen Mannlich mit dem kulturellen Leben dieser Kunstmetropole bekannt zu machen. Diesem Aufenthalt in Paris folgten zwei weitere in den Jahren 1764 und 1765 bis 1766, wobei der ausgedehnte Zeitraum des dritten Aufenthalts einer Ausbildung bei François Boucher diente. Gleichzeitig wurde er als Schüler Bouchers, der zum „premier peintre" des Hofes avanciert war, laut eines Eintrags vom Oktober 1765 Mitglied der Pariser Akademie.[2835]

Die künstlerischen Fortschritte Mannlichs wurden von seinem Förderer Christian IV. stets kritisch begleitet, und Mannlich schätzte seinerseits die hohe

---

2831 Dazu ausführlich: SICHEL, Hofkünstler, S. 7ff.
2832 Er fertigte schon als Schuljunge kleine Skizzen in einem Skizzenbuch, das ihn stets begleitete, beispielsweise von der Kirkeler Burg, s. BENDER/KLEBER, Histoire, Bd. I, S. 11f. MANNLICH, Rokoko und Revolution 1966, S. 16. Mannlich verwendet selbst das Motiv des frühen Auftretens der künstlerischen Begabung, ihrer Entdeckung und Förderung durch einen Mäzen in seinen Lebenserinnerungen. Es fehlt also hier, wie auch bei vielen anderen Künstlerbiographien, nicht an dem Topos der künstlerischen Vorzeichen unter Verwendung dieses „mythologischen Motives in einer Künstlerbiographie", hinter der der Wunsch steht, „die künstlerische Vorbestimmtheit zu erweisen oder doch deren Behauptung wenigstens zu untermauern, zum Teil aber auch das Bedürfnis, der gleichsam angeborenen Besonderheit des Künstlers Nachdruck zu verschaffen […]." THÖS-KÖSSEL, Ansichten, S. 29.
2833 Allerdings stufte Mannlich diese Studien unter Peter Anton v. Verschaffelt (1710–1793) in seinen Lebenserinnerungen im Gegensatz zu den – obwohl seltenen und kurzen – Unterrichtsstunden seines Vaters als nahezu fruchtlos ein. BENDER/KLEBER, Histoire, Bd. I, S. 27.
2834 Zu Herzog Christian IV. ausführlich: HKBAdW, Biographie, Bd. IV, S. 173–174. BÖHM, Lebensjahre, S. 205f. in 13 Fortsetzungen. SCHULER, Herzog Christian IV., S. 173–186. ADALBERT PRINZ VON BAYERN, Die Wittelsbacher, S. 278f. ROLAND, Fürst; DERS., Maler, S. 2ff. SIEFERT, Herzog Christian IV.
2835 SICHEL, Hofkünstler, S. 11.

Kunstkennerschaft des Herzogs.[2836] Im September 1766 setzte sich der Herzog bei Marquis de Marigny, dem Bruder der Madame Pompadour, für eine Ausbildung Mannlichs an der französischen Akademie in Rom ein.[2837] Noch im gleichen Jahr machte sich Mannlich als Pensionär der französischen Akademie auf die Reise nach Italien, wo ihm ein Aufenthalt für die Dauer von vier Jahren gewährt wurde. Zum Programm eines solchen Aufenthaltes gehörten neben den Besichtigungen diverser Städte in Begleitung anderer Pensionäre unterschiedlichster Herkunft,[2838] die zum Studium der Malerei und Architektur in Rom weilten, der Besuch von Museen, Kirchen, Bibliotheken und Palästen sowie der antiken Stätten Roms und der Umgebung.[2839] Das Studium der Anatomie, das Zeichnen und Kopieren Alter Meister, insbesondere von Raffael und Michelangelo, sowie die Auseinandersetzung mit der Kunsttheorie wurden im Herbst des Jahres 1768 durch die obligatorische Reise nach Neapel ergänzt.[2840] Am 24. Oktober 1770 verließ Mannlich Rom und verbrachte den Winter zu weiteren Studienzwecken in Florenz, wo er in den Uffizien Bekanntschaft mit Raffael Mengs machte. Nach einem Aufenthalt in Bologna erreichte er Parma und wurde dort zum Mitglied der dortigen „Accademia delle Belle Arti"[2841] ernannt. In Vicenza fertigte er Zeichnungen des Teatro Olimpico von Palladio an, erreichte nach Aufenthalten in Padua und Venedig am 2. November 1771 Mannheim[2842] und kehrte am 20. November 1771 nach Zweibrücken zurück.[2843]

2836 BENDER/KLEBER, Histoire, Bd. I, S. 194. Hier findet sich ein Brief Herzog Christians an Mannlich, den er vorlegt, um den Leser von der profunden Kunstkennerschaft des Herzogs wissen zu lassen.
2837 Der diesbezügliche Briefwechsel ist abgedruckt bei SICHEL, Hofkünstler, S. 12. Roland berechnete, dass der Italienaufenthalt Mannlichs von 1768 bis 1771 von Herzog Christian IV. mit einer Summe von 5625 Gulden gefördert wurde und setzte dies mit dem durchschnittlichen Jahresgehalt eines Künstlers der damaligen Zeit von etwa 500–600 Gulden in Bezug. Diese Summe ermöglichte ihm nicht nur ein sorgenfreies Leben, sondern auch den Aufbau einer eigenen ausgewählten Bildersammlung, an der später der Herzog Carl II. August Gefallen fand. S. ROLAND, Förderung, S. 20.
2838 Dazu gehörten u.a. der Bildhauer Sergel, Pensionär des schwedischen Königs, der Architekt Weinlig, Pensionär des sächsischen Kurfürsten, Losenkoff und Staroff, Pensionäre der russischen Zarin Katharina, Lamine, Pensionär des pfälzischen Kurfürsten Carl Theodor, die Gebrüder Hackert aus Preußen u.a.m., s. BENDER/KLEBER, Histoire, Bd. I, S. 253, 271. Außerdem schloss er Freundschaft mit seinem Nachbarn Houdon, s. BENDER/KLEBER, Histoire, Bd. I, S. 260.
2839 Auch der Besuch der antiken Ausgrabungen in Pompeji und Herkulaneum hinterließen einen großen Eindruck bei Mannlich. BENDER/KLEBER, Histoire, Bd. I, S. 256.
2840 BENDER/KLEBER, Histoire, Bd. I, S. 322.
2841 HKBAdW, Biographie, Bd. XX, Leipzig 1884, S. 207. Abdruck des Textes der Urkunde der Akademie in: SICHEL, Hofkünstler, S. 15.
2842 SICHEL, Hofkünstler, S. 16.
2843 ROLAND, Maler, S. 130, Anm. 4); DERS., Doppelporträt, S. 12.

In Zweibrücken übertrug ihm Herzog Herzog Christian IV. die Leitung der Zweibrücker Zeichenschule,[2844] die ab Dezember 1773 im Wohnhaus Mannlichs[2845] untergebracht war. Über den Ort der Zeichenschule in der neuen Vorstadt informiert ein Schreiben des Kurfürsten Maximilian Joseph an Mannlich, strittige Besitzverhältnisse des Hauses betreffend: *„[...] besonders abschriftlich anliegenden Extract des Cabinets Protokolls von 1775 ist zu ersehen, daß dem damaligen ersten Mahler Mannlich sein Haus unter der Bedingung, daß darinn die Zeichnungs Schule fort verbliebe, und es falls Er ohne Erben versterbe, zurückfalle, geschenkt verbleiben solle."*[2846] Gleichzeitig mit der Ernennung zum Leiter der Zeichenschule wurde Mannlich zum „premier peintre" sowie zum Inspektor der herzoglichen Gemäldesammlungen ernannt.[2847] In den folgenden Jahren reiste er noch dreimal nach Paris und tauschte sich mit Kollegen aus.[2848] Durch den unerwartet frühen Tod des Herzogs am 4. November 1775 veränderten sich Mannlichs weitere Aufgaben in einschneidender Weise.

Zwar hatte Mannlich unter dem neuen Herzog Carl II. August weiter seine bisherigen Positionen inne, doch das anfänglich mangelnde Interesse des Herzogs an

---

2844 Molitor berichtet, dass der Herzog durch diese freie Zeichenschule mit einem fest bestimmten Lehrplan die technischen Fähigkeiten zu fördern versuchte. „Jeder Lehrling, der über 12 Jahre alt war, wurde zugelassen und unentgeltlich mit dem Zeichnungsmaterial versehen. Diese Schule war das ganze Jahr offen und der Unterricht fand von 5–7 Uhr des Abends statt. Die Schüler meldeten sich so zahlreich an, daß sogar zwei Abtheilungen gebildet werden mußten." MOLITOR, Vollständige Geschichte, S. 445. Die Aufgabe des Zeichenlehrers wurde mit einem Jahresgehalt von 304 Gulden und vier Kreuzern bezahlt. BayHStA München Best. M Inn, Nr. 24136, Bl. 1. Die Zeichenschule wurde am 1. Juli 1794 *„wegen den damaligen Kriegstroublen aufgehoben"*, BayHStA München, Best. MF 19075, Schreiben vom 2. Jänner 1804. Zur Zeichenschule ausführlich: ROLAND, Maler, S. 130, 230 f.

2845 Mannlichs Wohnhaus steht noch heute in der neuen Vorstadt Zweibrückens. Dieses Haus war mit den finanziellen Mitteln einer Häuserlotterie erbaut worden. Der Herzog selbst hatte das Lotteriehaus Nr. 3 gewonnen und es seinem Hofmaler 1773 zum Geschenk gemacht. MOLITOR, Vollständige Geschichte, S. 29. Diese Schenkung war von Herzog Carl II. August im Dezember 1775 unter der Bedingung bestätigt worden, dass *„in dem Hauß die Zeichen Schule fortgehalten werden, und das Hauß falls Mannlich ohne Erben versterbe, an die Herrschaft zurückfallen solle."* Kurfürst Maximilian Joseph billigte ihm das Recht zu, *„seine Ansprüche auf dieses Haus [...] bei dem französischen Gouvernement geltend zu machen welches jedoch demselben als Privatangelegenheit überlaßen wird."* BayHStA München, Best. MF Nr. 19075, Schreiben v. 26. Nov. 1803.

2846 BayHStA München, Best. MF 19075, Schreiben v. 2. Jan. 1804. Dazu auch: ROLAND, Maler, S. 231 f., m. w. N.

2847 ROLAND, Maler, S. 130.

2848 Dazu zählten Künstler wie Vernet, Greuze, Gabriel François, Fragonard. S. dazu SICHEL, Hofkünstler, S. 17.

Abb. 139: Johann Baptist Seele: Bildnis Johann Christian von Mannlich (1808).

der Malerei²⁸⁴⁹ führte zunächst dazu, dass der von den Zeitgenossen viel beachtete Gemäldebestand seines verstorbenen Onkels aus dem Zweibrücker Schlösschen der Gräfin von Forbach in Paris veräußert wurde.²⁸⁵⁰ Außerdem hob der Herzog laut Rescript vom 10. März 1776 das bisherige Bauamt auf, entließ alle bisher dort angestellten Personen vom Baudirektor bis zum Bauboten, und verfügte, dass *„in Zukunft Unserem ersten Mahler Mannlich die Besorgung der Rißen und Überschlägen, wie auch die Aufsicht über sämtliches Herrschaftliches Bau-Weeßen, jedoch ohne Vermehrung deßen bisherigen Gehalts in der Maße, daß der Werkmeister Laseigne unter dessen Direction die beständige, fleißigste und genaueste Nachsicht und Obsorge bey dem Bauweßen führe, übertragen"*²⁸⁵¹ werden solle. Mannlichs Erfahrungen als Architekt beschränkten sich bis zu diesem Zeitpunkt auf den Bau des bemerkenswert innovativen Zweibrücker Hoftheaters,²⁸⁵² dessen Baubeginn noch in die Regierungszeit von Herzog Christian IV. im Jahr 1775 fiel, sowie den Entwurf für einen neuen Schlossflügel in Zweibrücken, der durch eine Kolonnade mit dem Schloss verbunden werden sollte.²⁸⁵³ Die Ernennung Mannlichs zum Baudirektor, allerdings ohne Anhebung seines bisherigen Gehalts, lässt tatsächlich den Schluss zu, dass der Herzog zunächst nicht beabsichtigte, neue Bauwerke errichten zu lassen, da er seinen Aufenthalt in Zweibrücken nur als vorübergehend ansah und glaubte, mehr Schlösser zu besitzen als er benötige.²⁸⁵⁴ Schließlich wurde Mannlich zum Kammerrat ernannt, denn laut einer Abschrift der Ernennungsurkunde vom 30. Juni 1776 ließ der Herzog Mannlich mitteilen, *„daß Wir in gnädigster Erwegung der Unserem bisherigen ersten Mahler, wie auch Directori über unsere Mahler-Gallerie und Schule Ch. Mannlich, beywohnenden besondern Geschicklichkeit und übrigen guten Eigenschaften sowohl, als auch zu Bezeugung Unserer hierüber geschöpf-*

2849 So lautete die betreffende Aussage des Herzogs anlässlich Mannlichs Ernennung zum Baudirektor laut Aussage seines Ministers: „[…] car le Duc m'a declaré qu'il n'aimoit pas la peinture, et qu'a cet egard vous lui seriez inutil." BENDER/KLEBER, Histoire, Bd. II, S. 194. Dazu eingehend: ROLAND, Maler, S. 245 f.

2850 ROLAND, Maler, S. 246, mit einer Abschrift des Katalogs. Der Versteigerungskatalog wurde von Gabriel de Saint-Aubin illustriert und wird heute in der Bibliothèque nationale aufbewahrt. SIEFERT, Herzog Christian IV., S. 215 f. Abbildung dazu DERS., Herzog Christian IV., S. 219. Zur Einschätzung Christians IV. als Kunstsammler s. LAUTS, Karoline Luise, S. 156, 181.

2851 BayHStA München, Best. M Inn, Nr. 24136, Bl. 6. Auch zitiert bei SICHEL, Hofkünstler, S. 22 f. Zu Maurice Laseigne, dem Werkmeister, der schon unter Hautt in Blieskastel tätig war s. VONHOF-HABERMAYR, Schloß, S. 75 f.

2852 MANNLICH, Versuch, S. 11 ff., sowie ausführlich: BREGEL, Geschichte S. 55 ff. S. außerdem Kap. B.I.7.a.

2853 Dieses Projekt wurde gebilligt, doch auf unbestimmte Zeit verschoben und letztlich nicht verwirklicht. BENDER/KLEBER, Histoire, Bd. II, S. 187. Außerdem war der Wunsch des Herzogs aufgekommen, ein neues Stadttor und ein Wachthaus von Mannlich entwerfen zu lassen. BENDER/KLEBER, Histoire, Bd. II, S. 190. S. dazu SICHEL, Hofkünstler, S. 24.

2854 Minister Esebeck zu Mannlich, s. BENDER/KLEBER, Histoire, Bd. II, S. 194.

ten *Höchsten Zufriedenheit, demselben den Character Unseres Cammer-Raths gnädigst beygelegt haben."*[2855] Mannlich zählte später die Ämter und Aufgaben, die er unter Herzog Carl II. August innehatte, in einem Bewerbungsschreiben an Kurfürst Maximilian Joseph selbst auf. *„Mein Amt war: Die Oberaufsicht, oder Direction über die Gemälde-Sammlung. Über die Zeichnungs Academie. Über den Herzoglichen Gesellschafts Theatre. Über sämtliches Bauweßen. Würklicher Hofkammer-Rath."*[2856] Insgesamt hatte das Amt des Baudirektors innerhalb des ersten Jahres seines Amtes „keine zu große Arbeit mit sich gebracht."[2857] Mit dem Kauf des Luisenhofs 1777 änderte sich dies jedoch schlagartig, und in dieser Zeit begann das „Amt als Generalbaudirektor sehr anstrengend zu werden."[2858] Zu seinen Aufgaben gehörte nach eigenen Angaben Mannlichs neben der Anfertigung der Risse für Gebäude und Pavillons die Überwachung und Leitung der Arbeiten, die Erledigung der Baugeschäfte, die Durchsicht der Rechnungen und die Anweisung der Handwerkerrechnungen.[2859] Außerdem hatte er die

---

2855 BayHStA München, Best. M Inn, Nr. 24136, Bl. 3. Auch zitiert bei SICHEL, Hofkünstler, S. 23.
2856 Dort gibt er auch das Gehalt an, das sich jährlich auf 800 Gulden belief, zuzüglich der Besoldung für die Zeichnungsakademie i.H.v. 304 Gulden 4 Kreuzern, sowie 36 Malter Korn, 21 Malter Speltz, 55 Pfund Fisch und 1 ½ Fuder Wein. Die Schreibmaterialien und Post waren frei. Ihm stand ein Bedienter in kleiner herzoglicher Livree zu nebst *„Tisch, Wohnung, Holz und Licht auf dem Carlsberg, wo ich beständig war."* BayHStA München, Best. M Inn, Nr. 24136, Bl. 1.
2857 MANNLICH, Rokoko und Revolution 1966, S. 202.
2858 MANNLICH, Rokoko und Revolution 1966, S. 204. Zu den Aufgaben gehörten die Überwachung und Leitung der Arbeiten, die Erledigung der Baugeschäfte, die Durchsicht der Rechnungen und die Anweisung der Handwerkerrechnungen. MANNLICH, Rokoko und Revolution 1966 S. 204. Am 23. Dezember 1777 ehelichte Mannlich laut Eintrag im evangelisch-lutherischen Kirchenbuch Barbara Simon (1752–1794). Der Wortlaut des Kirchenbucheintrages sowie jener des herzoglichen Genehmigungsdekrets wurden abgedruckt bei PÖHLMANN, Eheschließung, S. 7. Ebenso SICHEL, Hofkünstler, S. 24f. Mannlich heiratete noch am gleichen Tag, an dem der Herzog ihm die – zunächst verweigerte – Genehmigung zur Eheschließung mit der zusätzlichen Erlaubnis erteilte, auf die eigentlich übliche dreimalige Proklamation verzichten zu dürfen. Im Kirchenbuch findet sich der Vermerk, dass die Verheiratung unter höchstgebotener Geheimhaltung stattfand. Barbara Simon war die Tochter des Metzer Kaufmanns Ludwig Simon und dessen Ehefrau Agnes Perrin. Mannlich und seine „Bibi", wie er seine Frau in seinen Lebenserinnerungen nennt, hatten einen Sohn und eine Tochter. Barbara Mannlich verstarb 1793 in Mannheim an Typhus.
2859 MANNLICH, Rokoko und Revolution 1966, S. 204. S. dazu auch SICHEL, Hofkünstler, S. 98. Zu den Aufgaben eines Hofbaumeisters s. HANEMANN, Fink, S. 22ff. 1778 entwickelte Mannlich eine Bauordnung für die Residenzstadt Zweibrücken, die jedoch von der Rentkammer kritisiert wurde und über deren Veröffentlichung nichts bekannt ist, SICHEL, Hofkünstler, S. 99. Die letztgenannten Tätigkeiten lassen sich durch die erhaltenen Baurechnungen auf Grund der Anmerkungen und Unterschriften Mannlichs nachvollziehen.

Aufgabe, die Ausgestaltung der Innenräume zu übernehmen.[2860] In der Literatur entwickelte sich trotzdem ein ausgiebiger Streit um die Fähigkeiten Mannlichs als Architekt,[2861] da man lange Zeit annahm, dass nur dem erfahrenen Architekten Johann Christian Hautt die Baumeistertätigkeit am Carlsberg zuzutrauen sei,[2862] obwohl dieser 1776 aus seinem Amt als Baudirektor entlassen worden war.[2863] Es lässt sich jedoch belegen, dass Hautt nur die Aufgabe hatte, gelegentlich Handwerker zu beaufsichtigen.[2864] Erst 1785, als die Bauten des Carlsberges bereits weitgehend fertiggestellt waren, wurde der Aufgabenbereich Hautts erweitert. 1788 erfolgte die Ernennung Mannlichs zum Direktor der Schönen Künste, verbunden mit seiner gänzlichen Befreiung von der Besorgung des Bauwesens,[2865] die nunmehr dem Kammerrat und Baudirektor Hautt übertragen wurde.[2866] So konnte Mannlich sich völlig der Gemäldesammlung des Carlsber-

---

2860 MANNLICH, Rokoko und Revolution 1966, S. 207, 211 f. Dazu zählten Entwürfe für Damasttapeten ebenso wie für diverse Möbel.

2861 Dabei herrschte auch spürbare Unsicherheit in der Definition der genauen Aufgaben eines Architekten. Der Begriff des Architekten wurde oftmals mit dem eines Baumeisters oder Baukondukteurs synonym verwendet. Mannlich wurde hauptsächlich vorgeworfen, was er selbst vorgebracht hatte, nämlich „die Architektur nur so weit studiert zu haben, um einen einwandfreien Hintergrund für ein historisches Gemälde malen zu können, von der Konstruktion jedoch nicht das mindeste zu verstehen." MANNLICH, Rokoko und Revolution 1966, S. 198. Er war jedoch durchaus in der Lage, eine übliche Skizze mit Plan, Querschnitt und Aufriss anzufertigen. MANNLICH, Rokoko und Revolution 1966, S. 198. Solche dreiteiligen Architekturzeichnungen dienten der Orientierung für die Bauführer, Zimmerleute und Maurer. S. dazu NERDINGER, Architekturzeichnung, S. 20. Eine geregelte Architekturausbildung gab es im 18. Jahrhundert in Deutschland – im Gegensatz zu Frankreich und Italien – jedoch noch nicht. Zur Errichtung der ersten privaten Bauschulen in Berlin und Karlsruhe NERDINGER, Architekturzeichnung, S. 44. Grundsätzlich aber galt: „Denn kein Baumeister leget selber die Hände an, sondern er ist ein Aufseher und Gebieter über die Werkmeister, deren Werk er urteilet, nicht aber Handarbeit betreibet." C. L. Sturm, zitiert nach HANEMANN, Fink, S. 22.

2862 S. dazu Kap. D.II.2, m.w.N.

2863 BayHStA München, Best. M Inn, Nr. 24136, Bl. 6. Auch zitiert bei SICHEL, Hofkünstler, S. 22 f. Den Anstoß zu dieser Diskussion gab eine Erwähnung bei AULENBACH, Rhapsodieen, S. 60. Zu diesem Streit in der Literatur s. WEBER, Schloss Karlsberg, S. 311.

2864 LA Speyer, Best. B2, Nr. 1610, Bl. 67v, 68. S. dazu Kap. D.II.2.

2865 BayHStA München, Best. M Inn, Nr. 24136, Bl. 4. Abschrift eines Dekrets vom 27. Mai 1788. Auch zitiert bei SICHEL, Hofkünstler, S. 28. WEBER, Schloss Karlsberg, S. 321. Mannlich äußerte sich 1799 darüber: *„Von dem Theater und dem Bauweßen, wurde ehendlich, den 27. Mey 1788 huldreichst befreyet, und mir die Oberaufsicht, oder Direction über sämtliche schöne Künsten Gnädigst anvertrauet."* BayHStA München, Best. M Inn, Nr. 24136, Bl. 2.

2866 LA Speyer, Best. B3, Nr. 2551, Bl. 25v, Nr. 106. Als herzogliches Rescript vom 9. Januar 1789 zitiert bei SICHEL, Hofkünstler, S. 28. Ebenfalls zitiert bei WEBER, Schloss Karlsberg, S. 323, ohne Quellenangabe.

ges widmen, die zwischenzeitlich einen großen Umfang erreicht hatte und für die man entsprechende Galerieräume schaffen musste.[2867] Der Rettung dieser Sammlung aus 2000 Gemälden,[2868] die er als Berater des Herzogs maßgeblich aufgebaut hatte, galt 1793 seine ganze Sorge.[2869] In Mannheim angekommen wurde sie in den Räumen der Galerie des dortigen Schlosses ausgepackt und aufgehängt.[2870] Mannlich berichtet, in *„Mannheim musste wegen der Auspackung, Untersuchung, Einrichtung, und Ausbesserung der Gallerie verweilen biß den 9ten 8br 1794."*[2871] Es war Mannlich darüber hinaus auch gelungen, die Bibliothek des Herzogs zu retten, die sich heute noch in beachtlichen Teilen als geschlossene Einheit in der Staatsbibliothek Bamberg befindet.[2872] Nach dem Tod des Herzogs Carl II. August[2873] erarbeitete Mannlich einen neuen Katalog dieser

---

2867 MANNLICH, Rokoko und Revolution 1966, S. 218. S. dazu auch Kap. A.VII.
2868 Darüber wurde bereits ausführlich berichtet bei BENDER/KLEBER, Histoire, Bd. II, S. 349. MANNLICH, Rokoko und Revolution 1913, S. 431 f. SICHEL, Hofkünstler, S. 29 ff. ROLAND, Mannlich, S. 154 f.; ROLAND, Kunstsammlungen, S. 25–55. WEBER, Am liebsten, S. 3–9. Zu den Gemälden gehörte im Übrigen auch seine eigene Bildersammlung, die er sich während seines Italienaufenthaltes aufgebaut hatte. S. BayHStA München, Best. MF 19075, *„Mannlich, Gallerie Direktor dessen Forderungen de Anno 1801, Copia gnädigsten Pensions Decrets vor Cammerrath Mannlich d.d. Zweybrücken den 2. Jan. 1783."* Die Urkunde betrifft Mannlichs *„[…] ansehnliche Sammlung von Gemälden, sowohl von seiner Arbeit, als verschiedene berühmten Meister […],"* wofür den Eheleuten Mannlich eine lebenslange Rente von 600 Gulden aus Geldern der Grafschaft Lützelstein zugestanden wurde.
2869 BENDER/KLEBER, Histoire, Bd. II, S. 361. MANNLICH, Rokoko und Revolution 1966, S. 253 f. In einem Verzeichnis seiner Reiseausgaben gibt Mannlich an, dass er am 8. Juli 1793 Order aus Kaiserslautern bekam, *„mich auf den Carlsberg zu begeben, um dort zu bemerken, was noch allenfalls zu retten wäre."* Für die Hin- und Rückreise berechnete Mannlich 18 Gulden und 12 Kreuzer. BayHStA München, Best. MF 19075, Mannlich, Gallerie Direktor dessen Forderungen de Anno 1801.
2870 MANNLICH, Rokoko und Revolution 1966, S. 375. DERS., Rokoko und Revolution 1913, S. 447. Am 12. Juli 1793 wurde Mannlich *„von Lautern nach Mannheim beordert, um dort die Verschläge der Galerie zu untersuchen, wovon einige zerbrochen waren."* Für die Reisekosten stellte er 12 Gulden und 15 Kreuzer in Rechnung, BayHStA München, Best. MF 19075, Mannlich, Gallerie Direktor dessen Forderungen de Anno 1801.
2871 BayHStA München, Best. MF 19075, Mannlich, Gallerie Direktor dessen Forderungen de Anno 1801. Der Zeitraum, den er wegen der Bildergalerie in Mannheim zubringen musste, betrug daher 15 Monate, für die er *„nur des Tages 1f. 30x schadloshaltung anrechne, obgleich ich mehrmals die doppelte in diesem auf Befehl in herrschaftlichem Geschäfte gemachten Kosten von den meinigen zulegen mußte."* Die Summe betrug insgesamt 684 Gulden, BayHStA München, Best. MF 19075, Mannlich, Gallerie Direktor dessen Forderungen de Anno 1801.
2872 S. zur Bibliothek Kap. A.VI.3.b sowie TAEGERT, Geschichte, S. 250–279.
2873 Der Herzog verstarb am 1. April 1795 und wurde zunächst in der Karmeliterkirche zu Heidelberg beigesetzt. 1805 wurde er von dort in die Michaelskirche in München überführt.

Galerie, da die Gemäldesammlung überregional verkauft werden sollte,[2874] wozu es glücklicherweise nicht kam. Statt dessen wurde sie nach der Nachricht der Erkrankung des Kurfürsten Carl Theodor erneut verpackt und – wie schon zuvor am Carlsberg – durch eine Geheimtür aus dem versiegelten Mannheimer Schloss geschafft.[2875] Maximilian Joseph hatte Mannlich kurz vor seiner Abreise nach München den Befehl erteilt, *„die Gemälde Sammlung nacher München abzuschicken, und nach geendigtem Geschäfte, selbsten dahin zu folgen; wo ich die Oberaufsicht über sämtliche Gallerien, nebst einer anständigen Verbesserung meines Gehaltes versichert seyn könnte."*[2876]

In München, wohin Mannlich Herzog Maximilian I. Joseph im April 1799 gefolgt war, bat er um Anstellung als „Eremitling, unbekannt, und ohne Protection, aber mit dem Vollkommensten Vertrauen, auf Euer Churfrstl: Durchl:

2874 BENDER/KLEBER, Histoire, Bd. II, S. 425. MANNLICH, Rokoko und Revolution 1913, S. 487. Bei der Erstellung dieses neuen Kataloges hoffte er, durch Zeitverzögerungen die Sammlung erhalten zu können. *„Bey dem Antritt der Regierung des Herzogs Maximilian, wurde ich beordert nach Mannheim zurückzukehren, um den Catalogue der Galerie zu verfertigen. […] über die sämtln. Gemälde, einen vollständigen Catalog abzufassen, worann ich fünf Monate arbeitete, […] rechne ich nur für jeden Tag 1f. 30 xr beträgt 228f."* BayHStA München, Best. MF 19075, Mannlich, Gallerie Direktor dessen Forderungen de Anno 1801. Der Katalog ist erhalten, s. *„Catalogue de la Galerie de Son Altesse Sérénissime Monsgr. le Prince Palatin Duc des Deuxponts. […] L'ancien Catalogue avoit été oublié au Carlsberg lors de la fuitte. Les tableaux devoient être vendus, et leur description envoyé en Angleterre, en Russie pp:"* BayHStA München, Best. HR I 280 / 24 / 3, zitiert auch bei SICHEL, Hofkünstler, S. 105 f. Mannlich verfasste einen „Catalogue noir" mit den besonderen Bildern sowie einen „Catalogue rouge" mit Bildern von minderem Wert. So kam es, dass 1797 nur ein Teil des „Catalogue rouge" versteigert wurde. S. dazu SICHEL, Hofkünstler, S. 106.

2875 BENDER/KLEBER, Histoire, Bd. II, S. 452. MANNLICH, Rokoko und Revolution 1913, S. 495 f. Carl Theodor verstarb am 16. Februar 1799. Mannlich blieb von 1796 an in Mannheim bis zu der *„[…] Abreise von Mannheim nach München, wo ich immer mit der Galerie, dem Einpacken derselben und dem glücklichen Transport ohnerachtet aller Gefahren beschäftiget war […]."* BayHStA München, Best. MF 19075, Mannlich, Gallerie Direktor dessen Forderungen de Anno 1801. Diese Zeit der zweifachen Galerieflüchtung beschreibt Mannlich in einer Eingabe an den König, Besoldungsrückstände betreffend, im Juli 1808: *„In den letzten sieben Jahren welche ich im Dienst des Herzoglich Pfalz-Zweybrückischen Haußes zubrachte, musste ich größtenteils aus eigenen Mittlen in der fremde leben, um der Galerie zu folgen; und habe dabey das Glück und den Muth gehabt, die mir anvertraute Kunstschätze zweymal, auf dem Carlsberg und hernach in Mannheim mit größter Gefahr, aus des Feindes Händen zu retten und glücklich nach München zu bringen."* BayHStA München, Best. M Inn, Nr. 24136, Bl. 30.

2876 BayHStA München, Best. M Inn, Nr. 24136, Bl. 1. *„Die besten Gemälde wurden gepackt und abgeschickt; und sind theils in Ansbach, theils hier in München angekommen."*

Gnade, Großmuth, und Gerechtigkeit, und dem Bewusstsein meiner Treue und Redlichkeit [...]."[2877] So wurde er im Juli mit dem neu geschaffenen Posten eines pfalz-bayerischen Zentralgaleriedirektors betraut, was gleichzeitig mit der Ausbildung des Künstlernachwuchses verknüpft war,[2878] was ihm bereits in Zweibrücken am Herzen gelegen hatte. Ab 1802, nachdem in Bayern verschiedene Klöster säkularisiert worden waren, wurde Mannlich beauftragt, die Klöster zu bereisen, um die dortigen Kunstwerke zu untersuchen und ausgesuchte Werke nach München zu bringen. „Ich durchreiste einen Theil von Baiern, Schwaben, Franken [...]. Durch unermüdeten Fleiß und genaueste Untersuchung gelang es mir Eurer Majestät Kunst-Samlungen mit Meisterstücken vom ersten Rang zu bereichern, die jetzt Baierns Zierte sind, und immer bleiben werden."[2879] Die Stelle des Direktors der Münchener Akademie der bildenden Künste wurde jedoch 1806 an den bisherigen Akademie- und Galeriedirektor in Düsseldorf Johann Peter Langer vergeben, während Mannlich lediglich zum Mitglied der Akademie ernannt wurde.[2880] In seiner Tätigkeit als Galeriedirektor

---

2877 BayHStA München, Best. M Inn, Nr. 24136, Bl. 1. Schreiben vom 7. Juni 1799. Auch erwähnt bei ROLAND, Maler, S. 177.

2878 MANNLICH, Rokoko und Revolution 1913, S. 505. Ernennungsdekret zitiert bei SICHEL, Hofkünstler, S. 34. ROLAND, Förderung, S. 15 f. BENDER, Mannlich. Benachrichtigung der kurfürstlichen Generallandesdirektion, die *„Anstellung des Christian Manlich zum Director über sämtliche Gallerien p.p. betr."* in BayHStA München, Best. M Inn, Nr. 24136, Bl. 15: *„So haben Wir bey der gegenwärtig auch angeordneten Verbindung Unserer ehemaligen zweybrückischen Malerey Gallerie mit der hiesigen, Unsern Pfalz zweybrükischen Hofkammerrath und Gallerie Direktor Christian Mannlich zum Director über sämtliche Unsere Malerey Gallerien, Kabinete und Kupferstich Sammlungen, mittels anheute angefertigten Decrets dahier an gestellt, und bestimmen denselben zum Gehalte jährlich <u>eintausend und fünfhundert Gulden,</u> dann freye Wohnung in dem Fabriken Gebäude auf dem Rindermarkt, sobald nach dem Auftrage vom 28ten v.M: dort eine Erledigung kommen wird."* Die übrigen Direktoren, Inspektoren und das sonstige Personal sollten in Stellung und Gehalt verbleiben, jedoch dem Direktor Mannlich untergeordnet sein. BayHStA München, Best. M Inn, Nr. 24136, Bl. 15. Mannlich hätte gerne jene große Wohnung im ersten Obergeschoss am Rindermarkt bezogen, die der verstorbene Geheimrat und Galeriedirektor von Weitzenfeld bewohnt hatte. Anfänglich musste er sich in diesem Haus jedoch mit wenigen Zimmern begnügen und erhielt deshalb einen finanziellen Ausgleich. BayHStA München, Best. M Inn, Nr. 24136, Bl. 30v. BENDER/KLEBER, Histoire, Bd. II, S. 461. 1799 verfasste Mannlich „Vorschläge zur Verbesserung der Kunstschule in Bayern". Zum Inhalt dieses Gutachtens und seiner Auswirkung s. ANGERER, Kunstakademie, S. 61 f.

2879 Mannlich in einem Schreiben an den König vom 20. Juni 1808, BayHStA München, Best. M Inn, Nr. 24136, Bl. 31. Abgedruckt auch bei SICHEL, Hofkünstler, S. 42 f. Zu den Reisen s. DIES., Hofkünstler, S. 39. WEBER, Schloss Karlsberg, S. 539 f.

2880 S. dazu mit Zitaten Mannlichs ROLAND, Maler, S. 181 f. Zu den Gegensätzen zwischen Mannlich und Langer s. ROLAND, Maler, S. 183. SICHEL, Hofkünstler, S. 41.

richtete er die Galerien in München und Schleißheim ein, tätigte selbständige Neuankäufe für das Kupferstichkabinett, wofür ihm jährlich 300 Gulden zur Verfügung gestellt wurden,[2881] und verfasste die Kataloge der Gemäldesammlungen.[2882] Er führte eine neue Form der Präsentation der Gemälde ein, indem er sie nicht nach Schulen ordnete, sondern die Werke aller Schulen, Epochen und Bildgattungen so nebeneinander stellte, dass in der räumlichen Folge der Weg zur künstlerischen Vollkommenheit demonstriert werden sollte.[2883]

1808 wurde Mannlich geadelt[2884] und zum Leiter des Kunstkomitees ernannt. Er beschäftigte sich während dieser Jahre eingehend mit der Lithographie und arbeitete an der Herausgabe der Königlich Bayrischen Gemäldesammlung im Steindruck.[2885] 1809 erfolgte seine Ernennung zum korrespondierenden Mit-

---

2881 „*Damit das gleich der Gemälde Gallerie hier öffentlich ausgestellt werdende Kupferstich Cabinet Bey verschiedenen sich ereignenden Gelegenheiten auch mit dem zum Theile noch mangelnden Werken der alten Kupferstecher, oder anderen interessanten Blättern ergänzet werden könne;*" BayHStA München, Best. HR I 285/248. Wie schon die Sammlungen des Herzogs Carl II. August und des Kurfürsts Carl Theodor, so wurde auch die Sammlung Kurfürst Maximilian Josephs durch den Kupferstichhändler Dominique Artaria Compagnie à Vienne (mit einem Firmensitz in Mannheim) versorgt. BENDER/KLEBER, Histoire, Bd. II, S. 426. Zu Artaria und seinen Kunden s. TENNER, Kunstsammler, S. 135 f., 143.

2882 „Beschreibung der Churpfalzbayerischen Gemälde-Sammlungen zu München und Schleißheim, [...] Erster und Zweyter Band, München 1805. Zu haben in der churfürstl. Bildergallerie, und in Kommission bey dem Buchhändler Joseph Lentner nächst dem schönen Thurm." Zitiert nach SICHEL, Hofkünstler, S. 114. Der dritte Band mit den Gemälden von Schleißheim und Lustheim erschien 1810. SICHEL, Hofkünstler, S. 121.

2883 Der diesbezügliche Briefwechsel Mannlichs mit Goethe ist veröffentlicht in: BLEI/STERNHEIM, Briefwechsel, S. 131–153. Dazu auch: ROLAND, Maler, S. 184 f.; DERS., Förderung, S. 17. Dieses „Gradationssystem" als Prinzip der Einteilung wurde heftig diskutiert und fand nur wenig Zustimmung. SICHEL, Hofkünstler, S. 112. Auf Grund seiner Arbeiten und neuen Ansätze in den Galerien spricht man bei Mannlich vom „ersten wirklichen Museumsdirektor im modernen Sinn". Erstmals SICHEL, Hofkünstler, S. 119. Später u.a. BENDER, Mannlich, Nr. 2, S. 11 u.v.m. Zu den weiteren Veröffentlichungen Mannlichs s. THIEME/BECKER/VOLLMER, Allgemeines Lexikon, Bd. XXIV, S. 24.

2884 ROLAND, Maler, S. 128. SCHUSTER, Lebensjahre, S. 10.

2885 Er inventarisierte die Gemäldebestände und gab mit Nepomuk Strixner (1782–1855) und Ferdinand Piloty (1786–1844) den ersten gedruckten Museumskatalog als das „reichhaltigste Inkunabelwerk des Steindrucks der Welt", wie Goethe es nannte, heraus. SICHEL, Hofkünstler, S. 112. Der Steindruck war 1796 in München von Alois Senefelder entwickelt worden. 1809 wurde dies ‚Senefeldersche Anstalt' an Mannlich verkauft. Mannlich ließ „von seinen geschickten Schülern viele Hefte aus dem Königlichen Zeichnungs-Kabinett auf Stein zeichnen und unter eigener Aufsicht abdrucken [...]." Aus dem Lehrbuch der Steindruckerei von Alois Senefelder von 1818, zitiert nach: SCHUSTER, Lebensjahre, S. 12. S. dazu auch: WEBER, Geschichte; DERS., Schloss Karlsberg, S. 538 f.

glied der Pariser Akademie in der „Classe des Beaux-Arts".[2886] Am 3. Januar 1822 verstarb Mannlich in München im Alter von 82 Jahren.

2. Christian Ludwig Hautt und seine Ämter

Christian Ludwig Hautt kam am 15. März 1726 als Sohn des zweibrückischen Amtskellers und Burgvogten Ernst Franz Hautt und dessen Ehefrau Christiane Marie Caspary in Nohfelden zur Welt.[2887] Ab 1738/39 besuchte er das Gymnasium Bipontinum in Zweibrücken,[2888] das er mit zwanzig Jahren verließ, um in Jena Architektur, Mathematik und Geometrie zu studieren. Rudolf Rübel nimmt an, dass dem Studium möglicherweise ein längerer Studienaufenthalt in Paris zur Vertiefung der Kenntnisse in der Baukunst gefolgt sei, den Herzog Christian IV. von Pfalz-Zweibrücken gefördert habe.[2889] Als der Herzog 1755 für ein nunmehr neu eingerichtetes Bauamt, welches nicht länger der Rentkammer unterstellt sein sollte, eine Verordnung erließ, nach der dieses Amt aus einem Sur-Intendenten, einem Baudirektor und einem Bauschreiber bestehen solle, wurde Hautt zum Baudirektor in Zweibrücken ernannt.[2890] Er hatte gemäß der Verordnung über alle zur Baukasse gehörigen Einnahmen und Ausgaben dergestalt Rechnung zu führen, dass *„nicht allein die auf das ganze Bauwesen verwendete Summen, sondern auch so viel ersehen werden können, wie viel ein jeder Bau ins besondere gekostet habe."*[2891] Darüber hinaus war er auch für die Beschaffung der zum Bauwesen erforderlichen Materialien verantwortlich.[2892]

2886 SICHEL, Hofkünstler, S. 45.
2887 Zu den detaillierten Familien- und Verwandtschaftsverhältnissen s. LOHMEYER, Barockarchitekten, S. 289, DERS., Hautt, S. 198 ff. DAHL, Hofbaumeister, S. 111–119. Zu Hautt s. MANNLICH, Rokoko und Revolution 1966. RÜBEL, Bautätigkeit. DRUMM, Westrich, S. 53/54; DRUMM, Hautt, S. 92. HKBAdW, Neue Deutsche Biographie, Bd. VIII, S. 133.
2888 Auszug der Zweibrücker Gymnasialmatrikel bei BECKER, Hautt, S. 32.
2889 RÜBEL, Bautätigkeit, S. 17. So auch Lohmeyer in: THIEME/BECKER/VOLLMER, Allgemeines Lexikon, Bd. XVI, S. 152 zu Christian Ludwig Hautt.
2890 BayHStA München, Kasten blau, Nr. 406/5, Bl. 1. Die Stelle des Sur-Intendenten erhielt Kammerjunker von Bernstein und das Amt des Bauschreibers sollte durch den Scribenten Herdegen versehen werden. S. dazu auch: RÜBEL, Bautätigkeit, S. 16 f. Gleichzeitig mit dem Amt des Baudirektors wurde ihm der Titel des Hofkammerrates und Renovationsdirektors übertragen, und er gehörte nun, mit 29 Jahren, zu den höchsten Beamten im Herzogtum. DAHL, Hofbaumeister, S. 112.
2891 BayHStA München, Kasten blau, Nr. 406/5, Bl. 6. Hautt verfasste zu diesem Erlass einen ergänzenden Bericht, in dem er Vorschläge unterbreitete, was dieser Verordnung für das Bauamt noch zusätzlich beigefügt werden müsse.
2892 Allerdings hatte die Selbständigkeit des Bauamtes schon wenige Jahre später ein Ende, denn eine Verfügung des Jahres 1760 unterstellte das Amt wieder der Fürstlichen Rentkammer. RÜBEL, Bautätigkeit, S. 18.

Am 12. Dezember 1764 heiratete Hautt Philippine Christiane Juliane Baronesse von Schorrenburg aus Zweibrücken.[2893] Laut Auskunft der Kirchenbücher kamen in den folgenden Ehejahren sieben Kinder zur Welt.[2894] Das Ehepaar hatte seinen Wohnsitz in Zweibrücken am Markt in einem dreistöckigen Haus mit einem großen Garten und Gartenhaus.[2895]

Baudirektor Hautts erste Aufgabe war die Wiedererrichtung des Turmes der Alexanderkirche in Zweibrücken ab dem Jahr 1756, dessen Vorgängerbau wegen Baufälligkeit hatte abgetragen werden müssen.[2896] Als nächstes Projekt, dem Entschluss Herzog Christians IV. von 1756 folgend, schloss sich die Erbauung der neuen Zweibrücker Vorstadt samt einem neuen Rathaus jenseits des Kanals an. Hautt sollte sowohl die Anordnung der Gebäude als auch die Gestaltung der einzelnen Bauten obliegen.[2897] Auch von den Grafen von der Leyen in Blieskastel wurde Hautt mit Aufträgen für das Schloss und die Stadt betraut.[2898]

Bald nach dem plötzlichen Tod Herzog Christians IV.,[2899] dessen Vertrauen er in vollem Umfang genossen hatte, kam es 1776 zur Entlassung Hautts durch Her-

---

2893 LOHMEYER, Barockarchitekten, S. 289. RÜBEL, Bautätigkeit, S. 18 f. Die in aller Stille geschlossene Ehe wurde, wohl wegen anfänglicher Widerstände der Familie der Braut, auf Weisung Herzog Christians in das Kirchenbuch eingetragen, aber zunächst geheim gehalten.

2894 RÜBEL, Bautätigkeit, S. 19.

2895 RÜBEL, Bautätigkeit, S. 41.

2896 RÜBEL, Bautätigkeit, S. 24 f.

2897 Doch obwohl den Bauwilligen, *„welche vor das untere Thor jenseits der Bach nach Anweißung des Bau-Directoris Hautten bauen werden, die Immunität von solchen Häußern auf 40 Jahre bewilligt"* werden sollte, kam das Projekt nur schleppend voran und musste 1770 durch eine Häuserlotterie in Gang gebracht werden. Aufforderung an die Bürgerschaft vom 2. Oktober 1757, zitiert nach RÜBEL, Bautätigkeit, S. 30. Ähnlich verhielt es sich bei der Erbauung des Ludwigsplatzes durch Friedrich Joachim Stengel. Fürst Wilhelm Heinrich erließ am 5. Juli 1762 eine Aufforderung zur Beteiligung an der Randbebauung einer neuen Platzanlage, zu der er weitgehende Vergünstigungen wie Steuerbefreiung und kostenlose Bauplätze erließ. S.: GÜTHLEIN, Architekt, S. 25.

2898 Graf Friedrich Franz von der Leyen aus Blieskastel gab Hautt den Auftrag, Vorschläge und Pläne zur Modernisierung für das Innere des Blieskasteler Schlosses auszuarbeiten. S. VONHOF-HABERMAYR, Schloß, S. 72 f. Auch im Rahmen der Pläne zur Verlegung der Residenz von Koblenz nach Blieskastel durch Franz Karl von der Leyen und dem damit zusammenhängenden Ausbau Blieskastels zur Residenzstadt ab dem Jahr 1773 war Hautt in Blieskastel tätig. S. RÜBEL, Bautätigkeit, S. 50 ff. In der Moselgegend, wohin verwandtschaftliche Beziehungen Hautts reichten, errichtete er ebenfalls stattliche Bürgerhäuser. Um 1760 entstand das Haus der Familie Böcking, das heutige Mittelmoselmuseum in Trarbach. In Mülheim an der Mosel erbaute er 1774 das Haus Richter in der Hauptstraße. S. DEHIO, Rheinland-Pfalz, S. 697 (Mülheim), S. 1021 (Trarbach). LOHMEYER, Hautt, S. 204 ff.

2899 Herzog Christian IV. von Pfalz-Zweibrücken verstarb am 4. November 1775.

zog Carl II. August aus dem Amt als Baudirektor. Laut einem Reskript an die fürstliche Rentkammer vom 10. März 1776 wurde nicht nur das Bauamt gänzlich aufgehoben, sondern der Kammerrat Hautt, der Landbaudirektor Hellermann und der Baubote Bracher wurden von ihren Diensten entbunden.[2900] Gleichzeitig übertrug der Herzog Mannlich die Direktion über das Bauwesen. Mannlich berichtet, dies sei ihm aus mehreren Gründen unangenehm gewesen, da er die Baukunst nur von der Seite des Geschmacks kannte, ohne aber Kenntnisse in technischen Fragen vorweisen zu können. Außerdem habe es ihm widerstrebt, dass der verdienstvolle Hautt zu seinen Gunsten abgesetzt werden sollte.[2901] Die Antwort des Ministers Esebeck auf Mannlichs vorgebrachte Bedenken wirft ein interessantes Licht auf das Verhältnis Hautts zu den übrigen Angehörigen am Hof des neuen Herzogs. So entkräftete er Mannlichs Einwände mit der Aussage, Hautt verlöre seine Stellung in jedem Fall, unabhängig davon, ob Mannlich diese Stelle übernehmen wolle, da Hautt das Talent habe, sich mit jedermann zu überwerfen, speziell mit den Mitgliedern der Kammer für Finanzen.[2902]

Im Jahr 1777 stand das dreistöckige Wohnhaus von Christian Ludwig Hautt samt dem großen Garten zur Versteigerung[2903] und wurde von der Stadt Zweibrücken erworben, um ein neues Rathaus in der Innenstadt erbauen zu können.[2904] Über seine Tätigkeiten und Aufträge im Zeitraum zwischen seiner Entlassung und dem Jahr 1780 fanden sich bisher keine Hinweise.

Hinsichtlich der Aufgaben Hautts in der Carlsberger Bauzeit im Verhältnis zum ernannten Baudirektor Mannlich waren die Annahmen in der frühen Literatur deutlich der Meinung, dass Hautt trotzdem das Verdienst der Carlsberger Architektur zukomme. Erstmals nannte Friedrich Aulenbach 1859 „Hauth und Grudhofer" als Baumeister des Carlsberges.[2905] Ernst Drumm stellte die These auf,

---

2900 BayHStA München, Best. M Inn, Nr. 24136, Bl. 6. Auch zitiert bei SICHEL, Hofkünstler, S. 22f. BRAZIER, château, S. 120. Speziell zu Hellermann, dem Baumeister in Meisenheim und späteren Landbaudirektor s. LOHMEYER, Südwestdeutsche Gärten, S. 137. BONKHOFF, Hellermann, S. 2–20. REINERT, Turmhelme, S. 68f.
2901 BENDER/KLEBER, Histoire, Bd. II, S. 194. An anderer Stelle heißt es, er habe sich, nachdem er beim neuen Herzog in Ungnade gefallen sei, verbittert auf seinen Hof in Gonnesweiler zurückgezogen. DAHL, Hofbaumeister, S. 114f.
2902 BENDER/KLEBER, Histoire, Bd. II, S. 194.
2903 StadtA Zweibrücken, Rechnungsbuch der Stadtzinsschreiberei von 1777, S. 48, 58.
2904 S. dazu: MÜLLER, Rathäuser, S. 316f. RÜBEL, Bautätigkeit, S. 41f. Aus dem Jahr 1778 hat sich eine Anweisung an die Baukasse erhalten, wonach eine Strafe aus dem noch ausstehenden Besoldungsrest Hautts zu begleichen sei, denn „ehemaliger Herr Cammer Rath Hautt ist wegen unterlassenen Gassenkehrens um 7½ bz bestrafet worden." LA Speyer, Best. B3, Nr. 2572, Bl. 49.
2905 AULENBACH, Rhapsodieen, S. 60. Ebenfalls erwähnt bei WEBER, Schloss Karlsberg, S. 312.

dass es sich nur bei Hautt um den eigentlichen Baumeister des Carlsberges handeln könne, da Mannlich nach seiner Ausbildung dazu nicht befähigt gewesen sei.[2906] Als Beweis führt er eine Anzeige des „Zweibrücker Wochenblattes" vom 16. April 1782 an, worin „Maurer- und Zimmerarbeiten von zwei auf dem Karlsberg zu erbauenden neuen Gebäuden"[2907] versteigert wurden und Interessenten die Risse und Bedingungen bei Kammerrat Hautt auf dem Carlsberg einsehen konnten. In den Akten findet sich tatsächlich eine entsprechende Rechnung Hautts, in der er zwei Fahrten am 20. April 1782 vom Carlsberg nach Zweibrücken und zurück zu insgesamt sechs Gulden abrechnete, die der Versteigerung im Rahmen des Carlsberger Bauwesens gedient hatten.[2908] Dabei handelte es sich jedoch nicht um eine Tätigkeit als Baumeister des Carlsberges,[2909] denn über sein Tätigkeitsfeld in dieser Zeit äußerte sich Hautt innerhalb eines Gutachtens über Carlsberger Bauten aus dem Jahr 1785 im Rahmen einer umfassenden Kritik selbst: *„Endlich kann ich unterthänigst unbemerkt nicht lassen, daß nachdem ich beym Antritt meines Dienstes dahier das Bauwesen in groser Unordnung gefunden habe, und ich in der Verbeßerung jederzeit contrecarriret worden bin, sie sich im ersten Jahr gleich wieder eingestellet habe, damit das Wasser immer trieb* [trüb] *bleibe. Man hat mir das Directorium entzogen, und meiner Aufsicht auf einige, von Entrepreneurs aufgeführte Gebäude begränzt. Von allem übrigen hat sich der Schäfer*[2910] *das meiste zugelegt, so*

2906 Vgl. dazu: DRUMM, Baumeister. DRUMM, Hautt, Nr. 12, S. 92. BECKER, Goethe; BECKER, Schlossbau, Nr. 11, S. 41; BECKER, Karlsberg, S. 7. Lohmeyer bezweifelte ebenfalls die architektonischen Fähigkeiten Mannlichs und zählte Hautt zu den soliden und tüchtigen Baukräften, „der doch in Wirklichkeit der Herr auch bei dieser Anlage geblieben ist." LOHMEYER, Südwestdeutsche Gärten, S. 137. Dahl formulierte die Tätigkeit Hautts etwas differenzierter: „So mußte denn Hautt im Schatten Mannlichs, der selbst zugab, von den bautechnischen Dingen nicht allzu viel zu verstehen, alles, was technisch die Karlsberger Schlossbauten anbetraf, selbständig im einzelnen erarbeiten. Leider aber hatte er auf die Gesamtplanung dieser riesigen Schloßstadt keinen Einfluß […]." DAHL, Hofbaumeister, S. 115. Ähnlich äußerte sich Brazier, der eine ‚fructueuse collaboration' zwischen Mannlich und Hautt annahm, s. BRAZIER, château, S. 123. Die Meinungen der älteren Literatur werden ausführlich dargelegt in: WEBER, Schloss Karlsberg, S. 311.

2907 Zitiert nach DRUMM, Baumeister.

2908 LA Speyer, Best. B3, Nr. 2580, Bl. 359.

2909 Lohmeyer sieht Hautt immer noch als Kraft, die „hinter den Kulissen doch alles, was Technik und den eigentlichen Bau anbetraf, selbständig schöpfen musste, da der Maler Mannlich dazu durchaus ungeeignet und nicht vorgebildet war". LOHMEYER, Hautt, S. 194. Ebenso bereits in LOHMEYER, Südwestdeutsche Gärten, S. 137. Differenzierend dazu: DAHL, Hofbaumeister, S. 115. Ablehnend dazu: WEBER, Schlossanlage, S. 7, DERS., Schloss Karlsberg, S. 311 ff.

2910 Franz Georg Schaeffer wurde beim Rathausbau in Zweibrücken 1770 als Polier genannt, s. DRUMM, Hautt, S. 92. Laut eines Rescripts vom 10. März 1776 sollte *„der Polier Schäfer zum Magazinier bestellet, und von diesem Bau Magazin mit*

wenig er auch davon verstanden, aber durch Augendienste und Vorsprache seine Sachen zu bedecken gewusst hat. Alle Subordination ist weggefallen, und Niemand bis auf den Handwerkspurschen und Taglöhner hat mir mehr Gehör gegeben, ja es ist erweißlich, daß man den Entrepenneurs auch aufzustiften gesucht hat, sich an mich gar nicht zu kehren."[2911] Diese vereinzelt anfallenden Tätigkeiten in der Aufsicht des Bauwesens übte er in seiner Funktion als Kammerrat aus. In dieses Amt muss er im Jahr 1780 zurückberufen worden sein, denn in den Rechnungsbüchern des Finanzministers v. Creutzer findet sich die Angabe der Besoldung, die Hautt als Kammerrat vom 12. Dez. 1780 bis zum 12. Juni 1785 zustand. Demnach hatte sich für den Zeitraum von 4 ½ Jahren und einem Jahresgehalt von 600 Gulden eine zu beziehende Summe von 2700 Gulden angesammelt.[2912] Eine nachweisbare Beteiligung Hautts findet sich bei der Vergabe der Verträge für das neue Küchengebäude im Juni 1781.[2913] Eine Hand-

---

4 Pferden, und 2 Knechten bestritten werde, […]". BayHStA München, Best. M Inn Nr. 24136. Am Carlsberg erhielt Schaeffer für seine Tätigkeit eine Besoldung von 279 Gulden 25 Kreuzern zuzüglich 85 Gulden für Pferdefutter und 10 Gulden für Schreibmaterialien als Baumagazinier und Polier. LA Speyer, Best. B3, Nr. 2577, #32. Diese Summe erhielt er laut eigenen Angaben seit 1777, so in LA Speyer, Best. B3, Nr. 2570, Bl. 39. Er wurde in einer Anweisung des Herzogs von 1783 an die Rentkammer als ‚Baumeister am Carlsberg' bezeichnet, dem ab Februar 1783 ein Gehalt von jährlich 550 Gulden bewilligt wurde. LA Speyer, Best. B3, Nr. 2582, Bl. 13. Mannlich bezeichnet Schaeffer ebenfalls als ‚apparailleur', also Werkmeister bzw. Polier. S. BENDER/KLEBER, Histoire, Bd. II, S. 248. Gleichzeitig nannte er ihn auch einen ‚fripon', also Spitzbuben, der wegen Materialunterschlagungen zu Gunsten der Homburger Wohnbauten des Ministers Creutzer und der Freifrau von Esebeck zeitweilig entlassen und im Magazin durch einen Mann namens Koetz ersetzt wurde. Er wurde jedoch erneut in herzogliche Dienste zurückberufen, weil er in der Lage war, die Arbeiten im Sinne des Herzogs schneller voranzutreiben. BENDER/KLEBER, Histoire, Bd. II, S. 248. Er verstarb laut Eintragung im Kirchenbuch am 23. Juli 1785, s. DRUMM, Hautt, S. 92 sowie WEBER, Schloss Karlsberg, S. 307. Seine Nachfolge war gegen Ende des Jahres 1785 noch nicht für alle Bauvorhaben geklärt, denn es heißt noch im November in den Bauprotokollen, man erbitte die Weisung des Herzogs, *„da der Baumeister Schäfer gestorben, man nicht wiße, an wen man sich in vorkommenden Fällen wegen dem Bauwesen aufm Carlsberg Monbijou und dahier zu verhalten habe."* LA Speyer, Best. B3, Nr. 2547, Bl. 263.

2911 LA Speyer, Best. B2, Nr. 1610, Bl. 67v, 68. Auf diese Stelle bezieht sich auch Weber in der Argumentation, dass Hautt lediglich als Subalterner innerhalb des Carlsberger Bauwesens tätig gewesen sei. WEBER, Schloss Karlsberg, S. 312 mit verändertem Zitat ohne Quellenangabe.

2912 LA Speyer, Best. B3, Nr. 2953, S. 328.

2913 LA Speyer, Best. B3, Nr. 2648, #1572. Dort wird der Vertrag über den Küchenbau, den der Maurermeister Krumm ersteigerte, von Hautt aufgesetzt und unterschrieben. Auch die Schreinerarbeiten an diesem Bau wurden auf Befehl des herzoglichen Baumeisters Hautt durchgeführt, LA Speyer, Best. B3, Nr. 2958, #1977.

werksrechnung des Jahres 1783 bezüglich der Carlsberger Orangerie gibt an, dass dort „*dem Herrn Kamrath Hautt seine böten ausgespent den diren fensterramen läthen nach geholfen*"[2914] wurden, und dass Hautt somit, ebenso wie Mannlich, Zimmer in der Orangerie zugewiesen worden waren. 1785 kehrte Hautt wieder gänzlich in seinen Tätigkeitsbereich zurück, denn Mannlich erinnert sich, dass Hautt aus seinem Exil gerufen worden sei und seine Aufgaben als Baudirektor übernommen habe.[2915] Seine Erinnerung deckt sich mit einem Bericht Hautts in dem oben bereits genannten Gutachten des Jahres 1785, denn „*nachdem der Baumeister Schäfer nunmehro verstorben ist,*[2916] *und seine theils ihm anvertraute, theils sich selbsten zugeeignete Geschäfte in groser Verwirrung hinterlassen hat, ich hirmit einen Bericht von der dermaligen Beschaffenheit sämtlichen hiesigen Bauwesens unterthänigst zu Füßen lege, theils aus devoterster Pflicht, zu Wahrung Höchsten Interesse, theils damit der Haufen meiner Feinde und bisherigen Verfolgern, welche von Anfang gleich mit Ew. Herzoglichen Durchlaucht gnädigsten Entschließung, mich hiesigem Bauwesen vorzusezzen, nicht zufrieden waren, sich auch dieser Gelegenheit nicht zu Nuzze machen mögen, mir die nun vorliegende Fehler anzudichten, sondern damit die reine Wahrheit zu höchsteigener Beurtheilung von Ew. Herzogliche Durchlaucht kommen möge.*"[2917] Damit distanziert sich Hautt deutlich von dem bisherigen Carlsberger Bauwesen und gibt gleichzeitig die Antwort auf die Annahmen, er habe ‚maßgebenden Einfluss auf den Schlossbau gehabt' oder sei der ‚eigentliche technische Leiter und Architekt der einstigen Prunkanlagen' gewesen.[2918]

[2914] LA Speyer, Best. B3, Nr. 2584, Bl. 288, Nr. 228. Drumm und Lohmeyer nahmen an, dass der Hauptwohnsitz der Familie Hautt sich seit dem Verkauf des Zweibrücker Hauses wieder in Hautts Heimatort Gonnesweiler bei Nohfelden verlagert hatte. S. DRUMM, Westrich. LOHMEYER, Hautt, S. 194.

[2915] BENDER/KLEBER, Histoire, Bd. II, S. 270: „Mr Hautt fut rappellé de son exil et rentra en fonction il n'y eut plus que ma direction du Théatre de Société, qui a la verité fut fort neglige depuis le depart de Vismes." Anders Lohmeyer, der eine Rückberufung Hautts erst in das Jahr 1788 datiert, s. THIEME/BECKER/VOLLMER, Allgemeines Lexikon, Bd XVI, S. 152 zu Christian Ludwig Hautt. So auch WEBER, Schloss Karlsberg, S. 312, der die Rückberufung an die Berufung Mannlichs zum Generaldirektor der Schönen Künste koppelt. Dies hatte jedoch wohl lediglich eine Erweiterung des Tätigkeitsbereichs Hautts zur Folge.

[2916] Franz Georg Schaeffer verstarb am 23. Juli 1785.

[2917] LA Speyer, Best. B2, Nr. 1610, Bl. 63. Auf diese Quelle stützt sich auch DRUMM, Hautt, S. 92, ohne diese jedoch zu nennen.

[2918] Auch Weber lehnte die bis dahin vielfach vertretenen Ansichten ab, „Hautt habe sozusagen unter der Hand als maßgeblicher Architekt des Herzogs Karl II. August weitergewirkt. Der Hofmaler Mannlich war zum Baudirektor berufen worden und übte seine Tätigkeit aus. Ähnlich wie sein Zeitgenosse Friedrich Wilhelm von Erdmannsdorf (1736–1800), der als Maler ausgebildet war, wandte sich auch Mannlich der Architektur zu, nachdem er mit architektonischen Aufgaben beauftragt worden war." WEBER, Schloss Karlsberg, S. 318.

Im gleichen Jahr findet sich der entscheidende Vermerk in den Rentkammer-Bauprotokollen, dass Serenissimus befehle, *„daß die von dem H. Cammer Rath Mannlich übergeben werdende BauZettel angewiesen werden konten, bis der neu ernannte Baudirector Hauth ankommen und seine Instructionen erhalten wird."*[2919] In der Folgezeit finden sich unterschiedliche Gutachten über die Carlsberger Wassermaschine, die Wasser den Berg hinauf pumpen sollte, sowie diverse weitere Bauten. Darüber hinaus fertigte Hautt angeforderte Berichte über günstig zu errichtende Dachformen[2920] und den Zustand der Dächer herrschaftlicher Bauten sowie Stellungnahmen über einige Zweibrücker Bauten. Aus der Sprache der Gutachten wird seine Fachkenntnis deutlich, verbunden mit Spott über die Arbeit derer, die bisher in den Ämtern den Vorzug vor ihm erhalten hatten ebenso wie unverhohlener Ärger über zurückliegende Kränkungen.[2921] Höfische Diplomatie und Zurückhaltung in seinen kritischen Äußerun-

---

2919 LA Speyer, Best. B4, Nr. 2547, Bl. 57v., Nr. 371. Herzoglich Pfalz Zweybrückisches RenthCammer Bau Protocoll pro 1785, den 16. März 1785. Am 14. Mai 1785 fand ein herzogliches Rescript vom 27. April Eingang in das Protokoll *„bezüglich der Bauzettel, da Baudirector Hauth würckl. in Dienste angenommen, daß künftig alles Herrschaftl. Bauwesen und reparationen von einigem Belang in der Stadt Zweybrücken u. dasigen Orten vom Baumeister Schäffer besichtigt angegeben, darüber Accorden, Überschläge u. Anträge bey der Herzogl. RenthCammer gemacht, auch nach der Verfertigung examiniret, die Rechnung durchgangen, moderiret und mit CammerRath Mannlich, zur Zahlung camerae übergeben, verfolg ohne deren Unterschrift nichts bezahlet […]"* werden solle. Ähnlich sei mit den Rechnungen, die Carlsberg, Jägersburg, Eichelscheid und Pettersheim beträfen zu verfahren. Dieses Rescript sollte dem Kammerpräsidenten Creutzer, dem Kammerrat Mannlich, dem Baumeister Schaeffer und dem Burgvogt Etienne mitgeteilt werden. Offensichtlich zeigt in diesem Rescript die Kritik Hautts an der großen Unordnung innerhalb des Bauwesens Wirkung.
2920 Hautt sollte sich 1788 neben anderen Befragten gutachtlich gegenüber dem herzoglichen Ministerium äußern *„wegen den Mansard Dächer auf den Gebäuden, welche vieles Bauholz kosten und andere Unbequemlichkeiten haben, ob solche bey neue Gebäuden nicht gänzlich zu verbiethen seyen, wenigstens an den Orten mit inländischem Holz, wo hinlänglich Bausteine sind."* LA Speyer, Best. B4, Nr. 2550, Bl. 318v. Hautt kam zu dem Ergebnis, dass es nicht rätlich sei, *„eine Verordnung wegen Abschaffung der Mansard Dächer zu erlassen, um das Publicum zum bauen nicht unlustig zu machen, sondern solches dem Gutachten der Baumeister zu überlaßen."* LA Speyer, Best. B4, Nr. 2551, Bl. 5v. Dagegen kam Bau- und Chausseedirektor Wahl zu dem Ergebnis, dass *„die Kosten eines Mansard auf den Gebäuden viel theurer als die Kosten eines Stocks von Steinen, weit gefährlicher und nicht so bequem seyen"* und legte die Berechnung darüber zur Einsicht bei. LA Speyer, Best. B4, Nr. 2551, Bl. 36v. Am 6. Juni 1791 erging schließlich die Anweisung, eine Verordnung bezüglich eines Verbots von Mansarddächern zu erlassen, worin ersichtlich sein soll, *„warum den Mansard Dächer ein drittes Stockwerck mit einem teutschen Dach vorzuziehen ist."* LA Speyer, Best. B4, Nr. 2553, Bl. 147v.
2921 Vgl. dazu auch: RÜBEL, Bautätigkeit, S. 21.

gen schienen ihm ebenso fremd gewesen zu sein wie die Furcht, sich bei Hofe unbeliebt machen zu können.[2922]

Im Jahr 1788, dem Todesjahr der Ehefrau Hautts, die mit nur 41 Jahren verstarb, erging ein Befehl des Herzogs, dass Kammerrat Hautt *„mit dem zeitl. BauMagazinier alle Samstags die Herrschaftl. Gebäude visitiren"* und *„den Montag darauf bey H. Rentcammer was an kleinen Reparationen oder Flickereyen die Woche über zu machen seye, referiren"*[2923] müsse. Im folgenden Jahr 1789 findet sich am 24. Januar im Rentkammer-Bauprotokoll der Eintrag eines herzoglichen Reskripts an die Regierung, wonach *„Cammer Rath Hautt und bey dessen Verhinderungen BauDirector Wahl künfftig alles dasjenige, was der director der schönen Künste Mannlich vorhero besorgen gehabt habe, bey dem neuen Bauwesen oder Reparationen von Particuliers in und um die hiesige Stadt herum zu Beobachtung des Bauplans respiciren solle."*[2924] Tatsächlich schreibt Mannlich in seiner Bewerbung um die Oberaufsicht über die Münchner Galerien vom 7. Juni 1799 an den Kurfürsten Maximilian Joseph über seine Tätigkeit im Carlsberger Bauwesen: *„Von dem Theater und dem Bauweßen, wurde ehendlich, den 27. Mey 1788 huldreichst befreyet, und mir die Oberaufsicht, oder Direction über sämtliche schöne Künsten Gnädigst anvertrauet."*[2925] In der Folgezeit berichtet Hautt von allen baulichen Begebenheiten in Zweibrücken und Krutthofen von denen der Carlsberger Gebäude. Das genaue Tätigkeitsfeld Hautts geht schließlich aus einem Schreiben des ehemaligen Bau- und Chausseedirektors Wahl hervor, der sich um eine Baumeisterstelle bewarb, und sein eigenes Tätigkeitsfeld in Pfalz-Zweibrücken umreißt: *„Habe ich nicht, geraume Jahre dasjenige Bauwesen versehen müßen, welches der ehemahlige KammerRath Hautt, mit KammerRaths Besoldung versahe, desen Referat ich sogar in dem Collegio übernehmen mußte, (Einfügung: und der nichts anders ware als Hofarchitect) wofür mir nur 150 fl. jährlich verwilliget wurden. Zu diesem Bauwesen gehörten die Schlösser und gesammte herrschaftl. Gebäude zu Zweibrücken und Monbijou, auch zuletzt Pet-*

2922 So berichtet der Rektor des Zweibrücker Gymnasium Bipontinum in seinem Brief an den in Mannheim lebenden Hofrat Andreas Lamey vom 28. Juli 1785: „Ich sahe vorbeigehend das Schloß, Orangerie – u. Taubenhauß da erblickte mich einer meiner ältesten Bekannten, Hl. Kammerrath Hautt, u. nun führte der mich in den Schloßgärten herum, wo sich mir mancherlei im grossen kleine Scenen vor Augen stellten. […] Ich sahe dann die mancherl. Scenen des Lustwalds, in welchem doch immer einige Furcht unsere Conducteurs begleitete, ausser den Kamerrath Hautt, der als ein wahrer Satyr dem Geist u. Herz nach ganz dicax sonst im 62ten Jahr noch schöner jugendlr. Mann, sich durch kein Schicksal u. Furcht niederschlagen laßt." GLA Karlsruhe, Best. S, Kremer-Lamey Nr. 136.
2923 LA Speyer, Best. B4, Nr. 2550, Bl. 297v, Nr. 1892.
2924 LA Speyer, Best. B4, Nr. 2551, Bl. 25v, Nr. 106. Als herzogliches Rescript zitiert bei SICHEL, Hofkünstler, S. 28.
2925 BayHStA München, Best. M Inn, Nr. 24136, Bl. 2; Die Abschrift der Berufungsurkunde vom 27. Mai 1788, BayHStA München, Best. M Inn, Nr. 24136, Bl. 4.

tersheim. Und die Planierung des Jägersburger Schloßhoffes. Die Schlößer Bergzabern, Bischweiler Falckenburg, Nohefelden; Die Gebäude auf den Domän. Güthern gehören mit zu dem Hofbauwesen, auch diejenigen, welche durch Leute bewohnt waren, die unmittelbar zur Jagd gehörten."[2926] Hier wird deutlich, dass die Carlsberger Bauten nicht zu Hautts Aufgabenbereich gezählt hatte, was sich mit den Angaben der Bauprotokolle deckt.

Hautts Tätigkeit als Baudirektor endete im Alter von 65 Jahren im Jahr 1791, denn eine Bauprotokollnotiz dieses Jahres vermerkt die Anfrage des Baudirektors Wahl *„wie künfftig ihm bey der beschehenen in Ruhe Setzung des Hl. Cammer Rath Hautt das Bauwesen dahier einzurichten seye."*[2927] Der Beschluss lautete daraufhin, dass nunmehr Baudirektor Wahl mit einer Zulage von 150 Gulden jährlich die Besorgung des Bauwesens zu übertragen sei.

Die Nachrichten, die sich in der Folgezeit über Hautt in den Akten finden, berichten wenig Erfreuliches. Im Jahr 1797 ergeht eine Anweisung an die Fürstliche Landrentei, Kammerrat Hautt, *„welcher sich in sehr dürftigen Umständen befindet,"*[2928] auf seine rückständige Besoldung 66 Gulden auszubezahlen. Auf ein Schreiben des preußischen Ministers Hardenberg, der im Auftrag des Schwiegersohnes von Hautt um die Ausbezahlung des rückständigen Gehalts des ehemaligen Kammerrats bittet, erging ein Kabinettsbericht an den Kurfürsten Maximilian Joseph, worin es heißt: *„Der wegen den Gonnesweilerer bekannten Geschichten mit jährl. 989 f in Pensionsstand wiederholt gesezte Cr. Rath Hautt zu Zweybrücken wurde bis zum Schluß 1794 an seiner Pension vollkommen ausbezahlt [...]."*[2929] Weiter heißt es, *„da mehrgedachter Hautt als ein ganz besonders schlechter Haußhälter mit keinem Geld es umzugehen versteht, und derowegen sehr oft in die äußerste Dürftigkeit gerathet, wurde bereits in dem Monath May vorigen Jahrs auf höchste Anordnung die Einrichtung getroffen, daß ihme Hautt gegen eine Monathgeld von 12 fl. seine tägliche Verpflegung aus dem Wirthshauß abgegeben werde; ein mehreres doch wol von der Grosmuth eines Fürsten, der durch den Krieg land und Leute und samtl. Revenuen ohne Ausnahm verlohren hat, gegen einen Pensionisten der eigentlich auf den Überschuß von Renten blos gewießen ist, nicht zu verlangen stehet."*[2930]

Christian Ludwig Hautt verstarb am 10. November 1806 mit 80 Jahren in Zweibrücken.[2931]

2926 LA Speyer, Best. V 24 Nr. 2, Nachlassakte Wahl, S. 65 f.
2927 LA Speyer, Best. B3, Nr. 2554, Bl. 27v, Nr. 146.
2928 GehHA München, Korrespondenz Akten Nr. 1697b, N. 339.
2929 BayHStA München, Best. MF, Nr. 18966.
2930 BayHStA München, Best. MF, Nr. 18966. S. dazu ausführlich RÜBEL, Bautätigkeit, S. 61 f.
2931 Der Eintrag darüber im Kirchenbuch gibt weder die Vornamen, noch über das Alter und die Vorfahren des Verstorbenen korrekt Auskunft. S. dazu LOHMEYER, Hautt, S. 215. DAHL, Hofbaumeister, S. 119.

3. Johann Leonard Krutthofen[2932] und seine Aufgaben am Carlsberg

Johann Leonard Krutthofen wurde 1752 als Nachkomme des kurpfälzischen Försters Heinrich Johannes Krutthofen in Neunkirchen bei Zwingenberg geboren. Ab dem Jahr 1767 nahm er in Heidelberg zunächst das Studium der Rechte auf.[2933] Später wandte er sich dem Bauwesen zu, und vom Jahr 1781 an befand er sich in kurpfälzischen Diensten, wo er bis zur Anstellung am Carlsberg im Jahr 1785 laut Annahmedekret des Herzogs als „*Gewerbschreiber Krutthofen aus Schwezingen*"[2934] beschäftigt war. An anderer Stelle wird er als „Baukonduktor" bezeichnet.[2935]

Über den genauen Zeitpunkt des Dienstantrittes am Carlsberg und das Dienstende gab es nach dem Tod Carl Augusts noch langwierige Differenzen, die bis in das Jahr 1806 fortdauerten. Krutthofen selbst gab in einer „Denkschrift", einer ausführlichen Darstellung seiner ausstehenden Forderungen, an den König von Bayern vom 24. Februar 1806 an, er sei der Berufung des Herzogs gefolgt „*im Jahr 1785 aus den kurpälzischen (!) Diensten / in denen er schon damals stund nach Zweybrücken in die Seinigen. Um ihn zu diesem Dienstübertritt zu bewegen, ließ man ihm auf der einen Seite mercken, daß ihm eine Weigerung in dem Falle, wo Sn Herzogliche Durchlt den Herrn Curfürsten Karl Theodor überleben würden, nachtheilige Folgen zuziehen könnte; auf der andern Seite gab man selbst in dem Anstellungspatente seine ausgezeichnete Geschicklichkeit als Beweggrund seiner Anstellung an, und sagte ihm eine jährliche Besoldung von 600 fl. an Geld, 30 Mltr Korn, 15 Mlt. Spelz, 1 Fuder Wein, 12 Klftr. Holz Freye Wohnung und Licht, nebst 3 Morgen Garten und Ackerfeld, so wie die Entschuldigung für die Reisekosten zu. Krutthofen trat nun auch unter der festen Versicherung und Ueberzeugung einer lebenslänglichen Besoldung am 1. April 1785 in herzoglich zweybrückische / Dienste, aus denen er noch bis zu*

2932 Sowohl in den Archivalien als auch in der Literatur finden sich unterschiedliche Schreibweisen seines Nachnamens. Teilweise wurde er, auch von seinen Zeitgenossen, „Krutthofer" genannt, teilweise findet sich die Schreibweise „Krutthofen". Er selbst unterschrieb seine Schriftstücke in seiner Carlsberger Zeit mit dem Namen „Leonard Krutthoffen" (Abb. 140). In den Münchner Korrespondenzen um ausstehende Lohnforderungen im Jahr 1806 wählte er „Krutthofen". In einem Brief aus dem Jahr 1827 unterzeichnete er mit „Leonhard von Kruthoven". In dieser Arbeit findet „Krutthofen" als eine seiner eigenen Diktionen Anwendung.
2933 LOHMEYER, Hautt, S. 243. Zu Krutthofen s. THIEME/BECKER/VOLLMER, Allgemeines Lexikon, Bd. XXII, S. 25. DRUMM, Homburg-Saar. BECKER, Erbauer. BECKER, Schlossbau, Nr. 12.
2934 BayHStA München, Best. MF 18844, nicht paginiert, Anlage A.
2935 DRUMM, Homburg-Saar, Nr. 30, S. 231.

dieser Stunde nicht entlassen ist."²⁹³⁶ Aus dieser „Denkschrift" geht neben der strittigen Dienstdauer von 21 Jahren auch die tatsächliche und mehrfach schriftlich festgehaltene Höhe seiner jährlichen Besoldung²⁹³⁷ hervor. Das herzogliche Anstellungsdekret trug entgegen der Angabe Krutthofens das Datum des 19. August 1785. Diesbezüglich von König Maximilian Joseph angestellte Vermutungen, er wisse wohl „*daß bey unserm höchstseeligen Herrn Bruder die wirkliche Ausfertigung der Decrete sich oft längere Zeit verzogen hat*"²⁹³⁸ wurden durch Nachforschungen, die man von höchster Stelle in Auftrag gegeben

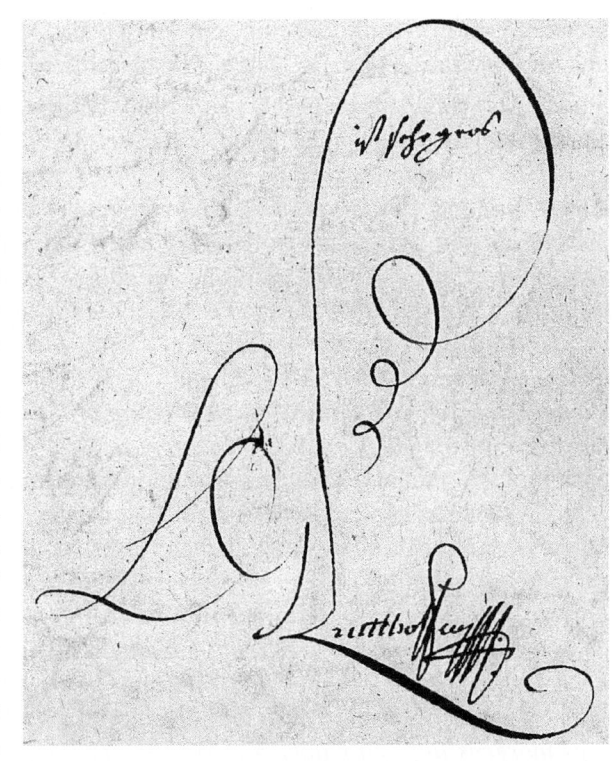

Abb. 140: Unterschrift Leonard Krutthofens („ist sehr gros")
Abbildung aus: LA Speyer, Best. B3, Nr. 2607, Bl. 491

hatte, in den Akten laut einem Bericht vom 31. März 1806 widerlegt: „*Nach dem in dem hier anliegenden uns demnächst allerunterthänigst wieder zurückerbittenden Acten fascicul, fragmenta die Forderungen des Krutthofers betr. befindlichen Kurfürstln Höchsten Rescript an die vormalige Hofkammer zu Mannheim vom 2. Mai 1785 hat erst unter diesem dato der Reclamant seine Entlassung aus Kurpfälzischen Diensten erhalten, und bis dahin / seinen vorigen Gehalt bezogen; es konnte mithin derselbe ohne sich einer groben Indiscretion schuldig zu machen, seine Zweibrückische Besoldung nicht von dem 1ᵗᵉⁿ April dicti anni anrechnen [...].*"²⁹³⁹ Demnach stimmen das Datum des Annahmede-

---

2936 BayHStA München, Best. MF 18844, Denkschrift ad 4, § 1. In dieser Denkschrift spricht Krutthofen über sich in der dritten Person. Sie wurde von ihm selbst verfasst und unterzeichnet.
2937 So u.a. in einer Berechnung der Rückstände an Besoldung und Forderungen vom 23. Nov. 1804, BayHStA München, Best. MF 18844.
2938 BayHStA München, Best. MF 18844, Schreiben vom 11. März 1806, Nr. 1.
2939 BayHStA München, Best. MF 18844, Bericht von Pfender, Becker und Schreiner, ad 1. Vgl. dazu auch: DRUMM, Homburg-Saar, S. 231, ohne Angabe des

krets,[2940] worin Krutthofen mit dem 19. August 1785 zum Baumeister ernannt und bestellt wurde, und das Datum des tatsächlichen Dienstantritts überein.

Seinen Aufgabenbereich beschreibt Krutthofen im Zusammenhang mit Gehaltsnachforderungen folgendermaßen: *„Baumeister Krutthoffen hatte die Aufsicht über alle Hofgebäude zu Zweybrücken, Pfeddersheim, auf dem Karlsberg, auf Jägersburg und Montbijou."*[2941] Ein herzogliches Dekret klärte in den Zweibrücker Rentkammer-Bauprotokollen *„an wen Cam: sich zu wenden habe, wegen dem Bauweßen aufm Carlsberg und Monbijou pp. da der Baumeister Schäfer verstorben. Hat bey dem decret de 27. Apr. 1783 sein Bewenden, nur daß statt des verstorbenen Baumeister Schäfers künftig der Baumeister Krutthoffer auf dem Carlsberg, zu Jägersburg, Eichelscheid, Pettersheim pp bestellet, und vom Peraeq. Schäfer das Bauweßen zu Monbijou und an Unseren dortigen Höffen besorget werde. Ch. Num. 1384 de ao. praet."*[2942] Demnach gehörte das Hofgut Monbijou[2943] damals, entgegen Krutthofens eigener Aussage, zunächst nicht zum Zuständigkeitsbereich des neuen Baumeisters. Im Jahr 1788 wurde Krutthofen die Abschrift eines herzoglichen Reskripts übermittelt, wonach *„derselbe zu mehrerer Ordnung, Dauerhafftigkeit, Verminderung der Kosten u. Beschleunigung des Carlsberger Bauwesens die alleinige Aufsicht und Direction haben, dasselbe anordnen und dirigiren, über dasselbe die Auf und Nachsicht halten, nach Gutfinden die Arbeiter und Fuhrleute anstellen, […] auch zum Ende der Vermeidung der Schreibereyen und Abkürzung der Geschäfften alle 14 Tag freytags morgens auf den Cammersessionen sich zum Höchsten Intee bethunlichst besorgen solle, zur Achtung, und um, wenn in der Zwischenzeit etwas nicht ei-*

    Fundorts, Zitat aus dem Entlassungsschreiben Carl Theodors: „Indem seine kurfürstliche Durchlaucht auf untertänigstes Ansuchen des bisherigen Baukonduktors Krutthofen dahier gnädigst keinen Anstand genommen die nachgesuchte Entlassung seiner sowohl hier als in Mannheim aufgehabten Diensten in Gnaden zu willfahren; als wird solches kurfürstlicher Hofkammer des Endes nachrichtliches unverhalten um dessen jährliches Gehalt ad aerarium einzuziehen. Schwetzingen, den 2. Mai 1785."

2940 BayHStA München, Best. MF 18844, *Copia gnädigsten Annahms Decreti für Baumeister Krutthofen, Anlage A.*

2941 BayHStA München, Best. MF 18844, Denkschrift § 5. Mit Pfeddersheim ist der Ort Pettersheim und das dortige Jagdschloss gemeint, vgl. dazu WEBER, Schloss Karlsberg, S. 99 f. Schon Aulenbach erwähnt innerhalb seiner Schilderungen des Carlsberges, dass als dessen Baumeister „Hauth und Grudhofer" genannt würden. S. AULENBACH, Rhapsodieen, S. 60. In diesem Zusammenhang wurde Krutthofen von Becker 1925 noch als Baumeister des Karlsberges im Sinne einer ‚untergeordneten Kraft' zur technischen Bewältigung der Ideen Mannlichs angenommen, da Aulenbach davon ausging, dass Krutthofen den Carlsberg bereits 1783 zu Ende geführt habe, s. BECKER, Erbauer, S. 79.

2942 LA Speyer, Best. B3, Nr. 2548, Bl. 143v, Nr. 824.

2943 Zu Monbijou s. Kap. A.II.5, Anm. 284.

lendes vorkommt, worüber der Baumeister Krutthoffen mündl. Erläuterungen zu geben hat, bis zu dessen Anwesenheit solches liegen zu lassen."[2944]

Hinsichtlich der Art seiner Amtsführung kündigten sich bereits im gleichen Jahr in einem Gutachten des Johann Christian Hautt Schwierigkeiten an, der über Beschuldigungen Krutthofens gegen seine Person klagte: *„Was übrigens H. Baumeister Kruthofer durch sein Votum, in einem bey Geschäften und unter gesitteten Menschen und Herrschaftl. Bedienten ganz ungewöhnlichen, und Hochlöblr Commission selbsten beleidigenden Styl am Ende gegen mich, als Besichtigungs Com/missarium links und rechts zu schwadronieren sich bey gehen lässt, darauf findet er nun hievor seine Abfertigung."*[2945] Diese endete mit den warnenden Worten: *„mit dem wolmeynenden Dafürhalten, sich mit allzudicker Ausdehnung nicht zu weit über die bekannte Grenzen seiner Bauwissenschaft zu wagen, noch vielweniger von der Baumeistern Schuldigkeit, vor ihre Attestata und Verfügungen mit ihrem eigenen Beutel responsables zu seyn, zu Beleuchtung seiner eigenen bisherigen Bauhaußhaltung nicht allzulaut zu sprechen."*[2946] Tatsächlich findet sich in den Rentkammer-Bauprotokollen des Jahres 1788 eine Notiz, dass es dem Baumeister Krutthofen ab sofort untersagt sei, weder in eigenem, noch in anderem Namen Baufuhren zu übernehmen, da er diese überteuert in den Wochenlisten abgerechnet habe. Außerdem wurden Erläuterungen eingezogen *„wegen der wochentlich mehr angerechneten Tägen, als in der Woche sind."*[2947] In den Bauprotokollen des Jahres 1790 wird die Anweisung des Herzogs vom 31. Januar an die Rentkammer festgehalten, dass *„der Baumeister Krutthoffen in Zukunfft gar keine Materialien ohne Vorwissen und Genehmigung Unseres Ministerii oder RenthCammer bey Verlust der Kosten und Schadens Heimweisung erkauffen"*[2948] dürfe. In den Bauprotokollen des Jahres 1791 findet sich die Notiz eines herzoglichen Reskripts, *„um über die Beschwerde u. verdächtigte Amts Verfehlungen gegen den Baumeister Krutthoffen die fordersamste Untersuchung vorzunehmen."*[2949] Zwar wurden die Cameral-Akten des Carlsberger Baumagazins an das Oberamt Homburg weitergeleitet, doch scheint es, als seien die Ereignisse der Französischen Revolution einer Entscheidung in dieser Sache zuvorgekommen. Zwischenzeitlich kam Krutthofen in gewohnter Weise seinen Arbeiten nach, indem er sämtliche Rechnungen der Handwerker prüfte und abzeichnete, welche zur Baukasse weitergeleitet werden sollten, bestehende Gebäude inspizierte, notwendiges Material und Arbeiten in Auftrag gab sowie Gutachten erstellte. Darüber hinaus entwickelte und

---

2944 LA Speyer, Best. B3, Nr. 2550, Bl. 342v, 343v, Nr. 2133.
2945 LA Speyer, Best. B2, Nr. 1610, Bl. 53.
2946 LA Speyer, Best. B2, Nr. 1610, Bl. 41.
2947 LA Speyer, Best. B3, Nr. 2550, Bl. 341v, Nr. 2123.
2948 LA Speyer, Best. B3, Nr. 2552, Bl. 65v, Nr. 359.
2949 LA Speyer, Best. B3 Nr. 2553, Bl. 230v, Nr. 1273.

zeichnete er auch Architekturentwürfe, denn im Nachlassinventar des Herzogs, das sich auf „*Zeichnungen und Wasserfarbe Gemählde*"[2950] bezieht, finden sich unter der Nummer 2316 „*2 Architectische Stücke,*" die explizit Krutthofen zugewiesen und mit einem Wert von 3 Gulden taxiert wurden.

Nach der Zerstörung der Carlsberger Anlagen im Juli 1793 fertigte Krutthofen im September einen Lokalbefund der Carlsberger Brandstätte an, worin Schäden der diversen Bauhandwerksarbeiten zusammengestellt wurden.[2951] Laut der Berechnung seiner Besoldung und anderer Forderungen aus dem Jahr 1804 standen Krutthofen auch Auslagen in Höhe von 586 Gulden 59 Kreuzern zu, die sich aus der Flüchtung herrschaftlicher Baumaterialien im Jahr 1794 ergaben.[2952] Man hatte noch lange diverse Gegenstände von Wert unter anderem in den Eiskellern des Carlsbergs versteckt, denn Krutthofen berechnete für einen Aufenthalt von Juni bis Juli 1794 „*um noch herrschaftliche Sachen so versteckt gewesen abzuhohlen, p: Tag wegen der theuren Zehrung 2 fl.*"[2953] insgesamt 24 Gulden.

Eine Entlassung aus den herzoglichen Diensten vor dem 1. April 1806 bestritt Krutthofen vehement, da er die Bezüge für eine 21-jährige Dienstzeit einforderte.[2954] In den Jahren nach der Zerstörung des Carlsberges ließ er sich zunächst vermutlich in Heidelberg nieder, da seine Briefe und Berichte dort verfasst wurden. Ab dem Jahr 1796 ist er in Heilbronn nachweisbar, wo er den „Gasthof zur Sonne" in der Sülmerstraße 52 als dreiflügeliges Gebäude im Empirestil erbaute.[2955] Goethe weilte dort im Jahr 1797 und beschrieb das Haus als „von einem Zweibrücker Baumeister, der sich in Paris aufgehalten hat, gebaut und von ihm sowohl das Ganze als das Einzelne angegeben. Daß die Handwerker ihm nicht völlig sekundierten, sieht man am Einzelnen."[2956] Im Jahr 1798 baute er in Heilbronn das Haus des Kreisproviantkommissärs Uhl in der Fleinerstraße.[2957] Keines der beiden Häuser blieb jedoch bis in die heutige Zeit erhalten.

In der Zeit des ausgehenden 18. Jahrhunderts war Krutthofen auch als Chef des Geheimdienstes der französischen Rheinarmee tätig, das auch „Büro der gehei-

---

2950 GehHA München, Korrespondenz-Akten Nr. 1698. *Inventarium derer zur Verlassenschaft Serenissimi p.d. Herzog. Durchlaucht gehörigen estampes – Zeichnungen und Wasserfarbe Gemählde.*
2951 BayHStA München, Abt. IV, Serienakten 1999. Ein Ausschnitt dieses Verzeichnisses findet sich bei BECKER, Karlsberg, S. 45.
2952 BayHStA München, Best. MF 18844, Berechnung.
2953 LA Speyer Best. B3, Nr. 2623, Bl. 207. S. dazu auch: BECKER, Schlossbau, Nr. 12, S. 46.
2954 BayHStA München, Best. MF, Nr. 18844, Denkschrift § 4.
2955 GOSSENBERGER, Profanbauten, S. 44. Abgebildet in: DAHL/LOHMEYER, Zweibrücken, S. 250.
2956 Zitiert nach: BECKER, Erbauer, S. 79.
2957 RAUCH, Stadtgeschichtsschreibung, S. 96, sowie BECKER, Erbauer, S. 79.

men Korrespondenz" genannt wurde.²⁹⁵⁸ Er verfasste eine umfangreiche staatstheoretische Schrift unter dem Titel: „Der Fürst des neunzehnten Jahrhunderts. System der Staatskunst unserer Zeit",²⁹⁵⁹ die 1798/99 anonym erschien.²⁹⁶⁰ Als sich die Zeit der Jakobiner zum Ende neigte, wandte er sich in seiner Korrespondenz wieder verstärkt dem Münchner Hof zu. So stellte er im November des Jahres 1804 mehrere Nachforderungen zusammen. Im Februar 1806 sandte er dem König jene bereits oben erwähnte „Denkschrift" zu, in der er die Meinung vertrat, bis zur Stunde noch nicht entlassen worden zu sein, woraus sich für ihn 21 Dienstjahre und eine ausstehende Summe von 15.797 Gulden und 49 Kreuzern ergaben.²⁹⁶¹ Die Antwort aus München, unterschrieben von Montgelas und König Max Joseph, war deutlich: „*Das übertriebene dieser Forderung leuchtet zwar bey dem ersten Anblicke in die Augen, allein da Wir keinen Menschen welcher ein Recht zu haben vermöget, ohne nähere und genauere Untersuchung zurückweisen wollen, und ungeachtet des unendlichen Schuldenlaster unsers höchstseeligen Herrn Bruders jeden Prätendenten, wenn schon nicht ganz nach seinem Willen und übertriebenen Wünschen, doch immer mit aller Billigkeit behandelt wissen wollen, so haben Wir die obige Denkschrift des Krutthofer gegen die Liquidations-Berechnung unserer Commission vergleichen lassen, um die Hauptpositionen kennen zu lernen, worauf die so enorme Differenz zwischen beyden beruhe; und damit dieser sehr zudringliche Protendent in Bälde abgefertiget werden könne.*"²⁹⁶² Ausführlich wird erläutert, dass der Dienstvertrag als inaktiver Hofdiener endgültig am 1. Januar 1801 erloschen sei, da „*der Luneviller Frieden die Unwiderbringlichkeit des Herzogthumes Zweybrücken [...] entschieden hat,*"²⁹⁶³ zumal viele, wozu auch Krutthofen gehöre, sich zwischenzeitlich andere Nahrungszweige in auswärtigen Diensten gesucht hätten.

Am 7. Oktober 1818 heiratete die Tochter Krutthofens, Charlotte Luise Krutthofen, den Maler Julius Springer in Odernheim.²⁹⁶⁴ Ein Sohn aus seiner Ehe mit

---

2958 HAASIS, Freiheit, S. 533. Vgl. auch BECKER, Schlossbau, Nr. 12, S. 46. Er erwähnt Krutthofens Tätigkeit als Sekretär in Diensten des französischen Obergenerals Moreau.
2959 Krutthofen, Fürst.
2960 HAASIS, Freiheit, S. 889
2961 BayHStA München, Best. MF 18844, Denkschrift § 5.
2962 BayHStA München, Best. MF, Nr. 18844, Nr. 5 v. 11. März 1806.
2963 BayHStA München, Best. MF, Nr. 18844, Nr. 5 v. 11. März 1806. Anders Lohmeyer, der eine Demission aus Zweibrücker Diensten für das Jahr 1799 annahm. Vgl. LOHMEYER, Hautt, S. 244.
2964 Laut der Angabe Lohmeyers, auf die im Künstlerlexikon Thieme-Becker zurückgegriffen wird, lebte der Maler und Zeichenlehrer an der Universität Heidelberg, Julius Springer, – die Identität vorausgesetzt – von ca. 1776 bis zum 30. 12. 1818. Demnach verstarb er nur knapp drei Monate nach der Hochzeit mit Charlotte Luise Krutthofen. S. THIEME/BECKER/VOLLMER, Allgemeines Lexikon, Bd. XXXI, S. 411 zu Julius Springer.

Christine Wilhelmine Renkert war Geheimer Sekretär des Prinzen Paul von Württemberg.[2965] Krutthofens berufliche Tätigkeiten in diesem Zeitraum bleiben dagegen im Dunkeln.

Noch im Jahr 1827 stritt Krutthofen mit der Staatsschulden-Tilgungskommission „*in mehreren ganz verworrenen Vorstellungen auf eine Forderung*"[2966] bezüglich diverser Gelder, die er in die einstmalige Zweibrückische Witwenkasse eingezahlt hatte. Der letzte Brief des nunmehr 76-jährigen Krutthofen trägt das Datum vom Juni 1828, unterschrieben mit „*Leonhard von Kruthoven, Ingenieur Architeckt von Neukirchen in der großherzo. badischen Rheinpfalz.*"[2967] Sein Todesdatum bleibt bislang unbekannt.

Über die Funktion Krutthofens am Carlsberg gab es in der bisherigen Literatur sehr unterschiedliche Bezeichnungen und Tätigkeitsbenennungen. Mannlich beschreibt Krutthofen im Zusammenhang mit der Errichtung der Rotunde im Orangeriehof als „*appareilleur de nos Batimens, garcon intelligent et actif [...],*"[2968] der als Werkmeister die Umsetzung von Mannlichs Bauentwürfen beaufsichtigte. Becker benannte Krutthofen im Jahr 1925 als Baumeister und Architekt des Carlsberges in der dem Generalbaudirektor untergeordneten Funktion.[2969] Er bezog sich dabei auf eine Angabe Aulenbachs, der „Hauth und Grudhofer" als „Baumeister des Thränenberges" bezeichnete.[2970] Spätere Autoren wie Drumm und Lohmeyer, denen bereits detailliertere archivalische Erkenntnisse vorlagen, präzisierten Krutthofens Aufgabenbereich. So schrieb Drumm, er habe an der Vollendung des Carlsberges teilgenommen, die Innengestaltung beeinflusst, Nebenanlagen in der näheren und weiteren Umgebung errichtet und die Überwachung des Schlosses geführt.[2971] Lohmeyer ging davon aus, er sei am Carlsberg in ähnlicher Verrichtung wie bereits zuvor in kurpfälzischen Diensten, also als Baukonducteur und als Leiter des Baumaterialienmagazins[2972] tätig gewesen. Weber bezeichnete Krutthofen lediglich als Mitarbeiter Mannlichs, der nach der Ernennung Mannlichs zum Direktor der Schönen Künste den Carlsberg zu Ende führte, wie dies bereits Aulenbach formuliert habe.[2973]

2965 DAHL/LOHMEYER, Zweibrücken, S. 244.
2966 BayHStA München, Best. MF 18844, Nr. 15.
2967 BayHStA München, Best. MF 18844.
2968 BENDER/KLEBER, Histoire, Bd. II, S. 273.
2969 BECKER, Erbauer, S. 79.
2970 AULENBACH, Rhapsodieen, S. 60.
2971 DRUMM, Hautt, S. 92.
2972 DAHL/LOHMEYER, Zweibrücken, S. 243.
2973 WEBER, Schloss Karlsberg, S. 292 unter Bezug auf Friedrich Aulenbach, ohne Quellenangabe. S. dazu AULENBACH, Rhapsodieen, S. 60. Friedrich Aulenbach datierte die Fertigstellung des Carlsberges bereits in das Jahr 1783, also zwei

Tatsächlich geht aus dem umfangreichen Aktenmaterial hervor, dass ihm die Aufsicht über die herzoglichen Hofgebäude oblag und dass er in diesem Zusammenhang die Bauarbeiten ebenso wie umfangreiche Reparaturarbeiten leitete, Rechnungen vor der Weiterleitung zur Baukasse überprüfte und nach unten korrigierte, wenn sie ihm zu hoch erschienen. Hunderte von Handwerksrechnungen, eingereicht seit dem Zeitpunkt seines Dienstantritts im Jahr 1785, wurden von ihm abgezeichnet und tragen seine Unterschrift. Zu seinen Aufgaben gehörte auch die Erstellung von Baugutachten und die Veranschlagung und Angabe erforderlicher Baumaterialien.

Insgesamt war er jedoch in allen Unternehmungen weisungsgebunden, wie ein Bericht des Jahres 1787 deutlich zeigt.[2974] Darin bat er um die Entschließung in 18 Punkten, worunter die Fragen um den Ort der Materialabladung eines ausstehenden Gebäudes ebenso zu finden ist wie Fragen zum genauen Standort dieses Gebäudes. Dies zeigt, dass seine Bezeichnung als „Baumeister" nicht mit dem des „Architekten" als Entwerfer der Bauten gleichzusetzen ist. Seine Tätigkeit als Werkmeister[2975] am Carlsberg war eine Station im Rahmen seiner Entwicklung zum Architekten und Baumeister eigener Entwürfe, als der er in Heilbronn auftreten konnte, und damit durchaus vergleichbar mit den Entwicklungen anderer Architekten seiner Zeit.

      Jahre bevor Krutthofen in die Dienste des Herzogs aufgenommen wurde. An anderer Stelle gibt Weber an, dass Krutthofen 1785 an die Stelle des Werkmeisters Franz Georg Schaeffer getreten sei. AULENBACH, Rhapsodieen, S. 307.

2974 LA Speyer, Best. B2, Nr. 1601, Bl. 163. Diese Fragen beziehen sich auf den „langen Gang" vom herzoglichen Schloss zur Reitschule, der später als Verlängerung der Bildergalerie genutzt wurde.

2975 Zum Unterschied zwischen einem Werkmeister und einem Architekten s. auch HANEMANN, Fink, S. 22f.

E. Anhang

I. Erläuterungen zum Text

Diese Studien zur Baugeschichte basieren hauptsächlich auf Aktenmaterial, das auf unzählige kleine Rechnungen, Verträge und Eintragungen verteilt ist. Dieses Material konnte auf Grund der Fülle unmöglich als Ganzes dem Quellenanhang beigegeben werden. Daher wurden die an der jeweiligen Stelle aussagekräftigsten Passagen in den Text eingearbeitet.

Um das Material, das bisher noch nicht publiziert wurde, kenntlich zu machen, wurde für diese Zitate der Kursivdruck gewählt, damit es von Buchzitaten und bereits bekanntem Material besser unterschieden werden kann.

Die Zahlen der vielfach angegebenen Maße wurden in den Fußnoten nicht – wie sonst üblich – ausgeschrieben. Diese Entscheidung wurde zu Gunsten einer schnelleren Lesbarkeit getroffen.

Das # _____

II. Verzeichnis der Handwerker

Handwerker, die in den bearbeiteten Akten erwähnt wurden.

Alletter, Johannes	Schreinermeister aus Zweibrücken.
Amann, Jacob	Maurer
Amtshoff, Valentin	Schreiner aus Zweibrücken, fertigte u.a. Fenster für Treibhäuser, Schränke für das Naturalienkabinett.
Andler, Jacob	Zimmermeister aus Zweibrücken.
Andres, Michel	Zimmermeister aus Homburg, baute u.a. eine Kutschenremise und die Wildschweinschütte.
Angne, Georg	Fuhrmann aus Lambsborn mit einem Ochsengespann.
Angne, Jacob	Fuhrmann aus Lambsborn.
Angne, Michael	Fuhrmann aus Lambsborn mit einem Ochsengespann.

Angne, Paul	Fuhrmann aus Lambsborn mit einem Ochsengespann, fuhr für die Lambsborner Brunnenleitung
Appel, Johannes	Schreinermeister aus Zweibrücken; fertigte Jalousieläden für die Orangerie.
Arnold, Sebastian	Zimmermann
Badaff, Peter	Maurer, arbeitete am Anbau für den Speisesaal.
Bail	Bildhauer, fertigte u.a. die Löwenköpfe für das Schlossgitter, als Modelle für den Schlossermeister Bubong.
Barthol[d], Georg	Hofzimmermann
Bayer/Beyer, Philipp	Brunnenmeister, verantwortlich für Brunnen, Brunnenleitungen und Wasserkünste.
Bayer/Beyer, Conrad	Sohn des Philipp, Brunnenmeister, verantwortlich für Arbeiten an der Lambsborner Brunnenleitung ab 1792.
Becker, Johannes	Kalkbrenner aus Ohmbach.
Beindner, Joseph	Quadrator, arbeitete in beiden Ehrenhofflügeln, sowohl als Verputzer, als auch als Quadrator.
Berthold, Balthasar	Zimmermeister
Berthold, Simon	Hofmaurer und Steinhauer, Polier bis 22. 5. 1789, danach ersetzt durch Georg Müntzel.
Berthold, Franz	Sohn des Simon Berthold.
Biehl, Joseph	Schreiner
Bihl, Johannes	Schreiner aus Homburg, macht Lambrien, legte Friesböden, machte Schilderhäuser, Schränke, Boiserien.
Bihl, Michael	Schreinermeister aus Homburg, machte Lambrien, Boiserien im Schloss und den Lusthäuschen, verlegte Holzböden, fertigte Möbel und Orangenkästen.
Bihl, Jörg	Schreiner aus Homburg, fertigte Fenster für die Orangerie.
Biehn (Bien), Johannes	Zimmermann zu Ixheim, fertigte den Stallbau von Monbijou.

Binot (Bino), Jacob	Nagelschmied aus Homburg.
Binno, Nickel	Schneider aus Homburg, nähte das Gewand des Winzers.
Bintz, Johann Georg	Schreinermeister, arbeitete u.a. an Lambrien im Herzoginnenflügel.
Bläß, Adam	Maurer, grub und mauerte Eiskeller.
Blinn, Paul	„der Junge" aus Lambsborn, machte Fahrten auf den Carlsberg für Material der Brunnenleitung.
Blinn, Philipp	Fuhrmann aus Bechhofen, arbeitete u.a. an der Lambsborner Brunnenleitung.
Blon, Jacob von	Glasermeister von Sand (Einöd), belegt für Arbeiten am Eichelscheider Hof und am Pettersheimer Schloss.
Böhler, Peter Martin	Steinhauer
Bötsch (Betsch), Magnus	Schlosser, arbeitete u.a. in der Orangerie und im Comödienhaus.
Bohn, Martin d.Ä.	Leyendecker aus Kusel, arbeitete an diversen Gebäuden am Schloss und an Gartenpavillons sowie in der Fasanerie in Carlslust, ab 1785 auch in Monbijou.
Boßlet, Michael	Fuhrmann aus Bechhofen, arbeitete an der Lambsborner Brunnenleitung.
Brännesholz, Hans	Schreiner, arbeitete u.a. im Comödienhaus, legte Friesböden im Schloss.
Brandauer, Nicklas	aus Waldmohr, deckte eine Eisgrube mit Stroh.
Breisach, Conrad	Wagnermeister aus Homburg, fertigte Werkzeugstiele, Schubkarren etc.
Bruch, Niklaus	Hofwagner
Bubong, Henrich	Schlossermeister, verantwortlich für unzählige Arbeiten im und am Schloss, u.a. Stiegengeländer und vor allem das Hofgitter, das fertig war, aber nie aufgestellt wurde.
Bubong, Peter	Kaufmann, Sohn des Henrich Bubong, war bevollmächtigt, seine Rechnungen nach 1793 einzutreiben.
Bürcki, Nicolaus	Schmiedemeister aus Zweibrücken.

Carré, Johannes	Tüncher (Anstreicher), arbeitete unter dem Hoftapezierer Richard am Venezianischen Markt, bemalte Schilderhäuser, strich Jalousietüren und ein Orangerietor sowie die Lambrien, Fenster, Nachtläden mit weißer Leimfarbe an.
Chrischilles, Nicolaus	Schmiedemeister aus Zweibrücken.
Christmann, Jakob	Zimmermann
Christmann, Simon	Dielenlieferant
Conrad, Peter	Ziegler aus Bierbach.
Corfier, Philipp	Möbelschreiner
Couturier, Christian	Rotgießer aus Zweibrücken, goss auch die Glocke der prot. Kirche in Niederauerbach.
Cronauer, Nickel	Dachdecker aus Waldmohr.
Cullmann, Theobald	Zimmermeister aus Homburg, baute u.a. den Küchenanbau am Corps de logis und den Ochsenstall unten am Carlsberg sowie einen Pavillon in Carlslust.
Daniel, Johannes	Schreiner aus Homburg, verlegte Friesböden und fertigte Fensterrahmen für den Schlossbau u. Orangerie sowie Möbel, arbeitete in der Menagerie.
Daub	Maurer aus Zweibrücken.
David, Jacob	Zimmermeister aus Homburg.
Deibel, Conrad	Maurer, arbeitete an der Erbauung der Carlsberger Rotunde.
Deibel, Georg	Gipser, arbeitete im ersten Schlossanbau.
De Rhein	Hofuhrmacher
Didier, Henry	Steinbrecher aus Bexbach.
Dielmann, Carl	Schreiner vom Carlsberg.
Drein, Carl	Schreiner, fertigte Gitterwände für die Menagerie.
Dumont, Hartmann	Maurer
DuMont	Uhrmacher
Eckel, Georg	aus Bechhofen.

Ecker, Jacob	Schreinermeister
Eichhorn, Johannes	Tüncher, arbeitete am langen Bildergalleriegang.
Eisenmenger, Henrich	Hofseiler aus Zweibrücken.
Faber, Ludwig	Glasermeister aus Zweibrücken, arbeitete dort am Großen und am Kleinen Schloss, im Ritterhaus sowie am Schießhaus und in der Küche am Carlsberg.
Feller, Nicolaus	Ziegler, arbeitete auf der herrschaftlichen Ziegelhütte auf dem Kreuzberg, die beim zweiten Brand mit Steinkohlen gebrannt wurden.
Fischer, Ignatius	Schreinergeselle aus Homburg, fertigte den Fußboden in der Bildergallerie.
Fleisch, Johann Georg	Quadrator, arbeitete im Jahr 1782 am Carlsberg.
Franck, Carl Friedrich	Schreinermeister in Zweibrücken, lieferte Parketttafeln für den nördlichen Ehrenhofflügel.
Franck, Peter	Schlosser, arbeitete in der Menagerie.
Franz, Georg Jacob	Lieferer für Graukalk, Backsteine und Ziegeln aus Delfelden.
Frenzel, Michel	Gerbermeister
Friedel, Nicolaus	Vergolder aus Zweibrücken.
Fuß, Jacob	Nagelschmiedemeister aus Homburg, lieferte Nägel.
Ganthner/Gandtner, Johann Ulrich	Maurermeister aus Homburg, baute ein Brunnenhaus.
Gebhard, Christian	Maurer aus Kirrberg, erbaute den Postillionsstall.
Geckeis, Joseph	Steinbrecher aus Kirrberg, dem 1785 und 1786 das Steinbrechen zum herrschaftlichen Bauwesen oblag.
Geigel, Friedrich	Kalkbrenner aus dem Mühltal.
Gerstenmeyer, Peter	Schlosser und Brunnenmeister, verstarb 1794.

Gieger, Jacob	Schreinermeister aus Zweibrücken.
Gitzner, Andreas	Tüncher aus Zweibrücken, hat u.a. Orangenkästen und den hölzernen Bildergang angestrichen.
Giraume, Nicola	Steinbrecher aus Bexbach.
Glensch/Klensch, Jacob	Ziegeler aus Mittelbach.
Glöckner, Martin	Schneidermeister aus Homburg, nähte das Gewand des Winzers Mauler.
Gödtel, Peter	Schneidmeister aus Pettersheim.
Görg, Johann	Wagner in Homburg, arbeitete am Karussell der Freifrau von Esebeck in deren Homburger Anwesen.
Grad, Carl	Tüncher (?), hat die Regenrinne des Bienenhauses mit Ölfarbe gestrichen.
Grätsch/Gretsch, Friedrich	Dreher, dessen Witwe Margaretha ab dem Jahr 1786 Rechnungen eintreibt. Arbeitete u.a. für die Lambsborner Brunnenleitung.
Grätsch/Gretsch, Gallus	Drehermeister aus Homburg.
Granzer	Vergolder, der von v. Creutzer erhebliche Summen erhielt.
Grattel, Heinrich Theobald	Hafnermeister aus Zweibrücken, lieferte Wasserkrüge, Schüsseln, Milchkrüge sowie Blumentöpfe für Monbijou.
Grosglos, Peter	Zimmergesell
Grosglos, Friedrich	Zimmermann von Pettersheim.
Grünwald/Grunewald, Jacob	Tüncher
Ham, Johann Peter	Spengler
Haaß, Franz	Schlossermeister von Homburg.
Haaß, Christoph	Maurer aus Zweibrücken.
Hamm, Johann Peter	Spengler aus Homburg.
Heinigst, Ignatius	Steinschneider
Hengstperger, Johannes	Steinbrecher aus Einöd.
Henrich, Adam	Nagelschmiedmeister aus Zweibrücken, laut Aussage Mannlichs der beste Lieferant an den Hof.

Herbel, Friedrich	Schlossermeister aus Zweibrücken; fertigte Feuerleitern für den Carlsberg und schlug Jalousieläden am Bildergang an.
Heß, Nickel	Zimmergesell vom Carlsberg.
Heuß, Cassimir	Schreiner aus Zweibrücken; arbeitete im Haus für die Goldfasanen in der Carlslust.
Herzog, Henrich	Maurer; schrotete die Felsen ab, damit der Bildergang errichtet werden konnte.
Himmel, Adam	Steinhauer, arbeitete an der Rotunde.
Himmel, Georg	Steinhauermeister aus Zweibrücken, arbeitete am Jägersburger Schloss.
Himmel, Johannes	Steinhauer aus Zweibrücken, arbeitete an Kapitellen für einen Tempel am Carlsberg.
Hoff	Zimmermann, fertigte Orangenkästen in der Zweibrücker Orangerie.
Hofmann, Georg Michel	Hafnermeister
Hofmann, Nicklaus	Kalkbrenner aus Niederhausen.
Hübner, Heinrich	Schreiner
Hüter, Friedrich	Maurer und Steinhauer
Jäger, Matheis	Schreinermeister aus Erbach, fertigte Treillagen für den Rosengarten.
Jäger, Daniel	Schlossermeister aus Homburg.
Jan, Joseph	Leyendecker aus Homburg.
Kassenberger, Johann Georg	Glaser, fertigte Drahtgitter für die Käfige der Menagerie.
Kehl, Johann Matthias	Drehermeister aus Zweibrücken.
Kehl, J. Paul jun.	Drehermeister, fertigte eine Rolle für eine Eisgrube und Vasen für den Marstall.
Keller, Georg	Schreiner, arbeitete am Hasenhaus.
Kesler	vergoldete die Türknöpfe des Speisesaals.
Kiefer, Michael	Schmiedemeister aus Lambsborn, lieferte Schmiedearbeiten zur Brunnenleitung.
Kirschner, Peter	Er grub einen Fleischkeller am Jägerhaus aus.
Klein, Heinrich	Küfermeister aus Homburg, lieferte Bütten und Fässer.

Klein, Jacob u. Christoph	Glockengießer aus Ernstweiler.
Klein, Wendel	Maurermeister aus Erbach, erbaute die Büchsenmacherei.
Klett, Jacob	Quadraturarbeiter aus Schwetzingen
Koch, Johann Philipp	Schlosser aus Zweibrücken, fertigte u.a. Petschafte, Schürhaken und Kohlenschübe.
Kohler, Conrad	Wagnermeister aus Homburg, fertigte u.a. Schubkarren.
Knauber, Henrich	Wagner aus Zweibrücken.
Kramer, Johann Peter	Leyendecker aus Zweibrücken, deckte das Jägersburger Schloss nach dem Einsturz des Daches 1791 neu und war an der Eindeckung des „langen Ganges" beteiligt.
Krumm, Michael	Maurermeister aus Zweibrücken, der den rechten Schlossflügel baute und auch darüber hinaus am Carlsberg viel beschäftigt war. Stadtbaumeister in Zweibrücken. Besaß eigenen Steinbruch.
Lang, Abraham	Plattenbrecher aus Ohmbach, lieferte Ohmbacher Platten für das Carlsberger Bauwesen.
Ladenberger, Theobald	Pflasterer aus Zweibrücken.
Lauer, Nicolaus	Schreiner aus Homburg.
Leiner, Conrad	Möbelschreiner, fertigte Möbel für das Schloss.
Leseur, Anton	Schlossermeister aus Homburg.
Leseur (auch Lasseur), Georg	Spengler zu Homburg.
Lieblang, Bernhard	Stuckateur
Lindemann, Johann Ludwig	Kupferschmied aus Zweibrücken, fertigte Backofenrohre.
Lindemann, Johann Peter	Sohn, Kupferschmied aus Zweibrücken, arbeitete für Lambsborner Brunnenleitung und das Carlsberger Bauwesen.
Lipp, Johannes	Schreiner aus Homburg.
Luxemburger, Michel	Steinhauer
Lorenz, Jost	Schlosser

Löw, Philipp	Spengler aus Homburg, reparierte u.a. Laternen.
Lucas, Peter	Pflasterer und Steinhauer aus Waldmohr; lieferte Steine für den ersten seitlichen Schlossflügel.
Ludwig, Jacob	Schreinermeister aus Zweibrücken, fertigte u.a. Betten, Gipskästen und Parketttafeln und arbeitete an der Carlsberger Rotunde.
Männer, David	Zimmermeister, aus Ixheim, erbaute u.a. die Separationen für die Goldfasanen in der Carlslust.
Magel, Ziriaq (Cyriac)	Maurergeselle
Manny, Adam	Schlossermeister auf dem Carlsberg.
Mathis, Peter	Zimmergeselle aus Danzig, arbeitete an der Carlsberger Voliere.
Marder, Mathies	Maurergeselle
Meyer, Georg	Zimmermeister, hatte die Errichtung der Seitenflügel des Reithauses übernommen.
Mössel, Heinrich Carl	Buchbinder aus Homburg.
Mohr, Abraham	arbeitete in der Menagerie.
Morang, Matheis	Tüncher, strich die Fenster der Bildergalerie.
Morand, Anton	Maurermeister aus Homburg, arbeitete in der Menagerie.
Müller, Jacob	Quadrator, zog die Gesimse im Herzogsflügel und im Straßenflügel über der Einfahrt.
Müller, Johannes	Glasermeister aus Homburg, arbeitete im nördlichen Ehrenhofflügel.
Müller, Nikolaus	Maurer aus Gries, arbeitete an der Lambsborner Brunnenleitung.
Müntzel, Georg	Maurer und Steinhauer aus Homburg, ab 1789 Polier.
Müntzel, Johannes	Maurer und Steinhauer aus Homburg. 1796 als Hofpolier in den Büchern geführt.
Naßner (Nassner), Andreas	Stukkateur und Quadraturarbeiter aus Schwetzingen.

Ott, Johann Peter	Schreinermeister aus Zweibrücken, fertigte Orangenkästen für die Orangerie.
Ohlinger, Johann Georg	aus Althornbach; zuständig für Aushubarbeiten am Schloss für Fundamente und Eisgruben.
Oster, Heinrich	Schmiedemeister aus Homburg, fertigte Leitern für die Eisgruben.
Ostheimer, Henrich	aus Homburg, erhält 25 Gulden aus Pariser Geldern.
Pache, Carl Ludwig	Seilermeister aus Zweibrücken; lieferte Garn in die Menagerie.
Petri, Nicolaus	Nagelschmied aus Zweibrücken.
Pfaff, Ludwig	Pflasterermeister, wohl aus Zweibrücken.
Pfisterer, Caspar	Maurer aus Neuhäusel.
Pirro, Bernhard	Er grub einen Fleischkeller am Jägerhaus aus.
Purllacher, Paul	Glasermeister aus Homburg.
Portscheller, Johann	Maurer aus Kleinsteinhausen.
Reeß, Christian	Schreiner aus Zweibrücken, fertigte Fenster und Türen für die Orangerie sowie Tapetentüren und Lambris für den Herzogsflügel.
Reichert, Philipp	Hafner aus Homburg, färbte die Öfen.
Reuter, Philipp	Er grub einen Fleischkeller am Jägerhaus aus.
Richard	Hoftapezierer, beaufsichtigte und attestierte die Rechnungen für die übrigen Tapezierer und Tüncher.
Ritz, Johannes	Schreinergesell, arbeitete im Tempelzimmer und fertigte ein Stiegengeländer im Schweighofer-Flügel.
Rockenbach, Philipp	Schlossermeister aus Zweibrücken.
Römer, Daniel	Glaser aus Zweibrücken.
Rombler, Peter	Schlossermeister aus Homburg.
Roos, Johannes / Hannes	Schreinergesell aus Erbach; fertigte Türen u. Möbel u.a. für die Kasernen.

Roos, Wilhelm	Schmiedemeister aus Erbach
Rosche, Jakob	Maurermeister aus Homburg
Rosche, Peter	Maurermeister aus Homburg, arbeitete am Eichelscheider Hof, baute ein Treibhaus auf dem Carlsberg u.a..
Ruff	Zimmermann aus Auerbach, arbeitete am Carlsbergweiher.
Rusconi, Antonio	Zimmermannsgeselle
Sandlinger	Steinhauer
Schaeffer, Franz Georg	Polier, Werkmeister mit jährlichem Gehalt von 550 Gulden ab 1783. Verstarb am 23. Juli 1785. Seine Nachfolge wurde von Johann Leonard Krutthofen angetreten.
Schäffer, Johannes	Schreinermeister aus Zweibrücken, fertigte hochwertige Möbel, unter anderem für das Gobelinzimmer.
Schilling, Joseph	Zimmermann aus Schwetzingen, fertigte das Stiegenhaus an der Bildergalerie.
Schild, Hans Adam	Wasemmeister im Amt Homburg, säuberte die „Heimlichen Gemächer" auf dem Carlsberg.
Schillo, Johannes	Schlosser aus Homburg, fertigte u.a. Stiegengeländer und Tore; arbeitete in der Orangerie und am Schiff im Neuwoog.
Schirrong/Gireaume, Nicklaus	Steinbrecher aus Mittelbexbach.
Schlicher, Jacob	Er grub einen Fleischkeller am Jägerhaus aus.
Schmelzle, Franz	Schmiedemeister aus Homburg.
Schmelzle, Joh. Martin	Schmied aus Homburg.
Schmid, Johannes	Gipser, arbeitete mit Georg Deibel am ersten Schlossanbau.
Schmid, Philipp Henrich	Tagelöhner am Carlsberg, arbeitete in der Menagerie.
Schmidt, Johann Georg	Schreinermeister aus Homburg, verkittete und fertigte Stiegengeländer im Schloss und flocht Draht für die Carlslust.
Schmitt, Christoph	Steinbrecher
Schmolze, Peter	Steinbrecher aus Einöd.

Schober	Schreinermeister, fertigte Schilderhäuser für den Carlsberg.
Schoeller, Johannes	Schreinermeister, fertigte Trumeaux in das Gobelinzimmer und zwei Eckkabinette, sowie gemeinsam mit V. Amtshoff Schränke für das Naturalienkabinett.
Schopp(in), Catharina	Tagelöhnerin, putzte die herrschaftlichen Gebäude
Schütz, Ludwig	Pflasterermeister aus Zweibrücken, pflasterte den Schlosshof.
Schütz, Matheis	Gipser, arbeitete mit Bernhard Lieblang am ersten Schlossanbau.
Schulz, Heinrich	Stukkateur und Quadraturarbeiter, arbeitete in der Bildergalerie.
Schupp, Anton	Vergolder
Schupp, Georg	Schreinergesell aus Erbach, reparierte Türen und Fenster, fertigte Tierkäfige für den Herzog und Gesimslehren für die Gipser.
Schwar[t]z, Peter	Zimmergesell aus Homburg.
Schweighofer, Christian	Maurermeister aus Zweibrücken. Erbaute den südlichen Schlossflügel, die Orangerie u.v.m.
Seele, Peter	Nagelschmied aus Zweibrücken.
Seyler, Johannes	Schreinermeister aus Homburg, legte Parkettböden in den Schlossflügeln.
Simon, Christian	Schlosser aus Zweibrücken, arbeitete am Schießhaus im Wald des Carlsberges.
Stenger, Johann Georg	Tüncher
Stey, Franz	Tüncher, arbeitete im Appartement des Herrn von Esebeck in der Orangerie.
Thanay, Johannes	Tagelöhner auf dem Carlsberg, arbeitete in der Menagerie.
Trautmann, Jacob	Fuhrmann aus Lambsborn, Bruder des Paul Trautmann, arbeitete an der Lambsborner Brunnenleitung.
Trautmann, Paul	Gemeindsmann, Fuhrmann aus Lambsborn.

Trautmann, Philipp	aus Lambsborn, arbeitete an der Brunnenleitung.
Trautmann, Theobald	aus Lambsborn.
Vogel, Daniel	Schlosser aus Zweibrücken, hat Orangenkästen beschlagen.
Vogel, Joseph	Zimmermeister aus Ixheim, war an den Zimmerarbeiten der Bildergalerie beteiligt und baute gemeinsam mit dem Zimmermeister Andres aus Homburg eine Remise.
Voegele, Peter	Posthalter u. Fuhrmann aus Homburg, transportierte Materialien zum Carlsberg wie Eisenwaren, Glas, Kalk etc.
Wächter, Anton	Brunnenmeister aus Zweibrücken.
Wagner, Johann Georg	Schlossermeister aus Homburg.
Wagner	Stuckateur aus Mannheim.
Walbaum	Zimmerpolier, erhöhte den Dachstuhl auf dem Corps de Logis, wird auch als „Hofzimmermann" bezeichnet.
Wallacher, Jacob	Müller u. Gipslieferant aus Reiskirchen.
Weber, Christoph	Schmiedemeister aus Homburg, arbeitete im Weinberg.
Weber, Nicolaus	Schreinermeister aus Homburg, fertigte u.a. ein Geländer um das Bassin im Reithof.
Weller, Ludwig	Schlosser auf dem Carlsberg, fertigte einen Schuber am Löwenkasten in der Menagerie.
Weller, Johann Jacob	Schlosser aus Homburg, Bruder des Ludwig Weller.
Wernher, Johann Georg	Dielenlieferant aus Pirmasens.
Wery, Peter	Spengler aus Zweibrücken.
Wing, Melchior	Zimmergesell
Wilms, Henrich Melchior	Schreinermeister aus Zweibrücken.
Wirth, Heinrich	Zimmermann, baute ein Schießhaus am Carlsberg und brach 1789 den Dachstuhl des Corps de logis ab.
Wolf, Christian	Schlosser aus Zweibrücken, arbeitete dort im großen und im Kleinen Schloss.

Zimmer, Nicolaus	Hofschreiner
Zimmermann, Adam	Anstreicher in Homburg.
Zimmermann, Peter	Maurermeister in Zweibrücken.
Zöller, Jacob	Schreiner, fertigte Orangenkästen für den Carlsberg, arbeitete an der Carlsberger Rotunde.
Zorn, Peter	Leyendecker in Homburg.
Zorn, Johannes	Leyendecker in Zweibrücken, arbeitete u.a. an der Carlsberger Rotunde.
Zorn, Nicolaus	Leyendecker in Zweibrücken, deckte das Kleine Schloss in Zweibrücken neu, arbeitete u.a. an der Carlsberger Rotunde.

III. Quellentranskription (Aktenauszüge)

1. Luisenhof

Bayerisches Hauptstaatsarchiv: Abt. IV

Serienakten 1999, Kriegsbegebenheiten betreffend

Schadensbericht

Eigenes Heft, nicht paginiert

Ad N. 543

Anmerckungen über den Etat der Schäden und des Verlustes, welcher durch die Francken im Herzogthum Zweybrücken verursacht worden.

Überhaupt. A.

Kann kein vollkommen richtiger Etat durch alle Rubricken noch zur Zeit gemacht werden, weilen, nach dem die Francken im Anfang 1793 die Herzogliche Collegia ausser Activitaet gesetzet, und hierauf die Ober Aemter Zweybrücken, Homburg, Lichtenberg und Schaumburg von derenhalben besezt worden, man von diesen Ober Aemter noch nicht einmal sämtliche Amts Rechnungen vom Jahr 1792 erhalten können; und da diese Ober Aemter würcklich noch bis dato von den Francken occupirt sind, und die Herrschafttliche Gefälle nach den vor Zeit erhaltenen Nachrichten von denselben bezogen werden; so war keine Rechnung bis ietzo zu dencken; Man müßte dahero ein gemeines Jahr zum Grund legen.

Nur der Schaden an Herrschafftlichen Schlößer, Höfen, Gärten, Meubles und Effecten, konnte in den kleinen Intervallen, da die Gegend von den Francken verlassen war, durch Experte abgeschäzt werden.

[…]

Insbesondere

Ad Art. 1. Die Karlsberger Baukosten ad 1.188.440 fl. sind von 1783 an, bis zur Verbrennung au den Bau Casse Rechnungen extrahirt. Die Bau Kosten von 1777 bis 1782 binnen welcher Zeit bekanntlich mehr, als in der Folge gebaut worden, maßen ao 1776. Bekanntlich nur ein ordinaires Hof Hauß von etlichen 1000 Reichsthaler werth, auf dem Carlsberg gewesen, haben gewiß mehr als eine Million gulden gekostet: Allein man konnte bis her die Bau Rechnungen nicht erhalten, zudem sind nicht alle Kosten darinn verrechnet, denn bekanntlich haben Serenissimi p.d. Selbsten, der Herr Minister von Esebeck, beede Herrn Obriste von Esebeck, Geheim Rath Creuzer, Kammer Diener Wengel[2976] (?) p

---

2976 gemeint ist wohl der Kammerdiener Vongall.

viele Baukosten zalt, welche in der Bau Caße Rechnung nicht befindlich sind; Man hat also diese Summe ad Ein Million einsweilen angenommen.

Die Kosten den Brandschutt aufzuräumen, sind nach dem Cubischen Innhalt berechnet, und machen die Größe und Werth der verbrannten Gebäude begreiflich. Da aber solche schwerlich wieder auf diesen Platz gebaut werden mögen; so wird nach leicht von Vergütung dieser 57.460 fl. Abstand nehmen können.

[…]

Wernher, Pfender

[…]

Also ratificiret Manh. d. 17. Aug. 1795

Colson

Kaufvertrag

LA Speyer Best. B2, Nr. 1614

Ad N: 1852. C. de 1778

Copia

Kund und zu wißen seye hiermit männiglich, daß heute unten gesezten Dato, zwischen Ihre Herzoglichen Durchlaucht dem Regierenden Herrn Herzogen zu Pfalzzweybrücken Käufern an einem-

sodann der Hochgebohrnen Frauen Maria Louise Gräfin von Strahlenheim, gebohrne Freyfrau von Esebeck in Zustand Ihres Herrn Gemahls, des auch Hochgebohrnen Herrn Grafens von Strahlenheim Königlich Französischen Feldmarschall, und ihres annoch besonders hierzu erwählten und mit unterschriebenen Beystandes Verkäuferin am andern Theil, über den Hochderselbigen zugehörigen auf Homburger Bann gelegenen und von dem Herzogthum Zweybrücken Lehenrührigen sogenannten Louisenhoff nachstehender, aufrichtiger und unwiderruflicher Kauff und Verkauff, so wie solcher denen Rechten nach am allerbindlichsten seyn Kann und mag, abgehandelt und geschloßen worden.

Es verkaufft nehmlich und gibt zu Kauffen vorgedachte Frau Gräfin von Strahlenheim in Zustand Ihres vorgenannten Herrn Gemahls und annoch besonders erwählten /

Beystandes an Höchstgedacht Ihro Herzogliche Durchlaucht zu Pfalzzweybrücken ihren bis hero von dem Herzogthum Zweybrücken Lehens rürig besessenen vorbemelten Louisen Hoff, samt dem dazu geschlagenen sogenannten Kleinen Hoff und allem seit der Errichtung dieser Höffe bis jetzo dazu gemachten Acquisitionen, nichts ausgenommen, mit allen darauf hergebrachten freyheiten,

Rechten und Gerechtigkeiten, so wie Sie solches alles bishero selbsten besessen genützet und gebrauchet haben, nicht weniger die selben zustehende Helffte aller Früchten im Feld, wie sie Nahmen haben mögen, samt dem – in diesem Contract beygefügten Inventario aufgezeichneten dem dermahligen Hofmann zwar cedirten aber von demselben noch nicht bezahlten Schiff und Geschirr, das Schaaf und Hammel Vieh ausgenommen, wobey die noch weiters an erbenannten Hofmann sowohl, als dem verstorbenen Hofmann von dem Kleinen Hoff habende besondere Specificirte/

Forderung samt denen bey dem Amte Homburg stehenden Steiggeldern vor verkaufte Grundbirnen cediret und abgetreten worden – vor und um die Kauf Summe von 35000 fl. schreibe fünf und dreyßig Tausend Gulden nebst Sechzig neuen Louisd'or in den Kauff in guten und gangbaren Müntzsorten den Gulden zu Sechzig Kreutzer gerechnet nachdem dermahligen Conventionis Fuß also und dergestalten daß in dem Monath Decembris dieses laufenden Jahres fünf Tausend Gulden an der Stipulirten Kauf Summe zahlt, die übrige dreyßig Tausend Gulden aber, gegen Landübliche Zinßen zu 5 pro Cent, so lang es von beyden Seiten beliebet wird, stehen bleiben soll.

Gleichwie um beyderseitige Durchlauchtigster und Hohe Herr und Frau Contrahenten mit allem in diesem Kaufbrief enthaltenen Puncten und Clauseln vollkommen wohl zufrieden, allso haben Sie zu steter und unverbrüchlicher Haltung dessen allen Sich/

derer diesem Contract zuwiederlaufende Rechtsbehelfen und Ausflüchten als Überredung, Vervortheilung über die Helffte nicht rechtverständiger und anders abgeredt – als niedergeschriebener Sache, und aller anderer, wie sie Nahmen haben mögen, nicht minder Sie die Frau Verkäuferin der Ihnen durch Ihren annoch besonders erbettenen Herrn Beystand wohlverständigten weiblichen Beneficien des Sen. cons. Allg. und authent. Codicis si qua mulier renunciret und sich derselben begeben. Alles getreulich und sonder Gefährde.

Zu Urkund deßen ist gegenwärtiger Kauf Contract in duplo ausgefertigt und jedem der Durchlauchtigst und Hohen Herr und Frau Contrahenten in unterschrieben und besiegeltes Exemplar davon zugestellet worden. So geschehen Zweybrücken den Sieben und Zwanzigsten Julius 1777

Carl Pfalzgraf

Gräfin von Strahlenheim geb. von Esebeck

Graf von Strahlenheim

Carl Philipp Wilhelm von Raesfeldt als von der Frau Gräfin von Strahlenheim erbetteter Beystand.

2. Stall, Reitschulgebäude und Kutschenremisen[2977]

a. LA Speyer, Best. B3, Nr. 2965, #4696, Vertrag für den Maurer

Bericht

Zu dem Plan, von einem auf dem Carlsberg zu erbauenden Stall, Reitschuhl und Kutschenremisen

Wird der Plan in allen seinen Maasen genau befolget, die Arbeit solide, sauber und meisterhaft gemacht, und muß der Enterprenneur davor responsable seyn, und sollte ihme in irgends etwas ein Anstand Vorkummen, so hat er bey dem Baumeister Erkundigung und Erläuterung einzuziehen, oder sich selbsten bey zu messen wann die unrecht gemachte Arbeit auf seine Kosten abgeändert wird.

Die Fundamenter werden so tief gegriffen, als solche *?Wasserschaden?*

erforderlich sind. Und weilen der Platz ungleich ist, so muß der Enterpenneur solchen auf seine Kosten applaniren und ausfüllen.

Die Fuß Socler werden von sauber gehauenen Steinen 18 Zoll hoch gemacht.

Die steinernen Schwellen Socles unter die Pfosten, Fenster und Thüren ?r wir auf 32. Vor Kaminer, die Schmid Eß, ein franz. gehauenes Camin, desgl. die Steegentritt an den Stübgen bey der Reitschuhl, und steinerne Säulen unter die Posten an der Kutschen Remise. Von dergleichen versteigt werden müssen

?Wasserschaden, 1 Wort fehlt Gänge in denen Ställen *wer*den alle mit sauber gehauenen Ohmbacher blatten be- und in Speiß gelegt.

die Reitschuhl nebst denen 3. übrigen Ställen, werden von massivem Mauerwerk, hingegen der auf beyden Seiten angebaut werdende Jägersburger Stall nur von Ziegelwänden gemacht und mit Mauersteinen ausgemauert.

die Schmidt=Steegenhäußer=Wachtstuben=Sattlerey und S.V. Priveter werden ebenfalls mit sauber gehauenen Ohmbacher blatten belegt.

die böden in denen Ställen und in der Reitschuhl, und in denen Zimmern werden gestickt, gewickelt und dem *Wasserschaden, eine oberste Zeile und ca. 2 Worte fehlen.* bestochen *Loch* überbunden glatt ins Richtscheid verbutzt und geweiselt. *seitl. Anfügung:*

hingegen die Nebenwänd in dem Jägersburger Stall werden auf beyden Seiten über Holz überbunden glatt ins Richtscheid verbutzt und geweiselt.

In denen Zimmern unter denen Dächern werden Wänd zwischen denen Sparren gestückt, gewickelt, über Holz überbunden, glatt ins Richtscheid verputzt und geweiselt.

[2977] Dieses Aktenbündel war laut Angabe des Archivpersonals viele Jahre zuvor einem Wasserschaden ausgesetzt und deshalb teilweise mit Schimmel befallen bzw. durch Feuchtigkeit verklumpt und nicht mehr lesbar. Diese Stellen sind entsprechend gekennzeichnet.

die beyde Thor an der Einfahrt *Einfügung:* und dem basse Cour müssen von sauber gehauenen Steinen gemacht werden.

die Zimmer unter denen Dächern *Einfügung:* aus genommen 6. welche gewickelt werden und die Gänge werden mit wohlgebrannten und grad choisirten blättgen geblättelt und diese in Speiß gelegt.

die Schornsteine werden von liegenden backenstein aufgeführt und bestochen und muß jeder 12 Zoll zu 22 gros seyn.

die Speicher werden dem Gebälk zugleich gestrichen, und übertragen.

Die Fundamenter die steinernen Schwellen so wie auch die Krippen zu befestigen, hat der Entprenneur ebenfalls zu besorgen.

Das ganze Maurwerk inn= und aus wendig wird glatt bestochen und geweiselt.

Die beyde Remisen werden innwendig mit rauen Steinen gepflastert.

Die Remisen selbsten werden innwendig gestickt, gewickelt, dem Gebälck zugleich bestochen und geweiselt.

Wasserschaden zwischen ?llen und Remisen werden 6 Schuh über dem boden aufgeführt, mit gehauenen decksteinen belegt, glatt bestochen und geweiselt.

Das Dach wird mit geschnitten eichenen Dachlatten gelattet, und mit grad choisirten und wohlgebrannten Zieglen dergestalten gedeckt, dass nur der dritte Theil einer Ziegel ersichtlich ist. Die Dachgauben werden ebenfalls von dem Maurer gelattet und gedeckt, und die Wangen ausgemauert, hingegen die Kehlen werden vom Leyendecker gedeckt, und gehören in diese Enterprise nicht.

Der Entprenneur der Maurer Arbeit muß nicht nur alle Arbeiten genannt und ungenannte, welche erfordert werden, das Gebäude nachdem Plan fix und fertigen Stand zu stellen machen, sondern sich auch alle Rüstung stellen.

Die von dem Jägersburger Stall vorhandenen Materialien, an Schwellen, Blattern, gebrannten Blättger, Backenstein, hohle und Blattzieglen, Dach- und Überbindlattenn, Stückholz und 10 Vor Caminer werden dem Entprenneur gratis gegeben und beygeführt, hingegen die übrigen Materialien, welche erforderlich sind, muß derselbe sich *Wasserschaden, 1 Zeile fehlt, 1 seitliche Einfügung:* nur das Stück *Loch* aus genommen, welches Herrschafs wegen gegeben wird.

Loch vorräthige Mauerstein werden dem Entprenneur zwar gegeben hingegen muß derselbe entweder solche wieder in dem Platz brechen oder denen Herrschaftlichen Steinbrecher bezahlen.

Die Beyfuhr derer Hau- und Mauerstein, Ohmbacher Blatter und des Stückholzes geschihet Herrschafts wegen dijenige von denen übrigen Materialien aber muß der Entprenneur selbsten thun.

Das ganze Bauwesen muß längstens bis Michaelis Tag fix und fertig seyn.

Wann die Herrschaftl. Gespänn Hau- und Mauerstein fahren, so ist der Entprenneur verbunden, selbigen laden zu helfen, hingegen wann die Baufuhren dergl. befahren, so braucht der Entprenneur nicht laden zu helfen.

Bedingen sich die Steiger aus, dass ihnen 5000 fl. schreibe fünf tausend Gulden avancirt werden welche ihnen zugesagt werden.

b. LA Speyer, Best. B3, Nr. 2965, #4697, Versteigerung des Vertrages

Actum Zweybrücken den 10ten febr: 1779

Diese Vorbeschriebenen Arbeiten werden dato praevia publicatione unter folgenden weitern Conditionen einer Versteigung ausgesetzt:
Geschiehet die Versteigung auf 8tägige ratification
Muß der Steiger einen Bürgen stellen.
Da man nach dem gdgsten befehl Sermi. Hochfürstle. Durchlt. die Maurer Arbeit zu 3. Theil hat Versteigen wollen, so declarirten die Zugegen gewesene Maurermeister, daß dieses nicht angienge weilen zu befahren wäre, daß ein Maurer den andern sowohl das Geschirr als die Materialien wegnehmen würde, und also nur Zank und ?origkeit zu erwarten wäre.
Wornach dann der Ansatz auf das ganze Gebäude gemacht worden mit 18000 fl. steigt sich zurück mit 5 fl.
Da niemand steigen wollen so wurde er Ansatz gemacht zu 18300 fl.
Da das Licht abermal ausgegangen, so wurde der Ansatz zu 18600 fl. gemacht.
Da wieder kein Gebott geschehen, so wurde der Ansatz zu 19000 fl. gemacht.
Da wieder niemand gesteiget, so wurde der Ansatz zu 19500 gemacht.
Da das Licht abermal ausgegangen, so wurde der Ansatz zu 20 000 fl. gemacht.
Wieder 500 fl. hinauf gethan also der Ansatz zu 20500 fl. gemacht.
Nachmalen 500 fl. hinauf gethan mithin die Arbeit zu 21000 fl. gemacht.
Da nochmalen kein Gebott geschehen, so wurde der Ansatz zu 21500 gemacht.
Da wieder niemand gebotten, so wurde der Ansatz zu 22000 fl. gemacht.
Da das Licht abermal ausgegangen, so wurde der Ansatz zu 22500 fl. gemacht.
Da nochmalen kein Gebott geschehen, so wurde der Ansatz nachdem Gebott des Maurermeister Peter Zimmermann dahier zu 25600 gemacht steigt sich zurück mit 5 fl. erhielte in der 30te Steigung also um
24095 fl.
Rechnung am Rand:
24095 fl.
  245 fl. 1 Abzug
23849 fl. 59 xr. rest

Maurermeister Christian Schweighoffer dahier dessen Bürg ist Maur Meister Michael Krumm dahier urkundlich deren Unterschriften

schweyghoffer junior

Michael Krumm

Daß diese Versteigung also in der Ordnung vorgegangen und nicht geringer angebracht werden können, wird hiermit bescheinigt

Eod: ut supra

Johann Peter Zimmermann

Somon Berthold

Johann *[unleserlich]*

Sebastian Arnolt

Johann Nicolaus Kreischer

Adam Ebert

c. LA Speyer, Best. B3, Nr. 2965, #4698

Specification derjenigen Maurer Arbeit so der Meister Schweyghoffer vermög dem Riß noch in dem Stall Gebäude hätte verfertigen sollen.

An der gewesenen Sattel Kammer und Küch auf den Beyden Stall Pavillon ist durch die Herrschaftl. gesellen 54 ½ Klftr. glatt bestogen worden jedes vor Mat. und Arbeitslohn 18 xr. ertragt   16 fl. 21

In Beyden Pavillon seind an den Zimmer und Briefeter an Riegel aus zu Maure samt dem Holtz Überbinden der Riegel zu Bestegen und zu weissen 42 ½ Klftr. jedes vor Mat. und Arbeitslohn 2 fl. 15 xr.   95   4

Vor die zwey Camin Rohr aufzuführen samt dem Vor Camin gestell vor Mat. und arbeitslohn   40

Vor daß Frantzösische Camin in dem Zimmer bey der Reithschul, samt Ein Stock Camin Rohr aufzuführen   10

Vor die Mauren an beyden Briefeter die Gewoelber und Sitz auf zu Mauren samt dem ausgraben arbeitslohn mit Mat.   30 fl. 40

Vor den Einen Pavillon zu Blatten wozu erfordert werde zu brechen hauen und legen 476 Sch. jeden a 6 xr.   47 fl. 36

4 stück abreisser an die mittlere einfahrt per stück zu brechen hauen und versetzen 1 fl. 20 xr.   5 fl. 20
               245 1 xr.

Carlsberg d. 18ten Febr. 1783
Simon Berthold

d. Reitschule

LA Speyer, Best. B3, Nr. 2595 ad 2512

Bericht

Zu dem Plan, von einem auf dem Carlsberg zu erbauenden Stall, Reitschuhl und Kutschen Remisen, und Conditionen unter welchen die Zimmer Arbeit gemacht wird.

Wird der Riß genau befolgt, die Arbeit solide, sauber und meisterhaft gemacht, und muß der Enterprenneur davor responsable seyn, und sollte ihme in irgend etwas ein Anstand vorkommen, so hat er bey dem Baumeister ordre und Erläuterung einzuziehen, oder sich selbsten bey zu messen wann die Unrecht gemachte Arbeit auf seine Kosten abgeändert wird.

Die Reitschul wird gemacht wie das Profil davon ausweist mit drey doppelte Schwellen und 5 Hängende Säulen auf jedem Bund (?).

Da aber nur 4 Säulen hinein kommen, so muß der Enterprenneur von einer zur andern ein starkes Sprengwerk machen.

Auch kommen 8 Stück Dachgauben darauf, welche der Enterprenneur zu fertigen hat, und zwar drey grose und 5 kleine.

Innwendig wird die Reithschuhl oben den den Wänd mit doppelte Diehlen bekleidet, und sobald der Maurer 4 Schu ausser dem Boden mit Mauer ist, muß der Zimmermann die Schwellen legen.

Auf die Säulen in der Reitschuhl werden doppelt auf einander gezahnt Durchzüg gelegt, auf die steinerne Säulen unter die Durchzüg wird eine hölzerne Scheib, so gros wie die steinerne Säulen vom Zimmermann gemacht.

Das hölzerne HauptGesims um die ganze Reithschuhl hat der Zimmermann ebenfalls zu fertigen.

Das ganze Gebälk darf weniger nicht als 8 Zoll dick seyn.

Da der Jägersburger Stall auf beyden Seiten an die Reithschuhl angesetzet wird, so muß der Zimmermeister solchen zu Jägersburg abbrechen und wieder aufschlagen, und die auf beyden Seiten davon noch fehlende Parthie ebenfalls verfertigen, auch auf seine Kösten aufschlagen.

Die Beschlagbrück, welche unter diesem Gebäude angelegt wird, hat der Zimmermeister mit Bleyhölzer zu belegen.

Die beyde Steegen welche nur von 1 ½ zl Diehlen gemacht werden hat der Zimmermeister ebenfalls zu fertigen und aufzuschlagen, und wird ihm diejenige aus dem Jägersburger Stall dazu ohnentgeldlich gegeben.

Die Stände des Jägersburger Stalles werden nach dem solcher wieder auf dem Carlsberg aufgeschlagen ist, mit denen nemliche Beleghölzer belegt und werden die Stände jeder 5 franz. Schue im Licht gemacht, und muß der Zimmermann darin wie nemliche Beleghölzer wieder dienen können, in jedem eine verkehrte Schwelle legen.

Die Durchzüge, welche bey Veränderung derer Stände zu kurz werden, muß der Zimmermann ebenfalls wieder einrichten.

Die Stände werden alle mit denen Diehlen aus dem Jägersburger Stall zugeschlagen, und werden dem Zimmermeister die Latirbäume und Krippenposten, aus dem Jägersburger Stall gegeben, deswegen derselbe solche bey dem Abbruch zu zeichnen hat, damit keine Confusion entstehet, und er nachher andere begehret.

Die Zimmer auf diesem Stall werden wie der Riß ausweiset eingericht.

Die Blaßbalggesteller in der neuen Schmidt hat der Zimmermeister ebenfalls zu machen.

Die Steege auf dem Reithschuhl Speicher wird ebenfalls vom Zimmermeister gemacht und aufgeschlagen.

Das sowohl zu der Reithschuhl, als dem neuen Stall noch erforderliche Bauholz wird aus denen Herrschaftlichen Waldungen abgegeben jedoch muß der Zimmermann solches auszeichnen und beschlagen.

Da auf das Stallgebäude 56 Dachgauben kommen, und die jenige vom Jägersburger Stall darauf gemacht werden, so muß der Zimmermeister die noch fehlenden sowohl als das übrige Haupt Gesims ebenfalls machen.

An denen Zwey Nebenflügel deren jeder 150 Schu lang ist, muß der Zimmermeister die Gebälk, einen Verschwellten Dachstuhl, 68 Dachfenster, die beyde Gangwände unterm Dach, und 3 Separations Wänd in jedem Flügel auf seine Kosten machen und aufschlagen.

Die Stände in denen Ställen in diesen beyden flügeln werden in sauber abgehobelten latirbäumen versehen, mit Diehlen zugeschlagen und mit Beleghölzer belegt.

Die Krippenposten werden auf die nemliche Art, wie die im Jägersburger Stall gefertiget, und muß der Zimmermeister die Krippen darauf passen.

Die grose Posten werden alle sauber abgebeilt und abgehobelt, die kleine aber werden rund und ebenso tractirt.

Die Gesimser an die beyde flügel auf beyden Seiten werden Vom Zimmermeister ebenfalls Verfertiget.

Die beyde remisen und anderen jede 6 Thor, 2 ganze Gebälker, ein Verschwellter Dachstuhl, ein le (?) Kehl Gebälk, und Gesimser kommern (?) werden ebenfalls vom Zimmermeister gefertiget, auch muß derselbe 12 Dachgauben darauf machen und aufschlagen.

Die Thoranglen und Armen werden ebenfalls von demselben gemacht.

Da das Bauholz zu allen diesen Arbeiten in den Herrschaftlichen Waldungen abgegeben wird, so muß der Zimmermann solches auszeichnen und beschlagen.

Der über der Stallflügel nebst denen beyden Pavillons zusammen 332 Sch lang mit Inbegrif derer Secreter, Wachtstuben, beyden Steegen in die Pavillons und dem Speicher, ganzen Stall und Kehlgebälk, desgleichen der Gang und Riegelwänd, wie der Plan ausweiset mit einem Verschwellten Dachstuhl und Hauptgesims, auch 60 Stück Dachfenstern werden vom Zimmermann tüchtig und solide verfertigt und aufgeschlagen.

Die Stände in diesem Stallgebäude werden ebenfalls mit Latirbäumen versehen, zugeschlagen, mit Beleghölzer belegt, auch kommen Krippenposten hinein, muß der Zimmermann auf solche die Krippen passen, und die kleine und grose Posten, wie vorher bey denen andern Ställen schon gemeldet, machen.

Dem Enterpranneur werden alle materialien, am Bauholz, Diehlen, Nägel, Klammern und Henkeisen geliefert und alle Beyfuhr gethan, jedoch muß er beym Aufschlagen das Holz auf seine Kosten auf den Bau ziehen.

Da das Holz, wann solches zum Aufschlagen verfertigt ist, durch die Herrschaftliche Fuhren an dem Bau geführet wird, so wird hier ex presse aus bedungen daß der Zimmermeister denen Fuhrleuten auf und abladen helfen muß und verstehet sich dieses auch von dem Jägersburger Stall.

Der Enterpranneur muß überhaupt alles und jede Arbeiten genannt und ungenannt, welche erfordert werden, das Gebäude nach dem Plan in fix und fertigen Stand zu stellen thun.

Muß die Arbeit bis künftigen Johannis Tag zum Aufschlagen fertig seyn.

Wird hier noch ex presse aus Bedungen, daß das in dem an Waldungen abgegebene Bauholz zum Besten Nutzen gnädigster Herrschaft verwendet, keins verstümmelt, noch in die Spähne gehauen werden solle.

Die Zahlung geschiehet baar und prompt nach Proportion wie die Arbeit avanciret.

Actum Zweybrücken den 10ten Febr. 1779

Die hiervor bemelde Arbeiten wurden dato unter folgenden Conditionen zur Versteigung ausgesetzt:

Geschiht die Versteigung auf Ratification

Muß der Steiger einen Bürgen stellen.

Wornach der Ansatz gemacht wurden mit der Reitschuhl und denen Zwey Flüglen daran zu 2000 fl.

steigt sich zurück mit 2 fl.

Verbliebe in der 27ten Steigung also um 1946 fl.

Zimmermeister Balthasar Bertold dahier, dessen Bürg ist Zimmermeister David Männer von Ixheim

Barthol Senior

David Männer als Bürg

Weiters wurden angesetzt die zwey Nebenflügel mit denen Kutschenremisen zu 1500 fl. steigt sich zurück mit 2 fl.

Hat erhalten in der 139ten Steigung also um 1222 fl.

Zimmermeister Georg Meyer dahier, dessen Bürg ist Zimmermeister Theobald Cullmann von Homburg urkundlich deren Unterschriften

Georg Meyer

Cullmann als Bürg

Hiernächst wurde der Vordere Flügel mit denen Pavillons angesetzt zu 1500 fl. steigt sich zurück mit 2 fl. Verbliebe in der 208ten Steigung also um 1084 fl.

Dem Zimmermeister Johann Ludwig von Ixheim, deßen Bürg Jakob Andler dahier   Johann Ludwig

    Jacob Andler

Hat hierauf das ganze Gebäude nach dem bisherigen Steigschilling ad 1252 fl. angesetzt, steigt sich zurück mit 2 fl.

Da aber hierauf niemand sich einlaßen wollen sondern der ganze Umstand declarirt, wie die Separate Versteigung beßer wäre; so hat man selbige sich hier unterschreiben laßen, eod. ut supra

Andler

Cullmann

Jacob David, Gerg Husung, Michael Andreas, David Männer, Jacob Andler

3. Corps de Logis und dessen Vergrößerung

a. LA Speyer, Best. B 3, Nr. 2648, #1581

Accord den Maur Arbeit vom Schloßflügel mit Krum

Nachdeme die Maurer Arbeit von vor Verlängerung der beyden Schlossflügel auf dem Carlsberg in verwichenem Jahre durch eine Versteigung begeben, und solche auf dem Maur Meister Michael Krum von Serenissimi Herzogl. Durchlaucht gnädigst ratificiret, darauf auch mit Erbauung eines theiles, jedoch nach einem abgeänderten plan, der Anfang gemacht, das untere stockwerck würcklich aufgeführet und damit auch in dießem Jahr condinuiret worden, Serenissimi Herzogl. Durchlaucht aber während dieser Arbeit gnädigst befohlen haben, dass an dem vorderen im bauen begriffenen theil nicht nur eine andere Einrichtung gemacht, sondern auch der hintere Theil dießes Schloß Flügels, und worinen sich dermahlen die Küchen befunden so viel nöthig abgebrochen, und also der ganze Flügel, nach einem darüber gnädigst approbirten Plan aufgeführet wurde, so ist, weilen die Versteigung auf dieses Object nicht mehr passet, mit gedachtem Maur Meister Krum, unter höchster ratification auf dießen ganzen Flügel Bau Accord dahier überhaubt abgeschlossen worden, daß er dieße Arbeit auf die Arth und unter den Conditionen, wie ?von sich ein theil würcklich verfertiget befindet, auf das sauberste solideste und meisterhafteste verfertige, und die materialien dazu stellen, die Arbeit auch also passire, dass der vordere theil gegenwärtigen Summer in fix und fertigen und wohnbaren stand komme, der hintere theil aber vor Winter noch unter dach, und das obere stockwerck mit dem großen Saal auch noch dahin gebracht werde, daß es von Ende dießes Jahres in brauchbaren stande seye.

Vor sämtliche Arbeiten dießes ganzen Flügelbaues, inbegriff alle materialien, auch abbrechen des alten, in so weit es nach dem plan erfordert wird, wurden unter höchster ratification Maur Meister Krum überhaubt 9000 fl. also accordiret, dass ihme darauf 1000 fl., und der rest nach und nach, wie die Arbeit avanciret, bezahlet werden sollen.

Urkundlich dessen unterschrift:

Carlsberg d. 7n Aug. 1781

Michael Krumm

Wird Serenissimi Herzogl. Durchlaucht zur gnädigsten ratification submissest übergeben.

Eod.

Hautt

(Zur Assignation gegeben 14. Mertz 1784 von Schaeffer)

b. LA Speyer, Best. V 24 Nr. 2, Nachlassakte Wahl

S. 55

Die Gebäude zu Carlsberg hatten Raum für zwey fürstliche Hofhaltungen, neben deme Wohnungen für 2000 Menschen und Stallung für 1000 Pferde. Sie machten eine Front, die, ununterbrochen, tausend Schritte lang ware; aber simpel, ohne Architektur*, von Maurererei durchaus.

*Architektur nennen die Künstler blos dasjenige an Gebäuden, was mit Kollonaden versehn worden ist. Massiv, was aus Quatern besteht. Massonnerie, Maurererei was aus Steinen und Kalk gemacht ist. baraquiert, gehüttet einen Bau desen Geripp aus Holz zusammen gesetzt wurde. Herausgeber.

Die Zimmer hingegen prangten mit allem Reichthum der Kunst. Kein Bett, Stuhl, Tisch, Vorhang, Thüre Fenster, Fußboden. Offen, Kamin, Rahm der Bilder und Spiegel; kein anderes in das Auge fallendes Geräth, ware ohne Zeichnung deutscher Mahler und Architecten gemacht und wurde nie angenommen,

wann es die Kritik dieser Künstler nicht aushielt; deswegen hatte Alles Beifall des Kenners und Bewunderung des Nichtkenners. Eine herrliche Naturaliensammlung, mit der eine große Menacherie und einschlägige auserleßene bibliothec zusammenhing, ware unter andern in diesen Gebäuden mit, um welche ein angefangener Naturgarthen, gegen eine quatrat Meule gros, der mit allen in der Gegend im freien fortkommenden Gewächsen prangte und von Petri, dem Sohn angegeben ware, den du nun in Ungarn durch seine Anlagen kennst, herum ging. Eine eißerne Rohleitung, die über zwei Berge auf den dritten ging, welche Ingenieur und Architect Wahl angab und ausführte, liefferte das nöthige Wasser aus der Gegend Lambsborn. All dies wurde auf Verordung und Befehle der großen Nazion weggenommen und was man nicht schleppen konnte, verstöret.
[...]

4. Nördlicher Ehrenhofflügel

LA Speyer, Bestand B3, Nr. 2592
Urkunden zur Bau Cass-Rechnung de Annis 1786 1787 et 1788
von No 779 bis 1095 inclusive
3ter Tom Litt. D.E.F.

Bl. 6 Nr. 782
Arbeit welige ich Ver fertiget habe auf dem hochferstlichen Karelberg am Neyen fligel wie foliget
Erstlich Ein zwey flichlich dier gemach im zweyen stock Neben dem bilter sahl in Mauer Mit samen gestembt futer Unt bekleitung tut die dier Mit hols Und arbeit lon   34 fl. 30
[...]
Item am bilter sahl Ein dier her Um geschlagen wo Man aus dem Kort losi in den bilter sahl get tut arbeitlon   1 fl. 12
Item 3 bosri stücker gemach Über die finster tut Ein Jetes stick 1 fl. 12 xr tun die 3 bosri stücker   3 fl. 36
Item Unten im fligel Ein Zimer aufgefietert sein 8 Klafter tut arbeit lon
                                                                                    3 fl.
[...]
verso
Item in Kleinen bilter sahl Ein finster bosri gemach tut hols Unt arbeit lon 14 fl. 30 xr tut   14 fl. 30 xr
Item das hols oben her ausgestemb weyl das loch zu niter wahr tut arbeit lon
                                                                                     20 xr

Item im obigen Zimer 5 Klafter 2 sch lambrien gemach mit Er hoben Kel stes Unt ein rundung in die felung gekrint tut das Klafter mit hols Unt arbeit lon 6 fl. 30 tun die 5 Klafter 2 schuh 34 fl. 40 xr

Item in obige Zimer Ein finster stück gemach Was sich 4 sch tut Mit hols Unt arbeit lon 1 fl.

Item den blint boten verbreit (?) im Kleinen bilter sahl tut Mein an deil
24 x

Item im Kleinen biltersahl den bare boten gelecht tut Mein an deil 3 Klafter Ein halben tut das Klafter arbeit lon 36 x tun die 3 Klafter Ein halben
2 fl. 6 xr

Item an der Kabbel Ein sumer laten gemach tut   8 fl.

Item an der Kabbel Ein finster ram gemach tut   11 fl.

[…]

Item Ein zwey fliglich dir gemach wo aus den Zimern in den garten get auf Einer seit gans Ver dobelt Unt die ander seit Ein gefas Mit 3 felung Mit Er hoben Kel stehs die der ist hoch 9 sch 6 zol tut hols Unt arbeit lon
25 fl.

Item an obigen loch Ein summer laten Mit 2 fliglen Unten Ein felung tut Mit hols Unt arbeit lon 14 fl.

Item an obigem loch Ein Klas dier gemach Mit 2 fliglen tut Mit hols Unt arbeit lon 15 fl.

Item an obige loch Ein Nachlaten gemach Mit Erhoben Kelstehs Mit schambramen bis auf den boten tut Mit hols Unt arbeit lon   20 fl.

Item in 2 kaffnet gesimser gemach an die deck im ihr turchlauch sein schlaff zimer sein in den zwey kaffnet 44 sch tut den schuh 12 x tun die 44 schuh mit hols 8 fl. 48

[…]

Bl. 7

[…]

humburch ten 20 Tecsember 1780 Suma   570 fl.

Johannes Daniel

Attestiere Eodem Schaeffer

Gegenwärtige Rechnung mögte mit 570 fl. gnädigst assigniert werden.

Zweybrücken den 4ten Apr. 1781   Mannlich

Bl. 8   Nr. 783

Arbeit welichen ich Ver fertiget habe auf dem hoch ferstlichen Karelberg wie foliget

Erstlich Ein glas dier gemach in den bilter sahl in Ein finster loch hinten aus wie die dier fertig wahr ist das loch hocher gemach worten wegen der Ver Enterung der dier tut hols Unt arbeit lon 18 fl. tut   18 fl.

Item 3 for finster gemach Unten bey ihr turchlauch sein schlaff Zimer tut ein Jedes finster Mit hols Unt arbeit lon 6 fl tun die 3 forfinstern
                                                                 18 fl.

Item 4 finstern gemach in den garten auf die gusen sein lang 5 sch breit 2 sch 6 zol tut Ein Jete ram Mit hols Unt arbeit lon 1 fl. 20 xr tun die 4 ramen
                                                                 5 fl. 20

Item oben in biltersahl die want ab gebrochen Unt dabetleisten an die want gemach ? Riber zu gebrach Meister 3 dag, ? e dag gesel 1 dach tut Nach dem daglon 3 fl. 18 xr tut   3 fl. 18

[…]

Humburch ten 4 Mertz 1781   Suma   91 fl.

Johannes Daniel   Attestiere Schaeffer

Rechnung zur Assignation am 16ten May 1781 Mannlich

Bl. 19   Nr. 794

Arbeit weligen ich Ver fertiget habe auf den hoch ferstlichen Karel Berg an dem Neyen fligel bau wie foliget

Anmerkung: 6 in der Hoffseyde

Erstlich 17 finster rahmen gemach am Untern Und Mitel stock Mit Kreysel hols unt Ein Jete finster ram Mit hols Unt arbeit lon 9 fl. 30 x tun die 17 ramen
                                                                 161 fl. 30

Item 2 Klas dieren gemach Ein an dem Untern Unt ein an dem Mitel stock Tut Ein Mit hols Unt arbeitlon Tun die 2 Klas dieren 18 fl.
                                                                 36 fl.

Anmerkung: Esbeck

Item im 3 stock 13 finster ramen gemach Mit Kreysel hols tut Ein Jede ram Mit hols Unt arbeit lon 3 fl. 45 tun die 13 ramen   48 fl. 48

Item auf dem dach an den rundungen den Kauben 4 ovall finster gemach tut Ein Jede 52 tun die 4 finstern   3 fl. 28

Anmerkung: Esbeck und printz logis

Item 2 finstern ramen gemach Ein im 3 stock in dem stichen haus Ein Unten im ganck mit greysel hols tut Ein Jete ram 5 fl. tun die 2 ramen
                                                                 8 fl. 45 *m.*

Anmerkung: Printz

Item Ein sumer laten gemach Unten in den ganck tut
2 fl. 45

Anmerkung: Esbeck

Item 5 for finstern gemach in den 3 stock tut Ein st. finster 3 fl. tun die 5 for finster
15 fl.

Item an 2 klas dieren sumer laten gemach Unten felung tut Ein jete bar laten 16 fl. tun die 2 bar laten
32 fl.

Item am Untern Und Mitelen stock und an gord loschi 20 bar sumer laten gemach Von den 20 bar sein 4 bar an gort loschi gomen tut Ein Jete bar 6 fl. 30 tun die 20 bar laten
130 fl.

Anmerkung: Esbeck

Item am 3 stock 13 bar sumer laten gemach tut Ein jede bar laten 3 fl. tun die 13 bar laden
39 fl.

Anmerkung: frau Hertzogin Comp. Saal

Item im Untern stock die riben gelegt in Ein Zimer ist lan 23 sch breit 18 sch sein dar in 10 riben tut Ein jete rib leger lon 20 xr tun die 10 riben
3 fl. 20 xr

verso

[…]

Item in den Untern Zimern an 5 Trimo Kelstes gemach Vor das Spigelglas Mit die Trimo Neben Unt oben aus gebesert weil sie nich auf das blas sein ney gemach worten tut hols Unt arbeitslon 20 fl. tut   20 fl.

Utern stock gegen der schlos Küch

Erstlich in dem schlaff Zimer Unt in dem Zimer hinten am schlaffzimer gegen dem ganck 20 riben gelecht Unt die rib zu legen 20 x tun die 20 riben und gardrobe
6 fl. 40 xr

Bl. 20

Item im schlaff zimer Ein blind boten geleget ist lan 19 sch breit 18 sein 9 Klafter tut das Klafter arbeit lon 20 xr tun die 9 Klafter Ein halb
3 fl. 10

Item in obigen Zimer Ein bare boten gelegt sein 9 Klafter Ein halb tut das Klafter arbeit lon 1 fl. tut
9 fl. 30

Item 2 finster sticker gemach von alten bare Mit fris Von gefaß tut arbeit lon
40 xr

Item die fris in den Zimer gemach zu dem bare zu legen von herschaft hols tut arbeit lon
2 fl. 30

[…]

Anmerkung: Gardrobe

Item Ein Zimer Mit fris boten gelegt ist lan 14 sch 6 z breit 13 sch sein 5 Klafter 29 sch mit den 3 finster sticker tut das Klafter arbeit lon 1 fl. 48 xr tun die 5 Klaf 29 sch   10 fl. 36

Anmerkung: An der einfahrt und biblothec

Item 2 diren gemach 2 fliglich in Mauer Mitsamen gestemb futer Unt bekleitung Mit Er hoben Kelstes tut Ein Jete dier hols unt arbeit lon 32 fl. tun die 2 diren   64 fl.

[…]

Item Ein futer gemach in Mauer Unten im ganck wo man an die offen Ein fudert Mit auf Einer seit bekleitung Und Ein ober lich ta ueber gemach tut hols Und arbeitlon 14 fl.   14 fl.

verso

[…]

Mitlen stock

Item im Mitel stock das Eck Cabinet auf gefirdert gegen dem schlos hoff ist lan 19 sch breit 19 sch tut das auf fitren arbeit lon   4 fl.

Item in obigem Zimer Ein blint boten gelegt von Eygen schwarten sauber samen gefügt Macht das Zimer 11 Klafter 4 sch tut das Klafter arbeit lon tun die 11 Klafter 4 sch 20 xr   3 fl. 45

Item weylen sich die Eychen dielen geworffen haben unt das Zimer Noch feucht war Unt die dielen nich haben ligen kenen habe ich das Zimer auf gebrochen unt Ein andern blint boten witer hin Ein gelegt Mach 11 Klafter 4 sch tut
                            3 fl. 45

Item in obichen Zimmer 11 Klafter 4 sch bare gelegt tut das Klafter arbeit lon 1 fl. tut die 11 Klaft 4 sch   11 fl. 15

Bl. 21

Item in obigen Zimer 4 finster sticker gemach tut Ein jede finster stick 1 fl. 12 xr tun die 4 finster sticker   4 fl. 48

Item in obigen Zimer Ein 2 flichlich blint dier gemach mit Er hoben Kelstes Mit Be kleitung daran tut   18 fl.

Item in obigen Zimer Ein bosri laten gemach an die Klas dier tut hols Unt arbeit lon   22 fl.

Item in obigen Zimer 3 bosri laten gemach an die fenstern die obern stücker went tut Ein Jede laten hols Unt arbeit lon 16 fl. tun die 3 laten
                            54 fl.

Item in obigen Zimer 10 Klafter 1 sch lambrien gemach tut das Klafter 6 fl. tun die 10 Klafter 1 sch   61 fl.

Item in obigem Zimer 78 sch fris gelibert zu den bare zu legen Mach 39 sch tut Ein Klaf 3 sch tut das Klaffer Mit hols Unt arbeit lon 8 fl. tun die 1 Klaffer 3 sch   4 fl. 26

Item in dem obigen Zimer Ein stück lambri Ver Entert wegen dem Kamin Ein ander stück lambri Ney gemach tut hols Und arbeit lon
     2 fl.

Item 4 stücker andern bekleitung stücker gemach an die bosri laten weylen seint die 4 stücker geschniten woren von bilthauer tut hols unt arbeit lon 3 fl. tut
     3 fl.

dans Sahl

Erstlich das 8 deil auf gefirt tut arbeitlon   3 fl.

Item 7 Klafter 3 fertel blint boten gelegt tut das Klafter *gestr.* tun die 7 Klafter 3 fertel   2 fl. 20 xr

Item in obigen Zimer 7 Klafter 3 fertel bare gelegt tut das Klafter arbeits lon 1 fl. tun die siben Klafter 3 fertel   *gestrichen*

verso

Item im dans sahl 7 Klafter lambrien gemacht tut das Klafter Mit hols Unt arbeit lon tun die 7 Klafter 6 fl.   42 fl.

Item im dans Sahl Ein 2 fliglich dier gemach wo die ofen sten die dier ist ein blint dier tut hols unt arbeit lon   20 fl.

Item 25 sch fries gelibert in dem Tans sahl Mach Ein fertel Klafter tut
     2 fl.

Das Zimer Neben der silber Kamer odter Kleine speiss Saal

Erstlich 5 Klafter 19 sch auf gefertert von Mein diel das iß das 4 deil von dem Zimer tut arbeit lon   2 fl.

Item 5 Klafter 19 sch blint boten gelegt tut das Klafter legen lon 20 fl. tun die 5 Klafter 10 Sch   1 fl. 50

Item in obigem Zimer 5 Klafter 19 sch barge legt tut das Klafter leger lon 1 fl. tut die 5 Klafter 1 sch   5 fl. 30

Item in dem dans sahl Unt den sal Neben der silber Kamer und das Zimer Neben dem Marvelsahl habe ich 6 finster sticker gemach in die finstern tut Iete stick 1 fl. 12 xr tun die 6 stücker   7 fl. 12

Item Ein finster bosri gemach in dem Zimer Neben der silber Kamer ist runt tut hols Unt arbeit lon   *Speiss Saal*   16 fl.

Item in dem Zimer Neben dem dans sahl Unt silber Kamer 4 Klafter 3 sch lambrien gemach tut das Klaffer Mit hols Unt arbeit lon tun die 4 Klaff 3 sch 6 fl.
     27 fl.

Bl. 22

for Zimer neben dem Marbelsahl

Erstlich in dem Zimer 6 Klafter bare gelegt das iß die helff von dem Zimer tut das Klafter leger lon 1 fl. tun die 6 Klafter   6 fl.

Item 4 Klafter 3 sch lambrien gemach tut das Klafter mit hols Unt arbeit lon 6 fl. tun die 4 Klafter 3 sch   27 fl.

Item im obichen Zimer Ein fisnter ram gmach wie die finstern am bau sein tut hols Unt arbeit lon   8 fl.

[…]

Item Ein stichen gelenter gemach an die haub stichen *große steeg* in dem flichelbau an 2 steck Unt zum triten Mal ausgebesert tut arbeitlon   12 fl.

Item Ein stichen gelenter gemach an die Ein steche *kleine steeg* in den 3 stock get tut arbeit lon   10 fl.

[…]

verso

Triter stock

Erstlich das Eck Zimer gegen dem hof am gebel auf gefetert iß lan 18 sch breit 18 sch tut arbeit lon   4 fl.

Item in obigem Zimer ein fris boten gelegt iß lan 18 sch breit 18 sch Mach 9 Klafter tut das Klafter arbeit lon tun die Klafter 27 bz   16 fl.

Item im obigen Zimer 12 Klafter Lambrien gemach tut das Klafter mit hols Unt arbeit lon tun die 12 Klafter je 2 fl. 45   33 fl.

Item in obige Zimer an 4 fenster boserien gemach tut ein Jete finster loch mit hols unt arbeit lon 7 fl. tun die 4 lecher   28 fl.

[…]

Bl. 23

Item in den Undern stock bey ihr Turchlauchten Frau Herzogin die bibteckschenck helffen Machen Mit 34 diren Ein gefaß daran sein auf 4 seiten ein Zimer schenck sein hoch 10 sch diff zum deil 17 Zol Unt zum deil 9 Zol tut Mein an deil 22 fl. tut   15 fl.

Item vor Ihr Turchlauch helffen 76 bilter ramen helffen Machen tut Mein andeil   11 fl.

[…]   'Suma   1649 fl. 29

Humburch ten 12 August 1782 Johannes Daniel

Kann assigniert werden, 20. Febr. 1783, Corfier, Schäffer, Schaeffer

5. Schlossgitter

LA Speyer, Best. B 2, Nr. 1605

Blatt 43

Churfürstlich Pfalz Zweybrückische Hochlöbliche Debitkommission!

Bereits in dem Jahr 1788 den 20 ten September wurde mir von dem damaligen Baumeister Krutthofer auf Befehl Ihrer Herzoglichen Durchlaucht Carl Höchstseeligen Andenkens ein Riß vorgeleget, nach welchem Ein eisernes Thor und Zwei dergleichen Nebenthüren nebst dazwischen angebrachten Palunstern, alles stark mit getriebenem Laubegerd (?) gezieret, auch auf dem Thoraufsaz und obere Gesims mit 24 Adlern und Löwen garniret, verfertiget werden sollte – mit dem Auftrag, über den kostenden Betrag dieser Arbeit ohne Ausnahme einen genauen Überschlag zu machen, welches ich auch gethan und solcher auf 8500–9000 fl. bestimmte- und darnachhin nach Verlauf von 8 Tagen brachte ermelter Baumeister benebst Riß und Überschlag, mir anderweiten Befehl, die Arbeit hiernach zu machen: ich konnte mich aber hierzu um so weniger entschließen, als mir der Plaz, worauf sothane Arbeit eigentliche zu stehen kommten sollte, immer noch verborgen bliebe; Auf mein deßfallßiges aus drückliches Eingehen wurde mir zwar das Geheimniß geoffenbaret, daß selbige vor das Schloß auf dem Carlsberg her bestimmet seie, mir jedoch zugleich das strengste Stillschweigen hierinnen auferleget, indeme weder die herzogliche Renth Cammer noch sonsten Jemand etwas davon wißen dürfte, die Kosten hingegen aus Ihrer Durchlaucht Chatule bezahlet würden.

Ich überlegte die Sache hin und wieder aufs reiflichste – fand aber solche viel zu wichtig und mich nicht kräftig genug, die Arbeit für mich an und auszuführen, dahero ich auf einem Vorschuß von 2000 fl. bestund, welcher mir dann mit der Versicherung gnädigst bewilliget worden, solche in der nemlichen Woche noch zu erhalten.

Auf diese Zusicherung nun baute ich ganz ernste und beschriebe mir die zu diesem Ende erforderliche Arbeiter / welche dahier und in der Gegend sehr rar waren / von Regensburg, Basel und Mainz, auf meine Kosten.

Einige Tage hernach als Ihro Durchlaucht vom Carlsberg nach Homburg gefahren, und ich eben dieses Gegenstandes wegen dorthin gehen wollte, wurde ich auf der Strase zu Höchstdemselben gerufen und nach der Arbeit befraget, Höchstwelches ich dem ganz natürlich hinterbrachte, daß ich nur auf den Vorschuß derer 2000 fl wartete, worauf ich abermalige Versicherung und Befehl erhielte, den nächsten Freitag / denn es ware just am Dienstag / mich einzufinden, dann werde ich das Geld bekommen,

Blatt 44

ich solle aber ja verschwiegen seyn.

Dieses Fürstliche Versprechen machte mich noch grosmüthiger in meiner Hoffnung – und liese mich nicht einsehen, daß ich dennoch am Ende getäuscht werden würde, wie der Erfolg mir leider zeigte. Meine beschriebene Leute fanden sich inzwischen bei mir ein – ich lauschte von einer Zeit zur andern um den Vorschuß, wurde aber immer unter mancherlei Vorwänden verwiesen und vertröstet.

Niemand war also bei der Sache übler daran als ich, und ich befand mich durch die leeren Versprechungen in der äußersten Verlegenheit: ich entschloß mich meine Leute, denen ich das Reisegeld schon gezahlet hatte, wiederum fortzuschicken, änderte doch diesen Plan, weil ich aufs neue übel dran werden würde, wiederum andere Leute zu bekommen, wenn ich den Vorschuß inzwischen bekäme.

Als ich mich nun weiterhin, wiewohl vergeblich, um den Vorschuß geplagt hatte, finge ich doch mit meinen Leuten die Arbeit nach der Vorschrift an, und continuerte damit 18. Wochen lang, wodann gegen alle Vermuthung der Baumeister Krutthofer wieder zu mir kame und mir einen andern ähnlichen Riß vorlegte, der viermal schwerer und kostspieliger als jener war, mit dem Befehl, die Arbeit nunmehro hiernach zu machen – und der gnädigsten Versicherung, daß der höhere Kostenbetrag mir eben so, wie bei dem Erstern versprochen worden, bezahlt werden solle.

Durch diesen neuerlichen Umstand gerieth ich nun aus aller Faßung, weil ich bei der erstern Arbeit schon einen Kosten aufwand von mehr als 600 f. hatte, und befürchtete, daß, wenn ich die ganze Arbeit erliegen liese – mir nichts andres als das leere Nachsehen übrig bliebe. Freilich sollte ich die dazu erforderliche Materialien aus dem Bau-Magazin erhalten: da aber dergleichen daselbst sich nicht befanden, so muste ich solche auf dem Werke auf meine Kosten machen laßen.

Um nun in der Sache keine Gefahr zu laufen, also woran mein völliger Ruin abgefangen, weil solche, wie schon bemerckt, blos nach der höchsten Intention geschehen mußte und sonsten verborgen gewesen – muste ich die bereits nach dem erstern Riß gemachte Arbeit, woran ich nun ¾ Jahr zugebracht hätte, als gänzlich unbrauchbar wieder cassiren – und die Arbeit nach dem lezten, an welchen ich 2 ½ Jahr verbringen müßen, unternehmen, auch um solche fertig zu bringen, bei dem ausgebliebenen Vorschuß hin und wieder einige Capitalien an 3900 fl. binnen dieser 2 ½ Jahre aufnehmen, welche ich noch schuldig bin, und wovon ich bishero die Interessen bezahlet, die mich schon einige Stücken Landes gekostet.

Wie ich nun gesehen, daß ich bei meinem vielfältigen Sollicitiren[2978] zu gar keiner Zahlung gelangen konnte, übergab ich am 22. Sept. 1790 eine Vorstellung, und bate um Vergüthung der Zinsen von meiner Forderung in obiger Rücksicht, so wie um meine völlige Bezahlung, worauf, soviel ich vernommen,

---

2978 Aus dem Französischen: untertänigst erbitten, dringend ersuchen.

Blatt 53

Befehl ertheilt worden, daß man mir die Zinsen von jenem Vorschuß ad 2000 fl. seit 29. Sept. 1788 nicht nur, sondern auch von dem Rest meiner übrigen Forderung, der in 3800 fl. 25 xr bestehet, von der Zeit an als diese Arbeit auch fertig gewesen, bis zu Auszahlung abreichen solle: allein mir ist davon nichts bekannt gemacht worden, nur vermuthete ich die Unterschiebung dieses Befehls – dahero übergabe ich am 26. Oct. 1791 eine anderweite Vorstellung unter Wiederholung meines Gesuches, da dann vorgängig eingezogenen Berichten von dem Baumeister Krutthofer und der fürstlichen Land Renthei meine Bitte erhört, und statt der Versprechung, meine Zahlung aus Sr. Durchlaucht Chatule zu bekommen, solche zu meinem grösten Erstaunen an besagte Lantrenthei assigniret worden.

Vor meiner Forderung so wohl als deren zuerkannten Zinsen habe ich bishero nichts erhalten – und finde ich mich dadurch in die traurigste lage versezet, daß ich die zu dieser arbeit angestellte Leute, so wie die aus den Werkern ausgenommenen Materialien, auf welch leztere ich sogar gerichtlich belanget worden bin, aus dem meinigen bezahlen zu müßen.

Da ich nun Alters und Krankheits halben mich außer Stande befinde, fernere Reißen zu unternehmen, und meine Sache zu betreiben; So wird Eine niedergesezte Höchlöbliche Debit Commission aus vorstehender Geschichte Erzelung den Grund meiner Forderung benebst Zinsen, zu ersehen belieben, und mir deshalben baldige Gerechtigkeit wiederfahren zu laßen; nicht abgeneigt seyn, als worum ich geziemend bitte und mit aller Hochachtung verharre

Seiner Hochlöblichen Debit Commission

Ganz gehorsamster

Henrich Bubong

Homburg den 20tn November 1801

6. Der Schlossflügel des Maurers Schweighofer

LA Speyer, Best. B3, Nr. 2965, #4704

Carlsberg
Zu dem Schloßflügel
Maurer Arbeit
Christian Schwaighover
Steiger um 11222 fl.
Zu dem Plan, von dem auf dem Carlsberg zu erbauenden lincken Schloß Flügels

Dießes Gebäude ist die continuation von dem bereits gebauten theil des lincken flügels, mit welchem es in einem bley und von nehmlicher höhe forth geführt wird. Die Stock werckern erhalten auch die nehmliche höhe von dem bereiths stehenden Gebäude.

Da diesser neue bau zum theil vorne zu tieffen zu stehen kumt, so werden allda darunter Zwey gewölbe, welche zu Keller oder Ställen dienen, angeleget, wie es der besondere Riß darüber deutlich ausweißet und in der höhe nach Maaßgabe des Terrains so die Seithe zum Schloßhoff und dem Giebel werden die fenster, wie ordinaire Kellerfenstern. In die Seithe zur Orangerie zu oben werden ordentliche fenster wie in einem Stockwerck angelegt. Auf diesser seithe wird das Keller Stockwerck auf fußquadres von 18 Zoll hochgesezet, zu dem Hoff zu werden die fußquadres 2 schuh hoch und der ganze giebel von unten bis oben aus wird ganz von quadresteinen aufgeführt, und demzueigen mit gegen über stehenden rechten flügels in allem gleich tractiret, ausser das die daran an der säulen ordnung befindliche fehler hier verbessret werden und worüber zu seiner Zeit eine besondere Zeichnung gegeben werden wird.

Die beyde Gewölben werden gepflastert wie auch oben die Durchfahrt. Das Vestibule und Gänge auf dem boden werden mit sauber polirten blatten von einen Größe und mit Erinßern versehen beleget. Die Gänge oben in dem Stockwerck des gebrochenen Dachs mit sauber polirten wohlgebrennten *Wasserschaden (...)* blättgen.

Die große Stiege wird ein stockwerck von steinen gemacht und darunter als privet nebst feinen Gewölbe angeleget. Die Treppe muß meisterhaft sauber und solide gemacht, und von den tüchtigsten steinen dazu employiret werden, und welche, wann sich deren etwa keine auf dem Carlsberg fänden, aus den Zweybrücker stein brüchen zu nehmen wären.

den ganze untere Speicher wird ebenfalls zu Wohnzimmern eingerichtet, wie es dere plan des stockwercks darunter ausweiset, ausser, dass in der Mitte allenfalls ein Gang durchlauffet den dach oder seithen Wände werden in den senckel gestellet, wie in dem neuen Küchen Gebäude.

Alles Holz werck wird gleich wie die decken mit kieffernen überbindlatten überbunden die im stockwerck unterm dach sauber ins richt scheidt verpuzt, diejenige in den 2 untern stockwendern, aber praepariret, um mit gyps glatt verpuzt zu werden. Alles Maur werden in und aus wendig, auch die gewölbte ställe werden sauber bestochen ins richtscheidt verpuzt und geweisselt.

Alle Schornsteine werden auch in den scheidt

Mauren von liegenden b [...] *Wasserschaden* aufgeführt. 2 ½ sch lang und 10 Zoll wenigstens weith.

Wird hier ausdrücklich verbedungen und bey straaffe, dass die Gebälcke durchaus wohl ins bley geleget werden damit das ausfüttern darunter und darüber nicht nöthig seye, und obgleich diesses des Zimmermanns Arbeit ist, so soll der Maurer, bevor sie in die Ordnung gebracht seyn werden, sie nicht anrühren, oder bleibt sowohl als der Zimmermann vor den Peihler [...]tenent.

Alle übrige Arbeiten sind aus dem Plan ersichtlich, und werden hier genant und ungenante, und alle diejenigen verstanden, das Gebäude nach den Plans in fix und fertigen stand zu stellen

der entrepreneur muß alle Arbeiten verrichten auch alle materialien selbsten stellen, nichts ausgenommen, als die Marborne Caminer und das Eißen wercke, worunter jedoch Nägel und gerüst Klammern nicht zu verstehen sind.

Von ihm nöthige steine wird ein plaz angewiesen werden.

die beyfuhre der steine geschehet, wie bisher auf dem Carlsberg üblich gewesen, durch die herrschafftliche fuhren, wobey der entrepreneur auf und abladen muß. Alle übrigen, wie sie *Wasserschaden [...]* haben muß der entrepreneur auf seine Kosten thun.

Mit der Arbeit muß sogleich nach der ratification der anfang gemacht, und sie so betrieben werden, daß das Gebäude medio Septembris mit dem dach versehen werden kann.

Die Zahlung geschieht baar nach proportion wie die arbeit avanciret, auch soll dem entrepreneur eine proportionirte avance geschehen.

Wird noch bedungen, dass das Holz zum Stichholz und den erforderliche Gyps von Herrschaffts wegen gratis abgegeben wird in dem Zweybrückischen Baumagazin.

Actum Zweybrücken d. 15n May 1782

Nachdeme gnädigst befohlen worden, dass diesse Arbeit öffentlich versteigt werden solle so ist davon unter weitren Conditionen, dass

die Versteigung auf ratification gesche

die Steigen einen bürgen stellen und

drey jahre vor seine Arbeit guth bleibe

Der Ansatz gemacht worden vor 8500 fl. steigt mit 2 fl.

Hat niemand gesteigt, und die Liebhaber errineret (?), dass vorhere eine Avance von 2000 fl. festgesezt werden müsse, so wurde der ansatz gemacht vor 9000 fl.

Steigt niemand, und wird angesezt um 9500 fl.

Steigt niemand und wird der Ansaz gemacht vor 10 000 fl.

Wird nach deme das licht ausgegangen angesezt vor 10 500fl.

Wird endlich angesezt nachdeme die liebhaber nicht anders wollen um 11500 fl.

Hat erhalten in der 139ten Steigung Maurer Meister Christian Schweighofer um 11222 fl. dessen bürge ist MrMstr. Michael Krum

Schweighofer junior

Michael Krumm

Die Versteigung attestiren

Winsweiler

Johan Peter Zimmermann

Jacob Andler

Jacob David

Georg Mayer

Philipp Müller (Handzeichen)

Conrath (unleserlich)   unleserlich: David Mö?

7. Orangerie

a. LA Speyer, Best. B3, Nr. 2965, #4707

Akte mit Wasserschaden

Orangerie

[…] Arbeit

Entrepreneur Mst. Schweighover junior vor 11300 fl. und 5 Louid'or trinckgeldt

Bericht

Zu dem Plan, von dem auf dem Carlsberg zu erbauenden Orangerie Gebäude, und conditionen, nach welchen die Arbeit gemacht werden soll.

Dar dieses Gebäude bekantlich von dem Maur Meister Schweighover schon zum theil aufgeführtet ist und vermög Serenissimi Herzogl. Durchlaucht höchsten Befehle nach den alten Plans völlig in stand zu stellen ist, so werden solche in allen Maaßen genau befolgt, oder die dagegen zu begehende fehler auf des entrepreneurs Kosten abgeändert.

Die in dem einen flügel angefangenen Keller werden nicht nur ausgemacht, bestochen und mit Ohmbacher […] *Wasserschaden* sauber behauenen blatten beleget, sondern auch noch im Keller in das vordere Gebäude wo es an dießen flügel anstoßet und der nehmlichen breite eingerichtet. Nicht weniger

Werden in die Mitte dießes Gebäudes die Gefängnisse nach dem darüber vorliegenden besonderen plan eingerichtet und die Arbeiten besonders solide und gegen das einbrechen der arrestanten fest verwahret, zu dem Ende dann die Festern mit starcken Hausteinen auch inwendig eingefaßt werden müssen. Alle diese Gefängnisse werden mit gehauenen blatten von einem halben schuh dick beleget, und glatt bestochen und geweißelt.

In der Orangerie wird in dem Haubt vordern Bau Zwey reihen Pfeiler in dem Flügelbau oben nur eine reihe von haustein zu laagung der durchzüge aufgeführtet. Auf dem boden oder in dem untern Stockwercke werden alle Gänge und pläze vor den stiegen mit sauber gehauenen und in im Maaß gefügten Ohmbacher oder andern festen blatten beleget, in die Orangerie oben kommen dergleichen keine, sondern der boden wird ausgeebnet und mit Kiß überführet, welche Arbeit aber den Entrepreneur nicht betrifft.

In dem obern stockwerck werden die Gänge mit wohlgebrannten und gerade choisirten gebrennten Ziegel [...] *Wasserschaden* beleget, die Wände von Holz, mit spiegelsteinen ausgemauret und das holz überbunden. Die Schornsteine mit liegenden backsteinen aufgeführet und alle feuerwercker gegen feuergefahr wohl verwahret.

Alle decken durch das ganze Gebäude durch werden mit überbindlatten überbunden und ins richtscheid verpuzt. Alle Mauren und Wände in und auswendig glatt verpuzt und geweißelt.

Alle Arbeiten müssen solide und Meisterhafft gemachtwerden, und der entrepreneur vor alles guth seyn.

Das Dach wird mit leyen gedeckt, und hat der entrepreneur sich denen nicht zu Lehnen. Den Speicher wird dem Gebälke zugleich mit leimen übertragen das belegen mit dielen oder blättgen aber bleibt hier ausgesezt.

Der entrepreneur muß nicht nur alle Arbeiten auf seine eigene Kosten verrichten, sondern sich auch also alle Materialien von der besten qualität nebst der Gerüstung selbsten stellen, und beyführung, nichts als den Hau- und Maursteine ausgenommen, welche durch herrschafftl. Fuhren beygeführet werden.

Mit der Arbeit muß also gleich der Anfang gemacht, und sie mit aller Macht und also betrieben werden, daß die Orangerie wenigstens bis in die Mitte des Septembris in fix und fertigem [...] *Wasserschaden* stand stehe, das übrige gebäude aber noch vor Winter so weith fertig seye, daß die Schreiner Arbeiten angemacht werden können, und ab der flügel zum Schloß zu, so weith aufgeführet und mit dem dach versehen ist, so muß darinnen sogleich der anfang mit Wölbung der Keller gemacht, un so forth wie das dach gedeckt seye wird, alles verpuzt und im wohnbahren stand gestellet werden.

Die wenige vorräthige Materialien übernimmt der neue enterpreneur von dem vorigen, dem Maur Meister Schweighover um den gemäß der abschatzung.

Die Hau und Maursteine müssen so viel möglich in der Nähe gebrochen werden, und gestatten zu dem Ende Sereniss. Herzogl. Durchlaucht gnädigst, dass mit dem neben dießem Gebäude angefangenen Steinbrüchen auch zu gegenwärtigem Gebäude continueret werde. Jedoch aber wann sich in dießem Steinbruch nicht genug brauchbare und guthe Hausteine finden sollten, so müssen solche sonsten wo in der Nähe oder allenfalls auf dem so genannten Zimmermanns berg gebrochen werden.

Fehler in der Zählweise, zweimal 12

Da die hervor beschriebene Arbeiten [...] *Wasserschaden* den Maurer betreffen wie sie nur nahmen haben mögen nach dem plan in fix und fertigen stand zu stellen. Einem entrepreneur überhaubt veraccordirt werden sollen, so wird die bezahlung den davor zu convenierenden Summe baar und prompt nach proportion, wie die Arbeit avanciret versprochen, dem entrepreneur auch bey ratification des Accords eine Avance von Zwey taussend Gulden gereichet werden.

Wird den Entrepreneur dießer Arbeit mit einbedungen, daß an diejenigen, die Colonnade von das Schloß nach dem vorgezeigten plan zustellen um mit Kutschen drunten fahren zu können, mit in den Kauff machen, wo zu ihme jedoch die vorräthige Hausteine und das erforderliche Eissen ohnentgeltlich gegeben werden sollen.

Hiervor beschriebene sämtliche Arbeiten hat endlich der Maur Meister Christian Schweighover selbsten übernommen vor

Elfftausend dreyhundert Gulden nebst fünff Neue Louid'or trinckgeldt, welche ihme hierdurch auf gnädigste ratification accordiret werden.

Carlsberg d. 21. May 1781

Christian Schweyhoffer

Wird diessen Accord Serenissimi Herzogl. Durchlaucht zur gnädigsten ratification submissest übergeben. Carlsberg eod.

Hautt

Da der Mauer Meister Schweighoffer diese in den Conditionen zu verfertigte arbeiten artikel 3–4 und 13 nicht gemacht hat und dieser Laut Specificierter beydter *?Wasserschaden?*

Acord und mit zehn dausend zweyhundert und fünffzig Guldten, fünfzig ein Kreutzer Exclusive das trinckgeldt mit fünf Louis d'or gnädigst gefälligst asigniert worden.

Carlsberg den 20ten Mertz 1784

Schaeffer

b. LA Speyer, Best. B3, Nr. 2965, #4841

Durchläuchtigster Herzog gnädigster fürst und herr p:p:
An Controlleur Schreiner zum Gebrauch. Zwbr: d. 7e Juny 1790

Wo ich Wircklich schon Im dritten Jahr mit Vielen Leuden vor gnedige Herrschaft auf dem Carlsberg arbeute und noch alle Jahr grosse Vorhinderung In anseung der Zimerleut Erlitten denoch aber ein mehr als dieses Jahr dar der fligel der oranschery gegen dem daubenhauß hette schon vor ongefehr 9: wochen Kennen aufgeschlagen werden und ist wircklich noch nicht Im stand dass ich das haupte gesimbs Legen Kann sollte er auch so weid gebracht werden, so bin bey der rauen Jahres zeut an jezo nicht mehr Im stand wegen starcken wind und rauem wetter dass gesims zu Legen, oben also auch am Jegerhauß wo bekannt ist daß selbes noch nicht vom Zimmerman ferdig, die greste vorhinderung wahr und welge mir den Meisten schaden gebracht wahr daß ich daß gantz Jahr sehr schlegt zu anseung der zahlung bin besorgt worden woraus zu seen dan die acorten werden ertragen als von stallung und reutschul auf oranschery und Jegerhauß zu samen   62 500 fl.

dagen habe noch an arbeut ohngefehr zu Machen so davon
abgehn   9 000
                                                                                              53 500
darauf Werde Empfangen haben   42 629
bleibt wircklicher rückstendiger verdienst   10 877

und da ich wircklich als ein armer man Mit zehen daussend und Mehrere gulden Vordinten Lohn zu rück stehe so werden Eyrer Herzogliche Durchlaugt gnedigste Einsehen daß ich gantz ausser stand gesetzt bin Sein solg grosses werck mit macht zu bedreyben In dem In so grosen schulden stecke daß mich nicht mehr recht offendlich säen Lassen darff, dan vorziglich die daglener seint arm und wirt der Eyne da der andere dort Exegwirt gepent vorsteigt und so weyder, und da ich Ihnen nicht helffen Kann so muß von denselben die greste zodis anheren will ich sie auch zur arbeut anhalten so wird Mir so gleich zur andwort mit schnibigen worden begechnet ich solle sie zallen und so vort, hibey werden Eywer Herrzogliche durchläucht gnedigst Einseen daß solge worten Eynem Ehrlichen man sehr wehe dun wan er sich nicht wieder Helffen Kann auch ist mir wircklich angst auff die arbeut zu gehen die weillen ich zusehen muß dass ein Jeder meyner dagleher dut waß er will und ich so zu sagen dar zu still schweygen muß Nur um die greste noth zu dilgen werden wenigstens 5000 fl. Erforderet himit Erwarte vor Eywer Herzogliche Durchläugt Eyne gnädige schleinige Hilfe und Ersterbe In aller underdänigkeit

Eywer Dochfürstliche Durchläugt

Carlsberg d 24t 7ber 1781

treu gehorsampster

schweyghoffer junior

8. Gärten

Bay HStA München, Abt. IV, Kriegsarchiv, Best. Serienakten 1999,

N. 10 im Etat

Lit. B.

Verzeichniß und Aestimation

Sämtlicher Inventarien Stücke und Garten Gewächß, so bei mir endes Subsignirten, durch die Franzoßen gänzlich ruinirt und Abhanden gekommen sind, als:

	Orangen-Bäume		
80	Orangen kleine erzogene a 30 xr.	40	
20	Lorberen à 2 f	40	
1	Feygen	5	30
23	Cistus Crispa à 30 xr	11	30
30	Rosmarein à 1 f	30	
22	Moertes à 12 xr	4	24
10	Laurus Dienas à 36 xr	6	
	Botanische Pflanzen		
600	Annanas Pflanzen à 1 fl	600	
60	ds mit unreifen Früchen à 2 f 30 xr	150	
1	Abel moschas Manihot a	1	30
3	Cirius à 5 f	15	
	Eine Sammlung der vortrefflichsten Grasblumen, bestehend in		
1000	Stöck à 1 f	1000	
300	geringere do à 30 xr.	150	
	Obstbäume		
14	Pfirsching Bäum am Schloß espalliers a 11 f	154	
47	do an der Mauer à 4 fl.	188	
12	Apricosen Bäum an der Mauer à 11 fl.	132	
12	do. an der Diehlenwand, Apricosen Bäum à 1 f	12	

An Quenouille

200	Aepfel Bäum à 1 f	200
9	Kirschenbäum Espalliers à 2 f	18
20	Trauben Stück an der Mauer à 10 f	200

An Hautwents

3	Merabelle à 2f	6
2	Reinclaude à 1 f	2
2	Quitten à 2 f	4
60	Aepfel à 1 f	60
6	Birnen à 1 f	6
1	Sperber baum	2
2	Schidkrötten à 11	22

An Sämereyen   30

Garten oder Arbeitsgeschirr

12   Spahten   12

[…]

4 Maul wurf Fallen à 24 xr.   1   36

[…]

Zwei Centner Eißerne Reif von Orangen Kübel a 3 xr   10

Summa 3327.48

Carlsberg den 26t
August 1793
Attestiere August Petri
Der Vater
Attestiere Ludwig Reinhardt

9. Tschifflik

a. LA Speyer, Best. B 3, Nr. 2580

1782

Blatt 57   Nr. 52

An die BauCasse zur Zahlung mit Ein Tausend Ein Hundert Zehen Acht Gulden, nach abzug deren darauf abschlägl. gethanen Zahlungen.

Zwbr. d. 6t 9br. 1781

Fürstl. Pfalzzwebr. RentCammer   Weyland, Werner

Den empfang bescheint den 13ten 7ber 1784   Peter Rosche

Bericht zu dem Plan von einem auf dem Carlsberg zu erbauenden neuen Pavillon und Conditionen unter welchen die Maurer Arbeit gemacht wird. Wird der Riß in allen seinen Maasen genau befolgt, die Arbeit solide, sauber und meisterhaft gemacht, und muß der Enterpenneur davor responsable seyn, und sollte ihme in irgend etwas ein Zweifel vorkommen, so hat er bey dem Baumeister Erläuter- und Erkundigung einzuhohlen, widrigenfalls aber zu gewärtigen, daß die unrecht gemachte Arbeit auf seine Kosten abgeändert werde.

2) Die Fundamenter werden aufs wenigste 2 Schu tiefer /

verso

als der Keller gemacht und zwar so, als sie zur hinlänglichen soliditaet des Gebäudes erforderlich sind.

3) Der Keller wird nicht gewölbet, sondern nur mit Balken gemacht, und diese werden aus gemauert. Der Boden wird mit rau gehauenen Blatten belegt, die Wände werden rau bestochen und geweiselt, und muß der Enterpenneur selbigen ausgraben.

4) Das untre Stockwerk betr.

Darinnen werden die Mauern 1 ½ Schu dick, die Riegelwänd mit Mauersteinen ausgemauert mit Überbindlatten überbunden und ein und auswendig alles glatt verputzt und geweiselt.

5) Die Thüren und Fenster des unteren Stocks werden von sauber gehauenen Steinen gemacht, mit einem Gesims versehen wozu der /

Blatt 58

Enterpenneur die Bettung (?) gegeben werden wird.

6) An die drey Terras Steegen werden die Stritte (?) mit einem Rundstaab Gesims, die Socles und Zarchen von sauber gehauenen Quaderstein, und der Zwischenraum mit Mauersteinen gemacht und bestochen, der grose Terras wird oben mit sauber gehauenen Blatten belegt.

7) Das Steegen Hauß und der Gang zu denen beeden Feuerstätten werden ebenfalls mit sauber gehauenen Blatten belegt.

8) Die zwey Caminer oder Schornstein werden Von Backenstein oder Klötz bis vors Dach aufgeführt, und oben mit einem steinernen /

verso

Gesims versehen.

9) Sollten Sermi Hochfürstlichen Durchlaucht gdgst gefällig seyn ein Gesims von Gyps machen zu lassen, so gehet solches den Enterpenneur nichts an, sondern wird von Herrschafts wegen gemacht.

669

10) Die kleine Keller Treppe welche von der grösern hinunter gehet, wird ebenfalls von gehauenen Steinen gemacht.

11) Die Decken im untern und obern Stockwerk werden gestickt, übertragen, mit Überbindlatten überbunden, glatt ins Richtscheid verputzt und geweiselt.

12) Die Riegelwänd im oberen Stockwerk werden /

Bl. 59

mit Mauersteinen sauber ausgemauert, überbunden, glatt bestochen und geweiselt.

13) An denen Dachfenstern muß der Maurer die Wangen sauber ausmauern, glatt bestechen und Weiseln.

14) Muß der Enterprenneur nicht nur alle Arbeiten, genannt- und ungenannte und welche erfordert werden, das Gebäude nach dem Riß in fix und fertigen Stand zu stellen thun, sondern auch alle Materialien nichts als das Stückholz aus genommen als welches Herrschafts wegen gegeben wird, liefern und beyführen, auch sich /

verso

alle Rüstung stellen.

15) Muß das Gebäude bis Michaely dieses Jahres in fix und fertigem Stand seyn.

16) Die Zahlung geschiehet baar und prompt nach Proportion wie die Arbeit avancirt, und bekommt der Enterprenneur einen Vorschuß von 200 fl.

Der Satz wurde durchgestrichen: Assignation an die Bau Casse zur Zahlung mit 200 Gulden Zweybr. d. 16. Juny 1778, Rentkammer

Bl. 60

Actum Zweybrücken den 12ten May 1778

Nachdem man vor gut befunden die Arbeit einer Versteigung aus zu setzen, so wurde solche anheute unter folgenden Conditionen vorgenommen.

Geschiehet die Versteigung nach dem Begehren der Liebhaber ohne ratification.

Muß der Steiger einen Bürgen stellen.

Wornach der Ansatz gemacht worden zu 850 fl. steigt sich zurück mit 2 fl.

Da keine Steigung geschehen, so wurde der Ansatz zu 900 fl. gemacht.

Da das Licht abermal ausgegangen, so wurde der Ansatz zu 1000 fl. gemacht.

Da wieder keine Steigung geschehen, so wurde der Ansatz zu 1100 fl. gemacht.

Da nochmalen niemand /

steigen wollen, so wurde der Ansatz zu 1150 gemacht.

steigt sich zurück mit 2 fl. hat erhalten in der 16ten Steigung also um 1118 fl. Maurer meister Christian Schweighoffer von hier dessen Bürg ist Maurermeister Rosche von Homburg kraft deren Unterschriften.

schweyghoffer jun.
Peter Rosche

Die Richtigkeit dieser Versteigung wird hiermit bescheiniget.

Actum ut supra

Simon Berthold

Peter Zimmermann,

Arnolt, Adam Ebert (?), Johannes All?

Diese Arbeit ist nun Mehro richtig verfertigt wird hiermit attestiert Zweybr. den 28ten Mertz 1781

Schaeffer

Wird zur gefälligen Assignation mit 1118 fl. anmit übergeben.

Zweybr. den 4ten Ap. 1781   Mannlich

b. LA Speyer, Best. B 3, Nr. 2576

Baukasse-Rechnungen 1780

Bl. 132

Bericht

Zue dem Plan von dem auf dem Carlsberg zu erbauenden Pavillon, und Conditionen unter welchen die Zimmer Arbeit gemacht wird

Wird der Riß genau befolget, als Arbeit sauber solide und meisterhaft gemacht und muss der Enterpenneur davor responsable bleiben, und sollte ihme etwa ein Zweifel übrig bleiben, so hat er bey dem Baumeister Erkundigung einzuhohlen, oder sich selbst beyzumessen, wenn die Arbeit auf seine Kosten abgeändert wird.

Muß der Enterpenneur das Keller Gebälk, und dasjenige im 1ten und 2ten Stockwerk verfertigen und aus spünden.

Muß derselbe die Riegel/

wänd im obern und untern Stock nicht nur machen sondern auch aufschlagen und aus spünden.

Die Steege wird von Block Tritten (?) mit einem Gesims sauber gemacht, die Balustren und Zarchenstücker muß der Zimmermann ebenfalls sauber verfertigen.

Auf dem untern Terras und denen beyden oberen Balcons werden die ?-Gesimser und Balustrer vom Zimmermann ebenfalls sauber verfertiget, wozu von Herrschafts wegen die Brettung (?) gegeben wird.

Das Dachgesims muß der Zimmermeister ebenfalls sauber machen und abhobeln.

Die 4 grose und kleine Dachfenster mit Gesimser verfertigen, so wie das ganze Dach machen und aufschlagen.

Das Haupt Holz zu diesem Gebäude wird in dem Kirkler, und die Spaaren in dem Jägersburger Eichwald abgegeben, und Herrschaffts wegen beygeführet und ist der Enterpenneur schuldig und verbunden selbiges im Wald aus zu zeichnen und ein genaue Specification davon zu übergeben, auch werden die weiters erforderliche Materialien an Klammern und Nägel ebenfalls fournirt.

Und weilen das Gebäude längstens bis Michaely Tag in fix und fertigem Stand seyen muß, so hat der Enterpenneur seine Einrichtig zu machen, daß so bald der Maurer mit der Vierung /

in der Höhe seyn wird, aufgeschlagen werden kann.

Die Zahlung geschiht baar und prompt, nach proportion wie die Arbeit avanciret, und werden 75 fl. avancirt.

Bl. 134

Actum Zweybrücken den 12ten May 1778

Nachdeme man vor gut gefunden, diese Arbeit einer Versteigung auszusetzen, so wurde selbige anheute praevia publicatione unter denen weiteren Conditionen vorgenommen.

Geschieht die Versteigung ohne ratification

Muß der Steiger einen Bürgen stellen

Wornach der Ansatz gemacht worden mit 250 f steigt sich zurück mit 1 f (?)

Da keine Steigung geschehen so wurde der Ansatz zu 300 fl. gemacht.

Da wieder keine Steigung geschehen, so wurde der Ansatz zu 350 fl. gemacht steigt sich zurück mit 1 fl. hat an der 67. Steigung also um 283 fl.

erhalten Zimmermeister Jakob Andler, dessen Bürg ist Maurermeister Schweighofer.

Jacob Andler

Schweyghoffer junior

Bl. 134 verso

Die Richtigkeit dieser Versteigung wird hiermit bescheiniget, actum ut supra

Georg Mayer

Johann, Ludwig

Jacob David

Barthol Senior

Diße Arbeit ist richtig verfertigt wird attestiert

Zweybr. den 28ten Mertz 1781

Wird Herzoglicher Rentkammer zur gefälligen Assignation mit 283 fl. anmit übergeben.

Zweybrücken den 4ten April 1781

Mannlich

10. Menagerie

LA Speyer, Best. B3, Nr. 2584

Baukasse-Rechnung 1784

Bl. 60   Nr. 54

Anliegendes Steig Protokoll von der Zimmer Arbeit in der Carlslust erbauten Menagerie wird fürstlr. RentkCammer anmit übergeben um den Steigschilling mit 306 fl. bel. zu assigniren, jedoch nach Abzug der darauf gethanen abschlägln. Zahlungen, und mögte die BauCasse anzuweissen seyn 10 fl. biß auf ein weiteres attestat von mir, daß die Arbeit in fertigem Stand seye, einzubehalten. Zweybrücken d. 23ten Febr. 1780

Mannlich

In Abschrifft an die Baukasse zur Zahlung mit dreihundert und Sechs Gulden nach Abzug der darauf geschehenen abschläglichen Zahlungen.

Zweybrücken den 14en Märtz 1780

Fürstl. Pfalz Zweybr. RentCammer

Weyland   Dippel

Den Empfang bescheint d. 3. Febr. 1785 Deobald Cullman

Bl. 61   Nr. 55

Bericht

Zu dem Plan von der im Carlslust zu erbauenden Menagerie und Conditionen unter welchen die Zimmerarbeit versteigt wird.

Muß der Entrepreneur in die 19 kleinen Häußger das Gebälck und die Dächer machen, wie solches der Riß zeigt.

Die Latten Separation von einem Häußgen zum andern, das Gebälk auf dem Saal des Pavillons, dasjenige in die kleinen Thürmger und die hölzerne Gesimser samt dem Dachwerck und 4 Dachgauben und Schneckensteeg, muß der Entrepenneur ebenfalls machen und aufschlagen.

Alle erforderliche Materialien ohne Ausnahm werden Herrschaffts wegen geliefert und beybeführt.

verso

Muß der Entreprenneur alle Arbeiten, welche erfordert werden das Gebäude nach dem Riß in fix und fertigen Stand zu stellen, machen und aufschlagen.

Die Zahlung geschiht baar und prompt nach Proportion wie die Arbeit avanciret.

Ist die Arbeit so zu betreiben daß sobald der Maurer fertig seyn wird, der Zimmermann sogleich aufschlagen kann.

Werden dem Entreprenneur bey der Ratification 100 fl. avanciret.

Bl. 62

Actum Zweybrücken den 24n Jul. 1778

Diese vorbeschriebene Arbeit wurde dato unter folgenden weitern Conditionen nach vorgängiger deren publication versteiget.

Geschiehet die Versteigung auf Ratification und

Muß der Steiger einen Bürgen stellen.

Wornach der Ansaz gemacht wird zu 150 fl. steigt sich mit 1 fl.

Da keine Steigung geschehen, so wurde der Ansatz zu 200 fl. gemacht. Da abermal keine Steigung geschehen, so wurde der Ansatz zu 250 fl. gemacht. Da das Licht abermalen ausgegangen, so wurde der Ansatz zu 300 fl. gemacht.

Da wieder kein Gebott geschehen, so wurde der Ansatz zu 350 fl. gemacht steigt sich zurück mit 1 fl. hat erhalten in der 44ten Steigung

verso

also um 306 fl.

Zimmermeister Theobald Cullmann von Homburg dessen Bürge ist Jacob David von hier Urkundlich der Unterschriften

Cullmann   Jacob David

Dieser in Prasential des Herrn Cammerrath Lehmann vorgenommenen Vorgang wird fürstlr. RentCammer zur gefälligen Examination und Ratification hiermit übergeben.

Zweybr. den 24. Jul. 1778   Lehmann   Mannlich

Ist richtig verfertigt biß auf etwas kleines an den Separationswänd

attestire Zweybr. d. 21n Febr. 1780   Schaeffer

11. Küchenbau

LA Speyer, Best. B3, Nr. 2648
#1572
Maurer Arbeit v. Küchen Gebäude
Entr. MaurMeister Krum
von 4500 fl.

Bericht zu dem Plan, von dem auf dem Carlsberg zu erbauenden Küchen Gebäude, nach der darüber gnädigst approbirten Einrichtung.

1) Das Gebäude wird neben dem dermahligen Küchenflügel, in den Garthen, und wie es sich würcklich abgesteckt befindet, erbauet, und auch um so viel höher, als sich bezeichnet befindet geleget, und die fundamenter so tieff es das terrain erfordert gegriffen.
2) Der Plan wird in allem genau befolget.
3) Unter einem Theil dieses Gebäudes werden nach Maaßgab des darüber vorliegenden besondern Plan, gewolbte Keller geleget, welche 9 sch. hoch, sauber und glatt bestochen und geweißt und mit sauber in den Winckel gefügten Ohmbacher blatten belegt werden. Die stiegen dazu werden von hausteinen gemacht.
4) Das Gebäude bekomt ein fußgesims von 18 zoll hoch und ein dachgesimß nach vorzuschreibendem Profil. Das Maurwerck und steinhaur Arbeit wird wie *Loch* den übrigen Gebäuden simple tradtiret. Die Ecken aber werden mit einem Pfeiler von Haustein aufgeführt. Alles in und auswendig wird glatt verpuzt und geweißelt. Alle Decken unten und unterm Dach wie auch das Holzwerck wird mit Überbundlatten überbunden, glatt verpuzt und geweißelt.
5) Alles auf dem boden Stockwerck wird mit sauber gehauenen und in den Winckel gefügten Ohmbacher oder auf dem platz zu findenden blatten in speiß belegte, das Speiß Zimmer ausgenommen, welches gedielet wird. Den Gängen im Stockwerck wie auch der Speicher über der Küche werden mit wohl gebrannten und gerade zu choisierenden Ziegel blättgen beleget.
6) Neben der vordern Treppe wird das Gewölbe zu den Secretern nach Maaßgab des Plans und 8 sch tief angeleget, dass es vermög einer mit Hausteinen einzufassenden öffnung von äussen(!) gesäubert werden kan.
7) Die hintere treppe, neben der Keller treppe wird von steinen, die vordern aber von holz.
8) der große Küchen Schornstein wird auf 3 bögen und darunter *Loch* Pfeilern von Hausteinen gesezt und mit liegenden backsteinen aufgeführt

also auch alle schornsteine und die Windöffen. Das eissen zu Einfassung lezterer wird von herrschaffts wegen gestellet.

9) Das Dach wird mit leyen gedeckt und hat der entrepreneur sich daran nicht zu kehren.

10) Der bedeckte Gang zu dem Schlossflügel wird mit leyen gedeckt. Die darunter zu sezende posten oder sa? werden zwar von holz, hingegen wird ein fundament und postament von hausteinen darunter gemacht, die treppe wird von Steinen, und dieser Gang sauber mit Ohmbacher blatten beleget.

11) Der entrepreneur der Maur Arbeit muß nicht nur alle Arbeiten, sein Handwerck betr. genant und ungenante thun, und welche erfordert werden, das Gebäude nach dem Plan in fix und fertigen stand zu stellen, sondern auch alle Materialien etc. selbsten dazu fouriren, und beyschaffen, davon nichts ausgenommen, als das Holz zum stücksholz und die beyfuhren der Hau und Maursteinen, welche durch die herrschaftl. fuhren geschiehet.

12) Alle Arbeiten müssen solid, sauber und Meisterhafft gemacht werden, und bleibt der entrepreneur 3 Jahre guth dafür.

13) Mit diesem Bauwesen muß also gleich den Anfang gemacht, und es so betrieben werden, daß das dach nach 6 Wochen darauf gesezet werden können, die übrigen aber so befündlich, daß alles zu Ende Augusti oder längstens in der Mitte 7bris im wohnbaren Stande seyn.

14) Wird noch bedungen daß der Entrepenneur die Steine in dem nächst gelegenen Steinbrüchen brechen lasse, um die beyfuhren zu erleichtern.

15) In Ansehung der Zahlung so wird solche baar und prompt nach proportion wie die Arbeit avanciret versprochen und nun die Avance von 1000 fl. gethan.

Diese Maur Arbeit unter hervorgesezten conditionen und nach deutlichen Verständniß des darüber vorliegenden Plans ist auf höchste ratification dem Maur Meister Michael Kum von Zweybrücken um Viertausend Fünffhundert Gulden veraccordiret worden zu Urkunde dessen Unterschrift

Carlsberg d. 1. Junii 1781
Michael Krumm

Wird dießer mündlich bereits gnädigst genehmigte Accord zur höchsten schriftl. ratification hierdurch submissigst vorgeleget

Carlsberg d. 1mo Juni 1781
Hautt

Da dieße Arbeit, alle Vermög dem Accord richtig gemacht worden, als derselbe gnädigst gefälligst mit Vier Tausend fünff Hundtert Guldten asigniert werdenen.

Carlsberg den 13ten Mertz 1784
Schaeffer

Glossar

A

Akkord	Vertrag, der die Bezahlung der Arbeiter nach Stücklohn auflistet.
akkordieren	übereinkommen
allagrec, à la grec	Goût grec, auch Frühklassizismus. Von klassischen griechischen und römischen sowie barocken Architekturvorbildern angeregter Stil, der von etwa 1755 bis 1770 als Reaktion auf den Rokokostil in Erscheinung tritt. Im Möbelbau werden einfache, klar unterschiedene Formen und glatte Flächen bevorzugt, als Ornamente erscheinen stilisierte Motive wie Akanthus, Lorbeer, Girlanden, Eierstäbe, Medaillons, die von der antiken Bauskulptur abgeleitet sind.
Alkoven	kleiner fensterloser Nebenraum, in dem das Bett steht, der durch eine große Wandöffnung mit dem Wohnraum verbunden ist.
Altan	Austritt, der bis zum Erdboden unterbaut wird – im Gegensatz zum Balkon.
Ameisenmann *auch:* Ameisler	sammelte in waldreichen Gegenden die Puppen der Ameisen, fälschlich Ameiseneier genannt, und verkaufte sie als Futter für Stubenvögel und Zierfische.[1]
antichambre	frz.: Vorzimmer; Nebenzimmer, Treppenhaus (?), Garderobe.
appartement double	Verdoppelung der Raumfolge im Mitteltrakt einer Maison de plaisance: Im Gegensatz zum appartement simple in einraumtiefen Gebäudeflügeln befinden sich nun Appartements auf der Garten- und auf der Hofseite. Erstmals tauchte dieses stilbildende Element in Vaux-le-Vicomte auf.
approbieren	genehmigen
attestieren	bestätigen

2981   PALLA, Lexikon, S. 22.

B

Barget, barke, barquet, barque	ugsprl. für Parkett.
Baskülverriegelung	frz.: bascule; Drehstangenverschluss in zwei Teilen, die über Zahnräder miteinander verbunden sind.
Bathbitt	ugsprl. für Badewanne.
Batzen	alte Silbermünze, entspricht 4 Kreuzern;
Beilaster	ugsprl. für Pilaster, s. dort.
Bekleidung	Verkleidung, Rahmen einer Tür.
Berceau	frz.: bercau; tonnengewölbter Laubengang aus unterschiedlichen Materialien. S. auch: Treillage.
Berggrün	Kupfergrün, Malerfarbe aus Malachit (Kupfererz).
Bersau: s. Berceau	
bestechen	Mauer oder Backstein bestechen; zunächst werden die Fugen mit dünnflüssigem grobem Mörtel ausgeworfen (bestochen) und darauf erfolgt der weitere jeweilige Verputz (s.a. rau bestechen).
Bett, einschläfrig	Bett für eine Person
Beylaster	ugsprl. für Pilaster, s. dort.
blaffon	ugsprl. für: Plafond, s. dort.
Bleu, Bley	Blei
Bleyweiss	Bleiweiß, s.a. Kremnitzer Weiß, besonders haltbare Malerfarbe aus Bleikarbonat, auch Berliner Weiß, Kremnitzer Weiß, basisch kohlensaures Blei, deckend, rasch trocknend, wird mit Leinöl oder Nussöl angerieben.
Blindboden	Balkenbelag aus Brettern oder kleinen Balken, der unter dem eigentlichen Parkett verlegt wird.
Block-Tritte	auch: Blockstufe, massive Stufe mit rechteckigem Querschnitt, im Gegensatz zur Keilstufe, die eine schräge Unterseite aufweist.
Boiserie	Französische Bezeichnung für geschnitzte Wandvertäfelungen, die sich aus einzelnen oder farbig gefassten, von vergoldeten oder versilberten Leisten gerahmten Paneelen mit geschnitztem Zierrat zusammensetzt; charakteristisch für die Innendekoration des 18. Jahrhunderts.
Boseri, bosserie[h]	ugsprl. für Boiserie, s. dort.

Boskett	Hecken oder Waldpartiestück in ornamentaler Gestaltung, bestehend aus Buchsbaumhecken.
Broderieparterre	vor dem Schloss gelegener ebener Gartenbereich, dessen Beete regelmäßig angeordnet sind und dessen Blumenbepflanzung den Eindruck von Brokatstickerei vermittelt.
Bz	Abkürzung für die Währung Batzen, s. dort.

C

Cabineter	Kabinette
Candelbley	Kandelblei
Chambram	ugsprl. für chambranle: Tür-, Fensterverkleidung, Fensterstock, Kaminsims.
choisiren	auswählen
Christmond, Christmont	ugsprl. für: Christmonat, alte Bezeichnung für den Monat Dezember, oft auch bezeichnet mit Xber, Xbris (decem=zehn).
cediren	Abtreten einer Forderung, eines Auftrages o.ä. an jemand anderen.
contermanttieren	frz.: contremander, abbestellen, absagen.
Cordloschi, Cord loschi	ugsprl. für Corps de logis.

D

Deicheln	auch: Deichlen, altdeutsch: Teucheln, Teicheln: Rohrstücke für die Brunnenleitungen aus gebohrten Holzstämmen, mit Metallringen verbunden und mit Teer abgedichtet. Das Aufquellen des Holzes gewährleistete die Dichtigkeit. Für die Herstellung und Erneuerung der Deicheln war der Brunnenmacher verantwortlich.
Designation	Bezeichnung, Abgrenzung, Bestimmung.
Diehlen	Dielen, ungehobelte lange Bretter mit geringem Durchmesser wie sie aus der Sägemühle kommen.
Dihren	ugsprl. für Türen
Dolen	Dohlen: unterirdischer, gemauerter und verdeckter Abflussgraben, Abzugkanal.
Doppelte Türen, *auch:* verdoppelte Türen	Aufgedoppelte Türen werden im Gegensatz zu einfachen Brettertüren aus senkrechten Brettern, die durch

	Langbänder oder Querleisten gehalten werden, mit einer Verstärkung versehen, die aus einem Rahmen bestehen kann oder aus profilierten Brettern, die zu einem geometrischen Muster angeordnet werden.
dut	ugsprl. für macht, ergibt – als Ergebnis von Berechnungen.

E

Ehle	ugsprl. für Elle; 1 Elle=0,667 m
Entreprenneur	Unternehmer, der einen Auftrag am Bau ersteigert hatte.
Espagnolette	Drehstange zur Fensterverriegelung; eine runde Eisenstange erstreckt sich über die gesamte Höhe des Fensters, gekrümmte Haken am oberen und unteren Ende greifen bei Drehung des Handriegels in Schließbleche und ermöglichen es, hohe Fensterflügel mit einem einzigen Griff zu öffnen oder zu schließen.
Extractus	Auszug aus einer Rechnung.

F

Fach	vgl. Gefach
Fauteuil „en cabriolet"	Armlehnsessel mit rückseitig gerundetem Gestellrahmen und im Grundriss entsprechend gebogener Rückenlehne, die häufig trapezförmig oder ovalrund ausgeprägt ist. Sie sind als „Fauteuils courants" gefällig im Raum verteilt.
Fauteuil „à la Reine"	Geräumiger Fauteuil mit rückseitig gerade schließendem Gestellrahmen und entsprechend gerader Rückenlehne, die meist rechteckig oder auch rund ausgeformt ist. Der Möbeltypus ist einer festen Funktion im Raum unterworfen: Die Sitzmöbel dieses Typus stehen als „Fauteuils meublants" vor der Wand und sind in die Raumarchitektur eingeschrieben.
Fellung, Fellungen	ugsprl. für Tür- oder Fensterfüllungen, Füllungen in den Boiserien.
Feuerhund	Paarweise im Kamin aufgestellte Böcke, meist aus Messing, die eine eiserne Vorrichtung zur Auflage der Holzscheite tragen.

First	Mit First wird die Linie bezeichnet, in welcher sich zwei Dachflächen treffen, die von den Langseiten eines Gebäudes aufsteigen.
Fisch	ugsprl. für Fischband, s. dort.
Fischband	(frz.: ficher = einstemmen) seit dem 18. Jh. gebräuchliche Scharnierbänder, von denen eines an das Tür- oder Fensterblatt, das andere in die Fassung eingestemmt ist.
Florin	abgekürzt mit fl., gleichbedeutend mit Gulden (s. dort).
fourniren, fournieren	(frz.: fournir = versehen, beitragen) liefern, versorgen.
Frankfurter Schwarz	auch Drusenschwarz oder Hefeschwarz; schwarze Kohle, die durch Verkohlung oder trockene Destillation von Weintrestern oder Weinhefe hergestellt wird.
Friser	ugsprl. für Friese, Parkettfriese.
Fronden spieß	ugsprl. für Frontispiz, also den Frontgiebel bzw. das Giebeldreieck über dem Mittelrisalit eines Gebäudes.
Fuder	1000 Liter; Bezeichnung für eine Wagenladung, die zwei Pferde ziehen können.
Fuder	Futter, Tür- oder Fensterbekleidung.
Fuß	gebräuchliches Längenmaß, von den Carlsberger Handwerkern immer mit ‚Schuh' bezeichnet: ein französischer Fuß entspricht 0,32 Metern. Ein Fuß besteht aus 12 Zoll.
G	
Gardemeuble	Depot innerhalb des Schlossbereichs, in dem die nicht benutzten Möbel verwahrt wurden. Das Garde-Meuble Royal bezeichnete seit dem Mittelalter die Behörde des französischen Königshauses, die für die Verwaltung der Möbel der Krone zuständig war.
gebrannter Kalk	Calciumoxid, reine weiße Farbe, verwendet zu Mörtel und zum Weißen von Gebäuden.
Gefach	Gefach oder Fach ist der Zwischenraum zwischen den senkrechten und waagerechten Hölzern, der mit Lehm oder Backstein ausgefüllt eine geschlossene Fachwerkwand bildet.
Geheime Rath	Geheimrat, also Angehöriger eines dem Landesherrn unmittelbar unterstehenden Ratskollegiums.

Geisfies, Geisfus	ugsprl.: Tisch oder Stuhl mit „Geißfüßen", also mit meist geschwungenen Beinen, welche in (stilisierten) Tierfüßen enden.
gekehlt	Bezeichnung der Frieswangen von Türen und Fenstern, wenn sie mit dem Profilhobel aus dem Fries herausgearbeitet sind.
gelber Ocker	auch dunkler Ocker; gelbbraune Malerfarbe aus Ton und Eisenhydrozid; deckende, halbdeckende oder lasierende Farbe, die mit Leinöl angerieben wird.
Geometer	Landvermesser
Gips	wasserhaltiger, schwefelsaurer Kalk, der ausschließlich für Stuck und Wände verwendet wird.
Gord loschie, gort logi, kurt loschis	ugsprl. für Corps de logis.
Grat	Ein Grat bildet sich auf dem Dach dort, wo sich zwei Dachflächen treffen.
Grilage	frz.: Grillage: Gitter, Gitterwerk
Gueridon	Leuchter
Gulden	Bezeichnung der Währungseinheit, dt. nach fiorino d'oro (Florenus, abgekürzt mit fl.) der Stadt Florenz, wobei es sich beim süddeutschen Gulden um eine Silbermünze handelte. 1 Gulden = 15 Batzen = 60 Kreuzer.

H

Hameau	frz.: Weiler, Dörfchen
Hartung	Alte Bezeichnung für den Monat Januar.
(Blumen) Heffen	(Blumen)-Töpfe
Heiger	Spitzgauben auf dem Dach.
Hoffourier	Hoffurier, auch Kammerfurier; frz: Fourrier: Quartiermacher; niederer Hofbeamter, der mit der Überwachung des Ordnungs- und Sicherheitsdienstes an Höfen und fürstlichen Schlössern betraut ist.
Holkel	Hohlkehle
Hornung	Alte Bezeichnung für den Monat Februar.

I

Item	lat.: ebenso

J

Jucherten — Joch, Jucharte: altes südwestdeutsches Feldmaß, das ca. 30–55 Ar entspricht.

K

Kammerrath — Kammerrat, Mitglied der Rentkammer.

Käbel — ugsprl.: Giebel

Karniß — Fensterblei, Befestigung von Glastafeln in Fensterrahmen, was meist mit Blei geschieht. Das Karnißblei, das der Befestigung von Fenstertafeln dient, besteht aus zwei Teilen, die durch Fugen zusammengelötet sind und in der Mitte eine Röhre bilden, in der das Windeisen zum Schutz vor Druck des Windes eingelassen wird.

Kehlstoß — in den Rechnungen auch unter den ugsprl. Bezeichnungen Kelstes, Kölstös aufgeführt: Tür- oder Wandverkleidungsfüllungen werden in den Türrahmen oder die Lambris mittels eines Kehlstoßes, einer profilierten Holzleiste, eingeschoben.

Klafter — 1 Klafter entspricht 6 Fuß, also 1,95 Meter nach französischem Maß, 1,833 Meter nach preußischem Maß, was auch für das rheinländische Maß gilt.

Kloben — Wandseitiges Gegenstück zu einem Langband.

Kreitzel, Kreitzelholz — ugsprl. für Fensterkreuz eines mehrflügeligen Fensters.

Kreuzer — 60 Kreuzer (abgekürzt: xr.) = 1 Gulden, 1 Kreuzer = 4 Pfennige.

L

Lambrequin — frz.: schmaler, geraffter Querbehang am Fenster; zackenförmig oder geschweift ausgeschnittener Querbehang mit Quasten aus Stoff, Metall oder Holz; über die Breite eines Fensters oder an einem Baldachin.

Lambris — frz.: Täfelung, Paneel; Bezeichnung für Holz-, Marmor- oder Stuckverkleidung auf dem Sockel von Innenwandflächen. Getäfelte Sockelzone einer Boiserie, die durch geschnitzte Leisten abgesetzt wird. In der Raumarchitektur eingeschriebene Möbel wie z.B. Konsoltische stimmen in ihrer Höhe mit der Höhe des Lambris überein.

Lampri, Lamberien	ugsprl., auch in der Variante ‚lambarien': vgl. Lambris.
Latierbaum	waagerecht angebrachter Holzbalken zwischen den Ständen im Pferdestall.
Latus	Summe der auf einer Seite aufgeführten Posten, die auf eine nächste Seite zu übertragen sind.
Leien, auch: Leyen	Schiefer
Leimfarbe	Farbe mit Zusatz von Leim für Innenanstriche.
Leinöl	aus Leinsamen gepresstes Öl, trocknet durch Oxidation zu widerstandsfähiger Linoxidolhaut; wird aus Flachssamen gewonnen, schnelltrocknend.
Leinölfirnis	mit Trockenstoffen gekochtes Leinöl, trocknet schnell
Leistnägel	Leistennägel; Nägel ohne Kopf.
Lessinen	ugsprl. für Lisene, vertikale Wandvorlage ohne Basis und Kapitell.
Letten	anderer Begriff für Lehm.
Leyen	Bezeichnung der damaligen Zeit für Schiefer.
Leyendecker	Dachdecker, der Schieferdächer decken kann.
Lisenen	Vertikale Wandvorlage ohne Basis und Kapitell.
Livre	Livre Tournois, französisches Pfund ist eine Silbermünze, das umgerechnet 25 Kreuzern entspricht.
Louis d'or	Französische Goldmünze im Wert von ursprgl. 10 Livres (Silbermünzen), eingeführt von Ludwig XIII., bis in die Zeit der Französischen Revolution geprägt; die letzten Louis d'or von 1791 bis 1794 galten 25 livres. 1 Louis d'or = 11 Gulden.

M

Maison de plaisance	Lustschloss; zunächst nur einen Gartensaal aufnehmend; ab dem 18. Jahrhundert meist eingeschossiger Bau mit zentralem Gartensaal.
Marquisen	Besonders breite Sessel.
Malter	Getreidemaß; 1 Malter = 695,5 Liter.
Memoire	Kostenaufstellung
Menagerie	Tiergehege
Michaelis	Kirchenfest, das zu Ehren des Erzengels Michael am 29. September gefeiert wird.
Moderirt, moderieren	Kürzen oder Abrunden einer Rechnungssumme.

N
Nota	Rechnung; Vorbemerkung.
Nürnberger Roth	Farbe

O
Ohm	altes Flüssigkeitsmaß, besonders für Weine, in Preußen beispielsweise 137,4 Liter.
Olive	In Frankreich verbreitete Variante des Türdrückers.

P
p	Abkürzung, vergleichbar mit „usw."
Palisade	Befestigung aus nebeneinander eingeschlagenen Pfählen, die oben zugespitzt sind.
Palunster	ugsprl. für Baluster.
Parforcezaun	Zaun, der ein Wildgehege umgibt; Parforce (frz: par force = mit Gewalt) ist eine beliebte Jagdform als Hetzjagd mit Hunden und Pferden.
Parterre	Blumengarten, oft als Broderieparterre gestaltet (s. dort), oder als Rasenfläche gestaltet.
Pasquil	gemeint ist die Baskülverriegelung (s. dort).
Patte d'oie	frz.: Krähenfuß; dt.: Gänsefuß genannt, als dreistrahlige Wegeanlage, die ausgehend von einem Gebäude oder Aussichtspunkt in einen Wald oder Garten hineinführt.
Peiler	ugsprl. für Pfeiler.
Peraequator	Landmesser, Geometer, Feldmesser.
Pfennig	4 Pfennig = 1 Kreuzer
Pfette	Parallel zum Dachfirst verlaufende Hölzer, die die Dachhaut tragen (Pfettendach) oder die Sparren unterstützen (Pfettensparrendach).
Pilaster	Wandpfeiler
Pimsenstein	Bimsstein
Plättger	Platten
Plafond	frz. für flache Decke.
Portmanteau	frz.: porte-manteau: Kleiderhaken.
Posserien	ugsprl. für Boiserien, s. dort.

Prellstein	Steinerner Radabweiser, der vor Portallaibungen, an Hausecken und Toreinfahrten zum Schutz aufgestellt wird.
Privet	frz. privé: Abtritt, auch ‚heimliches Gemach' oder ‚Secret' genannt.
Profet	ugsprl. für Privet, s. dort.

Q

Quadrator	Gipser, der für Leisten und Profile und für das Ausmessen der Decken sowie das Vorzeichnen zuständig ist. Dafür wird die Berufsbezeichnung „Quadrator" gewählt, im Unterschied zu den Stukkateuren.
Quater	Quader; Haustein mit glatten Flächen.
Quincunx	Regelmäßige Art der Baumpflanzung. Dabei dient die Anordnung der Zahl Fünf auf dem Würfel als Modul, um ein Raster für die Anpflanzung der Bäume zu haben.

R

Rähm	Rahmholz, das die Wand nach oben abgrenzt und als Auflager für eine obere Balkenlage dient.
Rahmschenkel	rahmende Hölzer eines Fensterflügels.
Rasenbänke	grasbewachsene, steile Böschung.
rau bestechen	Anbringung eines Verputzes aus zwei Mörtellagen, zunächst mit grobem Mörtel und danach mit magerem Mörtel, der mit dem Reibebrett geglättet wird.
Raum	Abraum
Reiß	Maß um Baustoffe, insbesondere Schiefer zu bemessen. 1 Reiß entspricht ca. 2,4 m^2.
Remise	Schuppen, Unterbringung für Kutschen.
Rentamt	Dienststelle für die Rechnungsführung, Rentkammer.
Rentey	Rentkammer
Rentkammer	Rentamt, Dienststelle für Rechnungsführung.
Reparationen	Reparaturen
Resolution	Beschluss
Riegel	Riegel gehören zu den waagerechten Hölzern im Fachwerkbau, die die Wand der Höhe nach in die für die Ausfüllung zweckmäßige Größe abteilen und das Durchbiegen der Stiele, also der senkrechten Hölzer, verhindern.

Riss	Zeichnerische Darstellung des jeweilig zu bauenden Objektes.
Ruthe	Eine Ruthe entspricht 12 Fuß, also ungefähr 3,90 Metern (in dem am Carlsberg gebräuchlichen französischem Fuß). Eine rheinländische Ruthe maß 3,76 Meter.

S

Schambram(en)	ugsprl. für frz.: chambranle: Tür-, Fensterverkleidung, Fensterstock, Kaminsims.
Schank, Schänk, Schäng	ugsprl. für Schrank, Schränke.
Schiebriegel	Schiebriegel sind jene Teile eines Kastenschlosses, die seitlich in eine vorgesehene Vertiefung im Türrahmen oder in eine Schließkloben geschoben werden.
Schiesend Fallen Schloss	ugsprl. für: schließendes Fallenschloss, vgl. dort.
Schippenband	Schaufelförmiges Metallband, womit das Tür- oder Fensterblatt beschlagen wird, verbunden mit Spitz- oder Stützkloben, um dem beweglichen Drehflügel eine feste Drehachse zu geben.
Schließende Falle	Teil des Türschlosses; Die Falle, also das Schnappschloss, wird durch Betätigung des Türdrückers waagerecht, also schließend, in einen Schließkloben am Türrahmen geschoben.
Schlossen	ugsprl. für Hagelkörner
Schneckensteeg	Wendeltreppe
Schu, Schuh	= Fuß; Längenmaß, das als französischer Schuh 32 Zentimeter, als rheinischer Fuß 31 Zentimeter misst. Ein Schuh besteht aus 12 Zoll.
Schubregel	ugsprl. für Schiebriegel, vgl. dort.
Schwarden, Schwarten	Holz, an dem sich noch Reste der Rinde befinden.
Secred	ugsprl. für Toilette, s. auch Privet.
Serenissimus	Anrede des Herzogs.
Sommerladen	Hölzerne Außenfensterläden, die entweder ganz oder im oberen Drittel durch schrägstehende z.T. bewegliche Lamellen durchbrochen sind.
sothane	so getan
Sparren	schräger Dachbalken.
Sparrenköpfe	über die Hauswand herausragende Sparren.

Specification, Specefication	ugsprl. für Spezifikation. Aufzählung, Nennung erbrachter Handwerkerleistungen und oftmals gleichzeitig Quittung für den Erhalt des Lohnes.
Speiß	Speis, Mörtel
Sperhelter	ugsprl.: Sperrhalter, meint die Vorreiber, welche die geöffneten Fenster festhalten oder jene Vorrichtungen („Fenstermännchen"), welche geöffnete Klappläden an der Außenwand festhalten.
Staquetten	Staketen, Latten.
Steg, Stege	ugsprl. für Stiege, Treppe.
Steigung	Versteigerung
Steigkonditionen	Die Bedingungen, die für die Versteigerung eines Gewerkes für beide Seiten des Vertrages gelten sollten wie beispielsweise Material, Maße, Preis und Zeitpunkt der Fertigstellung.
Steigprotokoll	Das Protokoll, in dem zum einen die Bedingungen festgehalten wurden, unter welchen das jeweilige Werk ausgeführt werden soll. Zudem wird der Verlauf der Versteigerung des Vertrages festgehalten. Der Versteigerer gibt eine Summe vor. Hat mit Verlöschen eines Lichtes keiner den Vertrag zu diesem Ansatz ersteigern wollen, erhöht sich der Ansatz bis der Vertrag von einem Handwerker ersteigert wird. Gleichzeitig „steigt sich der Ansatz zurück", d.h. pro Steigung verringert sich der Ansatz um 1 Gulden. Vgl. Quellenteil; vgl. *Steigkonditionen*.
Steigschilling	Bezahlung, die für eine Arbeit innerhalb eines Vertrages bei einer Vertragsversteigerung vereinbart wurde.
Suborte	Supraporte
Supraporte, Surporte	dekorativ gerahmte Fläche über einem Türsturz.
Summa per se	Summe an sich

T

Tafelbley	Blei, das in sog. Tafeln oder Mulden verkauft wird, und u.a. für Fenster verwendet wird.
Tafel-Parkett	Parkett, das aus quadratisch zusammengeleimten Tafeln auf Blindboden verlegt wird.
Tafelglas	Fensterglas, meist mit grüner Färbung.

Teicheln	auch: Deicheln, s. dort.
Toise	1 toise = 6 pieds du roi = 1,9490 m
trilaschirt	ugsprl. für: mit Treillagen (s. dort) versehen.
Tractus	Auszug aus einer Karte.
Transport	1. von einer vorangehenden Seite übertragene Summe 2. Beförderung, Lieferung
Treillage	frz.: Gitterwerk; Lattenwerk; Lauben oder Laubengänge aus hölzernem oder eisernem Gitterwerk, über das sich unterschiedliche Gewächse ranken.
Trimo	ugsprl. für Trumeau, s. dort.
Trumeau, frz. für Fensterpfeiler, Pfeilerspiegel	Hoher Wandspiegel zwischen zwei Fenstern, der Bestandteil der Wanddekoration ist. Bezeichnet im 18. Jahrhundert auch die gestalterische Einheit aus einem Konsoltisch (auch einer Kommode) mit einem hohen Wandspiegel mit geschnitzter Umrahmung.

U

Unschlitt	Talg, der für Lichter verwendet wird

V

verabfolgen	übergeben, herausgeben
veracordirt	vereinbart, vertraglich festgelegt
Versteigung	Versteigerung
Vorfenster	Vorfenster wurden im Winter zur Isolation außen an den Fensterrahmen eingehängt oder mit eigenem Rahmen in der Fensteröffnung vorgestellt.

W

Walben	Walm, Teil der Dachfläche, hier an der Giebelseite als Krüppelwalm.
Wasen	Heu, Stroh, Wiese oder Rasenstück.
Wingert	ugsprl. für Weingarten, Weinberg.
Winkelband	wird als eiserne Verstärkung an den Ecken von Fenstern und Mauerwerk verwendet; verstärkt den Verband der horizontalen und vertikalen Holzrahmen und gibt den Fenster- und Türflügeln eine feste horizontale Drehachse.

Windeisen	Dünne Eisenstangen, die auf den Flügelrahmen angeschlagen werden um das Eindrücken von Fensterflächen durch den Wind verhindern sollen.

X

xr	Abkürzung für die Münzsorte Kreuzer, s. dort.

Z

Zitz	Chintz; dichter glänzender Baumwollstoff mit Leinwandbindung.
Zoll	1 frz. Zoll = 3 cm.; 12 Zoll entsprechen einem Fuß.

Quellenverzeichnis

Geheimes Staatsarchiv Preußischer Kulturbesitz Berlin
Geh. StaatsA Preußischer Kulturbesitz, Abt. I HA, Rep. 96, Nr. 173 I, Bl. 1.
Geh. StaatsA Preußischer Kulturbesitz, Abt. I HA, Rep. 96, Nr. 173 J, Bl. 4f.

Generallandesarchiv Karlsruhe (GLA Karlsruhe)
Best. S, Kremer-Lamey, Nr. 135
Best. S, Kremer-Lamey, Nr. 136
Best. S, Kremer-Lamey, Nr. 137

Bayerisches Hauptstaatsarchiv München (BayHStA München)
Bestand Kasten blau, Nr. 405/17
Bestand Kasten blau, Nr. 405/23
Bestand Kasten blau, Nr. 405/40, Heft IV: Bauwesen.
Bestand Kasten blau, Nr. 406/3
Bestand Kasten blau, Nr. 406/5
Bestand Kasten blau, Nr. 406/8
Bestand Kasten blau, Nr. 406/22
Bestand Kasten blau, Nr. 407/35
Bestand Kasten blau, Nr. 422/2.
Bestand Kasten blau, Nr. 422/9
Bestand Kasten blau, Nr. 440/37

Bestand M Inn Nr. 24136
Bestand MF 18755
Bestand MF 18844
Bestand MF 18966
Bestand MF 19010
Bestand MF 19063
Bestand MF 19075
Bestand MF 19102
Bestand MF 19104
Bestand MF 19105

Bestand MF 19115

Bestand HR I Fasz. 24/2
Bestand HR I Fasz. 24/3
Bestand HR I Fasz. 285/248

Bayerisches Hauptstaatsarchiv München, Abt. III: Geheimes Hausarchiv (GehHA München)
Kabinettsakten Ludwigs I. Nachlass Max' I   Nr. 49
Korrespondenz-Akten Nr. 1688
Korrespondenz-Akten Nr. 1695
Korrespondenz-Akten Nr. 1697 a/1
Korrespondenz-Akten Nr. 1697 a/2, ad. Nr. 89.
Korrespondenz-Akten Nr. 1697 b.
Korrespondenz-Akten Nr. 1697c
Korrespondenz-Akten Nr. 1697d
Korrespondenz-Akten Nr. 1698

Bayerisches Hauptstaatsarchiv München, Abt. IV: Kriegsarchiv
BayHStA München, Abt. IV, Serienakten 1984.
BayHStA München, Abt. IV, Serienakten 1999

Landesarchiv Saarbrücken (LA Saarbrücken)
LA Saarbrücken, Best. N.S. II, Nr. 2227, S. 549.
LA Saarbrücken, Best. HV: Koellner, Johann Friedrich Christian: *„Etwas zum Zeit Vertreib der Winter abenten. Vom Jahr 1800,"* Manuskript S. 72.
LA Saarbrücken, Best. Pfalz-Zweibrücken, Nr. 13.

Landesarchiv Speyer (LA Speyer)
Bestand B2 Nr. 273/1: Bericht über die Zerstörung des Schlosses Karlsberg
Bestand B2 Nr. 1535: Die vom Herzog angeordnete Verlegung der Residenz 1793
Bestand B2 Nr. 1581: Das Schuldenwesen Herzog Karl Augusts von Pfalz-Zweibrücken 1774–1776

Bestand B2 Nr. 1584: Inventar über sämtl. Silber, Porzellan, Kupfer, Zinn etc. wie welches in der fürstl. Hofkammer vorhanden ist 1787.

Bestand B2 Nr. 1585: Inventar des im Schlosse Karlsberg vorhandenen Silbers

Bestand B2 Nr. 1586

Bestand B2 Nr. 1595: Personalschulden des Herzogtums Zweibrücken 1803–1828

Bestand B2 Nr. 1600: Das Bauwesen und die Bauleitung auf dem Carlsberg, sowie das Lambsborner Bauwesen 1778–1807

Bestand B2 Nr. 1601: Desgl.

Bestand B2 Nr. 1602: Desgl.

Bestand B2 Nr. 1604: Desgl.

Bestand B2 Nr. 1605: Desgl.

Bestand B2 Nr. 1606: Desgl.

Bestand B2 Nr. 1608: Desgl.

Bestand B2 Nr. 1610: Desgl.

Bestand B2 Nr. 1614: Den von seiner h. Durchlaucht, dem Grafen v. Strahlenheim abgekaufte Louisenhof, Carlsberg 1778–1789

Bestand B2 Nr. 1619: Die Veräußerung der ruinierten Karlsberger und Jägersburger Gebäude und Baumaterialien sowie das Baumagazin und das dabei angest. Personal betr. 1795–1798.

Bestand B2 Nr. 1621: Fütterung der Hunde auf dem Karlsberg

Bestand B2 Nr. 1646: Die herzoglichen Gartenhäuser

Bestand B2 Nr. 1647: Zweibrücker Orangerie u. Gemüsgarten, sowie Karlsberger Lustgarten, Personal u. Anschaffungen. 1792–1802

Bestand B2 Nr. 1648: Die Besorgung des herrschaftlichen Gartenwesens, Holzhauerarbeiten

Bestand B2 Nr. 1649: Dienstbestellung der herrsch. Gärtner 1780–1792

Bestand B2 Nr. 1661: Hofkünstler, Hofarbeiter, Hofagenten und oflieferanten 1794–1799

Bestand B2 Nr. 1694: Die Verordnung gegen Beschädigung der Bäume an den Straßen und Alleen

Bestand B2 Nr. 1695: desgl. 1776–1792

Bestand B2 Nr. 1791: Dienstbestallung der herzogl. Forstbediensteten Fischer und Schügens

Bestand B2 Nr. 1807

Bestand B2 Nr. 1872: Die zur Umzäunung der Karlsluster Fasanerie erforderlichen Pallisaden und deren Beiführung in der Jagdfrohnde

Bestand B2 Nr. 3773: Ernennung der Hofkünstler und Handwerker 1778–1799

Bestand B2 Nr. 3774: Desgl.

Bestand B2 Nr. 3899: Consignatio der Karlsberger Baurechnungen

Bestand B2 Nr. 3900: Karlsberger Bauprotokoll (Abrechnung mit den Handwerkern)

Bestand B2 Nr. 3989: Das Zweibrücker Baukasse-Rechnungswesen

Bestand B2 Nr. 3991: Die Zweibrücker Baumaterialien oder Baumagazins-Rechnungen

Bestand B2 Nr. 3992: Verzeichnis der Dippelschen Rechnungssteller retradierten unbezahlten Assignationen auf die Zweibrücker Baukasse

Bestand B2 Nr. 3993: Untersuchungsprotokoll der Überzahlungen der Zweibrücker Baukasse-Rechnungen

Bestand B2 Nr. 4654: Der Jägersburger Schloßbau auf dem Karlsberg

Bestand B2 Nr. 4659: Die Herstellung ruinierter herrschaftlicher Schlößer und Gärten

Baukasse-Rechnungen (Urkundenbände der Handwerkerrechnungen) über das private herrschaftl. Bauwesen zu Zweibrücken, Jägersburg, Petersheim und Nohefelden
sowie Baukassenrechnungen der Rentkammer (Manuale)

Bestand B3 Nr. 2570: Urkundenband 1777

Bestand B3 Nr. 2572: Urkundenband 1778

Bestand B3 Nr. 2573: Baukassenrechnung Rentkammerexemplar 1779

Bestand B3 Nr. 2576: Urkundenband 1780

Bestand B3 Nr. 2577: Baukassenrechnung 1781

Bestand B3 Nr. 2578: Urkundenband 1781

Bestand B3 Nr. 2579: Baukassenrechnung Rentkammerexemplar 1782

Bestand B3 Nr. 2580: Urkundenband 1782

Bestand B3 Nr. 2581: Baukassenrechnung Rentkammerexemplar 1783

Bestand B3 Nr. 2582: Urkundenband 1783

Bestand B3 Nr. 2584: Urkundenband 1784

Bestand B3 Nr. 2584: Urkundenband 1784 II

Bestand B3 Nr. 2590: Urkundenband 1786, 1787, 1788, Buchstaben A et B

Bestand B3 Nr. 2591: Buchstaben B et C

Bestand B3 Nr. 2592: Buchstaben D.E.F.

Bestand B3 Nr. 2593: Buchstaben G et H
Bestand B3 Nr. 2595: Buchstaben M
Bestand B3 Nr. 2597: 8te Tom Von No. 2569 bis 2911 incl. Buchstaben N.O.P.Q et R.
Bestand B3 Nr. 2600: Buchstaben U,V,W
Bestand B3 Nr. 2601: Buchstaben W et Z.

Urkunden zur Bau Cassa Rechnung de Annis 1789, 1790, 1791
Bestand B3 Nr. 2603: Buchstaben A et B
Bestand B3 Nr. 2604: Buchstaben C,D,E
Bestand B3 Nr. 2605: Buchstaben F,G
Bestand B3 Nr. 2606: Buchstaben H,I,K
Bestand B3 Nr. 2607: Buchstabe L
Bestand B3 Nr. 2608: Buchstaben M.N.O.P.
Bestand B3 Nr. 2609: Buchstaben R.S
Bestand B3 Nr. 2610: Buchstabe T 1
Bestand B3 Nr. 2611: Buchstabe T Tagelohnlisten 1790
Bestand B3 Nr. 2612: Buchstabe T Tagelohnlisten, Wochenlisten, Fuhrlohnlisten
Bestand B3 Nr. 2613: Buchstaben U,V,W
Bestand B3 Nr. 2614: Buchstabe Z
Bestand B3 Nr. 2615: Buchstaben. AA
Bestand B3 Nr. 2616: BauCasse Schluss Rechnung de Anno 1792, Herrschaftl. Exemplar
Bestand B3 Nr. 2617: Baukasse Schlussrechnung de Anno 1792
Bestand B3 Nr. 2619: Tom I, 1792/1793
Bestand B3 Nr. 2620: Urkunden Bau Cassa Rechnung Juli 1792 bis Ende Dez. 1793, Tom II
Bestand B3 Nr. 2621: Urkunden Bau Cassa Rechnung Juli 1792 bis Ende 1793, Tom III
Bestand B3 Nr. 2623: Bau Cassa Rechnung 1793–95, Urkundenband I

Zweibrücker Rentkammer-Bauprotokolle
Bestand B4 Nr. 2546: 1784
Bestand B4 Nr. 2547: 1785
Bestand B4 Nr. 2548: 1786
Bestand B4 Nr. 2549: 1787

Bestand B4 Nr. 2550: 1788
Bestand B4 Nr. 2551: 1789
Bestand B4 Nr. 2552: 1790
Bestand B4 Nr. 2553: 1791
Bestand B4 Nr. 2554: 1792
Bestand B4 Nr. 2556: 1793

Carlsberger Bau Magazins Urkunden
Bestand B3 Nr. 2642: 1789
Bestand B3 Nr. 2643: 2. Quartal 1789
Bestand B3 Nr. 2645: 3. Quartal 1789
Bestand B3 Nr. 2646: 3. Quartal 1789
Bestand B3 Nr. 2647: 4. Quartal 1789
Bestand B3 Nr. 2648: Handwerkerrechnungen

Carlsberger Baumagazins Ausgabe Diarium
Bestand B3 Nr. 2650: 1. und 2. Quartal 1793
Bestand B3 Nr. 2652: Carlsberger Bau-Magazins Rechnungs Protocoll de 1792, 1793 und 1794.

Urkunden des Geheimrats v. Creutzer Von Nro. 1 bis 6029 incl.
Bestand B3 Nr. 2953: Lit. A
Bestand B3 Nr. 2955: Lit. B
Bestand B3 Nr. 2956: Lit. F.C. et D.
Bestand B3 Nr. 2958: Lit. G
Bestand B3 Nr. 2960: Lit. K
Bestand B3 Nr. 2961: Lit. L
Bestand B3 Nr. 2963: Lit. N O et P
Bestand B3 Nr. 2964: Lit. R
Bestand B3 Nr. 2965: Lit. S
Bestand B3 Nr. 2966: Lit. S, T, U und V

Nachlassakte Wahl
Best. V 24 Nr. 1, Nachlassakte Wahl
Best. V 24 Nr. 2, Nachlassakte Wahl

Stadtarchiv Zweibrücken (StadtA Zweibrücken)
StadtA Zweibrücken, Rechnungsbuch der Stadtzinsschreiberei von 1777.
StadtA Zweibrücken, Rechnungsbuch der Stadtzinsschreiberei von 1778.
StadtA Zweibrücken, Rechnungsbuch der Stadtzinsschreiberei von 1780.
StadtA Zweibrücken, Rechnungsbuch der Stadtzinsschreiberei von 1781.
StadtA Zweibrücken, Rechnungsbuch der Stadtzinsschreiberei von 1782.

Literaturverzeichnis

ADALBERT PRINZ VON BAYERN, Zweibrücken. 600 Jahre Stadt. 1352–1952. Festschrift zur 600-Jahrfeier, hrsg. v. Historischer Verein Zweibrücken, Zweibrücken 1952, S. 109–120

DERS., Max I. Joseph von Bayern. Pfalzgraf, Kurfürst und König, München 1957

DERS., Die Wittelsbacher. Geschichte unserer Familie, München 1995

ADAM, Wolfgang, Der Fürst des Wintergartens. Zur Despotismusdebatte und Gartentheorie im 18. Jahrhundert, in: Park und Garten im 18. Jahrhundert. Colloquium der Arbeitsstelle 18. Jahrhundert, Heidelberg 1978, S. 70–77

AHRENDT, Dorothee, Die Pflanzgefäße der Orangerie Belvedere bei Weimar, in: Arbeitskreis „Orangerien", Tagungsbericht 2, Potsdam 1996, S. 149–170

DIES.: Der Schlosspark Belvedere, in: Schloss Belvedere, hrsg. v. Gert-Dieter Ulferts, u.a., München, Berlin, 1998

DIES., Historische Orangerie- und Pflanzgefäße, in: Der Süden im Norden: Orangerien – ein fürstliches Vergnügen, hrsg. v. Staatliche Schlösser und Gärten Baden-Württemberg, Regensburg 1999, S. 84–92

DIES., „Hölzerne Kasten ... zu frembden Bäumlein". Historische Orangerie- und Pflanzgefäße, in: Wo die Zitronen blühen, hrsg. v. Generaldirektion der Stiftung Preußische Schlösser und Gärten, Berlin-Brandenburg 2001, S. 58–62

ALBERT, Jost / HELMBERGER, Werner, Der Landschaftsgarten Schönbusch bei Aschaffenburg, Worms 1999

ALEWYN, Richard, Das große Welttheater. Die Epoche der höfischen Feste, München 1989

DERS. / SÄLZLE, Karl, Das große Welttheater: die Epoche der höfischen Feste in Dokument und Deutung, Hamburg 1959

AMMERICH, Hans, Jugend und Erziehung Max' I. Joseph, in: Wittelsbach und Bayern Bd. III, Krone und Verfassung, hrsg. v. Hubert Glaser, München 1980

DERS., Gestützt auf Subsidien und Anleihen, in: Festschrift zum 100jährigen Bestehen der Pfälzischen Hypothekenbank. Beiträge zur Pfälzischen Geld- und Finanzgeschichte, Teil II, hrsg. v. Hans Ammerich / Otto Roller, Ludwigshafen 1986, S. 101–164

DERS., Johann Christian Freiherr von Hofenfels (1744–1787), in: Pfälzer Heimat 1994, S. 97–107

DERS., Umworben von Frankreich, Österreich und Preussen: Zur politischen Situation Pfalz-Zweibrückens in den letzten Jahrzehnten des 18. Jahrhunderts, in: Mitteilungen des historischen Vereins für die Pfalz, 94. Band, Speyer 1996

ANANIEVA, Anna, Erinnerung und Imagination, in: Krieg und Frieden. Eine deutsche Zarin in Schloss Pawlowsk, hrsg. v. Haus der Kunst München, Hamburg München 2001, S. 226–278

DIES., Parkbeschreibung und Gartenerlebnis – einführende Bemerkungen zu Heinrich von Storchs Briefen über den Garten zu Pawlowsk, in: Krieg und Frieden. Eine deutsche Zarin in Schloss Pawlowsk, hrsg. v. Haus der Kunst München, Hamburg München 2001, S. 307–312

ANDERMANN, Kurt (Hrsg.), Residenzen: Aspekte hauptstädtischer Zentralität von der frühen Neuzeit bis zum Ende der Monarchie, Sigmaringen 1992

ANDRESSEN, B. Michael, Barocke Tafelfreuden. Tischkultur an Europas Höfen, Niedernhausen 2001

ANGERER, Birgit, Die Münchner Kunstakademie zwischen Aufklärung und Romantik. Ein Beitrag zur Kunsttheorie und Kunstpolitik unter Max I. Joseph, München 1984

ANHÄUSER, Uwe, Zur Glasindustrie in Meisenthal und Umgebung, in: Saarbrücker Zeitung, 28./29. Dezember 2002, Seite E 10

AUER, Alfred / SANDBICHLER, Veronika / SCHÜTZ, Karl / BEAUFORT-SPONTIN, Christian, Schloß Ambras, Mailand 1996

AULENBACH, [Friedrich], Rhapsodieen, Zweibrücken 1859

DERS., Der Karlsberg, in: Palatina Nro. 12, 1860

DERS., Aus vergangenen Tagen. Ein Kranz der Erinnerung, gewunden von Fr. Aulenbach, Kirchheimbolanden 1874

D'AVILER, A[ugustin] Ch[arles], Cours d'architecture, Paris 1691; übersetzt von L[eonhard] Ch[ristoph] Sturm, Augsburg 1725–1759

AVCIOĞLU, Nebahat, A Palace of One's Own: Stanislas I's Kiosks and the Idea of Self-Representation, in: The Art Bulletin, S. 662–684

BALDENSPERGER, Frederich, Le Kiosque de Stanislas a Luneville: Decor et suggestion d'orient, Revue de Litérature Comparée 14 (1934)

BALSAM, Simone, Orangerien – Bauten im Spannungsfeld zwischen Architektur und Natur. Studien zur Typologie am Beispiel hessischer Orangerien, Marburg 1989

DIES., Die Stellung der Orangerien in den Gärten und der Einfluß der Stellung auf ihre Architektur, in: Arbeitskreis „Orangerien", Potsdam 1996, S. 87–110

DIES., „…man unterschiedliche solche Pommerantzen-Häuser in Teutschland findet…", in: Der Süden im Norden: Orangerien – ein fürstliches Vergnügen, hrsg. v. Staatliche Schlösser und Gärten Baden-Württemberg, Regensburg 1999, S. 31–45

BAUER, Hermann: Fernöstlicher Glanz. Pagoden in Nymphenburg, Pillnitz und Sanssouci, München 1991

DERS., Barock: Kunst einer Epoche, Berlin 1992

BAUER, Ulrich: Angora Kaninchen, http://home.t-online.de/home/Ulr.Bauer/index2.htm

BAUER, Volker, Die höfische Gesellschaft in Deutschland von der Mitte des 17. bis zum Ausgang des 18. Jahrhunderts, Tübingen 1993

BAUMANN, Kurt, Pfalzzweibrücken und Frankreich 1648–1794, in: Westpfälzische Geschichtsblätter 1930, Nr. 7

DERS., Freiherr von Stein und Zweibrücken. Ein Beitrag zur Charakteristik Herzog Karls 2. von Zweibrücken, in: Westpfälzische Geschichtsblätter 1933, Nr. 8

DERS., Stanislaus Lesczinsky in Zweibrücken – eine Geschichtslegende, in: Zweibrücken – 600 Jahre Stadt, hrsg. v. Historischer Verein Zweibrücken, Zweibrücken 1952, S. 62–68

DERS., Herzog Karl II. August von Pfalz-Zweibrücken, in: Saarbrücker Hefte 1957, S. 49–67

Bayerische Verwaltung der stattlichen Schlösser, Gärten und Seen (Hrsg.), Residenz München, München 1937

Bayerische Verwaltung der stattlichen Schlösser, Gärten und Seen (Hrsg.), Residenz München, München 1996

BECHTER, Barbara, „Etwas von den Kostbarkeiten des Türckischen Gartens auf der Plauischen Gasse vor Dreßden", in: Die Gartenkunst, Heft 2/2001, Worms 2001, S. 185–209

BECHTOLDT, Frank-Andreas / WEISS, Thomas (Hrsg.), Weltbild Wörlitz: Entwurf einer Kulturlandschaft, Ostfildern-Ruit 1996

BECKER, Albert, Einiges Neue zur Charakteristik und Geschichte Herzog Karls II. August von Zweibrücken, in: Das Bayerland, München 1910, Nrn. 18–19

DERS., Goethe und der Erbauer des Karlsberges, in: Pfälzisches Museum 1925

DERS., Denkwürdiges aus Zweibrückens Vergangenheit. Von vergrabenen Schätzen des Zweibrücker Schlosses, in: Das Bayerland XXXVIII, 4

DERS., Johann Jakob Hemmer aus Horbach (1733–1790). Dem Andenken eines pfälzischen Physikers und Meteorologen, in: Pfälzisches Museum 1931, Heft 1/2, S. 39

DERS., Die Zweibrücker Residenz unter Christian IV., in: Westpfälzische Geschichtsblätter 1932

DERS., Das Karlsbergunglück 1785, in: Westpfälzische Geschichtsblätter 1932, Nr. 2

DERS., Von Goethe und dem Karlsberg, in: Saarbrücker Zeitung v. 21. 5. 1932. Ebenso in: Westpfälzische Geschichtsblätter 1935, Nr. 8

DERS., Vom Schlossbau in Jägersburg zum Ende des Karlsbergs, in: Westpfälzische Geschichtsblätter 1933, Nrn. 8–12

DERS., Karlsberg. Aus der Geschichte eines Zweibrücker Fürstensitzes, Saarbrücken 1934

DERS., Von Christian Ludwig Hautt, in: Westpfälzische Geschichtsblätter, Zweibrücken 1934

DERS., Schlossgärten um Rhein und Saar, in: Beiträge zur Heimatkunde der Pfalz 22, 1940

DERS., Johann Christian von Mannlich als Theater- und Innenarchitekt. – Ein Zweibrücker Hof- und Gesellschaftstheater, in: Das barocke Zweibrücken und seine Meister, hrsg. v. Dahl / Lohmeyer, Waldfischbach 1957

BECKER, Christoph, Vom Raritäten-Kabinett zur Sammlung als Institution. Sammeln und Ordnen im Zeitalter der Aufklärung, Egelsbach/Frankfurt/St. Peter Port 1996

BENDER, Karl-Heinz, Mannlich in Paris, in: Stimme der Pfalz 1988, Nr. 2 S. 8–12, Nr. 3 S. 10–12

DERS. / KLEBER, Hermann (Hrsg.), Johann Christian von Mannlich. Histoire de ma vie, Bd. I. Mémoires de Johann Christian von Mannlich (1741–1822), Trier 1989

DERS. / KLEBER, Hermann (Hrsg.), Johann Christian von Mannlich. Histoire de ma vie, Bd. II. Mémoires de Johann Christian von Mannlich (1741–1822), Trier 1993

BERCKENHAGEN, Ekhart, Exotisches in Mode, Interieur und angewandter Kunst, in: Exotische Welten. Europäische Phantasien, Ausstellungskatalog Stuttgart 1987, S. 180–191

BERGER-FIX, Andrea / MERTEN, Klaus, Die Gärten der Herzöge von Württemberg im 18. Jahrhundert, Worms 1981

BERINGER, Joseph August, Peter A. von Verschaffelt. Sein Leben und Werk. Studien zur deutschen Kunstgeschichte, Heft 40, Straßburg 1902

BEST, Wilhelm, Die Fürstenlogen von Saarbrücken, Walsheim 2000 (= Monographien zur Kunst- und Kulturgeschichte der Saarregion 10)

BEYER, Andreas, Andrea Palladio: Teatro Olimpico, Frankfurt 1994

Bezzel, Oskar, Geschichte des Kurpfälzischen Heeres von seinen Anfängen bis zur Vereinigung von Kurpfalz und Kurbayern 1777 nebst Geschichte des Heerwesens in Pfalz-Zweibrücken, München 1925

Blei, Franz / Sternheim, Carl, Goethes Briefwechsel mit Christian von Mannlich und ein Brief der Frau von Stein, in: Hyperion, Bd. I, München 1908

Bleymehl, Helmut, Die Aufklärung in Nassau-Saarbrücken. Ein Beitrag zur Geschichte des aufgeklärten Absolutismus in den deutschen Kleinstaaten, Bonn 1962

Blondel, Jacques-François, De la distribution des maisons de plaisance et la decoration des edifices en general, Tome premier, Paris 1937, Reprint Westmead, Farnborough 1967

Blühendes Barock Gartenschau GmbH (Hrsg.), Ludwigsburg, 1994, Nr. 21

Böcking, Ein Beitrag zur Geschichte der Flucht des Herzogs Karl August von Zweibrücken von dem Karlsberge, in: Mittheilungen des historischen Vereins der Pfalz, Bd. IV, Speyer 1874, S. 33–37

Böhm, Gottfried von, Johann Christian von Mannlich, in: Das Bayerland, München 1910, Nrn. 17–20

Ders., Die letzten Lebensjahre und der Tod Christians IV., des Großen, von Pfalz-Zweibrücken, in: Das Bayerland, 1911

Börsch-Supan, Helmut, Karl Friedrich Schinkel. Bild-Erfindungen, München/Berlin 2007

Boehn, Max von, Deutschland im 18. Jahrhundert, Berlin 1922

Bonkhoff, Bernhard, Philipp Heinrich Hellermann – Landbaudirektor im Herzogtum Zweibrücken, in: Der Turmhahn 30, 1986, S. 2–20

Bordier, Cyril, Der schöne Wohnpalast von Louis Le Vau, in: Vaux-le-Vicomte. Sondernummer der Connaissance des arts, Paris 2003, S. 20–35

Brass, Christoph, Schloß Karlsberg: Einst bewundert und gehasst, in: Saarbrücker Zeitung v. 18. Juni 1993

Ders., Neue Zukunft für alte Geschichte, in: Saarbrücker Zeitung v. 22. März 2001

Ders., Erster Spatenstich für den WaldPark Schloss Karlsberg, in: Homburger Kreisanzeiger Nr. 33 v. 17. August 2001

Brazier, Paul, Le château du Carlsberg, in: Bulletin de la société des amis des pays de la Sarre, Nancy, Paris, Strasbourg 1926, S. 64–150

Ders., Le château du Carlsberg, in: Bulletin de la société des amis des pays de la Sarre, Nancy, Paris, Strasbourg 1928, S. 146–204

Bregel, Kurt, Die Geschichte des Theaters in Zweibrücken von den Anfängen bis zur Gegenwart, Diss. Mainz 1956

Ders., Das Theater in Zweibrücken im Barock und Rokoko, in: Das barocke Zweibrücken und seine Meister, hrsg. v. Julius Dahl / Karl Lohmeyer, Waldfischbach 1957, S. 469–486

Brentjes, Burchard, China als Ideal Europas und der Park als Abbild der Welt, in: Sir William Chambers und der Englisch-chinesische Garten in Europa, hrsg. v. Thomas Weiss, Ostfildern 1997, S. 53–64

Brix, Michael, Der barocke Garten. André Le Nôtre in Vaux le Vicomte, Stuttgart 2004

Brunner, Sebastian, Der Humor in der Diplomatie und Regierungskunde des 18. Jahrhunderts. Hof-, Adels- und diplomatische Kreise Deutschlands geschildert aus geheimen Gesandtschaftsberichten und anderen ebenfalls durchwegs archivalischen bisher unedirten Quellen, Wien 1872

Budde, Kai, Die naturwissenschaftlichen Interessen des Kurfürsten, in: Lebenslust und Frömmigkeit. Kurfürst Carl Theodor (1724–1799) zwischen Barock und Aufklärung, Bd. I, hrsg. v. Wieczorek / Probst / Koenig, Regensburg 1999, S. 359–371

Ders., Das Mannheimer Zeughaus mit den Blitzableitern, in: Lebenslust und Frömmigkeit. Kurfürst Carl Theodor (1724–1799) zwischen Barock und Aufklärung, Bd. II, hrsg. v. Wieczorek / Probst / Koenig, Regensburg 1999. S. 477

Büche, Meinrad, Schloßgarten Schwetzingen, hrsg. v. Staatl. Schlösser und Gärten Baden-Württemberg, Heidelberg o.J.

Burkhard, Berthold, Rekonstruktion historischer Brücken im Gartenreich, in: Das Gartenreich an Elbe und Mulde, Wörlitz 1994

Ders., Das Brückenprogramm in Wörlitz, in: Weltbild Wörlitz: Entwurf einer Kulturlandschaft, Ostfildern-Ruit 1996

Buttlar, Adrian von, Der Landschaftsgarten, München 1980

Ders., Englische Gärten in Deutschland, in: „Sind Briten hier?" British and Continental Art 1680–1880, hrsg. v. Zentralinstitut für Kunstgeschichte, München 1981, S. 97–125

Ders., Der englische Landsitz 1715–1760. Symbol eines liberalen Weltentwurfs, Mittenwald 1982

Ders., Der Landschaftsgarten. Gartenkunst des Klassizismus und der Romantik, Köln 1989

Ders., Sanssouci und der „Ewige Osten". Teil II: Zur Deutung des Chinesischen Teehauses, in: Die Gartenkunst 1/1996, Worms 1996, S. 1–9

Ders., Chinoiserien in deutschen Gärten des 18. Jahrhunderts, in: Sir William Chambers und der Englisch-chinesische Garten in Europa, hrsg. v. Thomas Weiss, Ostfildern 1997, S. 65–76

Ders., Friedrich Ludwig von Sckell – Eine Einführung, in: Gartenlust und Stadtbaukunst. Friedrich Ludwig von Sckell, München 2000

Buttmann, Rudolf, Die Feierlichkeiten in Zweibrücken und auf dem Karlsberg zu Ehren des neuvermählten Pfalzgrafen Maximilian und seiner Gemahlin Wilhelmine Auguste im Dezember 1785, in: Westpfälzische Geschichtsblätter 1898, Nrn. 2–5

Ders., Der ursprüngliche Name der Gräfin von Forbach, in: Westpfälzische Geschichtsblätter 1905, Nr. 9

Ders., Zweibrücken, in: Westpfälzische Geschichtsblätter 1906, Nr. 5–12

Ders., Der Karlsberg bei Homburg. Auszüge aus den Lebenserinnerungen Christian von Mannlichs, in: Westpfälzische Geschichtsblätter, 1909 Nrn. 3–12, 1910 Nrn. 1–7

Ders., Der Karlsberg bei Homburg, in: Westpfälzische Geschichtsblätter 1911, Nr. 6

Campbell, Marian, Dekorative Schmiedearbeiten, Stuttgart 1998

Cancrin, Franz Ludwig, Grundlehren der bürgerlichen Baukunst, nach Theorie und Erfahrung vorgetragen, Gotha 1792

Conrad, Joachim / Flesch, Stefan (Hrsg.), Burgen und Schlösser an der Saar, Saarbrücken 1988

Dahl, Julius / Lohmeyer, Karl, Das barocke Zweibrücken und seine Meister, Waldfischbach 1957

Dahl, Julius, Der Zweibrücker Hofbaumeister Christian Ludwig Hautt in: 400 Jahre Gymnasium Bipontinum, Zweibrücken 1959

Daigl, Christoph, „All the world is but a bear-baiting". Das englische Hetztheater im 16. und 17. Jahrhundert, Berlin 1997

Danckert, Ludwig, Handbuch des Europäischen Porzellans, München 1984

Dauer, Horst, Schlossbaukunst des Barock von Anhalt-Zerbst, Köln, Weimar, Wien 1999

Dehio, Georg, Handbuch der deutschen Kunstdenkmäler, Rheinland-Pfalz, Saarland, München 1984

Ders., Handbuch der Deutschen Kunstdenkmäler, Stadtkreis Potsdam, Berlin 1988

Ders., Handbuch der deutschen Kunstdenkmäler. Bayern IV: München und Oberbayern / bearb. v. Ernst Götz, München, Berlin 1990

Ders. / Gall, Ernst, Handbuch der Deutschen Kunstdenkmäler, Stadtkreis Potsdam, München, Berlin 1993

DENNERLEIN, Ingrid, Die Gartenkunst der Régence und des Rokoko in Frankreich, Worms 1981

DHOM, Georg, Regenten und ihre Gärtner: Aus der Gartengeschichte Pfalz-Zweibrückens. Von Hieronymus Bock zu „Europas Rosengarten", Diplomarbeit FH, Osnabrück 1996

Die Kunstdenkmäler von Rheinland Pfalz, Band VII, Teil 2, Die Kunstdenkmäler der Stadt und des ehemaligen Landkreises Zweibrücken, München 1981

DIECK, Gertrude, Die Blütezeit des Kindertheaters – Ein Beitrag zur Theatergeschichte des 18. und beginnenden 19. Jahrhunderts, Emsdetten 1934

DIENEL, Hans Liudger, Eis mit Stil. Die Eigenarten deutscher und amerikanischer Kältetechnik, in: Unter Null. Kunsteis, Kälte und Kultur, München 1991, S. 101–112

DIMMIG, Oranna, Zwei Architekturentwürfe Balthasar Wilhelm Stengels für die Gartenanlagen am Ludwigsberg, in: Gartenkunst in Saarbrücken, hrsg. v. Christof Trepesch, Worms 1999, S. 129–134

DIDEROT, Denis, Encyclopédie ou Dictionnaire raisonné II, 1765, (Neudruck Stuttgart 1966/67)

DITTSCHEID, Hans-Christoph, Wilhelmshöhe bei Kassel: von der barocken „Delineatio Montis" zur heroischen Landschaft, in: Die Gartenkunst des Abendlandes, hrsg. v. Monique Mosser / Georges Teyssot, Stuttgart 1993, S. 313–315

DOHNA, Ursula Gräfin zu / RICHTER, Gerhard, Gartenpläne des 18. und 19. Jahrhunderts, in: Gartenkunst in Rheinland-Pfalz, hrsg. v. Institut für Freiraumplanung, Freising 1984, S. 18–33

DOTZAUER, Winfried, Freimaurergesellschaften im Rheingebiet. Die Anfänge der Freimaurerei im Westen des Alten Reiches, in: Freimaurer und Geheimbünde im 18. Jahrhundert in Mitteleuropa, hrsg. v. Helmut Reinalter, Frankfurt 1993

DRUMM, Ernst, Wer ist der Baumeister des Karlsberges bei Homburg?, in: Saarbrücker Zeitung v. 11. 12. 1930, Nr. 337

DERS., Von den Baumeistern des Karlsberges bei Homburg-Saar, in: Palatina, 1931

DERS., Christian Ludwig Hautt, ein Baumeister im Westrich, in: Zeitbilder, Sonntagsbeilage der „Pfälzischen Presse" v. 3. April 1932, Nr. 14

DERS., Christian Ludwig Hautt. Über die Baumeister des Carlsberges bei Homburg, in: Pfälzische Heimatblätter, 1953, Nr. 12

DÜRR, Armin, Vergessene Gärten des 18. Jahrhunderts. Tschifflick und Oggersheim, in: Stimme der Pfalz, Speyer 1997, S. 5–7

DU MOULIN ECKHART, Richard Graf, Zweibrücken und Versailles, in: Neue Heidelberger Jahrbücher, Heidelberg 1895, S. 229–280

ELLWARDT, Kathrin, Kirchenbau zwischen evangelischen Idealen und absolutistischer Herrschaft. Die Querkirchen im hessischen Raum vom Reformationsjahrhundert bis zum Siebenjährigen Krieg, Petersberg 2004

ENDERS, Brigitta, Klein-Versailles – Der „vergessene Schlosspark Carlsberg bei Käshofen/Homburg-Saar, in: Baudenkmäler in Rheinland-Pfalz 2002, Mainz 2003, S. 31–34

FISCHER, Karl, Caroline Auguste, Freiin von Esebeck geb. Gayling von Altheim. – Obristhofmeisterin der Herzogin, in: Saarheimat 1968, S. 223–228

FLECKNER, Uwe / SCHIEDER, Martin / ZIMMERMANN, Michael F. (Hrsg.), Jenseits der Grenzen: französische und deutsche Kunst vom Ancien Régime bis zur Gegenwart. Thomas W. Gaethgens zum 60. Geburtstag, Bd. I, Köln 2000

FLÜGEL, Katharina, Einführung in die Museologie, Darmstadt 2005

FLORIN, Franz Philipp, Oeconomus Prudens et Legalis Continuatus Oder Grosser Herren Stands und Adelicher Haus=Vater, Nürnberg, Leipzig, Frankfurt 1751

FORSSMANN, Erik, Karl Friedrich Schinkel, Bauwerke und Baugedanken, München 1981

DERS., Der dorische Stil in der deutschen Baukunst, Freiburg 2001

FRANK, Dietrich v., Joseph Effners Pagodenburg. Studien zu einer „maison de plaisance", München 1985

DERS., Die Maison de plaisance. Ihre Entwicklung in Frankreich und Rezeption in Deutschland. Dargestellt an ausgewählten Beispielen, München 1989

FREY, Martin, Die kurpfälzische Hofbibliothek, in: Der Antikensaal in der Mannheimer Zeichnungsakademie, 1769–1803, Mannheim 1984

200 Jahre Freimaurerei in Zweibrücken, Zweibrücken 1979

Freunde Schloß Benrath e.V. (Hrsg.), Schloß Benrath. Landsitz des Kurfürsten Carl Theodor in Düsseldorf, Köln 1999

FUCHS, Carl Ludwig, Kurpfälzisches Museum im Palais Morass. Bildhefte des Kurpfälzischen Museums der Stadt Heidelberg, Nr. 1

DERS. / REISINGER, Claus, Schloss und Garten zu Schwetzingen, Worms 2001

FÜRSTENWÄRTHER, Friedrich Christian Karl von, Gedächtniss der Maximilian und Wilhelminen geheiligten Abende. 1786, in: Mitteilungen des Historischen Vereins der Pfalz, VII, o.O. 1878, S. 63–70

FURTTENBACH, Joseph, Architectura Civilis. Das ist: Eigentliche Beschreibung wie man nach bester Form / gerechter Regul / Fürs Erste: Palläste / und dero Lust=und Thiergarten / dabey auch Grotten ... erbawen soll, Ulm 1628, Reprint Hildesheim 1971

GÄRTNER, Peter, Geschichte der bayerisch-rheinpfälzischen Schlösser, Speyer 1854–55, Nachdruck Pirmasens 1973

GALLET, Michel, Claude Nicolas Ledoux, Stuttgart 1980

GEHLEIN, Stefan, „portée en chaise par ses Turcs" – Turquerie und „Kammertürken" am Hof Sophie Charlottes, in: Sophie Charlotte und ihr Schloß, hrsg. v. Generaldirektion der Stiftung Preußischer Schlösser und Gärten Berlin-Brandenburg, München; London; New York 1999, S. 106–112

GEHRLEIN-FUCHS, Emmy, Ein „Lotterie-Haus" in Homburg. Seine Erbauung und Finanzierung, in: Saarheimat 1978, S. 165–167

Generaldirektion der Stiftung Preußische Schlösser und Gärten (Hrsg.), Wo die Zitronen blühen, Berlin-Brandenburg 2001

GERGELY, Thomas und Gabriele, Vom Saugarten des Kaisers zum Tiergarten der Wiener. Die Geschichte des Lainzer Tiergartens entdeckt in einem vergessenen Archiv. Wien, Köln, Weimar 1993

GIERSBERG, Hans-Joachim, Friedrich als Bauherr, Berlin 2001

GLASER, Hubert, Wittelsbach, Kurfürsten im Reich – Könige von Bayern: Vier Kapitel aus der Geschichte des Hauses Wittelsbach im 18. und 19. Jahrhundert, hrsg. v. Reinhold Baumstark, München 1993

GLÜCK-CHRISTMANN, Charlotte, Vorstadtgeschichte(n). Die Zweibrücker Herzogsvorstadt, Zweibrücken 2000

GÖTZ, Wolfgang, Deutsche Marställe des Barock. Kunstwissenschaftliche Studien, Bd. 34, München 1964

DERS., Saarbrücker Orangerien. Ihre Stellung innerhalb der Geschichte einer Bauaufgabe, in: Zeitschrift für die Geschichte der Saargegend 1971, S. 374–393

GOLDMANN, Nikolaus, Nicolai Goldmanns vollständige Anweisung zu der Civil-Bau-Kunst, IV. Buch, Braunschweig 1699

GOSSENBERGER, Eberhard, Heilbronner Profanbauten aus dem 18ten Jahrhundert, Stuttgart 1917

GOTHEIN, Marie Luise, Geschichte der Gartenkunst, Bd. I, Jena 1926 / Reprint München 1997

DIES., Geschichte der Gartenkunst, Bd. II, Jena 1926 / Reprint München 1997

GRÖSCHEL, Claudia, Das Fürstenlager bei Bensheim-Auerbach. Sommerresidenz der Landgrafen und Großherzöge von Hessen-Darmstadt bis 1918 (= Broschüre 4. Edition der Verwaltung der Staatlichen Schlösser und Gärten Hessen.). Bad Homburg, Leipzig 1996

DIES., Von der Orangerie zum Glashaus, in: Der Süden im Norden: Orangerien – ein fürstliches Vergnügen, hrsg. v. Staatliche Schlösser und Gärten Baden-Württemberg, Regensburg 1999, S. 48–55

DIES., Großer Vergnügen. Orangeriepflanzen in Kunst und Kunsthandwerk, in: Wo die Zitronen blühen, hrsg. v. Generaldirektion der Stiftung Preußische Schlösser und Gärten, Berlin-Brandenburg 2001, S. 28–33

GÜSE, Ernst-Gerhard (Hrsg.), Kunstschätze aus Schloss Carlsberg, Saarbrücken 1989

GÜTHLEIN, Klaus, Der Architekt Friedrich Joachim Stengel, in: Friedrich Joachim Stengel 1694–1787, Saarbrücken 1994

HAASIS, Hellmut G., Gebt der Freiheit Flügel. Die Zeit der deutschen Jakobiner. 1789–1805, Bd. II, Hamburg 1988

HABERMANN, Sylvia, Gartenkunst unter Friedrich und Wilhelmine, in: Paradies des Rokoko, Bd. II, hrsg. v. Peter O. Krückmann, München, New York 1998

HÄBERLE, Michael, Pariser Architektur zwischen 1750 und 1800: die Entstehung des Elementarismus, Tübingen, Berlin 1995

HÄRIG, Beatrice, Schloss Monaise, Trier 1998

HALLBAUM, Franz, Der Landschaftsgarten. Sein Entstehen und seine Einführung in Deutschland durch Friedrich von Sckell 1750–1823, München 1927

HAMANN, Heinrich, Orangerien in den königlichen Gärten in Potsdam, Berlin-Brandenburg 2001

HAMITZSCH, Martin, Der moderne Theaterbau. Teil 1. Der höfische Theaterbau. Der Anfang der modernen Theaterbaukunst, ihre Entwicklung und Betätigung zur Zeit der Renaissance, des Barock und des Rokoko, Berlin 1906

HANEMANN, Erika, Johann Lorenz Fink (1745–1817). Fürstbischöflicher Hofwerkmeister und Hofarchitekt in Bamberg, München 1993

HANNWACKER, Volker, Friedrich Ludwig von Sckell. Der Begründer des Landschaftsgartens in Deutschland, Stuttgart 1992

HANSMANN, Wilfried, Gartenkunst der Renaissance und des Barock, 2. Auflage, Köln 1988

DERS. / MONHEIM, Florian, Barocke Gartenparadiese: Meisterleistungen der Gartenarchitektur, Köln 1996

HÅRD, Mikael, Überall zu warm. Vorbilder und Leitbilder der Kältetechnik, in: Unter Null. Kunsteis, Kälte und Kultur, München 1991, S. 69–86

HARRIS, John, William Chambers und Kew, in: Sir William Chambers und der Englisch-chinesische Garten in Europa, hrsg. v. Thomas Weiss, Ostfildern 1997, S. 47–52

HARTMANN, Hans-Günther, Pillnitz: Schloss, Park und Dorf, Weimar 1996

Haus der Brandenburgisch-Preußischen Geschichte (Hrsg.), Schön und Nützlich. Aus Brandenburgs Kloster-, Schloss- und Küchengärten, Berlin 2004

Haus der Kunst München (Hrsg.), Krieg und Frieden. Eine deutsche Zarin in Schloss Pawlowsk, Hamburg München 2001

HAUTTMANN, Max, Lustschloß Tschifflik bei Zweibrücken, in: Pfalz-Bayerischer Heimgarten, hrsg. v. Bayer. Landesverein f. Heimatschutz in München, 1919/20 S. 54–58

HEBER, Wiltrud, Die Arbeiten des Nicolas de Pigage in den ehemals kurpfälzischen Residenzen Mannheim und Schwetzingen, Bd. I u. II, Worms 1986

DIES., Treillagearchitekturen im Schwetzinger Schloßgarten, Mannheimer Geschichtsblätter 1995

HEESEN, Anke te, Vom naturgeschichtlichen Investor zum Staatsdiener. Sammler und Sammlungen der Gesellschaft Naturforschender Freunde zu Berlin um 1800, in: Anke te HEESEN/E. C. SPARY (Hrsg.): Sammeln als Wissen. Das Sammeln und seine wissenschaftliche Bedeutung, Göttingen 2001, S. 62–84. DIES., Geschlossene und transparente Ordnungen: Sammlungsmöbel und ihre Wahrnehmung in der Aufklärungszeit, in: Gabriela DURBECK (Hrsg.): Wahrnehmung der Natur. Natur der Wahrnehmung. Studien zur Geschichte visueller Kultur um 1800, Dresden 2001, S. 19–34.

HEILMEYER, Marina, Die Geschichte des Mythos von den Goldenen Äpfeln, in:, Wo die Zitronen blühen, hrsg. v. Generaldirektion der Stiftung Preußische Schlösser und Gärten, Berlin-Brandenburg 2001, S. 16–27

HELLMANN, Ullrich, Künstliche Kälte. Die Geschichte der Kühlung im Haushalt, Gießen 1990

HEMMER, J.J., Anleitung, Wetterleiter an allen Gattungen von Gebäuden auf sicherste Art anzulegen, Frankfurt 1786

HENNEBO, Dieter / HOFFMANN, Alfred, Geschichte der deutschen Gartenkunst, Bd. III. Der Landschaftsgarten, Hamburg 1963

DERS., Geschichte der deutschen Gartenkunst, Bd. II. Der architektonische Garten, Hamburg 1965

HENNING, Andreas: „L'art de la porcelaine", in: Das Glück Württembergs. Zeichnungen und Druckgraphik europäischer Künstler des 18. Jahrhunderts, Ostfildern-Ruit 2004, S. 146–159

HENTZEN, Kurt, Der Hofgarten zu München, München 1959

HEPP, Frieder, Der Fürsten Jagd-Lust. Zur kurpfälzischen Jagd im Zeitalter des Absolutismus, in: Lebenslust und Frömmigkeit. Kurfürst Carl Theodor (1724–1799) zwischen Barock und Aufklärung, Bd. I, hrsg. v. Wieczorek / Probst / Koenig, Regensburg 1999, S. 141–150

HÉRÉ, Emmanuel, Recueil des plans, elevations et coupes tant géometrales qu'en perspective des chateaux, jardins, et dependances que le Roy de Pologne occupe en Lorraine, 2 vols., Paris 1750–54 / Nachdruck Paris 1978

HERRMANN, Dirk, Fürstliche Orangerien und Gewächshäuser, in: Zerbster Heimatkalender 39, 1998

HERZOG, Rainer, Hofgärtner in Bayern. Ein Beitrag zur Berufsgeschichte der Gärtner in Deutschland, in: Stiftung Preußischer Schlösser und Gärten (Hrsg.) Preußisch Grün. Hofgärtner in Brandenburg-Preußen, Potsdam 2004, S. 32–40.

HILDEBRAND, Sonja, Bauliche Einfassungen des Hofgartens, Hofgartenarkaden […], in: Leo von Klenze, hrsg. v. Winfried Nerdinger, München 2000

HIMMELHEBER, Georg, Kabinettschränke, München 1977

HINRICHS, Erich, Ananas. Die königliche Frucht, Heidelberg 1996

HIRSCHFELD, Christian Cay Lorenz, Theorie der Gartenkunst, Bd. I–V, Leipzig 1780–1785, Nachdruck Hildesheim, New York 1973

Historische Kommission bei der Bayerischen Akademie der Wissenschaften (Hrsg.), Allgemeine Deutsche Biographie, Leipzig 1875–1912

Historische Kommission bei der Bayerischen Akademie der Wissenschaften (Hrsg.), Neue Deutsche Biographie, Berlin seit 1957

Historisches Museum Wien (Hrsg.), Die Türken vor Wien. Europa und die Entscheidung an der Donau 1683, Wien 1983

Historischer Verein für die Saargegend (Hrsg.), Die Franzosen in Saarbrücken und den deutschen Reichslanden im Saargau und Westrich (1792–94) in Briefen von einem Augenzeugen, Erste Auflage o.O. 1796, Neuauflage Saarbrücken 1890

HOBERG, Wolfgang Helmhard von, Georgica Curiosa, Das ist: Umständlicher Bericht und klarer Unterricht Von dem Adelichen Land= und Feld=Leben, Nürnberg 1701

HÖIJER, Johan Leonard, Musiklexikon, Stockholm 1864

HÖLZ, Christoph (Hrsg.), Interieurs der Goethezeit, Augsburg 1999

HÖPER, Corinna, „Das Glück Württembergs", in: Das Glück Württembergs. Zeichnungen und Druckgraphik europäischer Künstler des 18. Jahrhunderts, Ostfildern-Ruit 2004

HOFMANN, Karl Ludwig, Die kurfürstliche Gemäldegalerie in Mannheim – von der Fürstensammlung zur Bildungseinrichtung, in: Lebenslust und Frömmigkeit Bd. I, Regensburg 1999

HOFMANN, Werner (Hrsg.), Europa 1789. Aufklärung. Verklärung. Verfall, Köln 1989

HOJER, Gerhard, Die Amalienburg. Rokokojuwel im Nymphenburger Schlosspark, München, Zürich 1986

DERS. / OTTOMEYER, Hans (Hrsg.), Die Möbel der Residenz München. Bd. I: Die französischen Möbel des 18. Jahrhunderts, München 1995

HOLANDRE, Catalogue Des oiseaux qui composent la collection de Son Altesse Serénissime Monseigneur le Prince Palatin Duc regnant des Deux-Ponts, o.O. 1785

HOTZ, Joachim, Johann Jacob Michael Küchel. Lichtenfels 1963

HUBERT-REICHLING, Sigrid, Bibliotheken im Herzogtum Zweibrücken, in: Kunstschätze aus Schloss Carlsberg, Saarbrücken 1989

HUNT, John Dixon, „Ut Pictura Poesis": der Garten und das Pittoreske in England (1710–1750), in: Mosser/Teyssot: Die Gartenkunst des Abendlandes, Stuttgart 1993

Hypo Vereinsbank Kultur & Gesellschaft (Hrsg.), Gartenlust und Stadtbaukunst. Friedrich Ludwig von Sckell 1750–1823, München 2000

Iccander [Johann Christian Crell], Kurzgefasstes Sächsisches Kern-Chronicon ... Merkwürdige Begebenheiten in Sachsen, Leipzig 1726

Institut für Auslandsbeziehungen (Hrsg.), Exotische Welten. Europäische Phantasien, Ausstellungskatalog Stuttgart 1987

Institut für Denkmalpflege (Hrsg.), Die Bau- und Kunstdenkmale in der DDR. Mecklenburgische Küstenregion, München 1990

IM HOF, Ulrich, Das gesellige Jahrundert, München 1982

JARCK, Horst-Rüdiger, Clemens August – Jagdherr im Hümmling, in: Clemens August, Fürstbischof, Jagdherr, Mäzen, hrsg. v. Landkreis Emsland, Meppen/Sögel 1987, S. 149–161

JORDAN, Peter, Wittelsbacher Gartenschöpfungen und Märchenschlösser in der Pfalz und Oberbayern, in: Das Gartenamt 5/69

DERS., Homburg, Waldlandschaftspark Schloß Karlsberg, Bestandsaufnahme Stand 12/1999 für das Staatl. Konservatoramt Saarbrücken, Aktenordner Nr. BEI c.3.1

JUNKER-MIELKE, Stella, Verborgene Schätze in Rheinland-Pfalz. Lindenberg 2006

KAMPFMANN, Ludwig, Neue Hofsiedlungen zu Beginn und Mitte des 18. Jahrhunderts im Herzogtum Zweibrücken, Gutenbrunnen, in: Westpfälzische Geschichtsblätter 1906, Nrn. 1–8

KELL, Klaus, Homburg – die Stadt des Baumes im Saarpfalz-Kreis, in: Rheinische Heimatpflege 2/1995

KERNER, Justinus, Das Bilderbuch aus meiner Knabenzeit, Leipzig 1849

KESSLER-SLOTTA, Elisabeth: Zweibrücker Porzellan 1767–1775, Saarbrücken 1990

KIBY, Ulrika, Die Exotismen des Kurfürsten Max Emanuel in Nymphenburg, Hildesheim, Zürich, New York 1990

Dies., Exotismus – Die Faszination fremder Welten, in: Das Ideal der Schönheit (Der Riss im Himmel Bd. VI), Rheinische Kunst in Barock und Rokoko, hrsg. v. Frank Günter Zehnder, Köln 2000, S. 71–90

Kinzinger, Lothar, Die Stralenheims und Pfalz-Zweibrücken, in: Stimme der Pfalz Nr. 2, 1979

Ders., Woher kommt der Name „Tschifflick-Pavillon" in der Karlslust? Selbstverlag, o.A. 2003

Klessmann, Eckhart, Der Mohr in der Literatur der Aufklärung, in: Exotische Welten. Europäische Phantasien, Stuttgart 1987, S. 236–241

Kluckert, Ehrenfried, Gartenkunst in Europa, Köln 2000

Knigge, Adolf Freiherr von, Briefe auf einer Reise aus Lothringen nach Niedersachsen geschrieben, Reprint 1992, Hannover 1792

Kohnle, Armin / Engehausen, Frank / Hepp, Frieder / Fuchs, Carl-Ludwig (Hrsg.), ... so geht hervor ein' neue Zeit. Die Kurpfalz im Übergang an Baden 1803, Heidelberg 2003

Koppelkamm, Stefan, Der imaginäre Orient, Berlin 1987

Kopplin, Monika, Turcica und Turquerien. Zur Entwicklung des Türkenbildes und Rezeption osmanischer Motive vom 16. bis 18. Jahrhundert, in: Exotische Welten. Europäische Phantasien, Ausstellungskatalog Stuttgart 1987, S. 150–163

Korsmeier, Jutta, Wasserkünste im Schlosspark Wilhelmshöhe: Die Gestaltung des Wassers im Wandel der Gartenkunst des 18. Jahrhunderts, Regensburg 2000

Kotzurek, Annegret, „Von den Zimmern bey Hof". Funktion, Disposition, Gestaltung und Ausstattung der herzoglich-württembergischen Schlösser zur Regierungszeit Carl Eugens (1737–1793), Berlin 2001

Krückmann, Peter O., Paradies des Rokoko. Das Bayreuth der Markgräfin Wilhelmine, Bd. I, München, New York 1998

Krutthofen, Leonhard, Der Fürst des neunzehnten Jahrhunderts. System der Staatskunst unserer Zeit, 3 Bände, St. Petersburg (Mainz) 1798/99

Krzyżanowski, Wojciech, Stanislaus Leszczynski. Ein polnischer Herrscher auf deutschem Boden, Tübingen, Basel 1977

Kultusministerium Rheinland-Pfalz (Hrsg.), Das Herzogtum Pfalz-Zweibrücken und die Französische Revolution, Kaiserslautern 1989

Kunsthistorisches Museum Wien (Hrsg.), Die Kunstkammer, Innsbruck 1977

Kunst- und Ausstellungshalle der Bundesrepublik Deutschland GmbH (Hrsg.), Geist und Galanterie, Leipzig 2002

Kunst- und Ausstellungshalle der Bundesrepublik Deutschland GmbH (Hrsg.), Barock im Vatikan. Kunst und Kultur im Rom der Päpste 1572–1576, Leipzig 2005

LABLAUDE, Pierre-André, Die Gärten von Versailles, Worms 1995

LACK, Peter, Die Gärtner- und Künstlerfamilie Sckell, in: Die Gartenkunst 2/2002, Worms 2002

LADENDORF, Heinz / BIEHN, Heinz, Die Karlsaue in Kassel, Kassel o.J.

Landesregierung Rheinland-Pfalz / Staatliches Museum für Völkerkunde, München (Hrsg.), 400 Jahre Sammeln und Reisen der Wittelsbacher, München 1980/81

Landkreis Emsland (Hrsg.), Clemens August, Fürstbischof, Jagdherr, Mäzen, Meppen/Sögel 1987

LASS / SCHMIDT, Belvedere und Dornburg, Petersberg 1999

LAUDREL, Heidrun, Projekte zur Dresdner Residenz in der Regierungszeit Augusts des Starken, in: Matthäus Daniel Pöppelmann 1662–1736 und die Architektur der Zeit Augusts des Starken, hrsg. v. Kurt Milde, Dresden 1990

LAUGIER, Marc-Antoine, Das Manifest des Klassizismus, Paris 1753, Reprint Zürich, München 1989

LAUTERBACH, Iris, Der französische Garten am Ende des Ancien Régime, Worms 1987

DIES., Sckell und Frankreich, in: Die Gartenkunst 2/2002, Worms 2002

LAUTERBORN, Robert, Der Rhein. Naturgeschichte eines deutschen Stromes, Bd. I, Freiburg 1930

LAUTS, Jan, Karoline Luise von Baden. Ein Lebensbild aus der Zeit der Aufklärung, Karlsruhe 1990

LE BLOND, Alexandre, Die Gärtnerey sowohl in ihrer Theorie oder Betrachtung als Praxi oder Übung, Augsburg 1731, Reprint Leipzig 1986, (dt. Ausgabe von „La Théorie et la Pratique du Jardinage où l'on traite à fond des beaux jardins appelés communément les Jardins de Propreté ... par Le Sieur Antoine Joseph Dezallier d'Argenville, Paris 1722)

LEHMANN, Edgar, Die Bibliotheksräume der deutschen Klöster in der Zeit des Barock, Textband, Berlin 1996

LEHMANN, Johann Georg, Vollständige Geschichte des Herzogtums Zweibrücken und seiner Fürsten, München 1867

LEHMANN, J.M. / Schmidt, U. (Red.), Staatliche Museen Kassel. Führer durch alle Sammlungen, Kassel 1992

LEMASSON, Patrick, Exotismus und Orientalismus im 18. Jahrhundert, in: Geist und Galanterie, hrsg. v. Kunst- und Ausstellungshalle der Bundesrepublik Deutschland GmbH, Leipzig 2002, S. 119–154

Leps, Günther und Rose, Der Gärtner: zwischen Schönheit und Nutzen, Leipzig 1994

Lietz, Sabine, Das Fenster des Barock, München 1982

Lipowsky, Felix, Baierisches Künstler=Lexikon, Bd. I–II, München 1810

Löwenstein, Uta, Vorraussetzungen und Grundlagen von Tafelzeremoniell und Zeremonientafel, in: Zeremoniell als höfische Ästhetik in Spätmittelalter und Früher Neuzeit, hrsg. v. Jörg Jochen Berns / Thomas Rahn, Tübingen 1995, S. 266–279

Lohmeyer, Karl, Friedrich Joachim Stengel, Mitteilungen des historischen Vereins für die Saargegend, Heft XI, Saarbrücken 1911, Nachdruck Saarbrücken 1982

Ders., Barockarchitekten in Zweibrücken, in: Monatshefte für Kunstwissenschaft, Leipzig 1913

Ders., Südwestdeutsche Gärten des Barock und der Romantik, Saarbrücker Abhandlungen zur südwestdeutschen Kunst und Kultur 1, Saarbrücken 1937, Reprint Saarbrücken 1978

Ders., Die Herzoglich-Zweibrückischen Barockgärten und ihre Ausklänge, in: Zweibrücken. 600 Jahre Stadt, Zweibrücken 1952, S. 69–87

Ders., Mathias Weysser. Ein Bildhauer des Früh-Klassizismus in Blieskastel, in: Die Schule, Saarbrücken 1953

Ders., Der Zweibrücker Baudirektor Johann Christian Ludwig Hautt und seine Familie, in: Das barocke Zweibrücken und seine Meister, hrsg. v. [Julius] Dahl / [Karl] Lohmeyer, Waldfischbach 1957

Loudon, John Claudius, Eine Encyclopädie des Gartenwesens, Bd.I, Weimar 1823/24

Mabille, Gerard, Die Menagerie von Versailles, in: Die Gartenkunst des Abendlandes, hrsg. v. Monique Mosser / Georges Teyssot, Stuttgart 1993, S. 168–170

Magistrat der Stadt Darmstadt (Hrsg.), Darmstadt in der Zeit des Barock und Rokoko, Darmstadt 1980

Manger, Heinrich Ludwig, Baugeschichte von Potsdam, Berlin, Stettin 1789

Mannlich, Johann Christian von, Versuch über Gebräuche, Kleidung und Waffen der ältesten Völker bis auf Constantin d. Gr. nebszt einigen Anmerkungen über die Schaubühne, München 1802

Ders., Ein deutscher Maler und Hofmann. Lebenserinnerungen des Johann Christian von Mannlich, Berlin 1910

Ders., Rokoko und Revolution. Lebenserinnerungen des Johann Christian v. Mannlich (1741–1822), Berlin 1913

DERS., Rokoko und Revolution. Lebenserinnerungen des Johann Christian v. Mannlich (1741–1822), Stuttgart 1966

MARCZOCH, Ludwig, Orientalismus in Europa vom 17.–19. Jahrhundert in der Architektur und Innenraumgestaltung, Frankfurt 1992

MARX, Harald, Matthäus Daniel Pöppelmann. Der Dresdner Zwinger, Frankfurt/Main 2000

MATTHES, Isabel, „Der allgemeinen Vereinigung gewidmet". Öffentlicher Theaterbau in Deutschland zwischen Aufklärung und Vormärz, Tübigen 1995

MATTHISSON, Fr. v., Schriften III, Zürich 1825

MAUÉ, Claudia, Kunst und Natur in den Grotten des Schlosses Hellbrunn in: Barockberichte 14 und 15, hrsg. v. Salzburger Barockmuseum, Salzburg 1997

MEDDING, Wolfgang, Der Zweibrücker Hofbaumeister und Baudirektor Friedrich Gerhard Wahl, in: Das barocke Zweibrücken, hrsg. v. [Julius] Dahl / [Karl] Lohmeyer, Waldfischbach 1957

DERS., Burgen und Schlösser in der Pfalz und an der Saar, Frankfurt/M. 1962

MELLIN, August Wilhelm Graf von, Unterricht eingefriedigte Wildbahnen oder Große Thiergärten anzulegen und zu behandeln, um dadurch das Wildpret nützlicher und unschädlich zu machen, Berlin 1800

MEISSNER, Birgit, Gittertore und Zäune in Dresden, Suderburg-Hösseringen 2002

MERK, Heidrun, „Eine Lustbarkeit für die Gesundheit" – Wilhelmsbad als Kurort des 18. Jahrhunderts, in: Gespräche zur Gartenkunst, hrsg. v. Modrow, Regensburg 2004

MEYER, Franz Sales, Handbuch der Ornamentik, Leipzig 1927 / Berlin 1997

MEYER, Jochen, Theaterbautheorien zwischen Kunst und Wissenschaft: die Diskussion über Theaterbau im deutschsprachigen Raum in der ersten Hälfte des 19. Jahrhunderts, Berlin 1998

MIDDLETON, Robin, Boullee and the Exotic, AA Files, Annals of the Architectural Association School of Architecture 19 (1990)

MIKLISS DE DOŁĘGA, Peter, Beobachtungen zur Türkenmode unter Clemens August, in: Das Ideal der Schönheit (Der Riss im Himmel Bd. VI), Rheinische Kunst in Barock und Rokoko, hrsg. v. Frank Günter Zehnder, Köln 2000, S. 369–386

MILIZIA, Francesco, Grundsätze der bürgerlichen Baukunst, Leipzig 1784 ff., Bd. I

Mittelrheinisches Landesmuseum Mainz (Hrsg.), Johann Christian von Mannlich. „Das Vogel-Werk", Mainz 1979

Modrow, Bernd, Gartenkunst in Hessen. Historische Gärten und Parkanlagen, Worms 1998

Ders. (Hrsg.), Gespräche zur Gartenkunst und anderen Künsten, Regensburg 2004

Ders. / Gröschel, Claudia, Fürstliches Vergnügen. 400 Jahre Gartenkultur in Hessen, Regensburg 2002

Möhlenkamp, Annegret, Form und Funktion der fürstlichen Appartements im deutschen Residenzschloß des Absolutismus, Diss. Marburg 1991

Möller, Hans-Herbert, Gottfried Heinrich Krohne. Berlin 1956

Moellring, Bettina, Toiletten und Urinale für Frauen und Männer. Die Gestaltung von Sanitärobjekten und ihre Verwendung in öffentlichen und privaten Bereichen, Berlin 2003

Molitor, Ludwig, Das Herzogsschloß in Zweibrücken. Seine Entstehung, seine Geschichte und seine Zukunft, Zweibrücken 1861, Reprint Zweibrücken 1990

Ders. Vollständige Geschichte der ehemals pfalz-bayerischen Residenzstadt Zweibrücken, Zweibrücken 1885, Reprint Zweibrücken 1989

Moser, Fridrich Carl von, Teutsches Hof=Recht in 12 Büchern. 2 Bde., Frankfurt und Leipzig, 1754/55

Müller, Josef, Die Rathäuser der Stadt Zweibrücken, in: Zweibrücken 600 Jahre Stadt, Zweibrücken 1952

Müller, Michael, „La Follie des Ballons" in: Geist und Galanterie, Leipzig 2002

Murano, Michelangelo / Marton, Paolo, Villen in Venetien, Köln 1999

Nerdinger (Hrsg.), Die Architekturzeichnung: vom barocken Idealplan zur Axonometrie, München 1985

Neri, Daniela, Anton Freiherr von Cetto (1756–1847). Ein bayerischer Diplomat der napoleonischen Zeit, Sigmaringen 1993

Neumann, Martin von, Die Schlösser des bayer. Rhein-Kreises, wie sie waren und wie sie sind. Zweibrücken 1837

Niemeyer, August Hermann, Beobachtungen auf Reisen in und außer Deutschland. Nebst Erinnerungen an denkwürdige Lebenserfahrungen und Zeitgenossen in den letzten fünfzig Jahren", Vierten Bandes Erste Hälfte. Deportationsreise nach Frankreich im Jahre 1807. Halle 1824, Aufzeichnung vom 8. Juni, in: Zeitschrift für die Geschichte der Saargegend, hrsg. v. Historischer Verein für die Saargegend e.V., Saarbrücken 1958, S. 185

Novák, Zdeněk, Einflüsse William Chambers' auf den Garten von Lednice (Eisgrub) und andere Gartenanlagen in Südmähren, in: Sir William Chambers und der Englisch-chinesische Garten in Europa, hrsg. v. Thomas Weiss, Ostfildern 1997, S. 131–135

OECHSLIN, Werner / BUSCHOW, Anja, Festarchitektur. Der Architekt als Inszenierungskünstler, Stuttgart 1984

OPDERBECKE, Adolf, Der Zimmermann. Leipzig 1913, Reprint Leipzig 1999

OPPEL, Max, Schloß Berchtesgaden, München 2001

OTTOMEYER, Hans, Amor und Psyche von Martin-Claude Monot. Fundbericht eines ungewöhnlichen Ensembles, in: Pantheon 1980, Nr. 3, S. 263–269

DERS., Die Ausstattung der Residenzen König Max Josephs von Bayern (1799–1825) in: Krone und Verfassung. König Max I. Joseph und der neue Staat. Beiträge zur Bayerischen Geschichte und Kunst 1799–1825, Bd. III/1, hrsg. v. Hubert Glaser, München 1980, S. 371–394

DERS., Von der Holzwanne zum Marmorbad. Badekultur vom 16.–19. Jahrhundert in: Kunst und Antiquitäten, Nr. 7/8, 1991, S. 31–36

DERS. (Hrsg.), Heinrich Christoph Jussow, Kassel 1999

DERS. / VÖLKEL, Michaela (Hrsg.), Die öffentliche Tafel. Tafelzeremoniell in Europa 1300–1900, Deutsches Historisches Museum 2002

PALLA, Rud, Das Lexikon der untergegangenen Berufe, Frankfurt/M. 1998

PAPE, Maria Elisabeth, Turquerie im 18. Jahrhundert und der „Recueil Ferriol", in: Europa und der Orient, hrsg. v. Gereon Sievernich / Hedrik Budde, Gütersloh/München 1989, S. 305–323

PAUL, Minoti, Der Ludwigsberger Garten, in: Gartenkunst in Saarbrücken, hrsg. v. Christof Trepesch, Worms 1999, S. 116–128

DIES., Die Gartenanlagen am Ludwigsberg in Saarbrücken anhand der bildlichen und schriftlichen Quellen, Magisterarbeit Kunstgeschichte, Saarbrücken 2009

DIES., Der Ludwigsberg. Fürstliche Gartenkunst in Saarbrücken (1769–1793), Saarbrücken 2009.

PAULUS, Helmut-Eberhard, Orangerieträume in Thüringen. Orangerieanlagen der Stiftung Thüringer Schlösser und Gärten, Regensburg 2005

PAUST, Bettina, Studien zur barocken Menagerie im deutschsprachigen Raum, Bd. 43 der Manuskripte zur Kunstwissenschaft, Worms 1996

PECHAČEK, Petra, Mit Spaten, Korb und Gießkanne ... Historische Arbeitsgeräte zur Pflege und Erhaltung des Schwetzinger Schlossgartens, in: Meike Habicht (Red.): Fürstliche Gartenlust: historische Schlossgärten in Baden-Württemberg, Stuttgart 2002, S. 77–87

PENTHER, Johann Friedrich, Collegium Architectonicum oder Anleitung zur Civil-Bau-Kunst, Göttingen 1738

PÉROUSE DE MONTCLOS, Jean-Marie / POLIDORI, Robert, Versailles, Köln 1996

PLAGEMANN, Volker, Das deutsche Kunstmuseum 1790–1870, München 1967

PÖHLMANN, Johann Christian von Mannlich's Eheschließung, in: Westpfälzische Geschichtsblätter 1911, Nr. 2

PÖPPELMANN, Matthäus Daniel, Vorstellung und Beschreibung Sr. Königl. Majestät in Pohlen und Churfl. Durchl. zu Sachßen erbauten sogenannten Zwinger-Gartens Gebäuden, oder Der Königl. Orangerie zu Dreßden. Dresden 1729

PÜTTMANN, Kristin, „… zur noht und zur lust." Orangerien und Gewächshäuser in den Gärten westfälischer Schlösser, Münster 1988

PUPPI, Lionello, Andrea Palladio, Das Gesamtwerk, Stuttgart München 2000

QUILITZSCH, Uwe, William Chambers' Einfluß auf die Architektur im Gartenreich Dessau-Wörlitz, in: Sir William Chambers und der Englisch-chinesische Garten in Europa, hrsg. v. Thomas Weiss, Ostfildern 1997.

RACINE, Michel, Le Guide des Jardins de France, Paris 1991

RAU GRÄFIN VON DER SCHULENBURG, Julia, Emmanuel Héré, premier architecte von Stanislas Leszczynski in Lothringen (1705–1763), Berlin 1973

RAUCH, Moritz von, Aus der Heilbronner Stadtgeschichtsschreibung, Weinsberg 1988

REINERT, Stephan und Manfred, Barocke Turmhelme im Saarland, Saarbrücken 2003

REINHARDT, Helmut, Gartenkunst und Baukunst – Wirkung und Wechselwirkung, in: Gespräche zur Gartenkunst und anderen Künsten, hrsg. v. Bernd Modrow, Regensburg 2004

REINKING, Wilhelm, Die sechs Theaterprojekte des Architekten Joseph Furttenbach: 1591–1667, Frankfurt/M. 1984

REISINGER, Claus, Der Schlossgarten zu Schwetzingen, Worms 1987

REITZENSTEIN, Freiherr A. von, Die Gewehrkammer von Pfalz-Zweibrücken, in: Zweibrücken. 600 Jahre Stadt, Zweibrücken 1952

REMLING, Franz Xaver, Die Rheinpfalz in der Revolutionszeit von 1792–98, Speyer 1865/66

RIGON, Fernando, Das Teatro Olimpico in Vicenza, Milano 1989

ROGASCH, Wilfried, Schlösser & Gärten in Böhmen und Mähren, Köln 2001

ROLAND, Berthold, Die Pfalz-Zweibrückischen Maler des 18. Jahrhunderts, Diss. München 1955/56

DERS., Die Ereignisse am Zweibrücker Hof von Ende Oktober 1775 bis Anfang März 1776, (Correspondance Politique, Section Palatinat-Deuxponts im Ministère des Affaires Etrangères, Sign.: Palatinat-Deuxponts, Supplement No 5 1761–1776, S. 229 ff.) in: Pfälzer Heimat 1958, S. 179–183

DERS., Die Malergruppe von Pfalz-Zweibrücken. Maler und Malerei eines kleinen Fürstenhofes im 18. Jahrhundert, in: Studien zur deutschen Kunstgeschichte, Bd. 324, Baden-Baden und Strasbourg 1959

DERS., Johann Christian von Mannlich (1741–1822), in: Pfälzer Lebensbilder, hrsg. v. Kurt Baumann, Speyer 1964, S. 142–166

DERS., Der Porträtist Joh. Christ. von Mannlich (1741–1822), in: Saarbrücker Hefte, Saarbrücken 1972

DERS., Das Doppelporträt „Mannlich und seine Frau", in: Stimme der Pfalz, Speyer 1972

DERS., Mannlich und die Förderung junger Künstler, in: Stimme der Pfalz, Speyer 1974

DERS., Ein Fürst edelster Wohltaten. Herzog Christian IV. von Pfalz-Zweibrücken starb vor 200 Jahren, in: Stimme der Pfalz 1975, Nr. 4–6

DERS., Johann Christian von Mannlich, in: Personen und Wirkungen. Biographische Essays, Mainz 1979

DERS. Mannlichs Vogel-Werk, in: Johann Christian von Mannlich. „Das Vogel-Werk", hrsg v. Mittelrheinisches Landesmuseum Mainz, Mainz 1979

DERS., Johann Christian von Mannlich und die Kunstsammlungen von Schloss Carlsberg, in: Kunstschätze aus Schloss Carlsberg. Die Sammlungen der Herzöge von Pfalz-Zweibrücken, hrsg v. Güse, Saarbrücken 1989

ROTENSTEIN, Gottfried von, Lust-Reisen durch Bayern, Württemberg ... , Bd. I, Leipzig 1792

RÜBEL, Rudolf, Die Bautätigkeit im Herzogtum Pfalz-Zweibrücken und in Blieskastel im 18. Jahrhundert mit Hervorhebung des Baudirektors Christian Ludwig Hautt 1726–1806, Heidelberg 1914

RUPPENTHAL, Friedrich, Zur Geschichte von Bruchhof. Vom Königsbrucher Hof und Schelmenkopf, vom Steintor, dem Torfschuppen u.a. NSZ Rheinfront. Die Westpfalz v. 9. August 1939

SANDER, Eckart, Die schönsten Schlösser und Burgen im Saarland, Gudensberg-Gleichen 1999

SAUDAN-SKIRA, Sylvia / SAUDAN, Michael, Orangerien. Paläste aus Glas vom 17. bis zum 19. Jahrhundert, Köln 1998

SCHADE, Günter, Deutsche Goldschmiedekunst, Hanau 1974

SCHARWATH, Günter, Der Anbau von Nutzpflanzen im Fürstentum Nassau-Saarbrücken, in: Gartenkunst in Saarbrücken, hrsg v. Christof Trepesch, Worms 1999

SCHEICHER, Elisabeth, Kunstkammer, in: Die Kunstkammer – Kunsthistorisches Museum, Sammlungen Schloss Ambras, Innsbruck 1977

SCHIBEL, Wolfgang, Die Hofbibliothek Carl Theodors und ihr Umfeld, in: Lebenslust und Frömmigkeit, Bd. I, Regensburg 1999

SCHLENKER, Rolf / BAUMEISTER, Walter, Johann Christian von Mannlich (1741–1822) – ein bedeutender Vogelmaler des 18. Jahrhunderts, in: Journal für Ornithologie, Berlin, Wien 1995, Nr. 4, S. 435–440

SCHLOSSER, Julius von, Die Kunst- und Wunderkammer der Spätrenaissance. Ein Beitrag zur Geschichte des Sammelwesens, Braunschweig 1978

SCHMIDT, Uwe E., Der Wald im 18. u. 19. Jahrhundert. Das Problem der Ressourcenknappheit dargestellt am Beispiel der Waldressourcenknappheit in Deutschland im 18. und 19. Jahrhundert, Saarbrücken 2002

SCHNEIDER, Ralf, Johann Christian von Mannlich. Das architektonische Werk, in: Veröffentlichungen der Arbeitsgemeinschaft für Landeskunde im Historischen Verein für die Saargegend e.V., Band 9, Ottweiler 1999, S. 94–203

DERS., Carlsberg – Carlslust. Die Homburger Gärten des Herzogs Carl II. August von Pfalz-Zweibrücken, in: Die Gartenkunst, 2/1999, Worms 1999, S. 339–376

DERS., Die Schlösser und Landsitze der Herzöge von Zweibrücken in den Oberämtern Zweibrücken und Homburg im 18. Jahrhundert, Selbstverlag o.O. 2003

DERS., Die englischen Gärten am Niederwürzbacher Weiher, St. Ingbert 2005

SCHÖNDORF, Johannes, Das Cabinet des Dr. Holandre auf Schloß Karlsberg, in: Pfälzer Heimat 2/2008, S. 63–77.

SCHÖNWÄLDER, Jürgen, Parkette, in: Interieurs der Goethezeit, hrsg. v. Christoph Hölzl, Augsburg 1999, S. 90–113

SCHRADER, Susanne, Architektur der barocken Hoftheater in Deutschland, München 1988

SCHÜTTE, Ulrich, Ordnung und Verzierung. Untersuchungen zur deutschsprachigen Architekturtheorie des 18. Jahrhunderts, Braunschweig, Wiesbaden, 1986

DERS., Der Garten und die Künste im 18. Jahrhundert, in: Gespräche zur Gartenkunst und anderen Künsten, hrsg. v. Bernd Modrow, Regensburg 2004

SCHULER, Max, Die Katastrophe auf dem Karlsberg. In: Heimatl. Gaue, Nr. 21/55 v. 4. 6. 1955

DERS., Herzog Christian IV., der große Förderer der schönen Künste, in: Das barocke Zweibrücken und seine Meister, hrsg. v. Dahl / Lohmeyer, Waldfischbach 1957

SCHULER, Karl-Heinz, Zwei Briefe zur Geschichte des Schlosses Karlsberg bei Homburg, in: Stimme der Pfalz 1992

SCHUNCK, Fritz, Gutenbrunnen, ein Badeort des Herzogtums Zweibrücken im 17. und 18. Jahrhundert, in: Westpfälzische Geschichtsblätter, 1902, Nrn. 5–8

SCHURIG, Gerd, Ananas – eine königliche Frucht, in: Schön und Nützlich. Aus Brandenburgs Kloster-, Schloss- und Küchengärten, hrsg. v. Haus der Brandenburgisch-Preußischen Geschichte, Berlin 2004

SCHUSTER, Carl, Mannlichs letzte Lebensjahre, in: Stimme der Pfalz, 1992

SCHWAN, Jutta, Die Geschichte des Schlossgartens, in: Gartenkunst in Saarbrücken, hrsg. v. Christof Trepesch, Worms 1999, S. 93–100

DIES., Schloss Karlsberg – „das Bild einer ganz ansehnlichen Stadt", in: Saarpfalz, Blätter für Geschichte und Volkskunde 2004/1, S. 5–20

DIES., Feuerwerk und Festkultur im ausgehenden 18. Jahrhundert in der Homburger Carlslust. „[…] habe für gnädigste Herrschaft auf dem Carls-Berg zu denen freudenfesten und feyer ausgefertiget" in: Sprachen der Kunst. Festschrift für Klaus Güthlein zum 65. Geburtstag, hrsg. v. Lorenz Dittmann / Christoph Wagner / Dethard v. Winterfeld, Worms 2007, S. 171–178

DIES., Das Jagdschiff des Herzog Carl II. August, in: Pfälzer Heimat 2008/1, S. 18–25

DIES. / ULRICH, Stefan, Die Orangerie von Schloss Karlsberg – Zur Bau- und Funktionsgeschichte, in: Saarpfalz, Blätter für Geschichte und Volkskunde 2004/4, S. 44–62

DIES. / ULRICH, Stefan, Schlossruine und Waldpark Karlsberg. Homburg, Regensburg 2009.

SCKELL, Friedrich Ludwig von, Beiträge zur bildenden Gartenkunst für angehende Gartenkünstler und Gartenliebhaber, München, 2. Aufl.1825, Reprint Worms 1982/99

SCKELL, Carl August, Das königliche Lustschloß Nymphenburg und seine Gartenanlagen. München 1837

SICHEL, Edith: Der Hofkünstler Johann Christian von Mannlich. Ein kunst- und kulturhistorisches Charakterbild aus dem 18. Jahrhundert, Diss. München, Forchheim 1932

SIEFERT, Helge, «Le protecteur éclairé des arts». Herzog Christian IV. von Zweibrücken und seine Verbindungen nach Versailles und Paris, in: Jenseits der Grenzen: französische und deutsche Kunst vom Ancien Régime bis zur Gegenwart, Thomas W. Gaethgens zum 60. Geburtstag, Bd. I, hrsg. v. Uwe Fleckner / Martin Schieder / Michael F. Zimmermann, Köln 2000, S. 209–225

SIEMON, Gerhard, Die bildende Kunst des Gärtners Friedrich Ludwig von Sckell, in: Die Gartenkunst 2/2002, Worms 2002

SKALECKI, Georg, „Friede den Hütten, Krieg den Palästen". Über die Zerstörung der Schlösser und Burgen an der Saar durch französische Revolutionstruppen, in: Saarpfalz. Blätter für Geschichte und Volkskunde 1993/4, S. 5–25

Skalecki, Liliane, Das Reithaus. Untersuchungen zu einer Bauaufgabe im 17. bis 19. Jahrhundert, Hildesheim, New York 1992

Dies., Das Reithaus- und Marstall-Ensemble des Karlsberger Schlosses bei Homburg und verwandte Anlagen des 17. bis 19. Jahrhunderts, in: Saarpfalz. Blätter für Geschichte und Volkskunde 1994/2, S. 5–24

Soltani, Liselotte / Kleiss, Wolfram, Taubentürme und Taubenhäuser, in Architectura, Zeitschrift für Geschichte der Baukunst, Bd. XXXII, 2002, S. 100–103

Staatliche Museen Preussischer Kulturbesitz (Hrsg.), Schatzkästchen und Kabinettschrank. Möbel für Sammler, Berlin 1989

Stiftung Preußische Schlösser und Gärten Berlin-Brandenburg (Hrsg.), Sophie Charlotte und ihr Schloß: Ein Musenhof des Barock in Brandenburg-Preußen, München; London; New York 1999

Sprater, Schloß Karlsberg

Sprater, Friedrich, Schloß Karlsberg bei Homburg, in: Pfälzisches Museum, 1915

Staedtler, Silke, „Ich vergaß alles indem ich mahlte...". Die naturwissenschaftlichen Vogelabbildungen des Johann Christian von Mannlich, Zweibrücken 2001

Staatsbibliothek Bamberg, R.B.H. 1.0.24, Verzeichnis von der Verlassenschaft weyland Herrn Herzog Karls zu Pfalzzweybrücken Hochfürstliche Durchlaucht gehoerigen Buecher Sammlung aus allen Theilen der Wissenschaften und vielen kostbaren Werken bestehend, welche in Mannheim zu vekaufen sind, Mannheim 1797

Stengel, Stephan Freiherr von, Denkwürdigkeiten, Mannheim 1993

Stenke, Gundrun, Festarchitektur, Matthäus Daniel Pöppelmann 1662–1736 und die Architektur der Zeit Augusts des Starken, hrsg. v. Kurt Milde, Dresden 1990

Stoll, Claudia, Die Gärten auf dem Halberg im 18. Jahrhundert in: Gartenkunst in Saarbrücken, Worms 1999

Storch, Heinrich, Briefe über den Garten zu Pawlowsk, geschrieben im Jahr 1802, in: Krieg und Frieden. Eine deutsche Zarin in Schloss Pawlowsk, hrsg. v. Haus der Kunst München, Hamburg München 2001, S. 281–306

Strocka, Volker Michael, Kopie, Invention und höhere Absicht, in: Weltbild Wörlitz, hrsg. v. Frank-Andreas Bechtoldt / Thomas Weiss, Frankfurt 1996

Stuck, Kurt, Verwaltungspersonal im Herzogtum Zweibrücken, Ludwigshafen/Rhein 1993

Sturm, Leonhard Christoph, Vollständige Anweisung / Grosser Herren Palläste starck / bequem / nach den Reguln der antiquen Architektur untadelich / und nach dem heutigen Gusto schön und prächtig anzugeben...Insonderheit aber Von Fürstlichen Lust=Gärten ausführliche Anweisungen geschicket, Augsburg 1718

SULZER, Johann Georg, Unterredungen ueber die Schoenheit der Natur nebst desselben moralischen Betrachtungen ueber besondere Gegenstaende der Naturlehre, Berlin 1770, Reprint Frankfurt/M. 1971

SYNDIKUS, Hans Peter, Die Lyrik des Horaz, Bd. I, Darmstadt 1989

SYNDRAM, Dirk (Hrsg.), Das Grüne Gewölbe in Dresden, München/Berlin 1997

SZYMCZYK-EGGERT, Elisabeth, Der Ludwigsburger Schlossgarten, Stuttgart 1989

DIES., Die Dörfle-Mode in den Gärten des ausgehenden 18. Jahrhundert, in: Die Gartenkunst 1/1996, S. 59–74

TAEGERT, Werner, Zur Geschichte der fürstlichen Büchersammlung, in: Kunstschätze aus Schloss Carlsberg, hrsg. v. Ernst-Gerhard Güse, Saarbrücken 1989, S. 250–279

DERS., Die Karlsberg-Bibliothek in der Staatsbibliothek Bamberg. Notizen zur Geschichte einer fürstlichen Büchersammlung, in: Das Herzogtum Pfalz-Zweibrücken und die Französische Revolution, hrsg. v. Kultusministerium Rheinland-Pfalz, Kaiserslautern 1989, S. 29–43

TÄUBRICH, Hans-Christian, Eisbericht. Vom Handel mit dem natürlichen Eis, in: Unter Null. Kunsteis, Kälte und Kultur, München 1991, S. 51–68

TENNER, Helmut, Mannheimer Kunstsammler und Kunsthändler bis zur Mitte des neunzehnten Jahrhunderts, Heidelberg 1966

TEUFEL, Walther, Geschichte der Freimaurerei in den Gebieten des heutigen Saarlandes und in den angrenzenden Ländern, Baden-Baden 1963

THIEME, Ulrich / BECKER, Felix / VOLLMER, Hans (Hrsg.), Allgemeines Lexikon der Bildenden Künste, München 1992

THÖS-KÖSSEL, Siegmund, Ansichten des Malers Friedrich Müller (1749–1825), St. Ingbert 1993

THOMANN, Die ehemalige Zweibrückener Hofbibliothek in Bamberg, in: Stimme der Pfalz, Speyer 1973

THON, Nikolaus (Bearb.), Kulturstiftung Ruhr, Villa Hügel, St. Petersburg um achtzehnhundert, Recklinghausen 1990

THORNTON, THOMAS, A Sporting Tour through various Parts of France, London 1806.

TIDWORTH, Simon, Theatres. An illustrated history, o.O. 1973

TRAUZETTEL, Ludwig, William Chambers und die Gartenkunst, in: Sir William Chambers und der Englisch-chinesische Garten in Europa, hrsg. v. Thomas

Weiss, Ostfildern 1997, S. 13–19

TREPESCH, Christof, Der englische Landschaftsgarten am Ludwigsberg in Saarbrücken anhand unbekannter Zeichnungen und Entwürfe, in: Die Gartenkunst 1/1996, Worms 1996, S. 11–28

DERS. (Hrsg.), Gartenkunst in Saarbrücken, Worms 1999

DERS., Assimilationstendenzen der Kunst in den Saarstädten Saarbrücken und St. Johann, in: Unter der Trikolore, Bd. II, hrsg. v. Elisabeth Dühr / Christl Lehnert-Leven, Trier 2004, S. 825–841

DERS., Das Schaezlerpalais und die Deutsche Barockgalerie, Augsburg 2006

TSCHIRA, Arnold, Orangerien und Gewächshäuser. Ihre geschichtliche Entwicklung in Deutschland, Berlin 1939

UERSCHELN, Gabriele / KALUSOK, Michaela, Kleines Wörterbuch der europäischen Gartenkunst, Stuttgart 2001

UHLAND, Robert (Hrsg.), Tagbücher seiner Rayßen nach Prag und Dresden [...] in den Jahren 1783–1791 vom Herzog Carl Eugen selbsten geschrieben, Tübingen 1968

ULFERTS, Gert-Dieter, u.a., Schloß Belvedere: Schloß, Park und Sammlung, München, Berlin 1998

ULRICH, Stefan, Konzept für die untergegangene Schloß- und Parkanlage Karlsberg, Diplomarbeit Baugeschichte, Kaiserslautern 1999

DERS., Die Baugeschichte des Bruchhofs (sog. Tascherhof), in: Saarpfalz. Blätter für Geschichte und Volkskunde, 2006/2, S. 5–14

DERS., Die Eremitage in Karlslust – Zur Entdeckung eines Pavillons in den ehemaligen Gartenanlagen von Schloss Karlsberg, in: Saarpfalz. Blätter für Geschichte und Volkskunde, 2006/3, S. 5–11

VICARI, Ulrich, Herzog Karl II. August – Eine Bauplanung auf dem Karlsberg 1785/86, in: Saarpfalz (Beilage des Saarpfalz-Anzeigers), September 1986

DERS., Jagdschloß Jägersburg, in: Burgen und Schlösser an der Saar, hrsg. v. Joachim Conrad, / Stefan Flesch, Saarbrücken 1993

VÖLKEL, Michaela, Das Bild vom Schloss, München, Berlin 2001

VOGEL, Gerd-Helge, Konfuzianismus und chinoise Architekturen im Zeitalter der Aufklärung, in: Die Gartenkunst 2/1996, Worms 1996, S. 188–212

VONHOF-HABERMAYR, Margit, Das Schloß zu Blieskastel (= Veröffentlichungen des Instituts für Landeskunde Bd. 37), Saarbrücken 1996

VOSS, Jürgen, Die Mannheimer Akademie als Zentrum kurpfälzischer Wissenschaftspflege im Zeitalter Karl Theodors, in: Der Antikensaal der Mannheimer Zeichnungsakademie 1769–1803, Mannheim 1984, S. 32–45

WAGENER, Samuel C., Ueber die Pfalz am Rhein und deren Nachbarschaft.

Brandenburg 1795, Nachdruck Hist. Verein der Pfalz e.V. 1981

WAGNER, Eckard, Schloß Clemenswerth – ein Höhepunkt jagdlicher Zentralanlagen in Europa, in: Clemens August, Fürstbischof, Jagdherr, Mäzen, hrsg. v. Landkreis Emsland, Meppen/Sögel 1987, S. 119–148

WALZ, Alfred, Chemie, in: Weltenharmonie: die Kunstkammer und die Ordnung des Wissens, Herzog Anton Ulrich-Museum Braunschweig 2000

DERS. / KÖNIG-LEIN, Susanne, Weltenharmonie: die Kunstkammer und die Ordnung des Wissens, Herzog Anton Ulrich-Museum Braunschweig 2000

WAPPENSCHMIDT, Friederike, Der Traum von Arkadien, München 1990

WEBER, Gerold, Brunnen und Wasserkünste in Frankreich im Zeitalter von Louis XIV., Worms 1985

WEBER, Wilhelm, Großartigste Schlossanlage des alten Reiches, in: Stimme der Pfalz Nr. 11, Speyer 1954, S. 6–8

DERS., Homburg-Saar, Stadt des Baumes. Eine kultur- und heimatgeschichtliche Studie, Homburg 1956

DERS., Pierre Patte – Architekt zweier Herzöge von Zweibrücken, in: Das barocke Zweibrücken und seine Meister, hrsg. v. Dahl / Lohmeyer, Waldfischbach 1957, S. 136ff

DERS., Stanislaus Leszcinsky = König zwischen Ost und West, in: Saarheimat: Saarbrücken 1960, S. 10–16

DERS., Zur Charakteristik des Herzogs Karl II. August von Zweibrücken, in: Saarheimat 1960, S. 33 ff.

DERS., Geschichte der Lithographie, Heidelberg/München 1961/64

DERS., Kulturschätze von europäischem Rang. Wittelsbacher Schlösser in Pfalz-Zweibrücken, in: Stimme der Pfalz, Nr. 9/10, S. 8–11

DERS., Kulturschätze von europäischem Rang. Wittelsbacher Schlösser in Pfalz-Zweibrücken (III), in: Stimme der Pfalz Nr. 1, Speyer 1963, S. 9–12

DERS., Schlößchen Monbijou. Ein Refugium des Herzogs Karl II. August, in: Pfälzer Heimat, Speyer 1963. S. 140–143

DERS., Gartenkunst im Herzogtum Zweibrücken, in: Der Rose zugetan. Zweibrücken und sein Rosengarten, hrsg. v. Stadt Zweibrücken, Zweibrücken 1964, S. 25–117

DERS., Zum Werk und zur Persönlichkeit von Johann Christian von Mannlich, in: Johann Christian von Mannlich. Maler, Architekt, Galeriedirektor und Schriftsteller, Zweibrücken 1972

DERS., Die Rotunde auf Schloß Karlsberg, in: Krone und Verfassung. König Max I. Joseph und der neue Staat. Beiträge zur Bayerischen Geschichte und Kunst 1799–1825, Bd. III/1, hrsg. v. Hubert Glaser, München 1980, S. 366–370

DERS., Schloss Karlsberg. Die vergessene Residenz des Herzogs Karl II. August, in: Bavaria Antiqua, hrsg. v. Bayerische Vereinsbank, München 1984

DERS., Schloss Karlsberg, Homburg 1987

DERS., Die Freundschaft der Pfälzer mit den Sachsen. Die Hochzeitsfeierlichkeiten für Pfalzgraf und Herzog Karl August in Dresden, Homburger Zeitung, Teil 1–5, Okt. 1990 – Jan. 1991

DERS., Am liebsten hätte er das ganze Schloß abtransportiert, in: Stimme der Pfalz, Speyer 1993

WEIBEZAHN, Ingrid, Geschichte und Funktion des Monopteros'. Untersuchungen zu einem Gebäudetyp des Spätbarock und des Klassizismus, Hildesheim, New York 1975

WEISS, Thomas (Hrsg.), Sir William Chambers und der Englisch-chinesische Garten in Europa, Ostfildern 1997

WENGER, Michael, Der Traum vom Leben auf dem Lande – Hohenheim, in: Meike Habicht (Red.): Fürstliche Gartenlust: historische Schlossgärten in Baden-Württemberg, Stuttgart 2002, S. 36–39

WERNER, Ferdinand, Der Hofgarten in Veitshöchheim, Worms 1998

WERNER, Eva Maria, Die militärischen Ereignisse in der Kurpfalz 1792–1815 und ihr Niederschlag in der zeitgenössischen Graphik, in: ... so geht hervor ein' neue Zeit. Die Kurpfalz im Übergang an Baden 1803, hrsg. v. Kohnle / Engehausen / Hepp / Fuchs, Heidelberg 2003, S. 57–72

WERNHER, A. (Hrsg.), Die Geschichte Zweibrückens vor hundert Jahren. „Mitteilungen aus Tagebuchartigen Aufzeichnungen und aus Briefen des Herzoglich Zweibrückenschen Hofgärtners und Rates August Petri an seinen Sohn den Studiosus juris August Petri in Tübingen aus den Jahren 1793 und 1795" in: Westpfälzische Geschichtsblätter, 1898, Nrn. 6–12

WERTZ, Hubert Wolfgang, Die Schwetzinger Orangerien, in: Der Süden im Norden, hrsg. v. Staatl. Schlösser und Gärten Baden-Württemberg, Regensburg 1999, S. 58–73

DERS., Schwetzingen – der barocke Garten, in: Fürstliche Gartenlust: Historische Schlossgärten in Baden-Württemberg, hrsg. v. Meike Habicht, Stuttgart 2002, S. 28

WIEBENSOHN, D., The Picturesque Garden in France, 1978, S. 100

WIECZOREK / PROBST / KOENIG (Hrsg.), Lebenslust und Frömmigkeit. Kurfürst Carl Theodor (1724–1799) zwischen Barock und Aufklärung, Bd. I u. II, Regensburg 1999

WIELAND, Dieter, Historische Parks und Gärten, Schriftenreihe des Deutschen Nationalkomitees für Denkmalschutz, Bd. 45, Bonn o.J.

WIMMER, Clemens Alexander, Geschichte der Gartentheorie, Darmstadt 1989

WITZMANN, Reingard, K.u.K.– Kaffee und Kipferl. Sage und Wirklichkeit, in: Die Türken vor Wien. Europa und die Entscheidung an der Donau 1683, hrsg. v. Historisches Museum Wien, Wien 1983

WUNDERLICH, Heinke, Rose und Rosengarten im 18. Jahrhundert, in: Park und Garten im 18. Jahrhundert. Colloquium der Arbeitsstelle 18. Jahrhundert, Heidelberg 1978, S. 130–140

WYSS, Beat (Edit.), Etienne-Louis Boullée. Architektur. Abhandlung über die Kunst, Zürich u. München 1987

ZACHER, Inge, Schloß Benrath, Köln 1999

ZEDLER, Johann Heinrich, Großes vollständiges Universallexikon aller Wissenschaften und Künste, Halle, Leipzig 1734–1750

ZEHNDER, Frank Günter (Hrsg.), Das Ideal der Schönheit (Der Riss im Himmel Bd. VI), Rheinische Kunst in Barock und Rokoko, Köln 2000

ZIMMERMANN, Walter, Die Kunstdenkmäler der Stadt und des Landkreises Saarbrücken, Saarbrücken 1932, Reprint Saarbrücken 1975

ZINKANN, Karin Elisabeth, Der Typ der Maison de Plaisance im Werk von Johann Conrad Schlaun (Schlaunstudie IV), Münster 1989

Abbildungsverzeichnis

Abb. 1: Übersichtsplan mit Legende über den Carlsberg und die Carlslust. Die Lage der Bauten wurde, sofern sie nicht für einen konkreten Ort nachgewiesen ist, einem Gebiet zugewiesen, das durch schwarze Schraffur gekennzeichnet ist.
Grafische Erstellung des Plans: Markus Schindler, Homburg.

Abb. 2: Fritsch, Johann Theobald: Geometrische Karte über das Ober Amt Zweybrücken, nebst dem dazu gehörigen Amt Homburg (Ausschnitt).
Verfertiget von Johann Theobald Fritsch, Fürstlich Pfalz-Zweybrückischen Geometra. Anno 1774.
Kupferstich v. J. A. Dezauche, Paris. 53 x 51 cm, auf Leinwand aufgezogen,
Maßstab 1:60 000
Bayerische Staatsbibliothek München, Mapp. XI, 246c.
Abbildung aus: WEBER, Schloss Karlsberg, S. 160.

Abb. 3: Herzog Carl II. August
Tabaksdose mit Miniatur aus Schloss Aschach
Anbei ein Zettel mit Beschriftung „Pour mon cher Cousin, L'Ambassadeur Cte Fréderic de Louxbourg"
Foto: Graf-Luxburg-Museum Schloss Aschach

Abb. 4: Le Clerc, Philipp Adolf: Vue du Chateau de Carlsberg
Aquarellierte Federzeichnung auf Papier, 1790, 39 x 63,5 cm.
Privatbesitz (Stiftung Karlsberger Hof).
Abbildung aus: WEBER, Schloss Karlsberg, S. 190.

Abb. 5: Gut Bruchhof, Hofseite
Foto: Autorin

Abb. 6: Jagdschloss Karlsbrunn im Warndt, erbaut für Fürst Ludwig von Nassau-Saarbrücken
Corps de logis
Foto: Autorin

Abb. 7: Gut Bruchhof
Rückwärtige Gebäudeseite mit veränderter Eingangssituation in der Mitte
Foto: Autorin

Abb. 8: Herdegen, Friedrich: Carte von Den Beiden Ober-Aemter Zweybrucken und Homburg, 1791: Ausschnitt ‚Vue de Carlsberg'
Kartusche als kolorierter Kupferstich, in der Kartusche Federzeichnung, auf Leinwand aufgezogen, Bildgröße der ‚Vue' mit Umrahmung ca. 26,5 x 10,5 cm.
Bayerische Staatsbibliothek München, Abt. Karten, BayMapp XI, 245 l.
Foto: Bayerische Staatsbibliothek München

Abb. 9: Schaefer, Philipp: Prospect vom Carlsberg (Ausschnitt)
Carte von dem Ober Amt Homburg. Gezeichnet von Ph. Schaefer Pfalz Zweybrückischer Geometer 1793.

Fotoarchiv des staatlichen Konservatoramtes Saarbrücken: Karte G 94, Inv. Nr. KD 1/1693.
Original verschollen
Foto: Dieter Morche
Unpubliziert

Abb. 10: Messtischblatt: Deutsche Grundkarte (DGK5).
Blatt Sanddorf, Sanddorf-Ost, Bechhofen-West. Maßstab 1:5000. Ausschnitt Schloss.

Abb. 11: Kroeber: Faust Plan,
Über die, von Lambsborn auf den Carlsberg zu führende Brunnen-Leitung.
Gefertigt den 3ten November 1787.
LA Speyer, Abt. Karten u. Pläne 1886.
Foto: Landesarchiv Speyer

Abb. 12: Rosché, Claudius: Residenz-Schloss des Herzogs Carl II. mit sämmtlichen Gebäulichkeiten auf dem Carlsberg (Ausschnitt Marstall, Reithaus, Wagnerei)
gezeichnet von Claudius Rosché von 1860 bis 1868.
Foto: Autorin
Unpubliziert

Abb. 13: Rosché, Claudius: „Situations Plan vom Carlsberg", 1825
Teil des Monumentaltableaus, Tusche auf Papier, aufgezogen auf Leinwand.
Depot des Historischen Museums Speyer
Foto: Autorin

Abb. 14: Herdegen, Friedrich: Carte von Den Beiden Ober-Aemter Zweybrucken und Homburg, 1791: Vue de Carlsberg (Ausschnitt)
Federzeichnung, Bildgröße 25,9 x 8,2 cm.
Bayerische Staatsbibliothek München, Abt. Karten, BayMapp XI, 245 l.

Abb. 15: Schaefer, Philipp: Carte von dem Ober Amt Homburg
Gezeichnet von Ph. Schaefer Pfalz Zweybrückischer Geometer 1793.
Fotoarchiv des staatlichen Konservatoramtes Saarbrücken: Karte G 94, Inv. Nr. KD 1/1693.
Darstellend einen „Prospect vom Carlsberg" in der oberen rechten Ecke und einen „Grund Riß von Homburg" in der unteren rechten Ecke der Karte.
Original verschollen
Foto: Dieter Morche
Unpubliziert

Abb. 16: Fritsch, Johann Theobald / Schmidt, Paulus / Schrapp, Simon: Geometrische Karte über das Ober Amt Zweibrücken nebst dem dazu gehoerigen Amt Homburg (Ausschnitt).
Berlin 1794, 60 x 51 cm, Maßstab 1:60 000.
Bayerische Staatsbibliothek München, Mapp. XI, 246 f
Foto: Bayerische Staatsbibliothek München

Abb. 17: Rekonstruktion der Chronologie des Bauverlaufs (Baualterplan).
Grafik: Markus Schindler, Homburg.

Abb. 18: Ceres, Ofenfigur, Bronze, feuervergoldet; Paris um 1781
Abbildung aus: WEBER, Schloss Karlsberg, S. 224.

Abb. 19: Hebe, Ofenfigur, Bronze, feuervergoldet; Paris um 1781
Abbildung aus: WEBER, Schloss Karlsberg, S. 225.

Abb. 20: Rosché, Claudius: Residenz-Schloss des Herzogs Carl II. mit sämmtlichen Gebäulichkeiten auf dem Carlsberg
(Ausschnitt Sammlungsflügel, Bildergalerie, Küchengebäude), gezeichnet von Claudius Rosché von 1860 bis 1868.
Foto: Autorin
Unpubliziert

Abb. 21: Lüder, Friedrich und Wilhelm: Pleine Vue du Carlsberg
Aquarellierte Federzeichnung, 1791, Bildgröße 46,9 x 73,7 cm.
Staatl. Grafische Sammlung, München, Inv. Nr. 21 853 Z
Foto: Staatl. Grafische Sammlung, München

Abb. 22: Anonym, Karte über das Gelände am Fuß des Carlsberges
Landesarchiv Speyer, Bestand B2, Nr. 6124, Bl. 75, undatiert.
Foto: Landesarchiv Speyer.
Unpubliziert

Abb. 23: Schaefer, Philipp: Carte von dem Ober Amt Homburg (Ausschnitt)
Gezeichnet von Ph. Schaefer Pfalz Zweybrückischer Geometer 1793.
Fotoarchiv des staatlichen Konservatoramtes Saarbrücken: Karte G 94, Inv. Nr. KD 1/1693.
Original verschollen
Foto: Dieter Morche
Unpubliziert

Abb. 24: Jacob, Georges: Fauteuil de Bureau
Nussbaum, gedrechselt, geschnitzt, vergoldet.
Inv. Res. Mü. M 66.
Standort: Residenz München, Kurfürstenzimmer, Raum 26.
Abbildung aus: HOJER/OTTOMEYER, Möbel, S. 189

Abb. 25: Kamee aus Lindenholz aus Schloss Carlsberg
München, Restaurierungswerkstätten
Foto: Autorin

Abb. 26: Jacob, Georges: Fauteuil ‚à la Reine'
Nussbaum, Buche, gedrechselt, geschnitzt, vergoldet.
Inv. Res. Mü. M 92.
Standort: Schloss Nymphenburg, Depot.
Abbildung aus: HOJER/OTTOMEYER, Möbel, S. 215.

Abb. 27: Duret, François-Joseph (zugeschr.): Konsoltisch aus Schloss Carlsberg
Paris, 1781, Eiche, Birnbaum, Linde, gedrechselt, geschnitzt, vergoldet.
Inv. Res. Mü. M 121.
Standort: Residenz München, Ehem. Hofgartenzimmer, Raum 36.
Foto: Autorin

Foto 28: Türen mit Kameen aus Schloss Carlsberg
Residenz München
Foto: Autorin

Abb. 29: Jacob, Georges: Paradebett aus Schloss Carlsberg
Paris 1781/82, Nussbaum geschnitzt, vergoldet.
Inv. Res. Mü. M 73.
Standort: Residenz München, Ehem. Hofgartenzimmer, Raum 36,
Foto: Autorin

Abb. 30: Monot, Martin-Claude: Psyche und Amor
Aus dem Paradeschlafzimmer von Schloss Carlsberg, Paris 1781, Marmor
Aufbewahrungsort: Residenz München.
Abbildung aus: HOJER/OTTOMEYER, Möbel, S. 195.

Abb. 31: Jacob, Georges: Fauteuil ‚à la Reine'
Paris, 1781–82, Nussbaum gedrechselt, geschnitzt, vergoldet.
Inv. Ny. M 94
Standort: Schloss Nymphenburg, Nördlicher Flügel, Wappenzimmer, Raum 7.
Abbildung aus: HOJER/OTTOMEYER, Möbel, S. 203.

Abb. 32: Herdegen, Friedrich: Carte von Den Beiden Ober-Aemter Zweybrucken und Homburg, 1791: Ausschnitt ‚Jaegersburger Schloss'
Kartusche als kolorierter Kupferstich, in der Kartusche Federzeichnung,
26,5 x 10,5 cm.
Bayerische Staatsbibliothek München, Abt. Karten, BayMapp XI, 245 l.
Foto: Bayerische Staatsbibliothek München

Abb. 33: Schloss Carlsberg bei Homburg
Lithografie nach Le Clerc, verkleinert von Neumann, Lith. v. Dubois, in: Martin v. Neumann: Die Schlösser des bayer. Rheinkreises, wie sie waren und wie sie sind, Zweibrücken 1837, Tableau IV.
Foto: Autorin

Abb. 34: Wandpaneele aus Eichenholz aus Schloss Carlsberg, Detail
München, Restaurierungswerkstätten
Foto: Autorin

Abb. 35: Wandpaneele aus Eichenholz aus Schloss Carlsberg
München, Restaurierungswerkstätten
Foto: Autorin

Abb. 36: Rosché, Claudius: Residenz-Schloss des Herzogs Carl II. mit sämmtlichen Gebäulichkeiten auf dem Carlsberg (Ausschnitt Schlossauffahrt, Schloss, Küchenbau und Bildergalerie)
gezeichnet von Claudius Rosché von 1860 bis 1868.
Foto: Autorin
Unpubliziert

Abb. 37: Marmorhof des Schlosses Versailles
Foto: Autorin

Abb. 38: Herdegen, Friedrich: Carte von Den Beiden Ober-Aemter Zweybrucken und Homburg, 1791: Vue de Carlsberg (Ausschnitt)
Federzeichnung, Bildgröße 25,9 x 8,2 cm.
Bayerische Staatsbibliothek München, Abt. Karten, BayMapp XI, 245 l.
Foto: Bayer. Staatsbibliothek München

Abb. 39: Rosché, Claudius: „Situations Plan vom Carlsberg", 1825
Teil des Monumentaltableaus, Ausschnitt der Gebäudereihe,
Tusche auf Papier, aufgezogen auf Leinwand.
Depot des Historischen Museums Speyer
Foto: Autorin

Abb. 40: Vaux-le-Vicomte: Badezimmer
Foto: Autorin

Abb. 41: Hemmer, Jacob: Blitzableitermodell
Holz, Messing; 122 x 34,5 x 33, 5 cm
Staatliche Kunstsammlungen Kassel, Astronomisch-Physikalisches Kabinett
Inv. F 441 a-763
Abbildung aus: HOFMANN, Europa 1789, Kat. Nr. 213, S. 196.

Abb. 42: Die Carlsberg-Bibliothek in den Dominikanerregalen der Staatsbibliothek Bamberg.
Neue Residenz am Domplatz in Bamberg.
Foto: Staatsbibliothek Bamberg

Abb. 43: So genannter „Ölplan" (Ausschnitt)
LA Speyer, Abt. Karten und Pläne, Best. W 1 Nr. 713,
Foto: Landesarchiv Speyer

Abb. 44: Rosché, Claudius: „Situations Plan vom Carlsberg", 1825
Teil des Monumentaltableaus, Ausschnitt mit Legende,
Tusche auf Papier, aufgezogen auf Leinwand.
Depot des Historischen Museums Speyer
Foto: Autorin

Abb. 45: Rosché, Claudius: Residenz-Schloss des Herzogs Carl II. mit sämmtlichen Gebäulichkeiten auf dem Carlsberg (Ausschnitt Titel, Situationsplan)
gezeichnet von Claudius Rosché von 1860 bis 1868.
Die Residenz des Herzogs Carl II. auf dem Carlsberg bei Homburg im Jahr 1789
Monumentaltableau, Tusche, koloriert. Zusammengesetzt aus mehreren Zeichnungen auf Papier, aufgezogen auf Leinwand, 13,60 x 2,10[1] Meter.
Depot des Historischen Museums Speyer
Foto: Autorin
Unpubliziert

---

1 Maße übernommen aus Weber, Schloss Karlsberg, S. 201.

Abb. 46: Grabmal des Eisenbahn-Einnehmers Claudius Rosché
geb. 6. Oktober 1808, gest. 26. Oktober 1889; Friedhof Homburg
Foto: Autorin

Abb. 47: Rosché, Claudius: Residenz-Schloss des Herzogs Carl II. mit sämmtlichen Gebäulichkeiten auf dem Carlsberg (Ausschnitt Exerzierplatz und Treibhäuser)
gezeichnet von Claudius Rosché von 1860 bis 1868.
Foto: Autorin
Unpubliziert

Abb. 48: Schlosstor von Versailles, oberer Abschluss mit Wappen und Krone
Foto: Autorin

Abb. 49: Le Chateau de Carlsberg, ovale Porzellanplatte, Meißen nach 1785, Gesamtdurchmesser mit Fahne 27,5/36,5 cm, farbiges Bild im Spiegel 16/22 cm. Bildunterschrift: Le Chateau de Carlsberg.
Rückseite: Blaue Schwertermarke mit Stern, Malermarke 4.[2]
Ursprünglicher Aufbewahrungsort: Historisches Museum Speyer. Heute verschollen.
Foto: Fotoarchiv Marburg

Abb. 50: Lüder, Friedrich und Wilhelm: Pleine Vue du Carlsberg
Foto S/W, 10,5 x 14,6 cm, Privatbesitz

Abb. 51: Schloß Karlsberg 1777–1793, Postkarte
Verlag Eugen Becker, C. Schramm Nachf., Homburg, Pfalz, 9 x 14 cm
Privatbesitz

Abb. 52: Porte de Paris, Reims
Abbildung aus: RACINE, Guide, S. 114.

Abb. 53: Rosché, Claudius: Residenz-Schloss des Herzogs Carl II. mit sämmtlichen Gebäulichkeiten auf dem Carlsberg (Ausschnitt Ehrenhof und Schlossgitter)
gezeichnet von Claudius Rosché von 1860 bis 1868.
Foto: Autorin
Unpubliziert

Abb. 54: Ruinen der Orangerie von Schloss Carlsberg
Mittelrisalit
Foto: Autorin

Abb. 55: Orangerie
Bauaufnahme der Carlsberger Orangerie – Erdgeschoss, erstellt von Stefan Ulrich.

Abb. 56: Orangerie: Erhaltene Werksteine an der südwestlichen Gebäudeecke
Steinmetzzeichen Z
Foto: Stadt Homburg

---

2 Angaben nach: Sprater, Schloß Karlsberg, S. 69.

Abb. 57: Orangerie: Gewölbe mit Füllmaterial
Foto: Autorin

Abb. 58: Orangerie: Postament der Pflanzenhalle im Erdgeschoss
Foto: Autorin

Abb. 59: Orangerie des Carlsberges
Ringfundament des Rundbaues von 1785
Foto: Autorin

Abb. 60: Rosché, Claudius: Residenz-Schloss des Herzogs Carl II. mit sämmtlichen Gebäulichkeiten auf dem Carlsberg (Ausschnitt Orangerie)
gezeichnet von Claudius Rosché von 1860 bis 1868.
Foto: Autorin
Unpubliziert

Abb. 61: ‚Neues Rathaus' in Zweibrücken
Heutige Herzogstr. 1, nicht erhalten.
Abbildung aus: MÜLLER, Rathäuser, S. 318

Abb. 62: ‚Neues Rathaus' in Zweibrücken
Heute Herzogstr. 1, nicht erhalten.
Abbildung aus: WEBER, Schloss Karlsberg, S. 322.

Abb. 63: Orangerie: Vorgeblendete Fassadenmauer
Verbindungsmauern mit dem früheren Gebäudeteil
Foto: Autorin

Abb. 64: Orangerie Mittelrisalit und nördlicher Flügel
Foto: Autorin

Abb. 65: Hilbringer Schloss (Ortsteil Merzig), erbaut für Franz Dietrich v. St. Maurice
Foto: Autorin

Abb. 66: Schloss Benrath, erbaut für Kurfürst Carl-Theodor
Gartenseite
Foto: Autorin

Abb. 67: Schloss Greiz in Thüringen, Südseite, erbaut 1769–1779 für Fürst Heinrich XI. Reuß (1722–1800).
Foto: Autorin

Abb. 68: Der ‚Lac' unterhalb des Schlosses Wilhelmshöhe
Kassel
Foto: Autorin

Abb. 69: Rosché, Claudius: Residenz-Schloss des Herzogs Carl II. mit sämmtlichen Gebäulichkeiten auf dem Carlsberg (Ausschnitt Orangerie, Taubenhaus, Weinberg, Weiher, Felsen)
gezeichnet von Claudius Rosché von 1860 bis 1868.
Foto: Autorin
Unpubliziert

Abb. 70: Orangenkästen, sog. „Caisse de Versailles" in der Orangerie von Versailles
Foto: Autorin

Abb. 71: Mannlich, Johann Christian von: Längsschnitt
durch das Zweibrücker Komödienhaus
Kunstsammlungen der Stadt Düsseldorf
F.P- 5855 K.B. 1027, Mannlich Joh. Christian v., 174/1425a
Abbildung aus: WEBER, Schloss Karlsberg, S. 248.

Abb. 72: Mannlich, Johann Christian von: Vorderansicht
des Zweibrücker Komödienhauses
Kunstsammlungen der Stadt Düsseldorf,
F.P. 5852 K.B. 1029 Mannlich, Joh. Christian v., 174/1423.
Abbildung aus: WEBER, Schloss Karlsberg, S. 244.

Abb. 73: Ledoux, Claude-Nicolas
Theater der Mademoiselle Guimard
Paris 1772
Abbildung aus: http://intranet.arc.miami.edu/rjohn/ARC%20268%20-202003/
Boullee%20and%20Ledoux.htm

Abb. 74: Mannlich, Johann Christian von: Coupe sur la ligne A–B
Aquarell, Tusche auf Papier, 30 x 53,6 cm.
Hessische Landes- und Hochschulbibliothek Darmstadt, Mappe 27/4/4
Foto: Autorin

Abb. 75: Mannlich, Johann Christian von: Plan de la foire executé en Xbre 1785 au Carlsberg
Tusche, Papier, 53,7 x 34,4 cm.
Hessische Landes- und Hochschulbibliothek Darmstadt, Mappe 27/4/5
Foto: Autorin

Abb. 76: Mannlich, Johann Christian von: Elevation de L'Entrée D
Aquarell, Tusche auf Papier, 29,3 x 21,2 cm.
Hessische Landes- und Hochschulbibliothek Darmstadt, Mappe 27/4/3
Foto: Autorin

Abb. 77: Mannlich, Johann Christian von: Elevation de l'Entrée Principale
Aquarell, Tusche auf Papier, 29,3 x 21,2 cm.
Hessische Landes- und Hochschulbibliothek Darmstadt, Mappe 27/4/1
Foto: Autorin

Abb. 78: Mannlich, Johann Christian von: Décoration et illumination des Boutiques
Aquarell, Tusche auf Papier.
Hessische Landes- und Hochschulbibliothek Darmstadt, Mappe 27/4/2
Foto: Autorin

Abb. 79: Chalgrin, Jean François Thérèse: Sale de bale
Entworfen anlässlich der Hochzeit des Dauphin mit Marie Antoinette

Paris 1770
Abbildung aus: OECHSLIN/BUSCHOW, Festarchitektur, S. 112.

Abb. 80: Rosché, Claudius: Residenz-Schloss des Herzogs Carl II. mit sämmtlichen Gebäulichkeiten auf dem Carlsberg (Ausschnitt Reithaus, Stallungen, Treibhäuser)
gezeichnet von Claudius Rosché von 1860 bis 1868.
Foto: Autorin
Unpubliziert

Abb. 81: Eiskeller im ‚Eistälchen' des Ludwigsburger Schlossgartens
Foto: Autorin

Abb. 82: Eiskeller nordöstlich des Schlosses Carlsberg
Foto: Autorin

Abb. 83: Unbekannt, Zwölf aquarellierte Ansichten vom Ludwigsberg
1778, Aquarell/Tusche auf Papier, Alte Sammlung des Saarlandmuseums,
49 x 37 cm, Inv. Nr. 4034
Abbildung aus: TREPESCH, Gartenkunst, S. 40.

Abb. 84: Wahl, Friedrich Gerhard: Brunnenhaus
Aufriss gegen die Gasse A und Grundriss von oben. A
Tusche auf Papier, 1791.
Landesarchiv Speyer, Best. W1, Nrn. 1888 und 1890.
Foto: Landesarchiv Speyer

Abb. 85: Schaefer, Philipp: General-Carte über das Ober-Amt Homburg (Ausschnitt)
Papier auf Leinwand, Wasserfarben, 70,5 x 63,5 cm, nachgestochen.
Gezeichnet von P. Schaefer Peraequator, 1782.
Hohenlohe Zentralarchiv Neuenstein, Kartensammlung Nr. 923
Foto: Hauptstaatsarchiv Stuttgart

Abb. 86: Gartensaal im Hofgarten von Zweibrücken
Hessische Landes- und Hochschulbibliothek Darmstadt
Tusche, Papier, 57,5 x 36,5 cm, unsigniert
rückseitig bezeichnet mit: Gartensaal im Hofgarten Zweibrücken
Mappe 231/6/3
Abbildung aus: WEBER, Schloss Karlsberg, S. 56.

Abb. 87: Das Vogelhaus im Staatspark Fürstenlager,
Bensheim-Auerbach
Foto: Autorin

Abb. 88: Die Eremitage in der Carlslust, Ringfundament
Foto: Autorin

Abb. 89: Die Eremitage in der Carlslust, Ringfundament
Foto: Autorin

Abb. 90: Rosché, Claudius: Residenz-Schloss des Herzogs Carl II. mit sämmtlichen Gebäulichkeiten auf dem Carlsberg (Ausschnitt Monopteros, Weinberg, Weiher)

gezeichnet von Claudius Rosché von 1860 bis 1868.
Foto: Autorin
Unpubliziert

Abb. 91: Linck, Konrad (?): Bacchusknabe mit einem Ziegenbock von Schloss Carlsberg
Rötlich-gelber Sandstein, Höhe: 103 cm, Sockel 66 x 58 cm
Historisches Museum Speyer, Sonderdepot Steindenkmäler
Inv. Nr. HM O/1141
Foto: Autorin

Abb. 92: Felsinschrift am heutigen Karlsbergweiher
Inschrift aus Horaz Hor c. I 1, 30–32.
Foto: Autorin

Abb. 93: Eingearbeitete Leertafel im Felsen am heutigen Karlsbergweiher
Foto: Autorin

Abb. 94: Eger, Georg Adam: Sauhatz an der Favoritenburg
1765, Öl auf Leinwand, 40 x 49 cm, Privatbesitz.
Rückwärts bez.: „Vorstellung der sogenannten Favoritenburg, allwo die wilden Schweine, nach dem man selbige vorher anderswo mit Hunden lebendig gefangen und auf einem Karren dahin gebracht, von SR. Drchlt. dem Reg. Herren Landgrafen Ludwig VIII., zu Hessen Darmstadt, mit Schwärmern zum Theil durch und durch Geschosse auch öfters Knall und Fall erledigt worden. Del. U. P. G. A. Eger 1765."
Abbildung aus: Magistrat Darmstadt, Barock, S. 155, Abb. Nr. 214

Abb. 95: Plan perspectif de la ville de Hombourg (Ausschnitt)
1785, aquarellierte Federzeichnung, Historisches Museum Speyer, Grafikdepot.
Abbildung aus: Kultusminist. Rheinl./Pfalz, Pfalz-Zweibrücken, S. 147.

Abb. 96: Kassel, Wilhelmshöhe
Chinesischer Pavillon
Foto: Autorin

Abb. 97: Pillnitz
Chinesischer Pavillon
Foto: Autorin

Abb. 98: Potsdam, Chinesisches Teehaus im Garten von Schloss Sanssouci,
Foto: Autorin

Abb. 99: Chambers, William: Haus des Konfuzius
„Plans, Elevations, Sections ... At Kew", London 1763
Haus des Konfuzius
Abbildung aus: BUTTLAR, Sanssouci, S. 7.

Abb. 100: Gottfried Sundahl: Vue d'oiseaux
Tschifflik in Zweibrücken
Bibliotheque Stanislas, Nancy
Abbildung aus: WEBER, Schloss Karlsberg, S. 43.

Abb. 101: Jagdschloss Clemenswerth
erbaut für Clemens August von Bayern, Kurfürst von Köln.
Mittelbau
Foto: Autorin

Abb. 102: Jagdschloss Clemenswerth
erbaut durch Johann Conrad Schlaun für Clemens August von Bayern, Kurfürst von Köln.
Detail des Daches
Foto: Autorin

Abb. 103: Carlslust: Fundamente des Tschifflik-Pavillons
Foto: Autorin

Abb. 104: Abb. 47: Messtischblatt: Deutsche Grundkarte (DGK5). Ausschnitt Carlslust.
Blatt Sanddorf, Sanddorf-Ost, Bechhofen-West. Maßstab 1:5 000.

Abb. 105: Carlslust: Fundamente des Tschifflik-Pavillons
Detail: Steinerne Kellertreppe
Foto: Autorin

Abb. 106: Carlslust: Fundamente des Tschifflik-Pavillons
Detail: Blick über die Mittelachse zur ‚Apside'.
Foto: Autorin

Abb. 107: Carlslust: Überreste des Bachlaufes durch das Tal der Carlslust zu den Schwanenweihern
Foto: Autorin

Abb. 108: Carlslust: Fundamente des Tschifflik-Pavillons
Foto: Autorin

Abb. 109: Blondel, Jacques-François: Plan du rez de chaussée
Entwurf Nr. IV für eine „Maison de plaisance", Grundriss des Erdgeschosses.
Blondel 1737, Tom I, Planche 32.
Abbildung aus: FRANK, Maison, Abb. 46

Abb. 110: Brandseph, Hermann: 22 Elfenbeinknöpfe von Johann Friedrich Dryander
mit Ansichten vom Ludwigsberg, 1899, Originale verschollen
S/W-Foto auf Karton, 44,5 x 34 cm
Dauerleihgabe des Historischen Vereins für die Saargegend e.V.
in der Alten Sammlung des Saarlandmuseums
Abbildung aus: TREPESCH, Gartenkunst, S. 118.

Abb. 111: Brandseph, Hermann: 28 Elfenbeinknöpfe von Johann Friedrich Dryander
mit Ansichten vom Ludwigsberg, 1899, Originale verschollen
S/W-Foto auf Karton, 23 x 16 cm
Historisches Museum Saar (Inv. Nr. RDT 26)
Abbildung aus: TREPESCH, Gartenkunst, S. 119.

Abb. 112: Voliere in der Carlslust
Bauaufnahme der Voliere in der Carlslust, erstellt von Stefan Ulrich

Abb. 113: Carlslust: Voliere, Fundament der ausschwingenden Fassadenmitte
Foto: Autorin

Abb. 114: Carlslust: Voliere, Bodenfunde der steinernen Gewände
Foto: Autorin

Abb. 115: Carlslust: Voliere
Reste der tönernen Wasserleitung
Foto: Autorin

Abb. 116: Carlslust: Voliere, hintere Gebäudeecke
Werksteinquader mit runden Eintiefungen
Foto: Autorin

Abb. 117: Carlslust: Seitlicher Quellspeicher der Kaskade
Foto: Autorin

Abb. 118: Carlslust: Sammelbecken für die Kaskade
Foto: Autorin

Abb. 119: Carlslust: Tosbecken der Kaskade
Seitliche Umfassungsmauer des Bassins mit Ecke eines Einzugs
Darauf leicht verschoben ein Gesimsstein
Foto: Autorin

Abb. 120: Carlslust: Tosbecken der Kaskade
Gesimsstein der oberen Einfassung des Bassins
Foto: Autorin

Abb. 121: Carlslust, Tosbecken der Kaskade
Original erhaltene hölzerne Substruktion für den Fontänensprung
Foto: Autorin

Abb. 122: Carlslust: Tosbecken der Kaskade
Geschwungene seitliche Umfassungsmauer des Bassins
Foto: Autorin

Abb. 123: Carlslust, Quellmund der Schwanenweiherquelle
Einfassung des Quellmundes mit Gesimssteinen des Kaskadenbassins
Foto: Autorin

Abb. 124: Carlslust, Damm zwischen oberem und unterem Schwanenweiher
mit Zyklopenmauerwerk vor der Erneuerung
Foto: Autorin

Abb. 125: Carlslust, Künstlicher Hügel mit Schauseite aus Zyklopenmauerwerk
Gemauerte halbrunde Nische in der Mitte
Foto: Autorin

Abb. 126: Carlslust, Mauerbogen über einem der beiden seitlichen Abflüsse des Schwanenweihers vor der Erneuerung
Foto: Autorin

Abb. 127: Veitshöchheim, Hofgarten
Grottenhaus
Foto: Autorin

Abb. 128: Historisches Museum Speyer, Innenhof
Brunnennische, angeblich vom Schloss Carlsberg
datiert auf ca. 1730, (daher wohl aus älterem Kontext), 3,30 x 1,12 x 1,25 Meter
Inv. Nr. HM 0/917
Foto: Autorin

Abb. 129: Schwetzingen, Schlossgarten
Apollotempel auf einem künstlichen Hügel mit Kaskade und zwei Najaden
Foto: Autorin

Abb. 130: Carlslust: Menagerie
Rund des ersten Menageriebaus, heute so genannter ‚Bärenzwinger'
Foto: Autorin

Abb. 131: Carlslust: Menagerie
Rund des ersten Menageriebaus, Fundamente der Separationshäuschen
Foto: Autorin

Abb. 132: Carlslust: Menagerie
Rund des ersten Menageriebaus, Rekonstruktionen der Separationshäuschen
Foto: Autorin

Abb. 133: Carlslust: Menagerie
Rund des ersten Menageriebaus,
quadratischer Wassergraben in der Mitte mit dem Wasserzulauf aus der Mohrenquelle
Foto: Autorin

Abb. 134: Rosché, Claudius: Residenz-Schloss des Herzogs Carl II. mit sämmtlichen Gebäulichkeiten auf dem Carlsberg (Ausschnitt Kamel)
gezeichnet von Claudius Rosché von 1860 bis 1868.
Foto: Autorin
Unpubliziert

Abb. 135: Carlslust: Menagerieterrassen
Eckmauerwerk eines kleinen Gebäudes auf einer Menagerieterrasse
Foto: Autorin

Abb. 136: Pérelle, A: Ansicht der Menagerie von Versailles
Kupferstich, Paris, Bibliothèque Nationale, Cabinet des Estampes
Abbildung aus: LABLAUDE, Gärten, S. 73.

Abb. 137: Rosché, Claudius: Residenz-Schloss des Herzogs Carl II. mit sämmtlichen Gebäulichkeiten auf dem Carlsberg (Ausschnitt Ehrenhof, Monopteros, Weinberg,)

gezeichnet von Claudius Rosché von 1860 bis 1868.
Foto: Autorin
Unpubliziert

Abb. 138: Florabüste, vermutlich von Schloss Carlsberg stammend, gelblicher Sandstein, grau verwittert, H:B:T: 40,5 x 31,2 x 25 cm.
Historisches Museum Speyer, Sonderdepot Steindenkmäler
Inv. Nr. HM O/1370
Foto: Autorin

Abb. 139: Johann Baptist Seele (1774–1814): Johann Christian von Mannlich (1741–1822), 1808, Bayerische Staatsgemäldesammlungen München, Nr. 9033.
Abbildung aus: GÜSE, Kunstschätze, S. 23.

Abb. 140: Unterschrift Leonard Krutthofens („ist sehr gros")
Abbildung aus: LA Speyer, Best. B3, Nr. 2607, Bl. 491.

Orts- und Sachverzeichnis

Adler 287, 288, 658
Affen 137, 474, 527, 559, 563
Alabaster 249
Altan 53, 91, 92, 94, 140, 141, 154, 161, 162, 167, 174, 176, 180, 247, 248, 280, 282, 323, 353
Altertum 543, 544, 545, 546, 547, 565
Ambras 471, 482
Amor 121, 375
Amphitheater 302, 355, 549, 550, 551, 554, 567
Ananas 383, 389, 390, 398
Antike 158, 217, 278, 302, 303, 354, 358, 359, 546, 597
Apollo 353, 449, 539, 546
Appelallee 297, 320, 375, 550
Apside 502, 503, 504, 505
Arrestanten 101, 308, 587, 664
Aschaffenburg 8, 331, 528, 529, 539
Audienzzimmer 21, 172
Augsburg 78, 595

Badewanne 202, 204
Badezimmer 200, 201, 202, 203, 204
Bären 465, 551, 554, 563, 564, 565, 567, 568
Bamberg 97, 228, 229, 342, 603
Baukosten 9, 22, 81, 156, 157, 271, 639
Baumwollchintz 114
Bayreuth 213, 219, 352, 355, 356, 366, 471, 477, 490, 529, 539
Benrath 329, 332, 463
Bensheim-Auerbach 403
Bessungen 343, 349
Bibliotheksleiter 111
Bibliothekszimmer 100, 103, 224, 227
Bibliothekssaal 223, 224, 225, 226, 227
Bienenhaus 426, 427, 428, 429, 430
Bildersaal 131, 134, 135, 136, 137, 138, 139, 235
Bildersammlung 137, 220, 237, 267, 268, 270, 597, 603
Bildhauer 66, 77, 97, 98, 125, 128, 151, 154, 156, 209, 255, 258, 284, 287, 288, 301, 597
Blauer Saal 142, 143
Blieskastel 45, 255, 608
Blumenzwiebeln 312, 391
Buchenberg 1, 2, 16, 419
Buchenbergerhof 2

Bratenwender 74
Bruchhof 11, 13, 14, 25
Brücke 528, 568
Brunnenhaus 41, 202, 414, 459, 461
Brunnenleitung 39, 40, 158, 461
Brunnenmaschine 39, 158
Bücherkabinett 111
Büchsenkammer 226, 229, 230, 231, 232
Büchsenmacher 186, 230, 243, 317
Büchsenmacherwerkstatt 231, 317
Bühnenbild 357, 367, 368

Cabinet de Conseil 104
Caisse de Versailles 349, 350
Carlshöh 11
Carlsthal 11
Casino 18
Ceres 65, 66, 67, 79
Chantilly 5, 6, 7
Chinoise 468, 469, 471, 474, 475, 476, 505
Clemenswerth 489, 490, 491
Cour d'honneur 15, 179, 180, 273, 274, 282, 292, 341, 463

Dachreiter 23, 24, 335, 336, 412
Diana 66, 79, 464, 547
Direktor der schönen Künste 602, 612, 622
Dörfchen 3, 5, 6, 7, 8
Dörfle-Mode 5, 6, 7, 481, 525
Dorik 93, 302
Dornburg 278, 279
‚Drei Pavillons' 513, 514, 515, 517, 518, 519, 521, 528
Dresden 235, 270, 271, 338, 339, 379, 380, 470, 477, 484, 487, 491
Dromedar 558, 559
Drottningholm 509, 512
Düsseldorf 235, 605
Durchfahrt 78, 85, 90, 113, 114, 164, 320, 367
Durchfahrtstor 90, 166

Einöd 83
Eisgrub (Lednice) 586, 587
Eiskeller 401, 402, 403, 404, 406, 407, 409, 410, 422, 429, 440
Englischer Garten 443, 453, 576, 585, 586

Erbach 63, 99, 102
Eremitage 5, 304, 354, 434, 435, 436, 437, 438, 439, 580
Exerzierplatz 318, 384

Falltür 243
Fasanerie 99, 102, 375, 416, 554, 557, 558, 559, 564, 571
Feldsberg (Valtice) 586, 587
Felsinschrift 450
Festbau 278, 296, 369, 372
Feuerwerk 50, 370, 468, 493, 532, 533, 543
Finanzlage 44, 81, 169, 571
Fischkästen 440
Florabüste 578
Fontäne 529, 531, 536, 537, 538
Forstverwaltung 582
Frankenthal 130
Fürstenhut 97
Fürstenlager 297, 403, 431, 449
Frontispiz 154, 307, 334, 423

Gardemeuble 54, 145, 314
Gartenbänke 388, 452
Geheimtreppe 21
Geier 549
Gelbes Zimmer 142
Gemüsegarten 400, 389, 401, 576, 583
Generalbaudirektor 303, 575, 601, 622
Gesellschaftstheater 162, 351, 352
Gewehrschrank 196
Gobelinzimmer 107, 113, 140
Goût grec, à la grec 167, 173, 174, 175, 176, 191, 199, 222, 223, 226, 248, 251, 272
Greiz 327, 343, 344, 346
Grotte 528, 543, 544, 546, 547, 565
Gutachten 62, 154, 155, 285, 306, 539, 584, 588, 605, 610, 612, 613, 619, 623
Gutenbrunnen 85, 485

Hameau 5, 6
Häuserlotterie 48, 598, 608
Haupttreppenhaus 91, 147
Hebe 65, 66, 67, 79
Heidelberg 46, 74, 578, 595, 603, 616, 620
Herkules 337, 338, 346
Herzlaub 255
Heuwagen 477, 478, 479, 480, 481
Hilbringer Schloss 25, 331, 332
Hofbibliothekar 17, 151, 206
Hofbildhauer 77, 125, 413

Hofgartenwesen 573
Hofmaler 274, 301, 595, 596, 598, 612
Hoftapezierer 96, 97, 172, 203, 368, 435, 507, 508
Hofzeremoniell 20, 157
Hohenburg 445
Hohenheim 5, 6, 7, 449, 506, 525
Hornbach 46, 300
Hühnerhaus 73, 259, 554, 555, 556
Hundemeute 43
Hundezwinger 18, 32, 43, 44

Insel 441, 489, 540, 553, 568

Jagdgebiet 4, 151, 457, 459
Jagdhunde 18, 464
Jagdmotiv 79
Jagdschirm 456, 457, 460
Jagdschloss 8, 9, 43, 44, 46, 51, 157, 188, 458, 501, 618
Jagdstern 457, 458, 566
Jardin anglo-chinois 351, 442, 449, 506, 507, 572
Jasmin 396
Jonisch 120, 254, 255, 258, 333, 372, 373, 382

Kaffee 253, 339, 396, 398, 400, 483
Kamee 105
Kaminschirm 107, 109, 119, 123, 128, 129
Kammerdiener 21, 31, 100, 106, 108, 126, 129, 315
Kärlich 479, 480
Karlsbrunn 13, 15
Karlsruhe 50, 130, 220, 567
Kapelle 55, 56, 144, 145, 218, 482, 503
Kartusche 279, 512
Kaskade 485, 519, 528, 529, 530, 531, 532, 533, 534, 535, 537, 538, 539, 540, 543
Kassel 220, 235, 270, 271, 343, 345, 346, 349, 449, 471, 477, 529, 590, 592
Kaufvertrag 9, 10, 640
Koblenz 91, 608
Königsbrucher Hof 11, 12, 13, 15, 23
Kolonnade 180, 237, 253, 254, 257, 356, 372, 539, 600
Kolossalpilaster 299, 332, 333
Kommunikationsflügel 239, 271
Komödienhaus 94
Kompaniesaal 100, 108, 109, 122, 123, 124, 131, 148, 173, 195, 445, 501, 557

Konsoltisch 97, 109, 110, 120, 129, 143
Korinthisch 93, 119, 333
Kristallüster 67, 259, 272
Kronleuchter 60, 95, 116, 132, 172, 289, 372, 375, 378
Küchengebäude 72, 73, 74, 240, 247, 399, 611
Küchenflügel 27, 64, 72, 74, 81
Kupferstichgalerie 139
Kuppel 23, 206, 296, 371, 372, 381, 420, 422, 423, 425, 435, 437, 438, 457, 486, 487, 508, 512, 525, 566
Kutschenremise 32, 34, 341

Lambsborn 39, 40, 461
Landgut 1, 3, 4, 8, 16, 47, 79, 81, 452, 482, 485
Landschaftsgarten 443, 449, 507, 574, 584
Landstuhl 63
Leasowes 452
Leichelbingen 46
Leuchter 94, 97, 237
Löwen 121, 281, 287, 288, 563, 568, 658
Löschwasser 416
Logen 38, 213, 214, 353, 354, 358, 361, 362, 365
Loosdorf 586
Lotteriehaus 48
Ludwigsberg 6, 204, 258, 343, 429, 464, 474, 479, 481, 492, 506, 509, 510, 511, 576
Ludwigsburg 50, 352, 379, 380, 403, 406, 408, 410, 411, 444, 479, 480, 487
Luisenhof 1, 3, 8, 10, 11, 12, 13, 15, 16, 17, 19, 20, 33, 44, 82, 84, 180, 305, 306, 601
Lunéville 5, 12, 472, 473, 476, 480, 488, 491

Maison de campagne 17, 18, 19
Maison de plaisance 9, 18, 19, 504, 506
Mannheim 50, 74, 77, 97, 116, 215, 216, 220, 235, 270, 271, 413, 414, 591, 595, 596, 597, 603, 604
Marly 15, 528
Marmorsaal 58, 75, 76, 130, 156, 160, 416
Mausefallen 141
Marstall 9, 32, 33, 41, 42, 43, 50, 465
Meerschweinchen 421
Meisenheim 4
Meißen 274, 275, 339
Meisenthal 423
Melonen 390, 391, 396, 398
Metopen 93, 162

Milchkeller 72
Mistgabeln 391
Mohren 315, 438, 483, 491, 552, 553, 575
Monaise 413
Monbijou 46, 375, 575, 577, 611, 614, 618
Monceau 449, 506, 509
Monopteros 442, 443, 444, 448, 449, 450, 454, 547
München 98, 100, 103, 105, 106, 119, 181, 232, 270, 272, 477, 604, 605, 621
Muscheln 212, 214, 216, 217, 316, 543, 544, 545, 547

Naturalienkabinett 205, 206, 207, 208, 220, 215, 219, 226, 316, 434, 569, 570, 571
Nelken 427, 465
Nische 66, 75, 541, 542, 543, 544, 547
Nymphenburg 50, 104, 105, 470, 592
Nordflügel 94, 100, 101, 132, 142, 144, 161, 162, 171, 173, 235, 236, 292, 297

Oberhofgärtner 592
Offiziersstube 25
Orangerieparterre 325, 329, 339, 342, 345
Orangeriesaal 323, 327, 344
Orchester 356, 357, 366, 372, 375, 378
Ovaler Saal 143

Palmen 213, 214
Palmenbäume 209
Papageien 126, 137, 198, 433, 434
Paradezimmer 98, 107, 109, 117, 118, 120, 121, 124, 170, 172, 173
Paris 65, 81, 115, 273, 279, 302, 303, 355, 382, 565, 577, 579, 596, 598, 600, 607
Pawlowsk 6, 507, 512, 525
St. Petersburg 6, 354
Pettersheim 428, 613, 614, 618
Pfauen 527, 558
Physikalisches Kabinett 205, 206, 207, 412
Pillnitz 401, 470, 472
Pirmasens 161
Plünderung 59, 60, 61
Postament 295, 296, 311, 467, 536
Potsdam 49, 51, 213, 271, 352, 399, 444, 449, 469, 472, 473, 476, 481, 492
Prellstein 299
Prinzenlusthaus 408, 422, 423, 424
Privatschatulle 289
Privet 21, 30, 164, 206, 250, 316, 364
Psyche 121

Quellmund 531, 540

Rastatt 50, 400
Reims 278, 279
Reithaus 32, 33, 37, 41, 42, 50, 260, 262, 385
Residenzstadt 4, 45, 50, 51, 601
Retirade 16
Ringfundamentv295, 296, 551, 568
Rohrbach 46, 58, 332, 447, 595
Rosengarten 463, 464, 465, 468
Rosetten 190, 242, 248, 249, 255, 265, 372

Saarbrücken 45, 63, 77, 78, 274, 339, 341, 343, 401, 444, 479, 492, 509, 569, 592
Saarlouis 31
Säulenportikus 257, 258
Salon de Compagnie 107, 108, 123, 124
Salon Mannlich 137, 236, 351, 383
Sammlungsflügel 52
Sanspareil 403, 476, 490
Sauschütte 17, 463
Schelle 126, 129, 147
Schießhaus 17, 454, 455, 456, 458, 460, 463
Schilderhäuser 192, 232, 233, 234, 246
Schlossauffahrt 47, 439, 448, 450, 559
Schlosszerstörung 58, 161, 297
Schönbrunn 567
Schönthaler Hof 6
Schönbusch 8, 331, 426, 528, 539
Schreibkabinett 100, 103, 114, 172
Schwanenhals 261, 262, 399
Schwanenweiher 503, 504, 528, 531, 539, 540, 541, 542, 543, 545, 547, 565
Schwarzenacker 217, 546, 547
Schweizerei 43, 293, 305, 306, 307, 320, 334
Schwetzinger Schloss 44, 204, 332, 413
Schwetzingen 45, 50, 96, 204, 261, 331, 339, 342, 401, 413, 445, 463, 491, 528, 539, 546, 565, 592, 616
Seehof 97, 342
Seidenschnüre 94, 104
Seidenhasenhaus 418, 419, 420
Silberkammer 130, 131, 134, 137
Sindlingen 589
Sonnenfang 260, 262, 387, 394, 399, 400
Sonnenmotiv 51
Sonnenuhr 44
Speicherbecken 530
Speisesaal 27, 53, 63, 65, 66, 67, 68, 69, 72, 74, 75, 76, 77, 78, 79, 81, 82, 131, 136, 163, 235, 478, 479, 486, 526

Spiegelfolie 109, 122, 123, 129
Spieltisch 106, 196
Springbrunnen 433, 489, 524, 529, 537, 538
Staatsappartement 52, 99, 115, 117, 194
Staffagebauten 417, 429, 439, 454, 479, 507, 512
Steinmetzzeichen 292, 294
Sternwarte 206
Stiegengeländer 190, 191, 282, 336
Strauß 563, 565
Stroh 6, 58, 391, 404, 407, 409, 411, 480
Stuttgart 339
Substruktionen 162, 181, 280, 292, 306, 319, 531
Südflügel 91, 148, 161, 163, 164, 171, 172, 182, 280, 297, 298, 466

Taft 104, 106, 109, 111, 112, 221, 226
Tanzsaal 113, 122, 130, 131, 132, 133, 134, 359
Tapetenschrank 177, 187, 189
Tapetentür 54, 55, 96, 139, 142, 148, 196, 499
Taubenhaus 41, 42, 297, 307, 312, 313, 335, 337, 347, 391, 405, 516, 614
Tascherhof 11
Tempelzimmer 253, 254, 259, 434
Tempelfront 303
Theatermaschinist 366, 367
Tierpark 216, 548, 557, 569
Tiergehege 556, 561
Treillagen 466, 467, 475
Triglyphen 93, 162, 279, 299, 353
Trippstadt 413
Triumphbogen 278, 289, 373, 382
Trompe-l'oeil 372
Tschifflik 482, 484, 485, 486, 487, 491, 492, 493, 494, 496, 498, 499, 503, 504, 505, 519, 520, 521, 537, 539, 554, 557
Türkenzelt 483, 490
Türknöpfe 76, 94, 498
Tulpenbaum 518
Turin 381

Unschlitt 58, 249

Vaux-le-Vicomte 49
Veitshöchheim 389, 458, 539, 544, 545
Venedig 370, 375, 379, 380, 597
Verbindungsgang 240, 259
Vertäfelungen 27, 54, 105, 123, 136, 146, 147, 160, 187, 188, 197, 248, 251, 257, 272

Versailles 5, 15, 49, 50, 51, 88, 93, 180, 273, 279, 289, 343, 352, 400, 449, 465, 469, 472, 525, 566
Versailler Tafelparkett 95, 96, 135
Vicenza 257, 355, 597
Vogelhaus 431, 432, 433, 434, 502, 524, 525, 556
Vogelzimmer 55
Vue 276, 297, 537
Vulkan 409, 519, 532

Wachtstube 25, 101, 113, 114, 182, 195, 221
Waffensammlung 205, 232
Wasserkunst 460, 463, 528, 535, 536, 543
Wasserleitung 40, 158, 204, 461, 523, 526
Wassermaschine 39, 613
Wasserrad 40
Weiher 48, 307, 345, 346, 347, 417, 439, 440, 441, 442, 443, 444, 445, 448, 450, 452, 464, 543
Weikersheim 342

Weltkulturerbe 587
Weimar 349, 399, 400, 480, 567
Weinberg 48, 347, 442, 443, 444, 445, 446, 452, 454, 506
Wetterleiter 412, 413, 414
Wetterstangen 246, 413, 416
Werkmeister 600, 602, 611, 622, 623
Wien 270, 555, 565, 584, 586, 595
Wildschweinschütte 454, 458, 460
Wintergarten 341, 362
Wirtschaft 45, 379
Wörlitz 213, 274, 449
Wörschweiler 85
Würzburg 228, 458, 544
Wurstwagen 253

Zeichenschule 596, 598
Zeltbau 506, 508
Zentralbau 458, 556
Zyklopenmauerwerk 540, 541, 542, 544

Neu! Neu! Neu! Neu! Neu! Neu! Neu! Neu! Neu! Neu! Neu!

Reihe D: Nachdrucke – Band 4

Die Neustadter Bibel von 1579

mit einer Einleitung von Michael LANDGRAF

zahlreiche Farbabbildungen

Neustadt an der Weinstraße 2009

Selbstverlag der Stiftung zur Förderung der pfälzischen Geschichtsforschung

Neu! Neu! Neu! Neu! Neu! Neu! Neu! Neu! Neu! Neu! Neu!

Reihe D: Nachdrucke – Band 6

Chronik von Neustadt an der Haardt

bearbeitet von

Friedrich Jakob DOCHNAHL (bis Juni 1867)
Karl TAVERNIER (bis Juni 1900)
Wolfgang Werner KRAPP (bis 2000)

mit Register von Johannes Weingart u.a.

Neustadt an der Weinstraße 2009

Selbstverlag der Stiftung zur Förderung der pfälzischen Geschichtsforschung

Neu! Neu! Neu! Neu! Neu! Neu! Neu! Neu! Neu! Neu! Neu!

Reihe B: Abhandlungen zur Geschichte der Pfalz
Band 4

Klingenmünster und die Kurpfalz im 15. und 16. Jahrhundert

von

Thorsten UNGER

Neustadt an der Weinstraße 2009

Selbstverlag der Stiftung zur Förderung der pfälzischen Geschichtsforschung

Neu! Neu! Neu! Neu! Neu! Neu! Neu! Neu! Neu! Neu! Neu!

Reihe B: Abhandlungen zur Geschichte der Pfalz
Band 11

Die Gültverschreibungen des Klosters St. Maria Magdalena Speyer

von

Thomas KOHL

Neustadt an der Weinstraße 2009

Selbstverlag der Stiftung zur Förderung der pfälzischen Geschichtsforschung